AF802805

Kabinett Dr. Karl Renner

ÖSTERREICHISCHE AKADEMIE DER WISSENSCHAFTEN
PHILOSOPHISCH-HISTORISCHE KLASSE
INSTITUT FÜR NEUZEIT- UND ZEITGESCHICHTSFORSCHUNG

Protokolle des Ministerrates der Ersten Republik der Republik Österreich 1918–1938

Herausgegeben von

Gertrude Enderle-Burcel
Rudolf Jeřábek
Wolfgang Mueller
Stefan Semotan

Veröffentlichung des

Österreichischen Staatsarchivs, der Österreichischen Gesellschaft für historische Quellenstudien

und des

Instituts für Neuzeit- und Zeitgeschichtsforschung der Österreichischen Akademie der Wissenschaften

VERLAG DER
ÖSTERREICHISCHEN
AKADEMIE DER
WISSENSCHAFTEN

Protokolle des Ministerrates der Ersten Republik der Republik Österreich

Abteilung I
(Deutsch-)Österreichischer Kabinettsrat
31. Oktober 1918 bis 7. Juli 1920

Band 1
Kabinett Dr. Karl Renner
31. Oktober 1918 bis 1. Februar 1919

Bearbeitet von

Stefan Semotan

Wien 2018

VERLAG DER
ÖSTERREICHISCHEN
AKADEMIE DER
WISSENSCHAFTEN

Angenommen durch die Publikationskommission der philosophisch-historischen Klasse der Österreichischen Akademie der Wissenschaften:
Michael Alram, Bert G. Fragner, Andre Gingrich, Hermann Hunger, Sigrid Jalkotzy-Deger, Renate Pillinger, Franz Rainer, Oliver Jens Schmitt, Danuta Shanzer, Peter Wiesinger, Waldemar Zacharasiewicz

Dieses Projekt wurde durch die Unterstützung des Bundeskanzleramts der Republik Österreich, des Jubiläumsfonds der Stadt Wien für die Österreichische Akademie der Wissenschaften und der Stadt Wien, Magistratsabteilung 7, Kultur und Wissenschaft, Wissenschafts- und Forschungsförderung, ermöglicht.

Mit freundlicher Genehmigung durch den derzeitigen Reiheninhaber Verlag Österreich

Diese Publikation wurde einem anonymen, internationalen Begutachtungsverfahren unterzogen.

Bibliografische Information der Deutschen Nationalbibliothek
Die Deutsche Nationalbibliothek verzeichnet diese Publikation in der Deutschen Nationalbibliografie, detaillierte bibliografische Daten sind im Internet über http://dnb.d-nb.de abrufbar.

Die verwendete Papiersorte in dieser Publikation ist DIN EN ISO 9706 zertifiziert und erfüllt die Voraussetzung für eine dauerhafte Archivierung von schriftlichem Kulturgut.

Alle Rechte vorbehalten.

ISBN 978-3-7001-8403-4

Copyright © 2018 by
Österreichische Akademie der Wissenschaften, Wien

Satz: Crossdesign Werbeagentur GmbH, 8010 Graz

Druck & Bindung: Prime Rate Kft., Budapest

https://epub.oeaw.ac.at/8403-4
https://verlag.oeaw.ac.at

Inhaltsverzeichnis

Editionsplan

Protokolle des Vollzugsausschusses, des Staatsrates und des Geschäftsführenden Staatsratsdirektoriums (21. Oktober 1918 bis 14. März 1919); 1 Band erschienen.

Abteilung I: Kabinette Renner I–III (30. Oktober 1918 bis 7. Juli 1920).

Abteilung II: Kabinette Mayr I und II, Schober I, Breisky und Schober II (7. Juli 1920 bis 31. Mai 1922).

Abteilung III: Kabinette Seipel I und II/III (31. Mai 1922 bis 20. November 1924).

Abteilung IV: Kabinette Ramek I und II (20. November 1924 bis 20. Oktober 1926); 4 Bände erschienen, abgeschlossen.

Abteilung V: Kabinette Seipel IV und V (20. Oktober 1926 bis 4. Mai 1929); 2 Bände erschienen, abgeschlossen.

Abteilung VI: Kabinette Streeruwitz, Schober III und Vaugoin (4. Mai 1929 bis 4. Dezember 1930); 1 Band erschienen.

Abteilung VII: Kabinette Ender, Buresch I und II (4. Dezember 1930 bis 20. Mai 1932).

Abteilung VIII: Kabinette Dollfuß I und II (20. Mai 1932 bis 25. Juli 1934); 7 Bände erschienen, abgeschlossen.

Abteilung IX: Kabinette Schuschnigg I–VI (29. Juli 1934 bis 11. März 1938); 8 Bände erschienen, abgeschlossen.

Abteilung X: Ministerkomitees: Handelspolitisches Ministerkomitee (1931 bis 1937).

Stefan Semotan

Historische Einführung

I. „...außer Raum und Zeit und Ort“

Der vorliegende Editionsband enthält die Sitzungsprotokolle Nr. 1 bis 36 des deutschösterreichischen (ab 21. Oktober 1919 österreichischen[1]) Kabinettsrates und umfasst damit den Zeitraum vom 31. Oktober 1918, dem Tag der Angelobung des Kabinetts Renner I und der ersten Sitzung des Kabinettsrates, bis zur sogenannten 3. Länderkonferenz am 31. Jänner und 1. Februar 1919.[2] Als sich die deutschösterreichischen Staatssekretäre unter dem Vorsitz des Staatskanzlers Dr. Karl Renner erstmals versammelten, war der neue Staat Deutschösterreich noch kaum geboren. Kaiser Karl I. und sein letztes, am 28. Oktober 1918 eingesetztes Kabinett, das „Ministerium“ Lammasch, sollten formal noch bis zum Amtsverzicht Karls am 11. November amtieren, der Zusammentritt der Provisorischen Nationalversammlung als Vertretung „für das deutsche Volk in Österreich“[3] lag nur zehn Tage zurück[4], und die tatsächliche Ausrufung des neuen Staatswesens fand erst am 12. November statt.[5]

Auch hatten die christlichsozialen, deutschnationalen und sozialdemokratischen Abgeordneten der Nationalversammlung, die dem Ergebnis der letzten Reichsratswahlen 1911 verhältnismäßig entsprechend zusammengetreten waren, erst am Vortag der ersten Kabinettsratssitzung den Beschluss über die „grundlegenden Einrichtungen der Staatsgewalt“ gefasst und damit zugleich den Staatsrat als parlamentarischen Vollzugsausschuss der Nationalversammlung und „Organ des Übergangs vom alten zum neuen Österreich, von der

[1] Mit Artikel 1 des StGBl. Nr. 484, Gesetz vom 21. Oktober 1919 über die Staatsform, ausgegeben am 23. Oktober 1919, wurde der Staat Deutschösterreich in Befolgung der Bedingungen des Friedensvertrages von Saint-Germain-en-Laye in „Republik Österreich“ umbenannt.

[2] Zu den Länderkonferenzen vgl. Abschnitt V dieser Einführung.

[3] Vgl. Sten. Prot. Prov. NV, 1. Sitzung vom 21. Oktober 1918, S. 3.

[4] Die Stoßrichtung jener ersten Zusammenkunft hatte sich u. a. in folgender Erklärung kristallisiert: „Das deutsche Volk in Österreich ist entschlossen, seine künftige staatliche Ordnung selbst zu bestimmen, einen selbständigen deutschösterreichischen Staat zu bilden und seine Beziehungen zu den anderen Nationen durch freie Vereinbarungen mit ihnen zu regeln.“ Vgl. ebendort, S. 5.

[5] An jenem Tag beschloss die Provisorische Nationalversammlung StGBl. Nr. 5, Gesetz vom 12. November 1918 über die Staats- und Regierungsform von Deutschösterreich, ausgegeben am 15. November 1918, das neben der Deklaration der republikanischen Staatsform (Artikel 1) Deutschösterreich auch als „Bestandteil der Deutschen Republik“ definierte (Artikel 2). Renner erklärte bei diesem Anlass unter stürmischem Beifall der Abgeordneten: „Unser Volk blutet aus tausend Wunden, unsere Volkswirtschaft ist ein Trümmerfeld, unser Volk kann nur wiederhergestellt und unsere Volkswirtschaft aufgebaut werden, wenn alle Kräfte in freier Zusammenarbeit zusammengefaßt werden. [...] Die Bedingung dafür ist die volle Demokratie. Wenn wir mit diesem Beschlusse Deutschösterreich für eine Republik erklären, so vollziehen wir eine Notwendigkeit nach außen, in unseren Beziehungen zu den übrigen Völkern Europas und der Welt, zu den freundlichen und bis zur Stunde noch feindlichen Mächten. Es ist unbestreitbar: heute ist die Demokratie zum Grundgesetze der ganzen Welt geworden [...] und wir können nicht anders und wir wollen es nicht anders, auch wir müssen mit den Methoden der modernen Zivilisation regiert werden.“ Vgl. Sten. Prot. Prov. NV, 3. Sitzung vom 12. November 1918, S. 65.

Habsburgermonarchie zur Republik Österreich“[6], ins Leben gerufen.[7] Renner, noch nicht Staatskanzler, sondern sozialdemokratischer Abgeordneter der Nationalversammlung, war am 28. Oktober vom Vollzugsausschuss der Nationalversammlung mit der Ausarbeitung einer vorläufigen Verfassung beauftragt worden,[8] und in der Sitzung der Nationalversammlung vom 30. Oktober beschrieb er diesen grundlegenden Gesetzestext und den neuen Staat, dessen vage Umrisse darin skizziert waren, als „Notdach, die erste Aufrichtung einer öffentlichen Gewalt. Das Wesen dieses Staates ist mit keiner charakteristischen Bezeichnung belegt. Wir sprechen darin nicht von Monarchie und nicht von Demokratie und nicht von Republik. Wir können es vielleicht den Staatsrechtsgelehrten überlassen, hinterher das zu erläutern, was unsere Verfassung enthält.“[9] Der vorläufige Charakter dieser Staatsdefinition kam auch im Gesetz selbst unmissverständlich zum Ausdruck: „Vorbehaltlich der Beschlüsse der konstituierenden Nationalversammlung wird einstweilen die oberste Gewalt des Staates Deutschösterreich durch die [...] Provisorische Nationalversammlung ausgeübt.“[10]

Diese Anfangsphase des neuen Staates dauerte also bis zur Ablöse der Provisorischen durch die Konstituierende Nationalversammlung, die am 27. Februar 1919 von erstmals allen Bürgerinnen und Bürgern gewählt werden konnte.[11] Mit dem Gesetz vom 14. März 1919 über die Staatsregierung fanden der Staatsrat und das Staatsratsdirektorium (bestehend aus den drei Präsidenten der Nationalversammlung, die ab 19. Dezember 1918 gemeinsam als Staatsoberhaupt fungierten) sodann ihr Ende.[12] Mit „der Ausübung der Regierungs- und Vollzugsgewalt“ wurden nun „Volksbeauftragte, und zwar der Staatskanzler und die Staatssekretäre“[13], betraut, die „in ihrer Gesamtheit die Staatsregierung“ bildeten.[14]

---

[6] Vgl. Hanns Haas, Historische Einleitung, in: Der österreichische Staatsrat. Protokolle des Vollzugsausschusses, des Staatsrates und des Geschäftsführenden Staatsratsdirektoriums. Band 1: 21. Oktober 1918 bis 14. November 1918. Herausgegeben von Gertrude Enderle-Burcel/Hanns Haas/Peter Mähner, Wien 2008, S. XXI–LXVII, hier S. XXI.

[7] Vgl. StGBl. Nr. 1, Beschluss der Provisorischen Nationalversammlung für Deutschösterreich vom 30. Oktober 1918 über die grundlegenden Einrichtungen der Staatsgewalt, ausgegeben am 15. November 1918, zur Einrichtung des Staatsrates vgl. §§ 3–7; Sten. Prot. Prov. NV, 2. Sitzung vom 30. Oktober 1918, S. 30–49. Das sich abzeichnende Ende der Monarchie hatte in den Tagen zuvor einen Grundkonsens zwischen den „deutschen“ Parteien möglich gemacht: Selbstbestimmungsrecht, Demokratie im Inneren, nationale Souveränität nach außen sollten maßgeblich sein. Dazu sowie zu den zeitgleichen vergeblichen Bemühungen des Kaisers, den völligen Zerfall des Habsburgerreiches doch noch zu verhindern, und den Reaktionen der „nichtdeutschen“ Nationen darauf vgl. Haas, Historische Einleitung, S. XXII–XXVII.

[8] Vgl. Haas, Historische Einleitung, S. XXXII f.

[9] Vgl. Sten. Prot. Prov. NV, 2. Sitzung, S. 31.

[10] Vgl. StGBl. Nr. 1/1918, § 1.

[11] Die Einführung des Frauenwahlrechts zählte zu den Bedingungen der Sozialdemokraten für ihren Eintritt in die Regierung. Vgl. Haas, Historische Einleitung, S. XXXIII.

[12] Vgl. StGBl. Nr. 180, Gesetz vom 14. März 1919 über die Staatsregierung, ausgegeben am 15. März 1919.

[13] Zur Bezeichnung „Staatssekretäre“ hielt Dr. Johann Loewenfeld-Ruß die folgende Erläuterung Renners vom 25. Oktober 1918 fest: „Für Deutsch-Österreich werde eine neue nationale Regierung gebildet werden, die neben der liquidierenden Regierung amtieren würde. Zur Unterscheidung von den Mitgliedern (Ministern) der alten österreichischen, liquidierenden Regierung würden die Mitglieder der neuen österreichischen Regierung den Titel Staatssekretäre erhalten, wie dies ja auch früher für die reichsdeutschen Minister üblich war.“ Zu jenem Zeitpunkt rechnete allerdings selbst Renner noch nicht mit dem endgültigen Aus der Monarchie: „Aufgabe der liquidierenden Regierung würde es sein, unter dem Kaiser einen Bundesstaat oder Staatenbund mit den auf dem Boden der alten Monarchie gebildeten neuen Staaten zu errichten.“ Vgl. Johann Loewenfeld-Ruß, Im Kampf gegen den Hunger. Aus den Erinnerungen des Staatssekretärs für Volksernährung 1918–1920. Herausgegeben von Isabella Ackerl (= Studien und Quellen zur österreichischen Zeitgeschichte 6), Wien 1986, S. 113; Haas, Historische Einleitung, S. XXX f.

[14] Vgl. StGBl. Nr. 180/1919, § 1.

In den Monaten davor stellte sich das Verhältnis zwischen Nationalversammlung, Staatsrat und Kabinett anders dar. Die Nationalversammlung hatte die Regierungs- und Vollzugsgewalt mit StGBl. Nr. 1/1918 dem aus ihrer Mitte gewählten Staatsrat übertragen,[15] der zur Führung der Staatsgeschäfte wiederum die Staatssekretäre als „Beauftragte" bestellte, die „in ihrer Gesamtheit das parlamentarisch verantwortliche Kabinett, die Regierung bildeten": „Staatsrat und Kabinett bestanden somit als Staatsorgane nebeneinander."[16]

Renner charakterisierte das besondere Verhältnis zwischen Nationalversammlung, Staatsrat und Kabinett folgendermaßen: „Nach geläufigen Begriffen wäre also der Vollzugsausschuß oder Staatsrat die Regierung. Dieser Gesichtspunkt wurde nicht gewählt. Der Vollzugsausschuß selbst ist nicht die Regierung im vollen Sinne des Wortes", stattdessen sei, so Renner, eine „charakteristische und spezifische Teilung" vorgenommen worden, indem der Staatsrat „mitten drinnen steht zwischen der Gesetzgebung und der Vollziehung, zwischen der Gesetzgebung und der Verwaltung". Dem Staatsrat komme „gleichsam eine vermittelnde Gewalt zwischen der Gesetzgebung und der Regierung im eigentlichen Sinne" zu. Die Beratung über Gesetzesvorlagen solle im Staatsrat stattfinden, die Nationalversammlung über die Vorlagen Beschluss fassen und der Staatsrat wiederum „die Beschlüsse der Nationalversammlung aus deren Händen übernehmen". Somit fungiere der Staatsrat als ein „mittelndes Organ", „eingeschoben zwischen Gesetzgebung und Verwaltung".

Was das Kabinett betraf, so schien Renner im Zuge seiner Ausführungen bemüht, die Zäsur zur Monarchie deutlich aufzuzeigen: „Die Regierungen haben die Staatsbürger des alten Staates der im Reichsrate vertretenen Königreiche und Länder des öfteren durch Vollzugsverordnungen überrascht, die oft wesentlich anderes enthalten haben, als die im Parlamente in ihrem Untertanenverstande sich einbildeten, beschlossen zu haben." Der deutschösterreichischen Regierung sollte jedoch ein Stück ihrer „Machtfülle" genommen werden, indem der Staatsrat „den Regierungen entsprechende Dienstesanweisungen geben wird", sodass „die künftig vom Staatsrate einzusetzenden Regierungen durchaus nicht mehr dieselben Attribute der Gewalt haben werden wie die bisherigen. Wir werden es mit Regierungen zu tun haben, die im strengsten Sinne des Wortes bloße Verwalter sein sollen, Verwalter auf Grund der Gesetze und der vom Staatsrate ausgearbeiteten Durchführungsvorschriften und Dienstesanweisungen. Der Begriff der Regierung wird also eine entsprechende Herabminderung erfahren." Was „der reinen Regierung" vorbehalten bleiben sollte, das war „die unmittelbare Verwaltungstat [...] nach dem alten Grundsatze jeder Staatsordnung, daß Beraten die Sache vieler, Handeln aber die Sache einzelner ist. Der Rat gehört der großen Zahl, die Tat gehört den Einzelnen." Freilich war auch all das nur Teil der ersten vorläufigen Staatskonstruktion, „bis wir zu dem normalen Laufe der Dinge kommen".[17]

Am gleichen Tag ernannte der Staatsrat, bestehend aus zwanzig Mitgliedern mit ebenso vielen Ersatzmännern, die Staatssekretäre und den Staatskanzler („Leiter der Staatskanzlei"),[18] ihre feierliche Angelobung erfolgte am folgenden Tag um 19 Uhr im Budgetsaal des Abgeordnetenhauses „im Beisein des gesamten Staatsrates und in Anwesenheit zahlreicher Abge-

---

15 Diese Konstruktion dürfte auf einen Vorschlag Otto Bauers im sozialdemokratischen Parteivorstand zurückgehen. Vgl. Haas, Historische Einleitung, S. XXXIII.

16 Vgl. Haas, Historische Einleitung, S. XXI; StGBl. Nr. 1/1918, §§ 8–15.

17 Vgl. Sten. Prot. Prov. NV, 2. Sitzung, S. 31 f. Dieser nur vorläufige Charakter war bereits in der 1. Sitzung der Provisorischen Nationalversammlung deutlich zum Ausdruck gebracht worden. So hatte etwa Dr. Viktor Adler erklärt: „Wir wünschen also, daß die gegenwärtige Versammlung möglichst bald die tatsächliche Regierungsgewalt in Deutschösterreich, seine Vertretung nach außen und seine Verwaltung im Innern an sich ziehe. Dann aber soll sie so bald als möglich Platz machen der neuzuwählenden konstituierenden Nationalversammlung." Vgl. Sten. Prot. Prov. NV, 1. Sitzung, S. 8.

18 Vgl. SRP Nr. 12 vom 30. Oktober 1918.

ordneter". Staatsratspräsident Karl Seitz bat den Staatskanzler und die Staatssekretäre in einer Ansprache, „mit Mut, Tatkraft und Energie an die Arbeit zu schreiten".[19]

Tatsächlich fand die erste Sitzung des Kabinettsrates bereits eine Stunde später statt. Die schriftliche Aufzeichnung über diese Sitzung ist knapp und gibt wenig Aufschluss über deren tatsächliche Dauer oder den Umfang des Gesagten.[20] Wenig überraschend beschäftigten sich die Anwesenden – neben Renner sämtliche neuernannte Staatssekretäre mit Ausnahme des Staatssekretärs für Heerwesen Josef Mayer – mit den „Grundlinien" der Amtsübernahme, die tatsächliche Substanz der Erörterungen geht aus dieser kurzen Mitschrift allerdings nur andeutungsweise hervor. Trotzdem kündigte sich selbst in diesem kursorischen Protokoll schon das Nebeneinander der diversen Problemfelder an, die die Tätigkeit des Kabinettsrates wie des Staatsrates in jenen Wochen und Monaten von Zerfall und Neubeginn prägten. Angedeutet wurden laufende Verhandlungen „mit Tschechen und Ungarn", wobei es in erster Linie um Lebensmittel und Kohle ging, sowie die Einrichtung der Provinz Deutschböhmen.[21] Die vielfältigen Probleme, die das Ende der Monarchie mit sich brachte und die Deutschösterreich unmittelbar erfassten, wie etwa die gravierenden Versorgungsschwierigkeiten, die umstrittenen Ansprüche auf die „deutschen" Gebiete in Böhmen, die notwendige Demobilisierung und Neuformung der Heeresverbände, die Liquidierung der vormals gemeinsamen Verwaltung des Vielvölkerstaates oder die Regelung der gemeinsamen Finanzangelegenheiten, erforderten von Anfang an unmittelbare Beachtung, während zugleich die grundlegende Einrichtung einer neuen Staatsverwaltung vorangetrieben werden musste. So hatte auch Renner am 30. Oktober 1918 in der Nationalversammlung darauf hingewiesen, dass sich die Nationalversammlung trotz des „beispiellosen Zusammenbruches", der sich gerade „inmitten der größten weltgeschichtlichen Entscheidungen" vollziehe, mit Verfassungsgesetzen beschäftige, „und der Einwand liegt nahe, daß der Vollzugsausschuß und die Nationalversammlung sich nicht ausschließlich mit dem befassen, was für das Volk zur Stunde das Wichtigste ist". Aber im gleichen Zuge hatte Renner betont, dass „schlechte Verfassungseinrichtungen" dazu angetan seien, „die Bürger an Leib und Leben" zu bedrohen, daher brauche es Rechtsgrundlagen, „damit wir vorweg in unserem neuen Staate geschützt sind vor jeder rechtlichen Willkür".[22]

In diesem Sinne gingen die Staatssekretäre, wie die zweite Sitzung des Kabinettsrates vom 2. November 1918 zeigt, zügig daran, sich als Nachfolger, wenn auch nicht als Rechtsnachfolger, der scheidenden k.k. Minister einzurichten. Die „Aufträge und Vollmachten" der k.u.k. und k.k. Ministerien „auf dem Staatsgebiete von Deutschösterreich" sollten „unter ausdrücklicher Ablehnung jeder Rechtsnachfolge auf die deutschösterreichischen Staatsämter" übergehen.[23] Während die alten Ministerien noch „zur Liquidierung aller derjenigen (fremdnationalen) Angelegenheiten, welche die andere Nation betreffen, ferner zur Verwaltung der allen Nationen Österreichs gemeinsamen (internationalen) Einrichtungen und endlich zur Einführung der neuen Verwaltung" aufrecht bleiben sollten, sollten die neuen Staatsämter „für alle das deutschösterr. Gebiet und Volk betreffenden (nationalen) Angelegenheiten" zuständig sein.[24] Die Abläufe waren zu jenem Zeitpunkt noch so provisorisch, dass zuerst

[19] Vgl. Wiener Zeitung, 1. November 1918, S. 3 „Deutschösterreichischer Staatsrat".

[20] Zur Frage der Schriftführung in den ersten beiden Sitzungen des Kabinettsrates vgl. KRP Nr. 1, Anmerkung 2.

[21] Vgl. die Abschnitte II und IV dieser Einführung.

[22] Vgl. Sten. Prot. Prov. NV, 2. Sitzung, S. 30 f.

[23] Vgl. StGBl. Nr. 5/1918, Artikel 4.

[24] Diese Formulierung hing auch damit zusammen, dass ursprünglich an eine treuhändische Verwaltung der Deutschösterreich und die übrigen Nachfolgestaaten betreffenden gemeinsamen Angelegenheiten durch die Staatssekretäre gedacht war, die Staatssekretäre somit als Treuhänder der übrigen Nachfolgestaaten dringende gemeinsame Angelegenheiten erledigen sollten, was jedoch von tschechischer Seite abgelehnt worden war. Vgl. Haas, Historische Einleitung, S. XXXVII.

einmal Telefonnummern und Adressen ausgetauscht werden mussten: „Jeder Staatssekretär ist gebeten, ungesäumt an die Staatskanzlei, Wien I. Parlament, Herrenhaus, seine Privat- und Amtsadresse sowie sein Privat- und Amtstelefon bekanntzugeben, damit die Staatssekretäre jederzeit untereinander und mit dem Kabinettsvorsitzenden verbunden werden können."[25] „Der Staat ist zwar eingesetzt", so hatte Renner am 31. Oktober im Staatsrat bemerkt, „aber vorläufig außer Raum und Zeit und Ort."[26] Nun ging man also daran, diesen abstrakten Zustand zu ändern, allerdings in behutsamer Art und Weise, durchaus im Kontakt und unter Absprache mit den bisherigen Machthabern, d. h. unter Fühlungnahme mit dem Ministerpräsidenten Dr. Heinrich Lammasch und dem k.k. Ministerrat, was dort auch lobende Erwähnung fand.[27] Noch hatte ja die Vollzugsgewalt bei der alten Staatsspitze gelegen, und auch die Beamtenschaft war noch diensteidlich an sie gebunden. Der Wechsel ging hier rasch und reibungslos vonstatten. Ebenfalls am 31. Oktober hatte Seitz im Staatsrat berichtet, dass Lammasch vom Kaiser ermächtigt worden war, „die Geschäfte zu übergeben".[28] Ein weiterer wichtiger Schritt war die Entbindung der Beamten vom Diensteid. Kaiser Karl vollzog diesen Schritt am 1. November, am Tag zwischen erster und zweiter Kabinettsratssitzung.[29]

Die „Beamten deutscher Nationalität" auf den neuen Staat Deutschösterreich einzuschwören, war nun sogleich auch Thema in der zweiten Kabinettsratssitzung. Der Staatssekretär für Gewerbe, Handel und Industrie Dr. Karl Urban empfahl, die Beamten provisorisch anzugeloben, „vorbehaltlich der späteren allgemeinen Regelung des Dienstverhältnisses zum deutschösterr. Staat". Eine entsprechende Gelöbnisformel, die den Anzugelobenden dazu verpflichtete, seine „ganze Tat- und Geisteskraft dem Wohle" seines „deutschösterreichischen Vaterlandes, vorbehaltlos und ohne Ansehen der Opfer, hinzugeben", war bereits ausgearbeitet worden.[30]

Bereits mit der folgenden dritten Sitzung des Kabinettsrates vom 4. November 1918 nahm die offensichtlich provisorische Protokollführung eine deutlich geordnetere Form mit übersichtlicher, klar bezeichneter Gliederung in Tagesordnungspunkte sowie einer nä-

---

25 Vgl. KRP Nr. 2 vom 2. November 1918. Loewenfeld-Ruß schrieb am 6. November 1918: „So ernst und fürchterlich auch die Situation ist, in der wir alle stehen, kamen mir die ersten Kabinettssitzungen fast operettenhaft vor, denn einige der parlamentarischen Staatssekretäre sind die ersten Tage hilflos wie Kinder gewesen." Zum Staatskanzler bemerkte Loewenfeld-Ruß am 11. November dagegen: „Im Kabinett führt Renner den Vorsitz. Sehr gut. Eine staunenswerte Arbeitskraft. Es wird fieberhaft gearbeitet." Vgl. Loewenfeld-Ruß, Im Kampf gegen den Hunger, S. 120 und S. 124.

26 Vgl. SRP Nr. 13 vom 31. Oktober 1918.

27 Vgl. AVA, Ministerratsprotokolle, 67. Ministerrat vom 31. Oktober 1918. Dass der Wunsch dahin ging, den Machtwechsel möglichst reibungslos und ohne großes Aufsehen, vor allem jedenfalls gewaltlos zu vollziehen, mag sich in der zweiten Sitzung des Kabinettsrates auch in der Aufforderung an die Staatssekretäre widerspiegeln, die Übernahme seines jeweiligen Amtes „unauffällig" in den Tageszeitungen anzuzeigen. Vgl. KRP Nr. 2, weiters Anmerkung 13 ebendort. Im Kontext der friedlichen Amtsübernahme schrieb Loewenfeld-Ruß am 6. November 1918: „Die letzten Tage waren jedenfalls die ärgsten, weil die Gefahr einer gewalttätigen Revolution bestand. Mit der faktischen Übernahme der Geschäfte durch die deutsch-österreichische Regierung machte sich eine Bewegung geltend, die revolutionären Charakter hatte. […] Die Soldaten hielten Versammlungen, die Gefangenen und Flüchtlinge strömten nach Wien. Aber Gott sei Dank kam es, offenbar infolge der allgemeinen Erschöpfung und des an sich gutmütigen Charakters unserer Bevölkerung, vielleicht auch wegen des Regens, zu nichts und heute hat sich die Gärung schon ziemlich gelegt." Vgl. Loewenfeld-Ruß, Im Kampf gegen den Hunger, S. 120.

28 Vgl. SRP Nr. 13.

29 Vgl. AVA, Ministerratsprotokolle, 69. Ministerrat vom 1. November 1918. Zur Übergabe der Geschäfte an die neue Staatsführung vgl. weiters Haas, Historische Einleitung, S. XXXVI; zum Kontakt Renners mit dem k.k. Ministerrat in der Frage des Diensteides auch KRP Nr. 2, Anmerkung 10.

30 Vgl. KRP Nr. 2, zum vollständigen Text der Gelöbnisformel Anmerkung 12. Zur Beamtenschaft vgl. weiters Abschnitt III dieser Einführung.

her, wenn auch nicht völlig unmittelbar am tatsächlichen Verhandlungsverlauf orientierten Reinschrift, an.[31] Inhaltlich beschäftigte sich der Kabinettsrat dagegen weiterhin mit teils grundlegenden Aspekten der sich laufend entwickelnden staatlichen Organisation, so etwa in der vierten Sitzung vom 7. November 1918, auf deren Tagesordnung die „Einrichtung eines täglichen Verbindungsdienstes zwischen den Staatsämtern und dem Staatsrate"[32] ebenso wie die „Abgrenzung der Kompetenzen zwischen Staatsrat, dem Kabinett und den Staatsämtern" stand. Hinsichtlich letzteren Punktes hatte sich offenbar in den ersten Tagen der Amtsführung Klärungsbedarf ergeben, denn die „Frage der Abgrenzung der Kompetenzen zwischen den Ressortchefs und dem Kabinette", aufgeworfen durch den Staatssekretär für Landwirtschaft Josef Stöckler, fand sogleich Unterstützung durch den Staatssekretär für Volksernährung Dr. Johann Loewenfeld-Ruß, der ebenfalls „eine genauere Feststellung der Kompetenzen des Staatsrates auf dem Gebiete der Verwaltung für erwünscht" hielt. Nachdem sodann „[m]ehrere Redner […] der Anschauung Ausdruck" verliehen, „dass die Verwaltung der Bewegungsfreiheit bedürfe und es dem Staatsrate jedenfalls nicht zukomme, in konkrete Details der Verwaltung einzugreifen", sah sich Staatskanzler Renner veranlasst, seinen bereits erwähnten Grundsatz, dass „Beraten die Sache vieler, Handeln aber die Sache einzelner ist", näher zu erläutern.

Der Staatsrat, stellte Renner demgemäß fest, habe „die allgemeinen Linien der Politik festzusetzen. Die einzelnen Ressorts haben nicht Sonderpolitik zu machen, sondern die Politik des Staatsrates auszuführen." Dem Staatsrat sei jedenfalls die Beratung und Beschlussfassung über Verordnungen vorbehalten, „welche nicht bloß Beamte, sondern auch Staatsbürger verpflichten". Auf diese Weise seien „sämtliche, die Bürger bindende Verordnungen durch den Staatsrat gedeckt". Weiters seien dem Staatsrat „auch Kundmachungen vorbehalten, welche bei der gesamten Bürgerschaft einen starken Eindruck erwecken sollen". Renner illustrierte das mit folgendem Beispiel: „Wenn etwa der Staatssekretär für Finanzen einen Aufruf an die Bevölkerung erlässt, ihre Steuern zu zahlen, so hat dies gewiss nicht die gleiche Wirksamkeit, wie wenn der Aufruf vom Staatsrate ausgeht." Nicht berufen sei der Staatsrat dagegen, „unmittelbare Verfügungen auf dem Gebiete der einzelnen Ressorts zu treffen".[33]

Dass sich der Kabinettsrat erst eigene Arbeitsregeln schaffen musste, zeigt weiters die in der gleichen Sitzung behandelte Frage, wie oft Kabinettsratssitzungen stattzufinden hatten. Diese sollten, wie schließlich festgestellt wurde, „in der gegenwärtigen kritischen Übergangszeit […] möglichst häufig" abgehalten werden. Bevor es zu diesem Beschluss kam, hatte Staatssekretär Urban noch auf die „Praxis der [k.k.] Ministerien" verwiesen: „Eine Sitzung des Ministerrates findet immer dann statt, wenn sie von einem Minister ausdrücklich verlangt wurde, oder wenn es der Ministerpräsident für notwendig erachtet. […] Für die spätere Zeit würde sich empfehlen, den Kabinettsrat immer dann zusammentreten zu lassen, wenn dies

[31] Ebenso darf angenommen werden, dass ab der dritten Sitzung durchwegs Schriftführer anwesend waren, selbst wenn die Stenogramme einiger Sitzungen nicht erhalten geblieben sind.

[32] Vgl. KRP Nr. 4/2.

[33] Zur „Abgrenzung der Befugnisse der einzelnen Ressorts und des Kabinettsrates" bemerkte Renner weiters noch, dass „sich eine scharfe Grenze nicht ziehen" lasse, worauf der Unterstaatssekretär für Inneres Otto Glöckel beipflichtete, dass die Grenze in der Praxis „nicht immer leicht zu finden" sei, als entscheidendes Kriterium jedoch die Wahrung der „Einheitlichkeit der Verwaltung" maßgebend sein solle. Im Übrigen solle „dem Ressort volle Bewegungsfreiheit gelassen werden". Vgl. KRP Nr. 4/3. Dass die Kompetenzverteilung zwischen Staats- und Kabinettsrat aus der Sicht Renners keine ideale Lösung darstellte, zeigt folgende Bemerkung des Staatskanzlers in der 14. Sitzung des Kabinettsrates, die nur im Stenogramm festgehalten wurde: „Kompetenzgrenze zwischen Staatsrat und Cabinett ist nicht fest gezogen. Insbesondere für einzelne Ressorts sehr schwierig, diese Art Doppelverwaltung über sich ergehen zu lassen. Eine solche Auseinanderlegung der Kompetenzen kann aber erst allmählich sich herausbilden." Vgl. KRP Nr. 14 vom 21. November 1918, Stenogramm.

von einem Staatsrate verlangt wird."[34] Weder die eine noch die andere Variante wurde Usus, stattdessen bürgerte sich langfristig die auch in der Zweiten Republik fortgesetzte Gepflogenheit der regelmäßigen, zumeist wochenweisen Abhaltung von Kabinetts- bzw. ab 15. November 1920 Ministerratssitzungen ein. Den Bedürfnissen der „kritischen Übergangszeit" entsprechend, fanden die Sitzungen des Kabinettsrates vorläufig häufiger statt, anfangs fast täglich (die Protokolle Nr. 4–10 fallen beispielsweise auf sechs aufeinanderfolgende Tage), dann allmählich in größeren Abständen (die Protokolle Nr. 22 und 23 trennten vier Tage ohne Sitzung, zwischen Nr. 25 und 26 verstrich bereits eine Woche).

Ein weiterer grundlegender Punkt, über den sich der Kabinettsrat Klarheit zu verschaffen suchte, war die „Regelung der Verordnungsgewalt auf Grund der gegenwärtigen Verfassung" – also StGBl. Nr. 1/1918 – „des Deutschösterreichischen Staates".[35] Der sechsten Sitzung vom 9. November 1918 wurde der Präsidialdirektor der Staatskanzlei Ministerialrat Dr. Josef Freiherr von Löwenthal beigezogen, um nochmals die Kompetenzen hinsichtlich der Verordnungsgewalt darzulegen, wobei er Vollzugsanweisungen und Verwaltungsverordnungen unterschied. Unter erstere Kategorie fielen Vollzugsanweisungen, die „den bisherigen Durchführungsverordnungen zu Gesetzen und den Verordnungen des Gesamtministeriums" entsprachen und vom Staatsrat zu erlassen waren, sowie jene, „welche von den Staatssekretären über Ermächtigung des Staatsrates erlassen werden". Letztere sollten mit der einleitenden Klausel: „Über Ermächtigung des Staatsrates wird verordnet wie folgt:" herausgegeben werden.[36] Die Verwaltungsverordnungen – „interne Dienstvorschriften" – blieben dem eigenen Wirkungskreis der Staatssekretäre vorbehalten. Das Kabinett nahm diese Ausführungen zustimmend zur Kenntnis, beschloss jedoch immerhin, „dass auch die vom Staatsrate erlassenen Vollzugsanweisungen vom zuständigen Staatssekretäre mitgefertigt werden".[37]

---

[34] Vgl. KRP Nr. 4/4.

[35] Vgl. KRP Nr. 6/5 vom 9. November 1918.

[36] Diese Eingangsformel verstieß, so Hans Kelsen, gegen die am 30. Oktober 1918 beschlossene Verfassung. Derart bezeichnete Vollzugsanweisungen „tragen die Unterschrift des betreffenden Staatssekretärs und weisen sich somit auch dadurch als Vollzugsanweisungen des betreffenden Staatsamtes aus, sie sind aber auch vom Staatsnotar gefertigt, was in diesem Falle nicht etwa ohne gesetzliche Grundlage geschieht, sondern geradezu dem Gesetze widerspricht, soferne man nämlich den Kopf dieser Vollzugsanweisungen gelten läßt und sie als Willensakte des Staatsrates auffaßt." Für „Willensakte des Staatsrates" galt nämlich folgende Bestimmung des StGBl. Nr. 1/1918, § 6: „Ausfertigungen des Staatsrates sind ungültig, wenn sie nicht von einem der Präsidenten gefertigt und vom Leiter der Kanzlei und dem Notar des Staatsrates mitgezeichnet sind." Diese Voraussetzungen waren in diesen Fällen nicht erfüllt, dementsprechend folgerte Kelsen: „Eine solche Publikationspraxis, bei der Vollzugsanweisungen einzelner Staatsämter unter dem Titel von Vollzugsanweisungen des Staatsrates erscheinen, ist allerdings gänzlich ungerechtfertigt." Vgl. Hans Kelsen. Werke. Band 5: Veröffentlichte Schriften 1919–1920. Herausgegeben von Matthias Jestaedt, Tübingen 2011, S. 72.

[37] Vgl. KRP Nr. 6/5. Auch dieser Beschluss stand nach Kelsen mit den Bestimmungen der vorläufigen Verfassung strenggenommen nicht im Einklang: „Schließlich weist das St.G.Bl. Vollzugsanweisungen des Staatsrates auf, die sich in der Eingangsklausel nicht als Vollzugsanweisungen einzelner Staatsämter deklarieren, die aber nicht nur ordnungsgemäß von einem Präsidenten, dem Staatskanzler und dem Staatsnotar, sondern auch von demjenigen Staatssekretär gefertigt sind, in dessen Ressort die geregelte Materie fällt. [...] Die Mitfertigung des ressortmäßigen Staatssekretärs entbehrt jedoch jeder gesetzlichen Grundlage." Vgl. Kelsen, Werke 5, S. 72. Beispiele für derartige Vollzugsanweisungen sind etwa StGBl. Nr. 12, Vollzugsanweisung des Deutschösterreichischen Staatsrates vom 5. November 1918 über die Exekutionsfreiheit der Hilfsdarlehen zur Durchführung der Kriegskredithilfe für das mittelständische Gewerbe, ausgegeben am 17. November 1918; StGBl. Nr. 27, Vollzugsanweisung des Deutschösterreichischen Staatsrates vom 18. November 1918 über die Aufrechterhaltung von Dienstverhältnissen, die dem Handlungsgehilfengesetz unterliegen, während des Krieges und der Abrüstung, ausgegeben am 20. November 1918.

Die hinter StGBl. Nr. 1/1918, § 7[38], stehende Überlegung war, so der Rechtswissenschaftler und maßgebliche Mitverfasser des Bundes-Verfassungsgesetzes von 1920[39] Dr. Hans Kelsen, dass „die Nationalversammlung und das Volk nicht vor ganz unerwünschte und unvertraute Gesetzesvorlagen gestellt werde" und dass „alle *Regierungs*vorlagen vom Staatsrat ausgehen müssen. Diesem steht das Initiativrecht der Exekutive zu. Die ‚Staatsregierung', d. h. die Staatssekretäre haben kein unmittelbares Initiativrecht."[40] Kelsen weiter: „Nach der ursprünglichen Absicht des Gesetzgebers sollte dem Staatsrat das gesamte Verordnungsrecht vorbehalten bleiben. Das war der Sinn, den man mit dem Satze verbinden wollte: Der Staatsrat erläßt die nötigen Vollzugsanweisungen. Es bestand die bewußte Absicht, der Regierung im engeren Sinne des von der Verfassung gewählten Sprachgebrauches, nämlich den Staatssekretären, das Verordnungsrecht zu versagen. Nicht nur Rechtsverordnungen, d. h. auf Grund der Gesetze erlassene, die Staatsbürger bindende Normen der Exekutive, sondern auch Verwaltungsverordnungen, d. h. nur die Staatsorgane bindende Normen, sollten vom Staatsrat ausgehen."[41] Das entsprach auch Renners Begründung seines Verfassungsentwurfs in der Sitzung der Nationalversammlung vom 30. Oktober 1918, als er – wie bereits weiter oben zitiert – von der Regierung als bloßem Verwalter sprach, der den „Durchführungsvorschriften und Dienstesanweisungen" des Staatsrates unterworfen sein sollte. Das bedeutete, so Kelsen: „Die ‚Regierung' sollte also alles sein, nur gerade keine Regierung."[42] Wie provisorisch und zum Teil auch improvisiert nicht nur die einstweiligen Grundlagen des Staates Deutschösterreich, sondern auch deren Umsetzung in der Praxis waren, zeigen wohl die zahlreichen diesbezüglichen Widersprüche, auf die Kelsen hingewiesen hat.[43] Weiters gab es auch gewisse Ausnahmen vom hier dargelegten generellen Muster, beispielsweise wurde das Staatsamt für Kriegs- und Übergangswirtschaft in der Staatsratssitzung vom 30. November 1918 generell ermächtigt, unter Bezugnahme auf das wirtschaftliche Ermächtigungsgesetz, RGBl. Nr. 307/1917, aufgrund der „durch den Krieg hervorgerufenen außerordentlichen Verhältnisse" die „notwendigen Verfügungen auf wirtschaftlichem Gebiete zu treffen und die einschlägigen Vollzugsanweisungen unter Berufung auf diese Ermächtigung des Staatsrates zu erlassen". Vor der Veröffentlichung derartiger Vollzugsanweisungen musste geprüft werden, dass sie „wirklich keinen politischen Charakter haben", weiters waren sie der Nationalversammlung periodisch zur Kenntnis zu bringen.[44]

Mit dem verfassungsrechtlichen Provisorium war aber auch Renner, der es ja federführend mit aus der Taufe gehoben hatte, im Hinblick auf die Organisation der Gesetzgebung nicht vollkommen zufrieden, wie die Sitzung des Kabinettsrates vom 10. November 1918 zeigt. Renner führte aus, „dass nach der provisorischen Verfassung des d.ö. Staates der Staatsrat der Träger der Regierungs- und Vollzugsgewalt sei.[45] Gegen diese Konstruktion habe er insoferne Bedenken, als hiedurch dem Grundsatze der Trennung von Justiz und Verwaltung nicht genügend Rechnung getragen sei und es wünschenswert wäre, dass neben dem rein parteimäßig und politisch zusammengesetzten Staatsrat von der Nationalversammlung ein

38 „Der Staatsrat berät die Vorlagen an die Nationalversammlung vor, beurkundet deren Beschlüsse, macht sie kund und erläßt die nötigen Vollzugsanweisungen."

39 StGBl. Nr. 450, Gesetz vom 1. Oktober 1920, womit die Republik Österreich als Bundesstaat eingerichtet wird (Bundes-Verfassungsgesetz), ausgegeben am 5. Oktober 1920.

40 Vgl. Kelsen, Werke 5, S. 46.

41 Vgl. ebendort, S. 47.

42 Vgl. ebendort, S. 48.

43 Vgl. vorstehend Anmerkungen 36 und 37.

44 Vgl. SRP Nr. 51, weiters KRP Nr. 2, Anmerkung 20.

45 Gemeint war StGBl. Nr. 1/1918, § 3: „Mit der Regierungs- und Vollzugsgewalt betraut die Provisorische Nationalversammlung einen Vollzugsausschuß, den sie aus ihrer Mitte bestellt. / Der Vollzugsausschuß führt den Titel ‚Deutschösterreichischer Staatsrat'."

besonderer Vollzugsausschuss für die Ausübung der Justizhoheit eingesetzt wird, der als objektives fachliches Organ die Rechtspflege zu überwachen hätte." Erst wenn ein solcher Ausschuss eingesetzt sei, „schiene dem Redner die Justizhoheit des Staates mit dem notwendigen Elemente der Stabilität ausgestattet".[46]

Unter solchen Voraussetzungen gestaltete sich die legislative Tätigkeit des Kabinetts anders als es in den auf die Auflösung des Staatsrates folgenden Kabinetten der Fall sein sollte, die über die diversen Gesetzesmaterien unter Heranziehung bezüglicher Entwürfe und sonstiger Materialien, wie etwa Motivenberichten, in teils umfassender Weise berieten, um sie, so ein entsprechender Beschluss gefasst wurde, den Organen der Gesetzgebung, d. h. der Nationalversammlung bzw. ab 1920 dem Nationalrat und den zuständigen Fachausschüssen zur weiteren Beratung und endgültigen Beschlussfassung zu übermitteln. Da die vorberatende Rolle gemäß StGBl. Nr. 1/1918, § 7, nun vorerst dem Staatsrat zukam, der die angenommenen Entwürfe sodann weiterleitete, entfielen detaillierte Erörterungen konkreter Gesetzesvorlagen im Kabinettsrat weitgehend. Gesetzesentwürfe liegen den Protokollen nur in Einzelfällen bei,[47] und die Behandlung und Beschlussfassung beschränkte sich oftmals auf die Erteilung der Genehmigung, eine Gesetzesvorlage in den Staatsrat einbringen zu dürfen,[48] sodass manch wichtige legislative Materie in den vorliegenden Protokollen praktisch unerwähnt blieb. Exemplarisch sei auf das Gesetz über das deutschösterreichische Staatsbürgerrecht, StGBl. Nr. 91/1918,[49] verwiesen, das zusammen mit einer Reihe anderer Gesetzesvorlagen, darunter etwa jene über die Führung des Staatshaushaltes bis 30. Juni 1919[50] und die Kontrolle der Staatsschuld Deutschösterreichs,[51] in der dreizehnten Sitzung des Kabinettsrates pauschal in aller Kürze und ohne nähere Erläuterungen abgehandelt wurde.[52] Gerade das Staatsbürgerrechtsgesetz wurde im Staatsrat mehrfach behandelt und diskutiert,[53] im Kabinettsrat ist davon jedoch nichts zu spüren. Ebenfalls unbehandelt blieb das Gesetz über die Staats- und Regierungsform, StGBl. Nr. 5/1918, mit dem Deutschösterreich zu einer demokratischen Republik und „Bestandteil der Deutschen Republik" erklärt wurde.[54] Dieses grundlegende Gesetz – „vom Staatsrate im Drange der Not geschaffen und beschlossen"[55] – wurde lediglich in der Sitzung vom 23. November 1918 (der sogenannten

---

46 Vgl. KRP Nr. 7/19. Entsprechende Ausschüsse, nicht nur für Justiz, wurden von der Nationalversammlung am 12. November 1918 eingesetzt. Vgl. Sten. Prot. Prov. NV, 3. Sitzung vom 12. November 1918, S. 87.

47 Vgl. beispielsweise KRP Nr. 16/1 vom 26. November 1918, Nr. 18/5 vom 29. November 1918 oder Nr. 21/3 und 4 sowie die zugehörigen Beilagen.

48 Vgl. etwa KRP Nr. 18/5 und Nr. 21/3.

49 StGBl. Nr. 91, Gesetz vom 5. Dezember 1918 über das deutschösterreichische Staatsbürgerrecht, ausgegeben am 13. Dezember 1918.

50 StGBl. Nr. 74, Gesetz vom 27. November 1918 über die Führung des Staatshaushaltes vom 1. November 1918 bis 30. Juni 1919, ausgegeben am 4. Dezember 1918.

51 StGBl. Nr. 88, Gesetz vom 5. Dezember 1918 über die Kontrolle der Staatsschuld Deutschösterreichs, ausgegeben am 13. Dezember 1918.

52 Vgl. KRP Nr. 13/5. Als Beispiel für die später übliche Form der Behandlung von Gesetzesvorlagen mag ein am 30. Mai 1919 im Kabinettsrat erörtertes Militärpensionistengesetz dienen. Der betreffenden Sitzung liegen sowohl Entwurf als auch Erläuterungen zum Entwurf bei, weiters wurden Fachreferenten der relevanten Ressorts zur Berichterstattung hinzugezogen. Vgl. KRP Nr. 75/2.

53 Vgl. SRP Nr. 30 vom 11. November 1918, Nr. 51 vom 30. November 1918, Nr. 52 vom 2. Dezember 1918, Nr. 54 vom 6. Dezember 1918 und Nr. 55 vom 7. Dezember 1918; Sten. Prot. Prov. NV, 6. Sitzung vom 27. November 1918, S. 174–184.

54 Vgl. Anmerkung 5 dieser Einführung.

55 So Renner in seiner diesbezüglichen Berichterstattung vor der Nationalversammlung, vgl. Sten. Prot. Prov. NV, 3. Sitzung vom 12. November 1918, S. 65. Zur Behandlungen dieses Gesetzes im Staatsrat vgl. SRP Nr. 29 vom 11. November 1918 und Nr. 33 vom 14. November 1918.

ersten Länderkonferenz)[56] erwähnt, also zu einem Zeitpunkt, da es schon längst von der Nationalversammlung beschlossen und im Staatsgesetzblatt publiziert worden war.[57]

Eine auffallende Ausnahme bildete die Gesetzesvorlage, betreffend die Einhebung einer besonderen Brotauflage im Jahre 1919, über die unter Heranziehung entsprechender Entwürfe in den vorliegenden Protokollen dreimal beraten wurde, zweimal im Rahmen regulärer Sitzungen und sodann in der dritten Länderkonferenz.[58] Dass dieses Gesetz gesteigerte Aufmerksamkeit im Kabinettsrat erfuhr, hing einerseits wohl mit dessen Behandlung im Rahmen der erwähnten Konferenz, andererseits aber mit dessen einschneidender Bedeutung für die Allgemeinheit zusammen, sah es doch vor, die enormen Mehrkosten der Getreidelieferungen der Entente zum Teil durch Preiserhöhungen auf die Bevölkerung zu überwälzen und Beitragsleistungen von Grundbesitzern, Pächtern und Personen, deren steuerpflichtiges Einkommen eine bestimmte Grenze überschritt, einzuheben.

Trotzdem sich die Kabinettsratsprotokolle hinsichtlich der legislativen Tätigkeit der obersten Behörden und der Staatsspitze – gewissermaßen verfassungsbedingt – also doch recht deutlich vom Charakter späterer Kabinetts- bzw. Ministerratsprotokolle unterscheiden, bildet sich das (außen- wie innen-)politische Geschehen gerade in der noch eher provisorischen, teils wohl auch etwas chaotischen Natur, die sich zwischen den Zeilen und Tagesordnungspunkten dieser Protokolle manchmal mehr, manchmal weniger klar erahnen lässt, nicht nur deutlich, sondern vielleicht sogar eine Spur eindringlicher ab, als es in manch anderer Quelle, gleich, ob aus jenen Monaten des Übergangs oder aus späteren Phasen der Republik, der Fall sein mag. Gerade das Nebeneinander so unterschiedlicher grundlegender Themenbereiche wie der Organisation der Beamtenschaft, des Heeres bzw. der Volkswehr, der Zusammenarbeit und zugleich auch der Auseinandersetzungen mit den anderen Nachfolgestaaten in Versorgungsfragen oder dem Umgang mit den Spannungen zwischen zentraler und Landesverwaltung verdeutlichen die vielfältigen Herausforderungen, die sich der neuen politischen Führung des Landes stellten. Die folgenden Abschnitte dieser Einführung sollen einen kursorischen Überblick über die wichtigsten der genannten Themen, die in den hier abgedruckten Protokollen Niederschlag fanden, bieten.

II. Das Staatsgebiet; Konflikte und Kooperation mit den übrigen Nachfolgestaaten

Am 22. November 1918 beschloss die Nationalversammlung ein Gesetz und eine Staatserklärung über „Umfang, Grenzen und Beziehungen des Staatsgebietes von Deutschösterreich". Im Gesetz, StGBl. Nr. 40/1918, wurde der Umfang des Staates folgendermaßen definiert: „Die Länder Österreichs unter der Enns einschließlich des Kreises Deutsch-Südmähren und des deutschen Gebietes um Neubistritz, Österreich ob der Enns einschließlich des Kreises Deutsch-Südböhmen, Salzburg, Steiermark und Kärnten mit Ausschluß der geschlossenen jugoslawischen Siedlungsgebiete, die Grafschaft Tirol mit Ausschluß des geschlossenen italienischen Siedlungsgebietes, Vorarlberg, Deutschböhmen und Sudetenland, sowie die deutschen Siedlungsgebiete von Brünn, Iglau und Olmütz."[59] Die Staatserklärung, StGBl. Nr. 41/1918, bestimmte u. a. weiters, dass Deutschösterreich über die genannten Regionen die volle Gebietshoheit auszuüben beabsichtigte und dass auch die „in den Siedlungsgebieten

[56] Vgl. KRP Nr. 15 vom 23. November 1918, zu den Länderkonferenzen weiters Abschnitt V dieser Einführung.

[57] Vgl. Sten. Prot. Prov. NV, 3. Sitzung vom 12. November 1918, S. 65–69.

[58] Vgl. KRP Nr. 33/3, Nr. 35/4 und Nr. 36.

[59] Vgl. den § 1 des StGBl. Nr. 40, Gesetz vom 22. November 1918 über Umfang, Grenzen und Beziehungen des Staatsgebietes von Deutschösterreich, ausgegeben am 28. November 1918.

anderer Nationen eingeschlossenen, allein oder überwiegend von Deutschen bewohnten oder verwalteten Sprachinseln, Städte, Gemeinden und Ortschaften der im Reichsrate vertreten gewesenen Königreiche und Länder" vorläufig als deutschösterreichischer „Rechtsbereich" zu gelten hätten.[60]

Das Konfliktpotential mit den von diesen Bestimmungen tangierten Nachfolgestaaten lag auf der Hand, zugleich war Deutschösterreich aber auf Kooperation, auf Einigungen am Verhandlungstisch angewiesen, wenn die Ernährungs- und Rohstoffkrise zumindest ansatzweise gemeistert werden sollte. Aber schon Ende Oktober hatten die deutschsprachigen Reichsratsabgeordneten Böhmens einerseits und jene Mährens und Schlesiens andererseits den Anschluss an Deutschösterreich beschlossen und die Einrichtungen der Provinzen Deutschböhmen und Sudetenland am 30. Oktober 1918 in der Nationalversammlung verkündet,[61] während das südmährische Gebiet sich als Kreis Deutsch-Südböhmen bzw. „Böhmerwaldgau" an Oberösterreich anzuschließen trachtete.[62] Am 9. November erteilte der Staatsrat dem Kabinett Renner sodann den Auftrag, „unverzüglich alle Verfügungen zu treffen, um die selbständige Landesverwaltung in den Provinzen Deutschböhmen und Sudetenland zu verwirklichen". Renner hatte dem Kabinett diesen Schritt des Staatsrates am gleichen Tag bereits im Voraus angekündigt.[63]

Die Gefahren, die diese Entwicklungen für die lebensnotwendigen Kontakte zu den Nachbarstaaten bedeuteten, waren im Kabinettsrat sogar noch früher angesprochen worden, etwa in der dritten Sitzung vom 4. November 1918, als die „Errichtung von Eisenbahn-Direktionen für die deutschen Siedlungsgebiete der Sudetenländer" diskutiert worden war. Der Staatssekretär für Verkehrswesen Karl Jukel hatte bei diesem Anlass zu bedenken gegeben, „dass gegenwärtig dringende Eisenbahnverhandlungen mit Böhmen wegen des Transits der Kohle geführt werden müssen und nach Ansicht des Vortragenden alles vermieden werden muss, was den Fortgang dieser die vitalsten Interessen unserer Bevölkerung berührenden Verhandlungen stören könnte".[64]

Nichtsdestotrotz kam der Kabinettsrat dem ihm durch den Staatsrat erteilten Auftrag nach und setzte sich mehrmals mit diversen Aspekten der Verwaltungseinrichtung in diesen Provinzen auseinander, mit dem Sudetenland umfangreich in der Sitzung vom 10. November 1918.[65] Nach Deutschböhmen sollte ein Flugdienst eingerichtet werden,[66] und bei den Landesregierungen beider Provinzen, die sich in Reichenberg (Deutschböhmen) und Troppau (Sudetenland) etabliert hatten, wurde die „Errichtung von Abteilungen des Staatsamtes für Kriegs- und Übergangswirtschaft" unter „Hinweis auf die täglich zunehmende Schwierigkeit einer Verkehrsmöglichkeit" in Aussicht genommen.[67] Auch die Errichtung zweier Eisenbahndirektionen in Jägerndorf und Teplitz wurde schließlich zumindest provisorisch verwirklicht, wenn sich diese auch nicht lange halten sollten.[68]

Aber auch mit Ungarn galt es, einen vorsichtigen Kurs zu halten, wollte man die wichtigen Ernährungsverhandlungen nicht gefährden. Die sich regende westungarische Anschlussbe-

---

60 Vgl. Absatz 2 des StGBl. Nr. 41, Staatserklärung vom 22. November 1918 über Umfang, Grenzen und Beziehungen des Staatsgebietes von Deutschösterreich, ausgegeben am 28. November 1918. Zu beiden Gesetzen vgl. Kelsen, Werke 5, S. 86–89.

61 Vgl. Sten. Prot. Prov. NV, 2. Sitzung vom 30. Oktober 1918, S. 15 f und S. 35; weiters KRP Nr. 6, Anmerkungen 5 und 6.

62 Vgl. KRP Nr. 19, Anmerkung 12.

63 Vgl. SRP Nr. 28 und KRP Nr. 6/1.

64 Vgl. KRP Nr. 3/2.

65 Vgl. KRP Nr. 9/2.

66 Vgl. KRP Nr. 7/5 vom 10. November 1918.

67 Vgl. KRP Nr. 8/2 vom 11. November 1918.

68 Vgl. KRP Nr. 3, Anmerkung 8.

wegung, so berichtete Staatssekretär Loewenfeld-Ruß dem Kabinettsrat am 15. November 1918, veranlasste den ungarischen Staatssekretär des Äußern Josef Diner-Dénes, u. a. darum zu ersuchen, „dass in der d.ö. Nationalversammlung nicht immer wieder die Angliederung westung. Komitate an Deutschösterreich zur Sprache gelange". Die Rücksichtnahme auf die ungarischen Wünsche sei, so Loewenfeld-Ruß, „jedenfalls geeignet, die bevorstehenden Verhandlungen Deutschösterreichs mit Ungarn in Ernährungsangelegenheiten günstig zu beeinflussen".[69] Die westungarische Frage blieb jedoch virulent, sodass sie schon am 18. November abermals auf der Tagesordnung des Kabinettsrates stand. Von Zeitungen kolportierte Gerüchte „über einen beabsichtigten Einmarsch deutschösterreichischer Truppen nach Westungarn" ließen die ungarische Regierung unmissverständlich „mit der sofortigen Einstellung aller Lebensmittelzuschübe nach Deutschösterreich" drohen, was laut Loewenfeld-Ruß besonders „für die Fleischversorgung Wiens von geradezu katastrophaler Bedeutung wäre".[70]

Nicht erleichtert wurde die Position des Kabinetts dadurch, dass der Staatsrat am gleichen Tag die folgende Erklärung beschlossen hatte: „Die geschlossenen deutschen Siedlungsgebiete der Komitate Preßburg, Wieselburg, Ödenburg und Eisenburg gehören geographisch, wirtschaftlich und national zu Deutschösterreich, stehen seit Jahrhunderten in innigster wirtschaftlicher und geistiger Gemeinschaft mit Deutschösterreich und sind insbesondere der Stadt Wien zur Lebensmittelversorgung unentbehrlich." Immerhin hatte der Staatsrat klargestellt, dass die westungarische Anschlussfrage der kommenden Friedenskonferenz überlassen werden sollte, wo man „auf den Anschluss dieser Gebiete an die Republik Deutschösterreich bestehen" werde.[71] Diesen Umstand unterstrich auch Renner in seiner Replik auf die Warnung von Staatssekretär Loewenfeld-Ruß. In „keiner Weise" liege „eine aktive feindselige Politik des Staates Deutschösterreich gegenüber Ungarn" vor, somit werde es „Sache des Staatsamtes des Äußern [...] sein, in diesem Sinne aufklärend und beruhigend auf die ungarische Regierung einzuwirken".[72] Aber das genügte nicht. Um weiter zu kalmieren, war noch die Ausarbeitung einer weiteren umfangreichen Erklärung seitens des Staatsamtes für Äußeres nötig, die die ungarische Seite auch genehmigte, noch bevor sie dem Staatsrat vorgelegt und von diesem pro forma zum Beschluss erhoben wurde. Somit sanktionierte der Staatsrat nur noch das, was das Staatsamt und die ungarischen Vertreter bereits vereinbart hatten, wiewohl die Erklärung der Öffentlichkeit gegenüber als Beschluss des Staatsrates dargestellt wurde.[73]

Wenn also auch gewichtige Konfliktfelder mit den Nachbarstaaten bestanden und vor allem in den Gebiets- und Grenzfragen zwischen Deutschösterreich und der Tschechoslowakei, sodann aber auch mit dem Königreich der Serben, Kroaten und Slowenen[74] hinsichtlich des untersteirischen und Südkärntner Gebietes, Eiszeit herrschte,[75] war Zusammenarbeit doch unumgänglich, um zahlreiche Aufgaben und Probleme, die aus den Kriegsereignissen und dem anschließenden Zerfall der österreich-ungarischen Monarchie resultierten, einvernehmlich zu lösen. Wie sollte etwa der ehemalige Verwaltungs- und Beamtenapparat aufgelöst, wie die Sachdemobilisierungsgüter aufgeteilt, wie die Frage der Kriegsflüchtlinge, ihre Versorgung und ihre Repatriierung geregelt werden? Wie stand es um die Gebarung der Österreichisch-ungarischen Bank, die als Notenbank beider Reichshälften fungiert hatte und noch bis 1922 existieren sollte, und wie um das ehemals gemeinsame Staatsvermögen? Auf diesen und weiteren Gebieten war kein einseitiges Vorgehen möglich, weswegen im November 1918 die

69 Vgl. KRP Nr. 11/4.
70 Vgl. KRP Nr. 13/3. Letztendlich sollten diese Verhandlungen durchaus erfolgreich verlaufen, vgl. Abschnitt IV dieser Einführung.
71 Vgl. SRP Nr. 36 vom 18. November 1918.
72 Vgl. KRP Nr. 13/3.
73 Vgl. KRP Nr. 14/14 vom 21. November 1918 und SRP Nr. 42 vom 22. November 1918.
74 Kraljevina Srba, Hrvata i Slovenaca; auch als „SHS-Staat" bezeichnet.
75 Vgl. Haas, Historische Einleitung, S. XL.

sogenannte Gesandtenkonferenz, beschickt mit Vertretern der Nachfolgestaaten, ins Leben gerufen wurde. Unter Vorsitz Otto Bauers versammelten sie sich erstmals am 14. November im Staatsamt für Äußeres, um, wie es der tschechoslowakische Bevollmächtigte in Wien Vlastimil Tusar ausdrückte, „die Fragen, die der früheren gemeinsamen Regierung vorbehalten waren", zu erledigen und „in Freundschaft zusammen[zu]arbeiten, um zu verhindern, daß die Freiheit der jungen nationalen Staaten durch blutige Zusammenstöße und Vorfälle bedroht wird".[76]

Auf die Gesandtenkonferenz wurde in den Sitzungsprotokollen des Kabinettsrates immer wieder Bezug genommen.[77] Thematisiert wurde dabei auch die Einsetzung einer internationalen Liquidierungskommission, die sich mit der „Liquidation aller Verpflichtungen und Berechtigungen der ehemaligen Monarchie" beschäftigen sollte.[78] Sie trat schließlich im Jänner erstmals zusammen und tagte in über einhundert Sitzungen bis Ende Dezember 1919.[79]

Funktionierte die Zusammenarbeit in den genannten Gremien mehr oder weniger gut, so entwickelte sich die Lage in den umstrittenen Gebieten der Tschechoslowakei zu Ungunsten Deutschösterreichs. Schon im Laufe des Novembers 1918 begann die tschechoslowakische Regierung, die fraglichen Gebiete Schritt für Schritt unter ihre Kontrolle zu bringen. Das Auseinanderbrechen der losen deutschösterreichischen Verwaltung[80] bildete sich auch in den Kabinettsratssitzungen ab, so verlangte die tschechoslowakische Regierung etwa, im Einflussbereich des „Böhmerwaldgaus" Richter und Bezirksrichter vom deutschösterreichischen Gelöbnis zu entbinden, „da nur auf diese Weise eine militärische Besetzung von Stadt und Ämtern verhindert werden könne".[81] Der in Teplitz errichteten deutschböhmischen Staatsbahndirektion verweigerte die „Generaldirektion der böhmischen Bahnen in Prag" die Anerkennung und machte für eventuelle Eingriffe in Bahnlinien den zum Direktor der Teplitzer Direktion ernannten Ministerialrat Dr. Albert Geutebrück mit seinem Privatvermögen verantwortlich.[82] Nur wenige Tage später musste Unterstaatssekretär Enderes vermelden, „dass die Tschechen am 7. Dezember Teplitz-Schönau besetzt haben, die Behörden von Teplitz-Schönau haben sich unter Protest der Gewalt gefügt". Den deutschböhmischen Bahnbeamten drohte die Dienstenthebung, sollten sie sich weigern, das Gelöbnis für Deutschösterreich zu widerrufen. Notgedrungen erteilte das Staatsamt für Verkehrswesen der deutschböhmischen Landesregierung in Reichenberg dazu die Erlaubnis, falls „für die Bediensteten und die Bevölkerung Gefahr bestehe".[83] Ähnlich entwickelte sich die Lage in der Untersteiermark, wo etwa die Regierung des Königreichs der Serben, Kroaten und Slowenen Mitte Dezember 1918 vom Lehrkörper „des deutschen Staatsgymnasiums in Cilli [...] binnen 5 Tagen die Ablegung des Eides auf den jugoslawischen Staat" verlangte.[84] Über das Ende der Staatsbahndirektion Jägerndorf „infolge der Unterordnung aller übrigen dortigen Behörden und Ämter unter die tschechische Regierung" berichtete Enderes am 21. Dezember.[85]

---

76 Vgl. AdR, StK, GZl. 157/1919, Zl. 766/1918, Protokoll über die am 14. November 1918 im Deutschösterreichischen Staatsamt für Äußeres abgehaltene erste Gesandten-Konferenz, S. 3 f.

77 Vgl. KRP Nr. 11/1, Nr. 19/1, Nr. 21/4, Nr. 23/6, Nr. 26/6, Nr. 28/3, Nr. 29/5 a und Nr. 32/6.

78 Vgl. KRP Nr. 21/4.

79 Vgl. KRP Nr. 21, Anmerkung 21.

80 So war etwa die Verwaltung der Provinz Sudetenland „eher ein Konglomerat von kleinräumigen Selbstverwaltungseinrichtungen als eine flächenhaft ausgebreitete Verwaltungsstruktur". Vgl. Haas, Historische Einleitung, S. LIII.

81 Vgl. KRP Nr. 19/4 vom 30. November 1918.

82 Vgl. KRP Nr. 20/5 vom 2. Dezember 1918.

83 Vgl. KRP Nr. 22/2 vom 9. Dezember 1918.

84 Vgl. KRP Nr. 24/11 vom 17. Dezember 1918.

85 Vgl. KRP Nr. 25/2 vom 21. Dezember 1918. Es stellt sich auch die Frage, inwiefern manche Kabinettsmitglieder selbst an die Durchsetzung der deutschösterreichischen Gebietsansprüche glaubten bzw.

Der Staatsvertrag von Saint-Germain-en-Laye, StGBl. Nr. 484/1919, schuf bezüglich der umstrittenen Gebiete schließlich vollendete Tatsachen. Lediglich die westungarischen Gebiete (Burgenland) wurden Deutschösterreich (bzw. nunmehr schlicht Österreich) zugesprochen, Südkärnten eine Volksabstimmung über die Zugehörigkeit zu Deutschösterreich oder zum Königreich der Serben, Kroaten und Slowenen gewährt, die 1920 bekanntermaßen zu Ungunsten des letzteren ausfiel. Zu einem Ende gelangten mit diesem Staatsvertrag auch die Sitzungen der zuvor erwähnten Liquidierungskommission. Da der Staatsvertrag keinerlei Bestimmungen über eine gemeinsame Liquidierungsmasse enthielt, wurde die Liquidierung im Dezember 1919 von Seiten Österreichs zu einer rein internen Angelegenheit erklärt und die Tätigkeit der Kommission schlicht beendet.[86]

III. „Beamtenfragen“, Volkswehr und Demobilisierung

Zwei für das neue Staatswesen immanent wichtige Personengruppen, mit denen sich der Kabinettsrat in den ersten Wochen und Monaten nach dem Zusammenbruch der Monarchie laufend beschäftigte, waren die Staatsbeamten und die Offiziere. Was die Beamten betraf, so konstituierte sich am 11. November eine „zwischenstaatsamtliche Geschäftsstelle zur Beratung grundsätzlicher Staatsbedienstetenfragen“, um Ordnung in den „Komplex der Beamtenfragen“ zu bringen, wovon in der Kabinettsratssitzung des 15. November Mitteilung gemacht wurde. Diese Stelle sollte „in engster Fühlungnahme mit dem Finanzressort“ vorgehen und „ihre Anträge im Wege der Staatskanzlei dem Kabinettsrate“ unterbreiten. In einer Beilage zu diesem Punkt wurde festgestellt, dass der deutschösterreichische Staat bereit sei, „die Dienstverhältnisse aller der deutschen Nation beizuzählenden Zivilbediensteten des bestandenen österreichischen Staates, soweit sie deutsch-österreichische Staatsbürger sind oder werden, und unter der gleichen Voraussetzung aller Zivilbediensteten österreichischer Staatsbürgerschaft bei ehemaligen gemeinsamen Behörden, soweit nicht auf zwischenstaatlichem Wege eine andere Regelung vereinbart wird“, zu regeln. Alle in Frage kommenden Beamten sollten gegen Leistung der Angelobung zumindest vorläufig in den Dienst übernommen werden, wenn auch eine generelle Verringerung des Beamtenstandes (nach dem Motto: „Weniger, aber besser bezahlte Beamte“) in Verbindung mit einer Verwaltungsreform als grundsätzliches Ziel genannt wurde. Die virulente Frage der „Regelung der Verhältnisse der nicht der deutschen Nation beizuzählenden Bediensteten“, deren Amtssitz im deutschösterreichischen Staatsgebiet lag – das betraf also Beamte „nichtdeutscher“ Nationalität in den von Deutschösterreich beanspruchten strittigen Gebieten, wie etwa der Provinz Deutschböhmen –, wurde in einem

ab welchem Zeitpunkt sie an dieser Möglichkeit zweifelten. Staatssekretär für Finanzen Steinwender erregte etwa das Missfallen des Staatsrates, als er von der „Neuen Freien Presse“ mit einer Aussage zitiert wurde, die bloß die Möglichkeit einer Einverleibung Deutschböhmens durch die Tschechoslowakei andeutete. Vgl. Neue Freie Presse. Morgenblatt, 17. November 1918, S. 11 „Staatssekretär Steinwender über Steuern und Anleihe“; SRP Nr. 36 vom 18. November 1918 und KRP Nr. 14/2 vom 21. November 1918. Doch selbst Renner, so erinnerte sich Loewenfeld-Ruß, soll bereits am 25. Oktober 1918 die Meinung geäußert haben, dass Deutschböhmen und die Sudetenländer nicht würden gehalten werden können. Vgl. Loewenfeld-Ruß, Im Kampf gegen den Hunger, S. 113. Zu den Gebietsstreitigkeiten mit der Tschechoslowakei in den Jahren 1918 bis 1920 aus tschechischer Sicht vgl. Martin Šestauber, Územní spory mezi Československem a Rakouskem v letech 1918–1920, Brno 2013. Zu den (deutsch-)österreichisch-jugoslawischen Beziehungen in der Zwischenkriegszeit vgl. Arnold Suppan, Jugoslawien und Österreich 1918–1938. Bilaterale Außenpolitik im europäischen Umfeld (= Veröffentlichungen des Österreichischen Süd- und Südosteuropa-Instituts XIV), Wien/München 1996.

86 Vgl. dazu KRP Nr. 21, Anmerkung 21.

handschriftlich durchgestrichenen Absatz dieser Beilage nur kurz berührt und zukünftigen zwischenstaatlichen Verhandlungen vorbehalten.[87]

Die Frage der Behandlung der als „fremdnational" eingestuften Beamten war aber schon davor im Kabinettsrat aufgetaucht. In der Sitzung vom 10. November 1918 hatte der Staatssekretär für Unterricht Raphael Pacher berichtet, dass „politische Beamte mit den nationalen Bezirksausschüssen zusammen zu arbeiten sich weigern", worauf der Kabinettsrat über Antrag des Staatssekretärs für Inneres Dr. Heinrich Mataja kategorisch feststellte, „dass alle Beamten, welche dem deutschösterreichischen Staate die Angelobung nicht leisten, vom Amte zu entfernen und durch andere Personen zu ersetzen sind".[88] In der gleichen Sitzung war zudem festgehalten worden, „dass Beamte, die wegen ihrer Zugehörigkeit zu einer anderen Nationalität nicht übernommen werden", bereits zu diesem Zeitpunkt beurlaubt werden konnten, immerhin „unter Belassung ihrer bisherigen Bezüge".[89]

Sodann legte Unterstaatssekretär für Finanzen Dr. Eugen Beck am 21. November 1918 dem Kabinettsrat die von der erwähnten Geschäftsstelle ausgearbeiteten „Richtlinien für die vorläufige Behandlung der derzeit dringlichsten Staatsbedienstetenfragen" vor, die eine überarbeitete Fassung des Inhalts jener Beilage darstellten, die am 15. November zu den diesbezüglichen Beratungen des Kabinettsrates herangezogen worden war. Die Richtlinien enthielten Bestimmungen über die Ablegung des Gelöbnisses (die nur Bediensteten, die der „deutschen Nation angehören", abverlangt werden sollte), den Pensionsaufwand und die „Regelung der Verhältnisse der ehemals österreichischen Staatsbediensteten" dreier unterschiedlicher Kategorien: „deutsche" Beamte innerhalb und außerhalb sowie Beamte „nichtdeutscher Nationalität" innerhalb des deutschösterreichischen Staatsgebietes. Grundsätzliche Stoßrichtung dieser Richtlinien war die weitgehende Übernahme der „deutschen" Zivilstaatsbediensteten in den Dienst Deutschösterreichs bei gleichzeitiger sparsamer Einrichtung des neuen Verwaltungsapparates (Neuaufnahmen in den Dienst, so die Richtlinien, sollten „in der Regel" unterbleiben), und in den anderen Fällen Dienstenthebung oder maximal vorläufige Weiterbelassung, „solange sie zur Aufrechterhaltung des Dienstbetriebes für die nächste Zeit wegen vorläufigen Mangels an deutschen Bediensteten [...] unbedingt erforderlich ist". Dabei wurde klargestellt, dass derartige Bedienstete keinen Anspruch auf eine feste Anstellung im deutschösterreichischen Staatsdienst haben sollten. Zugleich aber vermieden die Verfasser der Richtlinien unverrückbare Festlegungen: „Die endgültige Regelung dieser Verhältnisse ist zwischenstaatlichen Verhandlungen vorbehalten", und selbst zur Übernahme der „deutschen" Bediensteten hieß es: „die endgültige Regelung ihres Dienstverhältnisses wird jedoch vorbehalten".[90] Am 24. November wurden diese „Richtlinien" in der „Wiener Zeitung" mit dem Zusatz, dass Bedienstete, die das sechzigste Lebensjahr überschritten hatten, mit vollem Pensionsanspruch unverzüglich in den Ruhestand zu versetzen waren, publiziert.[91]

Aus diesen Richtlinien ergaben sich für manche der Betroffenen durchaus Härten, etwa bei Beamten ursprünglich nichtdeutschsprachiger Herkunft, die über Jahre im k.k. Staatsdienst gestanden, sich inzwischen völlig mit dem „deutschen" Teil Cisleithaniens identifiziert und ihre Lebensumstände und Privatverhältnisse ganz danach ausgerichtet hatten. Sie galten nun aufgrund der Richtlinien konsequenterweise als „nichtdeutsche" und somit als über kurz oder lang auszuscheidende, gewissermaßen unerwünschte Bedienstete. Ein bestimmter derartiger Fall wurde gar von Seiten des Unterstaatssekretärs für Verkehrswesen Ing. Bruno Enderes direkt an den Kabinettsrat herangetragen und betraf den gebürtigen Rumänen und

---

87 Vgl. KRP Nr. 11/2 sowie Anmerkung 19 in jenem Protokoll.

88 Vgl. KRP Nr. 7/12.

89 Vgl. KRP Nr. 7/14.

90 Vgl. KRP Nr. 14/16 und den „Nachtrag" zu jenem Protokoll.

91 Wiener Zeitung, 24. November 1918, S. 1 „Beschlüsse des Kabinettsrates in Staatsbedienstetenfragen".

Beamten des Staatsamtes für Verkehrswesen Dr. Viktor Hnidey. In der Sitzung vom 12. November 1918 war Hnidey noch zusammen mit anderen Beamten zur Behandlung eines Tagesordnungspunktes herangezogen worden.[92] Nun, in der Sitzung vom 30. November, zählte Hnidey bereits zu den „fremdnationalen" Beamten, doch „mit Rücksicht auf seine Spezialkenntnisse und seine langjährige Erfahrung" könne er, so Enderes, „nicht leicht ersetzt werden". Der Kabinettsrat schien der Weiterverwendung Hnideys nicht abgeneigt zu sein, doch obwohl „die ausnahmsweise Zulassung von ehemals österreichischen Staatsbediensteten nichtdeutscher Nationalität im deutschösterreichischen Staatsdienste [...] in die Kompetenz des Kabinettsrates" fiel, wurde die Angelegenheiten an das Staatsratsdirektorium verwiesen, da es um die Dienstverwendung auf einem „selbständigen und verantwortungsvollen Posten" ging.[93] Das Staatsratsdirektorium stimmte Hnideys vorläufiger Dienstbelassung schließlich zu, allerdings suchte Hnidey selbst kurz darauf um seine Pensionierung an.[94]

Die aus den Richtlinien resultierenden Härten trafen aber nicht einige wenige Einzelfälle, sondern immerhin genug Bedienstete, um im Staatsrat zu einem grundsätzlichen Antrag von Josef Tomschik als Ersatzmann für Staatsrat Franz Domes zu führen. Tomschik beantragte, „die Staatsämter zu beauftragen, alle in der letzten Zeit in ihrem Amtsbereiche verfügten Außerdienststellungen von Beamten der unteren Kategorien besonders der Eisenbahn und Post zu überprüfen" und in „berücksichtigungswürdigen Fällen (besonders Familienvätern) aufzuheben, und die Richtlinien des Kabinettsrates zu ändern". Der Staatsrat stimmte diesem Antrag zu,[95] worauf sich die am 11. November eingesetzte Geschäftsstelle mit diesem Beschluss beschäftigte und ihre Folgerungen dem Kabinettsrat am 9. Jänner vorlegte. Nach Meinung der Geschäftsstelle bedeute der Beschluss, „dass die Zentralstellen und die ihnen untergeordneten Ämter auch alle jene Beamten, die bereits in den Dienst eines anderen Staates eingetreten waren, wieder auf ihre Posten zu berufen hätten", was u. a. auch deshalb schwer vertretbar sei, weil Deutschösterreich, das „von allen Seiten in seinen Lebensbedingungen bedroht ist, selbst ein Lebensinteresse daran hat, seine amtliche Tätigkeit ohne Einblick durch unberufene, weil politisch befangene Personen vollziehen zu lassen". Gewissermaßen als Kompromiss schlug die Geschäftsstelle vor, die entsprechenden Bestimmungen der Richtlinien so zu interpretieren, als bezögen sie sich nur auf höhergestellte Beamte auf verantwortungsvollen Posten, während es im Falle politisch harmloser sowie solcher Personen, „die sich niemals ausgesprochen zu einer anderen als der deutschen Nation bekannt haben", gewiss „am Platze" sei, „die Voraussetzung der deutschen Nationszugehörigkeit nicht zu hoch zu spannen", insbesondere da solche Bedienstete vielfach „seit Jahren in Deutschösterreich ansässig sind, deutsche Frauen geheiratet haben, ihre Kinder deutsch erziehen lassen und sich national indifferent verhalten". Diese Personen könnten „nicht schlechthin als Nichtdeutsche" gewertet werden, eine Überprüfung derartiger Fälle sei daher zu empfehlen.

Der Kabinettsrat stimmte diesem Vorschlag zu, vorausgesetzt – wie der Staatssekretär für Justiz Dr. Julius Roller es formulierte –, „eine Verdrängung beziehungsweise Schädigung deutscher Beamter" werde „unbedingt verhindert". Unterstaatssekretär für Äußeres Dr. Leopold Waber empfahl überdies „aus verhandlungstaktischen Gründen", „das beabsichtigte Entgegenkommen nicht sogleich der Öffentlichkeit bekanntzugeben",[96] womit er sich auf die

---

92 Vgl. KRP Nr. 9/2.

93 Vgl. KRP Nr. 19/5.

94 Vgl. KRP Nr. 19, Anmerkung 27.

95 Vgl. SRP Nr. 62 vom 8. Jänner 1919.

96 Vgl. KRP Nr. 29/5 a. Erneut kam die Angelegenheit in der Staatsratssitzung vom 17. Jänner 1919 zur Sprache, wo Unterstaatssekretär Beck mitteilte, dass man im Zusammenhang mit der „Beurteilung der Nationalität" als ausschlaggebend betrachte, „zu welcher Nationalität der Betreffende bei der Volkszählung 1910 sich bekannt habe [...]. Dadurch würden sicherlich die bisherigen Härten vermieden

zwischenstaatliche Behandlung der Beamtenfrage in den Sitzungen der Gesandtenkonferenz bezog.[97]

Neben den Beamten bildeten die Angehörigen der zerfallenden Armee eine zweite große Gruppe, mit der sich Kabinetts- wie Staatsrat auseinandersetzen mussten. Anfänglich herrschte Furcht vor einer unkontrollierten, chaotischen Demobilisierung. So brachten auch in der dritten Kabinettsratssitzung vom 4. November 1918 mehrere Staatssekretäre „die desolaten Verhältnisse zur Sprache, die sich infolge des ungeordneten Rückflutens der Soldaten von der italienischen Front sowohl auf dem Gebiete der Lebensmittelversorgung als auf jenem des Verkehrswesens ergeben".[98] Doch insbesondere der Staatsrat beschäftigte sich intensiv mit dieser vermeintlichen Bedrohung und erließ am 31. Oktober 1918 einen Aufruf an die Frontsoldaten mit der Aufforderung, „Ordnung und Mannzucht zu halten" und Plünderungen und Gewalttaten zu verhindern.[99] Tatsächlich vollzog sich die Heimkehr der Truppen überraschend schnell und entschärfte somit die Gefahren einer weitgehend planlosen militärischen Demobilisierung.[100] Unterstaatssekretär für Heerwesen Dr. Julius Deutsch konnte denn auch am 7. November im Staatsrat über die „Rückflutung der Truppen" berichten: „Diese geht verhältnismäßig gut vonstatten und haben die Bahnen ungeheure Leistungen vollbracht. Wenn diese Leistungen aufrechterhalten werden können, so kann die Demobilisierung in 10 Tagen erledigt sein."[101] Und im siebenten Kabinettsrat vom 10. November vermeldete er, „dass die Verhältnisse auf den Wiener Bahnhöfen sich von Tag zu Tag bessern. In ca. 8–10 Tagen dürfte seiner Annahme nach die Zurückführung der Truppen im großen und ganzen beendet sein".[102] Auch Staatssekretär Loewenfeld-Ruß hielt in seinen Erinnerungen fest: „Wider alles Erwarten vollzog sich das Abströmen der von der Front zurückkehrenden Soldaten nicht nur in überaus rascher, sondern in relativ ruhiger Weise."[103]

Das Augenmerk richtete sich demnach auf unterschiedliche Aspekte der weiteren Behandlung der Armeeangehörigen, sei es ihr Abbau und die damit verbundene Integration in das Zivilleben, die Auszahlung von Unterhaltsbeiträgen oder auch die Überführung in einen deutschösterreichischen Wehrverband, der sich vorerst in Form der Volkswehr manifestieren sollte. Der Wunsch, unmittelbar neue Heeresformationen zu bilden, ging nicht bloß von den Vertretern des neuen Staates aus. Schon im Rahmen eines geheimen Ministerrates war am 30. Oktober 1918 vom alten Regime beschlossen worden, den Militärangehörigen der k.u.k. Armee den Übertritt in nationale Armeen zu gestatten.[104] Den Vertretern des deutschösterreichischen Staates kam dieser Schritt mehr als gelegen, da sie in den heimkehrenden Armeeverbänden ein Sicherheitsrisiko erblickten, das die Gefahr bewaffneter politischer Umsturzversuche in sich barg. Um derartigen Bestrebungen zuvorzukommen, schien die Schaffung einer eigenen deutschösterreichischen Wehrformation dringendst geboten.[105]

---

werden und könnte dem Antrag Tomschik entsprochen werden." Vgl. SRP Nr. 67, weiters KRP Nr. 29, Anmerkung 16.

97 Zur Gesandtenkonferenz vgl. Abschnitt II dieser Einführung.

98 Vgl. KRP Nr. 3/9.

99 Vgl. Haas, Historische Einleitung, S. XLIV f; Neue Freie Presse. Morgenblatt, 1. November 1918, S. 5 „Aufruf an die Frontsoldaten".

100 Vgl. Haas, Historische Einleitung, S. XXII.

101 Vgl. SRP Nr. 22.

102 Vgl. KRP Nr. 7/3. Zu den Wiener Bahnhöfen hatte Deutsch schon drei Tage zuvor im Staatsrat berichtet: „Diese waren anfangs Ort der wildesten Ausschreitungen, heute vollzieht sich der Dienst in sehr großer Ordnung. Jedermann wird entwaffnet, die Waffen in der Nacht an die militärischen Stellen abgegeben." Vgl. SRP Nr. 22 vom 7. November 1918.

103 Vgl. Loewenfeld-Ruß, Im Kampf gegen den Hunger, S. 198.

104 Vgl. Haas, Historische Einleitung, S. XLVI.

105 Vgl. ebendort. Seitz berichtete am 31. Oktober 1918 im Staatsrat, der Kaiser selbst habe die „im Hinterlande befindlichen Offiziere des Heeres, die in dem Gebiete Deutschösterreichs beheimatet

Deren Aufstellung vollzog sich in wenigen Tagen, federführend waren die Sozialdemokraten bzw. Unterstaatssekretär Deutsch, der im Rahmen einer Besprechung unter Vertrauensmännern, Offizieren und Unteroffizieren in der Nacht vom 2. auf den 3. November 1918 die Volkswehr als eine vom alten Heer losgelöste neue Wehrmacht mit stabilisierender Funktion beschwor: „Irgendwer müsse auch Ordnung machen, sollte die Revolution nicht in der gegenwärtigen allgemeinen Anarchie ersticken. Entweder wir machen selbst Ordnung oder aber eine reaktionäre Ordnungstruppe würde dies gegen uns besorgen".[106] Die Volkswehr sollte also, so die historiographische Einschätzung, „primär als innenpolitische Ordnungstruppe gegen Habsburgerrestauration und kommunistische Revolutionsversuche" fungieren.[107] Sodann veröffentliche die „Wiener Zeitung" am 3. November einen Aufruf des Staatsrates, der „alle, denen der Aufbau unseres neuen deutschen Staates und die ehebaldigste Rückkehr zum Segen des Friedens, zum Glück der Familien und der gesicherten Freiheiten des Volkes am Herzen liegt", aufforderte, „sich ungesäumt bei den deutschösterreichischen Ersatzkörpern [...] freiwillig zu melden, damit sofort Abteilungen gebildet werden", die u. a. „zur Verteidigung der neuen Freiheiten dienen" sollten. Zugleich brachte die „Wiener Zeitung" eine „Kundgebung" der drei Präsidenten des Staatsrates, mit der für Montag, den 4. November, die Eröffnung von Werbekanzleien in allen Wiener Kasernen angekündigt wurde. Wer sich dort zum „freiwilligen Eintritt in die Volkswehr" meldete, war damit „aller anderen Verpflichtungen innerhalb seines bisherigen Truppenkörpers entbunden" und hatte überdies den für damalige Verhältnisse beachtlichen Tageslohn von sechs Kronen (sieben für Unteroffiziere) zu erwarten.[108]

Die Volkswehr, mit selbstgewählten Soldatenräten als Standesvertretung,[109] wurde also rasch aufgestellt und mit Feldmarschallleutnant Adolf von Boog am 8. November 1918 im Budgetsaal des Abgeordnetenhauses ihr Oberbefehlshaber vereidigt.[110] Deutsch gelang es auch, die kommunistische „Rote Garde", die sich Ende Oktober formiert hatte, in die Volkswehr zu integrieren, eine Taktik des gewaltfreien Vorgehens, mit der möglichen bewaffneten Erhebungen zuvorgekommen werden sollte.[111]

Im Kabinettsrat stellte die Volkswehr zuerst kein sonderlich dominantes Thema dar, bis sie im Rahmen der zweiten Länderkonferenz Anfang Jänner 1919 etwas umfangreicher zur Sprache kam, allerdings nicht in einem positiven Sinne. Kaum zwei Monate bestand die Volkswehr zu jenem Zeitpunkt, als Dr. Viktor Wutte, der Präsident des steiermärkischen Wohlfahrtsausschusses und Mitglied der Landesregierung, bereits ersuchte, „den raschesten Abbau der Volkswehr vorzunehmen, da sich bei derselben Elemente sammeln, welche eine Gefahr für die private Sicherheit der Bürger sind". Wutte, der sich damit wohl generell auf

---

sind", berechtigt, sich über eigenes Ansuchen dem Staat Deutschösterreich zur Verfügung zu stellen, „um die Bildung militärischer Körperschaften zum Zwecke der Aufrechterhaltung der Sicherheit und Ordnung zu ermöglichen". Vgl. SRP Nr. 13.

[106] Zitiert nach Karl Glaubauf, Die Volkswehr 1918–1920 und die Gründung der Republik (= Österreichische Militärgeschichte, Sonderband 1993, Folge 1), Wien 1993, S. 26.

[107] Vgl. ebendort.

[108] Vgl. Wiener Zeitung, 3. November 1918, S. 4 „Inland". Die „formelle und grundsätzliche Zustimmung" des Staatsrates zu dieser Entlohnung wurde eigentlich erst am 5. November erteilt, vgl. SRP Nr. 18.

[109] Zu den Soldatenräten vgl. detaillierter KRP Nr. 28, Anmerkung 106.

[110] Vgl. Wiener Zeitung, 9. November 1918, S. 1 f „Angelobungen".

[111] Vgl. Haas, Historische Einleitung, S. L f, zur „Roten Garde" weiters auch KRP Nr. 8, Anmerkung 21. Zur Rolle der Rotgardisten bei den Ausschreitungen des 12. November 1918, dem Tag der Ausrufung der Republik Deutschösterreich, und der Besetzung des Redaktionsgebäudes der „Neuen Freien Presse" vgl. KRP Nr. 17/2.

diverse Eigenmächtigkeiten der Volkswehrleute und Disziplinlosigkeiten[112] bezog, erbat sich Auskunft, wie dieser Abbau gedacht sei. Auch Dr. Bruno Graf Castell-Rüdenhausen, Präsidialchef der niederösterreichischen Statthalterei, äußerte sich zum Abbau der Volkswehr in Niederösterreich. Die Zahl jener Volkswehrleute, „die sich eines Verbrechens schuldig gemacht" hätten und deshalb entlassen würden, „sei übrigens nicht gering". Unterstaatssekretär Deutsch versicherte, dass auch seitens des Staatsamtes für Heerwesen daran gearbeitet werde, einen Abbau der Volkswehr „so rasch als möglich durchzuführen". Es herrsche, so die Zusammenfassung des Tagesordnungspunktes, „die einhellige Auffassung", dass „der Abbau der Volkswehr energisch in Angriff zu nehmen beziehungsweise fortzusetzen" sei.[113] In der übernächsten Zusammenkunft des Kabinettsrates steuerte Staatssekretär Urban diesbezüglich die Anregung bei, die „Berufszugehörigkeit aller Volkswehrmänner" festzustellen, um „in den Kasernen die jeweils vorhandenen Arbeitsgelegenheiten bekanntzugeben" und so den Übertritt der Volkswehrleute in das Zivilleben zu befördern.[114]

Schlussendlich sollte die Volkswehr, selbst nur als Übergangslösung gedacht, bis 1920 Bestand haben, während parallel an generellen neuen Wehrgesetzen gearbeitet wurde. Ein erster Entwurf eines „Grundgesetzes über das deutsch-österreichische Volksheer" wurde bereits Ende November 1918 im Staatsrat behandelt, letztlich realisiert wurden mit StGBl. Nr. 91/1919 vorerst nur „vorläufige Bestimmungen über die bewaffnete Macht".[115] Das Ende der Volkswehr kam mit Artikel 120 des Staatsvertrages von Saint-Germain-en-Laye, der Deutschösterreich u. a. die Aufstellung eines Berufsheeres mit einer Gesamtstärke von maximal 30.000 Mann vorschrieb. Mit StGBl. Nr. 122/1920 wurde schließlich ein neues Wehrgesetz erlassen.[116]

Neben der Volkswehr beschäftigte sich der Kabinettsrat laufend mit weiteren Fragen, die mit der Behandlung der Militärangehörigen im neuen Staatswesen zusammenhingen. Gerade die Auszahlung von Unterhaltsbeiträgen an deren Angehörige kam im Kabinettsrat des Öfteren zur Sprache,[117] und die „geordnete Abwicklung der auf die Versorgung von Militärpersonen sowie deren Angehörigen bezughabenden Angelegenheiten" sowie die Einrichtung einer Kommission, die sich mit den damit verbundenen Fragen beschäftigen sollte, war Beratungsgegenstand der siebzehnten Sitzung vom 28. November 1918.[118]

Was den Abbau von Armeeangehörigen betraf, wurde beispielsweise die Demobilisierung der Reserveoffiziere und der Einjährig-Freiwilligen schon in der siebenten Sitzung am 10. November im Kabinettsrat erörtert. Die diesbezüglichen Ausführungen des Unterstaatssekretärs Deutsch zeigen, dass man sich durchaus Gedanken um eine halbwegs sanfte Überführung der Betroffenen in den Nachkriegsalltag machte. So plante das Staatsamt für Heerwesen, die Abrüstung der Reserveoffiziere „nicht generell (nach Jahrgängen) sondern vorerst individuell durchzuführen" und ihnen „ohne Rücksicht auf die Charge" eine „einmalige Abfertigung im Betrage von 300 K zu Lasten des deutschösterreichischen Staates" zu gewähren. Der Kabi-

---

112 Beispielsweise maßten sich Volkswehrleute, ohne über entsprechende Ermächtigungen oder Vollmachten zu verfügen, Hausdurchsuchungen und Beschlagnahmungen im Kampf gegen den Schleichhandel an, mit denen sie, ganz abgesehen von der grundsätzlichen Ungesetzlichkeit dieser Handlungen, nicht zuletzt auch die Autorität der offiziell zuständigen Sicherheitsorgane und Ämter untergruben. Ähnliche Vorfälle ereigneten sich auf Bahnhöfen. Ausführlicher vgl. KRP Nr. 28, Anmerkung 132.

113 Vgl. KRP Nr. 28/8 vom 4./5. Jänner 1919.

114 Vgl. KRP Nr. 30/2 vom 11. Jänner 1919.

115 Vgl. KRP Nr. 18/1 vom 29. November 1918; StGBl. Nr. 91, Gesetz vom 6. Februar 1919, betreffend vorläufige Bestimmungen über die bewaffnete Macht, ausgegeben am 12. Februar 1919.

116 StGBl. Nr. 122, Wehrgesetz vom 18. März 1920, ausgegeben am 27. März 1920. Vgl. weiters KRP Nr. 28, Anmerkung 134.

117 Vgl. etwa KRP Nr. 13/10, Nr. 16/1, Nr. 23/1, Nr. 26/6, Nr. 29/3 und Nr. 34/10.

118 Vgl. KRP Nr. 17/4.

nettsrat legte bei dieser Gelegenheit auch Wert darauf, „die Einjährig-Freiwilligen so rasch als möglich den Studien wieder zuzuführen" und regte diesbezüglich eine Verlängerung des Inskriptionstermins „wenigstens bis Ende November l. J." sowie „eine individualisierende Fürsorgeaktion" für „derartige bedürftige Hörer" an. Für „die heimkehrenden berufslosen Reserveoffiziere" sollte das Staatsamt für Kriegs- und Übergangswirtschaft eine besondere Arbeitsvermittlung einrichten.[119] Derartige Fürsorgemaßnahmen hatten freilich, nicht zuletzt angesichts der prekären Staatsfinanzen, scharf gezogene Grenzen. Staatssekretär für Finanzen Dr. Otto Steinwender kritisierte schon am 16. November 1918 im Staatsrat, dass die sofort durchzuführenden Entlassungen derjenigen „Reserveoffiziere und Einjährig-Freiwilligen, die im bürgerlichen Leben ein Fortkommen finden", nicht genügend forciert würden: „Auf diese Weise werden aber jeden Tag Millionen einfach hinausgeworfen."[120] Das Staatsamt für Heerwesen trug dieser Kritik mittels eines Erlasses Rechnung, der – wie Unterstaatssekretär Deutsch im Kabinettsrat am 18. November berichtete – für alle „Reserveoffiziere, die in öffentlicher Stellung sind oder sonst einen gesicherten Lebensunterhalt haben, ferner alle Studierenden und alle Ruheständler" die sofortige Abrüstung sowie eine gleichartige Behandlung der Einjährig-Freiwilligen verfügte.[121]

Abbaumaßnahmen trafen auch die „seitens der Heeresverwaltung aufgenommenen zirka 40.000 weiblichen Kanzleihilfskräfte", von denen, so berichtete der Staatssekretär für soziale Fürsorge Ferdinand Hanusch am 15. November 1918, „beiläufig ein Drittel nunmehr zur Entlassung gelangen" sollte, immerhin („soferne sie nicht zur Krankenversicherung angemeldet worden sind") unter Gewährung einer sechswöchentlichen Kündigungsfrist und eines Monatsbezuges (der jedoch in die Kündigungsfrist einzubeziehen war).[122] Diese Maßnahme erfasste auch den weiteren Kreis der „im Bereiche einzelner Ressorts beschäftigten Unterbeamten und Kriegsaushilfskräfte, deren Rechte nicht so gesichert seien wie jene der pragmatischen Staatsangestellten". Der Kabinettsrat entschloss sich am 2. Dezember, diese Bediensteten weitgehend analog zu den weiblichen Kanzleihilfskräften zu behandeln.[123]

Diese Maßnahme blieb speziell seitens der weiblichen Betroffenen nicht unwidersprochen. Die Vereinigung der weiblichen Kriegsbediensteten forderte, wie Unterstaatssekretär Beck am 28. Jänner 1919 berichtete, „die bereits erfolgten Kündigungen zu revidieren, beziehungsweise die Entlassungsfristen [...] zu verlängern", der Kabinettsrat sah jedoch keine Veranlassung, von seinen früheren Beschlüssen abzugehen.[124] Damit war die Sache aber noch nicht abgeschlossen. Eine „Deputation dieser Angestellten", so berichtete Staatssekretär Urban schon in der nächsten Sitzung des Kabinettsrates vom 30. Jänner, sei bei ihm erschienen und habe „eine Reihe von Forderungen erhoben und für den Fall deren Nichterfüllung mit der Veranstaltung eines Streiks in allen Ressorts gedroht". Während Unterstaatssekretär Beck vor einem weiteren Entgegenkommen „in diesen Belangen", das „die Gefahr eines schwerwiegenden Präjudizes heraufbeschwören und eine Reihe bedenklicher Beispielsfolgerungen nach sich ziehen" könne, warnte, entschloss sich der Kabinettsrat immerhin zu einer weiteren Fühlungnahme mit den Vertretern der Kriegsaushilfskräfte, die Weiterbelassung im Dienst über den Februar 1919 hinaus scheint allerdings nichtsdestotrotz maximal in Einzelfällen verfügt worden zu sein.[125]

---

119 Vgl. KRP Nr. 7/4.
120 Vgl. SRP Nr. 34.
121 Vgl. KRP Nr. 13/9.
122 Vgl. KRP Nr. 11/6.
123 Vgl. KRP Nr. 20/8.
124 Vgl. KRP Nr. 34/14.
125 Vgl. KRP Nr. 35/1 sowie Anmerkung 6 in jenem Protokoll.

IV. Die Versorgungskrise

Der Staatssekretär für Volksernährung Dr. Johann Loewenfeld-Ruß hielt in seinen Erinnerungen fest: „Die Ernährungslage, besonders in Wien, war im *Zeitpunkte des Zusammenbruchs* eine geradezu furchtbare. Die eigene Produktion Deutschösterreichs, die auch in Friedenszeiten nicht genügend war, um den Konsumbedarf zu decken, war durch den jahrelangen Krieg auf einen Tiefstand gesunken. Es war unmöglich, die Bevölkerung aus der eigenen Produktion zu ernähren.[126] [...] In den Städten, insbesondere in Wien, war die Lage überdies durch einen katastrophalen Kohlenmangel, der die Licht- und Heizversorgung und die Durchführung der Approvisionierungstransporte bedrohte, verschärft."[127] Eine weitsichtige Ernährungspolitik, so Loewenfeld-Ruß, war zu jenem Zeitpunkt nicht möglich, vielmehr galt es, die unmittelbare Not zu lindern und den „Eintritt chaotischer Zustände" zu verhindern, was allerdings dadurch erschwert wurde, dass die geltenden Ernährungsvorschriften vielfach missachtet und in den Ländern eigenmächtige Verfügungen erlassen oder Lebensmitteltransporte beschlagnahmt wurden.[128]

Angesichts dessen beantragte Loewenfeld-Ruß am 1. November 1918 im Staatsrat die „Erlassung einer Kundmachung betreffs einheitlichen Vorgehens für ganz Deutschösterreich, da es nicht angehe, daß jede größere Gemeinde und jede größere Organisation sich selbst mit Lebensmitteln versorgt und alle staatlichen Abmachungen über den Haufen werfe, denn so werden wir uns gegenseitig überbieten und nichts erreichen".[129] Die Kundmachung wurde am 5. November publiziert und fasste die im Ernährungswesen herrschende Situation nochmals unmissverständlich zusammen. Der Staatsrat sei bemüht, so hieß es, die „Sicherung des Nahrungsbedürfnisses der Bevölkerung", diese „erste und schwerste Aufgabe, die der neuen deutschösterreichischen Regierung obliegt", „durch gesteigerte Aufbringung im eigenen Lande und durch Verhandlungen mit den Nachbarstaaten" zu bewältigen. Das könne aber nur gelingen, wenn im Ernährungswesen Ordnung herrsche und „jedermann sich rasch besinnt, daß das Gesamtwohl auch das Wohl des Einzelnen bedeutet". Demgemäß habe jeder Bürger und jede Behörde die Aufbringungs- und Ernährungsvorschriften streng einzuhalten, auch Sonderverfügungen der Landesregierungen seien unbedingt zu unterlassen: „Beobachtet die Vorschriften des Deutschösterreichischen Staatsamtes für Volksernährung! [...] Bekundet den Gemeinsinn, den die anderen Völker beweisen."[130]

---

126 Dazu das Österreichische Jahrbuch 1920: „Nicht minder als an Rohstoffen fehlt es Deutschösterreich an Lebensmitteln. Auch hier war bereits das alte Österreich auf die Einfuhr angewiesen, obwohl 37 Prozent seiner Bevölkerung ihren Bedarf an Nahrungsmitteln selbst produzierten (gegenüber 19 Prozent in Deutschösterreich). Von den 144 Kilogramm Mehl, die per Kopf konsumiert wurden, mußten 46 Kilogramm eingeführt werden." Vgl. Österreichisches Jahrbuch 1920. Nach amtlichen Quellen, Wien 1921, S. 20.

127 Vgl. Loewenfeld-Ruß, Im Kampf gegen den Hunger, S. 197. Auch die vor allem in der Zwischenkriegszeit bis zu ihrer vorübergehenden Einstellung 1934 bedeutsame Wirtschaftszeitschrift „Der Österreichische Volkswirt" brachte schon in der ersten Ausgabe, die nach dem Zusammentritt der Provisorischen Nationalversammlung erschien, einen Artikel mit dem bezeichnenden Titel „Die Ernährungskrise". Die „Ernährungsnot" sei die „erste und schwerste Sorge, vor die der Nationalrat für Deutschösterreich gestellt" sei, hieß es darin. Die Stadt Wien, auf Lebensmitteleinfuhren traditionell besonders angewiesen, sei „mit Brotfrucht nur bis einschließlich der ersten Novemberwoche versorgt". Vgl. Der Österreichische Volkswirt, 11. Jg., Heft 4 vom 26. Oktober 1918, S. 54–56 „Die Ernährungskrise", hier S. 54.

128 Vgl. ebendort, S. 198.

129 Vgl. SRP Nr. 14.

130 Vgl. Loewenfeld-Ruß, Im Kampf gegen den Hunger, S. 198 f; weiters auch den Bericht über eine am 5. November 1918 von Loewenfeld-Ruß abgehaltene Pressekonferenz zur Ernährungslage in Arbeiter-Zeitung. Morgenblatt, 6. November 1918, S. 7 „Die Ernährungslage". Wenig später beschloss

Mit den „Verhandlungen mit den Nachbarstaaten" war bereits eines der Hauptprobleme der Ernährungs- wie auch generellen Versorgungslage Deutschösterreichs angesprochen: die weitgehende Abhängigkeit von Zulieferungen aus dem Ausland. „Es ist selbstverständlich", so Loewenfeld-Ruß vor der Nationalversammlung, „daß wir in dem Moment, wo der deutschösterreichische Staat sich konstituiert hat, zunächst Vorsorge treffen mußten, um Zuschübe von auswärts zu bekommen, um eine Atempause, um Zeit zu gewinnen, die Ablieferung und Aufbringung wieder in Bewegung zu bringen."[131] Die diesbezüglichen Verhandlungen und die Sorge um die Bewältigung der fatalen Ernährungslage schlugen sich in den Protokollen des Kabinettsrates regelmäßig nieder. So wurde bereits in der dritten Sitzung vom 4. November 1918 auf Verhandlungen mit der Tschechoslowakei[132] über Lebensmittellieferungen hingewiesen.[133] Der Verlauf dieser Verhandlungen, über den in der achten Sitzung vom 11. November berichtet wurde, zeigte bereits, dass die Lebensmittelversorgung aus dem Ausland mit Schwierigkeiten behaftet sein würde, wobei natürlich gerade die Verhandlungsbasis mit der Tschechoslowakei aufgrund der Situation rund um die umstrittenen, von Deutschösterreich beanspruchten Gebiete besonders heikel war.[134] Der Unterstaatssekretär für Gewerbe, Industrie und Handel Richard Riedl berichtete im konkreten Fall sogar, „dass es die tschechoslowakische Regierung grundsätzlich ablehne, mit Deutschösterreich in Verhandlungen einzutreten". Immerhin sei die „Durchfuhr galizischer, ukrainischer und russisch-polnischer Provenienzen zugesagt worden".[135] Über das enttäuschende Verhandlungsergebnis war zwei Tage zuvor auch im Staatsrat berichtet worden. Trotz der eifrigsten Bemühungen „und des opferbereitesten Entgegenkommens von unserer Seite" seien die Verhandlungen „vollständig ergebnislos geblieben"[136], und Loewenfeld-Ruß hielt in einem privaten Brief vom 11. November fest, dass die Lebensmittelausfuhr aus Böhmen gesperrt sei.[137] Vor der Nationalversammlung stellte er das diesbezügliche Verhältnis mit der Tschechoslowakei am 4. Dezember düster dar: „Wir sind eigentlich mit der tschecho-slowakischen Regierung in offizielle Verhandlungen bisher nicht eingetreten, das heißt wir konnten es nicht".[138]

Solche Rückschläge mussten angesichts der herrschenden Zustände Anlass zu ernster Besorgnis geben, denn die Ernährungslage, so berichtete Loewenfeld-Ruß ebenfalls in der achten Kabinettssitzung, entwickelte „sich immer ungünstiger [...]. Da mit den noch zur Verfügung stehenden Mengen nur mehr ganz kurze Zeit das Auslangen gefunden werden könne, sei es bereits jetzt unbedingt notwendig, mit Deutschland und Ungarn in neuerliche Verhandlungen wegen Bereitstellung von Aushilfen einzutreten." Zugleich wurde beschlossen, Unterhändler in diese beiden Staaten zu entsenden.[139] Hier war der deutschösterreichischen Regierung mehr Glück beschieden, tatsächlich war mit Ungarn bereits am 5. November ein erstes Abkommen getroffen worden, mit dem u. a. Schlepper, die wiederum das Deutsche

der Staatsrat noch, Sonderverhandlungen und den Abschluss von Kompensationsabkommen ohne Zustimmung der Zentralstellen bzw. des Staatsamtes für Volksernährung zu untersagen. Vgl. KRP Nr. 7/10 vom 10. November 1918; SRP Nr. 29 vom 11. November 1918.

131 Vgl. Sten. Prot. Prov. NV, 7. Sitzung vom 4. Dezember 1918, S. 210.

132 Die Proklamierung der Tschechoslowakei hatte am 28. Oktober 1918 stattgefunden. Zur Entstehung der Tschechoslowakei aus tschechischer Sicht vgl. etwa Antonín Klimek (Hg.), Dokumenty Československé zahraniční politiky: Vznik Československa 1918, Prag 1994.

133 Vgl. KRP Nr. 3/4.

134 Vgl. dazu Abschnitt II dieser Einführung.

135 Vgl. KRP Nr. 8/4.

136 Vgl. SRP Nr. 28 vom 9. November 1918.

137 Vgl. Loewenfeld-Ruß, Im Kampf gegen den Hunger, S. 125; KRP Nr. 8, Anmerkung 17.

138 Vgl. Sten. Prot. Prov. NV, 7. Sitzung vom 4. Dezember 1918, S. 211. Verhandlungen mit der Tschechoslowakei waren besonders auch im Hinblick auf die Zuckerversorgung Deutschösterreichs von entscheidender Bedeutung. Vgl. dazu KRP Nr. 10/1, Nr. 13/11, Nr. 26/6 und Nr. 34/9.

139 Vgl. KRP Nr. 8/5.

Reich zur Verfügung gestellt hatte und die rumänisches und ukrainisches Getreide über die Donau nach Deutschösterreich beförderten, freibekommen werden sollten, da sie von Ungarn beschlagnahmt worden waren.[140] Ein zweites Abkommen mit Ungarn folgte bereits am 25. November, das bis Ende Dezember 1918 die Lieferung von Getreide, Schafen, Schlachtvieh und -pferden gegen Warenkompensation in Aussicht stellte.[141]

Mit dem Deutschen Reich waren ebenfalls schon Ende Oktober 1918 Verhandlungen aufgenommen und im Laufe des Novembers in Berlin fortgeführt worden.[142] Neben der Zurverfügungstellung der erwähnten Schlepper waren seitens des Deutschen Reiches auch weitere größere Mengen Getreide in Aussicht gestellt worden, „soweit es [...] irgend möglich sein wird". Bis Anfang Dezember trafen immerhin 290 Waggons Getreide und 23 Schlepper mit einer Ladung, die knapp über 800 Waggons entsprach, ein. Die Abgeordneten der Nationalversammlung bejubelten diesen „Akt der Hochherzigkeit" „unseres einzigen Freundes".[143]

Anfang November 1918 hatte man sich in der Lebensmittelfrage über Vermittlung der Schweiz weiters an US-Präsident Woodrow Wilson gewandt. Erste Verhandlungen mit Vertretern der Ententestaaten fanden sodann im Dezember in Bern statt[144] und zeitigten auch relativ rasch Ergebnisse, so etwa die Bereitstellung von 4.000 Tonnen Getreide aus italienischen Depots. Diese Lieferungen waren keine Almosen, sondern mussten von Deutschösterreich bezahlt werden; eine in diesem Zusammenhang erlegte Sicherstellungszahlung von 18 Millionen Kronen wurde bald auf 150 und sodann auf 382 Millionen erhöht.[145] Aber trotz der anlaufenden Aushilfen blieb die Lage angespannt. Gerade die Brot- und Mehlversorgung Wiens war Anfang Jänner 1919, wie Loewenfeld-Ruß dem Kabinettsrat am 14. Jänner 1919 berichtete, „außerordentlich kritisch". Mit einer vorübergehenden Kürzung der Brotquote „zumindest auf die Hälfte der normalen Ration" sollte dieser Notlage begegnet werden. Erschwerend kam hinzu, dass „Verhandlungen mit der jugoslawischen Regierung in Laibach wegen Bewilligung der Durchfuhr der Ententezuschübe" notwendig waren, Kärntner Landesbehörden den reibungslosen Ablauf der Zulieferungen durch neuerliche Eigenmächtigkeiten und „ein wenig freundschaftliches Verhalten" gegenüber den Jugoslawen jedoch störten.[146]

Aus den Ententelieferungen resultierte wiederum unmittelbar das Problem der Finanzierung dieser Importe sowie der Deckung des Preisunterschieds zwischen ausländischem Getreide und heimischem Preisniveau. Unter Beibringung detaillierten Zahlenmaterials berichtete Loewenfeld-Ruß dem Kabinettsrat über „die durch die ausländischen Getreidezufuhren erforderliche Regelung der Mehl- und Brotpreise" und konstatierte „unter Zugrundelegung der bisherigen Koch- und Brot-Mehlpreise gegenüber den Preisen des Importgetreides eine Differenz von rund 600 Millionen Kronen". Da die Übernahme dieser Mehrkosten auf den Staatsschatz „natürlich ausgeschlossen" war, sollten „die Mehrkosten teils durch eine Erhöhung der Koch- und Brot-Mehlpreise, teils durch Einhebung einer einmaligen außerordentlichen Steuer" gedeckt werden. Vorgelegt wurde sogleich auch ein Gesetzentwurf, der dem Protokoll allerdings nicht beiliegt. Beschlossen wurden schließlich eine Erhöhung „der Mehlpreise auf höchstens 4 K für Kochmehl und 1 K 50 für Brotmehl", die bis Ende 1919

---

140 Vgl. KRP Nr. 10/1 sowie Anmerkung 8 ebendort.

141 Vgl. KRP Nr. 17/5 sowie Anmerkung 17 ebendort.

142 Vgl. etwa KRP Nr. 10/1, wo die Entsendung einer Kommission nach Berlin beschlossen wurde, die über Mehl- und Fleischlieferungen verhandeln sollte.

143 Vgl. Sten. Prot. Prov. NV, 7. Sitzung, S. 210 f. Auch im bereits erwähnten Artikel des „Volkswirts" (vgl. Anmerkung 127 dieser Einführung) wurde weitgehend auf die Hilfe aus dem Deutschen Reich spekuliert.

144 Zu den Lebensmittelverhandlungen mit der Entente vgl. KRP Nr. 10, Anmerkung 10, weiters KRP Nr. 12/4, Nr. 17/5, Nr. 26/1, Nr. 27/1, Nr. 28/2 und Nr. 31/1.

145 Vgl. Loewenfeld-Ruß, Im Kampf gegen den Hunger, S. 233.

146 Vgl. KRP Nr. 31/1.

gelten sollte, sowie die „Deckung des hiernach sich ergebenden Abganges von 215 Millionen Kronen durch entsprechende Steuermaßnahmen".[147] Bereits eine Woche später wurde dem Kabinettsrat eine nochmals überarbeitete Fassung des Gesetzentwurfs, „betreffend Einhebung einer besonderen Brotauflage im Jahre 1919", vorgelegt und für Kabinettsratsverhältnisse sehr ausführlich diskutiert. Durch Heranziehung der finanziell leistungsfähigeren Kreise der Bevölkerung zu einer Sonderabgabe sollte gemäß diesem Entwurf ein schätzungsweiser Ertrag von 65 Millionen Kronen erzielt werden.[148] Nach einer Zwischenstation im Staatsrat[149] wurde das Gesetz nach einer weiteren Überarbeitung nochmals im Kabinettsrat behandelt[150] und sodann am zweiten Tag der umfangreichen dritten Länderkonferenz unter Beteiligung der Ländervertreter erörtert.[151] Erlassen wurde das Gesetz nach weiteren Überarbeitungen schließlich im April 1919.[152]

Prekär war aber nicht nur die Lebensmittelversorgung, auch an anderen wichtigen Rohstoffen, allen voran Kohle, mangelte es. Wie schwer der Verlust der in den Kronländern gelegenen Rohstoffvorkommen wog, verdeutlichte beispielsweise das Österreichische Jahrbuch 1920 drastisch: „Deutschösterreich umschließt 22 Prozent der Bevölkerung, 30 Prozent der industriellen und gewerblichen Arbeiter und 20 Prozent der Dampfkesselheizfläche des alten Österreichs. Aber es verfügt nur über ein halbes Prozent der Kohlenvorräte des alten Staates."[153] Eine halbwegs stabile Kohlenzufuhr musste aber unter allen Umständen aufrechterhalten werden, um etwa den noch auf Dampflokomotiven angewiesenen Schienenverkehr am Laufen zu halten oder den Weiterbetrieb von Industrieeinrichtungen zu garantieren.[154] Auch hier war Deutschösterreich also auf auswärtige Zulieferungen durch Abmachungen mit den anderen Nachfolgestaaten angewiesen. Wien sei „nur bis Ende der Woche mit Kohle versorgt", wurde in der dritten Sitzung des Kabinettsrates am 4. November 1918 im Zusammenhang mit einschlägigen Verhandlungen in Prag erwähnt, bei denen es u. a. um den Transit von Kohlenlieferungen ging.[155] Einen kurzen Bericht über den Stand der Kohlenversorgung gab der Staatssekretär für öffentliche Arbeiten Johann Zerdik in der Kabinettsratssitzung vom 18. November. Der deutsche Reichskommissar für die Kohlenverteilung Ernst Stutz hatte im Zuge von Verhandlungen in Berlin erklärt, „jedes überhaupt verfügbare Quantum unter der Voraussetzung zu liefern, dass die nötige Anzahl von Eisenbahnwagen unsererseits beigestellt werde". Ähnlich habe sich auch der tschechoslowakische Bevollmächtigte Tusar geäußert, was den Bezug von Ostrauer Gaskohle[156] betraf. Somit sei die Kohlenfrage, so Zerdik, „zu einer reinen Waggonfrage geworden".[157] Einen Überblick über die Schwierigkeiten auf dem Kohlensektor gab Zerdik sodann am 4. Dezember 1918 in der Nationalversammlung. Den monatlichen Kohlebedarf Deutschösterreichs bezifferte er mit 1,150.000 Tonnen, aus inlän-

---

[147] Vgl. KRP Nr. 31/2.

[148] Vgl. KRP Nr. 33/3 und 4 vom 21. Jänner 1919.

[149] Vgl. SRP Nr. 69/III vom 22. Jänner 1919.

[150] Vgl. KRP Nr. 35/4 vom 30. Jänner 1919.

[151] Vgl. KRP Nr. 36 vom 31. Jänner/1. Februar 1919.

[152] StGBl. Nr. 218, Gesetz vom 4. April 1919, betreffend eine besondere Brotauflage im Jahre 1919, ausgegeben am 11. April 1919. Zur Frage der Finanzierung der Lebensmittellieferungen vgl. auch Loewenfeld-Ruß, Im Kampf gegen den Hunger, S. 240–244.

[153] Vgl. Österreichisches Jahrbuch 1920, S. 14; ausführlicher KRP Nr. 3, Anmerkung 16.

[154] Vgl. etwa einen Bericht über die drohende Einstellung des Betriebes der Pulverfabrik in Blumau/NÖ in KRP Nr. 34/4 vom 28. Jänner 1919.

[155] Vgl. KRP Nr. 3/3. Ergebnis der Verhandlungen war schließlich die Erlaubnis, vorläufig täglich 2.500 Tonnen Braunkohle nach Wien führen zu dürfen. Vgl. ebendort, Anmerkung 17.

[156] Diese Kohlensorte war etwa für die Gasbeleuchtung Wiens unerlässlich, wie Staatssekretär Zerdik auch in der 33. Sitzung des Staatsrates ausführte. Vgl. SRP Nr. 33 vom 14. November 1918; KRP Nr. 13, Anmerkung 16.

[157] Vgl. KRP Nr. 13/4.

discher Produktion standen lediglich 150.000 Tonnen zur Verfügung. Eine Million Tonnen pro Monat galt es also durch Zufuhren „aus den nordwestböhmischen Braunkohlengebieten, aus den Steinkohlengebieten von Ostrau und durch die Einfuhr aus den Kohlenrevieren des Deutschen Reiches" sicherzustellen. Zerdik gab darauf einen detaillierten Überblick über den Gang der bis zu jenem Zeitpunkt geführten Verhandlungen und den zahlreichen diesbezüglichen Schwierigkeiten.[158] Allerdings fanden im weiteren Laufe des Dezembers neuerliche Verhandlungen mit der tschechoslowakischen Regierung statt, die auch zum Abschluss eines Abkommens führten, das die Lieferung von rund 220.000 Tonnen Kohle monatlich an Deutschösterreich über einen Zeitraum von sechs Monaten gegen vollständige Warenkompensation vorsah. Prompt wurde die Erfüllung des Abkommens jedoch von tschechoslowakischer Seite mit einer Reihe unliebsamer Forderungen verknüpft.[159] Insgesamt gelang es Deutschösterreich in der ersten Nachkriegszeit lediglich, vierzig Prozent des tatsächlichen Kohlenbedarfs durch Verträge abzudecken.[160]

Der eklatante Mangel an Brennmaterial traf aber nicht nur Verkehrswesen, Industrie und Wirtschaft. Teile der Bevölkerung, vor allem natürlich in den Städten, sahen dem Winter ohne ausreichendes Heizmaterial entgegen. Auf die Brennholzbeschaffung für die Einwohner Wiens und Umgebung kam der Kabinettsrat in der Sitzung vom 29. November 1918 zu sprechen, wo Staatssekretär Stöckler auf die Schwierigkeiten einer größeren „Holzaktion" hinwies, die nur auf den Bahnwegen möglich sei, was „aber bei den bekannten Verhältnissen für größere Mengen nicht in Betracht kommen könne". Der Kabinettsrat erwog, den Lainzer Tiergarten zur Holzbeschaffung zu nutzen, „zumal hier die Herbeischaffung des Holzes mittels Lastenautomobilen auf vollkommen geeigneten Straßen möglich wäre".[161] Die Frage gelangte sodann ins Staatsratsdirektorium, wobei nun den Bewohnern der angrenzenden Gemeinden und den Wienern auch gestattet werden sollte, im Tiergarten „Klaubholz" zu sammeln.[162] In einer weiteren Sitzung stimmte das Direktorium der „Holzgewinnung" im Lainzer Tiergarten zu.[163] Im Jänner 1919 konnte die „Wiener Zeitung" sodann berichten, dass sich die Brennholzversorgung, soweit es die Stadt Wien betraf, dank anhaltender Schlägerungen im Lainzer Tiergarten und an weiteren geeigneten Orten zufriedenstellend entwickelte.[164]

Längerfristig gesehen veranlasste die allgemeine Notlage auf dem Energiesektor die zuständigen Behörden, die Aktivierung und Intensivierung der inländischen Energieversorgung zu forcieren. Die Ergebnisse dieser Entwicklung machten sich im Laufe der folgenden zwei Jahre zwar nur langsam, aber doch allmählich bemerkbar, etwa durch eine steigende inländische Kohlenerzeugung. Notgedrungen lenkte der Kohlenmangel die Aufmerksamkeit auch verstärkt auf die ausbaufähigen inländischen Wasserkräfte.[165] Erste Ansätze zu dieser Entwicklung finden sich bereits in den hier abgedruckten Protokollen, etwa in der Sitzung vom 14. Dezember 1918, wo Staatskanzler Renner den „Ausbau der Wasserkräfte zur Gewinnung elektrischer Energie" als „überaus wichtige, durch die gegenwärtige Kohlennot besonders in den Vordergrund gerückte Frage" bezeichnete. Zur Förderung dieses Vorhabens und Vermei-

---

158 Vgl. Sten. Prot. Prov. NV, 7. Sitzung, S. 220–225.

159 Vgl. KRP Nr. 23/4 vom 14. Dezember 1918 und Nr. 24/5 vom 17. Dezember 1918 sowie Anmerkung 15 im letztgenannten Protokoll.

160 Vgl. Österreichisches Jahrbuch 1920, S. 14. Zur besonders schweren wirtschaftlichen Lage in Deutschösterreich in den ersten Nachkriegsjahren vgl. etwa Jens-Wilhelm Wessels, Economic Policy and Microeconomic Performance in Inter-War Europe. The Case of Austria, 1918–1938 (= Beiträge zur Unternehmensgeschichte 25), Stuttgart 2007, S. 19–34.

161 Vgl. KRP Nr. 18/7.

162 Vgl. Staatsratsdirektoriumsvermerk Nr. 3/6 vom 28. November 1918.

163 Vgl. Staatsratsdirektoriumsvermerk Nr. 4/7 vom 30. November 1918.

164 Vgl. Wiener Zeitung, 14. Jänner 1919, S. 5 „Zur Frage der Brennholzversorgung von Wien".

165 Vgl. Österreichisches Jahrbuch 1920, S. 15 f.

dung von Kompetenzkonflikten zwischen den Ressorts schlug Renner bei dieser Gelegenheit auch die Einrichtung eines eigenen Amtes vor. Dieses wurde bereits im Jänner 1919 als „Wasserkraft- und Elektrizitätswirtschaftsamt (WEWA)“ geschaffen und existierte bis 1930.[166]

V. Länderkonferenzen, Verfassungs- und Anschlussfrage

Die Eigenmächtigkeiten der Länder im Bereich der Versorgung und des Ernährungswesens, auf die im vorhergehenden Abschnitt dieser Einführung bereits hingewiesen wurde, unterliefen die zentrale Planung und Durchführung von Versorgungsmaßnahmen und die diesbezüglichen Verhandlungen mit den diversen Nachfolgestaaten, sodass sich der Staatsrat am 11. November 1918 veranlasst sah, auf Antrag des Staatssekretärs Loewenfeld-Ruß zu beschließen, dass jene Mitglieder des Staatsrates, „welche mit den gegenwärtigen Leitern der Landesregierung in Fühlung stehen, auf sie einen politischen Einfluß in der Richtung ausüben mögen, daß die Landesregierungen nicht eigenmächtig Verfügungen treffen und sich in Ernährungsfragen den Anordnungen des Staatssekretariates für Volksernährung unbedingt unterwerfen“.[167] Besondere Wirkung entfaltete dieser Beschluss allerdings nicht, „die Eigenmächtigkeiten der Provinzgewalten“, so erinnerte sich Loewenfeld-Ruß, dauerten an, „wodurch mir andauernd große Schwierigkeiten in meiner Amtsführung erwuchsen“.[168]

Das Konfliktpotential zwischen Zentralgewalt und Ländern erstreckte sich aber nicht nur auf die Versorgungsproblematik, sondern reichte weiter. Nochmals Loewenfeld-Ruß: „Das Traurigste aber an allem sind die separatistischen Bestrebungen unserer Länder! Die deutschen – ‚Kronländer‘ darf man nicht sagen, aber auch nicht ‚Provinzen‘ – also ‚Länder‘! – kümmern sich den Teufel um die Wiener Regierung und die Nationalversammlung, jedes tut, was es will, und das Zusammenschweißen der ‚landesfürstlichen‘ und ‚autonomen‘ Verwaltung hat vorläufig nur ein gräßliches Wirrwarr angerichtet. [...] Es gehören eiserne Nerven heute in die Ämter, wenn man nicht verrückt werden soll.“[169]

Tatsächlich beschränkte sich die Staatsgewalt, so Haas, „vorläufig auf die Zentralen, ihre Ausdehnung auf die Länder war mit dem zeitgenössisch geltenden Prinzip der Selbstbestimmung in Einklang zu bringen“.[170] Nach Ermacora übten die Länder, „die sich unter Berufung auf das Selbstbestimmungsrecht [...] ihre eigene Staatsgewalt zuerkannt hatten“, zu diesem Zeitpunkt gar „die in Österreich einzig effektive Staatsgewalt“ aus.[171] Die Konstituierung der Länder bzw. der Provisorischen Landesversammlungen und Landesausschüsse und die Übernahme der Staatsgewalt in den Ländern vollzogen sich vorerst jedoch weitgehend reibungslos, teils auch in Anwesenheit von Vertretern des Staatsrates: „Damit entfällt die in der österreichischen Rechtslehre seit den Zwanzigerjahren zur Bekräftigung des Föderalismus so beliebte These vom revolutionären Akt der Länderbildung im Gegensatz zur zentralistischen Staatskonzeption der Verfassung vom 30. Oktober 1918.“[172]

Sodann gaben Kärnten, Oberösterreich, Salzburg, Steiermark und Vorarlberg im November sogenannte „Beitrittserklärungen“ ab, mit denen sich die genannten Länder unter

---

166 Vgl. KRP Nr. 23/15 sowie Anmerkung 56 ebendort. Zur Tätigkeit auf dem Gebiet des Wasserbaus und zur Elektrifizierung vgl. weiters noch einen Bericht über die staatliche Investitionspolitik in KRP Nr. 30/1 vom 11. Jänner 1919.

167 Vgl. SRP Nr. 29; weiters KRP Nr. 7/10 vom 10. November 1918.

168 Vgl. Loewenfeld-Ruß, Im Kampf gegen den Hunger, S. 199.

169 Vgl. ebendort, S. 134.

170 Vgl. Haas, Historische Einleitung, S. LII.

171 Vgl. Felix Ermacora, Materialien zur österreichischen Bundesverfassung (I). Die Länderkonferenzen 1919/20 und die Verfassungsfrage (= Österreichische Schriftenreihe für Rechts- und Politikwissenschaft 9/I), Wien 1989, S. 1.

172 Vgl. Haas, Historische Einleitung, S. LII.

Bezugnahme auf das Selbstbestimmungsrecht als „eigenberechtigte“ bzw. im Falle Vorarlbergs „selbständige“ „Provinzen des Staates Deutschösterreich“ bzw. „Land des österr. Staates“ (Vorarlberg) erklärten.[173] Die Provisorische Nationalversammlung nahm die „Beitrittserklärungen“ der Länder an[174], wobei im Gesetzestext allerdings die pauschale Formulierung „Länder, Kreise und Gaue des Staatsgebietes“ gebraucht wurde, die nun „unter den Schutz der ganzen Nation“ gestellt sein sollten.[175] Die Einrichtung der provisorischen Landesgewalten war weiters Gegenstand eines Gesetzesbeschlusses der Nationalversammlung vom 14. November 1918.[176]

Anhand der sich jedoch von Anfang an manifestierenden Diskrepanzen zwischen der Zentralgewalt und dem autonomistisch gefärbten Vorgehen der Landesbehörden, vor allem in den Versorgungsfragen, wurde rasch klar, dass es zur gemeinsamen Entscheidungsfindung und Festlegung eines einheitlichen Kurses einer koordinierenden Einrichtung oder eines Gremiums bedurfte, dessen Diskussionsgegenstände von Detailproblemen bis hin zur künftigen Staatsform und der Regelung der verfassungsmäßigen Beziehung zwischen der zentralen Staatsgewalt und den Ländern reichten.

Um diese Aufgabe zu erfüllen, wurden die sogenannten Länderkonferenzen abgehalten, die den Versuch der Staatskanzlei darstellten, durch „Heranziehung der Vertreter der Landesregierungen“ ein „Gegengewicht zu den starken separatistischen Bewegungen in einigen Ländern“ zu bilden. Sie waren eine „nicht in der Verfassung vorgezeichnete Institution [...], die schon zu einer Zeit, als es noch keinen Bundesstaat gegeben hat, bundesstaatlichen Charakter hatte“, und somit eine „vorkonstitutionelle politische Entscheidungsstelle“, da diese Zusammenkünfte „einerseits in keinerlei Verfassung vorgesehen waren und andererseits vor dem Wirksamwerden formal vorgesehener bundesstaatlicher Strukturen tätig geworden sind“. Sie bildeten ein „föderalistisches Forum“, in dem „mangels anderer Österreich umspannender Einrichtungen wichtige staatspolitische Entscheidungen auf demokratischem Wege gefallen sind“. Föderalistisch und demokratisch waren diese Zusammenkünfte nach Ermacora deshalb, „weil die Delegationen, die die Parteien zu den Konferenzen entsandt hatten, von den Parteien in den Ländern bestimmt wurden“ und weil politische Entscheidungen „im Konsenswege“ zustande kamen.[177]

Der vorliegende Band enthält die ersten drei dieser Konferenzen (KRP Nr. 15 vom 23. November 1918, Nr. 28 vom 4./5. Jänner 1919 und Nr. 36 vom 31. Jänner/1. Februar 1919), wobei die umfangreiche dritte, die sich sowohl formal als auch inhaltlich von allen anderen hier enthaltenen Protokollen unterscheidet,[178] den Abschluss des Bandes bildet. Die erstmalige Einberufung dieses Forums wurde im Kabinettsrat vom 15. November 1918 erwähnt. Als sich Staatssekretär Loewenfeld-Ruß einmal mehr über die Eigenmächtigkeiten

---

173 Vgl. Ermacora, Die Länderkonferenzen, S. 39, Fußnote 14; KRP Nr. 36, Anmerkung 84. Die „Beitrittserklärungen“ stellten nach Ermacora Renners Versuch dar, „die Länder zu einem österreichischen Staat zu vereinen“. Vgl. ebendort, S. 1.

174 Vgl. StGBl. Nr. 23, Beschluss der Provisorischen Nationalversammlung für Deutschösterreich vom 12. November 1918, betreffend die feierliche Beitrittserklärung der Länder, Kreise und Gaue des Staatsgebietes, ausgegeben am 20. November 1918..

175 Zu einer rechtlichen Beurteilung dieser Beitrittserklärungen vgl. Kelsen, Werke 5, S. 89.

176 Vgl. StGBl. Nr. 24, Gesetz vom 14. November 1918, betreffend die Übernahme der Staatsgewalt in den Ländern, ausgegeben am 20. November 1918.

177 Vgl. Ermacora, Die Länderkonferenzen, S. VIII und S. 1. Zur Entwicklung des österreichischen Föderalismus vgl. etwa Herbert Schambeck (Hg.), Föderalismus und Parlamentarismus in Österreich, Wien 1992; Martin P. Schennach (Hg.), Rechtshistorische Aspekte des österreichischen Föderalismus. Beiträge zur Tagung an der Universität Innsbruck am 28. und 29. November 2013, Wien 2015.

178 Anstelle einer indirekten Wiedergabe des Sitzungsverlaufs handelt es sich in diesem Fall um ein direktes Wortprotokoll samt Zwischenrufen. Vgl. dazu die Darstellung der Quelle, Abschnitt III.

der Länder in Ernährungsangelegenheiten beschwerte, erklärte Staatskanzler Renner, „eine entsprechend eindringliche Belehrung der Landeshauptmänner anlässlich ihrer Einberufung nach Wien zur Angelobung in Aussicht zu nehmen".[179] Diese Bemerkung bezog sich auf die Länderkonferenz vom 23. November, wo anlässlich einer mittägigen Sitzungspause im Stenogramm festgehalten wurde: „Die Herren Landeshauptleute bzw. deren Stellvertreter sind gebeten, noch 10 Minuten dazubleiben, um Gelöbnis abzulegen."[180]

Diese erste Länderkonferenz behandelte als einziges grundlegendes Thema die „Sicherstellung des einheitlichen Zusammenarbeitens der Staatsregierung mit den Landesbehörden in administrativen Belangen". Einleitend betonte Renner „die Notwendigkeit einer einvernehmlichen Zusammenarbeit aller Organe des Staates im Wege einer Einordnung der einzelnen Glieder unter das Ganze. Diese notwendige gegenseitige Fühlungnahme sei bisher nicht vorhanden gewesen. Die Selbstregierung des Volkes könne aber nur dann in gedeihlicher Weise geführt werden, wenn diese Einordnung nicht auf einem Zwangsbefehle von oben, sondern auf der freiwilligen Unterordnung der einzelnen Teile beruhe. Das allerschwierigste Problem jeder Demokratie liege in der Verbindung von Freiheit und Ordnung. Die Sicherstellung der Voraussetzungen für die Lösung dieses Problems erhoffe sich Redner von der heutigen Tagung, die den Zweck verfolge, ein solches ständiges Einvernehmen organisatorisch zu gewährleisten." Es ging also um Einvernehmlichkeit, aber im Wege einer „Einordnung der einzelnen Glieder". Mehr oder weniger subtil bzw. den Ländervertretern gegenüber rhetorisch schonend benannte Renner damit nicht nur seine unmittelbaren, besonders auf die einheitliche Regelung der „Approvisionierung" gerichteten Interessen, sondern wohl auch seine verfassungsrechtlichen Vorstellungen hinsichtlich des grundsätzlichen Verhältnisses zwischen Zentralgewalt und Ländern im neuen Staatswesen.

Sodann präsentierte der Staatskanzler einen Themenkatalog. Die „Herstellung eines einheitlichen Vorgehens in Fragen der Ernährung und Sachdemobilisierung" stellte tatsächlich auch nur einen von insgesamt acht Punkten dar. Die anderen sieben Punkte bildeten in Summe die generelle Stoßrichtung ab: einheitliche Organisation der Landesbehörden und Anpassung der Landesverwaltung an die grundlegenden Gesetze, mit denen der Staat Deutschösterreich aus der Taufe gehoben worden war,[181] dies jedoch einhergehend mit eindeutiger Anbindung an die Zentralgewalt als Kontrollinstanz. So wurden etwa „regelmäßige Berichte" der Länder an die Zentralstellen „über öffentliche Sicherheit, über den Stand der Wehrkraft, über den Gang der Demobilisierung, über die allgemeine politische Lage und besondere Begebenheiten" ebenso genannt wie die „Berufung von Regierungsbeauftragten bei den Landesregierungen".

Renner war jedoch um ein Miteinander bemüht, wie auch seine bezüglich der Einhaltung eines korrekten Dienstweges gemachte Feststellung zeigt, dass „die Staatsämter mit den politischen Bezirksbehörden im Wege der den letzteren übergeordneten Landesregierungen zu verkehren haben", die letzteren also prinzipiell nicht übergangen werden durften.[182]

Sodann wurde das Gesetz über die Übernahme der Staatsgewalt in den Ländern, StGBl. Nr. 24/1918, paragraphenweise durchgearbeitet und erläutert, worauf eine Erörterung der bereits erwähnten „Frage der Berufung von Regierungsbeauftragten zu den Landesregierungen" folgte. Keine „Beeinträchtigung der Autonomie" sei damit beabsichtigt, erklärte Renner, doch hier regte sich der Widerstand der Ländervertreter, die „mannigfache Einwendungen gegen

---

[179] Vgl. KRP Nr. 11/5.

[180] Vgl. KRP Nr. 15, Stenogramm.

[181] Insbesondere StGBl. Nr. 5, Gesetz vom 12. November 1918 über die Staats- und Regierungsform von Deutschösterreich, ausgegeben am 15. November 1918, und Nr. 24, Gesetz vom 14. November 1918, betreffend die Übernahme der Staatsgewalt in den Ländern, ausgegeben am 20. November 1918.

[182] Einen entsprechenden Beschluss hatte der Kabinettsrat bereits am 16. November 1918 gefasst, vgl. KRP Nr. 12/2.

die geplante Einrichtung geltend" machten. Das Stenogramm der Sitzung gibt einen, wenn auch etwas brüchigen, Eindruck vom Verlauf der diesbezüglichen Debatte. So sprachen sich etwa der Landeshauptmann von Steiermark Dr. Wilhelm von Kaan und jener von Niederösterreich Leopold von Steiner „entschieden dagegen aus". Steiner urteilte: „Zu weitgehende Beschränkung der Autonomie." Der Präsident des steiermärkischen Wohlfahrtsausschusses Dr. Viktor Wutte schlug im Gegenzug „bei den Ministerien" die Einrichtung einer „besonderen Stelle" vor, „die immer telephonisch erreichbar ist und bei der alle Angelegenheiten abdiktiert werden können". Schließlich kam es zu dem Kompromiss, „dass Regierungsbeauftragte vorläufig nur zu jenen Landesregierungen entsendet werden sollen, die infolge ihrer Entfernung vom Sitze der Zentralregierung und wegen erschwerter Verkehrsmöglichkeit mit Wien auf einen derartigen Verbindungsdienst in erhöhterem Maße angewiesen sind". Konkret gemeint waren „Sudetenland, Deutschböhmen, Tirol und Vorarlberg". Ansonsten sollte ein Journaldienst in den Präsidialabteilungen der Staatsämter eine ständige und verlässliche Verbindung zwischen den Landesregierungen und den Staatsämtern garantieren.[183]

Anfang Jänner versammelten sich die Regierungs- und Ländervertreter zur nächsten Länderkonferenz, die bereits umfangreicher ausfiel und sich über zwei Tage erstreckte. Auf der Tagesordnung stand etwa der Punkt „Künftige Organisierung der Länderkonferenzen", es war also bereits klar, dass es sich bei den Länderkonferenzen um eine längerfristige Einrichtung handeln würde. Vor dem Eingang in die Tagesordnung ergriff Renner abermals das Wort. Die „Verhältnisse in unserem neubegründeten Staatswesen" hätten sich seit der letzten Zusammenkunft insgesamt günstig entwickelt, auch die Zusammenarbeit der Verwaltungsstelle habe sich gebessert. Trotzdem seien „noch nicht alle Schwierigkeiten überwunden", noch immer gebe es Eigenmächtigkeiten der „lokalen Stellen und Mittelinstanzen", die sich aus dem „Zwange der Not" erklärten. Auch die Leiter der Zentralressorts hätten mehrfach „über Unstimmigkeiten und mangelnde Folgeleistung der unteren Organe" geklagt. Renner betonte den Ernst der Lage: „Eine Fortdauer dieses Zustandes müsste naturgemäß zu einer allgemeinen Auflösung des Verwaltungsapparates führen". Ein einheitliches Vorgehen der Staatsverwaltung sei auch deshalb nötig, weil sie die „vornehmste Pflicht" habe, „die Produktion wieder in Gang zu setzen", denn aus der stetig steigenden Arbeitslosigkeit resultiere letztendlich „eine Entwöhnung des Menschen von der Arbeit". Die Staatsverwaltung müsse jedoch „wieder Zucht in unser Volk" bringen, „diese aber nicht in dem alten Sinne des blinden Gehorsams, einer bedingungslosen Unterordnung unter die staatliche Gewalt, sondern in einer gesunden Art der freiwilligen Einfügung der Massen in eine Ordnung, die sie verstehen und zu schätzen wissen".[184] Letztendlich hatte Renner in der ersten Länderkonferenz gegenüber den Landesverwaltungen mit ganz ähnlichen Worten die „freiwillige Unterordnung" beschworen, und auch jetzt, in der zweiten Konferenz, wandte er dieses Leitprinzip sogleich wieder auf die Länder an und appellierte: „Aber nur dann, wenn alle staatlichen Stellen s e l b s t diese Zucht beobachten, wenn die Führenden vor allem selbst das Beispiel einer freiwilligen Einordnung in das Ganze geben, werden wir unserer Aufgabe gerecht werden, dann werden wir auch einer Katastrophe in staatsfinanzieller Hinsicht begegnen können." Renner beschwor also angesichts einer durch mangelnde Zusammenarbeit schwachen Verwaltung auch die Gefahr einer fortschreitenden „Entwertung unserer Valuta". Insofern liest sich Renners Appell an die Anwesenden eindringlicher, wenn nicht gar dramatischer, als dies noch in der ersten Länderkonferenz der Fall gewesen war. Als ultimative Gefahr für das neue Staatswesen nannte Renner gar die drohende Auflösung des neuen Staates: „Wenn wir nun durch eine zerrüttete Verwaltung und infolge unserer Uneinigkeit die einschlägigen Probleme

183 Vgl. KRP Nr. 15 und das Stenogramm jenes Protokolls.

184 Ähnlicher Worte hatte sich Renner anlässlich des Todes von Staatssekretär Dr. Viktor Adler bedient. Vgl. KRP Nr. 9/1 vom 12. November 1918.

nicht zu lösen vermöchten, dann wäre weiters auch die Gefahr einer feindlichen Besetzung in die Nähe gerückt, die uns jedes Eigenrecht entzöge." Renner versicherte den Anwesenden jedoch, dass die „am nächsten liegende Vorstellung der Herrschaft mit der starken Faust" ganz und gar ausgeschlossen sei, ja es bestehe „gar nicht die Möglichkeit, dieses Problem durch eine Diktatur von oben zu lösen. Daran denke innerhalb der Regierung niemand." Das Prinzip der Selbstregierung setze voraus, „dass alle Glieder des Ganzen sich freiwillig in die gegebenen Notwendigkeiten fügen, was nur durch fortwährende gegenseitige Verständigung und Beratung möglich erscheine. Dazu sollen diese Länderkonferenzen dienen."[185]

Bis zur nächsten Zusammenkunft der Länder- und der Regierungsvertreter verging nur ein knapper Monat. Ab jener dritten Sitzung begannen die Länderkonferenzen, sich verstärkt mit der Verfassungsfrage zu beschäftigen.[186] Der größte Teil der dritten Länderkonferenz, KRP Nr. 36 vom 31. Jänner/1. Februar 1919, war diesem Thema gewidmet. Angesichts der nahenden Wahlen zur Konstituierenden Nationalversammlung (sie fanden am 16. Februar 1919 statt) und der damit einhergehenden „Legalisierung unserer zentralen Körperschaft und der Trägerin der eigentlichen Staatssouveränität" stelle sich, so Renner, „die Aufgabe der Verfassungsreform und der mit ihr zusammenhängenden Verwaltungsreform", weshalb es notwendig sei, dass „jene Körperschaften, die neben dem Staate an der Verfassungsreform in erster Linie interessiert sind, die Länder, sich darüber Klarheit verschaffen, in welcher Richtung die Verfassungsreform vorgenommen und das Einverständnis zwischen der Staatsregierung und den Landesregierungen über die Ziele einer Verfassungsreform geschaffen werden soll". Zuerst bedürften aber auch die Landesvertretungen einer „Legalisierung" durch Neuwahlen, und Renner präsentierte den Entwurf eines Gesetzes über „den Ablauf der Funktionsdauer der Provisorischen Landesversammlungen und Gemeindevertretungen und die Vornahme von Neuwahlen in den Ländern und Gemeinden".

Von der Vorstellung dieses Entwurfs, der dem Protokoll als Anhang beigefügt ist und als Rahmengesetz gedacht war (also als Vorgabe für die Erlassung eigener Wahlordnungen durch die Länder – mit „keineswegs zentralistischen Tendenzen", wie der Staatskanzler betonte), ging Renner vor dem Eingang in die Generaldebatte noch zur grundsätzlichen Frage der „künftigen Ordnung unserer Verfassung" und wie „wir in Hinkunft die Verfassung unserer

---

[185] Dagegen rückte Landeshauptmann Steiner in einer „prinzipiellen Erklärung" der niederösterreichischen Landesregierung, die sich an Renners einleitende Worte anschloss, das föderalistische Prinzip in den Vordergrund. Die „Kompetenzen der gesamtstaatlichen Zentralregierung" müssten „von jener der Landesverwaltungen zweckentsprechend und scharf abgegrenzt werden", das Verhältnis der beiden jedenfalls auf Gegenseitigkeit beruhen: „Einerseits werden die Landesverwaltungen sich jedes Eingriffes in die vernunftgemäß nur vom gesamtstaatlichen Standpunkte aus zweckmäßig zu erledigenden Fragen enthalten und die Zentralregierung [...] loyal unterstützen; anderseits aber wird wohl auch die Zentralregierung auf die vom alten Systeme beliebte, sogenannte ‚Zentralisation' dort verzichten müssen, wo sie offenbar sinnlos und zweckwidrig ist." Das „alte System" habe zu sehr nivelliert, habe Ungleiches gleichmachen wollen, ja sei diesbezüglich gar „von einer förmlichen Sucht befallen gewesen". Vgl. KRP Nr. 28. Im Zusammenhang mit dieser Länderkonferenz vgl. auch KRP Nr. 27/2 vom 3. Jänner 1919, wo Unterstaatssekretär Riedl über die „inneren Gründe, welche die beklagte Haltung der Landesregierungen veranlasst hätten", und das „unklare Bewusstsein einer von Wien aus angeblich drohenden Gefahr" referierte, wobei er das auch an anderer Stelle in den Kabinettsratsprotokollen erwähnte Schlagwort „Los von Wien" erwähnte, „das zum Teil der Ausdruck der Unzufriedenheit mit der früheren Regierung sei": „Man empfinde die Zweimillionen-Stadt gegenüber der Gesamtbevölkerung des übrigen Staates als etwas Unerträgliches, das auf den Staatskörper gleich wie ein Parasit wirke. Insbesondere auf dem Gebiete der Ernährung fühlen sich die Länder durch die naturgemäßen Anforderungen Wiens schwer geschädigt." Zu weiteren Erwähnungen dieses Schlagwortes vgl. KRP Nr. 28/Stenogramm sowie die Ausführungen des Tiroler Landeshauptmannstellvertreters Dr. Karl Pusch in Nr. 36.

[186] Vgl. Ermacora, Die Länderkonferenzen, S. 2.

Länder und ihr Verhältnis zum Staate ordnen sollen", über. Renner verwies auf die „stramme zentralistisch-bürokratische Ordnung in Frankreich" und die „ganz auf Selbstregierung beruhende Ordnung der Verfassung und Verwaltung in England". Das französische „Muster ist dasjenige, dem wir ausweichen wollen, das reine Gegenteil dessen, was wir anstreben". Gesetzgebende Gewalt habe in Frankreich nur das Parlament, die Exekutivgewalt nur die Regierung. „Diese einzige Regierung, in den einzelnen Verwaltungszweigen also der Minister, führt ganz allein die Verwaltung bis herab in die Gemeinden", die untergeordneten Verwaltungsstellen seien „immer nur das ausführende Organ des Ministers".[187]

Dagegen pries Renner das englische System des „self-governments", in dem die Verwaltung „durchaus von den Vertretern der einzelnen Gebietskörperschaften selbst geführt" werde. Dadurch bestehe „vollständige Einheit des Staates": „Die Reichsgesetze vollzieht die Grafschaft selbst durch ihre gewählten Vertreter und deren Ausschüsse. Es kann auch kein Gegensatz bestehen, sondern es besteht vollständige Einheit des Staates, aber auf der Basis, dass diese Einheit in allen Gliedern durch die betreffende Körperschaft selbst vertreten wird." Ein solches System lasse „den Gegensatz zwischen Gebietskörperschaft und Staat gar nicht aufkommen". Mit „dem schiefen, gänzlich unpassenden Schlagwort der Autonomie" habe diese Form der Selbstregierung nichts zu tun, „denn die Autonomie ist ein Missding im Begriffe selbst, es ist nicht Selbstverwaltung, es ist nicht Selbstgesetzgebung, es ist ein Stück von allem und ein sehr schiefes und schlecht herausgeschnittenes Stück von allem. Wir sollten aber unser Denken darauf richten, ein wirkliches System der Selbstregierung einzuführen." Er glaube, so Renner, „dass die Zukunft nicht dem französischen, sondern dem englischen System gehört".[188]

Die Frage lautete jedenfalls: „Wohin geht unser Weg? In welcher Richtung reformieren wir? Wir müssen also ausgehen von dem, was ist, und uns fragen: Bilden wir uns in diesem oder jenem Sinne weiter?" Renner wünschte, „die Aufmerksamkeit der Gemeinde- und Landesvertretungen auf diese Dinge rechtzeitig [zu] lenken, damit man sich schon bei den ersten Beratungen der konstituierenden Versammlung doch über die wichtigsten Grundsätze klar ist." Doch endgültig entschieden werden konnten derart grundlegende Weichenstellungen nach Renners Dafürhalten zu jenem Zeitpunkt deshalb noch nicht, weil „die entscheidende Frage [...] die A n s c h l u s s f r a g e" sei, „und solange wir nicht wissen, ob, wie und wohin wir angeschlossen werden, können wir an die positiven Verfassungsarbeiten nicht herantreten". Denn wenn Deutschösterreich, „was wir alle hoffen und anstreben", Teil des Deutschen Reiches werden würde, „so hängt unsere künftige Verfassung davon ab, wie das Deutsche Reich sich ordnen wird".[189]

Die Anschlussproklamation war mit Artikel 2 des Gesetzes über die Staats- und Regierungsform, StGBl. Nr. 5/1918, erfolgt: „Deutschösterreich ist ein Bestandteil der Deutschen Republik. Besondere Gesetze regeln die Teilnahme Deutschösterreichs an der Gesetzgebung und Verwaltung der Deutschen Republik sowie die Ausdehnung des Geltungsbereiches von Gesetzen und Verordnungen der Deutschen Republik auf Deutschösterreich." Für viele schien der Anschluss an das Deutsche Reich nach dem Zerfall der Monarchie und der Erkenntnis, dass die Nachfolgestaaten keinen wie auch immer gearteten neuen Staatenbund bilden würden, der nächste logische Schritt zu sein. Bei den Sozialdemokraten war die

---

187 Renner beschrieb die französische Verfassung bei dieser Gelegenheit als „durchaus monarchisch, es ist im Wesen eine parlamentarische Wahlmonarchie".

188 Renner kam in weiterer Folge u. a. auch noch auf die „durchgängige Doppel- und Parallelverwaltung" der Vereinigten Staaten von Amerika zu sprechen, in der der Bürger sowohl „Staats- und Bundesuntertan" sei. „Da aber unser Staat in Hinkunft kaum die Größe eines durchschnittlichen amerikanischen Gliedstaates haben wird, so wäre es doch eine außerordentliche Erschwerung, wenn man diese Doppelgeleisigkeit aufrichtete."

189 Vgl. KRP Nr. 36.

Haltung zu dieser Idee differenziert, Renner begann sie zu favorisieren, Seitz verhielt sich zurückhaltender. Viktor Adler, als Staatssekretär für Äußeres schließlich nur wenige Tage bis zu seinem Tod am 11. November 1918 im Amt, und sein Nachfolger Dr. Otto Bauer (sowohl Adler als auch Bauer dachten, so Haas, „in nostalgisch verklärten großdeutschen Illusionen des Revolutionsjahres 1848") setzen sich aktiv für die Anschlusssache ein, sodass ihre „sozialdemokratische gesamtdeutsche Linie in den gesamtstaatlichen politischen Entscheidungsprozessen der ersten Novembertage eine wichtige Rolle als Lieferant politischer Sinngebung" spielte.[190] Trotzdem sich die deutsche Regierung zu dieser Frage phasenweise vorsichtig verhielt und die deutschösterreichischen Akteure zur Zurückhaltung mahnte (nicht zuletzt im Hinblick auf eine eventuelle Schwächung der eigenen Position bei den kommenden Friedensverhandlungen), erfolgte im November 1919 doch die Einladung an jene „Volksteile [...], die ihren Eintritt in die Reichsgrenzen zu vollziehen wünschen", an einer zukünftigen „konstituierenden Versammlung für Deutschland" mitzuwirken, „die die künftige Staatsform für Deutschland" und die erwähnten „Volksteile" festsetzen sollte.[191] Adler setzte daraufhin einen Staatsratsbeschluss durch, in dem der „Hoffnung" Ausdruck gegeben wurde, „das deutsche Volk in Österreich" werde „an der Wahl der verfassungsgebenden deutschen Nationalversammlung" teilnehmen.[192] Im Staatsrat war damit der Weg zum erwähnten Artikel 2 des StGBl. Nr. 5/1918 frei,[193] und Renner erklärte am 12. November unter tosendem Beifall in der Nationalversammlung: „Wir sind ein Stamm und eine Schicksalsgemeinschaft."[194]

Bekanntlich schob der Friedensvertrag von Saint-Germain-en-Laye diesen Bestrebungen einen Riegel vor,[195] doch zum Zeitpunkt der dritten Länderkonferenz lebte die Anschlusshoffnung natürlich noch, und Renner spekulierte, welche Verfassung sich das Deutsche Reich geben würde. Sicherlich werde man nicht dem französischen Beispiel folgen, es werde eher „eine Art self-government herauskommen, vielleicht eine Art Bundesstaat, wobei die Frage ist, welche sind die Glieder des Reiches?" Auch in diesem Zusammenhang fand Renner einen Weg, die Ländervertreter vor Eigenmächtigkeiten zu warnen: „Ich halte nun dafür, dass wir, dass die österreichischen Länder am ehesten in der Anschlussfrage Erfolge erzielen können, wenn sie als Gesamtheit verhandeln und wenn sie als Gesamtheit eintreten". Gehe man in der Anschlussfrage solidarisch vor und lege „das ganze Gewicht unserer zehn Millionen, [...] das ganze Gewicht unserer Wirtschaftsmacht in die Waagschale", dann könne man „für uns alles Nötige durchzusetzen. Gehen wir aber einzeln vor, so unterwerfen wir uns bedingungslos,

190 Vgl. Haas, Historische Einleitung, S. LXIII f.

191 Vgl. SRP Nr. 28 vom 9. November 1918.

192 Vgl. SRP Nr. 28, Beschlussprotokoll.

193 Haas weist darauf hin, dass diese Anschlussproklamation im Staatsrat nie eingehend behandelt oder gar debattiert wurde, ja sich nicht einmal auf eine entsprechend eindeutige Stimmung in der Bevölkerung stützen konnte. Er urteilt: „Man kommt nicht umhin: der Anschluss war die Folge einer fundamentalen Sinnstörung der politischen Elite. Krieg und Nachkriegszeit hatten alle vertrauten Sicherheiten beseitigt, Kaiser und Reich waren Geschichte, die immer noch trotz politischer Demokratisierung dominante Stellung der Deutschen in vielen wirtschaftlichen und gesellschaftlichen Bereichen verloren, Deutschösterreich in peinliche Abhängigkeit von seinen Nachbarstaaten abgeglitten, die deutschen Nordprovinzen von Besetzung bedroht, die soziale Ordnung durch den Linksruck wirklich gefährdet. Nur Deutschland könne aus dieser Not erretten, einzig der Anschluss biete Halt in diesem tiefen Fall, das wurde zum politischen Stehsatz. Wie im Zerrspiegel erschien plötzlich der verlorene Habsburgerstaat als das Gestrige, Autoritäre, Verworrene, Gescheiterte im Gegensatz zu Ordnung, Sicherheit, Klarheit eines deutschen Gesamtstaates – übrigens in vollem Widerspruch zur tatsächlichen innenpolitischen Lage dieser Tage und Wochen." Vgl. Haas, Historische Einleitung, S. LXV f.

194 Vgl. Sten. Prot. Prov. NV, 3. Sitzung, S. 66.

195 Vgl. Artikel 88 des StGBl. Nr. 303, Staatsvertrag von Saint-Germain-en-Laye vom 10. September 1919, ausgegeben am 21. Juli 1920. Der genannte Artikel verfügte die unabänderliche Unabhängigkeit Österreichs, es sei denn, der Völkerbund stimme einer diesbezüglichen Veränderung zu.

vorbehaltlos der neuen Gemeinschaft und wir erreichen dadurch für uns selbst nichts, das heißt wir u n t e r w e r f e n uns."[196]

Schließlich wandten sich die Konferenzteilnehmer der Debatte über den erwähnten Entwurf eines Rahmengesetzes für die Neuwahlen in den Ländern und Gemeinden zu, die breiten Raum einnahm, sich bis auf den zweiten Konferenztag erstreckte und erwartungsgemäß von Kritik seitens der Ländervertreter durchzogen war. Am zweiten Tag folgte weiters die Behandlung der bereits erwähnten Gesetzesvorlage, betreffend die Einhebung einer besonderen Brotauflage im Jahre 1919.[197]

Insgesamt fanden bis April 1920 noch sechs weitere Länderkonferenzen statt, wovon die letzten beiden (abgehalten im Februar 1920 in Salzburg und im April 1920 in Linz) auf alleiniges Betreiben der Länder einberufen wurden. Die Länder betrachteten die „Teilnahme am Verfassungswerk" als Möglichkeit, „zu einem gemeinsamen Staat unter weitgehender Aufrechterhaltung der Rechte der Länder zu gelangen", in vielen Bereichen mussten sie die geforderte Selbständigkeit jedoch letztendlich aufgeben, etwa im Bereich der Steuerhoheit, und auch die in der siebenten Länderkonferenz, die im Oktober 1919 stattfand, erhobene Forderung auf ausdrückliche Zustimmung der Länder zur neuen Verfassung wurde nicht berücksichtigt. Nach der Linzer Länderkonferenz im April 1920 nahmen „die Zentralstellen der Republik und die politischen Parteien im Gesamtstaat die Verfassungsfrage selbst in die Hand", die „Rückkoppelung der Tätigkeit dieser Einrichtungen zur Landespolitik" blieb „weitgehend unsystematisch und punktuell": „Mit dem Wirksamkeitsbeginn der vom Verfassungsrecht vorgesehenen Institutionen hat es kein Bedürfnis für Länderkonferenzen mehr gegeben." Im weiteren Verlauf der Ersten Republik wurden dementsprechend keine derartigen Konferenzen mehr einberufen.[198]

[196] Vgl. KRP Nr. 36.
[197] Vgl. auch Abschnitt IV dieser Einführung.
[198] Vgl. Ermacora, Die Länderkonferenzen, S. IX und S. 1–3.

Gertrude Enderle-Burcel/Stefan Semotan

Darstellung der Quelle. Grundsätzliches zur Edition

I. Aufbau, Inhalt und Bedeutung der Protokolle des Kabinettsrates

Die vorliegende Aktenedition gibt im vollen Wortlaut die Äußerungen der Mitglieder der Regierungen (Deutsch-)Österreichs der Ersten Republik sowie fallweise weiterer hinzugezogener Personen wieder, wie sie in den Protokollen der Kabinettsrats- bzw. Ministerratssitzungen schriftlich festgehalten wurden.

Die Protokolle des Kabinettsrates umfassen 236 Sitzungen, Nr. 1 vom 31. Oktober 1918 bis Nr. 236 vom 9. November 1920, und umspannen die Kabinette Renner I–III und einen Großteil des Kabinetts Mayr I. Sie erliegen als geschlossener Bestand im Archiv der Republik im Österreichischen Staatsarchiv in 29 Kartons. Abgesehen von diesen Protokollen umfasst der Gesamtbestand der Regierungsprotokolle der Ersten Republik noch 77 Sitzungen des Staatsrates und 1071 Sitzungen des Ministerrates. Die Bezeichnung „Ministerrat" an Stelle von „Kabinettsrat" wurde erstmals für die Sitzung vom 15. November 1920 gebraucht und die Zählung der Protokolle aus diesem Anlass neu begonnen. Dies geschah im Zuge der Umbenennung der Staatsämter in Bundesministerien, der Staatssekretäre in Bundesminister und des Staatskanzlers in Bundeskanzler aufgrund des Inkrafttretens des Bundesverfassungs-Gesetzes von 1920, StGBl. Nr. 450/1920 bzw. BGBl. Nr. 1/1920. Der vorliegende erste Band der Protokolle der Kabinette Renner I–III umfasst die Sitzungen des Kabinettsrates Nr. 1 vom 31. Oktober 1918 bis Nr. 36 vom 31. Jänner/1. Februar 1919.

Da Aufbau und Erscheinungsbild dieser Protokolle im Wesentlichen die Form der späteren Ministerratsprotokolle vorwegnehmen, folgt die Strukturierung der Edition weitgehend dem bewährten Vorbild des Gesamteditionsunternehmens. Allerdings weisen die Protokolle in dieser Frühphase der Ersten Republik auch Eigenheiten auf, so liegen den hier abgedruckten Sitzungen etwa keine Anwesenheits- oder Präsenzlisten bei, die Anwesenden wurden stattdessen auf dem Umschlag der Protokolle verzeichnet, wobei nur die Namen abwesender Kabinettsmitglieder und gegebenenfalls weiterer hinzugezogener Personen explizit genannt wurden. Die sonstigen Anwesenden wurden unter Formulierungen wie „Anwesend sämtliche Staatssekretäre mit Ausnahme…" oder „Anwesend sämtliche Staatssekretäre, ferner…" subsumiert. Diese Formulierungen wurden vom Bearbeiter aufgelöst und die Anwesenden im Dokumentenkopf namentlich angeführt.

Auch Tagesordnungen liegen den Protokollen nur zum Teil in Konzeptform bei. Der Inhalt dieser Konzepte weicht zumeist vom tatsächlichen Inhalt der Reinschrift ab, nähere Angaben zu den Unterschieden liefert der Anmerkungsapparat. Ab Protokoll Nr. 33 vom 21. Jänner 1919 enthalten die Reinschriften sodann eine mit „Inhalt" überschriebene Auflistung der in der Reinschrift behandelten Punkte.

Weiters enthalten die Protokolle des Kabinettsrates keine Beschlussprotokolle. Erst ab Ministerratsprotokoll Nr. 321 vom 16. April 1924 wurde ein Protokoll über die in der jeweiligen Sitzung des Ministerrates gefassten Beschlüsse erstellt und an die interessierten Stellen, vor allem die Minister, versandt.

Abgesehen von der Reinschrift und gegebenenfalls den Beilagen liegen den meisten Protokollen des Kabinettsrates noch das in Gabelsberger Stenographie abgefasste Stenogramm und ein Konzept der Reinschrift bei.

Die im weiteren Verlauf der Ersten Republik relativ häufig vorkommenden und verfassungsrechtlich umstrittenen Beschlüsse mittels Zirkularen, also Ministerratsbeschlüssen, die nicht in einer gemeinsamen Sitzung des Ministerrates, sondern durch ein Rundschreiben zustande kamen, spielen in den hier abgedruckten Protokollen noch keine Rolle.

Inhaltlich gesehen weisen die Kabinetts- und Ministerratsprotokolle der Ersten Republik ein breites inhaltliches Spektrum auf. Probleme der Außen-, Innen- und Wirtschaftspolitik wurden in zum Teil sehr offener Form von den Kabinettsmitgliedern und den fallweise zugezogenen Fachreferenten behandelt. Interessengegensätze oder -übereinstimmungen zwischen den Staats- und Unterstaatssekretären und der Diskussionsstand zu einzelnen Problemen können anhand der Protokolle gut verfolgt werden. Somit verdeutlichen auch die vorliegenden Kabinettsratsprotokolle die Haltung und Zielvorstellungen des Kabinetts Renner I bei politischen Entscheidungsprozessen, die auf anderen Ebenen oft nur schwer nachvollziehbar sind, sie zeigen das Kabinett Renner I aber zugleich auch in seiner spezifischen Stellung gegenüber dem durch die provisorische Verfassung Deutschösterreichs, StGBl. Nr. 1/1918, am 30. Oktober 1918 eingesetzten Staatsrat. Erst mit der Aufhebung des Staatsrates durch das Gesetz vom 13. März 1919, StGBl. Nr. 180/1919, wurde die Regierungsgewalt auf das Kabinett übertragen.[1]

II. Auswahl und Anordnung der Dokumente

Aus dem vorhandenen Sitzungsmaterial, das im hier relevanten Zeitraum in der Regel aus der Reinschrift und einem Konzept des Sitzungsprotokolls, dem Stenogramm sowie Beilagen und unter Umständen dem Konzept einer Tagesordnung besteht, werden die Reinschrift und das Stenogramm vollständig wiedergegeben. Die Konzepte, die gleich den Reinschriften maschinschriftlich abgefasst wurden (die einzige Ausnahme stellt das Protokoll der dritten Länderkonferenz, KRP Nr. 36, dar, das im Original nicht maschinschriftlich, sondern gedruckt vorliegt), enthalten handschriftliche Ergänzungen, Streichungen und Korrekturen, die sodann in der endgültigen Reinschrift berücksichtigt wurden. Zahl und Ausmaß dieser Eingriffe wechseln von Protokoll zu Protokoll, oft handelt es sich nur um unwesentliche Änderungen, in manchen Fällen wurden dagegen ganze Absätze und Passagen ergänzt, manchmal aber auch gestrichen, sodass sie in der Reinschrift nicht mehr aufscheinen. Im Anmerkungsapparat wird auf diese Änderungen hingewiesen, alternative oder in die Reinschrift nicht übernommene Textstellen werden wiedergegeben.

Dem Protokollteil des Bandes vorangestellt sind ein Überblick über die Mitglieder des Kabinetts Renner I, ein „Chronologisches Verzeichnis der Protokolle des Kabinettsrates", das eine schnelle Orientierung über den gesamten Inhalt der abgedruckten Protokolle ermöglicht, sowie das Abkürzungsverzeichnis.

Im Umfeld der Kabinettsratsprotokolle vorhandene relevante Archivmaterialien und -bestände der unterschiedlichen Abteilungen des Österreichischen Staatsarchivs werden im Anmerkungsapparat ausgewiesen. Sie sollen den Benützer auf weiterführende oder grundlegende Aktenbestände aufmerksam machen, teils aber auch Informationen zu spezifischen, in den Sitzungen des Kabinetts behandelten Angelegenheiten bieten.

Die Anordnung der Kabinettsratsprotokolle erfolgt sodann chronologisch, die thematische Aufschlüsselung der Protokolle leistet das Sachregister. In der Regel besteht das abgedruckte Protokoll aus den folgenden Teilen:

---

[1] Zum spezifischen Verhältnis und der Kompetenzverteilung zwischen Nationalversammlung, Staatsrat und Kabinettsrat in der ersten Phase der Ersten Republik vgl. Abschnitt I der Historischen Einführung.

Dokumentenkopf

Vom Bearbeiter wurde ein standardisierter Dokumentenkopf erstellt. Dieser gibt Aufschluss über die Protokollnummer, Wochentag und Datum der Sitzung, den Vorsitz und, soweit bekannt, die Identität der Schriftführer und die Sitzungsdauer. Sind abweichende Angaben zu den Beginn- und Schlusszeiten der Sitzungen vorhanden, beispielsweise in einem Stenogramm, wird dies im Anmerkungsapparat ausgewiesen. Weiters wird die Anwesenheit der Kabinettsmitglieder und möglicher weiterer Teilnehmer der Sitzung angeführt. Im Falle der Kabinettsmitglieder gibt das Personenregister Auskunft über ihre Funktion und Ressortzugehörigkeit, bei weiteren Sitzungsteilnehmern, die nicht Mitglieder des Kabinetts Renner waren, enthält der Anmerkungsapparat bei der ersten Nennung im jeweiligen Protokoll bzw. im Dokumentenkopf kurze Angaben zu Funktion bzw. Ressort.

Danach wurde vom Bearbeiter das Vorhandensein der einzelnen Teile des Protokolls ausgewiesen. Ist einer dieser Bestandteile nicht angeführt, so fehlt dieser im betreffenden Protokoll.

Inhalt

Dem Dokumentenkopf folgt der „Inhalt", also eine Auflistung der in der Reinschrift enthaltenen Diskussionspunkte, die mit den teilweise beiliegenden Tagesordnungskonzepten zumeist nicht übereinstimmen. Manche der in diesen Konzepten vorgesehenen Punkte wurden ohne Angabe von Gründen nicht behandelt, andere scheinen wiederum nur im Stenogramm auf oder wurden in nachfolgenden Sitzungen erörtert. Da die Reinschriften erst ab Protokoll Nr. 33 vom 21. Jänner 1919 eine mit „Inhalt" überschriebene Auflistung der in der Sitzung behandelten Punkte enthalten, wurden für die Protokolle Nr. 1 bis 32 zwecks Übersichtlichkeit entsprechende Listen vom Bearbeiter erstellt. Die Formulierung der einzelnen Punkte wurde der Reinschrift selbst bzw. den Überschriften der Punkte entnommen, eventuelle sprachliche Unregelmäßigkeiten oder Falschschreibungen wurden dabei geglättet.

Liste der Beilagen

Auf den „Inhalt" folgt eine vom Bearbeiter erstellte Liste der Beilagen. Sie dient der Information und Orientierung. Die Beilagen unterscheiden sich formal von späteren Gepflogenheiten, indem sie nur in Ausnahmefällen nummeriert wurden, auch Aktenzahl und Provenienz wurden noch nicht regelmäßig angeführt. So der Dokumentenkopf der Beilage entsprechende Informationen enthält, wurden sie aus dem Original übernommen und geben somit Auskunft über Herkunft und Art der Beilage. Die Seitenanzahl gibt den Umfang der Beilage an. Da in den Kabinettsratsprotokollen auch die Bezugnahme auf Beilagen im Protokolltext nicht immer explizit vermerkt wurde, wurde den Beilagen in der Auflistung wie auch im Anmerkungsapparat jeweils der kurze Hinweis vorangestellt, auf welchen Punkt der Reinschrift sie sich beziehen (Ausnahmen bilden natürlich Protokolle, in der es keine Einteilung in einzelne Punkte gibt, etwa KRP Nr. 15 vom 23. November 1918). Wenn hin und wieder aus besonderen Gründen Abweichungen von diesen Regeln nötig sind, gibt der Anmerkungsapparat im jeweiligen Protokoll darüber Aufschluss.

Aus dem „Inhalt" und den Listen der Beilagen wurde zwecks Übersicht über den gesamten Bandinhalt das bereits erwähnte „Chronologische Verzeichnis der Protokolle des Kabinettsrates" erstellt.

Protokolltext

Auf die weitgehend schematisierten Anfangsteile der Dokumente – Dokumentenkopf, Inhalt und Liste der Beilagen – folgt der Text der Protokolle. Er wird grundsätzlich in vollem

Umfang wiedergegeben. Das Protokoll stellt eine in jeder Hinsicht gereinigte, durchformulierte und auch geraffte Niederschrift dar. Die Wortmeldungen der Teilnehmer wurden, anders als etwa in den Ministerratsprotokollen der Zweiten Republik, nur indirekt wiedergegeben. Insbesondere längere Debatten und Diskussionen zu den einzelnen Themen wurden in der Regel nicht in die Reinschrift aufgenommen, stattdessen finden sich Formulierungen wie „An der sich hierüber entwickelnden Debatte beteiligen sich [...], worauf der Kabinettsrat den Beschluss fasst ...".[2] In diesen Fällen soll das Stenogramm, so es für die fragliche Sitzung vorhanden ist, einen Eindruck vom tatsächlichen Diskussionsverlauf geben. Der Anmerkungsapparat weist an den betreffenden Stellen auf das Stenogramm hin, wenn dort Ausführlicheres zu einer Debatte zu finden ist.

Fallweise zeigt sich an einzelnen Protokollpunkten auch, dass Formulierungen mehr oder weniger vollständig aus den Beilagen übernommen wurden bzw. der Text einer Beilage wortwörtlich Eingang in den Protokolltext der Reinschrift gefunden hat. In diesem Fall weisen die Regesten der Beilagen auf diesen Umstand hin und geben Aufschluss über eventuell über den Protokolltext hinausgehende Inhalte. Hie und da ist die Niederschrift über einen bestimmten Punkt oder Teile davon nicht im eigentlichen Protokolltext enthalten, sondern liegt dem Protokoll als Nachtrag gesondert bei, so etwa in KRP Nr. 14 in Bezug auf die Festlegung von Richtlinien über die Behandlung der Beamtenfragen. Diese Nachträge werden entweder im Anschluss an den Text der Reinschrift vollständig wiedergegeben oder, wo dies sinnvoller erschien, in den Protokolltext eingefügt.[3]

Stenogramme

Die der Reinschrift zugrundeliegenden Stenogramme sind für die Kabinettsratsprotokolle der Kabinette Renner I–III fast durchgehend erhalten, für einen Teil der Protokolle sind auch zwei Stenogramme überliefert. Die Stenogramme sind im heute nicht mehr gebräuchlichen System Gabelsberger abgefasst und somit nur mehr von wenigen Experten lesbar. Im Gegensatz zu den früheren Bänden der Edition der Ministerratsprotokolle der Ersten Republik werden nicht mehr bloße Auszüge oder stark abweichende und ergänzende Passagen wiedergegeben, sondern der Benützer findet im Anschluss an den Protokolltext eine vollständige Transkription der Stenogramme, sodass der eigentliche Verhandlungsverlauf besser nachvollziehbar wird, was gerade in dieser wichtigen Frühphase der Ersten Republik und angesichts des geglätteten Textes der Reinschriften von Wert ist. Die sprachlichen Unzulänglichkeiten des „Stenogrammstils" wurden weitgehend beibehalten, gegebenenfalls wurden zum leichteren Verständnis erläuternde Bemerkungen und Ergänzungen in eckiger Klammer eingefügt, so etwa auch bei im Originaltext abgekürzten Worten aus Gründen besserer Lesbarkeit. Unsicherheiten bei nicht eindeutigen Abkürzungen werden durch nachgestellte Fragezeichen angezeigt. Eine besonders bei Personen- oder Ortsnamen mögliche unsichere Lesart wird mit einem dem entsprechenden Wort vorangestellten Fragezeichen ausgewiesen. Unleserliche Stellen, die nicht transkribiert werden konnten, werden durch „[...]" angezeigt, drei Punkte ohne eckige Klammer „..." stellen dagegen Auslassungen dar, die bereits im originalen Stenogrammtext vorhanden sind.

In manchen Fällen enthalten die Stenogramme auch Diskussionen zu Punkten, die in der Reinschrift überhaupt nicht berücksichtigt wurden. Auf diesen Umstand wird in der Regel im Anmerkungsapparat der Stenogramme hingewiesen.[4]

---

2 Im konkreten Fall vgl. KRP Nr. 14/13 vom 21. November 1918.

3 Vgl. etwa KRP Nr. 23/15, wo der „streng geheime Nachtrag" den Text der Reinschrift direkt fortführt und ergänzt.

4 Beispielsweise die Ausführungen zu Triest im Stenogramm von KRP Nr. 11 vom 15. November 1918.

Beilagen

Über den Inhalt der Beilagen gibt der Anmerkungsapparat mittels Regesten Aufschluss, die dem Benützer eine Zusammenfassung bieten.

Neben den regulären Beilagen liegen den überlieferten Protokollen in manchen Fällen auch zusätzliche Materialien bei. Meist handelt es sich um ergänzende Schriftstücke, beispielsweise Zusammenstellungen von Diskussionspunkten, besonders zahlreich etwa im Fall der zweiten Länderkonferenz, KRP Nr. 28 vom 4./5. Jänner 1919. Sind derartige Dokumente vorhanden, gibt eine Fußnote am Ende der Beilagenliste darüber Aufschluss und informiert mittels Kurzregesten über deren Inhalt. Ist ein konkreter Zusammenhang mit der Debatte im Kabinettsrat herstellbar, wird auf den entsprechenden Diskussionspunkt im Protokoll verwiesen.

III. Technische Erläuterungen

Alle Textteile der Edition sind in Normalschrift wiedergegeben, maßgeblich ist die neue deutsche Rechtschreibung, lediglich direkte Zitate, Aktenbetreffe usw. wurden originalgetreu übernommen. Offensichtliche orthographische Fehler oder Irrtümer wurden weitgehend ohne Anmerkungen vom Bearbeiter korrigiert, nur in Ausnahmefällen wurde das Original belassen. Ein {sic!} zeigt sprachliche Unebenheiten an. Textteile, die zur leichteren Verständlichkeit vom Bearbeiter ergänzt wurden, sind in eckige Klammern gesetzt. Die manchmal variierende Schreibweise von Personennamen wurde behutsam vereinheitlicht, nur bei krassen Abweichungen wurde die Originalformulierung beibehalten, der Anmerkungsapparat und das Personenregister enthalten in diesem Fall die Richtigstellung. Ähnlich wurde mit der Schreibweise von Ländern, Staaten und Regionen verfahren. Aufgrund der häufigen Nennung von deutschen Ortsnamen in den Nachfolgestaaten wurde die heute übliche anderssprachige Bezeichnung nicht direkt in den Protokollen, sondern – ausgenommen Hauptstädte wie etwa Prag – im Geographischen Register ausgewiesen. Sperrungen im Original wurden beibehalten und ebenfalls als Sperrungen wiedergegeben. Das gilt auch für die Namen der Redner, die im Original ebenfalls in der Regel gesperrt sind. Diesbezügliche Unregelmäßigkeiten des Originals wurden geglättet. Eine Ausnahme stellt in diesem Fall das gedruckte Protokoll über die dritte Länderkonferenz, KRP Nr. 36, dar, das sich inhaltlich und formal von den anderen hier gesammelten Protokollen unterscheidet. Um den Sondercharakter dieser Sitzung zu bewahren, wurden die im Original fettgedruckten Namen der Redner im Editionsband ebenfalls fettgedruckt wiedergegeben. Nummerierungen und Überschriften von Tagesordnungspunkten wurden zur deutlicheren Gliederung zentriert. Ansonsten folgt das Erscheinungsbild des Textes bei der Form der Absätze, bei Zentrierungen und eingerückten Passagen oder Tabellen usw. so weit als möglich der Vorlage.

Die Vielzahl der verschiedenartigen, oft sehr speziellen Sachverhalte bedarf eines erläuternden und ergänzenden Kommentars. Der kommentierende Anmerkungsapparat enthält textkritische und sachbezogene Hinweise. In den sachbezogenen Anmerkungsapparat wurden u. a. aufgenommen: Angaben zu Art, Umfang und Inhalt der Beilagen; Auflösung von Abkürzungen und ungebräuchlichen Fremdwörtern; Identifizierung von Personen, die im Text nur ihrer Funktion nach bezeichnet sind; Richtigstellung von im Text unbemerkt gebliebenen Irrtümern; Verweise auf in Sinn- und Zeitzusammenhang stehende Kabinettsrats- und Ministerratsprotokolle sowie die Protokolle des Staatsrates[5] und des

---

[5] Im Falle dieser Protokolle wurde generell meist nur auf Sitzungsnummer und Datum verwiesen. Erst ab Sitzung Nr. 58 vom 13. Dezember 1918 wurde, wo möglich, auch auf einzelne Tagesordnungspunkte verwiesen, da den Protokollen erst ab diesem Zeitpunkt in der Regel einheitliche Tagesordnungen beiliegen.

Staatsratsdirektoriums; Reichs-, Staats-, Bundes- und Landesgesetzblätter; Verweise auf Sitzungen der Nationalversammlung; Verweise auf zeitgenössische Zeitungsartikel; Verweise auf zugrundeliegende oder weiterführende Aktenbestände; Verweise auf wissenschaftliche Fachliteratur.

Historische Darstellungen und wissenschaftliche Kontroversen wurden in den Kommentar nicht einbezogen. Der Anmerkungsapparat will keine Geschichtsdarstellung leisten, sondern vielmehr durch seine Erläuterungen und Ergänzungen dem Benützer das Verständnis erleichtern und weitere Forschungsmöglichkeiten aufzeigen. Das Literaturverzeichnis umfasst daher auch nur die zur Kommentierung erforderlichen bzw. im Anmerkungsapparat zitierten Werke; von einer durchgängigen Anbringung von Hinweisen auf weiterführende Publikationen muss hier wie im Anmerkungsapparat aus Platzgründen abgesehen werden.

IV. Danksagung

Zum Zustandekommen dieses Bandes haben neben den Herausgebern und dem Bearbeiter eine Reihe von Mitarbeiterinnen und Mitarbeitern der Österreichischen Gesellschaft für historische Quellenstudien und des Österreichischen Staatsarchivs beigetragen, denen ausdrücklicher Dank gebührt. Besondere Erwähnung verdient Klaus Rubasch (†) für die mühevolle Übertragung der im System Gabelsberger abgefassten Stenogramme. Die Arbeit am vorliegenden Editionsband war weiters nur durch die Hilfe vieler weiterer Einzelpersonen und Institutionen möglich, denen an dieser Stelle ebenfalls gedankt sei. Zu nennen sind hier das Bundeskanzleramt der Republik Österreich, der Beirat und die Geschäftsstelle des Beirates für das Gedenk- und Erinnerungsjahr 2018, insbesondere Bundespräsident i. R. Univ.-Prof. Dr. Heinz Fischer, der Jubiläumsfonds der Stadt Wien für die Österreichische Akademie der Wissenschaften sowie die Magistratsabteilung 7, Kultur und Wissenschaft, Wissenschafts- und Forschungsförderung.

Mitglieder des Kabinetts Renner I

30. Oktober 1918 bis 3. März 1919;
mit der Fortführung der Geschäfte betraut bis 5. März 1919

Staatskanzler

Dr. Karl Renner

Staatsamt für Äußeres

Staatssekretär:	Dr. Viktor Adler (bis 11. November 1918) Dr. Otto Bauer (ab 21. November 1918)
Unterstaatssekretäre:	Egon Pflügl Dr. Leopold Waber

Staatsamt für Finanzen

Staatssekretär:	Dr. Otto Steinwender
Unterstaatssekretäre:	Dr. Eugen Beck Dr. Ferdinand Grimm

Staatsamt für Gewerbe, Industrie und Handel
und
Staatsamt für Kriegs- und Übergangswirtschaft

Staatssekretär:	Dr. Karl Urban
Unterstaatssekretär:	Richard Riedl

Staatsamt für Heereswesen

Staatssekretär:	Josef Mayer
Unterstaatssekretäre:	Dr. Julius Deutsch Dr. Erwin Waihs

Staatsamt für Inneres

Staatssekretär:	Dr. Heinrich Mataja
Unterstaatssekretäre:	Otto Glöckel Richard Markhl

Staatsamt für Justiz

Staatssekretär:	Dr. Julius Roller

Staatsamt für Landwirtschaft

Staatssekretär: Josef Stöckler

Staatsamt für öffentliche Arbeiten

Staatssekretär: Johann Zerdik

Staatsamt für soziale Fürsorge

Staatssekretär: Ferdinand Hanusch
Unterstaatssekretär: Dr. Josef Resch

Staatsamt für Unterricht

Staatssekretär: Raphael Pacher

Staatsamt für Verkehrswesen

Staatssekretär: Karl Jukel
Unterstaatssekretär: Bruno Enderes

Staatsamt für Volksernährung

Staatssekretär: Dr. Johann Loewenfeld-Ruß
Unterstaatssekretär: Norbert Wallenstorfer

Staatsamt für Volksgesundheit

Staatssekretär: Dr. Ignaz Kaup

Chronologisches Verzeichnis der Protokolle des Kabinettsrates

Nummer	Datum	Inhalt
1.	1918-10-31	Inhalt: – Grundlinien der Amtsübernahme.
2.	1918-11-02	Inhalt: – Angelobung der Beamten; Einrichtung der Staatsämter; Einrichtung einer Liquidationsdeputation; Vorlage eines Ermächtigungsgesetzes.
3.	1918-11-04	Inhalt: 1. Brief des Staatssekretärs Pacher aus Böhmen. 2. Errichtung von Eisenbahn-Direktionen für die deutschen Siedlungsgebiete der Sudetenländer. 3. Verhandlungen wegen Zulassung der Kohlenausfuhr mit der böhmischen Regierung. 4. Verhandlungen über die Ausfuhr von Lebensmitteln. 5. Hengstendepot in Lambach. 6. Sozialpolitische Maßnahmen. 7. Kreditoperation. 8. Justizreform. 9. Maßnahmen, betreffend Rückbeförderung von der Front. 10. Maßnahmen gegen die Anarchie.
4.	1918-11-07	Inhalt: 1. Stellung der deutschen Beamten in Mähren. 2. Einrichtung eines täglichen Verbindungs- sowie eines Meldedienstes. 3. Abgrenzung der Kompetenzen zwischen Staatsrat, dem Kabinett und den Staatsämtern. 4. Abhaltung von Kabinettsräten. 5. Vorläufige Tageseinteilung. 6. Beschlussfassungen des Staatsrats in Ressortangelegenheiten.
5.	1918-11-08	Inhalt: 1. Publikation der Vollzugsanweisungen. 2. Frage des Weiterverbleibens der Zentralregierung im Amte. 3. Frage der Übernahme seinerzeit bestellter Lastautomobile durch die österreichische Regierung. 4. Anfragen des Unterstaatssekretärs Glöckel, betreffend die Angelobung von Beamten, deren Eintritt in die Volkswehr und den Abzug reichsdeutscher Militärpersonen. 5. Antrag des Unterstaatssekretärs Riedl auf Umgestaltung des Kriegsmaterialverwertungsamtes zu einer Abteilung des Staatsamtes für Kriegs- und Übergangswirtschaft. 6. Antrag des Unterstaatssekretärs Riedl auf Überstellung der Kriegsgüter an die Hauptanstalt für Sachdemobilisierung.

Nummer	Datum	Inhalt
		Beilagen: – Zu Punkt 6: Antrag des Staatssekretärs Dr. Karl Urban an den deutschösterreichischen Staatsrat. Grundsätzliche Bestimmungen für die Verwaltung von Kriegsgütern (3¼ Seiten).
6.	1918-11-09	Inhalt: 1. Administrative Einrichtung der Provinzen Deutschböhmen und Sudetenland. 2. Erlassung von Vollzugsanweisungen, betreffend die Versendung von Gemüsesamen und betreffend die Aufhebung von Transportbescheinigungen und der Höchstpreise für Frischgemüse. 3. Ernennung des Leiters der Polizeidirektion in Wien Johann Schober zum Präsidenten dieser Polizeidirektion. 4. Verlautbarung über die Verwendung der in Deutschösterreich eingehenden Steuern und Abgaben. 5. Regelung der Verordnungsgewalt.
7.	1918-11-10	Inhalt: 1. Schutz der Kunst- und Kulturwerte. 2. Fortschritte der Heeresorganisation. 3. Stand der Zurückführung der Truppen. 4. Abrüstung der Reserveoffiziere und der Einjährig-Freiwilligen. 5. Flugdienst nach Deutschböhmen. 6. Behebung der Wohnungsnot. 7. Übernahme des Kaiser Karl Fonds und des Kriegsfürsorgeamtes des Kriegsministeriums in die Verwaltung des Staatsamtes für soziale Fürsorge. 8. Jugendfürsorge. 9. Vorschriften über die Sonntagsruhe. 10. Sonderverhandlungen wegen Lieferung von Lebensmitteln gegen Kompensationen. 11. Ergänzung des Direktoriums des Amtes für Volksernährung. 12. Verweigerung des Gelöbnisses durch Beamte. 13. Feststellung eines Termines für die formelle Übernahme des k.k. Staatshaushaltes auf den d.ö. Staatshaushalt. 14. Beurlaubung nichtdeutscher Beamter. 15. Studien über den Umfang des künftigen deutschösterreichischen Staatshaushaltes. 16. Beiräte der Zentralstellen. 17. Teilnahme der Unterstaatssekretäre und delegierten Beamten der Staatsämter an den Kabinettsratssitzungen. 18. Verwaltungsgerichtshof und Reichsgericht. 19. Ausübung der Justiz- und Militärhoheit. 20. Vertretung von Vorlagen und Beantwortung von Anfragen in der Nationalversammlung.
8.	1918-11-11	Inhalt: 1. Liefervertrag auf oberschlesische Kohle für die deutschösterreichische Eisenbahnverwaltung. 2. Errichtung von Abteilungen des Staatsamtes für Kriegs- und Übergangswirtschaft bei den Landesregierungen in Deutschböhmen und Sudetenland. 3. Neusystemisierung mehrerer Stellen beim Oberlandesgerichte in Reichenberg.

Nummer	Datum	Inhalt
		4. Stand der Verhandlungen mit dem tschechoslowakischen Staate in Ernährungsangelegenheiten. 5. Ernährungslage. 6. Bericht über die heutige militärische Lage in Wien; militärische Kontrolle des Grenzverkehrs.
9.	1918-11-12	Inhalt: 1. Nachruf des Vorsitzenden für den Staatssekretär Dr. Adler. 2. Administrative Einrichtung der Provinz Sudetenland.
10.	1918-11-13	Inhalt: 1. Ernährungsfrage. 2. Verwaltung der bisher in der Verwaltung der Hofstellen gestandenen wissenschaftlichen und Kunstinstitute. Beilagen: – Zu Punkt 1: Unverbindliche Antwort für die Festlegung von Richtlinien bei der Auseinandersetzung mit den anderen Nationalstaaten in der Frage der Sachdemobilisierung (1¼ Seiten).
11.	1918-11-15	Inhalt: 1. Gesandtenkonferenz, Beauftragte der fremden Staaten in den Staatsämtern, Liquidatoren zur Vorbereitung der Liquidationsgeschäfte. 2. Beamtenfragen. 3. Kredit von 400 Millionen Kronen für das n.ö. Volksbekleidungsamt. 4. Wunsch der ungarischen Regierung in Bezug auf die Verhandlungen über Ernährungsfragen. 5. Eigenmächtiges Vorgehen der Landesregierungen in Ernährungsangelegenheiten. 6. Kündigung weiblicher Kanzleihilfskräfte der Heeresverwaltung. 7. Geheimfonds bei der früheren Heeresverwaltung. Beilagen: – Zu Punkt 2: Ermächtigung des Komitees zur Behandlung aller Zivilstaatsbedienstetenfragen, an das Kabinett Anträge zu stellen (1 Seite). – Zu Punkt 2: Beschluss, betr. die Regelung der Dienstverhältnisse aller der deutschen Nation beizuzählenden Zivilbediensteten des bestandenen österreichischen Staates (2 Seiten). – Zu Punkt 2: Beschluss, betr. die Regelung aller Verhältnisse auf dem Gebiete des Staatsbedienstetenwesens im Hoheitsbereich des deutschösterreichischen Staates (½ Seite). – Zu Punkt 3: Beschluss, betr. Haftungsübernahme für einen durch den Banken- und Sparkassenkonzern dem niederösterreichischen Volksbekleidungsamt in Wien zu gewährenden Kredit von bis zu 400 Millionen Kronen durch das Staatsamt für Finanzen (1¼ Seiten).
12.	1918-11-16	Inhalt: 1. Ausgabe amtlicher Verlautbarungen an die Presse. 2. Verkehr der Staatsämter mit den Bezirkshauptmannschaften. 3. Teilnahme der Staatssekretäre an den Sitzungen des Kabinetts. 4. Wirtschaftliche Vertretung Deutschösterreichs in der Schweiz.

Nummer	Datum	Inhalt
13.	1918-11-18	Inhalt: 1. Beglaubigung der Kabinettsprotokolle Nr. 1 und 2. 2. Betriebsübernahme der Aussig-Teplitzer Eisenbahn und der Buschtěhrader Eisenbahn durch den deutschösterreichischen Staat. 3. Rückwirkung der Anschlussbewegung in Westungarn an Deutschösterreich auf die Lebensmittelverhandlungen mit Budapest. 4. Kohlenversorgung. 5. Gesetzesvorlagen für die nächste Plenarversammlung. 6. Schutz von Werken der Kunst und Wissenschaft. 7. Übernahme des Kabinettsarchivs des früheren Ministeriums des Äußern und der Hofbibliothek. 8. Erlassung eines Verbotes der Ausgabe von Banknoten an die fremdnationalen Staaten durch die österreichisch-ungarische Bank. 9. Entlassung der Reserveoffiziere und Einjährig-Freiwilligen. 10. Übergangsbestimmungen für die Auszahlung der Unterhaltsbeiträge. 11. Zuckerversorgung.
14.	1918-11-21	Inhalt: 1. Beglaubigung der Kabinettsprotokolle Nr. 3–13. 2. Äußerungen politischen Inhaltes seitens der Kabinettsmitglieder dritten Personen gegenüber. 3. Gesetzentwurf über die Unterstellung der Gendarmerie unter das Staatsamt des Innern. 4. Geldsammlungen in den Schulen. 5. Novemberbeförderung bei der Heeresverwaltung. 6. Inanspruchnahme eines Eisenbahnsonderzuges seitens eines Mitgliedes des Staatsrates. 7. Staatsgarantie für die Gebarung der Futtermittelstelle. 8. Vorbereitung für die Konferenz der Landesregierungen (Samstag 10 Uhr vormittags). 9. Bildung eines Ernährungsrates. 10. Prämien für die Getreideaufbringung. 11. Einbringung von Gesetzentwürfen, betreffend das Verbot der Ausfuhr und der Veräußerung von Gegenständen von geschichtlicher, künstlerischer oder kultureller Bedeutung. 12. Fragen der Titelverleihungen und des Ernennungsrechtes auf dem Gebiete des Unterrichtswesens. 13. Frage der Anstaltenbenennung auf dem Gebiete des Unterrichtswesens. 14. Verhandlungen mit der ungarischen Regierung in der Frage des Anschlusses Westungarns an Deutschösterreich. 15. Behinderung des Staatsamtes für Volksernährung in der Führung seiner Geschäfte. 16. Beamtenfragen. Beilagen: – Zu Punkt 14: Korrespondenz der deutschösterreichischen Nationalversammlung vom 22. November 1918 (1½ Seiten). – Zu Punkt 16: Richtlinien der zwischenstaatlichen Geschäftsstelle für Beamtenangelegenheiten für die vorläufige Behandlung der derzeit dringlichsten Staatsbedienstetenfragen (5 Seiten).

Nummer	Datum	Inhalt
15.	1918-11-23	Inhalt: – Sicherstellung der einheitlichen Zusammenarbeit der Staatsregierung mit den Landesbehörden in administrativen Belangen. Beilagen: [A] Übersicht über die in der morgigen Konferenz der Staatsämter und der Landesregierungen zu behandelnden Gegenstände (1¼ Seiten). [B] Auskunft, betreffend Konferenz mit den Schefs {sic!} der Landesregierungen (1¼ Seiten). [C] Leitsätze über die Aufgaben des Regierungsbeauftragten bei den Landesregierungen und bei der Stadt Wien (1¾ Seiten). [D] Antrag auf Ermächtigung der Staatsregierung, zu jeder Landesregierung einen Beauftragten zu entsenden (¾ Seite).
16.	1918-11-26	Inhalt: 1. Vollzugsanweisung, betreffend die Weiterauszahlung der staatlichen Unterhaltsbeiträge für die Angehörigen von Mobilisierten. 2. Beigabe einer Kommission von drei Persönlichkeiten (Bürger, Bauer und Arbeiter) an die Bezirkshauptmannschaften. 3. Durchführung des Staatsratsbeschlusses, betreffend den Besitzanspruch des deutschösterreichischen Staates auf die deutschen Hochschulen in Prag und Brünn. 4. Ausfolgung von General- und Spezialkarten an die südslawische Regierung. 5. Errichtung eines Vorbereitungsdienstes für die Friedensverhandlungen im Staatsamte des Äußern. 6. Archivschutz. 7. Ausarbeitung neuer Schul-Lesebücher. 8. Flüchtlingsfürsorge. 9. Beschlagnahme der Vermögensbestände und Einrichtungen der österreichischen Gesellschaft vom Roten Kreuz. 10. Übernahme der Verwaltung des Kaiserin Zita Krankenhausfonds. Beilagen: – Zu Punkt 1: Vollzugsanweisung, betreffend die weitere Auszahlung der staatlichen Unterhaltsbeiträge für die Angehörigen von Mobilisierten (1¼ Seiten, mit Konzept). – Zu Punkt 8: Flüchtlingsfürsorge (4 Seiten, mit Konzept).
17.	1918-11-28	Inhalt: 1. Vorsorgen für eine fehlerfreie Verlautbarung der Gesetze. 2. Frage der Niederschlagung des anhängigen Strafverfahrens gegen Elfriede Eisler-Friedländer und Genossen wegen Verbrechens nach den §§ 76 und 83 St.G. 3. Grundgesetze über das deutschösterreichische Volksheer sowie über die Rechte und Pflichten des Soldaten. 4. Kommission für die Abwicklung der auf die Versorgung von Militärpersonen und deren Angehörigen bezughabenden Angelegenheiten. 5. Bericht über die Ernährungssituation. 6. Verhandlungen mit Generaldirektor von Hawerda. 7. Inanspruchnahme von für öffentliche Zwecke belegten Gebäuden und Räumlichkeiten in Wien für Notwohnungen. 8. Kompensationsverkehr mit dem Ausland.

Nummer	Datum	Inhalt
		9. Ansprüche der fremdnationalen Staaten auf Naturalleistungen aus den Sachdemobilisierungsgütern. 10. Maßnahmen zur Besserung der Finanzlage.
18.	1918-11-29	Inhalt: 1. Einbringung der Wehrvorlagen im Staatsrat. 2. Einbringung von Steuervorlagen im Staatsrat. 3. Angelobung der Landesräte und der Mitglieder der Landesversammlungen. 4. Auszahlung der Kriegszuschläge zu den Lebendviehpreisen. 5. Vollzugsanweisung, betreffend den Verkehr mit künstlichen Düngemitteln. 6. Verpachtung einer ärarischen Wasserkraft in Winkl (Salzburg). 7. Holzbeschaffung für Wien und Umgebung. 8. Anwendung der Dienstpragmatikbestimmungen auf die vom Staatsamte des Äußern nunmehr in den deutschösterreichischen Dienst übernommenen, früher gemeinsamen Zivilbeamten. 9. Abgrenzung des deutschösterreichischen Postgebietes. 10. Dienstesanweisung an die obersten Behörden. 11. Dienstbezüge und Dienstzulagen der vom Volke beauftragten Organe. 12. Ernennung des Sanitätskonsulenten im Staatsamt für Verkehrswesen Dr. Wilhelm Ritter von Buchta zum Konsulenten im Staatsamt für Volksgesundheit. Beilagen: – Zu Punkt 4: Information für den Herrn Staatssekretär für Landwirtschaft, betreffend die Auszahlung des Kriegszuschlages im Sudetenland (1½ Seiten). – Zu Punkt 5: Vollzugsanweisung des Staatsamtes für Landwirtschaft im Einvernehmen mit dem Staatsamte für Gewerbe, Handel und Industrie und dem Staatsamte für Kriegs- und Übergangswirtschaft vom ... betreffend den Verkehr mit künstlichen Düngemitteln (1 Seite). – Zu Punkt 6: Zl. 39.042/1918, Information für den Vortrag im Kabinettsrate. Gegenstand: Wasserkraftanlage des Rupert und der Marie Schwarzenberger im ärarischen Brandstattgraben (1 Seite).
19.	1918-11-30	Inhalt: 1. Beamtenfragen. 2. Dienstbezüge der vom Volke beauftragten Organe. 3. Abgrenzung der Einflusssphären Deutschösterreichs und des tschechoslowakischen Staates bezüglich des Eisenbahnverkehres. 4. Beamtenfragen im Böhmerwalde. 5. Weiterverwendung des Hofrates Dr. Hnidey im deutschösterreichischen Staatsdienste. 6. Wiener Universitäts-Angelegenheiten. 7. Durchtransport der tschechoslowakischen Legion in ihre Heimat über die Linien der deutschösterreichischen Staatsbahnen. Beilagen: – Zu Punkt 1: Vereinbarungen der gemäß Beschlusses der Gesandten-Konferenz vom 27. November 1918 zusammengetretenen zwischenstaatlichen Kommission zur Regelung von Staatsbediensteten-Angelegenheiten am 29. November 1918 (2 Seiten).

Nummer	Datum	Inhalt
		– Zu Punkt 1: Richtlinien für die vorläufige Behandlung einiger Staatsbedienstetenfragen (3¾ Seiten). – Zu Punkt 1: Zl. 3.225/1918, Zum Vortrage im Kabinettsrate (1 Seite); Durchführung der Angelobung für den d.ö. Staatsdienst im südböhmischen Gebiete (1 Seite). – Zu Punkt 4: Telegrammanschrift an den Staatssekretär für Justiz (¾ Seite). – Zu Punkt 5: Staatsamt für Verkehrswesen, Entwurf für den Vortrag im Kabinettsrate (2 Seiten). – Zu Punkt 7: Anfrage des Unterstaatssekretärs Ing. v. Enderes in der Kabinettsratssitzung vom 30. Nov. 1918 (1 Seite).
20.	1918-12-02	Inhalt: 1. Verwaltung, Verwendung und Verwertung der in Deutschösterreich und in den fremdnationalen Staaten vorhandenen Liegenschaften und Sachwerte; Entschädigungsfrage, Kontrollrechte. 2. Auszahlung von Kriegsleistungsvergütungen. 3. Budgetdienst im Staatsamt für Heerwesen. 4. Vollzugsanweisung des Staatsamtes für Volksernährung, betreffend Regelung des Verkehres mit Kaffee-Surrogaten. 5. Tschechische Eingriffe in den Wirkungskreis der Staatsbahndirektion Teplitz. 6. Ernennung des Leiters der Futtermittelstelle und seines Vertreters. 7. Neuerliche Übergriffe der Landesregierungen. 8. Behandlung der Kriegsaushilfskräfte. 9. Brünner Hochschulfrage. 10. Frage der Fakturenbegleichung für Rohöllieferungen an die k.k. Mineralölfabrik in Drohobycz. 11. Provisorische Anwendung des Handlungsgehilfengesetzes auf die Theaterangestellten. Beilagen: – Zu Punkt 5: Telegramm der Staatsbahndirektion Teplitz (Abschrift) (1 Seite). – Zu Punkt 5: Fernspruch der Landesregierung Reichenberg (Abschrift) (½ Seite, zweifach). – Zu Punkt 5: Telegramm des Staatssekretärs für Verkehrswesen vom 2. Dezember 1918 an Ministerialrat Geutebrück in Teplitz (Abschrift) (½ Seite).
21.	1918-12-06	Inhalt: 1. Bevollmächtigung des Dr. Josef Kranz zu Verhandlungen mit der tschechoslowakischen Regierung über die Kohlenversorgung. 2. Gelöbnisformel. 3. Vollzugsanweisungen, betreffend den Schutz der Kriegsflüchtlinge und betreffend die Verwertung und Verwaltung der Sachgüter der Flüchtlingsfürsorge. 4. Liquidation der Verpflichtungen und Berechtigungen der ehemaligen Monarchie. Beilagen: 1 Unverbindlicher Entwurf einer Vollzugsanweisung des Staatsrates vom … Dezember 1918, betreffend den Schutz der Kriegsflüchtlinge (2 Seiten, zweifach).

Nummer	Datum	Inhalt

2 Unverbindlicher Entwurf einer Vollzugsanweisung des Staatsrates vom … Dezember 1918, betreffend die Verwaltung und Verwertung der Sachgüter der Flüchtlingsfürsorge (1 Seite, zweifach).
– Zu Punkt 4: Staatsamt für Heerwesen, Entwurf eines Beschlusses des Staatsrates, betreffend die Einsetzung eines internationalen Liquidations-Direktoriums zur Festlegung der allgemeinen Richtlinien sowie der Grundlagen für die Liquidation aller Verpflichtungen und Berechtigungen der ehemaligen Monarchie (1½ Seiten).

22. 1918-12-09 Inhalt:
1. Beglaubigung der Kabinettsprotokolle Nr. 14–20.
2. Entbindung der Eisenbahnbediensteten in Deutschböhmen vom Gelöbnis.
3. Entwurf eines Gesetzes, betreffend zeitweilige Unzulässigkeit der Exekutionsführung wegen Ansprüchen gegen das k.k. Ärar, k.u.k. Ärar, k.k. Hofärar und gewisse Anstalten und Fonde.

23. 1918-12-14 Inhalt:
1. Weiterzahlung der Unterhaltsbeiträge an die Familien der Volkswehrmänner.
2. Versetzung von Richtern in den dauernden Ruhestand vor dem vollendeten 65. Lebensjahr.
3. Beschlagnahme von Zisternenwagen für Transporte von Erdöl und Erdölerzeugnissen.
4. Bericht über die Kohlenverhandlungen in Prag.
5. Staatsbedienstetenforderungen.
6. Beamtenfragen.
7. Frage der Übernahme des von der früheren Heeresverwaltung bei der Waffenfabrik in Steyr bestellten Kriegsmateriales.
8. Festsetzung des Programmes für die nächste Besprechung mit den Landeshauptmännern.
9. Lebensmitteleinkäufe in Westungarn.
10. Wasserkraftanlage der Mitterberger Kupfer AG.; Erklärung als begünstigter Bau.
11. Bildung eines Arbeitsausschusses für die Übergangswirtschaft in den deutschösterreichischen Staatsforsten.
12. Gesetz, betreffend Jagdrecht auf Staatsgütern.
13. Gesetz über die Aufhebung und Ablösung der Jagdrechte auf fremdem Grund und Boden.
14. Errichtung einer Darlehenskassa für die Übergangswirtschaft.
15. Ausbau der Wasserkräfte zur Gewinnung elektrischer Energie.

Beilagen:
– Zu Punkt 3: Bevollmächtigung des Staatssekretärs für Kriegs- und Übergangswirtschaft, betreffend Beschlagnahme von Zisternenwagen für Transporte von Erdöl und Erdölerzeugnissen (½ Seite, mit maschin- und handschriftlichem Konzept).
– Zu Punkt 5: Schreiben an Staatskanzler Renner vom 4. Dezember 1918, betreffend die Bitte, den am 1. Februar 1919 fälligen Anschaffungsbeitrag den staatlichen Arbeitern bereits Ende Dezember 1918 auszuzahlen (1 Seite).
– Zu Punkt 6: Vorschläge des Vertreters des Staatsamtes der Finanzen, erstattet in den Sitzungen des Subkomitees der Gesandtenkonferenz

Nummer	Datum	Inhalt
		für Staatsbedienstetenangelegenheiten in Wien am 3. und 4. Dezember 1918 (6 Seiten, mit Konzept). – Zu Punkt 6: Bericht des Unterstaatssekretärs für Finanzen Beck über das Ergebnis der am 2. und 3. Dezember 1918 gepflogenen zwischenstaatlichen Verhandlungen über die Auszahlung der Ruhegenüsse der bis Ende Dezember 1918 in Ruhe versetzten ehemaligen k.k. Staatsangestellten (1 Seite, handschriftlich). – Zu Punkt 6: Bericht des Unterstaatssekretärs für Finanzen Grimm über das Ergebnisses der zwischen den Vertretern der einzelnen Nationalstaaten gepflogenen Vereinbarungen zur Erzielung einer provisorischen Vereinbarung über die einstweilige Fortzahlung von Ruhe- und Versorgungsgenüssen (½ Seite); unverbindliche Referentenvorschläge (7½ Seiten). – Zu Punkt 10: Auszug für das Protokoll des Kabinettsrates. Gegenstand: Wasserkraftanlage an der Salzach in Mühlbach der Mitterberger Kupfer-AG., Erklärung als begünstigter Bau im Sinne der Kaiserlichen Verordnung vom 16. Oktober 1914, RGBl. Nr. 284 (1 Seite).
24.	1918-12-17	Inhalt: 1. Staatsbedienstetenforderungen. 2. Errichtung einer deutsch-österreichischen Kriegsgetreideanstalt. 3. Gesetzentwurf, betreffend die dringliche Anforderung von Lebens- und Futtermitteln. 4. Verlängerung der Gültigkeit der den Reichsratsabgeordneten zuerkannten Jahresfreikarten für sämtliche Linien der vormaligen k.k. österreichischen Staatsbahnen und der im Privatbesitz befindlichen Bahnen. 5. Kohlenverhandlungen mit dem tschechoslowakischen Staate. 6. Verhandlungen der Gemeinde Wien wegen Ankaufes amerikanischer Lebensmittel; Garantieübernahme durch den deutsch-österreichischen Staat. 7. Vollzugsanweisung zur Einsetzung eines Fachbeirates beim Staatsamte für Landwirtschaft. 8. Vergebung staatlicher Druckaufträge an die Staatsdruckerei. 9. Gesetzentwurf über die Durchführung der militärischen Untersuchungen. 10. Antrag des Staatsrates Iro, betreffend die Einberufung der im Felde gestandenen absolvierten Juristen in den Staatsdienst unter Anrechnung ihrer Kriegsdienstzeit. 11. Ablegung des Gelöbnisses auf den jugoslawischen Staat durch den Lehrkörper des deutschen Staatsgymnasiums in Cilli. Beilagen: – Zu Punkt 1: Bericht der Unterstaatssekretäre des Inneren und der Finanzen über die Verhandlungen mit den Staatsangestelltenvereinigungen (1 Seite, handschriftlich). – Zu Punkt 6: Ankauf amerikanischer Lebensmittel (½ Seite, handschriftlich in Gabelsberger Stenographie). – Zu Punkt 10: Antrag des Staatsrates Iro, betreffend die Aufnahme von Juristen in den Staatsdienst nach durchgeführter Demobilisierung (½ Seite).

Nummer	Datum	Inhalt

25. 1918-12-21

Inhalt:

1. Lohnbeihilfe für die Angestellten der Donau-Dampfschifffahrts-Gesellschaft.
2. Verlegung der Staatsbahndirektion Jägerndorf nach Oberösterreich.
3. Ausfolgung der Personaldokumente der im strittigen Gebiete angestellten Eisenbahnbediensteten an die Generaldirektion der Staatsbahnen in Prag.
4. Übereinkommen mit der polnischen Regierung über Kohlenlieferungen nach Deutschösterreich.
5. Abhaltung von Versammlungen in Amtsgebäuden.
6. Anwendung des Steuerfluchtgesetzes auf Deutschböhmen.
7. Überführung der tierärztlichen Hochschule in die Zivilverwaltung.
8. Befriedigung der Forderungen der Gewerbetreibenden an die frühere Heeresverwaltung.
9. Angliederung des Militärgeographischen Institutes und des Vermessungswesens an das Staatsamt für öffentliche Arbeiten.
10. Tagesordnung für die nächste Besprechung mit den Landeshauptmännern.

Beilagen:

- Zu Punkt 4: Ergebnis der am 18. Dezember 1918 in Krakau abgehaltenen Besprechungen über Kohlenlieferungen aus dem Dąbrowaer und Karwiner Reviere nach Deutsch-Österreich (3¼ Seite).
- Zu Punkt 7: Bericht über das Ergebnis der am 24. November 1918 beim Staatsamt für Heerwesen stattgefundenen Sitzung bezüglich „Überführung der tierärztlichen Hochschule in die Zivilverwaltung“ (3¼ Seiten).
- Zu Punkt 7: Beschlussanträge zu Punkt 7 (¾ Seite, handschriftlich).
- Zu Punkt 8: Staatsamt für öffentliche Arbeiten. Für den Kabinettsrat. Gegenstand: 1.) Befriedigung der Forderungen des Gewerbes an die frühere Heeresverwaltung, 2.) Gewerbelager Brunn am Gebirge, Weiterbetrieb (3¼ Seiten).
- Zu Punkt 9: Staatsamt für öffentliche Arbeiten. Für den Kabinettsrat. Einbeziehung des staatlichen Vermessungswesens in den Wirkungskreis des Staatsamtes für öffentliche Arbeiten (2½ Seiten).

26. 1918-12-28

Inhalt:

1. Ernährungslage.
2. Verlängerung des Termines für die Erhöhung der Getreideübernahmepreise.
3. Änderung verschiedener Amts- und öffentlicher Titel.
4. Organisation des staatlichen Pressedienstes.
5. Briefsendungen nach dem feindlichen Ausland.
6. Ansuchen der Soldaten des liquidierenden Kriegsministeriums um Auszahlung des Unterhaltsbeitrages.
7. Übereinkommen zwischen der Zuckerkommission in Prag und der Zuckerstelle in Wien, betreffend den Verkehr mit Melasse und Zuckerrübe.
8. Frage der gleichartigen Behandlung des Gelöbnisses der Staatsbediensteten.
9. Außerdienststellung fremdnationaler und Pensionierung deutschösterreichischer Staatsangestellter; Behandlung der Hochschullehrer.
10. Arbeitslosenunterstützung in Deutschböhmen und in Sudentenland.

Nummer	Datum	Inhalt
		Beilagen: – Zu Punkt 3: Antrag für den Kabinettsrat, betreffend die notwendige Änderung verschiedener Amts- und sonstiger öffentlicher Titel (2 Seiten).
27.	1919-01-03	Inhalt: 1. Verhandlungen mit den Vertretern der Entente über Lebensmittelzuschübe. 2. Eigenmächtigkeiten der Landesregierungen; Vorstellung an den Staatsrat. 3. Einsetzung einer zwischenstaatsamtlichen Kommission zur Vorbereitung der Agrarreform. 4. Beschaffung von Kunstdüngemitteln aus dem Auslande gegen Bewilligung der Ausfuhr von Schnittholz. 5. Errichtung einer Vergleichskommission für laufende Heereslieferungsverträge. 6. Änderungen der Amtstitel. Beilagen: – Zu Punkt 3: Kabinettsratsbeschluss (½ Seite). – Zu Punkt 6: Verhandlungsschrift Nr. 8 zur Sitzung des zwischenstaatsamtlichen Beamtenkomitees am 2. Jänner 1919 (3¼ Seiten).
28.	1919-01-04/05	Inhalt: – Vor Eingang in die Tagesordnung der 2. Länderkonferenz: einleitende Ausführungen des Staatskanzlers und Erklärung der niederösterreichischen Landesregierung. 1. Regelung der Bezüge der Landeshauptmänner und ihrer Stellvertreter. 2. Eingreifen der einzelnen Länder in die auswärtige Politik. 3. Vorgehen einiger Landesregierungen bei der Repatriierung von Flüchtlingen und bei der Einstellung der Flüchtlingsunterstützungen. 4. Jugendfürsorge, Sozialversicherung, Kriegsbeschädigtenfürsorge. 5. Anweisungsrecht der Landesregierungen an die Staatskasse. 6. Vereinheitlichung der gesamten Agenden des Gesundheitswesens einschließlich der Agenden des Militärgesundheitswesens in den einzelnen Ländern (Landesgesundheitsämter). 7. Bestellung eines dem Landesamtsdirektor koordinierten Baudirektors für die Leitung der gesamten Agenden des staatlichen Baudienstes. 8. Volkswehr. 9. Künftige Organisierung der Länderkonferenzen. Beilagen: A Erklärung der niederösterreichischen Landesregierung (2¼ Seiten). – Zu Punkt 4: Staatsamt für soziale Fürsorge. Für die Besprechung mit den Landeshauptmännern. Jugendfürsorge. Sozialversicherung (2 Seiten). – Zu Punkt 5: Staatsamt für Finanzen, Zl. 2.798/18/Präs. Betrifft: Ansuchen des Tiroler Nationalrates um Flüssigmachung von 20 Millionen Kronen gegen nachträgliche Abrechnung (5½ Seiten).
29.	1919-01-09	Inhalt: 1. Staatliche Investitionspolitik (Beschluss des Staatsrates in seiner 62. Sitzung vom 8. Jänner 1919). 2. Frage der Aufhebung der überflüssigen Gerichte.

Nummer	Datum	Inhalt

3. Fortzahlung der Unterhaltsbeiträge der beim liquidierenden Kriegsministerium weiterverwendeten Mannschaften.
4. Ausfolgung der Standesausweise richterlicher Beamter an die tschechoslowakische Justizverwaltung.
5. Beamtenfragen.
6. Verordnung des jugoslawischen Staates über die Beaufsichtigung von Unternehmungen und Liegenschaften.
7. Abgabe von Medikamenten- und Verbandstoffvorräten.
8. Anforderung von Sanitätsmaterial durch die fremdnationalen Staaten.
9. Erklärung einer Industriebahn vom Oberdorfer Magnesitwerke zur Südbahnstation Bruck an der Mur als begünstigter Bau.

Beilagen:
A Antrag der Geschäftsstelle zur Behandlung von Staatsbedienstetenangelegenheiten (4¼ Seiten).
B Vereinbarungen der am 28. und 30. Dezember 1918 zusammengetretenen zwischenstaatlichen Kommission zur Regelung von Staatsbedienstetenangelegenheiten (8½ Seiten).
C Vereinbarungen der am 30. Dezember 1918 im Staatsamt für Finanzen zusammengetreten zwischenstaatlichen Kommission, betr. die ehemaligen Staatsbahnbediensteten (1¼ Seiten).
D Fragebogen für die Enquete der Staatsangestellten über ihre Wünsche in Bezug auf die Form ihrer künftigen Mitwirkung bei der Lösung sachlicher Fragen, die den Staatsdienst im allgemeinen berühren (2½ Seiten).
E Merkblatt (1½ Seiten).
– Zu Punkt 9: Notiz für den Vortrag im Kabinettsrate (1¼ Seiten).

30. 1919-01-11 Inhalt:
1. Staatliche Investitionspolitik.
2. Auszahlung eines Brotrelutums an die Volkswehrmänner.

31. 1919-01-14 Inhalt:
1. Kürzung der Brotquote.
2. Festsetzung der Mehl- und Brotpreise.
3. Vollzugsanweisung, betreffend die Errichtung einer d.ö. Lebensmitteleinfuhrstelle.
4. Vollzugsanweisung, betreffend die Errichtung eines d.ö. Warenverkehrsbüros.
5. Frage der Erhöhung der Rindfleischpreise.

Beilagen:
– Zu Punkt 2: Bericht des Staatssekretärs für Volksernährung über die durch die ausländischen Getreideeinfuhren erforderliche Regelung der Mehl- und Brotpreise (16¾ Seiten, gedruckt).

32. 1919-01-16 Inhalt:
1. Kompetenz, betreffend die Erteilung der staatsbehördlichen Bewilligung zur Veräußerung und Belastung von Kirchengut.
2. Ausgestaltung des Staatsamtes für Verkehrswesen.
3. Frage der Bestellung eines vorläufigen deutschösterreichischen Staatseisenbahnrates.
4. Abgabe von Pferdezuchtmaterial an die fremdnationalen Staaten.

Nummer	Datum	Inhalt
		5. Frage der Rückübernahme von aus den Vollblutgestüten verkauften Fohlen. 6. Veräußerung von hofärarischen Pferden. 7. Kontrollmaßnahmen im liquidierenden Kriegsministerium. 8. Forderungen der Sanitätsmannschaft in den liquidierenden Militärsanitätsanstalten. Beilagen: – Zu Punkt 1: Auszug für den Vortrag im Kabinettsrate (1½ Seiten). – Zu Punkt 2: Staatssekretär für Verkehrswesen, Zl. 30/Präs., Auszug für den Vortrag im Kabinettsrat (2½ Seiten, zweifach). – Zu Punkt 3: Staatssekretär für Verkehrswesen, Z. 469/Präs., Vortrag für den Kabinettsrat (1½ Seiten); Vollzugsanweisung des deutschösterreichischen Staatsamtes für Verkehrswesen vom ..., betreffend die Bestellung eines vorläufigen d.ö. Staatseisenbahnrates (1½ Seiten).
33.	1919-01-21	Inhalt: 1. Fortzahlung der Familiengebühren an die Familien Kriegsgefangener und vermisster Gagisten, Gagistenaspiranten und freiwillig weiterdienender Unteroffiziere. 2. Brotquote der Volkswehr und der Mannschaft des liquidierenden Kriegsministeriums. 3. Gesetzentwurf, betreffend Einhebung einer besonderen Brotauflage im Jahre 1919. 4. Festsetzung der Mehlpreise. 5. Bestellung eines vorläufigen deutschösterr. Staatseisenbahnrates. 6. Anwendung der Richtlinien hinsichtlich der Regelung der Verhältnisse der ehemals österreichischen Staatsbediensteten nichtdeutscher Nationalität auf die Lehrkräfte der deutschösterreichischen Hochschulen und der Akademie für Musik und darstellende Kunst. 7. Auszahlung des halben Anschaffungsbeitrages an die Staatsangestellten am 1. Februar l. J. Beilagen: – Zu Punkt 1: Vollzugsanweisung des deutschösterreichischen Staatsamtes für Heereswesen vom ... Jänner 1919, betreffend die Fortzahlung der Familiengebühren an die Familien kriegsgefangener und vermisster Gagisten, Gagistenaspiranten und freiwillig weiterdienender Unteroffiziere (1 Seite). – Zu Punkt 3: Gesetz vom ... betreffend die Einhebung besonderer Beiträge von Grundbesitzern und Pächtern sowie von den Höherbemittelten zu der notwendigen Getreidebeschaffung im Auslande im Jahre 1919 (5½ Seiten, gedruckt); Bemerkungen (2½ Seiten, gedruckt). – Beilage zu Punkt 5: Staatssekretär für Verkehrswesen, Z. 469/Präs., Vortrag für den Kabinettsrat (1½ Seiten); Vollzugsanweisung des deutschösterreichischen Staatsamtes für Verkehrswesen vom ..., betreffend die Bestellung eines vorläufigen d.ö. Staatseisenbahnrates (1½ Seiten).
34.	1919-01-28	Inhalt: 1. Fortführung des Betriebes des k.u.k. Kiesbergbaues in Großfragant durch das Staatsamt für öffentliche Arbeiten. 2. Denkschrift der Gewerkschaft der Ingenieure im deutschösterreichischen Staatsdienst.

Nummer	Datum	Inhalt

3. Umwandlung der technischen Militärakademie in Mödling in eine technisch-gewerbliche Lehranstalt.
4. Belieferung der Pulverfabrik in Blumau mit Kohle.
5. Subventionierung der Donau-Dampfschifffahrts-Gesellschaft.
6. Durchfuhrbewilligungen durch Deutschösterreich vom tschechoslowakischen Staate nach dem jugoslawischen Staate.
7. Fragen der Steuer- und Finanzpolitik; Schaffung eines Beirates beim Staatsamte der Finanzen.
8. Behandlung der Studierenden nichtdeutscher Nationalität an den deutschösterreichischen Hochschulen.
9. Zuckerverhandlungen in Prag.
10. Abänderung der Vollzugsanweisung vom 10. Dezember 1918, StGBl. Nr. 125, betreffend die Auszahlung von Unterhaltsbeiträgen an Volkswehrmänner.
11. Unterhaltsbeiträge für die Angehörigen der bei den liquidierenden Militärstellen noch in aktiver Dienstleistung stehenden Personen für den Monat Februar.
12. Frage der staatlichen Fleischverbilligung.
13. Vollzugsanweisung des Staatsamtes für Volksernährung, betreffend polizeiliche Sperrung von Gewerbebetrieben.
14. Beamtenfragen:
    a) Behandlung der Kriegsaushilfskräfte.
    b) Gewährung des vollen Anschaffungsbeitrages am 1. Februar 1919.
    c) Verhandlung des Staatsangestelltenausschusses über die Pragmatisierung der Vertragsbeamten.
    d) Ergebnis der zwischenstaatlichen Verhandlung am 16. Jänner 1919.

Beilagen:

– Zu Punkt 1: Staatsamt für öffentliche Arbeiten, Antrag für den Kabinettsrat (5 Seiten).
– Zu Punkt 2: Entschließung der Gewerkschaft der Ingenieure im deutschösterreichischen Staatsdienst (1 Seite, gedruckt).
– Zu Punkt 3: Staatsamt für öffentliche Arbeiten, Vortrag für den Kabinettsrat (6¼ Seiten); voraussichtliche Kosten der Umwandlung der Technischen Militärakademie in Mödling in eine technisch-gewerbliche Lehranstalt mit Internat (½ Seite).
– Zu Punkt 6: 68. Sitzung des Deutschösterreichischen Staatsrates vom 20. Jänner 1919, Bericht des Unterstaatssekretärs Riedl, behufs Erlangung der Genehmigung zum Abschluss eines Übereinkommens mit den Vertretern der tschechoslowakischen Republik und des jugoslawischen Staates (1½ Seiten).
– Zu Punkt 8: Statistik über die Hörerzahlen und die nationale Zusammensetzung der Studierenden an der Universität Wien, der Technischen Hochschule Wien, der Hochschule für Bodenkultur und der Tierärztlichen Hochschule im Wintersemester 1918/19 (2 Seiten).
– Zu Punkt 10: Staatsamt für Heerwesen, Vollzugsanweisung des d.ö. StAfHW vom … Jänner 1919, betreffend die Abänderung der Vollzugsanweisung vom 16. Dezember 1918, StGBl. Nr. 125 (¾ Seite).
– Zu Punkt 12: Vorlage des Staatsamtes für Volksernährung an den Kabinettsrat, betreffend die Fleischversorgung Wiens und die Wiener Fleischpreise ab Ende Jänner 1919 (2½ Seiten).
– Zu Punkt 14: Antrag der Vereinigung der weiblichen Kriegsbediensteten (Sektion des Allgemeinen Österreichischen Frauenvereines) an den Staatsrat (1½ Seiten).

Nummer	Datum	Inhalt
35.	1919-01-30	Inhalt: 1. Behandlung der Kriegsaushilfskräfte. 2. Unterstellung der Filmstelle des ehemaligen Kriegspressequartiers unter die Staatskanzlei. 3. Frage der Übernahme der Militärärzte der österreichisch-ungarischen Wehrmacht in den deutschösterreichischen Heeresdienst. 4. Gesetzentwurf, betreffend eine besondere Brotauflage im Jahre 1919. 5. Direkte Beschaffung von Lebensmitteln aus dem Auslande durch deutschösterreichische Staatsämter. 6. Weiterbelassung nichtaktiver Gagisten (Aspiranten) in der aktiven Dienstleistung bis Ende Februar 1919. 7. Auflösung des vom früheren Ackerbauministerium mit der Holzhandelsfirma Glesinger abgeschlossenen Holzlieferungsvertrages. 8. Pragmatisierung der staatlichen Vertragsbeamten. Beilagen: – Zu Punkt 4: Gesetz vom ... betreffend eine besondere Brotauflage im Jahre 1919 (2¾ Seiten, gedruckt). – Zu Punkt 8: Gesetz, betreffend die teilweise Änderung des Dienstverhältnisses der Kanzleioffizianten und Kanzleioffiziantinnen, der Kanzleigehilfen und Kanzleigehilfinnen, ständigen Aushilfsdiener und Landpostdiener (2¾ Seiten).
36.	1919-01-31/02-01	Inhalt: – Protokoll über die 3. Länderkonferenz am 31. Jänner und 1. Februar 1919.

Abkürzungsverzeichnis

Abt.	Abteilung
a. d.	an der
a. D.	außer Dienst
ADÖ	Außenpolitische Dokumente der Republik Österreich
AdR	Archiv der Republik
AG., A.-G.	Aktiengesellschaft
al, al.	a linea
allerh.	allerhöchster
allg.	allgemein
AM	Ackerbauministerium
Anm.	Anmerkung
a.o.	außerordentlich
AOK	Armeeoberkommando
Art.	Artikel
ATE, A.T.E.	Aussig-Teplitzer Eisenbahn
AUVA	Arbeiterunfall-Versicherungsanstalt
AVA	Allgemeines Verwaltungsarchiv
b.	bei
BC	Bodencultur
BDG	Beamten-Dienstrechtsgesetz
Bearb.	Bearbeiter
BEB, B.E.B.	Buschtěhrader Eisenbahn
betr.	betreffend/betrifft
bev.	bevollmächtigt
bezügl.	bezüglich
bezw	beziehungsweise
BGBl.	Bundesgesetzblatt
BKA/AA	Bundeskanzleramt/Auswärtige Angelegenheiten
BMF	Bundesministerium für Finanzen
BMHV	Bundesministerium für Handel und Verkehr
BMLF	Bundesministerium für Land- und Forstwirtschaft
BMLV	Bundesministerium für Landesverteidigung
BMsV	Bundesministerium für soziale Verwaltung
BMVE	Bundesministerium für Volksernährung
B.N.B.	Böhmische Nordbahn
Böhm.Leipa	Böhmisch-Leipa
bosn.	bosnisch
bzw.	beziehungsweise
ca.	circa
Co.	Company
Comp.	Compagnie
CSP	Christlichsoziale Partei
ČSR, CSR	Tschechoslowakische Republik
cts.	centimes
d.	des

DDSG	Donau-Dampfschifffahrts-Gesellschaft
ders.	derselbe
deutschösterr.	deutschösterreichisch
dgl.	dergleichen
d. h.	das heißt
d. i.	das ist
Di	Dienstag
dies.	dieselbe
Dipl.-Arb.	Diplomarbeit
Dipl.-Ing.	Diplomingenieur
Diss.	Dissertation
d. J.	dieses Jahres
d. M./Mts.	dieses Monats
DnP	Deutschnationale Partei
Do	Donnerstag
dö., d.ö.	deutschösterreichisch
D.Oe.	Deutschösterreich
Dölest	Deutschösterreichische Lebensmitteleinfuhrstelle
DP, D.P.	Dienstpragmatik
Dr.	Doktor
d. s.	das sind
EM	Eisenbahnministerium
etc.	et cetera
ev.	eventuell
exempl.	exemplarisch
Exp.Ak.	Exportakademie
f	folgende
f.	für
FA	Staatsamt für Finanzen
F.C., F.F.C.	Familienfideicommiss
FHKA	Finanz- und Hofkammerarchiv
Finanzmin.	Finanzministerium
FML	Feldmarschallleutnant
Fr	Freitag
g	Gramm
GdP	Großdeutsche Partei
geb.	geboren
Gen.m.b.H.	Genossenschaft mit beschränkter Haftung
GesmbH.	Gesellschaft mit beschränkter Haftung
GestbA	Generalstabsarzt
Gesundheitsmin.	Gesundheitsministerium
GÖC	Großeinkaufsgesellschaft österreichischer Consumvereine
gr.	Gramm
Gymnasialprof.	Gymnasialprofessor
GZl.	Grundzahl
h	Heller, Uhr
Hg.	Herausgeber, Herrengasse
HH, Hh	Herrenhaus
HM., H.M.	Handelsministerium
h.o.	hierortig
Honorarprof.	Honorarprofessor
Hsch.	Hochschule

Inft.Div.	Infanterietruppendivision
Ing.	Ingenieur
insb	insbesondere
i. R.	im Ruhestand
J.	Jahr
Jg.	Jahrgang
JMVBl.	Justizministeriumsverordnungsblatt
JMVdg.	Justizministeriumsverordnung
K, K.	Kronen
KA	Kriegsarchiv
KA.	Kriegsanleihe
Kab.prot.	Kabinettsprotokoll
Kb.Rat	Kabinettsrat
K.F.A.	Kriegsfürsorgeamt
kg	Kilogramm
KGV	Kriegsgetreideverkehrsanstalt
k.k.	kaiserlich-königlich
km	Kilometer
KM., K.M.	Kriegsministerium
Konst. NV	Konstituierende Nationalversammlung
KPD	Kommunistische Partei Deutschlands
KPDÖ	Kommunistische Partei Deutschösterreichs
KPÖ	Kommunistische Partei Österreichs
KRP	Kabinettsratsprotokoll
k.u.k., k. und k.	kaiserlich und königlich
KUM	Ministerium für Kultus und Unterricht
L.C.	Liquidations-Comittee
liquid.	liquidierend
l. J.	laufenden Jahres
Ltd.	Limited
LV.	Landesverteidigung
m.b.H.	mit beschränkter Haftung
MdÄ	Ministerium des Äußeren
MFTR	Magyar Folyam-és Tengerhajézési R.T. (Ungarische Donau-und Seeschifffahrt)
Mi	Mittwoch
Mill, Mill.	Million/en
Mo	Montag
MRP	Ministerratsprotokoll
Mtz., Mz.	Meterzentner
NAR	Neue Administrative Registratur
nat.	national
N.M.	Nachmittag
NÖ	Niederösterreich
nö., n.ö.	niederösterreichisch
NPA	Neues politisches Archiv
Nr.	Nummer
NV	Nationalversammlung
NW-Direktion	Nordwest-Direktion
o.	ordentlich
ÖAAB	Österreichischer Arbeiter- und Angestelltenbund

ÖBB	Österreichische Bundesbahn
Obst.	Oberst
oesterr.	österreichisch
Oetzeg, Oezeg	Österreichische Zentraleinkaufsgesellschaft
öffentl.	öffentlich
OHMG	Obersthofmarschallgericht
o. J.	ohne Jahr
Ölest	Österreichische Lebensmitteleinfuhrstelle
OLG	Oberlandesgericht
o. O.	ohne Ort
OÖ	Oberösterreich
oö.	oberösterreichisch
österr.	österreichisch
österr./österreich.-ungar.	österreichisch-ungarisch
ÖVP	Österreichische Volkspartei
phil.	philosophisch
phil. Diss.	philosophische Dissertation
Pkt.	Punkt
pol	politisch, politische Abteilung
Präs.	Präsidium
Prof.	Professor
prov.	provisorisch
Prov. NV	Provisorische Nationalversammlung
PS	Pferdestärke
P. St. G.	Personalsteuergesetz
q	Quintal (Meterzentner)
Ravag	Radioverkehrs AG.
Red.	Redaktion
Reg.	Regierung
resp.	respektive
RGBl.	Reichsgesetzblatt
R.Kl.	Rangsklasse
R.T.	Részvénytársaság (Aktiengesellschaft)
s.	siehe
S.	Seite
Sa	Samstag
s. a.	siehe auch
SC	Subcommittee
SDAP	Sozialdemokratische Arbeiterpartei
S.Dem.	Sachdemobilisierung
SHS	Kraljevina Srba, Hrvata i Slovenaca (Königreich der Serben, Kroaten und Slowenen)
SK	Staatskanzler
SPD	Sozialdemokratische Partei Deutschlands
S.S.	Staatssekretär
SSS	Société suisse de surveillance économique
Sst.	Staatssekretär
St.	Saint, Sankt, Staatsamt
StAF	Staatsamt für Finanzen
StAfHW, StAHW	Staatsamt für Heerwesen
StAH	Staatsamt für Gewerbe, Industrie und Handel
StAI	Staatsamt für Inneres

StAJ	Staatsamt für Justiz
StAKÜ	Staatsamt für Kriegs- und Übergangswirtschaft
StALF	Staatsamt für Land- und Forstwirtschaft
St.Ämter	Staatsämter
StAU	Staatsamt für Unterricht
StAVE	Staatsamt für Volksernährung
StAVW	Staatsamt für Verkehrswesen
St.A.Z.	Staatsamtszahl
StBDion	Staatsbahndirektion
StEG, St.EG	Staatseisenbahngesellschaft
Sten. Prot.	Stenographische Protokolle
Stg., St.G.	Strafgesetz
StGBl.	Staatsgesetzblatt
StK	Staatskanzlei
St.P.O.	Strafprozessordnung
Sts., St.S.	Staatssekretär/e
stv.	stellvertretend
Sudetenl.	Sudetenland
t	Tonne/n
tit.	Titular
To, To.	Tonne/n
tschechoslowak.	tschechoslowakisch
u.	und
u. a.	und anderes, unter anderem
U.A.	Unterrichtsamt
ukrain.	ukrainisch
ung., ungar.	ungarisch
Univ.-Prof.	Universitätsprofessor
US	United States
USA	United States of America
Us., U.S., U.S.S., U.St.Sekr., U.Sts.	Unterstaatssekretär
usw., u.s.w.	und so weiter
u. zw.	und zwar
v.	vom, von
VAP	Vollzugsausschussprotokoll
VEA	Volksernährungsamt
verh.	verheiratet
V.G.H.	Verwaltungsgerichtshof
Vgl., vgl.	vergleiche
v. J.	vorhergehenden Jahres
WEWA, Wewa	Wasserkraft- und Elektrizitätswirtschaftsamt
Wr.	Wiener
Z., Zl.	Zahl
z. B.	zum Beispiel
zwischenstaatsamtl.	zwischenstaatsamtlich

1.[1]

[Donnerstag] 1918-10-31

Vorsitz:	Renner
Anwesend:	Adler, Hanusch, Jukel, Kaup, Loewenfeld-Ruß, Mataja, Pacher, Roller, Steinwender, Stöckler, Urban, Zerdik
Schriftführer:	unbekannt[2]
Beginn:	20.00 Uhr[3]

Reinschrift[4]

Inhalt:
– Grundlinien der Amtsübernahme.

Der Vorsitzende bespricht die Grundlinien, nach denen das Amt zu übernehmen wäre, wobei bemerkt wird, dass sie nur vorläufige Anregungen, noch nicht fertige Beschlüsse darstellen.

Über die dauernde Regelung wird der Staatsrat bezw. eine spätere Kabinettssitzung entscheiden.[5]

G r u n d l i n i e n.

Über diese Grundlinien entwickelt sich eine ausführliche Debatte, an der sich sämtliche Staatssekretäre[6] beteiligen.

---

1 Das Protokoll trägt den Vermerk *Vertraulich!*

2 Einem vermutlich an Staatssekretär Mayer gerichteten Schreiben Renners vom 3. November 1918, das sich bei den im Bestand AdR, BMLV befindlichen Kopien der Kabinetts- und Ministerratsprotokollen findet, ist zu entnehmen, dass den ersten beiden Sitzungen des Kabinettsrates kein regulärer Schriftführer beiwohnte: „Anbei sende ich Ihnen das – in Ermangelung eines Schriftführers – aus der Erinnerung diktierte Beschlußprotokoll der beiden ersten Kabinettssitzungen. Berichtigungen und Ergänzungen sind erbeten – in ruhigeren Zeiten wird man einen einwandfreien Akt herstellen." Mit „Beschlußprotokoll" bezog Renner sich auf die hier abgedruckten Protokolle der beiden ersten Sitzungen. Vgl. AdR, BMLV, Ministerratsprotokolle Karton 2, Schreiben Dr. Karl Renners vom 3. November 1918. Am Schluss der ersten Sitzung findet sich allerdings neben dem „Vorsitzenden" auch die (maschinschriftliche) Unterfertigung „Schriftführer".

3 Der Zeitpunkt des Sitzungsendes wurde im Protokoll nicht festgehalten. Neben dem Sitzungsbeginn wurde, im Gegensatz zur sonstigen Gepflogenheit, für diese Sitzung des Kabinettsrates auch der Ort festgehalten: „Budgetsaal des Abgeordnetenhauses". Zur Übersiedlung des Amtssitzes des Staatskanzlers in das Amtsgebäude des Ministerratspräsidiums an der Adresse Wien I., Herrengasse 7 vgl. AdR, StK, GZl. 111/1918, Sicherstellung von Räumen für das Präsidium des d.ö. Staatsrates, der Staatskanzlei und des Staatsnotariates. Die Übernahme der Amtsgeschäfte des Ministerratspräsidiums durch die Staatskanzlei erfolgte am 14. November 1918, vgl. AdR, StK, GZl. 259/1918, Amtserinnerung, Verständigung der Staatsämter von der Übernahme der Amtsgeschäfte des ehemaligen Ministerratspräsidiums durch die d.ö. Staatskanzlei.

4 Das Protokoll enthält keine Beilagen zu den erörterten Themen.

5 Die nächste Sitzung des Kabinettsrates beschäftigte sich bereits mit der Einrichtung der Staatsämter und der Angelobung der Beamten für den Staat Deutschösterreich. Vgl. KRP Nr. 2. Die rechtliche Grundlage für die Übernahme der Amtsgeschäfte in den einzelnen Ressorts wurde erst mit StGBl. Nr. 5, Gesetz vom 12. November 1918 über die Staats- und Regierungsform von Deutschösterreich, ausgegeben am 15. November 1918, geschaffen. Artikel 4 besagte u. a.: „Die k.u.k. Ministerien und die k.k. Ministerien werden aufgelöst. Ihre Aufträge und Vollmachten auf dem Staatsgebiete von Deutschösterreich gehen unter ausdrücklicher Ablehnung jeder Rechtsnachfolge auf die deutschösterreichischen Staatsämter über."

6 Zur Besetzung der Staatssekretärsposten vgl. SRP Nr. 12 vom 30. Oktober 1918. Die Namen der Staatssekretäre wurden am folgenden Tag veröffentlicht, vgl. etwa Neue Freie Presse. Morgenblatt, 1. November 1918, S. 5 „Angelobung des Staatsnotars, des Kanzleileiters und der Staatssekretäre".

Dr. A d l e r berichtet über den Stand der auswärtigen Verhandlungen mit Tschechen und Ungarn.[7]

Staatssekretär L o e w e n f e l d bewirkt die Klärung.[8]

Staatssekretär P a c h e r verlangt Beurlaubung auf fünf Tage behufs Übernahme der Landesregierung in Reichenberg.[9]

In Bezug auf die Übernahme des Amtes und der Amtsräume wird beschlossen, die Ergebnisse der Verhandlungen mit dem tschechischen Gesandten Tusar[10] abzuwarten.[11]

Schriftführer. Vorsitzender.

---

7 Gemeint waren wohl in erster Linie Verhandlungen über Lebensmittel- und Kohlenbezüge. Zu den Bemühungen um tschechische Kohle vgl. etwa KRP Nr. 3/3, Nr. 9/2, Nr. 13/4, Nr. 21/1, Nr. 23/4, Nr. 24/5 und Nr. 34/4, zu schlesischer Kohle Nr. 8/1, Nr. 9/2, Nr. 10/1 und Nr. 13/4, zu polnischer Kohle Nr. 25/4. Zu Lebensmittelverhandlungen mit Ungarn vgl. KRP Nr. 8/5, Nr. 10/1, Nr. 11/4, Nr. 14/14 und Nr. 17/5. Aktenmaterial zu Verhandlungen mit Ungarn über Nahrungsmittelimporte in den Jahren 1918 bis 1922 findet sich im Bestand AdR, BKA/AA, Abteilung 14 H-pol, Ernährungswesen Ungarn 1, Lebensmittelabkommen mit Ungarn: Kompensationen. Zu entsprechenden Verhandlungen mit der Tschechoslowakei von 1918 bis 1921 vgl. im gleichen Bestand Ernährungswesen Tschechoslowakei 1–76. Zum Bezug von tschechischer, polnischer und schlesischer Kohle und diesbezüglichen Verhandlungen vgl. im genannten Bestand Kohle Tschechoslowakei 1918–1925; Kohle Polen 1918–1927; Kohle Deutsches Reich 1918–1925, Kohle Deutsches Reich 1. Zu den Wirtschaftsbeziehungen mit der Tschechoslowakei vgl. auch Gertrude Enderle-Burcel/Eduard Kubu, Die österreichisch-tschechoslowakischen Handelsbeziehungen in der unmittelbaren Nachkriegszeit, in: Alice Teichova/Herbert Matis (Hg.), Österreich und die Tschechoslowakei 1918–1938: die wirtschaftliche Neuordnung in Zentraleuropa in der Zwischenkriegszeit (= Studien zur Wirtschaftsgeschichte und Wirtschaftspolitik 4), Wien/Köln/Weimar 1996, S. 113–130; Gertrude Enderle-Burcel, Zwischen Kontinuität und Wandel. Die österreichisch-tschechoslowakischen Wirtschaftsbeziehungen nach dem Ersten Weltkrieg, in: Mitteilungen des Österreichischen Staatsarchivs. Sonderband 3. Beiträge zur österreichischen Wirtschafts- und Finanzgeschichte vom 17. bis zum 20. Jahrhundert, Horn 1997, S. 175–190. Zu den österreichisch-tschechischen Beziehungen in der Zwischenkriegszeit aus tschechischer Sicht vgl. Ota Konrád, Nevyvážené vztahy: Československo a Rakousko 1918–1933, Prag 2012. Für einen allgemeineren Überblick über die Handelsbeziehungen (Deutsch-)Österreichs zu den anderen Nachfolgestaaten in der Zwischenkriegszeit vgl. Jürgen Nautz, Die österreichische Handelspolitik der Nachkriegszeit 1918 bis 1938 (= Studien zur Politik und Verwaltung 44), Wien 1994.

8 In Ermangelung eines Stenogramms zu dieser Sitzung bleibt unklar, was mit der erwähnten „Klärung“ gemeint war.

9 Reichenberg war von der Provisorischen Landesversammlung für Deutschböhmen am 29. Oktober 1918 zur Landeshauptstadt der Provinz Deutschböhmen erklärt worden. Zugleich war Raphael Pacher zum Landeshauptmann ernannt worden, dieses Amt übernahm jedoch nur wenige Tage später Dr. Rudolf Lodgman von Auen. Zur Provinz Deutschböhmen vgl. ausführlicher KRP Nr. 6, Anmerkung 5. Dr. Rudolf Lodgman von Auen, 21. Oktober 1918 bis 16. Februar 1919 Mitglied der Provisorischen Nationalversammlung, DnP, ab 4. November 1918 Landeshauptmann von Deutschböhmen.

10 Vlastimil Tusar, ab 30. Oktober 1918 tschechoslowakischer Bevollmächtigter bei der k.k. Regierung in Wien und dann der Regierung Deutschösterreichs, 10. Juli 1919 bis 15. September 1920 tschechoslowakischer Ministerpräsident.

11 Vgl. auch SRP Nr. 16 vom 3. November 1918, wo die „Inanspruchnahme der Amtsräume des Herrenhauses und der Delegationen“ erwähnt wurde. Im k.k. Ministerrat vom 7. November 1918 wurde mitgeteilt, „der deutschösterreichische Staatsrat habe, allerdings in sehr delikater Form und unter Betonung einer ganz provisorischen Maßnahme, verschiedene Räumlichkeiten des Herrenhauses in Anspruch genommen“. Der Ministerrat beschloss, diese Mitteilung „einfach zur Kenntnis zu nehmen“. Vgl. AVA, Ministerratsprotokolle, 74. Sitzung des k.k. Ministerrates vom 7. November 1918.

2.[1]

[Samstag] 1918-11-02

Vorsitz: Renner
Anwesend: Hanusch, Kaup, Loewenfeld-Ruß, Roller, Urban
Schriftführer: unbekannt[2]
Dauer: 14.00–15.00 Uhr[3]

Reinschrift[4]

Inhalt:
– Angelobung der Beamten; Einrichtung der Staatsämter; Einrichtung einer Liquidationsdeputation; Vorlage eines Ermächtigungsgesetzes.

In Bezug auf die vom Kaiser[5] gewünschte Audienz wird festgestellt, dass diese nur für die Präsidenten[6] und die politischen Staatssekretäre von Interesse ist.[7]

U r b a n regt an, dass die Angelobung der Beamten deutscher Nationalität zu erfolgen hat „vorbehaltlich der späteren allgemeinen Regelung des Dienstverhältnisses zum deutsch-

---

1 Das Protokoll trägt den Vermerk *Vertraulich!*

2 Vgl. KRP Nr. 1, Anmerkung 2.

3 Neben der Sitzungsdauer wurde, im Gegensatz zur sonstigen Gepflogenheit, für diese Sitzung des Kabinettsrates auch der Ort der Sitzung festgehalten: „Staatskanzlei im Herrenhause". Vgl. auch SRP Nr. 15 vom 2. November 1918, wo beschlossen wurde: „Staatskanzler wird ermächtigt, eine Staatskanzlei in den Räumen des Herrenhauses einzurichten." Vgl. weiters KRP Nr. 1, Anmerkung 3.

4 Das Protokoll enthält keine Beilagen zu den erörterten Themen.

5 Karl I., ab 21. November 1916 Kaiser von Österreich, zugleich König von Ungarn (als Karl IV.), Mitglied des Hauses Habsburg-Lothringen; 11. November 1918 Verzicht auf jeden Anteil an den Staatsgeschäften.

6 Gemeint waren die drei Präsidenten der Provisorischen Nationalversammlung und Vorsitzende des Staatsrates Dr. Franz Dinghofer, Dr. Johann Nepomuk Hauser und Karl Seitz.
Dr. Franz Dinghofer, 21. Oktober 1918 bis 16. Februar 1919 Dritter Präsident der Provisorischen Nationalversammlung, GdP, 30. Oktober 1918 bis 14. März 1919 Mitglied des geschäftsführenden Staatsratsdirektoriums.
Dr. Johann Nepomuk Hauser, 30. Oktober 1918 bis 16. Februar 1919 Zweiter Präsident der Provisorischen Nationalversammlung, CSP, 30. Oktober 1918 bis 14. März 1919 Mitglied des geschäftsführenden Staatsratsdirektoriums.
Karl Seitz, 21. Oktober 1918 bis 16. Februar 1919 Präsident der Provisorischen Nationalversammlung, SdAP, 30. Oktober 1918 bis 9. Dezember 1920 als Präsident des Staatsratsdirektoriums bzw. der Konstituierenden Nationalversammlung Staatsoberhaupt.

7 Nach den Erinnerungen des Staatssekretärs Loewenfeld-Ruß nahmen an der Audienz in Schönbrunn, die um 14 Uhr stattfand, also offenkundig zeitgleich mit der vorliegenden Sitzung des Kabinettsrates, von Seiten des Kabinetts lediglich die Staatssekretäre Adler und Mayer teil: „Die gewisse Audienz beim Kaiser hatte den Zweck, über die [italienischen; Anm.] Waffenstillstandsbedingungen unterrichtet zu werden und dazu Stellung zu nehmen. Ursprünglich hätten alle Staatssekretäre kommen sollen. Aber keiner wollte recht. Zuletzt ging nur der Staatssekretär für Heerwesen und für Äußeres mit." Vgl. Johann Loewenfeld-Ruß, Im Kampf gegen den Hunger. Aus den Erinnerungen des Staatssekretärs für Volksernährung 1918–1920. Herausgegeben von Isabella Ackerl (= Studien und Quellen zur österreichischen Zeitgeschichte 6), Wien 1986, S. 124. Vgl. dazu auch SRP Nr. 15 vom 2. November 1918; weiters Neue Freie Presse. Morgenblatt, 3. November 1918, S. 5 „Berufung der Staatsratspräsidenten und von Staatssekretären zum Kaiser".

österr. Staat".[8] Unter diesem Vorbehalt können alle deutschen Beamten provisorisch angelobt werden.[9]

Angenommen.[10]

Die Angelobungsformel ist bei Dr. Schachermayer[11], der den Präsidenten zugeteilt ist, zu beheben.[12]

Jeder Staatssekretär ist gebeten, ungesäumt an die Staatskanzlei, Wien I. Parlament, Herrenhaus, seine Privat- und Amtsadresse sowie sein Privat- und Amtstelefon bekanntzugeben, damit die Staatssekretäre jederzeit untereinander und mit dem Kabinettsvorsitzenden verbunden werden können.

---

8 Das RGBl. Nr. 15, Gesetz vom 25. Jänner 1914, betreffend das Dienstverhältnis der Staatsbeamten und der Staatsdienerschaft (Dienstpragmatik), ausgegeben am 27. Jänner 1914, blieb grundsätzlich – mit gelegentlichen kleineren und größeren Novellierungen – bis 1979 in Geltung. Aufgehoben wurde es durch BGBl. Nr. 333, Bundesgesetz vom 27. Juni 1979 über das Dienstrecht der Beamten (Beamten-Dienstrechtsgesetz 1979 – BDG 1979), ausgegeben am 26. Juli 1979.

9 Zum Übergang der Beamtenschaft von der Monarchie in das neue Staatswesen vgl. etwa Herta Hafner, Der sozio-ökonomische Wandel der österreichischen Staatsangestellten 1914–1924, phil. Diss., Wien 1990. Über einen Rechtsanspruch auf Übernahme in den Dienst der Republik verfügten die Beamten nicht, was auch vom Verfassungsgerichtshof mehrmals in Erkenntnissen festgestellt wurde: „Das zwischen den aktiven Beamten und der ehemaligen Monarchie bestandene Dienstverhältnis wurde dann von der Republik nur mit jenen Beamten fortgesetzt, die ad personam in den Dienst übernommen wurden." Vgl. Gertrude Enderle-Burcel, Biographien der Spitzenbeamten der Ersten Republik – ein Beitrag zur Elitenforschung, in: Gertrude Enderle-Burcel/Michaela Follner, Diener vieler Herren. Biographisches Handbuch der Sektionschef der Ersten Republik und des Jahres 1945, Wien 1997, S. 5–20, hier S. 6.

10 Die Frage der Ablegung des Amtseides auf den neuen Staat Deutschösterreich beschäftigte in jenen Tagen auch das noch bis 11. November 1918 amtierende Kabinett unter Ministerpräsident Dr. Heinrich Lammasch, vgl. etwa AVA, Ministerratsprotokolle, 66. und 68. Sitzung des k.k. Ministerrates vom 30. resp. 31. Oktober 1918. In der 69. Sitzung des k.k. Ministerrates berichtete Lammasch über das Ergebnis einer diesbezüglichen Rücksprache bei Kaiser Karl: „Die Beamteten {sic!} dürfen den gegenwärtigen nationalen Regierungen das Gelöbnis leisten und werden für diese Zwecke des Amtseides entbunden." Vgl. AVA, Ministerratsprotokolle, 69. Sitzung des k.k. Ministerrates vom 1. November 1918. Im Auftrag des 72. k.k. Ministerrates wurde das Dienstverhältnis der Beamten auch zwischen Lammasch und Staatskanzler Renner besprochen. Vgl. AVA, Ministerratsprotokolle, 72. Sitzung des k.k. Ministerrates vom 4. November 1918.
Dr. Heinrich Lammasch, o. Professor für Strafrecht, Rechtsphilosophie und Völkerrecht, 27. Oktober bis 11. November 1918 k.k. Ministerpräsident.

11 Dr. August Schachermayr, Oktober 1918 bis 1934 Leiter der Kanzlei des Dritten Präsidenten der Nationalversammlung bzw. des Nationalrates.

12 Die Gelöbnisformel lautete: „Gelöbnis! / Im Namen des Staates Deutschösterreich! / Sie werden bei Ihrem Manneswort und bei Ihrer staatsbürgerlichen Ehre geloben, als einer der Diener des Staates Deutschösterreich Ihr gesamtes Wissen und Können, Ihre ganze Tat- und Geisteskraft dem Wohle Ihres deutschösterreichischen Vaterlandes, vorbehaltlos und ohne Ansehen der Opfer, hinzugeben und daß Sie, diesem Ihrem Vaterlande, den von der Nationalversammlung beschlossenen Grundgesetzen, Gesetzen sowie den auf ihrer Grundlage erlassenen Vollzugsanweisungen des Staatsrates getreu, dessen Weisungen sowie die Anordnungen Ihrer vorgesetzten Behörden unverbrüchlich zu befolgen, uneigennützig und unparteiisch Ihres Amtes zu walten und bei jeder amtlichen Handlung das Wohl, die Ehre und das Selbstbewußtsein des Bürgers zu achten gewillt sind. / Sie werden dieses Ihr eidesstättiges Gelöbnis mit Ihrem Handschlage bekräftigen." Vgl. etwa AdR, StK, GZl. 171/1918, Gelöbnisabnahme der Angestellten des Staatsamtes für Gewerbe, Industrie und Handel sowie des Staatsamtes für Kriegs- und Übergangswirtschaft. Die Gelöbnisformel für den Staatskanzler, die Staats- und Unterstaatssekretäre und den Staatsnotar war mit dieser Version praktisch identisch, allerdings wurde der zu Vereidigende darin als „einer der obersten Diener des Staates Deutschösterreich" bezeichnet. Diese Formel findet sich in AdR, StK, GZl. 36/1918, Angelobung von Staatssekretären und Unterstaatssekretären.

Zu erreichen sind:

Urban:	privat 58444, H.M.Amt 16840
Mayer:	privat …, Amt KM. Klappe 108
Kaup:	privat 31407, Gesundheitsmin. Amt 6932
Loewenfeld:	6472 Sst. privat 2045
Zerdik:	99621 Amt, Amstetten 3

Jeder Staatssekretär hat in den nächsten Tagen unauffällig in die Blätter eine Notiz einzuschalten: Das Staatsamt für … wird am … 1918 in den Räumen des bisherigen Ministeriums für … Wien, I. …gasse Nr. … seine Tätigkeit aufnehmen. Der Staatssekretär wird jeden …tag um … Uhr empfangen. Das bisherige k.k. Ministerium für … bleibt einstweilen aufrecht zur Liquidierung aller derjenigen (fremdnationalen) Angelegenheiten, welche die andere Nation betreffen, ferner zur Verwaltung der allen Nationen Österreichs gemeinsamen (internationalen) Einrichtungen und endlich zur Einführung der neuen Verwaltung.[13] Das Staatsamt ist also zuständig für alle das deutschösterr. Gebiet und Volk betreffenden (nationalen) Angelegenheiten.[14] Das Ministerratspräsidium ist aufzufordern, sämtlichen Staatssekretären täglich die neuesten Nachrichten in der bisher üblichen Weise zuzumitteln. Über die Überführung der Agenden und die Liquidation entspinnt sich eine eingehende Erörterung, deren Ergebnis durch Vereinigung der Vorschläge Urban und Renner dahin gezogen wird:

l. Alle Staatssekretäre haben in ständigem Benehmen mit den k.k. Ministern die bestehenden Einrichtungen zu sondern in a) deutschösterreichische, b) andersnationale, c) internationale. Diese Inventur ist möglichst rasch fertigzustellen und an die Staatskanzlei zu leiten.

2. Eine Liquidationsdeputation (analog der früheren „Deputationen“)[15] auf parlamentarischem Boden ist anzustreben. Jede Nation entsendet in diese Deputation verhältnismäßig

---

[13] Eine entsprechende Meldung erschien beispielsweise am folgenden Montag in Reichspost. Mittagsblatt, 4. November 1918, S. 3 „Der Staat Deutschösterreich. Die Übergabe der Ämter. Das Kriegsministerium und das Eisenbahnwesen“. Darin hieß es auszugsweise: „Das Deutschösterreichische Staatsamt für Heerwesen hat sich unter Wahrung der Besitzrechte aller anderen Nationen heute im Kriegsministerialgebäude etabliert. Der neue Staatssekretär dieses Amtes tritt bereits mit den Abteilungsvorständen in Fühlung und organisiert mit deren Hilfe die Verwaltung des Deutschösterreichischen Heerwesens. […] Das Deutschösterreichische Staatsamt für Justiz hat Sonntag seine Tätigkeit aufgenommen. Das Amt hat seinen Sitz Schillerplatz 4. […] Das von Staatssekretär Dr. Kaup geleitete deutschösterreichische Staatsamt für Volksgesundheit hat seine Tätigkeit heute aufgenommen. Es amtiert in den Räumen des Ministeriums für Volksgesundheit in der Gluckgasse. / Laut Mitteilung aus der Kanzlei hat der deutschösterreichische Staatssekretär für öffentliche Arbeiten Hans Zerdik heute Montag sein Amt übernommen. Die Beamten haben sofort die Angelobung geleistet. Der Staatssekretär wird jeden Donnerstag von 10 bis 1 Uhr empfangen.“

[14] Umfangreiches Material zur Geschäftseinteilung der neuen Staatsämter findet sich in AdR, StK, GZl. 278/1918, Wirkungskreis der d.ö. Staatsämter. Im gleichen Bestand vgl. weiters GZl. 279/1918, Amtserinnerung, Verzeichnis der den dö. Staatsämtern unterstehenden Behörden und Aemter II. Instanz; GZl. 393/1918, Staatliche Gebarung vom 1. November bis 31. Dezember 1918. Der letztgenannte Akt enthält einen Erlass des Staatssekretärs der Finanzen vom 21. November 1918, mit dem den Staatsämtern für den genannten Zeitraum vorläufig eine Summe von je einer Million Kronen zur Verfügung gestellt wurde, mit der „nur jene Ausgaben zu bestreiten“ waren, „für die der Entwurf des österreichischen Staatsvoranschlages für das Verwaltungsjahr 1918/19 (Rundschreiben des k.k. österreichischen Finanzministeriums vom 30. Juli 1918, Z. 85.063) keine Vorsorge trifft“. Die „halben Beträge dieses Entwurfes bilden bis 31. Dezember 1918 die nicht überschreitbare Obergrenze aller Ausgaben“.

[15] Möglicherweise waren die vom österreichischen Reichsrat und vom ungarischen Reichstag gewählten „Quotendeputationen“ gemeint, die seit dem Ausgleich 1867 in Abständen von zehn Jahren das Verhältnis bzw. die Quote der Beteiligung der beiden Reichshälften an den Kosten der gemeinsamen Angelegenheiten festzulegen hatten. Vgl. dazu Ludwig Gumplowicz, Das österreichische Staatsrecht (Verfassungs- und Verwaltungsrecht). Ein Lehr- und Handbuch, Wien ^{3}1907, S. 130 f, Anmerkung 29.

nach der Volkszahl ihre ständigen Delegierten. Die Deputation erhält vom Parlament die Bevollmächtigung, endgültig über die Liquidation zu entscheiden. Nach dem Zusammentritt der Deputation kann das Parlament auf eigene Sitzungen verzichten.

Diese durch das Parlament eingesetzte Liquidationsdeputation arbeitet zusammen mit einer aus den Staatssekretariaten bezw. den Regierungen der anderen Nationen gebildeten beweglichen L i q u i d a t i o n s k o m m i s s i o n.[16]

3. Außerdem hat jede Nation das Recht, Vertrauensmänner in die Ministerien zu entsenden, um ihre Interessen zu wahren.

Erst wenn diese Deputation mit ihrem bürokratischen Anhang ins Leben gerufen ist, könnte das bisherige Ministerium aus dem Amte scheiden. Die nächste Parlamentstagung findet am 12. November statt. Bis dorthin hätten die Parteien zu vereinbaren, ob Mandatsverlängerung eintritt und ob eine Liquidationsinstanz herzustellen ist. Vor dem 12. November kann also an einen Rücktritt des Ministeriums nicht gedacht werden.[17]

Von diesen Vorschlägen ist insbesondere der Staatssekretär des Äußern zu verständigen.

Sektionschef R i e d l[18] wird morgen Sonntag, den 3. mit dem Präsidenten der Zentralen über deren Liquidation Rücksprache pflegen. Auch dort ist eine Liquidation dringend.[19]

---

16 Vgl. dazu Hanns Haas, Historische Einleitung, in: Der österreichische Staatsrat. Protokolle des Vollzugsausschusses, des Staatsrates und des Geschäftsführenden Staatsratsdirektoriums. Band 1: 21. Oktober 1918 bis 14. November 1918. Herausgegeben von Gertrude Enderle-Burcel/Hanns Haas/Peter Mähner, Wien 2008, S. XXI–LXVII, hier S. XXXVIII f. Zur Einsetzung internationaler Liquidierungskommissionen vgl. weiter KRP Nr. 21/4.

17 Vgl. auch KRP Nr. 5/2.

18 Gemeint war Dr. Richard Riedl (er war zu jenem Zeitpunkt noch Sektionschef extra statum des Handelsministeriums und wurde erst am 7. November 1918 Unterstaatssekretär für Gewerbe, Industrie und Handel sowie für Kriegs- und Übergangswirtschaft).

19 Es ging um die kriegswirtschaftlichen Zentralen, darunter etwa die Kriegsgetreideverkehrsanstalt, die Spirituszentrale oder die Futtermittelzentrale und viele mehr, die Bewirtschaftungszwecken und der Wirtschaftslenkung während der Kriegszeit dienten. Der geregelte Abbau dieser Zentralen war im Mai 1919 umfangreicher Diskussionsgegenstand in der Nationalversammlung: Sten. Prot. Konst. NV, 17. Sitzung vom 21. Mai 1919, S. 383–402; 18. Sitzung vom 23. Mai 1919, S. 407–423. Zur Entwicklung, Organisation und Abbau der Kriegszentralen bis 1922 vgl. detailliert Heinrich Wittek, Die kriegswirtschaftlichen Organisationen und Zentralen in Österreich. Beiträge zur Geschichte ihrer Entwicklung und Tätigkeit mit Benützung amtlicher Quellen, in: Ernst Plener/Richard Reisch u. a. (Hg.), Zeitschrift für Volkswirtschaft und Sozialpolitik. Neue Folge, 2. Band, Wien/Leipzig 1922, S. 24–90 und S. 226–247; weiters Johann Loewenfeld-Ruß, Die Regelung der Volksernährung im Kriege (= Veröffentlichungen der Carnegie-Stiftung für internationalen Frieden. Wirtschafts- und Sozialgeschichte des Weltkrieges. Österreichische und ungarische Serie 7), Wien/New Haven 1926, S. 71–84. Zu den Zentralen bzw. zur staatlichen Wirtschaftslenkung generell vgl. Gertrude Enderle-Burcel, Denn Herrschaft ist im Alltag primär: Verwaltung. Verwaltung im Ausnahmezustand – Die Wiener Zentralbürokratie im Ersten Weltkrieg, in: Alfred Pfoser/Andreas Weigl (Hg.), Im Epizentrum des Zusammenbruchs. Wien im Ersten Weltkrieg, Wien 2013, S. 274–283, hier S. 278 f; Tamara Scheer, Die Kriegswirtschaft am Übergang von der liberal-privaten zur staatlich-regulierten Arbeitswelt, in: Helmut Rumpler (Hg.), Die Habsburgermonarchie 1848–1918. Band XI: Die Habsburger Monarchie und der Erste Weltkrieg. 1. Teilband: Der Kampf um die Neuordnung Mitteleuropas. Teil 1: Vom Balkankonflikt zum Weltkrieg, Wien 2016, S. 437–484. Zur Kriegsgetreideverkehrsanstalt bzw. zur staatlichen Getreidebewirtschaftung während des Ersten Weltkriegs generell vgl. im gleichen Band Anatol Schmied-Kowarzik, Die wirtschaftliche Erschöpfung, S. 485–542, hier speziell S. 487–496. Wer mit „Präsidenten der Zentralen“ gemeint war, ist nicht klar. Jene Zentralen, die der Versorgung der Industrie mit Rohstoffen dienten, hatten dem Handelsministerium bzw. Sektionschef Riedl selbst in seiner Funktion als Generalkommissär für die Kriegs- und Übergangswirtschaft ebendort unterstanden, während jene, die der Versorgung der Bevölkerung mit Nahrungsmitteln dienten, dem Ackerbauministerium bzw. sodann dem Amt für Volksernährung zugehört hatten. Die Leitung des Amtes für Volksernährung hatte von 26. Februar bis 11. November 1918 Dr. Ludwig Paul inne. Zu

Erwünscht wäre, dass Sektionschef Riedl dem Staatsrat den Entwurf des Ermächtigungsgesetzes vorlegt. Da das Staatsamt für Kriegs- und Übergangswirtschaft die Zusammenfassung aller wirtschaftlichen Ressorts zur Aufgabe hat, wird es mit dem gesamten Vollzug zu betrauen sein.[20]

Nächste Sitzung findet Montag um 17 Uhr in der Staatskanzlei (Herrenhaus) statt.

---

seiner Person vgl. auch KRP Nr. 24/2. Akten zu den Kriegszentralen finden sich im Bestand AdR, BMVE, Kriegszentralen 1915–1923, weiters im Bestand AdR, BMF, Departement 17/Frieden, Kartons 187–190, Faszikel 116, speziell zur Kriegsgetreideverkehrsanstalt Karton 188, Konvolut 116-7.

20 Vgl. SRP Nr. 51 vom 30. November 1918, wo Staatssekretär Urban beantragte, das Staatsamt für Kriegs- und Übergangswirtschaft generell zu ermächtigen, aus Anlass der „durch den Krieg hervorgerufenen außerordentlichen Verhältnisse auf Grund des wirtschaftlichen Ermächtigungsgesetzes v. 24. Juli 1917 RGBl. Nr. 307 die notwendigen Verfügungen auf wirtschaftlichem Gebiete zu treffen und die einschlägigen Vollzugsanweisungen unter Berufung auf diese Ermächtigung des Staatsrates zu erlassen". Der Staatsrat erteilte diese Ermächtigung mit dem Beifügen, dass „jede auf Grund dieser Ermächtigung zu treffende Verfügung vorher dem Präsidium des Staatsrates bekannt zu geben" war, „damit dieses entscheide, ob nicht eine Vorlage an den Staatsrat notwendig sei". Vgl. weiters RGBl. Nr. 307, Gesetz vom 24. Juli 1917, mit welchem die Regierung ermächtigt wird, aus Anlass der durch den Kriegszustand verursachten außerordentlichen Verhältnisse die notwendigen Verfügungen auf wirtschaftlichem Gebiete zu treffen, ausgegeben am 27. Juli 1917. In der 71. Sitzung des Staatsrates wurde ein Verzeichnis der bis 31. Dezember 1918 aufgrund dieser Ermächtigung erlassenen Vollzugsanweisungen zur Kenntnisnahme vorgelegt, vgl. SRP Nr. 71/VII vom 3. Februar 1919. Nach § 13, StGBl. Nr. 1, Beschluss der Provisorischen Nationalversammlung für Deutschösterreich vom 30. Oktober 1918 über die grundlegenden Einrichtungen der Staatsgewalt, ausgegeben am 15. November 1918, sollte das Staatsamt für Kriegs- und Übergangswirtschaft „Auftrag und Vollmacht" besitzen, „die planmäßige, rasche und stetige Zusammenarbeit der volkswirtschaftlichen und sozialen Ämter während der Kriegs- und Übergangszeit zu sichern".

3.[1]

[Montag] 1918-11-04

Vorsitz: Renner
Anwesend: Bauer, Enderes, Hanusch, Jukel, Kaup, Loewenfeld-Ruß, Mataja, Mayer, Roller, Seitz[2], Steinwender, Stöckler, Urban, Zerdik[3]
Schriftführer: unbekannt
Beginn: 17.00 oder 20.00 Uhr[4]

Reinschrift, Konzept (zweifach)[5]

Inhalt:
1. Brief des Staatssekretärs Pacher aus Böhmen.
2. Errichtung von Eisenbahn-Direktionen für die deutschen Siedlungsgebiete der Sudetenländer.
3. Verhandlungen wegen Zulassung der Kohlenausfuhr mit der böhmischen Regierung.
4. Verhandlungen über die Ausfuhr von Lebensmitteln.
5. Hengstendepot in Lambach.
6. Sozialpolitische Maßnahmen.
7. Kreditoperation.
8. Justizreform.
9. Maßnahmen, betreffend Rückbeförderung von der Front.
10. Maßnahmen gegen die Anarchie.

1
[Brief des Staatssekretärs Pacher aus Böhmen]

Dr. U r b a n legt einen Brief des Staatssekretärs P a c h e r aus Böhmen mit einer Reihe von Wünschen vor, die zur Kenntnis genommen und der entsprechenden Erledigung zugeführt werden.[6]

---

[1] Das Protokoll trägt den Vermerk *Vertraulich!*

[2] Karl Seitz, 21. Oktober 1918 bis 16. Februar 1919 Präsident der Provisorischen Nationalversammlung, SdAP, 30. Oktober 1918 bis 9. Dezember 1920 als Präsident des Staatsratsdirektoriums bzw. der Konstituierenden Nationalversammlung Staatsoberhaupt.

[3] Laut Umschlag des Originalprotokolls nahmen an dieser Sitzung sämtliche Staatssekretäre mit Ausnahme Adlers teil, dabei dürfte es sich allerdings um einen Irrtum handeln, da Staatssekretär Pacher – wie auch Tagesordnungspunkt 1 nahelegt – sich offenbar nicht in Wien, sondern in Deutschböhmen befand. Aus einem Akt der Staatskanzlei geht hervor, dass Unterstaatssekretär Enderes während dieser Sitzung des Kabinettsrates ein längeres Telefongespräch mit Pacher über die Eisenbahnstrecken in Deutschböhmen führte (vgl. dazu Tagesordnungspunkt 2) und Staatskanzler Renner Pacher noch spätabends eine diesbezügliche Mitteilung zukommen ließ. Vgl. AdR, StK, GZl. 1.352/1918, Übernahme der Strecken Westböhmens.

[4] Am Ende von KRP Nr. 2 wird der Beginn der vorliegenden Sitzung mit 17.00 Uhr angegeben, vgl. ebendort. Eines der beiden Konzepte nennt jedoch „8 Uhr abends“ als Zeitpunkt des Sitzungsbeginns, diese Angabe wurde jedoch handschriftlich gestrichen. Die Reinschrift des Protokolls enthält keine Informationen zur Sitzungsdauer.

[5] Das Protokoll enthält keine Beilagen zu den erörterten Themen. Darüber hinaus liegen dem Protokoll zwei Schreiben Renners vom 15. November 1918 an Staatssekretär Mayer resp. Unterstaatssekretär Glöckel (jeweils ½ Seite), in denen die Übersendung einer Abschrift des Protokolls der vorliegenden Kabinettsratssitzung mitgeteilt wurde, sowie ein an Staatssekretär Mayer adressiertes leeres Kuvert der Staatskanzlei bei.

[6] Der Brief liegt dem Protokoll nicht bei. Ein Schreiben Pachers vom 30. Oktober 1918, in dem er den Vollzugsausschuss darum ersuchte, mit der k.k. Regierung in Verhandlungen über die Errichtung der Landesverwaltung einzutreten, findet sich in AdR, Büro Seitz, Karton 1, Varia.

2
Errichtung von Eisenbahn-Direktionen für die deutschen Siedlungsgebiete der Sudetenländer

Staatssekretär J u k e l legt die Verhältnisse eingehend dar.[7] In Böhmen, Mähren und Schlesien liegen Bahnstrecken von mehr als 1800 km im deutschen Siedlungsgebiete. Beabsichtigt wird die Errichtung von Staatsbahn-Direktionen in Teplitz und Jägerndorf. Hiegegen spreche aber das Bedenken, dass gegenwärtig dringende Eisenbahnverhandlungen mit Böhmen wegen des Transits der Kohle geführt werden müssen und nach Ansicht des Vortragenden alles vermieden werden muss, was den Fortgang dieser die vitalsten Interessen unserer Bevölkerung berührenden Verhandlungen stören könnte.[8]

Unterstaatssekretär E n d e r e s beleuchtet sodann seinerseits die gesamte Bahnsituation. Eine besondere Schwierigkeit ergebe es, dass die Bahnen in Deutschböhmen[9] mit Ausnahme der Aussig-Teplitzer Bahn[10], also einer Privatbahn, durchwegs entweder von Direktionen geleitet werden, deren Sitz im böhmischen Gebiete liegt, wie Pilsen und Prag, oder von Linien-Direktionen, wie die Nordwestbahn[11], die Staatseisenbahn, die nunmehr durch böhmische Gebiete unterbrochen sind.[12]

Die Neuerrichtung einer deutschen Betriebsdirektion für die Sudetenländer würde von den Tschechen als eine Änderung des status quo aufgefasst werden, wogegen diese voraus-

7 Zur Situation der österreichischen Eisenbahnen bei Kriegsende und der weiteren Entwicklung in der Anfangsphase der Ersten Republik vgl. Paul Mechtler, Internationale Verflechtung der österreichischen Eisenbahnen am Anfang der Ersten Republik. Die Trennung des altösterreichischen Eisenbahnwesens nach dem Zusammenbruch der Donaumonarchie, in: Mitteilungen des Österreichischen Staatsarchivs. 17./18. Band 1964/1965, Wien 1965, S. 399–426. Zur Entwicklung der Verkehrsbeziehungen mit der Tschechoslowakei ab 1918 vgl. Ivan Jakubec, Die Regelung von Verkehrsfragen, in: Alice Teichova/Herbert Matis (Hg.), Österreich und die Tschechoslowakei 1918–1938: die wirtschaftliche Neuordnung in Zentraleuropa in der Zwischenkriegszeit (= Studien zur Wirtschaftsgeschichte und Wirtschaftspolitik 4), Wien/Köln/Weimar 1996, S. 91–112.

8 Vgl. auch SRP Nr. 17 vom 4. November 1918 und Nr. 18 vom 5. November 1918; AdR, StAVW, Präsidium, Zl. 538/1918, Rückgängigmachung der zur Unterkunft der StBDion Teplitz getroffenen Vereinbarungen. U. a. enthält dieser Akt unter Zl. 86/1918, Beschaffung der Amtsräume für die Staatsbahndirektion Teplitz, einen Bericht über die zur Einrichtung dieser Direktion durchgeführten Verhandlungen in Teplitz, Aussig und Prag. Zur Einrichtung der Direktionen Teplitz und Jägerndorf vgl. im gleichen Bestand weiters Zl. 24/1918, Betreffend die Abgrenzung des Gebietes Deutsch-Oesterreichs. Der Akt enthält darüber hinaus umfangreiche Informationen zur Abgrenzung und administrativen Ausgestaltung des gesamten deutschösterreichischen Eisenbahnnetzes. Die Staatsbahndirektion Teplitz amtierte nur bis Mitte Dezember 1918, jene in Jägerndorf von 28. November bis 20. Dezember 1918. Die tschechoslowakische Regierung schuf im Laufe des Jahres 1919 eigene Bahndirektionen und löste die aus der Habsburgermonarchie stammende Verwaltungsstruktur der Eisenbahnen auf. Vgl. Jakubec, Die Regelung von Verkehrsfragen, S. 98. Zur Direktion Teplitz vgl. auch KRP Nr. 20, Anmerkung 27, zu Jägerndorf KRP Nr. 25, Anmerkung 4, zu den gegenständlichen Verhandlungen weiters Anmerkung 14 im vorliegenden Protokoll.

9 Zur Provinz Deutschböhmen vgl. KRP Nr. 6, Anmerkung 5.

10 Zur Geschichte der k.k. privilegierten Aussig-Teplitzer Eisenbahn – ab 1919 Ústecko-teplická dráha – vgl. Siegfried Bufe/Heribert Schröpfer, Eisenbahnen im Sudetenland, Egglham 1991.

11 Zur Geschichte der k.k. privilegierten Österreichischen Nordwestbahn, die 1908 verstaatlicht worden war, vgl. Alfred Horn, Die Österreichische Nordwestbahn (= Die Bahnen Österreich-Ungarns 1), Heidelberg/Wien 1967; Roland Peter Herold, Die Österreichische Nordwestbahn, Erfurt 2009.

12 Nach Mechtler war die Übernahme des Eisenbahnwesens in den tschechischen Gebieten sorgfältig vorbereitet worden. So hatte vom 28. auf den 29. Oktober 1918 eine völlige Sperre des Güterverkehrs gegenüber den nichttschechischen Gebieten eingesetzt, wodurch die Versorgung Wiens erschwert wurde. Vgl. Mechtler, Verflechtung der Eisenbahnen, S. 399.

sichtlich lebhafte Einwendungen erheben würden. Auch bestünde die Gefahr, dass sämtliche andere Eisenbahnverhandlungen durch eine solche Neuerrichtung sehr ungünstig beeinflusst würden.

Einen von Staatssekretär Dr. Pacher befürworteten Antrag nach Unterstellung der Linien der Staatbahnen im deutschen Siedlungsgebiete Böhmens unter die Direktion der Aussig-Teplitzer-Bahn[13] vermag sich Redner nicht zu eigen zu machen, weil er ungünstige Rückwirkungen auf die Verhandlungen befürchtet. Andersteils sei wohl zu erwägen, dass der gegenwärtige Zustand der Bahnen in Deutschböhmen unhaltbar ist und Vorsorgen getroffen werden müssen, dass die deutschen Stationen irgend einer deutschen Betriebsbehörde unterstellt werden.

Redner glaubt einen Ausweg darin zu erblicken, dass zwar zwei deutsche Direktionen in den Sudetenländern errichtet werden, und zwar in Jägerndorf und in Teplitz, doch diese Regelung vorher den Tschechen zur Kenntnis gebracht werde und ihnen überlassen würde, sich durch einen Vertrauensmann bei diesen Direktionen vertreten zu lassen, welcher gegen Personalveränderungen zu Ungunsten der Tschechen Einspruch zu erheben in der Lage wäre.

Die eingehenden Darlegungen des Unterstaatssekretärs führen zu einer längeren Beratung. Hierauf wird Nachstehendes beschlossen:

Die Vertreter des Amtes für Verkehrswesen haben bei den bevorstehenden Verhandlungen in Gmünd die Erörterungen der Frage des strittigen deutschen Gebietes in den Sudetenländern von der Erörterung mit der Begründung auszuschließen, dass Mittwoch, den 6. November, bereits in Prag Verhandlungen über die vorläufige Gestaltung der Eisenbahnverwaltungen in diesen Gebieten zwischen den beiderseitigen Regierungen beginnen werden.[14]

---

13 Enderes bezog sich auf eine telefonische Depesche der Handels- und Gewerbekammer in Eger (die Pacher offenbar im Rahmen seines Telefonats mit Enderes während der Sitzung durchgegeben hatte; vgl. Anmerkung 3 des vorliegenden Protokolls), in der es u. a. hieß: „Generaldirektion der Aussig-Teplitzer Eisenbahn sofort mit Betriebsführung von deutschen Linien ehemaliger Staatsbahnstrecken in Deutschböhmen [...] zu beauftragen." Vgl. AdR, StK, GZl. 1.352/1918, Übernahme der Strecken Westböhmens.

14 Renner ließ Pacher am späten Abend des gleichen Tages folgende Mitteilung zukommen: „Alle Maßnahmen in Bezug auf die Errichtung einer deutschen Eisenbahndirektion, Postdirektion usw. für Deutschböhmen sind auf 3 Tage zu suspendieren, weil Verhandlungen über den Komplex aller dieser Fragen in Prag am 6. November stattfinden. Einzelverhandlungen werden schon vorher in Eisenbahnangelegenheiten in Gmünd, wegen Kohle und Ernährung in Prag stattfinden. Für Einzelverhandlungen wurde Instruktion gegeben, alle politischen Materien auszuscheiden und der Konferenz der Regierung in Prag vorzubehalten. Zu dieser Konferenz soll Deutschböhmen 2–3 Vertrauensmänner nach Prag entsenden." Vgl. AdR, StK, GZl. 1.352/1918, Übernahme der Strecken Westböhmens. Die gegenständlichen Verhandlungen in Gmünd mündeten am 5. November 1918 in ein bilaterales Abkommen, das einige tschechische Zugeständnisse bezüglich des Personen- und Warenverkehrs enthielt, die Vereinbarungen wurden jedoch nicht eingehalten, auch nicht hinsichtlich der erwähnten Kohletransite. Vgl. Mechtler, Verflechtung der Eisenbahnen, S. 400. Zur Übernahme von Bahnstrecken vgl. auch KRP Nr. 13/2. Zu den Verhandlungen in Prag vgl. weiters AdR, StK, GZl. 79/1918, Amtsveranlassung, Geheimauftrag an die Unterhändler der Abordnung der deutschösterreichischen Regierung an die tschechoslavische Regierung in Prag; SRP Nr. 18 vom 5. November 1918. Mehrere relativ ausführliche Berichte des Staatsamtes für Verkehrswesen über die chaotische Situation und die Konflikte mit tschechoslowakischen Behörden und Truppen im Bereich des Bahnwesens finden sich in AdR, StK, GZl. 154/1919, Gewalttätiges Vorgehen der tschechoslowakischen Regierung gegenüber der deutschösterreichischen Eisenbahnverwaltung; StAVW, Präsidium, Zl. 266/1918, Gewaltsames Vorgehen der Tschechen auf deutschem Siedlungsgebiet.

3

Verhandlungen wegen Zulassung der Kohlenausfuhr mit der böhmischen Regierung

Der Kabinettsrat stimmt zu, dass zu dieser Verhandlung sich Staatssekretär Z e r d i k mit dem Referenten[15] nach Prag begibt, da Wien nur bis Ende der Woche mit Kohle[16] versorgt ist.[17]

4

Verhandlungen über die Ausfuhr von Lebensmitteln

Staatssekretär L o e w e n f e l d - R u ß macht Mitteilung darüber, dass durch Dr. F r e u n d[18] (der seinerzeit im Kranzprozesse verurteilt worden sei[19])[20], dem Staatsamte für

---

15 Vermutlich Oberbergrat Ing. Dr. Rudolf Kloss, ab November 1916 Abteilungsleiter im Ministerium für öffentliche Arbeiten und ab 1918 im Staatsamt für öffentliche Arbeiten, danach im Staatsamt für Handel und Gewerbe, Industrie und Bauten. Vgl. auch KRP Nr. 23/4, wo Kloss als Referent zum Thema Kohle den abwesenden Staatssekretärs für öffentliche Arbeiten vertrat.

16 Zur schwierigen Lage auf dem Kohlensektor nach dem Zusammenbruch der Monarchie bemerkte das Österreichische Jahrbuch 1920 generell: „Deutschösterreich umschließt 22 Prozent der Bevölkerung, 30 Prozent der industriellen und gewerblichen Arbeiter und 20 Prozent der Dampfkesselheizfläche des alten Österreichs. Aber es verfügt nur über ein halbes Prozent der Kohlenvorräte des alten Staates. Vor dem Kriege bezog Österreich aus Deutschland (Ober- und Niederschlesien) 4.3 Millionen Tonnen Steinkohlen. Die oberschlesische Steinkohlenproduktion ist um ein Viertel gesunken; Österreich erhält aber nicht nur um ein Viertel, sondern um mehr als die Hälfte weniger Kohlen aus Oberschlesien als vor dem Kriege. Von den Kohlengruben, die jetzt der Tschechoslowakei gehören, bezog Österreich vor dem Kriege mehr als 16 Prozent der geförderten Steinkohlenmenge; jetzt aber weit weniger als ein Drittel, hauptsächlich Braunkohle von minderwertiger Qualität, und diese unter den drückendsten Bedingungen, unter anderem gegen Lieferung von Erz und Alteisenmaterial, dessen es selbst dringend bedarf. Deutschösterreich ist eben den Ländern, die über Kohle verfügen, machtlos ausgeliefert und muß ihnen jede Bedingung erfüllen, jeden Preis bezahlen." Zu den zwischen Deutschösterreich und Deutschland, Polen und der Tschechoslowakei in der ersten Nachkriegszeit geschlossenen Abkommen über Kohlenlieferungen bemerkte das Jahrbuch weiters: „Die Verträge, die der Staat und die privaten Unternehmen mit der Tschecho-Slowakei, Polen und Oberschlesien abschließen konnten, sichern nur 40 Prozent des tatsächlichen Bedarfs. Selbst diese Verträge werden aber nicht restlos erfüllt [...]." Vgl. Österreichisches Jahrbuch 1920. Nach amtlichen Quellen, Wien 1921, S. 14.

17 Diese Verhandlungen in Prag brachten, so wurde Mitte November gemeldet, das Ergebnis, „dass vorläufig täglich 2500 t Braunkohle nach Wien geführten werden dürfen". Vgl. AdR, BKA/AA, Abteilung 14 H-pol, Kohle Tschechoslowakei 1918–1925, Kohle Tschechien 1, Zl. 643/10/1918. Zu Informationen, betreffend Kohlenverhandlungen in Prag und in Berlin im November 1918 vgl. im gleichen Bestand Zl. 405/10/1918, Kohlenbezug aus Tschechien, französisch-englische Interventionen. Zu den Bemühungen um tschechische Kohle vgl. auch KRP Nr. 9/2, Nr. 13/4, Nr. 21/1, Nr. 23/4, Nr. 24/5 und Nr. 34/4, zur schlesischen Kohle Nr. 8/1, Nr. 9/2, Nr. 10/1 und Nr. 13/4, zu polnischer Kohle Nr. 25/4. Einen eingehenden Bericht über die Wiener Kohlensituation und den Stand der diesbezüglichen Verhandlungen erstattete Staatssekretär Zerdik in der 33. Sitzung des Staatsrates, vgl. SRP Nr. 33 vom 14. November 1918.

18 Dr. Richard Freund, 1905 bis 1916 bei der Pilsener Genossenschaftsbrauerei beschäftigt, ab 1916 Leiter der Warenabteilung der Allgemeinen Depositen-Bank in Wien.

19 Der ehemalige Präsident und Vorsitzender des Verwaltungsrates der Allgemeinen Depositen-Bank sowie Präsident der Spirituszentrale Dr. Josef Kranz war im Juli 1916 von Regierungsseite mit umfangreichen Bierlieferungen an die Armee beauftragt worden. Kranz sollte dazu eine „Biereinkaufstelle des k. und k. Kriegsministeriums" einrichten, die er jedoch in Folge mit Unterstützung des im Bierhandel erfahrenen Dr. Richard Freund, den er im gleichen Jahr als Leiter der Biereinkaufstelle und einer neu eingerichteten Warenabteilung in die Depositen-Bank geholt hatte, sowie einiger weiterer Beteiligter zur Durchführung anderweitiger Geschäfte und zu Zwecken der Preistreiberei nutzte. Diese Machenschaften führten zu einem am 29. März 1917 beginnenden Prozess, der mit Haft- und Geldstrafen für alle Angeklagten endete. Vgl. Hans H. Lembke, Phönix, Wiener und Berliner. Aufstieg und Sturz eines europäischen Versicherungskonzerns, Wiesbaden 2016, S. 33–35. Über den Fall wurde in den Tageszei-

Volksernährung das Anbot gemacht worden sei, auf Grund persönlicher Beziehungen Lebensmittel aus Böhmen noch vor Abschluss der offiziellen Verhandlungen der Regierungen in größeren Quantitäten zu beschaffen. Wenn auch Bedenken gegen die Heranziehung F r e u n d s erhoben werden könnten, so dürfte andererseits doch seitens des Staatsamtes für Volksernährung keine Möglichkeit der Beschaffung von Nahrungsmitteln außer Acht gelassen werden.

Da anscheinend die Begnadigung Freunds eine Voraussetzung des Gelingens der Aktion ist, wird in Anbetracht der äußerst dringenden Notlage beschlossen, diese Begnadigung beim Staatsrate zu befürworten.[21]

Im übrigen werden die Absichten des Staatsamtes für Volksernährung vom Kabinettsrate gebilligt.[22]

5

Hengstendepot in Lambach

Staatssekretär S t ö c k l e r berichtet über die gefährdete Lage des Hengstendepots in Lambach, da die Bewachungsmannschaft nahezu vollständig abgezogen ist. Der Kabinettsrat ist der Anschauung, dass Hilfe nur in Linz angesprochen werden kann.[23]

6

Sozialpolitische Maßnahmen

Staatssekretär H a n u s c h teilt die wichtigsten sozialpolitischen Maßnahmen mit, die im Verordnungswege erlassen werden sollen:

a) Reform der Beschwerdekommission;[24]

---

tungen intensiv berichtet, vgl. etwa Neue Freie Presse. Morgenblatt, 30. März 1917, S. 9 f „Dr. Josef Kranz und seine Mitbeschuldigten vor dem Ausnahmsgericht. Der Prozess wegen Preistreiberei". Zur Urteilsverkündung vgl. exemplarisch Neue Freie Presse. Abendblatt, 4. April 1917, S. 1–3 „Der Prozess gegen Dr. Josef Kranz und seine Mitbeschuldigten. Das Urteil". Kranz und Freund wurden jeweils zu neun Monaten strengen Arrests sowie 20.000 bzw. 15.000 Kronen Geldstrafe verurteilt. Zu Kranz und seiner Beteiligung an Verhandlungen mit Ungarn und der Tschechoslowakei vgl. weiters KRP Nr. 11/4, Nr. 21/1, Nr. 23/4 und Nr. 24/5.

20 Im Konzept: „durch den aus dem Kranzprozess allgemein bekannt gewordenen Direktor Freund".

21 Ein entsprechender Antrag findet sich in den Protokollen der Staatsratssitzungen nicht.

22 Zum negativen Ergebnis der offiziellen Verhandlungen über Lebensmittellieferungen mit der Tschechoslowakei vgl. KRP Nr. 8/4.

23 Gemeint war das 1826 gegründete k.k. Hengstendepot Stadl-Paura nahe Lambach/OÖ. Nach dem Zusammenbruch der Monarchie wurde es vorübergehend von der Provisorischen Landesregierung in Linz verwaltet, dann als Bundeshengstenstallamt Stadl-Paura unter der Ägide des Landwirtschaftsressorts weitergeführt, Ende der 1990er-Jahre privatisiert. Vgl. https://www.pferde-stadlpaura.at/main.asp?VID=1&kat1=108&kat2=715, abgerufen am 17. Jänner 2018; SRP Nr. 23 vom 7. November 1918. Zu den Problemen im Bereich der staatlichen Pferdezucht vgl. KRP Nr. 28, Anmerkung 27, zum Thema weiters auch KRP Nr. 32/4–6. Zum Betrieb des Depots in den Jahren 1919 und 1920 vgl. AdR, StALF, Allgemeine Reihe, Pauschalauslagen – Depot Stadl.

24 Gemeint waren die im März 1917 eingerichteten Beschwerdekommissionen: RGBl. Nr. 122, Kaiserliche Verordnung vom 18. März 1917, betreffend die Regelung von Lohn- und Arbeitsverhältnissen in den militärischen Zwecken dienenden Betrieben, sowie RGBl. Nr. 123, Verordnung des Ministeriums für Landesverteidigung im Einvernehmen mit den beteiligten Ministerien und im Einverständnisse mit dem k.u.k. Kriegsministerium über die Durchführung der Kaiserlichen Verordnung vom 18. März 1917, betreffend die Regelung von Lohn- und Arbeitsverhältnissen in den militärischen Zwecken dienenden Betrieben, beide ausgegeben am 14. März 1917. Das erstgenannte Gesetz bestimmte unter § 1, dass den „Personen, die in den militärischen Zwecken dienenden Betrieben beschäftigt sind, […] ein ihrer beruflichen Ausbildung und ihren Leistungen angemessener, durch die jeweiligen Lebens- und Arbeitsverhältnisse bedingter Lohn zu gewähren" war. Die Beschwerdekommissionen sollten der

b) eine großzügige Arbeitsvermittlung;[25]

c) die Einführung einer Arbeitslosenunterstützung.

Der Kabinettsrat billigt die Absichten mit der Einschränkung, dass über die Höhe der Arbeitslosenunterstützung ein unmittelbares Einvernehmen zwischen dem Staatsrate {sic!}[26] der Finanzen und für soziale Fürsorge herzustellen sein wird.[27]

Staatssekretär H a n u s c h berichtet über die Maßnahmen zur Übernahme des Kaiser Karl Fonds in die Verwaltung des Staatsamtes für soziale Fürsorge[28] und beschwert sich

„Erledigung von Begehren, die auf Grund des § 1 erhoben werden", dienen (§ 3). Zu Entstehung und Tätigkeit der Beschwerdekommissionen vgl. detailliert Margarete Grandner, Kooperative Gewerkschaftspolitik in der Kriegswirtschaft: die freien Gewerkschaften Österreichs im ersten Weltkrieg (= Veröffentlichungen der Kommission für Neuere Geschichte Österreichs 82), Wien/Köln/Weimar 1992, S. 271–308.

25 Für die Organisation und Durchführung der Arbeitsvermittlung wurden am 4. November 1918 die Industriellen Bezirkskommissionen ins Leben gerufen, vgl. StGBl. Nr. 18, Vollzugsanweisung des Deutschösterreichischen Staatsrates vom 4. November 1918, betreffend die Arbeitsvermittlung für die Zeit der Abrüstung, sowie StGBl. Nr. 19, Vollzugsanweisung des Deutschösterreichischen Staatsrates vom 4. November 1918, betreffend die Standorte und Sprengel der Industriellen Bezirkskommissionen, beide ausgegeben am 19. November 1918; Grandner, Kooperative Gewerkschaftspolitik, S. 333. Die Arbeitsämter, die in das Vermittlungsnetzwerk der Bezirkskommissionen eingebunden waren, erhielten ihren „behördlichen Charakter [...] durch die Eingliederung in die zentrale Verwaltung der Industriellen Bezirkskommission und die Bestellung zum Arbeitslosenamt über das Sozialministerium". Vgl. Irina Vana, „Eingereiht in die große Schlange..." – Verwaltung von Arbeitslosen und Arbeitssuchenden am öffentlichen Arbeitsamt (Österreich 1918–1934), in: Mathias Krempl/Johannes Thaler (Hg.), 100 Jahre Arbeitsmarktverwaltung: Österreich im internationalen Vergleich, Göttingen 2017, S. 89–95, hier S. 92 f. Vgl. weiters Volkswirtschaftliche Chronik. Mit Benützung amtlicher Quellen herausgegeben von Dr. Karl Neisser, Jg. 1918, Nr. 11, November 1918, S. 325 „Maßnahmen gegen die Arbeitslosigkeit".

26 Richtig: Staatsamte.

27 Im Zeitraum von 18. November 1918 bis 15. März 1920 wurden laut Österreichischem Jahrbuch 1920 von staatlicher Seite für Zwecke der Arbeitslosenunterstützung 370 Millionen Kronen aufgewendet. Durch Zuschüsse der Gemeinde Wien erhöhte sich diese Zahl im genannten Zeitraum auf 447 Millionen. Die Zahl der Arbeitslosen belief sich mit Stichtag 1. Dezember 1918 auf 24.503 Personen in der Stadt Wien, österreichweit auf 45.675 Personen. Der Höchststand wurde mit 1. Mai 1919 erreicht, wo in Wien 131.500 und österreichweit 185.238 Arbeitslose gezählt wurden. Bis 23. Oktober 1920 fiel diese Zahl auf 13.028 Arbeitslose in Wien und 15.046 österreichweit. An die Stelle der staatlichen Arbeitslosenunterstützung trat 1920 die Arbeitslosenversicherung: StGBl. Nr. 153, Gesetz vom 24. März 1920 über die Arbeitslosenversicherung, ausgegeben am 3. April 1920. Vgl. dazu auch Österreichisches Jahrbuch 1920, S. 19 f. In diesem Zusammenhang vgl. weiters StGBl. Nr. 20, Vollzugsanweisung des Deutschösterreichischen Staatsrates vom 6. November 1918, betreffend die Unterstützung der Arbeitslosen, ausgegeben am 19. November 1918.

28 Es handelte sich um den am 10. Mai 1917 gegründeten Kaiser und König Karl-Kriegsfürsorgefonds. Er diente der Fürsorge für Soldaten, der Unterstützung von Witwen und Waisen der Gefallenen und von Kriegsversehrten sowie der Errichtung von Heilanstalten und ähnlicher Wohlfahrtseinrichtungen für die Soldaten und ihre Angehörigen. Vgl. Der Kaiser u. König Karl-Kriegsfürsorgefonds und seine Tätigkeit im ersten Halbjahr seit seiner Errichtung, Wien 1918. Detailliertes Material zum Fonds und seiner Liquidierung findet sich in AdR, BMsV, Präsidium, GZl. 402/1919, Kaiser und König Karl-Kriegsfürsorgefonds, Liquidierung. In diesem Zusammenhang vgl. auch RGBl. Nr. 95, Verordnung des Justizministers vom 7. März 1918 über die Zulässigkeit eines dinglich wirkenden Veräußerungs- und Belastungsverbotes zugunsten des „Kaiser und König Karl-Kriegsfürsorgefonds", ausgegeben am 16. März 1918; weiters KRP Nr. 7/7. Auch in der Gesandtenkonferenz vom 9. April 1919 wurde die Aufteilung des Fonds diskutiert. Vgl. AdR, StK, GZl. 157/1919, Zl. 1.452/1918, Niederschrift über die am 9. April 1919 im deutschösterreichischen Staatsamt für Äußeres abgehaltene 16. Gesandtenkonferenz, S. 7–11. Im Staatsrat wurde auch über die Liquidierung des „Kaiser Karl Wohlfahrtswerkes ‚Kinder aufs Land' Beschluss gefasst. Vgl. SRP Nr. 22 vom 7. November 1918.

darüber, dass vom Unterstaatssekretär D e u t s c h Weisungen gegeben werden, die seinen Anordnungen nicht entsprechen.

Der Kabinettsrat hält es für notwendig, geeignete Veranlassungen zu treffen, damit ein ordentlicher Geschäftsgang gewährleistet und Kompetenzstreitigkeiten beziehungsweise wechselseitige Eingriffe in die Kompetenzen vermieden werden.

Unterstaatssekretär E n d e r e s hält es für unerlässlich, dass sich jeder Staatsrat und jeder Staatssekretär auf seine eigene Kompetenzsphäre beschränke und lehnt insbesonders auf dem Gebiete des Eisenbahnwesens jeden Eingriff als unzulässig ab.

7

Kreditoperation

Staatssekretär Dr. S t e i n w e n d e r berichtet über beabsichtigte Kreditoperationen.

Von den letzten, durch den Reichsrat beschlossenen Krediten sind noch 4 Milliarden nicht realisiert. Auf Grund von Verhandlungen, die zwischen den Vertretern des deutsch-österreichischen und des böhmischen Nationalrates stattfinden, sollen zunächst zwei Milliarden für gemeinsame Ausgaben angesprochen werden.[29]

Der Kabinettsrat billigt die von dem Staatsamte für Finanzen beabsichtigte Kreditoperation bei der Österreichisch-ungarischen Bank.[30]

Eine weitere Anregung des Staatssekretärs Dr. Steinwender geht dahin, der deutsch-österreichische Staat solle schon jetzt die Erklärung abgeben, dass er einen aliquoten Teil der Verbindlichkeiten des alten österreichischen Staates übernehme und zwar einen solchen, welcher der Kopfquote seiner Bevölkerung entspricht.

Staatskanzler Dr. R e n n e r und andere Herren machen hingegen geltend, dass in einer solchen, wenn auch noch nicht die Staaten bindenden Erklärung eines kompetenten Funktionärs ein gewisses Obligo[31] gelegen wäre, das vor Haltung der anderen Nationalstaaten besser vermieden werden sollte.

Die Angelegenheit bleibt in suspenso[32].

8

Justizreform

Staatssekretär Dr. R o l l e r legt eine Reihe von Maßnahmen dar, die das Justizministerium zur Neuordnung der Justizpflege dem Staatsrate vorzuschlagen beabsichtige. Insbesondere fallen hierunter die Regelung der Begnadigungen[33], des Ausnahmezustandes für die

---

[29] Im Konzept: „...sollen jedem dieser Staaten je 2 Milliarden zukommen."

[30] Die Oesterreichisch-ungarische Bank (ungar. Osztrák-magyar bank) bestand als Notenbank beider Reichshälften mit zwei Hauptsitzen in Budapest und Wien von 1878 bis 1922. Zu ihrer Geschichte und Liquidation vgl. Ágnes Pogány, Az Osztrák-Magyar Bank felszámolása, a Magyar Állami Jegyintézet tevékenysége 1920–1924, in: Tamás Bácskai (Hg.), A Magyar Nemzeti Bank Története. Band I: Az Osztrák Nemzeti Banktól a Magyar Nemzeti Bankig 1816–1924, Budapest 1993, S. 413–500; dies., The Liquidation of the Austro-Hungarian Bank, in: Fra spazio e tempo. Studi in onore di Luigi De Rosa. Band 3: Il Novecento, Neapel 1995, S. 507–525; György Kövér/Ágnes Pogány, Die binationale Bank einer multinationalen Monarchie: die Österreichisch-ungarische Bank, Stuttgart 2002.

[31] Obligo: Verpflichtung.

[32] In suspenso: in Schwebe.

[33] Zur Einsetzung einer Kommission zwecks Beratung eines entsprechenden Gesetzesentwurfes vgl. SRP Nr. 18 vom 5. November 1918. Der Entwurf wurde am 9. November 1918 im Staatsrat angenommen. Vgl. SRP Nr. 27; StGBl. Nr. 25, Beschluss der Provisorischen Nationalversammlung für Deutschösterreich vom 14. November 1918, betreffend die Nachsicht von Strafen, ausgegeben am 20. November 1918. Vgl. auch Neue Freie Presse. Morgenblatt, 10. November 1918, S. 5 f „Amnestieentwurf des deutschösterreichischen Staatsrates"; Verordnungsblatt des Staatsamtes für

Presse[34] u.s.w., ferner die Errichtung eines neuen Oberlandesgerichtes in Böhmen mit dem Sitze in Reichenberg.[35]

Der Kabinettsrat nimmt die Mitteilungen mit dem Beifügen zur Kenntnis, dass der Zusammentritt der bereits vom Staatsrate gewählten Justizkommission nunmehr äußerst zu beschleunigen wäre.[36]

9

Maßnahmen, betreffend Rückbeförderung von der Front

Einige Staatssekretäre bringen die desolaten Verhältnisse zur Sprache, die sich infolge des ungeordneten Rückflutens der Soldaten von der italienischen Front sowohl auf dem Gebiete der Lebensmittelversorgung als auf jenem des Verkehrswesens ergeben.[37]

Justiz, Jg. 1918, Nr. 1, November 1918, S. 1–4 „Beschluss der Provisorischen Nationalversammlung für Deutschösterreich vom 14. November 1918, betreffend die Nachsicht von Strafen" und S. 4–8 „Verordnung des Staatssekretärs für Justiz vom 22. November 1918 zur Durchführung der von der Provisorischen Nationalversammlung am 14. November 1918 beschlossenen Amnestie". Die Amnestie bezog sich gemäß Abschnitt A des genannten Gesetzes auf alle Personen, „die vor dem 30. Oktober 1918 von einem bürgerlichen Strafgericht in Deutschösterreich [...] verurteilt worden sind". Zu den in Frage kommenden Vergehen zählten u. a. Hochverrat, Majestätsbeleidigung, Beleidigungen der Mitglieder des kaiserlichen Hauses, Ausspähung und andere Einverständnisse mit dem Feinde, Religionsstörung und Abtreibung der Leibesfrucht. Vgl. auch AdR, StK, GZl. 303/1/1919, Amnestie in Verwaltungsstrafsachen.

34 Zur Herstellung der Pressefreiheit vgl. auch VAP Nr. 9/4 vom 28. Oktober 1918. Volle Pressefreiheit zählte auch zu den „Bedingungen für den Eintritt der Sozialdemokraten in die deutsch-österreichische Regierung", die SRP Nr. 12 vom 30. Oktober 1918 beiliegen. Am gleichen Tag beschloss die Provisorische Nationalversammlung, jede Zensur „als dem Grundrecht der Staatsbürger widersprechend als rechtsungültig" aufzuheben, Einstellungen von Druckschriften nicht mehr zuzulassen bzw. bereits erfolgte Einstellungen rückgängig zu machen sowie festzustellen: „Die volle Freiheit der Presse ist hergestellt." Vgl. Sten. Prot. Prov. NV, 2. Sitzung vom 30. Oktober 1918, S. 58; Reichspost. Morgenblatt, 31. Oktober 1918, S. 4 „Vollständige Aufhebung der Zensur"; StGBl. Nr. 3, Beschluss der Provisorischen Nationalversammlung vom 30. Oktober 1918, ausgegeben am 15. November 1918. Weiters vgl. BGBl. Nr. 218, Bundesgesetz vom 7. April 1922 über die Presse, ausgegeben am 20. April 1922, § 1.

35 Vgl. dazu SRP Nr. 27 vom 9. November 1918; StGBl. Nr. 15, Vollzugsanweisung des Deutschösterreichischen Staatsrates vom 8. November 1918 über die Errichtung eines Oberlandesgerichtes für Deutschböhmen, und StGBl. Nr. 16, Vollzugsanweisung des Deutschösterreichischen Staatsrates vom 9. November 1918 über die Zuweisung der Provinz Sudetenland zum Oberlandesgerichtssprengel Reichenberg, beide ausgegeben am 17. November 1918. Weiters vgl. auch KRP Nr. 8/3.

36 Zur Einsetzung der Justizkommission, die der „Durchberatung von Gesetzentwürfen" diente, vgl. SRP Nr. 18 vom 5. November 1918, zu den Mitgliedern der Justizkommission weiters auch Nr. 26 vom 8. November 1918.

37 Staatssekretär Loewenfeld-Ruß hielt in seinen Erinnerungen dazu fest: „Eine große Sorge bildete auch die Gefahr des ungeregelten Zurückflutens der disziplinlos gewordenen Fronttruppen, insbesondere der in Auflösung befindlichen Südarmee. In aller Eile wurde ein Dienst organisiert, um die rückströmenden Truppen aufzufangen und sie mit Nahrungsmitteln zu versorgen. Vom Roten Kreuz wurden an den Haupteinbruchsstellen [...] Labestationen errichtet und dieselben insbesondere aus den Vorräten der Militärmagazine mit Lebensmitteln versehen. Zur Ablenkung der Massen von Wien wurden auch in St. Pölten und Wr. Neustadt solche Hilfsstellen rasch geschaffen, die die Verpflegung und den geregelten Weitertransport der nach Böhmen und Ungarn reisenden Soldaten zu besorgen hatten. Wider alles Erwarten vollzog sich das Abströmen der von der Front zurückkehrenden Soldaten nicht nur in überaus rascher, sondern in relativ ruhiger Weise." Vgl. Johann Loewenfeld-Ruß, Im Kampf gegen den Hunger. Aus den Erinnerungen des Staatssekretärs für Volksernährung 1918–1920. Herausgegeben von Isabella Ackerl (= Studien und Quellen zur österreichischen Zeitgeschichte 6), Wien 1986, S. 198.

Der Kabinettsrat beschließt, diese Angelegenheit, der auch große sanitäre Bedeutung zukommt, zum Gegenstande einer gesonderten Kabinettskonferenz zu machen, die für Dienstag, ½ 3 Uhr, angeordnet wird.[38]

10

Maßnahmen gegen die Anarchie

Staatssekretär L o e w e n f e l d - R u ß und Unterstaatssekretär E n d e r e s machen Mitteilung über die Anarchie auf dem Gebiete des Eisenbahnwesens und der Ernährung.

Hiegegen soll im Wege der Presse Stellung genommen werden.

Staatssekretär L o e w e n f e l d - R u ß bringt einen Aufruf zur Kenntnis, der dem Staatsrate vorgelegt werden wird.[39]

---

[38] Zu einer derartigen Kabinettskonferenz konnte in den relevanten Beständen des OeStA nichts eruiert werden.

[39] Der erwähnte Aufruf liegt dem Protokoll nicht bei. In der 19. Sitzung des Staatsrates wurde der Staatssekretär für Volksernährung ermächtigt, eine „Kundmachung, in welcher die Bevölkerung zur Disziplin im Ernährungswesen aufgefordert wird, zu erlassen". Vgl. SRP Nr. 19 vom 5. November 1918. Veröffentlicht wurde sie u. a. in Neue Freie Presse. Morgenblatt, 9. November 1918, S. 8 „Die Gefahren der gegenseitigen Wirtschaftsabsperrung in Deutschösterreich"; Reichspost. Morgenblatt, 7. November 1918, S. 5 „Gegen die gegenseitige Wirtschaftsabsperrung in Deutschösterreich". Eine vergleichbare Kundmachung, betreffend das Eisenbahnwesen, scheint dagegen nicht in die Presse gelangt zu sein. Zum Stichwort Anarchie im Eisenbahnwesen jedoch nicht unpassend vgl. Reichspost. Nachmittagsausgabe, 7. November 1918, S. 2 „Versuchte Plünderungen auf der Ost- und Südbahn. Erfolgreiches Einschreiten der Bahnhofwache und Volkswehr".

4.[1]

[Donnerstag] 1918-11-07

Vorsitz: Renner
Anwesend: Glöckel, Hanusch, Jukel, Kaup, Loewenfeld-Ruß, Mataja, Mayer, Pacher, Roller, Steinwender, Stöckler, Urban, Zerdik
Schriftführer: unbekannt
Dauer: unbekannt[2]

Reinschrift[3]

Inhalt:
1. Stellung der deutschen Beamten in Mähren.
2. Einrichtung eines täglichen Verbindungs- sowie eines Meldedienstes.
3. Abgrenzung der Kompetenzen zwischen Staatsrat, dem Kabinett und den Staatsämtern.
4. Abhaltung von Kabinettsräten.
5. Vorläufige Tageseinteilung.
6. Beschlussfassungen des Staatsrats in Ressortangelegenheiten.

1
Stellung der deutschen Beamten in Mähren

Der Vorsitzende verteilt eine Eingabe des Vereines der deutschen Staatsbeamten in Mähren, in welcher Vorschläge wegen Regelung der Stellung dieser Beamten enthalten sind und die Bitte gestellt wird, es mögen hierüber Verhandlungen mit der Regierung des Tschechoslowakischen Staates geführt werden.[4]

---

1 Das Protokoll trägt den Vermerk *Vertraulich!*
2 Das Protokoll enthält keine Informationen zur Sitzungsdauer.
3 Das Protokoll enthält keine Beilagen zu den erörterten Themen.
4 Die Eingabe liegt dem Protokoll nicht bei. Sie findet sich in AdR, StK, GZl. 95/1918, Zl. 9/1918, Verein der deutschen Staatsbeamten in Mähren, Antrag zur Ordnung der Beamtenfrage. In dem umfangreichen Schreiben vom 31. Oktober 1918, gerichtet an den „Staatsrat des deutschösterreichischen Volksstaates", wurde u. a. ausgeführt, dass „die tschechischen Nationalräte in Prag und Brünn mit verblüffender Umsicht und Schnelligkeit die Schaffung der Regierung in die Hand genommen" hätten und „heute den 31.X.1918 die Dinge so" stünden, dass „die tschechischen Nationalräte bereits die Leitung aller staatlichen Landesbehörden in Händen haben und daran schreiten, die gesammte Verwaltung auf allen Gebieten zu übernehmen. Allem Anschein nach – die deutschen Vorstände der Landesbehörden wurden bereits auf Urlaub geschickt –, reißen die tschechischen Nationalräte die gesammte staatliche Gewalt im ganzen Lande, also auch [...] im geschlossenen deutschen Sprachgebiet an sich." Die „deutschen Staatsbeamten Mährens" hofften „voller Zuversicht, daß es der Umsicht der Deutschösterreichischen Regierung in Bälde gelingen wird, die Einverleibung aller deutschen Gebiete und Orte Mährens in den deutschösterreichischen Staat durchzusetzen". Der Verein bat weiters darum, der „Staatsrat wolle im Wege der Vereinbarung mit dem tschechischen Nationalrate dafür sorgen, daß die deutschen Staatsbeamten Mährens erst nach endgiltiger Festsetzung der Staatsgrenzen zur Leistung eines Diensteides oder Gelöbnisses verhalten werden". Unter allen Umständen müsse „den Beamten die Freizügigkeit der Pension innerhalb der bisher im Reichsrate vertretenen Königreiche und Länder gewährt werden", weiters sollten „in deutschen Gebieten und Städten nur deutsche Beamte angestellt werden". Was die „schon die nächsten Tage" geplante „Einführung der inneren tschechischen Amtssprache im schärfsten Umfange" betraf, wolle die deutschösterreichische Regierung „bei der tschechischen Regierung auf eine entsprechende Einschränkung" drängen.

Die Angelegenheit soll nach Prüfung durch die Referenten in einer der nächsten Kabinettsitzungen zur Erörterung gelangen.[5]

2

Einrichtung eines täglichen Verbindungs- sowie eines Meldedienstes

Der Vorsitzende macht Mitteilungen über die Einrichtung eines täglichen Verbindungsdienstes zwischen den Staatsämtern und dem Staatsrate.

Ferner regt er an, es möge von jedem Ressort täglich in der Früh eine Meldung über etwa am Vortage vorgefallene, für den Staatsrat wichtige Begebenheiten der Staatskanzlei eingesendet werden.

Diese Mitteilung sollte außerordentlich kurz sein, etwa eine halbe bis eine ganze Seite in Maschinschrift. Der Staatssekretär hätte das mitzuteilen, was entweder überhaupt von großer Tragweite ist, oder die Interessen anderer Ressorts näher berührt, damit die einzelnen Ressorts nicht gegeneinander arbeiten. Durch eine solche Mitteilung würde das Erscheinen der Staatssekretäre bei der Vormittagssitzung des Staatsrates entbehrlich werden.

Bei der folgenden Debatte erklären sich sämtliche Staatssekretäre damit einverstanden, dass ein Verbindungsdienst zwischen den Staatsämtern und dem Staatsrate durch tägliche Entsendung eines Beamten hergestellt werde.

Der Verbindungsbeamte hätte die Wünsche der Staatsräte entgegenzunehmen, ihnen sodann im kurzen Wege Auskünfte zu erteilen, den Einlauf, wie er vom Staatsrate überwiesen wurde, zu übernehmen und auch als Verbindungsglied zwischen der Staatskanzlei und den einzelnen Staatsämtern zu dienen. Allen Abgeordneten wäre freigestellt, diese Einrichtung zu benützen.[6]

Über die Zweckmäßigkeit der Einrichtung des Meldedienstes sind die Ansichten des Kabinetts geteilt. Nach eingehender Erörterung wird beschlossen, einen Meldedienst einzurichten, welcher sich indes nur auf wirklich wichtige Vorfälle zu beschränken hätte. Sind in einem Ressortbereiche derartige Begebenheiten nicht vorgekommen, so kann die Meldung entfallen. Die Meldungen wären im Staatsrate zu verlesen.[7]

3

Abgrenzung der Kompetenzen zwischen Staatsrat, dem Kabinett und den Staatsämtern

Staatssekretär S t ö c k l e r bringt die Frage der Abgrenzung der Kompetenzen zwischen den Ressortchefs und dem Kabinette zur Beratung. Redner verweist darauf, dass bei den

---

[5] Über Fragen, die die Beamtenschaft betrafen, wurde in den Sitzungen des Kabinettsrates häufig berichtet. Zur grundsätzlichen Behandlung derartiger Fragen vgl. KRP Nr. 11/2, Nr. 14/6, Nr. 19/1, Nr. 23/6, Nr. 29/5 und Nr. 34/13, zur Erörterung weiterer, im Zusammenhang mit sowohl „deutschen" als auch „nichtdeutschen" Beamten stehenden Fragen, vgl. KRP Nr. 7/12 und 14, Nr. 18/8, Nr. 19/4, Nr. 21/2, Nr. 22/2, Nr. 26/8 und 9 sowie Nr. 33/6.

[6] Vgl. dazu AdR, StK, GZl. 87/1918, Dienst der Verbindungsbeamten. Der Akt enthält u. a. eine Übersicht über die von den einzelnen Staatsämtern bestellten Verbindungsbeamten. Vgl. auch SRP Nr. 16 vom 3. November 1918, wo ein „Komitee zur Ausarbeitung einer Geschäftsanweisung für den Verkehr der Staatsämter untereinander und mit dem Staatsrat" eingesetzt wurde, sowie SRP Nr. 21 vom 6. November 1918, wo beschlossen wurde: „Sämtliche Staatsämter entsenden um 12 Uhr je einen Vertreter zur Entgegennahme von Anfragen und Anregungen der Abgeordneten sowie zur Aufrechterhaltung der Verbindung mit der Staatskanzlei zum Staatsrat." Vgl. dazu auch Tagesordnungspunkt 5 der vorliegenden Sitzung.

[7] Eine Verlesung derartiger Meldungen in den Sitzungen des Staatsrates scheint, soweit nicht diverse Berichte und Anträge der Staatssekretäre darunter zu verstehen sind, nicht stattgefunden zu haben.

Landesausschüssen genau festgelegt ist, welche Entscheidungen jeder Landesausschuss zu treffen vermag und zu welchen Schlussfassungen das ganze Kollegium zustimmen muss.[8]

Staatssekretär Dr. L o e w e n f e l d - R u ß erachtet auch eine genauere Feststellung der Kompetenzen des Staatsrates auf dem Gebiete der Verwaltung für erwünscht.

Mehrere Redner geben der Anschauung Ausdruck, dass die Verwaltung der Bewegungsfreiheit bedürfe und es dem Staatsrate jedenfalls nicht zukomme, in konkrete Details der Verwaltung einzugreifen.

Der Staatskanzler erörtert zunächst die Kompetenzgrenzen zwischen dem Kabinette und dem Staatsrate. Der Staatsrat hat die allgemeinen Linien der Politik festzusetzen. Die einzelnen Ressorts haben nicht Sonderpolitik zu machen, sondern die Politik des Staatsrates auszuführen. Darum wurden {sic!} dem Staatsrate vorbehalten[,] alle Verordnungen zu beraten und [zu] beschließen, welche nicht bloß Beamte, sondern auch Staatsbürger verpflichten. Daraus ergebe sich der Vorteil, dass sämtliche, die Bürger bindende Verordnungen durch den Staatsrat gedeckt werden. Ausnahmsweise kann die Gewalt zur Erlassung von Rechts-Verordnungen einzelnen Ämtern in erheblicherem Umfange übertragen werden, wie dies bei der Verordnungsgewalt des Amtes für Volksernährung derzeit der Fall sei. Anderseits sind dem Staatsrate auch Kundmachungen vorbehalten, welche bei der gesamten Bürgerschaft einen starken Eindruck erwecken sollen. Wenn etwa der Staatssekretär für Finanzen einen Aufruf an die Bevölkerung erlässt, ihre Steuern zu zahlen, so hat dies gewiss nicht die gleiche Wirksamkeit, wie wenn der Aufruf vom Staatsrate ausgeht.

Dagegen ist der Staatsrat nicht berufen, unmittelbare Verfügungen auf dem Gebiete der einzelnen Ressorts zu treffen.

Was die Frage der Abgrenzung der Befugnisse der einzelnen Ressorts und des Kabinettsrates anlangt, so lässt sich eine scharfe Grenze nicht ziehen. Der Entwurf der Dienstanweisung der obersten Behörden sieht vorläufig nur in zwei bestimmten Fällen die Notwendigkeit des Beschlusses des Kabinetts vor, nämlich bei Erlassung allgemeiner Dienstvorschriften für Staatsbeamte und bei der Ordnung des Staatsdienstes und des Staatsdienstverhältnisses überhaupt.[9]

Unterstaatssekretär G l ö c k e l hält das Kriterium für entscheidend, dass die Einheitlichkeit der Verwaltung gewahrt werden muss, im Übrigen solle aber dem Ressort volle Bewegungsfreiheit gelassen werden. In der Praxis sei die Grenze nicht immer leicht zu finden, doch werden Schwierigkeiten umso eher vermieden werden können, je enger die persönliche Fühlungnahme zwischen den Leitern der Ressorts ist.[10]

---

8 Die Landesausschüsse waren 1861 durch das sogenannte „Februarpatent" geschaffen worden und fungierten unter dem Vorsitz des jeweiligen Landeshauptmannes als Exekutivorgane der autonomen Landesverwaltungen in Cisleithanien. Vgl. die länderspezifischen Beilagen zu RGBl. Nr. 20/1861; weiters Ernst Mischler/Josef Ulbrich (Hg.), Österreichisches Staatswörterbuch. Handbuch des gesammten öffentlichen Rechtes, Band 3, Wien ^{2}1907, S. 421–423.

9 Ein gedrucktes Exemplar dieser Dienstanweisung findet sich in AdR, StK, GZl. 569/1918, Gesetzentwurf über den Dienst bei den obersten Behörden des Staates. Die zwei hier erwähnten Fälle bezogen sich auf die §§ 32 und 33 dieser Dienstanweisung. § 32 lautete: „Der Staatskanzler hat als Vorsitzender des Kabinetts das einheitliche Zusammenarbeiten aller Staatssekretäre im Auge zu behalten sowie jene Grundzüge und Richtlinien, welche allen Verwaltungszweigen gemeinsam sind, zum Beschluß zu stellen." § 33 lautete: „Allgemeine, die Ordnung des Staatsdienstes und das Staatsdienstverhältnis betreffende Vorlagen werden im Kabinett vorberaten." Vgl. weiters KRP Nr. 18/10.

10 Zur Abgrenzung der Kompetenzen zwischen Kabinetts- und Staatsrat vgl. auch KRP Nr. 11/2, weiters Abschnitt I der Historischen Einführung.

4

Abhaltung von Kabinettsräten

Hierauf wird erörtert, wie oft Kabinettsräte stattfinden sollen.

Staatssekretär Urban erinnert an die Praxis der Ministerien. Eine Sitzung des Ministerrates findet immer dann statt, wenn sie von einem Minister ausdrücklich verlangt wurde, oder wenn es der Ministerpräsident für notwendig erachtet. Dabei wurde den Ministern die Tagesordnung der jeweiligen Sitzungen stets zugestellt. Für die spätere Zeit würde sich empfehlen, den Kabinettsrat immer dann zusammentreten zu lassen, wenn dies von einem Staatsrate verlangt wird.

In der darauf folgenden Debatte erklärt es eine Anzahl von Staatssekretären für notwendig, in der gegenwärtigen kritischen Übergangszeit Kabinettsräte möglichst häufig abzuhalten.

5

Vorläufige Tageseinteilung

Der Vorsitzende stellt als Ergebnis der Beratung nachstehende vorläufige Tageseinteilung fest.

Um 9 Uhr Vormittag sind der Staatskanzlei von allen Staatsämtern kurze Berichte über wichtige Begebenheiten des Vortages einzusenden.

Um 12 Uhr Vormittag erscheinen die Verbindungsbeamten im Staatsrate und zwar zuerst in der Staatskanzlei, dann im Budgetsaale. Sie nehmen wenn möglich die Tagesordnungen für die Kabinettssitzungen mit, welche auf Grund schriftlich einlangender Wünsche der Staatsämter festgestellt werden.

Um 15.30 ist Kabinettsrat.

Um 16.30 Staatsrat.[11]

6

Beschlussfassungen des Staatsrats in Ressortangelegenheiten

Staatsrat Dr. Steinwender führt darüber Beschwerde, dass im Staatsrate öfter ein Ressort stark interessierende Beschlüsse gefasst werden, ohne dass dieses bei der Schlussfassung vertreten war. Er verweist auf die jüngsten Beschlüsse über die Erhöhung der Löhnungen und über Zuschüsse für Arbeitslose.[12]

---

11 Die Nachmittagssitzungen des Staatsrates hielten sich im Durchschnitt zumindest grob an die genannte Uhrzeit, die Sitzungen des Kabinettsrates variierten, ab etwa KRP Nr. 31 vom 14. Jänner 1918 begannen sie häufig um 15.00 Uhr.

12 Hinsichtlich der „Löhnungen“ bezog Steinwender sich möglicherweise auf die Staatsratssitzung vom 5. November 1918, wo beschlossen worden war, „die Löhnung von 6 K für alle militärischen Mannschaftspersonen (auch in den Ämtern) zu Grunde zu legen“. Steinwender ist bei jener Sitzung zwar als anwesend verzeichnet, scheint aber zeitweise von Staatsrat Josef Luksch vertreten worden zu sein. An der Debatte zum angeführten Beschluss hatte er sich jedenfalls nicht beteiligt. Vgl. SRP Nr. 18. Welchen Beschluss Steinwender hinsichtlich der Arbeitslosen im Sinn hatte, konnte nicht eindeutig festgestellt werden. In der Staatsratssitzung vom 4. November 1918 war beschlossen worden, „alle für Kriegsfürsorge bestehenden Fonds […] für die Zwecke der Unterstützung der rückkehrenden Soldaten und der arbeitslos gewordenen Kriegsindustriearbeiter heranzuziehen“, Steinwender scheint bei dieser Sitzung jedoch anwesend gewesen zu sein. Vgl. SRP Nr. 17.
Josef Luksch, 21. Oktober 1918 bis 16. Februar 1919 Mitglied der Provisorischen Nationalversammlung, DnP, 30. Oktober bis 12. November 1918 Ersatzmann des Staatsrates, 12. November 1918 bis 14. März 1919 Mitglied.

Nach der Verfassung sei aber der Staatssekretär für die gesamte Gebarung in seinem Amte allein verantwortlich[13], deshalb sei es nicht angängig, ein Ressort belastende Beschlüsse zu fassen, ohne dass dieses gehört werde.

Die Angelegenheit führt zu keinem Beschlusse, doch wird als wünschenswert bezeichnet, dass in der zu erlassenden Geschäftsordnung für den Staatsrat eine dem Wunsche des Staatssekretärs für Finanzen entsprechende Bestimmung aufgenommen werde.[14]

---

[13] Was die Verantwortlichkeit der Staatssekretäre betraf, beließ StGBl. Nr. 1, Beschluss der Provisorischen Nationalversammlung für Deutschösterreich vom 30. Oktober 1918 über die grundlegenden Einrichtungen der Staatsgewalt, ausgegeben am 15. November 1918, die Bestimmungen des RGBl. Nr. 101, Gesetz vom 25. Juli 1867 über die Verantwortlichkeit der Minister für die im Reichsrathe vertretenen Königreiche und Länder, ausgegeben am 28. Juli 1867, vorläufig in sinngemäßer Geltung. § 9 des StGBl. Nr. 1/1918 lautete dementsprechend: „Die Beauftragten [des Staatsrates, d. h. die Staatssekretäre; Anm.] sind jeder einzeln und alle vereint für die Befolgung der Beschlüsse der Nationalversammlung, die Erfüllung der Aufträge und die Einhaltung der Vollmachten, die ihnen der Staatsrat erteilt, dem Staatsrat und der Nationalversammlung verantwortlich. / Das Gesetz vom 25. Juli 1867, RGBl. Nr. 101, [...] findet auf die Staatsbeauftragten sinngemäß mit der vorläufigen Maßgabe Anwendung, dass an die Stelle des Staatsgerichtshofes ein 20gliedriger Ausschuss der Provisorischen Nationalversammlung tritt." Zu den Staatssekretären und ihren Kompetenzen vgl. auch Abschnitt I der Historischen Einführung.

[14] Zum Beschluss über die Geschäftsordnung des Staatsrates vgl. SRP Nr. 37 vom 19. November 1918. Dem Wunsch Steinwenders entsprach § 16: „Vor Beschlüssen, welche den Wirkungskreis eines Staatsamtes berühren, wird der Vertreter dieses Amtes gehört. / Wird ein Beschluss dieser Art ausnahmsweise ohne Vertretung des betreffenden Staatsamtes gefasst, dann steht es dem Staatssekretär frei, vor Durchführung des Beschlusses eine neuerliche Beratung und Beschlussfassung des Staatsrates zu verlangen." Zuvor war die Geschäftsordnung auch im Direktorium behandelt worden, vgl. Staatsratsdirektoriumsvermerk Nr. 1/3 vom 15. November 1918, der auch eine vollständige Wiedergabe des Entwurfs enthält. Exemplare der Geschäftsordnung und Informationen zu ihrer Genehmigung finden sich weiters in AdR, StK, GZl. 467/1918, Geschäftsordnung des Staatsrates. Ein Entwurf findet sich in AVA, Nachlass Renner E/1.731:295, Entwurf einer Geschäftsordnung für den Staatsrat. Vgl. weiters auch KRP Nr. 14/15.

5.[1]

[Freitag] 1918-11-08

Vorsitz: Renner
Anwesend: Glöckel, Hanusch, Jukel, Kaup, Loewenfeld-Ruß, Marckhl, Pacher, Riedl, Steinwender, Stöckler, Urban, Zerdik
Schriftführer: unbekannt
Beginn: 15.30 Uhr[2]

Reinschrift (zweifach)[3]

Inhalt:
1. Publikation der Vollzugsanweisungen.
2. Frage des Weiterverbleibens der Zentralregierung im Amte.
3. Frage der Übernahme seinerzeit bestellter Lastautomobile durch die österreichische Regierung.
4. Anfragen des Unterstaatssekretärs Glöckel, betreffend die Angelobung von Beamten, deren Eintritt in die Volkswehr und den Abzug reichsdeutscher Militärpersonen.
5. Antrag des Unterstaatssekretärs Riedl auf Umgestaltung des Kriegsmaterialverwertungsamtes zu einer Abteilung des Staatsamtes für Kriegs- und Übergangswirtschaft.
6. Antrag des Unterstaatssekretärs Riedl auf Überstellung der Kriegsgüter an die Hauptanstalt für Sachdemobilisierung.

Beilagen:
– Zu Punkt 6: Antrag des Staatssekretärs Dr. Karl Urban an den deutsch-österreichischen Staatsrat. Grundsätzliche Bestimmungen für die Verwaltung von Kriegsgütern (3¼ Seiten).

1
Publikation der Vollzugsanweisungen

Über eine Anfrage des Staatssekretärs Dr. U r b a n, von welcher Seite die Publikation der Vollzugsanweisungen zu erfolgen habe, spricht sich der Kabinettsrat dahin aus, dass die Verlautbarung der ordnungsmäßig ausgefertigten und beurkundeten Vollzugsanweisungen den Staatssekretären überlassen bleibt.[4]

2
Frage des Weiterverbleibens der Zentralregierung im Amte

Staatssekretär Dr. U r b a n ersucht um Erläuterung des vom Kabinettsrat in der Sitzung vom 2. November l. J. gefassten Beschlusses, wonach die Zentralregierung nur bis zum 12. November l. J. im Amt zu bleiben habe.[5]

---

[1] Das Protokoll trägt den Vermerk *Vertraulich!*
[2] Der Zeitpunkt des Sitzungsendes wurde im Protokoll nicht vermerkt.
[3] Abgesehen von kleinen Unterschieden in der Formatierung sind die beiden Exemplare inhaltlich identisch.
[4] Zu den Vollzugsanweisungen vgl. KRP Nr. 6/5.
[5] Vgl. KRP 2, wo im Zusammenhang mit der Schaffung einer Liquidationsdeputation festgehalten wurde: „Erst wenn diese Deputation mit ihrem bürokratischen Anhang ins Leben gerufen ist, könnte das bisherige Ministerium aus dem Amte scheiden. Die nächste Parlamentstagung findet am 12. No-

Der Vorsitzende stellt mit Zustimmung des Kabinettsrates fest, dass der 12. November nicht als Endtermin für das Verbleiben der Zentralregierung im Amt aufzufassen ist. Der Beschluss ist vielmehr dahin zu verstehen, dass die gegenwärtige Zentralregierung insolange als Liquidierungskabinett zu fungieren hat, solange nicht die in Aussicht genommene, vom Abgeordnetenhause zu wählende Liquidations-Deputation zustande kommt.

3

Frage der Übernahme seinerzeit bestellter Lastautomobile durch die österreichische Regierung

Staatssekretär Z e r d i k teilt mit, dass das Ministerium für öffentliche Arbeiten seinerzeit für Wiederaufbauzwecke Lastautomobile mit einem Kostenaufwand von 1,670.000 K bestellt hat. Die Automobile sind nunmehr fertig, und es handelt sich um die Frage, ob sie von der deutschösterreichischen Regierung übernommen werden sollen.

Der Kabinettsrat beschließt über Antrag des Unterstaatssekretärs Riedl, die Frage der Übernahme vorerst davon abhängig zu machen, ob nicht unser Bedarf an Lastautomobilen durch die infolge der Demobilisierung freiwerdenden militärischen Lastautomobile ohnehin gedeckt ist. Sollte dies der Fall sein, wäre mit der deutschen Botschaft wegen Übernahme der Automobile durch die deutsche Heeresverwaltung in Verbindung zu treten, um auf diese Weise jedenfalls zu verhindern, dass diese Automobile in die Hände der Tschechen fallen.

4

Anfragen des U.S.S. Glöckel bezüglich
a) Angelobung [der] öffentl. Beamten
b) Eintritt derselben in die Volkswehr[6] u.
c) bezügl. des Abzuges reichsdeutscher Militärpersonen aus Deutschösterreich.

---

vember statt. Bis dorthin hätten die Parteien zu vereinbaren, ob Mandatsverlängerung eintritt und ob eine Liquidationsinstanz herzustellen ist. Vor dem 12. November kann also an einen Rücktritt des Ministeriums nicht gedacht werden."

6 Ab Ende Oktober 1918 übernahm der deutschösterreichische Staat schrittweise die Militärhoheit über die von der Front zurückkehrenden Truppen. Um jeglichen aufrührerischen Tendenzen und sich außerhalb der staatlichen Gewalt bildenden Wehrverbänden entgegenzuwirken, betrieb vor allem Unterstaatssekretär Deutsch die rasche Aufstellung einer deutschösterreichischen Wehrmacht, der sogenannten Volkswehr als einem Freiwilligen- und Übergangsheer. Vgl. Abschnitt III der Historischen Einführung. Die organisatorische und personelle Konstituierung der Volkswehr vollzog sich unter stark sozialdemokratischem Einfluss. Vgl. Hanns Haas, Historische Einleitung, in: Der österreichische Staatsrat. Protokolle des Vollzugsausschusses, des Staatsrates und des Geschäftsführenden Staatsratsdirektoriums. Band 1: 21. Oktober 1918 bis 14. November 1918. Herausgegeben von Gertrude Enderle-Burcel/Hanns Haas/Peter Mähner, Wien 2008, S. XXI–LXVII, hier S. XLIV–LI. Zur Geschichte der Volkswehr vgl. weiters Karl Glaubauf, Die Volkswehr 1918–1920 und die Gründung der Republik (= Österreichische Militärgeschichte, Sonderband 1993, Folge 1), Wien 1993, zu ihren Anfängen und ihrer Aufstellung speziell S. 22–30; Karl Haas, Studien zur Wehrpolitik der österreichischen Sozialdemokratie, phil. Diss., Wien 1967. Weiters vgl. AdR, StK, GZl. 1.191/1919, Zl. 178/1918, Richtlinien für die Volkswehr. Zu den Vorarbeiten von Julius Deutsch zum Aufbau einer sozialdemokratischen Organisation innerhalb des Heeres seit Anfang 1918 vgl. Julius Deutsch, Aus Österreichs Revolution. Militärpolitische Erinnerungen, Wien 1925, S. 8–11. Zur Volkswehr vgl. weiters KRP Nr. 8/6, Nr. 17/2, Nr. 23/1, Nr. 27/2, Nr. 28/8, Nr. 30/2, Nr. 32/8, Nr. 33/2 und Nr. 34/10; SRP Nr. 18 vom 5. November 1918, Nr. 22 vom 7. November 1918, Nr. 24 vom 8. November 1918, Nr. 30 vom 11. November 1918, Nr. 32 vom 13. November 1918, Nr. 35 vom 16. November 1918, Nr. 38 vom 19. November 1918, Nr. 40 vom 20. November 1918, Nr. 46 vom 26. November 1918, Nr. 48 vom 27. November 1918, Nr. 49 vom 28. November 1918, Nr. 56 vom 9. Dezember 1918, Nr. 59 vom 16. Dezember 1918, Nr. 69 vom 22. Jänner 1919, Nr. 70 vom 29. Jänner 1919, Nr. 71 vom 3. Februar 1919 und Nr. 74 vom 20. Februar 1919.

Unterstaatssekretär G l ö c k e l legt dem Kabinettsrat folgende drei Anfragen vor, die der Präsident des für den politischen Bezirk St. Pölten bestehenden Nationalrates[7] an den Staatssekretär des Innern gerichtet hat:

a) ob die Angelobung der öffentlichen Beamten für den deutschösterreichischen Staat erfolgen könne,

b) ob und inwieferne der Eintritt öffentlicher Angestellter in die Volkswehr einen Einfluss auf ihre zivile Stellung ausübe und

c) ob die fünfzehntägige Frist, die in den Waffenstillstandsbedingungen für das Verlassen der reichsdeutschen Militärpersonen vorgesehen ist, auch auf die enthobenen reichsdeutschen Wehrpflichtigen Anwendung findet.[8]

Der Kabinettsrat beschließt:

ad a) gegen die Angelobung der öffentlichen Beamten für den deutsch-österreichischen Staat, soweit sie sich zur deutschen Nationalität bekennen, besteht kein Hindernis.

ad b) diesbezüglich wird die Prüfung und Entscheidung des Staatsamtes für Inneres im Einvernehmen mit dem Staatsamte für Heerwesen überlassen.

ad c) die fünfzehntätige Frist gilt für enthobene reichsdeutsche wehrpflichtige Personen nicht.[9]

5

Antrag des U.S.S. Riedl auf Umgestaltung des Kriegsmaterialverwertungsamtes zu einer Abteilung des Staatsamtes für Kriegs- und Übergangswirtschaft

Unterstaatssekretär R i e d l stellt den Antrag:

Das Kriegsmaterialverwertungsamt wird zu einer Abteilung des Staatsamtes für Kriegs- und Übergangswirtschaft umgestaltet. Die aus dem Kriegsmaterialverwertungsamt übernommenen Militärpersonen werden in ihrer militärischen Charge zukommandiert. Dem Staatssekretär für Kriegs- und Übergangswirtschaft wird die Ermächtigung erteilt, mit diesen Personen nebst ihren chargenmäßigen Bezügen noch eine besondere, auf die Dauer der Zukommandierung beschränkte Entlohnung zu vereinbaren.

Der Kabinettsrat genehmigt diesen Antrag.[10]

---

[7] Dr. Georg Budik, Advokat in Gablonz und dann St. Pölten.

[8] Gemeint ist der Waffenstillstand von Compiègne, der offiziell am 11. November 1918 in Kraft trat. Abgeschlossen zwischen dem Deutschen Reich auf der einen und Frankreich und Großbritannien auf der anderen Seite, sah er u. a. die Räumung aller besetzten Gebiete innerhalb von 15 Tagen vor. Nach dieser Frist zurückbleibende deutsche Truppen sollten interniert werden. Eine umfangreiche Dokumentation dazu wurde bereits verhältnismäßig zeitnah erarbeitet: Edmund Marhefka (Hg.), Der Waffenstillstand 1918–1919. Das Dokumentationsmaterial der Waffenstillstandsverhandlungen von Compiègne, Spa, Trier und Brüssel. Notenwechsel, Verhandlungsprotokolle, Verträge, Gesamttätigkeitsbericht. 3 Bände, Berlin 1928.

[9] Vgl. dazu AdR, StK, GZl. 29/1918, Mehrere Anfragen. Der Akt enthält neben den Anfragen Dr. Budiks auch einen Entwurf der Erwiderungen, die teilweise von dem hier im Kabinettsrat Beschlossenen abweichen und durchgestrichen wurden. Zu Punkt b) wurde etwa bemerkt: „Der Eintritt öffentlicher Angestellter in die Volkswehr übt einen Einfluß auf ihre Zivilstellung nicht aus." Die Erwiderung zu Punkt c) war ausführlicher formuliert: „Die 15-tägige Frist, die in den Waffenstillstandsbedingungen für das Verlassen der reichsdeutschen Militärpersonen vorgesehen ist, findet nach meiner [d. i. der Staatssekretär für Inneres; Anm.] Auffassung auf die enthobenen reichsdeutschen Wehrpflichtigen keine Anwendung, da in der Enthebung ein zeitweiliger Verzicht auf die Militärdienstleistung gelegen und daher der Wehrpflichtige in dieser Zeit nicht als Militärperson anzusehen ist."

[10] Ein entsprechender Beschluss, im Wortlaut mit dem hier von Unterstaatssekretär Riedl gestellten Antrag praktisch identisch, wurde noch an jenem Tag in der Nachmittagssitzung des Staatsrates gefasst. Vgl. SRP Nr. 26 vom 8. November 1918.

6
Antrag des U.S.S. Riedl auf Überstellung der Kriegsgüter an die Hauptanstalt für Sachdemobilisierung

Unterstaatssekretär R i e d l weist darauf hin, dass einerseits die Bewachung der Kriegsgüter mit Schwierigkeit verbunden ist und andererseits die Gefahr besteht, dass diese Kriegsgüter im Falle einer feindlichen Invasion vom Feinde beschlagnahmt werden. Es sei daher dringendst notwendig, Vorsorge zu treffen, dass diese Kriegsgüter der Hauptanstalt für Sachdemobilisierung so rasch als möglich überantwortet werden.

Die vom Unterstaatssekretär R i e d l vorgeschlagenen, dem Protokoll als Beilage angeschlossenen grundsätzlichen Bestimmungen für die Verwertung von Kriegsgütern[11] wurden vom Kabinettsrat genehmigt.[12]

---

11 Beilage zu Punkt 6: Antrag des Staatssekretärs Urban (3¼ Seiten). Die Beilage legt in acht Punkten die gegenständlichen Bestimmungen dar. Sämtliche Kriegsgüter sollten der Hauptanstalt für Sachdemobilisierung zur Verwertung überantwortet werden (Punkt 1). Mit „Rücksicht auf die drohende Gefahr einer feindlichen Invasion" sollten diese Güter möglichst rasch „in den Besitz nichtstaatlicher Körperschaften oder Privater unter Wahrung der finanziellen und Verwaltungsinteressen des Staates" überführt werden (Punkt 2). Punkt 3 bestimmte, wer dafür in Frage kam (u. a. kriegswirtschaftliche Organisationen, genossenschaftliche Vereinigungen, aber auch „vertrauenswürdige Privatfirmen"). Die Übernahme sollte in Form eines Kaufs erfolgen (Punkt 4). Welche Bestimmungen die entsprechenden Kaufverträge enthalten sollten, regelte Punkt 5. Die Hauptanstalt sollte weiters ermächtigt werden, die erforderlichen Verwaltungskosten bis zum Höchstbetrag von 25 Millionen Kronen zu bestreiten (Punkt 6), ein zu bestellender Staatsratskommissär sollte bei der Hauptanstalt alle diesbezüglichen Vorgänge überwachen (Punkt 7). Letztendlich sollte der Staatssekretär für Gewerbe, Industrie und Handel und Kriegs- und Übergangswirtschaft im Einvernehmen mit dem Staatssekretär für Finanzen bevollmächtigt werden, die notwendigen Änderungen am Statut der Hauptanstalt vorzunehmen (Punkt 8).

12 Zur Einrichtung der Hauptanstalt für Sachdemobilisierung vgl. RGBl. Nr. 256, Verordnung des Finanzministers im Einvernehmen mit den beteiligten Ministern vom 13. Juli 1918, betreffend die Errichtung einer Österreichischen Hauptanstalt für Sachdemobilisierung, ausgegeben am 20. Juli 1918. Damit im Zusammenhang vgl. auch StGBl. Nr. 109, Vollzugsanweisung des Deutschösterreichischen Staatsamtes für Kriegs- und Übergangswirtschaft vom 11. Dezember 1918, betreffend die Errichtung einer Deutschösterreichischen Hauptanstalt für Sachdemobilisierung, sowie StGBl. Nr. 110, Kundmachung des Deutschösterreichischen Staatsamtes für Kriegs- und Übergangswirtschaft im Einvernehmen mit dem Deutschösterreichischen Staatsamte der Finanzen vom 11. Dezember 1918, betreffend die Erlassung eines Statutes der Deutschösterreichischen Hauptanstalt für Sachdemobilisierung, beide ausgegeben am 20. Dezember 1918. Gemäß § 2 des Statutes war es Aufgabe der Hauptanstalt, alle Kriegsgüter auf deutschösterreichischem Gebiet zu übernehmen, zu verzeichnen und zu verwerten sowie zu diesem Zweck geeignete Stellen einzurichten und zu finanzieren. Zur Auflösung der Hauptanstalt vgl. StGBl. Nr. 596, Kundmachung des Bundesministeriums für Handel und Gewerbe, Industrie und Bauten vom 27. Oktober 1921, betreffend die Auflösung der Hauptanstalt für Sachdemobilisierung, ausgegeben am 30. Oktober 1921. Aktenmaterial der für die Kriegsgüterverwertung zuständigen Hauptanstalt für Sachdemobilisierung aus dem Zeitraum 1918 bis 1923 findet sich im Bestand AdR, BMF, Hauptanstalt für Sachdemobilisierung. Zum Thema vgl. weiters Der Österreichische Volkswirt, 11. Jg., Nr. 4 vom 26. Oktober 1918, S. 57–59 „Übergangswirtschaft und Demobilisierung", Nr. 12 vom 21. Dezember 1918, S. 181–183 „Die Sachdemobilisierung" und Nr. 23 vom 8. März 1919, S. 391–395 „Die Sachdemobilisierung"; SRP Nr. 51 vom 30. November 1918.

6.[1]

[Samstag] 1918-11-09

Vorsitz: Renner
Anwesend: Beck, Glöckel, Hanusch, Jukel, Kaup, Loewenfeld-Ruß, Marckhl, Pacher, Roller, Steinwender, Urban, Zerdik
Zugezogen: Löwenthal[2] (zu Punkt 5)
Schriftführer: unbekannt
Dauer: unbekannt[3]

Reinschrift, Konzept[4]

Inhalt:
1. Administrative Einrichtung der Provinzen Deutschböhmen und Sudetenland.
2. Erlassung von Vollzugsanweisungen, betreffend die Versendung von Gemüsesamen und betreffend die Aufhebung von Transportbescheinigungen und der Höchstpreise für Frischgemüse.
3. Ernennung des Leiters der Polizeidirektion in Wien Johann Schober zum Präsidenten dieser Polizeidirektion.
4. Verlautbarung über die Verwendung der in Deutschösterreich eingehenden Steuern und Abgaben.
5. Regelung der Verordnungsgewalt.

1

Administrative Einrichtung der Provinzen Deutschböhmen und Sudetenland

Dr. R e n n e r bringt zur Kenntnis, dass in der heutigen Sitzung des Staatsrates endgültig darüber Beschluss gefasst werden wird, ob die beiden Provinzen Deutschböhmen[5] und

---

[1] Das Protokoll trägt den Vermerk *Vertraulich!*

[2] Dr. Josef Freiherr von Löwenthal, Ministerialrat, 5. November 1918 bis März 1919 Präsidialdirektor der Staatskanzlei, 24. März 1919 bis 31. Dezember 1933 als Sektionschef Kabinettsdirektor der Präsidentschaftskanzlei.

[3] Das Protokoll enthält keine Informationen zur Sitzungsdauer.

[4] Das Protokoll enthält keine Beilagen zu den erörterten Themen.

[5] Am 23. Oktober hatten die in Böhmen 1911 gewählten deutschen Reichsratsabgeordneten beschlossen, einen Ausschuss ins Leben zu rufen, der die Schaffung einer deutschösterreichischen Provinz Deutschböhmen vorbereiten sollte. In diesem Sinne hatte sich am 29. Oktober die „Vorläufige Landesversammlung für Deutschböhmen" im niederösterreichischen Landhaus in Wien konstituiert und im gleichen Zuge eine Verfassung und den Beitritt Deutschböhmens zum Staat Deutschösterreich beschlossen sowie einen Landesausschuss und eine Landesregierung gewählt. Vgl. Paul Molisch, Die sudetendeutsche Freiheitsbewegung in den Jahren 1918–1919, Wien 1932, S. 21 f; Jaroslav César/ Bohumil Černý, Od sudetoněmeckého seperatismu k plánům odvety. Iridentistický puč německých nacionalistů v ČSR ve letech 1918–19, Prag 1960; Johann Wolfgang Brügel, Tschechen und Deutsche 1918–1938, München 1967, S. 48 f; Anton Staudinger, Deutschböhmen und Sudetenland, in: Ludwig Jedlicka (Hg.), Anfang und Ende. Österreich 1918/19, Salzburg 1969, S. 86 f; Hanns Haas, Die deutschböhmische Frage 1918–1919 und das österreichisch-tschechoslowakische Verhältnis, in: Bohemia. Jahrbuch des Collegium Carolinum 13/1972, München 1972, S. 336–383, hier S. 344 f; Sten. Prot. Prov. NV, 2. Sitzung vom 30. Oktober 1918, S. 15 f und S. 35; VAP Nr. 7 vom 25. Oktober 1918. Dass die Situation in Deutschböhmen nicht lange haltbar sein würde, legte bereits ein am 7. November verbreiteter Runderlass der Landesregierung Deutschböhmens nahe: „Es mehren sich die Fälle,

Sudetenland[6] zur Errichtung gelangen. Für diesen Fall erscheine es notwendig, dass seitens der zuständigen Staatsämter alle Vorsorgen getroffen werden, damit diese beiden Provinzen in administrativer Hinsicht in Wirksamkeit treten können.[7]

---

daß czecho-slowakische Truppen deutschböhmisches Gebiet besetzen. Die Bezirksnationalausschüsse werden angewiesen, gegen derartige Verletzungen des deutschösterreichischen Staatsgebietes feierlich Protest zu erheben. Den Anordnungen der Czecho-Slowaken ist keine Folge zu leisten und nur der Gewalt zu weichen." Vgl. Neue Freie Presse. Morgenblatt, 8. November 1918, S. 4 „Protest der deutschböhmischen Landesregierung gegen die Besetzung deutschen Gebietes durch czechische Truppen". Die Landesregierung musste sodann bereits Mitte Dezember 1918 das zur Landeshauptstadt bestimmte Reichenberg verlassen, übersiedelte nach Wien und wurde nach Abschluss des Staatsvertrages von Saint-Germain-en-Laye am 10. September 1919 aufgelöst. Aktenmaterial zur Deutschböhmischen Landesregierung findet sich im Bestand AdR, Oberste Behörden 1918–2003, Deutschböhmische Landesregierung 1918–1919.

6 Am 30. Oktober 1918 war in Wien die Konstituierung des Sudetenlandes „als eigenberechtigte Provinz des Staates Deutschösterreich" durch die in Schlesien und Nordmähren 1911 gewählten deutschen Reichsratsabgeordneten, ergänzt durch die drei in der vierten, der „allgemeinen" Kurie des mährischen Landtages gewählten deutschen Landtagsabgeordneten, erfolgt. Vgl. Robert Freißler, Vom Zerfall Österreichs bis zum tschechoslowakischen Staate, Berlin 1921, S. 89–91. Sodann war in der zweiten Sitzung der Provisorischen Nationalversammlung am gleichen Tag neben einem schriftlich vorgelegten Bericht über die Bildung der Provinz Deutschböhmen die staatsrechtliche Erklärung der Provinz Sudetenland mündlich von Dr. Robert Freißler vorgetragen worden. Vgl. Sten. Prot. Prov. NV, 2. Sitzung vom 30. Oktober 1918, S. 35. Der „Vorläufigen Landesversammlung" des Sudetenlandes vom 30. Oktober folgte am 16. November in Troppau eine „1. Vollsitzung der Landesversammlung", die nun aber durch die politischen Parteien „mit Anwendung des bei den letzten Reichsratswahlen im Jahre 1911 erwiesenen Kräfteschlüssels" beschickt wurde, wobei zusätzlich zu den schlesischen und nordmährischen auch deutsche Abgeordnete aus Ostböhmen nominiert wurden. Vgl. Freißler, Vom Zerfall Österreichs, S. 141–148. Weiters vgl. dazu Ferdinand Zeller, Die Provinz Sudetenland. Der Umsturz in Nordmähren und Westschlesien 1918, phil. Diss., Wien 1971; Sten. Prot. Prov. NV, 9. Sitzung vom 12. Dezember 1918, S. 303–307. Informationen zur Verwaltung der Provinz Sudetenland finden sich in AdR, StK, GZl. 985/1918, Organisierung der Verwaltung des Sudetenlandes; GZl. 1.307/1918, Situationsbericht des Landesverwesers im Sudetenland. Die Provinz Sudetenland wurde sodann sukzessive von tschechoslowakischen Truppen besetzt, am 18. Dezember 1920 auch Troppau, die designierte Landeshauptstadt der Provinz. Ein diesbezüglicher Bericht vom 20. Dezember, u. a. von Freißler unterfertigt, der am 2. November 1918 die landesfürstliche und autonome Gewalt in Troppau übernommen hatte, findet sich in AdR, StK, GZl. 690/1919, Sudetenland, Besetzung durch tschechoslowakische Truppen. Darin wurde bemerkt, dass „jeder Widerstand unterlassen worden" sei und ein solcher „auch vollkommen nutzlos gewesen" wäre. Die deutschösterreichische Landesregierung beugte „sich der Gewalt" und trat „ohne Präjudiz für die endliche Regelung der staatlichen Verhältnisse von der tatsächlichen Verwaltung des Landes zurück". Gleich der Provinz Deutschböhmen bedeutete der Staatsvertrag von Saint-Germain-en-Laye das endgültige Ende der Provinz Sudetenland.

7 Über Antrag Renners beschloss der Staatsrat in seiner Nachmittagssitzung, „der Staatsregierung den Auftrag" zu erteilen, „unverzüglich alle Verfügungen zu treffen, um die selbständige Landesverwaltung in den Provinzen Deutschböhmen und Sudetenland zu verwirklichen". Vgl. SRP Nr. 28 vom 9. November 1918. Die rechtliche Basis für die Schaffung der provisorischen Landesversammlungen und der Landesregierungen von Deutschböhmen und Sudetenland bildete StGBl. Nr. 24, Gesetz vom 14. November 1918, betreffend die Übernahme der Staatsgewalt in den Ländern, ausgegeben am 20. November 1918. Im Zusammenhang mit der Einrichtung und administrativen Gestaltung dieser Provinzen wurden weiters die folgenden (aufgrund ihrer Zahl hier nur in Kurzform angeführten) Gesetze erlassen: StGBl. Nr. 15/1918, Nr. 16/1918, Nr. 43/1918, Nr. 44/1918, Nr. 47/1918, Nr. 48/1918, Nr. 53/1918, Nr. 56/1918, Nr. 58/1918, Nr. 59/1918 und Nr. 64/1918. Eine Übersicht über die von Seiten des Staatsamtes für öffentliche Arbeiten zur Einrichtung der Landesverwaltungen von Deutschböhmen und Sudetenland als notwendig erachteten Maßnahmen findet sich zusammen mit entsprechenden Gesetzesentwürfen in AdR, StK, GZl. 62/1918, Landesverwaltung von Deutschböhmen und des Sudetenlandes, Einrichtung.

2
Erlassung von Vollzugsanweisungen, betreffend die Versendung von Gemüsesamen und betreffend die Aufhebung von Transportbescheinigungen und der Höchstpreise für Frischgemüse

Staatssekretär Dr. L o e w e n f e l d - R u ß erbittet und erhält die Ermächtigung zur Erlassung von Vollzugsanweisungen, betreffend die Versendung von Gemüsesamen und betreffend die Aufhebung von Transportbescheinigungen und der Höchstpreise für Frischgemüse.[8]

3
Ernennung des Leiters der Polizeidirektion in Wien Johann Schober zum Präsidenten dieser Polizeidirektion

Der Kabinettsrat erteilt über Anregung des Unterstaatssekretärs G l ö c k e l die Ermächtigung, die Ernennung des Hofrates und Leiters der Polizeidirektion in Wien Johann S c h o b e r zum Präsidenten dieser Polizeidirektion im Staatsrate zu beantragen.[9]

4
Verlautbarung über die Verwendung der in Deutschösterreich eingehenden Steuern und Abgaben

Staatssekretär Dr. S t e i n w e n d e r beantragt, in den Morgenblättern am 10. November d. J. eine Notiz zu verlautbaren, wonach entsprechend einem Beschlusse des Staatsrates[10] die in Deutschösterreich eingehenden Steuern und Abgaben ausschließlich für Bedürfnisse des Deutschösterreichischen Staates verwendet werden.

Der Kabinettsrat stimmt diesem Antrage zu.[11]

5
Regelung der Verordnungsgewalt

Ministerialrat Freiherr von L ö w e n t h a l gibt eine eingehende Darstellung über die Regelung der Verordnungsgewalt auf Grund der gegenwärtigen Verfassung[12] des Deutschösterreichischen Staates.

Hienach sind zunächst Rechtsverordnungen und Verwaltungsverordnungen zu unterscheiden.

Die Rechtsverordnungen werden nach der neuen Verfassung Vollzugsanweisungen genannt[13] und gliedern sich in folgende 2 Kategorien:

---

8 Vgl. StGBl. Nr. 10, Vollzugsanweisung des Deutschösterreichischen Staatsamtes für Volksernährung im Einvernehmen mit dem Deutschösterreichischen Staatsamte für Verkehrswesen vom 13. November 1918, betreffend Transportbescheinigungen für Frischgemüse, sowie StGBl. Nr. 11, Vollzugsanweisung des Deutschösterreichischen Staatsamtes für Volksernährung im Einvernehmen mit den beteiligten Staatsämtern vom 13. November 1918, betreffend die Versendung von Gemüsesamen, beide ausgegeben am 16. November 1918.

9 Johannes Schober, ab 11. Juni 1918 Leiter der Polizeidirektion Wien, wurde am 30. November 1918 zum Polizeipräsidenten von Wien ernannt und am 3. Dezember 1918 mit der Leitung des gesamten öffentlichen Sicherheitsdienstes betraut. Ein diesbezüglicher Antrag scheint im Staatsrat nicht auf, seine Ernennung wurde jedoch im Staatsratsdirektorium positiv behandelt, vgl. Staatsratsdirektoriumsvermerk Nr. 4/3 vom 30. November 1918.

10 Vgl. SRP Nr. 28 vom 9. November 1918.

11 Vgl. etwa Neue Freie Presse. Morgenblatt, 10. November 1918, S. 6 „Die Verwendung der Steuereingänge Deutschösterreichs“. Den Staatsratsbeschluss vgl. SRP Nr. 28 vom 9. November 1918.

12 StGBl. Nr. 1, Beschluss der Provisorischen Nationalversammlung für Deutschösterreich vom 30. Oktober 1918 über die grundlegenden Einrichtungen der Staatsgewalt, ausgegeben am 15. November 1918.

13 Vgl. StGBl. Nr. 1/1918, § 7: „Der Staatsrat berät die Vorlagen an die Nationalversammlung vor, beurkundet deren Beschlüsse, macht sie kund und erläßt die nötigen Vollzugsanweisungen.“ Diese

a) In Vollzugsanweisungen, die im Allgemeinen den bisherigen Durchführungsverordnungen zu Gesetzen und den Verordnungen des Gesamtministeriums entsprechen. Sie werden vom Staatsrate erlassen und sind vom Präsidenten, Staatskanzler und Staatsnotar zu unterzeichnen. Ihre Verlautbarung erfolgt im Wege der Staatskanzlei im Staatsgesetzblatte.

b) In Vollzugsanweisungen, welche von den Staatssekretären über Ermächtigung des Staatsrates erlassen werden. Hierher gehören alle Rechtsverordnungen, welche nicht unter die Kategorie a) fallen. Sie sind einleitend durch die Klausel: „Über Ermächtigung des Staatsrates wird verordnet wie folgt:" kenntlich zu machen und werden von dem zuständigen Staatssekretär und vom Staatsnotar unterfertigt. Die Mitfertigung wäre wie bisher im kürzesten Wege mittelst Einsichtsbogen einzuholen. Die Verlautbarung dieser Vollzugsanweisungen erfolgt im Staatsgesetzblatte und im Verordnungsblatte des betreffenden Staatsamtes.

Die Verwaltungsverordnungen bleiben nach wie vor Verordnungen. Sie sind im Wesentlichen interne Dienstvorschriften, die von den Staatssekretären im eigenen Wirkungskreise erlassen, nur von ihnen unterfertigt und im Verordnungsblatte des betreffenden Staatsamtes verlautbart werden.

Der Kabinettsrat nimmt diese Ausführungen zustimmend zur Kenntnis und beschließt über Antrag des Staatssekretärs Dr. Loewenfeld-Ruß, dass auch die vom Staatsrate erlassenen Vollzugsanweisungen vom zuständigen Staatssekretäre mitgefertigt werden.[14]

Bestimmung wurde aufgehoben durch § 4 (7) des StGBl. Nr. 139, Gesetz vom 19. Dezember 1918, womit einige Bestimmungen des Beschlusses der Provisorischen Nationalversammlung für Deutschösterreich über die grundlegenden Einrichtungen der Staatsgewalt vom 30. Oktober 1918, StGBl. Nr. 1, abgeändert oder ergänzt werden, ausgegeben am 24. Dezember 1918.

14 Vgl. dazu auch AdR, StK, GZl. 80/1918, Amtsveranlassung, betr. Ausfertigung von Verordnungen. Am 11. November 1918 legte Ministerialrat Löwenthal weiters einen Bericht über seine „Wahrnehmungen und Veranlassungen in Angelegenheit der Errichtung der Staatskanzlei" vor. Dieser findet sich in AdR, StK, GZl. 76/1918, Amtsveranlassung, mit welcher ein Bericht über die Wahrnehmungen bei der Kanzleiorganisation vorgelegt wird.

7.[1]

[Sonntag] 1918-11-10

Vorsitz: Renner
Anwesend: Deutsch, Glöckel, Hanusch, Jukel, Kaup, Loewenfeld-Ruß, Marckhl, Mataja, Pacher, Roller, Steinwender, Urban, Waihs
Zugezogen: Boog[2] (zu Punkt 1 und 2)
Schriftführer: unbekannt
Dauer: unbekannt[3]

Reinschrift, Konzept, Stenogramm[4]

Inhalt:
1. Schutz der Kunst- und Kulturwerte.
2. Fortschritte der Heeresorganisation.
3. Stand der Zurückführung der Truppen.
4. Abrüstung der Reserveoffiziere und der Einjährig-Freiwilligen.
5. Flugdienst nach Deutschböhmen.
6. Behebung der Wohnungsnot.
7. Übernahme des Kaiser Karl Fonds und des Kriegsfürsorgeamtes des Kriegsministeriums in die Verwaltung des Staatsamtes für soziale Fürsorge.
8. Jugendfürsorge.
9. Vorschriften über die Sonntagsruhe.
10. Sonderverhandlungen wegen Lieferung von Lebensmitteln gegen Kompensationen.
11. Ergänzung des Direktoriums des Amtes für Volksernährung.
12. Verweigerung des Gelöbnisses durch Beamte.
13. Feststellung eines Termines für die formelle Übernahme des k.k. Staatshaushaltes auf den d.ö. Staatshaushalt.
14. Beurlaubung nichtdeutscher Beamter.
15. Studien über den Umfang des künftigen deutschösterreichischen Staatshaushaltes.
16. Beiräte der Zentralstellen.
17. Teilnahme der Unterstaatssekretäre und delegierten Beamten der Staatsämter an den Kabinettsratssitzungen.
18. Verwaltungsgerichtshof und Reichsgericht.
19. Ausübung der Justiz- und Militärhoheit.
20. Vertretung von Vorlagen und Beantwortung von Anfragen in der Nationalversammlung.

1
Schutz der Kunst- und Kulturwerte

Auf Grund einer Anregung des Oberbefehlshabers B o o g[5], der auf die dringende Notwendigkeit des Schutzes aller Kunst- und Kulturwerte insbesondere in der Stadt Wien

---
1 Das Protokoll trägt den Vermerk *Vertraulich!*
2 Adolf von Boog, Offizier, zuletzt k.u.k. Feldmarschallleutnant, 8. November 1918 bis 1. Juli 1919 Oberbefehlshaber der Deutschösterreichischen Volkswehr.
3 Das Protokoll enthält keine Informationen zur Sitzungsdauer. In einem kurzen Bericht der „Neuen Freien Presse" zu dieser Sitzung wurde eine Dauer von drei Stunden erwähnt. Vgl. Neue Freie Presse. Nachmittagsblatt, 11. November 1918, S. 2 „Deutschösterreichischer Kabinettsrat".
4 Das Protokoll enthält keine Beilagen zu den erörterten Themen.
5 Boog war erst zwei Tage zuvor zum Oberbefehlshaber der Volkswehr ernannt worden. Vgl. dazu SRP Nr. 19 vom 5. November 1918, Nr. 22 vom 7. November 1918 sowie Nr. 24 und Nr. 25, beide vom

(Schatzkammer, Hofmuseen, Hofbibliothek, Gemäldegalerie, etc.) hinweist, erteilt der Kabinettsrat dem Oberkommandierenden die Vollmacht, im Einvernehmen mit den Staatsämtern des Innern, für Heerwesen und Unterricht alle zweckmäßig erscheinenden Maßnahmen zu treffen und sich hiebei des akademischen Malers E n g e l h a r d t[6] zu bedienen, der als sachverständiger Beirat die zu schützenden Objekte näher zu bezeichnen hätte.[7]

2

Fortschritte der Heeresorganisation

Oberbefehlshabers B o o g macht über den Fortgang der Heeresorganisation Mitteilung. Durch das intakte Eintreffen der durchaus verlässlichen 25. Inft.Div. sei ein wertvoller Grundstock für die künftige deutschösterr. Armee geschaffen.[8]

Der Kabinettsrat nimmt diese Mitteilungen mit Befriedigung zur Kenntnis.[9]

3

Stand der Zurückführung der Truppen

Unterstaatssekretär Dr. D e u t s c h berichtet zunächst, dass die Verhältnisse auf den Wiener Bahnhöfen sich von Tag zu Tag bessern. In ca. 8–10 Tagen dürfte seiner Annahme nach die Zurückführung der Truppen im großen und ganzen beendet sein.

4

Abrüstung der Reserveoffiziere und der Einjährig-Freiwilligen

Sodann bespricht er die Frage der Demobilisierung der Reserveoffiziere. Das Staatsamt für Heerwesen nehme in Aussicht, deren Abrüstung nicht generell (nach Jahrgängen) sondern vorerst individuell durchzuführen, wobei ihnen außer der schon nach den bestehenden Demobilisierungsvorschriften gebührenden Monatsgage noch, und zwar ohne Rücksicht auf die Charge, eine einmalige Abfertigung im Betrage von 300 K zu Lasten des deutschösterreichischen Staates gewährt werden soll.

Der Staatssekretär der Finanzen erhebt dagegen keine Einwendung, möchte jedoch bemerken, dass es auch dringend notwendig wäre, die Einjährig-Freiwilligen sogleich zu entlassen.

Nach einer längeren Debatte, an der sich die Staatssekretäre Dr. R o l l e r, Dr. K a u p, Dr. L o e w e n f e l d - R u ß, sowie die Unterstaatssekretäre M a r c k h l und W a i h s beteiligen,[10] stimmt der Kabinettsrat den Vorschlägen des Staatsamtes für Heerwesen zu

---

8. November 1918; AdR, StK, GZl. 1.871/1919, Zl. 90/1918, Amtserinnerung, Gelöbnis des FML Adolf von Boog als oberster Befehlshaber der bewaffneten Macht Deutschösterreichs.

[6] Josef Anton Engelhardt, Maler und Bildhauer, Mitbegründer der Wiener Secession, Kriegsmaler des k.u.k. Kriegspressequartiers.

[7] In diesem Zusammenhang informierte das Staatsamt der Finanzen die Zollämter „im Bereiche der Finanz-Landes-Behörden Wien, Linz, Innsbruck, Graz und Klagenfurt“ in einem Schreiben vom 22. November 1918 darüber, dass ein Ausfuhrverbot von „Kunstgegenständen und Altertümern“ erlassen werde und der Ausfuhrverkehr in diesem Sinne zu überwachen „und insbesondere das Gepäck der Reisenden auf die Mitführung solcher Gegenstände genauestens zu untersuchen“ sei. Vgl. AdR, StK, GZl. 582/1918, Ausfuhrverbot für Kunstgegenstände; FHKA, k.k. Finanzministerium, Allgemeine Abteilungen, StAF, Zl. 2.457/1918. Vgl. weiter auch KRP Nr. 13/6, zur Schaffung eines einschlägigen Gesetzes vgl. Nr. 14/11.

[8] Gemeint war die 25. Infanterietruppendivision, ein Verband des 2. Korpskommandos in Wien (zuständig für den Bereich Niederösterreich und Südmähren).

[9] Zur gesetzlichen Basis der Bildung des neuen österreichischen Heeres aus der Volkswehr vgl. StGBl. Nr. 122, Wehrgesetz vom 18. März 1920, ausgegeben am 27. März 1920.

[10] Vgl. das Stenogramm.

und beschließt weiters, dass Maßnahmen zu treffen seien, um die Einjährig-Freiwilligen so rasch als möglich den Studien wieder zuzuführen. Zu diesem Behufe habe das Staatsamt für Unterricht die Rektorate der Hochschulen anzuweisen, den Inskriptionstermin für die aus dem Heeresverband entlassenen Einjährig-Freiwilligen wenigstens bis Ende November l. J. zu verlängern; auch wäre von den Rektoraten für derartige bedürftige Hörer eine individualisierende Fürsorgeaktion unter Inanspruchnahme der erforderlichen Kredite bei der Unterrichtsverwaltung einzuleiten.[11]

Weiters wird der Beschluss gefasst, dass die öffentlichen Bediensteten aller Kategorien zum sofortigen Antritte ihres Zivilberufes zu verhalten seien. Das Staatsamt des Innern wird hievon auch alle Behörden, Gemeinden und dgl. in Kenntnis zu setzen haben. Für die heimkehrenden berufslosen Reserveoffiziere hätte das Staatsamt für Kriegs- und Übergangswirtschaft eine Arbeitsvermittlung einzurichten.[12]

5

Flugdienst nach Deutschböhmen

Unterstaatssekretär Dr. D e u t s c h teilt mit, dass die Einrichtung des Flugdienstes nach Deutschböhmen beendigt ist und morgen das erste Flugzeug von Wien nach Eger und von dort nach Reichenberg abgehen wird. Dieser Vermittlungsdienst stehe dem Staatsrate und allen Staatsämtern zur Verfügung.

Der Kabinettsrat nimmt diese Mitteilungen zustimmend zur Kenntnis.[13]

6

Behebung der Wohnungsnot

Über Antrag des Staatssekretärs H a n u s c h wird dem Staatsamte für soziale Fürsorge die Bewilligung erteilt, für Zwecke der Behebung der Wohnungsnot einen Betrag im Höchstausmaß von 10 Mill. K bis Ende des Jahres in Anspruch zu nehmen.[14]

---

[11] Ähnlich vgl. auch Reichspost. Morgenblatt, 24. November 1918, S. 6 „Studienfortsetzung der Zöglinge der Militärerziehungs- und -bildungsanstalten".

[12] Zur Schaffung eines „Deutschösterreichischen Reserveoffiziers-Hilfsfonds" mit Geschäftsstelle an der Adresse Wien I., Schwarzenbergplatz 1, zu dessen Aufgaben auch die Arbeitsvermittlung zählte, vgl. etwa Neue Freie Presse. Morgenblatt, 21. November 1918, S. 6 „Die Zukunft der deutschösterreichischen Offiziere"; Reichspost. Morgenblatt, 23. November 1918, S. 5 „Heerwesen". Vgl. in diesem Zusammenhang weiters auch Neue Freie Presse. Morgenblatt, 12. November 1918, S. 6 „Eine Massenkundgebung der Reserveoffiziere". Zur Arbeitsvermittlung vgl. auch KRP Nr. 3/6, zur Abrüstung der Reserveoffiziere weiters Nr. 13/9. Zu den Reserveoffizieren vgl. grundsätzlich auch Ernst Zehetbauer, Krieg der Reserveoffiziere 1914–1918: Österreich-Ungarn, die „E.F." und das Ende der alten Armee, Hamburg 2015; ders., Das Reserveoffizierssystem Österreich-Ungarns: die alte Armee und ihre „Einjährigen" 1868–1914, Hamburg 2016.

[13] Vgl. dazu AdR, StK, GZl. 87/15/1919, Zl. 1.396/1918, Kurier- und Flugdienst für Deutschböhmen. Der Akt enthält umfangreiche Informationen zum Thema, so u. a. ein Schreiben des Staatsamtes für Heereswesen an die Staatskanzlei vom 21. November 1918, in dem mitgeteilt wurde, dass das genannte Staatsamt „die Aufstellung eines Luftverkehrs zwischen Wien und Troppau, Trautenau, Reichenberg, Aussig und Eger angeordnet" habe, der „vorläufig nur nach Bedarf stattfinden" werde. Da die Gefahr von Notlandungen auf tschechischem Gebiet bestehe „und mit dem Verlust der Post gerechnet werden" müsse, sollten wichtige Ausfertigungen „gleichzeitig mit Fahrpost" und „geheime Nachrichten nicht im Luftwege" befördert werden.

[14] Zur Wohnungsnot in den ersten beiden Jahren nach Kriegsende und der damit verbundenen Bautätigkeit, vor allem in Wien, vgl. Österreichisches Jahrbuch 1920. Nach amtlichen Quellen, Wien 1921, S. 32–36. Zur Wohnungsnot vgl. auch KRP Nr. 17/7 und Nr. 28/4.

7
Übernahme des Kaiser Karl Fonds und des K.F.A. des K.M. in die Verwaltung des Staatsamtes für soziale Fürsorge

Staatssekretär H a n u s c h bittet um die Ermächtigung, den Kaiser Karl Fond in die Verwaltung des Staatsamtes für soziale Fürsorge übernehmen zu dürfen; desgleichen sollen alle Agenden des Kriegsfürsorgeamtes im K.M. unbeschadet der seinerzeitigen Auseinandersetzung mit den übrigen beteiligten Staatsverwaltungen vom Staatsamte für soziale Fürsorge übernommen werden, wobei das Staatsamt für Heerwesen bis auf weiteres das erforderliche Hilfspersonale in seiner gegenwärtigen Verwendung zu belassen hätte, insoweit diesbezüglich nicht eine andere Verfügung vom Staatsamte für soziale Fürsorge getroffen wird.

Der Kabinettsrat erteilt die erbetene Ermächtigung mit der Maßgabe, dass bezüglich der in der Verwaltung des K.F.A. stehenden Betriebe das Einvernehmen mit dem Staatsamte für Kriegs- und Übergangswirtschaft und bezüglich der Einrichtungen und Summen, welche für die Kriegssiechen bestimmt sind, das Einvernehmen mit dem Staatsamte für Volksgesundheit herzustellen sein wird.[15]

8
Jugendfürsorge

Staatssekretär H a n u s c h erbittet und erhält die Zustimmung des Kabinettsrates zur Inanspruchnahme eines Kredites von 1 Mill. K für Zwecke der Jugendfürsorge. Wegen Einrichtung einer „Volksberatung“ wird sich das Staatsamt für soziale Fürsorge mit den Staatsämtern für Justiz, Unterricht und Volksgesundheit in Verbindung zu setzen haben.[16]

9
Vorschriften über die Sonntagsruhe

S.S. H a n u s c h ersucht um Ermächtigung zur Hinausgabe einer Vollzugsanweisung betreffend die Wiedereinführung der Sonntagsruhe, wie sie vor dem Kriege bestand.[17] Der Kabinettsrat beauftragt das Staatsamt für soziale Fürsorge zunächst, binnen zwei Tagen das bezügliche Einvernehmen mit dem Staatsamte für Gewerbe, Industrie und Handel zu pflegen.[18]

10
Sonderverhandlungen wegen Lieferung von Lebensmitteln gegen Kompensationen

Staatssekretär Dr. L o e w e n f e l d - R u ß wird ermächtigt, im Einvernehmen mit dem Staatssekretär für Gewerbe, Industrie und Handel dem Staatsrate einen Beschlussantrag vorzulegen, demzufolge von Landesverwaltungen, Gemeinden und Privaten ohne Zustimmung

---

15 Zum Kaiser und König Karl-Kriegsfürsorgefonds und seiner Liquidierung vgl. KRP Nr. 3, Anmerkung 28, weiters auch Nr. 28/4. Aktenmaterial zum Kriegsfürsorgeamt findet sich in KA, Zentralstellen, Kriegsministerium und Militärliquidierungsamt, Internakten 132, Kriegsfürsorgeamt 1915–1920.

16 Ein Überblick über die Lage auf dem Sektor der Jugendfürsorge, ihre Organisation und diverse damit verbundene Hilfsaktionen in der unmittelbaren Nachkriegszeit findet sich in Österreichisches Jahrbuch 1920, S. 25–32. Umfangreiches Material zur Jugendfürsorge für die Jahre 1918 bis 1932 findet sich im Bestand AdR, BMsV, Jugendfürsorge. Zur Jugendfürsorge vgl. weiters auch KRP Nr. 28/4.

17 Gemeint waren mehrere gesetzliche Regelungen, darunter beispielsweise RGBl. Nr. 125, Gesetz vom 18. Juli 1905, womit das Gesetz vom 16. Jänner 1895, RGBl. Nr. 21, betreffend die Regelung der Sonn- und Feiertagsruhe im Gewerbebetriebe, teilweise abgeändert und ergänzt wird, ausgegeben am 1. August 1905; RGBl. Nr. 19, Gesetz vom 14. Jänner 1910, betreffend die Dauer der Arbeitszeit und den Ladenschluss in Handelsgewerben und verwandten Geschäftsbetrieben, ausgegeben am 4. Februar 1910.

18 Vgl. KRP Nr. 64/8 vom 22. April 1919; StGBl. Nr. 282, Gesetz vom 15. Mai 1919 über die Mindestruhezeit, den Ladenschluss und die Sonntagsruhe in Handelsgewerben und anderen Betrieben, ausgegeben am 24. Mai 1919.

der Zentralstellen keinerlei Sonderverhandlungen mit fremden Staaten wegen Lieferung von Lebensmitteln gegen Kompensationen geführt werden dürfen und dem Staatsamte für Volksernährung das Recht zuerkannt wird, solche Vereinbarungen als ungültig zu erklären.[19]

11
Ergänzung des Direktoriums des Amtes für Volksernährung

Staatssekretär Dr. Loewenfeld-Ruß wird ermächtigt, dem Staatsrate den Obmann der mittelständischen Organisation zur Wahrung der wirtschaftlichen Interessen des Mittelstandes Zehetbauer[20] für die Ernennung zum Mitgliede des Direktoriums des Amtes für Volksernährung vorzuschlagen.[21]

12
Verweigerung des Gelöbnisses durch Beamte

Nach einer Mitteilung des Staatssekretärs Pacher ereignen sich in Deutsch-Böhmen mehrfach Fälle, dass politische Beamte mit den nationalen Bezirksausschüssen zusammen zu arbeiten sich weigern.

Über Antrag des Staatssekretärs Dr. Mataja stellt der Kabinettsrat fest, dass alle Beamten, welche dem deutschösterreichischen Staate die Angelobung nicht leisten, vom Amte zu entfernen und durch andere Personen zu ersetzen sind.[22]

13
Feststellung eines Termines für die formelle Übernahme des k.k. Staatshaushaltes auf den d.ö. Staatshaushalt

Über Antrag des Vorsitzenden beschließt der Kabinettsrat, dass jeder Staatssekretär beauftragt wird, in seinem Amte einen mit dem Budgetreferate vertrauten Funktionär anzuweisen, die Frage der formellen Übernahme des bisherigen Staatshaushaltes auf den deutschösterr. Staatshaushalt zu studieren und binnen 8 Tagen einschlägige Anträge zu erstatten. Auf Grund dieser Vorschläge würde der Kabinettsrat sodann einen bestimmten Übernahmetag festzusetzen haben, wobei wenn möglich der 1. Dezember hiefür in Betracht zu ziehen wäre.

Gleichzeitig wird der Staatssekretär Dr. Steinwender eingeladen, nach gepflogenem Einvernehmen mit dem Obersten Rechnungshof diese Frage einer Kommission zur Ausarbeitung konkreter Anträge vorzulegen; in diese Kommission wäre ein Vertreter der Finanzverwaltung, ein Vertreter des Obersten Rechnungshofes, ferner Hofrat Grienseyß[23] und Oberrechnungsrat Schachermeier[24] zu berufen.[25]

---

19 Vgl. SRP Nr. 29 vom 11. November 1918, wo beschlossen wurde, dass „keine andere Stelle als das Staatsamt für Volksernährung berechtigt sei, auf Kompensationen beruhende Abmachungen mit den anderen Nationalitätenstaaten in Ernährungsangelegenheiten zu treffen, vielmehr eine solche Stelle verpflichtet sei, eine sich ihr bietende Gelegenheit dem Staatsamte für Volksernährung sofort zur Kenntnis zu bringen“. Zusätzlich wurde in der genannten Sitzung noch beschlossen, dass „der Staatsrat auf die Leiter der Landesregierungen entsprechend Einfluß nehmen möge, daß die Anordnungen und Verfügungen des Staatsamtes für Volksernährung strengstens befolgt werden“.

20 Josef Zehetbauer, Direktor der Warenabteilung des Reichswirtschaftsbundes der Festangestellten.

21 Vgl. Verordnungsblatt des Staatsamtes für Volksernährung, Jg. 1919, Nr. 4, Jänner 1919, S. 74 „Personalnachrichten“.

22 Zu Beamtenfragen vgl. weiter Tagesordnungspunkt 14.

23 Max Grienseyss, Hofrat, im Generalkommissariat für Kriegs- und Übergangswirtschaft des Handelsministeriums tätig, sodann ab 4. November 1918 im Staatsamt für Gewerbe, Industrie und Handel.

24 Franz Schachermeier, Oberrechnungsrat des Handelsministeriums, ab 4. November 1918 im Staatsamt für Gewerbe, Industrie und Handel tätig.

25 Am 18. November 1918 referierte Staatsrat Edler von Licht im Staatsrat über den Gesetzesentwurf, betreffend die Führung des Staatshaushaltes vom 1. November 1918 bis 30. Juni 1919. Von einer

14

Beurlaubung nichtdeutscher Beamter

Auf die Anfrage des Staatssekretärs der Justiz stellt der Kabinettsrat fest, dass Beamte, die wegen ihrer Zugehörigkeit zu einer anderen Nationalität nicht übernommen werden, bereits jetzt unter Belassung ihrer bisherigen Bezüge beurlaubt werden können. Im Weigerungsfalle wäre die Intervention der k.k. Regierung anzurufen.[26]

15

Studien über den Umfang des künftigen deutschösterr. Staatshaushaltes

Der Vorsitzende hält es für wünschenswert, einen allgemeinen Überblick auf den künftigen Umfang des deutschösterr. Staatshaushaltes zu erlangen und beantragt demgemäß, den Ministerialrat Dr. Davy[27] und einen vom Staatssekretär Dr. Steinwender namhaft zu machenden Vertreter der Finanzverwaltung mit der Spezialaufgabe zu betrauen, an dem Beispiele und dem Maße des Staates Bayern ungefähr zu errechnen, welche Voranschläge wir für jedes einzelne unserer Staatsämter und für unseren ganzen Staat vergleichsweise in Aussicht nehmen können.

Der Kabinettsrat stimmt diesem Antrage zu.[28]

16

Beiräte der Zentralstellen

Über Anregung des Vorsitzenden beschließt der Kabinettsrat, dass in den einzelnen Staatsämtern über die Frage zu beraten sei, ob bezw. welche der bisherigen bei den Zentralstellen bestehenden Beiräte auch weiterhin zu belassen und bejahendenfalls auf welcher Grundlage dieselben zu erneuern wären.[29]

Übernahme des k.k. Staatshaushaltes war nicht die Rede, im Gegenteil wurde betont: „Der Entwurf des Staatssekretärs für Finanzen sei mit dessen Zustimmung [...] einer wesentlichen Änderung unterzogen worden, die sich darauf beziehe, dass alles vermieden werden soll, was eine Kontinuität des neuen Staates Deutschösterreich mit dem alten Staate beinhalten, eine Universalsukzession in die alten Verbindlichkeiten auch nur andeuten könnte." Vgl. SRP Nr. 36, zur Annahme des Entwurfes vgl. Nr. 38 vom 19. November 1918; StGBl. Nr. 74, Gesetz vom 27. November 1918 über die Führung des Staatshaushaltes vom 1. November 1918 bis 30. Juni 1919, ausgegeben am 4. Dezember 1918. Vgl. weiters auch KRP Nr. 13/5. Eine Aufschlüsselung des Staatshaushaltes der österreichischen Reichshälfte sowie des gemeinsamen Staatshaushaltes der Jahre 1913 bis 1918 findet sich in Helmut Rumpler/Anatol Schmied-Kowarzik (Bearb.), Die Habsburgermonarchie 1848–1918. Band XI: Die Habsburger Monarchie und der Erste Weltkrieg. 2. Teilband: Weltkriegsstatistik Österreich-Ungarns 1914–1918. Bevölkerungsbewegung, Kriegstote, Kriegswirtschaft, Wien 2014, S. 336 f und S. 340–343.

26 Zur grundsätzlichen Behandlung von Beamtenfragen vgl. KRP Nr. 11/2, Nr. 14/6, Nr. 19/1, Nr. 23/6, Nr. 29/5 und Nr. 34/13, zur Erörterung weiterer, im Zusammenhang mit sowohl „deutschen" als auch „nichtdeutschen" Beamten stehenden Fragen vgl. KRP Nr. 4/1, Nr. 18/8, Nr. 19/4, Nr. 21/2, Nr. 22/2, Nr. 26/8 und 9 sowie Nr. 33/6.

27 Dr. Robert Davy, Ministerialrat im Staatsamt des Innern, Leiter der Kommission für die Verwaltungsreform, Mitglied der zwischenstaatsamtlichen Geschäftsstelle zur Beratung grundsätzlicher Staatsbedienstetenfragen, 1919 von Karl Renner mit den Vorarbeiten für die Angliederung Deutsch-Westungarns betraut.

28 Informationen zu den Schwierigkeiten bei der Erstellung eines verlässlichen Staatsvoranschlages und die dabei zu beachtenden Grundsätze finden sich in FHKA, k.k. Finanzministerium, Allgemeine Abteilungen, StAF, Zl. 4.343/1918, Grundsätze für die Gebarung in der Zeit vom 1. November 1918 bis 30. Juni 1919; im gleichen Bestand weiters Zl. 4.344/1918, Verfassung eines provisorischen Staatsvoranschlagsentwurfes Deutschösterreichs für die Zeit vom 1. Jänner bis 30. Juni 1919.

29 In diesem Zusammenhang vgl. etwa KRP Nr. 24/7, wo die Einsetzung eines Fachbeirates beim Staatsamte für Landwirtschaft behandelt wurde, der an die Stelle des ehemaligen Landwirtschaftsrates des

17

Teilnahme der Unterstaatssekretäre und delegierten Beamten der Staatsämter an den Kabinettsratssitzungen

Der Vorsitzende bringt sodann die Frage der Teilnahme der Unterstaatssekretäre und delegierten Beamten der Staatsämter an den Sitzungen des Kabinettsrates zur Sprache. Gemäß den Vorschlägen des Staatskanzlers wird nach einer kurzen Wechselrede, an der sich die Staatssekretäre Dr. Urban, Dr. Mataja und Dr. Steinwender sowie der Unterstaatssekretär Glöckel beteiligen[30], vom Kabinettsrat festgestellt, dass die Unterstaatssekretäre als Mitglieder des Kabinetts im Kabinettsrat Sitz und Stimme haben, wobei aber daran festzuhalten ist, dass jedes Staatsamt nur über eine Stimme zu verfügen hat.

Den von einem Staatsamte im Falle der Verhinderung des Staatssekretärs und des Unterstaatssekretärs in den Kabinettsrat delegierten Beamten steht jedoch ein Stimmrecht nicht zu.

18

Verwaltungsgerichtshof und Reichsgericht

Staatssekretär Dr. R o l l e r bringt die Frage des V.G.H. und des Reichsgerichtes zur Sprache. Seiner Ansieht nach wäre ersterer in den d.ö. Staat zu übernehmen, letzteres aufzulösen und dessen Agenden an den V.G.H. abzugeben. Demgegenüber weist der Vorsitzende auf die Wichtigkeit der Erhaltung eines Gerichtshofes zur Wahrung der subjektiven politischen Rechte der Staatsbürger hin und bemerkt abschließend, dass über diese Frage die Nationalversammlung Beschluss zu fassen haben wird.

Der Kabinettsrat weist sonach den Staatssekretär für Justiz an, einen diesbezüglichen Vorschlag auszuarbeiten.[31]

19

Ausübung der Justiz- und Militärhoheit

Der Vorsitzende führt aus, dass nach der provisorischen Verfassung des d.ö. Staates der Staatsrat der Träger der Regierungs- und Vollzugsgewalt sei.[32] Gegen diese Konstruktion habe

---

Ackerbauministeriums treten sollte.

30 Vgl. das Stenogramm.

31 Die Kompetenzen des Reichsgerichtshofes (Verfassungsschutz, Beschwerden der Staatsbürger wegen Verletzung der ihnen durch die Verfassung gewährleisteten Rechte, Ansprüche der Kronländer untereinander, gegen das Reich und umgekehrt, Zuständigkeitsfragen) und des Staatsgerichtshofes (Ministeranklagen) gingen auf den im Jänner 1919 neu eingerichteten Verfassungsgerichtshof über: StGBl. Nr. 48, Gesetz vom 25. Jänner 1919 über die Errichtung eines deutschösterreichischen Verfassungsgerichtshofes, ausgegeben am 30. Jänner 1919; StGBl. Nr. 212, Gesetz vom 3. April 1919, womit die Aufgabe des ehemaligen Staatsgerichtshofes auf den deutschösterreichischen Verfassungsgerichtshof übertragen und das Gesetz vom 25. Jänner 1919, StGBl. Nr. 48, über die Errichtung eines Deutschösterreichischen Verfassungsgerichtshofes abgeändert und ergänzt wird, ausgegeben am 10. April 1919. Vgl. dazu SRP Nr. 63/II vom 8. Jänner 1919, Nr. 64/II vom 10. Jänner 1919 und Nr. 67/II vom 17. Jänner 1919. Aktenmaterial zur Errichtung des deutschösterreichischen Verfassungsgerichtshofes findet sich in AdR, StAJ, Faszikel II-85, GZl. 10.602/1930, Änderung der Organisationsgesetze der Höchstgerichte/Reichsgericht, Verwaltungsgerichtshof, Oberster Gerichtshof, Überleitung des Verw. Gerichtshofes in die neuen Verhältnisse. Zum Thema vgl. auch Kurt Heller, Der Verfassungsgerichtshof. Die Entwicklung der Verfassungsgerichtsbarkeit in Österreich von den Anfängen bis zur Gegenwart, Wien 2010.

32 Renner bezog sich auf § 3 des StGBl. Nr. 1, Beschluss der Provisorischen Nationalversammlung für Deutschösterreich vom 30. Oktober 1918 über die grundlegenden Einrichtungen der Staatsgewalt, ausgegeben am 15. November 1918. Dieser lautete: „Mit der Regierungs- und Vollzugsgewalt betraut die Provisorische Nationalversammlung einen Vollzugsausschuß, den sie aus ihrer Mitte bestellt. / Der Vollzugsausschuß führt den Titel ‚Deutschösterreichischer Staatsrat'." Renners Verfassungsentwurf

er insoferne Bedenken, als hiedurch dem Grundsatze der Trennung von Justiz und Verwaltung nicht genügend Rechnung getragen sei und es wünschenswert wäre, dass neben dem rein parteimäßig und politisch zusammengesetzten Staatsrat[33] von der Nationalversammlung ein besonderer Vollzugsausschuss für die Ausübung der Justizhoheit eingesetzt wird, der als objektives fachliches Organ die Rechtspflege zu überwachen hätte. Um diese Objektivität zu sichern, schwebe ihm der Gedanke vor, dass das Vollzugsorgan etwa aus sieben, nicht nach Parteigesichtspunkten, sondern nach der fachlichen Fähigkeit gewählten Mitgliedern zu bestehen hätte. Dieser Justizrat müsste weiters das Recht haben, sich aus den Kreisen der Richter, der Anwaltschaft, der Notare und aus mit Rechtsgeschäften sonst befassten Interessentengruppen auf etwa 12 Mitglieder zu ergänzen; es würde ihm u. a. auch das Präsentationsrecht[34] für die vom Staatsrat zu vollziehenden Richterernennungen zustehen. Dadurch erst schiene dem Redner die Justizhoheit des Staates mit dem notwendigen Elemente der Stabilität ausgestattet.

In ähnlicher Weise wäre ein Wehrrat zum Zwecke einer dem Parteigetriebe entrückten Militärhoheit zu schaffen.

Der Vorsitzende ersucht die Mitglieder des Kabinetts, sich bereits jetzt mit dieser wichtigen Frage zu beschäftigen.[35]

20

Vertretung von Vorlagen und Beantwortung von Anfragen in der Nationalversammlung[36]

Über eine Anfrage aus der Mitte der Kabinettsmitglieder stellt der Kb.Rat fest, dass vor der Nationalversammlung der jeweils zuständige Staatssekretär die V o r l a g e n seines Ressorts, der Staatskanzler die Vorlagen der Staatskanzlei zu vertreten habe, es sei denn, dass der Staatsrat einen besonderen Referenten ausdrücklich bestimmt.

A n f r a g e n, die ein spezielles Ressort betreffen, werden von dem zuständigen Staatssekretär beantwortet, wenn nicht im Einzelfalle der Staatskanzler die Beantwortung im Namen des Staatsrates übernimmt.

---

findet sich in AVA, Nachlass Renner, E/1.731:295. Vgl. dazu auch Wilhelm Brauneder, Karl Renners „Entwurf einer provisorischen Verfassung“: ein vorläufiger Bericht, in: Heinz Mayer (Hg.), Staatsrecht in Theorie und Praxis. Festschrift Robert Walter zum 60. Geburtstag, Wien 1991, S. 63–95; Georg Schmitz, Karl Renners Briefe aus Saint Germain und ihre rechtspolitischen Folgen (= Schriftenreihe des Hans Kelsen-Instituts 16), Wien 1991, S. 33–49 und S. 165–194.

33 Vgl. dazu Hanns Haas, Historische Einführung, in: Der österreichische Staatsrat. Protokolle des Vollzugsausschusses, des Staatsrates und des Geschäftsführenden Staatsratsdirektoriums. Band 1. Herausgegeben von Gertrude Enderle-Burcel, Hanns Haas und Peter Mähner, Wien 2008, S. XXI–LXVII, hier S. XXI f.

34 Präsentationsrecht: das Recht, einen Kandidaten für ein Amt vorzuschlagen.

35 In der zwei Tage später stattfindenden dritten Sitzung der Provisorischen Nationalversammlung wurden sieben Ausschüsse mit je zehn Mitgliedern gewählt, darunter auch ein Ausschuss für Heereswesen und ein Justizausschuss. Vgl. Sten. Prot. Prov. NV, 3. Sitzung vom 12. November 1918, S. 87.

36 Im Stenogramm ist hier Loewenfeld-Ruß verzeichnet, es ist jedoch unklar, ob er die gegenständliche Anfrage stellte oder die hier wiedergegebene diesbezügliche Feststellung lieferte.

Stenogramm vom 10. November 1918

10. 11.

Renner: eröffnet.
Schutz der kaiserlichen Museen und Kunstanstalten, die im Bereich des Kriegsgebietes des deutsch-österreichischen Staates.
Boog: Maler Engelhart[37]; Schatzkammer, zu verhindern, dass es verschleppt wird; Hofmuseen; Hofbibliothek. Dem Maler Engelhart das Referat zu erteilen, die -
Renner: Eine Kommandogewalt kann ihm nicht zuerkannt werden. Der Oberkommandierende hat die besonderen Aufträge zum Schutz zu geben und kann Engelhart diesfalls gewiss -.
[Am Rand:] Als Beirat beigegeben, um ihm die Objekte zu bezeichnen, die geschützt werden müssen.
Mataja: Einverstanden.
Deutsch: Mit Truppen können die Gebäude besetzt werden (Schatzkammer, zwei Museen, Hofbibliothek, moderne Galerie, Belvedere-Garten, Museum der Stadt Wien).
Glöckel: Will diese Objekte durch Offiziere bewacht sehen. Diese Wachen sollen eigenartig zusammengesetzt werden mit Rücksicht auf den eigenartigen Zweck.
Deutsch: Erklärt sich bereit, starke Offizierswachen bereit zu stellen.
Renner: Ausrüstung: Infanteriewachabteilungen.

Boog über die militärischen Kräfte: [Die] 25. Division ist intakt geblieben (Infanterieregiment 4, 84, 6, 10 und 5 Jäger). 84. Infanterieregiment [ist] tadellos angekommen, Gelöbnis bereits abgelegt. 4. Infanterieregiment kommt heute an. 10. Jäger sind St. Pöltner Bauern. Dem [...] wäre das Militärkommando Wien zu übertragen. Bequartiert werden sie in der Rennweg-Kaserne, aber möglichst nach Wien. 70 Maschinengewehre, 80 Geschütze.
Renner: Weder Kabinett noch Staatsamt würden eine Verfügung zu treffen haben, da die beiden zuständigen Ressorts die Ermächtigung haben, die entsprechenden Verfügungen zu treffen (Heerwesen und Inneres).
Mataja: Frage der Besprechung der Beistellung von Assist.[enten?] jetzt beim Oberkommandierenden, nicht aber beim Staatsamt für Heerwesen.
Deutsch: Kurz militärische Berichte.
Auf den Bahnhöfen geht's gut, es bessert sich von Tag zu Tag. Wir können ohne Sorge sein diesbezüglich. Das Zuströmen ist groß, aber es geht gut. Nach 8–10 Tagen wird das Ärgste überstanden sein.
Demobilisierung: Für die Offiziere: Tausende von Reserveoffizieren, die völlig unterstandslos geworden sind.
Grundzüge: die Form der Abrüstung nach Jahrgängen eignet sich im Augenblick für die Offiziere nicht. Sie sollen
1.) vorerst individuell abgerüstet werden. An Offiziere, die austreten, soll eine Abfertigung gegeben werden (eine Monatsgage nach den alten Bedingungen). Sie verlangen 6 Monate. Wenn Steinwender zustimmt neben dem Monate
2.) ein Zuschuss von 300 K gleichgültig der Charge.
Dann erst die generelle (nach Jahrgängen). Dabei die Frage der Ruheständler.
Steinwender: Erhebt keine grundsätzlichen Bedenken. Frage aber nach den Einjährig-Freiwilligen; diese sollten sogleich entlassen werden.
Roller: Was geschieht mit den auf 5 Jahre Aktivierten?
Waihs: Aufforderung, zum Beruf zurück zu kehren.
Deutsch: Ein Jahr die Uniform weiter tragen ohne Waffen. Die im Staatsdienst stehen, müssen sogleich zurück.
Kaup: Die Verhältnisse sind sehr schwierig. Die Einjährig-Freiwilligen haben keine Unterstützungen. Man wird eine Unterstützung gewähren können, eine individualisierende Fürsorge.

---

37 Josef Anton Engelhardt.

Loewenfeld-Ruß: Ob diese Leute nicht von Wien weg kommen können. Überfrachtung macht sich geltend vom Standpunkt der Approv.[isionierung].

Marckhl: Viele Leute haben ihre Heimat verloren, die können natürlich nicht in ihre Heimat zurück.

Beschlüsse: 1.) Die Behandlung der Einjährig-Freiwilligen: so schnell als möglich den Studien zuzuführen, aber eine individuelle Fürsorge (durch das Staatsamt für Unterricht). Die Hochschulen hätten das in die Hand zu nehmen und hätten einen entsprechenden Kredit anzufordern. Den Abgerüsteten mitteilen, wenn sie sich innerhalb einer gewissen Zeit melden, können sie Fürsorge in Anspruch nehmen für ein Semester. Über die näheren Durchführungen Antrag des Staatsamtes für Unterricht. Rekt.[orate] aufgefordert, dass sie bis Ende November noch aufnehmen müssen.
2.) Die Reserveoffiziere: 300 K. – die ~~Beamten und Lehrer müssen sogleich~~ öffentlich Bediensteten aller Kategorien sind verhalten, sogleich ihren Dienst anzutreten.
3.) Bezüglich der aktivierten und aktiven Offiziere bleibt Entscheidung vorbehalten.
Das Staatssekretariat für Kriegs- und Übergangswirtschaft wird aufgefordert, eine Arbeitsvermittlung für derartige Reserveoffiziere einzurichten. Die öffentlichen Stellen (Behörden, Gemeinden, etc.) müssen auch verständigt werden.

Deutsch: Flugzeugdienst mit Nordböhmen. Eger – Reichenberg – Aspern[38]. Bevollmächtigte werden dorthin geschickt. Die Unterrichtung des Flugdienstes wurde zur Kenntnis genommen.

~~Renner: Es hat sich ein Reichenberger Feldpilot gemeldet.~~

Hanusch: Invalidengebühren sind im Laufe des Monats überhaupt nicht gezahlt worden. Sehr gefährlich.

Deutsch: Es kann nur lokale Unterbringung sein. Sagt Untersuchung zu.

1.)

Hanusch: Am Freitag [hat eine] Konferenz stattgefunden zur Behebung der Wohnungsnot (nicht nur in Wien, sondern auch in den Landesstädten). Es handelt sich um Gründung von Notstandswohnungen. Bittet um Zustimmung, dass im Einvernehmen mit dem Staatsamt für Finanzen 10 Millionen bereitgestellt [werden] (ratenweise angefordert).

Steinwender: Das Nötige wird bereitgestellt für die Herrichtung von Notwohnungen. Die Zustimmung des Staatssekretärs für Finanzen, dass für die Zwecke der Überwindung der Wohnungsnot Beträge im Höchstausmaß von 10 Millionen K. aufgewendet werden bis Ende des Jahres.

2.)

Hanusch: Übernahme des Kaiser-Karl-Fonds (70 Millionen K.). In engem Zusammenhang mit dem K.[aiser Karl]-Fürsorge-Fonds besteht ungeheure Schlamperei. Die Agenden des Kriegsfürsorgeamtes werden unbeschadet der seinerzeitigen Auseinandersetzung mit den übrigen beteiligten Staatsverwaltungen vom Staatsamt für Sozialfürsorge übernommen. Das Staatsamt für Heerwesen belässt bis auf weiteres das erforderliche Hilfspersonal in seiner gegenwärtigen Verwendung – insoweit diesbezüglich nicht eine andere Verfügung vom Staatsamt für Sozialfürsorge getroffen wird.

Urban: Dazu gehört eine Reihe von Betrieben (Schuhfabrik etc.). Urban wird sich ins Einvernehmen setzen wegen Liquidation.
Staatsamt für Sozialfürsorge wird sich mit dem Staatsamt für Kriegs- und Übergangswirtschaft ins Einvernehmen setzen.

Kaup: ~~Auch für die Zwecke~~ Diejenigen Einrichtungen und Summen, die für die Pflege von Kriegssiechen – nur im Einvernehmen mit dem Staatsamt für Volksgesundheit.

---

[38] Gemeint war der ehemalige Flughafen Wien-Aspern.

Hanusch: Jugendhorte: Um die Jugend vor der Verlotterung zu schützen, spricht einen Kredit von 1 Million an.

Steinwender: Stimmt zu.

Roller: Ersucht, sich mit dem Staatsamt für Justiz in Verbindung zu setzen. Eine Art Volksberatung. In Verbindung mit der Berufsvormundschaft.

Hanusch: Völlig einverstanden.

~~Kaup: Hält für eine ausgezeichnete~~ – Elternabend.

Wegen Volksberatung: Wird sich Sozialfürsorge ins Einvernehmen setzen mit Unterricht und Volksgesundheit.

Hanusch: Zwei Verfügungen, betreffend Sonntagsruhe, wie es im Frieden war (Wiederherstellung des alten Zustandes).

Steinwender: Dagegen.

Urban: Bittet um ein Einvernehmen mit dem Handelsamt (Frist von 2–3 Tagen).

Renner: Ohne Präjudiz: Fürsorge angewiesen, binnen 2 Tagen das Einvernehmen mit Urban zu pflegen.

Loewenfeld-Ruß: Verhandlungen mit den Staaten wegen Lebensmittel. Überall Compensation verlangt. Landesregierungen, städtische Behörden [führen] separate Verhandlungen (Graz); bittet um einen Beschluss, dass strikte Weisungen hinausgegeben werden, dass solche abgesonderten Verhandlungen nicht gepflogen werden dürfen.

Renner: Ermächtigt, solche Verhandlungen zu annullieren.

Steinwender: Vorheriges Einverständnis mit Wien.

Urban: Soweit es sich um staatlich bewirtschaftete Artikel handelt, um [die] angesucht wird von auswärts.

Renner: Man kann eventuell auch Vorverhandlungen gestatten. Es wird also ein Beschlussantrag an den Staatsrat gebracht werden von Loewenfeld-Ruß und Urban. Dem Amt für Volksernährung wird auch die Ermächtigung gegeben, diese Fälle in der Presse zu erläutern.

11.

Loewenfeld-Ruß: Ins Direktorium wurden ursprünglich 3 Mitglieder geschickt: Eld.[ersch], Mayr, Rosskopf (Schürf).[39] [Es wurde] gebeten um einen Vertreter des Mittelstandes: den Ob-

[39] Johann Mayer, Landesausschuss-Beisitzer in Niederösterreich, der Wiener Magistratsrat Dr. Hans Roßkopf und Matthias Eldersch, Direktor der Großeinkaufsgesellschaft österreichischer Konsumvereine, waren im Oktober 1918 in das Direktorium des Staatsamtes für Volksernährung berufen worden. Roßkopf lehnte allerdings seine Berufung wegen „Arbeitsüberbürdung" ab. Vgl. Reichspost. Morgenblatt, 27. Oktober 1918, S. 8 „Die Versorgung Wiens"; weiters VAP Nr. 3 vom 23. Oktober 1918 und Nr. 5 vom 24. Oktober 1918. Zur Ernennung von Dr. Hans Schürff zum Ernährungsdirektor bzw. zur Verbindung zwischen dem Vollzugsausschuss und dem Ernährungsamt vgl. VAP Nr. 7 vom 25. Oktober 1918 und Nr. 9 vom 28. Oktober 1918.

Matthias Eldersch, 1919 bis 1923 Mitglied des Wiener Gemeinderates, SdAP, 4. März 1919 bis 9. November 1920 Mitglied der Konstituierenden Nationalversammlung, 9. Mai 1919 bis 7. Juli 1920 Staatssekretär für Inneres und Unterricht.

Johann Mayer, 1890 bis 1922 mehrmals Abgeordneter zum Landtag Niederösterreich, 21. Oktober 1918 bis 16. Februar 1919 Mitglied der Provisorischen Nationalversammlung, CSP, 5. November 1918 bis 10. November 1920 Landeshauptmannstellvertreter von Niederösterreich, 10. November 1920 bis 9. Juni 1922 Landeshauptmann.

Dr. Johann Roßkopf, Magistratsrat extra statum der Stadt Wien, zuständig für Teilbereiche der Lebensmittelversorgung.

Dr. Hans Schürff, 1910 bis 1923 Mitglied des Gemeinderates der Stadt Mödling, 21. Oktober 1918 bis 16. Februar 1919 Mitglied der Provisorischen Nationalversammlung, DnP, 12. November 1918 bis 14. März 1919 Ersatzmann des Staatsrates, 4. März 1919 bis 9. November 1920 Mitglied der Konstituierenden Nationalversammlung.

mann der mittelständischen Organisation – hat abgelehnt, Zehetbauer. Staatsrat soll namhaft machen.

Marckhl:[40] Große Bestände an Schuhen sind bei den Ersatz-Cadern vorhanden (bei einem Regiment allein 2–3.000 Schuhe). Damit nicht verschleppt wird.

Urban: Wir beschlagnahmen alles. Wir werden vom Heerwesen verständigt.

Renner: Ob dies nicht den Blättern bekannt gegeben werden sollte?

Pacher: In den böhmischen Zeitungen [wurde eine] Zeit die Nachricht verbreitet, dass die Entente nur mit Kaiser Karl[41] Frieden schließen wird. Die Beamten wollen nicht mit den nationalen Bezirksausschüssen zusammenarbeiten. Komotauer Bezirkshauptmann[42] weigert sich, mit den Bezirksausschüssen zusammenzuarbeiten. ~~Man soll die Staatsform feststellen~~

Mataja: Entweder leistet er die Angelobung oder nicht. Wenn nicht, dann ist er zu versetzen.

Renner: Nach dem gestern gefassten Beschluss des Staatsrates ist es ohne Rücksicht auf die Verhandlungen mit den Tschechen ist es Pflicht des Mataja, dass in deutschösterreichischen Ämtern nur deutsch-österreichische Beamte fungieren. Der nächstfolgende Beamte im Rang hat das Amt zu übernehmen.

Renner: Feststellung eines Termins der formellen Übernahme des Staatshaushaltes zu einem bestimmten Teil auf den deutsch-österreichischen Staatshaushalt. Wir müssen von einem bestimmten Tag an die Staatsverwaltung ganz allein führen können, die Gehälter auszahlen, alle Buchungen auf unseren Namen durchführen und den Kassendienst sohin übernehmen.
Daher Antrag: Das Kabinett beschließt, jeder Staatssekretär den Beauftragten in seinem Amte, den Funktionär der bis dahin das Budgetreferat geführt hat, zu beauftragen, die Frage zu studieren und an den Staatssekretär binnen 8 Tagen Vorschläge zu machen. Wir treten dann wieder zusammen, hören die Vorschläge aus allen Ressorts und setzen den Übernahmetag fest (wo möglich 1. 12.). Steuereingänge würden dann schon auf unsere Rechnung gehen, die vorherigen würden noch in die gemeinsame Abrechnung fließen.

~~Steinwender:~~

[Renner:] Modalität muss auch näher festgesetzt werden, in einzelnen Ressorts die größten Schwierigkeiten. In jedem Amt ein Plan darüber aufgestellt werden. Bis dahin muss auch die Liste der übernommenen Beamten festgestellt werden.

Urban: Angelegenheiten, die wesentlich ins Ressort der Rechnungsabteilungen -. Doppelte Journale.

~~Renner: Loewenfeld-Ruß.~~

Steinwender: Oberster Rechnungshof.

Renner: Commission einsetzen.

Steinwender: ~~Ein Herr unserer Budgetsektion~~ Werde einen Herrn bestellen nach Besprechung mit dem obersten Rechnungshof. Grienseyß[43] und Rechnungsrat Schachermayr[44].

Roller: Beamte, die nicht übernommen werden – dürfen diese Beamten schon jetzt beurlaubt werden? Ja, wenn ein Beamter nicht bleiben will, dann muss der k.k. Minister eingreifen. Bezüge bekommt er natürlich.

Kaup: Subvention für Deutschösterreich: Vor dem 1. 12. in möglichst großer Zahl herauszubringen.

---

40 Die folgenden kurzen Ausführungen, betreffend Bestände an Schuhen und deren Beschlagnahme, wurden in der Reinschrift nicht berücksichtigt.

41 Karl I., Mitglied des Hauses Habsburg-Lothringen, ab 21. November 1916 Kaiser von Österreich, zugleich König von Ungarn (als Karl IV.), 11. November 1918 Verzicht auf jeden Anteil an den Staatsgeschäften.

42 Möglicherweise Dr. Vincenz Graf Huyn, 1918 Bezirkshauptmann von Komotau.

43 Max Grienseyss.

44 Franz Schachermeier.

Roller: Ein Abschluss soll gemacht werden.

Renner: Einen Volkszahl-Schlüssel anzuwenden; darüber hinaus wäre die Subvention zu sperren.

Kaup: Aufteilung der Kredite: ob Bevölkerungsschlüssel oder Kulturbündnis maßgebend. Subventionen, die generell bewilligt sind, wären auszugeben.

Renner: Funktionäre, welche vergleichende Budgetstudien gemacht haben (z. B. Bayern). Vorläufig begreifen, was wir in den einzelnen Ressorts im nächsten Jahr brauchen werden.

Roller: Davy zu fragen.

Renner: Commission vorgesehen aus zwei Herren, Davy und ein Herr mit der Spezialaufgabe, uns an dem Beispiel Bayern ungefähr zu errechnen, welche Voranschläge wir für jedes einzelne unserer Staatsämter und für unseren ganzen Staat vergleichsweise in Aussicht nehmen können; wobei selbstverständlich noch berücksichtigt werden muss, dass für Bayern eine ganze Reihe von Angelegenheiten durch das Deutsche Reich besorgt wird. Als Richtschnur anzunehmen, dass es uns nicht auf einige Millionen ankommt, sondern nur einen kursorischen Überblick zu erhalten.

Renner: ~~Frage der Verordnungsgewalt: gestern besprochen~~

Frage der Beiräte, ständigen Commissionen in den verschiedenen Ämtern: alle nicht-deutschen Beiräte wären einfach zu entheben oder neue Beiräte mit den alten Ziffern.

Diese Beiräte müssen neu berufen werden, vom ursprünglichen Umfang tunlichst reduziert werden.

Loewenfeld-Ruß: Ob diese Beiräte überhaupt neu zu berufen wären (Industrieräte). Ernährungsrat?

Renner: Beschluss: Die einzelnen Herren Staatssekretäre sind gebeten, die Frage der Beiräte in Erwägung zu ziehen, Vorschläge zu machen, welche aufzulassen und welche auf deutsch-österreichischer Grundlage zu erneuern sind.

Renner: Teilnahme der Unterstaatssekretäre und delegierten Beamten an der Kabinettssitzung. Im Kabinett [hat] jedes Ressort nur eine Stimme. Staatssekretäre und Unterstaatssekretäre haben das Recht, anwesend zu sein.

Vertretung durch Ressortbeamte: muss Unterscheidung gemacht werden. Wenn ein Staatsamt nicht in der Lage ist, den Staatssekretär oder Unter[staatssekretär] zu schicken, dennoch aber eine wichtige Angelegenheit zu bereinigen hat, das Recht einen Beamten (Sektionschef) zu schicken. Dieser kann aber nicht stimmen.

Glöckel: Unterstaatssekretäre haben eine beratende Stimme, da sie Mitglieder des Kabinetts sind.

Urban: Welche Abgeordnete sind, haben das Recht, an allen Sitzungen teilzunehmen.

Mataja: [Spricht sich] gegen Urban aus. Unterschied zwischen Parlament und Nicht-Parlament zu machen.

Roller: Reichsgericht und Verwaltungsgerichtshof hängen in der Luft.

Reichsgericht dürfte aufgelöst werden und an den Verwaltungsgerichtshof abgegeben, der ein[en] eigenen deutsch-österreichischen Verwaltungsgerichtshof ernennt. Während der Übergangszeit ein Mitglied die Führung der Geschäfte führt.

Roller wird Entwurf vorlegen. VGH durch den Staatsrat soll Constit.[uierung?] geschaffen werden.

Renner: Über diese Schwierigkeiten nur durch einen Nationalversammlungs-Beschluss zu machen. Eine Instanz, welche über die subjektiven Rechte entscheidet [...], weil wir eine Instanz als Wahlgerichtshof brauchen werden. Die Frage des Reichsgerichts bleibt vorläufig außer Debatte, die Übergabe des Verwaltungsgerichtshofes ist dringend notwendig und Roller gebeten, die Frage sogleich zu machen.

Beamtenfrage.

Marckhl: Die einzelnen Staatsämter sollen Daten über die freien Stellen, die freizumachenden Stellen und die verfügbaren Beamten -. Frage der Unversetzbarkeit und Unabsetzbarkeit der Richter muss auf zwei Jahre suspendiert werden.

R e n n e r: Nach unseren gegenwärtigen Einrichtungen ist die Vollzugsgewalt allgemein übertragen auf den Staatsrat. Dieser ist der Träger der Regierungs- und Vollziehungsgewalt. Nun habe ich in zwei Dingen Bedenken gegen dieses Mandat und dies betrifft die Überleitung der Justiz- und der Militärhoheit. Und ich stelle mir vor, dass unsere Nationalversammlung einen besonderen Vollzugsausschuss für die Überleitung der Justizhoheit eingesetzt wird; etwa aus 7 Mitgliedern, welche gewählt werden müssten nicht nach Parteigesichtspunkten, sondern dass nur die erfahrensten und tüchtigsten in den Justizrat entsendet werden. Dieser müsste sich aber cooptieren können. Noch ein anderes Element: die ganze Richterschaft hätte eine bestimmte Vertretung zu haben, etwa von zwei Männern, die Anwaltschaft, die Notare auch je einen Mann, vielleicht noch einen Vertreter aus einer mit Rechtsgeschäften sonst noch befassten Interessentengruppen. 7 + 5 = 12 Dann würde die Justizhoheit doch ein gewisses Elemente der Stabilität sein. Dieser Justizrat hätte über die Rechtspflege zu wachen. Auch im Rahmen der Nationalversammlung Justiz und Verwaltung zu trennen.

So auch in der Militärverwaltung: Wehrrat – zu den rein parteimäßigen und politischen Bestandteilen noch ein objektiv-fachlicher Bestandteil hinzugefügt. ~~Bei Kämpfen der Parteien untereinander~~

Das nur eine Anregung.

U r b a n: Diese Leitsätze entsprechen der amerikanischen Verfassung.

L o e w e n f e l d - R u ß: Dienstag Nationalversammlung.

Vor der Nationalversammlung vertritt der zuständige Staatssekretär die Vorlagen seines Ressorts und der Staatskanzler die Vorlagen der Staatskanzlei, es sei denn, dass der Staatsrat einen besonderen Referenten bestimmt.

Anfragen, die ein Ressort betreffen, werden vom betreffenden Staatssekretär beantwortet, vorbehaltlich, dass im Namen des Staatsrates selbst der Staatskanzler spricht.

8.[1]

[Montag] 1918-11-11

Vorsitz: Renner
Anwesend: Adler, Deutsch, Enderes, Hanusch, Jukel, Kaup, Loewenfeld-Ruß, Marckhl, Mayer, Pacher, Riedl, Roller, Steinwender, Urban
Schriftführer: unbekannt
Dauer: unbekannt[2]

Reinschrift, Konzept, Stenogramm[3]

Inhalt:
1. Liefervertrag auf oberschlesische Kohle für die deutschösterreichische Eisenbahnverwaltung.
2. Errichtung von Abteilungen des Staatsamtes für Kriegs- und Übergangswirtschaft bei den Landesregierungen in Deutschböhmen und Sudetenland.
3. Neusystemisierung mehrerer Stellen beim Oberlandesgerichte in Reichenberg.
4. Stand der Verhandlungen mit dem tschechoslowakischen Staate in Ernährungsangelegenheiten.
5. Ernährungslage.
6. Bericht über die heutige militärische Lage in Wien; militärische Kontrolle des Grenzverkehrs.

1
Liefervertrag auf oberschlesische Kohle für die deutschösterreichische Eisenbahnverwaltung

Staatssekretär J u k e l erbittet und erhält die Ermächtigung zum Abschlusse eines ab 1. März 1921 gültigen Liefervertrages auf oberschlesische Kohle im Höchstausmaße von 5,000.000 t, die in Mengen von mindestens 350.000, höchstens 550.000 t jährlich abgerufen werden können. Die Großpreise der von 8 Schächten in 8 verschiedenen Marken zu liefernden Kohlen schwanken zwischen Mark 22.92 und 27.97; die nach dem l. Juli 1918 von der oberschlesischen Kohlenkonvention[4] beschlossenen Preisänderungen wären zu diesen Preisen zuzuschlagen oder von ihnen abzurechnen. Die deutschösterr. Staatsbahnen wären berechtigt, diese Kohle auch an alle anderen deutschösterr. Bahnbetriebe und an öffentliche Körperschaften nach freiem Ermessen abzugeben.[5]

---

1 Das Protokoll trägt den Vermerk *Vertraulich!*
2 Das Protokoll enthält keine Informationen zur Sitzungsdauer.
3 Das Protokoll enthält keine Beilagen zu den erörterten Themen.
4 Die „Oberschlesische Kohlenkonvention“ war ein 1898 gegründetes Kartell der oberschlesischen Steinkohlenbergwerke. Zu seiner Geschichte vgl. etwa Dieter Wilhelm, Das Rheinisch-Westfälische Kohlensyndikat und die Oberschlesische Kohlenkonvention bis zum Jahre 1933, phil. Diss., Erlangen 1966.
5 Zur Entwicklung der oberschlesischen Kohlenlieferungen und den diesbezüglichen fortlaufenden Verhandlungen mit dem Deutschen Reich vgl. exemplarisch AdR, BKA/AA, Abteilung 14 H-pol, Kohle Deutsches Reich 1918–1925, Kohle Deutsches Reich 1, Zl. III-1.377/10/1919, Kohlenlieferungen aus Deutschland; Zl. III-14.469/10/1919, Oesterreichische Kohlenbezüge aus Deutschland; Zl. III-15.923/10/1919, Kohlenzufuhr aus Oberschlesien; Zl. 4.993/10-585/1920, Kohlenbezüge aus Oberschlesien; Zl. 6.442/10-749/1920, Kohlenverhandlungen; Zl. 49.997/3a-4.090/1921, Kohlenversorgung aus Oberschlesien. Vgl. auch KRP Nr. 9/2, Nr. 10/1 und Nr. 13/4; zum Kohlenmangel

2

Errichtung von Abteilungen des Staatsamtes für Kriegs- und Übergangswirtschaft bei den Landesregierungen in Deutschböhmen und Sudetenland

Unterstaatssekretär R i e d l stellt unter Hinweis auf die täglich zunehmende Schwierigkeit einer Verkehrsmöglichkeit mit Deutschböhmen und Sudetenland[6] den Antrag, bei den Landesregierungen dieser beiden Provinzen Abteilungen des Staatsamtes für Kriegs- und Übergangswirtschaft zu errichten, mit deren Führung die Handelskammern in Reichenberg bezw. Troppau zu betrauen wären.

Der Kabinettsrat stimmt dieser Maßnahme zu.[7]

3

Neusystemisierung mehrerer Stellen beim Oberlandesgerichte in Reichenberg

Staatssekretär Dr. R o l l e r erbittet die Zustimmung zur Neusystemisierung[8] einiger Stellen beim Oberlandesgerichte in Reichenberg.

Der Kabinettsrat stimmt in der Erwägung, dass es sich hiebei um keinen finanziellen Mehraufwand handle, diesem Antrage zu.[9]

4

Stand der Verhandlungen mit dem tschechoslowakischen Staate in Ernährungsangelegenheiten

Unterstaatssekretär R i e d l berichtet über die mit der tschechoslowakischen Regierung in Prag abgehaltenen wirtschaftlichen Verhandlungen. Seitens Deutschösterreichs haben sich an diesen Besprechungen Generaldirektor G ü n t h e r[10], Präsident V e t t e r[11], Handelskammersekretär Hofrat Dr. T h a y e n t h a l[12], Hofrat Baron H e n n e t[13] und Sektionschef S c h ü l l e r[14] beteiligt. Hiebei sei hervorgekommen, dass es die tschechoslowakische Regierung grundsätzlich ablehne, mit Deutschösterreich in Verhandlungen einzutreten. Es sei vielmehr klar zu Tage getreten, dass tschechischerseits unsere Ernährungsnotlage ausgenützt werden wolle, um deutschösterreichische Kreise zu einer Meinungsäußerung herauszufordern,

---

Anmerkung 16 in KRP Nr. 3. Ein erst am 4. Oktober 1918 zwischen dem Deutschen Reich und Österreich-Ungarn abgeschlossenes Lieferabkommen über Kohle und Mineralöl, das bis Ende Februar 1919 hätte gelten sollen, war infolge der politischen Entwicklungen nicht mehr zur Durchführung gelangt, vgl. AdR, BMHV, StAKÜ, Zl. 675/IV/1918, Kohlen- und Mineralölabkommen mit Deutschland.

6 Vgl. KRP Nr. 6, Anmerkungen 5 und 6.

7 Vgl. auch KRP Nr. 9/2, Unterpunkt i, sowie Anmerkung 25 ebendort.

8 Neusystemisierung: Neuschaffung oder -ordnung von Dienstposten (hier eher im letzteren Sinne zu verstehen).

9 Zum Oberlandesgericht Reichenberg vgl. auch KRP Nr. 3/8.

10 Georg Günther, Industrieunternehmer, Mitglied und Präsident zahlreicher Industrie- und Bankunternehmungen, u. a. 1904 bis 1909 Generaldirektor der Škoda-Werke in Pilsen, 1909 bis 1927 Generaldirektor bzw. geschäftsführender Verwaltungsrat der Berg- und Hüttenwerksgesellschaft.

11 Moritz Vetter von der Lilie, Gutsbesitzer und Mediziner, 1901 bis 1907 Präsident des Abgeordnetenhauses des Reichsrates, 1914 bis 1918 Mitglied des Herrenhauses, 1920 bis 1925 Senator der Tschechoslowakischen Nationalversammlung, Deutsche Christliche Volkspartei.

12 Dr. Max von Tayenthal, Hofrat, Kammeramtsdirektor der Handels- und Gewerbekammer in Wien, ständiges Mitglied des Wasserkraft- und Elektrizitätswirtschaftsamtes (WEWA).

13 Dr. Leopold Freiherr von Hennet, Hofrat, bis Oktober 1918 Leiter der handelspolitischen Abteilung im Ackerbauministerium, November 1918 dem bevollmächtigten Vertreter Deutschösterreichs in Bern Dr. Stephan Freiherr Haupt von Buchenrode zugeteilt, ab 1919 Leiter der handelspolitischen Abteilung im Staatsamt für Landwirtschaft.

14 Dr. Richard Schüller, Sektionschef, a.o. Professor für Nationalökonomie an der Universität Wien, 1918 Bestellung zum Leiter der handelspolitischen Sektion des Staatsamts für Äußeres.

die sodann als Votum der Bevölkerung für den Anschluss von Deutschböhmen an den tschechoslowakischen Staat bei der Friedenskonferenz hingestellt werden könne.[15]

Staatssekretär Dr. Loewenfeld-Ruß bestätigt auf Grund eines ihm zugekommenen Telegrammes des Mitgliedes des Direktoriums des Staatsamtes für Volksernährung Eldersch[16], dass wesentliche Vereinbarungen mit den Tschechen nicht durchgesetzt seien. Es sei lediglich die Durchfuhr galizischer, ukrainischer und russisch-polnischer Provenienzen zugesagt worden.[17]

5

Ernährungslage

Staatssekretär Dr. Loewenfeld-Ruß erstattet sodann einen Bericht über die Ernährungslage, die sich immer ungünstiger anlasse. Da mit den noch zur Verfügung stehenden Mengen nur mehr ganz kurze Zeit das Auslangen gefunden werden könne, sei es bereits jetzt unbedingt notwendig, mit Deutschland und Ungarn in neuerliche Verhandlungen wegen Bereitstellung von Aushilfen einzutreten.

---

15 Drei Tage zuvor hatte Riedl in der 26. Sitzung des Staatsrates zu den Verhandlungsschwierigkeiten u. a. ausgeführt: „Ich habe in ähnlichen Verhandlungen zehn Jahre hingebracht, allerdings nicht mit den Czechen, sondern mit den Ungarn. Die Verhandlungen haben immer an einem großen Fehler gelitten, daß wir um politische Fragen durch wirtschaftliche Zugeständnisse herumzukommen glaubten. Die Folge war, daß wir auf politischem und wirtschaftlichem Gebiet eine Niederlage nach der anderen erlitten haben. Bei den Czechen ist die Ausnützung der wirtschaftlichen Lage der Deutschen in Österreich das stärkste Pressionsmittel, das sie heute in der Hand haben. […] Wir müssen den ganzen Komplex der politischen und wirtschaftlichen Fragen aufrollen, dann können wir vielleicht hoffen, einen oder den anderen wirtschaftlichen Teilerfolg gewissermaßen als Vorschußzahlung zu erzielen, weil die Czechen hoffen, uns bei den politischen Verhandlungen auf ihren Punkt zu bringen. […] Es ist nur ein Ausweg, politische und wirtschaftliche Verhandlungen miteinander zu führen, so daß wir vielleicht durch solche Vorschußleistungen, welche die Czechen in Anhoffnung politischer Erfolge geben, über Wochen hinüberkommen und versuchen, in der Brot- und Kohlenfrage durch deutsche Hilfe uns sicher zu stellen." Vgl. SRP Nr. 26 vom 8. November 1918.

16 Matthias Eldersch, 1919 bis 1923 Mitglied des Wiener Gemeinderates, SdAP, 4. März 1919 bis 9. November 1920 Mitglied der Konstituierenden Nationalversammlung, 9. Mai 1919 bis 7. Juli 1920 Staatssekretär für Inneres und Unterricht.

17 In seiner 28. Sitzung hatte der Staatsrat „mit Bedauern" zur Kenntnis genommen, dass „die Verhandlungen, welche im Bezug auf die Lieferung von Lebensmitteln und Kohlen mit der tschechischen Regierung gepflogen worden sind, trotz der eifrigsten Bemühungen und des opferbereitesten Entgegenkommens von unserer Seite vollständig ergebnislos geblieben sind". Vgl. SRP Nr. 28 vom 9. November 1919. Zu den Bemühungen um tschechische Kohle vgl. auch KRP Nr. 3/3, Nr. 9/2, Nr. 13/4, Nr. 21/1, Nr. 23/4, Nr. 24/5 und Nr. 34/4. Staatssekretär Loewenfeld-Ruß äußerte sich in einem am Tag der vorliegenden Sitzung verfassten Brief dazu folgendermaßen: „Lebensmittelausfuhr aus Böhmen ganz gesperrt". Vgl. Johann Loewenfeld-Ruß, Im Kampf gegen den Hunger. Aus den Erinnerungen des Staatssekretärs für Volksernährung 1918–1920. Herausgegeben von Isabella Ackerl (= Studien und Quellen zur österreichischen Zeitgeschichte 6), Wien 1986, S. 125. In einem Schreiben vom 19. November 1918 meldete die „Oesterreichische Vieh- und Fleischverkehrs-Gesellschaft", „dass sowohl die böhmische landwirtschaftliche Viehverkehrsgesellschaft in Prag als auch die deutsche Viehverkehrsgesellschaft in Prag monatlich je 100.000 kg Rindfleisch nach Wien liefern würden, wenn seitens des Narodni vybor die Ausfuhrbewilligung gegeben würde". Vgl. AdR, BKA/AA, Abteilung 14 H-pol, Ernährungswesen Tschechoslowakei 1, Rindfleischlieferungen Böhmens für Wien, Zl. 1.062/10/1918, Fleischbezug aus Böhmen. Ähnlich hatte am Tag zuvor das Bezirkswirtschaftsamt Wien gemeldet, dass die Gemeinde Wien 600 Waggons frische Rüben von der „Zentralmährischen Zuckerfabriken und Oekonomie AG." in Brünn gekauft habe, dass jedoch „die tschechoslovakische Regierung Zuckerrübe[n] weder in frischem noch in getrocknetem Zustande für Deutschösterreich freigebe". Vgl. im zuvor genannten Bestand Ernährungswesen Tschechoslowakei 2, Zuckerrübenankauf der Gemeinde Wien in Mähren, Zl. 1.063/10/1918, Zuckerrüben aus Mähren. Zur Versorgung mit Zucker aus der Tschechoslowakei vgl. auch KRP Nr. 10/1, Nr. 13/11, Nr. 26/6 und Nr. 34/9.

Der Kabinettsrat nimmt diesen Bericht zur Kenntnis und erteilt die Ermächtigung, dass Direktor E l d e r s c h nach Berlin und Direktor K o k r d a[18] nach Ungarn (mit Fachreferenten des Staatsamtes für Volksernährung sowie Kriegs- und Übergangswirtschaft) entsendet werden.[19]

Weiters ladet der Kabinettsrat die Staatssekretäre für Volksernährung und für Kriegs- und Übergangswirtschaft ein, umgehend einen Gesamtbericht über das Ergebnis der mit Deutschland, Ungarn, dem polnischen, tschechoslowakischen und südslawischen Staate in den letzten zwei Wochen abgeführten Verhandlungen zwecks Mitteilung an die Nationalversammlung zu erstatten.[20]

6
Bericht über die heutige militärische Lage in Wien; militärische Kontrolle des Grenzverkehrs

Der vom Unterstaatssekretär Dr. D e u t s c h erstattete Bericht über die heutige militärische Lage in Wien wird zur Kenntnis genommen.[21]

---

18 Quirin Kokrda, 1908 bis 1920 Geschäftsführer der Großeinkaufsgesellschaft österreichischer Consumvereine (GÖC), ab 1919 Mitglied des Wiener Gemeinderates, SdAP, 1920 bis 1932 Amtsführender Stadtrat für Ernährungs- und Wirtschaftswesen.

19 Vgl. dazu Verordnungsblatt des Staatsamtes für Volksernährung, Jg. 1919, Nr. 4, 12. Jänner 1919, S. 67 „Verhandlungen mit den Regierungen der anderen Nationalitäten-Staaten wegen Lieferung von Lebensmitteln (Erlass des Staatsamtes für Volksernährung vom 13. November 1918, Z. 1820 [Abt. 9], an alle Landesregierungen)". Eine Darstellung der Ernährungssituation gegen Ende November 1918 findet sich ebendort, Nr. 5, Februar 1919, S. 77 f „Der Nahrungsmittelbedarf Deutschösterreichs". Zur Entsendung von Eldersch nach Berlin vgl. auch KRP Nr. 10/1; weiters Staatsamt für Volksernährung an Staatssekretär für Äußeres Bauer, 13. November 1918, sowie Staatssekretär für Äußeres Bauer an Staatssekretär für Volksernährung Loewenfeld-Ruß, 18. November 1918, in: Außenpolitische Dokumente der Republik Österreich 1918–1938 (ADÖ). Band 1: Selbstbestimmung der Republik. 21. Oktober 1918 bis 14. März 1919. Herausgegeben von Klaus Koch, Walter Rauscher und Arnold Suppan, Wien 1993, S. 147 f und S. 155 f; AdR, StK, GZl. 303/1918, Telegramm Eldersch-Gärtner über Lebensmittelverhandlungen mit Deutschland und der Entente. Zu Verhandlungen mit Ungarn vgl. auch KRP Nr. 10/1, Nr. 11/4, Nr. 14/14 und Nr. 17/5. Renner berichtete in der Sitzung des Staatsrates vom 13. November 1918 über das hier Beschlossene, vgl. SRP Nr. 32.

20 Am 4. Dezember 1918 erstattete Renner in der Nationalversammlung einen „Allgemeinen Regierungsbericht" über die bisherige Tätigkeit des Staatsrates und des Kabinettsrates in den ersten Wochen des Bestehens der Republik Deutschösterreich. Daran schloss sich ein umfangreicher Bericht des Staatssekretärs für Volksernährung Loewenfeld-Ruß über den Stand der Ernährungslage und, wie hier im Kabinettsrat beschlossen, die diesbezüglich durchgeführten Verhandlungen mit anderen Staaten. Vgl. Sten. Prot. Prov. NV, 7. Sitzung vom 4. Dezember 1918, S. 205–220. Ein vergleichbarer Bericht des Staatssekretärs für Gewerbe, Industrie und Handel sowie Kriegs- und Übergangswirtschaft Urban fand, wie auch dem Index der Protokolle der Provisorischen Nationalversammlung zu entnehmen ist, nicht statt.

21 Wie auch aus dem Stenogramm hervorgeht, ging es in dem Bericht um die Besetzung der Hofburg und Schönbrunns durch Angehörige der Volkswehr und der „Roten Garde". Vgl. etwa Die Neue Zeitung, 12. November 1918, S. 2 „Alle Hof- und Militärgebäude in den Händen der Volkswehr. Der Kaiser in Schönbrunn!" und „Die Hofburg"; Neue Freie Presse. Morgenblatt, 12. November 1918, S. 4 „Besetzung öffentlicher Gebäude durch Volkswehr und Rote Garde"; Reichspost. Morgenblatt, 12. November 1918, S. 2 „Besetzung der Hofgebäude und Militärkommanden". Die „Rote Garde" hatte sich Ende Oktober 1918 als kommunistischer Wehrverband etabliert und bis 12. November eine Stärke von rund 700 Mann erreicht, womit sie „ein beträchtliches Gefahrenpotential für die demokratische Entwicklung des neuen Staates, den sie gerne als Räterepublik organisiert sehen wollte", darstellte. Unterstaatssekretär Deutsch erreichte Anfang November die Eingliederung der „Roten Garde" in die Volkswehr als „Volkswehrabteilung Stiftskaserne" und bemühte sich fortlaufend um die politische Neutralisierung der „Roten Garde". Vgl. Karl Glaubauf, Die Volkswehr 1918–1920 und

Unterstaatssekretär R i e d l weist darauf hin, dass eine entsprechende militärische Besetzung der Grenzbahnhöfe zur Kontrolle und Regelung der Ein- und Ausfuhr, insbesondere für den Kompensationsverkehr, unerlässlich sei.

Unterstaatssekretär Dr. D e u t s c h erklärt, dass diesem Wunsche in jenem Zeitpunkte unverzüglich Rechnung getragen werden wird, in welchem deutschösterreichische Truppen in ausreichendem Maße zur Verfügung stehen werden.

die Gründung der Republik (= Österreichische Militärgeschichte, Sonderband 1993, Folge 1), Wien 1993, S. 65 f; zur Volkswehr weiters KRP Nr. 5/4, Nr. 17/2, Nr. 23/1, Nr. 27/2, Nr. 28/8, Nr. 30/2, Nr. 32/8, Nr. 33/2 und Nr. 34/10.

Stenogramm vom 11. November 1918

11. XI.

1.)

Jukel: Seit [einem] ¾ Jahr laufen Verhandlungen wegen deutscher (oberschlesischer) Kohle. Die Schwierigkeiten, die bisher maßgebend waren (valutarische Gründe und Bergwerksgründe sind weggefallen). Vertrag auf 10 Jahre vom 1. 1. 21 an, jährlich 9½ Millionen Mark.

~~Riedl:~~ Enderes: Wenn die Tschechoslowaken die Durchfuhr nicht geben, dann über Passau. Dadurch soll ¼ des Gesamtbedarfs der Eisenbahnen gedeckt werden und dadurch den Tschechoslowaken gegenüber eine große Stärke. Wenn noch andere Verträge mit den Deutschen abgeschlossen [werden], könnten wir 1,6 Millionen durch Verträge sichern, gegenüber einem Gesamtbedarf von etwas über 2 Millionen Tonnen. Was den Preis betrifft, so wären wir gedeckt, weil der heute Preis billiger ist als böhmische Braunkohle.

Antrag genehmigt (Zustimmung muss formell vom Finanzministerium eingeholt werden).

2.)

Bezüglich Errichtung der Direktionen noch keine Nachricht gekommen.

[Jukel:] Abschluss gültig vom 1. I. 1921 auf Bezug von 5,000.000 Tonnen, die in Mengen von mindestens 350.000 Tonnen, höchstens 530.000 Tonnen jährlich abgerufen werden können. Die ganzen Preise der von 8 Schächten in 8 verschiedenen Marken zu liefernden Kohle schwanken zwischen Mark 22,92–24,27; ~~dazu noch~~ die nach 1. 7. 1918 von der oberschlesischen Kohlenkonvention beschlossenen Preisänderungen sind zu diesen Preisen zuzuschlagen oder von ihnen abzurechnen. Der am 1. 7. beschlossene Konventionszuschlag von 6 Mark ist in den obigen Preis noch nicht eingerechnet. Wichtig ist, dass die deutschösterreichischen Staatsbahnen berechtigt sind, diese Kohle auch an alle anderen deutschösterreichischen Bahnbetriebe und an öffentliche Körperschaften nach freiem Ermessen abzugeben.

Die Einwände, welche vor der Auflösung Österreichs vom Finanzministerium und vom Ministerium für öffentliche Arbeiten erhoben wurden – nämlich valutarische Rücksichten und Rücksichten auf den österreichischen Bergbau – fallen nunmehr auch dann weg, wenn das deutschböhmische Kohlengebiet zu Deutschösterreich fallen sollte.

~~Renner bemerkt: Zuschrift erhalten von der Bergstelle Aussig, die viele Tausende Arbeiter beschäftigt. Diese Bergstelle hat beträchtliche Vorräte, auch diese Vorräte könnten der Landesregierung Reichenberg zugewiesen werden.~~

Roller: Bezüglich Verordnung betreffend OLG muss Correktur eintreten. Einige der Oberlandesgerichte können nicht übersiedeln. Daher Antrag: Dass die Systemisierung neuer Stellen in Reichenberg einzutreten [hat] gegen Einziehung in Prag.

Zustimmung, dass [dies] durchgeführt wird.

Riedl: Heute ist Thayenthal zu mir gekommen und berichtete über den Ausgang der Verhandlungen. Tusar[22] hat mir gesagt, man sei einverstanden, dass eine gemischte Commission zusammentritt; dann [würde] jemand hinfahren aus industriellen [Kreisen]. Günther, Vetter, Dr. Hennet, Thayenthal (Handel und Gewerbe). [Mit der] Arbeiterschaft keine Einigung, daher niemand vom Ministerium Schüller.

Dann Mitteilung, dass man nichts wisse und mitgeteilt, [dass man] prinzipiell ablehne, einzutreten in Verhandlungen. Darauf [hat] Schüller sich entfernt, die anderen Herren sind zurück geblieben zu weiteren Auseinandersetzungen. [Die] Tschechoslowaken hoffen mit ihren Nahrungsmitteln durchzuhalten durch 3 Monat, nur Kraut und Rüben könnten sie abgeben.

---

22 Vlastimil Tusar, ab 30. Oktober 1918 tschechoslowakischer Bevollmächtigter bei der k.k. Regierung in Wien und dann der Regierung Deutschösterreichs, 10. Juli 1919 bis 15. September 1920 tschechoslowakischer Ministerpräsident.

Rašin[23] [hat] gesagt, dass sie beabsichtigen, militärische Schritte in Deutschböhmen und Niederösterreich vorzunehmen.

Nächsten Tag Günther mit Rašin, ~~dass sie Vertreter zulassen würden von Deutschböhmen~~. Dass sie eine Meinungsäußerung provozieren wollen, auf die gestützt sie bei der Friedenskonferenz ihre Wünsche durchzusetzen bestrebt sind.

Loewenfeld-Ruß: Telegramm Eldersch: [Eine] wesentliche Vereinbarung mit der Tschechoslowakei konnte nicht durchgesetzt werden. Die Gemüselieferungen [zum] alter Höchstpreis und Aufschlag von 2,5 Kronen per Mtz.; die Durchfuhr galizischer, ukrainischer und polnischer Provenienz [wurde] zugestanden.

Renner: Bericht zeigt, dass wir nicht von falschen Voraussetzungen ausgegangen sind, wenn wir sagten, es sei umsonst.

Loewenfeld-Ruß über den Stand der Ernährung. Situation wird immer ungünstiger: Mehl noch für einen Monat versorgt (wenn nicht das große Militärverpflegsmagazin geplündert wird). Nach dem 1. Dezember also schon wieder sehr gefährlich.

Kartoffel: Noch für die nächste Woche vorhanden.

Fleisch: Seit einigen Tagen Situation trostlos. Versuch des [...] erfolglos. Von Mittwoch angefangen kein Fleisch mehr vorhanden: nur Spitäler, Kriegsküchen ... Als Ersatz für die fleischlose Woche: ⅛ K Mehl.

Fett: Ebenso schlecht (Klagen in Böhmen).

Zucker: Haben wir gar keinen.

Von Deutschland nur Mehlaushilfe möglich. Heute Telegramm von Dr. Bauer[24] aus der Schweiz: Nicht in der Lage, weil die Entente es nicht gestattet. Bericht von Bern ans Ministerium des Äußern, dass die Entente nicht liefern wird, wenn sich Böhmen anschließt an Deutschland.

Riedl: Spricht sich sehr für eine Entsendung nach Berlin aus.

Antrag: Dass sofort mit Deutschland verhandelt wird und Eldersch hinausgeht. Ebenso, [dass] mit Ungarn Verhandlungen neu eingeleitet [werden] (Direktor Kokrda nach Ungarn mit einem Vertreter des Staatsamtes für Kriegs- und Übergangswirtschaft).

Renner: Gesamtbericht über die in den letzten zwei Wochen abgeführten Verhandlungen: Dieser Bericht übermorgen in der Nationalversammlung zu verlesen.

Beschluss: einen schriftlichen Bericht über das Ergebnis der mit ~~Ungarn, Tschechoslowakei, Deutschland~~ [...] den Südslawen abgeführten Verhandlungen [zu erstatten].

Riedl:[25] 1) Nö. Papierfabrik von den Tschechoslowaken: Kohle gegen Papier.

2) Zwischen Wutte[26] (Graz) und Friedmann[27] ein Abkommen, dass die Verhandlungen mit den Südslawen ... gegen 1 Waggon Salz 10 Waggons Getreide.

3) Heute eine Verhandlung bei Galecki[28] wegen Galizien: offiziell.

---

23 Dr. Alois Rašin, 14. November 1918 bis 8. Juli 1919 und 7. Oktober 1922 bis 18. Februar 1923 tschechoslowakischer Finanzminister.

24 Gemeint war vermutlich Unterstaatssekretär Dr. Otto Bauer, wohl allerdings in dem Sinn, dass Bauer Loewenfeld-Ruß ein Telegramm aus der Schweiz zur Kenntnis gebracht hatte, nicht jedoch, dass er selbst eines aus der Schweiz übermittelt hätte (Bauer war in dieser Sitzung des Kabinettsrates zwar nicht anwesend, nahm jedoch an der Vormittagssitzung des Staatsrates teil, befand sich also nicht in der Schweiz; vgl. SRP Nr. 29 vom 11. November 1918).

25 Die folgenden drei Punkte wurden in der Reinschrift nicht berücksichtigt.

26 Dr. Viktor Wutte, Industrieller, Präsident des steiermärkischen Wohlfahrtsausschusses, 6. November 1918 bis 27. Mai 1919 Mitglied der steiermärkischen Landesregierung, 4. März 1919 bis 9. November 1920 Mitglied der Konstituierenden Nationalversammlung, DnP.

27 Max Friedmann, Fabrikant, 21. Oktober 1918 bis 16. Februar 1919 Mitglied der Provisorischen Nationalversammlung, Demokratische Partei, 30. Oktober 1918 bis 14. März 1919 Ersatzmann des Staatsrates, 4. März 1919 bis 9. November 1920 Mitglied der Konstituierenden Nationalversammlung.

28 Kasimir Ritter von Galecki, Sektionschef des Finanzministeriums, 26. Juli bis 11. November 1918 Minister (Staatsminister für Galizien) in den Kabinetten Hussarek und Lammasch.

Deutsch: Militärische Lage: Vormittag Besetzung der Hofburg und der Schatzkammer durch Offiziere. Nachmittag hätte das Schönbrunner Schloss besetzt werden sollen (Deutschmeister[29] kein einziger Mann vorhanden), 49er mit 10 Maschinengewehren.

~~Morgen~~ Früh (Rote Garde) in der Stiftskaserne wollten Hofburg und Schönbrunn besetzen. Militärkommando wollen sie besetzen (Kassen besetzt).

5h werden sie wieder in die Stiftskaserne zurückkehren.

Um leichter fertig zu werden, muss man Leute hinbringen, auf die man sich verlassen kann (Hauptmann Dr. Frei[30]).

Riedl: [Ich möchte] aufmerksam machen: dringend notwendig [ist die] militärische Besetzung der Grenzbahnhöfe, ehe mit Maßnahmen wegen Regelung der Ein- und Ausfuhr hervorgetreten wird. Papier – Kohle: Auf Absperrungsmaßnahmen der Gegner mit eigenen Absperrmaßnahmen erwidern.

Deutsch: [Eine] Delegation der tschechoslowakischen Regierung [ist] heute bei Deutsch gewesen und Beschwerde wegen Wegnahme der Lebensmittel an die Leute in Wien. 50 Waggons Kartoffel, 150 Waggons Mehl.

Marckhl: Deutsche Offiziere auf den hiesigen Bahnhöfen werden entwaffnet. Innsbrucker Artillerieregiment.

Deutsch: Ein paar Tage Geduld. Auto aufhalten (Rotschild[31]).

Renner: Bericht über die mit der tschechoslowakischen Regierung in Prag stattgefundenen Wirtschaftsverhandlungen der Commission gegeben.

---

29 Gemeint war das k.u.k. Infanterie-Regiment Hoch- und Deutschmeister Nr. 4 (ab 1915 offiziell nur noch „Infanterie-Regiment Nr. 4"). Loewenfeld-Ruß hielt am Tag dieser Kabinettsratssitzung fest: „Gestern sind die Deutschmeister sehr geordnet angekommen, haben begeistert angelobt und im Kasernenhof den Oberkommandanten Boog auf den Schultern herumgetragen". Vgl. Loewenfeld-Ruß, Im Kampf gegen den Hunger, S. 124.
Adolf von Boog, Offizier, zuletzt k.u.k. Feldmarschallleutnant, 8. November 1918 bis 1. Juli 1919 Oberbefehlshaber der Deutschösterreichischen Volkswehr.

30 Dr. Josef Frey, Journalist, ab 10. November 1918 Kommandant der „Roten Garde", 16. Dezember 1918 bis April 1919 des Volkswehrbataillons 40.

31 Es konnte nicht eruiert werden, welche Angelegenheit hier gemeint war. Wenn mit „Rotschild" ein Mitglied der Bankiersfamilie Rothschild gemeint war, könnte es sich unter Umständen um Louis Nathaniel Freiherr von Rothschild gehandelt haben, ab 1911 Leiter des Bankhauses S. M. v. Rothschild, Verwaltungsratsmitglied der Österreichischen Bodencreditanstalt.

9.[1]

[Dienstag] 1918-11-12

Vorsitz: Renner
Anwesend: Enderes, Glöckel, Hanusch, Jukel, Kaup, Loewenfeld-Ruß, Mataja, Pacher, Riedl, Roller, Steinwender, Stöckler, Urban, Zerdik
Zugezogen: Hnidey[2], Hoheisl[3], Kaan[4], Khoss[5] (alle zu Punkt 2)[6]
Schriftführer: unbekannt
Dauer: unbekannt[7]

Reinschrift, Stenogramm[8]

Inhalt:
1. Nachruf des Vorsitzenden für den Staatssekretär Dr. Adler.
2. Administrative Einrichtung der Provinz Sudetenland.

1
Nachruf des Vorsitzenden für den Staatssekretär Dr. Adler

Der Vorsitzende ergreift das Wort zu folgenden Ausführungen, die von den Versammelten stehend angehört werden:

„In den ersten Tagen seines Bestandes schon hat der Kabinettsrat einen überaus schmerzlichen Verlust erlitten. Viktor A d l e r, der trotz seinem bresthaften Zustande das verantwortliche Amt des Staatssekretärs für Äußeres übernommen hat, ist heimgegangen. Der Verblichene ist der ganzen Öffentlichkeit zu bekannt, so dass es sich erübrigen dürfte, in dieser Stunde viel über ihn zu sagen. Ich glaube aber eines hervorheben zu sollen: Ein Traum, ein leidenschaftliches Streben Viktor Adlers ist in Erfüllung gegangen: Diejenigen, die die Geschicke der Völker zu lenken haben, sie gehen jetzt selbst aus dem Vertrauen des Volkes hervor. Hier in unserer Körperschaft ziemt es sich vielleicht daran zu erinnern, dass hauptsächlich durch Viktor Adlers Lebensarbeit das Gesetz nunmehr aus dem Volke selbst empfangen wird. Dass dem so ist, das danken wir zum größten Teil neben anderen Mitkämpfern aller Parteien der Person Viktor Adlers. Ihm aber sind wir besonders in einem Punkte zu unauslöschlichem Danke verpflichtet. Die Freiheit des Volkes ist zwiespältig. Es gibt eine wilde, anarchische Freiheit, die keine Einordnung kennt. Viktor Adler war zugleich

---

1 Das Protokoll trägt den Vermerk *Vertraulich!*
2 Dr. Viktor Hnidey, Hofrat, Referent für die Angelegenheiten der Neuordnung des Staatseisenbahndienstes im Eisenbahnministerium und ab 1918 im Staatsamt für Verkehrswesen.
3 Dr. Konrad Hoheisel, 17. April 1918 bis 10. Juli 1930 Sektionschef und Generaldirektor für die Post- und Telegraphenangelegenheiten.
4 Dr. Julius Kaan, Sektionschef, 1917 bis 1921 Leiter der Sektion für Sozialversicherung im Ministerium für soziale Fürsorge und dann im Staatsamt für soziale Fürsorge bzw. Bundesministerium für soziale Verwaltung.
5 Josef Khoss Freiherr von Khossen und Sternegg, Sektionschef, 1916 bis 1920 Leiter der Mittelschulsektion im Ministerium für Kultus und Unterricht bzw. Staatsamt für Unterricht.
6 Nicht verzeichnet wurde zu Punkt 2 Dr. Robert Freißler, 21. Oktober 1918 bis 16. Februar 1919 Mitglied der Provisorischen Nationalversammlung, Deutsche Volkspartei, 30. Oktober 1918 bis 14. März 1919 Mitglied des Staatsrates, 2. November 1918 Übernahme der landesfürstlichen und autonomen Gewalt in Troppau als designierter Landeshauptstadt der Provinz Sudetenland.
7 Das Protokoll enthält keine Informationen zur Sitzungsdauer.
8 Das Protokoll enthält keine Beilagen zu den erörterten Themen.

der Meister der Disziplin. Er war es, der durch seine Besonnenheit, durch seine Mäßigung, durch seine persönliche Selbstaufopferung die Massen gewöhnt hat, sich einzuordnen, sich in das Ganze zu fügen. Und darin kann er allen kommenden Kabinetten ein Vorbild sein. Unsere Aufgabe muss es sein, die Volksfreiheit mit der höchsten geschlossenen Ordnung des Staates zu vereinigen. Wenn es uns gelingt, diese Freiheit mit der Ordnung zu verbinden, dann haben wir im Sinne Viktor Adlers gewirkt. Und wenn diese Idee ständig im Kabinette fortleben wird, dann werden wir seinen Intentionen am besten gerecht werden. Wir alle aber wollen Viktor Adler ein dauerndes Andenken bewahren."[9]

2

Administrative Einrichtung der Provinz Sudetenland

In Anwesenheit des Staatsrates Dr. F r e i ß l e r gelangen nunmehr jene administrativen Verfügungen zur Besprechung, welche das klaglose Funktionieren der Verwaltung im Sudetenland gewährleisten sollen.[10] Die Wechselrede, an der sich nahezu alle Kabinettsmitglieder sowie die beigezogenen Delegierten der Staatsämter beteiligten[11], förderte zum Teil eine völlige Klarstellung der Wünsche Dr. Freißlers zu Tage, zum Teil wurden interne Sonderbesprechungen zwischen den beteiligten Faktoren vereinbart.

Die Besprechung erstreckte sich auf nachstehende Verwaltungszweige: Eisenbahnwesen, Justiz, Post-, Telegraphen- und Telefonwesen, Flugdienst[12], Soziale Fürsorge, Unterrichtswesen, Kohlenversorgung, Approvisionierung[13], Finanzfragen, Heerwesen sowie Kriegs- und Übergangswirtschaft.

Grundsätzliche Beschlüsse wurden in nachstehenden Belangen gefasst:

a) E i s e n b a h n w e s e n: An die Errichtung der Betriebsdirektion in Jägerndorf wird unverzüglich geschritten[14] und deren Vorstand ernannt und angewiesen werden, die Angelobung der Angestellten sogleich vorzunehmen.[15]

b) J u s t i z: Hofrat des Staatsamtes für Justiz Dr. K l u g[16] wird zu Vorbesprechungen nach Sudetenland delegiert.

c) P o s t - , T e l e g r a p h e n - u n d T e l e f o n a n g e l e g e n h e i t e n: Zur Behebung der auf diesen Gebieten bestehenden Verkehrsschwierigkeiten werden ein Postweg über Bayern, ein Siemensbetrieb[17] über Dresden hergestellt und einzelne Funkstationen errichtet werden. Aus den Ausführungen des General-Postdirektors H o h e i s l geht hervor, dass als Repressalien gegenüber dem tschechoslowakischen Staate nötigenfalls entsprechende Mittel zu dessen völliger Verkehrsabsperrung vorhanden seien. (Zurückhaltung der Briefpost, Behinderung des Telegraphen- und Telefonverkehres, Nichtbelieferung mit Telegraphen- und Telefonapparaten und mit Telegraphen-Papierrollen.)

---

9 Zum Tod Adlers vgl. auch den Nachruf Dinghofers in Sten. Prot. Prov. NV, 3. Sitzung vom 12. November 1918, S. 63. Ein Beileidsschreiben Renners findet sich in AdR, StK, GZl. 287/1918, Zustellung des Bestallungsdekretes an die Witwe nach Staatsrat Dr. Viktor Adler.
Dr. Franz Dinghofer, 21. Oktober 1918 bis 16. Februar 1919 Dritter Präsident der Provisorischen Nationalversammlung, GdP, 30. Oktober 1918 bis 14. März 1919 Mitglied des geschäftsführenden Staatsratsdirektoriums.

10 Vgl. auch KRP Nr. 6/1.

11 Vgl. das Stenogramm.

12 Vgl. KRP Nr. 7/5.

13 Approvisionierung: Lebensmittel- und Energieversorgung.

14 Im Stenogramm wurde auch die Betriebsdirektion Teplitz genannt. Vgl. KRP Nr. 3/2, Nr. 19/3, zur Staatsbahndirektion Jägerndorf auch Nr. 25/2.

15 Informationen zur Tätigkeit dieser Direktion finden sich in AdR, StK, GZl. 1.402/1918, Amtstätigkeit der Staatsbahndirektion Jägerndorf.

16 Dr. Franz Klug, Hofrat, 1912 bis 1926 Gerichtsinspektor im Justizressort.

17 Siemensbetrieb: gemeint war die Einrichtung einer Telegraphenverbindung.

d) S o z i a l e F ü r s o r g e: Die provisorische Errichtung einer Arbeiter-Unfallversicherungsanstalt in Troppau für Nordmähren und Schlesien ist bereits eingeleitet; im Falle von Widerständen auf Seite des tschechoslowakischen Staates bei Rentenauszahlungen sind Repressalien durch die Allgemeine Pensionsanstalt in Wien gegeben.[18]

e) U n t e r r i c h t: Ein mit den Schulverhältnissen Schlesiens und mit der Schulbehördenorganisation vertrauter Fachmann wird seitens des Staatsamtes für Unterricht nach Troppau ehestens entsendet werden.

f) K o h l e n v e r s o r g u n g: Auf Grund eines provisorischen Wirtschaftsübereinkommens mit dem Leiter des Wirtschaftsamtes in Mährisch-Ostrau[19] wurde die Belieferung Sudetenlands mit 1500 Waggons Kohle sichergestellt.[20] Nunmehr wird durch Verhandlungen mit Berlin die Möglichkeit zur Versorgung auch mit niederschlesischer Kohle zu schaffen sein.[21]

g) F i n a n z w e s e n: Nach eingehender Darstellung der Notwendigkeit einer Sicherung für die Weiterführung von vier im Sudetenland gelegenen Tabakfabriken[22] wurde eine Einigung zwischen dem Staatssekretär für Finanzen und dem Staatsrate Dr. Freißler dahingehend erzielt, dass diese Frage im Wege einer morgen stattfindenden unmittelbaren Aussprache der beiden Funktionäre mit dem Generaldirektor der Tabakregie Sektionschef Scheuchenstuel[23] bereinigt werden wird. Grundsätzlich wurde die Notwendigkeit der Errichtung einer provisorischen Tabakdirektion für Sudetenland festgestellt.

Die Behebung des außerordentlichen Mangels an flüssigen Zahlungsmitteln im Sudetenland wird zum Gegenstande einer morgen zwischen dem Staatssekretär für Finanzen, dem Staatsrate Dr. Freißler und den Vertretern zweier Wiener Großbanken gemacht werden.[24]

h) H e e r w e s e n: Der Kabinettsrat fasst nach Darstellung der einschlägigen Verhältnisse den Beschluss, einen Delegierten des Staatsamtes für Heerwesen mit entsprechenden Instruktionen nach Sudetenland zu entsenden.

i) K r i e g s - u n d Ü b e r g a n g s w i r t s c h a f t: Nach einer Wechselrede zwischen dem Staatssekretär für Gewerbe, Industrie und Handel, dem Unterstaatssekretär für Kriegs- und Übergangswirtschaft und dem Staatsrate Dr. Freißler wurde der prinzipielle Beschluss gefasst, dass die Landesregierung im Sudetenland zu beauftragen sei, das Landeswirtschaftsamt mit der Führung der Geschäfte der Kriegs- und Übergangswirtschaft des Sudetenlandes zu betrauen und dieses Amt zu diesem Zwecke auszubauen sowie gleichzeitig nach Tunlichkeit eine Verbindung mit der Handels- und Gewerbekammer in Troppau herzustellen, die zur Führung bestimmter Geschäfte der Kriegs- und Übergangswirtschaft auch unmittelbar ermächtigt werden kann. Weiters erklärt sich der genannte Unterstaatssekretär bereit, die

18 Vgl. KRP Nr. 28/4.

19 Es konnte nicht eindeutig festgestellt werden, wer gemeint war.

20 Zu den Bemühungen um tschechische Kohle vgl. auch KRP Nr. 3/3, Nr. 13/4, Nr. 21/1, Nr. 23/4, Nr. 24/5 und Nr. 34/4.

21 Zum Ergebnis der Verhandlungen vgl. KRP Nr. 13/4, zum Bezug schlesischer Kohle vgl. überdies Nr. 8/1 und Nr. 10/1, zum Kohlenmangel Nr. 3, Anmerkungen 16 und 17.

22 Eine Übersicht über die insgesamt 30 Tabakfabriken, die bis zum Ende der österreichisch-ungarischen Monarchie unter Verwaltung der k.k. Generaldirektion der Tabakregie in Wien standen, findet sich in Hof- und Staatshandbuch der österreichisch-ungarischen Monarchie für das Jahr 1918, Wien 1918, S. 449–451.

23 Dr. Wilhelm Scheuchenstuel, Sektionschef, 1909 bis 1921 Generaldirektor der Österreichischen Tabakregie.

24 Umfangreiche Informationen zur finanziellen Gebarung der Landesregierungen von Deutschböhmen und von Sudetenland, der Gewährung von Krediten an diese Landesregierungen, diesbezügliche Korrespondenz diverser Stellen sowie Berichte des Staatsamtes für Finanzen für das Jahr 1919 finden sich in AdR, StK, GZl. 638/1919.

Zuteilung eines entsprechend informierten Organes zum Landeswirtschaftsamte in Erwägung zu ziehen.[25]

Wegen Errichtung einer Passstelle in Jägerndorf zur Herstellung eines ungestörten Reiseverkehres nach Deutschland wird Staatsrat Dr. Freißler mit einem von der Staatskanzlei unmittelbar eingeladenen Vertreter des Staatsamtes des Äußern am morgigen Tage in Verbindung treten.

---

[25] Auf tschechischer Seite war die Handels- und Gewerbekammer in Prag Ende Oktober 1918 „mit der Besorgung der handelspolitischen Agenden und den Agenden der Übergangswirtschaft betraut" worden, „soweit sie bisher dem Wirkungskreis des Handelsministeriums in Wien unterstanden" hatten. Vgl. Volkswirtschaftliche Chronik. Mit Benützung amtlicher Quellen herausgegeben von Dr. Karl Neisser, Jg. 1918, Nr. 10, Oktober 1918, S. 304 „Wirtschaftliche Maßnahmen des czechoslowakischen Nationalrates". Zur Handels- und Gewerbekammer Troppau vgl. AdR, StK, GZl. 611/1919, Handels- und Gewerbekammer Troppau, Verhältnis zur tschechoslowakischen Regierung. Der Akt enthält einen Bericht dieser Kammer vom 17. Jänner 1919, gerichtet an das Handelsministerium in Prag, betreffend ihren Kostenvoranschlag für das Jahr 1919. Darin betonte die Kammer u. a. ihre Bereitwilligkeit, „an den wirtschaftspolitischen Arbeiten der tschechoslovakischen Regierung im Rahmen ihres gesetzlichen Wirkungskreises teilzunehmen", um so „nichts zu unterlassen, was der Wiederaufrichtung des Wirtschaftslebens förderlich sein könnte". Vgl. auch KRP Nr. 8/2.

Stenogramm vom 12. November 1918

[Renner:] In den ersten Tagen ... schmerzlichen Verlust erlitten.

Victor Adler, der trotz seines bresthaften Zustandes dieses verantwortliche Amt übernommen hat, ist heimgegangen. Victor Adler ist der ganzen Öffentlichkeit bekannt und es erübrigt sich, viel in dieser Stunde über ihn zu sagen. In dieser Stunde aber möchte ich eines hervorheben: ein Traum, ein leidenschaftliches Streben Victor Adlers ist in Erfüllung gegangen. Diejenigen, die die Geschicke der Völker zu lenken haben, sie gehen selbst aus dem Vertrauen des Volkes hervor. Hier in dieser Körperschaft, ziemt es sich vielleicht, darauf zu erinnern, dass hauptsächlich durch – das Gesetz empfangen wir nicht aus der Hand – aus einer über dem Volk waltenden Hand, sondern aus dem Volk selbst. Wir verwalten durch die einzige Aut.[orität] das Wohl des Volkes. Dass dem so ist, das danken wir zum großen Teil neben anderen Mitkämpfern aller Parteien der Person Victor Adlers. Ihm aber sind wir besonders in dem Punkt zu Dank verpflichtet.

Die Freiheit des Volkes ist zwiespältig, es gibt eine wilde anarchische Freiheit, die keine Einordnung kennt. Victor Adler war zugleich der Meister der Disziplin. Er war es, der durch seine Besonnenheit, durch seine Mäßigung, durch seine persönliche Selbstaufopferung die Massen gewöhnt hat, sich einzuordnen, sich ins Ganze zu fügen. Und da kann er allen kommenden Kabinetten ein Vorbild sein. Unsere Aufgabe [ist], die Volksfreiheit zu vereinigen mit der höchsten geschlossenen Ordnung des Staates. Wenn es uns gelingt, die Freiheit mit der Ordnung zu verbinden, haben wir gewirkt im Sinne Victor Adlers. Wenn diese Idee ständig im Kabinett fortlebt, dann werden wir seinem Streben ... wir alle werden Victor Adler ein dauerndes Andenken bewahren.

Freißler kommt aus dem Sudetenland und hat Mitteilungen überbracht über die dortigen Verhältnisse. Eine Reihe von Anordnungen, die das Sudetenland noch nicht erreicht haben.

[Die] Sitzung hat [den] Zweck, ihn zu informieren und alle Hilfsmittel mitzugeben, um Landesversammlung und Landesverweser Hand geben -.

Freißler: Bespricht die einschlägigen Verhältnisse: Eisenbahnen: Entsendung eines fachtechnisch bewanderten Beamten ohne Betriebsgewalt. Errichtung einer Betriebsdirektion in Troppau.

Jukel: Betriebsdirektion Teplitz und Jägerndorf kann sogleich aktiviert werden.

Hnidey: Personal der Direktion Olmütz nach Jägerndorf übersiedeln, Direktor soll ernannt werden (wird Angelobungen vornehmen). Wenn einmal die Direktion errichtet ist, werden die Leute schon den nötigen Halt haben.

Freißler: Frage, wenn Widerstand geleistet wird.

Roller: Hofrat Dr. Klug [ist] hinausgeschickt worden, dort sind zwei [...]. [...] wird aufgelassen werden müssen, im Olmützer Sprengel ist es sehr gut gegangen. Errichtung eines Oberlandesgerichtspräsidiums Reichenberg heute veröffentlicht.

[Freißler:] Post: Durch die Eisenbahn-Verhältnisse bedingt Postpaket-Verkehr streckenweise unmöglich. Erschwerung durch die Sperrung der Telegraphenlinie. Telefonverkehr vorläufig ungestört, wird aber abgehorcht.

Hoheisl: Widerrechtliche Beschlagnahmen von Sendungen wurden von uns wahrgenommen. Wird genau zusammengestellt, viele Millionen sind bereits (hauptsächlich in Böhmen [...]).

Abfuhren machen sie im Weg der Živno[26], den Ämtern sind Subkonti schon gesperrt.

Postweg über Bayern, das 2) mit Siemens Betrieb nach Dresden und dann weiter, dann Errichtung einzelner Funkenstationen. Funkenstation Freiwaldau.

Chiffre-Schlüssel:

Gewalt mit Gegengewalt (vollendete Absperrung mit Briefpost und Telegrammen und Telefon).

Es wurde in Prag bereits angedeutet, um Telegraphen- und Telefonapparate sind Tschechoslowakei und Südslawen auf uns angewiesen, auch ~~Kupfervitriol~~ und Telegraphenpapier.

---

26 Höchstwahrscheinlich war die Živnostenská banka pro Čechy a Moravu v Praze (Gewerbebank für Böhmen und Mähren in Prag) gemeint, eine 1868 gegründete tschechische Handelsbank.

Marken-Bezug: keine Differenzierung versprechen, nur unter der Bedingung, wenn sie in anderen Punkten entgegenkommend werden.

Organisation: 4.11. früh Verständigung erhalten (Troppau unterstellt worden), Mittag schon Erlass hinausgegeben: Organisationserlass rücksichtlich der Post-Telegraphen-Fernsprech-Verwaltung. Erlass bezüglich der Gelöbnisabnahme beim gesamten Personal (Gebiet bekannt gegeben worden). Irrtum bezüglich Einverleibung Brünns, Olmütz, Iglau.

Flugdienst: Heeresverwaltung (Post sich anschließen).

Freißler: Nicht Troppau, ?Friedtal.

Hanusch: Provisorische Errichtung einer Unfallversicherung in Reichenberg und Troppau für Nordmähren und Schlesien. Bereits im kurzen Wege besprochen. Repress.[alien] durch die Pensionsanstalt.

~~Zerdik:~~

Khoss: Schulenfrage. ~~Delegierung~~ eines Mannes der die schlesischen Verhältnisse kennt und sich mit den Schulbehörden-Organisationen auskennt (sehr bald).

~~Zerdik~~ Freißler: Kohle (prov.[isorisches] Wirtschaftsübereinkommen): 1.500 Waggons Kohle wurden gegeben. Es muss die theoretische ~~Möglichkeit~~ geschaffen werden, um niederschlesische Kohle zu erhalten (dazu sind Verhandlungen mit Berlin nötig).

Zucker: ~~Versorgung~~ sichergestellt.

Mit Mehl, Erdäpfel und Vieh so ziemlich in Ordnung.

Loewenfeld-Ruß: KGV belassen.

Freißler: Finanzen: Ungeheurer Mangel an Zahlungsmitteln: Vier Tabakfabriken: Sofortige Errichtung einer provisorischen Tabakdirektion für das Sudetenland. 50–60 Millionen Kronen Bedarf.

Steinwender: Durchbringung von Geld von Tusar[27] in Aussicht gestellt worden. Heute allerdings zweifelhaft. Notgeld.

Riedl: Valutenanleihe in Deutschland (Kronenanleihen in Deutschland).

Steinwender: Lombard-Geschäft[28] mit einer deutschen Bank durch eine österreichische Bank unter Garantie des deutschösterreichischen Staates (etwa 200 Millionen Kronen). Morgen werden Vertreter der Banken eingeladen.

Heerwesen: Ein Mensch hingeschickt mit entsprechenden Instruktionen. Gendarmeriekommando sektioniert. (Fried[...] desertieren!!)

Riedl: Kriegswirtschaft:
1) Landeswirtschaftsamt und Handelskammer: je eine Zweigstelle des alten Generalkommissariats mit Generalvollmacht. Handelskammer wird von einer gemischten Kommission besetzt werden müssen (Vertrauensmänner).
2) Überweisung eines brauchbaren Menschen.
3) Volksbekleidung.
4) Compensations-Verkehr. Zwei Gruppen von Waren:
   1) Zwei Produkte, wobei die Compensation innerhalb derselben Industrie liegt (Wolle). Abschluss eines Übereinkommens von Liebig[29] mit der Tschechoslowakei (Rohwolle überlassen und Verpflichtung [zur] Abgabe des Fertigfabrikats).

---

27 Vlastimil Tusar, ab 30. Oktober 1918 tschechoslowakischer Bevollmächtigter bei der k.k. Regierung in Wien und dann der Regierung Deutschösterreichs, 10. Juli 1919 bis 15. September 1920 tschechoslowakischer Ministerpräsident.

28 Lombardgeschäft: kurzfristige Gewährung von Krediten gegen Verpfändung von Wertpapieren oder Waren. Vgl. auch KRP Nr. 28, Anmerkung 126.

29 Hier dürfte keine Person, sondern die Liebig Johann & Comp., Schafwollwaren-Fabrik und Kammgarn-Spinnerei in Reichenberg gemeint gewesen sein. Die Firma wurde auch in KRP Nr. 49/3 vom 8. März 1919 erwähnt.

2) Die in den Fabriken selbst vorhandenen Woll- und Garnvorräte müssten in den zu Volksbekleidungszwecken umgeänderten Fabriken verarbeitet werden.
Ein eigenes Compensations-Amt müsste errichtet werden.

5) Verkehr mit dem Ausland: Von der deutschen Botschaft verständigt worden, dass Bayern und Sachsen zugestimmt haben, dass über ihre Gebiete ohne weitere Formalitäten ein Durchzugsverkehr stattfinden kann. Damit die Möglichkeit gegeben eines freien Verkehrs ...

MdÄ [Ministerium des Äußeren]: Errichtung einer Passstelle in Jägerndorf zur Erhaltung des ungestörten Reiseverkehrs nach Deutschland. [...].

10.[1]

[Mittwoch] 1918-11-13

Vorsitz: Renner
Anwesend:[2] Hanusch, Kaup, Loewenfeld-Ruß, Mataja, Pacher, Riedl, Roller, Schüller[3] (für Bauer), Steinwender, Stöckler, Urban, Zerdik
Schriftführer: unbekannt
Dauer: unbekannt[4]

Reinschrift, Konzept, Stenogramm

Inhalt:
1. Ernährungsfrage.
2. Verwaltung der bisher in der Verwaltung der Hofstellen gestandenen wissenschaftlichen und Kunstinstitute.

Beilagen:
– Zu Punkt 1: Unverbindliche Antwort[5] für die Festlegung von Richtlinien bei der Auseinandersetzung mit den anderen Nationalstaaten in der Frage der Sachdemobilisierung (1¼ Seiten).

1
Ernährungsfrage

Staatssekretär Dr. Loewenfeld-Ruß führt aus, dass die Ernährungsfrage immer kritischer werde.[6] Ab Dezember sei die Situation in Mehl und Zucker unhaltbar. Es sei daher unumgänglich notwendig, bereits im gegenwärtigen Zeitpunkte Verhandlungen mit auswärtigen Staaten einzuleiten. Diesbezüglich schlägt Redner vor:

a) eine Kommission unter politischer Führung und unter Zuziehung des Mitgliedes des Ernährungsdirektoriums Eldersch nach Berlin zu entsenden, um dortselbst zunächst Verhandlungen wegen Lieferung von ungefähr 30.000 Tonnen Mehl für einen Monat und von dänischem Fleisch einzuleiten. Diese Kommission hätte bereits morgen abends die Reise anzutreten;[7]

---

1 Das Protokoll trägt den Vermerk *Vertraulich!*

2 Nur im Stenogramm verzeichnet wurde die Anwesenheit von Matthias Eldersch, obwohl er sowohl dort als auch in der Reinschrift als aktiver Sitzungsteilnehmer in Erscheinung tritt.
Matthias Eldersch, 1918 Mitglied des Ernährungsrates des Amtes für Volksernährung, 1919 bis 1923 Mitglied des Wiener Gemeinderates, SdAP, 4. März 1919 bis 9. November 1920 Mitglied der Konstituierenden Nationalversammlung, 9. Mai 1919 bis 7. Juli 1920 Staatssekretär für Inneres und Unterricht.

3 Dr. Richard Schüller, Sektionschef, a.o. Professor für Nationalökonomie an der Universität Wien, 1918 Bestellung zum Leiter der handelspolitischen Sektion des Staatsamts für Äußeres.

4 Das Protokoll enthält keine Informationen zur Sitzungsdauer.

5 Ursprünglich „Vorschläge“, handschriftlich gestrichen und mit „Antwort“ überschrieben.

6 Für eine zeitnahe Darstellung der problematischen Ernährungslage Deutschösterreichs bzw. Österreichs bei Kriegsende und in den ersten Jahren danach vgl. Das österreichische Ernährungsproblem. Unter Benutzung statistischer Materialien und amtlicher Quellen sowie unter Mitwirkung von Fachmännern verfasst im Bundesministerium für Volksernährung. Mit statistischen Tabellen und Diagrammen, Wien 1921.

7 Vgl. auch KRP Nr. 8/5; Staatssekretär für Äußeres Bauer an Staatssekretär für Volksernährung Loewenfeld-Ruß, Schreiben vom 18. November 1918, in: Außenpolitische Dokumente der Republik Öster-

b) eine zweite Kommission – gleichfalls unter politischer Führung – mit der Aufgabe zu betrauen, in Budapest zwecks Revision des kürzlich abgeschlossenen Vertrages, Herausgabe der noch in Ungarn befindlichen Schlepper und Erzielung eines bestimmten Kontingentes von Schlachtvieh zu intervenieren, wobei mit Rücksicht auf die von den Ungarn voraussichtlich zu gewärtigenden Kompensationsforderungen auch ein Vertreter des Staatsamtes für Kriegs- und Übergangswirtschaft mitzureisen hätte;[8]

c) die mit der Entente via Schweiz bereits eingeleiteten Schritte wegen Einfuhr von Lebensmitteln[9] möglichst zu beschleunigen;[10]

---

reich 1918–1938 (ADÖ). Band 1: Selbstbestimmung der Republik. 21. Oktober 1918 bis 14. März 1919. Herausgegeben von Klaus Koch, Walter Rauscher und Arnold Suppan, Wien 1993, S. 155 f. Informationen zu Mehl-, Getreide- und sonstigen Lieferungen des Deutschen Reiches an Deutschösterreich ab November 1918 finden sich im Sammelakt AdR, BKA/AA, Abteilung 14 H-pol, Ernährungswesen Deutsches Reich 1, Zl. 70.771/3a-6.032/1921, Ein- und Ausfuhr in Deutschland im Lagerverkehr. Vgl. auch KRP Nr. 8/5.

[8] Was den „kürzlich abgeschlossenen Vertrag" betraf, so war am 5. November 1918 ein erster Vertrag mit Ungarn abgeschlossen worden, mit dem u. a. die Freigabe der erwähnten Schlepper (diese transportierten rumänisches und ukrainisches Getreide nach Deutschösterreich und waren von Seiten des Deutschen Reiches zur Verfügung gestellt, von Ungarn jedoch beschlagnahmt worden) erreicht wurde. Vgl. auch einen Bericht des Warenverkehrsbüros „vom 27. Februar 1919 [....] über den Stand der Ablieferungen an Ungarn nach den Verträgen vom 5. und 25. November 1918 mit den Aenderungen vom 20. Dezember 1918 und 20. Jänner 1919" in AdR, BKA/AA, Abteilung 14 H-pol, Ernährungswesen Ungarn 1, Lebensmittelabkommen mit Ungarn: Kompensationen, Zl. III-1.459/10/1919, Lebensmittelabkommen. Zur Entsendung einer Delegation nach Ungarn unter Teilnahme des Staatsrates Ellenbogen – darauf bezog sich wohl der Hinweis „unter politischer Führung" – vgl. auch SRP Nr. 32 vom 13. November 1918. Ellenbogen berichtete, dass er nach Budapest entsandt wurde, um „die Ausfolgung von 60 Getreideschiffen und die Freigabe der internierten Mackensenarmee zu verlangen". Vgl. Friedrich Weissensteiner (Bearb.), Wilhelm Ellenbogen. Menschen und Prinzipien. Erinnerungen, Urteile und Reflexionen eines kritischen Sozialdemokraten, Wien/Köln/Graz 1981, S. 130 f. Zu den Verhandlungen mit Ungarn vgl. auch KRP Nr. 8/5, Nr. 11/4, Nr. 14/14 und Nr. 17/5, zur „Mackensenarmee" KRP Nr. 26, Anmerkung 36. Schlachtvieh wurde im Rahmen eines mit Ungarn abgeschlossenen Kompensationsvertrages geliefert, vgl. KRP Nr. 11, Anmerkung 34.
Dr. Wilhelm Ellenbogen, 21. Oktober 1918 bis 16. Februar 1919 Mitglied der Provisorischen Nationalversammlung, SdAP, 12. November 1918 bis 14. März 1919 Mitglied des Staatsrates, 4. März 1919 bis 9. November 1920 Mitglied der Konstituierenden Nationalversammlung, 15. März 1919 bis 24. Juni 1920 und 7. Juli 1920 bis 22. Oktober 1922 Unterstaatssekretär für Handel und Gewerbe, Industrie und Bauten.

[9] Für eine ausführliche Darstellung der Verhandlungen mit den Entente-Mächten zum Zwecke der Lebensmittelversorgung Österreichs aus Sicht des Staatssekretärs für Volksernährung vgl. Johann Loewenfeld-Ruß, Im Kampf gegen den Hunger. Aus den Erinnerungen des Staatssekretärs für Volksernährung 1918–1920. Herausgegeben von Isabella Ackerl (= Studien und Quellen zur österreichischen Zeitgeschichte 6), Wien 1986, S. 230–282.

[10] Anfang November war durch Vermittlung der Schweiz ein Telegramm an US-Präsident Woodrow Wilson mit der Bitte um eine Lebensmittelaushilfe gerichtet worden. Im Hinblick auf entsprechende Verhandlungen begab sich sodann Ende November eine deutschösterreichische Sonderkommission nach Bern, musste dort allerdings mehrere Wochen abwarten, bis die amerikanischen und weitere Vertreter der Ententestaaten eintrafen. Die ersten Verhandlungen fanden sodann in Bern vom 24. bis 31. Dezember 1918 statt. Vgl. Loewenfeld-Ruß, Im Kampf gegen den Hunger, S. 230–232; Mitteilungen des Staatsamtes für Volksernährung über die Verhandlungen mit den alliierten Hauptmächten über die Lebensmittelversorgung der Republik Österreich in der Zeit von Dezember 1918 bis Anfang Oktober 1919, Wien 1920, S. 7–11. Zur Note an US-Präsident Wilson vgl. VAP Nr. 5 vom 24. Oktober 1918, Nr. 6 vom 25. Oktober 1918; SRP Nr. 12 vom 30 Oktober 1918 und Nr. 33 vom 14. November 1918. Zu einer Sitzung im Staatsamt für Volksernährung, in der die statistischen Grundlagen für die Lebensmittelhilfe durch die Entente festgelegt wurden, um sie deren Vertretern in Bern zu übermitteln, vgl. AdR, StAVE, Präsidium, GZl. 160/1918, Zl. 679/1918, Haussitzung vom

d) die Verhandlungen mit der tschechoslowakischen Regierung in der Zuckerfrage wieder aufzunehmen.[11]

Unterstaatssekretär Riedl erhebt gegen die Verhandlungen mit der Entente und Deutschland keine Einwendung, wünscht aber, dass in die Berliner Verhandlungen gleichzeitig auch die Frage der Lieferung von Kohle einbezogen wird.[12] Verhandlungen mit Ungarn halte Redner für aussichtslos, zumal sich in Westungarn eine Bewegung zum Anschluss an Österreich bemerkbar mache, wodurch wir in einen Konflikt mit Ungarn kämen.[13] Er erbitte sich die Ermächtigung, in dieser letzteren Angelegenheit mit den maßgebenden Faktoren in unverbindliche Verhandlungen zwecks Organisierung eines Verpflegszuschubes aus Westungarn eintreten und denselben zu diesem Behufe ein – von ihnen bereits erbetenes[14] – Automobil zur Fahrt nach Wien zur Verfügung stellen zu dürfen. Diese Angelegenheit sei von umso größerer Bedeutung, als dieser Teil Ungarns erwiesenermaßen noch über bedeutende Vorräte verfüge.

Der Kabinettsrat erteilt die erbetene Ermächtigung.

Was die Verhandlungen mit den Tschechen anlange, so könne Redner mitteilen, dass heute zwei Beamte der tschechoslowakischen Regierung ihn aufgesucht und verschiedene Wünsche, betreffend die Sachgüterdemobilisierung, vorgebracht hätten. Der sprechende Unterstaatssekretär habe den tschechischen Unterhändlern – vorbehaltlich der Genehmigung des Kabinetts – folgende Antwort im Gegenstande unter ausdrücklichem Hinweis auf deren Unverbindlichkeit gegeben:[15]

„1. Die Sachdemobilisierungsgüter werden schon mit Rücksicht auf die Notwendigkeit, ihnen einen wirksamen Schutz gegen Verschleppung und Verwahrlosung zu sichern, als Nationaleigentum des Staates erklärt, auf dessen Territorium sie sich befinden.

2. Die beteiligten Regierungen werden alles in ihren Kräften Liegende veranlassen, um eine möglichst gute Verwertung in finanzieller Hinsicht und eine nach Möglichkeit die wirtschaftlichen Interessen sicherstellende Art der Verwertung herbeizuführen.

3. Wechselseitig wird anerkannt, dass die aus der Liquidierung der Demobilisierungsgüter sich ergebenden Werte oder Erlöse nicht ohne Weiteres jenem Staate zufallen, der nach Punkt 1. von den betreffenden Gütern Besitz ergriffen hat, sondern dass der Anteil der beteiligten Staaten an diesem Erlöse durch Verhandlungen unter ihnen zu bestimmen ist, wobei die

---

13. Dezember 1918. Vgl. dazu auch Hanns Haas, Österreich und die Alliierten 1918–1919, in: Saint-Germain 1919. Protokoll des Symposiums am 29. und 30. Mai 1979 in Wien, Wien 1989, S. 11–40, hier S. 23–26; weiters KRP Nr. 12/4, Nr. 16/5, Nr. 17/5, Nr. 26/1, Nr. 27/1, Nr. 28/2 und Nr. 31/1.

[11] Besprechungen mit tschechischen Unterhändlern über Zuckerlieferungen waren am 8. November 1918 ergebnislos abgebrochen worden. Die Unterhändler hatten erklärt: „Wenn man mit ihnen überhaupt weiter verhandeln wolle, müsse man nach Prag kommen." Vgl. SRP Nr. 26 vom 8. November 1918. In der gleichen Sitzung hatte der Staatsrat auch die Herausgabe einer entsprechenden Meldung an die Tageszeitungen beschlossen. Vgl. exemplarisch Neue Freie Presse. Morgenblatt, 9. November 1918, S. 8 „Scheitern von Verhandlungen mit den Czechen über die Zuckerfrage". Eine deutschösterreichische Delegation hatte sich sodann nach Prag begeben, um über den gegenseitigen Warenaustausch zu verhandeln, jedoch ebenfalls ohne Erfolg. Vgl. SRP Nr. 28 vom 9. November 1918; zum Abbruch der Verhandlungen am 8. November auch AdR, StK, GZl. 2.181/1919, Zl. 218/1918, Zuckerverhandlungen mit den Tschechen.

[12] Vgl. auch KRP Nr. 8/1, Nr. 9/2 und Nr. 13/4.

[13] Vgl. dazu weiter KRP Nr. 13/3. Zur Geschichte Westungarns bzw. des späteren Burgenlandes in den Jahren 1918 bis 1921 vgl. detailliert Gerald Schlag, „Aus Trümmern geboren…". Burgenland 1918–1921 (= Wissenschaftliche Arbeiten aus dem Burgenland 106), Eisenstadt 2001.

[14] Dieser Einschub wurde im Konzept handschriftlich eingefügt.

[15] Beilage zu Punkt 1: Unverbindliche Antwort für die Festlegung von Richtlinien (1¼ Seiten). Der Inhalt der Beilage ist wortgleich mit den im Folgenden angeführten fünf Punkten.

Frage der Beteiligung an den Kriegsschulden[16], aus denen ja die Anschaffung der Heeresgüter seinerzeit erfolgt ist, von maßgebendem Einflusse sein wird.

4. Die Berücksichtigung der wirtschaftlichen Interessen bei der Verwertung der Demobilisierungsgüter soll auch dadurch sichergestellt werden, dass die beteiligten Staaten einander fallweise gegenseitig Güter überlassen, welche für die Wirtschaft des Übernehmers von Bedeutung sind. Das Nähere hierüber wäre besonderen Verhandlungen der mit der Abwicklung der Sachdemobilisierung betrauten Stellen vorzubehalten. Hiebei wird vorausgesetzt, dass auch über die übrigen Fragen des wirtschaftlichen Verkehres ein freundschaftliches Übereinkommen erzielt wird.

5. Um die Durchführung dieser Grundsätze zu sichern, wäre die gegenseitige Entsendung von Delegierten zu den mit der Sachdemobilisierung betrauten Stellen und die Sicherung vollen gegenseitigen Einblickes in die Art der Verwertung in Aussicht zu nehmen."[17]

In der Zuckerfrage beantrage Redner, die bereits abgebrochenen Verhandlungen mit den Tschechen nunmehr wieder mit der Maßgabe aufzunehmen, dass ihnen die Bewirtschaftung[18] des Zuckers durch die von Wien nach Prag zu verlegende Zuckerzentrale nicht nur für die deutschen Gebietsteile der Sudetenländer, sondern für ganz Deutsch-Österreich überlassen wird. Dies könne umso unbedenklicher zugestanden werden, als durch den gestrigen Beschluss der Nationalversammlung, betreffend die Zugehörigkeit Deutschböhmens und des Sudetenlandes zu Deutsch-Österreich, die früheren politischen Bedenken gegen die Annahme der tschechischen Vorschläge nunmehr in Wegfall gekommen sind.[19]

Sektionschef Dr. S c h ü l l e r pflichtet dieser Auffassung namens des Unterstaatssekretärs Dr. Bauer bei.

Direktor E l d e r s c h erklärt sich gleichfalls auf Grund seiner in Prag gemachten Erfahrungen mit der Verlegung der Zuckerzentrale nach Prag jedoch mit der Einschränkung einverstanden, dass für Wien und die Alpenländer eine eigene Zuckerverteilungsstelle zur Errichtung gelange.

Staatssekretär Dr. L o e w e n f e l d - R u ß schlägt abschließend vor, es mögen diese Verhandlungen mit den Tschechen[20] in der Form wieder aufgenommen werden, dass die Zuckerzentrale bis längstens Freitag Mittag ein Telegramm nach Prag absende, in welchem sie ihre Bereitwilligkeit bekanntgibt, die ihr übermittelten Anträge anzunehmen und der Verlegung der Zuckerzentrale nach Prag, somit der Zuckerbewirtschaftung für ganz Deutsch-Österreich von Prag aus zuzustimmen, wobei in Wien lediglich eine Verteilungsstelle für die Alpenländer zu errichten wäre.[21]

---

16 Eine Aufschlüsselung der österreichisch-ungarischen Kriegsschulden mit Stand vom 31. Oktober 1918 findet sich in Volkswirtschaftliche Chronik. Mit Benützung amtlicher Quellen herausgegeben von Dr. Karl Neisser, Jg. 1919, Heft 2, Februar 1919, S. 31–33 „Verbindlichkeiten der beiden Staaten der österreichisch-ungarischen Monarchie", die einschlägigen Tabellen auf S. 32 f. Zum Thema vgl. auch Ágnes Pogány, Finanzgebarung, Kriegskosten und Kriegsschulden, in: Helmut Rumpler (Hg.), Die Habsburgermonarchie 1848–1918. Band XI: Die Habsburger Monarchie und der Erste Weltkrieg. 1. Teilband: Der Kampf um die Neuordnung Mitteleuropas. Teil 2: Vom Vielvölkerstaat Österreich-Ungarn zum neuen Europa der Nationalstaaten, Wien 2016, S. 543–596.

17 Vgl. auch KRP Nr. 11/1, wo Renner im Zusammenhang mit der Sachdemobilisierung auf die hier wiedergegebenen Grundsätze verwies.

18 Im Konzept: „die von ihnen geführte Bewirtschaftung".

19 Gemeint war der Beschluss der Provisorischen Nationalversammlung über StGBl. Nr. 5, Gesetz vom 12. November 1918 über die Staats- und Regierungsform von Deutschösterreich, ausgegeben am 15. November 1918. Vgl. Sten. Prot. Prov. NV, 3. Sitzung vom 12. November 1918, S. 65–69.

20 Im Konzept: „mit Prag".

21 Die „Volkswirtschaftliche Chronik" berichtete in dem Zusammenhang, dass in Prag „eine Zuckerzentrale für das ganze Gebiet von Böhmen, Mähren und Schlesien eingerichtet" worden war. „Von der Zuckerzentrale in Wien blieb demnach nur ein Bestand von etwa ein Zehntel des früheren Umfanges

Der Kabinettsrat nimmt sohin diesen letzten Antrag sowie die unter a)–c) verzeichneten Anträge des Staatssekretärs Dr. Loewenfeld-Ruß an.[22]

2

Verwaltung der bisher in der Verwaltung der Hofstellen gestandenen wissenschaftlichen und Kunstinstitute

Staatssekretär Pacher teilt mit, dass er beabsichtige, dem Staatsrat einen Antrag vorzulegen, demzufolge die Hofmuseen, die Hofbibliothek, die Hoftheater, die Schatzkammer und dergleichen dem Staatsamt für Unterricht in die einstweilige Verwaltung zu übergeben wären. Diesfalls wäre die Kunstabteilung im Staatsamte für Unterricht zu einem eigenen Kunstamte innerhalb dieses Staatsamtes auszugestalten, welchem sohin auch das Musealwesen überhaupt zuzuweisen wäre.

Der Vorsitzende verweist demgegenüber darauf, dass diese Angelegenheit, die auch den ganzen Fragenkomplex der Krongüter berühre, durch ein besonderes Gesetz geregelt werden müsse. Vorläufig wäre die Verwaltung der oben bezeichneten Institute in der Verwaltung der bisher zuständig gewesenen Hofämter zu belassen, deren Beamtenpersonal jedoch vom deutschösterreichischen Staate in Eid und Pflicht zu nehmen.[23]

übrig. Allerdings liegen sehr viele und die wertvollsten Betriebe, die Raffinerien, in unbestritten deutschem Gebiet, allein diese sind auf den Rohzucker aus dem czechischen Gebiet angewiesen. Im Hinblick auf diese Sachlage hat der Staatssekretär für Ernährung Dr. Loewenfeld-Ruß mit den Zuckerindustriellen und den Rübenbauern unterhandelt und den Czechen ein Kompromiß vorgeschlagen, das die Prager Zentrale tatsächlich anerkannte und bloß einige Sicherungen für das deutsche Gebiet hergestellt wissen wollte. Indess haben die Czechen selbst dieses Kompromiß nicht zugelassen. Sie verlangen bei jedem Anlaß, ob es sich um Kohle, Kartoffeln, Mehl, Zucker oder welchen Artikel immer handelt, die absolute Unterwerfung Deutschböhmens unter czechische Bezirkshauptleute, die von Prag aus eingesetzt werden. [...] Mit Rücksicht auf die Entbehrungen des Volkes hat der Staatsrat sich trotzdem entschlossen, auf neuerliche Verhandlungen hinzuwirken." Vgl. Volkswirtschaftliche Chronik, Jg. 1918, Heft 11, November 1918, S. 330 f „Die Zuckerfrage".

22 Die Tschechoslowakei verpflichtete sich schließlich zu substantiellen Zuckerlieferungen für den Haushaltsverbrauch sowie die Industrieverarbeitung, die Abmachungen wurden jedoch nicht eingehalten, was Staatssekretär Loewenfeld-Ruß veranlasste, im Jänner 1919 persönlich in Prag zu verhandeln. Ein neues Zuckerabkommen wurde schließlich im März 1919 im Rahmen einer ersten umfangreichen Regelung des gegenseitigen Warenaustausches abgeschlossen. Das ausgehandelte Kompensationsabkommen wurde jedoch in Folge von beiden Seiten nicht vollständig erfüllt. Vgl. Gertrude Enderle-Burcel/Eduard Kubu, Österreichisch-tschechoslowakische Handelsbeziehungen in der Nachkriegszeit, in: Alice Teichova/Herbert Matis (Hg.), Österreich und die Tschechoslowakei 1918–1938: die wirtschaftliche Neuordnung in Zentraleuropa in der Zwischenkriegszeit (= Studien zur Wirtschaftsgeschichte und Wirtschaftspolitik 4), Wien/Köln/Weimar 1996, S. 113–130, hier S. 114 f. Aktenmaterial zu den Verhandlungen mit der Tschechoslowakei über Zuckerlieferungen für die Jahre 1919 bis 1921 findet sich in AdR, BKA/AA, Abteilung 14 H-pol, Ein-, Aus- und Durchfuhr I/10, Zuckerverhandlungen mit Tschechoslowakei. Eine umfangreiche „Information über die der Zuckerversorgung Deutschösterreichs im Betriebsjahre 1919/20 drohenden Gefahren" findet sich im genannten Bestand unter Zl. III-12.524/10/1919. Zur Zuckerversorgung, den diesbezüglichen Verhandlungen in Prag und den im März 1919 erzielten Abmachungen vgl. weiters Loewenfeld-Ruß, Im Kampf gegen den Hunger, S. 204–208; Volkswirtschaftliche Chronik, Jg. 1919, Heft 3, März 1919, S. 92 „Die Zuckerversorgung"; Verordnungsblatt des Staatsamtes für Volksernährung, Jg. 1919, Nr. 8, 30. April 1919, S. 205–207 „Das Übereinkommen mit der tschecho-slowakischen Zuckerkommission". Zur Erzielung eines Übereinkommens mit der Zuckerzentrale in Prag bezüglich Melasse und Zuckerrüben im Dezember 1918 vgl. KRP Nr. 26/7, zum Thema weiters auch Nr. 13/11 und Nr. 34/9.

23 Informationen zur Übernahme der Hofmuseen und Sammlungen in staatliche Verwaltung finden sich in AdR, StK, GZl. 748/1919; weiters KRP Nr. 193/10 vom 18. Juni 1920. Zu den Hoftheatern vgl. in diesem Zusammenhang StGBl. Nr. 229, Verordnung der Staatsregierung vom 21. Mai 1920,

Stenogramm vom 13. November 1918

13./11., Kab.prot. 10.

Loewenfeld-Ruß, Zerdik, Pacher, Steinwender, Hanusch, Stöckler, Urban, Kaup, Riedl, Schüller, Eldersch, Deutsch, Roller, Mataja, Hillebr.[24]

Mit Ausnahme der Sekretäre Jukel und Mayer, der Unterstaatssekretär Riedl, zugezogen Sektionschef Dr. Schüller.

Steinwender: Sicherheit für Morgen, [...] bezüglich des Jänner, Militärbehörden, Heereswesen, Vorschläge zu erstatten.

Loewenfeld-Ruß: Ernährungsfrage. Situation immer kritischer, bis Ende dieses Monats mit Mehl gedeckt in Wien, jedoch Außenstände für die Alpenländer -. Über die ersten Tage Dezember können wir nicht hinweg kommen. Null an Zucker, Anfang Dezember katastrophal.

1) Vorkehrungen: durch Aufruf, Austausch gegen Kleidungsstücke, kein befriedigendes Ergebnis.
2) Verhandlungen mit den ehemals österreichischen Staaten: [von der] Tschechoslowakei nichts zu erhalten; Polen gewisse Menge, aber gering; Süd[...] nicht in Betracht; Ungarn nicht bedeutend.
3) Entente. Vom Auswärtigen Telegramm an Amerika (bisher ohne Antwort) via Schweiz.
4) Lediglich mit Deutschland möglich: morgen Abend Eldersch nach Berlin (Mehl zunächst 30.000 To pro Monat), Verhandlungen dänische Rinder, gekühltes Fleisch. In den allernächsten Tagen unter politischer Führung nach Ungarn (hauptsächlich wegen Rindern und der zurückbehaltenen Schlepper). Kokrda[25], Ellenbogen? Bitte, dass ein Mitglied bestimmt wird. Zur Erwiderung des kürzlich abgeschlossenen Vertrages zur Erzielung eines [...] bestimmten Contingents an Vieh (HM., K[...] mitfahren).
5) Verhandlungen mit der Tschechoslowakei: Kartoffel, Frostgefahr. Zuckersituation (Tschechoslowakei wenn die Zuckerorganisation ihnen übertragen wird). Die Orientierung nach der Tschechoslowakei ist in der Lage der Sache gegeben. Daher Frage, ob es einen Sinn hat, auf diesem Beschluss zu beharren.

Entsendung einer Commission nach Prag zur Bereinigung der Zuckerfrage. Wenn der Staatsrat Zustimmung gibt, Telegramm.

Riedl: Gegen Verhandlungen mit Deutschland und der Entente nichts einzuwenden, gleichzeitig mit Deutschland auch Kohlenlieferungsvertrag. Antrag: Dass bei den Berliner Verhandlungen Kohle einbezogen wird.

Verhandlungen mit Ungarn: Sache nicht zu überstürzen, bevor nicht die Demobilisierung. Halte jetzt für aussichtslos, Westungarn sehr starke Bewegung zum Abfall von Ungarn im Zuge. 2–2½ Monate das Auslangen (nicht requiriert). Zustimmung zu Auto gegeben, Grenzwache nicht mehr vorhanden, Panduren[26] aus dem Land ausgetrieben, Versprechungen nie etwas wert gewesen.

---

betreffend die Verwaltung der ehemals hofärarischen Theater, ausgegeben am 29. Mai 1920. Zur Hofbibliothek vgl. auch KRP Nr. 13/7. Ein ausführlicher Bericht vom Oktober 1919 über die hofärarischen Güter, ihre Verwaltung und ihre weitere Verwendung bis zum genannten Zeitpunkt findet sich in AdR, Büro Seitz, Karton 2, Staats-Notariat, Uebersichtliche Zusammenstellung der hofärarischen Güter.

24 Es konnte nicht eindeutig geklärt werden, welche Person mit „Hillebr." gemeint war. Die Reinschrift enthält zur Anwesenheit einer solchen Person keine Informationen.

25 Quirin Kokrda, 1908 bis 1920 Geschäftsführer der Großeinkaufsgesellschaft österreichischer Consumvereine (GÖC), ab 1919 Mitglied des Wiener Gemeinderates, SdAP, 1920 bis 1932 Amtsführender Stadtrat für Ernährungs- und Wirtschaftswesen.

26 Panduren (ungar. pandúr): im 17. und 18. Jahrhundert Bezeichnung für Soldaten an der Militärgrenze gegen das Osmanische Reich, 1765 bis 1918 auch ein ungarisches Infanterieregiment (zuletzt als k.u.k. Infanterieregiment Nr. 53 in Zagreb stationiert). Vermutlich war die Bezeichnung hier als Synonym

Tschechoslowakei: heute mit mir zu verhandeln begonnen: Peroutka[27] und Zeisl[28], früher Beamte der Länderbank. Sachdemobilisierung, sie sagen, dass sie keine Güter in der Hand haben; Forderungsliste überreicht.
Antwort gegeben: Sachdemobilisierung Güter werden als Nationaleigentum des Staates [erklärt,] auf dessen Territorium sie sich befinden. Regierungen werden alles veranlassen, um möglichst gute Verwertung in finanzieller Hinsicht herbeizuführen. Wechselseitig anerkannt, dass die Werte oder Erlöse nicht ohne weiteres jenem Staat zufallen, der Besitz ergriffen hat von diesen Gütern; dass der Anteil durch Verhandlungen zwischen ihnen zu bestimmen ist, wobei die Frage der Beteiligung an den Kriegsschulden von maßgebendem Einfluss sein wird. Sachen übergeben, die für die Wirtschaft des übernehmenden Staates maßgebend ist. Hierbei vorausgesetzt, dass auch über die übrigen wirtschaftlichen Fragen ein freundlicher Verkehr eintritt. Um die Durchführung [der] Grundsätze zu sichern, gegenseitige Entsendung von Delegationen und gegenseitigen Einblick in die Verwaltung in Aussicht zu nehmen.
Die Richtigkeit des Standpunktes wurde von den Herren persönlich anerkannt. Per.[outka] wirtschaftlicher Attaché Tusar[29] damit auch Erledigung der Zuckerfrage. Glaube ein Symptom ableiten zu dürfen dafür, dass die Sache unsererseits richtig beurteilt wurde. Zuckerzentrale von Prag aus ganz Deutsch-Österreich versorgen. Daher auch gegen Entsendung einer Commission nach Prag.

Schüller: Bauer beauftragt, mitzuteilen, politische Gründe ein zu starkes Präjudiz nicht vorhanden wäre. Tschechoslowakei beim Wort nehmen. Nach den Erfahrungen in Prag ist eine generelle – Verhandlungen nicht wünschenswert. Wegen Verhandlungen mit der Entente im Begriff, möglichst rasch Delegation zusammen zu bringen (noch heute Mitteilungen).

Eldersch: Zu Verhandlungen zwischen Regierungen wird es nicht kommen. Was in den Narodni Vybor[30] kommt, wird abgelehnt. Weder Kartoffel noch Getreide sind zu erhalten (heuer Hälfte weniger wie im Vorjahr), nur Zucker zu erhalten. Auch der Meinung, man soll ihnen die Zentrale nach Prag geben, aber nur von Fall zu Fall, nicht generell. ~~Von den tschechoslowakischen Organisationen könnte auch hier etwas gemacht werden~~.

Loewenfeld-Ruß: Das Einfachste wäre, Telegramm nach Prag über die Annahme der tschechoslowakischen Propositionen zu Verhandlungen. Es handelt sich aber um die Verteilung des ganzen Quantums in Österreich, ~~die Bewirtschaftung von Prag ist eine Schwierigkeit~~. Vier Fabriken nach Prag, 700 Waggons in einer Zuckerverteilung in Wien.
?Wetzl[er][31]: 80 Waggons Bohnenkaffee, Wein.

Eldersch: In Böhmen und Mähren wird mob.[ilisiert], die Heimkehrer laufen nach Hause. Aber sie sprechen davon, dass sie Ordnung machen werden in Mähren und Böhmen. Die deutschböhmischen Länder sollen sie zugesagt bekommen haben. [...] Zwingen ~~werden~~ wir Euch nicht. Nach Prag ~~schicken~~ tel.[egraphieren] von der Zuckerzentrale: wir treten auf der vorgeschlagenen Basis in Verhandlungen (für diese Campagne).

Hanusch: ~~Anfrage Pensionsanstalt~~.

Pacher: Bei den Vollzugsanweisungen betreffend Schulaufsicht -.
Bezüglich Übernahme der Hofbibliothek ob etwas verfügt bitte:

---

für plündernde Soldaten gemeint, die nach dem Zusammenbruch der Armee vielerorts ein Problem darstellten. Zu entsprechenden Vorkommnissen im westungarischen Gebiet von Ende Oktober bis Anfang Dezember 1918 vgl. Schlag, „Aus Trümmern geboren…“, S. 112–116.

27 Möglicherweise Dr. František Peroutka, 1907 bis 1918 Beamter des Handelsministeriums, danach Leiter der handelspolitischen Abteilung im tschechoslowakischen Handelsministerium, später Handelsminister und Präsident der tschechoslowakischen Nationalbank.

28 Die Identität des erwähnten „Zeisl“ konnte nicht eindeutig festgestellt werden.

29 Vlastimil Tusar, ab 30. Oktober 1918 tschechoslowakischer Bevollmächtigter bei der k.k. Regierung in Wien und dann der Regierung Deutschösterreichs, 10. Juli 1919 bis 15. September 1920 tschechoslowakischer Ministerpräsident.

30 Národní výbor československý: Tschechoslowakischer Nationalausschuss.

31 Es ist unklar, wer oder was gemeint war.

Staatsrat oder Unterricht anweisen, das Kunsthistorische Museum ... in seine einstweilige Verwaltung zu übernehmen. Die Kunstabteilung im Unterrichtsamt zu erweitern zu einem Kunstamt innerhalb dieses Staatsamtes, welchem das Musealwesen zugewiesen werden kann. Diese Abteilung würde die Verwaltung des größten Teils der Hofanstalten zu übernehmen haben.

Renner: Die Übernahme soll durch ein besonderes Gesetz verfügt werden. Die Hoffunktionäre in Eid und Pflicht nehmen.

~~Augenblicks-Hilfe für die ...~~

Freitag abends ab ½4, dann nach dem Staatsrat Fortsetzung. Verbindungs-Beamten mitzuteilen: sämtliche Staatssekretäre pünktlich und vollzählig immer.

~~Exempl. Riedl~~.

11.[1]

[Freitag] 1918-11-15

Vorsitz: Renner
Anwesend: Beck, Boog[2], Deutsch, Hanusch, Jukel, Kaup, Loewenfeld-Ruß, Marckhl, Mayer, Pacher, Riedl, Roller, Steinwender, Stöckler, Urban, Zerdik
Schriftführer: unbekannt
Dauer: 17.30–21.15 Uhr

Reinschrift, Konzept, streng vertraulicher Anhang zu Punkt 4 und 7, Stenogramm

Inhalt:
1. Gesandtenkonferenz, Beauftragte der fremden Staaten in den Staatsämtern, Liquidatoren zur Vorbereitung der Liquidationsgeschäfte.
2. Beamtenfragen.
3. Kredit von 400 Millionen Kronen für das n.ö. Volksbekleidungsamt.
4. Wunsch der ungarischen Regierung in Bezug auf die Verhandlungen über Ernährungsfragen.
5. Eigenmächtiges Vorgehen der Landesregierungen in Ernährungsangelegenheiten.
6. Kündigung weiblicher Kanzleihilfskräfte der Heeresverwaltung.
7. Geheimfonds bei der früheren Heeresverwaltung.

Beilagen:
- Zu Punkt 2: Ermächtigung des Komitees zur Behandlung aller Zivilstaatsbedienstetenfragen, an das Kabinett Anträge zu stellen (1 Seite).
- Zu Punkt 2: Beschluss, betr. die Regelung der Dienstverhältnisse aller der deutschen Nation beizuzählenden Zivilbediensteten des bestandenen österreichischen Staates (2 Seiten).
- Zu Punkt 2: Beschluss, betr. die Regelung aller Verhältnisse auf dem Gebiete des Staatsbedienstetenwesens im Hoheitsbereich des deutschösterreichischen Staates (½ Seite).
- Zu Punkt 3: Beschluss, betr. Haftungsübernahme für einen durch den Banken- und Sparkassenkonzern dem niederösterreichischen Volksbekleidungsamt in Wien zu gewährenden Kredit von bis zu 400 Millionen Kronen durch das Staatsamt für Finanzen (1¼ Seiten).

1
Gesandtenkonferenz, Beauftragte der fremden Staaten in den Staatsämtern, Liquidatoren[3] zur Vorbereitung der Liquidationsgeschäfte

Der Vorsitzende teilt mit, dass gestern eine vom deutschösterreichischen Staatsamt für Äußeres einberufene Konferenz stattgefunden habe, an der die Gesandten sämtlicher auf dem Boden der ehemaligen Monarchie neu errichteten Staaten mit Ausnahme des südslawischen

[1] Das Protokoll trägt den Vermerk *Vertraulich!*
[2] Adolf von Boog, Offizier, zuletzt k.u.k. Feldmarschallleutnant, 8. November 1918 bis 1. Juli 1919 Oberbefehlshaber der Deutschösterreichischen Volkswehr.
[3] Im Konzept: „Treuhänder (Sachwarte)". Der Begriff „Treuhänder" an Stelle von „Liquidatoren" wurde im Konzept dieses Punktes durchgehend gebraucht und ebenso konsequent korrigiert.

Staates teilgenommen haben.[4] Hiebei sei vereinbart worden, dass die einzelnen nationalen Regierungen Kommissäre in die Staatsämter zu entsenden hätten, welche gemeinsam mit den deutschösterreichischen Staatssekretären die Liquidierung der bisherigen Zentralstellen organisieren sollen. Überdies sei beschlossen worden, dass die Gesandten der einzelnen nationalen Regierungen von nun an in jeder Woche zusammentreten sollen, um die notwendigen Vereinbarungen über die Auflösung der bisherigen gemeinsamen Verwaltung und ihre Übertragung an die einzelnen Nationen zu treffen. Die nächste dieser Konferenzen finde am 20. November um 5 Uhr statt. Die Chefs der Ressorts seien dadurch in die Lage versetzt, sich eines geeigneten Organes für Verhandlungen mit den anderen nationalen Regierungen zu bedienen.

Bei dieser Sachlage müsse das Vorhaben der deutschösterreichischen Regierung, in allen Staatsämtern Liquidatoren für die Vorbereitung der Liquidierung von Ansprüchen der beteiligten Nationalregierungen an dem Gemeinschaftsgute zu bestellen, einer Überprüfung unterzogen werden.

Jedenfalls aber hält der sprechende Kanzler diese Institutionen (Liquidatoren, Beauftragte der anderen Nationen und Gesandtenkonferenz) für ein geeignetes Instrument, um die Liquidierungsgeschäfte nunmehr in die Wege zu leiten. Über diese Frage entspann sich eine Wechselrede, an welcher sich Unterstaatssekretär Riedl, die Staatssekretäre Mayer, Zerdik, Stöckler, Unterstaatssekretär Marckhl und die Staatssekretäre Hanusch und Roller beteiligten.[5] Hiebei trat die übereinstimmende Auffassung zutage, dass es ganz besonders im Hinblick auf die Sachdemobilisierung – die in eingehender Weise zur Besprechung gelangte – gefährlich erscheine, Organen der fremden nationalen Regierungen Einblick in die Geschäftsführung unserer Staatsämter zu gewähren. Die Liquidatoren bezw. Beauftragten-Einrichtung sollte jedenfalls nur dann ins Leben treten[6], wenn auch der deutschösterr. Regierung eine völlig gleichartige Ingerenz[7] bei den anderen nationalen Regierungen eingeräumt würde, dies nicht zuletzt schon deshalb, weil sich auch in den anderen Staaten überaus wertvolle Demobilisierungsgüter befänden.

Der Vorsitzende fasst das Ergebnis der Wechselrede in die nachstehende vorläufige Formulierung zusammen, welche den Kabinettsmitgliedern im Wege dieses Protokolls ehestens zugänglich zu machen ist, um sie in die Lage zu versetzen, bei der nächsten Kabinettssitzung über den endgütigen Wortlaut dieser Leitsätze Beschluss zu fassen:

---

4 Konkret bezog Renner sich hier auf die erste Sitzung der Gesandtenkonferenz vom 14. November 1918. Die Protokolle der Gesandtenkonferenz Nr. 1–9, 11, 12 und 14–17, die den Zeitraum von Mitte November 1918 bis Mitte April 1919 umfassen, finden sich in AdR, StK, GZl. 157/1919. Die Protokolle Nr. 1–6 und 8 finden sich weiters auch in AdR, BKA/AA, NPA, Österreich 2/9, Gesandtenkonferenz. Die Protokolle, deren Umfang stark variiert (von sechs bis hin zu fast dreißig Seiten) liegen größtenteils gedruckt vor, enthalten umfangreiche Anwesenheitslisten und geben, ähnlich den vorliegenden Protokollen des Kabinettsrates, den Sitzungsverlauf bzw. die Wortmeldungen der Teilnehmer indirekt, aber inhaltlich detailliert wieder. Die Sitzungen beschäftigten sich besonders mit der Behandlung der ehemals gemeinsamen Militärangehörigen und Zivilstaatsbediensteten, aber auch mit Themen wie der Flüchtlingsfürsorge (5. Sitzung vom 10. Dezember 1918), der Liquidation des Staatsvermögens (6. Sitzung vom 17. Dezember 1918) oder der Bezahlung von Heereslieferungen (15. Sitzung vom 27. März 1919).

5 Vgl. das Stenogramm.

6 Im Konzept: „nur unter der Bedingung ins Auge gefasst werden“.

7 Ingerenz: Einfluss.

a) Die Gesandtenkonferenz und die Institution der Bevollmächtigten ist nur mit Zurückhaltung zu benützen, das freie Verfügungsrecht der Staatsämter darf dadurch nicht beeinträchtigt werden.[8]

b) Bei der Sachdemobilisierung ist bloß in Geldwerten abzurechnen, nicht aber ein Anteilsrecht in natura zuzugestehen (siehe die in der Kabinettssitzung vom 13. November d. J. beschlossenen Richtlinien).[9]

c) Das Staatsamt für Heerwesen ist beauftragt, nach Tunlichkeit festzustellen, was in natura in den fremden nationalen Gebieten vorhanden oder zugrunde gegangen ist.

d) Die Liquidatoren sind bloß mit sehr verminderter Kompetenz zu versehen und zwar

1) hat der Liquidator deutscher Nationalität zu sein und dem Stande der angelobten Beamten anzugehören;
2) hat er gleichzeitig die Dienstaufsicht über die zur Disposition gestellten Beamten auszuüben;
3) obliegt ihm der Verkehr mit den Beauftragten der fremden nationalen Staaten, wodurch er den Staatssekretär entlastet.

e) Der Gesandtenkonferenz gegenüber ist der Standpunkt einzunehmen, dass ihren Bevollmächtigten ein Kontrollrecht nur dann zugesprochen werden kann, wenn die anderen Staaten auch dem Deutschösterreichischen Staat ein gleiches Kontrollrecht einräumen.[10]

f) Die nichtübernommenen Beamten sind bis 31. Dezember d. J. zu bezahlen (und mit 1. Jänner 1919 in den Ruhestand zu versetzen).

2
Beamtenfragen

Sodann wird der Komplex der Beamtenfragen in Erörterung gezogen. Hiebei berichtet U.S. von B e c k, dass im Sinne eines seinerzeitigen Kabinettsratsbeschlusses eine zwischenstaatsamtliche Geschäftsstelle zur Beratung grundsätzlicher Staatsbedienstetenfragen im Staatsamte für Finanzen zusammengetreten sei.[11] Diese Geschäftsstelle bestehe aus den

---

[8] Hinsichtlich des Aufgabenkreises der Gesandtenkonferenz hatte sich Josef Diner-Dénes als Mitglied der ungarischen Delegation in der ersten Sitzung vom 14. November 1918 „für die Ausdehnung der Konferenz auf gemeinsame Wirtschafts- und Verkehrsfragen" ausgesprochen, und der Bevollmächtigte der Tschechoslowakei Vlastimil Tusar hatte festgestellt: „Es sollen durch sie die Fragen, die der früheren gemeinsamen Regierung vorbehalten waren, erledigt werden." Er schränkte das allerdings in der folgenden Weise ein: „Diese Teilnahme [an den Gesandtenkonferenzen; Anm.] soll kein Präjudiz schaffen für das Verhältnis, das zwischen uns und den anderen Nationen besteht. Die hier nicht zu erledigenden Fragen werden von einem anderen Forum erledigt werden." Man müsse, so Tusar weiter, „in Freundschaft zusammenarbeiten", damit die „jungen nationalen Staaten" nicht „durch blutige Zusammenstöße und Vorfälle bedroht" würden. Vgl. AdR, StK, GZl. 157/1919, Zl. 766/1918, Protokoll über die am 14. November 1918 im Deutschösterreichischen Staatsamt für Äußeres abgehaltene erste Gesandten-Konferenz, S. 3 f.
Josef Diner-Dénes, November 1918 bis 1919 ungarischer Staatssekretär für auswärtige Angelegenheiten.
Vlastimil Tusar, ab 30. Oktober 1918 tschechoslowakischer Bevollmächtigter bei der k.k. Regierung in Wien und dann der Regierung Deutschösterreichs, 10. Juli 1919 bis 15. September 1920 tschechoslowakischer Ministerpräsident.

[9] Vgl. KRP Nr. 10/1.

[10] Die nächste Gesandtenkonferenz fand am 20. November 1918 statt. Zu den Gesandtenkonferenzen vgl. weiters auch KRP Nr. 19/1, Nr. 21/4, Nr. 23/6, Nr. 26/6, Nr. 28/3, Nr. 29/5 a und Nr. 32/6.

[11] Beilage zu Punkt 2: Ermächtigung des Komitees zur Behandlung aller Zivilstaatsbedienstetenfragen (1 Seite). In der Beilage wurde ausgeführt, dass das gegenständliche Komitee „von den amtlich zusammengerufenen Vertretern der beteiligten 13 Staatsämter am 11. November 1918 mit Stimmeneinhelligkeit eingesetzt" worden war. Die weiteren Ausführungen zur Zusammensetzung und Aufgabe des Komitees gehen über das im Protokolltext Festgehaltene nicht hinaus. Ein expliziter Beschluss des

Ministerialräten D a v y[12] (Inneres), H ö d l[13] (Justiz), Z w e i g[14] (Unterricht) und den Sektionsräten W i l f l i n g[15] (Finanzen) und A i g n e r[16] (Handel).

Der Kabinettsrat beschließt, diese Geschäftsstelle mit der Vorberatung dieser Fragen zu betrauen, wobei sie in engster Fühlungnahme mit dem Finanzressort vorzugehen und ihre Anträge im Wege der Staatskanzlei dem Kabinettsrate zu unterbreiten hätte. Unter einem wären aber allen übrigen in der Geschäftsstelle nicht vertretenen Staatsämtern diese Anträge rechtzeitig mitzuteilen, um alle Staatssekretäre in die Lage zu versetzen, vor der bezüglichen Kabinettssitzung vom Inhalte der bezüglichen Vorschläge Kenntnis zu erlangen.[17]

Um gewisse unaufschiebbare Maßnahmen personalwirtschaftlicher Natur bereits im gegenwärtigen Zeitpunkte treffen zu können, stellte der Kabinettsrat grundsätzlich fest, dass bis auf Weiteres die Staatsämter rücksichtlich des Ernennungs- und Pensionierungsrechtes der Staatsbediensteten den Wirkungskreis der früheren Ministerien zu übernehmen haben, während das bisher der Krone zugestandene Ernennungsrecht auf das Direktorium übergegangen ist.

Im Anschlusse daran fasst der Kabinettsrat auf Grund der einschlägigen Ausführungen der Staatssekretäre Dr. Roller und Dr. Kaup[18] den Beschluss, dass die Besetzung aller freien und systemisierten Stellen in den Staatsämtern für Justiz und Volksgesundheit bis zur VIII. Rangsklasse (einschließlich) sich als empfehlenswert erweist und die genannten Staatsekretäre sohin ermächtigt werden, mit den bezüglichen Ernennungen vorzugehen.

U.S. R i e d l tritt dafür ein, dass der Komplex der Beamtenfragen im engen Zusammenhange mit der Verwaltungsreform geregelt werden solle, wobei auch Fachmänner zu hören wären; dass im manipulativen Verwaltungsdienste an Stelle der ausscheidenden fremdnationalen Beamten billige Rücksichtnahme auf die Unterbringung von Offizieren zu nehmen wäre und endlich, dass eine gewisse Freiheit für ganz besondere Ausnahmsfälle bei der Ausscheidung fremdnationaler Beamter gewahrt bleiben müsse.

Der Kabinettsrat nimmt diese Ausführungen zustimmend zur Kenntnis.

Über mehrere Anfragen des Unterstaatssekretärs M a r c k h l bezüglich der aus den fremdnationalen Gebieten zurückströmenden deutschen Beamten sowie der nicht übernom-

---

Kabinettsrates über die Einsetzung dieses Komitees findet sich in den vorangehenden Protokollen des Kabinettsrates nicht.

12 Dr. Robert Davy, Ministerialrat im Staatsamt des Innern, Leiter der Kommission für die Verwaltungsreform, Mitglied der zwischenstaatsamtlichen Geschäftsstelle zur Beratung grundsätzlicher Staatsbedienstetenfragen, 1919 von Karl Renner mit den Vorarbeiten für die Angliederung Deutsch-Westungarns betraut.

13 Dr. Richard Hödl, Ministerialrat, Leiter der Abteilung für Angelegenheiten der Dienstpragmatik im Staatsamt für Justiz.

14 Dr. Egon Zweig, a.o. Professor für allgemeines Staatsrecht an der Universität Wien, Ministerialrat im Staatsamt für Unterricht.

15 Dr. August Wilfling, Staatskommissär bei der Anglo-Österreichischen Bank, Sektionsrat im Staatsamt für Finanzen.

16 Dr. Artur Aigner, Sektionsrat, ab 1. Mai 1918 Vorstand im Büro des Generaldirektors für das Post-, Telegraphen- und Fernsprechwesen.

17 Sitzungsprotokolle des zwischenstaatsamtlichen Komitees für Staatsbedienstetenfragen finden sich in AdR, StK, GZl. 45/1919. In den 61 Protokollen, von denen die ersten 50 unter der genannten Grundzahl auch gedruckt einliegen, die den Zeitraum von Dezember 1918 bis Oktober 1919 umfassen und deren Umfang stark variiert, wurde zu einer Vielzahl von allgemeinen, teils aber auch äußerst spezifischen Fragen im Zusammenhang mit den Staatsbediensteten Stellung genommen. Zahlreiche dieser Fragen hingen mit der Umsetzung und Befolgung der in weiterer Folge vom Kabinettsrat beschlossenen Richtlinien über die Behandlung der Staatsbediensteten zusammen, vgl. KRP Nr. 14/6 und den im Anschluss an jenes Protokoll abgedruckten Nachtrag.

18 Vgl. das Stenogramm.

menen Beamten stellt der Vorsitzende nach Anhörung des Unterstaatssekretärs von B e c k fest, dass diese Frage den Gegenstand der Beratung und Antragstellung der obengenannten Geschäftsstelle zu bilden hat.[19]

Abschließend führt der Vorsitzende aus, dass über die Abgrenzung der Kompetenzen des Staatsrates und des Kabinettsrates in Beamtenfragen eine Formulierung zu verfassen ist, die von der Staatskanzlei dem Staatsrate zu unterbreiten sein wird.[20]

---

19 Beilage zu Punkt 2: Regelung der Dienstverhältnisse aller der deutschen Nation beizuzählenden Zivilbediensteten (2 Seiten). In der Beilage wurde ausgeführt, dass der deutschösterreichische Staat gewillt sei, „die Dienstverhältnisse aller der deutschen Nation beizuzählenden Zivilbediensteten des bestandenen österreichischen Staates, soweit sie deutsch-österreichische Staatsbürger sind oder werden, und unter der gleichen Voraussetzung aller Zivilbediensteten österreichischer Staatsbürgerschaft bei ehemaligen gemeinsamen Behörden, soweit nicht auf zwischenstaatlichem Wege eine andere Regelung vereinbart wird", zu regeln. Diese Regelung sollte die vorläufige Übernahme dieser Bediensteten „gegen Leistung der Angelobung" in den Staatsdienst beinhalten, eine „erhebliche Verringerung des Standes der Bediensteten" sei jedoch „infolge der Finanzlage des Staates unabweislich geboten", weshalb schon während der Übergangszeit nicht mehr Personal zu beschäftigen sei, als dem tatsächlichen Bedarf entspreche. Weiters sollte die Anzahl der Dienstposten „durch Vereinfachung der Verwaltungseinrichtungen in allen Dienstzweigen" auf ein notwendiges Mindestmaß herabgesetzt werden. Der diesbezügliche Grundsatz laute: „Weniger, aber besser bezahlte Beamte". Neuaufnahmen hätten vorläufig zu unterbleiben, künftiger Personalbedarf sollte durch jene Bediensteten gedeckt werden, „die mit Wartegebühr beurlaubt oder in den zeitlichen Ruhestand versetzt sind". Durch Erwerb einer fremden Staatsbürgerschaft verlöre der Bedienstete „alle aus dem deutschösterreichischen Staatsdienstverhältnis fließenden Befugnisse, Rechte und Ansprüche für sich und seine Angehörigen". Ein handschriftlich gestrichener Absatz betraf noch „die Regelung der Verhältnisse der nicht der deutschen Nation beizuzählenden Bediensteten", deren angewiesener Amtssitz sich im deutschösterreichischen Staatsgebiet befand. Hier sollte der „Grundsatz der Gegenseitigkeit" gelten, eine dauerhafte Regelung dieser Dienstverhältnisse sei zukünftigen zwischenstaatlichen Verhandlungen vorbehalten. Vgl. auch den in KRP Nr. 14 enthaltenen und im Anschluss an jenes Protokoll abgedruckten Nachtrag, der sich inhaltlich zum Teil mit dieser Beilage deckt. Zur grundsätzlichen Behandlung von Beamtenfragen vgl. weiters KRP Nr. 14/6, Nr. 19/1, Nr. 23/6, Nr. 29/5 und Nr. 34/13, zur Erörterung weiterer, im Zusammenhang mit sowohl „deutschen" als auch „nichtdeutschen" Beamten stehenden Fragen vgl. KRP Nr. 4/1, Nr. 7/12 und 14, Nr. 18/8, Nr. 19/4, Nr. 21/2, Nr. 22/2, Nr. 26/8 und 9 sowie Nr. 33/6.

20 Beilage zu Punkt 2: Regelung aller Verhältnisse auf dem Gebiete des Staatsbedienstetenwesens (½ Seite). Der Inhalt der Beilage lautet: „Zur Regelung aller Verhältnisse auf dem Gebiete des Staatsbedienstetenwesens ist im Hoheitsbereiche des deutsch-österreichischen Staates unvorgreiflich der Zuständigkeit der Gesetzgebung vorläufig / 1.) der Staatsrat insoweit berufen, als nicht die Zuständigkeit einer unteren Stelle eintritt, / 2.) die Staatsämter übernehmen den Wirkungskreis, der bisher mit ministeriellem Wirkungskreis ausgestatteten Behörden, / 3.) der Wirkungskreis der übrigen Behörden und Organe bleibt vorläufig unberührt." Vgl. auch AdR, StK, GZl. 211/1918, Abgrenzung der Kompetenzen zwischen dem Staatsrate und dem Kabinette. Bezugnehmend auf die in der vorliegenden Kabinettsratssitzung angesprochene Frage der Kompetenzabgrenzung wurde im zitierten Akt auf die diesbezüglichen Erörterungen in KRP Nr. 4/3 verwiesen und diese in voller Länge wiedergegeben. Weiters enthält der Akt jedoch noch eine rund sieben Seiten umfassende, mit 4. Dezember 1918 datierte Darstellung „Ueber die Abgrenzung der Kompetenz zwischen dem Staatsrat und dem Kabinet[t]" aus der Feder Dr. Hans Kelsens. Kelsen gab darin einen Überblick über diese Kompetenzfrage mit Bezug auf die Bestimmungen des StGBl. Nr. 1, Beschluss der Provisorischen Nationalversammlung für Deutschösterreich vom 30. Oktober 1918 über die grundlegenden Einrichtungen der Staatsgewalt, ausgegeben am 15. November 1918, und StGBl. Nr. 5, Gesetz vom 12. November 1918 über die Staats- und Regierungsform von Deutschösterreich, ausgegeben am 15. November 1918. Ein einschlägiger Bericht im Staatsrat scheint nicht erstattet worden zu sein. In der Nachmittagssitzung des folgenden Tages legte Staatsrat Dr. Julius Ofner den Entwurf eines nicht verwirklichten „Grundgesetzes zur Ausübung der Regierungs- und Vollzugsgewalt" vor und verwies auf die Notwendigkeit, „genau zwischen der Kompetenz des Staatsrates und den Befugnissen der Staatssekretäre [...] zu unterscheiden. Das Staats-

3

Kredit von 400 Mill. Kronen für das n.ö. Volksbekleidungsamt

Unterstaatssekretär R i e d l ersucht um Zustimmung zur Einholung eines Beschlusses des Staatsrates, mit welchem das Staatsamt für Finanzen ermächtigt werden soll, einem unter Führung des Wiener Bankvereines stehenden Banken- und Sparkassenkonzern gegenüber die Erklärung abzugeben, dass der d.ö. Staat für die Rückzahlung von dem n.ö. Volksbekleidungsamt[21] einzuräumenden Krediten im Höchstbetrage von 400 Mill. K als Bürge und Zahler hafte.[22]

Der Kabinettsrat beschließt, dass zunächst noch das Einvernehmen mit dem Staatsamt für Finanzen herzustellen wäre. Der Vorsitzende erklärt sich bereit dafür einzutreten, dass diese Angelegenheit bei der morgigen Staatsratssitzung an erster Stelle behandelt werde.[23]

---

sekretariat könne eine Verordnung nur auf Grund einer Verordnung des Staatsrates erlassen." Vgl. SRP Nr. 35 vom 16. November 1918.

Dr. Hans Kelsen, Staats- und Verwaltungsrechtler, 1918 bis 1920 Konsulent der Staatskanzlei, Schöpfer der österreichischen Bundesverfassung von 1920.

Dr. Julius Ofner, Rechtsanwalt, 21. Oktober 1918 bis 16. Februar 1919 Mitglied der Provisorischen Nationalversammlung, Deutschfreiheitliche Vereinigung Wiener Abgeordneter, 30. Oktober 1918 bis 14. März 1919 Mitglied des Staatsrates, 5. November 1918 bis 4. Mai 1919 Mitglied der provisorischen Landesversammlung Niederösterreich.

21 Das niederösterreichische Volksbekleidungsamt diente dem Ankauf von Kleidung für Minderbemittelte sowie – so Staatssekretär Riedl am folgenden Tag im Staatsrat – „als eine Art Zentrale für die Dotierung der Landesbekleidungsstellen in den anderen Provinzen und auch als Sammelpunkt für die Waren, die wir zu Kompensationszwecken brauchen für Lebensmittel aus Ungarn und Kroatien, für Kohle, für Petroleum aus Galizien. Ich bediene mich dieser Anstalt, bis eine Hauptstelle für Volksbekleidung mit Wirksamkeit für das ganze Reich errichtet ist." Vgl. SRP Nr. 34 vom 16. November 1918. Zur Schaffung der erwähnten Hauptstelle kam es durch StGBl. Nr. 50, Vollzugsanweisung des Deutschösterreichischen Staatsamtes für Kriegs- und Übergangswirtschaft vom 25. November 1918, betreffend die Errichtung einer Deutschösterreichischen Hauptstelle für Volksbekleidung, ausgegeben am 28. November 1918. Im Zusammenhang damit vgl. weiters StGBl. Nr. 67, Vollzugsanweisung des Staatsamtes für Kriegs- und Übergangswirtschaft vom 2. Februar 1919, betreffend den Tätigkeitsbeginn der Deutschösterreichischen Hauptstelle für Volksbekleidung, ausgegeben am 4. Februar 1919; StGBl. Nr. 147, Vollzugsanweisung des Staatsamtes für Kriegs- und Übergangswirtschaft vom 21. Februar 1919, womit der § 8 der Vollzugsanweisung vom 25. November 1918, StGBl. Nr. 50, betreffend die Errichtung einer deutschösterreichischen Hauptstelle für Volksbekleidung, abgeändert wird, ausgegeben am 27. Februar 1919; SRP Nr. 42 vom 22. November 1918, Nr. 44 vom 25. November 1918, Nr. 47 vom 26. November 1918, Nr. 48 vom 27. November 1918 und Nr. 55 vom 7. Dezember 1918. Zur Liquidierung der Landesvolksbekleidungsstellen vgl. SRP Nr. 70/XIV vom 29. Jänner 1919.

22 Beilage zu Punkt 3: Haftungsübernahme für einen Kredit durch das Staatsamt für Finanzen (1¼ Seiten). Das Finanzministerium, so wurde in der Beilage dargelegt, hatte sich dem niederösterreichischen Volksbekleidungsamt in Wien im Mai 1918 gegenüber bereit erklärt, „die Haftung für die Rückzahlung der vom Volksbekleidungsamte zur Beschaffung seines Betriebskapitals aufgenommenen Kredite im Gesamthöchstbetrage von 120 Millionen Kronen samt Nebengebühren als Bürge und Zahler" zu übernehmen. Nunmehr war das Amt vom Staatsamt für Kriegs- und Übergangswirtschaft mit der Übernahme und Verwertung mehrerer Textilwarenbestände (u. a. von der Baumwollzentrale AG., der Wollzentrale AG. und der Bekleidungszentrale für Kriegsflüchtlinge des ehemaligen Ministeriums des Innern) betraut worden. Dadurch war eine wesentliche Erhöhung des Betriebskapitals notwendig geworden. Für den Fall, dass der Banken- und Sparkassenkonzern bereit sei, dem Amt einen Kredit von bis zu 400 Millionen Kronen einzuräumen, sollte das Staatsamt für Finanzen für die Rückzahlung des Kredites als Bürge und Zahler haften. Der erwähnte Konzern bestand laut Beilage „aus der Anglo-Oesterr. Bank, dem Wiener Bankverein, der n.ö. Eskompt-Gesellschaft, der allg. Verkehrsbank, der Unionbank, der Zentralbank der deutschen Sparkassen, der Ersten österr. Sparkassa und der Zentralsparkasse der Gemeinde Wien".

23 Die Angelegenheit wurde am folgenden Tag im Staatsrat umfangreich diskutiert und der Antrag des Staatsamtes für Finanzen schließlich angenommen. Vgl. SRP Nr. 34 vom 16. November 1918; AdR,

4

Wunsch der ungar. Regierung in Bezug auf die Verhandlungen über Ernährungsfragen

St.S. Dr. L o e w e n f e l d - R u ß berichtet über eine Unterredung mit dem ung. Staatssekretär des Äußern[24], gelegentlich welcher ungarischerseits nachstehende Wünsche vorgebracht wurden:

a) den rückkehrenden ung. Truppen mögen Lebensmittel und Pferde nicht abgenommen werden.

b) Unpräjudizierlich der seinerzeitigen Verrechnung aus der Sachdemobilisierung mögen gewisse Gegenstände, insbesondere Medikamente, der ung. Regierung schon jetzt zur Verfügung gestellt werden.

c) die für Ungarn bestimmte deutsche Kohle möge ungehindert durch Deutschösterreich durchgelassen werden.

d) die d.ö. Presse möge dahin beeinflusst werden, dass sie ihre gegenwärtige unfreundliche Haltung gegenüber Ungarn aufgebe.[25]

e) es möge hingewirkt werden, dass in der d.ö. Nationalversammlung nicht immer wieder die Angliederung westung. Komitate an Deutschösterreich zur Sprache gelange.[26]

Die Rücksichtnahme auf die vorstehenden ung. Wünsche wäre nach Anschauung des ung. St.S. des Äußern jedenfalls geeignet, die bevorstehenden Verhandlungen Deutschösterreichs mit Ungarn in Ernährungsangelegenheiten günstig zu beeinflussen.[27]

Der Kabinettsrat hat diese Ausführungen zur Kenntnis genommen.[28][29]

Staatssekretär Dr. L o e w e n f e l d - R u ß teilt weiters noch mit, dass der ungarische Staatssekretär des Äußern ihm erklärt habe, die ungarische Regierung würde ganz besonderen Wert darauf legen, wenn sich die deutschösterreichische Regierung bei den allfällig bevorstehenden Lebensmittellieferungen aus Ungarn des Dr. Josef K r a n z[30] aus Wien, dem die Partei des Staatssekretärs[31] noch von früher her außerordentlich verpflichtet sei, bedienen würde.

Unterstaatssekretär R i e d l gibt im Zuge der sich darüber entwickelnden Debatte[32] der Meinung Ausdruck, dass es sich vorliegenden Falles dem Dr. Kranz vornehmlich darum handle, durch die Tatsache seiner offiziellen Inanspruchnahme in der Öffentlichkeit nunmehr rehabilitiert zu werden.[33]

StK, GZl. 200/1918, Beschluss des Staatsrates wegen Offenhaltung eines Kredites für das nö. Volksbekleidungsamt in Wien; FHKA, k.k. Finanzministerium, Allgemeine Abteilungen, StAF, Zl. 2.536/1918.

24 Josef Diner-Dénes war erst wenige Tage zuvor zum ungarischen Staatssekretär für auswärtige Angelegenheiten ernannt worden. Vgl. etwa Arbeiter-Zeitung. Morgenblatt, 13. November 1918, S. 6 „Staatssekretär Diner-Dénes".

25 Zumindest in „Arbeiter-Zeitung", „Neuer Freier Presse", „Reichspost" und „Wiener Zeitung" finden sich in Zeitnähe keine besonders auffälligen Beispiele für derartige Artikel. Eventuell vgl. Reichspost. Nachmittagsausgabe, 7. November 1918, S. 1 f „Systematische Ausplünderung fremder Militärtransporte in Ungarn", und Morgenblatt, 8. November 1918, S. 4 „Die schwersten Steuergesetze der Geschichte Ungarns".

26 Vgl. Sten. Prot. Prov. NV, 3. Sitzung vom 12. November 1918, S. 78 f.

27 Zu Verhandlungen mit Ungarn über Ernährungsangelegenheiten vgl. auch KRP Nr. 8/5 und Nr. 10/1.

28 Dieser Satz wurde im Konzept handschriftlich ergänzt.

29 Die folgenden Ausführungen bis zum Ende des Punktes 4 sind in der Reinschrift nicht enthalten. Sie finden sich, abgesehen von den zugehörigen Ausführungen im Stenogramm, nur im streng vertraulichen Anhang zu diesem Protokoll und wurden vom Bearbeiter in den Protokolltext eingefügt.

30 Dr. Josef Kranz, ehemaliger Präsident der Spirituszentrale sowie Präsident und Vorsitzender des Verwaltungsrates der Allgemeinen Depositen-Bank in Wien.

31 Gemeint war vermutlich, wenn auf Josef Diner-Dénes als ungarischen Staatssekretär des Äußeren Bezug genommen wurde, die Sozialdemokratische Partei Ungarns.

32 Vgl. das Stenogramm.

33 Zum Preistreibereiprozess gegen Kranz und einige weitere Personen vgl. KRP Nr. 3/4.

Da nach Anschauung des Staatssekretärs Dr. Loewenfeld-Ruß unbedingt zu erwarten sei, dass diese Angelegenheit im Falle der Betrauung Dr. Kranz' mit einer solchen Aufgabe in der Presse besprochen werden wird, wird der genannte Staatssekretär vom Kabinettsrat ermächtigt, sich mit Dr. Kranz unmittelbar in Verbindung zu setzen, damit letzterer sich darüber äußere, in welcher Weise er selbst die Aufmerksamkeit der Öffentlichkeit im Wege der Presse auf seine allfälligen Bemühungen zum Wohle der Gesamtheit zu lenken vermöchte.

Staatssekretär Dr. Loewenfeld-Ruß erhält den Auftrag, über das Ergebnis seiner Besprechung zu berichten.[34]

5

Eigenmächtiges Vorgehen der Landesregierungen in Ernährungsangelegenheiten

St.S. Dr. Loewenfeld-Ruß weist an der Hand zahlreicher Beispiele auf die unabweisbare Notwendigkeit hin, dass vom Kabinetts- oder Staatsrate den einzelnen Landesregierungen in der energischesten Weise die Unzulässigkeit eigenmächtiger Verfügungen bezw. Verhandlungen (insbesondere mit auswärtigen Staaten) in Ernährungsangelegenheiten vorgehalten werden müsse.

Der Vorsitzende ersucht den St.S. Dr. Loewenfeld-Ruß um die Übermittlung des einschlägigen Datenmateriales behufs Unterbreitung an den Staatsrat und erklärt, eine entsprechend eindringliche Belehrung der Landeshauptmänner anlässlich ihrer Einberufung nach Wien zur Angelobung in Aussicht zu nehmen.[35]

6

Kündigung weiblicher Kanzleihilfskräfte der Heeresverwaltung

Staatssekretär Hanusch teilt mit, dass von den seitens der Heeresverwaltung aufgenommenen zirka 40.000 weiblichen Kanzleihilfskräften beiläufig ein Drittel nunmehr zur Entlassung gelangen wird. Der sprechende St.S. erbittet sich die Ermächtigung, den zu Entlassenden, soferne sie nicht zur Krankenversicherung angemeldet worden sind, die sechswöchentliche Kündigungsfrist im Sinne des Handlungsgehilfengesetzes[36] einzuräumen und ihnen einen einmonatlichen Gehaltsbezug zu gewähren. Der hiedurch entlohnte Monat soll jedoch in die erwähnte Kündigungsfrist mit einbezogen werden.

---

[34] In Folge wurde durch Vermittlung des Dr. Josef Kranz am 25. November 1918 ein Warenaustauschabkommen mit Ungarn geschlossen, vgl. AdR, BKA/AA, Abteilung 14 H-Pol, Ernährungswesen Ungarn 1, Lebensmittelabkommen mit Ungarn: Kompensationen, Zl. 2.295/10/1918, Ungarisches Ernährungsabkommen (25./11.). Die Beteiligung Kranz' am Zustandekommen dieses Abkommens wurde von Staatssekretär Loewenfeld-Ruß in der Nationalversammlung explizit erwähnt und folgendermaßen erklärt: „Dr. Kranz unterhält sehr gute Beziehungen mit der gegenwärtigen ungarischen Regierung, und es schien zweckmäßig, diese guten Beziehungen zu benutzen, um die Verhandlungen günstiger zu gestalten." Vgl. Sten. Prot. Prov. NV, 7. Sitzung vom 4. Dezember 1918, S. 211. Zu diesem Kompensationsvertrag mit Ungarn vgl. auch KRP Nr. 17, Anmerkung 17, zu Verhandlungen mit Ungarn außerdem Nr. 8/5, Nr. 10/1 und Nr. 14/14. Kranz wurde auch mit Kohlenverhandlungen in Prag betraut, vgl. KRP Nr. 21/1, Nr. 23/4 und Nr. 24/5.

[35] Vgl. KRP Nr. 15, wo die geregelte Zusammenarbeit der Zentralstellen mit den Landesbehörden behandelt wurde und die Landeshauptmänner und ihre Stellvertreter anlässlich einer Sitzungsunterbrechung offenbar das Gelöbnis ablegten, was jedoch nur im Stenogramm festgehalten wurde. Zu den Eigenmächtigkeiten der Landesbehörden vgl. auch KRP Nr. 20/7, Nr. 23/8, Nr. 27/2 und Nr. 28 vor Eingang in die Tagesordnung, weiters Abschnitt V der Historischen Einführung.

[36] Vgl. § 20 (1) des RGBl. Nr. 20, Gesetz vom 16. Jänner 1910 über den Dienstvertrag der Handlungsgehilfen und anderer Dienstnehmer in ähnlicher Stellung (Handlungsgehilfengesetz), ausgegeben am 4. Februar 1910.

Der Kabinettsrat erteilt die erbetene Ermächtigung mit der Maßgabe, dass die bezügliche Aufwendung dem Zweimilliardenkredit[37] anzulasten sei.[38]

7[39]

Geheimfonds bei der früheren Heeresverwaltung

Gelegentlich der Mitteilung des Staatssekretärs Hanusch über das Vorhandensein von Stiftungsgeldern im früheren Kriegsministerium in der Höhe von ¼ Milliarde, die künftighin jedenfalls vom Staatsamte für soziale Fürsorge zu verwalten sein werden, teilt Staatssekretär M a y e r mit, dass ihm der vormalige Kriegsminister[40] bekanntgegeben habe, es wären zu seiner freien Verfügung ziemlich bedeutende Beträge vorhanden, die, zumeist von Deutschen bereitgestellt, den Intentionen der Spender gemäß wohl auch nur für deutschösterreichische Zwecke künftighin zur Verwendung gelangen sollten, daher nicht in die allgemeine Liquidationsmasse zu überführen wären.

Staatssekretär M a y e r gibt bekannt, dass er Maßnahmen getroffen habe, um sich das Verfügungsrecht über diese Summen zu sichern, bittet aber vorläufig den Kabinettsrat, über das Vorhandensein dieser Gelder unbedingtes Stillschweigen zu bewahren.

Der Kabinettsrat nimmt diese Ausführungen zustimmend zur Kenntnis.[41]

Schluss der Sitzung ¼ 10 Uhr abends.

---

37 Gemeint war wohl die auch später erwähnte „Redlichsche Anleihe" über zwei Milliarden Kronen, die am 6. November 1918 aufgenommen wurde. Vgl. KRP Nr. 28, Anmerkung 125.

38 Zu den weiblichen Hilfskräften im Ersten Weltkrieg vgl. etwa Alexandra Hois, „Weibliche Hilfskräfte" in der österreichisch-ungarischen Armee im Ersten Weltkrieg, Diplomarbeit, Wien 2012; weiters Amtliche Nachrichten des Deutschösterreichischen Staatsamtes für Soziale Fürsorge, Jg. 1919, Nr. 1/2, S. 61 „Notstandsaktion für die heimkehrenden weiblichen Hilfskräfte der Armee im Felde". Zur Behandlung der Kriegsaushilfskräfte vgl. weiters auch KRP Nr. 20/8, Nr. 34/14 und Nr. 35/1.

39 Dieser Punkt ist in der Reinschrift nicht enthalten. Er findet sich, abgesehen von den zugehörigen Ausführungen im Stenogramm, nur im streng vertraulichen Anhang zu diesem Protokoll und wurde vom Bearbeiter in den Protokolltext eingefügt.

40 Rudolf Stöger-Steiner von Steinstätten, Generaloberst, 12. April 1917 bis 11. November 1918 Kriegsminister von Österreich-Ungarn.

41 Zu dieser Angelegenheit vgl. FHKA, k.k. Finanzministerium, Allgemeine Abteilungen, StAF, Zl. 5.043/1918, D.ö. Staatsamt für Heerwesen – Note, betreffend Einladung eines h.o. Vertreters zu der am 6./12.1918, 10 Uhr vormittags im St. f. Heerwesen stattfindenden Sitzung über die Verwaltung von Fondsgeldern. In dem Akt wurde mitgeteilt, dass Kriegsminister Stöger-Steiner Staatssekretär Mayer „seinerzeit […] persönlich mehrere Fonde im Gesamtbetrag von ca. 6 Mill. K" übergeben habe, „wovon 4 Mill. K in Kriegsanleihe und anderen Wertpapieren angelegt sind, der Rest in Bargeld besteht". Diese Gelder sollten teils „Propagandazwecken der Armee im Felde" sowie „laut Widmung ihrer Spender" Kriegsfürsorgezwecken zugutekommen. Speziell beim „Propagandafond" handele es sich um einen „Geheimfond, von dessen Dasein allenfalls nur Ungarn Kenntnis habe". Die anderen Fonds seien „zum weitaus größten Teile aus Spenden nunmehr d.ö. Staatsangehöriger entstanden". Über sämtliche Fonds habe Stöger-Steiner bis zur Übergabe „wie über eine Art Dispositionsfonds frei verfügt". Da Mayer aber „eine derartige Fortsetzung der Gebarung aus politischen Gründen" ablehne, sei die Schaffung eines Kuratoriums geplant, um die weitere Gebarung im Einvernehmen mit dem Staatssekretär zu überwachen und über die Gelder „zu Gunsten d.ö. Interessen" zu verfügen. Im Rahmen der im Aktenbetreff genannten Sitzung hatte dieses Vorhaben Zustimmung gefunden, das zu bildende Kuratorium sollte aus Vertretern der Staatsämter für Heereswesen, für soziale Fürsorge und für Finanzen sowie dem Oberbefehlshaber der Volkswehr bestehen. Der Akt enthält weitere Informationen zu den Aufgaben des Kuratoriums und zu den in Aussicht genommenen Verwendungszwecken der gegenständlichen Geldsummen. Umfangreiches Aktenmaterial zu diversen weiteren Fonds, die im Zusammenhang mit der ehemaligen Heeresverwaltung und dem Staatsamt für Heereswesen standen, u. a. diverse größere und kleinere Fürsorgefonds, aber auch Privatfonds, die sich im Eigentum einzelner Truppenkörper befanden, sowie zu deren weiteren Verwendung findet sich für die Jahre 1918 und vor allem 1919 im Bestand AdR, StAHW, Abteilung 14, Sign. 30.

Stenogramm vom 15. November 1918

15./11.
Protokoll Nr. 11.

Renner: Nächste Woche Mittwoch 5h abends. Durch diesen Zusammentritt ein bequemes Organ der Verhandlungen mit den anderen Nationen. Die Chefs der Ressorts sind gebeten, von dieser Institution Gebrauch zu machen.

Die gestrige Konferenz: Gegenstand Behandlung der noch gemeinsamen oder internationalen Agenden in unseren Staatsämter (Liquidationsmasse). Übereinkommen getroffen, dass jeder Staat das Recht hat, in jedem Staatsamt einen Beauftragten zu entsenden, der sich um die Agenden kümmert, die die Gemeinsamkeiten betreffen.

Wir haben uns gedacht, dass von den nicht übernommenen Beamten in den einzelnen Ämtern soll einer ausersehen werden, der ~~noch in der Liquidation~~ gleichsam als Sachwalter (Treuhänder); die nicht übernommenen Beamten auch einstweilig ihm unterstellen; die besondere Vollmacht gegen Verfügungen der Staatsämter einen Einspruch zu erheben; auch Recht, mit den Vertretern der anderen Nationen zu verkehren.

~~Wenn die anderen~~ Die Beauftragten der anderen Nationen sind nicht an die Staatsämter gewiesen, sondern an den Treuhänder. Dr. Bauer[42] hat sich damit sehr einverstanden erklärt. Er glaubt, dass 3 Treuhänder, ... das Instrument sein werden, um die Liquidierung in die Wege zu leiten.

Nächsten Mittwoch Behandlung finanzieller Fragen (werde Vorsorge treffen, dass Staatskanzlei und Staatssekretär [für] Finanzen mit Unterstaatssekretär beigezogen wird).

Riedl: Findet dies zu beschleunigt. ~~Schon Bericht über den Besuch der Tschechoslowaken~~. Welche ... als Tschechoslowakei verfügt über keine Demobilisierungsgüter, sie sind in unserer Hand ein großes Comp.[ensations]-Mittel. Wenn wir uns von vornherein hindern lassen, so ist es möglich, dass die ganze Sachdemobilisierung einfach obstruiert wird zum Schaden unserer Interessen und der glatten Abwicklung der Demobilisierung. Die Waren werden verschleppt, wenn sie nicht als ~~staatseigen~~ nationales Eigentum erklärt werden (mit der vollen Strenge des Gesetzes und mit dem moralischen Verständnis arbeiten). Die anderen sind auf uns angewiesen. Das, was in Gal.[izien] liegt, geht natürlich verloren, ebenso in Südsl.[awien]. Wir arbeiten dann für die anderen.

Die Demobilisierung steht in engstem Zusammenhang mit den Zahlungen, die wir für Rechnungen eines [...] zu zahlen haben (ca. 1 Million).

Sitzung der Industriekommission stattgefunden hat, in welcher beschlossen wurde, an den Staatsrat heranzutreten.

Redner bemerkt, mit diesen Vorschlägen nicht einverstanden zu sein; da wäre vielleicht die Gesandten-Konferenz. Internationales Bankenkonsortium, welches diese Industriellenforderungen belehnt. Die betreffenden Nationalstaaten hätten vielleicht die Zustimmung zu geben, dass diese Zahlungen den [...] Finanzverwaltungen angelastet werden.

Mayer: Hauptsächlich die Absicht, zur Frage der Entsendung von Vertretern der verschiedenen Nationen in die einzelnen Staatsämter – zu entsenden. In der Demobilisierungsfrage besonders hart getroffen durch die vor zwei Tagen erfolgte Enthebung der Minister ein ganz neues Verhältnis entstanden. Die Vereinigung LV. [Landesverteidigung] und KM. [Kriegsministerium] erhebliche Schwierigkeiten. Grundlagen werden jetzt geschaffen. Im alten Kriegsministerium haben die Nationen ihre Bevollmächtigten schon ernannt gehabt. Ich glaube, man wird ihnen einen Einblick in die Demobilisierung nicht gut abschlagen können (vielleicht sogar in jede Abteilung). Die Art der Abrechnung kann aber ihnen gegenüber nur eine papierene sein, also nicht mit Demobilisierungsgütern. Die anderen haben eben auch ~~materielle~~ Sachgüter (Leder, Lebensmittel, Waffen etc.). Den größten Schaden haben wir auch durch die Planlosigkeit der Truppenrückkehr erlitten (Leute haben Pferde verkauft, Maschinengewehre etc.). Um in das deutsche Gebiet Nordböhmens auch einen Teil der Demobilisierungsgüter hinzubekommen, wurde veranlasst, dass ein Teil der aus Frankreich stammenden Truppen nach Nordböhmen

---

42 Gemeint war Staatssekretär Dr. Otto Bauer.

geführt wird (Verhandlungen mit Sachsen im Zuge). Gestern ist von den Tschechoslowaken ein Protest eingelaufen, dass von Seiten der Truppendemobilisierung Güter verschleudert werden.

Zerdik: ~~Vorschlag Treuhänder Vorschlag~~

Riedl: Diese Abteilung wird sich eine möglichst dauerhafte Stellung sichern und alles auf die lange Bank ziehen. Die [...] solcher Stellen bedeutet für uns eine finanzielle Gefahr, ohne dass wir etwas Ähnliches in Prag, Laibach etc. hätten.

Stöckler: Schließt sich den Ausführungen Riedls an. Wir wären weitaus zu human, wir können das nur so machen, dass ein *unsriger* Beamter dieser Treuhänder ist. ~~Wenn die Beauftragten das Recht hätten~~, dass ein deutscher Beamter diese Abteilung übernimmt, der die Scheidung der Agenden durchführt. Antrag Zerdik scheint Redner richtig zu sein. Das Einspruchsrecht muss auch eingeengt werden.

Marckhl: Wir würden Aufsichtsorgane der fremden Staaten in unseren Staatsämtern haben, wir hätten dagegen keinen Einfluss darüber. Gleiches Recht auch für uns in den anderen Staaten. ~~Den unseren Prämien gezahlt, damit sie die~~ -

Hanusch: Schließt sich den Ausführungen Marckhls an. Wir müssen auch einen solchen Einfluss bei den anderen Staaten haben. Spione in unseren Staatsämtern. Die Leute möglichst rasch zu beurlauben, ihnen den Gehalt zu bezahlen und sie zu entfernen. Wir müssen das gleiche Kontrollrecht haben in Prag, Laibach, etc.

Roller: Schließt sich an.

Beck: Frage, was das Abstoßen der fremden Beamten betrifft.
In der Cabinett-Sitzung 9. XI Auftrag erteilt, rasch eine Zusammentretung aller Staatsämter [zu] bewirken[43], welche sich mit der Beamtenfrage zu beschäftigen haben. In der Sitzung wurde die Beamtenfrage dann eingehend erörtert. Einigung erzielt bei einer Reihe von Anträgen und für notwendig erkannt, dass diese an die einzelnen Staatsämter herantretenden Beamtenfrage – eine gemeinsame Geschäftsstelle geschaffen wird.
Antrag: Der Staatsrat wolle beschließen (formell), dieses Comitee arbeitet bereits eingehend.
Der zweite Antrag (meritorisch): Wie sich die Regierung zu stellen hätte zur Frage der Beamtensistierung.

[Renner:] Es werden folgende Beschlüsse zu fassen [sein]: nur provisorisch die Formulierung wird festgehalten, im Einzelnen:

1) Die Gesandten-Konferenz und das Inst.[rument] der Bevollmächtigten ist nur mit Zurückhaltung zu benützen. Die freie Verfügung des Staatsamtes darf dadurch nicht beeinträchtigt werden.
2) Bei der Sachdemobilisierung ist bloß abzurechnen in Geldwert, nicht aber ein Anteilsrecht in Naturalien zuzugestehen, zumal (vgl. die in der letzten Cabinetts-Sitzung beschlossenen Richtlinien).
3) Das Staatsamt für Heerwesen ist zu beauftragen, nach Tunlichkeit festzustellen, was in natura in den fremdnationalen Gebieten vorhanden ist oder zugrunde gegangen ist.
4) Die Sachwalter oder Treuhänder sind bloß mit sehr verminderter Kompetenz vorzusehen und zwar a) der bestellte Sachwalter ist deutsch-österreichischer Nationalität und übernommener Beamter. ~~Ihm sind die Dienstangelegenheiten der zur Disposition gestellten Beamten einstweilen prov.~~ – ihm sind die zur Disposition gestellten Beamten ~~dienstlich unterstellt~~ – dieser hat die Dienstaufsicht über die -.
b) hat er den Verkehr – und dadurch den Staatssekretär zu entlasten; sie unterstehen dem Staatssekretär.
5) Der Gesandten-Konferenz gegenüber den Standpunkt einzunehmen, dass eine solche Kontrolle nur zulässig ist, wenn die anderen Nationen eine gleiche Kontrolle zulassen.
6) Die nicht-übernommenen Beamten sind bis 31./12. zu bezahlen (und mit 1./1. in den Ruhestand zu versetzen).

---

[43] Vgl. KRP Nr. 6, allerdings wurde dort kein entsprechender Beschluss festgehalten.

Beck: Diese Geschäftsstelle befasst sich mit dieser Frage:
Wurde erwogen, dass bezüglich solcher Beamter, die im deutsch-österreichischen Staatsdienst nicht übernommen werden können, das Dienstverhältnis schon Ende November als aufgelöst zu betrachten sei. Vorläufig eine Beihilfe der Wartegebühr bis auf weiteres, sofern sie ~~noch nicht die Angelobung geleistet und~~ nicht 30 Jahre zurückgelegt haben – auf Kosten der Liquidationsmasse. Wir haben in Deutsch-Österreich eine Überfülle von Beamten. So rasch als möglich ist an eine Reform der Verwaltung zu schreiten als auch eine Überprüfung der Beamtenzahl des ordentlichen Dienstes. ~~Infolgedessen ist es klar, dass eine Überfülle vorhanden sein wird~~. Der Grundsatz der Reduzierung auf das Mindestmaß schon durch die Einschränkung der Geschäfte selbst und durch die Reform zum Ausdruck kommt. Den Beamten eine gewisse Beruhigung geben, dass sie übernommen werden. Pflicht des Staates, auch für die deutschen Beamten in den anderen Staaten Vorsorge zu treffen.
Voraussetzung: es ist ein deutsch-österreichischer Beamter. Die sich zur deutschen Nationalität bekennenden Beamten sollen Angelobung leisten. Verschieden vorgegangen worden in den Staatsämtern ohne Überprüfung wurde Angelobung entgegen genommen. Dann überprüft mit Bekenntnis. Finanzministerium: Die zweifelhaften wurden vorläufig zurückgestellt.
1) wolle beschließen (zu verlangen): 3) Neuaufnahmen, 4) künftiger Personalbedarf.

Renner: Zum Beschluss gestellt:
Die Staatsregierung muss an den Staatsrat Antrag stellen und darauf beharren, dass die Staatsdienstverhältnisse ... der Staatsregierung entrückt bleiben müssen.
1) Die Staatsregierung muss den Staatsrat so weit als möglich entlasten.
2) Außer Unfähigkeit des Staatsrates derartige Sachen zu erledigen (und außer sachlicher Unberufenheit des Staatsrates) außer sachlicher Inkompetenz – derartige Sachen gehören ins Kabinett.

Beck: Vorläufig soll der Wirkungskreis der Ministerien auf die Staatsämter übergehen. Das Direktorium insoweit berufen ...
2) Die Staatsämter übernehmen den Wirkungskreis ...
3) Der Wirkungskreis der übrigen Behörden bleibt bis auf weiteres unberührt.

Debatte:

Riedl: 1) [Ich halte] selbständige Co[mmissi]onen mit Antragsrecht an den Staatsrat für eine Nebenregierung und daher für einen Missgriff (kann nur Experten-Comitee sein).

Renner: Der Staatsrat ist keine administrierende Körperschaft. Gegenüber den Bürgern steht das Staatsamt und nicht der Staatsrat. Unser Amt aufgefordert, eine Formulierung zu verfassen, das dem Staatsrat unterbreitet wird.
2) Die ganze Regelung der Beamtenfrage [steht] in allerengstem Zusammenhang mit der Verwaltungsreform. Es müsste diese Experten-Commission einem Fachmann übergeben werden (Brockhauser[44]).
3) Verlegenheit durch die anderssprachigen Beamten im Eisenbahn-Dienst, Postdienst ... Verlegenheit kann uns zum Sarg werden ([wir werden] Tausende von Offizieren zu versorgen haben). Rücksichtnahme auf die Offiziere im manip.[ulativen] Dienst.
4) [Eine] gewisse Freiheit muss geschaffen werden für ganz besondere Ausnahmsfälle.

Zerdik: Antrag, die weitere Debatte zu sistieren, bis den einzelnen Staatsämtern das schriftlich zugekommen ist. Vorbehaltlich solcher Beschlüsse, die jetzt schon gefasst werden müssen.

Loewenfeld-Ruß: Diese Del.[egierten?] haben also an das Kabinett heranzutreten. In der Öffentlichkeit herrscht eine unbedingte Unklarheit über die Kompetenz des Staatsrates und des Kabinetts.
Inzwischen soll die Kompetenz der verschiedenen Stellen zur Ernennung und Pensionierung der Beamten bis auf weiteres beibehalten werden. Dass die Staatsämter Beamte ernennen können, soweit sie bisher die Ministerien ernennen konnten.

---

44 Dr. Karl Brockhausen, Verwaltungsjurist, Hofrat, 1907 bis 1929 o. Professor für Verwaltungsrecht an der Universität Wien, in der Monarchie und der Ersten Republik für mehrere Ministerien als Berater und als Begutachter von Gesetzesentwürfen tätig.

Bis eine Verwaltungsreform zustande kommt (wie Riedl gemeint hat), Beamte dadurch sehr geschädigt.

~~Die Durchführung des Beschlusses~~ -.

Diese Kommission hätte auch Vorschläge über die Gehaltsverhältnisse [zu] erstatten. Von dem Prinzip ausgehend weniger Beamte und besser bezahlt. Versuchung aus dem Staatsdienst auszutreten und in den Privatdienst zu gehen.

Alle diese Fragen sollen von der Kommission beraten werden, so schnell als möglich.

Renner: Die ganze Frage gehört zum Kabinett und also ist auch die Geschäftsstelle an den Kabinettsdienst der Staatskanzlei anzuschließen. ~~Die Kommission~~ Die Geschäftsstelle gehört also zum Kabinett, da nur Finanzfragen in Betracht kommen, unter engster Fühlung mit dem Finanzressort. Aufgabe unseres Präsidenten Seitz[45] wird es sein, die Öffentlichkeit aufzuklären über den Unterschied zwischen Staatsrat und Kabinett. Die Competenz der Krone wird einstweilen vom Direktorium ausgeübt.

Ruhegenuss, mit dem Staatsekretariat soll nicht Ruhegenuss verbunden werden. Stellung der Minister wie früher ist ein Unding. Nach der beendigten Aufgabe geht er wieder in sein Amt zurück. Natürlich darf ein Staatsbeamter keinen Schaden daraus erleiden.

Roller: Über unmittelbar zu ergreifende Maßnahmen müssen wir heute schlüssig werden.

1) Bittet um die Ermächtigung, dass er alle freien systemisierten Stellen in der Justizverwaltung sogleich besetzen darf. Das würde eine große Beruhigung in der Richterschaft bringen (bis zur 8. Rangsklasse). ~~Damit eine Ersparung vom Böhmerwald-Gerichtsbezirk~~ Wo auch eine Reform der Verwaltung keine Änderung mit sich bringen kann ~~Pensionierung: es muss Luft geschaffen werden.~~

2) Pensionierung: mit 60 Jahren und 35 Jahren und Verordnung Einrechnung der Kriegsjahre (wurde ja beschlossen: Beck wird ehestens verlautbart werden).

Renner: Stichtag der Übernahme: alle vor dem 1./12. Wenn wir den 30./11. als Schluss der alten Gebarung festsetzten wollen.

Anträge Roller angenommen auch für die übrigen Ressorts (nur für die systemisierten Stellen).

Kabinettsbeschluss: Obwohl das schon im ~~Ressort~~ – Kompetenz liegt, wird Kabinettsbeschluss gefasst, dass dies wünschenswert ist.

Marckhl: Was geschieht mit den zurückströmenden Beamten? Angelobung ist noch die Aufgenommenen.

Renner: Die von uns nicht übernommenen Beamten haben jetzt keinen Dienstherren, wir aber sollen sie auszahlen. Wir können also nur sagen: wir beschließen, nur den Ruhegenuss auszuzahlen, weil sie nicht in Dienst stehen. Pensionierung können wir nicht vorzunehmen. Wenn der Beamte nicht von uns übernommen ist, so haben wir keine Diensthoheit über ihn.

2) ~~Hinsichtlich der Beamten, die~~ – ~~Für die B~~ – Die Beamten sollen gesammelt werden, welche ... (Beamte, welche draußen nicht übernommen wurden, kommen ohne Geld herein). Für diese Beamten muss vorläufig vorgesorgt werden.

Beck: Eine missverständliche Auffassung bezüglich der Geschäftsstelle. Es handelt sich hier nur [darum], so rasch als möglich alles zusammenzufassen.

Renner: Beschluss, die Geschäftsstelle, welche in der Rolle eines Vorarbeiters und Antragsstellers an das Kabinett durch das Staatsamt für Finanzen -.

ad 2) Antragsstellung vorbehalten.

3) a) ~~Fremdnationale Beamte: neu nach gepflogenem Einvernehmen mit den fremden Staaten. Die Entfernung ist nur in Ausnahmefällen vorzunehmen (Spionage-Verdacht)~~.

b) Was die deutschen Beamten anbelangt, wo wären sie zu übernehmen. Die alten, notarische Vermögen, Protektionskinder nicht zu übernehmen.

c) Die Beamten von auswärts hereinkommend, werden nicht definitiv zu übernehmen [sein], einstweilen zahlen, ohne Verpflichtung. Auch in dieser Frage ein Übereinkommen notwendig mit den fremden Staaten.

---

[45] Karl Seitz, 21. Oktober 1918 bis 16. Februar 1919 Präsident der Provisorischen Nationalversammlung, SdAP, 30. Oktober 1918 bis 9. Dezember 1920 als Präsident des Staatsratsdirektoriums bzw. der Konstituierenden Nationalversammlung Staatsoberhaupt.

Kaup: ~~Bestellung~~ Besetzung der systemisierten Stellen: Frage nicht nur für die Justiz, auch für die Volksgesundheit (Bezirksärzte etc.)
Beschluss: Im Sanitätsdienst ebenso wie in der Justiz: obwohl auch hier im – hier im eigenen Wirkungskreis zu erledigen, wird vom Kabinettsrat empfohlen, mit der Besetzung vorzugehen. Die Nicht-Anstellung neuer Beamter: bei der Volksgesundheit unmöglich, Ausnahmen sind in diesem Fall gestattet.

Renner: Beck wird die Güte haben, mit der Com.[mission] zusammen diese Vorschläge dort, soweit sie feste Gestalt angenommen haben aber auch soweit sie noch zur Diskussion stehen, beide getrennt schriftlich niederlegen und jedem Staatssekretär zur Verfügung stellen und dann zur Beratung (in einer Abendsitzung).
Bei der ... der Sitzung.
~~Zu dieser Angelegenheit.~~

Renner: Für die bewaffnete Macht haben wir noch keine gesetzlichen Grundlagen. Lelewer[46] einzuladen und Sektionsrat Fröhlich[47] morgen Nachmittag (Fröhlich dazuladen).

[Riedl:] KÜ [Kriegs- und Übergangswirtschaft]: 1) Volksbekleidung: das nö. Volksbekleidungsamt. Übernahme eines Teils der freigewordenen ... 400 Millionen Kronen, bin ihnen nur bis morgen im Wort. Beschluss, dass der Antrag dem Staatsrat unterbreitet wird.

Urban: Antrag, Äußerung des Staatsamtes einzuholen und mitteilen, wie sich das Staatsamt für Finanzen dazu stellt. Morgen im Staats[rat] an erster Stelle: Vorzug Tagesordnung: Volksbekleidung.[48]

2) Triest. Vorbehalte sollen gemacht werden zur Sicherung Triests. Renner bittet Triest ist ein künstlicher Hafen, wurde von uns [...] durch dauernde Opfer für die Begünstigung der Schifffahrt. Triest verliert seine Bedeutung. Umgekehrte Verhältnisse. Wir wollen den Weg nach Triest haben und Zugeständnis von den anderen erbitten. Wir sollen uns nicht voreilig präjudizieren. Bittet Staatskanzler, das zur Kenntnis zu bringen.

3) Gesetzentwurf über den Schutz der Sachdemobilisierung~~sarbeit~~. Bittet Renner, dass er den Staatsrechtler beauftragt, sich Riedl zur Verfügung zu stellen. Staatskanzlei beauftragt, einen Referenten (Haw.[49]) in Verbindung sich zu setzen mit Riedl wegen -.

~~Loewenfeld-Ruß~~ Zerdik: [...] Nationalrat; [...] erbittet sich vor einer -. Obliegenheiten ausgeschlossen, dass die Unterinstanz bleibt wie sie ist.

Loewenfeld-Ruß: 1) Bittet Heereswesen, Anordnung zu treffen, dass ungarischen Truppen Lebensmittel und Pferde nicht abgenommen werden. Missstimmung und kein Entgegenkommen.

46 Dr. Georg Lelewer, Richter, Privatdozent für Militärstrafrecht und Strafprozessrecht an der Universität Wien, Leiter der Fachgruppe VI (Rechtsangelegenheiten) im Staatsamt für Heereswesen.

47 Dr. Georg Fröhlich, ab 19. November 1918 Leiter des Verfassungsdienstes der Staatskanzlei.

48 Die folgenden Ausführungen zu Triest, Marinestützpunkt und zentraler Seehandelshafen Österreich-Ungarns und ab 3. November 1918 unter italienischer Kontrolle, scheinen in der Reinschrift nicht auf. Zur Bedeutung Triests für den Außenhandel Österreich-Ungarns vgl. etwa Ulf Hausbrandt, Welthafen Triest – Anspruch und Wirklichkeit. Die Entwicklung des Seehandelsplatzes im außenwirtschaftlichen System der Habsburger Monarchie 1814–1914, phil. Diss., Wien 1991. Zur weiteren Aufrechterhaltung einer österreichischen Präsenz in Triest hinsichtlich des Außenhandels vgl. Rudolf Agstner, Ciao Triest – Ein Nachruf auf das österreichische Generalkonsulat und die Aussenhandelsstelle Triest, in: Richard Bösel/Hermann Fillitz (Hg.), Römische Historische Mitteilungen 46, Wien 2004, S. 411–418. In den italienisch-österreichischen Handelsbeziehungen der Zwischenkriegszeit stellte Triest einen permanenten Verhandlungspunkt dar, vgl. dazu Gertrude Burcel, Die österreichisch-italienischen Wirtschaftsbeziehungen 1919–1923, phil. Diss., Wien 1979, S. 83–86. Zu Triest vgl. weiters auch KRP Nr. 28/3 und Nr. 35/1.

49 Es konnte nicht eruiert werden, wer gemeint war.

2) Unpräjudiziell der seinerzeitigen Verrechnung unserer Sachdemobilisierung, gewisse notwendige Artikel ihnen sogleich zur Verfügung gestellt werden in natura.
3) Die deutschen Kohlen welche Ungarn zu bekommen hat, durch Österreich durchgehen können.

Ich habe besprochen, was wir brauchen. Abgemacht worden, wir sollen noch nicht hinunter fahren. Sie sollen erst telegraphieren, was wir haben können. Unsere Presse schreibt gegen die Ungarn sehr unfreundlich. Bittet um Beeinflussung der Presse, damit während solche Verhandlungen abgehalten werden, nicht gestört wird.

Diese Verhandlungen werden nicht günstig beeinflusst durch die Wünsche auf Angliederung der deutschen Commitate (nicht durch Gewalt, sondern Friedensschluss).

Dr. Josef Kranz: sich seiner zu bedienen; er sei ihm moralisch verpflichtet (ungarischer Staatssekretär des Äußeren).

Renner: ~~Die Angelegenheiten, die in Kärnten und [...]~~.

~~Heereswesen~~: -

Renner: Kranz Geschäftsmann, kann man, complexe Natur. Im Allgemeinen nicht der Meinung, dass wir Skandalblättern in unseren Handlungen nachgeben sollen. Da Kranz Vollmachten von der ungarischen und tschechoslowakischen Geschäftswelt hat, da wir unsererseits einen Bevollmächtigen in der Regierungen und Geschäftswelt nicht abweisen können. Es kann sich die Notwendigkeit ergeben, dass wir Kranz mitnehmen können.

Riedl: Ich kenne die Kranz-Affäre. Soweit ich ihn beurteilen kann, glaube ich, dass ihm darum zu tun ist, öffentlich rehabilitiert zu werden, dass man einen Dienst annimmt, den er dem Staat erweisen will.

Loewenfeld-Ruß: Beim gegenwärtigen Stand der Ernährung kann es sein, dass ich ihn benützen muss.

Riedl: Der Zweck wäre vielleicht dadurch zu erreichen, wenn Kranz sich beruft auf seinen Auftrag der ungarischen Regierung als derjenige, welcher in Ungarn die Sache vermitteln kann.

Renner: Er soll einen formellen Akt setzen, der in die Presse kommen kann, worin steht, dass er von der ungarischen oder böhmischen Seite ermächtigt ist, uns Offerte zu stellen.

Mayer: Wir brauchen wo wir etwas her bekommen.

Urban: Zuerst mit Kranz reden. Er wird schon die richtige Form finden für die Öffentlichkeit. Akt vollziehen, der in der Öffentlichkeit aufscheint.

Loewenfeld-Ruß: In einer der nächsten Angelegenheiten vorbringen, nach Rücksprache mit Kranz.

Loewenfeld-Ruß: Schon wiederholt beklagt, dass die Landesregierungen sich um Wien und um die Regierungsgewalt nicht kümmern. Die zentrale Ernährungswirtschaft kann nicht geführt werden, wenn kein Apparat vorhanden ist, der pariert.

Beispiel: Landesregierungen dürfen keine Sondermaßnahmen erlassen. Klagenfurt hat normale Mehlrationen schon hergestellt. Fleischportion 15 Deka!! Die Grazer Landesregierung [hat] ohne uns zu fragen, zur Aufstellung eines verstärkten Gendarmerie-Korps 2 Millionen aus dem Mindestbemittelten-Fonds herausgenommen: teilt einfach mit, mit dem Ersuchen, die Refundierung aus dem Etat des Heereswesens zu veranlassen.

Während Lanzeha[50]-Eldersch[51] nach Berlin fuhren, ist Seliger[52]-Lodgman[53] nach Dresden gefahren. Von Innsbruck und Bregenz wurde nach der Schweiz gefahren.

---

50 Es konnte nicht festgestellt werden, wer gemeint war.

51 Matthias Eldersch, 1919 bis 1923 Mitglied des Wiener Gemeinderates, SdAP, 4. März 1919 bis 9. November 1920 Mitglied der Konstituierenden Nationalversammlung, 9. Mai 1919 bis 7. Juli 1920 Staatssekretär für Inneres und Unterricht.

52 Josef Seliger, Landeshauptmannstellvertreter von Deutschböhmen, 21. Oktober 1918 bis 16. Februar 1919 Mitglied der Provisorischen Nationalversammlung, SdAP, 30. Oktober bis 12. November 1918 Mitglied des Staatsrates, 12. November 1918 bis 14. März 1919 Ersatzmann des Staatsrates.

53 Dr. Rudolf Lodgman von Auen, 21. Oktober 1918 bis 16. Februar 1919 Mitglied der Provisorischen Nationalversammlung, DnP, ab 4. November 1918 Landeshauptmann von Deutschböhmen.

~~Renner~~: Diese Fälle sind in einer Eingabe an den Staatsrat einzureichen.

Loewenfeld-Ruß: Beantragt, dass entweder Kabinetts- oder Staatsrat den Landesregierungen in der allerenergischsten Weise sagt, dass sie keine Eigenmächtigkeiten machen dürfen, insbesondere keine Verhandlungen mit dem Ausland führen.

[Renner:] Diese Fälle schriftlich übergeben, Kanzler wird dann Staatsrat mitteilen. Landesregierungen zusammen berufen, eingeladen und Kopf waschen.

Pacher: Wenn in Deutschböhmen solche Verfügungen getroffen werden, so bitte ich, das mit der exponierten Lage zu entschuldigen.[54]

Renner: ~~Finanzminister hat 60 Millionen Kronen zur Auszahlung der Unterhaltsbeiträge nach Prag überwiesen~~. 60 Millionen nach Prag geschickt und [...] neue 60 Millionen Kronen durch die Filiale der österreichisch-ungarischen Bank anweisen lassen.

Beck: Tusar hat dies angeblich zugesagt.

Renner: Wir müssen übermorgen früh 60 Millionen haben.

Hanusch: Im Laufe des letzten Jahres [wurden] ca. 40.000 Mädchen durch Hazay[55], [in] die Armee im Hinterland aufgenommen; die sollen jetzt zu ⅓ entlassen werden, dann ratenweise. Sie bekommen ihr Geld im Vorhinein, werden gekündigt, und am letzten entlassen ohne Geld zu bekommen. Wollen 6 Monatsgehälter auszahlen, zum Großteil arme Mädchen.
Einigung: Dass die Kündigung im Handelsgehilfengesetz vorgesetzt, eingehalten werden soll, einen Monat, der in die Frist eingerechnet wird, auszahlen.
Diejenigen, die krankenversicherungspflichtig sind, sind hineingekommen in die allgemeine Arbeitslosenunterstützung. Die nicht versichert wurden, sollen 6-wöchentliche Kündigungsfrist bekommen und in diese Frist die monatliche Abfertigung soll hineinfallen.

Beck: Kosten?

Hanusch: Genaue Berechnung schwer zu sagen. ~~Wir sind nicht in der Lage~~ -.

Mayer: Die Frage der Entlassung weiblicher Hilfskräfte wurde im Finanzministerium schon behandelt (unter Riedl). Steinwender war auch anwesend. Entschließungen des Finanzamtes stehen noch aus. Es ist das wohl das wenigste, was wir machen können.

Hanusch: Belastung des Deutsch-Österreichischen Staates.

Urban: Auf Rechnung des 2-Milliarden-Kredites.

Beschluss: Auf Rechnung des 2-Milliarden-Kredites.

Hanusch: [...]-Bund: Stiftungsgeld ¼ Milliarde im alten Kriegsministerium vorhanden. Staatsamt für Sozialfürsorge soll diese ¼ Milliarde übernehmen und ein Beamter hinüber gesetzt werden, der die Kontrolle übt.

Mayer: Fonds Kriegsministerium frei verfügbar; zum größten Teil von Deutschen erhalten und damit nicht aufgeteilt worden auf alle anderen Nationen, größtes Stillschweigen.

Roller: Gebietsgesetz: ist Grundsatz festgehalten, dass es bei der endgültigen Verhandlung am Friedenstisch möglich sein wird mit Compens.[ation].[56]
Sind Vorkehrungen getroffen, dass bezüglich des Unterlandes Compensation möglich?
Ich habe die Empfindung, dass dieser Plan nicht ins Auge gefasst wurde.

Renner: Gebietsvorlage: in diesem Gebiet nimmt der Staat sofortige volle Gebietshoheit in Anspruch. Dann unter dem Vorbehalt, dass die nationalen Rechte verfassungs- und völkerrechtlich

---

[54] Die folgenden Bemerkungen, die in der Reinschrift nicht berücksichtigt wurden, wurden am folgenden Tag im Staatsrat aufgegriffen. Vgl. SRP Nr. 34 vom 16. November 1918.

[55] Samuel Freiherr von Hazai, Generaloberst, Februar 1917 bis November 1918 Chef des Ersatzwesens für die gesamte bewaffnete Macht.

[56] Diese Ausführungen scheinen in der Reinschrift nicht auf. Die Rede war von StGBl. Nr. 40, Gesetz vom 22. November 1918 über Umfang, Grenzen und Beziehungen des Staatsgebietes von Deutschösterreich, sowie StGBl. Nr. 41, Staatserklärung vom 22. November 1918 über Umfang, Grenzen und Beziehungen des Staatsgebietes von Deutschösterreich, beide ausgegeben am 28. November 1918.

sichergestellt werden: verminderte Gebietshoheit. Wir werden diese Sache im Ausschuss richtig stellen.
Dubowy[57] und Gall[58]: Plan verfassen für die Sudetenländer.
Justizamt kann selbstverständlich seine Vertreter in den Ausschuss schicken.
Licht[59] hat Vertrauensmänner der nationalen Parteien einberufen.

[Renner:][60] Das Kabinett der Staatssekretäre hielt heute eine 4-stündige Sitzung, in der eine Reihe von Verwaltungsfragen zur Erledigung gelangte. Die Beziehungen der einzelnen Staatsämter zu den Regierungen der anderen Nationalstaaten, die Liquidierung der übernommenen Gemeinsamkeiten mit Ungarn und mit den anderen Nationen, Maßnahmen der Übergangswirtschaft und der Volksernährung und die Ordnung des inneren Dienstes gelangten zur Beratung und Entscheidung. ~~Nach außen hin~~ – Es wurde beschlossen, eine gemeinsame Sitzung mit den Landeshauptmännern der Provinzen abzuhalten, ~~um Notstände~~ um die Einheitlichkeit der Verwaltung sicher zu stellen. Eine zwischenamtliche Geschäftsstelle zur Behandlung der Beamtenfrage mit dem Studium der Beamtenfrage betraut.

½4 Tagesordnung, was offen geblieben.
Lelewer 3h

57 Dr. Ernst Dubowy, Ministerialrat, ab 1905 im Justizministerium tätig, 1918 bis 1923 im Staatsamt bzw. Bundesministerium für Justiz.

58 Dr. Josef Gall, Ministerialrat, ab 1899 im Justizministerium tätig, 1918 bis 1924 im Staatsamt bzw. Bundesministerium für Justiz.

59 Dr. Stefan Edler von Licht, Rechtsanwalt, 21. Oktober 1918 bis 16. Februar 1919 Mitglied der Provisorischen Nationalversammlung, DnP, 30. Oktober 1918 bis 14. März 1919 Ersatzmann des Staatsrates, 1918 bis 1919 externer Mitarbeiter der Staatskanzlei in Verfassungsangelegenheiten.

60 Hier handelt es sich um den Entwurf einer am Folgetag in der „Wiener Zeitung" veröffentlichten Meldung. Vgl. Wiener Zeitung. Wiener Abendpost, 16. November 1918, S. 1 „Mitteilungen des Telegraphen-Korrespondenz-Bureaus Deutschösterreich".

12.

[Samstag] 1918-11-16

Vorsitz: Renner
Anwesend: Enderes, Hanusch, Kaup, Loewenfeld-Ruß, Mayer, Pacher, Riedl, Roller, Steinwender, Stöckler, Urban, Zerdik
Schriftführer: unbekannt
Dauer: 15.45–16.45 Uhr

Reinschrift, Stenogramm[1]

Inhalt:
1. Ausgabe amtlicher Verlautbarungen an die Presse.
2. Verkehr der Staatsämter mit den Bezirkshauptmannschaften.
3. Teilnahme der Staatssekretäre an den Sitzungen des Kabinetts.
4. Wirtschaftliche Vertretung Deutschösterreichs in der Schweiz.

1
Ausgabe amtlicher Verlautbarungen an die Presse

Der Vorsitzende weist darauf hin, dass es überaus wünschenswert wäre, von der Presse für Zwecke der Hinausgabe von amtlichen Communiqués möglichst ausgiebigen Gebrauch zu machen. Hiezu sei jedoch eine Organisierung des Pressedienstes erforderlich, durch welche insbesondere die Einheitlichkeit der amtlichen Verlautbarungen gewährleistet würde.

Nach einer Wechselrede, an welcher sich die St.S. Dr. L o e w e n f e l d - R u ß und Dr. K a u p sowie U.Sts. Ing. E n d e r e s beteiligten[2], wurde nachstehender Beschluss gefasst:

a) in jedem Staatsamt ist ein für den Pressedienst verantwortlicher Beamter zu bestellen, der zu den für die rechtzeitige Hinausgabe der Communiqués in Frage kommenden Tageszeiten telephonisch verlässlich erreichbar ist;

b) jedes Staatsamt übermittelt jene Communiqués, welche politischen Charakter haben oder mehrere Ressorts berühren – in letzterem Falle nach gepflogenem Einvernehmen mit den beteiligten Ressorts – dem Presseleiter der Staatskanzlei behufs Verlautbarung in der Presse;

c) alle übrigen Communiqués können von den Staatsämtern selbständig der Presse zur Verlautbarung übergeben werden; eine Abschrift derselben ist dem Presseleiter der Staatskanzlei zu übermitteln.[3]

2
Verkehr der Staatsämter mit den Bezirkshauptmannschaften

Über Antrag des Vorsitzenden beschließt der Kabinettsrat, dass grundsätzlich die Staatsämter mit den politischen Bezirksbehörden nur im Wege der den letzteren übergeordneten Landesbehörden zu verkehren haben; nur in Fällen von besonderer Dringlichkeit können die Verfügungen unmittelbar von der obersten Instanz an die politischen Bezirksbehörden geleitet werden, wovon jedoch die Landesbehörde durch Übermittlung einer Abschrift zu verständigen ist.

---

[1] Das Protokoll enthält keine Beilagen zu den erörterten Themen.
[2] Vgl. das Stenogramm.
[3] Zum staatlichen Pressedienst vgl. auch KRP Nr. 26/4.

Das Staatsamt des Innern wird beauftragt, von diesem Beschlusse sämtliche Landesbehörden in Kenntnis zu setzen.[4]

3

Teilnahme der Staatssekretäre an den Sitzungen des Kabinetts

Über Antrag des St.S. Dr. U r b a n beschließt der Kabinettsrat, an die Sts. die Einladung zu richten, an allen Sitzungen des Kabinetts entweder selbst teilzunehmen, oder in ihrer Vertretung einen Unterstaatssekretär zu entsenden.

4

Wirtschaftliche Vertretung Deutschösterreichs in der Schweiz

Laut Mitteilung des Vorsitzenden ist die Staatskanzlei darauf aufmerksam gemacht worden, dass es sich empfehlen dürfte, mit der amerikanischen Vertretung in Bern wegen Mithilfe bei Aufstellung eines österr. Versorgungsplanes offiziell in Verbindung zu treten.

Ss. Dr. L o e w e n f e l d - R u ß bringt zur Kenntnis, dass sich am morgigen Tage eine Delegation, bestehend aus dem Baron Haupt[5], dem Hofrate Baron Hennet[6] sowie aus Fachmännern für Getreide und andere Lebensmittel, nach der Schweiz begeben wird, um Verhandlungen wegen Lebensmittellieferungen mit der Entente einzuleiten.

Der Kabinettsrat nimmt diese Mitteilung zur Kenntnis und ermächtigt den Us. Riedl über dessen Antrag, den seinerzeit vom K.M. nach der Schweiz entsendeten Hauptmann Lendner[7] zur Berichterstattung nach Wien zu berufen, um sodann über die Beigabe weiterer Vertreter zu dieser Delegation schlüssig zu werden.[8]

Schluss der Sitzung ¾ 5 Uhr Nachmittag.

---

4 Die hier beschlossene Vorgangsweise ging auf einen telegraphisch übermittelten Vorschlag des Landespräsidenten von Vorarlberg Dr. Otto Ender zurück. Vgl. AdR, StK, GZl. 43/1918, Verkehr der Staatsämter mit den Bezirkshauptmannschaften.
Dr. Otto Ender, ab November 1918 Landespräsident von Vorarlberg, 27. Dezember 1918 bis 9. Dezember 1930 und 14. Juli 1931 bis 24. Juli 1934 Landeshauptmann von Vorarlberg, 4. Dezember 1930 bis 20. Juni 1931 Bundeskanzler.

5 Dr. Stephan Freiherr Haupt von Buchenrode, 19. November 1918 bis 30. November 1919 bevollmächtigter Vertreter Deutschösterreichs in Bern.

6 Dr. Leopold Freiherr von Hennet, Hofrat, bis Oktober 1918 Leiter der handelspolitischen Abteilung im Ackerbauministerium, November 1918 dem bevollmächtigten Vertreter Deutschösterreichs in Bern Dr. Stephan Freiherr Haupt von Buchenrode zugeteilt, ab 1919 Leiter der handelspolitischen Abteilung im Staatsamt für Landwirtschaft.

7 Hugo Lendner, Hauptmann, 1918 Vorstand der österreichisch-ungarischen militärischen Wirtschaftsstelle in Bern.

8 Vgl. AdR, StK, GZl. 316/1918, Hauptmann Lendner in Bern, Berufung nach Wien. Ein Lagebericht Lendners aus Bern an das Staatsamt für Kriegs- und Übergangswirtschaft vom 24. Dezember 1918 findet sich in AdR, BMHV, Allgemeine Reihe, Sektion IV 1919, Zl. 685/1919. Lendner berichtete u. a. über Bemühungen, die Handelsbeschränkungen der Société suisse de surveillance économique (SSS), die verhindern sollte, dass Entente-Waren über Schweizer Händler an die Zentralmächte gelangten, zu lockern oder aufzuheben. Weiters teilte er mir, dass „seitens der Schweiz wie auch seitens der Entente die beste Absicht besteht, Deutsch-Oesterreich in seiner schwierigen Ernährungslage beizustehen". Zu den Lebensmittelverhandlungen mit der Entente vgl. auch KRP Nr. 10, Anmerkung 10, weiters Nr. 16/5, Nr. 17/5, Nr. 26/1, Nr. 27/1, Nr. 28/2 und Nr. 31/1. Zur „SSS" vgl. http://www.hls-dhs-dss.ch/textes/d/D13785.php, abgerufen am 10. August 2018.

Stenogramm vom 16. November 1918

5.) Wunsch der amerikanischen Vertretung in der Schweiz, die Aufstellung eines österreichischen Versorgungsplanes zu wissen.

1.) SK [Staatskanzler]: Presse: es besteht die Gefahr, dass die einzelnen Staatsämter von der Presse überhaupt keinen genügenden Gebrauch machen und andererseits, dass widersprechende Communiqués hinausgehen.
Überblick hier über die Communiqués, um in die Lage versetzt zu werden, auf die Communiqués etwas Einfluss nehmen zu können. Wie soll man machen, um widersprechende Communiqués zu vermeiden? Communiqués telefonisch herausgeben.

Loewenfeld-Ruß: Wenn wir verhindern wollen, dass falsche Nachrichten hinausgehen. Speziell dem Ernährungsamt soll soviel Vertrauen geschenkt werden, dass der Presse direkt Nachrichten gegeben werden. Wenn politisch verquickt, dann vorher Einvernehmen mit der Staatskanzlei. Die rein sachlichen Angelegenheiten, die uns betreffen durch einen eigenen Pressedienst.
Wenn ein anderes Ressort berührt oder politisch [...], dann der Staatskanzlei mitteilen und Ermächtigung einholen.

Renner: Jedes Amt soll einen für seine Communiqués verantwortlichen Mann hierher namhaft machen.

Enderes: Schließt sich an Loewenfeld-Ruß an. Gerade im Eisenbahndienst rasche Vermittlung an die Presse von einschneidender Bedeutung. Sämtliche Staatsämter verpflichtet, wenn Nachrichten ein anderes Ressort auch betreffen, mit diesem im kürzesten Weg das Einvernehmen pflegen.

Kaup: Pro Enderes.

Renner: 1.) In jedem Amt ist ein Beamter zu bestellen, der für Pressedienst verantwortlich und hierher bekannt gegeben wird. 12h Mittag für die Abendblätter, 7h abends – telefonisch.
2.) Die Staatsämter werden zu diesen Stunden solche Communiqués, welche politisch relevant oder andere Ressorts betreffen, dem Pressechef bekannt geben.

Enderes: Zu zentralistisch. 1) Jedes Ressort selbständig, wo es niemand berührt. Selbstverständlich *nachher* Verständigung des Pressechefs. 2) Kurzes Einvernehmen mit den anderen Ressorts, wo ein anderes berührt ist. 3) Wenn politisch Einvernehmen mit Dir.[ektion?]

Renner: Pressechef bekommt gleich eine Abschrift.
Der Presseleiter des Ressorts ist verpflichtet, von jedem Communiqué ein Exemplar dem Pressechef der Staatskanzlei zu übersenden.

2.
Verkehr der Staatsämter mit den Bezirkshauptmannschaften.

Renner: Jede Instanz bis herunter muss durch den Entschluss der obersten Instanz ersetzt werden. Ein Staatsamt, das etwas im Bezirk zu verfügen hat, kann sie auch unmittelbar treffen. Aus dieser letzten Fakultät keine Gewohnheit. Alle Verfügungen [...] die Landesstelle geleitet werden. Nur wenn Gefahr im Verzug unmittelbare Verfügung unter gleichzeitiger Verständigung der Landesstelle.

Loewenfeld-Ruß: -

Renner: Alles durch die Landesregierung, nur wenn Gefahr im Verzug, direkt unter gleichzeitiger Verständigung der Landesstellen; alle Landesregierungen zu verständigen.
Alle an die Landesregierungen zu leiten, nur dann wenn Gefahr im Verzug, ist direkt eine Abschrift an -
Von diesem Beschluss durch das Staatsamt des Inneren alle Landesstellen verständigen.
Es handelt sich nur um Verfügungen soweit die Wirkung der politischen Behörden berührt ist.
Das Getrennte -.

3.
Urban: Jedes Staatsamt soll durch Staatssekretär oder U.[nterstaatssekretär] -
Es ist an alle Staatsämter die Einladung zu richten, jedes Mal den Staatssekretär oder in dessen Vertretung einen der Unterstaatssekretäre zu entsenden.

4.

[Renner:] Aus Bern: Die amerikanische Vertretung hier wäre wegen Mithilfe bei der Aufstellung österreichischer Versorgungspläne -. Mitwirkung mit [...] sehr erwünscht. Viktor Heller[9].

~~Riedl~~:

Loewenfeld-Ruß: Offizielle Organisation in Bern.

Morgen fährt als Präs.[ident?] der Kommission die einige Wochen hinaus Baron Haupt, Baron Hennet, Fachmann für Getreide (Kirschenbaum[10]), Consul Spittemann[11] oder anderer Fachmann für Lebensmittel-Fragen. Für die Lebensmittelverhandlungen mit der Schweiz.

Riedl: Legt Gewicht darauf, Hauptmann Lendner heranzuziehen. Behält sich vor, auch Delegierte zu entsenden.

Ist ermächtigt Hauptmann Lendner zur Berichterstattung und dieser Abordnung noch die erforderlichen Mitglieder für sein Ressort mitzugeben.

Kaup: Bei einzelnen Staatsämtern ist das ganze Liqu.[idations]-Material bereits ausgegeben.[12] Das Aktenmaterial der fremden Nationalstaaten ist bei den meisten Staatsämtern der Staatskanzlei zu übergeben. Von der Bestellung von Sachwaltern und Beauftragten ist bei diesen Staatsämtern, wo das L.[iquidations-]Material klein und bereits abgesandt ist, abzusehen.

Roller: Alles was Geld oder Geldeswert haben könnte, bleibt zurück.

Enderes: Absetzen. Am 13. sind verlangt worden Vorschläge für diese Vorgänge.

Liquidator.

Beauftragter.

Ad f) fremde staatliche Vertreter des [...] die nicht im staatlichen Dienstverhältnis sind.

Enderes: Lage der Eisenbahn verzweifelt.

---

9 Es konnte nicht eindeutig festgestellt werden, wer gemeint war. Möglicherweise handelte es sich um den Finanzkonsulenten im Staatsamt für Finanzen Dr. Viktor Heller.

10 Es konnte nicht eindeutig festgestellt werden, wer gemeint war. Im Staatsamt für Gewerbe, Industrie und Handel war zu jener Zeit der Beamte und spätere Sektionschef Dr. Karl Kirschbaum tätig, allerdings wirkte dieser im Bereich der Generaldirektion für die Post- und Telegraphenverwaltung.

11 Zu „Consul Spittemann" konnte nichts eruiert werden.

12 Diese Ausführungen scheinen in der Reinschrift nicht auf.

13.[1]

[Montag] 1918-11-18

Vorsitz: Renner
Anwesend:[2] Beck, Deutsch, Glöckel, Hanusch, Jukel, Kaup, Loewenfeld-Ruß, Marckhl, Pacher, Roller, Steinwender, Stöckler, Urban, Zerdik
Schriftführer: unbekannt
Dauer: 16.00–18.00 Uhr

Reinschrift, Konzept, Stenogramm[3]

Inhalt:
1. Beglaubigung der Kabinettsprotokolle Nr. 1 und 2.
2. Betriebsübernahme der Aussig-Teplitzer Eisenbahn und der Buschtěhrader Eisenbahn durch den deutschösterreichischen Staat.
3. Rückwirkung der Anschlussbewegung in Westungarn an Deutschösterreich auf die Lebensmittelverhandlungen mit Budapest.
4. Kohlenversorgung.
5. Gesetzesvorlagen für die nächste Plenarversammlung.
6. Schutz von Werken der Kunst und Wissenschaft.
7. Übernahme des Kabinettsarchivs des früheren Ministeriums des Äußern und der Hofbibliothek.
8. Erlassung eines Verbotes der Ausgabe von Banknoten an die fremdnationalen Staaten durch die Österreichisch-ungarische Bank.
9. Entlassung der Reserveoffiziere und Einjährig-Freiwilligen.
10. Übergangsbestimmungen für die Auszahlung der Unterhaltsbeiträge.
11. Zuckerversorgung.

1

Beglaubigung der Kabinettsprotokolle Nr. 1 und 2

Der Vorsitzende stellt fest, dass gegen die Kabinettsprotokolle Nr. 1 und 2 keine Einwendung erhoben worden ist, dieselben sonach als beglaubigt anzusehen seien.

2

Betriebsübernahme der Aussig-Teplitzer Eisenbahn und der Buschtěhrader Eisenbahn durch den deutschösterreichischen Staat

Staatsekretär J u k e l erbittet und erhält die grundsätzliche Zustimmung des Kabinetts zur sofortigen Übernahme des Betriebes auf der Aussig-Teplitzer-Eisenbahn und auf den im

---

[1] Das Protokoll trägt den Vermerk *Vertraulich!*

[2] Auf der Titelseite der Reinschrift wurden „sämtliche Staatssekretäre mit Ausnahme Dr. B a u e r, Dr. M a t a j a und M a y e r" verzeichnet, obwohl Bauer offiziell erst in der 41. Sitzung des Staatsrates am 21. November 1918 zum Staatssekretär ernannt wurde. Vgl. SRP Nr. 41. Somit kann nicht völlig ausgeschlossen werden, dass Bauer eventuell auch in einigen der vorangehenden Sitzungen, die nach Adlers Tod stattfanden, unter die anwesenden „sämtlichen Staatssekretäre" fiel, obwohl er das Amt noch nicht offiziell bekleidete.

[3] Das Protokoll enthält keine Beilagen zu den erörterten Themen.

deutschen Siedlungsgebiete gelegenen Strecken der Buschtěhrader Eisenbahn[4] durch den deutschösterreichischen Staat.[5]

3

Rückwirkung der Anschlussbewegung in Westungarn an Deutschösterreich auf die Lebensmittelverhandlungen mit Budapest

Staatssekretär Dr. Loewenfeld-Ruß teilt mit, dass der ungarische Gesandte in Wien[6] erklärt habe, die von ihm vertretene Regierung werde mit der sofortigen Einstellung aller Lebensmittelzuschübe nach Deutschösterreich vorgehen, wenn die von einigen Blättern gebrachte Mitteilung über einen beabsichtigten Einmarsch deutschösterreichischer Truppen nach Westungarn der Wahrheit entsprechen sollte.[7] Der sprechende Staatssekretär verweist darauf, dass die Verwirklichung dieser Drohung insbesondere für die Fleischversorgung Wiens[8] von geradezu katastrophaler Bedeutung wäre.[9]

Der Vorsitzende macht zu diesem Gegenstande Mitteilung über die heute Vormittag vom Staatsrat gefassten Beschlüsse, die übrigens der Presse bereits übergeben wurden und die in keiner Weise eine aktive feindselige Politik des Staates Deutschösterreich gegenüber Ungarn beinhalten. Wohl aber habe der Staatsrat erklärt, dass die Entscheidung über einen allfälligen Anschluss Westungarns an die deutschösterreichische Republik der Friedenskonferenz vorbehalten bleiben wird.[10] Sache des Staatsamtes des Äußern werde es sein, in diesem Sinne aufklärend und beruhigend auf die ungarische Regierung einzuwirken.

---

4 Die private Buschtěhrader Eisenbahn war 1855 in Betrieb gegangen und existierte in der Tschechoslowakei bis 1923 (Buštěhradská dráha), als sie in den Tschechoslowakischen Staatsbahnen aufging. Zu ihrer Geschichte bis 1912 vgl. detailliert Viktor von Röll (Hg.), Enzyklopädie des Eisenbahnwesens. Band 3, Berlin/Wien ²1912, S. 164–166, zu Betrieb und Geschäftsgebarung in der Tschechoslowakei bis 1923 vgl. Compass 1923. Band 2: Tschechoslowakei, Wien 1923, S. 931–939, zur Verstaatlichung Compass 1926. Band 2: Čechoslovakei, Prag 1926, S. 1190 f.

5 Das Staatsamt für Verkehr übernahm mit Erlass vom 19. November 1918 den Betrieb auf den genannten Strecken. Mit der Leitung dieser Bahnlinien und der neu errichteten Staatsbahndirektion für Deutschböhmen in Teplitz wurde zugleich Ministerialrat Dr. Albert Geutebrück betraut. Vgl. AdR, StK, GZl. 632/1918, Betriebsübernahme der A.T.E. und B.E.B. Vgl. auch KRP Nr. 3/2, zur Besetzung von Teplitz durch tschechische Truppen Nr. 22/2.
Dr. Albert Geutebrück, Ministerialrat, Direktor der Nordwestbahn, ab 19. November 1918 Leiter der Staatsbahndirektion für Deutschböhmen in Teplitz, Jänner 1919 bis 1922 Direktor bzw. Präsident der Staats- bzw. Bundesbahndirektion Wien-Nordost.

6 Ferenc Harrer, 11. November bis 2. Dezember 1918 ungarischer Gesandter in Wien, 24. Jänner bis 21. März 1919 ungarischer Außenminister.

7 So brachte etwa die in Ödenburg erscheinende „Grenzpost. Politisches Tagblatt für Westungarn" Schlagzeilen wie „Österreich will Westungarn annektieren!", worauf die ungarische Regierung mit verschärften Grenzkontrollen und Drosselung der Lebensmittelausfuhr reagierte. Vgl. Gerald Schlag, „Aus Trümmern geboren…". Burgenland 1918–1921 (= Wissenschaftliche Arbeiten aus dem Burgenland 106), Eisenstadt 2001, S. 110 f.

8 Vgl. auch KRP Nr. 31/5 und Nr. 34/12.

9 In KRP Nr. 10/1 hatte Unterstaatssekretär Riedl bereits auf die sich möglicherweise anbahnenden Schwierigkeiten mit Ungarn angesichts der Tendenzen in Westungarn hingewiesen.

10 Vgl. SRP Nr. 36 vom 18. November 1918. Der gegenständliche Beschluss lautete: „Die geschlossenen deutschen Siedlungsgebiete der Komitate Preßburg, Wieselburg, Ödenburg und Eisenburg gehören geographisch, wirtschaftlich und national zu Deutschösterreich, stehen seit Jahrhunderten in innigster wirtschaftlicher und geistiger Gemeinschaft mit Deutschösterreich und sind insbesondere der Stadt Wien zur Lebensmittelversorgung unentbehrlich. Darum wird der deutschösterreichische Staat auf dem Friedenskongress auf den Anschluss dieser Gebiete an die Republik Deutschösterreich bestehen. In diesem Sinne begrüßt der Staatsrat die lebhafte nationale und wirtschaftliche Anschlussbewegung

Der Kabinettsrat ermächtigte den Staatssekretär Dr. L o e w e n f e l d - R u ß, sich diesfalls mit dem Staatssekretär des Äußern unmittelbar in Verbindung zu setzen.[11]

4

Kohlenversorgung

Staatssekretär Z e r d i k berichtet sodann über den gegenwärtigen Stand der Kohlenversorgung. Die Verhandlungen mit Berlin hätten das Ergebnis gehabt, dass sich der deutsche Reichskommissär[12] bereit erklärte, jedes überhaupt verfügbare Quantum unter der Voraussetzung zu liefern, dass die nötige Anzahl von Eisenbahnwagen unsererseits beigestellt werde.[13] Unter der gleichen Voraussetzung habe auch der Wiener Gesandte des tschechoslowakischen Staates[14] die Abgabe jeder beanspruchten Menge von Ostrauer Gaskohle in Aussicht gestellt.

Die Kohlenfrage sei daher zu einer reinen Waggonfrage geworden.[15] Der sprechende Staatssekretär habe diesbezüglich bereits für heute Abend eine zwischen-staatsamtliche Sitzung ausgeschrieben, bei welcher insbesondere auch die zwingende Notwendigkeit der Heranziehung der Privatindustrie zur Reparatur der Eisenbahnwagen zur Sprache gebracht werden wird.

Der Kabinettsrat nimmt diese Ausführungen zustimmend zur Kenntnis.[16]

---

der Deutschen Westungarns und bewillkommt sie im Verbande der deutschösterreichischen Republik." Zur Veröffentlichung dieser Erklärung in den Tageszeitungen vgl. etwa Neue Freie Presse. Nachmittagsblatt, 18. November 1918, S. 4 „Beschluss des Staatsrates über die Angliederung des deutschen Westungarn". Zum Anspruch Deutschösterreichs auf das westungarische Gebiet vgl. weiters Schlag, „Aus Trümmern geboren…", S. 104–112, zu den entsprechende Bestrebungen großer Teile der westungarischen Bevölkerung, die sich etwa bereits am 10. und 11. November auf Volksversammlungen in Mattersburg und St. Margarethen manifestierten, vgl. ebenda, S. 119–124.

11 Vgl. weiter KRP Nr. 14/14. Zu den ernährungswirtschaftlichen Beziehungen und Konflikten mit Ungarn im Kontext der Westungarn-Frage vgl. auch Roman Sandgruber, Die österreichische Ernährungssituation und die burgenländische Landwirtschaft, in: Wissenschaftliche Arbeiten aus dem Burgenland. Heft 95: Burgenland 1921 – Anfänge, Übergänge, Aufbau (Symposion „Schlaininger Gespräche" 1992), Eisenstadt 1996, S. 191–198. Zu den Lebensmittelverhandlungen mit Ungarn vgl. weiters KRP Nr. 8/5, Nr. 10/1, Nr. 11/4 und Nr. 17/5.

12 Gemeint war der deutsche Bergingenieur Ernst Stutz, ab 22. Juni 1917 Reichskommissar für die Kohlenverteilung, ab 1. Oktober 1919 Vorstandsvorsitzender des Reichskohlenverbandes.

13 Vgl. auch KRP Nr. 9/2, zum Bezug schlesischer Kohle weiters Nr. 8/1 und Nr. 10/1.

14 Vlastimil Tusar, ab 30. Oktober 1918 tschechoslowakischer Bevollmächtigter bei der k.k. Regierung in Wien und dann der Regierung Deutschösterreichs, 10. Juli 1919 bis 15. September 1920 tschechoslowakischer Ministerpräsident.

15 Vgl. auch Neue Freie Presse. Morgenblatt, 19. November 1918, S. 13 „Freigabe der Kohlenzüge aus dem Ostrauer Revier. Besprechung über die nötigen Waggons" und „Gestaltung der Kohlenausfuhr aus dem Ostrauer Revier".

16 In der 33. Sitzung des Staatsrates hatte Staatssekretär Zerdik bezüglich der Wiener Kohlenversorgung betont, dass die bis zu jenem Zeitpunkt mit den tschechischen Behörden geführten Verhandlungen „über die Zufuhr von Kohle aus dem Ostrau-Karwiner Revier, die wir unbedingt als Gaskohle brauchen", ergebnislos verlaufen waren. Gerade diese Kohlensorte sei für die Gasbeleuchtung Wiens unerlässlich, aber die Tschechoslowakei lasse „die […] Kohle aus dem Ostrau-Karwiner Revier nicht nach Wien durch. Wir werden daher genötigt sein, in Wien zu sehr einschneidenden Maßregeln zu schreiten, um Ersparnisse zu erzielen." Vgl. SRP Nr. 33 vom 14. November 1918. Gleichzeitig hatte Zerdik neuerliche Verhandlungen mit der tschechoslowakischen Regierung angeregt, vgl. dazu KRP Nr. 23/4 und Nr. 24/5, weiters auch SRP Nr. 54 vom 6. Dezember 1918 und Nr. 58 vom 13. Dezember 1918. Zu den Bemühungen um tschechische Kohle vgl. überdies KRP Nr. 3/3, Nr. 9/2, Nr. 21/1 und Nr. 34/4.

5

Gesetzesvorlagen für die nächste Plenarversammlung

Der Vorsitzende stellt sodann die Frage zur Erörterung, welche Gesetzentwürfe der am kommenden Freitag stattfindenden Plenarversammlung zu unterbreiten sein werden. Hiebei ergab sich, dass von den in Bearbeitung stehenden Gesetzentwürfen das Gebietsgesetz[17], das Staatsbürgerschaftsgesetz[18] sowie eine Reihe von Finanzgesetzen (darunter Staatsvoranschlag[19], Staatsschuldenkontrollkommission[20], Gesetz über die Bier-, Wein-, Branntwein- und Mineralwasser-Steuer[21], eventuell auch noch das Gesetz über die Einhebung von Zuschlägen zur Personaleinkommensteuer und Kriegssteuer[22]), endlich das Gesetz über die richterliche Gewalt[23] bereits fertiggestellt sind und daher der Plenarversammlung unterbreitet werden können.[24]

---

17 StGBl. Nr. 40, Gesetz vom 22. November 1918 über Umfang, Grenzen und Beziehungen des Staatsgebietes von Deutschösterreich, und StGBl. Nr. 41, Staatserklärung vom 22. November 1918 über Umfang, Grenzen und Beziehungen des Staatsgebietes von Deutschösterreich, beide ausgegeben am 28. November 1918. Vgl. SRP Nr. 27 vom 9. November 1918 und Nr. 43 vom 23. November 1918.

18 StGBl. Nr. 91, Gesetz vom 5. Dezember 1918 über das deutschösterreichische Staatsbürgerrecht, ausgegeben am 13. Dezember 1918. Vgl. SRP Nr. 30 vom 11. November 1918, Nr. 51 vom 30. November 1918, Nr. 52 vom 2. Dezember 1918, Nr. 54 vom 6. Dezember 1918 und Nr. 55 vom 7. Dezember 1918.

19 StGBl. Nr. 74, Gesetz vom 27. November 1918 über die Führung des Staatshaushaltes vom 1. November 1918 bis 30. Juni 1919, ausgegeben am 4. Dezember 1918. Vgl. SRP Nr. 36 vom 18. November 1918 und Nr. 38 vom 19. November 1918. Zum Staatshaushalt vgl. auch KRP Nr. 7/13 und 15.

20 StGBl. Nr. 88, Gesetz vom 5. Dezember 1918 über die Kontrolle der Staatsschuld Deutschösterreichs, ausgegeben am 13. Dezember 1918. Vgl. SRP Nr. 38 vom 19. November 1918, Nr. 50 vom 29. November 1918 und Nr. 55 vom 7. Dezember 1918. Ausführungen zur Staatsschuldenkontrolle finden sich weiters in SRP Nr. 36 vom 18. November 1918. Zur ersten Sitzung dieser Kommission am 29. Jänner 1919 vgl. Volkswirtschaftliche Chronik. Mit Benützung amtlicher Quellen herausgegeben von Dr. Karl Neisser, Jg. 1919, Nr. 2, Februar 1919, S. 31 „Bericht der Staatsschulden-Kontrollkommission". Material zur Konstituierung wie auch zur Beendigung der Tätigkeit dieser Kommission im Juni 1919 findet sich in AdR, StK, GZl. 213/1919.

21 Es handelte sich hier um insgesamt fünf Gesetzentwürfe, betreffend die Bier-, Wein-, Branntwein-, Schaumwein- und Mineralwassersteuer: StGBl. Nr. 112, Gesetz vom 6. Februar 1919, betreffend die Biersteuer, ausgegeben am 16. Februar 1919; StGBl. Nr. 125, Gesetz vom 6. Februar 1919, betreffend die Weinsteuer, und StGBl. Nr. 126, Gesetz vom 6. Februar 1919, betreffend die Schaumweinsteuer, beide ausgegeben am 20. Februar 1919; StGBl. Nr. 134, Gesetz vom 6. Februar 1919, betreffend die Branntweinbesteuerung, ausgegeben am 25. Februar 1919; StGBl. Nr. 154, Gesetz vom 6. Februar 1919, betreffend die Besteuerung von Mineralwässern und künstlich bereiteten Getränken, ausgegeben am 1. März 1919. Vgl. SRP Nr. 38 vom 19. November 1918 und Nr. 45 vom 25. November 1918.

22 Gemeint war wohl StGBl. Nr. 121, Gesetz vom 12. Dezember 1918, betreffend die Einhebung direkter Steuern, ausgegeben am 22. Dezember 1918; SRP Nr. 48 vom 27. November 1918.

23 StGBl. Nr. 38, Grundgesetz vom 22. November 1918 über die richterliche Gewalt, ausgegeben am 28. November 1918. Vgl. SRP Nr. 43 vom 23. November 1918, weiters KRP Nr. 17/1 und Nr. 23/2.

24 Von den hier erwähnten Gesetzen standen – nach entsprechender Beschlussfassung im Staatsrat, vgl. die vorangehenden Anmerkungen – jene über die richterliche Gewalt, die Führung des Staatshaushaltes, das Staatsgebiet und die Kontrolle der Staatsschuld auf der Tagesordnung der nächsten Sitzung der Provisorischen Nationalversammlung (Sten. Prot. Prov. NV, 5. Sitzung vom 22. November 1918, S. 125–128, S. 131–134 und S. 138–150), jenes über das Staatsbürgerrecht stand auf der Tagesordnung der übernächsten Sitzung (Sten. Prot. Prov. NV, 6. Sitzung vom 27. November 1918, S. 174–184). Die fünf Steuergesetze gelangten erst am 6. Februar 1919 auf die Tagesordnung (Sten. Prot. Prov. NV, 18. Sitzung vom 6. Februar 1919, S. 645.

6

Schutz von Werken der Kunst und Wissenschaft

Der Vorsitzende teilt mit, dass ihn der Staatsrat beauftragt habe, den Entwurf eines Gesetzes zum Schutze von Werken der Kunst und Wissenschaft auszuarbeiten.[25] Nach einer kurzen Erörterung des Gegenstandes wird das Amt für Kriegs- und Übergangswirtschaft angewiesen, unter Zuziehung des Staatsamtes der Finanzen und des Innern die erforderlichen Einleitungen zu treffen, vor allem aber auch ein allgemeines Ausfuhrverbot für derartige Gegenstände zu erlassen.[26]

Weiterhin wurde das Staatsamt für Unterricht aufgefordert, eine Vorlage über den Denkmalschutz auszuarbeiten.[27]

7

Übernahme des Kabinettsarchivs des früheren Ministeriums des Äußern und der Hofbibliothek

Das Staatsamt für Äußeres beabsichtigt, die Aufsicht über das Kabinettsarchiv des ehemaligen Ministeriums des Äußern dem Dr. Ludo H a r t m a n n[28] zu übertragen sowie die Hofbibliothek provisorisch in seine Verwaltung zu übernehmen.[29]

Der Kabinettsrat nimmt die in Aussicht genommenen Verfügungen des Staatsrates {sic!}[30] für Äußeres hinsichtlich des Kabinettsarchivs genehmigend zur Kenntnis, überträgt dagegen die vorläufige Verwaltung der Hofbibliothek dem Staatsamte für Unterricht, dem überdies die Aufgabe obliegen werde, die Eigentumsverhältnisse der Bücherbestände dieser Bibliothek genau festzustellen.[31]

8

Erlassung eines Verbotes der Ausgabe von Banknoten an die fremdnationalen Staaten durch die Österreichisch-ungarische Bank

Hierauf gelangte der dem Staatsrat unterbreitete und von diesem dem Staatskanzler zugewiesene Antrag T e u f e l[32], betreffend Hintanhaltung der Banknotenausgabe durch

---

25 Vgl. SRP Nr. 34 vom 16. November 1918.

26 Vgl. KRP Nr. 14/11.

27 Ein entsprechendes Gesetz wurde erst 1923 verwirklicht: BGBl. Nr. 533, Bundesgesetz vom 25. September 1923, betreffend Beschränkungen in der Verfügung über Gegenstände von geschichtlicher, künstlerischer oder kultureller Bedeutung (Denkmalschutzgesetz), ausgegeben am 5. Oktober 1923. Zur Thematik vgl. auch Eva Frodl-Kraft, Gefährdetes Erbe. Österreichs Denkmalschutz und Denkmalpflege 1918–1945 im Prisma der Zeitgeschichte (= Studien zu Denkmalschutz und Denkmalpflege XVI), Wien 1997.

28 Dr. Ludwig (Ludo) Moritz Hartmann, Historiker, 1918 zum Archivbevollmächtigten für Deutschösterreich bestellt, 25. November 1918 bis April 1921 a.o. Gesandter und bev. Minister in Berlin.

29 Vgl. auch SRP Nr. 21 vom 6. November 1918, wo Staatssekretär Adler berichtete, dass das Haus-, Hof- und Staatsarchiv „und die Registraturen so schnell wie möglich entweder unter faktische Bewachung oder Amtssiegel genommen werden" sollten. „Mit der Beaufsichtigung und Leitung des Archives ist schon Dozent Dr. Ludo Hartmann betraut." Vgl. dazu weiters Reichspost. Morgenblatt, 10. November 1918, S. 5 „Ludo Hartmann im Staatsarchiv. Ein Konflikt auch mit Ungarn?" Zur Entsendung Hartmanns als Gesandter nach Berlin vgl. SRP Nr. 33 vom 14. November 1918.

30 Richtig: „Staatsamtes".

31 Vgl. auch KRP Nr. 10/2. Informationen dazu finden sich in AdR, StK, GZl. 1.056/1919, Zl. 134/1918, Uebernahme des Kabinettsarchivs und der Hofbibliothek durch das deutsch-österr. Staatsamt für Aeusseres. Die Hofbibliothek wurde mit Beschluss des Kabinettsrates vom 6. August 1920 in „Nationalbibliothek" umbenannt (ab 1945 Österreichische Nationalbibliothek). Vgl. KRP Nr. 211/2 vom 6. August 1920.

32 Oskar Teufel, 21. Oktober 1918 bis 16. Februar 1919 Mitglied der Provisorischen Nationalversammlung, Deutschösterreichische Unabhängigkeitspartei bzw. Partei der Nationaldemokraten, 30. Oktober

die Österreichisch-ungarische Bank an die fremdnationalen Staaten, zur Verhandlung.[33] Staatssekretär Dr. S t e i n w e n d e r erklärte, dass die Erlassung eines derartigen Verbotes mit dem Privilegium der österreich.-ungar. Bank im Widerspruch stünde und die deutschösterreichische Regierung damit in deren Rechte eingreifen würde.[34] Das Staatsamt für Finanzen sei übrigens auch mit dem Studium der Frage der Errichtung einer eigenen Staatsbank beschäftigt.[35]

Der Kabinettsrat erteilt schließlich dem Staatssekretär für Finanzen den Auftrag, im Staatsrat die Berichterstattung bezüglich des vorbezogenen Antrages Teufel zu übernehmen.[36]

9

Entlassung der Reserveoffiziere und Einjährig-Freiwilligen

Unterstaatssekretär Dr. D e u t s c h berichtet über die Frage der sofortigen Entlassung jener Reserveoffiziere und Einjährig-Freiwilligen, die einen gesicherten Erwerb oder Unterhalt haben. Dem diesfälligen Beschluss des Staatsrates vom 16. November d. J.[37] sei durch einen entsprechenden Erlass des Staatsamtes für Heerwesen bereits Rechnung getragen worden. Hienach werden alle Reserveoffiziere, die in öffentlicher Stellung sind oder sonst einen gesicherten Lebensunterhalt haben, ferner alle Studierenden und alle Ruheständler sofort

---

1918 bis 14. März 1919 Mitglied des Staatsrates, 3. November bis 16. Dezember 1918 Kreishauptmann von Deutsch-Südmähren.

33 Vgl. SRP Nr. 34 vom 16. November 1918. Staatsrat Teufel hatte dort den Antrag gestellt, „alle Banknoten, welche von der Österreichisch-ungarischen Bank in den nächsten vier Wochen hergestellt werden, ausschließlich und allein für den deutschösterreichischen Staat zu verwenden“. In diesem Zusammenhang vgl. auch Evelyn Kolm, Die Oesterreichisch-ungarische Bank im Spannungsfeld der Nationalitätenkonflikte, in: Karl Bachinger/Dieter Stiefel (Hg.), Auf Heller und Cent. Beiträge zur Finanz- und Währungsgeschichte, Frankfurt/Wien 2001, S. 221–252.

34 Vgl. RGBl. Nr. 66, Gesetz vom 27. Juni 1878, betreffend die Errichtung und das Privilegium der österreichisch-ungarischen Bank, ausgegeben am 28. Juni 1878. Die Artikel 51–55 der darin enthaltenen Statuten der Österreichisch-ungarischen Bank regelten deren „Verhältnis zu den Staatsverwaltungen“. Die österreichische und die ungarische Regierung waren demgemäß zwar durch Regierungskommissäre in der Führung der Bank vertreten, diesen kam jedoch nur eine Beratungs- und Kontrollfunktion zu, eine direkte Einflussnahme auf das Bankgeschäft, wie sie der Antrag Teufel bedeutet hätte, war in den Statuten in keiner Weise vorgesehen.

35 Zur Schaffung der Oesterreichischen Nationalbank vgl. BGBl. Nr. 490, Bundesgesetz vom 24. Juli 1922 über die Errichtung einer Notenbank, ausgegeben am 27. Juli 1922; BGBl. Nr. 823, Bundesgesetz vom 14. November 1922, betreffend die Abänderung und Ergänzung des Bundesgesetzes vom 24. Juli 1922, BGBl. Nr. 490, über die Errichtung einer Notenbank, ausgegeben am 22. November 1922; Clemens Jobst/Hans Kernbauer, Die Bank. Das Geld. Der Staat. Nationalbank und Währungspolitik in Österreich 1816–2016, Frankfurt am Main 2016. In einer Äußerung des Staatsamtes für Finanzen zur Frage der Errichtung einer selbständigen deutschösterreichischen Notenbank vom 20. November 1918 wurde dieses Vorhaben als „jetzt nicht opportun“ bezeichnet, da das noch in Umlauf befindliche Bankpapiergeld „ein Aktivum zu unseren Gunsten“ darstelle, das nicht voreilig aufgegeben werden solle. Vgl. FHKA, k.k. Finanzministerium, Allgemeine Abteilungen, StFA, Zl. 3.124/1918.

36 Im Staatsrat wurde diese Frage nicht mehr weiterdiskutiert. Gegen den Antrag Teufel sprachen schon alleine die Statuten der Österreichisch-ungarischen Bank. Vgl. obenstehend Anmerkung 34. Weitere Informationen zur Angelegenheit finden sich laut Protokollbuch im Bestand FHKA, k.k. Finanzministerium, Allgemeine Abteilungen, StAF, Zl. 3.359/1918, der betreffende Akt liegt jedoch nicht ein.

37 Vgl. SRP Nr. 34 vom 16. November 1918, wo Staatssekretär Steinwender festgestellt hatte: „Vom Kriegsamt ist neuerlich beschlossen worden, diejenigen Reserveoffiziere und Einjährig-Freiwilligen, die im bürgerlichen Leben ein Fortkommen finden, sofort zu entlassen, bisher ist aber in dieser Richtung nichts geschehen. Auf diese Weise werden aber jeden Tag Millionen einfach hinausgeworfen.“

abgerüstet. Was die Einjährig-Freiwilligen betrifft, so würden diese ebenso behandelt werden wie die Mannschaft.[38]

10
Übergangsbestimmungen für die Auszahlung der Unterhaltsbeiträge

Unterstaatssekretär G l ö c k e l weist darauf hin, dass sich in den breitesten Volksschichten infolge der erfolgten unvermittelten Einstellung der Unterhaltsbeiträge bei Rückkehr des Familienerhalters, und zwar ohne Rücksichtnahme auf dessen Erwerbsmöglichkeit, eine große Unruhe bemerkbar mache; Redner schlägt die unverzügliche Hinausgabe entsprechender Übergangsbestimmungen vor.

Der Kabinettsrat schließt sich diesem Vorschlag an und beauftragt das Staatsamt für Heerwesen, den Ministerialrat Dr. R u f f[39] mit der Ausarbeitung einer diesbezüglichen Verfügung zu betrauen.[40]

11
Zuckerversorgung

Staatssekretär Dr. L o e w e n f e l d - R u ß berichtet, dass die tschechoslowakische Regierung unsere Vorschläge bezüglich der Zuckerversorgung angenommen, gleichzeitig aber das Ersuchen gestellt hat, die deutschösterreichische Regierung möge die deutschböhmischen Kohlenreviere anweisen, dass sie allen Aufträgen wegen Versorgung der im deutschen Siedlungsgebiete gelegenen Zuckerfabriken mit Kohle entsprechen.

Der Kabinettsrat nimmt diese Mitteilungen zur Kenntnis und beauftragt den Staatssekretär Dr. Loewenfeld-Ruß, sich diesbezüglich mit den Staatssekretären für öffentliche Arbeiten und für Verkehrswesen in Verbindung zu setzen.[41]

Schluss der Sitzung 6 Uhr.

---

[38] Der Erlass findet sich etwa in Reichspost. Morgenblatt, 19. November 1918, S. 4 f „Die Durchführung der Demobilisierung". Am 23. November berichtete Staatssekretär Deutsch im Heeresausschuss der Provisorischen Nationalversammlung über die Demobilisierung und teilte u. a. mit, dass den Reserveoffizieren eine Abfertigung gewährt werde, um ihnen „die Rückkehr in das Zivilverhältnis leichter zu machen". Vgl. Reichspost. Morgenblatt, 23. November 1918, S. 2 „Die Demobilisierung". Vgl. auch KRP Nr. 7/4. Zur Demobilisierung generell vgl. Wolfgang Etschmann, Theorie, Praxis und Probleme der Demobilisierung in Österreich 1915–1922, phil. Diss., Wien 1979; Wolfgang J. Mommsen (Hg.), Die Organisierung des Friedens. Demobilmachung 1918–1920 (= Geschichte und Gesellschaft, 9. Jg., Heft 2), Göttingen 1983. Informationen und detaillierte Anordnungen zu den gegenständlichen Entlassungen finden sich in FHKA, k.k. Finanzministerium, Allgemeine Abteilungen, StAF, Zl. 2.468/1918.

[39] Dr. Eugen Ruff, Ministerialrat, Tätigkeit im Ministerium für Landesverteidigung, 23. November 1918 bis 30. September 1920 Tätigkeit im liquidierenden Ministerium für Landesverteidigung bzw. in der Landwehrsektion des Militärliquidierungsamtes.

[40] Vgl. weiter KRP Nr. 16/1, zu Fragen im Zusammenhang mit Unterhaltsbeiträgen auch Nr. 23/1, Nr. 26/6, Nr. 29/3, Nr. 32/8 und Nr. 34/10 und 11.

[41] Vgl. auch KRP Nr. 10/1, Nr. 26/7 und Nr. 34/9.

Stenogramm vom 18. November 1918

18./11., Nr. 13, 4h
~~Zerdik entschuldigt~~.

1.
[Renner:] Beglaubigung 1. und 2. genehmigt.

2.[42]
Glöckel: Von nun an genau eine Stunde festgesetzt worden. Keine Legitimation zur Ausweisung.

3.
Jukel: Übernahme des Betriebs auf der ATE [Aussig-Teplitz-Eisenbahn] und der in Deutsch-Österreich gelegenen Strecken der Buštehr.[ader] Bahn. ~~Čechen verhandeln bereits~~.
1.) könnte sogleich verstaatlicht werden; nicht empfehlenswert (Überzahlung 40 Millionen).
2.) -
Vorschlag: Sofortige Betriebsübernahme. ~~Im äußersten Fall an die Bahnen nachdem die Frage der Betriebsdirektion~~ -. Prinzipiell Zustimmung, worauf heute noch die Erlässe hinaus gehen würden.

4.
Loewenfeld-Ruß: Im Wege Bösbauer[43] zur Kenntnis genommen; ungarischer Gesandter. Wenn das richtig ist und der Staatsrat das beschlossen hat, sogleich alle Sendungen nach Deutsch-Österreich eingestellt. Redner ~~stellt~~ kann dann nicht weiter.
Renner: Heute Vormittag war das der Gegenstand der Tagesordnung; Aktion [wurde] abgelehnt (Insurrection); Deutsch-Österreich erklärt nach Beschluss, die westungarischen Gebiete hängen so innig zusammen und sind durch Jahrhunderte mit Deutsch-Österreich verbunden, daher [wird] auf dem Friedenskongress auf diese Gebiete Anspruch erhoben. Im Übrigen begrüßen wir die Bewegung und heißen sie im Verband der Republik willkommen. Bedeutet keine neue Aktion, kann kein Gegenstand von Recrim.[ination][44] sein von Seiten Ungarns.
Entschließung ist gefasst in Gegenwart Bauers. Zweite Entschließung: Amt für Volksernährung [wird] aufgefordert, Ankäufer in das westungarische Gebiet zu entsenden und dort Lebensmittel für uns zu kaufen.
Loewenfeld-Ruß: Ergebnis wird sein, dass wir nächste Woche kein Vieh bekommen.
Roller: Von Ungarn soll überhaupt kein Vieh kommen.
Loewenfeld-Ruß: Von Ungarn sind monatlich 8–9.000 Stück mit durchschnittlichem Lebendgewicht von 4–5.000 kg gekommen. Wien hat Bedarf von 320.000 kg pro Woche.
Renner: Die ungarische Dep.[utation] hat mit ungarischen Mitgliedern des Staatsrates Verbindung gesucht. Angelegenheit unter den Mitgliedern besprochen. Festgestellt, dass Staatsrat irgend eine

---

42 Dieser Satz bezog sich offenbar auf einen in der Reinschrift nicht berücksichtigten Punkt.

43 Vermutlich handelte es sich um Hans Bösbauer, Herausgeber und von März 1908 bis Oktober 1931 Chefredakteur der Tageszeitung „Die Neue Zeitung". Diese brachte am folgenden Tag einen mit 18. November datierten Artikel, in dem der an jenem Tag gefasste Beschluss des Staatsrates über die westungarischen Gebiete als „wirklich nicht notwendig" bezeichnet wurde, da er geeignet sei, „die Lebensmittelversorgung von Deutschösterreich und hauptsächlich die von Wien auf das ärgste zu gefährden". Die Nahrungsmittelversorgung der deutschösterreichischen Bevölkerung müsse an oberster Stelle stehen, nicht jene „verlogene Phrasenpolitik vergangener Tage". Vgl. Die Neue Zeitung, 19. November 1918, S. 1 „Wir und die Ungarn. Ein voreiliger Beschluß des Staatsrates". Bösbauer, Mitglied der CSP und sich im Umfeld hochrangiger Christlichsozialer bewegend, war 1919 im Kontext innerparteilicher Zwistigkeiten Gegenstand der sogenannten „Affäre Bösbauer". Dazu vgl. Markus Benesch, Die Geschichte der Wiener Christlichsozialen Partei zwischen dem Ende der Monarchie und dem Beginn des Ständestaates, phil. Diss., Wien 2010, S. 112 f.

44 Rekrimination: Gegenklage, -beschuldigung.

Handlung, welche den Charakter einer Annexion auch nur andeuten könnte, nicht zu unternehmen hat. Sitzung hat den [die] obige platon.[ische] Erklärung abgegeben. Wahrscheinlich wird sich Comitee bilden, welches Verbindung sucht. Sie sollen sich frei entscheiden, wir wollen aber nichts selbst setzen. Von Staatswegen aber haben wir nichts in dieser Bewegung zu tun.
Loewenfeld-Ruß: Sache der Staatskanzlei darauf zu erwidern: 1.) [...].
Deutsch: Wolf[45], zahlreiche Verwandte und Freunde hereingebracht ins KM [Kriegsministerium].

Urban: Das Staatsamt für Äußeres soll die Ungarn aufklären ~~und sicherstellen, was für Wirkungen~~. Löwenfeld soll sich in direkte Verbindung setzen mit dem Staatsamt für Äußeres.
Renner wird sich auch mit Äußerem in Verbindung -.

Hanusch: Dann aber muss man organisieren den Bezug von Lebensmitteln in Westungarn.

2.
~~5. Maßregel zur Sicherung der wirtschaftlichen Produktion~~: Morgen 5h Parlamentssitzung (Urban): (Morgen ½4 Cab.[inett] Parlament)

5. Kohlenversorgung.
Zerdik: Del.[egation] aus Berlin zurück gekehrt. Langerhan[46] zusammengebrochen, grippekrank. Reichskommissär sich bereit erklärt hat, jedes Quantum von Kohle, wo überhaupt disponibel. Tusar: Bereit von der Ostrauer Gaskohle zur Verfügung [zu stellen], wenn Waggons hinaufkommen (...). Kohlenfrage reine Waggon-Frage. Sitzung weil vielleicht notwendig, die Angebote der Industrie zu akzeptieren, Waggons selbst in Reparatur zu nehmen. Die ganze Privatindustrie wird herangezogen werden müssen zur Waggon-Reparatur.
Zur Kenntnis genommen.

II.
Renner: Freitag Plenar-Versammlung a) – f).

III.
Renner: Auftrag erhalten, ein Gesetz vorzulegen zum Schutz der Kunst und wissenschaftlichen Denkmäler; Grenzzollämter anzuweisen, solche Sachen zurück zu halten. ~~Bis zu welcher Zeit könnte ein solcher Entwurf fertig gestellt werden?~~
An Staatsrat wird gemeldet, dass das Staatsamt für Handel, Verkehr und Finanzen beauftragt [wird/wurde], diese Durchführungsmaßregeln zu treffen. (Das Ausfuhrverbot und die Abnahme an der Grenze). Führung hat das Staatsamt für Kriegs- und Übergangswirtschaft (Finanzministerium wird mitwirken). Denkmalschutz Staatsamt für Unterricht wird eine Vorlage auszuarbeiten.

III.a.
Die Eigentumsverhältnisse sind sämtliche ungeklärt bezüglich der Hofbibliothek. Hofbibliothek unter Unterricht.

IV.
Fin.[anzen] anzuweisen, Banknoten an die anderen Staaten nicht hinauszugeben. Antrag Teufel an den Staatsrat; von diesem an Renner zugewiesen. Steinwender übernimmt Berichterstattung an den Staatsrat. Die österreichisch-ungarische Bank [kann] unmöglich gehindert werden, wir greifen damit in ihre Rechte ein. Die letzten Kredite sind aufgenommen worden für alle.

---

45 Es konnte nicht eindeutig festgestellt werden, wer gemeint war.

46 Dr. Philipp von Langenhan, Handelskammersekretär in der Bukowina, 21. Oktober 1918 bis 16. Februar 1919 Mitglied der Provisorischen Nationalversammlung, DnP, 12. November 1918 bis 14. März 1919 Mitglied des Staatsrates, ab 1919 Obmann des Sudetendeutschen Heimatbundes in Österreich.

Renner: Tschechoslowakei soll angeblich Frank-Währung, dann Gefahr für uns.[47]

Steinwender: Ich glaube, man kann das nicht so plötzlich machen. [...] Wenn es notwendig sein sollte, an die Gründung einer eigenen Staatsbank zu schreiten und diejenigen Notwendigkeiten zu treffen bei Errichtung einer neuen Bank.

Steinwender wird berichten.

Roller: Deutsch-Böhmen verlangt immer Noten.

Steinwender: Die Aufträge an die Bank werden soweit als möglich ausgeführt. Die Schwierigkeit des Hinaufbringens, Zufuhr über Baiern, Eger.

Pacher: Langerhan erbittet Mitteilung, ob ihm die Vollmacht erteilt wird, österreichisch-ungarische Noten in Berlin zu sammeln und direkt nach Deutsch-Böhmen zu fahren.

V.

Deutsch: Beschluss bereits durchgeführt: Erlass hinausgegangen. In den Kreisen der Reserveoffiziere: großes Missvergnügen. Betrag noch nicht verlautbart. Spätestens morgen Abend die Summe publizieren. Eile durchaus geboten (6–7.000 Reserveoffiziere).

Bezüglich Einjährige: ebenso behandelt wie die Mannschaft. Die Form dieser Abrüstung steht in Widerspruch mit der Abrüstung einzelner Jahrgänge. Die unbedingt bleiben wollen, lassen wir vorläufig noch. Die große Masse reflektiert darauf nicht zu bleiben.

Steinwender: Nicht sehr zurückhaltend soll man sein, zum Schutz des Materials. Im Interesse der Werte [einen] anständigen Betrag zu geben. Für die einzelnen Mannschaften 2–300 K. vor Weihnachten. Den Offizieren müsste man wesentlich mehr geben.

Deutsch: Burg nur von Offizieren [bewachen], Bahnhöfe von Offizierspatr.[ouillen]; wertvolle Depots, Offiziere mit besonderer Bezahlung. Wegen finanzieller Bedeckung Einvernehmen mit dem Staatsamt für Finanzen. 70 % des Offiziersstandes wollen sich für Deutsch-Österreich erklären: Aktive 1/5 Unterbringung und das nur schwer.

Roller: Volkswehr-Unterrichtung: (6 K. mit Verpflegung). Leute fragen wer das bezahlen wird?

Deutsch: Heeresleitung (militärische Kassen).

Glöckel: Es kommen Unterrichten [Nachrichten], dass in den Unterhaltskommissionen große Unruhe geschieht: Wenn jemand zurückkommt, wird bei ihm eingestellt. Man muss sogleich Übergangsbestimmungen hinaus geben.

Steinwender: Es kann ja individualisiert werden.

Renner: Staatsamt für Heereswesen: Verfügung ausarbeiten (Ministerialrat Ruff).

VI.

Deutsch wurde entsprechend verständigt und beauftragt.

Telegramm Bielitz: – Finanzministerium.

Jukel: – Finanzministerium.

Roller: Bittet, dass man einen Vorgang nicht beanstandet. – Finanzministerium.

Deutsch: Demobilisierung: Linie von Innsbruck, 14. Morgen bereits 400.000 abtransportiert. Gestern im wes.[entlichen] der große Abtransport beendigt. Große Materialtransporte werden noch nachkommen, aber ohne große Menschenzahl.[48]

Südbahn: geht es nicht so rasch, aber um den 20. dürfte es abgeschlossen sein.

Auf den Wiener Bahnhöfen: eine gewisse Ruhe eingetreten. Vorsorge getroffen, dass Ereignisse der letzten Wochen (Schüsse) nach Möglichkeit vermieden.

Vertrag mit den Tschechoslowaken und Polen. Waffen passieren, einen Rucksatz [Rucksack] mitnehmen. Größere Waffen im eigenen, plombierten Waggon. Bei großen Zügen ein Waggon Lebensmittel und ein Waggon Futter. Gemeinsame Kommission nach Laibach entsandt.

Gegenkonzession von der Tschechoslowakei: 1) völlig freie Durchfahrt aller Waren aus Deutschland nach Österreich.

---

47 Vgl. auch Punkt 1 des streng vertraulichen Anhangs in KRP Nr. 32.

48 Diese Ausführungen scheinen in der Reinschrift nicht auf.

2.) Dass ebenso die Truppentransporte aus Deutschböhmen: jene Truppen, die schon in Wien sind, weiter befördert werden direkt durch das tschechoslowakische Gebiet. Ein Zug mit 80–100 Achsen.
Transporte: über Passau – Eger auch Transporte nach Deutschböhmen.

~~Punkt II.~~
Loewenfeld-Ruß: Die Tschechoslowaken haben die Vereinbarung bezüglich Zucker angenommen. Die Sache wäre also formell in Ordnung. Das tschechoslowakische Ernährungsamt hat aber gleichzeitig verlautet: Dem Staatsrat soll die Bitte unterbreitet werden, dass ein Auftrag an die Kohlenreviere ergeht, Verfügungen der tschechoslowakischen Kohlenkommission ansprechen ... Versorgung der Deutsch-Böhmischen Zuckerfabriken mit ~~deutschböhmischer~~ Kohle.
Verfügungen tschechoslowakische Kommission mit Zerdik direkt verkehren.

~~Punkt II.~~
~~b) Heereswesen muss erst verständigt werden. (Mit Lelewer[49] und Fröhlich[50]).~~
c) Fragt ~~sich, ob es überhaupt zeitgemäß wäre (mit ?Silvester[51] besprechen).~~
~~d) e) Reif[52].~~
~~f) Kommt schon. –Militärstrafverfahren und -gesetze wird Roller sich mit dem Ausschuss direkt in Verbindung setzen.~~
~~g) Eventuell. –Sind reif, kommen auf die~~ -.

49 Dr. Georg Lelewer, Richter, Privatdozent für Militärstrafrecht und Strafprozessrecht an der Universität Wien, Leiter der Fachgruppe VI (Rechtsangelegenheiten) im Staatsamt für Heereswesen.

50 Dr. Georg Fröhlich, ab 19. November 1918 Leiter des Verfassungsdienstes der Staatskanzlei.

51 Wohl Dr. Julius Sylvester, 21. Oktober 1918 bis 16. Februar 1919 Mitglied der Provisorischen Nationalversammlung, DnP, 30. Oktober 1918 bis 14. März 1919 Mitglied des Staatsrates und des geschäftsführenden Staatsratsdirektoriums sowie Staatsnotar.

52 Möglicherweise handelte es sich um den Kaufmann und Kommerzialrat Hermann Reif, Vizepräsident der Kriegsgetreideverkehrsanstalt. Vgl. auch KRP Nr. 24/2.

14.[1]

[Donnerstag] 1918-11-21

Vorsitz: Renner
Anwesend: Bauer, Beck, Glöckel, Hanusch, Jukel, Kaup, Loewenfeld-Ruß, Marckhl, Mataja, Mayer, Pacher, Riedl, Roller, Steinwender, Stöckler, Urban, Zerdik
Schriftführer: unbekannt
Dauer: 15.45–19.30 Uhr

Reinschrift, Konzept, Nachtrag zu Punkt 16, Stenogramm

Inhalt:[2]

1. Beglaubigung der Kabinettsprotokolle Nr. 3–13.
2. Äußerungen politischen Inhaltes seitens der Kabinettsmitglieder dritten Personen gegenüber.
3. Gesetzentwurf über die Unterstellung der Gendarmerie unter das Staatsamt des Innern.
4. Geldsammlungen in den Schulen.
5. Novemberbeförderung bei der Heeresverwaltung.
6. Inanspruchnahme eines Eisenbahnsonderzuges seitens eines Mitgliedes des Staatsrates.
7. Staatsgarantie für die Gebarung der Futtermittelstelle.
8. Vorbereitung für die Konferenz der Landesregierungen (Samstag 10 Uhr vormittags).
9. Bildung eines Ernährungsrates.
10. Prämien für die Getreideaufbringung.
11. Einbringung von Gesetzentwürfen, betreffend das Verbot der Ausfuhr und der Veräußerung von Gegenständen von geschichtlicher, künstlerischer oder kultureller Bedeutung.
12. Fragen der Titelverleihungen und des Ernennungsrechtes auf dem Gebiete des Unterrichtswesens.
13. Frage der Anstaltenbenennung auf dem Gebiete des Unterrichtswesens.
14. Verhandlungen mit der ungarischen Regierung in der Frage des Anschlusses Westungarns an Deutschösterreich.
15. Behinderung des Staatsamtes für Volksernährung in der Führung seiner Geschäfte.
16. Beamtenfragen.

Beilagen:

– Zu Punkt 14: Korrespondenz der deutschösterreichischen Nationalversammlung vom 22. November 1918 (1½ Seiten).

---

1 Das Protokoll trägt den Vermerk *Vertraulich!*

2 Das Stenogramm der folgenden Sitzung des Kabinettsrates, KRP Nr. 15, wurde teilweise auf das Konzept einer Tagesordnung zu dieser 14. Sitzung niedergeschrieben. Dieses Konzept stimmt mit dem Inhalt der Reinschrift nicht überein. Es enthält zwar ebenfalls insgesamt 15 Punkte, von denen jedoch nur (der Nummerierung der Reinschrift folgend) die Punkte 1, 2, 7–9 und 15 hier behandelt wurden. Die anderen Punkte wurden teilweise in den folgenden Sitzungen des Kabinettsrates behandelt, beispielsweise „Verhandlungen mit Generaldirektor von Hawerda“ (vgl. KRP Nr. 17/6) oder „Ingenieur Arndt, Vollzugsausschuss für Notwohnungen; Besichtigung von Amtsräumen“ (vgl. KRP Nr. 17/7).

– Zu Punkt 16: Richtlinien der zwischenstaatsamtlichen Geschäftsstelle für Beamtenangelegenheiten für die vorläufige Behandlung der derzeit dringlichsten Staatsbedienstetenfragen (5 Seiten).[3]

1

Beglaubigung der Kabinettsprotokolle Nr. 3–13

Der Vorsitzende stellt fest, dass gegen die Kabinettsprotokolle Nr. 3–13 keine Einwendung erhoben worden ist, sie daher als beglaubigt anzusehen sind.

2

Äußerungen politischen Inhaltes seitens der Kabinettsmitglieder dritten Personen gegenüber

Der Vorsitzende gibt den vom Staatsrate in der 31.[4] Sitzung gefassten Beschluss (Punkt IV) bekannt, wonach er beauftragt worden sei, bei der nächsten Kabinettssitzung die Herren Staatssekretär zu ersuchen, in ihren politische Fragen betreffenden Äußerungen dritten Personen gegenüber besondere Vorsicht[5] walten lassen zu wollen (diese Angelegenheit bezieht sich auf Mitteilungen[6] eines Staatssekretärs, die er kürzlich einer Deputation gegenüber bezüglich der staatlichen Zukunft und Zugehörigkeit Deutschböhmens gemacht haben soll).[7]

---

3 Weiters liegt dem Protokoll ein handschriftlich mit „erledigt" bezeichnetes Blatt mit der Überschrift „Staatssekretär für Unterricht wirft folgende Fragen auf" (1 Seite) bei. Es enthält vier Punkte, von denen sich die ersten drei auf die in dieser Sitzung behandelten Punkte 12 und 13 beziehen. Zur Frage der Anstaltenbenennung wurde noch bemerkt: „Seinerzeit wurden nur Namen der kaiserlichen Familie gestattet, um politische Namen zu verhindern. So wollte Triest seine Gymnasien Dante- und Petrarcagymnasien nennen. Dies sollte dadurch verhindert werden, dass nur Namen aus der kaiserlichen Familie zugelassen wurden." Der Punkt 4 des Blattes wurde handschriftlich gestrichen. Er lautete: „Handelsministerium fragt im kurzen Wege (post sektionen{sic!}) an, ob mit Allerh. Entschließung verliehene Ordensauszeichnungen zum Teil militärischer Natur nun mehr noch zugestellt werden können."

4 Richtig: 36.

5 Im Konzept: „eine der Bedeutung und Wichtigkeit derartiger Mitteilungen entsprechende Vorsicht".

6 Im Konzept: „die angebliche Äußerung".

7 In der 36. Sitzung des Staatsrates hatte Staatsrat Karl Hermann Wolf beklagt, Staatssekretär Steinwender habe im Rahmen eines Pressetermins, betreffend die Neuordnung der Finanzgebarung, gesagt, dass „unser Staat nicht viel größer sei als Bayern, denn auf Deutschböhmen könnten wir absolut nicht mehr rechnen; es werde zum tschechischen Staate kommen". Vgl. SRP Nr. 36 vom 18. November 1918. Ein Bericht über Steinwenders Ausführungen findet sich in Neue Freie Presse. Morgenblatt, 17. November 1918, S. 11 „Staatssekretär Steinwender über Steuern und Anleihe". Zu Bayern wurde Steinwender dort lediglich folgendermaßen zitiert: „Wir werden nicht soviel Ministerien wie jetzt halten und auch den Stab der Ministerien in Hinkunft einschränken. Darin stimmen wir mit Bayern überein, dem wir auch sonst in vielen Richtungen nahekommen, was die Bevölkerungszahl, den teils agrarischen, teils industriellen Charakter der Einwohner, endlich die Stellung der Hauptstadt betrifft." Vgl. auch KRP Nr. 7/15, wo Renner vorgeschlagen hatte, „an dem Beispiele und dem Maße des Staates Bayern ungefähr zu errechnen, welche Voranschläge wir für jedes einzelne unserer Staatsämter und für unseren ganzen Staat vergleichsweise in Aussicht nehmen können". Im Zusammenhang mit der Lage der Staatsfinanzen, die „ernst, aber nicht verzweifelt" sei, wurde Steinwender jedoch mit der Aussage zitiert, dass es falsch sei, die Bevölkerung darüber „irre zu führen", „insbesondere wenn es dahin kommen sollte, daß Deutschböhmen mit Czecho-Slowakien vereinigt werden wird". Nach Loewenfeld-Ruß hatte Renner bereits am 25. Oktober 1918 die Meinung geäußert, dass „Deutsch-Böhmen und die deutsch-sprachigen Gebiete der Sudetenländer von Österreich abgetrennt würden". Vgl. Johann Loewenfeld-Ruß, Im Kampf gegen den Hunger. Aus den Erinnerungen des Staatssekretärs für Volksernährung 1918–1920. Herausgegeben von Isabella Ackerl (= Studien und Quellen zur österreichischen Zeitgeschichte 6), Wien 1986, S. 113.

Nach Klarlegung des Gegenstandes empfiehlt der Vorsitzende in derlei Angelegenheiten schon im Hinblicke auf die Tragweite derartiger Mitteilungen an Außenstehende, sich die größte Zurückhaltung aufzuerlegen[8]; in diesem Sinne werde er auch dem Staatsrate berichten.[9]

3

Gesetzentwurf über die Unterstellung der Gendarmerie unter das Staatsamt des Innern

Unterstaatssekretär G l ö c k e l teilt mit, dass ein vom Staatsamte des Innern im Einvernehmen mit dem Staatsamt für Heerwesen ausgearbeiteter Gesetzentwurf, betreffend die Unterstellung der Gendarmerie unter das Staatsamt des Innern, an die Staatskanzlei geleitet worden sei. Der sprechende Unterstaatssekretär richtet an den Vorsitzenden die Bitte, die Vorlage dieses Gesetzentwurfes an den Staatsrat so rasch als möglich in die Wege zu leiten.

Der Staatskanzler sichert die umgehende Erfüllung dieses Ansuchens zu.[10]

4

Geldsammlungen in den Schulen

Über eine Anregung des Unterstaatssekretärs G l ö c k e l beauftragt der Kabinettsrat das Staatsamt für Unterricht, ungesäumt die entsprechenden Verfügungen behufs Einstellung aller in den Schulen bisher üblichen Geldsammlungen[11] zu treffen.[12]

5

Novemberbeförderung bei der Heeresverwaltung

Staatssekretär Dr. S t e i n w e n d e r weist auf den schlechten Eindruck hin, den das angeblich bevorstehende November-Avancement für die Offiziere der früheren k.u.k. Armee[13] in der Bevölkerung machen werde. Ohne dass eine österreichisch-ungarische Armee mehr vorhanden sei, sollen dennoch Beförderungen großen Umfanges, namentlich auch in den obersten Stellen der früheren Heeresorganisation, platzgreifen. Redner stellt den Antrag, von diesen Personalverfügungen Abstand zu nehmen.

---

8 Im Konzept: „die größte Vorsicht walten zu lassen".

9 Renner erklärte in der 42. Sitzung des Staatsrates: „In der Kabinettssitzung hat Steinwender erklärt, seine Äußerung habe nicht so gelautet. Der Kabinettsrat hat beschlossen, die Staatssekretäre sind in Bezug auf die Ausgabe von Kommuniqués und die Gewährung von Interviews frei, sie haben jedoch gleichzeitig einen Abdruck in die Staatskanzlei zu senden. Die Vorzensur der Staatskanzlei haben wir nicht eingeführt." Vgl. SRP Nr. 42 vom 22. November 1918. Wie sich Steinwender tatsächlich – wenn überhaupt – in der vorliegenden Sitzung des Kabinettsrates rechtfertigte, wurde weder in der Reinschrift noch im Stenogramm, wo dieser Tagesordnungspunkt überhaupt nicht aufscheint, festgehalten.

10 Vgl. SRP Nr. 43 vom 23. November 1918, wo Staatssekretär Mayer das Vorhaben so kommentierte: „Diese Überführung entspricht nur den geänderten Verhältnissen. Vom Standpunkte des Staatsamtes für Heerwesen ist dagegen nichts einzuwenden, weil seinerzeit die Gendarmerie in erster Linie zur Verfügung der politischen Behörde stand, und da ist die rechtmäßige Instanz das Staatsamt des Innern." Vgl. weiters StGBl. Nr. 75, Gesetz vom 27. November 1918, betreffend die Gendarmerie des Deutschösterreichischen Staates, ausgegeben am 4. Dezember 1918. § 2 (4) bestimmte: „In letzter Instanz untersteht die Gendarmerie dem Staatssekretär des Innern." § 3 lautete: „Der Staatssekretär des Innern regelt die Einrichtung der Gendarmerie und bestimmt den Stand der Landesgendarmeriekommanden."

11 Im Stenogramm von Glöckel als „Spartage" und „Erpressungsversuche an den Eltern" bezeichnet.

12 Ein entsprechender Erlass des Staatsamtes für Unterricht, dass „alle in den Schulen bisher üblichen Geldsammlungen unverzüglich einzustellen" seien, erging am 7. Dezember 1918. Vgl. Erwin Niese, Das k.k. Staats-Gymnasium Salzburg im Weltkrieg – auch eine „Heimatfront", in: Oskar Dohle/Thomas Mitterecker (Hg.), Salzburg im Ersten Weltkrieg. Fernab der Front – dennoch im Krieg, Wien/Köln/Weimar 2014, S. 149–152, hier S. 152.

13 Im Konzept stattdessen: „im Staatsamte für Heerwesen".

Staatssekretär M a y e r erwidert, dass diese Beförderungen noch vom ehemaligen Kriegsministerium fertiggestellt worden seien. Mit Ausnahme der deutschen und südslawischen Regierung hätten über Befragung alle übrigen Nationalregierungen diesen Maßnahmen zugestimmt. Es seien in erster Linie die jüngeren Offiziere, darunter auch 800 Hauptleute berücksichtigt, die während des Krieges überhaupt nicht befördert worden seien, obwohl sie vielfach den Dienst der Stabsoffiziere versehen hätten. Übrigens habe der Staatsrat dieser Maßnahme ausdrücklich zugestimmt[14] und müsste daher dieser vorerst zu einer Abänderung seines Beschlusses veranlasst werden. Er werde aber gleichwohl Erhebungen in der Richtung pflegen[15], ob eine Abänderung der in Aussicht genommenen Verfügung überhaupt noch tunlich sei und bejahendenfalls neuerlich an den Staatsrat herantreten.

Der Kabinettsrat nimmt diese Erklärung zur Kenntnis.[16]

6

Inanspruchnahme eines Eisenbahnsonderzuges seitens eines Mitgliedes des Staatsrates

Anlässlich eines vom Staatssekretär J u k e l bekanntgegebenen Falles, wonach seitens eines Mitgliedes des Staatsrates[17] für eine dringende Reise nach Wien ein Sonderzug in Anspruch genommen worden sei, beauftragt der Kabinettsrat das Staatsamt für Verkehrswesen, an alle Staatsbahndirektionen und Betriebsleitungen eine Weisung hinauszugeben, mit welcher die Bestellung von Sonderzügen – von welcher Seite immer – unter den obwaltenden Verhältnissen als vollständig unzulässig erklärt wird. Dem Staatsamt für Verkehrswesen wird gleichzeitig die Ermächtigung erteilt, die im erwähnten Einzelfalle aufgelaufenen Kosten der Partei anzurechnen.

7

Staatsgarantie für die Gebarung der Futtermittelstelle

Nach den Ausführungen des Staatssekretärs Dr. L o e w e n f e l d - R u ß hat die Futtermittelstelle[18] bei ihrer Gründung[19] eine Garantieerklärung für ihre Gebarung seitens des

---

14 Vgl. SRP Nr. 33 vom 14. November 1918. Dort war beschlossen worden, „daß das Avancement der Offiziere und Militärbeamten für den Novembertermin, welches bereits druckreif ausgearbeitet ist, noch durchgeführt werde und daß die Hauptleute (Rittmeister) der Ränge vom 1. November 1913 und 1. Mai 1914, zusammen ca. 800 Offiziere, in einem Nachtragsavancement noch zu Majoren befördert werden dürfen."

15 Im Konzept: „Der Kabinettsrat beauftragt den Staatssekretär für Heerwesen, Erhebungen zu pflegen…".

16 Die Novemberbeförderungen wurden durchgeführt und am 29. November 1918 kundgemacht, vgl. dazu etwa Neue Freie Presse. Morgenblatt, 30. November 1918, S. 2 „Das Novemberavancement". Im zitierten Artikel wurde dazu nicht unkritisch bemerkt, es handle sich um „das Ueberbleibsel des vormaligen Kriegsministeriums, sozusagen sein letztes Vermächtnis. […] Ob es gerade notwendig war, diese Erbschaft anzutreten, ist fraglich. […] Der kleine Rahmen des neuen Heeres verträgt solche Massenbeförderungen […] durchaus nicht. Kurz vorher bildeten die Massenpensionierungen das Gegenstück. Wo ist die Folgerichtigkeit?"

17 Aus dem Stenogramm geht hervor, dass es sich um Oskar Teufel handelte, 21. Oktober 1918 bis 16. Februar 1919 Mitglied der Provisorischen Nationalversammlung, Deutschösterreichische Unabhängigkeitspartei bzw. Partei der Nationaldemokraten, 30. Oktober 1918 bis 14. März 1919 Mitglied des Staatsrates, 3. November bis 16. Dezember 1918 Kreishauptmann von Deutsch-Südmähren.

18 Zur Geschichte der Futtermittelzentrale vgl. Heinrich Wittek, Die kriegswirtschaftlichen Organisationen und Zentralen in Österreich. Beiträge zur Geschichte ihrer Entwicklung und Tätigkeit mit Benützung amtlicher Quellen, in: Ernst Plener/Richard Reisch u. a. (Hg.), Zeitschrift für Volkswirtschaft und Sozialpolitik. Neue Folge, 2. Band, Wien/Leipzig 1922, S. 24–90 und S. 226–247, hier S. 46–49. Zu den kriegswirtschaftlichen Zentralen vgl. weiters KRP Nr. 2, Anmerkung 19.

19 RGBl. Nr. 232, Verordnung der Minister des Ackerbaues, des Innern, des Handels und der Finanzen vom 11. August 1915, betreffend die Errichtung einer Futtermittelzentrale, ausgegeben am 12. August 1915.

bestandenen Ackerbauministeriums, dem diese Stelle damals untergeordnet war, erhalten. Bei der späteren Unterstellung der Futtermittelstelle unter das vormalige Amt für Volksernährung[20] wurde diese Staatsgarantie von letzterem Amte ausdrücklich übernommen.[21] Das die Futtermittelstelle finanzierende Wiener Bankinstitut fordert nunmehr seitens des Staatsamtes für Volksernährung neuerlich eine solche Garantieerklärung. Im Hinblicke auf die durchaus aktive Gebarung dieser Stelle erbittet sich der sprechende Staatssekretär die Ermächtigung des Kabinetts zur Abgabe der erwähnten Erklärung.

Der Kabinettsrat erteilt die angesprochene Ermächtigung.[22]

8

Vorbereitung für die Konferenz der Landesregierungen (Samstag 10 Uhr vormittags)

Der Vorsitzende ersucht alle Staatssekretäre, bei der bevorstehenden Konferenz der Landeshauptleute anwesend zu sein und die seitens der Staatsämter hiebei zur Sprache zu bringenden Angelegenheiten rechtzeitig festzustellen.[23] Dem Staatssekretär Dr. L o e w e n f e l d - R u ß sowie dem Unterstaatssekretär R i e d l wird die Ermächtigung erteilt, mit den Landeshauptmännern abgesonderte Konferenzen über Fragen ihrer Ressorts abzuhalten.

9

Bildung eines Ernährungsrates

Staatssekretär Dr. L o e w e n f e l d - R u ß hält die Erneuerung des bestandenen Ernährungsrates aus politischen Gründen für wünschenswert.[24] Im Gegensatz zu der früheren Einrichtung halte er jedoch dafür, dass dieser Ernährungsrat auf höchstens 30–36 Mitglieder beschränkt werde[25], die sich zu je einem Drittel auf Vertreter a) der Landwirtschaft, b) des Handels, Gewerbes und der Industrie sowie c) der Konsumenten zu verteilen hätten. Die maßgebenden Korporationen, Organisationen und Vertretungskörper dieser drei Gruppen wären einzuladen, Berufungsvorschläge zu erstatten, worauf das Staatsamt für Volksernährung die beantragten Persönlichkeiten zu bestellen hätte.

---

20 Im November 1916 war das direkt dem Ministerpräsidenten unterstehende Amt für Volksernährung eingerichtet worden, dem alle bestehenden Institutionen der Nahrungsmittelwirtschaft, wie etwa die Kriegsgetreideverkehrsanstalt, unterstellt und die Kompetenzen bezüglich der Ernährungspolitik übertragen wurden. Vgl. Margarete Grandner, Kooperative Gewerkschaftspolitik in der Kriegswirtschaft: die freien Gewerkschaften Österreichs im ersten Weltkrieg (= Veröffentlichungen der Kommission für Neuere Geschichte Österreichs 82), Wien/Köln/Weimar 1992, S. 134 f, zur Tätigkeit der Kriegsgetreideverkehrsanstalt S. 135–137.

21 RGBl. Nr. 239, Verordnung des Amtes für Volksernährung im Einvernehmen mit den beteiligten Ministerien vom 1. Juli 1918, betreffend die Errichtung einer Futtermittelstelle des Amtes für Volksernährung, ausgegeben am 3. Juli 1918.

22 Die hier übernommene Haftung musste, so Wittek, nicht in Anspruch genommen werden. Vgl. Wittek, Die kriegswirtschaftlichen Organisationen und Zentralen in Österreich, S. 233. Mit 31. Juli 1919 trat die Futtermittelzentrale in Liquidation, ihre Geschäfte gingen auf die Futterverkehrsgesellschaft m.b.H. über, die im Juli 1919 einen entsprechenden Vertrag mit dem Staatsamt für Volksernährung schloss. Vgl. ebendort.

23 Vgl. KRP Nr. 15.

24 Der Ernährungsrat zur Erörterung allgemeiner Fragen der Volksernährung und damit zusammenhängender Anordnungen war bei dem im November 1916 gegründeten Amt für Volksernährung installiert worden. Vgl. Grandner, Kooperative Gewerkschaftspolitik, S. 134. Ein ausführlicher Bericht über die 13. Tagung des Ernährungsrates, die am 10. Oktober 1918 stattgefunden hatte, findet sich in Volkswirtschaftliche Chronik. Mit Benützung amtlicher Quellen herausgegeben von Dr. Karl Neisser, Jg. 1918, Nr. 10, Oktober 1918, S. 300 f „Ernährungsrat".

25 Dem ehemaligen Ernährungsrat hatten mindestens 40 Mitglieder angehört. Vgl. Grandner, Kooperative Gewerkschaftspolitik, S. 134.

Nach einer hierüber abgeführten Wechselrede[26], an welcher sich die Staatssekretäre S t ö c k l e r, Dr. S t e i n w e n d e r und P a c h e r beteiligen, genehmigt der Kabinettsrat den Antrag des Staatssekretärs für Volksernährung.

10

Prämien für die Getreideaufbringung

Staatssekretär Dr. L o e w e n f e l d - R u ß erbittet und erhält die Ermächtigung zur ehesten Hinausgabe einer Vollzugsanweisung, betreffend die Verlängerung der bis Ende November für die Getreideaufbringung zugestandenen Prämienzahlungen auf einen weiteren Monat (bis Ende Dezember d. J.); gleichzeitig spricht sich der Kabinettsrat dahin aus, dass von der Einholung eines einschlägigen Beschlusses des Staatsrates mit Rücksicht auf die dem Staatssekretär für Volksernährung erteilte Generalermächtigung Umgang zu nehmen wäre.[27]

11

Einbringung von Gesetzentwürfen, betreffend das Verbot der Ausfuhr und der Veräußerung von Gegenständen von geschichtlicher, künstlerischer oder kultureller Bedeutung

Staatssekretär P a c h e r erbittet die Zustimmung des Kabinettsrates zur Vorlage von Gesetzentwürfen, betreffend das Verbot der Ausfuhr und der Veräußerung von Gegenständen von geschichtlicher, künstlerischer oder kultureller Bedeutung.

Der Kabinettstrat erteilt diese Ermächtigung unter der Voraussetzung, dass vorher noch mit dem Staatsamte für Finanzen das Einvernehmen gepflogen wird.[28]

12

Fragen der Titelverleihungen und des Ernennungsrechtes auf dem Gebiete des Unterrichtswesens

Dem Staatsamte für Unterricht wird über Antrag des Staatssekretärs P a c h e r die Ermächtigung erteilt, bei der Verleihung der Titel „Ordentlicher, bezw. Außerordentlicher Professor" an Hochschullehrer, sowie des Titels „Schulrat" an Mittelschullehrer, endlich des Titels „Oberlehrer, bezw. Direktor" an Volksschullehrer die bisherige Übung beizubehalten.

---

26 Vgl. das Stenogramm.

27 Mit StGBl. Nr. 8, Vollzugsanweisung des Deutschösterreichischen Staatsamtes für Volksernährung vom 2. November 1918, ausgegeben am 16. November 1918, waren die Übernahmspreise für „Weizen oder Spelz, Roggen, Gerste, Hafer und Mais" um 25 Kronen pro Meterzentner erhöht worden, „wenn die Frucht bis einschließlich 30. November 1918 dem Beauftragten der Kriegsgetreideverkehrsanstalt zur Übernahme angeboten und zum Abrufe bereit gestellt wird". Die hier in Aussicht genommene Vollzugsanweisung trat mit 1. Jänner 1919 in Kraft und verlängerte diese Regelung bis 15. Jänner 1919: StGBl. Nr. 150, Vollzugsanweisung des Deutschösterreichischen Staatsamtes für Volksernährung vom 28. Dezember 1918, betreffend die Übernahmspreise für einzelne im Jahre 1918 geerntete Fruchtgattungen, ausgegeben am 31. Dezember 1918. Die neue Vollzugsanweisung enthielt allerdings in Artikel I folgende Einschränkung: „Die politischen Landesbehörden werden ermächtigt, von der Erhöhung der Übernahmspreise ganz oder teilweise abzusehen, wenn die besonderen Verhältnisse ihrer Verwaltungsbereiche dies erfordern."

28 Vgl. SRP Nr. 43 vom 23. November 1918, Nr. 47 vom 26. November 1918 und Nr. 50 vom 29. November 1918; StGBl. Nr. 90, Gesetz vom 5. Dezember 1918, betreffend das Verbot der Ausfuhr und der Veräußerung von Gegenständen von geschichtlicher, künstlerischer oder kultureller Bedeutung, ausgegeben am 13. Dezember 1918. Vgl. auch KRP Nr. 7/1 und Nr. 13/6. Unter nationalsozialistischer Herrschaft wurde dieses Gesetz für den „Abwanderungsschutz für wertvolle Kulturgüter in Österreich" herangezogen, und auch von Seiten österreichischer Behörden wurde es genützt, um Kunstobjekte im Land zu halten. Vgl. David Moll, Ausfuhrverbote für NS-Raubkunst (= Schriften zum Kulturgüterschutz/Cultural Property Studies), Berlin/Boston 2017, S. 137 f.

In diesem Zusammenhange wirft Staatssekretär Pacher die Frage auf, wem nunmehr das Recht zur Verleihung der obenangeführten Titel und der Ernennung von außerordentlichen und ordentlichen Professoren zustehe.

Der Kabinettsrat spricht sich dahin aus, dass die bisher dem Kaiser diesfalls zugestandenen Rechte nunmehr vom geschäftsführenden Direktorium ausgeübt werden. Zu dessen Entlastung wären jedoch einschlägige Anträge des Staatsamtes für Unterricht auszuarbeiten.[29]

13

Frage der Anstaltenbenennung auf dem Gebiete des Unterrichtswesens

Staatssekretär Pacher stellt sodann die Frage zur Erörterung, ob Benennungen von Unterrichtsanstalten nach Mitgliedern des früheren kaiserlichen Hauses etwa unter dem Gesichtspunkte, dass derartige Bezeichnungen bereits eingebürgert sind und gewissermaßen historischen Charakter besitzen, weiter zu belassen wären.

An der sich hierüber entwickelnden Debatte beteiligen sich Staatssekretär Hanusch, Unterstaatssekretär Glöckel, sowie die Staatssekretäre Dr. Urban, Dr. Loewenfeld-Ruß und Mayer[30], worauf der Kabinettsrat den Beschluss fasst, dass derartige Bezeichnungen (zugleich auch die Bezeichnung „k.k.") bei Unterrichtsanstalten durchgehends zu entfallen haben. Von der Änderung ähnlicher Bezeichnungen bei anderen Anstalten, Fonden, Straßen, Brücken und dgl. wäre im gegenwärtigen Zeitpunkte abzusehen. Desgleichen hätten Maßnahmen, derartige Bezeichnungen durch andere Namen hervorragender Persönlichkeiten deutscher Nationalität zu ersetzen, dermalen zu unterbleiben.

14

Verhandlungen mit der ungarischen Regierung in der Frage des Anschlusses Westungarns an Deutschösterreich

Zurückkommend auf die Besprechungen in der Kabinettssitzung am 18. November, betreffend die Rückwirkung der westungarischen Anschlussbewegung auf die Lebensmittelverhandlungen mit Budapest[31], teilt der Vorsitzende mit,[32] dass die ungarische Regierung beim Staatsamte für Äußeres gegen den vom Staatsrat gefassten Beschluss über die Angliederung der vier westungarischen Komitate an Deutschösterreich[33] Vorstellungen erhoben habe. Um nun eine Klärung der Absichten des deutschösterreichischen Staatsrates in dem erwähnten Beschlusse der ungarischen Regierung gegenüber herbeizuführen und eine gedeihliche Fortführung der im Zuge befindlichen Verhandlungen über Lebensmittelzuschübe aus Ungarn[34] zu ermöglichen, hat das Staatsamt für Äußeres mit dem ungarischen Gesandten in Wien[35] die

[29] Staatssekretär Pacher wandte sich in dieser Angelegenheit mit einer Note vom 30. Dezember 1918 an das Staatsratsdirektorium, das dazu feststellte: „In den Wirkungskreis des Staatssekretärs für Unterricht sollen in Hinkunft dieselben Angelegenheiten fallen, die bisher in den Kompetenzbereich des Ministers für Kultus und Unterricht gefallen sind. Dagegen bleiben alle jene Angelegenheiten, die der Krone vorbehalten waren, auch weiterhin dem Staatsratsdirektorium vorbehalten. Eine Abänderung des bisherigen Umfanges der Wirkungskreise hat auf dem Gebiete der Titelverleihungen nicht einzutreten." Vgl. Staatsratsdirektoriumsvermerk Nr. 16/2 vom 11. Jänner 1919.

[30] Vgl. das Stenogramm.

[31] Vgl. KRP Nr. 13/3.

[32] Im Konzept ist der gesamte Absatz ab hier bis „vereinbart" wesentlich knapper formuliert und wurde handschriftlich in die in der Reinschrift enthaltene Form gebracht.

[33] Vgl. KRP Nr. 13, Anmerkung 10.

[34] Zu Lebensmittelverhandlungen mit Ungarn vgl. auch KRP Nr. 8/5, Nr. 10/1, Nr. 11/4 und Nr. 17/5.

[35] Ferenc Harrer, 11. November bis 2. Dezember 1918 ungarischer Gesandter in Wien, 24. Jänner bis 21. März 1919 ungarischer Außenminister.

folgende, von der ungarischen Regierung im telephonischen Wege auch bereits genehmigte Formel vereinbart:[36]

„Der Staatsrat der deutschösterreichischen Republik hat den Wunsch, die freundschaftlichen Beziehungen zu Ungarn ungetrübt aufrecht zu erhalten. Den westungarischen Komitaten, soweit sie von deutscher Bevölkerung bewohnt sind, steht das gleiche Selbstbestimmungsrecht zu, welches nach wiederholten Erklärungen der ungarischen Regierung allen anderen Völkern Ungarns eingeräumt ist.

Der Staatsrat wird auf der Friedenskonferenz den Standpunkt vertreten, dass den Deutschen Westungarns die Gelegenheit geboten werde, ihr Selbstbestimmungsrecht in voller Freiheit auszuüben.

Die Erklärung des Staatsrates vom 17. November 1918 ist erfolgt als Antwort auf Ansuchen, welche Deputationen der westungarischen deutschen Bauernschaft dem Staatsrat vorgelegt hatten. Dem Staatsrat selbst liegt es ferne, in dieser Frage die Initiative zu ergreifen und agitatorisch vorzugehen. Er will die deutschen Gebiete Westungarns nicht annektieren; er erhebt aber Anspruch darauf, auf der Friedenskonferenz für das Recht der Bevölkerung dieser Gebiete, selbst über ihre staatliche Zugehörigkeit zu entscheiden, einzutreten.

Was die Lebensmittelversorgung aus diesen Gebieten anbelangt, liegt es dem Staatsrate ferne, das Verfügungsrecht der ungarischen Regierung über die Lebensmittelüberschüsse ihres Verwaltungsgebietes zu bestreiten. Er will daher Lebensmittel aus diesen Gebieten nur mit Zustimmung der ungarischen Regierung beziehen. Der Staatsrat spricht jedoch den Wunsch aus, dass es die ungarische Regierung ermögliche, dass die Lebensmittelüberschüsse der deutschen Gebiete Westungarns den notleidenden Gebieten Deutschösterreichs zugeführt werden."

Der Kabinettsrat erklärt sich mit dieser Fassung einverstanden und ermächtigt den Staatskanzler, dem Staatsrate die Annahme der vereinbarten Formel, und zwar in der Weise zu empfehlen,[37] dass sie als Beschluss des Staatsrates der Öffentlichkeit übergeben wird und dass das Staatsamt des Äußern in der an die ungarische Regierung zu richtenden Note dem Wunsche Ausdruck gibt, die Regierung der ungarischen Volksrepublik wolle die von Deutschen besiedelten westlichen Gespanschaften[38] vor Einquartierungen, militärischen Besatzungen und drückenden Verwaltungsmaßregeln bewahren, damit der Staatsrat nicht neuerdings um Hilfe angerufen und andererseits die Deutschen Westungarns an der seinerzeitigen freien Entscheidung über ihre staatsrechtliche Stellung nicht gehindert werden.[39]

---

[36] Beilage zu Punkt 14: Korrespondenz der deutschösterreichischen Nationalversammlung (1½ Seiten). Die Beilage enthält im Wesentlichen die im Folgenden wiedergegebene Erklärung.

[37] Im Konzept ab hier: „dass der erste Teil der Formel als Beschluss des Staatsrates der Öffentlichkeit übergeben wird, während der zweite Teil der Formel lediglich in dem vom Staatsamte des Äußern an die ungarische Regierung zu richtenden Schreiben Aufnahme zu finden hätte." Der weitere Text des Absatzes wurde im Konzept handschriftlich (teilweise in Gabelsberger Stenographie) ergänzt.

[38] Gespanschaft: Komitat (ungar. ispánság).

[39] Vgl. SRP Nr. 42 vom 22. November 1918, wo die hier beschlossene Formel von Renner dem Staatsrat vorgelegt und von diesem angenommen wurde. Öffentlich gemacht wurde sie beispielsweise in Neue Freie Presse. Abendblatt, 22. November 1918, S. 2 „Deutschösterreich und die westungarischen Komitate. Erwiderung des Staatsrates auf Vorstellungen der ungarischen Regierung". Vgl. weiters Gerald Schlag, „Aus Trümmern geboren…". Burgenland 1918–1921 (= Wissenschaftliche Arbeiten aus dem Burgenland 106), Eisenstadt 2001, S. 111. Zu den Lebensmitteleinkäufen in Westungarn vgl. auch KRP Nr. 23/9. Umfangreiches Aktenmaterial zu den deutschsprachigen Gebieten Westungarns bzw. das Burgenland für die Jahre 1920 bis 1922, vor allem zur finanziellen Abwicklung der Übergabe dieser Gebiete an Österreich, findet sich in AdR, BMF, Departement 17/Frieden, Karton 24, Faszikel 14, Westungarn.

15

Behinderung des Staatsamtes für Volksernährung in der Führung seiner Geschäfte

Staatssekretär Dr. Loewenfeld-Ruß weist auf die Schwierigkeiten hin, die der klaglosen Geschäftsführung des Staatsamtes für Volksernährung durch Beschlüsse erwachsen, welche der Staatsrat in Abwesenheit eines Vertreters des Staatsamtes für Volksernährung bereits zu wiederholten Malen in Approvisionierungsangelegenheiten gefasst hat.[40]

Der Vorsitzende erkennt die Berechtigung der vorgebrachten Darlegungen an, betont, dass nach der geltenden Geschäftsordnung das Staatsrates Verhandlungen über Gegenstände, die einzelne Staatsämter betreffen, nur in Gegenwart von Vertretern dieser Ämter abgeführt werden sollen, und erklärt sich bereit, auf den Staatsrat dahin einzuwirken, dass diese Bestimmung der Geschäftsordnung künftighin genau eingehalten wird.[41] Im Übrigen werde er sich bemühen, dass dem Staatsamte für Volksernährung besondere Garantien und Freiheiten in der Führung seiner Angelegenheiten eingeräumt werden.

16

Beamtenfragen

Unterstaatssekretär von Beck berichtet über die von der zwischenstaatsamtlichen Geschäftsstelle für Beamtenangelegenheiten[42] beschlossenen „Richtlinien für die vorläufige Behandlung der derzeit dringlichen Staatsbedienstetenfragen".[43] Die Beschlussfassung über diese Angelegenheit wurde nach längerer Debatte, an welcher sich nahezu sämtliche Kabinettsmitglieder beteiligten[44], auf die nächste Kabinettssitzung verschoben.[45]

Schluss der Sitzung ½ 8 Uhr abends.

---

[40] Ein Beispiel könnte SRP Nr. 34 vom 16. November 1918 sein, wo das Land Vorarlberg ermächtigt wurde, „mit dem tschechoslowakischen Staat einen Vertrag zur Lieferung von Kartoffeln" abzuschließen und die Angelegenheit dem Staatsamt für Landwirtschaft im Einvernehmen mit dem Staatsamt für Volksernährung zur beschleunigten Behandlung zugewiesen wurde.

[41] Vgl. dazu KRP Nr. 4/6.

[42] Zur Einsetzung und Zusammensetzung dieser Geschäftsstelle vgl. KRP Nr. 11/2.

[43] Beilage zu Punkt 16: Richtlinien der zwischenstaatsamtlichen Geschäftsstelle für Beamtenangelegenheiten (5 Seiten). Der Text der in der Beilage enthaltenen Richtlinien ist weitgehend identisch mit der im beiliegenden Nachtrag zu diesem Punkt enthaltenen Fassung. Der Nachtrag wird im Anschluss an die Verhandlungsschrift vollständig wiedergegeben.

[44] Vgl. das Stenogramm.

[45] Die Beschlussfassung über diese Richtlinien erfolgte in KRP Nr. 15, wurde dort allerdings nur im Stenogramm vermerkt. Vgl. allerdings den im Folgenden abgedruckten Nachtrag vom 23. November 1918.

Nachtrag vom 23. November 1918 zum
Kabinettsprotokoll Nr. 14
vom 21. November 1918[46]

Zu Punkt 16: Beamtenfragen.

Unterstaatssekretär von B e c k legt die von der zwischenstaatsamtlichen Geschäftsstelle für Beamtenangelegenheiten im Sinne des letzten Kabinettsratsbeschlusses[47] abgeänderten „Richtlinien für die vorläufige Behandlung der derzeit dringlichsten Staatsbedienstetenfragen" vor.

Dieselben lauten:

„I. Gelöbnis für den deutschösterreichischen Staatsdienst.

Das Gelöbnis darf nur solchen Bediensteten (hierunter sind stets Bedienstete aller Arten zu verstehen) abverlangt werden, die der deutschen Nation angehören; soferne die Durchführung der Angelobung nicht nach dieser Voraussetzung geschehen sein sollte, ist nach Vornahme einer Sichtung sämtlicher Angelobten die Angelobung im einzelnen Falle für nichtig zu erklären.

Die Beurteilung, welchen Bediensteten die Angelobung abzunehmen ist sowie die Nichtigkeitserklärung ist dem Vorstande der hiezu bestimmten Dienstbehörde (Dienststelle) vorbehalten. Bestehen Zweifel, ob von dem Bediensteten die Angelobung abzuverlangen ist oder nicht, so ist die endgültige Weisung des vorgesetzten Staatsamtes einzuholen.

II. Regelung der Verhältnisse der ehemals österreichischen Staatsbediensteten deutscher Nationalität im deutschösterreichischen Staatsgebiete.

1. Die im deutschösterreichischen Staatsgebiet verwendeten, der deutschen Nation angehörigen Zivilbediensteten des bestandenen österreichischen Staates, die das abverlangte Gelöbnis geleistet haben, werden in den deutschösterreichischen Staatsdienst übernommen; die endgültige Regelung ihres Dienstverhältnisses wird jedoch vorbehalten.[48] Soweit es sich hiebei um Bedienstete der bestandenen österreichischen Zentralbehörden (Ämter und Anstalten) mit einem das ganze ehemals österreichische Staatsgebiet umfassenden Wirkungskreis handelt, ist die Versetzung in den dauernden Ruhestand auf Rechnung des ehemaligen österreichischen Staates durchzuführen, wenn sie bis längstens Ende Dezember 1918 geschehen ist. Solche Ruhegenüsse sind bis zu der durch zwischenstaatliche Vereinbarungen herbeizuführenden endgültigen Regelung einstweilen vorschussweise dem Deutschösterreichischen Staate gegen Abrechnung flüssig zu machen.[49]
2. Da eine erhebliche Verringerung des Standes der Bediensteten infolge der Finanzlage des Staates unabweislich geboten ist, darf nicht mehr Personal beschäftigt werden, als zur Deckung des wirklichen Bedarfes erforderlich ist. Ferner muss sobald als möglich durch Vereinfachung der Veraltungseinrichtungen in allen Dienstzweigen und der sachlichen Anforderungen an die Verwaltung die Zahl und Art der Zivildienstposten

46 Der Nachtrag trägt den Vermerk *Vertraulich!*

47 Vgl. KRP Nr. 11/2.

48 Die in der „Wiener Zeitung" abgedruckte Version dieser Richtlinien enthält an dieser Stelle folgende weitere Passage: „Bedienstete, die das 60. Lebensjahr zurückgelegt und den Anspruch auf den vollen Ruhegenuß erworben haben, sind, sofern und sobald die dienstlichen Verhältnisse es irgend zulassen, unverzüglich in den dauernden Ruhestand zu versetzen." Vgl. Wiener Zeitung, 24. November 1918, S. 1 „Beschlüsse des Kabinettsrates in Staatsbedienstetenfragen". Diese beabsichtigte Regelung wurde in KRP Nr. 23/2 nochmals diskutiert.

49 Dieser Absatz ist in der Beilage zu Punkt 16 nicht enthalten.

auf das unerlässliche Mindestmaß herabgesetzt werden, wobei der Grundsatz, weniger, aber besser bezahlte Beamte zu verwirklichen sein wird.

3. Die Aufnahme von Personen, die bisher noch nicht im Zivilstaatsdienste gestanden sind, in den deutschösterreichischen Staatsdienst hat bis auf weiteres in der Regel zu unterbleiben.

III. Regelung der Verhältnisse der ehemals österreichischen Staatsbediensteten deutscher Nationalität außerhalb des deutschösterreichischen Staatsgebietes.

1. Die endgültige Regelung der Verhältnisse ist zwischenstaatlichen Verhandlungen vorbehalten.
2. Jene ehemals österreichischen Staatsbediensteten deutscher Nationalität außerhalb des deutschösterreichischen Staatsgebietes, die zum Verlassen des öffentlichen Dienstes gezwungen wurden, können auf ihr Ansuchen durch Verfügung des zuständigen Staatsamtes auch vor Klärung ihres Staatsbürgerrechtsverhältnisses in demselben oder einem anderen Dienstzweig oder Ressort im deutschösterreichischen Staatsdienste verwendet werden. Eine solche Verwendung hat vor allem zu geschehen, um vorläufig im Dienste belassene nichtdeutsche Bedienstete ausscheiden zu können.
3. Insoweit solche Bedienstete von keiner Seite öffentliche Dienstbezüge erhalten, ist ihnen vorläufig vorschussweise gegen Abrechnung eine Beihilfe im vollen Ausmaße der bisherigen Bezüge zu gewähren.
4. Für Übersiedlungen solcher Staatsbediensteten in das deutschösterreichische Staatsgebiet können Gebühren nur dann zugestanden werden, wenn die vorgeschriebenen Voraussetzungen für die Übersiedlung gegeben sind.

IV. Regelung der Verhältnisse der ehemals österreichischen Staatsbediensteten nichtdeutscher Nationalität im deutschösterreichischen Staatsgebiete.

Die endgültige Regelung dieser Verhältnisse ist zwischenstaatlichen Verhandlungen vorbehalten.

Die nichtdeutschen österreichischen Staatsbediensteten, die für eine einstweilige Verwendung nicht in Betracht kommen, sind unverzüglich unter Einstellung ihrer Aktivitätsbezüge zu entheben. Für die Bezahlung dieser Bediensteten gilt vorläufig der Grundsatz der Gegenseitigkeit. Soferne nicht besondere Verfügungen getroffen werden, erhalten diese Bediensteten vorläufig vorschussweise gegen Abrechnung eine Beihilfe im Ausmaße der systemmäßigen Bezüge, wobei von der Gewährung dieser Beihilfen solche Bedienstete ausgeschlossen sind, die im Dienste eines anderen Staates tätig sind.[50]

Die vorläufige Verwendung eines von der Aufnahme in den deutschösterreichischen Staatsdienst ausgeschlossenen Bediensteten bei einer Behörde (Amt, Anstalt) des Deutschösterreichischen Staates wird an die Bedingung geknüpft, dass der Bedienstete eine schriftliche Erklärung abgibt, wonach er aus dieser vorläufigen Belassung im Dienste keinerlei Ansprüche auf weitere Verwendung oder sonstige Ansprüche gegen den Deutschösterreichischen Staat erhebe. Solche Bedienstete sind in der Regel zu Hilfsdiensten – daher keinesfalls in der Ei-

---

50 Vgl. auch AdR, StK, GZl. 1.063/1918, Enthebung der nicht deutschen Bediensteten des Ministerratspräsidiums, der „Wiener Zeitung" und des Telegraphen-Korrespondenz-Bureaus. Der Akt enthält unter Bezugnahme auf die vom Kabinettsrat beschlossenen „Richtlinien" umfangreiche Verzeichnisse der betroffenen Personen „mit dem Ersuchen [...], diese Bediensteten den Regierungen der in Betracht kommenden Nationalstaaten bekanntzugeben". Weiters enthält der Akt diverse Materialien, betreffend Eingaben einer Reihe tschechischstämmiger Beamter, die sich gegen diese Einstufung verwehrten und eindringlich ihre „Zugehörigkeit zur deutschen Nationalität" bekundeten. Weiters vgl. AdR, StK, GZl. 1.104/1918, Erläuterung des Durchführungserlasses zu den Kabinettsratsbeschlüssen in Staatsbedienstetenfragen; GZl. 1.387/1918, Enthebung der nicht deutschen Staatsbediensteten; GZl. 772/1919, Enthebung der nichtdeutschen Staatsbediensteten.

genschaft eines Amtsvorstandes, Abteilungs- oder Gruppenleiters oder auf einem sonstigen selbständigen oder verantwortungsvollen Posten – zu verwenden.

Diese Bediensteten werden durch einfaches Gelöbnis (Handschlag) zur gewissenhaften Erfüllung ihrer Dienstpflichten, genauen Befolgung der Dienstvorschriften und dienstlichen Aufträge ihrer Vorgesetzten, sowie zur Wahrung des Amtsgeheimnisses zu verpflichten sein.

Eine solche vorläufige Belassung im Dienste darf nur verfügt werden, wenn und solange sie zur Aufrechterhaltung des Dienstbetriebes für die nächste Zeit wegen vorläufigen Mangels an deutschen Bediensteten im Personalstande einzelner Behörden, Ämter oder Anstalten unbedingt erforderlich ist.

V. Regelung der Aufteilung des Pensionsaufwandes.

Zur Regelung des Aufwandes der Rechnung der allgemeinen Pensionen des bestandenen österreichischen Staates, der gemeinschaftlichen Zivilpensionen, des Pensions-(Provisions-) Instituts für Beamte, beziehungsweise Diener der österreichischen Staatsbahnen, des Provisionsfonds für Postboten, dann der auf Rechnung des gemeinsamen Pensionsetats (soweit es sich nicht um Militärpensionen handelt) flüssig gehaltenen Ruhe- und Versorgungsgenüsse werden unverzüglich zwischenstaatliche Vereinbarungen anzustreben sein."[51]

Der Kabinettsrat genehmigt diese Richtlinien mit dem Beifügen,

1.) dass ihre Verlautbarung im nichtamtlichen Teile der „Wiener Zeitung" durch das Staatsamt der Finanzen zu veranlassen sein wird[52] und

2.) dass die Staatskanzlei auf Grund des § 32 der Anweisung für den Dienst in den obersten Behörden des Staates[53] und unter Berufung auf den vorliegenden Beschluss des Kabinettsrates die Staatsämter anzuweisen hat, diese Richtlinien allen ihren einschlägigen Verfügungen zugrunde zu legen.[54]

[51] Zur Regelung der Ruhegenüsse vgl. weiter KRP Nr. 23/6 und Anmerkung 33 ebendort.

[52] Vgl. Wiener Zeitung, 24. November 1918, S. 1 „Beschlüsse des Kabinettsrates in Staatsbedienstetenfragen".

[53] Vgl. KRP Nr. 4, Anmerkung 9.

[54] Erläuterungen des Staatsamtes für Finanzen zur Durchführung der hier niedergelegten Beschlüsse finden sich in AdR, StK, GZl. 753/1919, Zl. 694/1918, Durchführung der Kabinettsbeschlüsse, betreffend Richtlinien für die Behandlung einiger Staatsbedienstetenfragen.

Stenogramm vom 21. November 1918

21./11., 14.

[Renner:] Dem Kabinett aufgetragen worden, im Staatsrat in Bezug auf die Verhandlungen mit Ungarn einen Ausweg zu versuchen, der es möglich macht, den Beschluss des Staatsrates aufrecht zu erhalten und doch die Lebensmittelversorgung nicht zu gefährden. Bis ½4 hätte der Vertreter des Äußeren einen Entwurf vorlegen sollen.

1. Tagesordnung
2. Tagesordnung

Glöckel: Gendarmerie soll dem Ministerium für Inneres unterstellt werden, Einvernehmen mit Heereswesen hergestellt. Gesetzentwurf vorgelegt vom Ministerium für Inneres. Ersucht, den Gesetzentwurf so rasch als möglich weiterzuleiten an den Staatsrat.
In den Schulen wie bisher Spartage eingeführt; das sind Erpressungsversuche an den Eltern, das ist sogleich einzustellen. Staatsamt für Unterricht – sie mögen sich der Sache annehmen (alle Geldsammlungen in Schulen).

Steinwender: In der Bevölkerung macht es sehr schlechten Eindruck wenn in den nächsten Tagen das November-Avancement herauskommt. Das wird niemand verstehen. Wir wissen nicht, was wir mit ihnen machen sollen, lassen sie jetzt avancieren.
Mayer: Das November-Avancement war im alten Kriegsministerium schon fertig gestellt. Wir haben damit nichts zu tun gehabt. Es hat sich an alle Nationalregierungen gewandt, von allen mit Ausnahme der deutschen und jugoslawischen Zustimmung eingelangt. Die jüngeren haben sich diese Beförderung noch verdient. Staatsrat hat die Zustimmung erteilt. Auch 800 Hauptleute kommen daran, die während des Krieges nicht befördert wurden, obwohl sie den Dienst der Stabsoffiziere versehen hatten.

Jukel: Teufel Sonderzug nach Wien. Antrag unter den obwaltenden Verhältnissen gänzlich ausgeschlossen.
Glöckel: Dem Staatsrat davon Mitteilung zu machen, ob und unter welchen Umständen ein Sonderzug zu bewilligen ist.
Staatsamt für Verkehr soll Verständigung hinaus geben an alle Direktionen, dass Bestellungen von Sep.[arat]-Zügen vollständig unzulässig sind. Kosten anzurechnen.

~~4. Tagesordnung~~
Steinwender: [Bezüglich November-Avancement.] Also wenigstens die obersten Generäle nicht zu befördern. Wir haben keine Armee und ernennen neue Generäle.
Mayer: Werde noch einmal Fühlung nehmen, aber Staatsrat hat schon gesprochen. Erst also zurücknehmen, werde Versuch machen.

~~6. Tagesordnung~~
~~Roller~~

~~8.~~ 9.
Loewenfeld-Ruß: Wird gedeckt, den Ernährungsrat wieder einzusetzen, einen kleinen Rat von 30–40 Mitgliedern. ⅓ Landwirte, Handel und Gewerbe und Industrie, Consumenten.
[Er] möge nicht wie früher die Ernährung dem Ernährungsamt selbst anheim geben, möge mit den maßgebende Corporationen und Organisationen, Vertretungskörpern verhandeln, lediglich die nominierten Persönlichkeiten bestellen unbedingt numerus clausus.
Stöckler: Sehr beschränkte Zahl (30–36), einzelne Spezialsachen in Komitees durchzuberaten.
Steinwender: Dagegen, höchstens aber 24, Cons.[umenten] und Prod.[uzenten] wenigstens zur Hälfte.

Loewenfeld-Ruß: Unbedingt für die kleinste Zahl, jedes Kronland aber soll Vertreter haben.
Pacher: Diese ?Einrichtung ist jetzt nicht abzuschaffen, würde Aufregung hervorrufen.

Loewenfeld-Ruß: Im November Ermächtigung gegeben für Getreide eine Prämie gewährt, um die Aufbringung zu forcieren. Kleinere Wirtschaften konnten bisher noch nicht dreschen. Die Prämie soll bis Ende Dezember verlängert werden. Die Verfügung soll ehestens hinaus gegeben werden.
Ermächtigung erhält zur Hinausgabe einer entsprechenden Vollzugsanweisung.
Stöckler: Stimme nur bei, würde nur die ärmsten und kleinsten treffen.
Da keine Belastung nicht an den Staatsrat, weil keine Belastung des Staatsschatzes (Erhöhung des ?Budgets weil es sich um eine einfache Verlängerung des Termins handelt).

Pacher: Gesetzentwurf bezüglich Verbot der Ausfuhr. Auch Verbot der Veräußerung angeregt von Künstlerseite.
Staatsamt für Unterricht: Zwei Gesetzentwürfe: betreffend Ausfuhr; betreffend Veräußerung: letztere schwer, weil nicht verboten werden kann, das Private veräußern. Also nur von Gegenständen, welche einer öffentlichen Anstalt, Körperschaft gehören.
Beck: Bittet auch das Einvernehmen mit dem Staatsamt für Finanzen zu pflegen.

Hanusch: Alles das, was mit k.k. im Zusammenhang ist, soll beseitigt werden. In einer Republik passt das nicht. Antrag: Dass alle diese Benennungen nach Mitgliedern des kaiserlichen Hauses und k.k. zu streichen ~~und das Staatsamt ersucht, die nötigen Namen (aus der Literatur etc.)~~
Glöckel: Wir wissen warum das geschehen ist. Streberei einzelner Direktoren. Die Belassung wäre eine monarchische Spielerei. Warnt, jetzt überhaupt eine Benennung vorzuschlagen. Vorderhand ganz prinzipiell gegen eine jede Namensgebung aussprechen.
Antrag: Das Kabinett soll sich dahin aussprechen, dass alle Benennungen aufzuhören haben (werden getilgt).
Urban: Macht aufmerksam, dass dies eine prinzipielle Bedeutung: Fonde, Krankenhäuser, etc.
Loewenfeld-Ruß: Hält die Sache nicht für so dringend. Allgemeine Anstalten, Kirchen, Brücken, Straßenbenennungen etc. Sache wird ein gewisses Aufsehen machen. Was historisch und Liebdienerei war, muss unterschieden werden.
Mayer: Nicht unbedingt auf alles anwenden: Bei Stiftungen durfte den Namen bekommen, weil der Anreger die größte Summe gegeben hat.
Pacher: Schulanstalt kommt täglich mit der Bevölkerung in Berührung, es wird fort[während] daran Anstoß genommen. Gegenwärtiger Augenblick aber nicht geeignet, diese Benennungsfrage mit Persönlichkeiten prominenter Natur jetzt zu lösen.
Urban: Beschluss: Nur lediglich bei Schulen die Bezeichnungen zu entfallen haben. Von einer Änderung anderer Bezeichnungen jetzt abzusehen. Maßnahmen, diese Bezeichnungen durch andere zu ersetzen, haben vorläufig zu entfallen.

Pacher: Im Staatsrat wegen Gelöbnisform[el] für die Angehörigen des Lehrerstandes vorgelegt.[55]
Renner: Nichts im Weg, dass die Gelöbnisformel im Geist ein bisschen geändert wird.
Die Tschechoslowaken haben die Absicht, die Deutsch-Böhmen unterzukriegen. Sie wollen sagen: dass wir Tschechoslowaken deutsch-österreichischer Staatsbürgerschaft haben. Die Frage muss vorderhand offen bleiben. Über die Frage der Zionisten[56] wird Redner im ..., ebenso über die Gelöbnisformel.

---

55 Diese Ausführungen wurden in der Reinschrift nicht berücksichtigt. Vgl. SRP Nr. 39 vom 20. November 1918.

56 Möglicherweise war der Anfang November 1918 gegründete „Jüdische Nationalrat für Deutschösterreich" oder die ihm unterstellte jüdische Miliz der Wiener Stadtschutzwacht gemeint. Vgl. dazu KRP Nr. 17, Anmerkung 37.

Renner: Frage der Verständigung mit den Ungarn über den letzten Beschluss. ~~Bis jetzt scheint~~ Vom Staatsamt des Äußern wurde eine Formel hergeschickt, die offenbar den Ungarn genügen dürfte. „Die ungarische Regierung ... hat Vorstellungen erhoben ...“ Wenn die ungarische Regierung einverstanden ist, ...

Morgen in den Separatzug Cnobl.[och][57] mitfährt und die österreichischen Unterhändler mitfahren.

Roller: Halte dies für stark abgeschwächt. Wir sollen jede Agitation einstellen und die Ungarn werden dies umso stärker tun.

Urban: Man muss sich auf den Standpunkt stellen, die Friedenskonferenz wird entscheiden, aber das Selbstbestimmungsrecht muss gewahrt werden.

Renner: Blick aufs Ganze. Großer Gewinn, dass das Selbstbestimmungsrecht mit den Ungarn festgestellt ist. Dem Staatsrat empfehlen, dass er ein Schreiben richtet, wo diesem Beschluss beigefügt wird „Erwartung ausgesprochen, dass die westungarische Bevölkerung, die deutsche Bevölkerung Westungarns durch militärische Besatzung oder Einquartierungen nicht beunruhigt und ~~es ihr ermöglicht wird, bis zum Friedensschluss~~ in ihrer freien Willensbildung und Entschlussfassung bis zum Friedenskongress nicht beeinträchtigt [wird]“ (dies aber nicht veröffentlichen).

Jedenfalls gewonnen, dass die Frage auf der internationalen Konferenz angemeldet wird.

Loewenfeld-Ruß: Bittet mit allem Nachdruck dahin einzuwirken, dass diese Erklärung nicht im Staatsrat abgeändert wird. ~~Bedenken gegen letzten Passus~~. Ersucht um weitere Abschwächung, ~~sagen, dass wir das Einkaufen~~ – Fleischversorgung hängt ganz von Ungarn ab.

~~Kaup~~:

Renner: Mit den gesellschaftlichen Kreisen, welche diese Frage interessiert, etwas zurückhalten und erst in einigen Wochen mehr loslegen.

Loewenfeld-Ruß: Bespricht die Abhängigkeit des Ernährungsamtes vom Staatsrat. Es ist unmöglich, dass der Staatsrat in die Verwaltung weiter so eingreift. Staatsrat hat Beschluss gefasst, dass die Einfuhr von Lebensmitteln aus der Schweiz freigegeben wird. Undurchführbarer Beschluss. Das Amt ist so nicht zu führen.

Renner: Kompetenzgrenze zwischen Staatsrat und Cabinett ist nicht fest gezogen. Insbesondere für einzelne Ressorts sehr schwierig, diese Art Doppelverwaltung über sich ergehen zu lassen. Eine solche Auseinanderlegung der Kompetenzen kann aber erst allmählich sich herausbilden. Eine Geschäftsordnung ist durch den Staatsrat beschlossen worden, wonach bei der Verhandlung eines Gegenstandes – nur in Gegenwart des zuständigen Staatssekretärs gepflogen werden darf. Staatsamt für Volksernährung muss aber besondere Garantien und Freiheiten haben. Redner wird dem Staatsrat vorschlagen, noch einmal feste Zeiten für die Verhandlungen mit den Staatssekretären festzusetzen und eine erhöhte Ermächtigung für den Staatssekretär für Volksernährung zu beantragen.

Mit Staatsnotar[58] reden und sich mit ihm teilen in der Obsorge, dass keine Entgleisungen vorkommen.

Beamtenfrage.

Beck: Die Geschäftsstelle in Beamtenangelegenheiten hat zunächst behandelt die allerdringlichsten Fragen.

1) Gelöbnisfrage (Überprüfung).

2) Wie werden die Beamten deutscher Nationalität in Deutsch-Österreich behandelt; wie sollen behandelt werden die Beamten deutscher Nationalität in den fremden Staaten? Wie sollen behandelt werden die nicht-deutschen Beamten in Österreich?

---

57 Dr. Johann Freiherr von Cnobloch, Sektionschef im Staatsamt für Landwirtschaft, im November 1918 mit der Führung der wirtschaftlichen Verhandlungen mit Ungarn betraut und Vertreter Deutschösterreichs in Budapest.

58 Dr. Julius Sylvester, 21. Oktober 1918 bis 16. Februar 1919 Mitglied der Provisorischen Nationalversammlung, DnP, 30. Oktober 1918 bis 14. März 1919 Mitglied des Staatsrates und des geschäftsführenden Staatsratsdirektoriums sowie Staatsnotar.

3) Die Frage der Pensionen.
Richtlinien:
1) Gelöbnis ...

Pacher: Auf dem Gebiet der Kunst und Wissenschaft: ob nicht Ausnahmen möglich sind?

Roller: Erst wenn man einen Überblick hat, wird man dieser Frage näher treten können.

Beck: In der deutschen Beamtenschaft hat es Missstimmung hervorgerufen, dass vielfach nicht mit der notwendigen Überprüfung angelobt wurde.
2.) Regelung der Verhältnisse der ehemals ... Diese Bestimmung wird hinauszugeben sein in die Öffentlichkeit. (Beck wird ermächtigt, diesen Teil der Presse selbst zuzumitteln).

Pacher: Staatsrat hat bezüglich der deutschen Hochschulen Prag, Brünn, Czernowitz beschlossen, sie als deutsch-österreichischen Besitz anzusehen. Habe das Staatsamt für Äußeres gebeten, sich mit den anderen Regierungen auseinander zu setzen.

[Beck:] 3.)

Beck, Roller: „Zwang“, die Flucht [ev.: Flut] der deutschen Beamten ist zu vermeiden.

[Beck:] 4.) Regelung der Verhältnisse der ehemals österreichischen Staatsbediensteten nicht-deutscher Nationalität im ... Damit der letzte Absatz (6.) Protokoll Nr. 11 gegenstandslos geworden.

Urban: Ausnahme auf einen Beschluss des Cabinettsbeschlusses zu binden. In rein individuellen Fällen kann mit Beschluss des Kabinettsrats – kann eine zeitlich begrenzte, vorübergehende Ausnahme gemacht werden.
Aber nur intern behandeln.

[Beck:] 5.) Regelung der Aufteilung des Pensionsaufwandes. Beck bittet, Staatsamt des Äußern zu ersuchen, dass er bezüglich dieser Frage zwischenstaatliche Verhandlungen einleite.

Renner: ~~Die naheliegende~~ Außer der Aufnahme im Protokoll noch eine Erlass-Verständigung.
Harrer hat sich mit Wortlaut einverstanden erklärt. (Zuletzt: § der Dienstanweisung und gemäß dem Beschluss des Cabinettsrates ... weist die Staatskanzlei das Staatsamt an diese Res.[olution] zu befolgen).
Erlass: Aufgrund des Beschlusses: Anweisungen über den Dienst der obersten Behörden und in Durchführung des Beschlusses des Cabinettsrates fordert die Staatskanzlei auf ... folgende Weisungen ... zugrunde zu legen. [Am Rand:] §33.

Dem Beck die Ermächtigung gegeben, die Punkte 2–5 zur Veröffentlichung in die Presse zu geben.
Zur Frage ~~der Übernahme der~~ – der Anlastung der Pensionskosten an die anderen Nationalitäten.

Renner: Wenn man sagen würde: „von einem später zu bestimmenden Zeitpunkt an übernommen“: 30. November 1918.

?: „... werden übernommen“.

Renner: Mit dem Punkt „... vorbehaltlich mittlerweiliger Pensionierungen ... werden am 1./1.1919 in den österreichischen Staatsdienst übernommen.“ ~~In Ansehung derjenigen Beamten~~ – Bis dahin alle provisorisch.
Antrag 10h Vormittag Samstag.

15.[1]

[1. Länderkonferenz][2]

[Samstag] 1918-11-23

Vorsitz:	Renner
Anwesend:	Beck, Etter[3], Fink[4], Freißler[5], Glöckel, Hanusch, Hauser[6], Irresberger[7], Jokl[8], Jukel, Kaan[9], Kaup, Lemisch[10], Lodgman[11], Loewenfeld-Ruß, Marckhl, Mataja, Mayer, Ott[12], Pacher, Pongratz[13], Riedl, Roller, Schoepfer[14], Seitz[15], Steiner[16], Steinwender, Teufel[17], Urban, Wallenstorfer, Weiskirchner[18], Wutte[19], Zerdik
Schriftführer:	unbekannt
Dauer:	10.00–12.30 Uhr und 14.30–18.30 Uhr

1 Das Protokoll trägt den Vermerk *Vertraulich!*

2 Zeitgenössisch wurde diese Sitzung noch nicht als „Länderkonferenz" bezeichnet, stellt jedoch die erste dieser Reihe von Konferenzen dar und wird in der zeitgeschichtlichen Forschung demnach so bezeichnet. Vgl. Felix Ermacora, Materialien zur österreichischen Bundesverfassung (I). Die Länderkonferenzen 1919/20 und die Verfassungsfrage (= Österreichische Schriftenreihe für Rechts- und Politikwissenschaft 9/I), Wien 1989, S. IX. Doch schon die 2. Länderkonferenz, die am 4./5. Jänner 1919 stattfand (KRP Nr. 28), wurde im Stenogramm von KRP Nr. 27 bereits als „Länderkonferenz" bezeichnet.

3 Daniel Etter, Domvikar in Salzburg, November 1918 bis Mai 1922 Mitglied der Salzburger Landesregierung, CSP.

4 Dr. Jodok Fink, 21. Oktober 1918 bis 16. Februar 1919 Mitglied der Provisorischen Nationalversammlung, CSP, 30. Oktober 1918 bis 14. März 1919 Mitglied des Staatsrates, 15. März 1919 bis 24. Juni 1920 Vizekanzler.

5 Dr. Robert Freißler, 21. Oktober 1918 bis 16. Februar 1919 Mitglied der Provisorischen Nationalversammlung, Deutsche Volkspartei, 30. Oktober 1918 bis 14. März 1919 Mitglied des Staatsrates, 2. November 1918 Übernahme der landesfürstlichen und autonomen Gewalt in Troppau als designierter Landeshauptstadt der Provinz Sudetenland.

6 Dr. Johann Nepomuk Hauser, 4. Mai 1908 bis 8. Februar 1927 Landeshauptmann von Oberösterreich, 21. Oktober 1918 bis 16. Februar 1919 Mitglied der Provisorischen Nationalversammlung, CSP, 30. Oktober 1918 bis 16. Februar 1919 Zweiter Präsident der Provisorischen Nationalversammlung, 30. Oktober 1918 bis 14. März 1919 Mitglied des geschäftsführenden Staatsratsdirektoriums. Hauser wurde im Originalprotokoll doppelt genannt, da er in seiner Funktion als Landeshauptmann von Oberösterreich unter den Ländervertretern noch einmal gesondert verzeichnet wurde.

7 Ing. Karl Irresberger, 3. November 1918 bis 21. April 1919 Mitglied der provisorischen Landesversammlung Salzburg, Deutschfreiheitliche Partei, 1919 bis 1920 Obmann der Deutschfreiheitlichen Partei in Salzburg und Mitglied des Salzburger Gemeinderates.

8 Hans Jokl, 21. Oktober 1918 bis 16. Februar 1919 Mitglied der Provisorischen Nationalversammlung, SdAP, Stellvertreter von Dr. Robert Freißler.

9 Dr. Wilhelm von Kaan, 6. November 1918 bis 27. Mai 1919 Landeshauptmann von Steiermark, deutschfreiheitlich.

10 Arthur Lemisch, November 1918 bis 22. Juli 1921 als Landesverweser Vorstand der provisorischen Landesversammlung Kärnten, 1927 bis 1931 Landeshauptmann, parteilos.

11 Dr. Rudolf Lodgman von Auen, 21. Oktober 1918 bis 16. Februar 1919 Mitglied der Provisorischen Nationalversammlung, DnP, ab 4. November 1918 Landeshauptmann von Deutschböhmen.

12 Maximilian Ott, 1902 bis 1932 Abgeordneter zum Landtag Salzburg, GdP, 1912 bis 1919 und 1927 bis 1935 Bürgermeister von Salzburg, 29. November 1918 bis 4. Mai 1922 Landeshauptmannstellvertreter von Salzburg.

13 Josef Pongratz, 21. Oktober 1918 bis 16. Februar 1919 Mitglied der provisorischen Nationalversammlung, SdAP, November 1918 bis Dezember 1930 Landeshauptmannstellvertreter von Steiermark.

14 Dr. Aemilian Schoepfer, Mitbegründer der CSP, 1896 bis 1923 Abgeordneter zum Landtag Tirol, 30. Oktober 1918 bis 14. März 1919 Mitglied des Staatsrates.

Reinschrift, Konzept, Stenogramm

Inhalt:

– Sicherstellung der einheitlichen Zusammenarbeit der Staatsregierung mit den Landesbehörden in administrativen Belangen.

Beilagen:[20]

[A] Übersicht über die in der morgigen Konferenz der Staatsämter und der Landesregierungen zu behandelnden Gegenstände (1¼ Seiten).

[B] Auskunft, betreffend Konferenz mit den Schefs {sic!} der Landesregierungen (1¼ Seiten).

[C] Leitsätze über die Aufgaben des Regierungsbeauftragten bei den Landesregierungen und bei der Stadt Wien (1¾ Seiten).

[D] Antrag auf Ermächtigung der Staatsregierung, zu jeder Landesregierung einen Beauftragten zu entsenden (¾ Seite).

Der Vorsitzende eröffnet um 10 Uhr vormittags die Sitzung, begrüßt die Erschienenen und betont einleitend die Notwendigkeit einer einvernehmlichen Zusammenarbeit aller Organe des Staates im Wege einer Einordnung der einzelnen Glieder unter das Ganze.[21]

---

15 Karl Seitz, 21. Oktober 1918 bis 16. Februar 1919 Präsident der Provisorischen Nationalversammlung, SdAP, 30. Oktober 1918 bis 9. Dezember 1920 als Präsident des Staatsratsdirektoriums bzw. der Konstituierenden Nationalversammlung Staatsoberhaupt.

16 Leopold von Steiner, 5. November 1918 bis 4. Mai 1919 Mitglied der provisorischen Landesversammlung Niederösterreichs, CSP, 5. November 1918 bis 20. Mai 1919 Landeshauptmann von Niederösterreich, 20. Mai 1919 bis 10. November 1920 Landeshauptmannstellvertreter.

17 Oskar Teufel, 21. Oktober 1918 bis 16. Februar 1919 Mitglied der Provisorischen Nationalversammlung, Deutschösterreichische Unabhängigkeitspartei bzw. Partei der Nationaldemokraten, 30. Oktober 1918 bis 14. März 1919 Mitglied des Staatsrates, 3. November bis 16. Dezember 1918 Kreishauptmann von Deutsch-Südmähren.

18 Dr. Richard Weiskirchner, Handelsminister a. D., 1910 bis 1919 Mitglied des Wiener Gemeinderates, CSP, 23. Dezember 1912 bis 22. Mai 1919 Bürgermeister der Stadt Wien.

19 Dr. Viktor Wutte, Präsident des steiermärkischen Wohlfahrtsausschusses, 6. November 1918 bis 27. Mai 1919 Mitglied der steiermärkischen Landesregierung, 4. März 1919 bis 9. November 1920 Mitglied der Konstituierenden Nationalversammlung, DnP.

20 Da es in dieser Sitzung keine bzw. nur einen einzigen Tagesordnungspunkt gibt, wurden die im Folgenden aufgelisteten Beilagen vom Bearbeiter aus Gründen der Übersichtlichkeit mit den Ziffern A–D nummeriert.

21 Zur Vorbereitung dieser ersten Länderkonferenz vgl. AdR, StK, GZl. 286/1918, Amtsveranlassung, mit welcher die Landeshauptmänner aller österreichischen Landesstellen eingeladen werden, sich zu einer Besprechung einzufinden, die in Wien Samstag um 10 Uhr vormittags stattfinden soll; GZl. 378/1918, Amtsveranlassung, mit welcher an die provisorischen Landesverwaltungen herangetreten wird, um selbstständige Verfügungen zu verhindern. Im letztgenannten Akt findet sich u. a. der folgende Entwurf, der für die einleitenden Worte des Staatskanzlers gedacht war, in dieser Form jedoch keine Berücksichtigung fand: „Gerade die gegenwärtige Zeit, in welcher die gesetzliche Regelung der Verhältnisse der Landesverwaltungen noch im Zuge ist, anderseits aber täglich und stündlich die wichtigsten Interessen der Gesamtbevölkerung auf dem Spiele stehen, erheischt unbedingt ein fortdauerndes enges Zusammenwirken zwischen den provisorischen Landesverwaltungen der einzelnen Länder und den Verwaltungsorganen Deutschösterreichs. Der Staatsrat wird nichts unversucht lassen, um den Landesverwaltungen soweit als irgend möglich die Erfüllung ihrer schwierigen Aufgaben zu erleichtern, er darf aber auch zuversichtlich erwarten, dass die Landesverwaltungen in allen Fragen, die Gemeininteressen des deutsch-österr. Staates und seiner Bevölkerung bilden, altständige Verfügungen, die einer einheitlichen und planmäßigen Geschäftsführung in diesen Angelegenheiten abträglich sein könnten, unterlassen und nur im Einvernehmen mit der Regierung Deutschösterreichs vorgehen

Diese notwendige gegenseitige Fühlungnahme sei bisher nicht vorhanden gewesen. Die Selbstregierung des Volkes könne aber nur dann in gedeihlicher Weise geführt werden, wenn diese Einordnung nicht auf einem Zwangsbefehle von oben, sondern auf der freiwilligen Unterordnung der einzelnen Teile beruhe. Das allerschwierigste Problem jeder Demokratie liege in der Verbindung von Freiheit und Ordnung. Die Sicherstellung der Voraussetzungen für die Lösung dieses Problems erhoffe sich Redner von der heutigen Tagung, die den Zweck verfolge, ein solches ständiges Einvernehmen organisatorisch zu gewährleisten.

Vor dem Eingehen in die sachliche Beratung gibt der Staatskanzler bekannt, dass ihm der Staatsrat den Professor Dr. Aemilian S c h o e p f e r als „vortragenden Staatsrat" für die Fragen des Verwaltungsdienstes ständig beigegeben habe, mit der Aufgabe, zugleich die Verbindung mit allen Parteien aufrecht zu erhalten.

Zur Entlastung der heutigen Tagesordnung sei Vorsorge getroffen worden, dass die anwesenden Vertreter der Landesregierungen und der Stadt Wien Gelegenheit finden, sich in den Fragen der Kriegs- und Übergangswirtschaft sowie der Ernährung mit den zuständigen Staatssekretären in zwei gesonderten Besprechungen auseinanderzusetzen.

Der Vorsitzende gibt sodann bekannt, dass es sich heute zunächst um die Beratung nachstehender Fragen handeln wird:[22]

1.) Wiederaufnahme des geordneten und einheitlichen Dienstbetriebes im Verhältnisse zwischen der Staatsregierung und den einzelnen Landesregierungen (regelmäßige Berichte über öffentliche Sicherheit, über den Stand der Wehrkraft, über den Gang der Demobilisierung, über die allgemeine politische Lage und besondere Begebenheiten);
2.) Wiederherstellung des regelmäßigen Aktenlaufes, insbesondere Einhaltung des Dienstweges;
3.) Unterordnung der Bezirkshauptmannschaften unter die Landesregierungen;[23]
4.) Besondere Hilfsmittel zur Vereinheitlichung des Dienstes (Berufung von Regierungsbeauftragten bei den Landesregierungen und ihre dienstlichen Aufgaben, ihre dienstliche Stellung);
5.) Rekonstruktion der Verwaltungsorganisation
   a) Landesversammlung, Landesräte und Landesregierung, deren Anpassung an das Gesetz über die Übernahme der Staatsgewalt in den Ländern;[24]
   b) Aufrechterhaltung der Bezirkshauptmannschaften, Neuabgrenzung der Sprengel;
   c) Einrichtung der Gemeinden auf Grund des letzten Gesetzes über die Staats- und Regierungsform von Deutschösterreich;[25]
6.) Die Inkorporation neuer Gebiete, Wahrnehmungen bei dieser Inkorporation, insbesondere Behandlung der Beamtenfragen, Angelobung;
7.) Herstellung eines einheitlichen Vorgehens in Fragen der Ernährung und Sachdemobilisierung (provinzieller Kompensationsverkehr, Bedingungen seiner Zulässigkeit);
8.) Propaganda für die deutschösterreichische Anleihe.[26]

---

werden." Material zur Kompetenzabgrenzung zwischen Zentralgewalt und Ländern findet sich auch im Bestand AdR, StK, Materien-Sonderlegung, Material zur Verfassungsreform 1919–1924, Konvolut 11 Bund und Länder.

22 Beilage [A]: Übersicht (1¼ Seiten). Die Beilage enthält im Wesentlichen die im Folgenden wiedergegebene Übersicht.

23 Im Konzept hier noch: „die Dreiteilung: Landesrat, Landesregierung, Landeshauptmann".

24 StGBl. Nr. 24, Gesetz vom 14. November 1918, betreffend die Übernahme der Staatsgewalt in den Ländern, ausgegeben am 20. November 1918.

25 StGBl. Nr. 5, Gesetz vom 12. November 1918 über die Staats- und Regierungsform von Deutschösterreich, ausgegeben am 15. November 1918.

26 Die erste deutschösterreichische Staatsanleihe sollte vom 2. bis 18. Dezember 1918 aufgelegt werden und umfasste einen Betrag von 500 Millionen Kronen. Es handelte sich um „eine kurzfristige Schatz-

Da das in diesen Punkten enthaltene umfangreiche Material in der heutigen Sitzung kaum zur Durchberatung werde gelangen können, glaube Redner zunächst die Debatte darüber eröffnen zu sollen, welche dieser Fragen als besonders dringlich herauszugreifen wären.

Landeshauptmann Dr. Freißler (Sudetenland) stellt in Übereinstimmung mit Landeshauptmann Dr. von Lodgman (Deutschböhmen) unter Hinweis auf die besonderen Verhältnisse in Deutschböhmen und Sudetenland den Antrag, die einschlägigen Verhandlungen bezüglich dieser beiden Länder einer gesonderten Beratung vorzubehalten, welche im Laufe des Nachmittags abzuführen wäre.

Dem Antrage wird zugestimmt und diese Beratung für ½ 5 Uhr anberaumt.

Landeshauptmann Dr. von Kaan (Steiermark) stellt, unterstützt vom Landeshauptmann Hauser (Oberösterreich) den Antrag, das Gesetz vom 14. November l. J., StGBl. Nr. 24, betreffend die Übernahme der Staatsgewalt in den Ländern, paragraphenweise durchzusprechen, wobei sich die Klärung einer Reihe vielleicht noch offener Fragen bewerkstelligen lassen werde.

Der Vorsitzende erklärt sich mit diesem Antrage durchaus einverstanden, glaubt aber im Interesse der Sache, dass vorher noch einige der von ihm angeführten Verhandlungspunkte rein formeller Natur zu Beschluss gestellt werden sollten. Demgemäß wird

zu Punkt 1 beschlossen, dass die dort näher bezeichneten regelmäßigen Berichte der Landesregierungen an das Staatsamt des Innern und abschriftlich an die Staatskanzlei zu leiten sind, unbeschadet der von einzelnen Staatssekretären angeordneten Spezialberichte an ihre Ressorts.

Zu Punkt 2 gibt der Vorsitzende bekannt, dass im Sinne des am 16. November d. J. gefassten Kabinettsratsbeschlusses die Staatsämter mit den politischen Bezirksbehörden im Wege der den letzteren übergeordneten Landesregierungen zu verkehren haben.[27]

Nur in Fällen besonderer Dringlichkeit können Verfügungen der Zentralstelle unmittelbar an die politischen Bezirksbehörden (Lokalstellen) geleitet werden, wovon jedoch die Landesbehörde stets durch gleichzeitige Übermittlung einer Abschrift zu verständigen sein wird.

Selbstverständlich hat ein gleicher Vorgang auch für die politischen Behörden I. Instanz in den außergewöhnlichen Fällen der Notwendigkeit eines unmittelbaren Verkehres mit den Staatsämtern zu gelten.

Dienststücke, welche Angelegenheiten betreffen, die früher zu den Reservaten der Landeschefs gehörten, sind auch schon äußerlich dadurch kenntlich zu machen, dass sie von den Staatsämtern an den Landeshauptmann persönlich adressiert werden; alle anderen Dienststücke, deren Inhalt Angelegenheiten der landesfürstlichen oder autonomen Verwaltung betrifft, sind dagegen an die Landesregierung zu richten.[28]

---

scheinanleihe, die das Publikum in unruhigen Zeiten vorzieht". Vgl. Der Österreichische Volkswirt, 11. Jg., Nr. 9 vom 30. November 1918, S. 136 f „Deutschösterreichs Finanzen und Anleihe", hier S. 137; weiters Nr. 11 vom 14. Dezember 1918, S. 170 „Die deutschösterreichische Anleihe". Vgl. auch KRP Nr. 17/10 und Nr. 20/2. Der Gesamtertrag der Anleihe belief sich schließlich auf 571 Millionen Kronen, von denen die Großbanken einen Betrag von 150 Millionen zeichneten. Vgl. Fritz Weber, Vor dem großen Krach. Österreichs Banken in der Zwischenkriegszeit am Beispiel der Credit-Anstalt für Handel und Gewerbe (= Studien zur Wirtschaftsgeschichte und Wirtschaftspolitik 9), Wien/Köln/Weimar 2016, S. 104. Ein ausführliches Prospekt des Staatsamtes der Finanzen, in dem die Anleihe detailliert beworben wurde, findet sich in Der Österreichische Volkswirt, 11. Jg., Nr. 10 vom 7. Dezember 1918, S. 158–160. Vgl. weiters AdR, StK, GZl. 794/1918, Deutschösterreichische Staatsanleihe, Werbeaktion; FHKA, k.k. Finanzministerium, Allgemeine Abteilungen, StAF, Zl. 2.818/1918.

27 Vgl. KRP Nr. 12/2.

28 Die Staatsämter wurden mit Schreiben vom 28. November 1918 von diesem Beschluss verständigt. Vgl. AdR, StK, GZl. 654/1918, Schriftlicher Verkehr der Staatsämter mit den Landesregierungen.

Zu Punkt 3. Es ist an dem Grundsatze festzuhalten, dass die Bezirkshauptmannschaften den Landesregierungen unterstellt sind und dass etwaigen Versuchen lokaler Faktoren, die Autorität der Bezirkshauptmänner zu untergraben, mit allem Nachdrucke entgegenzutreten sein wird.

Es wird nunmehr im Sinne des Antrages des Landeshauptmannes Dr. von Kaan in die paragraphenweise Erörterung des Gesetzes vom 14. November d. J., StGBl. Nr. 24, betreffend die Übernahme der Staatsgewalt in den Ländern, eingegangen.

Hiebei wird zu den einzelnen Bestimmungen Nachstehendes festgestellt:[29]

Zu § 2[30] und § 3[31]: Die in den ersten Konstituierungsakten vorgenommenen Landesausschusswahlen sind nunmehr an das Gesetz anzupassen und durch neuerlichen Beschluss[32] zu ratifizieren, so dass die damals gewählten Landesausschüsse im Sinne des § 2 des bezogenen Gesetzes Landesräte sind; eventuell hat eine Zuwahl stattzufinden; die damals gewählten Landeshauptmänner und deren Stellvertreter sind in ihren Funktionen zu bestätigen. Die Landeshauptmänner-Stellvertreter sind ipso jure[33] Mitglieder des Landesrates.

Zu § 4[34]. Über die Fassung des 1. Absatzes und über jene des 3. Absatzes[35] entwickelt sich eine sehr eingehende Debatte, an der sich Präsident Seitz, die Staatsräte Fink und Dr. Schoepfer, Staatssekretär Dr. Steinwender, Unterstaatssekretär von Beck, die Landeshauptmänner von Steiner, Dr. von Kaan, Dr. von Lodgman, Dr. Freißler und Bürgermeister Dr. Weiskirchner sowie der Vorsitzende beteiligen;[36] der Letztere gelangt sonach zu folgender Auslegung beziehungsweise Erläuterung dieses §, die auch der Auffassung des Staatsrates bei Beratung des Gesetzentwurfes entspricht:[37]

a) Das Gesetz bezweckt nicht eine materielle oder organisatorische Reform eines besonderen Dienstzweiges, sondern bloß die Überleitung des Dienstes von den früheren Gewaltträgern auf die neuen;

b) infolgedessen handelt es sich im vorliegenden Falle einzig und allein darum, diejenige Funktion, die bisher der Landeschef als Präsident der Finanzlandesdirektion ausgeübt hat,

---

29 Im Konzept sodann noch: „Zu § 1 ist nichts zu bemerken".

30 StGBl. Nr. 24/1918, § 2, bestimmte die Ablöse der Landesausschüsse durch von den provisorischen Landesversammlungen zu wählende „Landesräte".

31 StGBl. Nr. 24/1918, § 3, regelte die Wahl der Landeshauptmänner und ihrer Stellvertreter durch die provisorischen Landesversammlungen.

32 Im Konzept schlicht: „sind nunmehr einfach zu ratifizieren".

33 Ipso jure: durch das Recht selbst, d. h.: von Rechts wegen.

34 StGBl. Nr. 24/1918, § 4, enthielt die Definition und den Aufgabenbereich der Landesregierung. Sie sollte sich aus dem Landeshauptmann und seinen Stellvertretern zusammensetzen und alle Amtsgeschäfte übernehmen, die durch die geltenden Gesetze dem Landeschef übertragen waren. Zum Wirkungskreis des Finanzministeriums gehörende Amtsgeschäfte sollten durch einen „vom Landesrate mit Genehmigung des Staatsrates eigens hierzu berufenen Stellvertreter des Landeshauptmannes versehen" werden. Die bisherige Landesbehörde („Statthalterei oder Landesregierung") sollte der Landesregierung unterstehen, die „k.k. Statthalter und k.k. Landespräsidenten werden abberufen".

35 Diese Absätze betrafen die Zusammensetzung der Landesregierung und die dem Wirkungskreis des Finanzministeriums zugehörenden Amtsgeschäfte.

36 Vgl. das Stenogramm.

37 Wie in den folgenden Punkten zum Ausdruck gebracht, hatte auch Staatsrat Dr. Jodok Fink anlässlich der Annahme des Gesetzes in der Provisorischen Nationalversammlung den Übergangscharakter dieses Gesetzes betont: „Dieser Gesetzentwurf ist nur ein provisorischer und wird nur insolange Geltung haben, bis die seinerzeit neu zu wählende Konstituierende Nationalversammlung durch ein Rahmengesetz eine Landesordnung, eine Kreis-, Bezirks- und Gemeindeordnung erlassen hat und die Angelegenheit dann in den Landesversammlungen durch Beschluss geregelt wird. Es ist also eine provisorische Verfügung für eine Übergangszeit." Vgl. Sten. Prot. Prov. NV, 4. Sitzung vom 14. November 1918, S. 109.

auf ein Mitglied der Landesregierung zu übertragen, und zwar wurde zur Entlastung des Landeshauptmannes nicht dieser selbst, sondern einer seiner Stellvertreter berufen;

c) wegen der besonderen Wichtigkeit dieses Dienstes für den Gesamtstaat wurde die Genehmigung des Staatsrates für diese Bestellung vorgesehen;

d) diese Einrichtung ist als Provisorium anzusehen; sie wird noch in dieser Legislaturperiode durch ein Gesetz aufgehoben werden, das die vollste Trennung der politischen und Finanzverwaltung beinhalten wird.[38]

Zu § 5[39]. Es wird festgestellt, dass die Landesregierung und der Landesrat, soweit sie die Geschäfte des früheren Landesausschusses führen, der Landesversammlung, soweit die Landesregierung und der Landeshauptmann die Geschäfte der früheren landesfürstlichen Regierung besorgen, der Staatsregierung verantwortlich sind; ferner dass die Bezüge des Landeshauptmanns und seiner Stellvertreter de facto nunmehr nicht allein aus Landesmitteln, sondern auch aus Staatsmitteln zu tragen sind, wobei ein Verhältnis zwischen dem früheren Wirkungskreis und den nunmehr hinzugekommenen staatlichen Agenden herzustellen sein wird. Bezüglich dieser Aufteilung hat die Landesversammlung mit Genehmigung des Staatsrates die Entscheidung zu treffen. Was jedoch die rechtliche Ordnung dieser Bezüge betrifft[40], wird es sich empfehlen, dass die Landesregierungen beschließen, sämtliche vom Volke selbst Beauftragte mit Dienstbezügen aus dem Landesfond auszustatten, und zwar die Mitglieder der Landesversammlungen, soweit sie nicht schon Reichsratsdiäten beziehen, mit eigenen Diäten für ihre Funktion im Lande, die Landesräte mit besonderen Zulagen für diese Funktion, die Landeshauptmänner und Stellvertreter mit erhöhten Bezügen. Bezüglich des dem Landesfond durch diese Übernahme der früheren landesfürstlichen Agenden erwachsenden Mehraufwandes solle vom Landesfond eine Refundierung aus staatlichen Mitteln angesprochen werden. In Sudetenland und Deutschböhmen, wo eigene Landesfonds für das Landesgebiet noch nicht vorhanden sind, wären alle Bezüge vorläufig zu Lasten des Staatshaushaltes zu bestreiten.

Was die Stellung des Landesamtsdirektors (Landesverwesers) anbelangt, so wird die Staatskanzlei das Muster einer Dienstesanweisung, worin die Stellung und die Dienstesobliegenheiten dieses Funktionärs gekennzeichnet sind, möglichst rasch verfassen und den Landesregierungen zur Begutachtung übersenden.[41]

---

38 Vgl. StGBl. Nr. 135, Gesetz vom 19. Dezember 1918, betreffend Änderungen in der Organisation der Finanzverwaltung, ausgegeben am 24. Dezember 1918. Zur Ausarbeitung dieses Gesetzes vgl. AdR, StK, GZl. 227/1918, Trennung der Finanzverwaltung von der polit. Verwaltung in der ersten und zweiten Instanz. Der Akt enthält u. a. ein Protokoll über eine am 3. Dezember 1918 in der Staatskanzlei abgehaltene Besprechung zwischen Vertretern der Staatsämter für Finanzen und für Inneres sowie der Staatskanzlei, betreffend den gegenständlichen Gesetzesentwurf. Weitere Informationen finden sich in AdR, StK, GZl. 27/1919, Trennung der Finanzverwaltung von der politischen Verwaltung in der ersten und zweiten Instanz. Vgl. weiters SRP Nr. 34 vom 16. November 1918 und Nr. 55 vom 7. Dezember 1918.

39 StGBl. Nr. 24/1918, § 5, bestimmte den Landeshauptmann zum Vorsitzenden der Landesregierung und zum Vertreter „des Staates und der Staatsregierung gegenüber den Landesbewohnern“. Weiters sollte durch den Landesrat ein Landesamtsdirektor ernannt werden, „der, dem Landeshauptmann persönlich zugeteilt, der unmittelbare Vorgesetzte sämtlicher Beamten und Diener des Landesrates und der Landesregierung“ sowie „das oberste Vollzugsorgan der Landesregierung“ sein sollte. Die dem Landeshauptmann zur persönlichen Erledigung vorbehaltenen Angelegenheiten sollten durch eine Vollzugsanweisung des Staatsrates festgelegt werden.

40 Im Konzept wurde der Satz bis hierher handschriftlich ergänzt (ursprünglich schlicht: „Weiters wird es sich empfehlen…“).

41 In diesem Zusammenhang vgl. auch AdR, StK, GZl. 329/1919, Ernennung des Landesamtsdirektors und der Beamten des Landesrates.

Die Vollzugsanweisung des Staatsrates, worin die dem Landeshauptmanne zur persönlichen Erledigung vorbehaltenen Angelegenheiten aufgezählt werden, wird ehestens erlassen werden.[42]

Der Vorsitzende unterbricht sodann die Verhandlungen um ½ 1 Uhr.[43]

Der Vorsitzende nimmt die Verhandlung um ½ 3 Uhr wieder auf.

Vor der Fortsetzung der Erläuterung des Gesetzes, betreffend die Übernahme der Staatsgewalt in den Ländern, gelangt die Frage der Einordnung des Wirtschaftskommissariates für Steiermark[44] in die Organisation der staatlichen Verwaltung zur Erörterung. Nach einer eingehenden Debatte, an welcher sich außer dem Vorsitzenden noch Präsident S e i t z, Staatssekretär Dr. L o e w e n f e l d - R u ß, Landeshauptmann Dr. von K a a n, Landeshauptmann-Stellvertreter P o n g r a t z und Wirtschaftskommissär Dr. W u t t e beteiligten[45], wurde grundsätzlich festgestellt:

Infolge der augenblicklich herrschenden Zustände ist das Wirtschaftskommissariat für Steiermark als eine übernommene Einrichtung zu tolerieren; es ist jedoch dahin zu streben, dasselbe in kürzester Zeit derart umzugestalten, dass es sich in den normalen Rahmen der Landeswirtschaftsämter einordne, weil darauf Rücksicht genommen werden muss, dass ganz Deutschösterreich eine Wirtschafts- und Staatsgemeinschaft bildet.

In Fortsetzung der Beratung über das oben erwähnte Gesetz wird

zu § 6[46] festgestellt, dass die Abnahme des Eides auch von einem Bevollmächtigten des Landeshauptmannes erfolgen könne;

---

42 Eine Vollzugsanweisung des Staatsrates wurde nicht erlassen, allerdings wurde in weiterer Folge eine „Dienstanweisung der Staatsregierung über die vorbehaltenen Amtsobliegenheiten der Landeshauptmänner" ausgearbeitet und den Landesregierungen übermittelt. Umfangreiche Informationen dazu sowie Entwürfe der Dienstanweisung finden sich in AdR, StK, GZl. 1.108/1919.

43 Im Anschluss an diese Unterbrechung legten die Landeshauptmänner und ihre Stellvertreter offensichtlich noch das Gelöbnis ab. Im Stenogramm wurde an dieser Stelle festgehalten: „Die Herren Landeshauptleute bzw. deren Stellvertreter sind gebeten, noch 10 Minuten dazubleiben, um Gelöbnis abzulegen."

44 In Graz hatte der sogenannte steiermärkische Wohlfahrtsausschuss ab 20. Oktober 1918 die Befugnisse der k.k. Statthalterei übernommen, weiters waren zwei Wirtschaftskommissäre „mit fast diktatorischen Machtvollkommenheiten", Dr. Arnold Eisler und Dr. Viktor Wutte, ernannt worden. Vgl. Margarete Grandner, Kooperative Gewerkschaftspolitik in der Kriegswirtschaft: die freien Gewerkschaften Österreichs im ersten Weltkrieg (= Veröffentlichungen der Kommission für Neuere Geschichte Österreichs 82), Wien/Köln/Weimar 1992, S. 409; Johann Loewenfeld-Ruß, Im Kampf gegen den Hunger. Aus den Erinnerungen des Staatssekretärs für Volksernährung 1918–1920. Herausgegeben von Isabella Ackerl (= Studien und Quellen zur österreichischen Zeitgeschichte 6), Wien 1986, S. 169. Die Wirtschaftskommissäre, „welche sich zur Beratung des steiermärkischen Wohlfahrtsausschusses bedienen", nahmen „dem Beamtenkörper der Statthalterei gegenüber eine amtlich übergerordnete Stellung ein und untersteht ihnen in Ansehung der gesamten Kriegs- und Übergangswirtschaft der ganze Apparat der politischen und wirtschaftlichen Verwaltung einschließlich der Wirtschaftsstellen in Steiermark". Vgl. AdR, BMHV, StAKÜ, Zl. 156/IV/1918.
Dr. Arnold Eisler, Wirtschaftskommissär für die Steiermark, 4. März 1919 bis 9. November 1920 Mitglied der Konstituierenden Nationalversammlung, SdAP, 17. Oktober 1919 bis 20. November 1920 Unterstaatssekretär im Staatsamt für Justiz.

45 Vgl. das Stenogramm.

46 StGBl. Nr. 24/1918, § 6, bestimmte, der Landeshauptmann habe „einem der Präsidenten des Staatsrates in Gegenwart der übrigen Mitglieder des geschäftsführenden Staatsratsdirektoriums die Angelobung auf den deutschösterreichischen Staat" zu leisten. Die Mitglieder des Landesrates und die Landesbeamten wiederum sollten durch den Landeshauptmann „in Eid und Pflicht" genommen werden.

zu § 7[47]: die Bestimmung, dass „die Mietsgebäude, die Beamten und Diener sowie die Amtseinrichtungen der bisherigen Landesbehörden“[48] auf die neuen Landesregierungen übergehen, ist dahin zu verstehen, dass es sich um einen Übergang in die Verfügung der neuen Landesregierungen vorbehaltlich des Eigentumsverhältnisses handelt;

zu § 8[49]: wird bemerkt, dass die gegenüber der deutschösterreichischen Staatsregierung statuierte Verantwortlichkeit der Landesregierung nur unbeschadet der Verantwortung gegenüber dem Landesrate und der Landesvertretung in Ansehung des eigenen Landesvermögens platzgreife;

zu § 9[50]: wurde festgestellt, dass in jenen Fällen, in denen bisher zu Landesgesetzen die kaiserliche Sanktion beziehungsweise zu Beschlüssen der Landtage und Landesausschüsse die kaiserliche Genehmigung erforderlich war, in Hinkunft die Genehmigung des Staatsrates erforderlich ist. Die Genehmigung des Staatsrates ist im Wege des zuständigen Staatsrates einzuholen.

Ferner wurde festgestellt, dass im Sinne des § 9 des Gesetzes vom 14. November 1918, StGBl. Nr. 24, betreffend die Übernahme der Staatsgewalt in den Ländern, die staatlichen und Landeseinnahmen und -Ausgaben wie bisher getrennt zu führen und zu verrechnen sind;[51]

zu § 10[52]: Die im § 10, erster Absatz, letzter Satz, enthaltene Vorschrift, dass die Landesregierung die Beamten der Landesregierung ernennt, ist so zu verstehen, dass die Landesregierung im Allgemeinen die Berufung der Beamten durch Antrag oder Ernennung vornimmt und ihr somit Beamte nicht aufgenötigt werden können,[53] dass jedoch die Landesregierung das dem Statthalter (Landespräsidenten) bisher zugestandene Ernennungsrecht übernimmt, rücksichtlich der Beamtenernennung von der VIII. Rangsklasse

---

47 StGBl. Nr. 24/1918, § 7, bestimmte: „Die Amtsgebäude, die Beamten und Diener sowie die Amtseinrichtungen der bisherigen Landesbehörden gehen auf die neuen Landesregierungen über.“

48 Im Konzept lautet der restliche Satz ab hier: „in die Verfügung der neuen Landesregierung vorbehaltlich des Eigentumsverhältnisses übergehen sollen“.

49 StGBl. Nr. 24/1918, § 8, bestimmte: „Die Landesregierung ist bei ihrer gesamten Amtsführung an die Dienstesanweisungen der deutschösterreichischen Staatsregierung gebunden und dieser verantwortlich.“

50 StGBl. Nr. 24/1918, § 9, erklärte die „Teilung der öffentlichen Verwaltung in landesfürstliche und autonome“ für aufgehoben und die Geschäfte des Landesrates und der Landesregierung für getrennt, gewährte dem Landeshauptmann jedoch das Recht, die unmittelbare Zusammenarbeit solcher Amtsabteilungen zu verfügen, „die mit derselben Sache befasst sind“.

51 Beilage [B]: Auskunft (1¼ Seiten). Die Beilage – sie trägt den handschriftlichen Vermerk *Beck* – empfiehlt zu den beiden zu § 9 behandelten Punkten die hier getroffenen Feststellungen. Zum ersten Punkt (Genehmigung von Landesgesetzen) enthält die Beilage noch folgenden handschriftlich gestrichenen Absatz: „Die klare Feststellung ist wichtig, damit Länder und Gemeinden nicht Kreditoperationen und Steuern beschließen, die mit der staatlichen Finanzpolitik kollidieren.“ Zum zweiten Punkt findet sich noch folgender handgeschriebener und ebenso gestrichener Satz: „Bereits verfügt wurde, dass in den neuen Ländern (Sudetenl., Deutschböhmen) in den neuzugewiesenen Landesteilen die Abrechnung über die Gebarung der St.Ämter für die Länder vorläufig offenbleibt.“

52 StGBl. Nr. 24/1918, § 10, bestimmte: „Sowohl die Beamten des ehemaligen Landesausschusses als auch die Beamten der ehemaligen Statthaltereien und Landesregierungen haben den Charakter von Staatsbeamten. Ihr Dienst ist Staatsdienst.“ In den bestehenden Dienstverhältnissen und Dienstbezügen sollte vorläufig keine Änderung eintreten und sollten die neuen Bezeichnungen „Beamte des Landesrates“ und „Beamte der Landesregierung“ Verwendung finden. Amtsbezeichnungen ehemaliger Landesbeamter, die mit den Bestimmungen dieses Gesetzes nicht im Einklang standen, sollten entsprechend geändert werden.

53 Im Konzept stattdessen: „…dass der Landesregierung kein Beamter aufgenötigt werden kann, sondern dass ihr selbst die Initiative bei der Einstellung eines Beamten gewahrt bleibt. Bezüglich des speziellen Ernennungsaktes übernimmt…“.

aufwärts die Landesregierungen jeweils Vorschläge an die zuständigen Staatssekretäre zu erstatten haben, welche die Ernennung entweder im eigenen Wirkungskreis (im Rahmen der früher den Ministern zugestandenen Befugnisse) selbst vollziehen oder dem Direktorium des Staatsrates hierüber antragstellend berichten;

zu §§ 11–14[54]: ist nichts zu bemerken.

Es gelangt nunmehr die Frage der Berufung von Regierungsbeauftragten zu den Landesregierungen zur Erörterung.[55] Der Vorsitzende verweist diesfalls auf die überaus günstigen Erfahrungen, welche die Staatsregierung mit der Einrichtung von Verbindungsbeamten aller Staatsämter im Verkehr mit der Staatskanzlei gemacht habe.[56] Eine ähnliche Einrichtung wäre auf Grund einer ausdrücklichen Ermächtigung des Staatsrates behufs Vereinheitlichung des Dienstes auch rücksichtlich des Verkehres zwischen der Staatsregierung und den Landesregierungen herzustellen. Sie werde dazu dienen, die Erledigung derjenigen Agenden, welche zwischen der Zentralregierung und den Landesregierungen anhängig sind, auf das tunlichste zu beschleunigen. Redner lege Wert darauf festzustellen, dass mit dieser Einrichtung keinerlei Beeinträchtigung der Autonomie beabsichtigt sei, sondern nur dem praktischen Bedürfnis nach Herstellung der erwähnten näheren Verwendung Rechnung getragen werden solle. Der Regierungsbeauftragte bei den einzelnen Landesregierungen würde durch den Staatsrat über Vorschlag des Staatssekretärs des Innern und nach vorherigem Benehmen mit dem betreffenden Landeshauptmanne ernannt werden. Er wäre dienstlich dem Staatsamt des Innern zu unterstellen und hätte auf Verlangen auch dem Staatskanzler direkt Bericht zu erstatten. Ihm würde u. a. obliegen, Dienstesanweisungen, die von der Staatsregierung an den Landeshauptmann ergehen, diesem zu vermitteln sowie auch dessen Wünsche, Beschwerden und Anregungen kurzerhand – unbeschadet des Aktenlaufes – der Staatsregierung beziehungsweise dem zuständigen Staatsamt mitzuteilen.[57] Er hätte aber auch die Befugnis, ohne Stimmrecht den Sitzungen des Landesrats, die nicht als vertraulich erklärt werden, beizuwohnen und mit besonderer Ermächtigung des Vorsitzenden auch das Wort zu ergreifen. In die Beschlussprotokolle des Landesrates müsste er jederzeit Einsicht nehmen können. Gegenüber den Beamten der Landesregierung, ob sie nun Landesratsbeamte oder Landesregierungsbeamte sind, würde der Regierungsbeauftragte in keinerlei Verhältnis der Über- oder Unterordnung stehen.

Im Zuge der hierüber abgeführten Debatte, an welcher sich Staatssekretär Dr. L o e w e n f e l d - R u ß, die Landeshauptmänner von S t e i n e r, Dr. von K a a n, Dr. L e m i s c h und Wirtschaftskommissär Dr. W u t t e beteiligten[58], wurden mannigfache Einwendungen gegen

---

[54] StGBl. Nr. 24/1918, § 11, bestimmte, dass „die bestehenden Lokalgewalten" bis auf weiteres aufrechtbleiben sollten und verwies weiters auf eine zukünftige „Kreis-, Bezirks- und Gemeindeordnung für Deutschösterreich", die als Rahmengesetz erlassen werden sollte. § 12 betraf die Aufhebung einiger Vorschriften, § 13 das Kundmachungsdatum, § 14 den Vollzug dieses Gesetzes durch den Staatssekretär des Innern.

[55] Beilagen [C] und [D]: Leitsätze (1¾ Seiten); Antrag (¾ Seite). Beilage [C] enthält acht Paragraphen, die im Wesentlichen die von Renner im Folgenden dargelegten Aufgaben umreißen. Beilage [D] formulierte den gestellten Antrag: „Die Staatsregierung wird ermächtigt, zu jeder Landesregierung einen Beauftragten zu entsenden, der die Aufgabe hat, das Einvernehmen der Zentralregierung mit den Landesregierungen herzustellen, ferner das Recht besitzt, gegen Verfügungen, außer wenn sie keinen Aufschub zulassen, Vorstellungen zu erheben, welchen bis zur Entscheidung durch den Staatsrat ausübende Kraft zukommt." Weiters wurde in dieser Beilage noch darauf hingewiesen, dass gegenüber den Landeshauptleuten betont werden müsse, dass „der Staatsrat nicht etwa eine Beeinträchtigung der Autonomie im Auge hat, sondern nur dem praktischen Bedürfnis nach Herstellung einer näheren Verbindung zwischen Zentralregierung und Landesregierungen Rechnung tragen wolle".

[56] Vgl. KRP Nr. 4/2.

[57] Der bezügliche § 6 der Beilage [C] wurde – offenbar im Einklang mit den im weiteren Verlauf der Debatte vorgebrachten Einwendungen – handschriftlich gestrichen.

[58] Vgl. das Stenogramm.

die geplante Einrichtung geltend gemacht, die zu dem Beschluss führten, dass Regierungsbeauftragte vorläufig nur zu jenen Landesregierungen entsendet werden sollen, die infolge ihrer Entfernung vom Sitze der Zentralregierung und wegen erschwerter Verkehrsmöglichkeit mit Wien auf einen derartigen Verbindungsdienst in erhöhterem Maße angewiesen sind. Es käme diesfalls Sudetenland, Deutschböhmen, Tirol und Vorarlberg in Betracht. Rücksichtlich der übrigen Länder werde sich darauf beschränkt werden, behufs Gewährleistung einer ständigen zuverlässigen telephonischen Verbindungsmöglichkeit zwischen den einzelnen Landesregierungen und den Staatsämtern bei letzteren einen ununterbrochenen Journaldienst in den Präsidialabteilungen sicherzustellen.[59]

Schluss der Sitzung ½ 7 Uhr abends.

[59] Die nächste Länderkonferenz fand am 4. und 5. Jänner 1919 statt, vgl. KRP Nr. 28.

Stenogramm vom 23. November 1918

23./XI., Nr.15.

Kabinett der Staatssekretäre
15. Sitzung am 23. November 1918 um 10 Uhr, Herrengasse.

Renner: Zum ersten Mal [eine derartige] Tag[ung]; wir haben [sie] einberufen in der Absicht, um einvernehmliches Arbeiten mit der Staatsregierung sicherzustellen. Das Wort Auto[-nomie/-rität] mit einer gewissen Einschränkung; wir haben es mit wirklicher Auto[-nomie/-rität] des Volkes [zu tun] ab dieser Umwälzung. Die größte Freiheit des Einzelnen ist zu verbinden mit der notwendigen Ordnung des Ganzen. Diese notwendige Fühlung war bisher nicht vorhanden. Das hat bewirkt, dass die öffentliche Fürsorge für Lebensmittel aufs Empfindlichste gestört [wurde]. Durch die Not gedrungen haben sich die einzelnen Teile (Lebensmittel, Sachdemobilisierung) selbständig verfügt.

Eine Selbstregierung des Volkes kann nur dann geführt werden, wenn die einzelnen Glieder des Staates sich dem Gesamtinteresse einordnen und wenn diese Einordnung nicht beruht auf dem Zwangsbefehl von oben, sondern auf der freiwilligen Eingliederung der Teile. Hier liegt das allerschwierigste Problem jeder Demokratie.

Ich hoffe, dass unsere heutige Tag[ung] nicht nur denkwürdig sein wird, sondern auch fruchtbar. Ich stelle mir diese Ordnung nicht [so] vor, dass diese Ordnung und Freiheit hergestellt werden durch den Befehl von oben, sondern durch das ständige Einvernehmen, das natürlich auch organ.[isatorisch] sichergestellt werden muss.

Bevor wir in die Verhandlungen eingehen folgende Mitteilungen: Der Staatsrat hat dem Staatskanzler als ... den Schoepfer beigegeben (im Verwaltungsdienst wird Schoepfer den Staatskanzler ständig beraten und die Verbindung mit allen Parteien aufrecht zu halten suchen).

Um unsere Tagesordnung zu entlasten, [wurde] Vorsorge getroffen, dass die Vertreter der Länder und der Stadt Wien ~~sich~~ Gelegenheit haben, sich in zwei wichtigen Fragen gesondert [zu] besprechen: Ernährungsangelegenheiten und Kriegs- und Übergangswirtschaft.

Der Redner bittet daher Details dieser beiden Agenden heute nicht zu berühren, nur das Grundsätzliche.

1.) Die Wiederaufnahme des geordneten und einheitlichen Dienstbetriebes im Verhältnis von Zentralstellen und Amtsstellen (regelmäßige Berichte über die öffentliche Sicherheit ...).
2.) Wiederherstellung des regelmäßigen Aktenlaufs, insbesondere Einhaltung des Dienstweges. Es haben Zentralstellen oft mit Umgehung der Landesregierungen sich direkt an die Bezirkshauptmannschaften gewandt und umgekehrt, wodurch die Landesregierungen den Überblick zu verlieren Gefahr laufen.
3.) Unterordnung der Bezirkshauptmannschaften unter die Landesregierungen, insbesondere die Frage der Aufrechterhaltung der Bezirkshauptmannschaften. Hilfsmittel zur [Ver] einheitlich[ung] des Dienstes (Frage der Berufung von Regierungsbeauftragten zu den Landesregierungen).
4.) Recon.[struktion] der Verwaltung – durch die Übernahme der Staatsgewalt in den Ländern bewirkt worden ist.

[Es] handelt sich [darum], festzustellen, inwiefern in den einzelnen Ländern die Beschlüsse der Constituierenden Nationalversammlung angepasst worden sind an das vorliegende Staatsgesetz, welches natürlich nun bindend ist. Ein individuell bezeichneter Landeshauptmann muss berufen sein, diesen Teil der Agenden der ehemaligen Statthalterei zu erledigen. Dann wäre zu besprechen die Einrichtung der Gemeinden aufgrund der letzten Regierungsform von Deutsch-Österreich. [Durch] freiwillige, vereinbarungsmäßige Berufung von Vertretern der Arbeiterschaft einen Zustand herbeizuführen, durch den die Teilnahme der arbeitenden Klassen an der Gemeindeverwaltung gesichert ist. Zumal wir in den nächsten Tagen leistungsfähige Gemeindeverwaltungen haben müssen.

Weiters: In welcher Weise sich die Einverleibung neuer Gebiete zu vollziehen haben wird, wie sich die Neuordnung der Verwaltung in diesen Gebieten bewährt.

Dann insbesondere zu besprechen, wie die unzweifelhaften Eigenmächtigkeiten der mittleren und [...] Stellen in der Ernährungsfrage und Demobilisierung beseitigt werden. Inwieweit ein provinzieller Comp.[ensations]-Verkehr für zulässig erklärt werden kann.

8.) Was können die Landesregierungen, Bezirkshauptmannschaften und Gemeinden dazu tun, dass die Staatsanleihe, die der Staat Deutsch-Österreich auflegt, auch gezeichnet wird? Von Seiten der Staatsregierung muss selbständig mit den großen Finanzkreisen in Verbindung getreten werden. Ob dies denselben Erfolg haben wird, ist fraglich, auf die Mitwirkung der Länder und Gemeinden zählen wir.

Sie sehen, es ist dies ein ungeheures Arbeitsmaterial. Wir werden es in der heutigen Sitzung gar nicht aufarbeiten können.

Was die Behandlung der Materie anlangt, möchte ich Debatte eröffnen, welche Punkte zunächst und als sehr dringlich bezeichnen.

Dr. Freißler: ~~Es wird notwendig sein, beim arrang~~. Sehr gern eine nähere Fühlung wünschen, zumal wir auch schon klar sehen. Im Prinzip. Die zahllosen technischen Schwierigkeiten in einer anderen Sitzung (etwa Kabinettssitzung) ...

Das Ziel: Die politische Einheit dieser Provinz zu markieren, damit wir nach dem Friedensschluss unter günstigen Verhältnissen einmarschieren in die neuen Verhältnisse.

Renner: Zweckmäßig, mit den Vertretern des Sudetenlandes und Deutschböhmens mit dem gesamten Kabinett eine besondere Sitzung (heute ½5h Nachmittag) (Hh).

Dr. Kaan, Graz: Antrag: Besprechung des Gesetzes vom 14./XI. als ersten Punkt zur Erörterung zu ziehen.

Lodgman: Schließt sich Freißler an (eigene Sitzung).

Beschluss: Sitzung ½5h Nachmittag.

Hauser: Schließt sich dem Wunsch des Landeshauptmannes von Steiermark vollständig [an]. Diese Debatte wird klärend sein, auch über das Verhältnis des Staates Deutsch-Österreich zu den einzelnen Ländern. Eine solche Regelung tut unbedingt not fürs neue Staatswesen aber auch für die einzelnen Länder. Die Länder müssen auch ihre Freiheit haben und es muss auch der Verdacht hintan gehalten werden, dass hier in Wien eine Diktatur ausgeübt wird, dass Wien nicht ganz Deutsch-Österreich ist.

Renner: Formaler Natur. Die Wiederaufnahme des geordneten Dienstbetriebs (regelmäßigen Dienstbetriebs).

Gilt als beschlossen.

Steiner: Die Zusammenfassung der politischen und auto.[nomen] Verwaltung lebt sich bei uns ganz gut ein.

Beschluss:

Zu §4 wird als Auslegungsregel bemerkt:

1.) Das Gesetz bezweckt nicht eine materielle oder organisatorische Reform eines besonderen Dienstzweiges, sondern bloß die Überleitung des Dienstes von den früheren Gewaltträgern auf die neuen.

2.) Infolgedessen handelt es sich in diesem Paragraphen einzig und allein darum, diejenigen Funktionen, die bisher der Statthalter als Vorsitzender der Finanzlandesdirektoren ausgeübt hat, einfach zu übertragen auf ~~den Landeshauptmann~~ ein Mitglied der Landesregierung.

3.) Und zwar wurde zur Entlastung des Landeshauptmannes nicht dieser selbst ~~als Vertreter des Statthalters~~ anstelle des Statthalters berufen, sondern einer seiner Stellvertreter, also ein Landeshauptmann-Stellvertreter.

4.) Wegen der besonderen Wichtigkeit dieses Dienstes für den Gesamtstaat wurde ~~jedoch~~ vorgeschrieben, dass die Genehmigung des Staatsrates ~~eingeholt~~ für die getroffene Auswahl in der Stellvertretung einzuholen ist.

5.) Dieser ganze Zustand ist als provisorisch anzusehen, er wird noch in dieser Legislaturperiode aufgehoben durch ein Gesetz, das die vollständige Trennung der politischen und Finanzverwaltung durchführen wird.

Loewenfeld-Ruß: Das Staatsamt für Volksernährung hat an alle Landesregierungen Erlass gerichtet mit der Bitte, es mögen ihm wöchentlich zweimal telegraphische und einmal schriftliche Berichte über die wichtigsten Ereignisse mitgeteilt werden. Wir brauchen dies unbedingt, um Vorsorge treffen zu können. Der Beschluss des allgemeinen Berichts an das Ministerium für Inneres und an die Staatskanzlei präjudiziert nicht, an die speziellen Ressorts Berichte zu erstatten. Wichtig wäre auch, an das Staatsamt für Heereswesen Berichte zu leiten; so auch an [die Staatsämter für] Kriegs- und Übergangswirtschaft und Handel zu leiten.

Lodgman: Halte dies gewiss für notwendig, in Böhmen aber technisch undurchführbar. Einzelne Behörden in den Händen der Tschechoslowaken. Prinzipiell einverstanden, technisch aber schwierig.

Zerdik: Kohleninspektoren dürfen dem Staatsamt nicht den Gehorsam kündigen.

Renner: Einhaltung des Dienstweges: von diesem kann abgegangen werden, es muss aber in diesem Fall eine Abschrift dieser Verfügung an die Landesregierung gehen.

Weiskirchner: Wien repräsentiert heute ein Viertel des Staates. Gerade hier [hat] vielfach ein unmittelbarer Verkehr mit den Zentralbehörden sich eingebürgert. Eine Abschrift des Berichts der Landesregierung wurde übermittelt.

Renner: Von jeder unmittelbaren Erledigung eine Abschrift zu machen.

Kaan: Solange die auto[nome] und staatliche Verwaltung getrennt fungieren – das wird noch eine Zeitlang notwendig sein – ist es notwendig, [dass] – die in Regierungsangelegenheiten gemacht werden, auch äußerlich kenntlich gemacht werden.

Staatsämter aufmerksam gemacht, dass alle Angelegenheiten, die speziell zum Reservat des Staathalters gehört haben, an den Landeshauptmann persönlich; was die Statthalterei und Landesausschüsse [...], an die Landesregierung. Jetzt schon aber [soll] ein einheitliches Präsidialbüro eingerichtet werden über beide Stellen.

Lemisch: ~~Bericht der Zentralverwaltung~~ – Wir haben noch zwei Gewalten (südslawisch und Deutsch-Österreich). Genaue Fassung der Rechte und Pflichten der Landeshauptleute. Ein Mann, der Landeshauptmann und Statthalter und Vorsitzender der Versammlung ist, der ist zu überlastet. Auch Stellvertreter ... muss [...].

Renner: Gebietsgesetz wurde gestern beschlossen.[60] Bezüglich der südslawischen Gebiete musste das bisherige Elaborat zurückgezogen werden (infolge eines Fehlers). Wir haben folgenden Vorgang gewählt: Durch das Staatsamt des Äußern an die südslawische Regierung gewandt mit dem Ersuchen, wir stellen diese Abgrenzung zurück für den Fall, dass sie mit einer [...] Abgrenzung verhandeln wollen.

Was die Aufgabe des Landeshauptmannes betrifft: Es muss durch das vorhandene Personal gearbeitet werden. Der Landeshauptmann hat nur eine dirigierende Stelle. Was eine Dienstanweisung für Landeschefs betrifft, so würde ich es nicht als wünschenswert ansehen, dass eine solche von der Staatsregierung erfolgt. Die Herren sollen sich selbst eine solche Anweisung machen. Das wäre ein Übergriff der Zentrale in die Autonomie. Die Kompetenz des Landeshauptmannes soll aufrecht erhalten werden.

Punkt Aktenlauf möchte ich noch erledigen. Die Versuche der Bevölkerung ... abzusetzen, mit allem Nachdruck zu unterdrücken. Wir können nicht alles reformieren. Jetzt geht das nicht. Sie müssen also die Bezirkshauptmänner stützen.

Freißler: Sehr zweckmäßig, wenn die Vollzugsanweisungen für die Landesamtsdirektoren (Verweser) sehr bald hinaus kämen. Das laufende Geschäft muss der Beamtenschaft überlassen werden. ~~Dafür muss klar werden, wo der Mann zum direkten Verkehr~~ -

Renner: Dienstanweisung für den Landesverweser nicht über die Länder verhängen, wir werden die Landespräsidenten zusammen berufen, vereinbaren und dann erst erlassen. Für die Ordnung der Verwaltung im Land ist es notwendig, dass dem Landeshauptmann zur Seite gestellt wird der Landesverweser. Der oberste Beamte des Landes, der verantwortlich ist für die ordentliche

[60] StGBl. Nr. 40, Gesetz vom 22. November 1918 über Umfang, Grenzen und Beziehungen des Staatsgebietes von Deutschösterreich, und StGBl. Nr. 41, Staatserklärung vom 22. November 1918 über Umfang, Grenzen und Beziehungen des Staatsgebietes von Deutschösterreich, beide ausgegeben am 28. November 1918.

Behandlung des Geschäftsbetriebs. Landesverweser ist der oberste Beamte im Land, bitte ihn ehest zu bestellen.

Steiner: Wir haben täglich vormittag colleg.[iale] Sitzungen und auch nachmittag.

Renner: Der Verweser soll nur ausführen können. Dieser Mann hat zu garantieren die Einheitlichkeit der Verwaltung.

Zerdik: Die Einrichtung des Landesamtsdirektors hat schon früher in Niederösterreich bestanden. Rechtskundig, aber auch technische Diszipl.[inen] zu berücksichtigen.

~~Renner: Vorschlag: Eine Konferenz~~ -

Dr. Kaan: Vorschlag paragraphenweise das Gesetz durchzunehmen. ~~Beschluss~~ angenommen.

§2: Sollen die bereits in den ersten const.[ituierenden] Akten gewählten Landesausschüsse nunmehr zu Landesräten erklärt werden, oder soll eine Neuwahl [erfolgen]?

Renner: Das wird einfach ratifiziert.

Kaan: Antrag: In jenen Landesversammlungen, in welchen die Const.[ituierung] nach dem früheren Entwurf vollzogen ist, nunmehr erklären, dass die gewählten Landesausschüsse nunmehr Landesräte sind und dass sie nunmehr bestätigt werden. Eventuell hat eine Zuwahl stattzufinden. Sind die Landeshauptmann-Stellvertreter auch Mitglieder des ~~Landesausschusses~~ Landesrates (ipso iure)?

Freißler: Der gesamte Landesausschuss ist als Gesamteinheit aufgefasst worden, inclusive der Stellvertreter.

§3

Lemisch: Trennung zwischen Landeshauptmann und Vorsitzenden in der Landesversammlung ist unbedingt notwendig. Stellt an die Stelle des früheren Landespräsidenten -.

Weiskirchner: Falsch.

§4

Kaan: Große Streitfrage aufgetreten. Nach seiner Fassung des Absatzes 3: muss dieser Stellvertreter ein technischer Stellvertreter im Sinne des §3 sein. Jetzt für die Zwischenzeit legen die Parteien berechtigten Wert darauf, dass sie in den Landesvertretungen vertreten sind. Dazu muss ein geschäftskundiger Mann auserwählt werden. Etwas freiere Auslegung wäre erwünscht: des Landeshauptmannes oder Landesrates.

Steinwender: Will den Absatz 3 vollständig gestrichen sehen.

Schoepfer (als Vorsitzender): Klärt auf, von welchen Gesichtspunkten im Staatsrat ausgegangen wurde.

Lodgman: Was soll der Stellvertreter überhaupt machen? Es handelt sich ja nur um die persönlichen Funktionen, die der Landeschef versehen hat?

Fink: Im Staatsrat besteht die Auffassung, dass dieser Stellvertreter nur zur kleinen Entlastung des Landeshauptmannes gedacht war. Der eigentliche Fachmann soll nur der Finanzlandesdirektor sein.

Renner: War nur eine Überleitungs~~figur~~ -Gesetz, kein Reformgesetz. Die Reform sollte gar nicht präjudiziert werden.

Freißler: Al. [a linea] 1) Man wird durch eine Vollzugsanweisung hier erläutern lassen. Eine collegiale Behörde ist für die Ausübung der Verordnungsgewalt möglich, aber fürs ablaufende Geschäft eine Person, damit keine Hinderung Platz greift.

Al 3) Macht mir keine Schwierigkeiten. Vielleicht wäre es zweckmäßiger gewesen, die Bestellung des Stellvertreters mit diesen Agenden nicht zu belasten, sondern sie dem Landeshauptmann ~~zuzulassen~~ zuzuweisen. Vielleicht aber zweckmäßig durch eine Vollzugsanweisung die Mitteilung der getroffenen Entscheidungen an die Landesregierung zu erlassen. Da aber diese Bestimmung doch ein wenig singulär ist, wir dehnen diese Funktion aus (Post, Gericht, etc.).

Weiskirchner: Warnt davor, dass hierzu ein gewählter Stellvertreter hier Funktionen ausübt, die von ihm nicht geleistet werden können (weil er nichts versteht).

Renner: Im Interesse der Einheit des Landes: Das Ganze ist ein Provisorium. Eine Landesordnung wird im Einverständnis mit allen ein definitives Verhältnis [zu] seiner Zeit schaffen.

Seitz: Die Frage wird auch davon abhängen, wie unser späteres Steuersystem ausschauen wird. Da dies nur provisorisch, müssen wir von dem heutigen Zustand ausgehen. Hier war nur ein Stellvertreter gemeint, der nicht Politiker ist, der das Geschäft gar nicht übernehmen kann. Es kann also dieser Stellvertreter nur ein Fachmann sein, ob das ein Beamter ist oder ein anderer Mann, der es versteht, ist gleichgültig. Dieser Mann muss aber den Weisungen der Zentralstelle Folge leisten, dem aber auch die Organe bis hinunter unterstehen. ~~Frage, ob nicht eine Verständigung der Finanzverwaltung~~ – Redner warnt davor, die Politiker damit zu befassen.

Kaan: Von enormer Bedeutung muss es sein, dass auch ein Fachmann an die Spitze gestellt wird. Vor das Wort Stellvertreter: ‚beamteter' setzen: authentische Interpretation durch den Staatsrat, wenn schon das Gesetz nicht geändert werden soll.

Beck: Wenn der Zustand übergeleitet werden soll, würde der ganze Schaden mitübernommen werden. Wenn wir an eine Reform schreiten, müssen wir trachten, die Verbindung zwischen der politischen und der Finanzverwaltung auf[zu]heben.

Steiner: Spricht zu al 1): Politisch sehr gefährlich. [Im] Wahlkampf, Vorsitzender ist Parteimann, muss sich in den Parteikampf stürzen.

Renner: Es ist eine Schwierigkeit der Dem.[okratie], sie ist aber in allen Ländern gelöst.

Ein entscheidendes öffentliches Amt kann aber jetzt nur durch Wahl erlangt werden. Bei der Wahlagitation wird sich diese Sache ganz anders gestalten. In der Wahlordnung soll auch dafür vorgesorgt werden, dass die Wahlleitung soweit getrennt wird von der politischen Verwaltung und so sehr an die Mitwirkung aller Parteien gebunden [wird], dass der Landeshauptmann mit seiner politischen Macht in allen Wahlgeschäften gar nichts ausrichten kann.

Die Collegial-Verwaltung ist ihrem Wesen nach anders als die Individual-Verwaltung, da sie sich nur auf die Methode verlegen kann, nicht aber auf das Meritum der Verwaltung selbst, das der Landesamtsdirektor führen soll. Regieren kann man nur im Collegium, durchführen kann nur ein Einzelner.

Zur Frage selbst besteht immer noch ein Missverständnis. Das vorliegende Gesetz will nicht reformieren, es will nur den Statthalter ablösen. Und da wird gesagt, dass in dieser Funktion den Statthalter nur ein Stellvertreter ablöst, bis die meritorische Regelung kommt. Damit kein Zweifel besteht.

1) Das Gesetz bezweckt nicht, eine materielle oder organisatorische Reform eines speziellen Dienstzweiges, sondern nur die Überleitung des Dienstes von den -
2) Infolgedessen handelt es sich nur darum, diejenigen Funktionen, die bisher der Statthalter als Vorsitzender ... einfach zu übertragen auf ein Mitglied der Landesregierung.
3) Und zwar wurde zur Entlastung des Landeshauptmannes nicht dieser selbst, sondern einer seiner Stellvertreter ...
4) Wegen der besonderen Wichtigkeit dieses Dienstes jedoch für den Gesamtstaat, wurde vorgeschrieben ...
5) Dieser ganze Zustand ist als provisorisch anzusehen; noch in dieser Legislaturperiode ...

§5.

Kaan: ~~Der Landeshauptmann und die Landesregierung~~ – ~~jene Funktionen, die bisher der~~ – ~~das sollte~~ – Die Verantwortlichkeit des Landeshauptmannes soweit sie fortbesteht.

Beschluss:

Renner: Dass die Landesregierung und der Landesrat, soweit sie die Geschäfte des früheren Landesausschusses führen der Landesversammlung verantwortlich sind, soweit die Landesregierung und der Hauptmann die Geschäfte der landesfürstlichen Verwaltung führen, sind sie der Staatsregierung verantwortlich.

Kaan: Jener Teil der Bezüge des Haupt[mannes] und Stellvertreters, welcher den früheren autonomen Wirkungskreis ~~nicht~~ entsprechen, ~~trennt~~ – wird aus autonomen Landesmitteln getragen, auf die nunmehrigen staatlichen Agenden entfallende Tätigkeit aus staatlichen Mitteln zu tragen sein wird – aus staatlichen Mitteln und bezüglich [der] Teilung die Landesversammlung mit Genehmigung des Staatsrates zu entscheiden hätte.

~~Zerdik~~:
Lodgman: Bei Fenz[61].
Zerdik: Wirkungskreis des Landesbaudirektors ist ein rein technischer; daher geht es wohl nicht gut an, dass man ihn unterstellt dem Landesamtsdirektor. Unmittelbare Unterstellung ...

(½3 HH).
Ernährung: Morgen 5h Ernährungsamt.
½10: Handelsministerium: Kriegs- und Übergangswirtschaft.
Compensationsfrage eventuell morgen Sitzung Handelsministerium.

Jokl: Al 3 zu §5: Der Wirkungskreis des Amtsdirektors [sollte] möglichst festgelegt werden. Bezüglich Funktionsgebühr gilt auch für das Gehalt des Amtsdirektors.

Freißler: Die Vollzugsanweisung muss darauf Bedacht nehmen, dass dieser Amtsdirektor auch eine gewisse Ellbogenfreiheit hat. Allzu sehr knebeln darf man ihn nicht, weil man sonst einen Tüchtigen nicht erhält.
Es darf kein willenloser Schreiber sein. Für die Teilung der Gewalt des Baudirektors ist jetzt keine Zeit.
~~Die Gebühr~~ Die Gehaltsfrage ist dringend. Man muss Diäten oder Entschädigung geben. Auf den Landesausschuss dies zu überwälzen, dagegen sprechen die ernstesten Bedenken. Das Liquid.[ations]-Geschäft spricht gegen die Aufhalsung aufs Land (Tschechen und Polen in Schlesien).
Bittet: 1) ~~Vollzugsanweisung~~ für den Landesverweser ist dringend notwendig. 2) Rasche Weisung über die Gebührenfrage (Gehaltssache).

Steiner: Bezüglich der Bezüge soll gemacht werden: Der Landesrat hat Beschluss gefasst, dem Hauptmann die Bezüge des gewesenen Landmarschalls an ... der frühere Landesausschuss; Diäten 20 K. den Landtagsabgeordneten.

Renner: Beschluss: 1) Was die Gebühren betrifft: Würde es sich empfehlen, dass die Landesversammlungen beschließen, sämtliche vom Volk selbst mittelbar Beauftragte mit Dienstbezügen auszustatten und zwar die Mitglieder der Landesversammlung, soweit sie nicht schon ... Diäten haben, mit eigenen Diäten fürs Land, Landesbeamte.
Die Landespräsidenten, -hauptleute wieder mit erhöhten Bezügen. Die Bezüge, die aus der Funktion (im Staatsdienste) hervorgehen, sollen nicht liquidiert werden. Die Herren sind Gewählte des Landes, das Land zahlt die Dienstbezüge. Die Refundierung dieses Betrags kann verlangt werden.
Der Mehraufwand der dadurch dem Landesfonds erwächst, ist aus den staatlichen Fonds zu refundieren bis zur Festsetzung der Landesordnung.
In den Ländern Sudeten[land] und Deutschböhmen, wo eigene Landesfonds für das Landesgebiet noch nicht errichtet sind, gehen diese Bezüge zu Lasten des Staatshaushaltes (auch der Beamten).
In Bezug auf die Landesbaudirektoren: wird ad sep.[aratum][62] verwiesen.
Stellung des Landesamtsdirektors: Glaube nicht, dass das im Wege einer Vollzugsanweisung durch den Staatsrat -. Diese Anweisung soll hier gemeinsam gemacht werden (Entwurf einer Dienstanweisung der Landesregierung an den Amtsdirektor; möglichst gleich für alle Länder).
Diese Dienstanweisung der Landesregierung soll formell erlassen werden von jedem Land selbst, aber tunlichst einheitlich für alle Länder.

Die Herren Landeshauptleute bzw. deren Stellvertreter sind gebeten, noch 10 Minuten dazubleiben, um Gelöbnis abzulegen.
Schluss ½1

---

61 Gemeint war Ministerialsekretär Dr. Arthur Fenz der Präsidialabteilung der Staatskanzlei, langjährig als Schriftführer im Kabinetts- und sodann Ministerrat tätig.

62 Ad separatum: besonders, gesondert.

Beamtenfrage: ¾1h[63]

Beck: Im Allgemeinen wurden die Richtlinien angenommen. Zweifel nur bezüglich der Übernahme deutsch-österreichischer Beamter. Wir sollen also Vorkehrungen treffen, dass so rasch als möglich Pensionierungen vorgenommen werden, die den Staatsschatz nicht zu belasten hätten (ausgedient mit vollem Anspruch).

Renner: Die Gebietsabgrenzungen in Jugoslawien, Brünn und Olmütz werden nicht durchgeführt werden.

Zerdik: Titelverleihungen bei Pensionierungen: Direktor.

¾3

§6

Loewenfeld-Ruß: Landeswirtschaftsämter: Entweder Aufrechterhaltung oder Umformung, welche die Landesstellen wünschen.

Freißler, Lodgman erzählen ihre Einrichtungen.

Dr. Kaan:

Loewenfeld-Ruß: Der Staatssekretär steht unter Ministerverantwortlichkeit. Seiner Stellung entspricht die verantwortliche Stellung der Regierung. Die Regierungen dürfen aber die Verantwortlichkeit der wirtschaftlichen Kommissäre nicht von sich weisen. Redner will nicht binden, aber muss auf der Durchführung seiner Anordnungen bestehen. Dem Staatsamt muss ein Organ unterstellt sein.

Renner: Rechtlich [ist die] Sache vollständig klar. ~~Der Nationalversammlung steht~~ – ~~Anweisungen gebunden~~ – Jeder Teil der Regierung ist an die Weisungen der Regierung gebunden. Ohne eine solche Einordnung kann man nicht die Geschäfte des Staates führen.

Lodgman: In Böhmen spezielle Verhältnisse.

Freißler: Man muss unterscheiden zwischen Prinzip und augenblicklicher Durchführung. Das Prinzip erkennen wir loyal an.

Renner: Die Wirtschaftskommissäre können nur als Landeswirtschaftsamt aufgefasst werden (Beschluss).

Loewenfeld-Ruß: Richtet sich gegen Steiermark und Salzburg.

Renner: Es wird den einzelnen Ländern nicht immer genau bewusst, dass sie zu der Zentralgewalt auch in einem Verhältnis gegenseitiger Dienste stehen. Ein Land liefert das eine mehr und umgekehrt. Dadurch besteht eine wechselseitige Abhängigkeit der Länder voneinander. Die Zentralgewalt bemüht sich außerordentlich, um in den Besitz der finanziellen Mittel zu kommen. Wir können uns nicht auf den Fuß der gegenseitigen Repression stellen. Wir könnten die Steiermark natürlich in die größte Verlegenheit bringen. Unterordnung aber muss hergestellt werden unbedingt und vorbehaltslos, wo ein Zentralamt im Auftrag der ganzen Nation verwaltet. Das gilt auch für das Organisatorische.

Wutte: Die staatliche Appar.[atur?] in der Steiermark hat vollkommen versagt. Über Wien konnten wir nicht die Verfügungen abwarten, wenn Wien selbst nichts hatte. Wir sind ein Durchzugsland der demoralisierten Armee, haben keine Grenze gegen den Süden. Den Wirtschaftskommissären, die die Eigenschaft eines Beamten haben, ~~obliegt~~ – Die Regierung hat uns als Landesausschuss-Beisitzer die Vollmacht gegeben, wir sind also der Regierung verantwortlich, aber auch dem Volk gegenüber.

Renner: So geht es eben nicht, wir dürfen einander nicht beschränken. Die Ordnung ist herzustellen.

Seitz: Das Gefährliche ist, wenn ein Land sich nicht nur selbst versorgt, sondern auch noch Compensations-Verhandlungen macht. Papier und Petr.[oleum]. Wir kommen in einen deutlichen Krieg. Die öffentliche Bewirtschaftung der notwendigen Artikel kann nur durch eine Zentrale erfolgen. Man muss auf dem Standpunkt stehen, dass die Dinge dem Staat gehören.

---

[63] Diese Passage scheint in der Reinschrift nicht auf. Es handelte sich um die Annahme der „Richtlinien für die vorläufige Behandlung der derzeit dringlichsten Staatsbedienstetenfragen", die in KRP Nr. 14/16 behandelt worden waren und dem genannten Protokoll als Nachtrag beiliegen.

Renner: Die Wirtschaftskommissäre der Steiermark sind also dieselbe Institution wie in den anderen Ländern die Wirtschaftsämter. Materiellen Kompensationen und unter der Verantwortung der Regierung und des Haupt[mannes], von dem leiten sie ihre Verantwortung ab. [...] darf nicht sagen können, dass er darüber keine Verantwortung habe.

~~Loewenfeld-Ruß~~:

~~Renner~~: ~~Beschluss: Das~~

Renner: Durch das System der Unterordnung unter die Regierung wird die Ordnung nicht gestört, im Gegenteil. Der Apparat soll ja nicht aufgehoben werden.

Pongratz:

Kaan: Die Institution der Wirtschaftskommissäre [ist] noch das Erbe des alten Regimes.

Renner: Infolge der augenblicklich herrschenden Zustände ist das Wirtschaftskommissariat in der Steiermark als eine übernommene Einrichtung zu tolerieren und es ist dahinzustreben, dass in der kürzesten Zeit dieses Wirtschaftsamt so umgestaltet wird, dass es in den normalen Rahmen der Landeswirtschaftsämter sich einfügt. Dabei muss selbständig Rücksicht genommen werden, dass nicht allein die Not eines Landes allein in Betracht kommen kann, sondern dass wir als eine Schicksalsgemeinschaft in Betracht kommen. Es muss aber als Grundsatz gelten, dass wir eine Wirtschaftsgemeinschaft halten.

[Am Rand, den letzten Absatz betreffend:] Beschluss.

Dem Staatsamt für Volksernährung zur Erwägung gegeben, dass ein Vertreter des ~~Wirtschaftskommissärs~~ Landes Steiermark ins Amt für Volksernährung berufen wird.

§5

Freißler: 1) Dass die Vollzugsanweisung des Staatsrates, womit die dem Landeshaupt[mann] zur persönlichen Erledigung vorbehaltenen Angelegenheiten aufgezählt werden, baldigst erlassen wird.

2) ~~Dass eine Abgrenzung für~~ – Dass die Staatskanzlei das Muster einer Geschäftsordnung für die Regierung, worin die Stellung und Dienstobliegenheiten des Landesamtsdirektors gekennzeichnet sind, möglichst bald verfasst und den Ländern zur Begutachtung zugesandt wird.

§6: Die Eid-Geschichte kann auch ein Bevollmächtigter machen.

§7:

Kaan: Unsere Amtsgebäude sind altes Landeseigentum.

Lemisch: Das Landesvermögen soll Landesvermögen bleiben; dies wollen wir erhalten sehen. Die selbständige Dotierung der Länder muss auch aufrecht bleiben.

Renner: Gemeint ist aus dem Geist der Überleitung: „gehen in die Verfügung über" vorbehaltlich des Eigentumsverhältnisses.

Kaan: Ersucht um eine entsprechende Änderung der Textierung.

Beschluss.

§8:

Kaan: Unbeschadet der Verantwortung gegenüber dem Landesrat und der Landesvertretung in Ansehung des reinen Landesvermögens.

§9

Kaan: Gehaltsverhältnis nach der Zusammenlegung: notwendig interimistisch vorbehaltlich späterer Verrechnung der Landesverwaltung gewisse Steuern zuweisen.

Beck: Eine gesonderte Gebarung und Rechnungsführung ...

Dazu (Beck) noch beifügen, dass die allgemeine Dotation der Statthaltereien auf die Regierungen übergeht.

Lodgman: Vorläufig ist also die Landesgesetzgebung aufrecht zu erhalten wie bisher.

Freißler: §9 und 10 von größter Wichtigkeit für die ganz besonderen Verhältnisse in Sudeten[land].

Steiner: Znaim (telegraphiert immer um Geld): die Dot.[ation] des Bezirkes Znaim muss vom Staatsamt für Finanzen beigestellt werden.

Lodgman: Ernennungsrecht: Soweit die Statthalterei bisher ernannt hat, ernennt auch die Landesregierung. Die höheren Beamten beantragt die Landesregierung; die werden entweder vom Staatssekretär oder Direkt.[orium] ernannt.

Renner: Unterscheidung zwischen Landes- und Staatsbeamten ein zu jäher Wechsel. Die Landesregierungen stellen Antrag, das Direkt.[orium] vollzieht dann die Ernennung in den oberen Stufen. Über das Geschehene wird ein Strich gemacht.

Beschluss: Die im §10, erster Absatz, letzter Satz, gegebene Vorschrift, dass die Landesregierung die Beamten der Landesregierung ernennt, ist so zu verstehen, dass der Landesregierung kein Beamter aufgenötigt werden kann, sondern dass der Staat die Initiative bei der Anstellung hat. Die Landesregierung stellt bezüglich der Ernennung den ~~erforderlichen~~ bei höheren Rängen erforderliche Antrag an den Staatsrat bzw. an das Direkt.[orium] des Staatsrates und diese ernennen wie bisher. Somit werden diejenigen, die bisher der Statthalter ernannt hat, von der Landesregierung selbst ernannt, diejenigen, welche von Ministern ernannt worden sind, werden von den betreffenden Staatssekretären ernannt, die vom Kaiser ernannt wurden, [werden] vom Direkt.[orium] ernannt. Bei Versetzungen ... bleibt es beim bisherigen Zustand.

Was die [...] zum Ernährungsressort gehörigen Beamten betrifft, ist Sache des Staatsamtes für Volksernährung.

§10

Freißler: Titel: Wird schon gemacht werden.

§11

Kaan: Im Rahmen der durch das Staatsgesetz zu erlassenden Grundsätze [soll] die gesetzliche Zuständigkeit der Landesversammlungen ~~in Ansehung der~~ – vorläufig unberührt bleiben.

Jokl: In jedem Bezirk [haben] Vollzugsausschüsse sich aufgetan. Legt Gewicht darauf, dass baldigst die Bezirksvertretungen errichtet werden.

~~Lodgman: Beantragt Abschaffung der Landesgesetzgebung.~~

Nach Antrag Fink: Fehlt das Wort: „Landes-“, Bezirks- und Gemeindevertretungen.

Freißler: Das wird ja durch ein späteres Gesetz geändert werden. Lassen wir die Frage der Landesgesetzgebung aus.

§12

~~Freißler:~~

Steiner: „Abordnungen in die Versammlungen des Landtages nicht zugelassen.“ Für Niederösterreich undurchführbar.

Gesetz erledigt: Schluss ½5

Fortsetzung ¾5

Renner: Bei den Zentralstellen eine Einrichtung getroffen, die sich sehr zweckmäßig erweist. Kontaktbeamte. Der persönliche Verbindungsdienst bezweckt, die Agenden zwischen der Staatsregierung und der Landesregierung auf das Äußerste zu beschleunigen. Der Mann soll im Einvernehmen mit den Landesregierungen bestellt werden; es soll ein geeigneter Funktionär werden. Mit Rücksicht auf unsere gegenwärtigen Verhältnisse ist diese Einrichtung unbedingt notwendig. Ohne eine solche Person können wir nicht auskommen.

Steiner und Kaan: Sprechen sich entschieden dagegen aus. Im Sudeten[land] sei das etwas ganz anderes, dort haben sie noch nicht nichts und müssen sich erst organisieren. Anders in den anderen Ländern.

Renner: Diese Länder waren bisher unter der Herrschaft von Statthaltern. Die Zentralstelle muss eine unmittelbare Verbindung zu den Landesregierungen haben, eigene Beamte; von uns bezahlt; Sichtung des Einlaufs kann entfallen.

Steiner: Zu weitgehende Beschränkung der Autonomie. Beantragt: Leitsätze zur Begutachtung übermitteln.

Wutte: Hält den Schwerpunkt darin gelegen, dass bei den Ministerien eine besondere Stelle geschaffen wird, die immer telephonisch erreichbar ist und bei der alle Angelegenheiten abdiktiert werden können.

Loewenfeld-Ruß: In jedem Ministerium Präsidialbüro. Dagegen vielleicht erwünscht, dass je ein Beamter der Landesregierung in den Zentralstellen untergebracht wird.
Wutte: Von 8h abends bis 9h abends wird amtiert. Post op.[eriert] überhaupt nicht, [...] geht es nicht mit dem Telephonieren.
Renner: Die Sache könnte als vorübergehend gedacht werden.
Wutte: Dass man von der Zentralregierung vor Verfügungen immer die Landesregierungen fragt, damit wäre die Schwierigkeit beseitigt.
Kaan: Ein eigener telephonischer Draht.
Wutte: Schließt sich dem Staatsamt für Volksernährung an.
Renner: Wir bestellen die Verbindungsbeamten dort; es muss jemand verantwortlich sein, mit dem man sprechen kann. Ebenso muss auch ein solcher Dienst hier eingeführt werden (Präsidialdienst). Dienststunden gegenseitig zu melden.
Wir haben keine Schematismen (Namen der Referenten; Departementseinteilung).
Die Länder, welche solche Beauftragte (Sudetenland, Deutschböhmen, Tirol – [)]
Bezüglich der anderen Länder soll Verbindung hergestellt werden, dass hier der Präsidialdienst geordnet wird wie dort, und dass dort auch ...
Wutte: Frage, ob das eine dauernde Regierungseinrichtung ist, dass gewissen Personen Vollmachten ausgestellt werden, die hinaus reisen können und Anordnungen treffen sollen.
Renner: Die Vollmachten älteren Datums (auf dem Staatsratsbeschluss beruhend) sind mittlerweile eingezogen; jetzt solche Vollmachten sollen nicht mehr ausgefertigt werden, ohne dass die Landesregierungen gleichzeitig durch Abschriften der Vollmacht verständigt werden.
Wutte: [...] Steiermark: Eisenindustrie. Wir müssen trachten, dass die Industrie keine Entlassungen vornimmt, dass aber auch die Arbeiter dort verbleiben können. KM Erlass, 75 % der Verdienste sind auszuzahlen. Die Eisenindustrie hat nun 70 % auszuzahlen sich bereit erklärt. Das muss nun einheitlich vom Staatsamt für Sozialfürsorge geregelt werden.

Sozialfürsorge: Im großen Sitzungssaal ~~Handelsministerium~~ Außenministerium unbedingt auch hinkommen (Gewinnung des Höllendinger Phosphatdüngers dem Staat vorbehalten).

Gendarmerie (Hauptmann Vollmacht, die Gendarmerie zu organisieren).

Finanzen (?Lokführer Operat.[ions]-Kasse der Isonzoarmee).

Steiner: Die älteren Gendarmerie-Offiziere sollen jetzt nicht pensioniert werden (Kommandanten).

16.[1]

[Dienstag] 1918-11-26

Vorsitz: Renner
Anwesend: Bauer, Beck, Glöckel, Grimm, Hanusch, Jukel, Kaup, Marckhl, Mayer, Pacher, Resch, Roller, Steinwender, Stöckler, Urban
Schriftführer: unbekannt
Dauer: 16.00–17.30 Uhr

Reinschrift, Konzept, Stenogramm

Inhalt:
1. Vollzugsanweisung, betreffend die Weiterauszahlung der staatlichen Unterhaltsbeiträge für die Angehörigen von Mobilisierten.
2. Beigabe einer Kommission von drei Persönlichkeiten (Bürger, Bauer und Arbeiter) an die Bezirkshauptmannschaften.
3. Durchführung des Staatsratsbeschlusses, betreffend den Besitzanspruch des deutschösterreichischen Staates auf die deutschen Hochschulen in Prag und Brünn.
4. Ausfolgung von General- und Spezialkarten an die südslawische Regierung.
5. Errichtung eines Vorbereitungsdienstes für die Friedensverhandlungen im Staatsamte des Äußern.
6. Archivschutz.
7. Ausarbeitung neuer Schul-Lesebücher.
8. Flüchtlingsfürsorge.
9. Beschlagnahme der Vermögensbestände und Einrichtungen der österreichischen Gesellschaft vom Roten Kreuz.
10. Übernahme der Verwaltung des Kaiserin Zita Krankenhausfonds.

Beilagen:
1 Zu Punkt 1: Vollzugsanweisung, betreffend die weitere Auszahlung der staatlichen Unterhaltsbeiträge für die Angehörigen von Mobilisierten (1¼ Seiten, mit Konzept).
2 Zu Punkt 8: Flüchtlingsfürsorge (4 Seiten, mit Konzept).

1
Vollzugsanweisung, betreffend die Weiterauszahlung der staatlichen Unterhaltsbeiträge für die Angehörigen von Mobilisierten

Unterstaatssekretär G l ö c k e l berichtet über den dem Protokoll angeschlossenen, in einer gemeinsamen Sitzung von Vertretern der Staatsämter für soziale Fürsorge und Heerwesen sowie des Wiener Magistrates vereinbarten Entwurf einer Vollzugsanweisung, betreffend die Weiterauszahlung der staatlichen Unterhaltsbeiträge für die Angehörigen von Mobilisierten.[2]

---

1 Das Protokoll trägt den Vermerk *Vertraulich!*

2 Beilage 1: Vollzugsanweisung (1¼ Seiten). Mit dieser Vollzugsanweisung sollte allen im Sinne des RGBl. Nr. 313, Gesetz vom 27. Juli 1917, betreffend die Neuregelung des Unterhaltsbeitrages für die Dauer des gegenwärtigen Krieges, ausgegeben am 29. Juli 1917, anspruchsberechtigten Personen der Unterhaltsbeitrag bis 30. November 1918 im bisherigen und von 1. bis 31. Dezember 1918 in der Hälfte dieses Ausmaßes weitergewährt werden, wenn der Betroffene in Deutschösterreich heimatberechtigt war und der Anspruch gemäß den Bestimmungen des RGBl. Nr. 313/1917 „lediglich aus

Die wichtigste Bestimmung dieser Vollzugsanweisung gehe dahin, dass der Unterhaltsbeitrag vom 1. bis 31. Dezember 1918 lediglich in der Hälfte des gesetzlich festgelegten Ausmaßes weitergewährt werde. Mit 1. Jänner habe sohin jede Leistung des Unterhaltsbeitrages aufzuhören.

Die Staatssekretäre H a n u s c h und Dr. B a u e r machen gegen den Zeitpunkt der vollständigen Einstellung der Unterhaltsbeiträge Bedenken geltend, da dieser Endtermin mit dem wirtschaftlichen Tiefpunkte zusammenfalle und aller Voraussicht nach auch die Lebensmittelpreise bis dahin noch nicht gesunken sein werden. Unterstaatssekretär Dr. von G r i m m weist demgegenüber darauf hin, dass die staatsfinanzielle Lage eine weitere Gewährung des Unterhaltsbeitrages ganz unmöglich mache. Die vorgeschlagene Maßnahme könne umso unbedenklicher getroffen werden, als ohnedies durch die Arbeitslosen- und Angestelltenunterstützung entsprechend vorgesorgt sei.

Der Kabinettsrat beschließt, den Staatssekretär für Heerwesen einzuladen, die Ermächtigung zur Erlassung dieser Vollzugsanweisung beim Staatsrate einzuholen.[3]

2

Beigabe einer Kommission von drei Persönlichkeiten (Bürger, Bauer und Arbeiter) an die Bezirkshauptmannschaften

Laut Mitteilung des Vorsitzenden liege die Anregung vor, dass jeder Bezirkshauptmannschaft zur Stärkung ihrer Autorität eine aus drei Persönlichkeiten (Bürger, Bauer und Arbeiter) bestehende Kommission beigegeben werde.

Unterstaatssekretär M a r c k h l erklärt sich mit dieser Anregung mit der Maßgabe einverstanden, dass diese Kommission nicht berechtigt sei, bestimmend in die Verwaltung einzugreifen, sondern dass sie lediglich beratend zu wirken habe. Staatssekretär R o l l e r verweist auf die bereits bestehende Einrichtung der Bezirkswirtschaftsräte, die nach denselben Gesichtspunkten zusammengesetzt seien.

Der Kabinettsrat beschließt, das Staatsamt des Innern einzuladen, im Einvernehmen mit dem Staatsamte für Volksernährung ein Organ in der Art der Bezirkswirtschaftsräte zu schaffen, welches den Bezirkshauptmannschaften ohne Beeinträchtigung ihrer Kompetenzen beizugeben wäre.[4]

---

dem Grunde der Rückkehr des Herangezogenen anlässlich der Abrüstung [...] erloschen wäre". Der Entwurf stimmt mit StGBl. Nr. 55, Vollzugsanweisung des Deutschösterreichischen Staatsrates vom 27. November 1918, betreffend die weitere Auszahlung des staatlichen Unterhaltsbeitrages für die Angehörigen von Mobilisierten, ausgegeben am 29. November 1918, nicht vollständig überein. Neben rein stilistischen Änderungen wurde ein im Entwurf inhaltlich weitgehend redundanter Absatz des § 1, betreffend die Weitergeltung früherer Bestimmungen, gestrichen und mit § 3 verschmolzen, der nunmehr besagte, dass die Bestimmungen des RGBl. Nr. 313/1917 sowie jene des RGBl. Nr. 119, Gesetz vom 28. März 1918, betreffend die Gewährung von Zuwendungen an Mannschaftspersonen, deren Angehörige und Hinterbliebene, ausgegeben am 31. März 1918, mit der Änderung unberührt bleiben sollten, dass die damit verbundenen Amtshandlungen nunmehr dem Staatsamt für Heereswesen zukamen.

[3] Vgl. SRP Nr. 47 vom 26. November 1918 und Nr. 48 vom 27. November 1918, zu Fragen im Zusammenhang mit Unterhaltsbeiträgen weiters auch KRP Nr. 13/10, Nr. 23/1, Nr. 26/6, Nr. 29/3, Nr. 32/8 und Nr. 34/10 und 11.

[4] Zur Bildung der gegenständlichen Beiräte kam es trotz anfänglich positiver Einschätzung des Unterfangens, vor allem seitens des Staatsamtes für Inneres, schließlich nicht. Informationen zur Angelegenheit finden sich in AdR, StK, GZl. 1.386/1919, Schaffung von Beiräten der Bezirkshauptmannschaften.

3
Durchführung des Staatsratsbeschlusses, betreffend den Besitzanspruch des d.ö. Staates auf die deutschen Hochschulen in Prag und Brünn

Staatssekretär P a c h e r wirft die Frage auf, wie der in der Sitzung des Staatsrates vom 11. November 1918 gefasste Beschluss, betreffend die Erhebung des Besitzanspruches auf die deutschen Hochschulen in Prag, praktisch durchzuführen sei.[5]

Staatssekretär Dr. B a u e r erklärt, dass Verhandlungen in diesem Belange mit der tschechoslowakischen Regierung derzeit aussichtslos seien, weil deutschösterreichischerseits hiebei wohl nur eine Verlegung der Prager Hochschulen nach Deutschböhmen in Betracht käme.

Nach einer Wechselrede, an welcher sich die Staatssekretäre Dr. U r b a n sowie die Unterstaatssekretäre Dr. von B e c k und M a r c k h l beteiligten,[6] gibt der Vorsitzende der Ansicht Ausdruck, dass die aufgeworfene Frage im Hinblick auf ihre politische und finanzielle Tragweite bezüglich jeder einzelnen Anstalt besonders erwogen werden müsse. Vor allem sei es daher notwendig, dass das Staatsamt für Unterricht ein genaues Inventar der in den fremdnationalen Gebieten liegenden deutschen Kulturstätten aufnehme und Vorschläge in der Richtung ausarbeite,

a) welche Schulen auf deutschösterreichisches Gebiet zu übertragen,

b) welche Schulen an ihrem Standort zu belassen und exterritorial zu stellen,

c) welche Schulen an ihrem Standort zu belassen, nicht exterritorial zu stellen, dagegen mit nationaler Autonomie auszustatten, schließlich

d) welche Schulen den fremdnationalen Staaten (eventuell gegen welche Kompensationen) zu überlassen seien.

Die hiebei in Betracht kommenden finanziellen Fragen wären im Einvernehmen mit dem Staatsamt für Finanzen zu bereinigen. Der in diesem Sinne ausgearbeitete Vorschlag wäre sodann dem Staatsrate zu unterbreiten.

Der Kabinettsrat schließt sich dieser Ansicht an.[7]

---

5 Vgl. SRP Nr. 30 vom 11. November 1918, wo u. a. beschlossen worden war: „Der Staat Deutschösterreich erklärt die deutsche Universität in Prag, die deutschen technischen Hochschulen in Prag und in Brünn, sowie die Universität in Czernowitz als Besitz des deutschösterreichischen Staates und nimmt das diesen Hochschulen zugehörige gesamte bewegliche und unbewegliche Staatseigentum in Anspruch; ferner behält er sich vor, das gesamte zu diesen Hochschulen gehörige Personal in den Deutschösterreichischen Staat aufzunehmen und als Angehörige des Deutschösterreichischen Staates zu verwenden."

6 Vgl. das Stenogramm.

7 Vgl. weiter KRP Nr. 20/9; weiters SRP Nr. 49 vom 28. November 1918, wo der Beschluss des Staatsrates vom 11. November nochmals bekräftigt und diesbezügliche Verhandlungen mit den tschechoslowakischen Behörden ins Auge gefasst wurden. Weiters wurde erklärt: „Die Prager Deutsche Universität und die Prager Deutsche Technische Hochschule werden von der Republik Deutschösterreich als deutschösterreichisches Besitztum für jetzt und für alle Zukunft in Anspruch genommen." Vgl. auch Wiener Zeitung, 29. November 1918, S. 3 „Die Prager deutschen Hochschulen". Zur Geschichte der Deutschen Universität Prag – die Prager Karls-Universität war 1882 in eine tschechische und eine deutsche Einrichtung geteilt worden – und ihres Verhältnisses zu ihrem tschechischen Gegenpart vgl. etwa Hans Lemberg (Hg.), Zur Geschichte der Prager Universitäten im 19. und 20. Jahrhundert (= Veröffentlichungen des Collegium Carolinum 86), München 2003. Zur Deutschen Technischen Hochschule Prag vgl. Joseph Johann Boehm, Die Deutsche Technische Hochschule in Prag und ihre Vorstufen. Zweieinviertel Jahrhunderte akademische deutsche Ingenieurausbildung (1718–1945), München 1991.

4

Ausfolgung von General- und Spezialkarten an die südslawische Regierung

Unterstaatssekretär G l ö c k e l verliest ein Telegramm, worin die südslawische Regierung um Überlassung der General- und Spezialkarten des südslawischen Gebietes bittet.

Der Staatsrat für Heerwesen wird ermächtigt, die verlangten Karten mit Ausnahme jener von Kärnten und Steiermark zu überlassen.

5

Errichtung eines Vorbereitungsdienstes für die Friedensverhandlungen im Staatsamte des Äußern[8]

Staatssekretär Dr. B a u e r teilt mit, dass er die Absicht habe, im Staatsamte des Äußern einen Vorbereitungsdienst für die Friedensverhandlungen einzurichten und diesen unter die Führung des Ministers a. D. Dr. Franz K l e i n[9] zu stellen. Hiedurch würden die übrigen Staatsämter an ihren ressortmäßigen Arbeiten bezüglich der Vorbereitung für die Friedensverhandlungen in keiner Weise behindert werden. Er bitte die Kabinettsmitglieder, dem Genannten jede mögliche Unterstützung zu gewähren.

Der Kabinettsrat nimmt diese Mitteilung genehmigend zur Kenntnis.[10]

6

Archivschutz

Der Vorsitzende teilt mit, dass ihm eine Deputation der Archivbeamten den im Denkmalamt in Verwendung stehenden Dr. Hans T i e t z e[11] als geeigneten Kommissär zum Schutz der in den einzelnen Zentralstellen erwähnten wertvollen Archive vorgeschlagen habe; eine unter Beiziehung Dr. Tietzes zu bestellende Kommission hätte auch die Auseinandersetzung mit den anderen Nationen vorzubereiten.

Staatssekretär Dr. B a u e r verweist darauf, dass mit der Aufsicht über das Haus-, Hof- und Staatsarchiv, das Hofkammerarchiv und das Archiv für politische Korrespondenz des ehemaligen Ministeriums des Äußern bereits der Präsident der Akademie der Wissenschaften Professor Dr. Oswald R e d l i c h[12] bestellt wurde. Was die Auseinandersetzung mit den anderen Nationen betreffe, so sei die allergrößte Vorsicht geboten. Die eventuelle Teilung der Archive müsse grundsätzlich der späteren Liquidierung vorbehalten werden; vorläufig könne lediglich ein Mitbeaufsichtigungsrecht durch Bevollmächtigte der fremdnationalen Regierungen zugestanden werden.

---

8 Die stenografische Aufzeichnung über diesen Punkt ist übertitelt mit *Bisherige Fühlungnahme mit der Entente* und setzt dementsprechend mit einigen diesbezüglichen Wortmeldungen ein, die in der Reinschrift nicht berücksichtigt wurden. Zu den Lebensmittelverhandlungen mit der Entente vgl. auch KRP Nr. 10, Anmerkung 10, weiters Nr. 12/4, Nr. 17/5, Nr. 26/1, Nr. 27/1, Nr. 28/2 und Nr. 31/1.

9 Dr. Franz Klein, 1905 bis 1918 Mitglied des Herrenhauses, 2. Juni 1906 bis 15. November 1908 und 31. Oktober bis 20. Dezember 1916 Justizminister, 1919 Mitglied der österreichischen Delegation bei den Friedensverhandlungen in Saint-Germain.

10 In den Beständen des AdR, BKA/AA konnten keine Informationen zur Einrichtung einer solchen Abteilung eruiert werden. Aktenmaterial zur (deutsch-)österreichischen Friedensdelegation für die Friedensverhandlungen in Saint-Germain aus den Jahren 1919 bis 1921 findet sich jedoch in AdR, BKA/AA, NAR, Fach 3, Friedensdelegation 1–7.

11 Dr. Hans Tietze, Kunsthistoriker, Privatdozent für mittelalterliche und moderne Kunstgeschichte, 1919 bis 1925 Referent für museale Angelegenheiten im Staatsamt bzw. Bundesministerium für Unterricht.

12 Dr. Oswald Redlich, Historiker und Archivar, 1919 bis 1938 Präsident der Österreichischen Akademie der Wissenschaften.

Der Kabinettsrat nimmt die vom Staatssekretär Dr. B a u e r entwickelten Grundsätze zustimmend zur Kenntnis und beschließt die Betrauung Dr. Tietzes mit der vom Vorsitzenden bezeichneten Aufgabe.[13] Die bereits von Professor Dr. Redlich beaufsichtigten Archive hätten hiebei außer Betracht zu bleiben.[14]

7
Ausarbeitung neuer Schul-Lesebücher

Unterstaatssekretär G l ö c k e l lenkt die Aufmerksamkeit des Staatssekretärs für Unterricht auf den Umstand, dass die dermalen in den Schulen verwendeten Lesebücher den gegenwärtig geänderten Verhältnissen nicht entsprechen und daher umzuarbeiten wären. Auch sei es notwendig, die Lehrpersonen auf den deutschösterreichischen Staat anzugeloben.

Der Kabinettsrat stimmt diesen Ausführungen zu.[15]

8
Flüchtlingsfürsorge

Unterstaatssekretär M a r c k h l erörtert die Frage, welchen Einfluss die letzte Änderung der staatlichen Einrichtung auf die Flüchtlingsfürsorge habe und erbittet die Ermächtigung, eine Regelung der Flüchtlingsfürsorge unter Berücksichtigung der in der Beilage dargeleg-

---

[13] Der folgende Satz wurde im Konzept handschriftlich ergänzt.

[14] Zu den Bestellungen Redlichs und Tietzes vgl. auch SRP Nr. 47 vom 26. November 1918, zu Tietze weiters AdR, StK, GZl. 711/1919, Bestellung eines Regierungskommissärs für die staatlichen Archive. Zu Leben und Wirken Tietzes vgl. Susanne Gerold, Hans Tietze 1880–1954: eine Biographie, phil. Diss., Wien 1985. Zur Geschichte der österreichischen Archive in der Zwischenkriegszeit vgl. Michael Hochedlinger, Österreichische Archivgeschichte. Vom Spätmittelalter bis zum Ende des Papierzeitalters, Wien/Köln/Weimar 2013, S. 167–208, zu den Veränderungen in den Archiven im unmittelbaren Gefolge des Zusammenbruchs der Monarchie speziell S. 169–171, zum „Kampf um das archivalische Erbe“ mit den Nachfolgestaaten S. 171–175. Weiters vgl. AdR, StK, GZl. 1.068/4/1919, Gefährdung der Archive und Registraturen durch Ansprüche fremdnationaler Staaten; BGBl. Nr. 159, Übereinkommen zwischen Österreich, Ungarn, Italien, Polen, Rumänien, dem Königreiche der Serben, Kroaten und Slowenen und der Tschecho-Slowakei, betreffend archivalische Fragen, ausgegeben am 27. Mai 1924.

[15] Vgl. dazu AdR, StK, GZl. 1.050/1918, Schaffung neuer Lehr- und Lesebücher für die allgemeinen Volks- und Bürgerschulen in Deutschösterreich. Der Akt enthält ein Schreiben des Staatsamtes für Unterricht vom 9. Dezember 1918, in dem auf die Notwendigkeit der Erarbeitung neuer Schulbücher hingewiesen wurde. Da diese Arbeiten jedoch einige Zeit erfordern würden, werde man alle Schulbücher für die Übergangszeit mit einem Anhang versehen, zu dessen Schaffung ein Arbeitsausschuss gebildet werde. „Gleichzeitig wird auch bei den einzelnen Landesschulbehörden die Einsetzung von Kommissionen veranlasst, welchen die Aufgabe zufällt, die dermalen an den allgemeinen Volks- und Bürgerschulen im Gebrauche stehenden Lehr- und Lesebücher eingehend zu überprüfen und jene Stellen in diesen zu kennzeichnen, von deren Behandlung beim Unterrichte in Hinkunft abzusehen sein wird [...]. Vorher ist schon die Entfernung der Kaiserbilder, der Volkshymne und der auf den letzten Regierungswechsel bezugnehmenden Lesestücke, die in den Lesebüchern vor dem eigentlichen Lesestoffe eingefügt waren, aus den Lesebüchern des staatlichen Schulbücherverlages veranlasst worden.“ Zur Frage der Überprüfung der bislang gebräuchlichen Schulbücher vgl. auch AVA, StAU, Zl. 1.637/1918, Neuauflage von Lehrbüchern für die deutsch-österreichischen Schulen. Eine entsprechende Kommission wurde aufgrund eines Erlasses des Staatsamtes für Unterricht vom 13. Dezember 1918 eingerichtet, vgl. dazu im vorgenannten Bestand Zl. 4.568/1919, Lehr- und Lesebücher für allg. Volks- und Bürgerschulen, Überprüfung. Der Akt enthält auch umfangreiche Verzeichnisse der zu überprüfenden Lehrbücher. Zum Thema vgl. weiters Roman Pfefferle, Schule macht Politik: Schulbücher als Gegenstand politischer Kulturforschung am Beispiel politischer Erziehung im Österreich der Zwischenkriegszeit, phil. Diss., Wien 2009; ders., Schule – Macht – Politik: politische Erziehung in österreichischen Schulbüchern der Zwischenkriegszeit, Marburg 2010.

ten Grundsätze[16] im Wege eines Erlasses des Staatsamtes des Innern an die Unterbehörden durchzuführen.

Der Kabinettsrat erteilt die erbetene Ermächtigung.[17]

9

Beschlagnahme der Vermögensbestände und Einrichtungen der österr. Gesellschaft vom Roten Kreuz

Staatssekretär Dr. K a u p erbittet und erhält die Ermächtigung zur Durchführung der von der österr. Gesellschaft vom Roten Kreuze gewünschten Beschlagnahme ihrer Vermögensbestände und Einrichtungen.[18]

---

16 Beilage 2: Flüchtlingsfürsorge (4 Seiten). In der Beilage wurde darauf hingewiesen, dass die Flüchtlingsfürsorge bisher durch RGBl. Nr. 15, Gesetz vom 31. Dezember 1917, betreffend den Schutz der Kriegsflüchtlinge, ausgegeben am 11. Jänner 1918, geregelt gewesen war, das bis auf Weiteres in vorläufiger Geltung verbleibe, da es von der Provisorischen Nationalversammlung weder aufgehoben noch abgeändert worden sei. Da dieses Gesetz „nur eigene Staatsbürger im Auge" habe, sei es „für Deutschösterreich ab 12. November 1918" – dem Datum des StGBl. Nr. 5 über die Staats- und Regierungsform Deutschösterreichs – allerdings nur insofern in Gültigkeit geblieben, „als es sich um deutschösterreichische Staatsbürger handelt". Für diese Staatsbürger bleibe die bisherige gesetzliche Fürsorgepflicht im vollen Umfang bestehen. Da sich am 12. November aber noch zahlreiche Kriegsflüchtlinge auf dem Gebiet des deutschösterreichischen Staates befanden, die andere Staatsbürgerschaften besaßen, „wurde unter der Voraussetzung des Einverständnisses der betreffenden Nationalstaaten [...] beschlossen, diesen Flüchtlingen, um sie nicht plötzlich dem Elende preiszugeben, bis 30. November aus gemeinsamen Mitteln der Teilstaaten eine beschränkte Flüchtlingsfürsorge angedeihen zu lassen". Im Folgenden wurden die Grundsätze angeführt, nach denen diese beschränkte Fürsorge abgewickelt werden sollte. So sollten unbemittelte Flüchtlinge deutscher Nationalität aus „Billigkeitsrücksichten" den deutschösterreichischen Staatsangehörigen gleichgestellt werden. Kriegsflüchtlinge „nichtdeutscher Nationalität" sollten dagegen bis 30. November 1918 in der eingeschränkten Fürsorge belassen werden, die „in den Lagern lediglich die kostenlose Unterkunft und Verpflegung" sowie die unbedingt notwendige Bekleidung umfasse. Zahlungen auf rückständige Flüchtlingsunterstützungen dürften in keinem Falle gewährt werden, weiters bestehe kein formelles Rekursrecht, da es sich nicht um gesetzliche Ansprüche handle. Die Heimbeförderung dieser Flüchtlinge sei weiters „mit aller Beschleunigung durchzuführen" und entsprechende Verhandlungen mit den in Betracht kommenden Nationalstaaten ehestens einzuleiten. Nach dem 30. November 1918 sollten im Wesentlichen „nur Kinder unter 14 Jahren, Kranke und nicht transportfähige Personen aus Menschlichkeitsgründen unter Vorbehalt aller Regressansprüche gegen den betreffenden Nationalstaat" in der beschränkten Flüchtlingsfürsorge belassen werden. Alle anderen Kriegsflüchtlinge „wären der Regierung oder der Gesandtschaft ihres Nationalstaates zur Verfügung zu stellen". Sei die „Zurverfügungstellung" nicht möglich, sollten zumindest in Lagern untergebrachte Flüchtlinge vorerst weiterversorgt werden, auch war an eine Arbeitsvermittlung gedacht, allerdings nur unter Evidenzhaltung und möglichst baldiger Heimbeförderung solcher Flüchtlinge. Das Konzept der Beilage weist keine erwähnenswerten Unterschiede auf.

17 Der Entwurf einer Vollzugsanweisung, betreffend den Schutz der Kriegsflüchtlinge, wurde dem Kabinettsrat in KRP Nr. 21/3 vorgelegt, vgl. ebendort. Zum Schutz der Kriegsflüchtlinge vgl. weiters auch KRP Nr. 28/3. Aktenmaterial zur Thematik mit dem Schwerpunkt auf der Verwaltung der Kriegsflüchtlingsfürsorge und der Flüchtlingslager findet sich im Bestand AdR, BKA-Inneres, Sonderlegungen, Kriegsflüchtlingsfürsorge 1914–1921.

18 In der Sitzung des Staatsrates vom 7. November 1918 war über Antrag Kaups u. a. beschlossen worden, die „Anstalten und das Personal der Österreichischen Gesellschaft vom Roten Kreuze", soweit sie dem Kriegsministerium und dem Ministerium für Landesverteidigung unterstanden, „dem Wirkungsbereiche des Staatsamtes für Volksgesundheit" zuzuweisen. Vgl. SRP Nr. 22. Zu einer Liquidierung der Österreichischen Gesellschaft vom Roten Kreuz, die nach Ende des Ersten Weltkriegs im Raum stand und über die die Bundesversammlung der Gesellschaft im Dezember 1919 sogar Beschluss fasste, kam es nicht. Vgl. dazu Rotes Kreuz 1880–1930. Gedenkschrift. Herausgegeben anlässlich des fünfzigjährigen Bestandes der Österreichischen Gesellschaft vom Roten Kreuze, Wien 1930, S. 7 f.

10

Übernahme der Verwaltung des Kaiserin Zita Krankenhausfonds

Staatssekretär Dr. K a u p teilt mit, dass der Kaiserin Zita[19] Krankenhausfond sein Vermögen in die Verwaltung des Staatsamtes für Volksgesundheit gestellt hat.

Der Kabinettsrat nimmt diese Mitteilung zur Kenntnis.

Vgl. auch KRP Nr. 28/4. Zur Geschichte der Österreichischen Gesellschaft vom Roten Kreuz in der Zwischenkriegszeit vgl. Walter Vilt, Die Entwicklung der Österreichischen Gesellschaft vom Roten Kreuz von den Anfängen bis in die Gegenwart, phil. Diss., Wien 1981, S. 190–246, zur hier relevanten Frage der Reorganisation der Gesellschaft und einer möglichen Liquidation nach Kriegsende speziell S. 190–195.

19 Zita Maria delle Grazie, Gattin Kaiser Karls I., 22. November 1916 bis 11. November 1918 Kaiserin von Österreich, Mitglied des Hauses Bourbon-Parma.

Stenogramm vom 26. November 1918

Nr.16, 26./ XI.

Dienstanweisung für die obersten Behörden

Glöckel: Referiert über die Vollzugsanweisung. Ab 1. XII. den Unterhaltsbeitrag auf die Hälfte herabzusetzen, sonst Schwierigkeiten mit der Arbeitslosenunterstützung; ob Cabinett einverstanden ist. Eine andere Einschränkung sollten wir nicht geben.
Zweiter entscheidender Punkt. Wir denken daran, mit Ende Dezember Unterhaltsbeitrag überhaupt einzustellen, dann Arbeitslosenunterstützung.
Renner: Ermächtigung des Staatsrates muss eingeholt werden. Die beteiligten Staatssekretäre sollen mit den Parteien Fühlung nehmen damit nicht im Staatsrat wieder Einwendungen erhoben werden.
Glöckel: Der Finanzminister hat schwerste Bedenken gegen die volle Weiterzahlung.
Roller: Wäre eine Diff.[erenzierung] nicht möglich, dass alleinstehende Witwen, oder solche mit einem Kind nicht doch einen höheren Betrag bekommen? Wenn die Manipulation so schwierig, so würde er absehen.
Glöckel: -
Grimm: Differenzierung nicht möglich, monatlich. Mit Sudetenland 117 Millionen.
Roller: Zieht seinen Antrag zurück.
Hanusch: Wie sehr ich begreife, so steigen mir doch hinsichtlich vieler Personen Bedenken auf, ob die ab 1. I. 19 ohne Unterhaltsbeitrag leben können. Nicht alle fallen unter die Arbeitslosen- oder Angestelltenunterstützung. Abbau soviel als möglich, aber rücksichtslos [...] auf die wirtschaftlichen Verhältnisse.
Glöckel: Nach dem Gesetz ist die glatte Einstellung des Unterhaltsbeitrages möglich. Was wir tun, ist über das Gesetz [hinausgehend]. Der Abbau muss so mechanisch als möglich sein.
Grimm: Die Leute, die heute noch unter das Unterhaltsgesetz fallen, werden in der Regel auch unter die Arbeitslosenunterstützung fallen.
Bauer: Auch im Ausland beträchtliche Rolle. In Deutschland haben die Konsulate nicht auszahlen können. Es muss auch eine Verfügung getroffen werden.
Der Zeitpunkt 1. Jänner [ist] nicht sehr glücklich. Man müsste den Abbau im Einklang mit den allgemeinen wirtschaftlichen Verhältnissen bewirken. Wenn es finanziell möglich, noch einen Monat hinausschieben aus sozialen Gründen wünschenswert. 1. Jänner wirtschaftlicher Tiefpunkt. Etwa 1. Februar für die endgültigen -.
Glöckel: Wäre sehr geneigt, bis 1. Februar den halben Unterhaltsbeitrag zu zahlen.
Grimm: Das Zugeständnis bis 1. XII. unter der Voraussetzung, dass wir das Geld bekommen. Wenn wir Geld bekommen, können wir ja -.
Hanusch: [Für] alle, die die Arbeitslosenunterstützung beziehen, hört der Unterhaltsbeitrag auf. Dadurch bringen wir das Gros der städtischen Bevölkerung aus der Unterstützung heraus.
~~Grimm: Die~~ -
Renner: Die Frage wird an – wird vorgelegt von Heereswesen-Vertreter.

5.
Marckhl: In Krems hat sich ein Nationalrat für Krems gebildet.[20] Kontrolle über den Bezirkshauptmann[21]. Es wurde die Bildung von Nationalräten bereits untersagt.

---

20 Angesichts von Plünderungen hatte sich am 1. November 1918 in der Stadt Krems provisorisch ein aus christlichsozialen, deutschfreiheitlichen und sozialdemokratischen Vertretern zusammengesetzter „Nationalrat“ gebildet, um Maßnahmen „zum Schutze und zur Sicherheit der Bewohner der Stadt“ zu ergreifen. Der „Nationalrat“ hatte beschlossen, die Kontrolle über die Stadt Krems zu übernehmen, eine eigene Volkswehr aufzustellen und die Versorgung der Stadt mit Lebensmitteln und Brennmaterial

Man soll dem Bezirkshauptmann einen Beirat mit beratender Stimme beigeben. Aus wirtschaftlichen und sozialen Gründen einen Beirat – wäre beizuziehen in allen wichtigen Fragen, dürfte aber nicht bestimmend eingreifen.

Renner: Das Staatsamt des Innern soll einen Antrag auf Einsetzung des Beirates ausarbeiten.

Roller: Es besteht schon der Bezirkswirtschaftsrat, der nach denselben Gesichtspunkten zusammengesetzt ist – alle Stände berücksichtigt – könnte den neuen Beirat besetzen.

Renner: Die Bezirkswirtschaftsräte könnten vom Staatsamt des Inneren im Einvernehmen mit dem Volksernährungsamt -.

Jukel: Wohlfahrts[...] – Arbeiter, Bauern, Bürger – in Baden arbeitet mit der Bezirkshauptmannschaft.

Renner: Es wird dem Staatsamt des Inneren im Einvernehmen mit dem Volksernährungsamt nahegelegt, eine Institution nach Art der Bezirks- und Ortswirtschaftsräte zu schaffen, welche den Bezirkshauptmannschaften ohne Beeinträchtigung ihrer Kompetenz beigegeben wird.

6.

Bisherige Fühlungnahme mit der Entente.

Bauer: Durch die Gesandtschaft in Ber.[n] wurde [...], sind im Weg Besprechung mit England. Keine Vollmachten schicken, nur berichten. Mit Vollmachten erscheint der Minister Hoover[22] nach Bern und Haag.[23]

Der einzig positive Erfolg, dass von der Entente Druck auf die Tschechen ausgeübt wurde, dass Kohlentransporte durchgehen; etwas weichere Stellungnahme [bezüglich] Ostrauer Kohle.

Mayer: Von Seite anderer Nationen werden öfters derartige Anfragen (Ausrüstung) gestellt. Eine Stelle im Heereswesen (Dr. M.[24]) im Einvernehmen mit dem Außenamt.

Bauer: Ich habe die Absicht, die vorbereitenden Arbeiten für die Friedensverhandlungen unter eine Leitung zu stellen – Minister a. D. Dr. Franz Klein zu betrauen. ~~Bekommt eine Vollmacht~~ – Wird die Unterstützung der anderen Ressorts brauchen, die anderen Staatsämter möchten Unterstützung gewähren.

~~Roller~~ Renner: Es wird zur Kenntnis genommen, dass im Staatsamt des Äußeren der vorbereitende Dienst für den Frieden gestellt – welcher unter die Führung des Dr. Franz Klein gestellt wird.

Grimm: Nur politische Fragen oder auch finanzielle?

Bauer: Das Staatsamt für Finanzen soll in keiner Weise in seinen Arbeiten behindert werden.

Um ein engeres Einvernehmen mit dem Staatsamt für Finanzen – Finanzierung der Rohstoff- und Lebensmittelbezüge.

7.

Renner: Die Archive haben mitgeteilt, dass die Gefahr besteht, dass die Archive der einzelnen Staatsämter verschleppt werden – sehr wertvolles Material. Sie haben Dr. H. Tietze bestellt.

---

zu organisieren. Am 12. November fand der Konstituierungsakt dieses Gremiums statt. Vgl. Deutschösterreichische Land-Zeitung, 9. November 1918, S. 3 f „Kremser Nachrichten. Sturmtage in Krems. Enthebung des landesfürstlichen Kommissärs. Uebernahme der Stadtverwaltung durch einen Nationalrat […]"; 16. November 1918, S. 2 f „Kremser Nachrichten. Der Nationalrat Krems"; 7. Dezember 1918, S. 2 f „Sitzung des Stadtrates vom 29. November 1918"; 28. Dezember 1918, S. 2 f „Sitzung der Gemeindevertretung vom 20. Dezember 1918".

21 Dr. Julius Stahl, Bezirkshauptmann des politischen Bezirks Krems/NÖ.

22 Herbert Hoover, US-amerikanischer Politiker der Republikaner, 21. August 1917 bis 16. November 1918 Direktor der United States Food Administration, 4. März 1929 bis 4. März 1933 31. Präsident der Vereinigten Staaten von Amerika.

23 Vgl. KRP Nr. 17/5 und Nr. 24/6.

24 Es konnte nicht eindeutig festgestellt werden, wer gemeint war.

Roller: Aktuell Polen, Galecki[25] hat bereits die Teilung des Archivs verlangt bis auf Maria Theresia[26] zurück.

Bauer: Aufsicht über Haus-, Hof- und Staatsarchiv, Hofkammerarchiv und Archiv für politische Korrespondenz des Ministeriums des Äußeren [wurde] Prof. Dr. Oswald Redlich bestellt.
Die Administrative Registratur und die Registratur des [...] könnte Tietze unterstellt werden.
Was die Auseinandersetzung mit den anderen Nationen – handelt, muss größte Vorsicht beachtet werden.
Ich habe mich auf den Standpunkt gestellt gegenüber Polen, Tschechoslowakei und Ungarn, dass das alles zur künftigen Auseinandersetzung gehört. Sie sollen besondere Bevollmächtigte bestellen, damit nichts verschleppt und vernichtet wird.

Pacher: Tietze Vorarbeiten zur Vertretung der Rechte des deutsch-österreichischen [Staates] in Kunstsachen. Die allgemeinen Grundsätze Bauers müssen – werden auch zur Anwendung zu bringen -.

Minderheitsschutzstelle.[27]

Glöckel: Präs.[ident] der Polizeidirektion Schober[28] Direktorium.[29]
Ernennungen vom Hofrat aufwärts dem Kabinettsrat zur Kenntnis bringen. Cabinett genehmigt die Antragsstellung an das geschäftsführende Direktorium des Staatsrates.

Glöckel: Unsere Lehrer und Lehrerinnen betreiben in den Schulen eine monarchische Agitation. Ob schon verlautet wurde, dass mindestens die Wiener Lehrpersonen das Angelöbnis zu leisten [haben]?
Die Lehrer haben die alten Lehrbücher, ganz tendenziös, schwere Konflikte. U.A. [Unterrichtsamt] einige Leute sofort von ihrer Verpflichtung enthebt um Lehrbücher zu schreiben, die den geänderten Verhältnissen entsprechen. Einvernehmen mit dem niederösterreichischen Lehrerbund wegen Auswahl der Personen.

Renner: Nimmt zur Kenntnis.

Marckhl: Fortsetzung der Flüchtlingsfürsorge. Das Flüchtlingsgesetz muss für die deutsch-österreichischen Bürger innerhalb dieses Staates – besteht weiters. Erbittet die Genehmigung für das Staatsamt des Inneren. Erlass an die Unterbehörden.

Roller: ~~Wie soll es mit Pensionsgesuchen, die schon überreicht waren, aber von der Kabinettskanzlei zurück gestellt bis keine Regierungsakte mehr vollzieht~~

Grimm: ~~Diese Pensionierungen durchführen bis~~ -.

---

25 Kasimir Ritter von Galecki, Sektionschef des Finanzministeriums, 26. Juli bis 11. November 1918 Minister (Staatsminister für Galizien) in den Kabinetten Hussarek und Lammasch.

26 Maria Theresia, ab 1740 Erzherzogin von Österreich, Königin von Ungarn und Böhmen, mit ihrem Gemahl Franz Stephan von Lothringen (ab 1745 Kaiser Franz I.) Begründerin des Hauses Habsburg-Lothringen.

27 Zur Einrichtung der Abteilung für Minderheitsschutz in der Staatskanzlei vgl. SRP Nr. 44 vom 25. November 1918, Nr. 47 vom 26. November 1918 und Nr. 56 vom 9. Dezember 1918. Dieser Abteilung oblag „im allgemeinen die Wahrnehmung aller Interessen der in den auf dem Gebiete der früheren österreichisch-ungarischen Monarchie neu errichteten Nationalstaaten zurückbleibenden Sprachinseln und Minderheiten“. Vgl. AdR, StK, GZl. 1.390/1918, Regelung des Dienstverhältnisses der deutschen Beamten in den neuen National-Staaten außerhalb Deutschösterreichs.

28 Johannes Schober, ab 11. Juni 1918 Leiter der Polizeidirektion Wien, ab 30. November 1918 Polizeipräsident von Wien und am 3. Dezember 1918 mit der Leitung des gesamten öffentlichen Sicherheitsdienstes betraut.

29 Diese Ausführungen wurden in der Reinschrift nicht berücksichtigt.

Kaup:
Genehmigt.

Pacher: Aufgrund des Beschlusses des Staatsrates Anspruch auf die deutschen Hochschulen in Prag hat U.[nterricht] die Bitte gestellt, Verhandlungen mit der Tschechoslowakei einzuleiten. Flüssigmachung der Bezüge der deutschen Angestellten ab 1. XII.
Wir haben die Hochschulen in Prag als vorgesetzte Behörde anzusehen. Was hat die Universität zu tun, wenn die Tschechoslowakei eine Änderung in ihrer inneren Organisation verfügt? Man hat die Sternwarte in Beschlag genommen, ein tschechischer Professor amtiert dort. Man hat das staatswissenschaftliche Institut aus seinen Lokalitäten entfernt. Wie stellen wir ein Rechtsverhältnis fest? Die Herren werden aufgefordert, ein Gelöbnis auf den tschechoslowakischen Staat zu leisten.
Die deutsch-österreichische Regierung: deutsche Lehranstalten erhalten, sie sollen dort verbleiben. Das Gelöbnis auf einen anderen Staat [wird als] unter dem Druck der Verhältnisse gegeben erachtet, Übernahme nicht präjudiziert. Mitteilung ob der deutsch-österreichische Staat auf sie Anspruch erhebt, ob er sie zu übernehmen gedenkt?
Bauer: Mit den Tschechen zu verhandeln unmöglich, weil wir Verlegung nach Deutsch-Böhmen verlangen müssen. Sobald wir einen Bevollmächtigten in Prag haben, werden wir ihm den Auftrag geben, ~~mit den Tschechen zu verhandeln~~.
Renner: Mit der Frage, was man mit – auf fremdem Gebiet liegen.
Das Unterrichtsamt muss selbst sich darüber Gedanken machen und dann an den Staatsrat herantreten.
Das Staatsamt für Unterricht soll zunächst eine Aufstellung machen aller deutschen Hoch- und Mittelschulen, die im fremden Gebiet [liegen]; ihren finanziellen Bedarf, grobe Übersicht des Personalstandes und im Anschluss an diese Materien vorschlagen, welche Hoch- und Mittelschulen zu bleiben und vertraglich zu sichern, welche Schulen zu verlegen und wohin, welche Schulen als ganz außerhalb unserer Interessensphäre anzusehen sind.
Pacher: ~~Unterricht hat Antrag gestellt~~ Staatsrat hat beschlossen, 8. oder 9. XI., deutsche Hochschule in Prag ... in Anspruch zu nehmen, [...] in Prag, T.[echnische Hochschule] in Brünn; [...]. Außer der Pribramer Bergakademie keine andere Schule in Betracht. Bezüglich der anderen Anstalten (Gymnasien), würde unter den Gesichtspunkt des Minderheitenschutzes fallen. Was sollen wir den Pragern sagen?
Beck: Die finanzielle Seite: bevor der Vorschlag des Unterrichtsamtes in den Cabinettsrat, bzw. Staatsrat zur Entscheidung gelangt, Einvernehmen mit dem Finanzministerium.
Beamtenfrage in Einvernehmen mit der allgemeinen Regelung der Beamtenfrage.
Urban: Wir haben bereits früher [den] Fall gehabt, dass wir Österreich-Institute im Ausland haben – Österreichisches Institut für Geschichtsforschung. Nach dieser Analogie konstruieren für die Übergangszeit.
Marckhl: Unsere Hochschulen sind von jetzt ausländischen Studierenden – Folge, die Heimkehrenden können nicht aufgenommen werden.
Bauer: Die Zahl der tschechischen Studierenden ist nicht groß, als Pressionsmittel nicht zu verwenden. Für die Brünner Technische Hochschule habe ich die Tschechoslowaken ersucht, nur Gelöbnis für die Beachtung der Gesetze, nicht für den tschechoslowakischen Staat zu verlangen. Österreichische Schulen in Konstantinopel.
Bezüglich der beiden Hochschulen in Prag will ich mit den Tschechen reden. Es wird sich darum handeln, wer die Ausgaben bestreitet bis die endgültige Regelung erfolgt.
Renner: Die Sache muss bezüglich jeder einzelnen Anstalt durchdacht werden. Inventar der ausländischen Kulturstätten aufnehmen und klar werden, ob man wünscht
a) Übertragung auf Deutschösterreich;
b) dort lassen exterritorial;
c) dort lassen nicht exterritorial aber nat.[ional] autonom;
d) überlassen und welche Kompensation.
Was kostet das? Zustimmung Finanzministerium, Antrag an Staatsrat.

Glöckel: Südslawische Regierung: Wir benötigen General- und Spezialkarten, sind bereit Bargeld oder Lebensmittel als Entschädigung zu leisten.

Bauer: Soweit es sich um Kärnten und Steiermark [handelt], nicht möglich. Ohne weiters Karten Kroatien und Küstengebiet. Kriegerische Verwicklungen mit Italien keine Erschwerung unsererseits.

[Beschluss:] Die Karten können ausgefolgt werden ausgenommen Kärnten und Steiermark; Staatsamt für Heerwesen.

17.[1]

[Donnerstag] 1918-11-28

Vorsitz: Renner
Anwesend: Bauer, Grimm, Hanusch, Jukel, Kaup, Mayer, Pacher, Roller, Steinwender, Stöckler, Urban, Wallenstorfer, Zerdik
Schriftführer: Fenz (Stenogramm A); unbekannt (Stenogramm B)
Dauer: 15.30–17.00 Uhr

Reinschrift, Konzept, Stenogramme[2]

Inhalt:[3]
1. Vorsorgen für eine fehlerfreie Verlautbarung der Gesetze.
2. Frage der Niederschlagung des anhängigen Strafverfahrens gegen Elfriede E i s l e r - F r i e d l ä n d e r und Genossen wegen Verbrechens nach den §§ 76 und 83 St.G.
3. Grundgesetze über das deutschösterreichische Volksheer sowie über die Rechte und Pflichten des Soldaten.
4. Kommission für die Abwicklung der auf die Versorgung von Militärpersonen und deren Angehörigen bezughabenden Angelegenheiten.
5. Bericht über die Ernährungssituation.
6. Verhandlungen mit Generaldirektor von H a w e r d a.
7. Inanspruchnahme von für öffentliche Zwecke belegten Gebäuden und Räumlichkeiten in Wien für Notwohnungen.
8. Kompensationsverkehr mit dem Ausland.
9. Ansprüche der fremdnationalen Staaten auf Naturalleistungen aus den Sachdemobilisierungsgütern.
10. Maßnahmen zur Besserung der Finanzlage.

1

Vorsorgen für eine fehlerfreie Verlautbarung der Gesetze

Staatssekretär Dr. R o l l e r stellt unter Hinweis auf zwei bei der Verlautbarung des Grundgesetzes vom 22. November 1918, StGBl. Nr. 38, über die richterliche Gewalt[4],

---

1 Das Protokoll trägt den Vermerk *Vertraulich!*

2 Das Protokoll enthält keine Beilagen zu den erörterten Themen.

3 Stenogramm B dieser Sitzung wurde teilweise auf das Konzept einer Tagesordnung niedergeschrieben. Dieses Konzept, das insgesamt 13 Punkte umfasst, stimmt mit dem Inhalt der Reinschrift nicht überein. Von den Punkten der Reinschrift enthält das Konzept lediglich die Punkte 5–7 in teilweise abweichender Nummerierung. Neben den Punkten „Beglaubigung des Protokolls Nr. 14 (Mit Nachtrag)" und „Einlauf" enthält das Konzept überdies einen in die Reinschrift nicht aufgenommenen Punkt „Amtliche Formulare. Beseitigung der Bezeichnung k.k.", zu dem sich kurze Äußerungen in beiden Stenogrammen finden. Zwei weitere Punkte des Konzepts wurden, wie vor allem Stenogramm B zu entnehmen ist, behandelt, jedoch für die nächste Sitzung des Kabinettsrates zurückgestellt: „3. Dienstesanweisung für die obersten Behörden" (vgl. KRP Nr. 18/10) und „Auszahlung des Kriegszuschlages durch die schlesische Approvisionierungsgesellschaft in Troppau, Abteilung Viehverwertung" (vgl. KRP Nr. 18/4). Die restlichen Punkte des Konzepts wurden in der folgenden Sitzung behandelt.

4 StGBl. Nr. 38, Grundgesetz vom 22. November 1918 über die richterliche Gewalt, ausgegeben am 28. November 1918. Vgl. auch KRP Nr. 13/5.

unterlaufene Druckfehler[5] den Antrag, der Kabinettsrat wolle beschließen, dass den einzelnen, fallweise zuständigen Staatsämtern die zur Veröffentlichung gelangenden Gesetze im Bürstenabzuge zukommen sollen, wodurch eine Kontrolle der richtigen und endgültigen Fassung des Gesetzes gewährleistet wäre.

Der Kabinettsrat erhebt diesen Antrag zum Beschlusse.

2

Frage der Niederschlagung des anhängigen Strafverfahrens gegen Elfriede E i s l e r - F r i e d l ä n d e r und Genossen wegen Verbrechens nach den §§ 76 und 83 St.G.

Staatssekretär Dr. R o l l e r bringt einen ihm zugekommenen Bericht der Staatsanwaltschaft Wien in der aus Anlass der Vorfälle vor dem Parlament am 12. November[6] eingeleiteten Strafsache gegen Elfriede E i s l e r - F r i e d l ä n d e r[7] und Genossen wegen Verbrechens nach den §§ 76 und 83 St.G.[8] zur Verlesung und stellt im Sinne des von der Staatsanwalt-

---

5 Vgl. Wiener Zeitung, 28. November 1918, S. 1 f „Grundgesetz vom 22. November 1918 über die richterliche Gewalt".

6 Nach der Ausrufung der Republik Deutschösterreich vor dem Parlament am Nachmittag des 12. November 1918 war es zu einer Störaktion und Abgabe von Schüssen seitens Mitglieder der kommunistisch geprägten „Roten Garde" gekommen. Neben zahlreichen Verletzten hatte die anschließende Panik auch zwei Todesopfer gefordert. Im weiteren Verlauf des Tages hatten Rotgardisten das Redaktionsgebäude der „Neuen Freien Presse" besetzt und zwei jeweils einseitige Sonderausgaben gedruckt: Neue Freie Presse. Sonder-Ausgabe, 12. November 1918, 6 Uhr nachmittags, „Besetzung des Redaktionsgebäudes der ‚Neuen Freien Presse' durch die ‚Rote Garde'"; Sonder-Ausgabe, 12. November 1918, 8 Uhr abends, „Arbeiter und Soldaten Wiens". In der folgenden Morgenausgabe der „Neuen Freien Presse" wurden die Geschehnisse kurz zusammengefasst und bemerkt: „Von seiten des Staatsrates wurde eingegriffen und nach einigen Stunden war der Zwischenfall beendigt." Vgl. Neue Freie Presse. Morgenblatt, 13. November 1918, S. 1 „Die Rote Garde im Redaktionsgebäude der ‚Neuen Freien Presse'", sowie Nachmittagsausgabe, 18. November 1918, S. 2 „Der Kampf vor dem Parlament und die Besetzung der ‚Neuen Freien Presse'". Vgl. weiters Gerhard Botz, Gewalt in der Politik. Attentate, Zusammenstöße, Putschversuche, Unruhen in Österreich 1918 bis 1934, München 1976, S. 32–36; Petronilla Ehrenpreis, Kriegs- und Friedensziele im Diskurs. Regierung und deutschsprachige Öffentlichkeit Österreich-Ungarns während des Ersten Weltkrieges (= Wiener Schriften zur Geschichte der Neuzeit 3), Innsbruck/Wien/Bozen 2005, S. 373 f; Hans Hautmann, Geschichte der Rätebewegung in Österreich 1918–1924, Wien/Zürich 1978, S. 242–253; ders., Die verlorene Räterepublik. Am Beispiel der Kommunistischen Partei Deutschösterreichs (= Europäische Perspektiven), Wien/Frankfurt/Zürich 1987, S. 84–88. Zur diesbezüglichen Zeitungsberichterstattung vgl. exemplarisch Arbeiter-Zeitung. Morgenblatt, 13. November 1918, S. 1–4 „Der Tag der Republik. Blutige Störung der Massenkundgebung"; Reichspost. Morgenblatt, 13. November 1918, S. 2 „Die Kundgebungen vor dem Parlament", und 14. November 1918, S. 4 „Die Gewehrschüsse vor dem Parlamente". Zu den Ereignissen des 12. November und der Rolle der „Roten Garde" dabei vgl. weiters Karl Glaubauf, Die Volkswehr 1918–1920 und die Gründung der Republik (= Österreichische Militärgeschichte, Sonderband 1993, Folge 1), Wien 1993, S. 67–69; SRP Nr. 31 vom 13. November 1918 und Nr. 34 vom 16. November 1918.

7 Ruth Elfriede Fischer, verh. Friedländer (ab 1896 Eisler, ab September 1919 führte sie den Geburtsnamen ihrer Mutter Fischer), kommunistische Politikerin und Publizistin, Anfang November 1918 Mitbegründerin der KPDÖ, wegen Teilnahme an der Besetzung des Redaktionsgebäudes der „Neuen Freien Presse" am 12. November 1918 vorübergehend inhaftiert.

8 Bezug genommen wurde hier auf das Strafgesetz 1852 (RGBl. Nr. 117, Kaiserliches Patent vom 27. Mai 1852, ausgegeben am 2. Juni 1852). § 76 des 9. Hauptstückes („Von öffentlicher Gewaltthätigkeit") betraf Fälle, in denen „gewaltsames Handeln gegen eine von der Regierung zur Verhandlung öffentlicher Angelegenheiten berufene Versammlung, gegen ein Gericht oder eine öffentliche Behörde" vorlag, § 83 den gewaltsamen „Einfall in fremdes unbewegliches Gut".

schaft gemachten Vorschlages, namentlich aber aus politischen Gründen, den Antrag, dass die Niederschlagung des gegen die vorliegenden Falles beschuldigten Zivilpersonen eingeleiteten Strafverfahrens nach § 2 St.P.O.[9] dem Staatsrate empfohlen werde.

Nach einer hierüber abgeführten Debatte, an welcher sich mehrere Kabinettsmitglieder beteiligen[10], erteilt der Kabinettsrat die Zustimmung, dass seitens des Staatssekretärs für Justiz ein diesbezüglicher Antrag dem Staatsrat unterbreitet werde.[11]

3
Grundgesetze über das deutschösterreichische Volksheer sowie über die Rechte und Pflichten des Soldaten

Der Vorsitzende weist auf die Notwendigkeit der Schaffung einer systematischen Militärgesetzgebung hin. Zu diesem Zwecke habe er die Entwürfe zweier Grundgesetze über das deutschösterreichische Volksheer sowie über die Rechte und Pflichten des Soldaten verfassen lassen. Diese im Einvernehmen mit dem Staatsamt für Heerwesen zustande gekommenen, an die Staatssekretäre zur Verteilung gelangenden Entwürfe[12] wären von den Kabinettsmitgliedern einer Durchsicht zu unterziehen, um deren Durchberatung in einer der nächsten Kabinettssitzungen zu ermöglichen. Jedenfalls empfehle es sich, dass diese Grundgesetze noch in der laufenden Legislaturperiode zur Beratung gelangen, um dieserart die unerlässliche Rechtsgrundlage für unser Volksheer ehestens zu schaffen.[13]

4
Kommission für die Abwicklung der auf die Versorgung von Militärpersonen und deren Angehörigen bezughabenden Angelegenheiten

Nach den Ausführungen des Staatssekretärs H a n u s c h erscheint infolge Auflösung des bisherigen Kriegsministeriums sowie des Ministeriums für Landesverteidigung die weiters geordnete Abwicklung der auf die Versorgung von Militärpersonen sowie deren Angehörigen bezughabenden Angelegenheiten in Frage gestellt. Zu diesen Angelegenheiten gehören insbesondere

---

9 § 2 des RGBl. Nr. 119, Gesetz vom 23. Mai 1873, betreffend die Einführung einer Strafproceß-Ordnung, ausgegeben am 30. Juni 1873, besagt, dass eine gerichtliche Verfolgung „nur auf Antrag eines Anklägers" eingeleitet werden kann und unterscheidet im Folgenden zwischen Privatanklage und öffentlicher Anklage durch die Staatsanwaltschaft. Hier relevant ist wohl die – in der Formulierung natürlich auf das Kaisertum gemünzte – Passage, dass die öffentliche Anklage erlischt, sobald der Kaiser anordnet, dass „wegen einer strafbaren Handlung ein strafgerichtliches Verfahren nicht eingeleitet oder das eingeleitete wieder eingestellt werden soll".

10 Vgl. die Stenogramme, insbesondere auch die dort enthaltenen Bemerkungen zur Volkswehr. Zur Volkswehr vgl. weiters auch KRP Nr. 5/4, Nr. 8/6, Nr. 23/1, Nr. 27/2, Nr. 28/8, Nr. 30/2, Nr. 32/8, Nr. 33/2 und Nr. 34/10.

11 Dem Wunsch nach Einstellung des Verfahrens wurde in der Staatsratssitzung vom 28. November 1918 entsprochen. Vgl. SRP Nr. 49. Informationen dazu finden sich auch in AdR, StK, GZl. 758/1918, Vorfälle am 12. November 1918 vor dem Parlament und in der Redaktion der „Neuen Freien Presse". Unter Zl. 287/1918, Amtsveranlassung wegen Enthaftung der Frau Elfriede Friedländer, geborene Eisler, enthält der Akt u. a. ein Schreiben Renners an den Staatssekretär für Justiz, in dem Renner ausführte, er halte „die möglichst rasche Enthaftung der Frau Elfriede Friedländer" aus „politischen Gründen für zweckmäßig", denn: „Derzeit hat die kommunistische Fraktion einen sehr geringen Anhang, der vielleicht vermehrt werden könnte, wenn ohne Not der Anschein einer tendenziösen Verfolgung hervorgerufen würde."

12 Im Konzept ursprünglich: „dem vorliegenden Protokolle angeschlossenen Entwürfe". Die Entwürfe liegen dem Protokoll nicht bei.

13 Vgl. weiters KRP Nr. 18/1.

1.) die gesetzliche Neugestaltung der Militärversorgung,
2.) die fortlaufende Liquidierung der Versorgungsgebühren aller aktiven und nicht aktiven Militärpersonen und deren Hinterbliebenen,
3.) die fortlaufende Liquidierung der Unterhaltsbeiträge,
4.) die Verwaltung und Verleihung der Militärstiftungen,
5.) die Verwaltung der Invalidenhäuser.

Um die Fortführung dieser ehemals gemeinsamen Angelegenheiten zu regeln, seien zwischenstaatliche Verhandlungen bezüglich einer Überleitung dieser Versorgungsangelegenheiten auf die einzelnen Staaten erforderlich.

Im Hinblick auf die Dringlichkeit der Angelegenheit beantragt der sprechende Staatssekretär die Einsetzung einer zwischenstaatsamtlichen Kommission, bestehend aus Vertretern der Staatsämter für Heerwesen, des Äußern, der Finanzen, des Innern und für soziale Fürsorge, welche ungesäumt Vorschläge über die künftige Behandlung dieser Versorgungsangelegenheiten festzustellen und dem Kabinettsrate vorzulegen hätte.

Der Kabinettsrat stimmt diesem Antrage mit der Maßgabe zu, dass in diese Kommission auch Vertreter der Staatsämter für öffentliche Arbeiten und für Volksgesundheit zu entsenden seien und dass hiebei das Staatsamt für Heerwesen die Führung zu übernehmen hätte, welche auch die Einladung zum erstmaligen Zusammentritte dieser Kommission auszusenden haben wird.[14]

5

Bericht über die Ernährungssituation

Staatssekretär Dr. B a u e r teilt mit, dass eine direkte Anknüpfung von Verhandlungen mit dem amerikanischem Ernährungsminister H o o v e r[15] in Bern bevorstehe. Derselbe werde zuerst mit Deutsch-Österreich und dann erst mit Deutschland in Verhandlungen eintreten.[16]

---

14 Zur Versorgung der Militärpersonen und ihrer Angehörigen sowie Auszahlung von Unterhaltsbeiträgen vgl. auch KRP Nr. 13/10, Nr. 16/1, Nr. 23/1, Nr. 26/6, Nr. 29/3 und Nr. 34/10.

15 Herbert Hoover, US-amerikanischer Politiker, Republikaner, 21. August 1917 bis 16. November 1918 Direktor der United States Food Administration, 4. März 1929 bis 4. März 1933 31. Präsident der Vereinigten Staaten von Amerika.

16 Vgl. in dem Zusammenhang AdR, StK, GZl. 706/1918, Entsendung wirtschaftlicher Vertreter in die Schweiz zu Lebensmittelverhandlungen mit der Entente. Unter Zl. 588/1918 enthält der genannte Akt einen umfangreichen, vom Staatsamt für Volksernährung ausgearbeiteten „Bedarfsplan für die Versorgung der Bevölkerung Deutschösterreichs vom 1. Dezember 1918 angefangen". Zu diesen Materialien wurde zusammenfassend bemerkt, dass „Deutschösterreich für die Zeit v. 1. Dezember 1918 bis 15. August 1919 bei einer Kopfquote von täglich 300 g Mehl für Schwerarbeiter (bisher 265 g) und von 200 g für sonstige Verbraucher (bisher 165 g)" einen Bedarf an 512.650 Tonnen Brotgetreide habe. „Bei Zugrundelegung von 500 g Mehl pro Kopf und Tag wären 1,189.132 t Brotgetreide erforderlich." Ein „Zuschub an Kartoffeln ist aus Ententeländern nicht zu erwarten. Nach dem Berichte beträgt der ungedeckte Gesamtbedarf bis 15. Oktober 1919 161.880 Waggons à 10.000 kg. Jedenfalls wäre ein angemessener Ersatz an Hülsenfrüchten, Reis, Polenta, Teigwaren oder Kartoffel-Trocknungsprodukten zu liefern." Zum Viehbedarf wurde bemerkt: „Könnte die Provinz von den Viehlieferungen für Wien entlastet werden, so wäre sie im Stande, sich selbst zu versorgen. In diesem Falle wäre der Wiener Wochenbedarf je nach der Kopfquote mit 350.515 kg bis 1,222.010 kg Fleisch zu decken." Der ermittelte Bedarf an Futtermitteln betrug „für 255 Tage 14 Mill. Mz. [Meterzentner; Anm.] Kraftfutter". Umfangreiche Erläuterungen zu diesem Bedarfsplan finden sich auch in Verordnungsblatt des Staatsamtes für Volksernährung, Jg. 1919, Nr. 5, 3. Februar 1919, S. 79–94 „Bedarfsplan für die Versorgung der Bevölkerung Deutschösterreichs". Material dazu findet sich in FHKA, k.k. Finanzministerium, Allgemeine Abteilungen, StFA, Zl. 4.328/1918, Lebensmittelbedarfsplan Deutschösterreichs für die Verhandlungen mit der Entente. Vgl. weiter KRP Nr. 24/6. Zu den Lebensmittel-

Staatssekretär Dr. Urban berichtet über die Lebensmittellieferungsverhandlungen mit Ungarn, die überaus ungünstig verlaufen. Ungarischerseits bestehe die Geneigtheit zu größeren Lieferungen von Schafen und Rindvieh, allerdings nur gegen überaus namhafte, nahezu unerfüllbare Kompensationen (Kleider, Stoffe, Chemikalien, Rotationspapier), wobei überdies nicht auf die Militärgüter gegriffen werden dürfe. Auch sei ungarischerseits eine strikte Verpflichtung zur Einhaltung dieses Lieferungsabkommens nicht unbedingt übernommen worden.

Unterstaatssekretär Wallenstorfer bemerkt, dass eine wesentliche Besserung der Verpflegssituation auf keinem Gebiete zu verzeichnen sei. Bis Ende Dezember sei die Deckung mit Mehl und Fett vorhanden, ein Scheitern der Verhandlungen mit Ungarn würde die Fleischversorgung für Wien für den Monat Dezember unmöglich machen.[17]

6

Verhandlungen mit Generaldirektor von Hawerda

Der Generaldirektor der Privat und Familienfonde von Hawerda[18] hat beim Staatskanzler das Ersuchen vorgebracht, dass

a) die von ihm verwalteten Effekten in der Hofburg (Schweizerhof) belassen,

b) die bisherigen Kanzleiräume eventuell gegen Miete weiterbenützt werden dürfen; desgleichen sollen

c) die dortselbst untergebrachte Konsumstelle sowie

d) die Dienerwohnungen aufrechterhalten bleiben; endlich hat der Genannte

e) um die Ausfolgung eines Geleitscheines zum Besuche des vormaligen Kaisers[19] in Eckartsau (behufs Berichterstattung) ersucht.

Der Kabinettsrat beschließt, diesen Ansuchen Folge zu geben.[20]

---

verhandlungen mit der Entente vgl. auch KRP Nr. 10, Anmerkung 10, weiters Nr. 12/4, Nr. 16/5, Nr. 26/1, Nr. 27/1, Nr. 28/2 und Nr. 31/1.

17 Entgegen der hier gegebenen pessimistischen Darstellung war bereits am 25. November ein Kompensationsvertrag mit Ungarn zustande gekommen, das Original langte erst am 28. November ein, also am Tag der vorliegenden Sitzung. Im Rahmen dieses Vertrages sollten bis Ende Dezember 1918 ungarischerseits 40.000 Schafe, rund 5.000 Schlachtrinder, etwa 1.000 Schlachtpferde und 500 Waggons Getreide geliefert werden. Österreichischerseits erhielt Ungarn u. a. Textilien, Chemikalien und Papier. Vgl. AdR, BKA/AA, Abteilung 14 H-pol, Ernährungswesen Ungarn 1, Lebensmittelabkommen mit Ungarn: Kompensationen, Zl. 2.295/10/1918, Ungarisches Ernährungsabkommen (25./11.); Volkswirtschaftliche Chronik. Mit Benützung amtlicher Quellen herausgegeben von Dr. Karl Neisser, Jg. 1918, Nr. 11, November 1918, S. 330 „Vereinbarungen mit Ungarn über Lebensmittellieferungen"; Heft 12, Dezember 1918, S. 353 „Abwicklung des Kompensationsvertrages mit Ungarn"; KRP Nr. 11/4. Zu Verhandlungen mit Ungarn über Ernährungsangelegenheiten vgl. weiters auch KRP Nr. 8/5, Nr. 10/1 und Nr. 14/14.

18 Franz von Hawerda-Wehrlandt, Hofrat, November 1910 bis 1. März 1920 Generaldirektor der kaiserlichen Privat- und Familienfonde.

19 Karl I., ab 21. November 1916 Kaiser von Österreich, zugleich König von Ungarn (als Karl IV.), Mitglied des Hauses Habsburg-Lothringen; 11. November 1918 Verzicht auf jeden Anteil an den Staatsgeschäften.

20 Vgl. auch SRP Nr. 47 vom 26. November 1918; AdR, StK, GZl. 924/1918, Zl. 844/1918, Verhandlungen mit dem Generaldirektor der Privat- und Familienfonde von Hawerda. Eine umfangreiche „Denkschrift, betreffend die rechtliche Natur des Eigentums an mehreren in Deutsch-Österreich befindlichen Vermögensmassen des Kaisers und des Erzhauses Habsburg-Lothringen", vom 20. Dezember 1918 findet sich in AdR, BKA/AA, NPA, Liasse Österreich 15/V-1, Arrazzi Gobelins, Zl. 1.129/1919, Italienische Militärmission, Forderung nach Ausfolgung von Gegenständen von künstlerischem oder geschichtlichem Werte.

7

Inanspruchnahme von für öffentliche Zwecke belegten Gebäuden und Räumlichkeiten in Wien für Notwohnungen

Staatssekretär H a n u s c h stellt den Antrag, den Oberbaurat Ing. Leopold A r n d t[21] des Staatsamtes für öffentliche Arbeiten zu ermächtigen, für Zwecke des Vollzugsausschusses für Notwohnungen in Wien sämtliche für öffentliche Zwecke in Wien belegten Gebäude und Häuslichkeiten zu besichtigen.

Der Kabinettsrat stimmt diesem Antrage mit dem Beifügen zu, dass vor der Inanspruchnahme öffentlicher Gebäude und Räumlichkeiten für Notwohnungszwecke vorher stets ein Einvernehmen mit dem Staatsamte der Finanzen und, soferne es sich um bisher von der Heeresverwaltung belegte Gebäude, bezw. Räumlichkeiten handelt, auch mit dem Staatsamte für Heerwesen herzustellen sein wird.[22]

8

Kompensationsverkehr mit dem Ausland

Über eine Anfrage des Staatssekretärs Dr. K a u p, ob von dem polnischen Liquidationskomitee angesprochene Blatternimpfstoffportionen nur gegen Kompensationen abgegeben werden sollen, fasst der Kabinettsrat nach einer längeren Wechselrede, an der sich die Staatssekretäre S t ö c k l e r, Dr. B a u e r und M a y e r beteiligten[23], den Beschluss, dass alle derartigen Abverkäufe an fremde Staaten nur im Einvernehmen mit dem Staatsamte des Äußern zu erfolgen hätten. Die jeweilige Fühlungnahme wäre mit dem Vorstande der handelspolitischen Sektion dieses Staatsamtes, Sektionschef Dr. S c h ü l l e r[24], zu pflegen.

9

Ansprüche der fremdnationalen Staaten auf Naturalleistungen aus den Sachdemobilisierungsgütern

Staatssekretär Dr. K a u p weist darauf hin, dass seitens der Vertreter der einzelnen fremdnationalen Staaten das Verlangen gestellt wurde, in die hierseits vorhandenen Vorräte Einblick zu erhalten, um ihre Ansprüche in natura geltend machen zu können. Es handle sich daher um die Frage, ob der Beschluss des Kabinettsrates vom 15. November 1918, der die Abrechnung bei der Sachdemobilisierung bloß in Geldwerten, nicht aber in natura vorgesehen habe, noch aufrechterhalten werden könne.[25]

Staatssekretär Dr. B a u e r bemerkt in dieser Hinsicht, dass gegen eine Zulassung der fremdnationalen Vertreter an sich nichts einzuwenden wäre, die gewünschten Inventarisierungen jedoch unter allen Umständen zu verhindern wären. Es müsse in solchen Fällen stets auf die seinerzeitige endgültige Liquidierung verwiesen werden.

Allerdings dürfte die ausnahmsweise Aufrechterhaltung des erwähnten Kabinettsratsbeschlusses auf die Dauer unmöglich sein. In einzelnen Fällen werden Naturalleistungen – wie es auch bereits den Tschechen gegenüber bei den Kohlenverhandlungen der Fall gewesen ist[26] – kaum hintanzuhalten sein.

---

[21] Ing. Leopold Arndt, Oberbaurat, 1908 bis November 1922 im Arbeitsministerium bzw. ab 1918 im Staatsamt für öffentliche Arbeiten tätig.

[22] Zur Wohnungsnot vgl. auch KRP Nr. 7/6 und Nr. 28/4.

[23] Vgl. die Stenogramme.

[24] Dr. Richard Schüller, Sektionschef, a.o. Professor für Nationalökonomie an der Universität Wien, 1918 Bestellung zum Leiter der handelspolitischen Sektion des Staatsamts für Äußeres.

[25] Vgl. KRP Nr. 11/1.

[26] Im Stenogramm zu KRP Nr. 8 findet sich die nicht in die Reinschrift aufgenommene Bemerkung Unterstaatssekretär Riedls: „Nö. Papierfabrik von den Tschechoslowaken: Kohle gegen Papier." Zu

Staatssekretär Dr. U r b a n weist in diesem Zusammenhange auf die Notwendigkeit der Herstellung eines Reziprozitätsverhältnisses hin, zumal eine große Menge von Sachgütern in den Händen der fremdnationalen Staaten, vornehmlich Ungarns und des südslawischen Staates, sei.

Die Debatte, an der sich weiters noch die Staatssekretäre M a y e r, S t ö c k l e r und Dr. R o l l e r sowie Unterstaatssekretär Dr. von G r i m m beteiligten[27], führt schließlich zu dem Ergebnisse, dass im Prinzip an dem früheren Kabinettsratsbeschlusse festzuhalten sei, dass jedoch in Fällen unabweisbarer Notwendigkeit ausnahmsweise auch ein Austausch in natura – jedoch stets nach gepflogenem Einvernehmen mit dem Staatsamte des Äußern – zuzugestehen sein werde.

10

Maßnahmen zur Besserung der Finanzlage

Staatssekretär Dr. S t e i n w e n d e r bespricht die überaus ungünstige Finanzlage des Staates und bringt zur Kenntnis, dass die Österreichisch-ungarische Bank weitere Abhebungen des deutschösterreichischen Staates von dem letzten 8 Milliarden-Kronen-Anlehen von überaus schwerwiegenden Forderungen abhängig mache. So verlange sie die Ergänzung des Pensionsfonds auf die volle versicherungsmäßig genügende Höhe aus den Eingängen des laufenden Jahres. Hiedurch würde der deutschösterreichische Staat allein mit beiläufig 12 Millionen Kronen belastet werden. Um dies zu vermeiden und die finanzielle Gesamtlage überhaupt nach Möglichkeit zu sichern, empfehle der sprechende Staatssekretär

a) die Entfaltung einer nachdrücklichen parteimäßigen Agitation – und zwar aller Parteien – zugunsten der neuen Staatsanleihe,[28]

b) die rascheste Verabschiedung der Gesetzesvorlage über die Eintreibung der fälligen Steuern,[29]

c) die beschleunigte Verwertung der Demobilisierungsgüter,

d) die Förderung der industriellen Produktion und

e) die Sicherstellung und Heranziehung der Militärkassenbestände.

Der Kabinettsrat stimmt diesen Ausführungen zu und ersucht über Antrag des Staatssekretärs Dr. U r b a n den Vorsitzenden, einen Bericht über die in Angelegenheiten der Sachdemobilisierung bisher getroffenen Maßnahmen auf die Tagesordnung einer der nächsten Kabinettsratssitzungen zu stellen.[30]

---

tschechischen Kompensationsforderungen im Zusammenhang mit Kohlenlieferungen vgl. auch KRP Nr. 24/5 und Nr. 34/4. Zu den Bemühungen um tschechische Kohle vgl. weiters KRP Nr. 3/3, Nr. 9/2, Nr. 13/4, Nr. 21/1 und Nr. 23/4.

27 Vgl. die Stenogramme.

28 Zu dieser Anleihe vgl. weiters KRP Nr. 15, Anmerkung 26, sowie Nr. 20/2.

29 Gemeint war wohl StGBl. Nr. 121, Gesetz vom 12. Dezember 1918, betreffend die Einhebung direkter Steuern, ausgegeben am 22. Dezember 1918; SRP Nr. 48 vom 27. November 1918. Zu Steuergesetzen vgl. auch KRP Nr. 18/2.

30 Ein diesbezüglicher Bericht scheint im Kabinettsrat nicht erstattet worden zu sein. Zur Sachdemobilisierung vgl. KRP Nr. 5, Anmerkungen 12.

Stenogramm A vom 28. November 1918 (Fenz)

Nr.17, 28./ XI., ½4h

Roller: 1.) Der Staatsrat selbst soll die endgültige Fassung kontrollieren und feststellen.
2.) Straf-Fall Eisler-Friedländer und Genossen wegen der Vorgänge vor dem Parlament. [Am Rand:] Carl Steinhart[31].
Erhebungen. Innerer Zusammenhang zwischen den Vorgängen beim Parlament und der Besetzung der „Neuen Freien Presse". Ausrufung der soz.[ialistischen] Republik, Dienstbarmachung zur Verlautbarung.
§ 76, 83 Stg.
Fortsetzung des Verfahrens nach der bürgerlichen Gerichtsbarkeit hat zur unbedingten Voraussetzung das Militärgerichtsverfahren. Mit einer gerichtlichen Verfolgung der Militärpersonen kann nicht gerechnet werden, daher auch Zivilgerichtsverfahren nicht möglich. Niederschlagen nach §2.
Frieda Reiser [r: Eisler] soll der Polizei [...]stellt werden.

Mayer: Untersuchung in der Staats[...] durch Dr. W.[32]. Auf die Leute hat das Eindruck gemacht. Sie war sich der Bedeutung ihrer Schritte erst dann voll bewusst. Eindruck der Reue. Bei allzu scharfen Maßnahmen kein guter Einfluss auf die Stimmung in der Volkswehr. Militärisch weiter zu gehen nach dem Stand der Verhältnisse bedenklich.

Renner: Die Untersuchungsbehörde kann bei einem manifesten Delikt nicht mit der Niederschlagung vorgehen. Antrag an den Staatsrat.

Roller: Die Zivilpersonen könnten vor Gericht kommen. Wegen Kompetenzkonflikten zwischen Militär- und Zivilgericht kann die Volkswehr auch plündern (St. Pölten). Die Volkswehr kompromittiert die staatlichen Einrichtungen und den Staatsrat selbst.
1.) Ist die Volkswehr nun den Zivilgerichten zu unterstellen? Oder sie sind wegen gemeiner Delikte vor Zivilgerichte, wegen qualifiziert militärischer Delikte (Subordinationsverletzung etc.) vor Militärgerichte [zu stellen].
Man soll die Leute, wenn sie ein solches Verbrechen begangen haben, aus der Volkswehr ausstoßen und dem Zivilgericht überweisen.
Ich werde im nächsten Staatsrat Antrag auf Abol.[ition] zu stellen ausgenommen Reiser [r: Eisler], welche nach Russland abgeschoben werden.

Renner: Systematische Militärgesetzgebung nicht möglich. Ausarbeitung Lehner[33], Fröhlich[34]. Gesetz über die Volkswehr, Rechte und Pflichten der Soldaten. Wir können nicht in die Konstituante übergehen, wenn wir nicht in dieser Beziehung eine feste rechtliche Grundlage haben. Vorlage wird zur Verteilung gebracht, damit [man] ehebaldigst darüber schlüssig wird. Abänderungsanträge des Staatsamtes für Heerwesen sind berücksichtigt.

---

[31] Karl Steinhardt, November 1918 Mitbegründer der Kommunistischen Partei Deutschösterreichs, 1919 Mitbegründer der Kommunistischen Internationale in Moskau.

[32] Gemeint war wohl Unterstaatssekretär Dr. Erwin Waihs, der Bezirksrichter am Landesgericht für Strafsachen Wien war.

[33] Möglicherweise war Friedrich Lehne von Lehnsheim gemeint, Sektionschef des Ministeriums für Landesverteidigung, 27. Oktober bis 11. November 1918 mit dessen Leitung betraut bzw. Minister für Landesverteidigung. Er wurde u. a. von Mai 1919 bis 1923 zur Mitarbeit an den Durchführungsbestimmungen des Invalidenentschädigungsgesetzes (StGBl. Nr. 245, Gesetz vom 25. April 1919 über die staatliche Entschädigung der Kriegs-Invaliden, -Witwen und -Waisen, ausgegeben am 27. April 1919) herangezogen.

[34] Dr. Georg Fröhlich, ab 19. November 1918 Leiter des Verfassungsdienstes der Staatskanzlei.

Kaup: -.[35]

Renner: Arzt hat sich für Montag bei mir angesagt, der GestbA [Generalstabsarzt] Pick[36]. In so schwierigen Fällen kann man sich in eine General-Angelobung nicht einlassen. Man kann nur jeden einzelnen angeloben aufgrund einer individuellen Prüfung ob die Voraussetzungen vorhanden sind oder nicht.

Wird nicht zum Gegenstand einer Besprechung gemacht. Einvernehmen mit Renner.

Bauer: Der Jüdische Nationalrat ist nur eine priv.[ate] ~~Organisation~~ Körperschaft.[37]

Hanusch: Infolge der Auflösung des Kriegsministeriums und Ministeriums für Landesverteidigung erscheint die weitere geordnete Abwicklung der auf Versorgung der Militärpersonen – in Frage. Versorgung – Liquidierung – Militärstiftungen. Ä.[ußeres], Heerwesen, F.[inanzen], I.[nneres], Sozialfürsorge, öffentliche Arbeiten, Volksgesundheit – Ausschuss – Kommission.

Kaup: Es hängt damit zusammen auch die Frage der Nachbehandlung der Kriegsverwundeten. Zwischenstaatsamtliche Kommission aus Beamten.

Mayer: Größter Teil der Frage Heerwesen mit den einzelnen Staatsämtern beteiligen; führend Heerwesen. Unter Führung des Staatsamtes für Heerwesen [wird eine Kommission] eingesetzt, die von Vertretern des ... beschickt wird. Diese Kommission tritt zusammen das erste Mal über Einladung.

Bauer: Die direkte Anknüpfung mit Hoover in Bern ist gesichert.

Urban: Abkommen mit Ungarn, äußerst ungünstig. Große Lieferung von Schlachtvieh, sehr wenig Mehl, Hülsenfrüchte 300 W.[aggons], 3–4.000 Rinder, 40.000 Schafe.

Enorme Kompensationen. Sie können sich nicht verpflichten, dass diese Lieferungen unbedingt eingehalten werden, wenn große Verpflegungsschwierigkeiten entstehen oder sie mit Rücksicht auf die Nachbarländer davon abstehen müssen.

[Sie] verlangen ungeheure Mengen Kleider, Stoffe, Chemikalien, Rotationspapier. Es dürfen derartige Gegenstände nicht beigestellt [werden] aus Militärgütern. Nun wären wir gar nicht in der Lage, Kleider zu liefern wenn wir nicht auf Militärgüter greifen. Nicht annehmbar. Staatsrat.

---

35 Dieser Punkt wurde in der Reinschrift nicht berücksichtigt. Stenogramm B enthält etwas ausführlichere Aufzeichnungen dazu.

36 Dr. Alois Pick, Generaloberstabsarzt im Rang eines Feldmarschall-Leutnants, 1920 bis 1932 Präsident der Israelitischen Kultusgemeinde Wien.

37 Gemeint war der „Jüdische Nationalrat für Deutschösterreich", eine über Beschluss einer am 16. Oktober 1918 in Wien zusammengetretenen zionistischen „Reichskonferenz" am 4. November 1918 im Festsaal des Ingenieur- und Architektenvereins in Wien ins Leben gerufene Interessensvertretung, die die Gründung des Staates Deutschösterreich begrüßte und u. a. die Zusicherung gewisser Minderheitenrechte sowie „Selbstverwaltung in allen Angelegenheiten, welche die jüdische Nation allein angehen, insbesondere die Selbstverwaltung in allen kulturellen Angelegenheiten einschließlich des Erziehungswesens", weiters „uneingeschränkte bürgerliche Gleichberechtigung" und die Zulassung zu allen öffentlichen Ämtern forderte. Dem „Jüdischen Nationalrat" unterstand auch die bewaffnete jüdische Formation „Wiener Stadtschutz – Jüdische Gruppe (Militärische Gruppe des Jüdischen Nationalrats"), denen der Eintritt in die Volkswehr von Staatssekretär Mayer verwehrt worden war. Vgl. Armin A. Wallas (Hg.), Eugen Hoeflich (Moshe Ya'akov Ben-Gavriêl). Tagebücher 1915 bis 1927, Wien/Köln/Weimar 1999, S. 277 f; Erika Weinzierl, Das österreichische Judentum von den Anfängen bis 1938, in: Erika Weinzierl/Otto D. Kulka (Hg.), Vertreibung und Neubeginn. Israelische Bürger österreichischer Herkunft, Wien/Köln/Weimar 1992, S. 17–166, hier S. 33 f; SRP Nr. 18 vom 5. November 1918. Ein Schreiben, mit dem die Bildung des „Jüdischen Nationalrates" mitgeteilt wurde, findet sich in AdR, StK, GZl. 1.095/1918. Vgl. auch Reichspost. Morgenblatt, 5. November 1918, S. 3 „Ein jüdischer Nationalrat für Deutschösterreich"; Nachmittagsausgabe, 9. November 1918, S. 10 „Der jüdische Nationalrat und Deutschösterreich". Zum Thema des Zionismus in Österreich ab 1918 vgl. etwa Jens Budischowsky, Assimilation, Zionismus und Orthodoxie in Österreich 1918–1938. Jüdisch-politische Organisationen in der Ersten Republik, phil. Diss., Wien 1990.

Wallenstorfer: Wesentliche Besserung auf keinem Gebiet zu verzeichnen. Bis Ende Dezember gedeckt mit Mehl, Fett. Bei dem Zurückstoßen des Ungarn-Vertrages würde die Viehversorgung für Dezember in Frage gestellt sein.

Hawerda.
Erlaubnis
1.) Belassung der Effekten des F.F.C. [Familienfideicommiss] des Generaldirektors in der Hofburg.
2.) Die Kanzleiräume weiter belassen.
3.) Konsumstelle belassen.
4.) Aufrechterhaltung der Dienerwohnung.
5.) Ausfolgung [eines] Geleitscheines an H.[awerda] zum Besuch des Kaisers in Eckartsau.
Angenommen
Roller: Die Verwaltung des F.F.C. steht dem Obersthofmarschallgericht zu. Zusammenstellung was anhängig ist, keine Streitsache. Verlassenschaft nach Erzherzog Ludwig Salvator[38], zwei Kuratel, Ludwig Viktor[39] und Don Pablo[40].
Bei Auflassung der Hofämter würde die Verwaltung des F.C. [Fideicommiss] auf das Landesgericht in Wien übergehen. Die Tätigkeit des OHMG [Obersthofmarschallgerichts] bis zur Aufhebung der F.C. zu lange.
Bauer: Exterritorialität der Gesandten. Völkerrechtlicher Grundsatz, dass nicht gegriffen werden darf auf die [...] Immunität des [Ab]geordneten und wenn ein Gesandter ein gemeines Verbrechen begeht, soweit er unserer Gerichtsbarkeit unterliegt, fällt es an die ordentlichen Gerichte des gesandtschaftlichen Personals (?), werde aber ein Rechtsgutachten -

6.
Roller: Es handelt sich um ein Versehen – Aufbrauch der alten Drucksorten.
Kein Beschluss.

7.
Hanusch: Hängt mit der Volkshygiene zusammen. Bitte, dass auch die Staatsämter insbesondere die Zentralen, welche große Räume haben und wo die Büros zusammengelegt waren. Dass die Kriegszentralen um 10–20 % eingeengt werden. Katastrophale Wohnungsnot in Wien. Die Militärbaracken können noch nicht zur Verfügung gestellt werden. Es muss vorgesorgt werden.
Mayer: Es trifft namentlich die alte Heeresverwaltung. Ein großer Teil der gemieteten Räume wird bis zum nächsten Zinstermin geräumt werden. Wenn Kanzleien von irgend einem alten Amt der Heeresverwaltung übernommen werden sollen, so bitte [ich] um Einvernehmen mit dem Heeresamt.
Grimm: Durch das Budgetprovisorium ist dem Staatsrat das Recht eingeräumt worden, der Verfügung über das bewegliche und unbewegliche Vermögen der alten Ämter. – Anspruch bei Ges.[andten]-Konferenz.
Wenn eine Verfügung getroffen [wird] auch Einvernehmen mit dem Finanzministerium bis zur definitiven Regelung. Gegen Ausstellung des Do[...] keine Einwendung.

Kaup: Vertreter des polnischen L.C. [Liquidations-Comittee] zu mir gekommen. Wünscht dringend 40.000 Portionen Blatternimpfstoff von der staatlichen Impfstoffgewinnungsanstalt. Eine Portion 8 h [Heller].

---

38 Ludwig Salvator, Erzherzog von Österreich und Prinz von Toskana, Mitglied des Hauses Habsburg-Lothringen. Er war am 12. Oktober 1915 verstorben.

39 Ludwig Viktor, Erzherzog von Österreich, Mitglied des Hauses Habsburg-Lothringen, jüngster Bruder Kaiser Franz Joseph I. Er stand ab 1915 bis zu seinem Tod am 18. Jänner 1919 wegen angeblicher geistiger Verwirrung unter Kuratel, worauf hier möglicherweise Bezug genommen wurde.

40 Es konnte nicht eindeutig festgestellt werden, wer gemeint war.

Stöckler: Wenn kleine Quantität, ohne Kompensation, sonst nicht. Bei Typh[us]-Impfstoff für die Tschechoslowakei nicht ohne Kompensation.

Bauer: Bitte sich formell nicht auf den Standpunkt der Kompensation gegen die Tschechoslowakei und auch gegen Polen zu stellen. Wir brauchen viel mehr von ihnen, als wir ihnen geben können. Man muss aber eine Übersicht haben, was die Tschechoslowaken von uns verlangen. Wir sind bereit, die Aufhebung von -. In jedem solchen Fall, wo die anderen Nationen irgend etwas von uns verlangen, Verständigung des Staatsamtes des Äußeren. Bei Kaup nicht.

Mayer: Alle derartigen Abgaben an fremde Staaten nur im Einvernehmen mit dem Staatsamt des Äußeren.

~~Steinwender~~: -

[Mayer:] Antrag, beim Äußeren sind die Herren zu bestimmen, an den sich die einzelnen Ämter bei Wünschen von fremden Staaten zu wenden haben. Sektionschef Schüller, Chef der handelspolitischen Sektion.

Kaup: Besteht noch zu Recht der Cab.[inettsrats]-Beschluss, wenn von den Vertretern der Nationalstaaten [welche] zu den Reichsdepots kommen und Anteil wollen, dass erst, wenn wir unseren Vertreter namhaft gemacht haben, für die fremden Staaten die fremden Vertreter zuzulassen sind.

Bauer: Vertreter zulassen – Inventarisierung ausgeschlossen. Zu verweisen auf die endgültige Liquidierung, auch unzulässig, die einzelnen Gegenstände – Aufteilung nach dem Erlös.

Grimm: Bittet um Weisung, wie sich das Finanzministerium bei den L.[iquidations]-Verhandlungen im Finanzministerium verhalten soll.
Die fremden Vertreter sagen, sie machen nur Zugeständnisse für die Gemeinschaftlichkeit, wenn sie an der S.Dem. [Sachdemobilisierung] in natura beteiligt werden.

Bauer: Die Aufrechthaltung des in natura – Naturalteilungs-Beschlusses wird unmöglich sein. Sie werden es als Kriegsfall betrachten. In einzelnen Fällen wird man Zugeständnisse machen *müssen*, wie auch bereits bei der Kohlenverhandlung geschehen. Richtschnur kann nur sein, so zurückhaltend als möglich. [...] kann man.

Urban: Das muss aber dann reziprok sein. Wenn von diesen Nationalregierungen so vorgegangen wird, so müssen wir auch Anspruch auf die fremden Güter machen.

Bauer: Wir müssen entgegenhalten Beschlagnahme von gemeinschaftlichen Gütern zum Bestand in P[...] durch Jugoslawien.

Mayer: Mit Ausnahme der Tschechoslowaken werden die anderen Herren keine so großen Forderungen an uns stellen können. Im Osten ist so viel Kriegsmaterial geblieben ist.

Stöckler: Staatsämter anweisen, Zusammenstellung, was wir von draußen brauchen.

Urban: [Im] Prinzip [wird] festgehalten [am] 1. Beschluss. Für den Fall, dass doch die Notwendigkeit bestünde, [dann] ausnahmsweise Naturalaustausch.

Steinwender: Bedenkliche finanzielle Lage. Bis jetzt gerechnet, dass wir für die gemeinsamen Bedürfnisse 2,4 Milliarden bei österr.-ung. [Bank]... Bank stellt Forderungen: Ergänzung des Pensionsfonds auf die volle versicherungsmäßig genügende Höhe aus den Eingängen des laufenden Jahres. Es fehlen 60 Millionen Kronen. Auf Deutsch-Österreich [ent]fallen 12 Millionen. Bei Ablauf des [...] den Goldschatz von 600 Millionen zurück zu geben. Wir müssen es daher womöglich vermeiden, diesen Kredit in Anspruch zu nehmen.
a) Günstiger Erfolg der Anleihe, parteimäßige Agitation entfalten.
b) Eintreibung der fälligen Steuern. Vorlage gestern eingebracht. Die Sitzungen der [...] sollen vermehrt werden. Rasche Erledigung.
c) Beschleunigung der Verwertung der Demobilisierungsgüter. Sinken der Werte durch Zeitablauf.
d) In-Bewegung-Bringung der Industrie.
Friedmann[41]: Antrag wegen Heranziehung der Cassenbestände des Militärs. Wenn die Anleihe missglückt, so sperren wir zu. Wir kommen im Fin. nicht weiter, bitte um Hilfe.

---

[41] Max Friedmann, 21. Oktober 1918 bis 16. Februar 1919 Mitglied der Provisorischen Nationalversammlung, Demokratische Partei, 30. Oktober 1918 bis 14. März 1919 Ersatzmann des Staatsrates, 4. März 1919 bis 9. November 1920 Mitglied der Konstituierenden Nationalversammlung.

Urban: Bericht über alle Maßnahmen, besonders über die Sachdemobilisierung getroffen sind. Tagesordnung der nächsten Cabinetts-Sitzung.

Schluss 5h.
Morgen 3h.

Stenogramm B vom 28. November 1918

28./11., 17. Sitzung.
Beginn ½4

2. Einlauf

Roller: [1.)] In der heutigen Wiener Zeitung veröffentlicht Grundgesetz über die Richterliche Gewalt: §16 Druckfehler: Bittet, dass beschlossen wird: es mögen alle Gesetze, die zur Veröffentlichung gelangen, im Bürstenabzug den einzelnen Staatsämtern zukommen und erst mit deren Zustimmung zur Veröffentlichung gelangen. Ebenso im letzten Paragraphen Grundgesetz statt Grundgesetz. [Es sollte] jedesmal das Staatsamt selbst die endgültige Fassung festsetzen und kontrollieren.
2.) Straffall Friedländer, Dr. Eisler[42] und Genossen wegen der Vorfälle vor dem Parlament. Verliest Bericht der Oberstaatsanwaltschaft. Erhebungen haben festgestellt, dass zwischen den Vorfällen vor dem Parlament und dem Vorfall in der Neuen Freien Presse ein Zusammenhang bestand. ~~Dringender Verdacht~~.

Mayer: Die ganzen Untersuchungen wurden durch Dr. Weiss[43] geführt. Diese Untersuchungen sind nicht ohne Eindruck geblieben. Unter dem Eindruck der Reue hat sich Dr. Weiss bitten lassen, die Sache nicht zu sehr aufzubauschen. Militärisch weiter zu gehen, hält Redner noch für bedenklich und schließt sich der Sache an.

Renner: Die Untersuchungsbehörde kann nicht aus eigener Machtvollkommenheit die Untersuchung einstellen. [Um] Niederschlagung zu beschließen, muss ein kurzer Antrag an den Staatsrat erstattet werden.

[Roller:] (2) die Kompetenz-Differenzen zwischen Militär- und Zivilgerichtsbarkeit müssen geklärt werden (St. Pölten, Volkswehr plündert). Wir müssen klar sagen, was die Volkswehr ist. Frage 1) Bleibt die Militärgerichtsbarkeit bestehen? 2) ist die Volkswehr den Zivilgerichten zu unterstellen? (gemeine Verbrechen vor die zivile Gerichtsbarkeit, Insubordinations-Verletzung vor die Militärgerichtsbarkeit). Bitte, diese Frage vor das Kabinett zu bringen. In der Sache selbst, dass nach §2 die Abol.[ition] stattfindet und dem Staatsrat demnächst Antrag vorzulegen.

Renner: Antrag angenommen (formulierter Beschlussantrag). Hat sich bemüht, in die Rechtskompetenz Ordnung zu bringen, systematische Gesetzgebung nicht genug dankbar. Entwürfe sind ausgearbeitet, kommt jetzt in das Kabinett und dann in den Staatsrat.
1)
2) Rechte und Pflichten des Soldatenstandes. Redner hat den Eindruck, wir können nicht die National[versammlung] schließen und in die Wahlen gehen, ohne eine Rechtsgrundlage zu schaffen, um gegebenenfalls alle Altersklassen aufzubieten. Diese Vorlage wird zur Verteilung gelangen und in der Rechtssektion studieren lassen.

Mayer: Heerwesen hat schon zugestimmt den Entwürfen.

Kaup: Berichtet über ein Vorkommnis gestrigen Tags. Angelobungsakt [von] Militärärzten im Militärkommando Wien stattgefunden. Darunter viele gal.[izische] Ärzte bereit, hier die Angelobung zu leisten. ~~Diese Leute müssten ferngehalten werden~~. Ich habe gefordert Angehörigkeit zum

---

42 Gemeint war wohl Ruth Eisler-Friedländer (bzw. später Ruth Fischer).
43 Dr. Erwin Waihs.

deutschen Volkstum, dann ca. 30 Ärzte die Angelobung verweigert. Gestern Antrag Kemetter[44]. Ich glaube streng im Sinne des Kabinettsbeschlusses vorgegangen zu sein.

Renner: Presse hat sich der Sache bemächtigt, für uns außerordentlich peinlich. Wenn nach diesem Beschluss vorgegangen würde, werden die ganzen Deutschen im Sudetenland rechtlos. Auch im Falle der Ärzte wird eine Remedur notwendig sein. Die Ärzte haben sich für Montag angesagt. In so schwierigen Fällen kann man sich in eine generelle Angelobung nicht einlassen, nur individuelle Prüfung möglich. Renner bittet Kaup, mit ihm das Einvernehmen zu pflegen.

Bauer: Dieser jüdische Nationalrat kann von uns nur als eine Privatorganisation betrachtet werden.

Hanusch: Infolge der Auflösung des Kriegsministeriums und [des Ministeriums für] Landesverteidigung erscheint [es] geeignet, die Abwicklung der Angelegenheit der gesetzlichen Neugestaltung der Militärversorgung ... – Einsetzung eines bestehenden Ausschusses (Äußeres, Inneres, Finanzen, soziale Fürsorge und Heerwesen, öffentliche Arbeiten und Volksgesundheit).
Im Staatsamt für Heerwesen eine Reihe von Angelegenheiten, die man der Sozialfürsorge gern übertragen möchte, die wir aber erst übernehmen können, bis die Sache geordnet ist.

Mayer: Das – einen Großteil der Frage hat das Staatsamt für Heerwesen zu behandeln sich schon angeschickt hat. Die Führung hätte das Heerwesen zu übernehmen: es wird eine zwischenstaatsamtliche Kommission unter Führung des Staatsamtes für Heerwesen eingesetzt, das aus Vertretern ... zu bestehen hätte. Die Kommission tritt zusammen über Einladung des Heerwesens.

3. Dienstanweisung für die obersten Behörden.
Leg.[islatives] Dep.[artement] hat eine gekürzte Fassung der durch Staatsratsbeschluss prov.[isorisch] beschlossenen Fassung ausgearbeitet. Die einzelnen Ressorts mögen sich äußern.
Noch einmal zurückgestellt.[45]

4. Bericht über die Ernährungssituation und über die bisherige Fühlungnahme mit der Entente (damit im Zusammenhang Liquidation der Oetzeg[46]).

Bauer: Hoover soll in wenigen Tagen nach Bern kommen. Zuerst wird er mit uns verhandeln, dann mit Deutschland.

Urban: Heute Bericht gekommen über das Abkommen mit Ungarn, das überaus ungünstig lautet. Große Lieferungen von Schafen und Vieh, sehr wenig Mehl und Hülsenfrüchte (300 Waggons); Comp.[ensation] ungeheuerlich groß. Sie können sich aber nicht verpflichten, dass diese Lieferungen unbedingt eingehalten werden, wenn große Verpflegsschwierigkeiten bestehen oder sie bei den Verhältnissen mit den Nachbarländern gezwungen sind, abzusehen. Sie verlangen ungeheuer

---

44 August Maria Kemetter, 21. Oktober 1918 bis 16. Februar 1919 Mitglied der Provisorischen Nationalversammlung, Deutschösterreichische Unabhängigkeitspartei bzw. Partei der Nationaldemokraten, 23. Jänner bis 14. März 1919 Ersatzmann des Staatsrates.

45 Vgl. KRP Nr. 18/10.

46 Gemeint war die Österreichische Zentraleinkaufsgesellschaft (Oezeg). Diese beschloss in ihrer Generalversammlung vom 21. Dezember 1918, mit 31. Dezember in Liquidation zu treten. Ihre Nachfolgeorganisation war die Deutschösterreichische bzw. Österreichische Lebensmitteleinfuhrstelle (Dölest bzw. Ölest), die selbst wieder am 1. September 1920 in Liquidation trat. Vgl. Heinrich Wittek, Die kriegswirtschaftlichen Organisationen und Zentralen in Österreich. Beiträge zur Geschichte ihrer Entwicklung und Tätigkeit mit Benützung amtlicher Quellen, in: Ernst Plener/Richard Reisch u. a. (Hg.), Zeitschrift für Volkswirtschaft und Sozialpolitik. Neue Folge, 2. Band, Wien/Leipzig 1922, S. 24–90 und S. 226–247, hier S. 235 f; weiters StGBl. Nr. 34, Vollzugsanweisung des Staatsamtes für Volksernährung im Einvernehmen mit dem Staatsamte für Kriegs- und Übergangswirtschaft und dem Staatsamte der Finanzen vom 23. Jänner 1919, betreffend die Errichtung einer „Deutschösterreichischen Lebensmitteleinfuhrstelle", ausgegeben am 29. Jänner 1919; StGBl. Nr. 108, Vollzugsanweisung des Staatsamtes für Volksernährung vom 12. Februar 1919, betreffend die Liquidierung der Österreichischen Zentral-Einkaufsgesellschaft AG., ausgegeben am 14. Februar 1919. Zur Errichtung der Deutschösterreichischen Lebensmitteleinfuhrstelle vgl. auch KRP Nr. 31/3.

viel, Kleider, Chemikalien, Stoffen usw. Derartige Gegenstände dürfen nicht beigestellt werden aus den Militärgütern, die früher der Militärverwaltung gehört haben (50.000 Stück Kleider).

Renner: Sehr fatale Situation.

Wallenstorfer: Wesentliche Besserung auf keinem Gebiet zu verzeichnen. Bis Ende Dezember gedeckt mit Mehl, Fett, Kart.[offel] (keine Änderung). Bei einem Zurückstoßen des ungarischen Vertrages würde die Fleischversorgung für Wien nicht gesichert werden im Dezember.

5. Verhandlungen mit Generaldirektor von Hawerda.

1.) – Belassung der Effekten in der Hofburg – bis 4.) gehören zusammen.

Roller: Die Verwaltung der Familien-Fideikommiss steht dem Obersthofmarschallgericht zu. Nach der Auflösung der Hofstellen würden die Agenden an die ordentlichen Gerichte übergehen. Frage, ob man das Hofamt nicht vorläufig weiter amtieren lassen soll. Diese Aufhebung kann nicht in kurzer Zeit gemacht werden. Diese Tätigkeit könnte bis zur Aufhebung der Fideikommiss-Verwaltung aufgeschoben werden.

Bauer: Das Wort Exterritorialität: ein allgemeiner völkerrechtlicher Grundsatz: Zugriff Spezialgerichtsbarkeit: soweit der Gesandte unserer Strafgerichtsbarkeit unterliegt, fällt dies an die ordentlichen Gerichte.

[Ein] Rechtsgutachten wird Bauer einholen. Antrag an den Staatsrat.

[Beschluss]: Effekten belassen, dass die Lok.[alität] benützen können, Konsumstelle ... angenommen. Geleitschein auch angenommen.

Erl.[edigt].

6. Amtliche Formulare. Beseitigung der Bezeichnung k.k.

[Roller:] Versehen können immer noch vorkommen, zumal die alten Papiersorten noch weisungsgemäß zu verwenden sind.

Diesbezüglich kein Beschluss zu fassen.

7. Ingenieur Arndt, Vollzugsausschuss für Notwohnungen; Besichtigung von Amtsräumen.

Hanusch: Bittet, dass ein Zirkular hinausgeht – in ganz Wien die größte Wohnungsnot.

Mayer: Die alte Heeresverwaltung bekommt bedeutende Räumlichkeiten frei. Ich habe schon verfügt, dass ein Großteil der gemieteten Räume gekündigt wird. Bis zum nächsten Zinstermin werden viele frei werden. Bittet aber, wenn Kanzleien von einem alten Amt übernommen werden sollen, dass man uns in Kenntnis setzt; bittet, immer das Einvernehmen mit dem Heereswesen zu pflegen.

Grimm: Durch das Beschlussgesetz über das Budgetprovisorium – Dem Finanzministerium war immer das Verfügungsrecht gegeben über Mietshäuser; jetzt nicht mehr das Finanzministerium betraut, sondern Staatsrat Waldner[47], auch [...] hat selbständig verfügt. Bittet, dass seitens der Staatssekretäre zunächst mit dem Finanzministerium das Einvernehmen zu pflegen. Verantwortlich nach dem Budgetprovisorium, keine einseitigen Verfügungen sollen getroffen werden bis zur endgültigen Regelung. Gegen die Ausstellung des [...] keine Einwendung erhoben.

Kaup: Ein Vertreter des polnischen Liquidationsamtes – 40.000 Blatternimpfstoff-Portionen, eine Portion 8 h [Heller]. Man kann Compensations-Standpunkt einnehmen, glaube [aber man soll es] ohne diese Compensation verabfolgen.

Stöckler: Bei größeren Quantitäten soll man nicht absehen von der Compensation. Die Tschechoslowaken haben um ?Vieh-Impfstoff angesucht, wir stehen auf dem Standpunkt, dass nur mit Compensation -.

Bauer: Ersucht, sich nicht formell auf den Standpunkt der Compensation zu stellen, nicht gegenüber den Tschechoslowaken und auch nicht gegenüber den Polen. Den formellen Standpunkt der

47 Dr. Viktor Waldner, Universitätsprofessor für Zivilprozess-, Handels- und Wechselrecht in Klagenfurt, 21. Oktober 1918 bis 16. Februar 1919 Mitglied der Provisorischen Nationalversammlung, DnP, 30. Oktober 1918 bis 14. März 1919 Mitglied des Staatsrates.

Compensation haben wir grundsätzlich abgelehnt (Kohle, etc.). Wohl aber [werden wir] bei den fortwährenden Verhandlungen eine Übersicht haben müssen, um ihnen zu sagen, dass wir ihnen das schon gegeben haben. Bittet daher, in einem jeden solchen Fall um eine Mitteilung an des Ministerium des Äußern, um diesfalls informiert zu werden. Sehr angenehm um das zu wissen.

Mayer: Alle derartigen Abgaben sollen nur im Einvernehmen mit dem Außenamt geschehen. Die einzelnen Ämter sollen nicht einzeln verhandeln.

Antrag, beim Außenamt sollen Herren bestimmt werden, an die sich die einzelnen Ämter zu wenden hätten. Sektionschef Schüller, [Chef] der handelspolitischen Sektion.

~~Steinwender~~: Warenverkehrsbüro.

Kaup: Wenn Vertreter der einzelnen Nationalstaaten [kommen] und verlangen Kenntnisnahme der vorhandenen Vorräte, besteht noch der Beschluss des Kabinetts, dass erst nachdem hier Vertreter namhaft gemacht werden, erst dann, dass wir den fremden Staaten ...?

Bauer: Die Commissäre sind zuzulassen, derartige Inventar.[isierungen] sind aber einstweilen noch ausgeschlossen. Sie sind zu verweisen auf die seinerzeitige Liquidierung. Die Commissäre aber können zu den Staatsämtern kommen, man kann mit ihnen verhandeln.

Beschluss: Auch unzulässig, dass die Betreffenden den Anspruch erheben auf einzelne Objekte. Die Verwaltung findet durch die Deutsch-Österreichische Regierung statt.

Grimm: Bittet um Weisung; wir stehen auf dem Standpunkt des Kabinetts, aber täglich wird von den Tschechoslowaken und Polen und Rumänen verlangt, dass sie sich daran nur beteiligen werden, wenn sie in nat.[ura] aus den Beständen beteilt werden.

Bauer: Die ausnahmslose Aufrechthaltung des Beschlusses – in natura nicht zu geben – wird unmöglich sein, dies werden wir nicht einhalten können. Es wird Aufgabe der Unterhändler sein, das möglichst einzuschränken. Aus den Beständen der Heeresverwaltung müssten wir den Tschechoslowaken schon geben. Es wird natürlich nichts anderes übrig bleiben, als auch in anderen Dingen Zugeständnisse zu machen. Vorläufig möglichst zurückhaltend sein, ausnahmslos binden kann man sich aber nicht.

Grimm: [...] fürchtet, dass die anderen bindende Beschlüsse verlangen werden.

Urban: Die Tschechoslowaken, Ungarn und Südslawen haben aber auch Sachen mit Beschlag belegt. Da muss auch ein reziprokes Verhältnis verlangt werden. Eine große Menge von Sachen wurde auch von Deutschen genommen.

Bauer: Die Tschechoslowaken unterscheiden zwischen dem Eigentum der Centralen und der einzelnen Länder.

Mayer: Mit Ausnahme der Tschechoslowaken haben die anderen gar nicht so große Anforderungen zu stellen, weil dort sehr viel Kriegsmaterial liegen geblieben ist.

Stöckler: Ein Tschechoslowake hat Büromöbel verlangt.

~~Mayer~~:

Roller: Landschaftliche Grundbücher: das müssen die Tschechoslowaken auch herausgeben.

Antrag: Die Staatsämter angewiesen, was sie notwendig brauchen.

Beschluss: Im Prinzip wird an dem früheren Beschluss des Kabinettsrates festgehalten; es können aber Fälle eintreten, dass die Notwendigkeit bestünde, ausnahmsweise einen Austausch zu machen, dann müsste in diesem Fall -.

8. Auszahlung des Kriegszuschlages durch die schlesische Approvisionierungsgesellschaft in Troppau. Abteilung Viehverwertung (Auch Staatsrat).

Auszahlung der Kriegszuschläge ab 30./11. überhaupt -.

Steinwender: Wir stehen vor einer geradezu bedenklichen finanziellen Lage: Wir haben gerechnet, dass wir noch 2,4 Milliarden bei der österreichisch-ungarischen Bank infolge eines [...] abheben können. Nun stellt die Bank Forderungen, die ich hier vorbringen muss. Sie verlangt die Ergänzung des Pensionsfonds ... aus den Eingängen des laufenden Jahres. Es sollen ca. 60 Millionen Kronen fehlen, davon kommen auf Österreich ca. 12 Millionen Kronen. Wir müssten daher es vermeiden, diesen Kredit in Anspruch zu nehmen.

Ich muss ersuchen, eine parteimäßige Agitation zu entfalten; alle Dinge die verwertet wurden, müssen so schnell als möglich (Eintreibung der fälligen Steuern). Bittet, darauf zu dringen, dass die Sitzungen ...

Dann müsste getrachtet werden, in der Frage der Verwertung der aus der Demobilisierung gewonnen Gegenstände zu beschleunigen. Es liegen Milliarden noch da und es geschieht gar nichts, um diese Sachen zu verwerten.

Samstag will der Redner eine Besprechung abhalten. Wir müssen auch unsere Industrie zu erhalten trachten.

Weiter: die Gegenstände, die durch die Demobilisierung frei werden, endlich in Verkehr zu setzen, damit wir zu Geld kommen. Es ist von Friedmann gestern ein Antrag gestellt worden wegen der Kassenbestände der Militärkassen. Da müssen hundert(e) Millionen da sein. Es geschieht gar nichts. Das Stehlen ist allgemein geworden.

Urban: Ersucht Staatskanzler, den Bericht über die getroffenen Maßnahmen auf eine Tagesordnung der nächsten Sitzung zu stellen.[48]

Schluss 5h.

[48] Vgl. KRP Nr. 18/4.

18.[1]

[Freitag] 1918-11-29

Vorsitz: Renner
Anwesend: Bauer, Grimm, Jukel, Kaup, Marckhl, Mataja, Mayer, Pacher, Resch, Roller, Steinwender, Stöckler, Urban, Wallenstorfer
Schriftführer: unbekannt
Dauer: 15.00–18.00 Uhr

Reinschrift, Konzept, Stenogramm

Inhalt:[2]
1. Einbringung der Wehrvorlagen im Staatsrat.
2. Einbringung von Steuervorlagen im Staatsrat.
3. Angelobung der Landesräte und der Mitglieder der Landesversammlungen.
4. Auszahlung der Kriegszuschläge zu den Lebendviehpreisen.
5. Vollzugsanweisung, betreffend den Verkehr mit künstlichen Düngemitteln.
6. Verpachtung einer ärarischen Wasserkraft in Winkl (Salzburg).
7. Holzbeschaffung für Wien und Umgebung.
8. Anwendung der Dienstpragmatikbestimmungen auf die vom Staatsamte des Äußern nunmehr in den deutschösterreichischen Dienst übernommenen, früher gemeinsamen Zivilbeamten.
9. Abgrenzung des deutschösterreichischen Postgebietes.
10. Dienstesanweisung an die obersten Behörden.
11. Dienstbezüge und Dienstzulagen der vom Volke beauftragten Organe.
12. Ernennung des Sanitätskonsulenten im Staatsamt für Verkehrswesen Dr. Wilhelm Ritter von Buchta zum Konsulenten im Staatsamt für Volksgesundheit.

Beilagen:
– Zu Punkt 4: Information für den Herrn Staatssekretär für Landwirtschaft, betreffend die Auszahlung des Kriegszuschlages im Sudetenland (1½ Seiten).
– Zu Punkt 5: Vollzugsanweisung des Staatsamtes für Landwirtschaft im Einvernehmen mit dem Staatsamte für Gewerbe, Handel und Industrie und dem Staatsamte für Kriegs- und Übergangswirtschaft vom ... betreffend den Verkehr mit künstlichen Düngemitteln (1 Seite).
– Zu Punkt 6: Zl. 39.042/1918, Information für den Vortrag im Kabinettsrate. Gegenstand: Wasserkraftanlage des R u p e r t und der M a r i e S c h w a r z e n b e r g e r im ärarischen Brandstattgraben (1 Seite).

---

[1] Das Protokoll trägt den Vermerk *Vertraulich!*

[2] Das Stenogramm dieser Sitzung wurde teilweise auf das Konzept einer Tagesordnung niedergeschrieben. Dieses Konzept stimmt mit dem Inhalt der Reinschrift nicht überein. Es enthält insgesamt neun Punkte, wovon „Beglaubigung des Protokolls Nr. 14 (mit Nachtrag) und 15“ sowie „Einlauf“ die ersten beiden Punkte bilden. Danach folgen lediglich die Punkte 4–6 und 8–10 der Reinschrift mit entsprechend abweichender Nummerierung.

1

Einbringung der Wehrvorlagen im Staatsrat

Der Vorsitzende erbittet und erhält die Ermächtigung, den Entwurf für die Grundgesetze über das deutsch-österreichische Volksheer sowie über die Rechte und Pflichten des Soldaten dem Staatsrate vorzulegen.[3]

2

Einbringung von Steuervorlagen im Staatsrat

Über Antrag des Staatssekretärs Dr. S t e i n w e n d e r beschließt der Kabinettsrat, von der Beratung der Gesetzentwürfe über die Erwerbsteuer, Grundsteuer und über die Zuschläge zu den direkten Steuern im Kabinettsrat Umgang zu nehmen und den genannten Staatssekretär zur unmittelbaren Einbringung dieser Vorlagen im Staatsrat zu ermächtigen.

Es bleibt jedoch jedem Staatssekretär vorbehalten, im Staatsrate etwaige Abänderungsanträge zu stellen.[4]

3

Angelobung der Landesräte und der Mitglieder der Landesversammlungen

Nach einer Mitteilung des Vorsitzenden hat die Landesregierung in Graz die Anfrage gestellt, ob die Angelobung der Landesräte nach der für die Staatsbeamten festgesetzten Angelobungsformel vorzunehmen sei und ob die Mitglieder der Landesversammlung nachträglich eine Angelobung zu leisten haben.

Der Kabinettsrat beschließt, dass von der Angelobung der Mitglieder der Landesversammlungen abzusehen wäre und ermächtigt den Vorsitzenden, eine Angelobungsformel für die Landesräte zu entwerfen und der Landesregierung in Graz bekanntzugeben.[5]

4

Auszahlung der Kriegszuschläge zu den Lebendviehpreisen

Der Antrag des Staatssekretärs S t ö c k l e r auf Erteilung der Ermächtigung an die schlesische Approvisionierungsgesellschaft in Troppau, Abteilung Viehverwertung, zur Auszahlung

---

3 Vgl. SRP Nr. 50 vom 29. November 1918 und Nr. 51 vom 30. November 1918. Statt eines endgültigen Wehrgesetzes wurden vorerst nur vorläufige Bestimmungen erlassen: StGBl. Nr. 91, Gesetz vom 6. Februar 1919, betreffend vorläufige Bestimmungen über die bewaffnete Macht, ausgegeben am 12. Februar 1919. Diese wurden rund ein Jahr später durch einen neuen Gesetzestext abgelöst: StGBl. Nr. 122, Wehrgesetz vom 18. März 1920, ausgegeben am 27. März 1920. Entwürfe zum Grundgesetz über die Rechte und Pflichten der Soldaten finden sich in KA, Nachlass Josef Mayer B/858, Konvolut 3, Stück XXXI. Umfangreiches Material und Erläuterungen zum Wehrgesetz finden sich in AdR, StK, GZl. 533/1919. Zur schwierigen Genese des Wehrgesetzes siehe auch Karl Haas, Studien zur Wehrpolitik der österreichischen Sozialdemokratie, phil. Diss., Wien 1967, S. 45–57; Karl Glaubauf, Die Volkswehr 1918–1920 und die Gründung der Republik (= Österreichische Militärgeschichte, Sonderband 1993, Folge 1), Wien 1993, S. 94–103.

4 Die Rede war von den Entwürfen zu StGBl. Nr. 149, Gesetz vom 6. Februar 1919, betreffend die allgemeine Erwerbsteuer und die Grundsteuer für die Steuerjahre 1918 und 1919, sowie StGBl. Nr. 150, Gesetz vom 6. Februar 1919, betreffend die Abänderung einiger Bestimmungen über die Rentensteuer, ferner die Kriegszuschläge zu den direkten Steuern für die Jahre 1918 und 1919, beide ausgegeben am 28. Februar 1919. Zur Behandlung dieser Gesetze im Staatsrat vgl. SRP Nr. 58/II c vom 13. Dezember 1918.

5 Informationen dazu sowie die Gelöbnisformel selbst finden sich in AdR, StK, GZl. 1.031/1918, Gelöbnisformel für die Mitglieder der Landesräte. Abgesehen von kontextbezogenen Abweichungen entsprach sie inhaltlich im Wesentlichen der Gelöbnisformel für die Staatsbeamten (vgl. KRP Nr. 2, Anmerkung 12). Die Gelöbnisformel für die Beamten der Landesräte findet sich in AdR, StK, GZl. 1.101/1918, Gelöbnisformel für die Beamten der Landesräte.

des Kriegszuschlages[6] bis Ende November d. J. (und zwar aus gemeinsamen Mitteln) wird vom Kabinettsrat genehmigt.[7]

Was die Auszahlung der Kriegszuschläge ab 30. November überhaupt betrifft, wird über Antrag des Vorsitzenden die Beschlussfassung hierüber – auf Grund der vom Staatssekretär Stöckler und den Unterstaatssekretären Dr. von Grimm und Wallenstorfer gegebenen Aufklärungen[8] – mit Rücksicht auf die politische Bedeutung dieser Aktion dem Staatsrat anheimzugeben sein.[9]

5

Vollzugsanweisung, betreffend den Verkehr mit künstlichen Düngemitteln

Staatssekretär Stöckler erbittet und erhält vom Kabinettsrat die Ermächtigung, dem Staatsrat eine Vollzugsanweisung, betreffend die Aufhebung der Zwangsbewirtschaftung der künstlichen Düngemittel[10], vorzulegen.[11]

---

6 Es handelte sich um Zuschläge zu den direkten Steuern. Zu deren Festlegung vgl. RGBl. Nr. 280, Kaiserliche Verordnung vom 28. August 1916, betreffend die Einführung eines Kriegszuschlages zu den direkten Steuern und die Verjährung der direkten Steuern, ausgegeben am 2. September 1916. Vgl. auch KRP Nr. 31/5, weiters auch SRP Nr. 66/III a vom 15. Jänner 1919, wo beschlossen wurde, den Kriegszuschlag für den Monat Februar 1919 auf die Hälfte herabzusetzen.

7 Beilage zu Punkt 4: Information (1½ Seiten). In der Beilage wurde auf die telegrafische Anfrage der schlesischen Approvisionierungsgesellschaft verwiesen und ausgeführt, dass der Kriegszuschlag bis 31. Juli 1918 durchschnittlich 1¾ Millionen Kronen pro Monat betragen, sich der bisherige Bedarf jedoch auf ganz Schlesien erstreckt habe, „während das deutschösterreichische Staatsamt lediglich seine Obsorge jenen Teilen widmen kann, welche der Provinz Sudetenland angehören". Die gesamte Frage beinhalte „große Schwierigkeiten", da die „Landesviehverkehrsstelle in Schlesien" eine Unternehmung sei, „an welcher sowohl die deutschen als auch die nichtdeutschen landwirtschaftlichen Organisationen Schlesiens beteiligt sind", während zu überweisende Beträge „aber nur den deutschen Teilen Schlesiens zugute kommen" dürften. Im Hinblick darauf, dass über den endgültigen Verbleib der Provinz Sudetenland bei Deutschösterreich erst die Pariser Friedenskonferenz entscheide und auch „Schwierigkeiten des Verkehres bezüglich der Geldüberweisung" bestünden, sei zu befürchten, dass „die Abgabe so bedeutender Geldmittel, welche der Wirtschaft des deutschösterreichischen Staates zu entnehmen sind, für diesen endgültig verloren gehen".

8 Vgl. das Stenogramm. Im Stenogrammtext zu diesem Punkt finden sich noch Ausführungen zur Erhöhung des Fleischpreises. Vgl. dazu auch KRP Nr. 31/5 und Nr. 34/12.

9 Vgl. SRP Nr. 51 vom 30. November 1918, wo das Thema überaus ausführlich behandelt wurde. Informationen dazu finden sich auch in FHKA, k.k. Finanzministerium, Allgemeine Abteilungen, StAF, Zl. 5.330/1918, Fortzahlung des Kriegszuschlags zu den Schlachtviehpreisen und Fortführung der Fleischverbilligungsaktion in Wien bis Ende Dezember 1918.

10 Beilage zu Punkt 5: Vollzugsanweisung (1 Seite). Der Entwurf der Vollzugsanweisung bestimmte unter § 1 die Außerkraftsetzung der „Verordnung des Ackerbauministers im Einvernehmen mit dem Handelsminister vom 26. April 1918, RGBl. Nr. 153, betreffend die Regelung der Verteilung künstlicher Düngemittel" und der „Verordnung des Handelsministers im Einvernehmen mit dem Ackerbauminister vom 8. Mai 1918, RGBl. Nr. 166, betreffend die Errichtung eines Wirtschaftsverbandes der Kunstdüngerindustrien". § 2 bestimmte das Inkrafttreten der Vollzugsanweisung mit dem Tag der Kundmachung. Der Entwurf stimmt mit StGBl. Nr. 82, Vollzugsanweisung des Staatsamtes für Landwirtschaft im Einvernehmen mit dem Staatsamte für Gewerbe, Handel und Industrie und dem Staatsamte für Kriegs- und Übergangswirtschaft vom 22. November 1918, betreffend den Verkehr mit künstlichen Düngemitteln, ausgegeben am 10. Dezember 1918, überein.

11 Vgl. SRP Nr. 50 vom 29. November 1918. In einem der genannten Staatsratssitzung beiliegenden Referat (Beilage II) zum Entwurf dieser Vollzugsanweisung wurde noch ausgeführt, dass diese Verordnung eine Erfassung und möglichst gerechte Verteilung der gesamten heimischen Produktion an künstlichen Düngemitteln ermöglichen sollte. Weiters sollte sie die im Zuge der Kriegswirtschaft im Verkehr mit solchen Düngemitteln errichteten Handelsbeschränkungen beseitigen, da sich auf dem deutschösterreichischen Staatsgebiet nur wenige Düngemittelfabriken befanden und somit ein erhöhter Importbedarf herrschte.

6

Verpachtung einer ärarischen Wasserkraft in Winkl (Salzburg)

Staatssekretär S t ö c k l e r erbittet und erhält die Zustimmung des Kabinettsrates zur Verpachtung einer ärarischen Wasserkraft in Winkl (Salzburg)[12] durch die Forst- und Domänendirektion Salzburg auf 60 Jahre.[13]

7

Holzbeschaffung für Wien und Umgebung

Staatssekretär S t ö c k l e r führt aus, dass die Einleitung einer größeren Holzaktion für Wien und dessen nächste Umgebung insoferne auf Schwierigkeiten stoße, als die Staatsforste verhältnismäßig weit vom Stadtgebiete entfernt wären und dadurch die Zufuhr des geschlägelten Holzes nur auf dem Bahnwege möglich wäre, dieser aber bei den bekannten Verhältnissen für größere Mengen nicht in Betracht kommen könne. Rücksichtlich der in der Nähe Wiens befindlichen Privatwaldungen müssten erst weitwendige Verfügungen erlassen werden. Es erübrige daher lediglich der Lainzer Tiergarten, zumal hier die Herbeischaffung des Holzes mittels Lastenautomobilen auf vollkommen geeigneten Straßen möglich wäre.[14] Die Frage werde übrigens den Gegenstand einer ehesten Besprechung bilden. Auch für die Versorgung der Heilanstalt Alland werde vorgesorgt werden.[15]

Der Kabinettsrat nimmt diese Ausführungen mit dem Beifügen zur Kenntnis, dass das Staatsamt für Landwirtschaft im Gegenstande auch einvernehmlich mit dem Staatsamt für Volksernährung (hinsichtlich der Sicherstellung der Verpflegung des Schlägelungspersonales) und mit den Staatsämtern für Heerwesen sowie für Gewerbe, Industrie und Handel (wegen Beistellung der Lastenautomobile und des erforderlichen Benzins) vorzugehen haben wird.[16]

---

[12] Die Ortschaft Winkl gehört zur Gemeinde St. Gilgen im Salzburger Teil des Salzkammergutes.

[13] Beilage zu Punkt 6: Zl. 39.042/1918, Information für den Vortrag im Kabinettsrate (1 Seite). Die Bezirkshauptmannschaft St. Johann im Pongau/Salzburg hatte rechtskräftig erkannt, dass Rupert und Marie Schwarzenberger an Stelle ihrer „früheren Hausmühle ein Elektrizitätswerk“ errichten durften, „welches seit Oktober 1914 in Betrieb ist“. Die hierzu erforderliche Wasserkraft wurde dem ärarischen „Brandstattgraben“ in Winkl entnommen. Nunmehr sollte ein Vertrag auf 60 Jahre abgeschlossen werden, der die Bezahlung der in Anspruch genommenen Wassermengen sowie alle sonstigen damit zusammenhängenden Verpflichtungen regelte. Zu einer Genehmigungsverweigerung bestünde „kein Anstand“.

[14] Vgl. auch Staatsratsdirektoriumsvermerk Nr. 3/6 vom 28. November 1918: „Zur Sprache gelangt die Frage der Holzgewinnung im Lainzer Tiergarten. Es soll den Bewohnern der anrainenden Gemeinden[,] darunter auch Wien[,] ermöglicht werden, dort Klaubholz zu sammeln. Auch soll das überstehende Holz geschlagen werden.“ Vgl. weiters Staatsratsdirektoriumsvermerk Nr. 4/7 vom 30. November 1918, wo sich das Direktorium mit nicht näher bezeichneten Vorschlägen, betreffend die „Verwertung des Lainzer Tiergartens zur Holzgewinnung“, einverstanden erklärte.

[15] Gemeint war die ehemalige Lungenheilstätte in Alland/NÖ, heute ein Rehabilitationszentrum der Pensionsversicherungsanstalt. Vgl. auch Neue Freie Presse. Morgenblatt, 30. November 1918, S. 7 „Die Sperrung der Heilanstalt Alland. Die heutige Generalversammlung“; Wiener Zeitung, 30. November 1918, S. 5 „Die Schließung der Heilanstalt Alland“.

[16] Detaillierte Informationen zu Holzschlägerungen im Lainzer Tiergarten im Zeitraum Jänner und Februar 1919 finden sich in AdR, StK, GZl. 268/1/1919, Brennholzschlägerungen im Lainzer Tiergarten. Zu den negativen Begleiterscheinungen dieser Aktion vgl. im gleichen Bestand GZl. 429/1/1919, Holz- und Wildfrevel im Lainzer Tiergarten. Zum Thema vgl. auch Wiener Zeitung, 30. November 1919, S. 3 f „Die Holzaufbringung der Gemeinde Wien“. Die „Wiener Zeitung“ berichtete im Jänner weiters, dass sich die Brennholzbeschaffung für Wien zufriedenstellend entwickle und „die Vornahme ununterbrochener Schlägerungen im Lainzer Tiergarten, in der Lobau, im Schottenwalde bei Neuwaldegg, im Waldbesitze der Kommune Wien am Satzberge, dann bei Mauerbach und Königstetten sowie in den Staatsforsten des Wiener Waldes sichergestellt“ erscheine. Vorläufig sollten im Zuge dieser Aktionen 180.000 Raummeter Brennholz beschafft werden, „wobei ungefähr 2300 qualifizierte

8
Anwendung der Dienstpragmatikbestimmungen auf die vom Staatsamte des Äußern nunmehr in den deutschösterreichischen Dienst übernommenen, früher gemeinsamen Zivilbeamten

Nach Darlegung der einschlägigen Verhältnisse durch Staatsekretär Dr. B a u e r beschließt der Kabinettsrat, dass diese Frage in Anbetracht der noch nicht stabilisierten Verhältnisse im Beamtenkörper des auswärtigen Amtes einer späteren Behandlung vorbehalten zu bleiben hat; in personalwirtschaftlichen Fragen, namentlich aber bezüglich der Ernennungsrechte stünden dem Staatssekretär des Äußern die gleichen Befugnisse wie allen übrigen Staatssekretären zu.[17]

9
Abgrenzung des deutschösterreichischen Postgebietes

Staatssekretär Dr. U r b a n teilt mit, dass die tschechoslowakische Republik die vom Staatsrat festgesetzte Umgrenzung des Postgebietes in Böhmen, Mähren und Schlesien[18] nicht zur Kenntnis genommen und diese Gebiete als zu ihrem Wirkungsbereiche gehörig beansprucht habe. Staatssekretär Dr. U r b a n beabsichtige, das Ministerium für Post- und Telegraphenwesen in Prag zu verständigen, dass die deutschösterreichische Regierung alle ihre Verfügungen aufrecht erhalte.[19]

Der Kabinettsrat nimmt diese Mitteilung zustimmend zur Kenntnis und beschließt über Antrag des Vorsitzenden, dass der vorerwähnte Notenwechsel zu veröffentlichen ist und dass auch in Hinkunft die Einrichtungen auf deutschösterreichischem Staatsgebiete ohne Notifikation an die fremdnationalen Staaten zu vollziehen sein werden, ein etwa nachträglich notwendig werdender Schriftenwechsel aber tunlichst im Wege des Staatsamtes des Äußern zu pflegen ist.

10
Dienstesanweisung an die obersten Behörden

Der Vorsitzende legt dem Kabinettsrat den Entwurf eines Gesetzes über den Dienst bei den obersten Behörden des Staates mit der Bitte vor, ihn zu dessen Vertretung vor dem Staatsrat zu ermächtigen.[20] Es sei unbedingt notwendig, für den Dienst bei den obersten

---

Holzarbeiter Beschäftigung finden können". Vgl. Wiener Zeitung, 14. Jänner 1919, S. 5 „Zur Frage der Brennholzversorgung von Wien". Holzschlägerungen zählten auch zu den Maßnahmen, die der Senkung der Arbeitslosigkeit dienen sollten, vgl. KRP Nr. 30/1. Bereits in den Kriegsjahren war es von Seiten der Bevölkerung zunehmend zu illegaler Holzbeschaffung aus dem Wiener Umland gekommen, die von den Behörden weitgehend toleriert worden war. Vgl. dazu Norbert Weigl, Die österreichische Forstwirtschaft im 20. Jahrhundert. Von der Holzproduktion über die Mehrzweckforstwirtschaft zum Ökosystemmanagement, in: Franz Ledermüller (Hg.), Geschichte der österreichischen Land- und Forstwirtschaft im 20. Jahrhundert. Band 1: Politik. Gesellschaft. Wirtschaft, Wien 2002, S. 593–740, hier S. 599 f.

17 Zur Behandlung von Beamtenfragen vgl. auch KRP Nr. 11/2, Nr. 14/6, Nr. 19/1, Nr. 23/6, Nr. 29/5 und Nr. 34/13, zur Erörterung weiterer im Zusammenhang mit sowohl „deutschen" als auch „nichtdeutschen" Beamten stehenden Fragen vgl. KRP Nr. 4/1, Nr. 7/12 und 14, Nr. 19/4, Nr. 21/2, Nr. 22/2, Nr. 26/8 und 9 sowie Nr. 33/6.

18 Vgl. SRP Nr. 16 vom 3. November 1918.

19 Vgl. dazu etwa AdR, StK, GZl. 1.133/1918, Errichtung der deutschösterr. Postdirektion in Aussig, Protest des tschechoslovakischen Ministeriums für Post- und Telegraphenwesen in Prag. Der Akt enthält diverse Schreiben zum Thema, so u. a. das Protestschreiben des erwähnten Ministeriums sowie Informationen zu einer in Aussicht genommenen Antwortnote des Staatsamts für Gewerbe, Industrie und Handel.

20 Der Entwurf liegt dem Protokoll nicht bei. Er findet sich in AdR, StK, GZl. 569/1918, Gesetzentwurf über den Dienst bei den obersten Behörden des Staates; weiters in FHKA, k.k. Finanzministerium,

Behörden des Staates eine gesetzliche Grundlage zu schaffen, um die Verfügungen dieser Behörden vor etwaigen Anfechtungen beim Verwaltungsgerichtshofe zu sichern. Es handle sich hiebei um keine dauernde Anregung, eine solche würde vielmehr der Konstituante vorbehalten bleiben.

Staatssekretär Dr. S t e i n w e n d e r erhebt gegen den Gesetzentwurf mehrfache Einwendungen, welche sich insbesondere gegen die Unterstellung der Staatsdruckerei unter das Staatssiegelamt und gegen die Stellung der Staatskanzlei im Rahmen der Organisation der obersten Staatsbehörden richten.[21]

Nach einer längeren Wechselrede, an der sich die Staatssekretäre Dr. U r b a n, Dr. S t e i n - w e n d e r, Dr. B a u e r und S t ö c k l e r beteiligen, wobei insbesondere der Vorsitzende sich über die rechtliche Struktur der Staatskanzlei in ihrem Verhältnis zum Staatsrat und zu den einzelnen Staatsämtern verbreitet und in diesem Zusammenhange auch auf die in der Praxis diesfalls gewonnenen günstigen Erfahrungen hinweist[22], erteilt der Kabinettsrat die erbetene Ermächtigung mit der Maßgabe, dass die Staatsdruckerei nach wie vor dem Staatsamt für Finanzen unterstellt zu bleiben hätte.[23]

Was die in der Debatte noch vorgebrachten Schwierigkeiten anbelangt, die den einzelnen Staatsämtern bei der gegenwärtigen Handhabung der Geschäftsordnung im Staatsrate erwachsen, behält sich der Vorsitzende vor, den drei Präsidenten geeignete Vorschläge in dieser Hinsicht zu unterbreiten.[24]

11

Dienstbezüge und Dienstzulagen der vom Volke beauftragten Organe

Über Anregung des Staatssekretärs Dr. S t e i n w e n d e r beschließt der Kabinettsrat zur Klarstellung einiger Bestimmungen des Gesetzes über die Dienstbezüge und Dienstzulagen

---

Allgemeine Abteilungen, StAF, Zl. 3.541/1918, Äußerung zum Gesetzentwurf, betreffend eine Anweisung für den Dienst in den obersten Behörden des Staates. Ein Exemplar liegt auch SRP Nr. 56 vom 9. Dezember 1918 bei.

21 Steinwenders Einwendungen bezogen sich auf die §§ 4–6 des Entwurfs. § 4: „Dem Staatsrat stehen als unmittelbare Vollzugsämter die Staatskanzlei unter Leitung des Staatskanzlers und das Staatssiegelamt unter Leitung des Staatsnotars zur Seite." § 5: „Die Staatskanzlei besorgt alle mit dem Dienst des Staatsrates zusammenhängenden Amtsgeschäfte mit Ausnahme der in den Bereich des Staatssiegelamtes fallenden Angelegenheiten. Sie hat auch die Aufgabe, auf die Einheitlichkeit der Geschäftsführung bei den Staatsämtern hinzuwirken. Der Staatskanzlei ist eine Abteilung für den Pressedienst, ferner eine Abteilung für den Gesetzgebungsdienst beigegeben, der insbesondere auch die Vorbereitung der Verwaltungsreform obliegt." § 6: „Das Staatssiegelamt steht dem Staatsnotar bei der ihm obliegenden Mitwirkung an der Beurkundung von Gesetzen, Beschlüssen der Nationalversammlung sowie an den Ausfertigungen des Präsidenten und des Staatsrates zur Seite. Außerdem obliegt ihm die Wahrung der Siegel, Embleme und Kleinodien des Staates. Dem Staatssiegelamt ist auch die Staatsdruckerei unterstellt." Vgl. AdR, StK, GZl. 569/1918, Gesetzentwurf über den Dienst bei den obersten Behörden des Staates. In diesem Zusammenhang vgl. auch Staatsratsdirektoriumsvermerk Nr. 2 vom 17. November 1918 mit dem einzigen Tagesordnungspunkt: „Organisation des Dienstes der Präsidialkanzlei, der Staatskanzlei, des Staatssiegelamtes".

22 Vgl. das Stenogramm.

23 Der Gesetzesentwurf wurde in SRP Nr. 56 vom 9. Dezember 1918 an die Verfassungskommission des Staatsrates weitergeleitet und schließlich mit zahlreichen inhaltlichen Änderungen und unter anderem Titel verwirklicht: StGBl. Nr. 139, Gesetz vom 19. Dezember 1918, womit einige Bestimmungen des Beschlusses der Provisorischen Nationalversammlung für Deutschösterreich über die grundlegenden Einrichtungen der Staatsgewalt vom 30. Oktober 1918, StGBl. Nr. 1, abgeändert oder ergänzt werden, ausgegeben am 24. Dezember 1918; SRP Nr. 59/II vom 16. Dezember 1918. Zur Staatsdruckerei vgl. auch KRP Nr. 24/8.

24 Zu Beschwerden der Staatssekretäre in diese Richtung vgl. auch KRP Nr. 4/6 und Nr. 14/15.

der vom Volke beauftragten Organe[25] ein aus den Staatssekretären Dr. Steinwender, Dr. Urban und Dr. Roller bestehendes Komitee, dem weiters Ministerialrat Dr. Freiherr von Löwenthal[26] beizuziehen sein wird, mit dem Studium der einschlägigen Fragen zu betrauen. Dieses Komitee wird in der nächsten Kabinettssitzung Bericht zu erstatten haben.[27]

12

Ernennung des Sanitätskonsulenten im Staatsamt für Verkehrswesen Dr. Wilhelm Ritter von Buchta zum Konsulenten im Staatsamt für Volksgesundheit

Staatssekretär Dr. Kaup erbittet und erhält die Zustimmung des Kabinettsrates, beim Staatsrats-Direktorium die Ernennung des Sanitätskonsulenten im Staatsamt für Verkehrswesen Dr. Wilhelm Ritter von Buchta[28] zum Konsulenten im Staatsamt für Volksgesundheit in der VI. Rangsklasse in Antrag zu bringen.[29]

---

25 StGBl. Nr. 42, Gesetz vom 22. November 1918 über die Dienstbezüge und Dienstzulagen der vom Volke beauftragten Staatsorgane, ausgegeben am 28. November 1918. Vgl. auch SRP Nr. 27 vom 9. November 1918.

26 Dr. Josef Freiherr von Löwenthal, Ministerialrat, 5. November 1918 bis März 1919 Präsidialdirektor der Staatskanzlei, 24. März 1919 bis 31. Dezember 1933 als Sektionschef Kabinettsdirektor der Präsidentschaftskanzlei.

27 Vgl. KRP Nr. 19/2.

28 Dr. Wilhelm Ritter von Buchta, ab Dezember 1918 Ärztlicher Konsulent im Staatsamt für Volksgesundheit bzw. Volksgesundheitsamt, 1925 bis 1932 Direktor des Kaiser-Franz-Joseph-Spitals in Wien.

29 Das Staatsratsdirektorium stimmte dem Ernennungsantrag zu, vgl. Staatsratsdirektoriumsvermerk Nr. 5/2 b vom 7. Dezember 1918.

Stenogramm vom 29. November 1918

Urban, Steinwender, Kaup, Pacher, Jukel, Stöckler, Roller, Mayer, Mataja, Bauer, Grimm, Resch, Wallenstorfer, Marckhl.

Nr.18, 29./XI.

2. Einlauf

Renner: Wehrvorlagen; ohne eine Einwendung, keine Einwendung; kann dem Staatsrat vorgelegt werden.

Steinwender: Beschluss uns mitgeteilt worden, dass die Vorlagen zuerst in der Kabinettskanzlei und dann erst an Staatsrat; dann Finanzkommission, erste Lesung im Haus, Ausschuss Haus.

Renner: Wir können absehen von der Kabinettsberatung. Zustimmung, dass die Steuergesetze direkt im Staatsrat behandelt werden. Erwerbssteuer, Grundsteuer, Zuschlag zu den direkten Steuern im Februar beschlossen, Haus ½ Jahr.

Beschluss: Von der Lesung der finanziellen Vorlagen im C.[abinett] wird Umgang genommen, direkt dem Staatsrat unterbreitet, [es] bleibt aber jeder Staatssekretär vorbehalten, abweichende Anträge.

Renner: 1.) Anfrage, ob Gelöbnis für die Beamten auch bei der Angelobung der Landesräte stattfinden soll und Mitglieder der Landesversammlungen angelobt werden sollen. Da beide (Beamtenarten) Staatsbeamte sind, so gehört diese Frage in die Kompetenz des Kabinetts, weil dieses die letzte Instanz in allen Beamtenfragen ist. Ich werde eine Angelobungsformel für die ehemals autonomen Landesbeamten entwerfen.

Der Staatskanzler [wird] bevollmächtigt, eine eigene Formel für die Beeidigung der autonomen Beamten zu machen und nach Graz zu senden. Von einer Angelobung der Landesratsmitglieder wird abgesehen (schon länger [...]).

3. Auszahlung des Kriegszuschlages durch die schlesische Approvisionierungsgesellschaft in Troppau, Abteilung Viehverwertung; Auszahlung der Kriegszuschläge überhaupt ab 30. November.

Antrag genehmigt.

Grimm: Aus gemeinschaftlichen Mitteln sind wir bereit, bis Ende November zur Verfügung zu stellen. Diese Kriegszuschläge müssen bezahlt werden, [einer] Überwälzung auf die Konsumenten steht entgegen das Staats[amt für] Ernährung. Wir glauben, dass dies nicht bedeutend wäre. Antrag auch bezahlt wird [...].

Wallenstorfer: Stehe auf dem Standpunkt, dass eine Erhöhung des Fleischpreises der Bevölkerung nicht mehr zugemutet werden kann. In absehbarer Zeit wird es möglich sein, die Preise zu drücken. Die deutsch-ungarischen Bauern werden in den nächsten Tagen herantreten an die Regierung um Ausfuhrbewilligung. Die Slawen haben ihnen auch Bewilligung erteilt, wenn ... die ungar[ischen] Prämien über monatlich 14 Millionen ausmachen.

Grimm: Die Angelegenheit ist seit einem Jahr anhängig. Wir haben uns geweigert, monatlicher Aufwand von 70 Millionen. Entweder Kriegszuschlag aufzuheben, wenn aber nicht möglich, dann Überwälzung auf den Konsum.[enten]. Auch die Fleischverbilligungsaktion für Wien, dann Gemeinde Wien heranzuziehen. 57 Millionen monatlich.

Renner: Politische Wichtigkeit. Die Sache können wir nicht im Kabinett entscheiden. Punkt 1 zustimmend erledigt, Punkt 2 [wird] dem Staatsrat zugewiesen (das kann ins Protokoll kommen) auf die Tagesordnung [der] morgigen Sitzung.

4. Vollzugsanweisung, betreffend den Verkehr mit künstlichen Düngemitteln.

[Stöckler:] Sache nicht vollständig belanglos: 13 Mitglieder. Verordnung, die seinerzeit aufgrund des Ermächtigungsgesetzes erlassen wurde.

Cab.[inett] angenommen.

5. Verpachtung einer ärarischen Wasserkraft durch die Forst- und Domänendirektion Salzburg auf 60 Jahre.
[Stöckler:] Die Sache [ist] immer im Ministerrat behandelt worden.
Angenommen.

6.
[Stöckler:] Inform.[ation], betreffend Holzbeschaffung. Die Staatsforste bei Wien müssen mit der Bahn herbeigeführt werden. Ganz in der Nähe nur Privatwaldungen. Da wären wir in der Lage, aufgrund der Verordnung einzig allein Lainzer Tiergarten. Autostraßen wären vorhanden. Im Di.[rektorium] wird darüber beraten werden. Schwierigkeit die Verpflichtung des Personals, Holz allerdings nass. Nur bei Lainz entfällt Schwierigkeit der Zufuhr, Einvernehmen mit Volksernährung. Alland.
Mayer: Benzin Schwierigkeiten und mit dem Handelsministerium in Verbindung setzen. Verwaltung des Tiergartens, Absetzung Di[30].

6. Frage der Anwendung der Dienstpragmatikbestimmungen auf die vom Staatsamte des Äußern nunmehr in den d.ö. Dienst übernommen, früher gemeinsamen Zivilbeamten.
[Bauer:] D.P. [Dienstpragmatik] werden sich Schwierigkeiten ergeben: Gehaltsbemessung, jetziger Augenblick nicht sehr glücklich. [Ich würde es] für ratsam halten, die Frage noch offen zu halten bis sich die Verhältnisse stabilisiert haben, [und wir] den Beamtenkörper der nicht deutsch ist, abgestoßen haben. Die Ernennungen erfolgen wie bei allen anderen Staatsämtern, die Frage der Dienstpragmatik bleibt der späteren Behandlung vorbehalten.

8. Abgrenzung des d.ö. Postgebietes (Mitteilung des Staatssekretärs Dr. Urban).
[Urban:] Von der Abgrenzung wurde auch die tschechoslowakische Postverwaltung verständigt. Nachstehende Antwort schon bekommen. Bedauert, die Abgrenzung nicht zur Kenntnis nehmen zu können. Brünn, Prag und Troppau ihm unterstellt bleiben. Die Tschechoslowaken gegen Aussig vorrücken und sich dort der Postdirektion bemächtigen.
Antwort: Die provisorische Nationalversammlung ... hat die Gebietshoheit ... für sich in Anspruch genommen.
Roller: Hätte die Antwort erwartet, [ich hätte es] im Verordnungsblatt einfach festgesetzt.
Urban: Die Verhältnisse im Postwesen sind anders wie in der Justiz. Gewisse Verhandlungen haben stattgefunden, um überhaupt die Ermöglichung eines Postverkehrs zu gewährleisten. Ein viel innigerer Verkehr.
Bauer: Habe nichts einzuwenden gegen den Vorgang Urbans. Je mehr Tatsachen realer Natur geschaffen sind, desto besser. Wir unterliegen eben dann einer Gewalt, die Rechte bleiben erlassen, das hat nichts auf sich.
Renner: Brief und Gegenbrief sollen veröffentlicht werden. Es ist mehr ein Faktum gesetzt, dass wir vergewaltigt sind.
Roller: Wie für die Zukunft. Nichts notifizieren, bei unserem Staatsgebiet verfügen wir vollständig selbständig.
Beschluss: Die Einrichtungen auf österreichischem Staatsgebiet werden vollzogen ohne Notifikation. Correspondenz tunlichst im Wege des Äußeren.

9. Dienstanweisung für die obersten Behörden.
Renner: Denkt nicht an eine dauernde Einrichtung. Die Const.[ituante] wird vielleicht ganz andere Behörden einsetzen. Zwei Monate vielleicht ohne Parlament, deshalb müssen wir uns juristisch die Grundlage sichern. Eine solche Gesetzesvorlage soll eingebracht werden. Die Ernennungen vollzieht der Präsident, die verwaltet, der Präsident vom Kabinett.

---

30 Vermutlich gemeint: Direktor oder Direktion. Leiter des Tiergartens Schönbrunn war ab 1879 provisorisch, sodann ab 1884 definitiv der ehemalige Marinesoldat der k.u.k. Kriegsmarine Alois Kraus. Er trat 1919 in den Ruhestand.

Der Dienst im Staatsrat: wir haben im Ganzen zwei Zentralämter, die sich gegenseitig durchdringen. Angefochten worden, wir wären den größten Gefahren ausgesetzt, wenn nicht zugleich ein agierendes und kontrollierendes Organ für [...] reicht das aus.
Der Dienst im Kabinett: Kein Kabinett im Sinne eines geschlossenen Ministeriums, eine Coalition für die Zeit bis über die Wahlen. Wir müssen eine minimale gesetzliche Basis haben. Ohne gesetzliche Deckung können wir nicht in einen parlamentslosen Zustand hinüber gehen.
Gegenüber der gedruckten [Fassung] wesentlich vereinfacht. Die gedruckte ist beschlossen worden im Staatsrat.
Wirkungskreis des Dir.[ektoriums] ist näher beschrieben. Aus dem Ernennungsrecht, das man nicht dem Staatsrat vorbehalten kann (weil politische Körperschaft).

Steinwender: Dreiteilung der Präsidentschaft; [ad Punkt] 5: Abteilung für den Gesetzgebungsdienst. [ad Punkt] 6: Staatsdruckerei unter den [...]: Finanzministerium von Wert, weil Druck der Wertpapiere.

Renner: Wird geopfert.

[Steinwender:] Staatsrat aus den Staatssekretären den Vorsitzenden zu ernennen. Der Vorsitzende ist jetzt so überlastet, dass wir ihn entlasten müssen. Cabinett und Staatsrat sollen gleichzeitig stattfinden, enge Verbindung notwendig. Bittet, es bei diesem Paragraphen zu belassen, wie es in dem angenommen Gesetz steht. § 13 nicht notwendig, da er schon im Gesetz steht. Er bleibt ja ohnedies aufrecht, überflüssig. Der Staatsrat ist zu ersuchen, einen Vorsitzenden zu bestellen.

Urban: Kann nicht dem Vorschlag beipflichten. Die Staatskanzlei hat die Funktion des ehemaligen [...] übernommen. Es war immer üblich, alle Angelegenheiten, die zur Sprache gebracht werden sollten, wurden dem [...] angezeigt. Tagesordnungsfrist, unbedingt notwendig, dass eine solche Stelle ist, das kann nur die Kanzlei sein. Unbedingte Notwendigkeit, ein Verbindungsglied zwischen Staatsrat und Cabinett. Eine andere Sache, dass es vielleicht unter Umständen sich empfehlen würde, parallele Tagungen abzuhalten, das hätte manches für sich.

Renner: Es ist sicher, dass die Staatskanzlei das amtliche Hilfsorgan des Staatsrates ist. Dessen Beschlüsse sind an alle Staatssekretäre zu leiten. Alle Anträge der Staatssekretäre sind an den Staatsrat zu leiten. Das ist die notwendige Voraussetzung eines Zusammenwirkens. Daher auch notwendig, dass die Vorlagen der Staatssekretäre durch die Staatskanzlei an den Staatsrat gehen. Zurückgewiesen wurde noch nichts, ausgebessert ebensowenig. [Es] muss aber jemand da sein, der für den Staatsrat die Vorlagen entgegen nimmt und sie dort auf die Tagesordnung bringt. Diese Verbindung über die Staatskanzlei ist gegeben. Sie ist nichts anderes, als der Staatsrat in seinen Ausfertigungen und in seinem Einlauf. Der Leiter der Staatssekretäre hat also als Mittler einzutreten.
Wie die Staatssekretäre zum ersten Mal zusammen getreten ist, war es nicht anders möglich, als dass ich betraut wurde. Die Praxis hat ergeben, dass es nicht anders geht. Ein Staatssekretär müsste dort eine Einlaufkanzlei machen, müsste also doch mit der Staatskanzlei in Verbindung treten; es wäre also um eine Instanz mehr. Ich bin der Überzeugung, dass in der Const.[ituierenden] Versammlung sogleich ein Cabinett gebildet werden wird. Die Zwischenbildung kam daher, dass die Nationalversammlung schon da war, dort keine Gestaltung vorhanden war und man zu dem Mittel des Vollzugsausschusses gekommen ist. ~~Wie wird der Vollzugsausschuss, es war die Frage~~ -. Der Staatsrat ist der eigentliche Staatspräsident, die einzelnen Staatssekretäre sind Glieder des Ministeriums. Die Sache aber wird nicht von Dauer sein. Der Staatsrat ist das parl.[amentarische] Kabinett.
Im Augenblick glaube ich nicht, dass etwas anderes möglich ist.

Steinwender: Dann soll man einfach sagen, das ist der Reichskanzler und nicht die Kanzlei. Ich bin zufrieden, wenn es nur weiter geht. Wenn beide gleichzeitig [tagen], dann wird es gehen. Wir müssen gleichzeitig tagen, damit schnell gearbeitet werden kann.

Renner: Die politischen Fragen muss der Staatsrat erörtern, die administrativ-technische Durchführung muss abgesondert vom Staatsrat beraten werden. Infolgedessen ist das Cabinett eine technisch-administrative Notwendigkeit, um die man nicht herumkommt. Was wäre das, wenn immer einige hier und dort wären, die Kabinettssitzung und Staatsratssitzungen sollten eingeschränkt werden. Der Staatsrat erledigt viel zu [viele] administrative Details. Der Staatsrat kann seiner Natur nach nicht verwalten, er soll nur die politischen Entscheidungen treffen. Da wir jetzt aber nur eine kurze Kabinettssitzung haben, vor der Staatsratssitzung, so meine ich, dass wir diese brauchen. Jetzt aber sollen wir nichts anderes tun, als den bestehenden Zustand zu sanktionieren.

Bauer: Es ist unmöglich, Geschäfte zu führen, wenn man den halben Tag mit Sitzungen [zubringt]. Die Geschäftsführung des Staatsrates soll so sein, dass die Staatssekretäre von den Angelegenheiten, die ihr Ressort berühren im Voraus verständigt werden. [Der] Minister wird dann nur hingehen, wenn er nach der Tagesordnung interessiert ist.

Renner: 10–11 Uhr alle Berichte der Staatssekretäre erstattet werden. Der Redner wird noch einmal dahin wirken, dass die Staatssekretäre [eine] bestimmte Viertelstunde haben, aber durchsetzen werde ich es nicht.

Stöckler: Tagesordnung notwendig.

Urban: Bevor es zur Tagesordnung kommt, wird eine Reihe anderer Sachen behandelt.

Renner: Meine Absichten werden durch die lib.[erale] Praxis [durchkreuzt] – die Dreiheit des Präsidiums ist daran schuld. Alle drei Präsidenten in die Kabinettssitzung eingeladen und ihnen auseinander gesetzt werden, und die Verwaltungsnot beklagt werden. [...] ~~Zwei ständige Führer kann man wissen~~ -. Wer rechtzeitig bekannt gibt, was er auf der Tagesordnung haben will. (Führer einen Vorschlag ausarbeiten und den Herren zuschicken, wie das zu machen wäre).

Vorlage: Staatssiegelamt nicht berufen zur Leitung der Staatsdruckerei (neu stilisiert wird). Staatsratscomm.[ission?] nicht Ausschuss. Derart bericht(igt) wird dem Staatsrat vorgelegt werden.

11.

Steinwender: Es sollte für die Bezüge eine Anweisung kommen. Die Abgeordneten bekommen, solange das Abgeordnetenhaus besteht, nichts. Die Reichsratsdiäten laufen fort bis 31./12., so zu rechnen.

Us[31]: [Sie] müssen die alten Bezüge bekommen, wenn sie höhere bekommen. In der Zwischenzeit müssen die Herren ein Honorar bekommen.

Bezüge: Wallenstorfer: Bezug ist nicht in Abzug zu bringen. Dadurch kommt kein anderer Bezug zur Besetzung: Die Bezüge durch die Pensionen sind nicht in Abzug zu bringen.

Roller: Bloß Beamtenbezüge sind in Abzug zu bringen, nicht aber die Diäten. Das Zeitliche abs.[olut] unklar.

Antrag: Dass [vom] äußeren Amt des Kabinetts drei Herren bestimmt werden, welche das lösen.

Marckhl: Alle Bezüge, die ein Beamter oder Offizier hat, oder Pensionisten, sollen eingerechnet werden.

Comitee: Urban, Roller, Steinwender, Loewenthal.

Wallenstorfer: Dass er in den zivilen Staatsdienst übernommen wird.

Die Teuerungszulage soll nicht gerechnet werden, weil diese ein Vorübergehendes ist.

Bauer:[32] Gestern folgender Fall: 8h angerufen, mitgeteilt, Militärkommando Graz mit dem slowenischen General Meister[33] in Marburg Vertrag abgeschlossen, Dem.[arkations]-Linie. Militärgut, Lebensmittel seit heute nicht hinüber. Dieser Vertrag nicht nur für die Steiermark, sondern auch für Kärnten. 20 km von Villach.

12h nachts: Marschieren – slow.[enischer] Einmarsch, Blutvergießen, Verbindung hergestellt, aufgeklärt: steirischer Wirtschaftsausschuss hat ermächtigt, der Mann hatte Vollmacht überschritten.[34]

---

[31] Wohl: Unterstaatssekretär. Vielleicht war Grimm gemeint.

[32] Die folgenden Ausführungen wurden in der Reinschrift nicht berücksichtigt.

[33] Rudolf Maister, slowenischer General, auf Seiten Jugoslawiens maßgeblich an den Auseinandersetzungen um Südkärnten beteiligt.

[34] Maister, der ab Anfang November 1918 die militärische Kontrolle über Marburg und Umgebung zu übernehmen begonnen hatte, hatte am 27. November 1918 mit dem Militärkommando Graz einen Vertrag über die „Besetzung der gemischtsprachigen Gebiete in der Steiermark und Kärnten durch jugoslawische Truppen“ abgeschlossen, der eine aus deutschösterreichischer Sicht ungünstige Demarkationslinie vorsah und auf Intervention der Kärntner Landesregierung und des Staatsamts für

~~Das Ganze geht~~: jedes Land sieht sich als selbständige Republik an. Verträge auf allen Ressorts, so kann man nicht [...].
Schraffl[35]: Tirol gegen Wien: Gespräch mit englischen Journalisten.
Nach Graz habe ich gesagt, dass ich keine Verantwortung übernehme. In direkte Beziehung setzen zu den Ländern und den Herren sagen, dass man so nicht weiter kann.

Roller: Morgen auf die Tagesordnung als 1. Punkt (Beck zu laden); Beamtenfrage (Beck einzuladen). 3h nachmittags.

Kaup: Ernennung eines Consuls für das Gesundheitsamt: Dr. R.[itter] v. Buchta: Ernennung in die 6. Rangsclasse.
Keine Einwendung, kann direkt an das Direktorium geleitet werden.

Äußeres sogleich wieder annulliert wurde. Zu dieser Angelegenheit vgl. Arnold Suppan, Jugoslawien und Österreich 1918–1938. Bilaterale Außenpolitik im europäischen Umfeld (= Veröffentlichungen des Österreichischen Süd- und Südosteuropa-Instituts XIV), Wien/München 1996, S. 511 f. Zur Vorgeschichte der Spannungen zwischen deutschsprachiger und slowenischer Bevölkerung in Steiermark vgl. etwa Martin Moll, Kein Burgfrieden. Der deutsch-slowenische Nationalitätenkonflikt in der Steiermark 1900–1918, Innsbruck/Wien/Bozen 2007. Zur slowenischen Politik von 1906 bis zum Umbruch im Jahr 1918 aus slowenischer Sicht vgl. Vlasta Stavbar, Majniška deklaracija in deklaracijsko gibanje: slovenska politika v habsburški monarhiji, od volilne reforme do nove države (1906–1918), Maribor 2017.

35 Josef Schraffl, Mitbegründer der Tiroler Christlichsozialen Partei, 1918 bis 1921 Landeshauptmann von Tirol, 21. Oktober 1918 bis 16. Februar 1919 Mitglied der Provisorischen Nationalversammlung, CSP, 4. April 1919 bis 28. Juli 1919 Mitglied der Konstituierenden Nationalversammlung.

19.[1]

[Samstag] 1918-11-30

Vorsitz: Renner
Anwesend: Bauer, Beck, Enderes, Hanusch, Kaup, Loewenfeld-Ruß, Marckhl, Mayer, Pacher, Roller, Steinwender, Stöckler, Urban, Zerdik
Schriftführer: Fenz
Dauer: 15.30–18.30 Uhr[2]

Reinschrift, Konzept, Konzept der Tagesordnung, Stenogramm

Inhalt:[3]
1. Beamtenfragen.
2. Dienstbezüge der vom Volke beauftragten Organe.
3. Abgrenzung der Einflusssphären Deutschösterreichs und des tschechoslowakischen Staates bezüglich des Eisenbahnverkehres.
4. Beamtenfragen im Böhmerwalde.
5. Weiterverwendung des Hofrates Dr. H n i d e y im deutschösterreichischen Staatsdienste.
6. Wiener Universitäts-Angelegenheiten.
7. Durchtransport der tschechoslowakischen Legion in ihre Heimat über die Linien der deutschösterreichischen Staatsbahnen.

Beilagen:
– Zu Punkt 1: Vereinbarungen der gemäß Beschlusses der Gesandten-Konferenz vom 27. November 1918 zusammengetretenen zwischenstaatlichen Kommission zur Regelung von Staatsbediensteten-Angelegenheiten am 29. November 1918 (2 Seiten).
– Zu Punkt 1: Richtlinien für die vorläufige Behandlung einiger Staatsbedienstetenfragen (3¾ Seiten).
– Zu Punkt 1: Zl. 3.225/1918, Zum Vortrage im Kabinettsrate (1 Seite); Durchführung der Angelobung für den d.ö. Staatsdienst im südböhmischen Gebiete (1 Seite).
– Zu Punkt 4: Telegrammanschrift an den Staatssekretär für Justiz (¾ Seite).
– Zu Punkt 5: Staatsamt für Verkehrswesen, Entwurf für den Vortrag im Kabinettsrate (2 Seiten).
– Zu Punkt 7: Anfrage des Unterstaatssekretärs Ing. v. Enderes in der Kabinettsratssitzung vom 30. Nov. 1918[4] (1 Seite).

1
Beamtenfragen

Unterstaatssekretär Dr. von B e c k berichtet über die Vereinbarungen, welche von der gemäß Beschlusses der Gesandtenkonferenz vom 27. November d. J. zusammengetretenen zwischenstaatlichen Kommission zur Regelung von Staatsbedienstetenangelegenheiten am 29. November d. J. getroffen wurden.[5]

---

1 Das Protokoll trägt den Vermerk *Vertraulich!*
2 Auf dem Konzept der Tagesordnung wird der Beginn der Sitzung mit 15.00 Uhr angegeben.
3 Das Konzept der Tagesordnung stimmt mit dem Inhalt der Reinschrift nicht überein. Als ersten Punkt enthält das Konzept den „Einlauf", worauf lediglich vier der hier behandelten Punkte folgen.
4 Ursprünglich schlicht mit „Anfrage für die nächste Kabinettsratssitzung" überschrieben.
5 Die erwähnte Kommission war im Rahmen der 3. Gesandtenkonferenz „mit der Aufgabe, die Beamtenfrage möglichst schnell durchzuberaten und das Ergebnis der Gesandtenkonferenz zu unterbreiten",

Diese Vereinbarungen, welche sich auf die Zeit bis Ende Dezember d. J. beziehen, sind dem vorliegenden Protokoll als Beilage angeschlossen.[6]

Für die Zeit ab 1. Jänner 1919 müssen neue Vereinbarungen getroffen werden, die in einer am 3. Dezember d. J. stattfindenden Subkomiteebesprechung zur Beratung gelangen werden.[7]

Weiters bringt Unterstaatssekretär Dr. von B e c k dem Kabinettsrate zur Kenntnis, dass das Staatsamt der Finanzen Erläuterungen zur Durchführung der Beschlüsse des Kabinettsrates, betreffend die Richtlinien für die vorläufige Behandlung einiger Staatsbedienstetenfragen, allen Staatsämtern zugemittelt habe. Diese Erläuterungen dienen dazu, um die gleichmäßige Handhabung der Richtlinien zu gewährleisten.[8]

Ferner berichtet der genannte Unterstaatssekretär, dass im Staatsamte des Innern im Einvernehmen mit dem Staatsamte der Finanzen ein Gesetzentwurf, betreffend vorübergehende

---

bestellt worden. Von Seiten der deutschösterreichischen Regierung sollte Unterstaatssekretär Waber an ihren Sitzungen teilnehmen, weiters sollte „auch die Liquidationsstelle im vormaligen Kriegsministerium sowie die Marinesektion" hinzugezogen werden. Die erste Sitzung dieses Komitees hatte laut Beschluss der Gesandtenkonferenz am 29. November 1918 im Staatsamt der Finanzen stattgefunden. Vgl. AdR, StK, GZl. 157/1919, Zl. 823/1918, Protokoll über die am 27. November 1918 im Deutschösterreichischen Staatsamt für Äußeres abgehaltene 3. Gesandtenkonferenz, S. 6 f. Vgl. weiters AdR, StK, GZl. 745/1918, Staatsamt der Finanzen, betreffend zwischenstaatliche Vereinbarungen bezüglich nichtdeutscher Staatsbediensteter. Zu den Gesandtenkonferenzen vgl. weiters auch KRP Nr. 11/1, Nr. 21/4, Nr. 23/6, Nr. 26/6, Nr. 28/3, Nr. 29/5 a und Nr. 32/6.

6 Beilage zu Punkt 1: Vereinbarungen (2 Seiten). Die Beilage enthält zwei zwischenstaatliche Vereinbarungen, beide fußend auf Anträgen des Staatsamtes für Finanzen, die am 29. November 1918 angenommen worden waren. Die erste Vereinbarung bestimmte, dass den „ehemals österreichischen Staatsbediensteten nichtdeutscher Nationalität, die im deutschösterreichischen Staatsgebiet ihren letzten Amtssitz gehabt haben", jedoch für eine einstweilige Verwendung gemäß der Richtlinien, die KRP Nr. 14 als Nachtrag beigeschlossen sind, nicht in Betracht kamen, bis Ende Dezember 1918 eine Beihilfe im Ausmaß der bisherigen Bezüge gewährt werden sollte. Die anwesenden Vertreter der relevanten Nationalstaaten hatten dazu erklärt, dass „die Durchführung dieser Verfügung die Gegenseitigkeit im Vorgehen der von ihnen vertretenen Nationalstaaten gegenüber deutschen Bediensteten voraussetzt". Die zweite Vereinbarung bezog sich auf solche nichtdeutschen Bediensteten, „die sich dermalen auf deutschösterreichischem Staatsgebiete aufhalten, ohne ihren Amtssitz in diesem Staatsgebiete gehabt zu haben". Wenn es derartigen Personen zurzeit unmöglich war, „sich in den fremdnationalen Staat zu begeben", sollten ihnen Vorschüsse „auf etwa schon fällig gewordene Bezüge (November 1918, nach Bedarf auch Dezember 1918) gegen Rückersatz durch den fremden Nationalstaat" gewährt werden. Auch diese Maßnahme sollte das Gegenseitigkeitsprinzip zur Voraussetzung haben. An der Konferenz nahmen von Seiten der „fremdnationalen" Staaten Vertreter Polens, Jugoslawiens, Rumäniens, der Ukraine und der Tschechoslowakei teil.

7 Zu diesen Vereinbarungen für Jänner 1919 vgl. KRP Nr. 29/5.

8 Beilage zu Punkt 1: Richtlinien (3¾ Seiten). Zu den KRP Nr. 14 als Nachtrag angeschlossenen Richtlinien hatte das Staatsamt für Finanzen am 28. November 1918 Durchführungsbestimmungen erlassen, die, so die Beilage, zu einer Reihe von Bemerkungen Anlass gaben. Beispielsweise wurde ausgeführt, dass hinsichtlich der Frage der Volkszugehörigkeit auch mitbestimmend sei, „in welcher Sprache die Familienmitglieder untereinander verkehren. Viele Kanzleibeamte und Diener aus nichtdeutschen Gegenden […] befinden sich seit 10–20 Jahren in rein deutschen Gebieten, haben deutsch geheiratet, ihre Frau und Kinder können nur deutsch". Angesichts dessen stelle sich die „Frage deren Behandlung bei Einbekenntnis zu Deutschösterreich". Weiters wurde darauf hingewiesen, dass an einer Stelle die Verringerung des Personalstandes verlangt, an einer anderen Stelle aber die Anstellung vertriebener Bediensteter zugesagt werde. Zwischen diesen Punkten bestehe „ein gewisser innerer Widerspruch", zumal ohnehin bereits ein Überschuss an Bediensteten bestehe. Weitere Ausführungen betrafen etwa die gesonderte Behandlung von Bediensteten der Staatseisenbahnen sowie die Frage, „ob Bedienstete nichtdeutscher Nationalität dauernd in den deutschösterreichischen Staatsdienst übernommen werden können und wie in solchen Fällen vorzugehen ist".

Maßnahmen für den deutschösterreichischen Zivilstaatsdienst, ausgearbeitet wurde, durch welchen jene Hindernisse beseitigt werden sollen, welche infolge der bestehenden gesetzlichen Vorschriften der erforderlichen Verringerung der Zahl der Bediensteten entgegenstehen. Dieser Gesetzentwurf werde, bevor er dem Kabinettsrate zur Beschlussfassung vorgelegt werden wird, noch einer zwischenstaatsamtlichen Besprechung unterzogen werden müssen.[9]

Der Kabinettsrat nimmt diesen Bericht zur Kenntnis und beschließt über Antrag des Unterstaatssekretärs Ing. von E n d e r e s, dass allen weiteren Verhandlungen in der Beamtenfrage auch Vertreter des Staatsamtes für Verkehrswesen beizuziehen sein werden.

Unterstaatssekretär Dr. von B e c k teilt endlich mit[10], dass laut Berichtes des Finanzdirektors in L i n z[11] zahlreiche deutsche Bedienstete bei Finanzämtern im südböhmischen, an Oberösterreich angegliederten Randgebiete[12] erklärt haben, das Gelöbnis für den deutschösterreichischen Staat nur dann ablegen zu können, wenn sie gegen den ihnen im Falle eines seinerzeitigen endgültigen Zuspruches dieses Gebietes an den tschechoslowakischen Staat sicher drohenden Amtsverlust durch die ausdrückliche Zusage der d.ö. Regierung, sodann in den deutschösterreichischen Staatsdienst aufgenommen zu werden, sichergestellt würden. Die vom Kabinettsrate mit der Beratung grundsätzlicher Staatsbedienstetenfragen betraute zwischenstaatsamtliche Geschäftsstelle[13] sei einstimmig der Ansicht gewesen, dass ein solches Versprechen im Sinne der „Richtlinien" (Kabinettsratsbeschluss vom 23.11.1918[14]) aus Billigkeits- und nationalen Rücksichten wohl gegeben werden müsse.

Der besonderen Dringlichkeit wegen habe das Staatsamt der Finanzen die Ermächtigung erteilt, den in Frage kommenden deutschen Bediensteten die Zusage zu machen, dass sie, falls sie künftighin zum Verlassen ihres Dienstes gezwungen werden sollten, im deutschösterreichischen Staatsdienste werden verwendet werden.

Eine inhaltlich gleiche Erklärung sei vom Staatsamte des Innern hinsichtlich der Bediensteten des Sudetenlandes nach Troppau ergangen.

---

9 Vgl. dazu weiter KRP Nr. 29/5 c.

10 Beilage zu Punkt 1: Zl. 3.225/1918, Zum Vortrage im Kabinettsrate (1 Seite); Durchführung der Angelobung für den d.ö. Staatsdienst im südböhmischen Gebiete (1 Seite). Die Beilage enthält die hier in der Reinschrift folgenden Ausführungen wortwörtlich. Weiters liegt das Muster einer Ermächtigung von Seiten der Finanzdirektion Linz an untergeordnete Dienststellen bei, aufgrund derer „jenen deutschen Bediensteten in den südböhmischen an Oberösterreich angegliederten Randgebieten, welche die Angelobung für den d.ö. Staat nur gegen eine ihre Stellung im d.ö. Staate sichernde ausdrückliche Zusage leisten wollen", zugesichert werden sollte, dass sie, „falls sie künftighin zum Verlassen ihres Dienstes gezwungen sein sollten, im d.ö. Staatsdienste werden verwendet werden".

11 Dr. Otto Pfleger, Hofrat, Finanzdirektor von Linz, danach Präsident der Finanzlandesdirektion Graz.

12 Das südböhmische Gebiet sollte als Kreis Deutsch-Südböhmen bzw. „Böhmerwaldgau" an Oberösterreich angeschlossen werden. Mit dem Staatsvertrag von Saint-Germain-en-Laye fiel das Gebiet an die Tschechoslowakei. Zur Einrichtung zweier Bezirkshauptmannschaften in Bergreichenstein und Neuern vgl. SRP Nr. 39 vom 20. November 1918; AdR, StK, GZl. 74/1918, Provisorische Landesregierung von Linz. Zur Übernahme der Verwaltung im Kreis Deutsch-Südböhmen vgl. auch SRP Nr. 38 vom 19. November 1918. Vgl. weiters Robert Wührer, Der Umsturz in Deutsch-Südböhmen. Ein Beitrag zum Problem der Friedensregelung nach dem ersten Weltkrieg, phil. Diss., Wien 1972, S. 79–91. Umfangreiches Material zur Verwaltung und zur politischen Lage im „Böhmerwaldgau" für den Zeitraum November 1918 bis Mai 1919 findet sich in AdR, StK, GZl. 93/11/1919, Aktion in Deutschsüdböhmen. In diesem Bestand vgl. weiters GZl. 339/1919, Zl. 933/1918, Übernahme der Verwaltung des Böhmerwaldgaues durch das Land Oberösterreich, sowie Zl. 885/1918, Gau Böhmerwald. Material zu einer „Hilfsvereinigung für Südböhmen", die sich in Linz etablierte und versuchte, den „Böhmerwaldgau" finanziell und durch Propagandatätigkeit zu unterstützen, findet sich in AdR, StK, GZl. 79/1919.

13 Zur Einrichtung und Zusammensetzung des zwischenstaatsamtlichen Komitees zur Behandlung von Staatsangestelltenfragen vgl. KRP Nr. 11/2.

14 Zu den „Richtlinien" vgl. KRP Nr. 14/16, zur Beschlussfassung Nr. 15/Stenogramm.

Der Kabinettsrat nimmt die getroffenen Verfügungen[15], von welchen alle beteiligten Staatsämter zu verständigen sein werden, genehmigend zur Kenntnis.[16]

2

Dienstbezüge der vom Volke beauftragten Organe

Der Vorsitzende teilt mit, dass das Staatsratsdirektorium die Bestimmung der Dienstbezüge der vom Volke beauftragten Organe[17] übernommen habe und erläuternde Detailbestimmungen im schriftlichen Wege den einzelnen Staatsämtern werde zukommen lassen.[18]

3

Abgrenzung der Einflusssphären Deutschösterreichs und des tschechoslowakischen Staates bezüglich des Eisenbahnverkehres

Unterstaatssekretär Ing. von E n d e r e s teilt mit, dass in den letzten Tagen zwischen Vertretern des deutschösterreichischen Staatsamtes für Verkehrswesen einerseits und Vertretern des tschechoslowakischen Eisenbahnministeriums und der Generaldirektion der Eisenbahnen für Böhmen, Mähren und Schlesien andererseits Verhandlungen über die vorläufige Regelung verschiedener verkehrstechnischer und eisenbahnwirtschaftlicher Fragen stattgefunden haben.

Da eine große Zahl dieser Fragen eine Abgrenzung der beiderseitigen Staatsgebiete zur Voraussetzung hatte, sei seitens des sprechenden Unterstaatssekretärs hiebei der Antrag gestellt worden, unvorgreiflich der endgültigen Abgrenzung der beiderseitigen Staatsgebiete, lediglich für die Abwicklung des Eisenbahnverkehres und der damit zusammenhängenden Angelegenheiten eine Vereinbarung über die Einflusssphären Deutschösterreichs und des tschechoslowakischen Eisenbahnnetzes in Nordböhmen, Nordmähren und Schlesien, sowie in Südböhmen und Südmähren[19] zu treffen.

Die Vertreter der tschechoslowakischen Eisenbahnverwaltung hätten daraufhin, nach telephonischer Rücksprache mit der tschechoslowakischen Regierung, die Erklärung abgegeben, dass sie auf eine derartige Vereinbarung nicht eingehen können.

Der Verlauf der weiteren Verhandlungen habe tatsächlich ergeben, dass eine ganze Reihe von Fragen ohne eine derartige Vereinbarung nicht gelöst werden könne.

Mit Rücksicht hierauf habe Ing. von E n d e r e s am Schlusse der Verhandlungen angeregt, dass ein Übereinkommen über eine vorläufige Gebietsabgrenzung von Regierung zu

---

15 Die folgende Einfügung wurde im Konzept handschriftlich ergänzt.

16 Zur Behandlung von Beamtenfragen vgl. weiters KRP Nr. 11/2, Nr. 14/6, Nr. 23/6, Nr. 29/5 und Nr. 34/13, zur Erörterung weiterer, im Zusammenhang mit sowohl „deutschen" als auch „nichtdeutschen" Beamten stehenden Fragen vgl. KRP Nr. 4/1, Nr. 7/12 und 14, Nr. 18/8, Nr. 19/4, Nr. 21/2, Nr. 22/2, Nr. 26/8 und 9 sowie Nr. 33/6.

17 Es ging um StGBl. Nr. 42, Gesetz vom 22. November 1918 über die Dienstbezüge und Dienstzulagen der vom Volke beauftragten Staatsorgane, ausgegeben am 28. November 1918. Vgl. KRP Nr. 18/11.

18 Vgl. dazu AdR, StK, GZl. 702/1918 vom 30. November 1918, Ergebnisse der Prüfung des Gesetzentwurfes durch das Staatsratsdirektorium.

19 Der Kreis Deutsch-Südmähren war am 3. November 1918 von Vertretern der deutsch-südmährischen Wahlkreise proklamiert worden. Er sollte Teil Deutschösterreichs und an Niederösterreich angeschlossen werden. Die Besetzung Deutsch-Südmährens durch tschechische Truppen war jedoch bis spätestens 20. Dezember 1918 vollzogen, und mit dem Staatsvertrag von Saint-Germain-en-Laye fiel das südmährische Gebiet der Tschechoslowakei zu. Vgl. Walter Reichel, Tschechoslowakei–Österreich. Grenzziehung 1918/1919, in: Helmut Konrad/Wolfgang Maderthaner (Hg.), Das Werden der Ersten Republik – Band I. ...der Rest ist Österreich, Wien 2008, S. 159–178, hier S. 168 und S. 175. Zum Thema vgl. weiters derselbe, Deutsch-Südmähren und das Selbstbestimmungsrecht. Voraussetzungen und Verlauf der politischen und militärischen Auseinandersetzung um die staatliche Zugehörigkeit in den Jahren 1918 und 1919, Wien 1999.

Regierung angebahnt werde, welcher Anregung seitens der tschechoslowakischen Vertreter auch beigepflichtet worden sei.

Um nun eine tunlichst glatte Abwicklung des Eisenbahnverkehres zwischen den deutschösterreichischen und den tschechoslowakischen Siedlungsgebieten zu ermöglichen, sowie auch insbesondere um eine unbehinderte Amtstätigkeit der neu errichteten Staatsbahndirektionen in Teplitz und Jägerndorf[20] sicherzustellen, erscheine es unumgänglich notwendig, diese Verhandlungen von Regierung zu Regierung einzuleiten.

Unterstaatssekretär Ing. von E n d e r e s stellt daher den Antrag, dass das Staatsamt des Äußern im Einvernehmen mit dem Staatsamt für Verkehrswesen mit der tschechoslowakischen Regierung unverweilt in Unterhandlungen trete, um unvorgreiflich der seinerzeitigen endgültigen Abgrenzung der beiderseitigen Staatsgebiete vorläufig und lediglich zur Aufrechterhaltung der Ordnung und Sicherheit im Eisenbahnbetriebe die Einflusssphären der beiden neugebildeten Nationalstaaten innerhalb der ehemaligen Kronländer Böhmen, Mähren und Schlesien nach Maßgabe der geschlossenen Siedlungsgebiete festzustellen.

Der Kabinettsrat stimmt diesem Antrage zu.[21]

4

Beamtenfragen im Böhmerwalde

Staatssekretär Dr. R o l l e r teilt mit, die tschechoslowakische Regierung habe an den Nationalrat in K r u m a u[22] das Verlangen gestellt, dass die Amtsführung bei sämtlichen Ämtern bis Friedensschluss in der bisherigen Weise erfolge, da nur auf diese Weise eine militärische Besetzung von Stadt und Ämtern verhindert werden könne.[23]

Demgemäß müssten Bezirksrichter und Richter unverzüglich des Gelöbnisses auf den deutschösterreichischen Staat entbunden und die Suspendierung des tschechischen Rates H a v e l[24] aufgehoben werden.

Gemäß dem Antrage des sprechenden Staatssekretärs beschließt der Kabinettsrat, dass mit dem Widerruf des Gelöbnisses der deutschen bezirksgerichtlichen Beamten im Böhmer-

---

20 Vgl. auch KRP Nr. 3/2, Nr. 9/2 und zu Jägerndorf auch Nr. 25/2.

21 Vgl. dazu AdR, StK, GZl. 834/1918, Vorläufige Abgrenzung Deutschösterreichs gegenüber dem Tschechoslovakischen Gebiete. Der Akt enthält ein Schreiben des Staatsamtes für Äußeres an den tschechoslowakischen Bevollmächtigten Tusar vom 3. Dezember 1918, in dem dieser ersucht wurde, „bei Ihrer vorgesetzten Regierung dahin Einfluß nehmen zu wollen, daß sofort zwischen den Vertretern unserer beiderseitigen Regierungen in Verhandlungen eingetreten werden könne", um „unvorgreiflich der seinerzeitigen endgiltigen Abgrenzung der beiden Staatsgebiete vorläufig und lediglich zur Aufrechterhaltung der Ordnung und Sicherheit im Eisenbahnbetriebe die Einflußsphäre der beiden neugebildeten Nachbarstaaten nach Maßgabe der geschlossenen Siedlungsgebiete" festzusetzen. Durch die Ergebnisse solcher Verhandlungen könne „jenen mißliebigen Vorkommnissen vorgebeugt werden [...], die sich in der letzten Zeit in den deutschen Siedlungsgebieten ergeben haben und die geeignet sind, das gute Einvernehmen zwischen den beiden Nachbarstaaten zu trüben". Zum Thema vgl. auch KRP Nr. 20/5, weiters Nr. 22/2.
Vlastimil Tusar, ab 30. Oktober 1918 tschechoslowakischer Bevollmächtigter bei der k.k. Regierung in Wien und dann der Regierung Deutschösterreichs, 10. Juli 1919 bis 15. September 1920 tschechoslowakischer Ministerpräsident.

22 Gemeint war der „deutsche Nationalausschuss für den Gau Böhmerwald", der sich am 17. November 1918 in Krumau konstituiert hatte. Vgl. Harry Slapnicka, Oberösterreich, in: Erika Weinzierl/Kurt Skalnik (Hg.), Österreich 1918–1938. Geschichte der Ersten Republik 2, Graz/Wien/Köln 1983, S. 873–902, hier S. 876 f.

23 Beilage zu Punkt 4: Telegrammanschrift an den Staatssekretär für Justiz (¾ Seite). Das Telegramm des Landesgerichtspräsidiums Linz enthält im Wesentlichen das hier in der Reinschrift Gesagte. Erwähnt wurde noch, dass sowohl die oberösterreichische Landesregierung wie auch das Landesgerichtspräsidium Linz mit dieser Maßnahme einverstanden wären, „da Zustand immer unhaltbarer".

24 Gemeint war Oberlandesgerichtsrat Franz Havel, Bezirksrichter am Bezirksgericht Krumau.

walde nicht vorgegangen werden könne, sondern dass dieselben eher der Gewalt weichen sollen und dass die Ordnung dieser Angelegenheit entsprechend dem Ergebnisse der von den Staatsämtern des Äußern und für Verkehrswesen laut Punkt 3 des vorliegenden Protokolles zu führenden Verhandlungen zu erfolgen habe.[25]

5

Weiterverwendung des Hofrates Dr. H n i d e y im deutschösterreichischen Staatsdienste

Unterstaatssekretär Ing. von E n d e r e s erbittet die Ermächtigung zur Weiterverwendung des Hofrates Dr. H n i d e y, welcher der rumänischen Nationalität angehört, auf seinem gegenwärtigen Dienstposten im Staatsamte für Verkehrswesen und begründet diese Bitte damit, dass Dr. Hnidey mit Rücksicht auf seine Spezialkenntnisse und seine langjährige Erfahrung nicht leicht ersetzt werden könnte.[26]

Der Kabinettsrat stellt grundsätzlich fest, dass die ausnahmsweise Zulassung von ehemals österreichischen Staatsbediensteten nichtdeutscher Nationalität im deutschösterreichischen Staatsdienste zwar in die Kompetenz des Kabinettsrates falle, dass jedoch die Verwendung solcher Bediensteten auf selbständigen und verantwortungsvollen Posten an die Genehmigung des Staatsratsdirektoriums gebunden sei.

In diesem Sinne wird der Unterstaatssekretär für Verkehrswesen eingeladen, einen entsprechenden Antrag dem Staatsratsdirektorium zu unterbreiten.[27]

6

Wiener Universitäts-Angelegenheiten

Staatssekretär P a c h e r bringt dem Kabinettsrate zur Kenntnis, dass sich in der Studentenschaft Wiens eine lebhafte Bewegung geltend mache. Diese gehe von den heimkehrenden Studenten aus, die infolge der großen Anzahl der an den Wiener Hochschulen inskribierten

---

[25] In diesem Zusammenhang vgl. auch AdR, StK, GZl. 1.628/1918, Pflichtenangelobung deutschösterreichischer Richter auf den tschechoslowakischen Staat; dazu ausführlich KRP Nr. 26, Anmerkung 22.

[26] Beilage zu Punkt 5: Entwurf für den Vortrag im Kabinettsrate (2 Seiten). In der Beilage wurde Dr. Viktor Hnideys bisherige Laufbahn im Staatsdienst dargelegt. So war Hnidey u. a. 1902 bis 1908 mit der selbständigen Leitung der Betriebsleitung der österreichischen Staatsbahnen in Czernowitz betraut gewesen und hatte sodann im Eisenbahnministerium als Referent für die Angelegenheiten der Neuordnung des Staatseisenbahndienstes gewirkt. Letztgenannte Funktion übte Hnidey nunmehr auch im Staatsamt für Verkehrswesen aus, und in Ermangelung eines entsprechend geschulten anderen Beamten sollte Hnidey nicht nur vorläufig im Dienst belassen, sondern dauerhaft in den neuen Personalstand übernommen werden. Die Beilage zählte noch eine Reihe von weiteren Gründen auf, die für diese Maßnahme sprachen, so u. a. die Tatsache, dass Hnidey ausschließlich Schulen mit deutscher Unterrichtssprache besucht und stets nur auf Posten mit deutscher Amtssprache gedient habe. Überdies habe er, ohne „seine Nationalität preiszugeben oder seine persönliche Überzeugung zu opfern", immer „im Interesse der deutschen Sache gewirkt, was ihm umso leichter fiel, als eine eigentliche Reibungsfläche zwischen Deutschen und Rumänen niemals bestand".

[27] Der Antrag wurde im Staatsratsdirektorium zuerst abgelehnt, vgl. Staatsratsdirektoriumsvermerk Nr. 5/2 a vom 7. Dezember 1918, schließlich aber nochmals behandelt. Nun entschied das Direktorium aufgrund einer Note des Staatssekretärs Jukel vom 15. Dezember 1918, die vorläufige Übernahme Hnideys in den deutschösterreichischen Staatsdienst „unter Vorbehalt der definitiven Regelung der Beamtenverhältnisse" zu genehmigen. Vgl. Staatsratsdirektoriumsvermerk Nr. 11/3 vom 19. Dezember 1918, weiters auch AdR, Präsidentschaftskanzlei, Allgemeine Reihe 1918, GZl. 42/Dir./1918, Uebernahme des Hofrates Dr. Viktor Hnidey. Allerdings vgl. weiter Staatsratsdirektoriumsvermerk Nr. 16/6 vom 11. Jänner 1919, wo das Direktorium sich mit einer Beschwerde des Eisenbahnrates über die Weiterbelassung Hnideys beschäftigte und im Zuge dessen zur Kenntnis nahm, dass „Hnidey selbst um seine Pensionierung angesucht hat und pensioniert wurde". Vgl. auch AdR, StK, GZl. 147/1919, Beschwerden des Eisenbahnrates in Personalangelegenheiten.

Hörer fremder, insbesondere polnischer, Nationalität dortselbst keinen Platz finden und sich dadurch geschädigt fühlen.

Auf Grund einer ihm zugekommenen Eingabe stellt der sprechende Staatssekretär folgende Anträge, welche den vorgebrachten Beschwerden Rechnung tragen würden:

1.) Anerkennung des Grundsatzes, dass die deutschösterreichischen Hochschulen vor allem für die deutschösterreichische Studentenschaft vorbehalten seien;

2.) dass für das Wintersemester dadurch Vorsorge getroffen werde, dass die bisherigen Hörer durch Abtestierung[28] mit Ende Dezember vor dem Verluste des Wintersemesters gesichert werden und andererseits den Heimkehrern die Möglichkeit einer Inskribierung für das Wintersemester geboten werde;

3.) Sofortige Einleitung von Verhandlungen mit den fremden Staaten wegen tunlichster Übernahme der fremdnationalen Hörer auf ihre Hochschulen für das Wintersemester;

4.) Bereitstellung entsprechender Räumlichkeiten behufs Schaffung von Arbeitsstätten; eventuell Einrichtung von Parallelvorlesungen in ärarischen Gebäuden;

5.) Sinngemäße Anwendung des Grundsatzes „die deutschen Hochschulen für die deutschen Studenten" auf die Mensa academica und staatliche Subventionierung dieser Einrichtung;

6.) Bereitstellung von Wohnräumen für die Studentenschaft eventuell in ärarischen Gebäuden.

Der Vorsitzende weist darauf hin, dass bei der Behandlung dieser Angelegenheit insoferne besondere Vorsicht geboten sei, als alles vermieden werden müsse, was den internationalen Besuch der Wiener Hochschulen und ihren altbewährten Ruf der Gastlichkeit beeinträchtigen könnte.

Der Kabinettsrat ermächtigt das Staatsamt für Kultus und Unterricht, die vorgeschlagenen Maßnahmen unter Bedachtnahme auf die Ausführungen des Vorsitzenden durchzuführen.[29]

---

[28] Testat: Bescheinigung, Prüfung, Prüfungsbestätigung.

[29] Vgl. dazu AdR, StK, GZl. 485/1919, Frage der Behandlung der Studierenden nichtdeutscher Nationalität an den d.ö. Hochschulen. Der Akt enthält ein Schreiben des Staatsamtes für Unterricht vom 18. Jänner 1919 an die Staatskanzlei, in dem auf die vorliegende Sitzung des Kabinettsrates Bezug genommen und ein Bericht des akademischen Senats der Universität Wien vom 2. Jänner 1919 übermittelt wurde, „in welchem die Beschlüsse mitgeteilt werden, welche diese Hochschulbehörde in Angelegenheit der zukünftigen Behandlung Studierender nichtdeutscher Nationalität gefasst hat". Eingangs wurde festgestellt, dass die Universität Wien zu Kriegsbeginn aufgrund von Universitätsschließungen „geradezu mit fremdnationalen Elementen überflutet worden" sei. Institute und Laboratorien seien zum Teil überfüllt, sodass es „an Platz für die aus dem Felde zurückkehrenden deutschen Studierenden" fehle. Hinsichtlich der Immatrikulation und Inskription war nun beschlossen worden, „dass dort, wo an einzelnen Fakultäten infolge Mangels an Raum oder Lehrbehelfen ein numerus clausus gehandhabt werden muss, [...] unter den Staatsangehörigen Deutschösterreichs die Angehörigen der deutschen Nationalität den Vorzug" genießen sollten, wobei „Studierende deutscher Nationalität aus Böhmen, Mähren, Schlesien, aus den südslavischen Teilen von Kärnten, Steiermark, Krain und Küstenland, aus Ungarn und Siebenbürgen und aus Südtirol" sowie aus dem Deutschen Reich und der Schweiz „den Deutschösterreichern deutscher Nationalität" gleichzustellen waren. Die „an deutschösterreichischen Universitäten erworbenen Staatsprüfungszeugnisse und Doktorgrade haben in Deutschösterreich auch im Falle der späteren Erlangung der deutschösterreichischen Staatsbürgerschaft keine Giltigkeit". Weiters sollten den betroffenen Studierenden die Befreiung vom Kollegiengeld, der Genuss von Stipendien, die Benützung der akademischen Wohlfahrtseinrichtungen sowie die Teilnahme am studentischen Hochschulausschuss oder vergleichbaren Vertretungskörpern weitgehend verwehrt bleiben. „Die Bewilligung, auf akademischem Boden der Universität Farben zu tragen, wird ausschließlich an Korporationen erteilt, deren Mitglieder sich zur deutschen Nationalität bekennen." Allgemein nahm der Senat in Aussicht, die Studierenden an der Verwaltung gewisser Universitätseinrichtungen teilnehmen zu lassen, die Bildung eines Studentenrates lehnte der Senat jedoch ab. Den „Angehörigen der jüdischen Nationalität" sollte „das Recht des Bekenntnisses zu dieser Nationalität eingeräumt" werden, in den

7

Durchtransport der tschechoslowakischen Legion in ihre Heimat über die Linien der deutschösterreichischen Staatsbahnen

Unterstaatssekretär Ing. von E n d e r e s teilt mit, dass vom 6. Dezember d. J. angefangen durch ungefähr 12 Tage die Rückbeförderung der tschechoslowakischen Legion in ihre Heimat über die Linien der deutschösterreichischen Staatsbahnen bewerkstelligt werden solle.[30] Als Transportweg sei die Route Toblach – Villach – Selzthal – Hieflau – Klein Reifling – Gaisbach – Budweis in Aussicht genommen worden. Die Transporte der tschechoslowakischen Soldaten sollen mit voller Bewaffnung geführt werden. Eine dem Vernehmen nach vom deutschösterreichischen Staatsamt des Äußern gestellte Forderung nach Entwaffnung der Transporte soll grundsätzlich abgelehnt worden sein, da den tschechoslowakischen Truppen als Bestandteil der Ententearmeen ein Durchzugsrecht mit Waffen zustehe.

Der sprechende Unterstaatssekretär hege die Befürchtung, dass die durchziehenden Truppen Beschädigungen an den Bahnanlagen, den Signal- und sonstigen Verkehrseinrichtungen verursachen und trotz des Waffenstillstandes zu Kampfhandlungen gegen das Deutsche Reich oder Deutschösterreich, so etwa zur gewaltsamen Besetzung Deutsch-Böhmens und der Sudetenländer verwendet werden könnten.

Der Kabinettsrat beschließt über Antrag des Unterstaatssekretärs Ing. von E n d e r e s, das Staatsamt des Äußern werde beauftragt, mit allen verfügbaren Mitteln eine Gewähr dafür zu suchen, dass diese Truppen sich bei ihrem Durchtransport keinerlei Übergriffe zu Schulden kommen lassen und dass sie nicht etwa im Sinne der Waffenstillstandsbedingungen zur Besetzung von Punkten deutschösterreichischen Gebietes verwendet werden.[31]

Schluss der Sitzung ½ 7 Uhr abends.

„bezüglichen Ausweisen" sollten sie „getrennt geführt" werden, ebenso wie die „fremdnationalen" Studierenden. Grundsätzlich wünschte der Senat, „dass die Universität Wien auch weiterhin ihrer Aufgabe gerecht werde, als deutsches Kulturzentrum anziehend auf die Deutschen aus dem Reiche, der Schweiz und der Diaspora sowie auf Angehörige der übrigen Kulturvölker zu wirken". Abschließend hieß es: „Die Beschlüsse des akademischen Senates sind der Auffassung entsprungen, dass die Universität Wien im Staate Deutschösterreich eine nationale Aufgabe zu erfüllen hat: sie soll vor allem eine deutsche Universität sein für die deutschen Volksgenossen, ohne indes Andersnationale und Ausländer grundsätzlich auszuschließen." Zum Thema vgl. weiters auch KRP Nr. 33/6 und Nr. 34/8.

30 Beilage zu Punkt 7: Anfrage des Unterstaatssekretärs Ing. v. Enderes (1 Seite). Der Inhalt der Beilage geht über das hier im Protokoll Gesagte nicht hinaus.

31 Detaillierte Informationen zum Durchzug der Truppen, der unter italienischem Kommando stattfinden sollte, sowie ihrer Zusammensetzung und Route inklusive Kartenmaterial findet sich in AdR, StK, GZl. 876/1918. Zu den tschechoslowakischen Legionen in Italien vgl. Richard G. Plaschka, Odvanzo und Piazza Venezia. Zur Aufstellung tschechoslowakischer Freiwilligenverbände in Italien im Ersten Weltkrieg, in: Otto Kresten/Adam Wandruszka (Hg.), Römische Historische Mitteilungen 29, Wien 1987, S. 459–475.

Stenogramm vom 30. November 1918 (Fenz)

Nr. 19, 30./12 {sic!}, ½4h

Pkt. 5.[32]

Renner: Studenten wollen Dep.[utation] herein schicken.

Steinwender: Die Druckarbeiten aller Ressorts sind künftighin bei der Staatsdruckerei besorgen zu lassen, privatindustrielle Verträge [zu] kündigen.

Hanusch: Habe die Staatssekretäre ersucht, dass alle Drucksachen in der Staatsdruckerei besorgt werden.[33]

Loewenfeld-Ruß: Handdruckerei in VEA [Volksernährungsamt?] wird nicht ?aktiviert.

Mayer: Heereswesen hat eigene Druckerei.

Enderes: Auch für Eisenbahnressort spezielle Arbeiten in eigener Druckerei – Fahrkarten.

Beck: Pkt. 1, 23./XI. Richtlinien, 24. Wiener Zeitung[34], 25. Staatsrat. Krieg betreffend nicht-deutsche Beamte im Deutschösterreichischen Gebiet. Zwischenstaatliche Verhandlungen und 24./XI. Communiqué in der Wiener Zeitung. Beruhigend [...] für die Staatsbeamten. Das gilt nicht nur – mit Rücksicht darauf habe ich Einfluss genommen, dass [es] bei der Gesandtschaftenkonferenz 27. XI. [auf die] Tagesordnung gesetzt wird. Habe Antrag gestellt Subkomitee zur Behandlung der Beamtenfrage auch gemeinsam Beamte und Offiziere. 29. XI. Sitzung dieses SC [Subcommitee] der Gesandtenkonferenz.

Bezahlung der Bezüge vom 1. XII. 18 vollständiges Einvernehmen im Sinne des Wunsches des Staatsrates: Vereinbarung mit den Vertretern der einzelnen Staaten, dass den Bediensteten nicht-deutscher Nationalität auf deutsch-österreichischem Boden eine Beihilfe im Ausmaß der bisherigen Bezüge gezahlt wird, vorläufig vorschussweise aus deutsch-österreichischen Mitteln gegen Rückersatz von den fremden Nationalitäten. Die fremden Vertreter [haben] zugestimmt, Reziprozität.

Bezüglich jener nicht-deutschen Bediensteten, die sich auf deutsch-österreichischem Gebiet aufhalten, ohne ihren Amtssitz dort zu haben, [ist es ein] Gebot der Billigkeit, bewilligt, dass sie nicht ganz ohne [Subs.]istenz-Mittel [gelassen werden]. Wenn [im] Augenblick die Notwendigkeit [besteht] und die Unmöglichkeit, sich in das fremdnationale Gebiet zu [be]geben, Vorschuss gegen Rückersatz zu geben. Gegenseitiges Verhältnis seitens der anderen Nationalstaaten vorausgesetzt. Vereinbarung unterschrieben von allen Nationalstaaten mit Ausnahme von Italienern, weil diese keinen Nationalstaat hinter sich haben. Jugoslawien war dagegen, dass für die Italiener etwas geschieht.

Für die Zeit nach dem 1./XII. soll getrachtet werden Übereinkommen betreffend Pensionszahlungen [zu erzielen]. [...] Auseinandersetzung, [...] und Beamtenverhältnisse /: Vorschuss :/. Frage der aktiven Offiziere und Bezahlung der Pensionen. Bezahlung per 1. XII. Übereinkommen mit den anderen Nationalstaaten.

Ferner wurden in Bezug auf die Richtlinien von der Geschäftsstelle Erläuterungen ausgearbeitet. Form des Gelöbnisses, Bestimmung der Nationalität. Diese Erläuterungen sind gestern den Staatsämtern zugesandt [worden].

Wegen der Eisenbahnbediensteten: der vom Staatsrat eingesetzte Beirat wird mit dem Staatsamt für Verkehr in der nächsten Woche zusammentreten um die speziellen Verhältnisse der Eisenbahnbediensteten zu besprechen.

Die Tätigkeit der Geschäftsstelle ist derart gedacht, dass sie etappenmäßig vorbereitend arbeitet.

---

32 Die folgenden Ausführungen wurden in der Reinschrift nicht berücksichtigt. Die Erwähnung einer Studentendeputation stand wohl im Zusammenhang mit den Erörterungen unter Tagesordnungspunkt 6 der Reinschrift.

33 Vgl. dazu KRP Nr. 24/8.

34 Vgl. Wiener Zeitung, 25. November 1918, S. 1 „Beschlüsse des Kabinettsrates in Staatsbedienstetenfragen".

Was hat zu geschehen, damit die für den deutsch-österreichischen Staat zu übernehmenden [...] im Einklang bringt mit den Bedürfnissen der Verwaltung? Überschuss bei den Zentralstellen, Reduzierung.
Gesetzentwurf, welcher einer zwischenstaatsamtlichen Besprechung unterzogen werden muss. Staatsamt des Inneren im Einvernehmen mit Finanzen. Gesetz deshalb weil die DP [Dienstpragmatik] Hindernis gegen die freie Verfügung über die Staatsbeamten schafft. Daher notwendig, Ermächtigung der Regierung einzuholen, dass Prakt.[ikanten] und Beamte unter 10 [Dienst]-Jahren entlassen, [mit] mindestens 10 aber weniger als 30 Jahren mit Wartegebühr beurlaubt, mit wenigstens 30 Jahren auf Ersuchen oder auf Amtswegen unter Gewährung des normalen Ruhegenusses pensioniert [werden können].
Bestellung einer Kommission zur Milderung bei Durchführung der Beamten-Reduzierung.

Roller: Pensionierungen; darf ich pensionieren? Wesely?[35], soll man auffordern, Amtsweg? Auf unser Conto? Dürfen die angelobten deutschen Hofräte des [...] über 65 pensioniert werden und darf Wesely pensioniert werden?

Beck: Bei der Gesandtenkonferenz werde ich Beteiligung der anderen Staaten bis Ende Dezember anstreben. Kein Anstand, zu pensionieren die Deutschen. Die nicht-deutschen können wir nicht pensionieren, sonst fallen sie uns zur Last. Was ist Wesely betreffend, so ist das ein Beamter deutscher Nationalität in Böhmen. Wenn ihn der tschechoslowakische Staat zwingt, hinauszugehen, so müssen wir ihn übernehmen und müssen dann trachten, ihn möglichst bald zu pensionieren. [Betreffend] Wesely noch zuzuwarten bis 3. XII. nächste Gesandtenkonferenz.

Enderes: Klärung mehrerer Fragen, die sich bei den Erläuterungen ergeben. In [den] weiteren Verhandlungen auch ein Vertreter des Verk.[rehrs]-Amtes [beiziehen] mit Rücksicht ~~auf die große Bedeutung, die diese Angelegenheit für die besonderen Verhältnisse der Eisenbahnbediensteten hat~~ darauf, dass unsere Pensionsmasse wahrscheinlich die größte ist und jeder Beschluss, der hinsichtlich der Staatsbeamten gefasst wird, seine Rückwirkung auf die Eisenbahnbediensteten übt.

Beck: Einverstanden.

Marckhl: Haben wir das Recht, auf die allgemeine Liquidierungsmasse zu pensionieren?

~~Pacher: Nicht-deutsche Hochschullehrer.~~

Beck: ?verliert.

Wird zur Kenntnis genommen.

Vom Staatsdirektorium bestimmt.

Renner erklärt, dass das Direktorium die Bestimmung der Dienstbezüge sich vorbehalten hat (übernommen hat).

Roller: Die erläuternden Detailbestimmungen werden schriftlich den einzelnen Staatsämtern zukommen.

[Roller:] Nationalausschuss Krumau folgendes Telegramm: Mitteilung an den Präsidenten: Die Umschwörung soll er nicht vornehmen, dass aber die Beamten, wenn es nicht anders geht, der Gewalt zu weichen haben.

Enderes: In allen diesen Belangen muss gleichartig vorgegangen werden. Provisorische Abgrenzung. Die Zusicherung Deutschböhmens an die Tschechoslowakei von der Entente nur mit weitgehender Autonomie.
Antrag: Verhandlungen nur vom Staatsamt des Äußeren und Verkehrsamt zu führen.
Somit an Staatsamt des Äußeren Ausfertigung.

Roller: Der Kabinettsrat beschließt, dass mit dem Widerruf des Gelöbnisses der deutschen Bezirksgerichtsbeamten im Böhmerwald nicht vorgegangen [werden] soll, dass sie eher der Gewalt weichen sollen und dass die Ordnung dieser gerichtlichen Verhältnisse den vom Staatsamt des Äußeren und Verkehrs zu pflegenden Verhandlungen und deren Ergebnis nachgebildet werden wird.

Angenommen.

---

35 Es konnte nicht eindeutig geklärt werden, wer gemeint war.

Pkt. 4 [Hnidey]

Enderes: Ganze Ausbildung an deutschen Schulen. Seit 10 Jahren im EM [Eisenbahnministerium] mit den org.[anisatorischen] Studien befasst.

Beck: Beantragt anstatt ‚definitive Übernahme' ‚einstweilige Verwendung'.

Renner: Früher war für Verwendung von Ausländern Genehmigung des Kaisers [erforderlich]. 1.) entweder ein solcher Ausnahmsfall. Da die Ordnung getroffen worden ist von Cabinett. Es genügt in solchen Fällen, dass das Kabinett entscheidet. Wenn es sich um einen einbekannt nicht-deutschen Beamten handelt, Direktorium.

Enderes: Vorläufig mitteilen, interimistisch [...] Beschluss gefasst ist.
Ausnahmen von der Dienstanweisung können nur durch das Cabinett beschlossen werden, jedoch mit der Einschränkung, dass Verwendung als Abteilungsvorstand und [...] Dienstposten nur mit Genehmigung des Direktoriums.

5.

Pacher: In der Studentenschaft große Bewegung, welche von den Heimkehrern ausgeht, die jetzt an den Hochschulen keinen Platz finden. Sowohl U.[niversität] als [auch] T.[echnische Hochschulen] /: die Hochschulen haben sich angeschlossen :/ fühlen sich bedrängt, da in den Kriegsjahren besonders eine Anzahl von [aus] Gal.[izien] gekommener dieses Jahr an den Hochschulen inscribiert war (über 400), [die] den Heimkehrern den Platz wegnehmen. Besonders Laboratorien, Zeichensäle etc. Abordnung angekündigt Rektor der U.[niversität] [...], ein Vertreter der Techniker und Hochschule für Bodenkultur. Eingabe: sie wollen: 10 deutsche Hochschulen zunächst für die deutsch-österreichische Studentenschaft; dann den deutschen Lehrern an anderen Hochschulen hier Platz finden und nicht [ein] fremder Lehrer ihnen den Platz wegnimmt; Platz geschaffen für deutsch-österreichische Studenten durch Erweiterung der Räumlichkeiten, Arbeitsstätten und Laboratorien; dass für diese Studenten in der Mensa für deutsch-österreichische Studenten Platz gemacht wird. Wohnungsnot Einräumung von ärarischen Gebäude.
Diesen Verlangen muss man entsprechen, andererseits aber bezüglich jener Hörer, die inskribiert sind, keine Ausweisung. Raum schaffen für die neu hinzugekommenen.
1.) Grundsatz deutsch-österreichische Hochschulen für die deutsch-österreichischen Studenten anzuerkennen.
2.) dass für das Wintersemester dadurch Vorsorge getroffen wird, dass die bisherigen Hörer durch Abtestierung mit Ende Dezember davor gesichert werden, dass sie das Semester verlieren; die anderen Hörer das Recht bekommen, im restlichen Wintersemester Gelegenheit bekommen zu hören.
3.) Verhandlungen mit den fremden Staaten wegen Übernahme ihrer Hörer.
4.) Neue Räumlichkeiten zur Schaffung von Arbeitsstätten für die Studierenden und zur Ermöglichung von parallelen Vorlesungen durch Heranziehung militärischer Räumlichkeiten.
akad. Senat
5.) Sinngemäße Anwendung des Grundsatzes 1.) auch auf die Mensa ac.[ademica] und Erweiterung dieser Einrichtung und Subventionierung.
6.) Räumlichkeiten besonders in ärarischen Gebäuden zur Schaffung von Wohnräumen.
Bezüglich 4–6 wären die Vorschläge der ak.[ademischen] Behörden entgegen zu nehmen.

Renner: ad 1.) als letzter Punkt zuzustimmen: selbstverständlich die Gastfreundschaft, die die Wiener Universität seit jeher geübt hat aufrecht erhalten werden soll, also: ohne die altbewährte Gastlichkeit der Wiener Hochschulen aufheben zu wollen und ohne dass man den internationalen Besuch und Ruf der Hochschulen beeinträchtigen will, muss man doch Platz schaffen für die Heimkehrenden, die im Feld gestanden haben und nunmehr ein Anrecht haben, in erster Linie die deutsch-österreichischen Hochschulen zu besuchen.
ad 2.) würde die Maßregel nur dort treffen, wo die Vorlesungen tatsächlich besucht werden.
ad 3.) bedenklich, Kündigung des Gastrechts, Schaffung von neuen Räumlichkeiten und Erweiterung.
ad 4.) Kasernen, Offizierspavillion.
ad 5.) es müssten neuere Räume geschaffen werden.

Enderes: Die einzige Methode wäre die frühere Testur. Vor dem Vorwurf der Verletzung der Gastfreundschaft brauchen wir uns nicht zu fürchten, weil keine Reziprozität vorhanden.
Renner: Es tut not, die Vorsichten walten zu lassen. Unter-A.[usschuss] zu allen Schritten ermächtigen mit den bezüglichen Vorsichten.
Hanusch: -.
Beck: Finanzielle Rücksichten bei den Neuerwerbungen von Räumlichkeiten walten zu lassen.

Enderes: Ganz überflüssige Brutalität, gerade tschechische Truppen zu entsenden, man soll lieber englische oder französische Truppen entsenden.
Beck: Protest des Staatsamtes des Äußeren, dass [sie] nicht durch diese Truppen [eine] Besetzung von deutsch-österreichischen Punkten vornehmen.
Enderes: Schon auf dem Transport. Das Staatsamt des Äußeren zu beauftragen, mit allen verfügbaren Mitteln eine Gewähr dafür zu suchen, dass diese Truppen sich bei ihrem Transport durch Deutsch-Österreich keine Übergriffe zu Schulden kommen lassen und dass sie nicht etwa verwendet werden zur Besetzung von deutsch-österreichischen Punkten incl.[usive] Sudeten. ~~Sollte dies beabsichtigt sein, so wäre schärfster Protest dagegen einzu-~~ Im Sinne der Waffenstillstandsbedingungen, sofern sie als Entente-Truppen angesehen werden.
Renner: -.

Marckhl: Mährisch Trübau, es wurde(n) Kind(er) erschossen.[36]
Tschechoslowakische Offizierskommission amtiert im Arsenal zwecks Übernahme von Waffen.
Mayer: Wir bekommen dafür Kohlen.

10h [...]

[36] Diese Äußerungen finden sich in der Reinschrift nicht wider. In Mährisch-Trübau war es am 29. November 1918 zu einem Zusammenstoß zwischen deutschsprachigen Einwohnern und tschechischem Militär gekommen, wobei einige Zivilisten getötet wurden (die „Wiener Zeitung" berichtete von sechs Todesopfern und sechs Verletzten). Vgl. Wiener Zeitung. Wiener Abendpost, 2. Dezember 1918, S. 1 „Telegramme". Ähnlich vgl. etwa Arbeiter-Zeitung. Mittagsblatt, 2. Dezember 1918, S. 4 „Blutige Kämpfe in Mährisch-Trübau".

20.[1]

[Montag] 1918-12-02

Vorsitz: Renner
Anwesend: Deutsch, Glöckel, Hanusch, Jukel, Loewenfeld-Ruß, Marckhl, Mayer, Pacher, Resch, Roller, Steinwender, Stöckler, Urban, Zerdik
Schriftführer: unbekannt (Stenogramm A); Fenz (Stenogramm B)
Dauer: 16.00–16.30 und 20.00–21.30 Uhr[2]

Reinschrift, Konzept, Konzept der Tagesordnung, Stenogramme

Inhalt:[3]
1. Verwaltung, Verwendung und Verwertung der in Deutschösterreich und in den fremdnationalen Staaten vorhandenen Liegenschaften und Sachwerte; Entschädigungsfrage, Kontrollrechte.
2. Auszahlung von Kriegsleistungsvergütungen.
3. Budgetdienst im Staatsamt für Heerwesen.
4. Vollzugsanweisung des Staatsamtes für Volksernährung, betreffend Regelung des Verkehres mit Kaffee-Surrogaten.
5. Tschechische Eingriffe in den Wirkungskreis der Staatsbahndirektion Teplitz.
6. Ernennung des Leiters der Futtermittelstelle und seines Vertreters.
7. Neuerliche Übergriffe der Landesregierungen.
8. Behandlung der Kriegsaushilfskräfte.
9. Brünner Hochschulfrage.
10. Frage der Fakturenbegleichung für Rohöllieferungen an die k.k. Mineralölfabrik in Drohobycz.
11. Provisorische Anwendung des Handlungsgehilfengesetzes auf die Theaterangestellten.

Beilagen:
- Zu Punkt 5: Telegramm der Staatsbahndirektion Teplitz (Abschrift) (1 Seite).
- Zu Punkt 5: Fernspruch der Landesregierung Reichenberg (Abschrift) (½ Seite, zweifach).
- Zu Punkt 5: Telegramm des Staatssekretärs für Verkehrswesen vom 2. Dezember 1918 an Ministerialrat Geutebrück in Teplitz (Abschrift) (½ Seite).

1
Verwaltung, Verwendung und Verwertung der in Deutschösterreich und in den fremdnationalen Staaten vorhandenen Liegenschaften und Sachwerte; Entschädigungsfrage, Kontrollrechte[4]

Staatssekretär S t ö c k l e r macht davon Mitteilung, dass ihm der Narodni vybor in Prag durch einen Bevollmächtigten bekanntgegeben habe, es werde die Verwaltung der Domänen

[1] Das Protokoll trägt den Vermerk *Vertraulich!*
[2] Der Zeitpunkt des Beginns des ersten Teils dieser Sitzung wurde lediglich auf dem Konzept der Tagesordnung vermerkt.
[3] Das Konzept der Tagesordnung stimmt mit dem Inhalt der Reinschrift nicht überein. Statt den behandelten elf Punkten der Reinschrift enthält es nur fünf dieser Punkte in abweichender Reihenfolge.
[4] Diese Überschrift wurde im Konzept handschriftlich ergänzt.

Horitz, Bogutin, St. Joachimsthal, Platten, Neudeck[5] und des Kameralwaldes bei Neuhaus vom Narodni vybor übernommen werden. Der sprechende Staatssekretär teilte gleichzeitig den Entwurf eines durch das Staatsamt für Landwirtschaft in Aussicht genommenen Antwortschreibens mit.[6]

Nach einer über diesen Gegenstand abgeführten Debatte[7] fasste der Kabinettsrat den grundsätzlichen Beschluss, dass die in einem nationalen Siedlungsgebiete befindlichen Liegenschaften und Sachwerte der Gebietshoheit dieses Staates unterworfen sind, wobei naturgemäß etwaige Entschädigungsansprüche gegenüber fremdnationalen Staaten vorbehalten zu bleiben hätten. Dem deutschösterreichischen Staate hat sohin das volle Verfügungsrecht über den Sachbestand derartiger innerhalb seiner Gebietshoheit gelegener Güter gewahrt zu bleiben[8]; wenn die im fremdnationalen Siedlungsgebiete liegenden gleichartigen Güter durch die fremdnationalen Staaten seinerzeit in die Liquidationsmasse eingebracht werden, wird der deutschösterreichische Staat seinerseits auch die in seinem Siedlungsgebiete liegenden Geldwerte in die Masse miteinbeziehen. Rücksichtlich der Immobilien bleibt bei deren Verwaltung, Verwendung und allfälligen Verwertung allen fremdnationalen Staaten ein Kontrollrecht gewahrt. In gleicher Weise wird auch hinsichtlich der Entschädigungsfrage den anderen Staaten unter der Voraussetzung, dass sie die von ihnen festgehaltenen Güter in die Liquidationsmasse einbeziehen,[9] ein entsprechender Wertanteil gerne zuerkannt werden.[10] Was schließlich die Archive und Registraturen anbelangt, so bilden diese ein Ganzes und können nicht zerstört werden. Im Falle der Gegenseitigkeit wird den fremdnationalen Staaten jederzeit eine Abschriftnahme beziehungsweise ein Einblick in die Urkunden zu gestatten sein.[11]

2

Auszahlung von Kriegsleistungsvergütungen

Staatssekretär Dr. Steinwender weist darauf hin, dass die am 30. November d. J. verlautbarte Kundmachung über die vorläufige Einstellung der Auszahlung von Kriegsleistungsvergütungen[12] in einem Spätabendblatte mit unzutreffenden Kommentaren versehen worden sei.[13] Diese Kundmachung sei ohne vorheriges Einvernehmen mit dem Staatsamt der

---

5 Richtig: Neudek, heute Nydek/Tschechische Republik.

6 Der Entwurf liegt dem Protokoll nicht bei.

7 Vgl. Stenogramm A.

8 Im Konzept: „Dem deutschösterreichischen Staate hat sohin die volle Verfügungsfreiheit über den Sach- und Geldwert derartiger Güter gewahrt zu bleiben…“.

9 Der Satz bis hierher im Konzept ursprünglich: „Was die Entschädigungsfrage anbelangt, so wird unter der Voraussetzung, dass auch die anderen Staaten die von ihnen festgehaltenen Sachwerte in die Liquidationsmasse einbeziehen…“.

10 Zur Einsetzung einer zwischenstaatlichen Liquidationskommission vgl. KRP Nr. 21/4.

11 Zu den Archiven vgl. KRP Nr. 16, Anmerkung 14.

12 „Vom liquidierenden Kriegsministerium wird amtlich verlautbart: Mangels gemeinsamer Zahlungsmittel bleiben alle Zahlungen für Kriegsleistungen – einschließlich der im Wege der Vereinbarung festgesetzten Vergütungen – und die Einlösung von Bescheinigungen bei militärischen Kassen vorläufig insolange eingestellt, bis wegen Austragung dieser Angelegenheiten auf Grund einer Vereinbarung zwischen den einzelnen Nationalregierungen Bestimmungen erlassen werden.“ Vgl. Wiener Zeitung, 1. Dezember 1918, S. 4 f „Die Vorgänge in Deutschösterreich“, hier S. 5.

13 Ein passender Kommentar findet sich in der „Reichspost“, allerdings in der Morgenausgabe, wo es als „schwerer taktischer Fehler“ bezeichnet wurde, dass „das liquidierende Kriegsministerium just in dem Augenblick, wo die neue Staatsanleihe zur Zeichnung aufgelegt wird, mit einer Verlautbarung herausrückt, in der mit dürren Worten die Zahlungseinstellung ausgesprochen ist. Durch diesen unglückseligen Beschluß wird nicht zum mindesten die deutschösterreichische Industrie betroffen, die an der in Frage kommenden Schuldsumme von rund 1½ Milliarden mit mindestens zwei Drittel beteiligt ist.“ Vgl. Reichspost. Morgenblatt, 1. Dezember 1918, S. 6 f „Volkswirtschaft. Deutschösterreichische Staatsanleihe“, hier S. 6.

Finanzen veröffentlicht worden und kündige geradezu den Bankerott an. Das Publikum sei mit Recht sehr beunruhigt und würden durch ein solches Vorgehen die Zeichnungen für die deutschösterreichische Staatsanleihe[14] begreiflicherweise überaus ungünstig beeinflusst. Das Staatsamt der Finanzen beabsichtige mit entsprechenden Erläuterungen vor die Öffentlichkeit zu treten und erbitte sich hiezu die Zustimmung des Kabinettsrates.

Der Kabinettsrat stimmt dieser Absicht des Staatssekretärs der Finanzen zu und ermächtigt ihn, in der Presse festzustellen, dass die erwähnte Verlautbarung auf eine Verfügung des liquidierenden ehemaligen Kriegsministeriums, nicht aber des Staatsamtes für Heerwesen[15] zurückzuführen sei. Letzteres berichtige bereits seit 14 Tagen sämtliche für liquid erkannte kleinere Forderungen – vorwiegend solche des Gewerbestandes –, während die größeren Forderungen unter bestimmten Voraussetzungen noch im Laufe dieses sowie des kommenden Monats zur Abstattung werden gebracht werden.[16]

3

Budgetdienst im Staatsamt für Heerwesen

Staatssekretär Dr. S t e i n w e n d e r stellt unter Hinweis darauf, dass seitens des Staatsamtes für Heerwesen bedeutende Kreditansprüche an die Finanzverwaltung ohne Beibringung der erforderlichen ziffermäßigen Belege und Nachweisungen erhoben werden, den Antrag, das Kabinett wolle beschließen, dass dem Staatsamt für Heerwesen eine Anzahl ausgebildeter Verwaltungsbeamten des Finanzressorts zugeteilt werde, denen in allen finanziellen Belangen eine mitberatende Stimme einzuräumen wäre und welche des Weiteren die Aufgabe hätten, die Einflussnahme des Staatsamtes der Finanzen zu wahren. Die Auswahl dieser Beamten wäre im Einvernehmen zwischen den Staatsämtern für Heerwesen und der Finanzen vorzunehmen.

Staatssekretär M a y e r gibt hiezu entsprechende Aufklärungen[17] und erklärt sich grundsätzlich bereit, einen budgetrechtlich vorgebildeten Fachmann in das von ihm geleitete Staatsamt zu übernehmen.

Der Kabinettsrat beschließt sohin, die beiden vorbezogenen Staatsämter einzuladen, in Bezug auf den Budgetdienst im Staatsamt für Heerwesen das notwendige Einvernehmen zu pflegen.

4

Vollzugsanweisung des Staatsamtes für Volksernährung, betreffend Regelung des Verkehres mit Kaffee-Surrogaten

Staatssekretär Dr. L o e w e n f e l d - R u ß erbittet und erhält die Ermächtigung des Kabinettsrates zur Erlassung einer Vollzugsanweisung, betreffend Regelung des Verkehres mit Kaffeesurrogaten.

Von der vorherigen Einholung der Genehmigung des Staatsrates kann nach Auffassung des Kabinettsrates mit Rücksicht darauf, dass das Direktorium des Volksernährungsamtes die Zustimmung zu dieser Vollzugsanweisung einhellig erteilt hat, abgesehen werden.[18]

Der Vorsitzende schließt um ½ 5 Uhr die Sitzung und beraumt deren Fortsetzung für 8 Uhr abends an.

---

[14] Vgl. auch KRP Nr. 15, Anmerkung 26, weiters Nr. 17/10.

[15] Stattdessen im Konzept ursprünglich irrtümlich „Staatsrates".

[16] Eine entsprechende Richtigstellung erfolgte in Wiener Zeitung, 4. Dezember 1918, S. 11 „Die vorläufige Einstellung der Auszahlung der Kriegsleistungsvergütungen".

[17] Vgl. Stenogramm A.

[18] StGBl. Nr. 77, Vollzugsanweisung des Deutschösterreichischen Staatsamtes für Volksernährung im Einvernehmen mit den beteiligten Staatsämtern vom 2. Dezember 1918, betreffend die Regelung des Verkehres mit Kaffeemischungen und Kaffeesurrogaten, ausgegeben am 5. Dezember 1918.

5

Tschechische Eingriffe in den Wirkungskreis der Staatsbahndirektion Teplitz

Nach Wiederaufnahme der Sitzung berichtet Staatssekretär J u k e l, dass die Generaldirektion der böhmischen Bahnen in Prag die Staatsbahndirektion in Teplitz nicht anerkenne und gegen die Betriebsübernahme und Trennung der Linien der Buschtěhrader Eisenbahn[19] protestiert habe. Staatsbahndirektor Dr. G e u t e b r ü c k[20] sei seitens der Generaldirektion in Prag persönlich verantwortlich für alle durch eine eventuelle gewaltsame Übernahme und Trennung der Buschtěhrader Linien entstandenen Schäden mit seinem Vermögen ersatzpflichtig gemacht und im Auftrage des Generaldirektors Dr. B a s t a[21] verwarnt worden.[22]

Ferner teilt der sprechende Staatssekretär mit, dass in der Werkstätte Böhmisch-Leipa der böhmischen Nordbahn[23] alle Arbeiter aufgefordert worden seien, binnen drei Tagen in die Arbeit zurückzukehren, widrigenfalls sie entlassen würden.[24]

Staatssekretär J u k e l erbittet die Ermächtigung zu einer Weisung[25] an Dr. G e u t e b r ü c k, wonach der Protest der Prager Generaldirektion nicht zur Kenntnis zu nehmen und die gleichzeitig ausgesprochene Drohung mit persönlicher Haftung sowie die Verwarnung unter Berufung auf den erhaltenen Auftrag zurückzuweisen sei. Die Werkstättenarbeiter in Böhmisch-Leipa seien aufzufordern, auf der Verweigerung des Gelöbnisses für den tschechoslowakischen Staat zu verharren; auch sei ihnen zu bedeuten, dass ihnen hieraus keine materielle Schädigung erwachsen werde.[26]

Der Kabinettsrat erteilt die erbetene Ermächtigung.[27]

---

19 Vgl. auch KRP Nr. 13/2.

20 Dr. Albert Geutebrück, Ministerialrat, Direktor der Nordwestbahn, ab 19. November 1918 Leiter der Staatsbahndirektion für Deutschböhmen in Teplitz, Jänner 1919 bis 1922 Direktor bzw. Präsident der Staats- bzw. Bundesbahndirektion Wien-Nordost.

21 Ing. Dr. Jan Bašta, 1918 bis 1919 Generaldirektor sämtlicher in Böhmen, Mähren und Schlesien liegenden Bahnen, 1919 bis 1923 Vorsteher der Verkehrsabteilung im tschechoslowakischen Verkehrsamt.

22 Beilage zu Punkt 5: Telegramm der Staatsbahndirektion Teplitz (Abschrift) (1 Seite). Es handelte sich um ein privates Telegramm, das am 1. Dezember 1918 an den Sektionschef a. D. von Röll gegangen war, der dieses sodann am Vormittag des 2. Dezember überbracht hatte. Der Inhalt des Telegramms geht über das von Staatssekretär Jukel hier Dargelegte nicht hinaus. Weitere Informationen zu dieser Angelegenheit finden sich auch in AdR, StAVW, Präsidium, Zl. 105/Präs/1918, Staatsbahndirektion Teplitz, betreffend die Übernahme der BEB.
Dr. Viktor Freiherr von Röll, Eisenbahnfachmann, Sektionschef a. D. des Eisenbahnministeriums, 24. Juni bis 3. November 1911 Leiter dieses Ministeriums.

23 Die k.k. privilegierte Böhmische Nordbahn mit Zentrale in Prag, 1863 konzessioniert, war 1908 verstaatlicht und ihr Schienennetz, das sich auf später tschechoslowakischem Gebiet befand, von den k.k. Staatsbahnen übernommen worden. Vgl. Viktor von Röll (Hg.), Enzyklopädie des Eisenbahnwesens. Band 2, Berlin/Wien ^{2}1912, S. 434.

24 Zu Punkt 5: Fernspruch der Landesregierung Reichenberg (Abschrift) (½ Seite). Der Fernspruch gibt den Inhalt der erwähnten Aufforderung wieder: „Auf Grund des § 17 und 20 der Arbeitsordnung für das in der Werkstätte Böhm.Leipa der B.N.B.-Direktion beschäftigte Personal werden alle Arbeiter aufgefordert, binnen 3 Tagen in die Arbeit zurückzukehren, widrigenfalls sie im Sinne dieser Ordnung unter Vorbehalt des im § 20 vorgeschriebenen Ersatzbegehrens entlassen werden." Zusätzlich wurde in der Beilage noch erwähnt, dass das Lebensmittelmagazin für das gesamte Personal der Böhmischen Nordbahn gesperrt worden war.

25 Beilage zu Punkt 5: Telegramm des Staatssekretärs für Verkehrswesen an Ministerialrat Geutebrück (Abschrift) (½ Seite). Die Telegrammabschrift geht über das hier im Kabinettsrat Gesagte nicht hinaus.

26 Der folgende Satz wurde im Konzept handschriftlich hinzugefügt.

27 Die Staatsbahndirektion Teplitz stellte ihre Tätigkeit etwa Mitte Dezember 1918 in Folge des Einzugs tschechischer Truppen ein (vgl. etwa AdR, StAVW, Präsidium, Zl. 380/Präs/1918, Telegramm der Staatsbahndirektion Teplitz, betreffend die Einstellung ihrer Amtstätigkeit). Dienstliche Meldungen von Privatbahnen aus den Sudetenländern an das Staatsamt für Verkehrswesen liefen vereinzelt auch

6

Ernennung des Leiters der Futtermittelstelle und seines Vertreters

Staatssekretär Dr. L o e w e n f e l d - R u ß erbittet die Zustimmung zur Ernennung des Leiters der Futtermittelstelle sowie seines Stellvertreters. Hiefür seien bereits seit längerer Zeit die Abgeordneten Josef G o l l[28] (Leiter) und August A n s o r g e[29] (Stellvertreter) in Aussicht genommen.

Der Kabinettsrat beschließt mit Stimmenmehrheit die bezüglichen Ernennungen dem Staatsamte für Volksernährung zu überlassen.

7

Neuerliche Übergriffe der Landesregierungen

Staatssekretär Dr. L o e w e n f e l d - R u ß macht von neuerlichen Kompetenzüberschreitungen[30] der Landesregierungen im Ernährungsdienste Mitteilung und bittet um entsprechende Verfügungen, da sich unter derartigen Verhältnissen eine zentrale Verwaltung der Ernährungsangelegenheiten nicht aufrecht erhalten lasse.[31]

Auch die Staatssekretäre Z e r d i k und S t ö c k l e r führen hinsichtlich ihrer Ressorts über Eigenmächtigkeiten der Landesregierungen Klage.

Der Kabinettsrat beschließt nach längerer Debatte[32], dass sämtliche Staatssekretäre eingeladen werden,[33] alle Übergriffe und Ungesetzlichkeiten sowie Verletzungen des Staatseigentums durch die Landesregierungen schriftlich in Kürze niederzulegen und diese Verzeichnisse dem Staatskanzler zu übergeben, der das gesammelte Material den politischen Staatssekretären zur Bekanntgabe innerhalb der politischen Parteien ausfolgen wird.[34]

---

noch in den ersten Monaten des Jahres 1919 ein. Vgl. Ivan Jakubec, Die Regelung von Verkehrsfragen, in: Alice Teichova/Herbert Matis (Hg.), Österreich und die Tschechoslowakei 1918–1938. Die wirtschaftliche Neuordnung in Zentraleuropa in der Zwischenkriegszeit (= Studien zur Wirtschaftsgeschichte und Wirtschaftspolitik 4), Wien/Köln/Weimar 1996, S. 91–112, hier S. 98; Paul Mechtler, Internationale Verflechtung der österreichischen Eisenbahnen am Anfang der Ersten Republik. Die Trennung des altösterreichischen Eisenbahnwesens nach dem Zusammenbruch der Donaumonarchie, in: Mitteilungen des Österreichischen Staatsarchivs. 17./18. Band 1964/1965, Wien 1965, S. 399–426, hier S. 407. Umfangreiche Informationen zu den Folgen dieser Besetzung für die Staatsbahndirektion Teplitz finden sich in AdR, StAVW, Präsidium, Zl. 322/Präs/1918, Staatsbahndirektion Teplitz, betreffend Besetzung von Teplitz durch die Tschechoslowaken. Vgl. weiter auch KRP Nr. 25/2 und 3.

28 Josef Goll, 21. Oktober 1918 bis 16. Februar 1919 Mitglied der Provisorischen Nationalversammlung, DnP, ab 1920 Mitglied des Landeskulturrates für Böhmen und Präsident der Geschäftsstelle der deutschen Landwirtschaft in der Tschechoslowakei.

29 August Ansorge, 21. Oktober 1918 bis 16. Februar 1919 Mitglied der Provisorischen Nationalversammlung, DnP.

30 Im Konzept ursprünglich „Übergriffen".

31 In den Stenogrammen werden einige dieser Eigenmächtigkeiten angeführt.

32 Vgl. die Stenogramme.

33 Der Satz lautete im Konzept ab hier ursprünglich: „...eine Zusammenstellung aller Übergriffe und Ungesetzlichkeiten der Landesregierungen sowie Verletzungen des Staatseigentums durch dieselben zu verfassen und dieses Verzeichnis dem Staatskanzler zu übermitteln, der das gesammelte Material den politischen Staatssekretären zum Vortrage an die politischen Parteien übergeben wird."

34 Zu Eigenmächtigkeiten der Landesregierungen vgl. beispielsweise auch KRP Nr. 23/8 oder die Stenogramme von KRP Nr. 24, wo Unterstaatssekretär Riedl – in der Reinschrift nicht festgehalten – über Eigenmächtigkeiten der oberösterreichischen Landesregierung im Zusammenhang mit der Sachdemobilisierung berichtete, weiters auch KRP Nr. 27/2 sowie Abschnitt V der Historischen Einführung. Zum selbständigen Handeln der Länder speziell auf dem Gebiet der Lebensmittelversorgung vgl. auch Johann Loewenfeld-Ruß, Im Kampf gegen den Hunger. Aus den Erinnerungen des Staatssekretärs für Volksernährung 1918–1920. Herausgegeben von Isabella Ackerl (= Studien und Quellen zur österreichischen Zeitgeschichte 6), Wien 1986, S. 167–179.

8

Behandlung der Kriegsaushilfskräfte

Nach einer Mitteilung des Vorsitzenden hegen die im Bereiche einzelner Ressorts beschäftigten Unterbeamten und Kriegsaushilfskräfte, deren Rechte nicht so gesichert seien wie jene der pragmatischen Staatsangestellten, die Besorgnis, dass die Staatsregierung angesichts der gegenwärtigen Lage mit einer größeren Zahl von Entlassungen – voraussichtlich noch vor Weihnachten –[35] vorgehen werde.

Hierüber entwickelte sich eine längere Debatte, in deren Zuge Staatssekretär Z e r d i k die in dieser Frage seitens des Staatsamtes für öffentliche Arbeiten erlassenen Verfügungen bekannt gibt.[36]

In Anlehnung an diese Maßnahmen fasst der Kabinettsrat den Beschluss, allen Staatsämtern die Weisung zukommen zu lassen, dass nach seiner Auffassung die Aushilfskräfte nach dem Handlungsgehilfengesetz zu behandeln und mit 1. Jänner 1919 sechswöchentlich zu kündigen wären.[37] Es empfehle sich, diesen Kräften für den Monat Jänner den Grundlohn samt Teuerungszulage und für den Monat Februar den Grundlohn allein auszufolgen, wodurch die Betroffenen immer noch besser gestellt würden, als wenn ihnen für die sechswöchentliche Kündigungsfrist der ganze Grundlohn samt Teuerungszulage flüssig gemacht würde. Auf den am 1. Februar fälligen Anschaffungsbeitrag hätten diese Personen keinen Anspruch.[38]

Über eine weitere Anregung des Unterstaatssekretärs G l ö c k e l fasst der Kabinettsrat den Beschluss, es sei dem Staatsamte der Finanzen mitzuteilen, dass die Tabak- und Münzarbeiter die Bitte um Vorauszahlung der erst im Februar 1919 fälligen Aushilfen (noch vor Weihnachten) und um Beiziehung von Vertretern der Arbeiterschaft zu den Vorberatungen über die Erneuerung der bereits am 31. Dezember 1916 abgelaufenen Lohnverträge, sowie zu einer Besprechung über die Anrechnung der Kriegsjahre vorgebracht haben. Der Kabinettsrat ersucht den Staatssekretär der Finanzen, über diese Frage in der nächsten Kabinettsitzung antragstellend zu berichten.[39]

9

Brünner Hochschulfrage

Staatssekretär P a c h e r gibt bekannt, dass Vertreter der deutschen technischen Hochschule in Brünn ihm gemeldet hätten[40], die tschechoslowakische Regierung habe an sie das Ansinnen gestellt, vom Staatsamte für Unterricht die Ausfolgung aller die technische Hochschule in Brünn betreffenden Akten zu verlangen. Die Deputation habe weiters vom Staatsamte für Unterricht eine ausdrückliche Erklärung darüber erbeten, wem die Lehrkräfte der technischen Hochschule in Brünn unterstünden,[41] um sich mit einer bezüglichen schriftlichen Ausfertigung der tschechoslowakischen Regierung gegenüber ausweisen zu können.

---

[35] Dieser Einschub wurde im Konzept handschriftlich ergänzt.

[36] Vgl. die Stenogramme.

[37] Vgl. § 20 (1) des RGBl. Nr. 20, Gesetz vom 16. Jänner 1910 über den Dienstvertrag der Handlungsgehilfen und anderer Dienstnehmer in ähnlicher Stellung (Handlungsgehilfengesetz), ausgegeben am 4. Februar 1910; KRP Nr. 11/6.

[38] Zur Umsetzung dieses Beschlusses vgl. etwa AdR, BMHV, Allgemeine Reihe, Sektion IV, Zl. 245/1919, Behandlung der Kriegsaushilfskräfte anlässlich ihrer Dienstesenthebung. Zum Thema vgl. weiter KRP Nr. 34/14 und Nr. 35/1.

[39] Über diese Frage wurde nicht mehr berichtet.

[40] Im Konzept: „bei ihm erschienen seien und ihm mitgeteilt hätten".

[41] Im Konzept lautet der Satz bis hierher: „Die Deputation hätte weiters eine Weisung erbeten, wem sie unterstünden...".

Im Zuge der hierüber abgeführten Wechselrede[42] trat die übereinstimmende Auffassung zu Tage, dass der Besitzanspruch Deutschösterreichs auf die deutsche technische Hochschule in Brünn unter allen Umständen aufrecht zu erhalten sei, weshalb auch die weitere Auszahlung der Gehalte an die Lehrkräfte dieser Anstalt unbedingt vom deutschösterreichischen Staate erfolgen müsse. Im Gegenstande selbst fasste der Kabinettsrat nachstehende Beschlüsse:

1.) Die einschlägigen Geschäftsstücke des Staatsamtes für Unterricht sind entsprechend den unter Punkt 1 dieses Protokolles niedergelegten Grundsätzen dem tschechoslowakischen Staate nicht auszufolgen.

2.) Die vom Staatsamt für Unterricht in Aussicht genommene schriftliche Erledigung an die Vertreter der Brünner deutschen Technik des Inhaltes, dass der Lehrkörper dem Staatsamt für Unterricht unterstehe, wird gebilligt.

3.) Alle diesfalls noch offenen Fragen sind bei den am 13. und 14. Dezember d. J. im Staatsrate beziehungsweise im Staatsamt für Unterricht stattfindenden einschlägigen Besprechungen zu behandeln.[43]

10

Frage der Fakturenbegleichung für Rohöllieferungen an die k.k. Mineralölfabrik in Drohobycz

Staatssekretär Z e r d i k teilt mit, dass dem Staatsamte für öffentliche Arbeiten seitens einiger Rohölproduzenten Fakturen[44] für Zuweisungen von Rohöl aus ihren Gruben an die k.k. Mineralölfabrik in Drohobycz[45] zur Begleichung vorgelegt worden seien. Da es sich hiebei um Lieferungen im Monate September d. J. und aus früherer Zeit an ein ehemals

---

42 Vgl. die Stenogramme.

43 Ein umfangreiches Protokoll über die hier erwähnten Besprechungen im Staatsamt für Unterricht am 14. Dezember 1918 findet sich in AdR, StK, GZl. 253/1919, Zl. 253/1919, Verlegung der im Gebiete fremder Nationalstaaten befindlichen Hochschulen in das d.ö. Staatsgebiet. Diskutiert wurde die Frage der Verlegung der Hochschulen allgemein, an welche Orte im deutschösterreichischen Staatsgebiet diese verlegt werden könnten sowie „die Rückwirkungen auf die Frequenzverhältnisse der übrigen Hochschulen Deutschösterreichs und auf die staatsfinanziellen Verhältnisse". Als Resümee wurde festgehalten, dass „für die deutschen Hochschulen in Prag und Brünn zunächst die Forderung aufgestellt wurde, vor allem für die nächste Zukunft ihren ungeschmälerten Bestand sowie ihren sicheren und unbehinderten Betrieb in dem gegenwärtigen Standorte derselben sicherzustellen und hinsichtlich der Czernowitzer Universität über die diesfälligen Absichten der gegenwärtigen Machthaber in der Bukowina durch die deutschösterr. Regierung ehestens Klarheit zu verschaffen". Dem Besprechungsprotokoll liegen weiters eine die Hochschulen betreffende Erklärung „der am 10. Dezember 1918 stattgehabten Sitzung des Ausschusses des deutschen Nationalrates für Brünn und Mittelmähren" sowie eine Denkschrift der Deutschen Universität Prag vom 11. Dezember 1918 bei. Vgl. auch KRP Nr. 16/3.

44 Faktur: Rechnung, Lieferschein.

45 Die k.k. Mineralölfabrik in Drohobycz/Galizien (heute Drohobytsch/Ukraine), errichtet 1909/10, war die größte Mineralölraffinerie Österreich-Ungarns mit einer Verarbeitungskapazität von 15.000 Meterzentnern Rohöl pro Tag. Vgl. Siegmund Bergmann (Hg.), Galizien, seine kulturelle und wirtschaftliche Entwicklung, o. O. u. J., S. 95 f. Mitte Februar 1919 befanden sich auf deutschösterreichischem Gebiet nur noch drei Mineralölraffinerien, und zwar in Floridsdorf, Drösing und Kagran, die jedoch auf den Bezug von Rohöl aus Galizien und Rumänien angewiesen waren. Die Zusammenfassung eines Kommuniqués der Anfang Februar ins Leben gerufenen Deutschösterreichischen Erdölstelle (vgl. StGBl. Nr. 65, Vollzugsanweisung des Staatsamtes für Kriegs- und Übergangswirtschaft vom 29. Jänner 1919, betreffend die Regelung des Verkehres mit Erdölerzeugnissen, Kerzen und Benzol, ausgegeben am 4. Februar 1919, § 1), in dem die schwierige Lage auf diesem Gebiet beleuchtet wurde, findet sich in Volkswirtschaftliche Chronik. Mit Benützung amtlicher Quellen herausgegeben von Dr. Karl Neisser, Jg. 1919, Nr. 2, Februar 1919, S. 47 „Errichtung einer Deutschösterreichischen Erdölstelle" und „Die Mineralölbewirtschaftung Deutschösterreichs".

gemeinsames, nicht im Gebiete des deutschösterreichischen Staates gelegenes Unternehmen handle, beabsichtige der sprechende Staatssekretär die Begleichung dieser Fakturen, welche als in die allgemeine Liquidierungsmasse gehörig anzusehen seien, abzulehnen.[46]

Der Kabinettsrat nimmt diese Mitteilung zustimmend zur Kenntnis.

11

Provisorische Anwendung des Handlungsgehilfengesetzes auf die Theaterangestellten

Über Antrag des Unterstaatssekretärs G l ö c k e l beschließt der Kabinettsrat, den Staatssekretär für soziale Fürsorge einzuladen, sich in der Frage der provisorischen Anwendung des Handlungsgehilfengesetzes auf die Theaterangestellten bis zur Schaffung eines definitiven Theatergesetzes mit dem Staatsamte des Innern in Verbindung zu setzen.[47]

Schluss der Sitzung ½ 10 Uhr abends.[48]

---

46 Der gesamte Absatz lautete im Konzept ursprünglich: „Staatssekretär Zerdik teilt mit, dass die Naphtagrubenverwaltung auf Grund der Zuweisungen von Rohöl aus ihren Gruben an die k.k. Mineralölfabrik in Drohobić Fakturen behufs Begleichung dem Staatsamt für öffentl. Arbeiten in Vorlage gebracht haben. Da sich diese Lieferungen auf September – aus früheren Zuweisungen – beziehen, beabsichtigt der sprechende Staatssekretär die Begleichung dieser Fakturen zunächst abzulehnen, da diese Rechnungen als in die allgemeine Liquidierungsmaße angehörig anzusehen seien." Der Absatz wurde größtenteils handschriftlich durchgestrichen und die neue Fassung links neben den Text geschrieben.

47 In diesem Zusammenhang vgl. SRP Nr. 56 vom 9. Dezember 1918; StGBl. Nr. 97, Vollzugsanweisung des Deutschösterreichischen Staatsrates vom 9. Dezember 1918 über die Dienstverhältnisse der Angestellten von Theater- und ähnlichen Unternehmungen während der Betriebseinstellung, ausgegeben am 13. Dezember 1918; weiters auch StGBl. Nr. 229, Vollzugsanweisung der Staatsregierung vom 21. Mai 1920, betreffend die Verwaltung der ehemals hofärarischen Theater, ausgegeben am 29. Mai 1920; BGBl. Nr. 440, Verordnung der Bundesregierung vom 4. Juli 1922 über die Regelung der Ruhe(Versorgungs)genüsse der Angestellten der ehemaligen k.k. Hoftheater und der Staats(Bundes) theater sowie der Hinterbliebenen dieser Angestellten, dann über Teuerungsmaßnahmen für Pensionisten der genannten Theater (Bundestheaterpensionsverordnung), ausgegeben am 24. Juli 1922.

48 Das Sitzungsende wurde im Konzept handschriftlich ergänzt.

Stenogramm A vom 2. Dezember 1918

2./12.; 20.

1.

S t ö c k l e r: Der Národní Vybor entsendet täglich andere Bevollmächtigte (heute Malinsky[49]), heute verlangt um Ausfolgung sämtlicher Akten, Bücher und dergleichen.

U r b a n: -

R e n n e r: Die in dem nationalen Siedlungsgebiet befindlichen Liegenschaften und Wertgegenstände [sollen] unter die Gebietshoheit des betreffenden Staates fallen; die Entschädigungsansprüche vorbehalten. Wir haben volle Verfügung über den Sach- und Geldwert dieser Güter und werden wie die in anderen Gebieten liegenden Güter in die Liquidierungsmasse eingebracht werden. Auch unsere Güter hineinrechnen lassen.

Was Immobilien anbelangt, so stehen auch diese in der ausschließlichen Verfügung ~~des Gebietsstaates~~ – über die Sachen selbst in der ausschließlichen Verfügung des Gebietsstaates. ~~Die Auseinandersetzung~~ Die ~~Entscheidung~~ Kontrolle bei der Verwaltung und Verwendung und Ver wertung ist allen Nationalstaaten eingeräumt.

Was die Entschädigung anlangt, so wird diese wörtlich unter der Voraussetzung, dass auch die anderen Staaten die von ihnen festgehaltenen Werte in die Liquidationsmasse einbeziehen, ein entsprechender Anteil den anderen Nationen gern zuerkannt werden.

~~Von Akten können nur [...].~~

Das Archiv und Registratur bilden ~~ein~~ Ganzes und können nicht zerstört werden. Im Falle der Gegenseitigkeit wir natürlich Abschriften nach Belieben gestatten werden (ebenso Einblick in die Urkunden).

2.

S t e i n w e n d e r: Zahlungen für Heereslieferungen. Es schaut aus wie eine Ankündigung des Bankrottes. So eine Enunziation niemals ohne Einvernehmen mit dem Finanzministerium. Wir müssen nun eine Erklärung hinausgeben, welche das Publikum beruhigt. Das Finanzamt muss nun mit Erläuterungen hinausgehen, denen zufolge wir in die Lage kommen werden, im Laufe des Monats größere Zahlungen zu leisten.

~~M a y e r~~ U r b a n: Der Beschluss wurde gefasst in dem Komitee unter Vorsitz Höfer[50] (das alte Kriegsministerium). Wurde festgestellt, dass es möglich ist.

~~M a y e r~~ H a n u s c h: In erster Linie jene Industrien, die in Deutsch-Österreich sind. Für 150.000 Textilarbeiterbetriebe in Böhmen.

R e n n e r: Muss festgestellt werden in der Presse, dass das die Verfügungen des Kriegsministeriums in Liquidation waren, nicht aber des Staates. Die anderen haben aufgehört zu zahlen, wir nehmen sie auf.

3.

S t e i n w e n d e r: Das [Staatsamt für] Finanzen weiß nicht was im Heerwesen vorgeht. Es werden Beträge angesprochen ohne Belege vorzuweisen. Es muss [ein] ordentliches Budget vorgelegt werden, es muss Ordnung gemacht werden.

Antrag: Das Kabinett wolle beschließen, dass dem Staatsamt für Heerwesen eine Anzahl ausgebildeter Verwaltungsbeamter des Finanzressorts berufen werden ...

---

[49] Möglicherweise war der tschechische Arzt, Unternehmer und Politiker František Malinský gemeint, 1918 bis 1920 Mitglied der Revolutionären Nationalversammlung (Revoluční národní shromáždění) der Tschechoslowakei und 1922 bis 1925 Senator der Tschechoslowakischen Nationalversammlung (Národní shromáždění republiky Československé).

[50] Vermutlich Generalmajor Anton Höfer, Sektionschef, Vorsitzender der Zentralevidenz I und II für Armeelieferungen im Kriegsministerium, 5. Jänner 1917 bis 26. Februar 1918 Minister ohne Portefeuille (Leiter des Amtes für Volksernährung).

Mayer: Die Verhältnisse im Heeresamt liegen wesentlich schwieriger als in anderen Ämtern. Heute können genaue Aufstellungen überhaupt nicht gemacht werden; unmöglich aus der Provinz Belege zu erhalten. ~~Es gibt vorläufig nicht die Mittel zur Erhebung~~. Zwei Fachmänner übernimmt er gern.

Renner: Beide Staatsämter eingeladen, ~~sich darüber auseinander zu setzen~~ in Bezug auf den Budgetdienst das notwendige Einvernehmen zu pflegen.

4. Caffésurrogate.

[Loewenfeld-Ruß:] Bedeckt eine Regelung [betreffend] zwei Sorten von Caffésurrogaten. Die Fabriken haben das Material schon fertig und können nicht hinaus, weil ihnen die Preise noch nicht bewilligt wurden. Bittet um Ermächtigung, die Vollzugsanweisung hinaus geben zu dürfen, das ganze Direktorium hat zugestimmt. 2.68, 4.96, 2.48, 4.72 – heute um 15 Kronen verkauft. Von einer Entscheidung kann abgegangen werden, weil das Direktorium zugestimmt hat, mit entsprechendem Comm.[uniqué] wird vorgegangen werden.

[Wiederaufnahme der Sitzung]
Resch und Deutsch.

[1.]
Jukel: Telegramm Geutebrück.
Renner: Keine Einwendungen, zur Kenntnis genommen.

2. Futtermittelstelle.

[Loewenfeld-Ruß:] Damals [wurde] Abgeordneter Goll in Aussicht genommen, Stellvertreter Ansorge. Amt schon angetreten, ersucht um Ernennung. Formell nicht durchgeführt worden, bittet um formelle Ernennung.
Einvernehmen mit den Parteien gepflogen?

Renner: [Ich] möchte doch noch dem Staatsrat Mitteilung machen. [Das] würde unserem System entsprechen, dass gemischt besetzt wird. Frühere Vereinbarung liegt vor, muss wenigstens gefragt werden.

~~Stöckler~~:

[Renner:] Die ganze Frage dem Staatsrat zuweisen. Besetzung vorgenommen und dem Staatsamt überlassen (mit Stimmenmehrheit).

~~Abstimmung.~~

3.

[Loewenfeld-Ruß:] Die Besprechung[51] hat nicht viel genützt. [Er] möchte darauf hinweisen, dass er die Verwaltung nicht führen kann.
a) Verpflegsmagazin (är.[arisch]) angefordert und beschlagnahmt; in Kärnten, Steiermark, Oberösterreich durch die Finger geschaut solange Soldaten zurückgeflutet sind. Vor drei Tagen der Regierung in Linz gesagt, dass das Mehl, 60 Wagen, gesperrt sind. Linz sagt, [dass es] diese Verfügung nicht annimmt und 5 Wagen für die Stadt Linz [beansprucht]. Nichtfolgeleistung unserer Verfügung.
b.) Klagenfurt: es soll keine Quotenerhöhung stattfinden in Kärnten, haben wir sie gebeten. [Sie] haben nun die Mehlquote erhöht bis 28. XII. Wir schieben nach Kärnten deutsches Mehl zu.
c.) Salzburg hat keinen Zucker. Sie schreiben, wir werden uns selbst helfen, wir bieten dem Národní Vybor Aluminium an. Das Telegramm sogar in tschechischer Sprache verfasst. Plakatanschlag: Verfügung der autonomen Regierung Salzburg.

Zerdik: Kohle.
Stöckler: Pferdezugwesen.
Renner: Es gibt Mittel dagegen: eine Regierung unter Anklage stellen.

[51] Gemeint war KRP Nr. 15.

[Die] politischen Staatssekretäre müssen die Sache in den Parteien einmal beraten.
Beschluss: Sämtliche Staatssekretäre werden aufgefordert, eine Zusammenstellung aller Übergriffe und Ungesetzlichkeiten der Regierungen, der Verletzungen des Staatseigentums durch die Regierungen zu verzeichnen, das Verzeichnis der Staatskanzlei zu übermitteln, damit diese das gesammelte Material den politischen Staatssekretären zum Vortrag in den politischen Parteien übergebe.

4.

[Renner:] Heute bei mir verschiedene Dep.[utationen] von staatlichen Beamten und Dienern. Postoffiz.[iale] haben die Befürchtung ausgesprochen, dass sie, da ihre Rechte nicht so gesichert sind wie bei den pragmatisierten Beamten, dass sie in größerer Anzahl entlassen werden. Insbesondere Besorgnis, vor Weihnachten.
Dann [haben sich die] Aushilfsdiener beklagt, dass ihnen Kündigungen (14tägig) zugekommen sind. Vor Weihnachten halte ich dies nicht für gut. Redner bittet, zu verhindern.

Zerdik: Gekündigt, mit 31./1. der Dienstleistung enthoben. Möglichkeit zu bieten, sich um Aushilfsposten umzusehen, schon vom 4./12. kein Dienst mehr. Ganzer Dezember und Jänner mit Teuerungszulage, Februar ohne Teuerungszulage (ca. 4–500 Kronen bekommen sie).

Deutsch: [Man] hat diese Leute immer als Arbeiter behandelt, nicht nach dem Handelsangestelltengesetz. Deutsch würde letzteres für richtig halten.

Renner: [Es] könnte ~~Weisung~~ hinausgegeben werden: Die ~~Kündigung von~~ Kriegsaushilfskräfte ~~haben nach dem Handlungs-~~ wären nach Auffassung des Cabinettsrates als nach dem Handelsgehilfengesetz zu behandeln und daher mit 1./1. sechswöchentlich zu kündigen. Es empfiehlt sich jedoch, ihnen für Jänner den Grundlohn samt Teuerungszulage und für den ganzen Februar den Grundlohn zu geben, da sie damit besser fahren als wenn man ihnen den ganzen Grundlohn mit Teuerungszulage geben würde (für 6 Wochen).

Was Tabak- und ~~Münzarbeiter~~ betrifft ([...] Anträge gilt auch für Münzarbeiter), haben den Wunsch ausgesprochen, dass ihre Verträge, die mit 31./12. ablaufen, erneuert werden. Die Verwaltungen scheinen diesen Abschluss frustrieren zu wollen.
Beschluss: Dem Staatsamt für Finanzen ist mitzuteilen, dass die Arbeiterschaft gebeten hat um Erneuerung der am 31. XII. ablaufenden Verträge. Das Staatsamt für Finanzen möge in der nächsten Kabinettssitzung – möge in der nächsten Sitzung darüber berichten.

Ganze Aushilfe bekommen die ?Hohen bis Februar und haben gebeten, dass man sie ihnen zu Weihnachten gibt.

Glöckel: Wünsche sind: 1.) die Vorauszahlung der Aushilfe vor Weihnachten, sonst vor Februar fällig; 2.) Erneuerung der schon 31./12. 16 ablaufenden Verträge möge ins Auge gefasst [werden] und zu den Vorberatungen [wären] Vertreter der Arbeiter beizuziehen.

Pacher: Vertreter der deutschen technischen Hochschule sind erschienen und haben mitgeteilt, dass ihnen von der tschechischen Regierung in Brünn eine Mitteilung zu[ge]kommen ist, wonach sie die Ausfolgung aller Akten vom Staatsamt für Unterricht fordern sollen, dass diese Akten der tschechoslowakischen Regierung zu übergeben sind. Die Herren wünschen eine Mitteilung, wem sie unterstehen und bitten in der Form, dass angenommen wird, sie hätten dem Begehren Rechnung getragen, als sie hierher das Ersuchen gestellt haben, um eine Äußerung unsererseits.
Erledigung würde lauten: Unterricht hat mitzuteilen, dass sie diesem Staatsamt unterstehen und dass die verlangte Ausfolgung einer anderen Regierung verweigert wird.
Heute eine Abordnung des Nationalrats von Brünn wegen Verlegung der Hochschule nicht ganz einer Meinung mit den Professoren. Die anderen glauben, dass die Hochschule in Brünn erhalten bleiben kann. Wunsch also Hinausschiebung dieser Verlegungsfrage.
Für den 14. zu einer Besprechung einladen: Unterricht und Finanzen und Brünner Abordnung: Verlegungsfrage Linz.

Renner: Bezüglich Behandlung der Brünner Hochschule muss [man] festhalten:
1.) Gesichtspunkt des Gebietes: werden diese[n Anspruch] wohl nicht aufrecht halten können.
2.) Bezüglich Hochschule: wir verfügen über diese Hochschule(n) auch wenn sie anderswo liegen, werden uns die Verlegungsfrage vorbehalten in ein deutsches Gebiet.
Den Professoren wäre also der Gehalt zu zahlen und dürfen es nicht zulassen, dass sie den Gehalt von der mährischen Kasse nehmen. Am 13./12. findet im Rahmen des Staatsrates eine Besprechung über diese mährische Frage statt und am 14. im Unterricht.
Beschluss: 1.) Akten werden nicht ausgefolgt: schon aus dem Gesichtspunkt von Punkt 1.
2.) Die Beamten sind gegenüber Gewalttaten gedeckt, dass sie den Versuch gemacht haben eine Erledigung zu erzielen; Gehalt aber müssen wir auszahlen. Die sonst offenen Fragen werden am 13. und 14. zur Lösung kommen.
3.) Die in Aussicht genommene schriftliche Erklärung kann den Professoren mitgegeben werden.
Genehmigung erteilt.

Zerdik: Rohöl staatliche Bewirtschaftung. Grubenverwaltung hat Faktur vorgelegt auf über 3 Millionen Kronen. Die Begleichung wäre zunächst abzulehnen, mit dem Hinweis auf die Liquidierungsmasse.
Zur Kenntnis genommen.

~~Stöckler: Im AM wurde Kaufvertrag von Pferden abgeschlossen (Warmblutzug).~~

Glöckel: Anrechnung der Kriegsjahre in die Pension: Auch mit den Tabakarbeitern sprechen.

~~Stöckler~~ Glöckel: Theatergesetz-Entwurf: ob nicht das Handelsgehilfengesetz angewendet werden könnte auf die -.
Bezüglich der Ausdehnung des Handelsgehilfengesetzes auf die Theaterangestellten wird das Staatsamt für Sozialfürsorge ersucht, sich mit Glöckel ins Einvernehmen zu setzen.

Stenogramm B vom 2. Dezember 1918 (Fenz)[52]

Zerdik, Loewenfeld-Ruß, Stöckler, Jukel, Pacher, Resch, Glöckel, Deutsch.

Nr. 20, 2./XII. Abends.

Jukel: Telegramm von Roller[53]. Generaldirektion erhielt Telegramm von Geutebrück. Entsendung von Vertretern nach Teplitz. Geutebrück wird verwarnt. Staatsrat [...] fährt hinauf, um zu intervenieren.
[Renner:] Keine Einwendungen, zur Kenntnis genommen.

Ernennung des Leiters der Futtermittelzentrale.
Loewenfeld-Ruß: Staatssekretär für Heerwesen zurückgestellt. Abgeordneter Goll (früher Stellvertreter von Mayer), Ansorge. Bittet um Ermächtigung zur Ernennung.
Renner: Ich möchte vorher dem Staatsrat Mitteilung machen.
Stöckler: Glaubt, dass an die Auflösung der Futtermittelzentrale gedacht werden muss. Die Privaten könnten sich Futter beschaffen, mit der Futtermittelstelle bekommen sie nichts.
Loewenfeld-Ruß: Wird sofort nicht gehen, wegen der Versorgung von Wien, das sich selbst kein Futter beschaffen kann. Sie ist heute ohnedies nur mehr da, die 3–4 Wagen Kraftfuttermittel,

[52] Stenogramm B umfasst lediglich die nach Wiederaufnahme der Sitzung um 20.00 Uhr behandelten Punkte 5–11.

[53] Vermutlich war nicht der Staatssekretär gemeint, sondern Sektionschef a. D. von Röll, der das Telegramm mit den Informationen der Staatsbahndirektion Teplitz überbracht hatte. Vgl. Punkt 5 dieses Protokolls.

die die Wiener Pferde brauchen, zu beschaffen. Bis die ärgste Zeit vorüber ist, wird man an die Auflösung schreiten.

Stöckler: Vielleicht könnte man die Rauhfutterstelle auflösen.

Renner: Ernennung wird mit Stimmenmehrheit dem Staatsrat überlassen.

Eigenmächtigkeiten der Landesregierungen.

[Loewenfeld-Ruß:] Die Landesregierungen kehren sich nicht um Wiener Verfügungen.

1.) Wir haben die militärischen Verpflegsmagazine angefordert und beschlagnahmt. Wir haben der Landesregierung in Linz vor drei Tagen gesagt, dass die 60 Wagen Mehl gesperrt sind. Linz hat telefoniert, dass sie diese Verfügung nicht anerkennen morgen 5 Waggons herausnehmen. Wir wissen, dass das nicht notwendig ist, da Linz täglich 3 Wagen nach Salzburg liefert.

2.) Kärnten hat die Mehlquote auf die volle Quote bis 28. XII. erhöht.

3.) Salzburg hat keinen Zucker. Salzburg hilft sich selbst und verschafft sich Zucker von Narodni Vybor gegen Aluminium. Wir verhandeln mit Narodni Vybor wegen Zucker.[54] Die Tschechoslowaken geben uns Zucker ohne Kompensation. Salzburg selbständig gegen Aluminium. Salzburg hat ein Plakat anschlagen lassen: Verfügung der autonomen Landesregierung Salzburg.

Es muss ein politischer Einfluss auf die Landeshauptmänner, der jedoch aus parl.[amentarischen] Kreisen unternommen werden [muss].

Ich kann die Verantwortung von Wien aus für die einzelnen Länder nicht übernehmen, weil ich keine Berichte bekomme.

Zerdik: Wir lassen den Tirolern ihre eigene Produktion und kümmern uns weiter nicht um sie. Der Nationalrat in Sigmundsherberg lässt Kohle nicht hinaus, die er [...] Anstalten disponieren.

Stöckler: Oberösterreich Telegramm aus ?Starl., Landesregierung Linz hat zwei Off.[iziere] zur Übernahme des Staatshengst-Depots entsandt. Die Landesregierungen übernehmen Staatseigentum.

Renner: Man müsste [die] eine oder die andere Landesregierung wegen Missbrauch der Amtsgewalt unter Anklage stellen. Die politischen Staatssekretär müssen -.

Sämtliche Staatssekretäre werden aufgefordert, eine Zusammenstellung aller Übergriffe und Ungesetzlichkeiten der Landesregierungen sowie Verletzungen des Staatseigentums durch die Landesregierungen zu verzeichnen, das Verzeichnis der Staatskanzlei zu übermitteln, damit diese das gesamte Material den politischen Staatssekretären zum Vortrag in den politischen Parteien aushändigen.

Behandlung der Kriegsaushilfsdiener und Anschaffungsbeitrag.

[Renner:] Verschiedene Dep.[utationen]. Postoffiziale [haben die] Befürchtung, da ihre Rechte nicht so gesichert [sind] wie [bei] pragmatisierten Beamten, dass sie in großer Anzahl entlassen werden; Befürchtung, dass sie vor Weihnachten entlassen werden.

Aushilfsdiener haben sich beklagt, dass ihnen 14tägige Kündigung zugeschickt wurde. Renner meint, dass vor Weihnachten nicht gekündigt werden soll.

Zerdik: -.

Renner: Weisung an alle Staatsämter. Die Kündigung von – Die Kriegsaushilfskräfte wären nach Auffassung des Cabinettsrates nach dem Handlungsgehilfengesetz zu behandeln und mit 1. I. sechswöchentlich zu kündigen.

~~Deutsch~~: ~~Kanzleihilfskräfte~~.

[Renner:] Es empfiehlt sich, ihnen den Grundlohn samt Teuerungszulage und für den Februar bloß den Grundlohn zu geben; wobei sie besser fahren als wenn man ihnen für die 6 Wochen Grundlohn und Teuerungszulage -. Auf den Anschaffungsbeitrag pro Febr.[uar] haben sie keinen Anspruch.

[Glöckel:] ~~Tabak- und Münzarbeiter haben den Wunsch ausgesprochen, dass ihre Verträge, die mit 31. XII. ablaufen, erneuert werden. Die Verwaltungen scheinen diese Erneuerungen zu frustrieren.~~

---

54 Vgl. auch KRP Nr. 10/1, Nr. 13/11, Nr. 26/7 und Nr. 34/9.

Es ist der Finanzverwaltung mitzuteilen, dass die Arbeiterschaft gebeten hat um Erneuerung der am 31. XII. ablaufenden Verträge. Siehe Glöckel.
~~Das Staatsamt der Finanzen möge in der nächsten Cabinettsratssitzung darüber berichten.~~

Pacher: Vertreter der deutschen technischen Hochschule in Brünn haben mitgeteilt, dass ihnen von der ~~tschechoslowakischen~~ Regierung in Brünn [die Anweisung] zugekommen [ist], dass sie alle Akten, welche über die technische Hochschule in Brünn laufen, abfordern und der Landesregierung in Brünn ausfolgen [sollen]. Sie bitten um Weisung, wem sie unterstehen.
Erledigung: Das deutsch-österreichische Staatsamt hat dem Rektorat der deutschen technischen Hochschule in Brünn mitzuteilen, dass sie dem Staatsamt für Unterricht unterstehen und dass die verlangte Ausfolgung der Akten dieser Hochschule an eine andere Regierung verweigert wird.
Dep.[utation des] Nationalrates in Brünn [...] ist gegen die Verlegung der Hochschule; die Professoren wollen die Verlegung. Nachdem wir Brünn in Anspruch genommen haben. Um über die Frage der Verlegung schlüssig zu werden, 14. XII. Besprechung in Wien. Staatsamt der Finanzen, Linz, Innsbruck, die auf die Verlegung Anspruch machen.
Renner: Wir [können] den Anspruch auf die Gebietshoheit in Brünn nicht aufrecht erhalten. Bezüglich der Hochschule machen wir aber diesen besonderen Anspruch geltend und verlangen eventuell die Verlegung auf deutsches Gebiet. Wir dürfen nicht zulassen, dass sie Gehalt von der mährischen Regierung ~~erhalten~~ nehmen.
Die Akten werden nicht ausgefolgt. Archiv und Reg.[istratur] sind eine Einheit, die nicht zerlegt werden kann. Nur im Falle der Gegenseitigkeit kann Einsicht gewährt werden.
Die Beamten sind gegen Gewalttaten gesichert, da sie ja eine Regelung versucht haben.

Zerdik: Begleichung von Fakturen für Rohöl.
Die Rechnungen sind zurück zu stellen und die Zahlung abzulehnen. Akt.

~~Jukel~~: -
~~Stöckler~~: -

Glöckel: Die Tabak- und Münzarbeiter wünschen, dass man ihnen die ihnen zugesagten Aushilfen jetzt gibt, die sonst im Februar fällig sind. Die Lohnverträge waren mit 31. XII. 16 abgelaufen und sie ersuchen um Erneuerung. Sie verlangen Heranziehung von Vertretern zu den ~~Besprechungen~~ Vorberatungen.
Das Staatsamt der Finanzen wird ersucht, hierüber in der nächsten Cabinettssitzung zu berichten.
Der Staatsrat [hat] beschlossen bezüglich der Anrechnung der Kriegsjahre -. Die Tabakarbeiter würden weil sie unter 1.200 Kronen -.
Anrechnung der Kriegsjahre an die Pension soll auch mit ihnen besprochen werden.

½10h

Glöckel: Bezüglich der Frage der ...
Ob nicht durch Verordnung ausgesprochen [werden soll], dass das Handlungsgehilfengesetz prov.[isorisch] auf die Bühnenarbeiter angewendet werden könne bis zur Schaffung eines definitiven Gesetzes. Vorher Staatsamt für Sozialfürsorge ersucht, sich mit Unterstaatssekretär Glöckel in Verbindung zu setzen.

Da die in Rede stehenden, einem Gesamtwerte von +3 Millionen Kronen entsprechenden Fakturen ein nicht im Gebiete des deutsch-österreichischen Staates gelegenes Unternehmen des ehemaligen österreichischen Staates betreffen, wäre ihre Begleichung vom deutsch-österreichischen Staat vorläufig abzulehnen.

Rohölproduzenten.

21.[1]

[Freitag] 1918-12-06

Vorsitz: Renner
Anwesend: Glöckel, Grimm, Hanusch, Jukel, Kaup, Loewenfeld-Ruß, Marckhl, Mayer, Pacher, Resch, Roller, Steinwender, Urban, Zerdik
Zugezogen: Fischmeister[2], Perlick[3] (beide zu Punkt 4)
Schriftführer: unbekannt (Stenogramm A); Fenz (Stenogramm B)
Dauer: 15.15–17.00 Uhr

Reinschrift, Konzept, Konzept der Tagesordnung, Stenogramme

Inhalt:[4]
1. Bevollmächtigung des Dr. Josef Kranz zu Verhandlungen mit der tschechoslowakischen Regierung über die Kohlenversorgung.
2. Gelöbnisformel.
3. Vollzugsanweisungen, betreffend den Schutz der Kriegsflüchtlinge und betreffend die Verwertung und Verwaltung der Sachgüter der Flüchtlingsfürsorge.
4. Liquidation der Verpflichtungen und Berechtigungen der ehemaligen Monarchie.

Beilagen:
1 Unverbindlicher Entwurf einer Vollzugsanweisung des Staatsrates vom … Dezember 1918, betreffend den Schutz der Kriegsflüchtlinge (2 Seiten, zweifach).
2 Unverbindlicher Entwurf einer Vollzugsanweisung des Staatsrates vom … Dezember 1918, betreffend die Verwaltung und Verwertung der Sachgüter der Flüchtlingsfürsorge (1 Seite, zweifach).
– Zu Punkt 4: Staatsamt für Heerwesen, Entwurf eines Beschlusses des Staatsrates, betreffend die Einsetzung eines internationalen Liquidations-Direktoriums zur Festlegung der allgemeinen Richtlinien sowie der Grundlagen für die Liquidation aller Verpflichtungen und Berechtigungen der ehemaligen Monarchie (1½ Seiten).

1
Bevollmächtigung des Dr. Josef K r a n z zu Verhandlungen mit der tschechoslowakischen Regierung über die Kohlenversorgung

Der Vorsitzende teilt mit, dass ihm der Advokat Dr. Josef K r a n z[5] gestern zur Kenntnis gebracht habe,[6] er sei vom Gesandten der tschechoslowakischen Republik in Wien

[1] Das Protokoll trägt den Vermerk *Vertraulich!*
[2] Dr. Viktor Fischmeister, Amtsrat für Sachabrüstung im Staatsamt für Heereswesen.
[3] Dr. Anton Perlick, Vorstand der Amtsleitung des Staatsamtes für Heereswesen.
[4] Das beiliegende Konzept der Tagesordnung stimmt mit dem Inhalt der Reinschrift nicht überein. Abgesehen von einer abweichenden Reihung der Punkte wurde ein erst in der übernächsten Sitzung behandelter Punkt in Gabelsberger Stenographie verzeichnet: „Bildung eines Arbeitsausschusses für die Übergangswirtschaft in den deutsch-österreichischen Staatsforsten" (vgl. KRP Nr. 23/11).
[5] Dr. Josef Kranz, ehemaliger Präsident der Spirituszentrale sowie Präsident und Vorsitzender des Verwaltungsrates der Allgemeinen Depositen-Bank in Wien.
[6] Der Satz lautet im Konzept ab hier: „…er sei mittels eines ihm zugekommenen Schreibens des Gesandten der tschechoslowakischen Republik Tusar von der tschechoslowakischen Regierung eingeladen

namens der tschechoslowakischen Regierung eingeladen worden, mit dieser über die Frage der Kohlenversorgung Deutsch-Österreichs in Verhandlungen einzutreten. Über Ersuchen des Dr. Kranz um eine diesbezügliche Bevollmächtigung durch die deutschösterreichische Regierung habe der Vorsitzende die Angelegenheit im Staatsrats-Direktorium zur Sprache gebracht, welches nach Anhörung des Staatssekretärs für öffentliche Arbeiten angesichts der augenblicklichen Zwangslage und vorbehaltlich der nachträglichen Genehmigung des Staatsrates den Staatssekretär Z e r d i k ermächtigt habe, Dr. Kranz in einem Schreiben einzuladen, diesbezügliche Verhandlungen in Prag zu führen.[7]

Der Kabinettsrat nimmt diese Mitteilung zur Kenntnis.[8]

2

Gelöbnisformel

Der Vorsitzende teilt weiters mit, er sei von verschiedenen Seiten darauf aufmerksam gemacht worden, dass die Gelöbnisformel für höhere Beamte bezüglich der im strittigen Gebiete tätigen Beamten in untergeordneten Stellungen[9] – etwa von der VII. Rangsklasse[10] abwärts – sich erfahrungsgemäß als zu weitgehend erweise, zumal darin vorbehaltlose Hingabe an den Dienst „ohne Ansehen der Opfer" verlangt werde.[11] Diese Fassung habe im Hinblicke auf die vielfach bedrohte Existenzfrage der Beteiligten in Fällen der Besetzung deutscher Gebiete durch die fremdnationalen Staaten berechtigte Bedenken hervorgerufen.[12]

Der Vorsitzende beabsichtigt, eine diesen Bedenken Rechnung tragende Gelöbnisformel für diese Beamtengruppen in Zirkulation zu setzen.

Der Kabinettsrat nimmt diese Ausführungen zustimmend zur Kenntnis.[13]

3

Vollzugsanweisungen, betreffend den Schutz der Kriegsflüchtlinge und betreffend die Verwertung und Verwaltung der Sachgüter der Flüchtlingsfürsorge

Unterstaatssekretär M a r c k h l erbittet und erhält die Ermächtigung, die Erlassung der dem vorliegenden Protokolle als Beilagen angeschlossenen Vollzugsanweisungen, betreffend

---

worden, über die Frage der Kohlenversorgung Deutschösterreichs mit der Prager Regierung zu verhandeln."

Vlastimil Tusar, ab 30. Oktober 1918 tschechoslowakischer Bevollmächtigter bei der k.k. Regierung in Wien und dann der Regierung Deutschösterreichs, 10. Juli 1919 bis 15. September 1920 tschechoslowakischer Ministerpräsident.

7 Der Schluss des Satzes lautete im Konzept: „...die Kohlenversorgung Deutschösterreichs in die Wege zu leiten."

8 Renner berichtete dem Staatsrat noch am gleichen Tag über das hier Gesagte. Zu diesen Verhandlungen vgl. weiters KRP Nr. 23/4 und Nr. 24/5. Zu Kranz vgl. auch KRP Nr. 3/4 und Nr. 11/4, zu den Bemühungen um tschechische Kohlenlieferungen Nr. 3/3, Nr. 9/2, Nr. 13/4 und Nr. 34/4.

9 Die Worte „in untergeordneten Stellungen" wurden im Konzept ergänzt.

10 Im Konzept „VI. R.Kl.".

11 Zum Text der Gelöbnisformel vgl. KRP Nr. 2, Anmerkung 12.

12 Im Konzept lautet der Satz: „Diese Fassung habe im Hinblick auf die Existenzfrage der Beteiligten bei allfälligem späteren Amtsverluste Bedenken hervorgerufen."

13 Vgl. auch KRP Nr. 25/3 und Nr. 26/8. Zur grundsätzlichen Behandlung von Beamtenfragen vgl. KRP Nr. 11/2, Nr. 14/6, Nr. 19/1, Nr. 23/6, Nr. 29/5 und Nr. 34/13, zur Erörterung weiterer, im Zusammenhang mit sowohl „deutschen" als auch „nichtdeutschen" Beamten stehenden Fragen vgl. KRP Nr. 4/1, Nr. 7/12 und 14, Nr. 18/8, Nr. 19/4, Nr. 22/2, Nr. 26/8 und 9 sowie Nr. 33/6.

den Schutz der Kriegsflüchtlinge[14] und betreffend die Verwertung und Verwaltung der Sachgüter der Flüchtlingsfürsorge[15], dem Staatsrate zu unterbreiten.[16]

4

Liquidation der Verpflichtungen und Berechtigungen der ehemaligen Monarchie

Staatssekretär M a y e r ersucht um die Zustimmung des Kabinettsrates, im Staatsrate zu Beschluss stellen zu dürfen, es sei der nächsten Gesandtenkonferenz die Einsetzung eines internationalen Liquidations-Direktoriums zur Festlegung der allgemeinen Richtlinien sowie der Grundlagen für die Liquidation aller Verpflichtungen und Berechtigungen der ehemaligen Monarchie vorzuschlagen.[17] Mit der Durchführung der Liquidierung wären internationale Liquidierungskommissionen zu betrauen.[18]

Im Zuge der über diesen Antrag abgeführten Wechselrede, an welcher sich die Staatssekretäre Dr. U r b a n, H a n u s c h, Dr. S t e i n w e n d e r und Dr. L o e w e n f e l d - R u ß sowie Unterstaatssekretär R i e d l, endlich Dr. F i s c h m e i s t e r und Dr. P e r l i c k vom Staatsamte für Heerwesen beteiligten[19], erhebt Staatssekretär Riedl vom Standpunkt der

---

[14] Beilage 1: Vollzugsanweisungsentwurf, betreffend den Schutz der Kriegsflüchtlinge (2 Seiten). Der Entwurf stützte sich im Wesentlichen auf jene Grundsätze, die bezüglich der Flüchtlingsfürsorge in KRP Nr. 16/8 dargelegt worden waren. Vgl. im genannten Protokoll auch Anmerkung 16. In diesem Zusammenhang vgl. weiters RGBl. Nr. 213, Kaiserliche Verordnung vom 11. August 1914, betreffend den Schutz der zu Zwecken der Kriegführung aus ihrem Aufenthaltsorte zwangsweise entfernten Zivilpersonen, ausgegeben am 13. August 1914; RGBl. Nr. 15, Gesetz vom 31. Dezember 1917, betreffend den Schutz der Kriegsflüchtlinge, ausgegeben am 11. Jänner 1918; RGBl. Nr. 19, Verordnung des Ministeriums des Innern vom 16. Jänner 1918, mit welcher Bestimmungen zur Durchführung des Gesetzes vom 31. Dezember 1917, RGBl. Nr. 15/1918, betreffend den Schutz der Kriegsflüchtlinge, getroffen werden, ausgegeben am 22. Jänner 1918.

[15] Beilage 2: Vollzugsanweisungsentwurf, betreffend die Verwaltung und Verwertung der Sachgüter der Flüchtlingsfürsorge (1 Seite). Mit dieser Vollzugsanweisung sollten Sachgüter der Flüchtlingsfürsorge, die sich auf dem Gebiet Deutschösterreichs befanden und aus Mitteln des vormaligen österreichischen Staates beschafft worden waren, der Verwaltung des Staatssekretärs des Innern unterstellt werden. Diesem sollte das alleinige Verfügungsrecht über jene Sachgüter zustehen. Der Entwurf stimmt mit StGBl. Nr. 102, Vollzugsanweisung des Deutschösterreichischen Staatsrates, betreffend die Verwaltung und Verwertung der Sachgüter der Flüchtlingsfürsorge, ausgegeben am 15. Dezember 1918, abgesehen von stilistischen Abänderungen überein.

[16] Im Staatsrat wurde lediglich der hier ebenfalls behandelte Entwurf einer Vollzugsanweisung, betreffend die Verwaltung und Verwertung der Sachgüter der Flüchtlingsfürsorge, vorgelegt, genehmigt und an die Nationalversammlung verwiesen. Vgl. SRP Nr. 56 vom 9. Dezember 1918. Zum Schutz der Kriegsflüchtlinge vgl. auch KRP Nr. 16/8 und Nr. 28/3.

[17] Über die Liquidation war in der am gleichen Tag abgehaltenen 4. Gesandtenkonferenz ausführlich diskutiert worden: AdR, StK, GZl. 157/1919, Zl. 1.253/1918, Protokoll über die am 6. Dezember 1918 im Deutschösterreichischen Staatsamt für Äußeres abgehaltene vierte Gesandten-Konferenz, S. 11–19.

[18] Beilage zu Punkt 4: Staatsamt für Heereswesen, Entwurf eines Beschlusses des Staatsrates (1½ Seiten). Zusätzlich zu dem hier im Protokoll Gesagten wurde in der Beilage noch näher ausgeführt, welche Aufgaben dem Liquidationsdirektorium und den Liquidierungskommissionen obliegen sollten. Die in den Kommissionen vertretenen Liquidierungskommissäre sollten die Liquidierung „je einer von den zur Auflösung gelangenden Zentralstellen“ leiten und beaufsichtigen, „allenfalls auch mehrerer mit verwandtem Geschäftskreis“. Weiters wurde bemerkt: „Lehnen es einzelne Staaten ab, an der Liquidierung teilzunehmen oder bevollmächtigte Liquidatoren zu entsenden, so ist dies an sich noch kein Grund, die Liquidation zu vertagen, fallen zu lassen oder einem anderen Forum zu übertragen.“ Meinungsverschiedenheiten in den Kommissionen sollten durch das Direktorium entschieden werden. Sollten im Direktorium unlösbare Differenzen auftreten, „unterwerfen sich die an der Liquidierung teilnehmenden Staaten dem Urteile des Schiedsgerichtes im Haag“.

[19] Vgl. die Stenogramme. Der Hinweis auf die Beteiligung der beiden zugezogenen Beamten wurde im Konzept ergänzt.

bei der Sachdemobilisierung zu wahrenden Interessen gegen die Einsetzung einer derartigen gemeinsamen Kommission schwerwiegende Bedenken. Außer in Deutschösterreich befinde sich vielfach wertvolles Demobilisierungsmaterial insbesondere auch im polnischen, ukrainischen und jugoslawischen Staate, welches sich der hierseitigen Evidenz entziehe und bezüglich dessen keine derart pflegliche Behandlung vorauszusetzen sei, wie sie den Sachgütern von deutschösterreichischer Seite zuteil werde. Die Vertreter der fremdnationalen Staaten würden eine Beteiligung an unseren Sachgütern in natura nach einem bestimmten Schlüssel beanspruchen, während wir von dem polnischen, ukrainischen und jugoslawischen Material so viel wie nichts bekommen und nur in der freien Verfügung über die auf deutschösterreichischem Territorium befindlichen Güter gehindert würden. Der sprechende Unterstaatssekretär müsse daher vor der Schaffung einer derartigen Institution warnen.[20] Eine gemeinsame Kommission hätte erst bei der Abrechnung über die ein gemeinsames Aktivum bildenden Erlöse aus den Sachgütern in Aktion zu treten.

Da dieser Verhandlungsgegenstand gleichzeitig auch im Staatsrat zur Beratung gelangte, wird die Verhandlung darüber im Kabinettsrate abgebrochen.[21]

---

20 Im Konzept findet sich an dieser Stelle folgende Ergänzung, die jedoch wieder gestrichen wurde: „Er halte dafür, dass wir uns die freie Verfügung über diese Sachwerte vorbehalten, diese als gemeinsame Aktiven befinden und nach einem gewissen Schlüssel aufteilen müssen."

21 Vgl. SRP Nr. 54 vom 6. Dezember 1918. Die Internationale Liquidierungskommission wurde schließlich eingerichtet, ihre Bestellung und Zusammensetzung waren Beratungsgegenstand in der 8. Gesandtenkonferenz. Vgl. AdR, StK, GZl. 157/1919, Zl. 157/2/1919, Niederschrift über die am 21. Jänner 1919 im Deutschösterreichischen Staatsamt für Äußeres abgehaltene achte Gesandten-Konferenz. Diese Kommission tagte schließlich in 115 Sitzungen im Zeitraum von 23. Jänner bis 30. Dezember 1919. Die Protokolle dieser Sitzungen finden sich in AdR, BKA/AA, NPA, Österreich 2/9, Internationale Liquidierungskommission. Zu den Gesandtenkonferenzen vgl. weiters KRP Nr. 11/1, Nr. 19/1, Nr. 23/6, Nr. 26/6, Nr. 28/3, Nr. 29/5 a und Nr. 32/6. Vgl. weiters Staatsratsdirektoriumsvermerk Nr. 6 vom 8. Dezember 1918, wo ausschließlich „die Verhandlungen mit den anderen Nationen über die Liquidierung des altösterreichischen Staates im allgemeinen und die Sachdemobilisierung im speziellen" auf der Tagesordnung standen. Das Protokoll enthält auch „Instruktionen für die Unterhändler", die die Einrichtung und Aufgaben der Liquidierungskommission und die Grundsätze für die Sachdemobilisierung zum Inhalt haben. Nachdem der Staatsvertrag von Saint-Germain-en-Laye keinerlei Bestimmungen über eine gemeinsame Liquidierungsmasse enthielt, wurde die Liquidierung im Dezember 1919 zu einer rein innerösterreichischen Angelegenheit erklärt und die Tätigkeit der Internationalen Liquidierungskommission damit beendet. Vgl. KRP Nr. 117/1 vom 24. Oktober 1919; StGBl. Nr. 577, Gesetz vom 18. Dezember 1919, womit in Abänderung des Artikels 4 des Gesetzes vom 12. November 1918, StGBl. Nr. 5, über die Staats- und Regierungsform Bestimmungen bezüglich der Auseinandersetzung mit den Staaten, zu welchen Gebietsteile der ehemaligen österreichisch-ungarischen Monarchie gehören, getroffen werden, ausgegeben am 23. Dezember 1919. § 1 dieses Gesetzes lautet: „Den Bestimmungen des Staatsvertrages von St. Germain entsprechend ist die bisher zwischenstaatlich besorgte Liquidation eine innere österreichische Angelegenheit. / Jedes Anordnungs- und Verwaltungsrecht der zwischenstaatlichen Liquidierungsorganisationen wird als erloschen erklärt."

Stenogramm A vom 6. Dezember 1918

6./ 12.

Renner: Mitteilung Kohlenfrage: Dr. Kranz erschienen, Zuschrift von Tusar, der Herrn Kranz einlädt, in der Frage der Kohlenversorgung mit der Regierung zu verhandeln. Zerdik wird an den Staatsrat Antrag stellen.

[Renner:] Die Gelöbnisformel für die höheren Staatsbeamten erweist sich für untergeordnete Stellungen (von der 7. abwärts) als zu weitgehend. [In der Formel werden] Opfer [ge]fordert. In den Sudetenländern davon verstehen könnte, dass sie hier nicht verwendet werden können hier wenn sie im C.[echoslowakischen Staatsdienst] nicht unterkommen sollten. Eine einfachere Gelöbnisformel wird in Zirkul.[ation] gesetzt werden.

Glöckel: Ostschlesien, zwei Gegner.

Renner: ~~Wer hier lebt kann das [Gelöbnis] formell ablegen~~, wenn er einem Zwang weichen muss, wird er doch übernommen werden.

In den umstrittenen Gebieten (Brünn ...osten): soll sich verhalten, so dass [sie] wenn es möglich, muss nur treue Diensterfüllung geloben; den Eid auf den tschechoslowakischen Staat leisten, wir würden sie dann mit Gesetz entbinden. Wir wünschen aber, dass die Länder nicht ohne deutsche Beamte bleiben. Über diese Sachen sind die Landesregierungen schon informiert worden.

Zerdik: ~~Beamte aus Joach.[imsthal] und haben die Rad.[ium von hohem] Wert mitgebracht. Tschechoslowakei wird gegen die Beamten einschreiten, im Interesse~~ ...[22]

Flüchtlingsfürsorge

Marckhl: Bittet um Ermächtigung, dem Staatsrat zwei Vollzugsanweisungen vorlegen zu dürfen.

Urban bemerkt zu dieser Vollzugsanweisung, man habe sich schon befasst mit diesen Waren in einer Sitzung: gesamter Versicherungswert 500 Millionen Kronen, davon nur 270 Millionen in Deutsch-Österreich, 230 Millionen außerhalb Deutsch-Österreichs.

Steinwender: Tu.[sar] ist sehr aufgebracht, die Kohlenfrage ist eine politische Frage geworden. 1.) Antrag Marckhl einverstanden; 2.) wird beantragt Vollzugsanweisung im Staatsrat: nur unbemittelte ... haben Anspruch.

Grimm: Bittet, kein Zugeständnis zu machen, dass wir aus deutsch-österreichischen Mitteln etwas leisten. Haben noch einen kleinen Rest des aufgenommenen Darlehens, aus diesem Rest haben die Ukraine und Polen noch einen Rest zu bekommen. Die Ukraine hat Geld bekommen und [sie] wissen nicht, was damit anzufangen.

Steinwender dagegen; Antrag mit Stimmenmehrheit angenommen.

Mayer: Vertreter der verschiedenen Ämter verschiedene Erklärungen abzugeben. Notwendig, dass der Staatsrat sich damit befasst.

Riedl: Habe dieselbe Beobachtung gemacht, dass auf deutsch-österreichischer Seite bei den Gesandtschaftskonferenzen keine einheitliche Stellungnahme. Von den fremden Staaten erscheint immer ein Vertreter, von uns jeweils der Fachmann.

Vertreter des Äußeren weder hier noch im Staatsrat. Der obigen Klage ist abzuhelfen dadurch, dass das Staatsamt des Äußeren am Kabinettsrat teilnimmt.

In der Sache selbst aufmerksam gemacht, dass dieser Vorschlag vom tschechoslowakischen Staat ausgeht und von den übrigen Staaten gegen uns unterstützt wird. Die Aktion wird gegen uns geführt; muss vor ihr warnen. Es ist eine Verwechslung des Begriffs gemeinsamer Ämter und gemeinsamen Vermögens (dazu gehört auch die Liquidierung der Staatsschulden).

---

22 In der Reinschrift findet sich die hier erwähnte Angelegenheit nicht. Vgl. auch die diesbezüglichen, etwas ausführlicheren Aufzeichnungen in Stenogramm B, überschrieben mit „Sachdemobilisierung".

Es handelt sich darum, dass über alle Verfügungen die wir treffen, [wir] gehindert sind von den anderen, während wir niemand drüben haben.
Die Liquidation der Massen muss Sache der einzelnen Nationalstaaten bleiben; bei jedem Verkauf von einem Stiefel würden wir unter die Controlle von 7 Personen gestellt; eine gleiche Kontrolle können wir bei den anderen nicht üben. Die anderen verfügen über ein reiches Material an Personalstand und Kenntnis.
1.) Wir müssen uns die freie Verfügung vorbehalten.
2.) Die Werte, um die es sich dabei handelt, sind als gemeinsames Aktivum zu behandeln und nach einem gewissen Schlüssel aufzuteilen.
3.) Wirkliche Aufteilung der Güter aus dem Zustand, der bei uns und bei den Tschechoslowaken oder Ungarn vielleicht eine gewisse Behandlung der Güter im Guten stattfindet, bei den Polen, Ukrainern und Südslawen nicht vorhanden.
~~Wenn wir real teilen~~ -. Wir können uns nicht auf eine reale Teilung nach von vornherein festgesetzten Schlüsseln einlassen, dass von jedem Heeresgut ein aliquoter Teil den anderen Nationalstaaten zufällt.
Vorschlag: Jeder von den Staaten [soll] den anderen eine Liste übergeben, was er benötigt. Soweit es entbehrlich ist, wird es ihm gewiss gegeben werden.
Riedl hat Tus.[ar] gegenüber die Compensationen abgelehnt.
Wir können die Bereitwilligkeit, aus den in unseren Händen befindlichen Heeresvorräten ... nur soweit üben, als überhaupt ein nachbarliches Sichaushelfen überhaupt eintritt. Wenn aber dringendste Lebensnotwendigkeit uns verweigert wird, ~~und dann uns der Vorwurf gemacht wird~~ -.

Urban: Namentlich um solche Gegenstände, die sie gegen uns benützen können. An unser Staatsamt [ist] eine Zuschrift Tus.[ars] gelangt; wie soll man antworten?

Hanusch: Bedauert auch diese Unstimmigkeiten unsererseits bei den Gesandtenkonferenzen: Staatsamt des Äußeren und Heerwesen haben oft gefehlt. Wir lassen uns viel zu viel von den anderen an die Wand drücken. Wir sollten nicht so widerstandslos unsere Macht preisgeben.

Steinwender: Schließt sich bezüglich nämlicher Sitzung den Worten Hanuschs an. Es geht einfach so nicht weiter. Neuerliche Beschlussfassung über die Amtsführung in den obersten Behörden, der Staatskanzler hat viel zu viel zu tun.

Perlick: Von einer Aufteilung der Sachgüter war nie die Rede. Im Kriegsministerium sind zwei Materien laufend zu bearbeiten: 1.) Sachgüter, 2.) liquide Forderungen. Es muss ein ständiger Kontakt da sein, ein internationales einheitliches Forum: daher wurde vorgeschlagen ein Liquidationsdirektorium.
Wir bitten, uns ein Forum zur Liquidierung zu schaffen, aber sobald als möglich.

Mayer: Wir lassen uns gern belehren, aber es muss etwas geschehen, die einzelnen Ämter arbeiten aneinander vorüber.

Stenogramm B vom 6. Dezember 1918 (Fenz)

Nr. 21, 6./12.

Renner: Kohlenfrage. Es ist gestern Mittag Dr. Kranz erschienen mit Zuschrift vom tschechoslowakischen Gesandten. Die tschechoslowakische Regierung hat Dr. Kranz eingeladen, in der Frage der Kohlenversorgung mit der Prager Regierung zu verhandeln. Aufgrund dieser Vollmacht habe ich das Direktorium befragt. Zerdik. Es wurde vereinbart angesichts der Zwangslage und weil Prag nicht gern mit der Regierung verhandelt. Schreiben an Dr. Kranz, dass von dieser Bevollmächtigung Kenntnis genommen und Kranz eingeladen wird, die Kohlenversorgung in die Wege zu leiten. Zerdik wird in dieser Sache die erforderlichen Anträge an den Staatsrat unterbreiten.

Punkt 2

[Renner:] Die Gelöbnisformel für die höheren Staatsbeamten erweist sich für Stellungen von der VI. [Rangklasse] abwärts zu weitgehend. [In der Formel heißt es] Ohne Ansehung der Opfer;

existenziell [...] wenn sie später vom tschechoslowakischen Staat weggejagt werden. [Eine] einfachere Gelöbnisformel [wurde] für die nachgeordneten Beamten entworfen und wird in Zirkulation gesetzt werden.

Glöckel: Dep.[utation aus] Ostschlesien, was sollen wir tun?

[Renner:] Wer auf [...] Staat dient; Zwang weichen und wird dann von uns übernommen.
Auf strittigen Gebieten: die dortigen Beamten haben Gelöbnis nicht abzulegen. Wenn es möglich ist, sollen sie nur treue Diensterfüllung geloben. Wenn sie [einen Eid ablegen] müssen auf den tschechoslowakischen Staat, so sollen sie [ihn] leisten. Wir behalten uns vor, sie dann eventuell durch Gesetz vom Gelöbnis zu entbinden.

Sachdemobilisierung.[23]

Marckhl: Fünf h [Uhr] Gesandtenkonferenz, Flüchtlingsfürsorge.

Zerdik: Aus Joachimsthal ist ein Beamter hergekommen mit Radium[...] 1 Million Kronen. Wenn die Tschechen Joachimsthal besetzen und kein Radium vorfinden, [werden sie] vorgehen gegen [ihn]. 150.000 Kronen zurück senden. Wenn aber gefragt wurde, wo sind die Sachen: Es ist verkauft.

Im eigenen Wirkungskreis.

Marckhl: Zwei Vollzugsanweisungen, Verwertung der Sachgüter.

Steinwender: Tusar: Kohlenfrage ist eine politische Frage geworden. Erbitterung.
Auf Rechnung des ehemaligen österreichischen Staates. In den Staatsrat vorbringen.
2.) Marckhl: Vollzugsanweisung im Staatsrat beantragen. §1 im deutsch-österreichischen Staat haben nur unbemittelte Flüchtlinge deutsch-österreichischer Nationalität auf Flüchtlingsfürsorge Anspruch.

~~Grimm~~: -

Marckhl: Wir verlangen von den Tschechoslowaken nur die Zustimmung, dass die Flüchtlingsfürsorge aus den gemeinsamen Mitteln fortbestritten wird.

Steinwender: Ich bin dagegen, dass unsere Flüchtlinge nach d[ies]em Gesetz behandelt werden.

~~Dr. Fischmeister~~: -

Riedl: Bei den Gesandtenkonferenzen auf deutsch-österreichischer Seite keine einheitliche Stellung der Vertreter der Staatsämter. Von den fremden Staaten erscheint ein Vertreter. Bei den Gesandtenkonferenzen soll nur das Staatsamt des Äußeren die Verhandlungen führen. Das würde voraussetzen, dass ein Vertreter des Staatsamtes des Äußern regelmäßig zu den Sitzungen des Cabinetts und Staatsrates anwesend ist.
Es ist kein Zufall, dass dieser Vorschlag vom tschechoslowakischen Staat ausgeht und von den anderen Staaten unterstützt wird. Es ist eine Institution, die gegen uns gerichtet ist und vor der ich warnen muss. Verwechslung L.[iquidierung] der gemeinsamen Ämter und L.[iquidierung] der gemeinsamen Vermögen. Gegen Liquidierung der Ämter hier kein Anstand, Einsichtnahme Gewinn.
Ganz anders Liquidierung des gemeinsamen Vermögens. Liquidierung des gemeinsamen Vermögens und auch der Schulden muss nicht nur in Wien sondern auch in den anderen Staaten vor sich gehen. Wir liquidieren anständig, in den jugoslawischen, ukrainischen und polnischen Staaten wird nicht anständig liquidiert.
Wir können bei allen Verfügungen auf unserem Territorium durch die anderen gehindert [werden], während wir auf fremdem Territorium keine Gelegenheit haben. Wir haben nichts dagegen, dass eine Liquidierungskommission aufgestellt wird, welche aus den Behelfen des Kriegsministeriums festzustellen sucht, was sich an Heeresmaterialien auf den Gebieten der Nationalstaaten befunden hat.

---

23 Die folgenden Ausführungen wurden in der Reinschrift nicht berücksichtigt. Zu den Hintergründen der hier angedeuteten Angelegenheit vgl. AdR, StK, GZl. 1.311/1919.

[Es ergibt sich, dass wir] bei jedem Verkauf eines alten Stiefels kontrolliert werden, während wir eine gleiche Kontrolle bei den anderen nicht ausüben können. Die anderen haben einen Personalstand, der über das, was hier ist, orientiert ist, wir nicht. Wir müssen uns die freie Verfügung vorbehalten.

Die Werte müssen als ein gemeinsames Aktivum bewertet und berechnet und nach einem bestimmten Schlüssel verteilt werden.

Realaufteilung: Wohl bei uns und bei der Tschechoslowakei und Ungarn [eine] gewisse pflegliche Behandlung eingetreten ist, während sie bei den Südslawen, Polen und Ukrainern nicht vorhanden ist. Wenn wir real teilen nach einem bestimmten, vorher bestimmten Schlüssel, so müssen wir einen bestimmten Prozentsatz von unserem abgeben, [werden] von dem fremden aber nichts bekommen. Wir können uns daher nicht auf eine Realteilung nach [einem] bestimmten Schlüssel einlassen, dass von jedem Heeresgut bei uns ein aliquoter Teil auf die anderen aufgeteilt wird.

Ich habe den Vorschlag gemacht, dass jeder von den Staaten jedem anderen eine Liste übergibt, was er braucht. Ich habe Kompensation abgelehnt, sondern ich habe in der Gesandtenkonferenz gesagt: Wir können diese Bereitwilligkeit, aus den in unserer Hand befindlichen Heeresvorräten anderen abzugeben [nur soweit üben], als ein nachbarliches Sichaushelfen überhaupt eintritt. Wenn aber, wie es geschieht, dringendste Lebensnotwendigkeiten, die der andere hat, uns aus politischen Gründen verweigert werden, von uns verlangt wird, dass wir von dem Wenigen, das wir haben von Vornherein geben, so können wir das nicht tun.

Urban: Gegenstände, die die anderen gegen uns verwenden können.

Tusar an das Staatsamt für Handel: Material zur Aufstellung einer tschechoslowakischen Armee. [...]

Hanusch: Vor lauter Konferenzen kommen wir zu keiner Arbeit. Wir müssen eine innere Kontrolle auch in den anderen Staaten haben.

Steinwender: Einige Tage keine Cabinettssitzungen, der Staatskanzler hat zu viel zu tun. Dass die Tschechen solche Waffen verlangt [haben], wird uns heute zum ersten Mal gesagt. Wenn die Tschechen Autos haben wollen, so sollen wir sie verkaufen um einen ordentlichen Preis, sonst kriegen wir kein Kohle.

Kontrolle: Wir schicken ja niemand hin, wir suchen hier keine Verbindung. Wir dürfen es nicht darauf ankommen lassen, dass die Kohlefrage eine politische Frage wird. Gebäude mit besonderer Kunst, wo nichts herausschaut und nichts verkauft werden wird.

Loewenfeld-Ruß: Realteilung. Es ist nie daran gedacht worden, dass je den anderen Staaten der Gedanke kommt, dass zu den Demobilisierungsgütern auch Lebensmittel gehören.

Tusar verlangt Bohnen und Konserven. Auf eine solche Realteilung können wir unmöglich eingehen. Wir haben alle möglichen Versuche gemacht, nach Prag zu schicken. Die Tschechoslowaken sagen aber, sie verhandeln nicht mit uns als Vertreter der deutsch-österreichischen Regierung.

Dr. Perlick: Ich habe dem [...] den Plan unterbreitet und er hat ihn dann als Vorschlag -.

Wir haben im Kriegsministerium zwei Materien zur laufenden -.

Internationales Forum.

Mayer: Die einzelnen Ämter regieren aneinander vorüber, die anderen freuen sich.

22.[1]

[Montag] 1918-12-09

Vorsitz: Renner
Anwesend: Beck, Enderes, Glöckel, Hanusch, Jukel, Kaup, Loewenfeld-Ruß, Marckhl, Mayer, Roller, Steinwender, Urban
Schriftführer: Fenz
Dauer: 10.30–13.00 Uhr

Reinschrift, Konzept, Stenogramm, vertraulicher Anhang[2]

Inhalt:
1. Beglaubigung der Kabinettsprotokolle Nr. 14–20.
2. Entbindung der Eisenbahnbediensteten in Deutschböhmen vom Gelöbnis.
3. Entwurf eines Gesetzes, betreffend zeitweilige Unzulässigkeit der Exekutionsführung wegen Ansprüchen gegen das k.k. Ärar, k.u.k. Ärar, k.k. Hofärar und gewisse Anstalten und Fonde.

1

Beglaubigung der Kabinettsprotokolle Nr. 14–20

Der Vorsitzende stellt fest, dass gegen die Kabinettsprotokolle Nr. 14–20 keine Einwendung erhoben worden ist, sie daher als beglaubigt anzusehen sind.

2

Entbindung der Eisenbahnbediensteten in Deutschböhmen vom Gelöbnis

Unterstaatssekretär Ing. v. E n d e r e s berichtet, dass die Tschechen am 7. Dezember Teplitz-Schönau besetzt haben, die Behörden von Teplitz-Schönau haben sich unter Protest der Gewalt gefügt; die Staatsbahndirektion habe schon vorher ihre Beamten nach Tetschen zurückgezogen, woselbst aber auf die Dauer eine Amtierung gleichfalls nicht möglich sein dürfte.[3] Durch diese Ereignisse seien die Verhältnisse der Eisenbahnbediensteten in Deutschböhmen überaus schwierig geworden. Einerseits stehe ihre materielle Existenz auf dem Spiele, andererseits drohen der Bevölkerung aus der vollständigen Lahmlegung der Lebensmittelzufuhren die ernstesten Gefahren. Die tschechische Generaldirektion in Prag habe bereits den Bediensteten in Böhmisch-Leipa gegenüber erklärt, dass sie nur dann zum Dienste zugelassen werden, wenn sie das Gelöbnis für Deutschösterreich widerrufen. Daraufhin haben sich die Dienstvorstände im Wege der Staatsbahndirektion Teplitz-Schönau an das Staatsamt für Verkehrswesen mit der Bitte um Enthebung vom Gelöbnis gewendet. Das genannte Staatsamt habe in Berücksichtigung der geschilderten Verhältnisse, dringlichkeitshalber im eigenen Wirkungskreis, die Landesregierung in Reichenberg telegraphisch ermächtigt, die Eisenbahnbediensteten in Böhmisch-Leipa vom Gelöbnis zu entheben, falls wegen Nichtzulassung zum Dienste seitens der Generaldirektion in Prag vor Widerruf des Gelöbnisses für die Bediensteten und die Bevölkerung Gefahr bestehe.

---
1 Das Protokoll trägt den Vermerk *Vertraulich!*
2 Das Protokoll enthält keine Beilagen zu den erörterten Themen.
3 Vgl. auch KRP Nr. 3, Anmerkung 8.

Ebenso sei vom Staatsbahndirektor G e u t e b r ü c k[4] für das Bodenbacher und Tetschener Personal gestern telegraphisch die Enthebung vom Gelöbnis erbeten worden. Das Staatsamt für Verkehrswesen beabsichtige, das Bahnamt Tetschen telegraphisch von der der Landesregierung in Reichenberg[5] erteilten Ermächtigung mit dem Beifügen in Kenntnis zu setzen, dass unter den gleichen Voraussetzungen auch das Personal aller Dienststellen in Tetschen und Bodenbach vom Gelöbnis enthoben werde. Vorher habe sich das Bahnamt in Tetschen noch mit der Landesregierung in Reichenberg in Verbindung zu setzen. Unterstaatssekretär von E n d e r e s erbittet die Genehmigung der getroffenen beziehungsweise beabsichtigten Verfügungen.[6]

Bei diesem Anlasse weist Staatssekretär Dr. R o l l e r darauf hin, dass auch auf dem Gebiete des Justizwesens die Aufrechterhaltung der deutschen Behördenorganisation in Deutschböhmen und im Sudetenland auf unüberwindliche Schwierigkeiten stoße. Es dürfte sich daher als notwendig erweisen, die auftauchenden einzelnen Fragen nicht getrennt zu behandeln, sondern den Versuch einer einheitlichen Regelung zu unternehmen.[7]

Der Vorsitzende teilt mit, dass in der heutigen Staatsratssitzung der Leiter der deutschböhmischen Abteilung der Staatskanzlei[8] einen ausführlichen Bericht über die Verhältnisse in Deutschböhmen und Sudetenland erstatten werde, woran sich ein Bericht über die mit der tschechoslowakischen Regierung bereits eingeleiteten beziehungsweise noch anzubahnenden Verhandlungen über die Kohlen- und Finanzfragen sowie über die Sachdemobilisierung anschließen werde. Es empfehle sich, die gegenwärtig aufgeworfenen Einzelfragen bei dieser Gelegenheit dem Staatsrate darzulegen, welchem dadurch die Möglichkeit geboten würde, einen Überblick über den gesamten Fragenkomplex zu gewinnen und zu den einschlägigen politischen Erwägungen Stellung zu nehmen.

Nach einer eingehenden Debatte, an welcher sich die Staatssekretäre Dr. L o e w e n - f e l d - R u ß, Dr. S t e i n w e n d e r, H a n u s c h und M a y e r sowie Unterstaatssekretär Dr. von B e c k beteiligten[9], nimmt der Kabinettsrat diese Ausführungen zustimmend zur Kenntnis. Dem Staatsamte für Verkehrswesen wird die erbetene Genehmigung erteilt.[10]

---

[4] Dr. Albert Geutebrück, Ministerialrat, Direktor der Nordwestbahn, ab 19. November 1918 Leiter der Staatsbahndirektion für Deutschböhmen in Teplitz, Jänner 1919 bis 1922 Direktor bzw. Präsident der Staats- bzw. Bundesbahndirektion Wien-Nordost.

[5] Laut einer mit 12. Dezember 1918 datierten Aufzeichnung über ein Telefongespräch zwischen Staatskanzler Renner und deutschösterreichischen Stellen in Reichenberg verließ die deutschböhmische Landesregierung am 11. Dezember 1918 Reichenberg und begab sich nach Zittau, von wo sie nach Dresden übersiedeln wollte. In Reichenberg zurückgeblieben war das Landeswirtschaftsamt, das „das Land nicht im Stiche lassen konnte". Vgl. AdR, StK, GZl. 1.099/1918, Verlegung des Amtssitzes der Landesregierung für Deutschböhmen von Reichenberg nach Zittau. Tatsächlich begab sich die deutschböhmische Landesregierung kurz nach Dresden, verlegte ihren Sitz dann aber rasch nach Wien. Vgl. dazu mehrere Telegramme von Mitte Dezember 1918 in AdR, StK, GZl. 1.134/1918 und GZl. 1.145/1918.

[6] Vgl. auch KRP Nr. 21/2 und Nr. 25/3. Zur grundsätzlichen Behandlung von Beamtenfragen vgl. KRP Nr. 11/2, Nr. 14/6, Nr. 19/1, Nr. 29/5 und Nr. 34/13, zur Erörterung weiterer, im Zusammenhang mit sowohl „deutschen" als auch „nichtdeutschen" Beamten stehenden Fragen vgl. KRP Nr. 4/1, Nr. 7/12 und 14, Nr. 18/8, Nr. 19/4, Nr. 26/8 und 9 sowie Nr. 33/6.

[7] In dem Zusammenhang vgl. auch KRP Nr. 19/4 und Nr. 26/8.

[8] Leonhard Oberdorffer, Finanzrat, ab 16. November 1918 Leiter der deutschböhmischen Abteilung der Staatskanzlei, 1921 bis 1949 Rechtskonsulent in der Kohlenhandelsgesellschaft I. Petschek in Aussig.

[9] Vgl. das Stenogramm.

[10] Zum Bericht über die Lage in Deutschböhmen und Sudetenland vgl. SRP Nr. 56 vom 9. Dezember 1918. Ein derartiger Bericht über die Situation in Sudetenland Anfang Dezember 1918 findet sich auch in AdR, StK, GZl. 991/1918, Landeshauptmann von Sudetenland, Situationsbericht. Ähnliche Berichte für Deutschböhmen finden sich in AdR, StK, GZl. 1.019/1918, Bericht über die Lage

[Vertraulicher Anhang][11]

Ernennung des Ministerialrates im Staatsamt des Innern Richard Wenedikter zum Sektionschef

Der Vorsitzende erbittet (im Namen des Staatssekretärs des Inneren) und erhält die Ermächtigung zur Erwirkung der Ernennung des Ministerialrates Richard Wenedikter[12] zum Sektionschef.

3

Entwurf eines Gesetzes, betreffend zeitweilige Unzulässigkeit der Exekutionsführung wegen Ansprüchen gegen das k.k. Ärar, k.u.k. Ärar, k.k. Hofärar und gewisse Anstalten und Fonde {sic!}

Unterstaatssekretär Dr. von Beck erbittet und erhält die Ermächtigung des Kabinettsrates, dem Staatsrat einen Gesetzentwurf, betreffend die zeitweilige Unzulässigkeit der Exekutionsführung wegen Ansprüchen gegen das k.k. Ärar, k. und k. Ärar, k.k. Hofärar und gewisse Anstalten und Fonde, unterbreiten zu dürfen.[13]

Schluss der Sitzung 1 Uhr N.M.

---

in Deutschböhmen, sowie GZl. 1.142/1918, Landesregierung für Deutschböhmen, Situationsbericht. Ein vorläufiges Übereinkommen mit der Tschechoslowakei über die Sachdemobilisierung und die Aufteilung des auf deutschösterreichischem und tschechoslowakischem Staatsgebiet befindlichen Kriegsmaterials, datiert mit 12. Dezember 1918, wurde am 13. Dezember 1918 abgeschlossen. Informationen dazu sowie das Abkommen selbst finden sich in AdR, StK, GZl. 1.150/1918. Zur Annahme des Abkommens durch den Staatsrat vgl. SRP Nr. 59/III b vom 16. Dezember 1918; weiters Volkswirtschaftliche Chronik. Mit Benützung amtlicher Quellen herausgegeben von Dr. Karl Neisser, Jg. 1918, Nr. 12, Dezember 1918, S. 350 f „Übereinkommen mit der Czecho-slovakischen Republik über die Sachdemobilisierung".

11 Der folgende Antrag ist in der Reinschrift nicht enthalten, er findet sich im vertraulichen Anhang zu diesem Protokoll und wurde vom Bearbeiter in den Protokolltext eingefügt. Die Platzierung zwischen den Punkten 2 und 3 dieser Sitzung ergibt sich aus dem Stenogramm.

12 Richard Wenedikter, ab 10. Dezember 1918 Sektionschef und Leiter der legislativen Sektion im Staatsamt des Innern.

13 Vgl. SRP Nr. 56 vom 9. Dezember 1918; StGBl. Nr. 131, Gesetz vom 19. Dezember 1918, betreffend die zeitweilige Unzulässigkeit von Exekutionen und einstweiligen Verfügungen wegen Ansprüchen gegen das k.k. Ärar, k.u.k. Ärar und gewisse Anstalten und Fonds, ausgegeben am 24. Dezember 1918. Umfangreiche Informationen zur Thematik finden sich in FHKA, k.k. Finanzministerium, Allgemeine Abteilungen, StAF, Zl. 3.074/1918, Amtserinnerung, betreffend Maßnahmen hinsichtlich von Prozessen und Exekutionsführungen gegen das k.k. Aerar und k.u.k. Aerar.

Stenogramm vom 9. Dezember 1918 (Fenz)

Mayer, Roller, Jukel, Enderes, Hanusch, Loewenfeld-Ruß, Beck, Kaup, Deutsch, Urban, Glöckel, Marckhl, Steinwender.

14–20 beglaubigt.

Enderes: Die Tschechen haben am Samstag Teplitz-Schönau besetzt. Die Behörden haben sich unter Protest der Gewalt gefügt. Die Staatsbahndirektion hat ihre Beamten rechtzeitig nach Tetschen geschickt. Geutebrück hat protestiert und [ist] nach Tetschen gefahren. Da auch Tetschen unhaltbar [ist], ist er über Dresden nach Wien gereist. In Böhmisch-Leipa entbehren nunmehr des Schutzes.

Teplitz Telegramm: Bedienstetenschaft Entbindung vom Gelöbnis. Gefahr für Bedienstete und Bevölkerung – auf die Straße gesetzt – Dienstbetrieb hört auf, keine Lebensmittel für die Bevölkerung.

Samstag 9h abends Telegramm an die Landesregierung in Reichenberg, Ermächtigung zur Entbindung vom Gelöbnis. Aufschub oder Ablehnung Gefahr. [Ersuche um] nachträgliche Genehmigung für das Antworttelegramm.

Renner: Staatsbahndirektion Teplitz auseinander gesprengt und [zur] Übersiedlung nach Tetschen gezwungen. Wird auch in Tetschen behindert werden, wir wollten aber unseren Rechtsanspruch dokumentieren.

Staatsamt für Verkehr soll schon für die heutigen Abendblätter [eine] kurze Notiz und für Morgen [einen] längeren Artikel [hinausgeben] über das, was geschehen ist und warum wir die Beamten vom Gelöbnis entbunden haben.

Gegen die Maßregel dürfte wohl keine Einwendung zu erheben sein.

Roller: Es ist dies das Eingeständnis des Unmöglichmachens einer Org.[anisation], wie wir sie in Deutschböhmen geplant [haben]. Die Troppauer Landesregierung hat mit der Tschechoslowakei [einen] Pakt abgeschlossen, wonach in Troppau tschechische neben deutschen Behörden errichtet werden sollen. Für die vier Gemeinden, die der Mehrheit nach Deutsche umfassen, ein deutsches Bezirksgericht; für die anderen Gemeinden ein tschechisches Bezirksgericht in Troppau und ein tschechoslowakisches Landesgericht.

Auch in Reichenberg scheint das Eindringen der Tschechen bevorzustehen. ~~Von Reichenberg wurde telegrafiert, dass ein Rechnungsbeamter über~~ – Eine einheitliche Regelung wäre vorzu[...].

Renner: Zwei weitere Möglichkeiten gegeben. Wir wollten [versuchen], das geschlossene deutsche Siedlungsgebiet herauszunehmen und als selbständigen Teil unseres Staatsgebietes zu verwalten -. Geht das nicht, so zwei Möglichkeiten:

1.) Es kann sich so gestalten, dass für Deutschböhmen und Sudetenland die wirtschaftliche Verwaltung, Eisenbahn, Post und die Angelegenheiten des Inneren, Rechtspflege, Schulwesen trennen. Wir behalten uns[ere] Selbständigkeit in den letzteren und unterstellen die wirtschaftlichen Angelegenheiten Prag. Wir kommen in das Verhältnis einer gemischten Staatlichkeit.

2.) Wenn ihr uns zwingt, sich unterzuordnen, so wollen wir doch wenigstens die verhältnismäßige Teilnahme an der Regierung von den Lokalstellen bis nach Prag.

Wir dürfen uns nicht selbst preisgeben. Wenn wir uns bezüglich des Eisenbahnwesens gezwungen [sehen], der Prager Direktion unterstellen, so muss noch nicht bezüglich der Justiz geschehen.

Unter einem – werden Verhandlungen mit Prag über die finanzielle Auseinandersetzung eingeleitet. Es ist ab 1. I. nicht vorgesehen, für die Pensionen, für die Coupons und für die Gläubiger des k.k. Staates -. Gegen die Übernahme einer Beteiligung an diesen Verpflichtungen können die Tschechen politische Forderungen stellen. Es ist möglich, dass wir auf finanziellem Gebiet ebenso zu Konzessionen gezwungen sein werden. Wenn nicht Deutschland Auflösung, so stünden wir finanziell besser.

Bericht im Staatsrat, Oberdorffer; die einzelnen Ressorts sollen ergänzend im Staatsrat -.

Kohlen-Dep.[artement] und Finanz-Dep.[artement] [...]. Dem Staatsrat zur Kenntnis bringen und Debatte vermeiden.

Enderes: Tel.[egramm] Geutebrück. Antwort.

Ich war immer der Überzeugung, dass mit Einzelmaßnahmen nichts ausgerichtet werden kann. Wären die Verhandlungen (30. XI.) noch bei Bestand der Teplitzer Direktion eingeleitet worden, so wären wir in besserer Position. Auch jetzt noch müssen diese Verhandlungen eingeleitet werden.

1.) Bitte um Genehmigung des Telegramms.

2.) Dass die Verhandlungen (30. XI.) so rasch als möglich eingeleitet werden.

Renner: Die Verhandlungen von Regierung zu Regierung sind wiederholt versucht worden. Die Tschechoslowaken erklären, dass Deutsch-Österreich als Staat von der Entente nicht anerkannt wurde und daher auch für die Tschechoslowakei nicht existiert. Die Tschechoslowaken verhandeln höchstens von Ressort zu Ressort. Sie schieben eher [...] dazwischen.

Die Rechtslage ist die: wir sind kein Staat, sondern wir sind [ein] durch Waffenstillstand gebundener Gebietsteil von Österreich-Ungarn. Bei dieser völkerrechtlichen Lage bleibt uns nichts anderes übrig, als unser Recht zu behaupten und zu weichen soweit die Gewalt uns zwingt.

Loewenfeld-Ruß: Ich habe das allerdringendste Bedürfnis, mit den Tschechoslowaken zu verhandeln. Auf welche Weise ist es möglich, mit den Tschechoslowaken in Verbindung zu treten?

Renner: Es haben Verhandlungen von Ressort zu Ressort stattgefunden.

~~Loewenfeld-Ruß:~~

[Renner:] Bitte sich mit Dr. Bauer ins Einvernehmen zu setzen, damit man sich etwa im Wege Tusar[14] informiert, wie und durch wen vorzugehen wäre.

Roller: Durch die gestrige Verfügung ist die Kuh aus dem Stall. Die Existenzfrage [der Beamten] ist durch die Richtlinien vollständig gesichert. [Das] kleine Gelöbnis hat ja auch den Tschechoslowaken in vielen Fällen genügt. Wir hätten sagen sollen: ihr weicht der Gewalt, hätten aber nicht entbinden sollen.

Steinwender: Wir müssen reden, Deutsch-Böhmen wird umso eher abgetrennt. Wir müssen die Verhandlungen pflegen, mit wem immer.

Renner: Stellen Sie den Antrag auf Preisgabe von Deutsch-Böhmen und Sudentenland im Staatsrat.

Enderes: Jukel zu Zahradnik[15].

Hanusch: Die Tschechoslowaken anerkennen keine Reziprozität in Arbeitslosenunterstützungen, sondern sie refundieren uns die für Tschechen ausgelegten Beträge.

Beck: Verweist auf die Richtlinien – Übereinkommen. Wenn die deutschen Beamten in Deutsch-Böhmen gezwungen werden, entweder [den Dienstposten zu] verlassen oder vorläufig in die tschechoslowakische Verwaltung übernommen zu werden, dann können sie unter Protest sich über das Gelöbnis hinwegsetzen, weil dann die Möglichkeit besteht, dass die deutschen Beamten dort bleiben. Zwischenstaatliche Verhandlungen.

Mayer: -

Roller: Gesetzesvorlage, binnen 8 Tagen auf den tschechoslowakischen Staat das Gelöbnis abzulegen.

Renner: Die Angelegenheit muss auch in den Staatsrat kommen. Im Staatsrat sollen nur die Berichte entgegengenommen werden und die Debatte -.

1.) nachträglich genehmigt, 2.) angenommen.

---

[14] Vlastimil Tusar, ab 30. Oktober 1918 tschechoslowakischer Bevollmächtigter bei der k.k. Regierung in Wien und dann der Regierung Deutschösterreichs, 10. Juli 1919 bis 15. September 1920 tschechoslowakischer Ministerpräsident.

[15] Bogdan Zahradník, Prämonstratenserpriester (Ordensname Isidor), ab 14. November 1918 tschechoslowakischer Eisenbahnminister, 1920 tschechoslowakischer Gesandter bei der österreichischen Sektion des Wiedergutmachungsausschusses (Reparationskommission).

Wirtschaftlich.[16] 300.000 zuhanden Kranz[17], Schreiben an ?Thaa[18], Bedingung des Übereinkommens; IX., Liechtenst.[einstraße] 55; [...] Devisenzentrale in diesem Sinn verständigt. Für ihn bereit sind, für den [...].

Wenedikter, Ernennung zum Sektionschef.
Genehmigt.

Beck: Zwischenstaatsamtliche Verhandlungen in [...][19]
Der Kabinettsrat beschließt, die im alten Staat veranschlagten Systemisierungen gelten nicht schlechtweg für den deutsch-österreichischen Staat. Die einzelnen Staatsämter werden daher eingeladen, mit den in diesem Sinn syst.[emisierten] Posten mit der äußersten Zurückhaltung vorzugehen. Was aber die Zentralstellen anbelangt, so ist die Zustimmung des Staatsamtes der Finanzen einzuholen.
Loewenfeld-Ruß: -
Beck: Das Staatsamt der Finanzen soll beauftragt werden – zwischenstaatsamtliche Besprechungen. Die ganze Materie der Vorberatungen einer zwischenstaatsamtlichen [Besprechung] zuzuweisen.

Loewenfeld-Ruß: Mo, Mi, Fr, Cabinett; Di, Do, Sa Staatsrat.

Beck: Gesetzentwurf, betreffend zeitweilige Unzulässigkeit der Exekutionsführung wegen Ansprüchen gegen das k.k. Ärar, k.u.k. Ärar, k.k. Hofärar und gewisse Anstalten und Fonds.
Zwischenstaatsamtliche Behandlungen am 30. XI. – auch ausgedehnt gegen das Hofärar.
Erlass an die Finanzprokuratur, im Staatsrat.

½1h.

6. XII. – 5.120
27. XI. – 3.074

Vort.[rag?] Anfang zum Kabinettsprotokoll Nr. 22 tun.

---

16 Diese Ausführungen wurden in der Reinschrift nicht berücksichtigt.

17 Dr. Josef Kranz, ehemaliger Präsident der Spirituszentrale sowie Präsident und Vorsitzender des Verwaltungsrates der Allgemeinen Depositen-Bank in Wien. Zu seiner Person und seiner Beteiligung an Verhandlungen vgl. auch KRP Nr. 3/4, Nr. 11/4, Nr. 21/1, Nr. 23/4 und Nr. 24/5.

18 Vermutlich Ministerialrat Dr. Gustav Thaa, Regierungskommissär bei der Österreichisch-ungarischen Bank, 1922 bis 17. Juni 1931 Vizepräsident der Oesterreichischen Nationalbank.

19 Diese Ausführungen wurden in der Reinschrift nicht berücksichtigt.

23.[1]

[Samstag] 1918-12-14

Vorsitz:	Renner
Anwesend:	Beck, Deutsch, Glöckel, Grimm, Hanusch, Jukel, Kaup, Loewenfeld-Ruß, Marckhl, Mayer, Riedl, Roller, Seitz[2], Steinwender, Urban
Zugezogen:	Deutsch[3] (zu Punkt 10–13), Kloss[4] (zu Punkt 4)
Schriftführer:	unbekannt
Dauer:	15.00–20.45 Uhr

Reinschrift, Konzept, Konzept der Tagesordnung, streng geheimer Nachtrag zu Punkt 15, Konzept des Nachtrags, Stenogramm

Inhalt:[5]

1. Weiterzahlung der Unterhaltsbeiträge an die Familien der Volkswehrmänner.
2. Versetzung von Richtern in den dauernden Ruhestand vor dem vollendeten 65. Lebensjahr.
3. Beschlagnahme von Zisternenwagen für Transporte von Erdöl und Erdölerzeugnissen.
4. Bericht über die Kohlenverhandlungen in Prag.
5. Staatsbedienstetenforderungen.
6. Beamtenfragen.
7. Frage der Übernahme des von der früheren Heeresverwaltung bei der Waffenfabrik in Steyr bestellten Kriegsmateriales.
8. Festsetzung des Programmes für die nächste Besprechung mit den Landeshauptmännern.
9. Lebensmitteleinkäufe in Westungarn.
10. Wasserkraftanlage der Mitterberger Kupfer AG.; Erklärung als begünstigter Bau.
11. Bildung eines Arbeitsausschusses für die Übergangswirtschaft in den deutschösterreichischen Staatsforsten.
12. Gesetz, betreffend Jagdrecht auf Staatsgütern.
13. Gesetz über die Aufhebung und Ablösung der Jagdrechte auf fremdem Grund und Boden.
14. Errichtung einer Darlehenskassa für die Übergangswirtschaft.
15. Ausbau der Wasserkräfte zur Gewinnung elektrischer Energie.

---

1 Das Protokoll trägt den Vermerk *Vertraulich!*

2 Karl Seitz, 21. Oktober 1918 bis 16. Februar 1919 Präsident der Provisorischen Nationalversammlung, SdAP, 30. Oktober 1918 bis 9. Dezember 1920 als Präsident des Staatsratsdirektoriums bzw. der Konstituierenden Nationalversammlung Staatsoberhaupt.

3 Dr. Viktor Deutsch, Sektionschef, 1918 bis 1922 Leiter der Sektion für Wasser- und Jagdrechtsgesetzgebung im Ackerbauministerium und sodann Staatsamt für Landwirtschaft bzw. Bundesministerium für Land- und Forstwirtschaft.

4 Ing. Dr. Rudolf Kloss, Oberbergrat, ab November 1916 Abteilungsleiter im Ministerium für öffentliche Arbeiten und ab 1918 im Staatsamt für öffentliche Arbeiten, danach im Staatsamt für Handel und Gewerbe, Industrie und Bauten.

5 Teile des Stenogramms wurden auf dem Konzept einer Tagesordnung niedergeschrieben. Dieses Konzept, das insgesamt 15 Punkte umfasst, stimmt mit dem Inhalt der Reinschrift nicht überein und enthält einige Punkte, die nicht behandelt wurden, darunter etwa „Gesetzesvorlage betr. die dringliche Anforderung von Lebens- und Futtermitteln" (vgl. KRP Nr. 24/3) oder den Punkt „Fachbeirat (Referent Staatssekretär Stöckler)", der nur im Stenogramm Niederschlag fand, sodann aber ebenfalls in der Folgesitzung zur Behandlung gelangte. Vgl. KRP Nr. 24/7.

Beilagen:

- Zu Punkt 3: Bevollmächtigung des Staatssekretärs für Kriegs- und Übergangswirtschaft, betreffend Beschlagnahme von Zisternenwagen für Transporte von Erdöl und Erdölerzeugnissen (½ Seite, mit maschin- und handschriftlichem Konzept).
- Zu Punkt 5: Schreiben an Staatskanzler Renner vom 4. Dezember 1918, betreffend die Bitte, den am 1. Februar 1919 fälligen Anschaffungsbeitrag den staatlichen Arbeitern bereits Ende Dezember 1918 auszuzahlen (1 Seite).
- Zu Punkt 6: Vorschläge des Vertreters des Staatsamtes der Finanzen, erstattet in den Sitzungen des Subkomitees der Gesandtenkonferenz für Staatsbedienstetenangelegenheiten in Wien am 3. und 4. Dezember 1918 (6 Seiten, mit Konzept).
- Zu Punkt 6: Bericht des Unterstaatssekretärs für Finanzen Beck über das Ergebnis der am 2. und 3. Dezember 1918 gepflogenen zwischenstaatlichen Verhandlungen über die Auszahlung der Ruhegenüsse der bis Ende Dezember 1918 in Ruhe versetzten ehemaligen k.k. Staatsangestellten (1 Seite, handschriftlich).
- Zu Punkt 6: Bericht des Unterstaatssekretärs für Finanzen Grimm über das Ergebnisses der zwischen den Vertretern der einzelnen Nationalstaaten gepflogenen Vereinbarungen zur Erzielung einer provisorischen Vereinbarung über die einstweilige Fortzahlung von Ruhe- und Versorgungsgenüssen (½ Seite); unverbindliche Referentenvorschläge (7½ Seiten).
- Zu Punkt 10: Auszug für das Protokoll des Kabinettsrates. Gegenstand: Wasserkraftanlage an der Salzach in Mühlbach der Mitterberger Kupfer-AG., Erklärung als begünstigter Bau im Sinne der Kaiserlichen Verordnung vom 16. Oktober 1914, RGBl. Nr. 284 (1 Seite).

1

Weiterzahlung der Unterhaltsbeiträge an die Familien der Volkswehrmänner

Der Vorsitzende macht von einer nicht unbedenklichen Bewegung Mitteilung, die unter den Mitgliedern der Volkswehr infolge der Herabsetzung der Unterhaltsbeiträge auf die Hälfte beziehungsweise der ab 1. Jänner eintretenden vollständigen Einstellung dieser Unterstützung um sich greife und die von den Kommunisten mit allen Mitteln geschürt werde.

Im Zuge der sich hierüber entwickelten Debatte[6] befürworten die Unterstaatssekretäre Dr. D e u t s c h und G l ö c k e l die Weiterzahlung dieser Beiträge, indem sie darauf hinweisen, dass die Forderung der Volkswehrmänner nach Weiterzahlung insoferne nicht ohneweiters von der Hand gewiesen werden könne, als bei der seinerzeitigen Anwerbung der Volkswehr die Weiterzahlung dieser Unterhaltsbeiträge ausdrücklich zugesagt worden sei. Den Wünschen dieser Leute wäre schon im Interesse des Staates nach Möglichkeit Rechnung zu tragen, zumal hiedurch den Kommunisten ein gefährliches Agitationsmittel entzogen werde.

Staatssekretär Dr. S t e i n w e n d e r und Unterstaatssekretär Dr. von G r i m m weisen unter Bekanntgabe statistischer Materialien auf die nahezu trostlose finanzielle Lage sowie auf die unausweichlichen Beispielsfolgerungen im Falle eines Nachgebens in diesem Belange hin und betonen, dass es unbedingt zu vermeiden wäre, den einmal beschrittenen Weg des Abbaues der Unterhaltsbeitragszahlung zu verlassen. Es wäre ein derartiger Schritt der Öffentlichkeit gegenüber auch deshalb schwer zu begründen, weil es sich bei den Mitgliedern der Volkswehr nicht um mobilisierte Soldaten im Sinne des Unterhaltsbeitragsgesetzes handle.[7]

---

6 Vgl. das Stenogramm.

7 Vgl. RGBl. Nr. 237, Gesetz vom 26. Dezember 1912, betreffend den Unterhaltsbeitrag für Angehörige von Mobilisierten, ausgegeben am 31. Dezember 1912. Gemäß § 1 fand dieses Gesetz Anwendung auf nicht präsenzdienstpflichtige, infolge einer Mobilisierung („Ergänzung auf den Kriegsstand") oder

Staatssekretär H a n u s c h schließt sich der Auffassung der Unterstaatssekretäre Dr. D e u t s c h und G l ö c k e l an, schlägt jedoch zwecks Herabminderung der Kosten die gleichzeitige Reduzierung des Standes der Volkswehr vor. Es wäre ganz unbedenklich, die Volkswehr in Wien von 14.000 auf 10.000 Mann herabzusetzen.

Staatssekretär Dr. K a u p möchte die Weiterzahlung des Unterhaltsbeitrages auf Wien und auf jene Industrieorte, die besonders unter der Teuerung zu leiden haben, beschränkt wissen.

Der Vorsitzende fasst das Ergebnis der Debatte in den Beschlussantrag zusammen, dass vorläufig auf die Dauer von 3 Monaten (bis Ende Februar 1919) an die Familien der Volkswehrmänner in Wien und den Industrieorten, die besonders unter der Teuerung leiden, die Unterhaltsbeiträge ungekürzt zur Auszahlung zu gelangen hätten und dass die Stände der Volkswehr nach Möglichkeit sukzessive abzubauen wären (von 36.000 Mann für Innerösterreich ohne Deutschböhmen und Sudetenland auf 25.000 Mann).

Der Kabinettsrat erhebt diesen Antrag mit allen gegen 2 Stimmen zum Beschluss und stellt weiters über Antrag des Unterstaatssekretärs von G r i m m ausdrücklich fest, dass dieser Beschluss lediglich für die Volkswehr, nicht aber auch für die Gendarmerie und die sonstigen militärischen Sicherheitsorganisationen Geltung habe.[8]

2

Versetzung von Richtern in den dauernden Ruhestand vor dem vollendeten 65. Lebensjahr

Der Vorsitzende teilt mit, dass Staatsrat Dr. O f n e r[9] in den vom Kabinettsrate angenommenen Richtlinien für die vorläufige Behandlung der Staatsbedienstetenfragen[10], wonach Bedienstete, die das 60. Lebensjahr zurückgelegt haben, unverzüglich in den dauernden Ruhestand zu versetzen seien, einen Widerspruch mit dem Grundgesetze über die richterliche Gewalt[11] beziehungsweise mit dem Gesetze vom 22. November 1918, StGBl. Nr. 39[12], erblicke, da in diesen beiden letzteren Gesetzen die Altersgrenze für Richter ausdrücklich mit 65 Jahren festgesetzt sei.[13]

Staatssekretär Dr. R o l l e r und Unterstaatssekretär Dr. von B e c k weisen übereinstimmend darauf hin, dass § 7 des Grundgesetzes über die richterliche Gewalt ausdrücklich die Versetzung eines Richters in den Ruhestand für zulässig erklärt, wenn Veränderungen in der

---

Einberufung des Landsturmes zur aktiven Dienstleistung in der bewaffneten Macht herangezogene österreichische Staatsbürger. Zur Definition der Mobilisierten vgl. weiters auch die Bestimmungen von RGBl. Nr. 238, Verordnung des Ministeriums für Landesverteidigung im Einvernehmen mit den übrigen Zentralstellen vom 28. Dezember 1912 zur Durchführung des Gesetzes vom 26. Dezember 1912, RGBl. Nr. 237, betreffend den Unterhaltsbeitrag für Angehörige von Mobilisierten, ebenfalls ausgegeben am 31. Dezember 1912.

8 Zur Volkswehr vgl. weiters auch KRP Nr. 5/4, Nr. 8/6, Nr. 17/2, Nr. 27/2, Nr. 30/2, Nr. 32/8, Nr. 33/2 und Nr. 34/10, zum Abbau der Volkswehr Nr. 28/8, zu Fragen im Zusammenhang mit Unterhaltsbeiträgen vgl. Nr. 13/10, Nr. 16/1, Nr. 26/6, Nr. 29/3, Nr. 32/8 und Nr. 34/10 und 11.

9 Dr. Julius Ofner, 21. Oktober 1918 bis 16. Februar 1919 Mitglied der Provisorischen Nationalversammlung, Deutschfreiheitliche Vereinigung Wiener Abgeordneter, 30. Oktober 1918 bis 14. März 1919 Mitglied des Staatsrates, 5. November 1918 bis 4. Mai 1919 Mitglied der provisorischen Landesversammlung Niederösterreich.

10 Vgl. KRP Nr. 14/16.

11 StGBl. Nr. 38, Grundgesetz vom 22. November 1918 über die richterliche Gewalt, ausgegeben am 28. November 1918. Vgl. auch KRP Nr. 13/5.

12 StGBl. Nr. 39, Gesetz vom 22. November 1918 über die aus Anlass von Änderungen der Gerichtsverfassung erforderlichen Maßnahmen, ausgegeben am 28. November 1918.

13 § 7 (1), StGBl. Nr. 38/1918, bestimmte: „Die Richter sind spätestens mit Vollendung des 65. Lebensjahres in den Ruhestand zu versetzen."

Organisation der Gerichte es erfordern[14] und dass im § 1 des Gesetzes vom 22. November 1918, StGBl. Nr. 39, die Ermächtigung zur Versetzung richterlicher Beamter in den Ruhestand ohne die im § 7 des Grundgesetzes über die richterliche Gewalt bestimmten Voraussetzungen erteilt ist.[15]

Im Übrigen sei auch in den Richtlinien die Pensionierung der Bediensteten, die das 60. Lebensjahr zurückgelegt und Anspruch auf den vollen Ruhegenuss erworben haben, nur unter der Voraussetzung in Aussicht genommen, „soferne und sobald die dienstlichen Verhältnisse es irgend zulassen."[16]

Der Kabinettsrat gelangt sohin zu der übereinstimmenden Auffassung, dass vorliegendenfalls ein derartiger Widerspruch nicht bestehe[17].

Überdies sei die Möglichkeit gegeben, in besonders berücksichtigungswürdigen Fällen, wenn es der Dienst erfordert, besondere Ausnahmen zu machen.

Der Kabinettsrat fasst schließlich den Beschluss, dass die Entscheidung über solche Ausnahmen beim Staatsratsdirektorium einzuholen sei.[18]

3

Beschlagnahme von Zisternenwagen für Transporte von Erdöl und Erdölerzeugnissen

Staatssekretär Dr. U r b a n ersucht, dem Unterstaatssekretär für Kriegs- und Übergangswirtschaft die Vollmacht zu erteilen, im Einvernehmen mit dem Staatssekretär für Verkehrswesen die geeigneten Vorkehrungen zur ungestörten Aufrechthaltung der Transporte von Erdöl und Erdölerzeugnissen zu treffen und zu diesem Zwecke insbesondere die gegenwärtig auf deutschösterreichischem Gebiete befindlichen, für den Erdölverkehr bestimmten Kesselwagen privater Eigentümer unter Wahrung der Eigentumsrechte und Vorbehalt einer angemessenen Entschädigung für die Benützung zu beschlagnahmen.[19]

Der Kabinettsrat erteilt die erbetene Ermächtigung.[20]

---

14 Der Rest des Absatzes wurde im Konzept handschriftlich ergänzt.

15 § 7 (2), StGBl. Nr. 38/1918, legte fest, in welchen Fällen Richter auch vor der Vollendung des 65. Lebensjahres in den Ruhestand versetzt werden durften, enthielt aber folgende Einschränkung: „Diese Bestimmungen finden jedoch auf Übersetzungen und Versetzungen in den Ruhestand keine Anwendung, die durch Veränderungen in der Verfassung der Gerichte nötig werden. In einem solchen Falle wird durch Gesetz festgestellt, innerhalb welchen Zeitraumes Richter ohne die sonst vorgeschriebenen Förmlichkeiten übersetzt und in den Ruhestand versetzt werden können." § 1, StGBl. Nr. 39/1918, bestimmte wiederum: „Bis zum 31. Dezember 1920 können Richter aus Anlaß der Änderungen der gegenwärtigen Gerichtsverfassung ohne die im § 7 des Grundgesetzes vom 22. November 1918, StGBl. Nr. 38, über die richterliche Gewalt bestimmten Voraussetzungen übersetzt oder in den Ruhestand versetzt werden."

16 Vgl. dazu KRP Nr. 14, Anmerkung 48.

17 Im Konzept ursprünglich: „...nicht vorliege, zumal es sich gegenwärtig um eine Änderung der Gerichtsverfassung im Sinne des obbezogenen Gesetzes handle."

18 Das zwischenstaatsamtliche Komitee zur Behandlung von Staatsangestelltenfragen nahm diese Direktive in seiner 3. Sitzung zur Kenntnis, vgl. AdR, StK, GZl. 45/1919, Zl. 45/50/1919, Verhandlungsschriften 1–25 des zwischenstaatsamtl. Komitees, Verhandlungsschrift Nr. 3 zur Sitzung am 14. Dezember 1918.

19 Beilage zu Punkt 3: Bevollmächtigung des Staatssekretärs für Kriegs- und Übergangswirtschaft (½ Seite). Der Inhalt der Beilage geht über den Protokolltext nicht hinaus.

20 Im Dezember 1914 waren seitens des Kriegsministeriums sämtliche bei den österreichischen und ungarischen Bahnen für den Mineralölverkehr verwendeten Kesselwagen, die im Besitz privater Eigentümer standen, beschlagnahmt worden, um „über den ganzen damals ungefähr 7000 Stück zählenden Park privater Mineralöl-Kesselwagen" frei verfügen zu können. Mitte November 1918 war diese Beschlagnahme aufgehoben worden. Theoretisch sollten die gegenständlichen Kesselwagen in ihre Heimatstationen zurückgesendet werden, was sich aber aufgrund der Tatsache, dass jegliche Übersicht über die

4

Bericht über die Kohlenverhandlungen in Prag

Im Auftrage des dienstlich abwesenden Staatssekretärs für öffentliche Arbeiten berichtet Oberbergrat Dr. K l o s s über die in Prag abgeführten Verhandlungen, betreffend die Belieferung der Stadt Wien und Deutschösterreichs mit Kohle durch den tschechoslowakischen Staat.

Der Kabinettsrat nimmt diese Mitteilungen streng vertraulichen Inhaltes[21] zur Kenntnis.[22]

5

Staatsbedienstetenforderungen

Der Vorsitzende teilt mit, dass die Vertreter der Organisationen der Staatsbediensteten[23] bei ihm erschienen seien und eine Reihe von Forderungen, so insbesondere eine 50 %ige Erhöhung der Teuerungszulage und die Auszahlung des am 1. Februar 1919 fälligen einmaligen Anschaffungsbeitrages noch vor Weihnachten d. J., vorgebracht hätten.[24]

Zahl, Verteilung und Zugehörigkeit der nach dem Krieg noch vorhandenen Kesselwagen fehlte, äußerst schwierig gestaltete. Weiters wurde befürchtet, dass nach Durchführung einer derartigen Maßnahme Deutschösterreich über keine ausreichende Menge an Kesselwagen für den Mineralöltransport mehr verfügen würde. Die hier im Kabinettsrat beschlossene neuerliche Beschlagnahme solcher Wagen unter Wahrung der Eigentumsrechte und mit Vorbehalt einer angemessenen Entschädigung sollte diesem Problem vorbeugen. Vgl. AdR, BMHV, StAKÜ, Zl. 974/IV/1918, Auflassung der Zisternenbeschlagnahme.

21 Das Stenogramm gibt etwas mehr Aufschluss über den Inhalt dieser Mitteilungen.

22 Staatssekretär Zerdik hatte in der 33. Sitzung des Staatsrates angeregt, die Verhandlungen über die Lieferung von Ostrauer Gaskohle wieder aufzunehmen. Vgl. SRP Nr. 33 vom 14. November 1918. Sodann hatten vom 9. bis 11. Dezember neuerliche Verhandlungen in Prag unter Beteiligung von Dr. Josef Kranz stattgefunden, die am 12. Dezember zu einem positiven Abschluss gelangten: „Die bisherigen Lieferungsanteile Deutschösterreichs und Wiens an den Förderungen der im Gebiete der Czecho-slovakischen Republik gelegenen Reviere sind hienach als Verhältniszahlen zu betrachten, nach denen die Belieferungen auch in Zukunft nach Maßgabe der Förderung der einzelnen Reviere erfolgen werden. Für den Bedarf Wiens wurden Spezialbedingungen festgestellt, wobei namentlich auf die für die Gas- und Elektrizitätswerke notwendigen Sorten Rücksicht genommen wurde." Vgl. Volkswirtschaftliche Chronik. Mit Benützung amtlicher Quellen herausgegeben von Dr. Karl Neisser, Jg. 1918, Nr. 12, Dezember 1918, S. 353 „Der Abschluss von Kohlenverhandlungen in Prag". Über den Abschluss der Verhandlungen berichtete das Staatsamt für öffentliche Arbeiten telefonisch, eine knappe Zusammenfassung dieses Telefonats liegt SRP Nr. 58 vom 13. Dezember 1918 als Beilage IX/12 bei. Informationen zum Verhandlungsverlauf und zur diesbezüglichen Rolle des Dr. Josef Kranz finden sich in AdR, StK, GZl. 34/1919. Staatskanzler Renner dankte Kranz in einem Schreiben vom 29. Dezember 1918 persönlich für seine Bemühungen, vgl. unter der genannten Grundzahl Zl. 1.587/1918, Dankschreiben des Herrn Staatskanzlers Dr. Renner an Dr. Josef Kranz anlässlich der Verhandlungen mit der magyarischen und tschecho-slowakischen Regierung bezügl. Lebensmittel- und Kohlenversorgung. Renner kam damit einem Beschluss des Staatsrates nach, der dem ausgehandelten Abkommen zugleich zugestimmt hatte. Vgl. SRP Nr. 59/III a vom 16. Dezember 1918. Ein Entwurf des Vertrages findet sich in AdR, StK, GZl. 1.150/1918. Zu den Bemühungen um tschechische Kohlenlieferungen vgl. weiters KRP Nr. 3/3, Nr. 9/2, Nr. 13/4, Nr. 21/1, Nr. 24/5 und Nr. 34/4, zur Person des Dr. Josef Kranz KRP Nr. 3/4, Nr. 11/4, Nr. 21/1 und Nr. 24/5.
Dr. Josef Kranz, ehemaliger Präsident der Spirituszentrale sowie Präsident und Vorsitzender des Verwaltungsrates der Allgemeinen Depositen-Bank in Wien.

23 Laut Beilage „Vereinigte Staatsarbeiter-Organisationen Österreichs" bzw. „Arbeitsausschuss der vereinigten Staatsarbeiter-Organisationen Österreichs".

24 Beilage zu Punkt 5: Schreiben an Staatskanzler Renner vom 4. Dezember 1918 (1 Seite). In dem Schreiben, das den Inhalt der hier erwähnten Vorsprache nochmals zusammenfasste, wurde u. a. ausgeführt, dass die „Staatsarbeiterschaft" im „Kriege weit mehr als jede andere Arbeitergruppe gelitten" habe und

Unterstaatssekretär Dr. von B e c k anerkennt die schwierige Lage der Staatsbediensteten, erklärt jedoch bei den gegenwärtigen, allgemein bekannten finanziellen Verhältnissen des Staates die Erfüllung dieser in den meisten Punkten viel zu weit gehenden Wünsche als undurchführbar.

Nach einer längeren Debatte[25] beschließt der Kabinettsrat, die Unterstaatssekretäre G l ö c k e l, Dr. von B e c k und M a r c k h l mit der Aufgabe zu betrauen, mit den Vertretern der Staatsbediensteten-Organisationen unverzüglich in Fühlung zu treten[26] und über das Ergebnis dieser Rücksprache dem Kabinettsrate zu berichten.[27]

In diesem Zusammenhange richtet der Vorsitzende an alle Staatssekretäre die dringende Mahnung, alle strittigen und ungeklärten Fragen, mit denen die Geschäftsstelle für die Behandlungen der dringlichsten Staatsbedienstetenangelegenheiten befasst ist, bei letzterer unmittelbar anhängig zu machen und zum Austrage zu bringen, wodurch dem Kabinettsrat die Möglichkeit gegeben wird, ohne ein Eingehen in langwierige Detailberatungen fallweise seine Entscheidungen zu treffen.[28]

6

Beamtenfragen

a) Unterstaatssekretär Dr. von B e c k teilt mit, dass er, gestützt auf die ihm durch den Kabinettsrat seinerzeit erteilte Ermächtigung[29], der Gesandtenkonferenz beziehungsweise dem von dieser bestellten Subkomitee in dessen Sitzungen am 3. und 4. Dezember l. J. – vorbehaltlich der Zustimmung der deutschösterreichischen Regierung – Vorschläge zur Sicherung der Auszahlung der Pensionen vom 1. Jänner 1919 an unterbreitet habe; weitere Vorschläge hätten sich auf die Versetzung der von keinem Nationalstaate übernommenen ehemaligen k.k. Staatsangestellten in den Ruhestand, endlich auf die Liquidierung und Anweisung der Ruhe- und Versorgungsgenüsse der ehemaligen Bediensteten der k.k. österreichischen Staatsbahnen bezogen. (Diese Vorschläge sind ihrem vollen Wortlaute nach in der Beilage

---

noch immer nur „die vor dem Kriege in Kraft getretenen Arbeitslöhne“ erhalte. Die Teuerungszulagen seien zu niedrig bemessen und auch zu spät gewährt worden. Die Staatsbediensteten seien am Ende ihrer Kraft und benötigten dringend Hilfe. Weiters sei es zwar richtig, dass die Staatsbediensteten auch bei vorgezogener Auszahlung des am 1. Februar 1919 fälligen Anschaffungsbeitrages bald wieder in dieselbe Notlage kommen würden, aber dann müssten die am 1. Mai 1919 fälligen Aushilfen eben auch früher ausbezahlt werden, und dann müsse doch eine Besserung der Lage eintreten. Auch sei es unbedingt notwendig, die bisher für die Erlangung des Anschaffungsbeitrages erforderliche Voraussetzung der sechsmonatigen Anwesenheit an der jeweiligen Dienststelle für die aus dem Militärdienst heimkehrenden Staatsbediensteten zu beseitigen, da es doch nicht angehe, diese Gruppe der Staatsbediensteten vom Bezug des Beitrages auszuschließen.

25 Vgl. das Stenogramm.

26 Im Konzept: „unverzüglich Verhandlungen einzuleiten“.

27 Zum Ergebnis dieser Rücksprache vgl. KRP Nr. 24/1.

28 Zur Einsetzung und Zusammensetzung des zwischenstaatsamtlichen Komitees zur Behandlung von Staatsbedienstetenfragen vgl. KRP Nr. 11/2. Unterstaatssekretär Beck verständigte das Komitee in dessen am gleichen Tag abgehaltenen 3. Sitzung davon, dass „gemäß einer vom Staatskanzler in der Kabinettsratssitzung vom 14. Dezember 1918 ausgegebenen Direktive, Einzelfragen, betreffend Staatsbedienstetenangelegenheiten, nicht im Kabinettsrate verhandelt werden, sondern von den Staatssekretären bei der zwischenstaatsamtlichen Geschäftsstelle vorgebracht werden sollen“. Vgl. AdR, StK, GZl. 45/1919, Zl. 45/50/1919, Verhandlungsschriften 1–25 des zwischenstaatsamtl. Komitees, Verhandlungsschrift Nr. 3 zur Sitzung am 14. Dezember 1918.

29 Vermutlich bezog sich Beck auf KRP Nr. 19/1, wo er über die in der Gesandtenkonferenz getroffenen Vereinbarungen berichtet und erwähnt hatte, dass für „die Zeit ab 1. Jänner 1919 […] neue Vereinbarungen getroffen werden“ müssten, „die in einer am 3. Dezember d. J. stattfindenden Subkomiteebesprechung“ erörtert werden sollten.

zu diesem Protokolle enthalten.)[30] Die Vertreter der einzelnen Nationalstaaten hätten diese Anträge behufs Einholung der Schlussfassung ihrer Regierungen entgegengenommen; eine einschlägige Antwort sei bisher noch nicht eingelangt.[31]

Der Kabinettsrat nimmt diese Mitteilungen genehmigend zur Kenntnis.

b) Unterstaatssekretär Dr. von G r i m m berichtet über das Ergebnis der zwischen den Vertretern der einzelnen Nationalstaaten gepflogenen Vereinbarungen zur Erzielung einer provisorischen Vereinbarung über die einstweilige Fortzahlung von solchen Ruhe- und Versorgungsgenüssen, die auf einem Dienstverhältnisse zu der früheren gesamten bewaffneten Macht, zu den früheren k. und k. Zivil-Zentralstellen oder zu der früheren Kabinettskanzlei beruhen; er fügt bei, dass speziell hinsichtlich der Frage des Schlüssels, der für Deutschösterreich ein günstiger wäre, eine definitive Zusage der Vertreter der Nationalstaaten noch nicht erlangt werden konnte.[32]

Diese Vereinbarungen lauten:

„Vom 1. Jänner 1919 an hat hinsichtlich derjenigen Ruhe- und Versorgungsgenüsse, die auf einem Dienstverhältnisse zu der früheren gesamten bewaffneten Macht, zu den früheren k.u.k. Zivilzentralstellen oder zu der früheren Kabinettskanzlei beruhen, bis auf weiteres folgende provisorische Vereinbarung zu gelten, durch welche der ehestens zustande zu bringenden definitiven Vereinbarung über Anweisung, Auszahlung und Aufteilung dieser Ruhe- und Versorgungsgenüsse in keiner Weise vorgegriffen werden soll:

---

30 Beilage zu Punkt 6: Vorschläge des Vertreters des Staatsamtes der Finanzen (6 Seiten). Hinsichtlich der Ruhe- und Versorgungsgenüsse jener ehemals österreichischen Zivilstaatsbediensteten, die bis Ende Dezember 1918 in den Ruhestand versetzt werden sollten oder bereits versetzt worden waren, wurde in der Beilage ausgeführt, dass die Finanzlandesbehörden der einzelnen Nationalstaaten weiter wie bisher für die Verwaltung dieser Ruhegenüsse aufkommen sollten. Dem Staat Deutschösterreich jedoch sollten die Nationalstaaten – im Hinblick „auf besondere technische Verhältnisse“ bei der Anweisung von Ruhegenüssen „und den Sitz der ehemals österr. Zentralbehörden im d.ö. Staatsgebiete“ – Beiträge zur Auszahlung zur Verfügung stellen, wobei der höchste Beitrag mit jährlich 8,9 Millionen Kronen auf die Tschechoslowakei entfiel, der geringste mit 0,7 Millionen auf die Bukowina. Die Gesamtsumme der Beiträge belief sich auf 18 Millionen. Diese vorläufige Regelung sollte ab 1. Jänner 1919 bis zu einer endgültigen Vereinbarung über die Aufteilung der Ruhegenüsse gelten. Hinsichtlich der Ruhegenüsse jener Staatsbediensteten, die bei einer ehemaligen österreichischen Zentralbehörde „mit einem das ganze ehemals österreichische Staatsgebiet umfassenden Wirkungskreis“ beschäftigt gewesen waren, werde eine besondere Vereinbarung getroffen werden müssen. Eine Beitragsleistung sollten die Nationalstaaten sodann auch zur Deckung der Ruhegenüsse der ehemaligen Bediensteten der k.k. Staatsbahnen leisten. Der dafür nötige monatliche Aufwand wurde mit 6,8 Millionen Kronen beziffert, wobei der höchste Beitrag mit monatlich 2,8 Millionen abermals auf die Tschechoslowakei entfiel, gefolgt von Deutschösterreich mit 2,4 Millionen. Mit Wirksamkeit vom 1. Jänner 1919 oder einem späteren Zeitpunkt neu zuerkannte Ruhegenüsse sollten von den einzelnen Nationalstaaten selbständig angewiesen werden.

31 Beilage zu Punkt 6: Bericht des Unterstaatssekretärs für Finanzen Beck (1 Seite). Der Inhalt der Beilage geht über die in diesem Absatz der Reinschrift enthaltenen Informationen nicht wesentlich hinaus.

32 Beilage zu Punkt 6: Bericht des Unterstaatssekretärs für Finanzen Grimm (½ Seite); unverbindliche Referentenvorschläge (7½ Seiten). Der einleitende kurze Bericht geht über das hier im Protokolltext Festgehaltene nicht hinaus. Die „Referentenvorschläge“ enthalten sodann die im Protokolltext in Folge wiedergegebenen Vereinbarungen, gefolgt von zwei weiteren umfangreichen Abschnitten, die jedoch handschriftlich gestrichen wurden. Der erste dieser Abschnitte sah die Ruhestandsversetzung eines Großteils der Bediensteten der liquidierenden Zentralstellen bis Ende Dezember 1918 vor und enthält umfangreiche Sonderbestimmungen für die Behandlung der „Gagisten der gewesenen bewaffneten Macht (einschließlich Gendarmerie)“. Der zweite Abschnitt sollte alle beteiligten Staaten verpflichten, für eine „loyale Durchführung“ der festgelegten Vereinbarungen Sorge zu tragen. Weiters enthält dieser Abschnitt Bestimmungen über die Kündigung der gegenständlichen Vereinbarungen. So heißt es dort u. a.: „Durch die Kündigung auch nur eines Staates werden sie für alle Staaten hinfällig.“

1. Hinsichtlich der Anweisung und Auszahlung der bereits zur Gebühr erwachsenen oder weiterhin zu Gebühr erwachsenden Ruhe- und Versorgungsgenüsse ist der bisherige Vorgang zu beobachten, soweit sie sich innerhalb des Rahmens halten, der durch die am 31. Oktober 1918 in Kraft gestandenen Normen gegeben ist.

Vorausgezahlte Personalgebühren, sowie über Gebühr erhaltene Zahlungen sind abzurechnen; vor ihrer gänzlichen Hereinbringung darf kein Ruhegenuss ausgezahlt werden. Für die im Abzugswege einzubringenden Vorschüsse, Ersätze, Verbote und Rücklässe gelten die bisherigen Bestimmungen.

2. Die Ruhe- und Versorgungsgenüsse werden – mit der unter Punkt 1) bezeichneten Einschränkung und gegen seinerzeitige Verrechnung nach Maßgabe der noch zu treffenden endgültigen Vereinbarung über ihre Aufteilung – aus Mitteln bestritten, welche alle auf dem Gebiete der früheren österreichisch-ungarischen Monarchie entstandenen Nationalstaaten gemeinschaftlich zur Verfügung zu stellen haben.

Genüsse, welche über den Rahmen der am 31. Oktober 1918 in Kraft gestandenen Normen durch besondere Verfügungen der Nationalstaaten gewährt werden, sind hinsichtlich des Mehrbetrages von dem betreffenden Nationalstaate unmittelbar zu bestreiten.

3. Der gemäß Punkt 2) gemeinschaftlich aufzubringende monatliche Aufwand wird auf Grund der vorgelegten Aufstellung bis auf weiteres mit 20.28 Millionen Kronen festgestellt.

Der Beitrag des ungarischen Staates zu diesem Aufwande beträgt monatlich 7.77 Millionen Kronen.

Zu dem auf Österreich entfallenden Aufwandanteil monatlicher 12.51 Millionen Kronen haben – falls die erforderlichen Mittel nicht durch besondere gemeinschaftliche Kreditoperationen beschafft werden – monatlich beizutragen:

	Millionen Kronen
der tschechoslowakische Staat	3.10
" südslawische Staat	1.32
" polnische Staat	2.35
" ukrainische Staat	1.79
" deutschösterr. Staat	3.95

4. Die in Punkt 3) angeführten Beiträge sind immer bis spätestens 15. des Vormonates durch Überweisung im Bank- oder Postsparkassenverkehr an die Staatszentralkasse in Wien zugunsten des deutschösterreichischen Staates zu leisten, dem sodann die Veranlassung des weiter Erforderlichen obliegt.

Für das erstemal, das ist pro Jänner 1919, sind jedoch diese Beiträge im doppelten Ausmaße und zwar spätestens bis zum 20. Dezember 1918 zu leisten.

Der ungarische Staat wird von dem für den Monat Februar 1919 bestimmten Beitrage und von den weiters folgenden Beiträgen die Summe derjenigen Ruhe- und Versorgungsgenüsse, die im jeweiligen Vormonate unmittelbar bei ungarischen Kassen zur Auszahlung gelangten, unter dokumentarischer Nachweisung dieser Auszahlungen in Abzug bringen.

Versäumung dieser Frist zieht die Folge nach sich, dass die Auszahlung der Ruhe- und Versorgungsgenüsse an die Angehörigen des säumigen Staates bis auf Weiteres sofort unterbrochen wird.

5. Die Auseinandersetzung mit den Königreichen Italien und Rumänien wegen verhältnismäßiger Mitbeteiligung an der Aufbringung des Aufwandes für die Ruhe- und Versorgungsgenüsse bleibt vorbehalten".

Der Kabinettsrat nimmt diese Mitteilungen zur Kenntnis.[33]

---

33 Vgl. dazu auch die diesbezüglichen Ausführungen in der 4. Gesandtenkonferenz am 6. Dezember 1918: AdR, StK, GZl. 157/1919, Zl. 1.253/1918, Protokoll über die am 6. Dezember 1918 im Deutschösterreichischen Staatsamt für Äußeres abgehaltene vierte Gesandten-Konferenz, S. 4–11. Die Frage

c) Staatssekretär J u k e l teilt mit, er vertrete den Standpunkt, dass die Vollzugsanweisung des Staatsrates, betreffend die begünstigte Kriegszeitanrechnung[34], schon bei der Durchführung der bevorstehenden Jännerbeförderung zu berücksichtigen sei, wohingegen der im Staatsamte für Verkehrswesen tätige Beirat die Auffassung teile, dass die Vollzugsanweisung des Staatsrates wohl für die Staatsbediensteten im allgemeinen zu Recht bestehe, dass aber die Durchführungsvorschrift für das Eisenbahnpersonal, welche vom Staatsamte für Verkehrswesen auszuarbeiten sei, auf einschlägige Abänderungsanträge des Beirates Rücksicht zu nehmen habe, weshalb mit Rücksicht auf die Kürze der Zeit das Jänneravancement auf Grund der alten Normen durchzuführen sei und die D u r c h f ü h r u n g s v e r o r d n u n g für die begünstigte Kriegszeitanrechnung unter Rücksichtnahme auf die Anträge des Beirates in einem späteren Zeitpunkte zu erlassen sein werde.

Der Kabinettsrat gibt nach gegenständlichen Ausführungen des Unterstaatssekretärs Dr. von B e c k seiner Anschauung dahin Ausdruck, dass die bezügliche Vollzugsanweisung des Staatsrates im Staatsgesetzblatte bereits kundgemacht worden sei und dass infolgedessen auch deren Durchführung durch die einzelnen Staatsämter ohne Verzug platzzugreifen habe.

7

Frage der Übernahme des von der früheren Heeresverwaltung bei der Waffenfabrik in Steyr bestellten Kriegsmateriales

Unterstaatssekretär R i e d l teilt mit, dass ihm von der Direktion der Waffenfabriks-AG. in Steyr[35] ein Telegramm zugekommen sei, worin um eine autoritative Erklärung darüber ersucht wird, ob der deutschösterreichische Staat bereit sei, die vom früheren Kriegsministe-

---

der Fortzahlung von Ruhe- und Versorgungsgenüssen wurde in der 6. und besonders umfangreich in der 7. Gesandtenkonferenz weiterdiskutiert, vgl. unter der genannten Grundzahl Zl. 1.518/1918, Niederschrift über die am 17. Dezember 1918 im Deutschösterreichischen Staatsamt für Äußeres abgehaltene sechste Gesandten-Konferenz, S. 1–4; Zl. 157/1/1919, Niederschrift über die am 17. Jänner 1919 im Deutschösterreichischen Staatsamt für Äußeres abgehaltene siebente Gesandten-Konferenz, S. 6–21. Zu den Gesandtenkonferenz vgl. weiters auch KRP Nr. 11/1, Nr. 19/1, Nr. 21/4, Nr. 26/6, Nr. 28/3, Nr. 29/5 a und Nr. 32/6. Zur grundsätzlichen Behandlung von Beamtenfragen vgl. weiters KRP Nr. 11/2, Nr. 14/6, Nr. 19/1, Nr. 29/5 und Nr. 34/13, zur Erörterung weiterer, im Zusammenhang mit sowohl „deutschen" als auch „nichtdeutschen" Beamten stehenden Fragen vgl. KRP Nr. 4/1, Nr. 7/12 und 14, Nr. 18/8, Nr. 19/4, Nr. 21/2, Nr. 22/2, Nr. 26/8 und 9 sowie Nr. 33/6. Ein Übereinkommen zur Regelung der Ruhegenüsse wurde 1922 in Rom abgeschlossen und im Oktober 1923 ratifiziert, vgl. BGBl. Nr. 170, Übereinkommen zwischen Österreich, Italien, Polen, Rumänien, dem Königreiche der Serben, Kroaten und Slowenen und der Tschecho-Slowakei, betreffend die von der ehemaligen österreichischen Regierung zuerkannten Pensionen, ausgegeben am 4. Juni 1924. Damit im Zusammenhang vgl. weiters BGBl. Nr. 157, Übereinkommen zwischen Österreich, Italien, Polen, Rumänien, dem Königreich der Serben, Kroaten und Slowenen und der Tschechoslowakei, betreffend die Regelung verschiedener durch das römische Übereinkommen vom 6. April 1922 nicht geregelten Kategorien von Pensionen, sowie BGBl. Nr. 158, Übereinkommen zwischen Österreich, Italien, Polen, Rumänien, dem Königreiche der Serben, Kroaten und Slowenen und der Tschechoslowakei, betreffend die Regelung der Pensionen der Länder, Gemeinden und Bezirke, beide ausgegeben am 7. Juni 1930. Umfangreiches Aktenmaterial dazu findet sich in AdR, BMF, Departement 17/Frieden, Karton 146, Faszikel 90, Konferenz der Sukzessionsstaaten zur Regelung der offenen Pensionsfragen.

34 StGBl. Nr. 68, Vollzugsanweisung des Deutschösterreichischen Staatsamtes der Finanzen vom 28. November 1918, betreffend die begünstigte Anrechnung der Dienstzeit während des Krieges für die Vorrückung der deutschösterreichischen Zivilstaatsbediensteten in höhere Bezüge, ausgegeben am 30. November 1918; SRP Nr. 28 vom 9. November 1918.

35 Zur Geschichte der Österreichischen Waffenfabriks-Gesellschaft (ab 1926 Steyr-Werke AG., ab 1934 sodann Steyr-Daimler-Puch AG.) vgl. Compass 1922. Band 1: Deutschösterreich/Österreich-Ungarn (Liquidation), Wien 1922, S. 661–664; Compass 1937. Österreich/Österreich-Ungarn (Liquidation), Wien 1937, S. 714–718; Franz Mathis, Big Business in Österreich. Österreichische Großunternehmen in Kurzdarstellungen, Wien 1987, S. 294–300.

rium in Bestellung gegebenen und bereits in Ausarbeitung begriffenen Handfeuerwaffen (Gewehre, Karabiner, Pistolen) und Maschinengewehre zu übernehmen. Zur Begründung ihres Ansuchens weist die Gesellschaft darauf hin, dass sie noch eine Forderung von 41 Millionen Kronen an die Heeresverwaltung habe und im Falle der Ablehnung ihrer nunmehrigen Bitte genötigt wäre, mit der sofortigen Einstellung ihres Betriebes vorzugehen, wodurch 5000 Arbeiter brotlos würden und der geplante, auch im staatlichen Interesse gelegene Übergang auf den serienweisen Bau von Automobilen nach amerikanischem Muster unmöglich wäre.

Nach einer längeren Wechselrede, an der sich die Staatssekretäre Mayer, Dr. Roller und Dr. Steinwender, sowie die Unterstaatssekretäre Dr. von Grimm und Marckhl beteiligten[36], fasste der Kabinettsrat den Beschluss, die Angelegenheit mit Rücksicht auf ihren politischen Charakter dem Staatsrate in seiner montägigen Sitzung zur Entscheidung vorzulegen. Das Staatsamt für Heerwesen wurde beauftragt, in diesem Sinne die genannte Gesellschaft zu verständigen.[37]

8

Festsetzung des Programmes für die nächste Besprechung mit den Landeshauptmännern

Nach einer über diesen Punkt abgeführten längeren Debatte, an welcher sich außer dem Vorsitzenden Staatssekretär Dr. Loewenfeld-Ruß und Unterstaatssekretär Riedl beteiligten[38], beschließt der Kabinettsrat alle Staatssekretäre einzuladen, bei der Staatskanzlei im schriftlichen Wege alle jene Angelegenheiten binnen 3 Tagen zur Anmeldung zu bringen, die sie bei der nächsten Besprechung[39] mit den Landeshauptmännern zur Beratung zu stellen wünschen.

In Anbetracht der Tatsache, dass die Landesregierungen gegenüber mehreren Staatsämtern noch immer ein passives, ja vielfach unbotmäßiges Verhalten beobachten, behält sich der Kabinettsrat in diesen Belangen eine motivierte Vorstellung an den Staatsrat vor, worin dieser zu bitten sein wird, derartigen Übergriffen der Landesregierungen zu steuern und dadurch der völligen Auflösung der staatlichen Verwaltung vorzubeugen. Die Herren Staatssekretäre werden daher weiters noch eingeladen, alle jene Fälle, in welchen die Landesbehörden Weisungen der Staatsämter nicht entsprochen haben bezw. deren Anordnungen geradezu zuwidergehandelt haben, schriftlich niederzulegen und die bezüglichen Verzeichnisse dem Herrn Staatssekretär Dr. Urban zu übermitteln, der ersucht wird, diese Darstellungen in einen Bericht zusammenzufassen, welcher dem Staatsrate zur entsprechenden weiteren Verfügung zu unterbreiten sein wird. Da diese Ausarbeitung dem Staatsrat längstens innerhalb

---

36 Vgl. das Stenogramm.

37 Vgl. SRP Nr. 59/III c vom 16. Dezember 1918, wo die Angelegenheit vertagt und die Entsendung einer Prüfungskommission beschlossen wurde, die sich vor Ort ein Bild von der Situation bei der Österreichischen Waffenfabriks-Gesellschaft machen sollte. Über das Ergebnis dieser Prüfung wurde in SRP Nr. 62 vom 8. Jänner 1919 berichtet, wo Staatssekretär Urban ausführte: „Da eine große Anzahl von Waffen in Arbeit stehen und der Übergang in die Automobilfabrikation noch nicht über die Vorstadien gediehen sei, so müßten 3.500 Arbeiter entlassen werden, was bei Annahme einer 6monatlichen Dauer der Überführung des Kriegsbetriebes in den Friedensbetrieb allein an Arbeitslosenunterstützung 4 Millionen Kronen erfordern würde, ganz abgesehen von den dadurch hervorgerufenen sozialen Gefahren." Aus diesen Gründen habe die Kommission ein Übereinkommen getroffen, „der Fabrik die Waffenausfuhr zu gestatten und für den Fall der Unanbringlichkeit der erzeugten Waffen solche im Werte von 9,4 Millionen Kronen für das Heeresamt zu übernehmen, da es dann möglich sei, die Fabrik noch ein halbes Jahr im Kriegsbetriebe aufrecht zu erhalten." Der Staatsrat stimmte diesem Übereinkommen mit der Einschränkung zu, dass „bis auf weiteres für jede Waffenausfuhr eine Bewilligung des Staatsrates einzuholen ist". Zur Frage noch laufender Heereslieferungsverträge vgl. auch KRP Nr. 27/5.

38 Vgl. das Stenogramm.

39 Vgl. KRP Nr. 28.

8 Tagen vorgelegt werden muss, wäre mit der Verfassung dieser Verzeichnisse ohne Verzug vorzugehen und deren Übermittlung an Staatssekretär Dr. U r b a n längstens bis 18. Dezember zu veranlassen.[40]

9

Lebensmitteleinkäufe in Westungarn

Staatssekretär Dr. L o e w e n f e l d - R u ß bringt diese Angelegenheit angesichts des ihm diesfalls zugekommenen Einspruches des Staatsamtes für Finanzen zur Kenntnis des Kabinetts und erbittet sich eine Weisung, wie das Staatsamt für Volksernährung im Gegenstande weiter vorzugehen hätte. Nach einer hierüber abgeführten Debatte[41] wird Staatssekretär Dr. L o e - w e n f e l d - R u ß eingeladen, im Staatsrate einen Antrag einzubringen,[42] demzufolge dieser eine Spezialkommission zu bestellen hätte, welche unter Zuziehung der Staatssekretäre für Finanzen und für Volksernährung über die Frage der Überleitung der außerordentlich hohen Kriegspreise auf die Friedenspreise sowie der weiteren Gewährung von finanziellen Zuschüssen durch den Staat zu beraten haben wird.[43]

10

Wasserkraftanlage der Mitterberger Kupfer AG.; Erklärung als begünstigter Bau

Namens des abwesenden Staatssekretärs für Landwirtschaft beantragt Sektionschef des Staatsamtes für Landwirtschaft Dr. D e u t s c h, die Wasserkraftanlage an der Salzach in Mühlbach der Mitterberger Kupfer AG.[44] gemäß § 1 der noch in Geltung stehenden kaiserlichen Verordnung vom 16. Oktober 1914, RGBl. Nr. 284[45], als begünstigten Bau zu erklären.[46]

---

40 In den Sitzungen des Staatsrates wurde kein entsprechender Bericht behandelt. Exemplare der hier beschlossenen Verzeichnisse, in denen die einzelnen Staatsämter diverse Eigenmächtigkeiten der Landesbehörden auflisteten, finden sich etwa in AdR, StAH, Präsidium, Zl. 523/1918, Kabinettsratsbeschluss, betreffend die mit den Landeshauptleuten zu besprechenden Angelegenheiten und Fälle von Eigenmächtigkeiten der Landesregierungen. Die „Klagen über Unstimmigkeiten und mangelnde Folgeleistung der unteren Organe" wurden von Staatskanzler Renner sodann einleitend in der 2. Länderkonferenz erörtert, vgl. KRP Nr. 28 vor Eingang in die Tagesordnung, zum Thema weiters auch Abschnitt V der Historischen Einführung.

41 Vgl. das Stenogramm.

42 Ab hier lautete der Satz im Konzept ursprünglich so: „...wonach eine spezielle Kommission des Staatsrates zu bestellen wäre, welche unter Zuziehung der Staatssekretäre für Finanzen und für Volksernährung über die Überleitung der Kriegswirtschaft auf die Friedenswirtschaft in der Preisbildung der Lebensmittel und in staatsfinanzieller Hinsicht zu beraten hätte."

43 Vgl. SRP Nr. 60/III vom 20. Dezember 1918.

44 Die Mitterberger Kupfer-AG. war 1908 unter Beteiligung der Creditanstalt-Wiener Bankverein gegründet worden. Der Kupferbergbau wurde 1931 eingestellt, das Werk trat 1934 in Liquidation. Vgl. Compass 1937. Österreich/Österreich-Ungarn (Liquidation), S. 663 f.

45 RGBl. Nr. 284, Kaiserliche Verordnung vom 16. Oktober 1914, betreffend Ausnahmsbestimmungen für begünstigte Bauten während der Dauer der durch den Krieg hervorgerufenen außerordentlichen Verhältnisse, ausgegeben am 17. Oktober 1914. § 1 bestimmte: „Die Regierung kann Bauten und Betriebsanlagen aller Art (Hoch-, Straßen-, Wasser-, Eisenbahnbauten u. dgl.), welche öffentlichen oder gemeinnützigen Zwecken zu dienen bestimmt sind und deren Durchführung unter den durch den Krieg hervorgerufenen außerordentlichen Verhältnissen im öffentlichen Interesse dringlich ist, als begünstige Bauten erklären." Die Abgabe dieser Erklärung hatte für die am jeweiligen Projekt Interessierten große Vorteile, räumte sie doch sogar das Recht zur Vornahme von Enteignungen ein (§ 3), gegen die betroffenen Parteien keine Einwendungen gestattet waren, es bestand lediglich ein Anspruch auf Entschädigung (§ 4). Diesbezüglich hatte die Landesbehörde, in deren Gebiet der Bau durchgeführt werden sollte, ein Enteignungsverfahren durchzuführen und die Entschädigungsansprüche festzustellen. Eine Berufung gegen die diesbezüglichen Erkenntnisse war nicht möglich (§ 4 und 5).

46 Beilage zu Punkt 10: Auszug für das Protokoll des Kabinettsrates (1 Seite). Die Mitterberger Kupfer-AG., so wurde ausgeführt, sehe sich gezwungen, die zur Aufrechterhaltung des Bergbaubetriebes

Der Kabinettsrat erteilt auf Grund der bezüglichen Aufklärungen durch den Referenten und im Hinblicke darauf, dass die Staatsämter für öffentliche Arbeiten und für Verkehrswesen dem Antrage bereits im kurzen Wege zugestimmt haben, die erbetene Bewilligung.

11
Bildung eines Arbeitsausschusses für die Übergangswirtschaft in den deutschösterreichischen Staatsforsten

Der Kabinettsrat beschließt, dass die der Staatskanzlei zugekommene, diesen Gegenstand betreffende Eingabe[47] dem Staatsamte für Landwirtschaft zur zuständigen Behandlung abzutreten ist.[48]

12
Gesetz, betreffend Jagdrecht auf Staatsgütern

13
Gesetz über die Aufhebung und Ablösung der Jagdrechte auf fremdem Grund und Boden

ad 12 und 13. Nach den einschlägigen Mitteilungen des Sektionschefs im Staatsamte für Landwirtschaft Dr. Deutsch ermächtigt der Kabinettsrat den Staatssekretär für Landwirtschaft zur Vorlage dieser beiden Gesetzentwürfe an den Staatsrat.[49]

14
Errichtung einer Darlehenskassa für die Übergangswirtschaft

Der Vorsitzende legt dar, dass der Zustand der Arbeitslosigkeit sich in bedrohlicher Weise täglich verschärfe;[50] mit Rücksicht darauf, dass es dem liquidierenden Kriegsministerium in nächster Zeit wahrscheinlich nicht möglich sein dürfte, die schuldigen Beträge auszuzahlen, fehle es zudem den Unternehmungen auch noch an Mitteln, um die industrielle Produktion wieder in Gang zu bringen.

Um diesem Übel zu begegnen, würde es sich seiner Auffassung nach empfehlen, an die Errichtung einer Darlehenskasse für die Übergangswirtschaft zu schreiten, die, analog wie die seinerzeitige Kriegsdarlehenskassa[51] eingerichtet, durch Vorschüsse auf die künftige Friedens-

---

in Mühlbach und der Kupferhütte in Außerfelden nötige Energie mittels Wasserkraft zu erzeugen. Da diese Betriebe imstande seien, „dem durch den Krieg hervorgerufenen empfindlichen Mangel an Kupfer durch inländische Erzeugung abzuhelfen", liege öffentliches Interesse vor. Die Herstellung einer entsprechenden hydroelektrischen Anlage erscheine überdies dringlich, „da die Aufrechterhaltung der Betriebe infolge des Kohlenmangels auf die Dauer nicht gewährleistet werden kann". Vgl. ähnlich KRP Nr. 29/9.

47 Die Eingabe liegt dem Protokoll nicht bei.

48 Ein derartiger Ausschuss scheint nicht gebildet worden zu sein. In den relevanten Aktenbeständen des AdR finden sich keine entsprechenden Hinweise.

49 Vgl. SRP Nr. 60/III vom 20. Dezember 1918; StGBl. Nr. 43, Gesetz vom 25. Jänner 1919, betreffend das Jagdrecht auf Staatsgütern und vom Staate verwalteten Fondsgütern, ausgegeben am 30. Jänner 1919; StGBl. Nr. 520, Gesetz vom 30. Oktober 1919, betreffend Gebührenbegünstigungen aus Anlass der Aufhebung und Ablösung der Jagdrechte auf fremdem Grund und Boden, ausgegeben am 14. November 1919.

50 Im Jahr 1919 wurden insgesamt 355.000 Arbeitslose gezählt. Schon im Folgejahr sank diese Zahl auf 79.000, im Jahr 1921 fiel sie weiter auf 28.000, um dann im Laufe der Ersten Republik (mit Schwankungen) wieder stetig anzusteigen (Höchststand 1933 mit 557.000). Vgl. Dieter Stiefel, Arbeitslosigkeit: Soziale, politische und wirtschaftliche Auswirkungen am Beispiel Österreichs 1918–1938 (= Schriften zur Wirtschafts- und Sozialgeschichte 31), Berlin 1979, S. 29. Zu sozialpolitischen Maßnahmen gegen die Arbeitslosigkeit vgl. auch KRP Nr. 3/6.

51 Die Kriegsdarlehenskasse mit Hauptsitz in Wien war durch RGBl. Nr. 248, Kaiserliche Verordnung vom 19. September 1914, betreffend die Errichtung einer Kriegsdarlehenskasse, ausgegeben

produktion im Wege von Kassenscheinen[52], den Unternehmungen die sofortige Wiederaufnahme der Produktion ermöglichen sollte.

Er habe bereits der Staatskanzlei den Auftrag erteilt, diese Frage im Einvernehmen mit dem Staatsamte für Finanzen einem eingehenden Studium zu unterziehen.

Der Kabinettsrat nimmt diese Mitteilungen zustimmend zur Kenntnis.[53]

15

Ausbau der Wasserkräfte zur Gewinnung elektrischer Energie

Des Weiteren lenkt der Vorsitzende die Aufmerksamkeit des Kabinettsrates auf die überaus wichtige, durch die gegenwärtige Kohlennot besonders in den Vordergrund gerückte Frage der Ausnützung der Wasserkräfte zur Gewinnung elektrischer Energie.

Bei Lösung dieses Problems komme der Regierung insbesondere der Umstand zu Hilfe, dass die von der früheren Heeresverwaltung dem Projekte der Elektrifizierung der Staatsbahnen stets entgegengesetzten Hindernisse nunmehr entfallen seien. Weiters müsse bei Verfolgung dieses Gedankens auch dahin gestrebt werden, die vielfachen Kompetenzkonflikte zwischen den einzelnen Ressorts in diesen Fragen aus der Welt zu schaffen. Zu diesem Behufe schwebe dem Redner die Ausscheidung aller auf die Elektrizitätswirtschaft bezüglichen Agenden aus den verschiedenen Staatsämtern und deren Vereinigung in ein Elektrizitäts-Wirtschaftsamt vor. Dieses hätte sofort alle bereits vorliegenden Studien an sich zu ziehen, die Projekte zu prüfen, die reifen Vorschläge zu konzessionieren und noch während des Winters die Vorarbeiten soweit zu fördern, dass mit dem beginnenden Frühjahr die Arbeiten im Terrain in Angriff genommen werden könnten.

Der Staatskanzler ladet sohin die Staatsämter für öffentliche Arbeiten, für Landwirtschaft, für Verkehrswesen und für Handel ein, die Vorbereitungen ungesäumt zu treffen, damit bereits in der kommenden Woche in einer gemeinsamen Sitzung in die Verhandlung des Gegenstandes eingetreten werden könne.[54]

Der Kabinettsrat stimmt diesen Anregungen zu.[55]

---

am 20. September 1914, geschaffen worden. § 1 definierte ihre Aufgabe: „Um die Befriedigung der durch den Kriegszustand bedingten vermehrten Kreditbedürfnisse insbesondere der Handels- und Gewerbetreibenden zu erleichtern, wird eine Kriegsdarlehenskasse errichtet, deren Betrieb für Rechnung des Staates geführt wird und welche die Bestimmung hat, gegen Sicherheit Darlehen zu geben." Ihre Verwaltung wurde der Österreichisch-ungarischen Bank unter Aufsicht des Finanzministers übertragen (§ 2). Zur Liquidation der Kriegsdarlehenskasse vgl. BGBl. Nr. 365, Bundesgesetz vom 22. Dezember 1932 über die Auflösung der Kriegsdarlehenskasse, ferner über die Einziehung gewisser aus der Kriegsdarlehenskasse und aus der Liquidation der Oesterreichisch-ungarischen Bank stammender Pfänder und Depots, ausgegeben am 31. Dezember 1932. Zur Gebarung der Kriegsdarlehenskasse mit Stichtag 21. Dezember 1918 vgl. Volkswirtschaftliche Chronik, Jg. 1919, Nr. 1, Jänner 1919, S. 5 „Kriegsdarlehenskasse". Aktenmaterial zur Kriegsdarlehenskasse findet sich im Bestand FHKA, Sonderbestände, Sammlungen und Selekte, Kriegsdarlehenskassa 1914–1924.

52 Vgl. RGBl. Nr. 248/1914, § 3.

53 Zur Errichtung einer deutschösterreichischen Darlehenskasse kam es nicht. Informationen dazu finden sich in FHKA, k.k. Finanzministerium, Allgemeine Abteilungen, StAF, Zl. 1.865/1918, Frage der Errichtung und des Geschäftsbereiches einer deutschösterreichischen Darlehenskasse. Neben diversen eher abschlägigen Äußerungen zum Thema, so etwa seitens der Finanzprokuratur, enthält der Akt auch den Entwurf eines nicht verwirklichten Gesetzes, mit dem die bestehende Kriegsdarlehenskasse aufgelöst und durch die geplante Neugründung ersetzt werden sollte. Zur Schaffung eines Darlehenskassengesetzes vgl. auch KRP Nr. 24, Anmerkung 52.

54 Umfangreiche Informationen zum Thema finden sich in AdR, StAVW, Präsidium, Zl. 376/1918, betreffend Vereinigung der Agenden über die Elektrizitätswirtschaft im Staatsamte für Verkehrswesen.

55 Die folgenden Ausführungen bis zum Ende dieses Punktes sind in der Reinschrift nicht enthalten. Sie finden sich, abgesehen von den zugehörigen Ausführungen im Stenogramm, nur im streng geheimen Nachtrag zu diesem Protokoll und wurden vom Bearbeiter in den Protokolltext eingefügt.

Im Zuge seiner gegenständlichen Ausführungen legt der Vorsitzende noch dar, die tunlichste Raschheit der Durchführung der von ihm skizzierten Aktion sei auch im Hinblicke darauf unerlässlich, dass bei den Friedensverhandlungen mit der Möglichkeit der Internationalisierung der Donau gerechnet werden müsse.

Damit würden die späterhin erforderlichen Konzessionierungen der von Deutsch-Österreich beabsichtigten, wirtschaftlich überaus wichtigen Werke an der Donau dem bestimmenden Einflusse der deutschösterreichischen Regierung voraussichtlich entzogen werden.

Die bezüglichen Projekte müssten daher noch v o r den Friedensverhandlungen staatlich genehmigt sein.

Eine weitere Voraussetzung für eine gedeihliche Durchführung dieser Aktion erblicke Redner auch darin, dass die Bankwelt für die einschlägigen Projekte interessiert werde; hiebei müsse allerdings mit besonderer Vorsicht vorgegangen werden, um zu verhindern, dass der Staat nicht, wie dies gewöhnlich geschehe, die Führung verliere und den kapitalistischen Tendenzen einzelner Unternehmungen vollständig unterworfen werde.[56]

Schluss der Sitzung ¾ 9h abends.

[56] Zur Einrichtung des Wasserkraft- und Elektrizitätswirtschaftsamtes (WEWA) vgl. auch SRP Nr. 59/VI vom 16. Dezember 1918 und Nr. 61 vom 3. Jänner 1919; Volkswirtschaftliche Chronik, Jg. 1919, Nr. 1, Jänner 1919, S. 10 „Errichtung eines Wasserkraft- und Elektrizitätswirtschaftsamtes" und „Der Ausbau der Wasserkräfte". Das Amt bestand von 1919 bis 1931. Zu seiner Liquidierung vgl. MRP Nr. 656/5 vom 29. Oktober 1930. Material dazu findet sich im Bestand AdR, BKA-Inneres, Sonderlegungen, Wasser- und Elektrizitätswirtschaftsamt 1919–1931. Umfangreiche Informationen zur organisatorischen und personellen Einrichtung der WEWA finden sich in AdR, StK, GZl. 400/1919. Zur Elektrifizierung im Bereich des Eisenbahnwesens im Zeitraum 1918 bis 1928 vgl. 10 Jahre Wiederaufbau. Die staatliche, kulturelle und wirtschaftliche Entwicklung der Republik Österreich 1918–1928, Wien 1928, S. 522–529; Volkswirtschaftliche Chronik, Jg. 1919, Nr. 2, Februar 1919, S. 48 f „Errichtung eines Elektrifizierungsamtes der deutschösterreichischen Staatsbahnen". Zum Ausbau der Wasserkräfte und der Energieversorgung vgl. auch Richard Hufschmied, Wasserkraft, Elektrizität und Gesellschaft in Österreich von 1880 bis in die 1930er-Jahre, phil. Diss., Wien 2011; Oliver Rathkolb/Richard Hufschmied/Andreas Kuchler/Hannes Leidinger (Hg.), Wasserkraft. Elektrizität. Gesellschaft. Kraftwerksprojekte ab 1880 im Spannungsfeld (= Schriftenreihe der Verbund AG. 104), Wien 2012. Ein Überblick über den Ausbau der österreichischen Wasserkräfte in den Jahren 1918 bis 1928 findet sich in 10 Jahre Wiederaufbau, S. 415–417. Vgl. weiters KRP Nr. 30/1.

Stenogramm vom 14. Dezember 1918 und stenographische Notizen auf Konzept der Tagesordnung[57]

[Konzept der Tagesordnung:]
14./12., Nr. 23

[Stenogramm:]
Renner: Zwischenfall, der uns möglicherweise vor unangenehme Folgen stellen kann. Heute Früh [ist] in den Kasernen der Volkswehr von den Communisten eine Flugschrift verteilt worden, die die Volkswehr auffordert, Mittwoch Nachmittag 3h vor dem Rathaus der Stadt Wien eine Demonstration mit Waffen, bei der Frage der Unterhaltsbeiträge der Volkswehrleute und ihrer Familien erörtert werden soll; worauf nachher der Zug sich über die Ringstraße zum Kriegsministerium begeben soll.

Dieser Demonstration stellt[58] das Kommando ganz fern, die Agitation ist von außen hereingetragen worden, sie stützt sich darauf, dass durch die Vollzugsanweisung betreffend die Herabsetzung der Unterhaltsbeiträge auf die Hälfte, sich die Wehrmänner benachteiligt erachten, weil sie weniger bekommen als früher. Sie begreifen nicht, dass sie als Eingerückte nicht dieselben Ansprüche haben sollen, und zwar deren Familien, wie vordem die Soldaten.

Schon früher [wurde] eine Resolution beschlossen in diesem Sinne. Diese Agitation ist von den Spart[akus]-Leuten[59] hineingetragen worden. Sie verfügen über Geldmittel, treiben eine rührige Agitation, der die Volkswehr-Leute schwer Widerstand leisten können.

Deutsch: Früher haben die Soldaten Unterhaltsbeiträge bekommen [von] 2 Kronen pro Kopf und dazu den Sold. Wo man den Unterhaltsbeitrag fallen lässt, ist die Mannschaft schlechter gestellt. Wenn die Leute nun befürchten, dass sie den Unterhaltsbeitrag überhaupt nicht bekommen, so wird die Agitation der Communisten immer mehr einschlagen.

Der Antrag Deutsch geht dahin, dass man der Mannschaft den [Unterhalts]beitrag weiter bezahlen soll wie dies schon früher war. Wir haben zusammen 50.000, wenn Deutsch-Böhmen wegfällt, 36.000 Mann.

Renner: Die seinerzeit verbreiteten Werbezettel besagen: jeder Mann erhält 6 Kronen, 7 Kronen ... natürlich wird an die Familien genau so ausbezahlt. Ein Machtmittel zur Abwehr einer solchen Agitation haben wir nicht.

Steinwender: ~~Dass es natürlich leicht ist, einen Tag so etwas zu zahlen, wenn sie~~ – Einfach unmöglich, das auf längere Zeit auszuhalten. Es gibt auch noch andere Unterstützungsbedürftige. Aber auch für die nächste Zeit können wir [dafür] kaum aufkommen – schlechter Fortgang der Staatsanleihe. Volkswehr leistet gar nichts. Gegenüber den Bewaffneten gibt es für uns keine Aussprache.

---

57 Da sich das Stenogramm und die stenographischen Aufzeichnungen auf dem Konzept der Tagesordnung ergänzen, wurden diese bei der Übertragung zusammengeführt. Die jeweilige Herkunft wird im Stenogrammtext in eckigen Klammern ausgewiesen.

58 Richtig: steht.

59 Der Spartakusbund (auch Spartakusgruppe), eine marxistisch-sozialistische Vereinigung mit antimilitaristischer, proletarisch-revolutionärer Stoßrichtung, strebte die Umwandlung Deutschlands in eine Räterepublik an und ging Anfang Jänner 1919 in der Kommunistischen Partei Deutschlands auf. Vgl. auch KRP Nr. 27/2 sowie Nr. 28, Anmerkung 140. Zur Geschichte des Spartakusbundes vgl. William A. Pelz, The Spartakusbund and the German working class movement 1914–1919, Lewiston 1987; Franz Neuland, „Auf zum letzten Gefecht". Spartakusbund und KPD in Frankfurt am Main und der Region Rhein-Main von 1916/18–1956. Eine Organisationsgeschichte, Bad Homburg 2013; Ottokar Luban, The Role of the Spartacist Group after 9 November 1918 and the Formation of the KPD, in: Ralf Hoffrogge/Norman LaPorte (Hg.), Weimar Communism as Mass Movement 1918–1933, London 2017, S. 45–65. Zur Beeinflussung linksradikaler Elemente im Bereich der österreichisch-ungarischen Monarchie durch die führenden Köpfe des Spartakusbundes vgl. etwa Hans Hautmann, Geschichte der Rätebewegung in Österreich 1918–1924, Wien/Zürich 1987, S. 139 f und S. 142.

Deutsch: In finanziellen Angelegenheiten stehe ich ganz auf Seite Steinwenders. Wenn aber die Leute nicht in der Volkswehr wären, so müssten wir sie als Arbeitslose unterstützen. Wir dürfen die Agitation der Communisten nicht geradezu provozieren. Ich war immer bemüht, Gewalttätigkeiten zu vermeiden. Die Volkswehr soll auch keine definitive werden. Es soll nur ein Übergang sein. Wir haben schon ausgearbeitet einen provisorischen Gesetzentwurf, betreffend Erlassung eines Aufgebotes und Einberufungen vorzunehmen von 4 Jahrgängen. Miliz ... wenigstens die Hälfte des Unterbeitrages.

Hanusch: Zu einer solchen Demonstration soll man es nicht kommen lassen. Regt an die Reduzierung der Volkswehr. Den Wünschen der Leute möglichst Rechnung tragen. Den ganzen Unterhaltsbeitrag zahlen, aber reduzieren (für Wien von 14.000 auf 10.000) aufs weiteste Maß.

Grimm: Es soll der Weg des Abbaus der Beiträge nicht verlassen werden. [Es] handelt sich nur darum, dass wir abbauen müssen. Gibt eine Darstellung der Ausgaben der Finanzverwaltung auf hum.[anitärem] Gebiete und der fürchterlichen Finanzlage des Staates.

Steinwender: Eine einmalige Gabe (Weihnachten), aber nur in Wien.

Glöckel: Wenn ich ihnen etwas anderes nehme, so lachen sie uns mit der Weihnachtsgabe aus. Hier handelt es sich nicht um den Abbau, sondern um eine Wegnahme des gesetzlichen Anspruches.

Kaup: Herabsetzung des Lohnes (2 statt 6 Kronen).

Grimm: Unterhaltsbeitrag gebührt ihnen nicht, da es sich um keine Mobilisierten handelt.

Deutsch: Vorschlag: Die Volkswehr ist abzubauen von 36 bis auf 25.000 Mann für Innerösterreich (außer Deutschböhmen); dass aber denen der ganze Unterhaltsbeitrag gezahlt wird. Zeitliche Grenze von 3 Monaten (Dezember bis Februar) (die Nationalversammlung wird dann entscheiden).

Renner: Zu einer geänderten Form der Hingabe desselben Betrages oder eines verringerten Betrages fehlt die Zeit. Wir können jetzt nicht verhandeln, heute Abend müssen die Leute schon die Antwort haben, damit es aussieht wie aus freien Stücken.
Mit allen gegen zwei Stimmen angenommen.

Seitz: Es wird sich empfehlen, diese Beschlüsse streng geheim zu halten. Es können vielleicht noch einige Verhandlungen geführt werden mit ihnen. Als ermächtigenden Beschluss auffassen.

Steinwender: Es möge sich auf Wien und auf die umliegenden Orte um Wien mit Industrie -.

~~Marckhl~~:

Deutsch: -.

[Konzept der Tagesordnung:]

1. b)

Antrag Ofner (s. beiliegenden Zettel), betreffend die Nichteinbeziehung der Richter in die vom Kabinettsrate beschlossene Vorschrift, wonach alle Bediensteten, die das 60. Lebensjahr und das 35. Dienstjahr vollendet haben, zu pensionieren sind. (Präsident Seitz bittet die Debatte über diese Frage aufzuschieben bis er kommt.)

[Stenogramm:]

Antrag Ofner:

Roller: Drei Sachen:

1.) Die Altersgrenze im Grundgesetz über die richterliche Gewalt [wurde] mit 65 Jahren festgesetzt, und dabei eine Übergangszeit geschaffen bis 1920.

2.) Gesetz über die Suspendierung der Unversetzbarkeit der Richter in den Ruhestand. Die Versetzung ist bis Ende 1920 gestattet.

3.) Mit 65 Jahren muss er in Pension gehen: am 1./I.20 in Kraft treten.

Marckhl: Eine Einschränkung muss unter allen Umständen Platz greifen. Man darf nicht die jungen Richter hinauswerfen, sondern muss sich auf die alten verlegen.

Seitz: Widerspruch gegen das Gesetz über die Unabhängigkeit der Richter nicht verlauten, es sei vielmehr eine Umorganisation der Gerichte, dass man Gebrauch machen kann.
Es ist immer noch die Möglichkeit gegeben, in einem besonders berücksichtigten Fall mit Rücksicht auf den Dienst [am] Staat, abzusehen.

Zusatzantrag: solche besonderen Ausnahmen werden beim Direktorium beantragt, welches die endgültige Entscheidung trifft.

[Konzept der Tagesordnung:]
1. c)
Dr. Urban betreffend die Beschlagnahme von Zisternenwagen. Bericht und Antrag.
[Stenogramm:]
Cisternenwagen.
Angenommen.

Kloss: Strenge Vertraulichkeit. Verhandlung:
1.) Wegen Belieferung der Stadt Wien.
2.) Von Deutsch-Österreich (auf den Standpunkt gestellt, dass wir den gleichen Anteil der Bergbau beteiligen müssen wie früher. Im allgemeinen zugestanden mit Ausnahme der Reviere von Schatzlar und Kladno, wo die Erzeugung sehr gering geworden ist.).
Wir haben aus dem Ostrauer [Revier] einen Anteil von 24.66 %; Rokitnitzer, Brüxer 31 %, Falkenauer 12 %, Pilsner 29 %.
ad 1.) An Gaskohle 1.550 t täglich, ~~das Gaswerk~~, halber Bedarf; dann noch 2.000 t täglich wenn auch der östliche Teil des Revieres in ihrer Hand ist.
An Hausbrandkohle 2.500 t täglich.
Fürs Wiener Elektr.[izitätswerk] 13.500 t im Monat. Schmiedekohle 10 t täglich aus Rokit[nit]z.
~~Weiters Zugestanden~~ – Alles durch die Kohleneinfuhrgesellschaft (Umwandlung ist im Zuge).
Preise für die Regie-Kohle: Wird Preis nicht betroffen.
Durchfuhr aus Deutschland Plan usw. bewilligt.
Ab Montag zur Durchführung zu gelangen.
Im allgemeinen bedarf Deutsch-Österreich rund 1,1 Millionen Tonnen monatlich; ungefähr 150.000 Tonnen in Deutsch-Österreich selbst.
Zur Kenntnis genommen.

Punkt 2
Beck: Im Cabinettsrat [ist] beschlossen worden, dass Verhandlungen einzuleiten sind in Staatsbedienstetenfragen. Die Gesandtenkonferenz hat eine Art Subcomitee gewählt, Sitzung am 2.–3. Dezember abgehalten. [Es] hat sich gehandelt um die Sicherstellung der Auszahlung der Pensionen vom 1./I. angefangen. Nach einem Schlüssel hätten nach meinem Antrag in eine gemeinsame Kasse gewisse Beträge zu zahlen (ca. 160 Millionen). Die Vertreter haben diesen Vorschlag angenommen. Bei der zweiten Sitzung haben die Vertreter aus Galizien und Bukovina Einspruch erhoben.
Vorschlag: Unvorgreiflich ...
In der Gesandtenkonferenz 9./12. entgegengenommen, bisher noch keine Antwort gekommen. Wenn nicht rechtzeitig, was hat zu geschehen bezüglich der Pensionen?
Zweiter Punkt: Eine Reihe von Leuten sind pensionsreif, welcher Staat soll nun die Pensionierung vornehmen ... „Diejenigen ehemals ..., die von keinem Staat übernommen sind, können ...“
3.) Staatsbahnbediensteten, Abteilung 9 der StEG [Staatseisenbahngesellschaft] als Zentralstelle dient.
4.) Subcomité hat sich beschäftigt mit den Offizieren und gemeinsamen Beamten: noch nicht abgeschlossen.
Jukel: Mit der Volkszugehörigkeit oder Staatszugehörigkeit? Im Staatsrat zur Kenntnis genommen.
Renner bittet Beck: Antrag: die Vollzugsanweisung des Staatsrates bereits im Staatsgesetzblatt kundgemacht und dass infolgedessen entsprechend dieser Anweisung auch deren Durchführung in den Staatsämtern Platz zu greifen habe.
~~Der Vorschlag des Vertreters des deutsch-österreichischen Vertreters der Finanzen betreffend zwischenstaatliche Verhandlungen über die Punkte betreffend die Zahlung der Pensionen der bis zum 31./12.18 in den Ruhestand versetzten zivilen Staatsbediensteten, ferner die Berechtigung.~~

Deutsch: Gibt Aufklärung über die Verhandlungen. In Wien und in jenen Orten, wo eine besondere Teuerung besteht, bis Ende Februar.

Beck: Wird Vorschlag geben.

Grimm: Gemeinsame Beamte. Mit diesen Verhandlungen haben zwischenstaatliche Verhandlungen ... Jeder Staat leistet Beitrag, die von allen Nationalstaaten bis zum 15. des zweiten vorhergehenden Monats geleistet -. Soll am 16. in die Gesandtenkonferenz kommen.

Renner: Bosnische Beamte. Sektionschef Bareck[60] Liquidations-Commissär.[61]
Cabinett einverstanden, dass diese Grundsätze in der Gesandtenkonferenz vorgetragen und zur Annahme gebracht werden.

1.a) Staatsbedienstetenforderungen.
Beck: Wir haben nur aus der Zeitung erfahren davon. Die Forderungen würden über 100 Millionen jährlich betragen. Zustimmung: Gesamterfordernis einschließlich Gendarmerie: 450 Millionen [+] 510 [Millionen] Kriegsmaßnahmen [=] 960 Millionen.
Die Einnahmen an direkten Steuern 1.000 Millionen; alle Abgaben ist nur zur Bezahlung der Staatsbediensteten. Unbedingt notwendig, für die Verringerung der Staatsbediensteten zu sorgen. Anerkennt, dass sehr schwer die Situation der Staatsbediensteten.
Angesichts dessen muss mit Ablehnung vorgegangen werden.
Angesichts der finanziellen Lage außer Stande, die Bewilligung zu empfehlen, Beck, Glöckel und Marckhl beauftragt, mit den Beamten zu verhandeln, ihnen die Gründe bekannt zu geben und dann den Versuch zu unternehmen, zu einem Ende zu kommen (eingeleitet durch Glöckel).

Loewenfeld-Ruß: Bittet noch einmal das Einvernehmen zu pflegen.
Renner: Es ist außerordentlich schwierig, bei Mehl eine Ausnahme zu machen.
Geschäftsstelle mit einer höheren Machtvollkommenheit auszustatten und bereits [...] zum Austrag bringen hier die Fragen, damit nicht erst hier zur Austragung gebracht werden.
Möchte dringende Mahnung an die Staatssekretäre richten, das Einvernehmen mit dem von ihnen entsandten Vertreter der Geschäftsstelle zu halten. Einwendungen oder Erklärungen zu diesen Verfügungen direkt einzuholen, damit das Kabinett direkt zu registrieren.

Riedl: Steyr. Waffenfabrik mit Anliegen gewendet: größere Anzahl von Gewehren und Revolvern in vorgeschrittener Ausarbeitung; 11.000 Stück Maschinengewehre. Verlangt, es kann weiter gearbeitet werden auf Rechnung des deutsch-österreichischen Staates. Wenn man das nicht tut, muss die Fabrik zugesperrt werden (5.000 Arbeiter). Außerdem würde die Fabrik gehindert werden, ihre Umschaltung auf den Autobau nach amerikanischem Muster -.
Außerdem Forderungen von 41 Millionen an das Ärar.
Wir haben verhandelt mit dem Staats[amt für] Heerwesen; letzterer hat erklärt, dass es die Gewehre und die Handfeuerwaffen voll[ständig] brauchen kann. Von den Maschinengewehren 2.000 auch in Bestellung geben. Die Landesbefehlshaber könnten 6.000 brauchen.
Gestern Telegramm von der Direktion, in welchem er eine autor.[itative] Zusage verlangt, sonst müsste er heute die Arbeit einstellen.
Bittet um die Ermächtigung, telegraphisch die Fabrik zu verständigen, dass die in seinem damaligen Brief gegebene Zusage der Übernahme aller in Arbeit befindlicher Gewehre, Carabiner und Pistolen und 2.000 Maschinengewehre als definitive Zusage angesehen wird. Bezüglich der 6.000 – 25 Millionen.

---

60 Hermann Ritter von Bareck, Sektionschef, ab 1894 im Finanzministerium tätig, 1919 bis 1920 Leiter des liquidierenden Finanzministeriums und des liquidierenden Obersten Rechnungshofes.

61 Vgl. AdR, StK, GZl. 1.279/1918, Bestellung des Sektionschefs Hermann R. v. Bareck als Stellvertreter des Staatsrates Prof. Waldner bei der Durchführung der Liquidation des Gemeinsamen Finanzmin. und der bosn. Landesregierung.

Mayer: Für die 12 Tausend Maschinengewehre haben wir keine Verwendung. ~~200.000 Stück Gewehre, 20.000 Maschinengewehre, kosten allein~~ -.

Steinwender: Die Bestellung hätte im Oktober storniert werden [sollen] ohne uns irgendwie zu kümmern, was das Kriegsministerium bestellt hat. Commissär hinaufschicken und Ordnung machen.

Renner: Umwandlung des Instituts der landesfürstlichen Commissäre in Staatsrats-Commissäre und Erweiterung der Entsendung solcher Funktionäre nicht nur in die Bankinstitute, sondern auch in die Industrien.

Steinwender: Kein Kommissär, technischer Artillerie-Offizier.

Mayer: Das alte Kriegsministerium hat Vertrag geschlossen. Dieser wurde storniert, soweit nicht angearbeitetes Material vorhanden war.

Steinwender: Das darf nicht geschehen.

Marckhl: Wir haben ein Interesse und eine gewisse Pflicht, den Unternehmern entgegen zu kommen.

Grimm: Die Verhandlungsbasis hat sich ganz verschoben. Der Bedarf wäre wesentlich herabzusetzen. Die Steyrer Fabrik ist immer erpresserisch vorgegangen ist. Die Sachlage ist meines Erachtens nicht so kritisch anzusehen. Mehr als den Bedarf für – man nicht übernehmen.

Riedl: Der Staat ist 41 Millionen schuldig, wie soll das Unternehmen seine Verbindlichkeiten erfüllen? Sein Bestand ist aber im größten Interesse des Staates.

Renner: Entscheidung über diese Frage hat zu politischen Charakter, daher Staatsrat.
Redner wird diesen Gegenstand Montag Nachmittag als erstes auf die Tagesordnung setzen.
Unmittelbare Verfügung: das Staatsamt für Heerwesen [soll] nach Steyr telegraphieren, dass Entscheidung Montag im Staatsrat fallen wird. ~~Bis dahin sei die Arbeit fortzuführen~~.

Renner: Andere Angelegenheit: Zustand der Arbeitslosigkeit verschärft sich von Tag zu Tag. Zu Weihnachten kommen wir in eine Lage, dass wir zusammen brechen. Ich habe [mir] Gedanken gebildet, wie man dem Übel begegnen könnte.
[1.)] Es ist nicht wahrscheinlich, dass das [zu] liquidierende Kriegsministerium durch einen Vertrag mit den Nationalstaaten in den Stand gesetzt würde, die schuldigen Beträge auszuzahlen. Viele Unternehmungen können die Arbeit nicht fortführen. Infolgedessen müssen wir eine ganz neue finanzielle Vorsorge treffen. Diese Beträge können wir nicht aus dem deutsch-österreichischen Fonds auszahlen. Um die industrielle Produktion in Gang zu bringen, müssen wir eine ähnliche ... wie anfangs des Krieges Deutschland. Schaffung von Darlehens-Übergangskassen aus dem deutsch-österreichischen Staat allein. Den Unternehmungen Vorschüsse geben, die sie rückzahlen in späteren [...]effekt. Lieferungen oder aus dem Erlös ihrer Fabrikation und zwar in der Form von Darlehenskassenscheinen und unter der Bedingung, dass die Arbeit aufgenommen wird. Dadurch wird die Industrie in den Besitz von Zirkulationsmitteln gesetzt, wodurch die schwierige Lage gemildert werden könnte. Wenn wir auf diese Weise den Unternehmungen die nötigen Barmittel geben, wird eine Reihe von Betrieben sogleich in Friedensarbeit übergehen können. Der Vorschuss, den sie beim Staat haben, wird einmal kompensiert werden können mit dem aufgenommenen Darlehen.
Das wäre eine Maßregel, die unbedingt zu ergreifen wäre. [Das] Staatsreal-Dep.[artement] studiert die Sache, die entscheidende Führung hat natürlich das Staatsamt für Finanzen.
2.) Müssen wir neue Arbeitsgelegenheiten schaffen – Staatsamt für Landwirtschaft und öffentliche Arbeiten. Mit der größten Raschheit müssen wir daran gehen, unsere Kohlennot zum Anlass nehmen, die Kraft[werke] auszubauen, um die Staatsbahnen zu elektrifizieren. Ich hoffe, dass der frühere Kompetenz[konflikt] nicht weiter geführt wird. Dadurch, dass die Kriegsverwaltung bisher Einspruch erhoben hat, ist die größte Schwierigkeit gebannt. Die zweite Schwierigkeit liegt darin, dass jedes Konzessionsgesuch bisher ein Martyrium durchzulaufen hatte. Es bleibt nichts übrig, als diese Kompetenzkonflikte aus der Welt zu schaffen. Wir müssen aber auch Gegensätze zwischen Land, Bezirk und Reich aus der Welt schaffen. Das Entscheidende ist aber, dass wir diese zahllosen Instanzen aus der Welt schaffen, indem [wir] die Kompetenzen übertragen auf ein Kraftwirtschaftsamt, das in dieser Frage so möglich kurzer Hand entscheidet. Wichtige Werke sind die Donauwerke, internationale Frage. Möglichst schnell muss das geschehen noch vor

Beginn der Friedensverhandlungen. Eine eigene Behördenorganisation muss geschaffen werden. Wir müssen auch die gesetzlichen und finanziellen Grundlagen schaffen, und zwar so schnell, dass die Überprüfung und Genehmigung der Genehmigung der Pläne bis Mitte Februar vor sich gehen muss.

Der Redner bringt nun den beteiligten Staatsämtern (öffentliche [Arbeiten], Landwirtschaft, Eisenbahn, Gewerbe) offiziell zur Kenntnis, dass die Staatskanzlei die Ämter zusammenladen wird, um ~~in dieser Angelegenheit~~ die ganze Frage in Bewegung zu bringen. Ich werde mir erlauben, aufgrund dieser Besprechungen einen kurzen schriftlichen Geheimbericht vorzubereiten, zu dem die Staatsämter Stellung zu nehmen haben.

Der Staatsrat wird die Sache in 1–2 Sitzungen erledigen müssen. Wir werden im Frühjahr bauen müssen. Entscheidend ist nur, dass die Ressorts ein Compr.[omiß] zwischen den einzelnen Interessen erfinden. Voraussetzung ist, dass wir die Bankwelt einerseits dafür interessieren, anderseits aber derart unter unsere Führung bringen, dass wir nicht wie gewöhnlich die Opfer der kapitalistischen Tendenz sind, sondern dass das Privatkapital interessiert, aber uns nicht beherrscht.

~~Deutsch~~: Begrüßt die Anregung auf das Wärmste.

Pkt. 11

Deutsch: Mitterberg[er], Erklärung als begünstigter Bau.

Steinwender: Bittet, auf die Interessen der heimischen Bevölkerung entsprechend Rücksicht zu nehmen, dass keine lokalen Schwierigkeiten entstehen.

Genehmigt.

[Konzept der Tagesordnung:]

~~3.~~ 8. Festsetzung des Programms für die nächste Besprechung mit den Landeshauptmännern (zugleich Mitteilungen des Staatssekretärs Dr. Loewenfeld-Ruß über das Verhalten der Landesregierungen gegenüber dem Staatsamte für Volksernährung und des Unterstaatssekretärs Riedl über Unbotmäßigkeiten der Landesregierung in Salzburg in der Holz- und Schnittwarensperre).

[Renner:] Die Herren Staatssekretäre sind eingeladen, zuhanden der Staatskanzlei anzumelden, welche Punkte sie bei der Konferenz besonders zu besprechen wünschen und alle Fälle evident zu halten, in welchen die Landesbehörden Weisungen der Staatsämter nicht entsprochen haben.

Loewenfeld-Ruß: Das Kabinett beschließt, beim Staatsrat eine Vorstellung zu machen, damit der Staatsrat die Landesausschüsse in einer feierlichen Erklärung anweist, den Weisungen der Staatsämter nachzukommen.

Beschluss: Das Kabinett erhebt eine motivierte und vervielfältigte Vorstellung an den Staatsrat, die Übergriffe der Landesregierungen hintanzuhalten und dadurch die völlige Auflösung der Landesverwaltung ...

[Stenogramm:]

Pkt. 3

Dr. Urban wird sammeln.

Riedl: Das ist eine politische Frage ersten Ranges, überall Stimmung gegen Wien. Die Stellung der einzelnen Länder zur Zentrale muss geklärt werden durch eine prinzipielle politische Auseinandersetzung.

Mo.[ntag] über 8 Tage müssen die Vorstellungen fertig gestellt sein. Kontaktsitzung.

[Konzept der Tagesordnung:]

~~4.~~ 9. Mitteilungen des Staatssekretärs Dr. Loewenfeld-Ruß über Lebensmitteleinkäufe in Westungarn.

[Loewenfeld-Ruß:] Note vom Staatsamt für Finanzen bekommen, besorgt [über] den Ankauf zu Preisen über den Höchstpreisen. Die Stadt Wien hat 150 Waggons Mehl angekauft. Die Länder verlangen oder werden verlangen, dass ihnen zugezahlt wird, was sie im Schleichhandel aufkaufen.

[Beschluss:] Im Staatsrat ist Antrag zu stellen: Es sei eine spezielle Kommission des Staatsrates einzusetzen, welche die Überleitung ~~der von uns außerordentlich niedrig gehaltenen Kriegspreise~~ der Kriegswirtschaft auf die Friedenswirtschaft in der Preisbildung und in staatsfinanzieller Hinsicht zu beraten hätte.

7. Bildung eines Arbeitsausschusses für die Übergangswirtschaft in den d.ö. Staatsforsten (~~Referent Staatssekretär Stöckler~~).
(Diesfalls ist an die Staatskanzlei eine Eingabe (liegt bei) gelangt; Sektionschef Dr. Deutsch wird hierüber referieren.
Wäre dem Staatsamt zur Berichterstattung zu übermitteln.

8. Gesetz, betreffend Jagdrecht auf Staatsgütern (Referent Staatssekretär Stöckler).
Prinzipielle Genehmigung zur Vorlage an den Staatsrat (aber erst ~~Mittwoch~~ Freitag).

9. Gesetz über die Aufhebung und Ablösung der Jagdrechte auf fremdem Grund und Boden (Referent Staatssekretär Stöckler).
Detto wie 8.
Noch Kabinettsrat.

10. Fachbeirat (Referent Staatssekretär Stöckler).[62]
Schaffung eines Ersatzes für den bisherigen Landwirtschaftsrat (vereinfachtes Collegium von 42 Mitgliedern). [Ein] enger Ausschuss soll gebildet werden, wodurch eine Reihe von Consulenten des früheren Ackerbauministerium entbehrlich erscheinen würden.
Ermächtigt, dem Staatsrat zu unterbreiten.
Kontrollierende Vertretung durch Konsumentenvertreter.

---

[62] Dieser Punkt wurde in der Reinschrift nicht berücksichtigt. Vgl. jedoch KRP Nr. 24/7.

24.[1]

[Dienstag] 1918-12-17

Vorsitz:	Renner
Anwesend:	Bauer, Beck, Glöckel, Hanusch, Jukel, Kaup, Loewenfeld-Ruß, Marckhl, Mayer, Pacher, Riedl, Roller, Steinwender, Stöckler, Waihs, Zerdik
Schriftführer:	Fenz (Stenogramm A); unbekannt (Stenogramm B)
Dauer:	15.00–18.30 Uhr

Reinschrift, Konzept, Konzept der Tagesordnung, Stenogramme

Inhalt:[2]

1. Staatsbedienstetenforderungen.
2. Errichtung einer deutsch-österreichischen Kriegsgetreideanstalt.
3. Gesetzentwurf, betreffend die dringliche Anforderung von Lebens- und Futtermitteln.
4. Verlängerung der Gültigkeit der den Reichsratsabgeordneten zuerkannten Jahresfreikarten für sämtliche Linien der vormaligen k.k. österreichischen Staatsbahnen und der im Privatbesitz befindlichen Bahnen.
5. Kohlenverhandlungen mit dem tschechoslowakischen Staate.
6. Verhandlungen der Gemeinde Wien wegen Ankaufes amerikanischer Lebensmittel; Garantieübernahme durch den deutsch-österreichischen Staat.
7. Vollzugsanweisung zur Einsetzung eines Fachbeirates beim Staatsamte für Landwirtschaft.
8. Vergebung staatlicher Druckaufträge an die Staatsdruckerei.
9. Gesetzentwurf über die Durchführung der militärischen Untersuchungen.
10. Antrag des Staatsrates I r o, betreffend die Einberufung der im Felde gestandenen absolvierten Juristen in den Staatsdienst unter Anrechnung ihrer Kriegsdienstzeit.
11. Ablegung des Gelöbnisses auf den jugoslawischen Staat durch den Lehrkörper des deutschen Staatsgymnasiums in Cilli.

Beilagen:

– Zu Punkt 1: Bericht der Unterstaatssekretäre des Inneren und der Finanzen über die Verhandlungen mit den Staatsangestelltenvereinigungen (1 Seite, handschriftlich).
– Zu Punkt 6: Ankauf amerikanischer Lebensmittel (½ Seite, handschriftlich in Gabelsberger Stenographie).
– Zu Punkt 10: Antrag des Staatsrates Iro, betreffend die Aufnahme von Juristen in den Staatsdienst nach durchgeführter Demobilisierung (½ Seite).

---

[1] Das Protokoll trägt den Vermerk *Vertraulich!*

[2] Das beiliegende Konzept der Tagesordnung, das insgesamt 13 Punkte umfasst, stimmt mit dem Inhalt der Reinschrift nicht überein. Es enthält einige Punkte, die nicht in der Reinschrift aufscheinen, sondern zum Teil auf dem Konzept mit kurzen Notizen in Gabelsberger Stenographie versehen wurden. Diese Notizen wurden bei der Übertragung der Stenogramme in das Stenogramm B eingearbeitet und werden dort in eckigen Klammern und im Anmerkungsapparat ausgewiesen.

1

Staatsbedienstetenforderungen

Die Unterstaatssekretäre G l ö c k e l und Dr. von B e c k berichten im Sinne des ihnen in der Kabinettsratssitzung am 14. Dezember d. J. erteilten Auftrages[3] über die Verhandlungen mit den Staatsangestelltenvereinigungen bezüglich deren Wunsches nach Auszahlung eines Anschaffungsbeitrages noch vor Weihnachten und sonstiger Forderungen, betreffend die Gewährung von Teuerungsbeiträgen.[4] Auf Grund des Ergebnisses dieser Verhandlungen schlagen die Berichterstatter vor, den Staatsangestellten ohne Präjudiz für die Zukunft einen Anschaffungsbeitrag in der halben Höhe des am 1. November 1918 ausgezahlten Anschaffungsbeitrages sofort zur Auszahlung zu bringen. Bezüglich einer Reihe anderer, finanziell weniger ins Gewicht fallenden Forderungen, insbesondere in Ansehung der Gleichstellung der Kanzlei- und Postoffizianten – in Bezug auf die Höhe der Teuerungsbeiträge – mit den ihnen im Gehalte gleichstehenden pragmatischen Angestellten wäre gleichfalls das tunlichste Entgegenkommen zu beobachten.

Der Kabinettsrat erhebt diese Anträge mit dem Beifügen zum Beschluss, dass es Sache der einzelnen Staatsämter sein werde, die Anweisung dieser Zulagen derart rechtzeitig zu bewerkstelligen, dass dieselben noch tunlichst vor Weihnachten flüssig gemacht werden können.

Hiebei werde die Bemessung der auszuzahlenden Beträge auf der bereits im November d. J. festgestellten Grundlage zu erfolgen haben; etwa seither eingetretene Änderungen im Familienstande der Perzipienten hätten daher außer Betracht zu bleiben.[5]

2

Errichtung einer deutsch-österreichischen Kriegsgetreideanstalt

Staatssekretär Dr. L o e w e n f e l d - R u ß erbittet die Ermächtigung zur Erlassung einer Vollzugsanweisung, betreffend die Errichtung einer deutsch-österreichischen Kriegsgetreideanstalt, die an die Stelle der Kriegsgetreideverkehrsanstalt treten soll. Die Leitung dieser Anstalt hätte eine zwölfgliedrige Verwaltungskommission zu übernehmen, die aus Vertretern der Landwirtschaft, der Verbraucher sowie des Handels und der Industrie bestehen solle; nur der Vorsitzende wäre vom Staatsamte für Volksernährung zu ernennen. Für diesen Posten nehme der sprechende Staatssekretär den Minister a. D. Ludwig P a u l[6] in Aussicht. Die kommerzielle Leitung hätte in der Hand des bisherigen Vizepräsidenten der Kriegsgetreideverkehrsanstalt[7] zu verbleiben.

Der Kabinettsrat erteilt die erbetene Ermächtigung.[8]

---

3 Vgl. KRP Nr. 23/5.

4 Beilage zu Punkt 1: Bericht der Unterstaatssekretäre des Inneren und der Finanzen (1 Seite). Der Inhalt der Beilage entspricht im Wesentlichen dem Protokolltext.

5 Ein am folgenden Tag an alle Staatsstellen erlassenes Rundschreiben, betreffend die hier gefassten Beschlüsse, findet sich in AdR, StK, GZl. 596/1919, Zl. 1.280/1918, Gewährung eines Vorschusses auf einen einmaligen Zuschuss an aktive d.ö. Staatsbedienstete im Halben Ausmaße der im November 1918 ausgezahlten Beträge. Unter der genannten Grundzahl finden sich noch weitere diesbezügliche Aktenstücke sowie Informationen, betreffend die Auszahlung derartiger Zuschüsse bis August 1919. Zur Auszahlung der Anschaffungsbeiträge vgl. weiter KRP Nr. 34/14.

6 Dr. Ludwig Paul, Hofrat, 26. Februar bis 11. November 1918 k.k. Minister ohne Portefeuille (Leiter des Amtes für Volksernährung), 15. März 1919 bis 1. Juli 1920 Staatssekretär für Verkehrswesen.

7 Hermann Reif, Kaufmann, Kommerzialrat, Inhaber der Firma „Zentralbüro landwirtschaftlicher Großbetriebe" in Wien, Vizepräsident der Kriegsgetreideverkehrsanstalt.

8 Die Errichtung der „Deutschösterreichischen Kriegs-Getreideanstalt" erfolgte durch StGBl. Nr. 107, Vollzugsanweisung des Staatsamtes für Volksernährung im Einvernehmen mit dem Staatsamte der Finanzen, betreffend die Errichtung einer Deutschösterreichischen Kriegs-Getreide-Anstalt, ausgege-

3

Gesetzentwurf, betreffend die dringliche Anforderung von Lebens- und Futtermitteln

Staatssekretär Dr. L o e w e n f e l d - R u ß erbittet die Ermächtigung zur Vorlage eines Gesetzentwurfes, betreffend die dringliche Anforderung von Lebens- und Futtermitteln an den Staatsrat.

Auf Grund der vom Referenten gegebenen einschlägigen Aufklärungen erteilt der Kabinettsrat die erbetene Ermächtigung mit dem Beifügen, dass über die Frage der allfälligen Ausdehnung des Anforderungsrechtes auf a l l e Bedarfsartikel noch das Einvernehmen mit dem Unterstaatssekretär R i e d l zu pflegen sein wird.[9]

4

Verlängerung der Gültigkeit der den Reichsratsabgeordneten zuerkannten Jahresfreikarten für sämtliche Linien der vormaligen k.k. österreichischen Staatsbahnen und der im Privatbesitz befindlichen Bahnen

Staatssekretär J u k e l teilt mit, dass die Gültigkeit der den Reichsratsabgeordneten eingeräumten Freifahrbegünstigungen mit 31. Dezember d. J. endige und es sich empfehle, diesen Termin – unter Bedachtnahme auf den Zeitpunkt des Zusammentrittes der neugewählten konstituierenden Nationalversammlung – bis 31. März 1919 zu verlängern. Hiezu sei die vorherige Bereinigung der Frage der Entschädigung aller beteiligten Bahnverwaltungen unerlässlich. Bei den mit dem Staatsamte der Finanzen im Gegenstande abgeführten Vorverhandlungen sei der Betrag von mindestens 2.250 K, höchstens von 3.000 K als angemessen erachtet worden.

Nach einschlägigen Ausführungen des Staatssekretärs Dr. S t e i n w e n d e r beauftragt der Kabinettsrat den Staatssekretär J u k e l, in dieser Frage auf der Grundlage einer Entschädigung von 2.250 K zu verhandeln.[10]

---

ben am 19. Dezember 1918. Sie sollte der „geschäftlichen Durchführung der Aufteilung der verfügbaren Vorräte an Getreide und Mahlprodukten" dienen und mit dem „Charakter einer juristischen Person […] als Kaufmann beim Handelsgerichte in Wien" protokolliert werden. (§ 1) Das Statut der Kriegs-Getreideanstalt wurde ebenfalls am 19. Dezember kundgemacht: Wiener Zeitung, 19. Dezember 1918, S. 1 f „Statut der Deutschösterreichischen Kriegs-Getreideanstalt"; Volkswirtschaftliche Chronik. Mit Benützung amtlicher Quellen herausgegeben von Dr. Karl Neisser, Jg. 1918, Nr. 12, Dezember 1918, S. 356 „Die Deutschösterreichische Kriegs-Getreideanstalt". Zur Zusammensetzung der Verwaltungskommission der neuen Anstalt unter Vorsitz Pauls vgl. Verordnungsblatt des Staatsamtes für Volksernährung, Jg. 1919, Nr. 4, 12. Jänner 1919, S. 74 f „Personalnachrichten". Aktenmaterial zu dieser Einrichtung findet sich im Bestand AdR, BMLF, Allgemeine Reihe, Kriegsgetreideverkehrsanstalt (Österreichische Getreideanstalt) 1918–1922.

9 Vgl. SRP Nr. 60/III vom 20. Dezember 1918; StGBl. Nr. 36, Gesetz vom 23. Jänner 1919, betreffend die dringliche Anforderung von Lebens- und Futtermitteln, ausgegeben am 30. Jänner 1919; AdR, StK, GZl. 581/1919, Gesetz über die dringliche Anforderung von Lebens- und Futtermitteln.

10 Zur Freifahrtbegünstigung der Reichsratsabgeordneten vgl. RGBl. Nr. 253, Gesetz vom 11. Juni 1917, betreffend die Geschäftsordnung des Reichsrates, ausgegeben am 12. Juni 1917, Abschnitt IV („Entschädigungen für die Mitglieder des Abgeordnetenhauses"), § 20. Zur diesbezüglichen Regelung in der Geschäftsordnung der konstituierenden Nationalversammlung vgl. StGBl. Nr. 162, Gesetz vom 5. März 1919 über die Geschäftsordnung der konstituierenden Nationalversammlung, ausgegeben am 9. März 1919, Abschnitt IV („Entschädigungen für die Mitglieder der Nationalversammlung"), § 18. Zur Entschädigung der Bahnverwaltungen heißt es darin: „Für diese Karten ist an die beteiligten Verwaltungen eine angemessene, von der Staatsregierung alljährlich festzusetzende Entschädigung zu Lasten der Auslagen für die Nationalversammlung zu entrichten." In diesem Kontext vgl. auch AdR, StK, GZl. 1.102/1/1919, Gewährung der Freifahrt für die Mitglieder der Nationalversammlung.

5

Kohlenverhandlungen mit dem tschechoslowakischen Staate

Staatssekretär Z e r d i k macht streng vertrauliche Mitteilungen über weitere, über den ursprünglichen Kohlenlieferungsvertrag[11] hinausgehende Kompensationsforderungen des tschechoslowakischen Ministers für öffentliche Arbeiten[12].

Nach einer eingehenden Debatte über diesen Gegenstand, an welcher sich außer dem Vorsitzenden und dem sprechenden Staatssekretär noch Staatssekretär Dr. B a u e r und Unterstaatssekretär R i e d l beteiligten[13], beschließt der Kabinettsrat den Staatssekretär Z e r d i k einzuladen, nach gepflogenem Einvernehmen mit den beteiligten Ressorts dem Minister S t a n ě k entsprechende Aufklärungen zu geben; soweit es sich um die in diesem Zusammenhange verlangte Aktenausfolgung handelt, sei auf die bereits durch das Staatsamt für Äußeres erzielte Vereinbarung hinzuweisen, derzufolge „laufende" Akten, die sich auf die fremden Gebiete beziehen[14], abzugeben sind, während alle übrigen Akten in der Verwahrung des deutsch-österreichischen Staates zu verbleiben hätten (unbeschadet des Rechtes der fremdnationalen Staaten auf Einsichtnahme oder leihweise Überlassung).[15]

---

11 Vgl. KRP Nr. 23, Anmerkung 22. Zu den zugrundeliegenden Verhandlungen, an denen – wie im Stenogramm zu dieser Sitzung auch genannt – der ehemalige Präsident der Allgemeinen Depositen-Bank in Wien Dr. Josef Kranz beteiligt war, vgl. weiters auch KRP Nr. 21/1. Zu Kranz vgl. überdies KRP Nr. 3/4 und Nr. 11/4, zu den Bemühungen um tschechische Kohle weiters KRP Nr. 3/3, Nr. 9/2, Nr. 13/4 und Nr. 34/4.
Dr. Josef Kranz, ehemaliger Präsident der Spirituszentrale sowie Präsident und Vorsitzender des Verwaltungsrates der Allgemeinen Depositen-Bank in Wien.

12 František Staněk, 14. November 1918 bis 10. Juli 1919 tschechoslowakischer Minister für öffentliche Arbeiten.

13 Vgl. die Stenogramme.

14 Der Einschub „die sich auf die fremden Gebiete beziehen" wurde im Konzept eingefügt.

15 Von tschechoslowakischer Seite wurde der Abschluss des ausgehandelten Kohlenabkommens, das sechs Monate gelten und die Lieferung von rund 220.000 Tonnen Kohle monatlich an Deutschösterreich gegen vollständige Warenkompensation garantieren sollte, vom Verzicht auf die deutschböhmischen Gebiete abhängig gemacht. Zugleich wurde – wie hier im Kabinettsrat erwähnt – die Abtretung aller Akten, die sich auf Böhmen, Mähren und Schlesien bezogen, gefordert, darüber hinaus verlangte Minister Staněk alle Akten, die ihn persönlich betrafen. Trotzdem wurde der Kohlelieferungsvertrag im Dezember 1918 unterschrieben, allerdings ergaben sich im Zuge von neuerlichen Verhandlungen im März 1919 Streitigkeiten über dessen Auslegung. Vgl. Gertrude Enderle-Burcel/Eduard Kubu, Die österreichisch-tschechoslowakischen Handelsbeziehungen in der unmittelbaren Nachkriegszeit, in: Alice Teichova/Herbert Matis (Hg.), Österreich und die Tschechoslowakei 1918–1938: die wirtschaftliche Neuordnung in Zentraleuropa in der Zwischenkriegszeit (= Studien zur Wirtschaftsgeschichte und Wirtschaftspolitik 4), Wien/Köln/Weimar 1996, S. 113–130, hier S. 113 f und S. 116. Zu den erwähnten Aktenforderungen vgl. AdR, BKA/AA, Abteilung 14 H-pol, Kohle Tschechoslowakei 1918–1925, Kohle Tschechien 1, Zl. III-1.254/10/1919, Versorgung Deutschösterreichs mit Kohle, Berücksichtigung der Wünsche der tschechoslowakischen Regierung. Es handelt sich um ein Schreiben Staatssekretär Zerdiks an das Staatsamt für Äußeres vom 22. Jänner 1919, in dem er u. a. ausführte, dass die relevanten „Amtsstellen des Staatsamtes für öffentliche Arbeiten es in keinem Falle unterlassen haben, gegenüber den Wünschen der Organe der tschechoslowakischen Regierung das grösste Entgegenkommen zu betätigen. Sowohl Personalfragen als auch sachliche Angelegenheiten, wie die Ueberlassung von Mobiliars und die Uebersendung von Akten, haben dementsprechend eine so rasche und den gestellten Anforderungen so weit entgegenkommende Behandlung als nur möglich erfahren." Zerdik stellte weiters fest, dass das Staatsamt für öffentliche Arbeiten angesichts des engen Zusammenhangs, der „zwischen diesen Fragen und der Versorgung Deutschösterreichs mit Kohle besteht", „es auch weiterhin nicht daran fehlen lassen wird, den Wünschen der tschechoslowakischen Regierung im Rahmen der gegebenen Möglichkeiten zu entsprechen".

6
Verhandlungen der Gemeinde Wien wegen Ankaufes amerikanischer Lebensmittel; Garantieübernahme durch den deutsch-österreichischen Staat

Staatssekretär Dr. B a u e r berichtet über den gegenwärtigen Stand der Verhandlungen, betreffend die Lebensmittelausfuhr aus Amerika.[16] Ernährungsminister H o o v e r[17] verlange die Sicherstellung eines Betrages von 10 Millionen Dollar. Damit sei die finanzielle Frage in die erste Linie gerückt. Die Stadt Wien habe sich bereit erklärt, als Schuldnerin aufzutreten, sie habe auch bereits eine diesfällige Vollmacht in die Schweiz gesendet und sei mit einem Schweizer Bankenkonsortium in Vorverhandlungen eingetreten; sie verlange aber vom Staate eine Ausfallsgarantie (Schadenersatz und Spesenvergütung), welche gesetzlich festgelegt werden soll. Eine solche Gesetzesvorlage wäre nach dem Wunsche der Stadt Wien schon morgen in der Nationalversammlung einzubringen und zu verabschieden.

Staatssekretär Dr. S t e i n w e n d e r bemerkt, dass die Regierung bereits auf Grund des Budgetprovisoriums in der Lage sei, eine solche Garantie zu übernehmen; wenn er die Ermächtigung hiezu erhalte, sei er aber auch bereit, eine solche Gesetzesvorlage im Bedarfsfalle einzubringen.

Staatssekretär Dr. L o e w e n f e l d - R u ß stellt fest, dass, wie aus dem Gange der Verhandlungen mit Hoover hervorgehe, die Lebensmittellieferungen für den Staat Deutschösterreich und nicht etwa für die Stadt Wien allein bestimmt seien; aus dem Umstande, dass die Stadt Wien die Kreditoperationen durchführe, dürfe keineswegs ein unbeschränktes Dispositionsrecht der Stadt über diese Lebensmittel abgeleitet werden. Wien trete eben nur nach außen hin als der vertragschließende Teil auf. Um darüber keinen Zweifel aufkommen zu lassen, ersuche er den Staatssekretär der Finanzen, in das mit der Gemeinde Wien abzuschließende Garantieübereinkommen ausdrücklich die Bestimmung aufzunehmen, dass sich der Staat das Verfügungsrecht über diese Lebensmittel vorbehalte.

Der Kabinettsrat pflichtet dieser Anregung bei und beschließt weiters, den Staatssekretär der Finanzen zu ermächtigen, eine Gesetzesvorlage in der morgigen Sitzung der Nationalversammlung, betreffend die Übernahme der erwähnten Staatsgarantie, für den Fall einzubringen, dass die Stadt Wien auf der gesetzlichen Festlegung dieser Garantieleistung bestehen sollte.[18]

7
Vollzugsanweisung zur Einsetzung eines Fachbeirates beim Staatsamte für Landwirtschaft

Staatssekretär S t ö c k l e r ersucht um die Ermächtigung zur Erlassung einer Vollzugsanweisung, betreffend Einsetzung eines Fachbeirates beim Staatsamte für Landwirtschaft. Dieser Fachbeirat hätte an die Stelle des ehemaligen Landwirtschaftsrates zu treten, aus 48 Mitgliedern zu bestehen, die einen neungliedrigen Arbeitsausschuss zu wählen hätten, der wieder aus seiner Mitte einen Hauptreferenten sowie 2–3 Nebenreferenten bestellen werde.

---

16 Beilage zu Punkt 6: Ankauf amerikanischer Lebensmittel (½ Seite). Der Inhalt der Beilage ist weitgehend identisch mit den folgenden Ausführungen Bauers.

17 Herbert Hoover, US-amerikanischer Politiker der Republikaner, 21. August 1917 bis 16. November 1918 Direktor der United States Food Administration, 4. März 1929 bis 4. März 1933 31. Präsident der Vereinigten Staaten von Amerika.

18 Weder in der 10. noch in der 11. Sitzung der Provisorischen Nationalversammlung vom 18. bzw. 19. Dezember 1918 wurde ein entsprechender Antrag eingebracht. Zur Rolle Hoovers bei den Lebensmittelverhandlungen vgl. auch Johann Loewenfeld-Ruß, Im Kampf gegen den Hunger. Aus den Erinnerungen des Staatssekretärs für Volksernährung 1918–1920. Herausgegeben von Isabella Ackerl (= Studien und Quellen zur österreichischen Zeitgeschichte 6), Wien 1986, S. 275 f. Vgl. weiters auch KRP Nr. 17/5.

Die Hauptaufgabe dieses Beirates hätte in der Förderung der landwirtschaftlichen Produktion zu bestehen. Seine Tätigkeit habe sich lediglich auf das rein Technische mit Ausschluss von sozialpolitischen und wirtschaftspolitischen Fragen zu beschränken.

Nach einer längeren Wechselrede, an der sich außer dem Antragsteller und dem Vorsitzenden noch die Staatssekretäre Dr. S t e i n w e n d e r, Dr. B a u e r, H a n u s c h und Unterstaatssekretär R i e d l beteiligten[19], erteilt der Kabinettsrat die erbetene Ermächtigung.[20]

8

Vergebung staatlicher Druckaufträge an die Staatsdruckerei

Der Vorsitzende weist darauf hin, dass mangels staatlicher Aufträge an die Staatsdruckerei die gesamte Arbeiterschaft dieses Unternehmens (ungefähr 1.600 Köpfe) binnen kurzem beschäftigungslos sein werde, und richtet an die Kabinettsmitglieder neuerlich die dringende Aufforderung, Druckaufträge innerhalb ihres Ressorts ausschließlich der Staatsdruckerei erteilen zu wollen.[21]

9

Gesetzentwurf über die Durchführung der militärischen Untersuchungen

Der Vorsitzende teilt mit, dass der Gesetzentwurf über die Durchführung der von der Nationalversammlung beschlossenen militärischen Untersuchung wegen der Ereignisse an der Südwestfront[22] morgen in der Nationalversammlung zur Beratung gelangen werde. Um in der Durchführung dieser Untersuchung keine Verzögerung eintreten zu lassen, sei

19 Vgl. die Stenogramme.

20 Vgl. SRP Nr. 60/III vom 20. Dezember 1918; StGBl. Nr. 2, Vollzugsanweisung des Deutschösterreichischen Staatsamtes für Landwirtschaft vom 22. Dezember 1918, betreffend die Einsetzung eines Fachbeirates im Staatsamte für Landwirtschaft, ausgegeben am 4. Jänner 1919. Der Fachbeirat sollte dem Staatsamt beratend zur Seite stehen und vom Staatssekretär nach Bedarf einberufen werden (§§ 1 und 3). Mitglied in diesem Beirat sollten u. a. sein: Vertreter der Landeskulturräte von Nieder- und Oberösterreich, Kärnten, Tirol, Vorarlberg, Deutschböhmen, Sudetenland; der Landesregierungen; der Hochschule für Bodenkultur Wien; der forstwirtschaftlichen Interessensgruppen und der größeren land- und forstwirtschaftlichen Organisationen (§ 2).

21 Vgl. dazu AdR, StK, GZl. 84/1919, Zl. 1.526/1918, Benützung der Staatsdruckerei durch die Staatsämter. In dem Akt, der u. a. ein vollständiges Exemplar des vorliegenden Kabinettsprotokolls enthält, finden sich Rundschreiben des Staatssekretärs für Finanzen vom 6. und 25. Dezember 1918, in denen die Staatsämter „auf die gebieterische Notwendigkeit der Vergebung sämtlicher staatlicher Druckarbeiten an die Deutschösterreichische Staatsdruckerei, deren Stillegung infolge Arbeitsmangels schon für die nächste Zeit befürchtet werden muß", hingewiesen wurden. Die Auflassung „unrentabler Eigendruckereien" der diversen Ressorts sollte die ausreichende Beschäftigung der Staatsdruckerei garantieren. Unter der genannten Grundzahl finden sich noch weitere Informationen zum Thema, so etwa ein Protest diverser Buchdruckereiverbände gegen diese Maßnahme (Zl. 84/1919, Verwahrung gegen die Vergebung staatlicher Druckarbeiten an die d.ö. Staatsdruckerei). Zur Staatsdruckerei vgl. auch KRP Nr. 18/10.

22 In ihrer 8. Sitzung hatte die Provisorische Nationalversammlung einen Antrag des Abgeordneten Schürff angenommen, den Staatsrat zu beauftragen, „ohne Verzug alle Vorkehrungen zu treffen, daß die Vorkommnisse, die zum Zusammenbruch an der Südwestfront geführt haben, sowie die Vorfälle am Rückmarsch untersucht und die Schuldigen zur Verantwortung gezogen werden". Vgl. Sten. Prot. Prov. NV, 8. Sitzung vom 5. Dezember 1918, S. 248 und S. 281. Die Angelegenheit wurde auch im Staatsrat erörtert, die betreffenden Ausführungen jedoch für geheim erklärt und nicht protokolliert. Vgl. SRP Nr. 55 vom 7. Dezember 1918.

Dr. Hans Schürff, 1910 bis 1923 Mitglied des Gemeinderates der Stadt Mödling, 21. Oktober 1918 bis 16. Februar 1919 Mitglied der Provisorischen Nationalversammlung, DnP, 12. November 1918 bis 14. März 1919 Ersatzmann des Staatsrates, 4. März 1919 bis 9. November 1920 Mitglied der Konstituierenden Nationalversammlung.

es geboten, die erforderlichen Ernennungen der Untersuchungskommission, des leitenden Untersuchungsrichters sowie die Besetzung des Gerichtshofes (Ratskammer) ehebaldigst in die Wege zu leiten. Er lade daher die Staatssekretäre für Heerwesen und für Justiz ein, die hierauf abzielenden Anträge dem Staatsrate[23] nach erfolgter Annahme der Gesetzesvorlage durch die Nationalversammlung ohne Verzug zu unterbreiten.[24]

10

Antrag des Staatsrates I r o, betreffend die Einberufung der im Felde gestandenen absolvierten Juristen in den Staatsdienst unter Anrechnung ihrer Kriegsdienstzeit

Der Vorsitzende teilt mit, dass Staatsrat I r o[25] nachstehenden Antrag eingebracht habe:[26]

„Die Staatsämter werden ermächtigt, in jenen Fällen, in welchen die früheren Ministerien im Verlaufe des Krieges im Felde befindlichen absolvierten Juristen unter gleichzeitiger Zusicherung der Einrechnung der Kriegsdienstjahre in die Staatsdienstzeit die schriftliche Zusicherung der Aufnahme in den Staatsdienst nach durchgeführter Demobilisierung gegeben haben – diese Zusicherungen aufrecht zu erhalten und die Einberufung der betreffenden Beamtenanwärter (soweit sie österreichische Staatsbürger sind und sich zum deutschösterreichischen Staat bekennen) zu verfügen".

---

23 Im Konzept ab hier schlicht: „ehestens zu unterbreiten".

24 Der Entwurf wurde in der übernächsten Sitzung der Nationalversammlung behandelt und beschlossen. Vgl. Sten. Prot. Prov. NV, 11. Sitzung vom 19. Dezember 1918, S. 376–396; StGBl. Nr. 132, Gesetz vom 19. Dezember 1918 über die Feststellung und Verfolgung von Pflichtverletzungen militärischer Organe im Kriege, ausgegeben am 24. Dezember 1918. Mit § 1 dieses Gesetzes wurde eine Kommission mit der Aufgabe eingesetzt, „zu erheben, ob und inwiefern im Verlaufe des Krieges Truppenkommandanten [...], gleichgestellten Vorständen und Leitern militärischer Behörden und Anstalten, ferner den Hilfsorganen der Genannten ein großes Verschulden bei der Führung der Truppen oder andere schwere Verstöße gegen ihre Dienstespflichten zur Last fallen. Insbesondere haben sich diese Erhebungen auf das Schicksal der deutschösterreichischen Truppen und auf den Verlust von Kriegsgerät und Vorräten bei dem Zusammenbruche der Wehrmacht der österreichisch-ungarischen Monarchie im Herbst 1918 zu erstrecken." Diese Kommission war vom Staatsrat zu bestellen. Zu den Beschlüssen über ihre Zusammensetzung vgl. SRP Nr. 64/III vom 10. Jänner 1919 und Nr. 77 vom 7. März 1919. Der Kabinettsrat gewährte der Kommission einen Kredit über 200.000 Kronen zur Durchführung ihrer Arbeiten. Vgl. KRP Nr. 56/4 vom 31. März 1919, weiters auch KRP Nr. 97/5 vom 12. August 1919. In Folge legte die Kommission mehrfach Berichte über ihre Tätigkeit vor, vgl. etwa KRP Nr. 97/4 vom 12. August 1919, Nr. 102/4 vom 29. August 1919 und Nr. 106/3 vom 12. September 1919. Im Zusammenhang mit diesem Gesetz vgl. auch StGBl. Nr. 582, Gesetz vom 17. Dezember 1919, womit das Gesetz vom 19. Dezember 1918, StGBl. Nr. 132, über die Feststellung und Verfolgung von Pflichtverletzungen militärischer Organe im Kriege ergänzt wird, ausgegeben am 23. Dezember 1919. Die Kommission wurde 1922 aufgelöst und die Übergabe ihrer Akten an das Bundesministerium für Heereswesen verfügt: StGBl. Nr. 203, Bundesgesetz vom 24. März 1922, betreffend die Aufhebung des Gesetzes vom 19. Dezember 1918, StGBl. Nr. 132, über die Feststellung und Verfolgung von Pflichtverletzungen militärischer Organe im Kriege, ausgegeben am 14. April 1922. Das Aktenmaterial der Kommission findet sich im Bestand KA, Parlamentarische Untersuchungskommission zur Erhebung militärischer Pflichtverletzungen im Weltkrieg 1919–1922. Vgl. dazu weiters Wolfgang Doppelbauer, Die Kommission zur Erhebung militärischer Pflichtverletzungen, Dipl.-Arb., Wien 1984; ders., Zum Elend noch die Schande: das altösterreichische Offizierskorps am Beginn der Republik (= Militärgeschichtliche Dissertationen österreichischer Universitäten 9), Wien 1988.

25 Karl Iro, 21. Oktober 1918 bis 16. Februar 1919 Mitglied der Provisorischen Nationalversammlung, DnP, 30. Oktober bis 12. November 1918 Ersatzmann des Staatsrates, 12. November 1918 bis 14. März 1919 Mitglied.

26 Beilage zu Punkt 10: Antrag des Staatsrates Iro (½ Seite). Die Beilage enthält lediglich den in der Reinschrift wiedergegeben Antragstext, datiert mit 6. Dezember 1918.

Der Kabinettsrat beschließt, diesen Antrag zunächst der zwischenstaatsamtlichen Geschäftsstelle für Beamtenangelegenheiten zur Vorberatung zuzuweisen.[27]

11

Ablegung des Gelöbnisses auf den jugoslawischen Staat durch den Lehrkörper des deutschen Staatsgymnasiums in Cilli[28]

Staatssekretär Pacher teilt mit, dass eine Abordnung des Lehrkörpers des deutschen Staatsgymnasiums in Cilli[29] bei ihm mit der Meldung erschienen sei, es werde von den Mitgliedern dieses Lehrkörpers binnen 5 Tagen die Ablegung des Eides auf den jugoslawischen Staat verlangt. Ihre Bereitwilligkeit, ein einfaches Gelöbnis zur gewissenhaften Erfüllung ihrer Dienstpflichten abzulegen[30], sei als ungenügend bezeichnet worden. Der sprechende Staatssekretär habe die Abordnung hierauf über die vom Kabinettsrate getroffenen einschlägigen Bestimmungen aufgeklärt, worauf sie die Bitte stellte, es möge ihr zum Zwecke der Mitteilung an ihre Amtsgenossen eine schriftliche Zusicherung des Inhaltes erteilt werden[31], dass die Ablegung des Eides auf den südslawischen Staat für eine spätere Übernahme in den deutschösterreichischen Staat beziehungsweise Staatsdienst kein Hindernis bilden werde.[32] Staatssekretär Pacher habe ihnen auch erklärt, dass der deutschösterreichische Staat zwar eine Verpflichtung bezüglich einer Anstellung nicht übernehmen könne, dass aber das möglichste in ihrem Interesse geschehen werde.

---

27 Das zwischenstaatsamtliche Komitee zur Behandlung von Staatsangestelltenfragen (vgl. zu seiner Einrichtung KRP Nr. 11/2) beschäftigte sich in seiner 9. Sitzung am 3. Jänner 1919 mit diesem Antrag und entschied, dass „die Aufnahme von Praktikanten in den d.ö. Staatsdienst bis auf weiteres in der Regel zu unterbleiben" habe, dies erscheine „wegen der schwierigen Finanzlage des Staates und der geplanten Vereinfachung der Verwaltungseinrichtungen in allen Dienstzweigen" geboten. „Etwaige durch die ehemals österr. Regierung gegebene Zusicherungen der Aufnahme in den ehemals österr. Staatsdienst (bezw. der Zulassung zum Vorbereitungsdienst) sind, da der d.ö. Staat in keiner Weise als Rechtsnachfolger des bestandenen österr. Staates angesehen werden kann, für die d.ö. Regierung nicht bindend und rechtlich bedeutungslos." Vgl. AdR, StK, GZl. 45/1919, Zl. 45/50/1919, Verhandlungsschriften 1–25 des zwischenstaatsamtl. Komitees, Verhandlungsschrift Nr. 9 zur Sitzung am 3. Jänner 1919; GZl. 173/1919.

28 Der Betreff wurde im Konzept handschriftlich ergänzt.

29 In diesem Zusammenhang vgl. auch AdR, StK, GZl. 762/1918, Ausschuss der deutschen Staats-, Landes- und Bahnbeamten sowie der Lehrerschaft und der Gemeindebeamten des steirischen Unterlandes, Cilli, Verhältnis der Staatsangestellten des deutschen Unterlandes; GZl. 764/1918, Gemeinden Cilli, Windischgraz, Schönstein, Tüffer und Rann b. Pettau um Schutz der Deutschen in Untersteiermark.

30 Im Konzept ursprünglich: „eine allgemein gehaltene Verpflichtung zur gesetzmäßigen Amtsführung zu übernehmen".

31 Im Konzept ursprünglich: „es möge ihnen die Zusicherung erteilt werden, um sie in die Lage zu versetzen, ihren Amtsgenossen mitteilen zu können".

32 Vgl. KRP Nr. 14/16, weiters auch AdR, StK, GZl. 643/1919, Ablegung des Gelöbnisses durch Staatslehrpersonen deutscher Nationalität; GZl. 773/1918, Eidesleistung der ehemals österr. Staatsbediensteten deutscher Nationalität außerhalb des d.ö. Staatsgebietes. Erstgenannter Akt enthält u. a. einen Erlass des Staatsamtes für Unterricht, gerichtet an die Landesregierungen für Deutschböhmen und Sudetenland sowie die Landesschulräte von Kärnten, Niederösterreich und Steiermark, betreffend die „dienstliche Stellung der Staatslehrpersonen deutscher Nationalität" in Gebieten, die „gegenwärtig von der Regierung eines anderen Nationalstaates" besetzt waren. Auch wenn solche Lehrpersonen „vorübergehend dem fremden Nationalstaat Dienst leisten", würden sie dadurch nicht aufhören, „d.ö. Staatsbedienstete zu sein". Auch die Ablegung des Gelöbnisses auf jene Nationalstaaten, wenn eine solche als Voraussetzung für den Verbleib auf dem jeweiligen Posten gefordert werde, stelle „für eine spätere Uebernahme in den d.ö. Staat bzw. Staatslehrdienst kein Hindernis" dar, wenn auch „für eine solche Uebernahme eine bestimmte Zusicherung nicht erteilten werden" könne. Umfangreiche Informationen zur Übernahme bzw. weiteren Verwendung von nach Deutschösterreich rückwandernden Lehrkräften finden sich in AdR, StK, GZl. 620/1919.

Der Kabinettsrat nimmt diese Ausführungen mit dem Beifügen zustimmend zur Kenntnis, dass der Erteilung einer derartigen Zusicherung[33] nichts im Wege stehe. Der zwischenstaatsamtlichen Geschäftsstelle für Beamtenangelegenheiten werde von Vorstehendem Mitteilung zu machen sein.[34]

Schluss der Sitzung ½ 7 Uhr abends.

33 Im Konzept ursprünglich: „der Abgabe einer solchen Erklärung".
34 Ähnlich vgl. AdR, StK, GZl. 241/1/1919, Gelöbnis der Lehrer für den tschechoslowakischen Staat.

Stenogramm A vom 17. Dezember 1918 (Fenz)

24. Cabinettsrat

Bericht Glöckel über die Beamtenfrage. Heute waren die Vertreter der Zentralorganisationen der Beamten bei mir. Forderung, dass der Anschaffungsbeitrag vor Weihnachten ausgezahlt [wird] – Verpflichtung besteht nicht. Anstelle des Anschaffungsbeitrags oder eines Teiles Anschaffung von Lebensmitteln. Gegen eine solche Aktion technische Schwierigkeiten. Es würden nur kleine Mengen zur Verfügung stehen. Nicht einverstanden, dass man anstelle der geldlichen Zuwendung Lebensmittel zugibt.

Anschaffungsbeitrag schon jetzt: einverstanden, dass die Hälfte des Anschaffungsbeitrages vor oder um Weihnachten zur Auszahlung gelangt. Die Staatsbetriebe, die eigene Mittel haben, sollen vorschussweise diese Beträge flüssig machen.

Der halbe Anschaffungsbeitrag von 27 Millionen Kronen womöglich vor Weihnachten zur Auszahlung bringen.

Beck: Es wurde betont, dass überhaupt keine Verpflichtung zur Auszahlung von Anschaffungsbeiträgen besteht, so dass aus der Tatsache, dass jetzt der halbe Anschaffungsbeitrag ausbezahlt wird, nicht gefolgert werden kann, dass die zweite Hälfte im Februar ausbezahlt wird. Das letztere wird sich nach den staatsfinanziellen Verhältnissen richten.

Der Anschaffungsbeitrag, wie er im November '18 ausbezahlt wurde, wird für die Bemessung der Hälfte zugrunde gelegt werden.

Pacher: Anschaffungsbeitrag für die Lehrerschaft, Gesetzentwurf. Teuerungszuschlag für die Lehrerschaft, Gesetzentwurf und dem FA [Staatsamt für Finanzen] zugewiesen.

Veranlassen, dass es rasch aus der Kommission in die Nationalversammlung gelangt.

2.[35]
Bereits erledigt.

3.[36]
Bereits erledigt, da Vollzugsanweisung erschienen.

4.
[Loewenfeld-Ruß:] Mit 1.XI. [ist die] KGV [Kriegsgetreideverkehrsanstalt] in Liquidation getreten. Im Wesen derselbe Aufbau wie früher, Konstruktion nur eine Änderung: dass nicht ein Präsident, sondern [ein] Kollegium – Verwaltungskommission – [von] 12 Personen, je vier aus Vertretern der Landwirtschaft, Verbraucher, des Handels und der Industrie die Oberleitung führt. Nur der Vorsitzende [wird] vom Staatsamt für Volksernährung ernannt – Paul. Kommerzielle Leitung der bisherige Vizepräsident Reif. Ob [man es] dem Staatstrat vortragen soll?

Renner: Gegen die Hinausgabe der Verordnung ohne Staatsrat keine Bedenken.

Genehmigt.

8.
[Loewenfeld-Ruß:] Möglichst Beschleunigung des Verfahrens wenn wir aufgrund der [...] Verordnung Lebensmittel anfordern. Großes Interesse gerade jetzt. Bei Speditionen große Mengen

---

[35] Diese Stenogrammstelle bezieht sich auf den nicht in der Reinschrift berücksichtigten Punkt 2 des Konzepts der Tagesordnung: „Austragung der Differenzen zwischen der Hauptanstalt für Sachdemobilisierung und dem Staatsamt für Volksernährung über die Beschlagnahme und Verteilung der Lebensmittel aus ärarischen Betrieben und Depots, sowie die Bezahlung der angeforderten Lebensmittel (Referent Staatssekretär Dr. Loewenfeld-Russ)". Zur Hauptanstalt für Sachdemobilisierung vgl. auch KRP Nr. 5, Anmerkung 12.

[36] Diese Stenogrammstelle bezieht sich auf den nicht in der Reinschrift berücksichtigten Punkt 3 des Konzepts der Tagesordnung: „Vollzugsanweisung des Staatsamtes für Volksernährung, betreffend die Errichtung einer d.ö. Zuckerstelle". Vgl. auch KRP Nr. 26/7.

Lebensmittel aufgestapelt. Die Gemeinde Wien weigert sich, anzufordern, weil das Verfahren so langwierig ist.
Ermächtigung, in der nächsten Staatsratssitzung zu vertreten.
Riedl: Ich möchte diese Angelegenheit noch einer Überprüfung unterziehen, ich -.
Ausdehnung auf alle Bedarfsartikel noch Rücksprache mit Riedl.
Genehmigt.

Jukel: Verlängerung der Gültigkeit der Jahresfreikarten für die Reichsratsabgeordneten und deren Vergütung.
Antrag: 3.000 Kronen.
Steinwender: Berechnung irrig, 3.000 viel zu hoch. 2.250 Kronen mit der sich Grimm einverstanden erklärt hat, wäre das Maximum.
Jukel: Die Bahnen haben bisher überhaupt nichts bekommen. Die Polen haben den Antrag gestellt, zu verlängern. Es handelt sich hauptsächlich um die Privatbahnen.
[Beschluss:] Jukel ist beauftragt, auf der Basis von 2.250 Kronen zu verhandeln.

Zerdik: Abkommen zwischen Kranz und der tschechoslowakischen Regierung, der erste Teil.
Stanek will alle Akten und Behelfe des Ministeriums für öffentliche Arbeiten, welche auf den tschechoslowakischen Staat Bezug haben. Akten des Kriegsministeriums, betreffend Spionage-Verdacht gegen mich und meine Tochter[37], Schreibmaschinen und Lokomotiven. Freigabe von beschlagnahmter Gerberrinde.
Nach der Liste wird wesentlich mehr verlangt als im Punkt 4 des Vertrages niedergelegt war an Kompensationen.
Riedl: Gerberrinde separat verhandelt.
[Renner:] Im Einvernehmen mit den beteiligten Ressorts möglichst rasch Antwort [an] Stanek.
Bauer: Wegen Akten ist [eine] Vereinbarung schon zustande gekommen: laufende Akten sind abzugeben, die übrigen bleiben in unserer Verwahrung. Im Bedarfsfall Einsichtnahme oder zur Einsicht schicken.
Zerdik: Mit den Akten bezüglich der Kohlengruben geht das nicht, weil zu umfangreich und Abschriften zu kompliziert.
Renner: Was die Kohlengruben auf tschechoslowakischem Gebiet [anlangt], soll man die Akten und Pläne ausfolgen; was auf unserem Gebiet liegt, nicht.
Bauer: Was Deutschböhmen anbelangt, werdet Ihr Verlangen, wird Wien ablehnen und Sie werden protestieren; mit dem waren die Tschechen einverstanden.
Zerdik: Tusar[38] soll sie holen lassen.

Ausfallsgarantien.
Bauer: -
Steinwender: Staatsamt der Finanzen soll ermächtigt werden, nötigenfalls ein solches Gesetz einzubringen. Wir sind eigentlich schon durch das Budgetprovisorium ermächtigt zur Übernahme solcher Garantien. Wenn sich der Bürgermeister mit der letzten Ermächtigung zufrieden gibt, so würde die Gesetzesvorlage entfallen.
Loewenfeld-Ruß: Die 10 Millionen Dollar besonders [von] Hoover zur Hinterlegung verlangt. ~~Sind für Deutsch-Österreich bestimmt~~. Die Lebensmittel sind nicht für Wien allein bestimmt. Dass der Staat gar nichts darauf zu zahlen hat, kann ich nicht bestimmt in Aussicht stellen. Das Getreide und Mehl wird sehr viel kosten. Im nächsten Staatsrat wird eine dreigliedrige Kommission eingesetzt werden, welche die Frage studiert.

---

37 Die Formulierung ist etwas missverständlich. Gemeint war nicht Spionageverdacht gegen Zerdik und seine Tochter (Zerdik hatte – zumindest zu diesem Zeitpunkt – keine Tochter), sondern gegen den tschechoslowakischen Minister Staněk und offenbar auch dessen Tochter. Vgl. auch Anmerkung 15.

38 Vlastimil Tusar, ab 30. Oktober 1918 tschechoslowakischer Bevollmächtigter bei der k.k. Regierung in Wien und dann der Regierung Deutschösterreichs, 10. Juli 1919 bis 15. September 1920 tschechoslowakischer Ministerpräsident.

Das ~~Verfügungsrecht~~ über die Lebensmittel muss der Regierung vorbehalten bleiben. Diese muss -.

[Beschluss:] Das Staatsamt für Finanzen ist ermächtigt, in der morgigen Sitzung der Nationalversammlung eine Gesetzesvorlage einzubringen, falls der Bürgermeister der Stadt Wien darauf besteht.

9.[39]

Richtlinien für den Ausbau der Wasserkräfte.

Zerdik soll an alle Ressorts Abschriften dieser Entwürfe schicken.

5.

[Stöckler:] Beim früheren Ackerbauministerium [bestand ein] Landwirtschaftsrat. Entsendung eines Fachbeirates in das Staatsamt für Landwirtschaft. Daraus ein 9-gliedriger Arbeitsausschuss, von diesem ständige Referenten bestellt, die das Staatsamt für Landwirtschaft beraten. Förderung der Produktion Hauptaufgabe.

42-gliedriger Fachbeirat. Eventuell Hauptkorporationen, Hochschule für Bodenkultur, alle Ländervertreter.

Antrag Erlassung einer Vollzugsanweisung zur Einsetzung eines Fachbeirates für das Staatsamt für Landwirtschaft. Staatsrat? Erlass?

Renner: In der letzten Staatsratssitzung Anregung der Reform des ganzen Beiratswesens auf wirtschaftlichem Gebiet. Es soll sich einheitlich vorgegangen werden, dass die Möglichkeit besteht, einen zentralen Wirtschaftsbeirat zu schaffen. Ich weiß nun nicht, ob man nicht abwarten sollte, was aus dieser Anregung wird. Bei der Freitag-Sitzung im Staatsrat wird darüber gesprochen werden.

Riedl: Was den Wirkungskreis des Handels betrifft, so haben wir uns schon bei den Arbeiterkammern eine Gesetzesvorlage über die Handelskammern – Unterbau der Organisation. Ich werde daher vom Antrag auf zentralen Wirtschaftsbeirat -.

Steinwender: Spricht sich für die Einsetzung des Landwirtschaftsbeirates aus.

Bauer: Das Projekt Licht[40] steht nicht in Zusammenhang mit Stöcklers Beirat. Vom Aufgabenkreis des Fachbeirates werden die volkswirtschaftlichen, politischen und sozialpolitischen [Fragen] ausgeschlossen sein und nur für solche Belange sei der zentrale wirtschaftliche Beirat bestimmt. Der Stöckler-Beirat könnte ohne weiteres eingesetzt werden unter der Voraussetzung, dass er sich nur mit technischen Fragen befasst.

Hanusch: Ist gegen zentrale Beiräte mit Vertretern aus allen Industrie-Kreisen. Da wird nicht gearbeitet.

Haltung der Landesregierungen.[41]

Riedl: Die Landesregierung in Linz hat den Beschluss gefasst, ohne Rücksicht auf Widerstände von irgend einer Seite die Sachdemobilisierung im eigenen Wirkungskreis zur Durchführung

---

39 Diese Stenogrammstelle bezieht sich auf den nicht in der Reinschrift berücksichtigten Punkt 9 des Konzepts der Tagesordnung: „Antrag Dr. Ellenbogen, betreffend den Ausbau der Wasserkräfte". Vgl. auch die diesbezüglichen Aufzeichnungen in Stenogramm B. Offenbar sollte der Punkt auf die folgende 25. Sitzung vertagt werden, kurz erwähnt wurde die Bautätigkeit auf diesem Gebiet aber erst in KRP Nr. 30/1.

40 Dr. Stefan Edler von Licht, 21. Oktober 1918 bis 16. Februar 1919 Mitglied der Provisorischen Nationalversammlung, DnP, 30. Oktober 1918 bis 14. März 1919 Ersatzmann des Staatsrates, 1918 bis 1919 externer Mitarbeiter der Staatskanzlei in Verfassungsangelegenheiten. Möglicherweise bezog sich die Formulierung „Projekt Licht" auf den Punkt 11 des Konzepts der Tagesordnung: „Antrag Dr. Licht, betreffend den Entwurf eines Darlehenskassengesetzes". Vgl. dazu Anmerkung 52.

41 Dieser Punkt – der auch im nachfolgenden Stenogramm B aufscheint, im Konzept der Tagesordnung jedoch nicht enthalten ist – wurde in der Reinschrift nicht berücksichtigt. Vgl. auch KRP Nr. 23/8 und Nr. 27/2.

zu bringen. Wir haben einen Vertrag mit den Tschechoslowaken geschlossen, wonach wir bestimmte Grundsätze feststellen und ihnen bestimmte Anteile zugesichert haben. Es muss im Staatsrat behandelt werden. Wir stehen vor der Notwendigkeit, einen Ausgleich zwischen den Überschussländern an Sachdemobilisierungsgütern und jenen, welche nichts haben – einen Ausgleich zu liefern.

Marckhl: Sind die Bestände der Flüchtlingsfürsorge (eine halbe Milliarde) auch in das Übereinkommen mit den Tschechoslowaken einbezogen?

Riedl: Nein.

Riedl wird hinauf fahren.

14.

[Renner:] 1.600 Arbeiter der Staatsdruckerei sind nahezu beschäftigungslos. Die einzelnen Staatsämter werden nicht abseits von der Staatsdruckerei arbeiten lassen können. Die Statistiken der Staatsämter werden nicht dort gedruckt. Die Schulbücher werden anderwärts gedruckt, Kursbücher, Telefonbücher.

Riedl: Die Staatsämter sollen ausnahmslos ihren Druckbedarf bei der Staatsdruckerei besorgen lassen.

Hanusch: Es handelt sich nur um ein Übergangsstadium. Die Arbeiter der Staatsdruckerei sollen nicht entlassen werden zumal sie während des ganzen Krieges um geringeren Lohn gearbeitet haben.

Renner: -.

11.

[Renner:] Von der Nationalversammlung Antrag gestellt, Untersuchung der Ereignisse [an der] Südwest-Front. Gesetzentwurf kommt morgen in die Nationalversammlung. Die beteiligten Ämter sollen sich ins Einvernehmen setzten um die notwendigen Ernennungen und Besetzungen vornehmen -. Untersuchungskommission, Untersuchungsrichter, Ratskammer, Gerichtshof. Die Staatsämter für Heerwesen und Justiz müssen rasch zusammentreten, damit nicht die Akten verschlampt werden.

7.[42]

Mayer: Bisher tierärztliche Hochschule dem Kriegsministerium unterstanden gewesen, unhaltbarer Zustand. Schon früher [vom] Ackerbauministerium und KUM [Ministerium für Kultus und Unterricht] für sich reklamiert. Ebenso jetzt die beiden Staatsämter.

Glöckel: Im alten Österreich haben nicht weniger als 14 Zentralstellen in das Unterrichtswesen hinein gesprochen.

Stöckler: Ich will keine Kompetenzerweiterung. Im Ausland ist überall das Veterinärwesen dem Landwirtschaftsministerium unterstellt, der Einfluss der Praxis ist ganz ausgeschaltet.

Pacher: -.

Renner: Die Beratung wird einer nächsten Kabinettssitzung vorbehalten.[43]

12.

In jenen Fällen, in welchen -.

Roller: Der Antrag wird der Geschäftsstelle zur Beratung zugewiesen.

~~Der Kabinettsrat [hat] beschlossen, Neuaufnahmen in der Regel nicht vorzunehmen. Es können daher Zusicherungen die von österreichischen Behörden gegeben wurden, nicht übernommen werden.~~

---

42 Diese Stenogrammstelle bezieht sich auf den nicht in der Reinschrift berücksichtigten Punkt 7 des Konzepts der Tagesordnung: „Ueberführung der militärtierärztlichen Hochschule in die Zivilverwaltung (Entscheidung der Frage der Unterstellung unter das Staatsamt für Unterricht oder für Landwirtschaft)".

43 Vgl. KRP Nr. 25/7.

[Glöckel:] Lehrbücherabänderung.[44] Lehrergelöbnis, Weisung hinausgegangen an die Landesschulräte. Schulbücherverlag: Wenn wir die Schulbücher an die Volksschulen und Internate hinausgeben, dann aufrecht erhalten.

Eidesablegung für den jugoslawischen Staat.

Stenogramm B vom 17. Dezember 1918

Glöckel: Zentralorganisationen Vertreter [empfangen] und durchbesprochen.
Punkt 1) Anschaffungsbeitrag schon vor Weihnachten, von einer Verpflichtung keine Rede. Ob man anstelle des Anschaffungsbeitrags dazu verwenden soll, um Lebensmittel dafür zu verschaffen oder um einen Teil desselben. Dagegen technische Schwierigkeiten und nur kleine Mengen. Die große Mehrzahl dafür, dass man ihnen die Lebensmittel verkauft. Nicht einverstanden, dass man statt Geld Lebensmittel gibt.
1.) Einverstanden, dass die Hälfte des Anschaffungsbeitrages um Weihnachten herum zur Anweisung gelangt ~~ohne Unterschied der Rangsklassen, nur Unterschied durch die Frau~~ – in der Höhe von 27 Millionen Kronen.
2.) Die Staatsbetriebe, welche eigene Mittel haben, die Beträge dazu vorschussweise benützen sollen, um diesen halben Betrag zur Anweisung zu bringen (27 Millionen).
3.) Einige kleine Bitten sind zur zufriedenstellendsten Weise gelöst worden.

Beck: Ausdrücklich betont, dass eine Verpflichtung der Finanzverwaltung zur Auszahlung eines solchen Betrages überhaupt nicht besteht, und dass keineswegs daraus ein Recht abgeleitet werden könnte, dass etwa im Februar der Rest flüssig gemacht werden wird, sondern auch abhängig von den späteren finanziellen Verhältnissen.
ad 3) Gleichstellung der Kanzleioffizianten in Bezug auf die Höhe der Teuerungsbeiträge.
Wenn der Beschluss zustande kommt, wird sofort an die Anweisung geschritten werden. Es wird Sache der einzelnen Staatsämter sein, dass dies sogleich geschieht. Durchführung derart gedacht, dass der Betrag wie er im November '18 ausgezahlt wurde, die Grundlage bildet für die Hälftung jetzt und keine Rücksicht auf Veränderungen – auf die mittlerweile eingetretenen Veränderungen [genommen wird].
Staatsamt für Finanzen wird Verständigungen vornehmen.

Pacher: Vom Staatsamt für Finanzen wurden im Staatsrat zwei Entwürfe vorgebracht: Anschaffungsbeitrag für die Lehrerschaft und Teuerungszulage für das kommende Jahr. Besorgnis, dass diese Gesetzentwürfe nicht mehr vor Weihnachten unter Dach gebracht werden können. Bitte zu veranlassen, dass das aus der Staatsratskommission so rasch als möglich heraus kommt, damit es die Nationalversammlung noch beschäftigen könnte.

2.[45]
Sache bereits erledigt, im kurzen Weg Differenzen ausgetragen (gütlicher Weg).

3.[46]
Auch erledigt: Vollzugsanweisung schon erschienen.

---

44 Diese Ausführungen stehen hinsichtlich der Gelöbnisfrage im Zusammenhang mit Punkt 11 der Tagesordnung, die Bemerkungen zur Abänderung der Schulbücher scheinen in der Reinschrift allerdings nicht auf. Stenogramm B enthält noch umfangreichere Äußerungen zur „Lesebuchfrage". Zu diesem Thema vgl. auch KRP Nr. 16/7.

45 Vgl. Anmerkung 35.

46 Vgl. Anmerkung 36.

4.
[Loewenfeld-Ruß:] KGV [Kriegsgetreideverkehrsanstalt] in unserem Auftrag in Liquidation getreten. Statt ihr eine neue deutsch-österreichische Kriegsgetreideanstalt. Im Wesen ganz derselbe Aufbau wie früher (Zustimmung des Staatsamtes für Finanzen bereits erfolgt). Nicht mehr Präsident oder ministerielle Kommission an der Spitze, sondern ein Collegium „Verwaltungskommission“ bestehend aus Vertretern der Landwirtschaft, Verbraucher, Handel und Industrie; 12 Mitglieder (und je ein Ersatzmann). Nur der Vorsitzende soll vom Staatsamt für Volksernährung ernannt werden – nimmt in Aussicht genommen: Paul. Kommerzielle Leitung bleibt in den Händen des bisherigen Vizepräsidenten Reif. Weiters, ob diese Vollzugsanweisung noch zum Staatstrat gehen soll, trotz Ermächtigung?
Renner: Im Hinblick auf die Generalermächtigung keine Einwendung. Auch Paul angenommen.

8.
[Loewenfeld-Ruß:] Möglichst Beschleunigung des Verfahrens wenn wir Lebensmittel anfordern. Habe Nachrichten, dass bei den großen Speditionen in Wien sehr große [Mengen an] Lebensmittel aufgestapelt sind. Die Gemeinde Wien möchte anfordern. Bittet, diesen Entwurf im nächsten Staatsrat einbringen zu dürfen. [Die] beteiligten Staatsämter haben im kurzen Weg zugestimmt.
Riedl: Ob Bedenken dagegen verlauten, dass eine solche Beschleunigung auch gegen andere Bedarfsartikel -.
Im Einvernehmen mit Riedl auf alle Bedarfsartikel.
Genehmigt.

Jukel: Jahres[frei]karten, Antrag auf 3.000 Kronen. Das Ministerium für Inneres bezahlt es, das Eisenbahnministerium übernimmt [es].
Steinwender: 2.250 [Kronen] ist selbst viel zu hoch.
Jukel: Die Bahnen haben bisher überhaupt nichts bekommen. Die Anregung [ist] ausgegangen von den Polen.
[Beschluss:] Jukel übernimmt es, auf der Basis von 2.250 Kronen zu verhandeln.

Zerdik: Habe im Staatsrat über die Verhandlungen [von] Kranz mit Prag berichtet.
Der erste Teil verlangt keine Compensation, der zweite Teil gewisse Compensationen. Es wird wesentlich mehr verlangt als ursprünglich verlangt wurde.
Riedl: Die Frage wegen Gerberrinde wurde separat behandelt, Abkommen bereits erzielt.
Renner: Antrag gestellt, im Einvernehmen mit den beteiligten Ressorts dem Herrn Stanek die Antwort zu geben.
Bauer: Darüber ist eine Vereinbarung zustande gekommen: was laufende Akten anbelangt, sind sie abzugeben. Die übrigen Akten bleiben in unserer Verwahrung. So können sie jederzeit Einsicht nehmen oder verlangen, dass es ihnen zugeschickt wird.
Renner: Was die Kohlengruben anbelangt, so glaube ich, dass man ihnen die auf ausgesprochen tschechisches Gebiet bezüglichen Pläne ausfolgen könnte; [diejenigen bezüglich] Deutschböhmen aber nicht.
Bauer: Was Deutschböhmen anbelangt, werdet Ihr es verlangen, wir werden es verweigern, Ihr werdet protestieren – sie haben lächelnd zugestimmt.
In diesem Sinne wird verfügt werden.

Übernahme der Ausfallsgarantie.
Bauer: Teilt mit, dass die letzten Berichte über die Lebensmittelausfuhr aus Amerika etwas besser klingen. Allerdings haben sie verlangt, wir sollen 10 Millionen Dollar erlegen. Wir haben geantwortet, die Leute sollen herkommen und mit uns verhandeln. Es handelt sich darum, für die rasche Möglichkeit vorzusorgen. Gemeinde Wien wird da in erster Linie in Betracht kommen. Diese Stadt ist bereit, als Schuldnerin aufzutreten. Vollmacht schon draußen, mit einem Schweizer Bankkonsortium. Die Stadt Wien will eine Ausfallsgarantie vom Staat haben (Schadenersatz und Spesenersatz). ~~Wenn auch Wien~~ – Es ist doch ein Geschäft des Staates wenn auch Wien

vorgeschoben wird. Wien hat den Wunsch, dass diese Ausfallsgarantie durch ein Gesetz gegeben wird. Soll morgen schon in die Nationalversammlung eingebracht und erledigt werden. Bauer hat versprochen, das dem Kabinettsrat vorzulegen.

Steinwender: ~~Wir werden ermächtigt~~ – Der Staatsrat möge uns ermächtigen, ein solches Gesetz schon morgen einzubringen. Wir sind zu einer solchen Übernahme der Garantie durch das Budgetprovisorium ermächtigt, wenn aber der Bürgermeister ein solches Gewicht darauf legt ... Ausfallsgarantie ja, aber zuzahlen doch nicht.
Bittet um die Ermächtigung, morgen im Notfall ein solches Gesetz einzubringen.

Loewenfeld-Ruß: Die 10 Millionen Dollar, die Hoover verlangt, sind nicht etwa an die Bedingung geknüpft, dass diese Lebensmittel der Stadt Wien zur Verfügung gestellt werden; nur Kreditoperation. Es eigentlich selbstverständlich, [dass] ausgeschlossen [ist], dass Wien aus dieser Bereitwilligkeit, die Forderung stellen kann, dass die Lebensmittel ihr allein zukommen. Diese Lebensmittel werden der Regierung zur Verfügung gestellt.
Die zweite Forderung, dass der Staat nichts darauf zu zahlen haben wird, möchte ich nicht mit ja beantworten. Das wird [davon] abhängen, was das kosten wird.
Dass das Verfügungsrecht sich der Staat vorbehält ausdrücklich in dem Garantieübereinkommen (in der Verständigung der Stadt Wien).

Beschluss: Das Staatsamt für Finanzen ist ermächtigt, eine Gesetzesvorlage in der morgigen Sitzung der National[versammlung] einzubringen, die in allen drei Lesungen beschlossen werden soll; hiervon wird nur Gebrauch gemacht werden, wenn die Gemeinde darauf besteht, sondern [sonst] Staatsrat in seiner Sitzung Freitag abend.

[Konzept der Tagesordnung:]
9. Antrag Dr. Ellenbogen[47], betreffend den Ausbau der Wasserkräfte.[48]
Auf Samstag-Sitzung.
[Stenogramm:]
Riedl: -.
Zerdik: Zwei Denkschriften an die Staatskanzlei.
Renner: Bittet Zerdik, an alle Ressorts Abschriften zu senden, damit [sie] in der Lage [sind], zu prüfen. Samstag schon im Kabinettsrat hierzu sprechen. Die Herren haben drei Vorlagen.

5. Fachbeirat

Stöckler: Früher hat [ein] Landwirtschaftsrat bestanden. ~~Frage Anstand ohne Nicht-Fachleute~~. Erfahrung, dass Fachleute, wenn sie ?Beamtenabend haben, nach und nach Theoretiker werden. Das Ackerbauministerium hat sehr wenige praktische Arbeiter.
Dass dem Ackerbauministerium ein Fachbeirat angeschlossen wird; aus diesem heraus soll ein 9-gliedriger Arbeitsausschuss gewählt werden und von diesem ein Haupt- und 2–3 Nebenreferenten bestellt werden, die in ständiger Fühlung mit dem Staatsamt sind. Die Förderung der Landwirtschaft Hauptaufgabe der Zukunft.
42-gliedriger Fachbeirat, ~~zu ernennen und zu wählen; die Landesregierungen~~. (Kosten 150.000 Kronen jährlich, Kosten des Landwirtschaftsrates fallen dagegen weg mit 30.000).
Antrag zur Erlassung einer Vollzugsanweisung zur Errichtung eines Fachbeirates.

Renner: In der letzten Staatsratssitzung ist die Anregung gefallen, unser gesamtes wirtschaftliches Beiratswesens zu reformieren. Dabei soll einheitlich so vorgegangen werden, dass es möglich ist, einen zentralen Wirtschaftsbeirat zu schaffen. Ich kann die Tragweite einer solchen Anregung jetzt nicht beurteilen, es hat diese aber im Staatsrat einen Anklang gefunden. Ich glaube daher, man sollte abwarten, was aus einer solchen Anregung wird. Im Staatsrat (Freitag) wird darüber

---

47 Dr. Wilhelm Ellenbogen, 21. Oktober 1918 bis 16. Februar 1919 Mitglied der Provisorischen Nationalversammlung, SdAP, 4. März 1919 bis 9. November 1920 Mitglied der Konstituierenden Nationalversammlung, 15. März 1919 bis 24. Juni 1920 und 7. Juli 1920 bis 22. Oktober 1922 Unterstaatssekretär für Handel und Gewerbe, Industrie und Bauten.

48 Vgl. Anmerkung 39.

verhandelt werden. Hängt zusammen mit der Sache der Kammern, die auch territ.[oriale] Unterorgane sind.

Riedl: ~~Bittet~~ – Macht aufmerksam, dass schon im Hinblick auf das Gesetz über die Errichtung von Arbeiterkammern an eine Reform der Handelskammern geschritten werden wird. Wird jetzt den Kammern zur Begutachtung hinausgegeben. Handelskammern sollen vereinigt werden in einen zentralen Beirat. Ehe man diesen Unterbau hergestellt hat, sollte man jetzt nicht vorgehen.

Steinwender: Spricht [sich] für die sofortige Einrichtung des Fachbeirates [aus].

Bauer: Der Fachbeirat soll rein technisch sein. Die Zuständigkeit des Beirates aber nur beschränkt werden auf das rein Technische mit Ausschluss von ~~wirtschaftlichen~~ sozialpolitischen [Fragen].

Antrag angenommen.

Unbotmäßigkeit der Landesregierungen.[49]

Riedl: Die Landesregierung in Linz hat Beschluss gefasst, ohne Rücksicht auf Widerstände von außen die Sachdemobilisierung selbst zur Durchführung zu bringen. Das muss im Staatsrat behandelt werden. [Wir haben einen] Vertrag mit der Tschechoslowakei abgeschlossen und jetzt kommt Oberösterreich mit dieser Sache hinein.

Renner: Wir haben beschlossen eine Vorstellung.

Marckhl: Ob die Bestände der Flüchtlingsfürsorge in den Vertrag mit den Tschechoslowaken einbezogen wurden (eine halbe Milliarde)?

Renner: Nicht auf die Tagesordnung des Staatsrates stellen, sondern der allgemeinen Vorstellung beizuschließen.

Renner: Staatsdruckerei-Arbeiter ist nahezu beschäftigungslos. Pensionsberechtigt, daher große Kosten. Die Staatsämter haben daher nicht abseits der Staatsdruckerei drucken zu lassen. Die Statistiken werden nicht gedruckt. Die Schulbücher werden anderwärts gedruckt, unsere Schulbücher-Bestände müssen alle erneuert werden, die Kursbücher, Telefonbücher.

~~Vertrag der Staatsämter~~ – Die Schriftgießerei ist gar nicht beschäftigt, die Druckerei stirbt ab. Stellt noch einmal zur Verhandlung.

Riedl: Nie woanders gedruckt als in der Staatsdruckerei. Telefonbuch.

Hanusch: Die ganze Sache ist ein Übergangsstadium. In 2–3 Monaten wird es wieder besser werden. Daher die Arbeiter vorläufig nicht zu entlassen.

Renner: Ministerium der Justiz, Wählerlisten.

[Konzept der Tagesordnung:]
Punkt 11
Gesetzentwurf über die Durchführung der militärischen Untersuchungen.

[Renner:] Von der Nationalversammlung beschlossen worden, die Untersuchung wegen der Ereignisse an der Südwest-Front. Kommt morgen auf die Tagesordnung des Hauses. Die beteiligten Ämter mögen sich ins Einvernehmen setzten um die zur Durchführung des Gesetzes notwendigen Ernennungen schon jetzt vornehmen [zu können]: Untersuchungskommission, leitender Untersuchungsrichter und zugeteilte, Gerichtshof (Ratskammer).

Wenn diese Untersuchung zu einem Ziel gelangen soll, so muss diese Commission sofort aufgestellt werden. Notwendig, dass die Staatsämter für Heerwesen und Justiz rasch zusammentreten und sich für die Besetzung der Funktionäre sich verständigen (Ernennung vom Staatsrat). Vorschläge haben die Staatsämter zu erstellen. Auch vorher noch mit den Mitgliedern des Staatsrates Fühlung nehmen.

Waihs: Wir müssen uns noch mit dem [Staatsamt für] Justiz ins Einvernehmen setzen. 5 Herren und 5 Ersatzmänner.

Punkt 7
Mayer: Bisher unter dem Kriegsministerium gestanden.

---

49 Vgl. Anmerkung 41.

Glöckel: -
Stöckler: [In] England, Belgien, Dänemark, auch Preußen: unter Landwirtschaft. Der Einfluss der Praxis vollständig lahmgelegt.
Pacher: -.
Renner: Das einleitende Referat wird Pacher machen.
Zurückgestellt.

Punkt 12
Roller: Schwer, jetzt schon eine Übersicht zu gewinnen.
Beschluss (Iro): ~~Kabinett beschließt, Neuaufnahmen in der Regel nicht vorzunehmen und es können Zusicherungen, die von den früheren Behörden gemacht worden sind, auf den deutsch-österreichischen Staat nicht erfüllt werden.~~
Die Angelegenheit wird der Geschäftsstelle zur Beratung zugewiesen.

Stöckler: Strakosch-Sache[50] an Mayer gegeben.

Glöckel: Lesebuchfrage[51], Frage Gelöbnis der Lehrer nicht abgelegt. Die früheren [...] Schulen noch immer nicht pensioniert.
Pacher: Was die Pensionierungen anlangt, so haben wir nur die Verfügungen abgewartet, um nun vorzugehen. Was die Verkündung der Änderungen im Staatswesen anbelangt, so ist Weisung hinaus gegangen, es möge in den Schulen das Entsprechende veranlasst werden.
Schulbücher: Es sind mehrere Herren beurlaubt zur Festsetzung eines neuen Lesebuches. Für einige Fälle des [...] an. Bei den Lesebüchern eine kleine Einlage beizuschließen. Von Schulbuchverlagen der Bericht gekommen, dass noch ein ungeheurer Vorrat von alten Lesebüchern vorliegt. Die Entfernung der Stellen würde sich empfehlen, ebenso auch in den Rechenbüchern. Nur die sofortige Fertigstellung nicht möglich.
Gelöbnis: Weisungen hinaus gegangen. Da wird der hiesige Landesschulrat zu entscheiden haben.
Neue Bilder in den Schulzimmern: Verfügung wird erlassen werden wenn noch nicht -.
Bezüglich Schulbücherverlage Erwägung, ob sie bestehen bleiben sollen, ob mehr an die Privatindustrie gegeben werden soll. Wenn für Volksschulen unentgeltlich, dann muss Verlag bleiben. Der Verlag wurde aufgefordert, den Vertrag mit der früheren Firma aufzulassen und nun bei der Staatsdruckerei drucken zu lassen.

Pacher: ~~Cilli, Eid zu leisten. Für diese Beamten missliche [...]~~
Staatssekretär Pacher macht Mitteilung, dass eine Abordnung des Lehrkörpers des deutschen Staatsgymnasiums in Cilli berichtete, dass von ihnen die Ablegung des Eides auf den jugoslawischen Staat binnen 5 Tagen wird verlangt werden. Ihre Erklärung, eine allgemeine Amtsverpflichtung abzugeben, sei als ungenügend bezeichnet worden. Sie bitten um eine Weisung. Auf die ihnen hier [gegebene] Aufklärung über die Bestimmungen, die vom Kabinettsrat getroffen wurden, stellten sie die Bitte, es möge ihnen die Zusicherung schriftlich erteilt werden, zur Mitteilung an ihre Amtsgenossen, dass die Ablegung eines Eides auf den Südslawischen Staat kein Hindernis bilden würde für eine spätere Übernahme in den deutsch-österreichischen Staat bzw. Staatsdienst.
Staatssekretär Pacher erklärte ihnen auch, dass der deutsch-österreichische Staat eine Verpflichtung bezüglich einer Anstellung nicht übernehmen könne, aber das Möglichste geschehen werde. Der Kabinetts[rat] nimmt diese Ausführungen zustimmend zur Kenntnis und erklärt, dass der Abgabe einer solchen Erklärung nichts im Wege stehe. Der Geschäftsstelle wird hiervon Mitteilung zu machen sein.

---

50 Gemeint war vermutlich der Industrielle Siegfried Strakosch von Feldringen, Mitinhaber der Zuckerfabrik Hohenau/NÖ, 1915 bis 1919 Direktionsmitglied des Amtes für Volksernährung.
51 Vgl. Anmerkung 44.

[Konzept der Tagesordnung:][52]
10. Antrag Dr. Licht, betreffend den Entwurf eines Darlehenskassengesetzes.
Steinwender: Bittet, dies zuerst dem Staatsamt für Finanzen zu überweisen.
Renner: Trifft Verfügung, dass dies vorerst noch dem [Staatsamt für] Finanzen zugestellt wird. Auf Samstagsitzung.

[52] Diese Stenogrammstelle bezieht sich auf den nicht in der Reinschrift berücksichtigten Punkt 11 des Konzepts der Tagesordnung: „Antrag Dr. Licht, betreffend den Entwurf eines Darlehenskassengesetzes". Offenbar sollte der Punkt auf die folgende 25. Sitzung vertagt werden, scheint jedoch nicht behandelt worden zu sein. Zu diesem nicht verwirklichten Gesetz vgl. auch KRP Nr. 23, Anmerkung 53. Das zeitlich nächste Gesetz, das sich mit Darlehenskassen beschäftigte, wurde erste 1921 erlassen: BGBl. Nr. 408, Bundesgesetz vom 15. Juli 1921 über die Abänderung des Gesetzes vom 1. Juni 1889, RGBl. Nr. 91, betreffend Gebührenbegünstigungen für Kredit- und Vorschussvereine (Spar- und Darlehenskassen), ausgegeben am 29. Juli 1921.

25.[1]

[Samstag] 1918-12-21

Vorsitz: Renner
Anwesend: Bauer, Enderes, Glöckel, Kaup, Loewenfeld-Ruß, Marckhl, Mayer, Pacher, Resch, Riedl, Roller, Steinwender, Stöckler, Urban, Zerdik[2]
Schriftführer: Fenz
Dauer: 15.00–18.30 Uhr

Reinschrift, Konzept, Stenogramm

Inhalt:
1. Lohnbeihilfe für die Angestellten der Donau-Dampfschifffahrts-Gesellschaft.
2. Verlegung der Staatsbahndirektion Jägerndorf nach Oberösterreich.
3. Ausfolgung der Personaldokumente der im strittigen Gebiete angestellten Eisenbahnbediensteten an die Generaldirektion der Staatsbahnen in Prag.
4. Übereinkommen mit der polnischen Regierung über Kohlenlieferungen nach Deutschösterreich.
5. Abhaltung von Versammlungen in Amtsgebäuden.
6. Anwendung des Steuerfluchtgesetzes auf Deutschböhmen.
7. Überführung der tierärztlichen Hochschule in die Zivilverwaltung.
8. Befriedigung der Forderungen der Gewerbetreibenden an die frühere Heeresverwaltung.
9. Angliederung des Militärgeographischen Institutes und des Vermessungswesens an das Staatsamt für öffentliche Arbeiten.
10. Tagesordnung für die nächste Besprechung mit den Landeshauptmännern.

Beilagen:
- Zu Punkt 4: Ergebnis der am 18. Dezember 1918 in Krakau abgehaltenen Besprechungen über Kohlenlieferungen aus dem Dąbrowaer und Karwiner Reviere nach Deutsch-Österreich (3¼ Seite).
- Zu Punkt 7: Bericht über das Ergebnis der am 24. November 1918 beim Staatsamt für Heerwesen stattgefundenen Sitzung bezüglich „Überführung der tierärztlichen Hochschule in die Zivilverwaltung" (3¼ Seiten).
- Zu Punkt 7: Beschlussanträge zu Punkt 7 (¾ Seite, handschriftlich).
- Zu Punkt 8: Staatsamt für öffentliche Arbeiten. Für den Kabinettsrat. Gegenstand: 1.) Befriedigung der Forderungen des Gewerbes an die frühere Heeresverwaltung, 2.) Gewerbelager Brunn am Gebirge, Weiterbetrieb (3¼ Seiten).
- Zu Punkt 9: Staatsamt für öffentliche Arbeiten. Für den Kabinettsrat. Einbeziehung des staatlichen Vermessungswesens in den Wirkungskreis des Staatsamtes für öffentliche Arbeiten (2½ Seiten).

---

[1] Das Protokoll trägt den Vermerk *Vertraulich!*

[2] Ungenannt blieb in der Auflistung der Anwesenden Unterstaatssekretär Dr. Leopold Waber, der im Stenogramm mit einer einzigen Wortmeldung aufscheint. Weiters verzeichnet das Stenogramm unter den Anwesenden „Obst. Köck" (möglicherweise Generalmajor Adolf Köck Edler von Lehenshof), „Reich" (vermutlich Ing. Rudolf Reich des StAH) und „Rössler" (möglicherweise Dr. Rudolf Rössler des StALF).

1

Lohnbeihilfe für die Angestellten der Donau-Dampfschifffahrts-Gesellschaft

Staatssekretär Dr. U r b a n teilt mit, dass der Arbeitsausschuss des österreichischen Schifferverbandes das Ansuchen gestellt habe, die deutschösterreichische Regierung möge sich als Rechtsnachfolgerin der k.k. Regierung im Vertragsverhältnis mit der Donau-Dampfschifffahrts-Gesellschaft erklären und dieser Gesellschaft eine Beihilfe im Betrage von 1,000.000 K zur Aufbesserung der Löhne ihrer Angestellten und Arbeiter gewähren.

Der Kabinettsrat beschließt über Antrag des sprechenden Staatssekretärs, bezüglich der Rechtsnachfolge eine Erklärung dermalen nicht abzugeben und demnach mit Rücksicht auf die ungeklärten Vertragsverhältnisse das Ansuchen um eine Lohnbeihilfe abzulehnen.[3]

2

Verlegung der Staatsbahndirektion Jägerndorf nach Oberösterreich

Unterstaatssekretär Ing. von E n d e r e s berichtet, dass laut einer telegraphischen Meldung die Staatsbahndirektion Jägerndorf infolge der Unterordnung aller übrigen dortigen Behörden und Ämter unter die tschechische Regierung keine behördliche Stütze mehr habe, ihr alle Bezugsquellen für das Betriebsmaterial verschlossen seien und sie daher binnen wenigen Tagen zur Betriebseinstellung genötigt sein werde. Das Staatsamt für Verkehrswesen nehme in Aussicht, die Staatsbahndirektion Jägerndorf telegraphisch anzuweisen, ihre Amtstätigkeit in Jägerndorf einzustellen und sich mit dem Personal über Deutschland nach Oberösterreich zurückzuziehen, um von dort aus die noch anhängigen Geschäfte abzuwickeln. Vor dem Abgang habe die Staatsbahndirektion Jägerndorf der Staatsbahndirektion Olmütz mitzuteilen, dass sie sich gezwungen sehe, unter Protest ihre Amtstätigkeit in Jägerndorf einzustellen und es der Olmützer Direktion überlassen müsse, die notwendigen Vorsorgen wegen der Weiterführung des Betriebes zu treffen.

Der Kabinettsrat nimmt den Bericht zur Kenntnis und genehmigt die in Aussicht genommenen Verfügungen.[4]

---

3 Vgl. weiter KRP Nr. 34/5. Zur DDSG in der Zwischenkriegszeit vgl. Gertrude Enderle-Burcel, Konkurrenz auf der Donau – Anfang und Ende der Betriebsgemeinschaft der Ersten Donau-Dampfschiffahrtsgesellschaft mit der Königlich-ungarischen Fluß- und Seeschiffahrts A.-G. in der Zwischenkriegszeit, in: Herbert Matis/Andreas Resch/Dieter Stiefel (Hg.), Unternehmertum im Spannungsfeld von Politik und Gesellschaft: Unternehmerische Aktivitäten in historischer Perspektive. Beiträge gesammelt zu Ehren von Alice Teichova (= Veröffentlichungen der Österreichischen Gesellschaft für Unternehmensgeschichte 28), Wien/Berlin 2010, S. 171–184. Aktenmaterial zu Ansprüchen der DDSG gegen Ungarn und das Deutsche Reich aus den Jahren 1925 bis 1927 findet sich in AdR, BMF, Departement 17/Frieden, Karton 123, Faszikel 79, Verhandlungen mit Ungarn, Spezialfragen, Konvolut 79-7b. Vielfältiges Aktenmaterial aus den Jahren 1936 bis 1941, etwa zu Vorstandssitzungen oder der finanziellen Gebarung der DDSG, findet sich im gleichen Bestand, Kartons 193–195, Faszikel 121.

4 Die Bahndirektion Jägerndorf, die für die Verwaltung der Strecken in Ostböhmen, Nordmähren und im nordöstlichen Schlesien zuständig sein sollte, amtierte nach Jakubec vom 28. November bis 20. Dezember 1918. Vgl. Ivan Jakubec, Die Regelung von Verkehrsfragen, in: Alice Teichova/Herbert Matis (Hg.), Österreich und die Tschechoslowakei 1918–1938. Die wirtschaftliche Neuordnung in Zentraleuropa in der Zwischenkriegszeit (= Studien zur Wirtschaftsgeschichte und Wirtschaftspolitik 4), Wien/Köln/Weimar 1996, S. 91–112, hier S. 98. Vgl. weiters Paul Mechtler, Internationale Verflechtung der österreichischen Eisenbahnen am Anfang der Ersten Republik. Die Trennung des altösterreichischen Eisenbahnwesens nach dem Zusammenbruch der Donaumonarchie, in: Mitteilungen des Österreichischen Staatsarchivs. 17./18. Band 1964/1965, Wien 1965, S. 399–426, hier S. 406 f. Zu den Bahndirektionen vgl. auch KRP Nr. 3/2, Nr. 9/2 und Nr. 19/3.

3

Ausfolgung der Personaldokumente der im strittigen Gebiete angestellten Eisenbahnbediensteten an die Generaldirektion der Staatsbahnen in Prag

Unterstaatssekretär Ing. von E n d e r e s teilt weiters mit, dass die tschechoslowakische Generaldirektion der Staatsbahnen in Prag die Ausfolgung der Personaldokumente der Eisenbahnbediensteten, und zwar nicht allein für die im nicht strittigen sondern auch für die im strittigen Gebiete angestellten, verlangt habe. Nach Anschauung des sprechenden Unterstaatssekretärs müsste die Ausfolgung der Dokumente eigentlich an drei Bedingungen geknüpft werden:

1.) an die Verpflichtung der tschechoslowakischen Regierung zur Rückstellung der Dokumente, im Falle die deutschösterreichische Staatshoheit in den strittigen Gebieten durch die Friedenskonferenz hergestellt würde;

2.) an die Verpflichtung zu einer gleichartigen Behandlung der tschechischen und der deutschen Beamten und

3.) an die Zulassung der deutschen Beamten zu einem einfachen Gelöbnis bis zur endgültigen staatsrechtlichen Regelung.[5]

Nach der mit der Generaldirektion in Prag genommenen Fühlung sei jedoch anzunehmen, dass auf einer bedingungslosen Ausfolgung der Dokumente werde bestanden werden, weshalb es sich zur Vermeidung einer materiellen Schädigung der deutschen Angestellten empfehlen dürfte, der Generaldirektion telegraphisch mitzuteilen, dass die Dokumente zur Verfügung gestellt werden, gleichzeitig jedoch ihr in einem Schreiben bekanntzugeben, dass hiebei die Erfüllung der obbezeichneten drei Bedingungen vorausgesetzt werde.

Der Kabinettsrat erteilt dem Staatsamt für Verkehrswesen die Ermächtigung, in diesem Sinne vorzugehen.[6]

4

Übereinkommen mit der polnischen Regierung über Kohlenlieferungen nach Deutschösterreich

Staatssekretär Z e r d i k macht streng vertrauliche Mitteilungen über das Zustandekommen einer Vereinbarung mit der polnischen Regierung, betreffend Kohlenlieferungen aus dem Dąbrowaer und Karwiner Reviere nach Deutschösterreich.[7]

Der Kabinettsrat nimmt diesen Bericht mit dem Beifügen zur Kenntnis, dass für diesen Vertrag (mit Rücksicht darauf, dass gegenwärtig der Staatsrat nicht versammelt ist) die Genehmigung des Staatsratsdirektoriums einzuholen sein werde.[8]

---

5 Vgl. auch KRP Nr. 21/2 und Nr. 26/8.

6 Vgl. auch KRP Nr. 22/2.

7 Beilage zu Punkt 4: Ergebnis der am 18. Dezember 1918 in Krakau abgehaltenen Besprechungen über Kohlenlieferungen (3¼ Seite). In der Beilage wurden die Ergebnisse der gegenständlichen Besprechungen zusammengefasst. So sollten täglich 40 Wagen Steinkohle und 60 Wagen Braunkohle an die Gemeinde Wien geliefert sowie dem Wiener Kohlenhandel weitere 40 Wagen Braunkohle zur Verfügung gestellt werden. Die Lieferung sollte sofort aufgenommen und ununterbrochen bis Ende Jänner 1919 fortgesetzt werden. Über eine Fortsetzung der Lieferungen über diesen Zeitpunkt hinaus sollte von polnischer Seite bis 15. Jänner Bescheid gegeben und die problemlose Durchfuhr der Lieferungen durch die Tschechoslowakei durch die polnischen Behörden sichergestellt werden. Zur teilweisen Vorauszahlung des Kaufpreises sollte die Gemeinde Wien 700.000 Kronen zur Verfügung des Verkaufsbüros der polnischen staatlichen Kohlenzentrale erlegen, die Lieferungszusage war allerdings zusätzlich an die Lieferung einer Reihe von Waren nach Polen gekoppelt. Dazu zählten u. a. Sprengstoffe für den Bedarf der Kohlenreviere, technische Bedarfsartikel für den Bergbau, 20 Wagenladungen Rotationspapier, 20–30.000 Stück Schuhe für die Bergarbeiter, Arzneimittel und 10 Wagenladungen Zündhölzer.

8 Ein Austauschabkommen mit Polen, betreffend die Lieferung von militärischen Bedarfsartikeln an Polen gegen Lieferung von Lebensmitteln, Kohle und Mineralölprodukten an Deutschösterreich, wurde am

5

Abhaltung von Versammlungen in Amtsgebäuden

Aus Anlass eines vom Unterstaatssekretär G l ö c k e l vorgebrachten konkreten Falles, in welchem von Staatsbediensteten in einem Amtsgebäude eine politische Versammlung abgehalten wurde[9], beschließt der Kabinettsrat:

1.) Versammlungen jeder Art sind in Amtsräumen verboten; Ausnahmen können nur in ganz besonders berücksichtigungswürdigen Fällen vom zuständigen Staatssekretär gemacht werden, wenn es sich nicht um politische Veranstaltungen handelt,

2.) Die Leiter der Staatsämter sind aufgefordert, jedes Ansuchen zurückzuweisen, das eine Einmengung nicht verantwortlicher Faktoren in das Amt beinhaltet.

6

Anwendung des Steuerfluchtgesetzes auf Deutschböhmen

Staatssekretär Dr. S t e i n w e n d e r wirft die Frage auf, ob die Bestimmungen des Steuerfluchtgesetzes[10] auch auf die Übertragung von Vermögenswerten nach Deutschböhmen Anwendung zu finden haben.

Bei Erörterung dieser Angelegenheit weist Unterstaatssekretär R i e d l darauf hin, dass eine ähnliche Frage auch bezüglich des Warenverkehres aufgetaucht sei. Hiebei sei entschieden worden, dass die Ausfuhr von Waren nach Deutschböhmen mit Rücksicht auf die Gefahr, dass sie auf dem Wege über den tschechoslowakischen Staat[11] uminstradiert[12] werden können, mit einer Ausfuhrbewilligung gedeckt sein müsse.[13]

Der Kabinettsrat beschließt, dass ein analoges Vorgehen auch bezüglich der Anwendung des Steuerfluchtgesetzes bei Vermögenstransaktionen nach Deutschböhmen platzzugreifen haben.[14]

---

10. Februar 1919 unterzeichnet, nachträglich dem Staatsratsdirektorium vorgelegt und von Karl Seitz am 19. März 1919 genehmigt. Informationen dazu sowie der volle Wortlaut des Abkommens finden sich in AdR, StK, GZl. 910/1919, Austauschabkommen mit Polen. Informationen zu Kohlenverhandlungen mit Polen finden sich weiters in AdR, BKA/AA, Abteilung 14 H-pol, Kohle Polen 1918–1927. Vgl. im gleichen Bestand überdies Ernährungswesen Polen 5 Wirtschaftsabkommen mit Polen 1–200. Das letztgenannte Konvolut enthält u. a. eine Mappe mit einer Vielzahl von mit Polen abgeschlossenen Kompensationsverträgen aus dem Zeitraum Jänner bis Oktober 1919. Zum Kohlenmangel vgl. auch KRP Nr. 3, Anmerkung 16, zu den Bemühungen um tschechische Kohle Nr. 9/2, Nr. 13/4, Nr. 21/1, Nr. 23/4, Nr. 24/5 und Nr. 34/4, zur schlesischen Kohle Nr. 8/1, Nr. 9/2, Nr. 10/1 und Nr. 13/4.

Karl Seitz, 21. Oktober 1918 bis 16. Februar 1919 Präsident der Provisorischen Nationalversammlung, SdAP, 30. Oktober 1918 bis 9. Dezember 1920 als Präsident des Staatsratsdirektoriums bzw. der Konstituierenden Nationalversammlung Staatsoberhaupt.

[9] Um welches Amtsgebäude bzw. welche politische Versammlung es sich handelte, geht auch aus dem Stenogramm nicht klar hervor.

[10] StGBl. Nr. 122, Gesetz vom 19. Dezember 1918 gegen die Steuerflucht, und StGBl. Nr. 124, Vollzugsanweisung des Deutschösterreichischen Staatsamtes der Finanzen im Einvernehmen mit den Deutschösterreichischen Staatsämtern des Innern und für Justiz zum Gesetze vom 19. Dezember 1918, StGBl. Nr. 122, gegen die Steuerflucht, beide ausgegeben am 22. Dezember 1918. Vgl. auch SRP Nr. 33 vom 14. November 1918. Zu scharfer zeitgenössischer Kritik am Steuerfluchtgesetz vgl. Der Österreichische Volkswirt, 11. Jg., Heft 17 vom 25. Jänner 1919, S. 267 f „Steuerfluchtgesetz und Praxis".

[11] Im Konzept: „über Böhmen".

[12] Uminstradieren: umleiten.

[13] Aufstellungen jener Waren, deren Ausfuhr nur mit Bewilligung zugelassen war, finden sich in StGBl. Nr. 71, Vollzugsanweisung des Deutschösterreichischen Staatsamtes für Kriegs- und Übergangswirtschaft vom 1. Dezember 1918, betreffend Beschränkungen im Warenverkehr über die Grenzen Deutschösterreichs, ausgegeben am 3. Dezember 1918; StGBl. Nr. 6, Vollzugsanweisung des Staatsamtes für Kriegs- und Übergangswirtschaft vom 5. Dezember 1918, betreffend Beschränkungen im Warenverkehr über die Grenzen Deutschösterreichs, ausgegeben am 8. Jänner 1919.

[14] Vgl. StGBl. Nr. 5, Erster Nachtrag vom 3. Jänner 1919 zu der Vollzugsanweisung zum Gesetze vom 19. Dezember 1918, StGBl. Nr. 22, gegen die Steuerflucht, ausgegeben am 5. Jänner 1919, das einen

7

Überführung der tierärztlichen Hochschule in die Zivilverwaltung

Staatssekretär M a y e r berichtet, dass in einer zwischenstaatsamtlichen Besprechung die Überführung der tierärztlichen Hochschule aus der Heeresverwaltung in die Zivilverwaltung beschlossen wurde. Offen sei nur die Frage geblieben, ob diese Hochschule dem Staatsamt für Unterricht oder dem Staatsamt für Landwirtschaft zu unterstellen wäre.[15]

Staatssekretär P a c h e r gibt einen historischen Überblick über den Entwicklungsgang der tierärztlichen Hochschule und vertritt den Standpunkt, dass das gesamte Schulwesen, insbesondere aber das Hochschulwesen von e i n e r Stelle verwaltet werden müsse, die tierärztliche Hochschule daher dem Staatsamt für Unterricht zu unterstellen wäre. Nur auf diese Weise sei eine freie wissenschaftliche Forschung[16] möglich und werde das Herabsinken der Hochschule zu einer Fachschule verhindert. Hiebei sei es selbstverständlich, dass in allen Fachfragen das Einvernehmen mit dem Staatsamt für Landwirtschaft gepflogen werden würde.

Demgegenüber weist Staatssekretär S t ö c k l e r darauf hin, dass das gesamte Veterinär wesen mit der Landwirtschaft, welche vor allem die Heranbildung praktischer, tüchtiger Tierärzte fordert, innig verknüpft sei und die Landwirtschaft das größte Interesse daran habe, dass Wissenschaft und Praxis Hand in Hand gehen. Deshalb sei die Unterstellung der tierärztlichen Hochschule unter das Staatsamt für Landwirtschaft geboten.

Bei der sich hierüber entwickelnden eingehenden Debatte[17] vertreten die Staatssekretäre M a y e r, Dr. S t e i n w e n d e r, Z e r d i k und Unterstaatssekretär R i e d l den Standpunkt, dass bei der Lösung dieser Frage vor allem die Bedürfnisse der Praxis zu berücksichtigen seien, und sprechen sich daher für die Unterstellung der Hochschule unter das Staatsamt für Landwirtschaft aus, während der Vorsitzende und Unterstaatssekretär G l ö c k e l die Wichtigkeit einer einheitlichen Leitung des gesamten Hochschulwesens im Interesse der wissenschaftlichen Forschung betonen und sohin den Antrag auf Unterstellung des Tierarznei-Institutes unter das Staatsamt für Unterricht unterstützen.

Unter Berücksichtigung der im Zuge der Debatte zum Ausdruck gebrachten Anschauungen formuliert der Vorsitzende folgende zwei Beschlussanträge:[18]

1. Die tierärztliche Hochschule wird provisorisch bis zur allgemeinen Neuordnung des Hochschulwesens dem Staatsamt für Landwirtschaft unterstellt.

2. Die tierärztliche Hochschule wird dem Staatsamt für Unterricht unterstellt und dieses Staatsamt beauftragt, in allen Fächern, die nicht rein theoretischer Natur sind, dem Staatsamt für Landwirtschaft eine paritätische Einflussnahme in der Art zu sichern, dass dem Staatsamt

---

Abschnitt über „Besetzte Gebiete" enthielt, in dem es u. a. heißt: „Jene Teile des deutschösterreichischen Staates, welche von der bewaffneten Macht eines anderen Staates besetzt sind, sind für die Dauer dieser Besetzung bei Handhabung des Steuerfluchtgesetzes in entsprechender Weise nach den gleichen Grundsätzen zu behandeln wie außerhalb Deutschösterreichs gelegene Gebiete."

15 Beilage zu Punkt 7: Überführung der tierärztlichen Hochschule in die Zivilverwaltung (3¼ Seiten). In der Beilage wurden die beiden konkurrierenden Standpunkte (Unterstellung der tierärztlichen Hochschule unter das Landwirtschafts- oder das Unterrichtsressort) dargelegt. Die diesbezüglichen Ausführungen gehen inhaltlich über das im Protokoll von Staatssekretär Pacher auf der einen und Staatssekretär Stöckler auf der anderen Seite Dargelegte nicht wesentlich hinaus. Zur ersten Position wurde noch bemerkt, dass die Hochschule auch deshalb dem Unterricht zuzuschlagen sei, um „das Herabsinken [...] zu einer Fachschule" zu verhindern. Dem wurde von der Gegenseite entgegengehalten, dass keineswegs daran gedacht sei, die wissenschaftliche Forschung einzudämmen oder den hochschulmäßigen Charakter aufzugeben.

16 Im Konzept: „eine freie Forschung auf dem Gebiete der Wissenschaft".

17 Vgl. das Stenogramm.

18 Beilage zu Punkt 7: Beschlussanträge (¾ Seite). Die Beilage enthält im Wesentlichen die hier in Folge gestellten Anträge und hält auch die Entscheidung des Kabinettsrates für die erste Variante fest.

für Landwirtschaft ein Vorschlagsrecht für die Berufungen an die Anstalt und eine Mitverwaltung hinsichtlich der praktischen berufsmäßigen Ausbildungseinrichtungen eingeräumt wird. Außerdem soll der Anstalt ein Kuratorium an die Seite gestellt werden, in welchem praktische Landwirte vertreten sind.

Bei der Abstimmung wird der erste Antrag mit 5 gegen 4 Stimmen angenommen. Die endgültige Entscheidung bleibt dem Staatsrat vorbehalten.[19]

8

Befriedigung der Forderungen der Gewerbetreibenden an die frühere Heeresverwaltung

Staatssekretär Z e r d i k stellt im Interesse des mittelständischen Gewerbes nachstehende Anträge:[20]

---

[19] Staatssekretär Pacher berichtete in der 65. Sitzung des Staatsrates über Verhandlungen, betreffend die Verwaltung der Tierärztlichen Hochschule. Die Professoren und die Studentenschaft hätten die Notwendigkeit der Einflussnahme des Staatsamtes für Unterricht anerkannt, während die landwirtschaftlichen Organisationen für eine Unterstellung der Hochschule unter das Staatsamt für Landwirtschaft eintreten würden. Vgl. SRP Nr. 65/VI d vom 13. Jänner 1919. Die Tierärztliche Hochschule wurde schließlich mit 1. Jänner 1920 der Verwaltung des Staatsamtes für Inneres und Unterricht unterstellt. Damit im Zusammenhang vgl. StGBl. Nr. 571, Gesetz vom 18. Dezember 1919, betreffend die Stellung und die Bezüge der Professoren an den staatlichen Hochschulen und gleichgehaltenen staatlichen Unterrichtsanstalten, ausgegeben am 23. Dezember 1919; StGBl. Nr. 73, Vollzugsanweisung des Staatsamtes für Inneres und Unterricht im Einvernehmen mit dem Staatsamt für Land- und Forstwirtschaft vom 21. Februar 1920, betreffend die von den Studierenden an der Tierärztlichen Hochschule in Wien zu entrichtenden Unterrichtsgelder und sonstigen Zahlungen, sowie die Gewährung von Befreiungen, ausgegeben am 24. Februar 1919. Zur Geschichte der Tierärztlichen Hochschule (heute Veterinärmedizinische Universität Wien) vgl. 200 Jahre Tierärztliche Hochschule in Wien. Herausgegeben vom Professorenkollegium der Tierärztlichen Hochschule Wien, Wien 1968; Daniela Haarmann (Hg.), 250 Jahre Veterinärmedizinische Universität Wien. Verantwortung für Tier und Mensch. Festschrift, Wien 2015. Umfangreiches Material zur Frage der Übernahme dieser Hochschule in die Zivilverwaltung findet sich auch in FHKA, k.k. Finanzministerium, Allgemeine Abteilungen, StAF, Zl. 3.403/1918.

[20] Beilage zu Punkt 8: Forderungen des Gewerbes an die frühere Heeresverwaltung und Weiterbetrieb des Gewerbelagers Brunn am Gebirge (3¼ Seiten). In der Beilage wurde ausgeführt, dass das Staatsamt der Finanzen den Entwurf eines Gesetzes, betreffend die zeitweilige Unzulässigkeit von Exekutionsführungen wegen Ansprüchen an das k.k. Ärar und das k.u.k. Ärar, das Hofärar und weitere „gewisse Anstalten und Fonds" vorbereitet habe. Das Staatsamt für öffentliche Arbeiten müsse diesbezüglich vom Standpunkt der Gewerbeförderung daran festhalten, dass dessen ungeachtet die Möglichkeit der Befriedigung von Forderungen gegen die frühere Heeresverwaltung offen bleibe, denn die Lage der Gewerbetreibenden gestalte sich so, dass sie selbst zwar gegen das frühere Ärar keine Zwangsmittel in der Hand hätten, „aber ohne weiteres durch ihre eigenen Gläubiger, von denen sie Hilfsstoffe, Halbfabrikate u.s.w. für die betreffende Heereslieferung bezogen haben, geklagt, in Exekution gezogen und in ihrer Existenz aufs schwerste gefährdet werden können". Auch die „in der Pflege des Staatsamtes für öffentliche Arbeiten stehenden Verbände gewerblicher Kreditgenossenschaften" hätten während des Krieges im großen Ausmaß Heereslieferungsgeschäfte finanziert, den gewerblichen Betriebsgenossenschaften in diesem Zusammenhang Einlagen zur Verfügung gestellt und seien somit von der Problematik ebenfalls stark betroffen. Weiters begleiche das liquidierende Kriegsministerium derzeit nur Forderungen von bis zu 5.000 Kronen. Dem mittelständischen Gewerbe, dessen Forderungen oftmals weit höher lägen, sei damit jedoch nicht gedient. Sollte diesbezüglich keine Abhilfe geschaffen werden, müsse mit Betriebseinstellungen, Entlassungen und Konkursen gerechnet werden. Eine sofortige Regelung sei hinsichtlich der im Gewerbelager Brunn am Gebirge/NÖ untergebrachten Genossenschaften notwendig. Dieses „als moderne Arbeitsstätte eingerichtete frühere Kriegsgefangenen-Gewerbelager" solle vom Staatsamt für öffentliche Arbeiten im Interesse der dortigen Genossenschaften und der Unterbringung von Arbeitssuchenden weiter in Betrieb gehalten werden. Die Voraussetzung dafür sei jedoch, dass den Genossenschaften, die zusammen Forderungen von rund einer Million Kronen an die Heeresverwaltung stellten, wenigstens der zum Weiterbetrieb notwendige Teil (rund 680.000 Kronen) sofort ausbezahlt werde.

1. Beim liquidierenden Kriegsministerium zu veranlassen, dass Forderungen des Gewerbes, deren Begleichung vom staatlichen Gewerbeförderungsamte mit Rücksicht auf die Lage des betreffenden Betriebes als unaufschiebbar bezeichnet wird, auch vollständig und rasch befriedigt werden.

2. Wenn diese Befriedigung durch das liquidierende Kriegsministerium nicht erfolgen könnte, den betreffenden Betrieben die erforderlichen Vorschüsse aus deutschösterreichischen Mitteln zur Verfügung zu stellen.

3. Im Sinne der Anträge 1) und 2) noch im laufenden Jahre die völlig unaufschiebbare Regelung (Bevorschussung) der Forderungen der Betriebe im Brunner Gewerbelager behufs Ermöglichung der Weiterführung des Lagerbetriebes zu verfügen.

Der Kabinettsrat stimmt diesen Anträgen zu.[21]

9

Angliederung des Militärgeographischen Institutes und des Vermessungswesens an das Staatsamt für öffentliche Arbeiten

Staatssekretär Z e r d i k stellt den Antrag, der gesamte zivile und militärische staatliche Vermessungsdienst einschließlich des Kartenwesens in Deutschösterreich werde zwecks Vereinheitlichung unter fachmännischer Leitung dem Staatsamt für öffentliche Arbeiten unterstellt.[22] Dieses Staatsamt werde beauftragt, im Einvernehmen mit den Staatsämtern für Landwirtschaft, Finanzen, Justiz und Heerwesen sofort die zur Durchführung dieses Beschlusses nötigen Vorarbeiten einzuleiten und im Zusammenhange damit zum Zwecke der Erreichung einer weiteren ökonomischen Gesamtleistung auch die Frage der Vereinheitlichung der staatlichen, technisch-graphischen Produktionsbetriebe ins Auge zu fassen und hierüber baldigst konkrete Anträge zu stellen.

Der Kabinettsrat stimmt diesem Antrage zu und beschließt über Anregung des Staatssekretärs Dr. R o l l e r, dass hiebei auf die Regelung des Vermarkungswesens und die Übereinstimmung zwischen Grundbuch und Kataster besonders Rücksicht zu nehmen sein werde.[23]

Das erwähnte Kriegsgefangenen-Gewerbelager, in dem sich italienische, russische und serbische Kriegsgefangene befanden, war in den Baracken des k.u.k. Monturdepots Nr. 5 in Brunn am Gebirge untergebracht. Das Depot wurde weiter als Bekleidungsdepot genutzt, ein Teil der Objekte allerdings 1919 verkauft. Heute befindet sich dort die Heeresbekleidungsanstalt. Vgl. http://www.hba-brunn.at/hba.html, abgerufen am 30. Jänner 2018. Zum erwähnten Gesetz vgl. StGBl. Nr. 131, Gesetz vom 19. Dezember 1918, betreffend die zeitweilige Unzulässigkeit von Exekutionen und einstweiligen Verfügungen wegen Ansprüchen gegen das k.k. Ärar, k.u.k. Ärar und gewisse Anstalten und Fonds, ausgegeben am 24. Dezember 1918; KRP Nr. 22/3 und SRP Nr. 58/V vom 13. Dezember 1918.

21 Vgl. auch SRP Nr. 41 vom 21. November 1918, Beschlussprotokoll Punkt XIV.

22 Beilage zu Punkt 9: Einbeziehung des staatlichen Vermessungswesen in den Wirkungskreis des Staatsamtes für öffentliche Arbeiten (2½ Seiten). Das staatliche Vermessungswesen, so wurde bemerkt, bedürfe schon seit langem einer durchgreifenden Reform, dies u. a. auch deshalb, da der dem Staatsamt der Finanzen unterstehende Grundsteuerkataster „nicht jene Entwicklung genommen" habe, „wie sie den Fortschritten der geodätischen Wissenschaft entsprechen sollte". Die „Vermessungsoperate" dieses Katasters seien vielfach nicht auf dem neuesten Stand gehalten worden und könnten daher für wissenschaftliche und technische Zwecke nicht verwendet werden. Andere Verwaltungszweige seien fallweise gezwungen gewesen, eigene Vermessungen vorzunehmen, was zur Zersplitterung und Uneinheitlichkeit der technischen Arbeit geführt habe, die somit auch für die Allgemeinheit kaum von Nutzen sei. Abhilfe sollte die einheitliche Organisation des staatlichen Vermessungswesens und dessen Festigung durch neue gesetzliche Regelungen schaffen. Vorgeschlagen wurde die Umwandlung der bestehenden Generaldirektion des Grundsteuerkatasters unter Einbeziehung des Militärgeographischen Institutes in ein Staatsvermessungsamt und dessen Unterstellung unter das Staatsamt für öffentliche Arbeiten unter Wahrung der Zusammenarbeit mit den sonstigen Verwaltungszweigen.

23 Mit § 1 des StGBl. Nr. 380, Vollzugsanweisung der Staatsregierung vom 6. Juli 1919, betreffend einheitliche Regelung des gesamten staatlichen Vermessungswesens, ausgegeben am 1. August 1919,

10

Tagesordnung für die nächste Besprechung mit den Landeshauptmännern

Der Vorsitzende bringt die von den einzelnen Staatsämtern für die nächste Besprechung mit den Landeshauptmännern angemeldeten Verhandlungspunkte zur Kenntnis.[24]

Schluss der Sitzung ½ 7 Uhr.

---

wurde das „gesamte staatliche Vermessungswesen [...] dem Staatsamte für Handel und Gewerbe, Industrie und Bauten unterstellt. Zu diesem Zwecke werden aus dem Wirkungskreise des Staatsamtes für Inneres und Unterricht die deutschösterreichische Kommission für die Internationale Erdmessung und das deutschösterreichische Gradmessungsbureau, ferner aus dem Wirkungskreise des Staatsamtes für Finanzen die Agenden der bisherigen Generaldirektion des Grundsteuerkatasters ausgeschieden und in die Kompetenz des Staatsamtes für Handel und Gewerbe, Industrie und Bauten einverleibt." Vgl. auch KRP Nr. 80/13 vom 17. Juni 1919, in diesem Zusammenhang weiters AdR, StK, GZl. 567/1919, Vereinigung aller Aemter für Statistik und Landbeschreibung. Zur weiteren Entwicklung vgl. auch BGBl. Nr. 550, Verordnung der Bundesregierung vom 21. September 1923 über die Auflassung der Normal-Eichungs-Kommission und die Vereinfachung der Organisation des Eichwesens, ausgegeben am 19. Oktober 1923; BGBl. Nr. 613, Verordnung des Bundesministeriums für Handel und Verkehr vom 3. Dezember 1923, betreffend das Statut des Bundesamtes für Eich- und Vermessungswesen, ausgegeben am 22. Dezember 1923. Zur Geschichte des Militärgeographischen Instituts, das schließlich im Bundesamt für Eich- und Vermessungswesen aufging, vgl. Robert Messner, Das Wiener Militärgeographische Institut, in: Jahrbuch des Vereines für Geschichte der Stadt Wien 23/25 (1967/1969), Horn 1969, S. 206–292.

24 Einige dieser Verhandlungspunkte wurden am Ende des Stenogramms festgehalten. Zur nächsten Besprechung mit den Landeshauptleuten vgl. KRP Nr. 28.

Stenogramm vom 21. Dezember 1918 (Fenz)

Urban, Jukel, Steinwender, Loew.[enfeld-Ruß], Mayer, Glöckel, Enderes, Pacher, Resch, Rössler, Reich, Obst. Köck, Riedel, Marckhl, Stöckler, Bauer, Roller, Kaup.

~~Urban~~: Ungarische Kompensation. Die beiden Regierungen beklagen sich, obwohl sie liefern, wir nichts schicken.

Urban: Schwierigkeiten beseitigt.

Urban: Streik. Zwei Eingaben. Die ungarischen Angestellten der Gesellschaft [haben] sich an die DDSG um Aushilfe, 6 Millionen [gewendet]. Die DDSG hat die Forderung abgelehnt. Die Angestellten an ungarische Regierung. Regierung Einfluss ausgeübt. Die Hälfte, 3 Millionen DDSG, 3 Millionen ungarische Regierung. 70 % der Angestellten in Ungarn, 30 % in Österreich. Um ihnen – zu stellen Erhöhung von 2 Millionen Kronen heuer. 1 Million soll die Gesellschaft, 1 Million die deutsch-österreichische Regierung zahlen. Damit in Zusammenhang mit Subventionsvertrag zwischen DDSG und der alten österreichischen Regierung. Eigentlich ist der Vertrag erloschen. Nun verlangt der Schiffsverband es möge sich die deutsch-österreichische Regierung als Rechtsnachfolger im Vertrag erklären. Würde dieser Vertrag gelöst, so würde die Einflussnahme der Regierung entfallen.

Urban [meint], es müsste kein neuer Vertrag geschlossen werden. ⅓ Schiffsparks befindet sich im Besitz der jugoslawischen Regierung, ein Teil im rumänischen Besitz (?) {sic!}. Unsere wirtschaftlichen Interessen sind gesichert durch die [...] Dampfschifffahrtgesellschaft. Interesse des tschechoslowakischen Staates -. Wie heute die Dinge liegen, so war die DDSG hauptsächlich alimentiert durch Wien und [...].

Die tschechoslowakische Regierung beabsichtigt, einen eigenen Schiffspark zu schaffen durch Übernahme des ⅓ von den Jugoslawen.

Eine Entscheidung bezüglich der Rechtsnachfolge [soll/kann man] gegenwärtig nicht treffen. Allenfalls neuer Vertrag zwischen der deutsch-österreichischen Regierung und der DDSG. Insolange nicht möglich, eine Aushilfe von 1 Million zu tragen. Vielmehr wäre die DDSG aufzufordern, selbst die Million zu tragen.

Steinwender: Die Gesellschaft ist sehr reich an Mitteln. Der Antrag des Staatssekretärs Urban, das Ansuchen des Staatsausschusses die deutsch-österreichische Regierung möge sich als Rechtsnachfolgerin der österreichischen Regierung erklären – im Vertragsverhältnis erklären – ist verfrüht. Beihilfe von 1 Million zur Aufbesserung der Löhne der Angestellten. Mit Rücksicht auf die ungeklärten Verhältnisse.

Enderes: Staatsbahndirektion Jägerndorf kann wegen konzentrischer Einkreisung nicht weiter amtieren. Infolge Unterordnung aller übrigen Ämter unter die tschechoslowakische Regierung.

St.EG [Staatseisenbahngesellschaft] Nord, NW-Direktion hat die Tschechoslowakei tatsächlich übernommen. Die Dokumente des Personals liegen bei der Wiener Direktion. Solange diese Dokumente nicht in Händen der tschechoslowakischen Generaldirektion in Prag befinden Auszahlung des Personals nicht möglich. Tschechoslowaken verlangen die Ausfolgung der Personaldokumente für strittige und nicht strittige Gebiete. Wir haben uns auf den Standpunkt gestellt, nicht früher auszufolgen bis modus vivendi bezüglich des strittigen Gebietes gefunden.

Enderes [meint], es wäre gut, die Dokumentation auszufolgen. Drei Bedingungen:

1.) Verpflichtung der Tschechoslowakei im Falle der Herstellung der deutsch-österreichischen Staatshoheit durch die Friedenskonferenz in den strittigen Gebieten wieder hergestellt wird, die Dokumentation zurückgeben.

2.) Dass die tschechischen und die deutschen Beamten gleich behandelt werden.

3.) Einfaches Gelöbnis bis zur endgültigen staatsrechtlichen Regelung.

Die tschechoslowakische Regierung wird voraussichtlich sagen: entweder bedingungslos oder sollen es bleiben lassen. Folge wird sein, dass die tschechoslowakische Regierung den Tschechen wird Vorschüsse geben, den Deutschen aber nichts geben.

Antrag: Ausfolgung unter der Voraussetzung.

Renner: Telefonieren, sie können die Sache ausfolgen; Schreiben mit den drei Bedingungen.

Zerdik: Besprechungen mit dem polnischen Liquidierungskomitee. Warenaustausch. 1.000 Waggons Kohle für die Wiener Gaswerke; 500 Waggons Koks für die Alpine-Montan-Gesellschaft. Durch die persönliche Beziehung des Kohlenamtes 40 Waggons Steinkohle für die Gemeinde Wien, 60 Waggons Braunkohle für die Gemeinde Wien, 40 Waggons Braunkohle für die Kohlenhändler. Diese 40 Waggons werden wir für die El.[ektrizitäts]-Werke verwenden wegen der hohen Preise.
Die Lieferung beginnt sofort und geht bis Ende Jänner. Durchfuhr durch den tschechoslowakischen Staat ist sichergestellt.
Gegenleistung: Sprengstoffe, technische Artikel für Bergbau, ... Bitte um Vertragsgenehmigung.
~~Riedl~~:
Renner: Ist an das Direktorium zu leiten.
Enderes: Ersucht um schriftliche Bekanntgabe der erforderlichen Daten.

Glöckel: Versammlung behufs Besprechung in einem Amtsgebäude.
Waber: Prof. ?Partisch[25], Weisung ob statthaft ist.
Urban: Mir ist nichts bekannt.
Riedl: Es muss hintangehalten werden, dass Politik und Amt vermengt werden.
Zerdik: -.
Mayer: Soldatenräte, eigentlich machtlos.[26]
Renner: Einmengung in Amtsgeschäfte von Seite unverantwortlicher, nicht im direkten instanzmäßigen Dienstverhältnis stehen – unstatthaft. Der Unfug, dass Unberufene sich in – in allen Staatsämtern mit besonderem Nachdruck zu -.
1.) Versammlungen jeder Art sind in Amtsräumen verboten; Ausnahmen können nur in besonders berücksichtigungswürdigen Fällen vom betreffenden Staatssekretär gemacht werden wenn es sich nicht um politische Veranstaltungen handelt.
2.) Die ~~Staatssekretäre~~ Leiter der Staatsämter sind aufgefordert, jedes Ansuchen zurückzuweisen, das eine Einmengung nichtverantwortlicher Faktoren in das Amt beinhaltet.

Steinwender: Steuerfluchtgesetz. Anfrage einer Wiener [Firma ...], ob es auch für Deutschböhmen gilt. Ob man den Verkehr mit Deutschböhmen aufrechterhalten kann und doch verhindern, dass Werte nach Prag gelangen.
Riedl: Sendungen von Wien über die Tschechoslowakei nach Aussig. Wir mussten zum Ausweg greifen, dass Ausfuhrbewilligungen erforderlich. Analoges Vorgehen auch auf dem Gebiet der Vermögenstransaktionen.
Urban: Wird ein Vollzugserlass über die Steuerflucht herauskommen? Wenn ja, dann Einvernehmen -.
Renner: -.
Urban: Die Einführung der Zensur ist nur im Wege eines Gesetzes möglich.
Steinwender: Es soll bezüglich des Steuerfluchtgesetzes in derselben Weise wie beim Warenverkehr – Wenn kein Verdacht, ohne weiteres; andernfalls Ausfuhrbewilligung.

Punkt 2
Mayer: Die Entscheidung wird dem Staatsrat überlassen werden müssen.
Pacher: 1.) Das tierärztliche Institut 77–1812 zuerst Militärkommando, dann Hofkriegsrat; 1812–1852 dem Unt.[errichts]amt.; 1853 aus disziplinären und didaktischen Gründen dem Heeresamt unterstellt. Unterrichtsinstitutionen sollen grundsätzlich unter das Unterrichtsamt gestellt werden. Soll für alle Anstalten gelten. Bei der Hsch. [Hochschule] für BC [Bodencultur] Vereinbarung getroffen, dass eine Einflussnahme des Staatsamtes für Landwirtschaft gewährleistet wird.

---

25 Möglicherweise Hubert Partisch, bis 1910 Lehrer in Jägerndorf, Friedek und Teplitz-Schönau, dann Supplent, Professor und 1919 bis 1946 Direktor der Staatsrealschule Wien XV.

26 Zu den Soldatenräten vgl. auch KRP Nr. 28/4 und Anmerkung 106 ebendort.

Stöckler: Eventuell Frage in allen organisatorischen und Personalfragen der ressortmäßige Einfluss gewahrt wird.

Steinwender: Pro Stöckler. Es soll nicht geforscht werden, sondern es soll jemand tierärztlich ausgebildet werden.

Glöckel: Prinzipielle Frage. Wir müssen uns darüber klar sein, dass es Sache der Republik sein wird, das Schulwesen im zentralistischen Sinn zu organisieren. Das Ziel muss sein, alle Schulen dem Unterrichtsamt zu unterstellen.

Zerdik: Pro Stöckler.

Riedl: Exp.Ak. [Exportakademie] geht über Handelsmittelschule hinaus. Erfordernis Matura, wissenschaftliche ?Durchbildung vermittelt. [...] für die Handelswissenschaft. Bei Hochschulcharakter planmäßig [...] für Beamtenanwärter. Gewerbliche Hochschulen [...] Universitäten wären Beamtenschulen, wo die Technik der wissenschaftlichen Forschung zu lehren unmöglich ist. Aber auch die Beamten werden nicht vorgebildet. Konsequenz durchgreifende Schulreform. Aber solange formalistischer Geist im Unterrichtsamt – solange nicht das Unterrichtsamt reorganisiert ist, müssen wohl die Anstalten, welche Fachämtern unterstehen dort verbleiben.

[Beschluss:] Im Rahmen einer durchgreifenden Schulreform die Zusammenfassung am Platz wäre, jedoch mit den [...] mit solchen Einrichtungen, welche einerseits einen genügenden Einfluss der Praxis und der mit der Pflege der praktischen Volkswirtschaft bezüglichen Staatsämtern sicherstellt und unter der Voraussetzung einer Reform nicht allein des Schulwesens sondern auch der Schulverwaltung.

Mayer: Pro Stöckler: Heranbildung der praktischen tierärztlichen und Förderung der Forschung.

Renner: Hochschulwesen überhaupt reformbedürftig, wohin steuern wir im Ganzen? Die Staatsverwaltung hat sich in eine wachsende Zahl von Ministerien gegliedert. Jedem Staatsamt steht eine besondere Fakultät gegenüber. Wir müssten eigentlich den Hochschulbetrieb auflösen. Die notwendigen Verbindungen gingen früher -. Wenn die Verbindung mit der medizinischen Fakultät gelöst wird, so besteht die Gefahr, dass die Forschung sich nicht mehr im Einvernehmen mit dem tierischen und menschlichen Leben vollzieht.
Es ist das lebhafteste Bedürfnis aller Studienzweige, dass sie in einer einheitlichen Verfassung arbeiten und dass gewisse Institute in gemeinsamer Verbindung stehen. Vom Standpunkt des Hörers ist es ebenfalls erwünscht, dass er nicht im engen Kreis eines Staatsamtes arbeitet.
Die Hochschulen zusammenfassen in eine Unterrichtsverwaltung, dass aber gleichzeitig das betreffende Staatsamt auf die Hochschulen den unmittelbaren Einfluss ausübt.
Die tierärztliche Hochschule dem Unterrichtsamt unterstellen mit dem Auftrag, bei der Besetzung dieser und dieser Fächer, die nicht rein theoretischer Natur sind, sondern Bezug auf die Landwirtschaft haben, das ständige paritätische Einvernehmen mit dem Staatsamt für Landwirtschaft zu pflegen.
Vorschlagsrecht.

Glöckel pro Renner.

Pacher: -.

Stöckler: -.

Renner: ~~Die tierärztliche Hochschule~~ – Antrag Staatssekretär; Antrag Pacher. Prov.[isorisch] bis zur -.

Pacher – Renner.

Stöckler: Prov.[isorisch] bis zur Neuordnung der Hochschulen.

[?]: Wenn im Kabinett zwei entgegengesetzte Meinungen, so muss dem Staatsrat das entscheidende Wort [überlassen werden].

Stöckler: Die tierärztliche Hochschule wird provisorisch bis zur -.

5 gegen 4 der Antrag Stöckler angenommen. Die Angelegenheit wird dem Staatsrat vorbehalten.

Punkt 3.

Zerdik: < >.

Steinwender: Sehr einverstanden, man muss aber weiter gehen. Auch größere Betriebe müssen etwas bekommen. 5.000 Kronen ist zu wenig. Man wird der Liquidierungskasse größere Beträge zur Verfügung stellen müssen. Wir müssen endlich aus den Sachdemobilisierungsgütern etwas bekommen.

1.) Nichts dagegen einwenden, wenn aus verfügbaren gemeinsamen Mitteln als Vorschuss Gelder dem Liquidierungsbüro angewiesen werden.

Riedl: Widerstreitende Anforderungen: ~~Steinwender verlangt möglichst rasch~~ -.

Antrag angenommen.

Zerdik: ~~Bei der Demobilisierung in Amstetten 13 Lastautos beschlagnahmt worden. Fahrzeug gestohlen, nach und nach wird alles gestohlen. Kann man sie an Ort und Stelle verkaufen~~?

Punkt 4

Zerdik: [...] geographisches Institut.

Roller: Justizamt begrüßt die Anregung außerordentlich. Die [Über-]Einstimmung zwischen Grundbuch und Kataster durchzuführen ist äußerst dringlich. Die Gerichte sollten mehr Einfluss auf die Katasterführung erhalten. Der Vorschlag wäre anzunehmen, jedoch wäre es gut, wenn [die Staatsämter für] öffentliche Arbeiten, Landwirtschaft, Finanzen und Justiz durch ihre Vertreter konkrete Vorschläge ausarbeiten, dass die Übereinstimmung des Grundbuches mit dem Kataster erzielt und der Kataster überwacht wird.

5.[27]

Roller meldet noch an: Frage der Aufhebung der überflüssigen Gerichte. Gleichartige Behandlung der Frage des Gelöbnisses der Staatsbeamten.

Marckhl: ~~Verfügungsrecht wurde~~ -.[28]

Kaup: Vereinheitlichung der gesamten Agenden der Gesundheitsverwaltung einschließlich der Agenden des Militärgesundheitswesens in den einzelnen Ländern.

Zerdik: Bestellung eines dem Landesamtsdirektor koordinierten Landesbaudirektors für die Leitung der gesamten Agenden des staatlichen Baudienstes.

¾7h.

---

27 Dieser Punkt wurde in der Reinschrift nicht berücksichtigt. Vgl. KRP Nr. 26/8.

28 Im Folgenden handelt es sich offenbar um Verhandlungspunkte für die Besprechung mit den Landeshauptleuten am 4. und 5. Jänner 1919. Vgl. KRP Nr. 28.

26.[1]

[Samstag] 1918-12-28

Vorsitz: Renner
Anwesend: Beck, Deutsch (für Stöckler), Grimm, Hanusch, Kaup, Loewenfeld-Ruß, Pflügl, Roller, Waihs, Zerdik
Zugezogen: Oberdorffer[2] (zu Punkt 8)
Schriftführer: unbekannt
Dauer: 19.00–22.00 Uhr

Reinschrift, Konzept, Konzept der Tagesordnung, Stenogramm

Inhalt:[3]
1. Ernährungslage.
2. Verlängerung des Termines für die Erhöhung der Getreideübernahmepreise.
3. Änderung verschiedener Amts- und öffentlicher Titel.
4. Organisation des staatlichen Pressedienstes.
5. Briefsendungen nach dem feindlichen Ausland.
6. Ansuchen der Soldaten des liquidierenden Kriegsministeriums um Auszahlung des Unterhaltsbeitrages.
7. Übereinkommen zwischen der Zuckerkommission in Prag und der Zuckerstelle in Wien, betreffend den Verkehr mit Melasse und Zuckerrübe.
8. Frage der gleichartigen Behandlung des Gelöbnisses der Staatsbediensteten.
9. Außerdienststellung fremdnationaler und Pensionierung deutschösterreichischer Staatsangestellter; Behandlung der Hochschullehrer.
10. Arbeitslosenunterstützung in Deutschböhmen und in Sudentenland.

Beilagen:
– Zu Punkt 3: Antrag für den Kabinettsrat, betreffend die notwendige Änderung verschiedener Amts- und sonstiger öffentlicher Titel (2 Seiten).

1
Ernährungslage

Staatssekretär Dr. L o e w e n f e l d - R u ß macht über die augenblickliche Ernährungssituation Mitteilungen. Hienach haben die in Bern anwesenden Vertreter der Entente für Approvisionierungszwecke Deutschösterreichs 4.000 Tonnen, d. i. 400 Wagen Weizen bereits zur Verfügung gestellt.[4] Diese Menge wird von Italien über Innsbruck zur Lieferung gelangen.

---

[1] Das Protokoll trägt den Vermerk *Vertraulich!*

[2] Leonhard Oberdorffer, Finanzrat, ab 16. November 1918 Leiter der deutschböhmischen Abteilung der Staatskanzlei, 1921 bis 1949 Rechtskonsulent in der Kohlenhandelsgesellschaft I. Petschek in Aussig.

[3] Das Konzept der Tagesordnung, das insgesamt 13 Punkte umfasst, stimmt mit dem Inhalt der Reinschrift nicht überein. Es enthält u. a. die folgenden nicht behandelten Punkte: „Schaffung eines einheitlichen Fremdenverkehrsamtes in Deutschösterreich im Rahmen des Staatsamtes für Verkehrswesen", „Ausnützung der Wasserkräfte und Förderung der Elektrizitätswirtschaft", „Einsetzung einer zwischenstaatsamtlichen Kommission beim Staatsamte für Landwirtschaft zur Vorbereitung der Agrarreform" (vgl. KRP Nr. 27/3) und „Eigenmächtigkeiten der Landesregierungen; Vorstellung an den Staatsrat" (vgl. KRP Nr. 27/2).

[4] Die erste Zusammenkunft der US- und der deutschösterreichischen Delegation zur „Beratung der Frage der Lebensmittelversorgung Deutsch-Österreichs und insbesondere Wiens" hatte am 24. Dezember

Außerdem wurde von den genannten Vertretern telegraphisch die Ermächtigung aus Paris erbeten, 3.000 Wagen Lebensmittel für Deutschösterreich freimachen zu dürfen. In Triest sollen 20–30.000 t Weizen lagern. Der sprechende Staatssekretär habe nach Bern telegraphiert, dass uns auch aus diesen Triester Beständen ein entsprechender Teil zur Verfügung gestellt werde. Angesichts des Monatsbedarfes für Deutschösterreich an Mehl im Ausmaße von 37.000 Tonnen – auf der Grundlage einer Quotenbemessung von 200 Gramm – seien jedoch die zu gewärtigenden Zuschübe allerdings unzulänglich. Immerhin sei jedoch dieser erste Schritt zur Hilfeleistung zu begrüßen, wozu erfreulicherweise noch erwähnenswert sei, dass eine aus Vertretern Amerikas, Englands, Frankreichs und Italiens bestehende Kommission am Montag von Bern nach Wien abreisen werde, um sich über unsere Notlage an Ort und Stelle zu Informieren. Die finanzielle Seite sei im Augenblicke zurückgestellt; es habe den Anschein, dass deren Bereinigung von politischen Fragen abhängig gemacht werden wird.

Der Kabinettsrat nimmt diese Mitteilungen zur Kenntnis.[5]

2

Verlängerung das Termines für die Erhöhung der Getreideübernahmepreise

Staatssekretär Dr. L o e w e n f e l d - R u ß erbittet die Ermächtigung des Kabinettsrates zur Hinausgabe einer Vollzugsanweisung, wonach die mit der Vollzugsanweisung des Staatsrates vom 25. November 1918 ursprünglich bis Ende d. J. angeordnete Erhöhung der Getreideübernahmspreise[6] bis 15. Jänner 1919 erstreckt wird. Der sprechende Staatssekretär begründet diese Maßnahme damit, dass sich der Getreideaufbringung im Monate Dezember namentlich infolge der Verkehrsstörungen und wegen Mangels an Druschkohle[7] bedeutende Schwierigkeiten entgegengestellt haben. Eine Änderung der Brot- und Mehlpreise werde dadurch nicht eintreten.

Der Kabinettsrat erteilt die erbetene Ermächtigung.[8]

3

Änderung verschiedener Amts- und öffentlicher Titel

Der Vorsitzende verweist darauf, dass infolge der Änderung der Staatsform und der Ämterverfassung auch verschiedene Amts- und sonstige öffentliche Titel einer Änderung bedürfen.[9] Von Amtstiteln gehören hiezu insbesondere jene, in denen das Vorwort „Ministerial"

---

in Bern stattgefunden. Vgl. Volkswirtschaftliche Chronik. Mit Benützung amtlicher Quellen herausgegeben von Dr. Karl Neisser, Jg. 1918, Nr. 12, Dezember 1918, S. 355 „Lebensmittelversorgung durch die Entente".

5 Zu den Besprechungen mit der erwähnten Kommission vgl. weiter KRP Nr. 27/1. Zu den Lebensmittelverhandlungen mit der Entente vgl. auch KRP Nr. 10, Anmerkung 10, weiters Nr. 12/4, Nr. 16/5, Nr. 17/5, Nr. 28/2 und Nr. 31/1.

6 StGBl. Nr. 51, Vollzugsanweisung des Deutschösterreichischen Staatsrates vom 25. November 1918, betreffend die Übernahmspreise für einzelne im Jahre 1918 geerntete Fruchtgattungen, ausgegeben am 28. November 1918. Die Übernahmspreise für Weizen, Roggen, Gerste, Hafer und Mais waren mit dieser Vollzugsanweisung um 25 Kronen pro Meterzentner erhöht worden, wenn „die Frucht bis einschließlich 31. Dezember 1918 dem Beauftragten der Kriegs-Getreideverkehrsanstalt zur Übernahme angeboten und zum Abrufe bereitgestellt wird". Vgl. auch Volkswirtschaftliche Chronik, Jg. 1918, Nr. 11, November 1918, S. 330 „Erhöhung der Übernahmspreise für Getreide".

7 Druschkohle: Kohle für den Betrieb von Getreidemühlen.

8 StGBl. Nr. 150, Vollzugsanweisung des Deutschösterreichischen Staatsamtes für Volksernährung vom 28. Dezember 1918, betreffend die Übernahmspreise für einzelne im Jahre 1918 geerntete Fruchtgattungen, ausgegeben am 31. Dezember 1918; AdR, StK, GZl. 552/1919, Verlängerung der Frist für die bevorzugten Uebernahmspreise.

9 Beilage zu Punkt 3: Antrag für den Kabinettsrat (2 Seiten). Der Inhalt der Beilage entspricht weitestgehend dem Text der Reinschrift zu diesem Punkt.

und „Statthalterei“ enthalten ist, überdies der Titel „Hofrat“, soweit er nicht von einer mit der Bezeichnung „Hof“ ausgestatteten Behörde abgeleitet werden kann (wie beispielsweise „Rechnungshof“). Von sonstigen öffentlichen Titeln, die an Nichtbeamte zur Verleihung gelangt sind, entsprechen die Titel „Kaiserlicher Rat“, „Regierungsrat“ und „Hofrat“ nicht mehr den geänderten Verhältnissen.

Was die notwendige Änderung der A m t s t i t e l betrifft, so werden die neu zu bildenden Titel möglichst einfach und mit möglichster Vermeidung von Fremdwörtern zu bilden sein. In dieser Hinsicht wird grundsätzlich vorgeschlagen, für die leitenden Beamten (bisher Rangsklasse 4 und 5) den Grundtitel „Direktor“, für die Dezernenten-Klasse (6. bis einschließlich 8. Rangsklasse) den Grundtitel „Rat“ und für die Hilfsarbeiterklasse (9. und 10. Rangsklasse) den Grundtitel „Amtmann“ und dementsprechend für die derzeitigen Praktikanten die Bezeichnung „Amtsgehilfe“ zu wählen. Hiebei könnte in Aussicht genommen werden, den geprüften Praktikanten in Ausübung des Dienstes auch die Führung des Titels „Amtmann“ zu gestatten. Vorbehaltlich der näheren Prüfung insbesondere in der Richtung, mit welchen Vorworten diese Grundtitel innerhalb der einzelnen Verwaltungszweige zu versehen wären, würde sich beispielsweise für die politische Verwaltung folgendes Bild der künftigen Titel ergeben:

4.	Rangsklasse:	Staatsamts-Direktor,
5.	„	Regierungsdirektor,
6.	„	Oberregierungsrat,
7.	„	Regierungsrat I. Klasse,
8.	„	Regierungsrat II. „
9.	„	Regierungsoberamtmann,
10.	„	Regierungsamtmann,
11.	„	Regierungsamtsgehilfe.

Durch eine solche Neuregelung der Titel würde, abgesehen von dem zunächst verfolgten Zweck der Anpassung der Titel an die geänderten Verhältnisse, auch eine vollkommene Gleichmäßigkeit der Titel innerhalb der einzelnen Rangsstufen erreicht. Weiters würde sich dadurch erzielen lassen, dass die Stellung fast bei keinem Staatsangestellten eine Verschlechterung nach außen erfährt; ja bei einer großen Zahl von Beamten – und dies gilt namentlich von den juridisch-administrativen Beamten – würde vermöge der durchgreifenden Einbeziehung der 7. und 8. Rangsklasse in die „Ratsklasse“ eine Verbesserung der äußeren Stellung platzgreifen. Ebenso wird auch den Beamten der 5. Rangsklasse durch die vorgeschlagene Einräumung des Direktortitels nach außen eine ihrer leitenden Funktion entsprechende, möglichst angesehene Stellung gesichert.

Überhaupt wird der d.ö. Staat, namentlich insolange er seinen Beamten in materieller Beziehung nur wenig zu bieten vermag, besonderes Gewicht darauf legen müssen, ihnen durch entsprechende Titel wenigstens eine gewisse Befriedigung in Bezug auf die äußere Stellung zu bieten.

Was die r e g e l m ä ß i g n i c h t a n A m t s p e r s o n e n v e r l i e h e n e n T i t e l betrifft, so könnte der Titel „Kaiserlicher Rat“ einfach durch „Rat“, der Titel „Regierungsrat“ durch „Oberrat“ und der Titel „Hofrat“, soweit er bisher Privatpersonen verliehen worden ist, etwa durch „Direktorialrat“ ersetzt werden.

Der Vorsitzende beantragt in formeller Hinsicht das vom Kabinettsrat eingesetzte Beamtenkomitee[10] mit der ungesäumten Durchprüfung dieses Planes in Bezug auf dessen Anwendung auf alle in Betracht kommenden Verwaltungszweige zu beauftragen.

---

[10] Zur Einrichtung und Zusammensetzung des zwischenstaatsamtlichen Komitees zur Behandlung von Staatsangestelltenfragen vgl. KRP Nr. 11/2.

Bei der sich hieran anschließenden Debatte[11] macht Staatssekretär Dr. Loewenfeld-Ruß gegen die vorgebrachte Anregung mehrfache Bedenken geltend und gibt der Ansicht Ausdruck, dass die Beamten mit diesen Amtstiteln kaum zufrieden sein dürften. Er würde wünschen, es möge dem Beamtenkomitee ausdrücklich bekanntgegeben werden, dass die vorliegenden Detailvorschläge keineswegs bindenden Charakter an sich tragen und der einschlägigen Beratung nicht von vorneherein als richtunggebend zur Grundlage zu legen sind. Unterstaatssekretär von Pflügl bemerkt, dass eine Änderung der gegenwärtigen Diensttitel im diplomatischen Dienste – mit Rücksicht auf deren internationalen Charakter – wohl nicht in Betracht zu ziehen sein werden.

Unterstaatssekretär von Beck erklärte schließlich, dass er, entsprechend dem Antrage des Vorsitzenden, diese Angelegenheit auf die Tagesordnung der nächsten Sitzung des Beamtenkomitees setzen werde.[12]

4

Organisation des staatlichen Pressedienstes

Der Vorsitzende weist auf die gegenwärtigen Übelstände in der Organisation des staatlichen Pressedienstes hin, dessen Zusammenlegung beziehungsweise tunlichste Vereinfachung sich namentlich aus finanziellen Rücksichten als dringend wünschenswert darstelle.

Das Ergebnis der hierüber sich entwickelnden Debatte, an der sich außer dem Vorsitzenden Staatssekretär Dr. Loewenfeld-Ruß, Unterstaatssekretär von Pflügl und Sektionschef Dr. Deutsch beteiligen[13], fasst der Vorsitzende dahin zusammen,

1./ dass die volkswirtschaftlichen Zeitungen und Zeitschriften in dem erforderlichenfalls entsprechend auszugestaltenden wirtschaftspolitischen Archive des Handelsmuseums zu bearbeiten sein werden, welches die fallweise zuständigen Staatsämter raschestens zu informieren haben wird.[14]

2./ Die politische Presse des näheren Auslands wird von der Staatskanzlei, die des ferneren Auslands vom Staatsamt des Äußern zu behandeln und gleichfalls allen beteiligten Ressorts zugänglich zu machen sein.

3./ Diese drei Stellen werden auch – über einen einschlägigen Antrag des Staatssekretärs Dr. Urban – alle bisher von den einzelnen Ressorts veranlasste und mit einem namhaften Kostenaufwand verbundenen Übersetzungsarbeiten durchzuführen haben.

4./ Die Organisation des gesamten Pressedienstes nach den vorstehenden Richtlinien wird der Staatskanzlei obliegen. Die einzelnen Staatsämter werden demgemäß angewiesen, den gegenwärtig bei ihnen bestehenden Presseapparat bis zur endgültigen Regelung dieser Frage nicht auszugestalten und die gegenwärtige Presseorganisation[15] innerhalb ihres Ressorts dem Pressechef des Staatsamtes des Äußern schriftlich bekanntzugeben.[16]

---

11 Vgl. das Stenogramm.

12 Vgl. weiter KRP Nr. 27/6.

13 Vgl. das Stenogramm.

14 Zur Geschichte der Bestände des ehemaligen Handelsmuseums (1875 als „Orientalisches Museum" gegründet, ab 1887 k.k. Österreichisches Handelsmuseum, 1898 Gründung der k.k. Export-Akademie des Handelsmuseums, ab 1919 Hochschule für Welthandel, ab 1975 Wirtschaftsuniversität Wien) vgl. Handbuch der historischen Buchbestände in Österreich. Band 1. Wien. Teil 1. Bearbeitet von Wilma Buchinger und Konstanze Mittendorfer, Hildesheim/Zürich/New York 1994, S. 270 f.

15 Im Konzept: „und ihren gegenwärtigen Pressevertreter sowie die bisher bestehende Presseorganisation".

16 Informationen zur geplanten Gestaltung des Pressedienstes finden sich in AdR, StK, GZl. 1.657/1918, Organisation des Pressedienstes. Zum Thema vgl. auch KRP Nr. 12/1, weiters SRP Nr. 56 vom 9. Dezember 1918. Der Pressedienst blieb vorerst auf die einzelnen Fachministerien verteilt, bis der Ministerrat im Jahr 1921 seine Vereinheitlichung beschloss. Im Zuge dessen wurde der gesamte Pressedienst im Bundeskanzleramt zentralisiert, nur die Pressestellen der Bundesministerien für Verkehrswesen und für

5

Briefsendungen nach dem feindlichen Ausland

Der Vorsitzende teilt mit, dass das Staatsamt für Gewerbe, Industrie und Handel (Generalpostdirektion) an die Staatskanzlei eine Anfrage bezüglich allfälliger Aufhebung des gelegentlich des Kriegsausbruches durch eine Ausnahmsverfügung erlassenen Verbotes des Post- und Telegraphenverkehrs mit dem feindlichen Auslande gestellt habe.[17]

Der Kabinettsrat beschließt, es sei das anfragende Staatsamt anzuweisen, diesfalls an das Staatsamt des Äußern antragstellend heranzutreten.[18]

Volksernährung wurden belassen, jedoch ebenfalls dem Einvernehmen mit dem zentralen Pressedienst unterworfen. Untergebracht wurde der Bundespressedienst in den Räumlichkeiten des Bundesministeriums für Äußeres an der Adresse Wien I., Ballhausplatz 2. Vgl. MRP Nr. 112/1 vom 18. August 1921 und Nr. 122/17 vom 23. September 1921. Das den Pressedienst betreffende Aktenmaterial aus dem Zeitraum 1918 bis 1938 findet sich im Bestand AdR, BKA-Inneres, Bundespressedienst.

17 Zu dieser Ausnahmsverfügung vgl. auch AdR, StK, GZl. 703/1919, Zl. 1.321/1918, Briefsendungen nach dem feindlichen Auslande. Zu den aus Anlass des Krieges erlassenen strengen Einschränkungen und fallweise völliger Unterbindung des Post-, Telegraphen- und Telefonverkehrs siehe auch die folgenden Gesetze: RGBl. Nr. 162, Verordnung der Ministerien des Handels und des Innern vom 25. Juli 1914 über die Behandlung der Postsendungen, sowie RGBl. Nr. 167, Verordnung des Gesamtministeriums vom 25. Juli 1914 über die Einschränkung und Überwachung des Telegraphen- und Telephonverkehrs, beide ausgegeben am 26. Juli 1914; weiters RGBl. Nr. 269, Verordnung des Handelsministeriums im Einvernehmen mit dem Kriegsministerium vom 5. Oktober 1914 über die Behandlung der Postsendungen nach dem Auslande, ausgegeben am 9. Oktober 1914. § 5, RGBl. Nr. 167/1914, besagte u. a. etwa: „Die über die Grenzen der österreichisch-ungarischen Monarchie führenden Privattelegraphen- und Telephonleitungen werden gänzlich unterbrochen." Vgl. auch AdR, StK, GZl. 263/1919, Zl. 608/1918, Beschränkungen für Privatsendungen nach dem Auslande. Der Akt enthält ein Schreiben des Generalpostdirektors Hoheisel vom 24. November 1918, in dem dieser mitteilte, dass „auf Grund des Beschlusses der provisorischen Nationalversammlung vom 30. Oktober 1918, Staatsgesetzblatt Nr. 3" jede Zensur vollständig aufgehoben worden sei, weshalb in seinem Ressort die Absicht bestehe, die Beschränkungen im Postverkehr mit dem Ausland aufzuheben. Da nun aber der Staatsrat beschlossen habe, dass Geldbriefe nur offen aufgegeben werden dürften, um „die Verschleppung von Wertsachen in die Schweiz hintanzuhalten" (vgl. SRP Nr. 41 vom 21. November 1918 und Nr. 42 vom 22. November 1918) – was allerdings im Grunde unnötig sei, weil die entsprechenden Bestimmungen des RGBl. Nr. 269/1914 noch in Geltung stünden –, habe die Generalpostdirektion des Staatsamtes für Gewerbe, Industrie und Handel eine einschlägige Verordnung (die dem Akt beiliegt) wieder zurückgezogen. Zum erwähnten Beschluss der Nationalversammlung vgl. StGBl. Nr. 3, Beschluss der Provisorischen Nationalversammlung vom 30. Oktober 1918, betreffend das Press-, Vereins- und Versammlungsrecht, ausgegeben am 15. November 1918, worin es u. a. hieß: „Jede Zensur ist als dem Grundrecht der Staatsbürger widersprechend als rechtsungültig aufgehoben." Dr. Konrad Hoheisel, Sektionschef, 17. April 1918 bis 10. Juli 1930 Generaldirektor für die Post- und Telegraphenangelegenheiten.

18 Im Stenogramm zu diesem Punkt der Tagesordnung stand eher die Wiedereinführung der Briefzensur im Vordergrund, weswegen das Staatsamt für Finanzen bereits einen Antrag gestellt habe. Vgl. dazu auch AdR, StK, GZl. 263/1919, Zl. 802/1918, Maßnahmen zum Schutze unserer Valuta. Der Akt enthält ein Schreiben des Innenressorts vom 2. Dezember 1918, in dem u. a. ausgeführt wurde, dass das Staatsamt für Finanzen „auf die Notwendigkeit hingewiesen" habe, „durch Reaktivierung der Brief- und Telegrammzensur die Befolgung der Devisenvorschriften zu sichern und überhaupt die Abwanderung inländischen Kapitales in das Ausland zu verhindern. Diesem Antrage entsprechend wird mit 28. Dezember l. J. die Zensurstelle Wien wieder aufgestellt und ihr bis zur Aufstellung weiterer Zensurstellen die Zensur der gesammten Brief- und Paketpost einschließlich der Transitpost nach der Schweiz und dem übrigen neutralen Auslande übertragen." Zum zugrundeliegenden Beschluss des Staatsrates vgl. SRP Nr. 60/III vom 20. Dezember 1918; sodann weiters SRP Nr. 64/III d vom 10. Jänner 1919; StGBl. Nr. 89, Gesetz vom 6. Februar 1919 über die Zensur des Post- und Telegrammverkehrs mit dem Ausland, ausgegeben am 12. Februar 1919. Details zur Durchführung dieses

6

Ansuchen der Soldaten des liquidierenden Kriegsministeriums um Auszahlung des Unterhaltsbeitrages

Unterstaatssekretär Dr. W a i h s teilt mit, dass die Soldaten des liquidierenden Kriegsministeriums die Weiterzahlung des Unterhaltsbeitrages für ihre Angehörigen über den 1. Jänner 1919 hinaus fordern. Diesem Wunsche könne aus finanziellen Gründen wohl nicht entsprochen werden, zumal auch nicht absehbar sei, wie lange das Kriegsministerium arbeiten werde. Eine Lösung der Frage wäre allenfalls in der Weise denkbar, dass diese Soldaten in vertragsmäßig angestellte Zivilarbeiter umgewandelt werden.

Der Kabinettsrat beschließt, dass diese Angelegenheit durch das Staatsamt für Heerwesen an das Staatsamt des Äußern weiterzuleiten ist, das mit dieser Frage die Gesandtenkonferenz zu befassen hätte. Hiebei wäre über eine in diesem Zusammenhang gemachte Anregung des Unterstaatssekretärs Dr. von G r i m m regierungsseitig auf die Wahrnehmung der staatsfinanziellen Interessen besonders Bedacht zu nehmen.[19]

Desgleichen wären die in den zivilen Staats-Krankenanstalten dermalen noch verwendeten militärischen Organe in den d.ö. Zivilstaatsdienst zu überführen. Die Durchführung dieser letzteren Maßnahme hätte vom Staatsamt für Volksgesundheit im Einvernehmen mit den Staatsämtern der Finanzen und des Heerwesens zu erfolgen.

7

Übereinkommen zwischen der Zuckerkommission in Prag und der Zuckerstelle[20] in Wien, betreffend den Verkehr mit Melasse und Zuckerrübe

Staatssekretär Dr. L o e w e n f e l d - R u ß macht von zwei zwischen Vertretern der tschechoslowakischen Regierung und Delegierten des Staatsamtes für Volksernährung in Prag abgeschlossenen Verträgen rücksichtlich des Verkehres mit Melasse sowie mit frischer und getrockneter Zuckerrübe Mitteilung. Diese Verträge laufen bis Ende Jänner 1919; weitere Verhandlungen dürften voraussichtlich Mitte Jänner in Prag geführt werden. Da es sich vorliegendenfalls nicht um Staatsverträge, sondern um terminierte Ressortverträge handelt, beabsichtige der sprechende Staatssekretär den Staatsrat mit diesen Angelegenheiten nicht zu befassen.

Der Kabinettsrat nimmt diese Mitteilungen zustimmend und mit dem Beifügen zur Kenntnis, dass die einzelnen Ressorts ermächtigt sind, möglichst unter Ausschaltung von

---

Gesetzes bzw. der Handhabung der Zensurbestimmungen und der Errichtung von Hauptzensurstellen in Wien, Salzburg und Feldkirch finden sich unter der oben genannten Grundzahl in Zl. 263/3/1919.

19 Vgl. weiter KRP Nr. 29/3 und Nr. 34/11, zu Fragen im Zusammenhang mit Unterhaltsbeiträgen überdies auch Nr. 13/10, Nr. 16/1, Nr. 23/1, Nr. 32/8 und Nr. 34/10. Die nächste Gesandtenkonferenz fand erst am 17. Jänner 1919 statt und behandelte neben den „allgemeinen Pensionen" ausführlich die „Regelung der Frage der Ruhe- und Versorgungsgenüsse für Militärs und Angestellte der Zentralstellen". Dabei wurde auch vereinbart, wie mit den Bediensteten der liquidierenden Zentralstellen, darunter auch das Kriegsministerium, weiter verfahren werden sollte. Vgl. AdR, StK, GZl. 157/1919, Zl. 157/1/1919, Niederschrift über die am 17. Jänner 1919 im Deutschösterreichischen Staatsamt für Äußeres abgehaltene siebente Gesandten-Konferenz, S. 7 f. Zu den Gesandtenkonferenz vgl. weiters auch KRP Nr. 11/1, Nr. 19/1, Nr. 21/4, Nr. 23/6, Nr. 28/3, Nr. 29/5 a und Nr. 32/6.

20 Die „Deutschösterreichische Zuckerstelle" war mit StGBl. Nr. 101, Vollzugsanweisung des Deutschösterreichischen Staatsamtes für Volksernährung im Einvernehmen mit dem Staatsamte der Finanzen vom 13. Dezember 1918, betreffend die Regelung der Erzeugung und des Verkehres mit Zucker, Zuckerrüben sowie den Neben- und Abfallprodukten der Zuckererzeugung, ausgegeben am 15. Dezember 1918, eingerichtet worden. Das Statut der „Zuckerstelle" wurde ebenfalls am 15. Dezember kundgemacht: Wiener Zeitung, 15. Dezember 1918, S. 2–4 „Statut der Deutschösterreichischen Zuckerstelle". Vgl. weiters Volkswirtschaftliche Chronik, Jg. 1918, Nr. 12, Dezember 1918, S. 356 „Errichtung einer Deutsch-österreichischen Zuckerstelle".

privaten Mittelspersonen direkte Verhandlungen rücksichtlich ihrer Ressortangelegenheiten mit den Sukzessionsstaaten anzustreben und einzugehen.[21]

8

Frage der gleichartigen Behandlung des Gelöbnisses der Staatsbediensteten

Staatssekretär R o l l e r führt aus, dass von den Tschechen im Falle der Besetzung deutscher Gebiete bei der Behandlung der deutschen Beamten verschieden vorgegangen worden sei. In letzterer Zeit hätte sich die Praxis herausgebildet, dass von den deutschen Beamten ein Widerruf des deutschösterreichischen Gelöbnisses nicht mehr verlangt, vielmehr nur ein Gelöbnis gefordert wird, womit sie sich verpflichten, das Amt nach den alten österreichischen Gesetzen und nach den neuen Gesetzen, die der tschechoslowakische Staat erlässt, weiterzuführen und den Rechtszug nach den alten Bestimmungen anzuerkennen. Die Formel solle aber lediglich provisorische Gültigkeit bis zur endgültigen Bereinigung der Gebietsgrenzen durch die Friedenskonferenz haben. Demgemäß erachte der sprechende Staatssekretär eine entsprechende Abänderung der geltenden Gelöbnisformel für wünschenswert, zumal es auch im Interesse der deutschösterreichischen Regierung gelegen sei, die deutschen Beamten dem von den Tschechen besetzten deutschen Siedlungsgebiete zu erhalten.

Der Kabinettsrat beschließt, den Unterstaatssekretär Dr. Ritter von B e c k einzuladen, unter Zuziehung des Referenten für die Angelegenheiten Deutschböhmens und des Sudetenlandes, Finanzrates O b e r d o r f f e r, eine den obigen Erfordernissen entsprechende Gelöbnisformel zu entwerfen[22], sowie weiters ohne Verzug alle jene Vorschriften, welche die

---

[21] Vgl. Volkswirtschaftliche Chronik, Jg. 1918, Nr. 12, Dezember 1918, S. 355 f „Versorgung Deutschösterreichs mit Zucker"; KRP Nr. 10/1, Nr. 13/11 und Nr. 34/9.

[22] In dem Zusammenhang vgl. etwa AdR, StK, GZl. 1.628/1918, Pflichtenangelobung deutschösterreichischer Richter auf den tschechoslowakischen Staat. In dem Akt wurde auf die vorliegende Sitzung des Kabinettsrates und auf „eine Reihe von Fragen verschiedener Gerichte und gerichtlicher Funktionäre hauptsächlich in der Richtung, wie sich diese angesichts der Besetzung Deutschböhmens durch die Tschechoslowaken zu verhalten haben und wie die von der tschechoslow. Reg. geforderte Pflichtenangelobung mit dem für den deutschösterr. Staat geleisteten Treuegelöbnisse in Einklang zu bringen" sei, Bezug genommen. Der Akt enthält weiters den Entwurf eines entsprechenden Antwortschreibens, in dem es u. a. hieß: „Mit Beziehung auf Ihre an das deutschösterreichische Staatsamt für Justiz gerichtete Anfrage […] wird Ihnen eröffnet, dass die Staatskanzlei keine Einwendung erhebt, wenn Sie, unbeschadet Ihres dem d.ö. Staate geleisteten Gelöbnisses, den gegenwärtigen Machtverhältnissen Rechnung tragend und der Gewalt weichend, bis auf weiteres und unvorgreiflich für die endgiltige Lösung der strittigen Frage des Staatsgebietes, sowie vorbehaltlich der endgiltigen Regelung der Beamtenverhältnisse, die von Ihnen seitens der tschechoslow. Reg. abverlangte Erklärung abgeben, dass Sie Ihre Amtspflichten nach wie vor versehen, das Amtsgeheimnis wahren und den Anforderungen Ihrer gegenwärtigen tschechoslow. Vorgesetzten Folge leisten werden." Weiters vgl. AdR, StK, GZl. 1.567/1918. Dem Akt liegt unter Zl. 1.481/1918, Angelobung der Gendarmerie in Sudetenland, eine Information bei, dass im Sudetenland von tschechoslowakischer Seite „vorläufig nachstehende Pflichtenangelobung" verlangt werde: „Ich leiste vorbehaltlich der endgiltigen Regelung des Dienstverhältnisses die nachfolgende Pflichtenangelobung: Ich werde meine Amtsgeschäfte nach meinem besten Wissen und Gewissen unter Wahrung des Amtsgeheimnisses weiterhin im Auftrage des tschechoslovakischen Staates vollziehen und sämtlichen Anordnungen der tschechoslovakischen Regierung Folge leisten." Weiters sei den Gendarmerieoffizieren „ihre Verwendung im deutschen Sprachgebiet und die Amtierung in deutscher Sprache zugesichert" worden. Das Staatsamt des Innern beabsichtigte, dieser Regelung telegrafisch zuzustimmen. Zum Thema vgl. weiters auch AdR, StK, GZl. 1.547/1918, Enthebung der Beamten des Steueramtes in Pohrlitz vom Gelöbnis für den deutschösterr. Staat; GZl. 1.534/1918, Staatsbeamte in Südmähren, Nötigung zur Ablegung eines Gelöbnisses durch die tschechoslow. Regierung; GZl. 1.401/1918, Behandlung der Beamten in den zu Deutschösterreich gehörenden, jedoch von den Südslaven besetzten Gebieten; GZl. 24/1919, Rat der Festangestellten in Freudenthal (Sudetenland), Treueid für den tschechoslowakischen Staat; GZl. 101/1/1919, Ge-

Angelegenheiten der deutschen Beamten in Deutschböhmen und Sudentenland regeln, in Druck zu legen und für die möglichste Verbreitung dieser Bestimmungen unter der Beamtenschaft Sorge zu tragen.[23]

9

Außerdienststellung fremdnationaler und Pensionierung deutschösterreichischer Staatsangestellter; Behandlung der Hochschullehrer

Der Vorsitzende bringt zur Kenntnis, dass sowohl bei den drei Präsidenten[24] und bei ihm selbst als auch bei einzelnen politischen Parteien zahlreiche Klagen und Beschwerden wegen angeblicher Ungerechtigkeiten bei der Außerdienststellung fremdnationaler und bei den Pensionierungen deutscher Staatsbediensteter einlangen. Redner glaube hievon den Kabinettsmitgliedern Mitteilung machen und hieran das Ersuchen knüpfen zu sollen, bei den gegenständlichen Maßnahmen, die für die Betroffenen naturgemäß von der einschneidendsten Bedeutung sind, mit der größten Vorsicht vorzugehen und alle unnötigen Härten zu vermeiden.

Sodann weist Redner auf die bereits bekannten Rekriminationen[25] hin, welche von der Hochschullehrerschaft gegen eine allfällige Anwendung der vom Kabinettsrate in der Sitzung am 21. November 1918 angenommenen „Richtlinien"[26] auf diese Funktionäre erhoben werden. Er halte diese Rekriminationen angesichts der Tatsache, dass für die Hochschullehrer das 70. Lebensjahr als Grenze ihrer Lehrwirksamkeit schon früher festgesetzt war[27], für durchaus begründet.

Der Kabinettsrat schließt sich dieser Auffassung an und fasst den Beschluss, dass die Bestimmung der Richtlinien, wonach Staatsbedienstete, die das 60. Lebensjahr zurückgelegt haben, zu pensionieren seien[28], sich auf Hochschullehrer nicht beziehe, zumal für diese die

---

löbnisformel für Staatsbedienstete in den Sudetenländern. Vgl. auch KRP Nr. 21/2 und Nr. 25/3. Zur grundsätzlichen Behandlung von Beamtenfragen vgl. weiters KRP Nr. 11/2, Nr. 14/6, Nr. 19/1, Nr. 29/5 und Nr. 34/13, zur Erörterung weiterer, im Zusammenhang mit sowohl „deutschen" als auch „nichtdeutschen" Beamten stehenden Fragen vgl. KRP Nr. 4/1, Nr. 7/12 und 14, Nr. 18/8, Nr. 19/4, Nr. 22/2 und Nr. 33/6.

23 Das zwischenstaatsamtliche Komitee zur Behandlung von Staatsangestelltenfragen beschäftigte sich am 9. Jänner 1919 mit diesem Auftrag und entwarf ein einschlägiges Merkblatt, vgl. AdR, StK, GZl. 45/1919, Zl. 45/50/1919, Verhandlungsschriften 1–25 des zwischenstaatsamtl. Komitees, Verhandlungsschrift Nr. 12 zur Sitzung am 9. Jänner 1919. Dieses Merkblatt wurde noch am gleichen Tag im Kabinettsrat behandelt, vgl. KRP Nr. 29/5 d. Ein Bericht des Staatsamtes für Justiz über den Umgang mit der Gelöbnisfrage vom 21. Jänner 1919, in dem auf das vorliegende Kabinettsratsprotokoll Bezug genommen wurde, findet sich in AdR, StK, GZl. 603/10/1919, Zl. 603/2/1919, Rechtsverkehr mit den Behörden der besetzten Gebiete.

24 Dr. Franz Dinghofer, 21. Oktober 1918 bis 16. Februar 1919 Dritter Präsident der Provisorischen Nationalversammlung, GdP, 30. Oktober 1918 bis 14. März 1919 Mitglied des geschäftsführenden Staatsratsdirektoriums.
Dr. Johann Nepomuk Hauser, 30. Oktober 1918 bis 16. Februar 1919 Zweiter Präsident der Provisorischen Nationalversammlung, CSP, 30. Oktober 1918 bis 14. März 1919 Mitglied des geschäftsführenden Staatsratsdirektoriums.
Karl Seitz, 21. Oktober 1918 bis 16. Februar 1919 Präsident der Provisorischen Nationalversammlung, 30. Oktober 1918 bis 9. Dezember 1920 als Präsident des Staatsratsdirektoriums bzw. der Konstituierenden Nationalversammlung Staatsoberhaupt.

25 Rekrimination: Gegenbeschuldigung, -klage.

26 Vgl. KRP Nr. 14/6.

27 Vgl. etwa RGBl. Nr. 47, Gesetz vom 9. April 1870 über die Pensionsbehandlung des Lehrpersonals der vom Staate erhaltenen Lehranstalten, ausgegeben am 12. April 1870, § 3.

28 Zu dieser Bestimmung vgl. KRP Nr. 14, Anmerkung 48.

besondere Bestimmung maßgebend zu bleiben habe, dass sie bis zum 70. Lebensjahre ihre Lehrtätigkeit auszuüben berechtigt sind.[29]

10

Arbeitslosenunterstützung in Deutschböhmen und in Sudentenland

Staatssekretär H a n u s c h erörtert die Frage der Weiterzahlung der Unterstützung für Arbeitslose in Deutschböhmen und im Sudentenland.[30] Da sich die Verwaltung dieser Gebiete in tschechischen Händen befinde[31], wäre es Pflicht der tschechischen Regierung, die Unterstützungen an Arbeitslose zu leisten[32], zumal es der d.ö. Regierung auch technisch gar nicht möglich sei, die erforderlichen Mittel dorthin zu bringen. Redner beabsichtige in dieser Angelegenheit darauf Einfluss zu nehmen, dass zwei Vertreter der Gewerkschaft nach Prag reisen, um mit dem zuständigen tschechoslowakischen Minister in diesem Sinne ein Übereinkommen zu treffen.

Der Kabinettsrat nimmt diese Mitteilungen zustimmend zur Kenntnis.[33]

Schluss der Sitzung 10 Uhr abends.

---

29 Vgl. dazu AdR, StK, GZl. 715/1/1919, Außerdienststellung fremdnationaler und Pensionierung d.ö. Staatsangestellter, Behandlung der Hochschullehrer. Der Akt enthält u. a. ein Bericht des Staatsamtes für Unterricht vom 24. Dezember 1918 über die Bedenken und die Argumentation der akademischen Lehrer, vgl. unter der genannten Grundzahl Zl. 1.560/1918, Hochschulprofessoren, Frage der Behandlung derselben nach Maßgabe der Kabinettsratsbeschlüsse vom 23. November d. J.

30 Im Konzept lautete der Absatz im Folgenden ursprünglich so: „Da es einerseits technisch nicht möglich sei, die erforderlichen Mittel nach Deutschböhmen zu bringen, andererseits die Verwaltung in tschechischen Händen sei, wäre es Pflicht der tschechischen Regierung, die Unterstützungen an Arbeitslose zu leisten. Er beabsichtige in dieser Angelegenheit zwei Vertreter der Gewerkschaft nach Prag zu entsenden…".

31 Im Konzept lautete der Satzbeginn ursprünglich so: „Da es einerseits technisch nicht möglich sei, die erforderlichen Mittel nach Deutschböhmen zu bringen, andererseits die Verwaltung in tschechischen Händen sei, …".

32 Ursprünglich endete der Satz im Konzept hier, das Weitere wurde handschriftlich ergänzt.

33 Zur Arbeitslosigkeit und diesbezüglichen sozialpolitischen Maßnahmen vgl. auch KRP Nr. 3/6, weiters Nr. 23, Anmerkung 50.

Stenogramm vom 28. Dezember 1918

Renner: Unterricht, Landwirtschaft haben sich entschuldigt.

Loewenfeld-Ruß: Situation keineswegs eine sehr erfreuliche. Zeitungen entsprechen nicht den Tatsachen. Sache bezieht sich auf die Mehlversorgung. Nur bis 10./1. gedeckt. Aufgrund der zu erwartenden Anlieferungen aus Niederösterreich und Deutschland nur bis 20.I. zur Not gedeckt. In Oberösterreich und Salzburg in Ordnung (bis Ende Jänner). Die anderen Länder verhältnismäßig unversorgt. Entente-Hilfe einzig die in Betracht kommen kann. Verhandlungen mit der Entente insofern günstiger als deren Vertreter in Bern tatsächlich bereits angekommen sind. Schwierigkeiten hat die finanzielle Frage gemacht. Vorläufig gelungen, die ersten Sendungen von der Lösung der finanziellen Frage unabhängig zu machen. Es scheint, dass die finanzielle Bereinigung von der politischen Frage abhängig gemacht werden wird. Zu mir gekommen ein englischer Oberst ... (früher Militärattaché in Wien)[34].

Mit Bauer[35] besprochen, dass Loewenfeld und der Engländer nach Bern fahren. Montag Abend die Entente-Vertreter selbst nach Wien kommen (Mittwoch hier). 4.000 To Weizen sogleich liefern von Italien und nach Innsbruck dirigieren (400 Waggons). Außerdem nach Paris telegraphiert, um die Ermächtigung 3.000 Waggons Lebensmittel freizumachen. In Triest sollen 20.000–30.000 To Weizen liegen. Nach Bern telegraphiert, dass aus den Triester Depots etwas geschickt wird.

Monatsbedarf an Mehl: 37.000 To. aufgrund Quote 200 gr. (3.700 Waggons). Dann bis Mitte Februar gedeckt. Erfreulich jedenfalls, dass die Herren herkommen.

[Loewenfeld-Ruß:] Um Ermächtigung des Kabinettsrates, ~~die Prämien bis zum 15./ 1. auszudehnen. Staatsamt für Finanzen hat Zustimmung gegeben (4,5 Millionen)~~ – zur Hinausgabe einer Verlautbarung: Dass die mit der Vollzugsanweisung des deutsch-österreichischen Staatsrates vom 25./11.18 ursprünglich bis 31./12.18. angeordnete Erhöhung der Getreideübernahmspreise – wird laut einer am ... Dezember 18 im Staatsgesetzblatt erscheinenden Vollzugsanweisung bis 15./1.19 erstreckt, weil sich der Getreideaufbringung im Monat Dezember, namentlich infolge der Verkehrsstörungen und wegen Mangel an Druschkohle, bedeutende Schwierigkeiten entgegengestellt haben. Eine Änderung der Brot- und Mehlpreise wird dadurch nicht einzutreten -. Weiters: ?Überlager aufgenommen.

Zerdik: Mack[ensen][36]-Armee Durchzug durch Österreich.[37]

Pflügl: Wir verhandeln mit dem Engländer. Auf Grundlage der Waffenstillstandsbedingungen können wir nichts machen.

Amtstitel.

[Renner:] Antrag gestellt, der Geschäftsstelle so rasch als möglich zuzuweisen.

---

[34] Möglicherweise Sir Thomas Cuninghame, 1912 bis 1914 britischer Militärattaché in Wien, 1919 bis 1920 Repräsentant der britischen Armee in Österreich.

[35] Gemeint war Dr. Otto Bauer.

[36] August von Mackensen, preußischer Offizier, ab 16. Mai 1915 Oberbefehlshaber der Heeresgruppe Mackensen in Polen, 22. Juni 1915 Ernennung zum Generalfeldmarschall, dann Oberbefehlshaber in Serbien und Rumänien, 1917 bis 1918 Militärgouverneur in Rumänien, nach Kriegsende bis Dezember 1919 in Ungarn und Saloniki interniert. Im Zusammenhang vgl. exemplarisch Neue Freie Presse. Morgenblatt, 30. November 1918, S. 5 „Befehl der Entente an Ungarn zur Entwaffnung der Armee Mackensen", und Nachmittagsblatt, 18. November 1918, S. 5 „Der Durchzug der Armee Mackensen"; Reichspost. Mittagsausgabe, 2. Dezember 1918, S. 2 „Die Waffenstillstandsbedingungen. Was geschieht mit der Mackensen-Armee?", und Morgenblatt, 5. Dezember 1918, S. 4 „Die Internierung der Armee Mackensen"; Arbeiter-Zeitung. Morgenblatt, 1. Jänner 1919, S. 5 „Mackensen wird eingesperrt!".

[37] Diese kurzen Ausführungen wurden in der Reinschrift nicht berücksichtigt.

Loewenfeld-Ruß: Diese Titulatur ist schon vielfach der Beamtenschaft zur Kenntnis gekommen. Ist der Meinung, dass damit der Beamtenschaft kein besonderer Dienst erwiesen wird. Will, dass dem Komitee mitgeteilt wird, es sei nicht daran gebunden.

Pflügl: Beamte des Außendienstes: Eine Änderung wohl nicht möglich, ~~weil international~~ – was den äußeren Dienst anbelangt, ~~weil~~ -

Roller: Im Grundgesetz schon ...

Zerdik: Ob überhaupt feststeht, dass die Staatsämter bleiben?

Beck: Vor 8 Tagen wurde von Davy[38] Antrag gestellt, sich mit der Titelfrage zu beschäftigen.

Kaup: Unter Amtmann versteht man in Württemberg den Bezirkshauptmann (7. Rangclasse).

Angenommen.

Fachpresse (Punkt 10)

Renner: Mit der Organisation der Presse kommen wir nicht weiter. Ich möchte, dass gespart wird. In der [Staats]kanzlei brauchen wir Beamte, die alle fremden Blätter lesen können. Das Staatsamt des Äußeren braucht ebensolche Beamte. Jedes Staatsamt hat ebenso zu verfolgen, was die anderen machen. Frage, ob nicht eine zusammenfassende Organisation denkbar wäre, wo von einer Stelle aus der ganze Dienst der Zeitungslect.[üre] nach dem Muster des Observer, wo die Lektoren der einzelnen Sprachen gemeinsam arbeiten für alle Ressorts. Beim Äußeren ist es schwer, aber bei den anderen Stellen geht's.

Fragen vorlegen zur vorläufigen Äußerung, was zur Sache aus Ersparungsgründen geschehen könnte.

Loewenfeld-Ruß: Es besteht schon beim Handelsministerium ein Zeitungsdienst: Mappen werden übersandt. Sie haben dort alle Zeitungen und schneiden Zeitungen aus oder geben einem die Sachen an, z. B. alles was im Ausland oder Inland über die Regelung des Mehlverkehrs oder Zuckerverkehrs geschrieben wurde, haben wir bekommen (im Original). Für die Volkswirtschaftsministerien müsste dies ausgestaltet werden.

Renner: Dort müsste auch ein politischer Dienst errichtet werden, aber ein jedes Staatsamt müsste gewiss einen eigenen Pressemann haben.

Pflügl: Bauer würde beantragen, das nähere Ausland könnte gelassen werden bei der Staatskanzlei, das weitere Ausland im Äußeren.

Renner: Die volkswirtschaftlichen Zeitungen und Zeitungen zu bearbeiten wird der Pressedienst des wirtschaftspolitischen [...] Handelsministeriums beauftragt; die Staatsämter angewiesen, diese Auszüge zu beziehen; die politische Presse des näheren Auslandes wird in der Staatskanzlei gelesen, Ausschnitte gemacht und den einzelnen Staatsämtern zugeschickt werden. Das Staatsamt des Äußeren wird das fernere Ausland bearbeiten, aber nur politisch; wirtschaftspolitisch auch vom Handelsministerium.

Die Sache zu ordnen wird Aufgabe der Staatskanzlei sein. Alles aber nur unter der Voraussetzung der Ersparung des gegenwärtigen Pressedienstes in den einzelnen Staatsämtern (also Presseapparat nicht ausgestalten, sondern zuwarten). Ein Pressevertreter aber kann im Staatsamt bleiben. Pohl[39] soll von Zeit zu Zeit Besprechungen mit den Pressevertretern der einzelnen Staatsämter abhalten. Jedes Staatsamt wird aufgefordert, seinen Pressereferenten der Staatskanzlei bekannt zu geben, soweit dies noch nicht geschehen ist und zwar Herrn Dr. Otto Pohl.

---

38 Wohl Dr. Robert Davy, Ministerialrat im Staatsamt des Innern, Leiter der Kommission für die Verwaltungsreform, Mitglied der zwischenstaatsamtlichen Geschäftsstelle zur Beratung grundsätzlicher Staatsbedienstetenfragen, 1919 von Karl Renner mit den Vorarbeiten für die Angliederung Deutsch-Westungarns betraut.

39 Otto Pohl, bis 1918 Redakteur der „Arbeiter-Zeitung", 1918 bis 1920 Leiter der Presseabteilung der Staatskanzlei und des Auswärtigen Dienstes. Zu seiner Bestellung vgl. auch SRP Nr. 51 vom 30. November 1918.

Antrag Urban: Übersetzungsbüro.

Deutsch: Im Landwirtschaftsamt Ministerialrat Schescharg[40].

Renner: Diese Abteilung würde auch Übersetzungsarbeiten vorzunehmen haben (die drei Lese-Stellen würden auch die Übersetzungsaufgabe zu übernehmen haben. Darüber im einzelnen noch zu verhandeln.

Briefsendungen (Punkt 13)

Grimm: Wegen Einführung der Zensur hat schon das Staatsamt für Finanzen Antrag gestellt. Staatsamt für Finanzen wartet noch auf die Entscheidung, Briefzensur notwendig. Bittet Staatskanzlei soll sich dringend damit beschäftigen. Antrag wird vom Staatsamt für Finanzen auszuarbeiten und der Nationalversammlung zu unterbreiten sein. Gesetzesvorlage an die Nationalversammlung auszuarbeiten vom Staatsamt für Finanzen, im Staatsrat anzunehmen und dann von der Nationalversammlung anzunehmen.

Renner: Der Antrag Hoheisl muss vorher vom Staatsamt des Äußeren begutachtet werden. Staatsamt für Handel auffordern, Antrag zu stellen an das Staatsamt des Äußern.

Kaup:

Roller, Hanusch, Frage der Rechtshilfe. Zu einer Beschlussfassung in der internationalen Rechtshilfe ist nach keiner Richtung hin die Frage reif; vorläufig möglichst taktvoll vorzugehen und sich möglichst bemühen im Sinne, die österreichischen Interessen zu wahren.

Punkt 12

Waihs: Kann nicht versprochen werden. Wir können nicht absehen, wie lange das Kriegsministerium arbeiten wird. Schon für die Volkswehr macht das viel aus. Wir können hoffen, dass wir diese bald ersetzen werden durch etwas anderes. Aber beim Kriegsministerium wird es vielleicht Jahre dauern. Dabei aber umwandeln in zivilen Staatsdienst.

Renner: Die Forderung wäre weiterzuleiten an die Gesandtenkonferenz, die darüber entscheiden soll, ob diese Soldaten in zivile Arbeiter umzuwandeln sind.
Waihs wird es übernehmen, diese Eingabe an das Staatsamt für Äußeres zu leiten.

Grimm: Bittet die finanzielle Rücksicht wahrzunehmen bei der Überführung dieser Leute des Kriegsministeriums in den Zivildienst.

[Renner:] Waihs wird es übernehmen, diese Eingabe an das Staatsamt für Äußeres zu leiten.

Beck: Von großer Wichtigkeit wäre, dass ein alle Fragen des deutsch-österreichischen Staates zu den anderen Staaten betreffend in einem Organ vertreten sind, die äquiparieren[41] mit den anderen Gesandten.

Renner: Generalliquidator müsste den Vorsitz führen (Liquidationsmasse müsste den Vorsitz haben). Staatsamt des Äußern nur als Partei aufzutreten.

Renner wird diese Anregung weiter geben an Bauer.

Kaup: Die Zivilisierung der militärischen Krankenanstalten. Diese Militärpersonen in den früheren militärischen Sanitätsanstalten sollen ebenso miteinbezogen werden.

Beschluss: Heeresanstalten, die zur Liquidationsmasse gehören, werden so behandelt wie wir besprochen haben. Wo noch militärische Organe vorhanden sind, sollen diese Organe in den deutsch-österreichischen Zivildienst überführt werden. Sache durchgeführt im Einvernehmen mit Heerwesen und Finanzen.

Punkt 3

Loewenfeld-Ruß: Es haben zwei Herren vom Ernährungsamt in Prag die Sache in Ordnung zu bringen gesucht. Verträge sind zwischen den beiden Zuckerzentralen geschlossen worden und von mir genehmigt worden. Redner glaubt nicht, dass das Staatsverträge, sondern reine Ressort-

---

40 Vermutlich der im weiteren Verlauf des Stenogramms nochmals genannte Dr. Max Schescharg, bis 1918 Ministerialrat extra statum im Ackerbauministerium, bis 22. März 1919 vorläufig weiterverwendet, dann im jugoslawischen Staatsdienst.

41 Äquiparieren: gleichstellen, -machen.

verträge sind. Daher nicht dem Staatsrat. Diese Verträge laufen bis Ende Jänner (Laufzeit). Neue Verhandlungen werden mit Jänner in Prag voraussichtlich geführt werden.
Zur Kenntnis genommen.
Renner: Wir werden möglichst alle Vermittler (Kranz[42]) ausschalten. Ressorts jedenfalls [ev: jeweils] ermächtigt, derartige Verhandlungen anzustreben und einzugehen.
Zerdik: Habe dieselben Erfahrungen gemacht. Erfahrungen mit Kranz.
Beschluss: Die einzelnen Ressorts beauftragt und bevollmächtigt werden, in selbständige Verhandlungen einzutreten (ohne jede politische Grundlage).

Punkt 5 (Beigezogen Finanzrat Dr. Oberdorffer).
Roller: Bei sehr vielen Gerichten ganz verschieden von den Tschechen vorgegangen worden. Die militärischen Kommanden haben den Widerruf des deutsch[-österreichischen] Gelöbnisses verlangt, andere wieder weniger.
Jetzt hat sich ein Mittel herausgebildet: der Widerruf des deutsch-österreichischen Gelöbnisses wird nicht mehr verlangt, der Beamte muss erklären, nach den alten österreichischen Gesetzen und den neuen Gesetzen des tschechoslowakischen Staates und dass der Rechtszug nach den alten Bestimmungen. Hauptpunkt: das alles [hat] provisorische Gültigkeit bis die Gebietsfrage bereinigt ist.
Redner glaubt, dass man diese Art des Gelöbnisses gestatten möge. Eger hat im eigenen Wirkungskreis einen derartigen Vertrag mit den Tschechoslowaken abgeschlossen und weil auch ein Cabinettsratsbeschluss besteht, dass der Staatskanzler derartige Pakte genehmigen kann.
Die Beamten, die weggegangen sind, sollen wieder zurückkehren können, um den Zuzug der Tschechen zu verhindern.
Oberdorffer: Verliest den Wortlaut der Gelöbnisformel.
~~Beck~~:
Renner: Es wird notwendig sein, dass Oberdorffer beigezogen wird der Geschäftsstelle. Vielleicht Beck, ~~Roller~~ und ~~Beck~~ Oberdorffer Morgen Vormittag eine solche Formel entwerfen. Weiters, dass morgen diejenigen Vorschriften, die für die Leute maßgebend sind, in der Staatsdruckerei drucken lassen und sie verbreitet (mit einem Boten nach Eger, Reichenberg, Brüx, Schönberg, etc.).

Renner: Es entwickelt sich ein wahrer Sturm auf die drei Präsidenten des Hauses, auf mich und die politischen Parteien wegen der Ungerechtigkeiten bei der Außerdienststellung von Beamten und Dienern (Briefträger etc. werden abgelehnt als Nicht-Deutsche). Es macht sich auch ein immer stärkerer Protest geltend gegen die Entlassung vieler Beamter (Scheschar[43]). Frage der Abänderungen dieser Beschlüsse des Cabinettsrates. Ich glaube, dass wir dabei zu weit gegangen sind. Die systematischen Interessen treten vielleicht zu viel in den Vordergrund. Fürchtet einen Sturm [...] im Staatsrat.
Beschluss: ~~In Bezug die Bestimmungen des~~ Der Kabinettsbeschluss auf die Lehrer der Hochschulen keine Anwendung, da für diese das 70. Lebensjahr als Grenze ihrer Lehrwirksamkeit schon früher festgesetzt.
Redner bittet die Herren Staatssekretäre bei den Pensionierungen Härten zu vermeiden.

Arbeitslosenunterstützung in Deutschböhmen.
Hanusch: 3 Millionen nach Deutschböhmen geschickt und dem Staatsrat, wenn er zusammentritt unterbreiten. Wir haben uns geeinigt, dass auf der Rückfahrt zwei Vertreter der Gewerkschaften in Prag sich [mit ... ins] Einvernehmen [setzen] und ihm erklären, dass es technisch unmöglich ist, die Beträge nach Böhmen zu bringen. Der tschechoslowakische Staat soll also übernehmen.

---

42 Dr. Josef Kranz, ehemaliger Präsident der Spirituszentrale sowie Präsident und Vorsitzender des Verwaltungsrates der Allgemeinen Depositen-Bank in Wien. Zu seiner Person vgl. auch KRP Nr. 3/4, Nr. 11/4, Nr. 21/1, Nr. 23/4 und Nr. 24/5.

43 Dr. Max Schescharg.

Diese beiden Vertreter fahren in pers.[önlicher], nicht in Mittlereigenschaft. Wir würden uns 30 Millionen für Böhmen allein ersparen.
Vom Sudetenland ist bisher ein gleiches Ansuchen nicht eingelangt.
Redner will damit nur den Staatsrat schützen, damit er nicht beschließt, dass diese Unterstützungen weiter zu zahlen sind, da wir ja technisch nicht die Möglichkeit haben, diese Beschlüsse durchzuführen (und wir die Fiktion aufrecht erhalten wollen).
Beschluss zur Kenntnis genommen.

Grimm: Staatsamt für Landwirtschaft.
Nächste Sitzung ~~2.~~ 3. Jänner, ~~Do, 3h Nachmittag Hg~~, Freitag 10h Vormittag.

Riedl: Im Zirkulationsweg die Vorstellung den Herren Staatssekretären zur Verfügung zu stellen.

Pens.[ionierungen?] etc. Kann Montag oder Dienstag im Direktorium behandelt werden.

... ~~teilt mit~~ bringt zur Kenntnis, dass sowohl bei den drei Präsidenten als auch und im Staat als auch den einzelnen Parteien zahlreiche Klagen und Beschwerden wegen angeblicher Ungerechtigkeiten bei der Außerdienststellung und bei den Pensionierungen von Beamten und Dienern einlangen. Redner glaubt, hiervon ~~dem Cabinettsrat~~ den Herren Cabinettsmitgliedern Mitteilung machen und ~~ersucht~~ hieran das Ersuchen anknüpfen zu sollen, bei den gegenständlichen Maßnahmen, die in für die Betroffenen von der einschneidendsten -.

27.[1]

[Freitag] 1919-01-03

Vorsitz: Renner
Anwesend: Beck, Enderes, Grimm, Hanusch, Jukel, Kaup, Loewenfeld-Ruß, Marckhl, Pacher, Pflügl, Riedl, Steinwender, Stöckler, Urban, Zerdik
Schriftführer: unbekannt
Dauer: 10.00–13.00 Uhr

Reinschrift, Konzept, Stenogramm

Inhalt:
1. Verhandlungen mit den Vertretern der Entente über Lebensmittelzuschübe.
2. Eigenmächtigkeiten der Landesregierungen; Vorstellung an den Staatsrat.
3. Einsetzung einer zwischenstaatsamtlichen Kommission zur Vorbereitung der Agrarreform.
4. Beschaffung von Kunstdüngemitteln aus dem Auslande gegen Bewilligung der Ausfuhr von Schnittholz.
5. Errichtung einer Vergleichskommission für laufende Heereslieferungsverträge.
6. Änderungen der Amtstitel.

Beilagen:
– Zu Punkt 3: Kabinettsratsbeschluss (½ Seite).
– Zu Punkt 6: Verhandlungsschrift Nr. 8 zur Sitzung des zwischenstaatsamtlichen Beamtenkomitees am 2. Jänner 1919 (3¼ Seiten).

1

Verhandlungen mit den Vertretern der Entente über Lebensmittelzuschübe

Staatssekretär Dr. L o e w e n f e l d - R u ß teilt mit, dass die Entente-Vertreter zur Verhandlung über die Frage von Lebensmittelzuschüben nach Deutschösterreich in Wien eingetroffen seien und heute im Staatsamt des Äußern und dann von ihm empfangen werden.[2] Es handle sich bei den einschlägigen Beratungen

1.) um die Aushilfe für die allernächste Zeit; diesfalls sei ein endgültiges Abkommen auf Lieferung von 4.000 Tonnen Weizen schon getroffen.[3] Dieser Zuschub sei bereits im Anrollen nach Wien. Beim Kommandanten der in Innsbruck exponierten italienischen Besatzung[4] seien zur seinerzeitigen Verrechnung 18 Millionen Kronen hinterlegt worden.

---

1 Das Protokoll trägt den Vermerk *Vertraulich!*

2 Eine interalliierte Kommission war am Vortag in Wien eingetroffen, die Verhandlungen über die Lebensmittelversorgung begannen am Tag der vorliegenden Sitzung. Vgl. Johann Loewenfeld-Ruß, Im Kampf gegen den Hunger. Aus den Erinnerungen des Staatssekretärs für Volksernährung 1918–1920. Herausgegeben von Isabella Ackerl (= Studien und Quellen zur österreichischen Zeitgeschichte 6), Wien 1986, S. 232 f.

3 Diese Menge „aus italienischen Depots“ war im Zuge der ersten Verhandlungen mit den Vertretern der Ententemächte in Bern am 31. Dezember 1918 „als Vorschuß für später zu bewilligende Mengen“ vereinbart worden. Vgl. Loewenfeld-Ruß, Im Kampf gegen den Hunger, S. 232; KRP Nr. 10/1.

4 Gemeint war vermutlich Generalmajor Annibale Roffi, der von 1. Dezember 1918 bis etwa 10. Jänner 1919 als Kommandant der italienischen Besatzungstruppen in Nordtirol in Innsbruck stationiert war. Zur Geschichte der italienischen Besetzung vgl. Andrea Di Michele, Diesseits und jenseits der

2.) Was die weitere Aushilfe von 30.000 Tonnen (Weizen, Fett und Reis) anbelangt, so sei die Frage der finanziellen Bedeckung dieser Kosten noch nicht geklärt. Es dürfte aller Voraussicht nach ebenfalls zur Erlegung eines entsprechenden Barbetrages in Kronenwährung kommen. Die Kommission hätte den Wunsch geäußert, in unsere Situation vollen Einblick zu erhalten und insbesondere auch den Verteilungsplan kennen zu lernen.

3.) Schließlich werde es sich bei den einschlägigen Verhandlungen um die Sicherstellung der Aushilfe durch die Entente bis zur neuen Ernte handeln. Die hiefür aufzubringenden Beträge dürften jedenfalls eine sehr beträchtliche Höhe erreichen. Die Ententekommission habe dem Wunsche Ausdruck gegeben, dass die Preise nicht auf den Konsum überwälzt werden mögen. Es werde daher erwogen werden müssen, ob diese Beträge nicht etwa im Wege einer neuen Steuer hereingebracht werden müssten.[5] Während Staatssekretär Dr. S t e i n w e n d e r es nicht für ratsam hält, sich im Wege von Zuschlägen zu den bestehenden Steuern (etwa Personaleinkommensteuer)[6] in den Besitz der erforderlichen Geldmittel zu setzen,[7] hingegen es als möglich bezeichnet, dass sich der Staat durch Vorauszahlungen auf die Vermögenssteuer und die Vermögenszuwachsabgabe bereits jetzt die erforderlichen Geldbeträge verschaffe, – wodurch allerdings die ursprünglich beabsichtigte Verwendung dieser Steuer beziehungsweise Abgabe eine teilweise Änderung erführe –, spricht sich Unterstaatssekretär R i e d l entschieden dagegen aus, einen Teil der Steuerkraft für Zwecke in Anspruch zu nehmen, die unter den staatlichen Ausgaben keinen Platz finden. Es müsste vielmehr mit der Erhöhung der Verschleißpreise dieser von der Entente überaus teuer erstandenen Lebensmittel so weit gegangen werden, als es nur möglich sei.

Der Vorsitzende weist darauf hin, dass die Regelung dieser Frage dem Staatsrate vorbehalten bleiben müsse, weshalb dermalen die Ausführungen des Staatssekretärs Dr. Loewenfeld-Ruß lediglich zur Kenntnis zu nehmen wären. Der Kabinettsrat beschließt sohin in diesem Sinne.[8]

Alpen. Italienische Expansionspläne in Tirol (1918–1920), in: Geschichte und Region/Storia e regione 19, Innsbruck 2010, S. 145–171, zu Ablauf und Chronologie der Besetzung Innsbrucks besonders S. 150–152.

5 Im Konzept lautete der Satz ursprünglich so: „Jedenfalls werde die Eventualität erwogen werden müssen, ob diese Beträge nicht etwa im Wege einer neuen Steuer und kleiner Erhöhungen der Lebensmittel hereingebracht werden müssten."

6 Im Konzept: „zur Einkommensteuer".

7 Im Konzept ab hier ursprünglich lediglich so: „...wohl aber es für möglich hielte, auf die Vermögenssteuer und die Vermögenszuwachsabgabe bereits jetzt Einzahlungen zu leisten, spricht sich...".

8 Am folgenden Sonntag, den 5. Jänner, fand im Staatsamt für Volksernährung eine Aussprache mit alliierten Vertretern über die Lebensmittelhilfe unter dem Vorsitz von Staatssekretär Loewenfeld-Ruß statt. Von den hier im Protokoll erwähnten 4.000 Tonnen Weizen waren 19 Waggons bereits am gleichen Tag in Wien angekommen, weiters war auch ein Zug mit Lebensmittel aus der Schweiz eingetroffen, u. a. mit 31 Waggonladungen Mehl. In den erwähnten Besprechungen war überdies die Lieferung weiterer 4.000 Tonnen Weizen aus Italien vereinbart worden. Vgl. Wiener Zeitung, 7. Jänner 1919, S. 4 „Die Lebensmittelversorgung durch die Alliierten". Zu Verlauf und Ergebnis der gegenständlichen Verhandlungen vgl. weiters Loewenfeld-Ruß, Im Kampf gegen den Hunger, S. 232–235. Die „Frage der Preise der Lebensmittel und der Deckung der Kosten der Transporte" blieb im Rahmen der gegenständlichen Verhandlungen in Wien offen, die in Innsbruck erlegte Summe von 18 Millionen Kronen wurde jedoch auf 150 Millionen und später weiter auf 382 Millionen erhöht. Vgl. ebendort, S. 233, zur grundsätzlichen Frage der Finanzierung der Lebensmittelimporte S. 240–244. Zu den Schweizer Lebensmittellieferungen nach Wien vgl. auch Reichspost. Morgenblatt, 14. Jänner 1919, S. 9 „Die Verteilung der Schweizer Lebensmittel".

2

Eigenmächtigkeiten der Landesregierungen; Vorstellung an den Staatsrat

Unterstaatssekretär R i e d l erstattet das ihm vom Kabinettsrate übertragene Referat, betreffend die Vorstellung des Kabinetts an den Staatsrat wegen Eigenmächtigkeiten der Landesregierungen.[9] Einleitend verweist Redner in einer eingehenden Darstellung auf die inneren Gründe, welche die beklagte Haltung der Landesregierungen veranlasst hätten. Schon in der letzten Zeit der Monarchie sei eine innere Erschlaffung der staatlichen Verwaltung wahrnehmbar gewesen. Abgesehen von der nationalen Zersetzung der Beamtenschaft hätte sich bereits im Verlaufe des Krieges in den einzelnen Ländern ein dem Gesamtstaate schädlicher Regionalismus gezeigt, der – vielfach genährt durch Fehler der Zentralregierung (Verländerung der Getreidebewirtschaftung, Volksbekleidung[10]) – vielfach zu passiver Resistenz der Landesverwaltungen geführt habe. In steigendem Maße wäre auch bei den staatlichen Verwaltungsbehörden I. Instanz, zum Teile auch infolge Arbeitsüberbürdung, ein vollständiges Versagen festzustellen gewesen. Durch den politischen Umsturz sei dieser schon geschwächte Körper zur vollständigen Auflösung gebracht worden. Die von der neuen Staatsform sodann veranlasste Zusammenlegung der staatlichen und autonomen Verwaltung hätte sodann dazu geführt, dass letztere im Gegensatz zur früheren Zeit ein Übergewicht erhalten habe und zum eigentlichen Träger der ganzen Verwaltung geworden sei. In der Folge hätten dann die Schwierigkeiten des Verkehres, die politische Umwälzung in Wien, die Ungewissheit der nächsten Tage und Wochen bewirkt, dass in einer ganzen Reihe von wirtschaftlichen Maßnahmen auf dem Gebiete der Ernährung, der Sachdemobilisierung, des Kompensationsverkehrs u. dgl. die Notwendigkeit zu sofortigen Verfügungen der Landesstellen sich ergeben habe, ohne dass eine Zustimmung der Zentralstellen im Einzelfalle eingeholt worden wäre. Die Gefahr sei nun, dass aus diesen Eigenmächtigkeiten – vielfach durch augenblickliche Notlagen veranlasst – ein Dauerzustand werde, der eine einheitliche Führung der Verwaltung unmöglich machen und zum endgültigen Verfall führen müsste.

Aber auch grundsätzliche politische Erwägungen hätten hiebei mitgewirkt. Diese seien in dem Schlagworte „los von Wien" zusammenzufassen. Diesem Schlagworte, das zum Teil der Ausdruck der Unzufriedenheit mit der früheren Regierung sei, liege das unklare Bewusstsein einer von Wien aus angeblich drohenden Gefahr zugrunde. Man empfinde die Zweimillionen-Stadt gegenüber der Gesamtbevölkerung des übrigen Staates als etwas Unerträgliches, das auf den Staatskörper gleich wie ein Parasit wirke. Insbesondere auf dem Gebiete der Ernährung fühlen sich die Länder durch die naturgemäßen Anforderungen Wiens schwer geschädigt. Ein weiterer Grund der Abneigung gegen Wien liege aber auch in einer gewissen Differenz der politischen Haltung der Bevölkerung Wiens und jener der Länder. Das Beispiel Berlins hätte sehr geschadet. Wenn man auch noch so sehr für eine demokratische Entwicklung sei, wollen sich die Länder von der Hauptstadt die politische Orientierung nicht diktieren lassen und man fürchte unter Hinweis auf das Berliner Beispiel, dass durch Unruhen in Wien eine politische Entwicklung herauswachsen könnte, welche der großen Masse der ländlichen Bevölkerung nicht genehm sei.[11]

---

9 Vgl. auch KRP Nr. 20/7 und Nr. 23/8, weiters finden sich Ausführungen Riedls zu „Unbotmäßigkeiten" der Landesregierungen in den Stenogrammen zu KRP Nr. 24.

10 Zum Volksbekleidungsamt vgl. auch KRP Nr. 11/3.

11 Angespielt wurde wohl auf die politischen Entwicklungen und gewalttätigen Zusammenstöße, die auf die sogenannte Novemberrevolution im Deutschen Reich folgten, besonders die Weihnachtsunruhen im Dezember 1918, im Zuge derer u. a. die Reichskanzlei in Berlin durch Angehörige der Volksmarinedivision besetzt worden war. Nur zwei Tage nach dieser Sitzung des Kabinettsrates kam es zum sogenannten Januar- bzw. Spartakusaufstand. Zur politischen Lage in Berlin bzw. im Deutschen Reich zu jenem Zeitpunkt vgl. etwa Ulla Plener (Hg.), Die Novemberrevolution 1918/1919 in Deutschland. Für bürgerliche und sozialistische Demokratie. Allgemeine, regionale und biographische Aspekte,

Dieser Zersetzungsprozess werde in allererster Linie durch den vollständigen Mangel einer Exekutivgewalt begünstigt.

Redner verspreche sich von einem einschlägigen Beschluss des Staatsrates oder der Nationalversammlung keine Besserung dieser beklagenswerten Verhältnisse; er halte vielmehr lediglich folgende zwei Wege für allein gangbar:

1.) Man sollte den Versuch machen, nicht nur die Landesregierungen, sondern auch die breiteste Öffentlichkeit zu überzeugen, dass ein derartiger Regionalismus rettungslos zum Zerfall führe;[12] andererseits müsse gerechtfertigten Wünschen der Länder Rechnung getragen werden, im Sinne einer verstärkten Heranziehung der Landesregierungen namentlich auf dem Gebiete der wirtschaftlichen Verwaltung.

2.) Gleichzeitig müsste an die Stärkung der Zentralgewalt durch Schaffung einer wirklichen Macht, welche den Befehlen der Zentralregierung auch zum Durchbruch zu verhelfen im Stande sei, geschritten werden. Es müsse also die Möglichkeit geschaffen werden zur imperativen Durchführung der erteilten Anordnungen; gegebenenfalls dürfte auch vor der Statuierung eines Exempels nicht zurückgeschreckt werden.

Staatssekretär Dr. S t e i n w e n d e r gibt seiner Meinung dahin Ausdruck, dass ein Entgegentreten gegen die autonomistischen Bestrebungen unbedingt zum vollständigen Abfall der Länder führen müsse. Das Einzige, was in dieser Richtung geschehen könne, bestehe darin, den Autonomiegedanken auf die richtige Formel zu bringen. Ihm schwebe diesfalls die Schaffung einer Art Länderkammer als zweite Kammer vor.

Staatssekretär S t ö c k l e r erklärte sich mit den Ausführungen des Referenten im Großen und Ganzen einverstanden. Die Abneigung gegen Wien habe ihre hauptsächlichste Ursache einerseits in der Volkswehr, welche in vielen Belangen eine Gefahr für die Bevölkerung bilde,[13] und andererseits in dem Weiterbestehen der verschiedenen Zentralen, die, wo nicht unumgänglich notwendig, aufgelassen werden sollten. Der autonomen Bestrebungen könne man nicht Herr werden, man solle sich ihrer vielmehr bedienen und die Länder mitarbeiten lassen. Zu diesem Behufe wäre es notwendig, die Vertreter der Länder öfter zu gemeinsamen Beratungen nach Wien zu berufen.

Staatssekretär H a n u s c h meint, man dürfe die in Rede stehenden Vorkommnisse nicht überschätzen; es handle sich lediglich um unvermeidliche Begleiterscheinungen der neuen Ordnung, die auch in allen übrigen Ländern bemerkbar waren und sich mit der Zeit sicherlich geben werden. Was die Ausführungen des Referenten betrifft, so halte er dafür, dass neben der Kritik auch positive Vorschläge über die wirksame Zusammenfassung einer einheitlichen Verwaltung zu machen wären. Auch er halte als das Wichtigste eine persönliche Fühlungnahme mit den Ländern für dringendst wünschenswert, zumal auf diesem Wege viele Reibungsflächen ausgeschaltet würden. Redner sehe zu diesem Zwecke in einer häufigen Bereisung der Länder durch die Staatssekretäre ein probates Mittel. Unterstaatssekretär von P f l ü g l hält angesichts der großen Empfindlichkeit der Landesregierungen rücksichtlich der Wahrung ihrer Machtbefugnisse dafür, dass über diese Fragenkomplexe bereits bei der morgigen Besprechung mit den Landeshauptmännern ein Einvernehmen hergestellt werden

---

Berlin 2009; Axel Weipert, Die Zweite Revolution. Rätebewegung in Berlin 1919/1920, Berlin 2015; Mark Jones, Am Anfang war Gewalt. Die deutsche Revolution 1918/1919 und der Beginn der Weimarer Republik, Berlin/München 2017. Zum Spartakusbund vgl. auch KRP Nr. 23, Anmerkung 59, sowie Nr. 28, Anmerkung 140.

12 Der Rest dieses Punktes lautet im Konzept ursprünglich so: „...gleichzeitig müsse man aber in allen Fällen, in denen dies der Verwaltung zum Vorteil gereiche, den Bestrebungen nach Dezentralisation der Geschäfte nachgeben."

13 Vgl. dazu KRP Nr. 28/8, zur Volkswehr weiters auch Nr. 5/4, Nr. 8/6, Nr. 17/2, Nr. 23/1, Nr. 30/2, Nr. 32/8, Nr. 33/2 und Nr. 34/10.

sollte.[14] Auf die Mitwirkung der Länder bei Klärung dieser Frage sollte schon aus taktischen Gründen nicht verzichtet werden.

Der Vorsitzende fasst das Ergebnis der Debatte dahin zusammen, dass das vorliegende Material in einer Denkschrift darzustellen wäre, deren erster Teil aus den Darlegungen des Referenten – ergänzt durch die von den einzelnen Kabinettsmitgliedern gewünschten positiven Anregungen – zu bestehen hätte, während im zweiten Teil die einzelnen Beschwerdepunkte der verschiedenen Ressorts Aufnahme finden sollten. Der erste allgemeine Teil hätte in die Festlegung auszuklingen, dass den Landesverwaltungen das größte Maß an Selbstregierung durch die konstituierende Nationalversammlung eingeräumt werden soll, dass jedoch ein bestimmtes Maß von Gewalt der Zentralverwaltung gesichert bleiben müsse. In formeller Hinsicht beantragt der Vorsitzende den zweiten (speziellen) Teil der Denkschrift bereits jetzt bei allen Staatsämtern in Zirkulation zu setzen und letztere einzuladen, auf die tunlichste Ergänzung dieses Materials hinzuwirken. Der erstere (allgemeine) Teil hingegen wäre vom Referenten unter Zugrundelegung des Ergebnisses dieser Debatte auszuarbeiten und sodann gleichfalls in Zirkulation zu setzen, wobei jedoch darauf Rücksicht zu nehmen sein werde, dass sich die Mitteilung des Elaborates an den Staatsrat noch in der ersten Hälfte dieses Monates als möglich erweise.[15]

Die Denkschrift wäre jedoch überdies noch allen Landesregierungen, Abgeordneten und Vertrauensmännern aller Parteien zugänglich zu machen, um damit die breiteste Öffentlichkeit entsprechend aufzuklären.

Der Kabinettsrat stimmt diesen Anträgen zu.[16]

3
Einsetzung einer zwischenstaatsamtlichen Kommission zur Vorbereitung der Agrarreform

Staatssekretär S t ö c k l e r erbittet die grundsätzliche Ermächtigung zur Einsetzung einer zwischenstaatsamtlichen Kommission beim Staatsamt für Landwirtschaft zur Vorbereitung der Agrarreform. Dieser Kommission solle auch das Recht zustehen, geeignete Fachleute ihren Beratungen beizuziehen.[17] Seiner Ansicht nach würde ein Zusammenarbeiten der von den einzelnen Staatsämtern in eine derartige Kommission zu entsendenden Funktionäre rascher zum Ziele führen als eine parlamentarische Ausschussberatung. Die näheren Anträge in diesen Belangen dem Kabinettsrate zu unterbreiten, behalte sich der sprechende Staatssekretär vor.

Der Kabinettsrat erteilt die erbetene Ermächtigung.[18]

---

[14] Vgl. dazu KRP Nr. 28, besonders die Ausführungen zu Beginn jener Sitzung vor Eingang in die Tagesordnung.

[15] Im Staatsrat wurde – vielleicht im Hinblick darauf, dass das Thema ohnehin in der nächsten Sitzung des Kabinettsrates (2. Länderkonferenz) zur Sprache kam – offenbar keine Denkschrift vorgelegt.

[16] Zum Thema weiter vgl. das Protokoll über die 2. Länderkonferenz, KRP Nr. 28, weiters auch Abschnitt V der Historischen Einführung.

[17] Beilage zu Punkt 3: Kabinettsratsbeschluss (½ Seite). Die Beilage enthält die hier beantragte Ermächtigung und geht inhaltlich nicht darüber hinaus.

[18] Vgl. AdR, StK, GZl. 388/1919, Einsetzung einer zwischenstaatsamtlichen Kommission zur Vorbereitung der Agrarreform. Staatssekretär Stöckler berichtete am 16. Jänner 1919 an die Staatskanzlei über die baldige Bildung dieser Kommission, ihre Zusammensetzung und die vordringlichen Themen und legislativen Materien, mit denen sie sich unmittelbar beschäftigen müsse. Zum Thema vgl. auch den in der letzten Sitzung des Staatsrates gestellten Antrag des Staatsrates Ofner, den Staatskanzler aufzufordern, u. a. einen Gesetzentwurf für eine Agrarreform vorzulegen, der mit dem Hinweis, dass dies in die Kompetenz der Nationalversammlung falle, abgelehnt wurde. Vgl. SRP Nr. 77 vom 7. März 1919. Aktenmaterial zu dieser Kommission findet sich im Bestand AdR, BMLF, Allgemeine Reihe, Kommission zur Vorbereitung der Agrarreform 1918–1919. Im gleichen Bestand vgl. weiters den Fas-

4

Beschaffung von Kunstdüngemitteln aus dem Auslande gegen Bewilligung der Ausfuhr von Schnittholz

Staatssekretär S t ö c k l e r weist auf die angesichts des bevorstehenden Frühjahrsanbaues unaufschiebbare Notwendigkeit der Beschaffung ausreichender Mengen von Kunstdünger hin. Da die Erzeugung von Kunstdünger in Deutschösterreich nur minimal sei, müsse er aus dem Auslande eingeführt werden. Es habe sich daher eine Gesellschaft m.b.H. namens „Ara" gebildet, an deren Spitze die landwirtschaftlichen Hauptkorporationen stehen; diese Gesellschaft habe sich erbötig gemacht, die nötigen Mengen Kunstdünger aus dem Auslande zu beschaffen.[19] Als Kompensationsmittel müsse der Gesellschaft ein entsprechendes Holzquantum zur Verfügung gestellt werden. Angesichts der Schwierigkeiten, die das österreichische Warenverkehrsbüro[20] der „Ara" hiebei entgegenstelle, erbitte der sprechende Staatssekretär vom Kabinettsrate

1.) der genannten Gesellschaft die Bewilligung zur Ausfuhr von Holz im Werte von zunächst 10 Millionen Kronen nach der Schweiz behufs Lieferung künstlicher Düngemittel zu erteilen.

2.) Der „Ara" einen entsprechenden Teil der im Demobilisierungsgute vorhandenen Holzquantitäten zu diesem Zwecke käuflich zu überlassen und

3.) die „Ara" bei der Beschaffung der zur Einleitung des Geschäftes nötigen Devisen und bei der Abwicklung der Transporte zu unterstützen.

Nach einer längeren Debatte, an der sich die Staatssekretäre Dr. S t e i n w e n d e r, J u k e l und Dr. U r b a n sowie Unterstaatssekretär R i e d l beteiligen[21], fasst der Kabinettsrat den Beschluss, den Antrag des Staatssekretärs für Landwirtschaft jedoch nur bis zu einem Höchstausmaße von 2.000 Wagen Schnittholz und zwar mit dem Vorbehalte der noch zu pflegenden Auseinandersetzung mit dem Staatsamte für Kriegs- und Übergangswirtschaft zu genehmigen.[22]

5

Errichtung einer Vergleichskommission für laufende Heereslieferungsverträge

Staatssekretär Dr. U r b a n berichtet über die erfolgte Einsetzung einer Vergleichskommission für laufende Heereslieferungsverträge[23], welche die Aufgabe habe, eine vergleichsweise

---

zikel Agrarreform 1918–1923. Zur Agrar- bzw. Bodenreform vgl. auch Ernst Metz, Großgrundbesitz und Bodenreform in Österreich 1919–1924, phil. Diss., Wien 1984; Ernst Hanisch, Die Politik und die Landwirtschaft, in: Franz Ledermüller (Hg.), Geschichte der österreichischen Land- und Forstwirtschaft im 20. Jahrhundert. Band 1: Politik. Gesellschaft. Wirtschaft, Wien 2002, S. 15–189, hier S. 96–100.

Dr. Julius Ofner, 21. Oktober 1918 bis 16. Februar 1919 Mitglied der Provisorischen Nationalversammlung, Deutschfreiheitliche Vereinigung Wiener Abgeordneter, 30. Oktober 1918 bis 14. März 1919 Mitglied des Staatsrates, 5. November 1918 bis 4. Mai 1919 Mitglied der provisorischen Landesversammlung Niederösterreich.

19 Es handelte sich um die „ARA" Gesellschaft m.b.H. für den Handel mit landwirtschaftlichen Bedarfsartikeln. Die Zentrale befand sich im Jahr 1923 an der Adresse Wien I., Babenbergerstraße 5. Vgl. Compass 1923. Band 4: Österreich, Wien 1923, S. 367.

20 Formell wurde das „Deutschösterreichische Warenverkehrsbureau" erst im weiteren Verlauf des Monats eingerichtet, vgl. KRP Nr. 31/4.

21 Vgl. das Stenogramm.

22 Informationen zu diesem Geschäft finden sich in AdR, BKA/AA, Abteilung 14 H-pol, Ausfuhr nach Österreich, Ausfuhr aus Schweiz nach Deutschösterreich 1, Schreiben der „ARA" Gesellschaft m.b.H. für den Handel mit landwirtschaftlichen Bedarfsartikeln an das Staatsamt für Äußeres vom 16. Dezember 1918.

23 Vgl. in diesem Zusammenhang auch KRP Nr. 23/7.

Auflösung beziehungsweise Abänderung dieser Verträge herbeizuführen. Der Vorsitzende der Kommission sei vom Staatsamte für Justiz bestellt worden; vertreten seien in dieser Kommission das Amt für Kriegs- und Übergangswirtschaft sowie die Staatsämter der Finanzen, für öffentliche Arbeiten, für Heerwesen und das liquidierende Kriegsministerium. Die Kosten würden vom Staatsamt für Finanzen getragen. Die Kommission habe ihre Tätigkeit bereits begonnen und habe schon dermalen einen Gewinn von 4 Millionen Kronen aus stornierten Verträgen erzielt.

Der Kabinettsrat nimmt diese Mitteilungen zustimmend zur Kenntnis und erteilt die Bewilligung, dass ein diesbezügliches Kommuniqué der Tagespresse zur Verlautbarung übergeben werde.[24]

6

Änderungen der Amtstitel

Unterstaatssekretär Dr. von B e c k berichtet im Sinne des ihm in der Kabinettsratssitzung vom 26.[25] Dezember v. J. erteilten Auftrages[26] über die Beratungen des Beamtenkomitees in Angelegenheit der Änderung verschiedener Amts- und öffentlicher Titel.

Das Komitee sei diesfalls zu dem in der Beilage enthaltenen Ergebnisse gelangt.[27]

---

[24] Vgl. Volkswirtschaftliche Chronik, Jg. 1919, Nr. 1, Jänner 1919, S. 11 f „Vergleichskommission für laufende Heereslieferungsverträge"; Nr. 2, Februar 1919, S. 44 „Enquete über Lieferungsverträge und Einigungsämter"; Reichspost. Morgenblatt, 14. Jänner 1919, S. 11 „Begleichung von Rückständen aus Heereslieferungen". Zur Zusammensetzung der hier beschlossenen Kommission vgl. AdR, BMHV, Präsidium, Zl. 264/1919, Zusammensetzung und Wirkungskreis der Vergleichskommission für laufende Heereslieferungsverträge. Weitere Informationen zur Einrichtung und Zusammensetzung der Kommission sowie ein Protokoll über deren erste Sitzung, die bereits am 14. Dezember 1918 stattgefunden hatte, finden sich in FHKA, k.k. Finanzministerium, Allgemeine Abteilungen, StAF, Zl. 6.068/1918. Zur grundsätzlichen Frage, welches Rechtssubjekt „hinsichtlich der abgeschlossenen Heereslieferungsverträge an die Stelle des bestandenen Kriegsministeriums bzw. dessen Abteilung 13" getreten war, vgl. AdR, StK, GZl. 275/1919. Der Akt enthält ein diesbezügliches Gutachten des Staatsamtes für Heereswesen vom Februar 1919, das über Auftrag des Staatsrates ausgearbeitet wurde. Vgl. weiters SRP Nr. 50 vom 29. November 1918 und Nr. 71/III d vom 3. Februar 1919. Schließlich wurden Einigungsämter eingerichtet, die sich mit Streitigkeiten aus Lieferungsverträgen, die zwischen Jänner 1915 und November 1918 abgeschlossen worden waren, beschäftigen sollten. Vgl. StGBl. Nr. 220, Gesetz vom 4. April 1919 über die Errichtung von Einigungsämtern für Streitigkeiten aus bestimmten Lieferungsverträgen, ausgegeben am 11. April 1919; KRP Nr. 58/4 vom 7. April 1919. Informationen zu diesem Gesetz finden sich in AdR, StK, GZl. 864/1919. Vgl. auch Verordnungsblatt des Staatsamtes für Justiz, Jg. 1919, Nr. 7, 31. Mai 1919, S. 69 „Verfahren vor den Einigungsämtern für Streitigkeiten aus bestimmten Lieferungsverträgen".

[25] Richtig: 28.

[26] Vgl. KRP Nr. 26/3.

[27] Beilage zu Punkt 6: Verhandlungsschrift Nr. 8 zur Sitzung des zwischenstaatsamtlichen Beamtenkomitees am 2. Jänner 1919 (3¼ Seiten). Die Beilage enthält eine detaillierte Stellungnahme „zum Auftrage des Kabinettsrates, betreffend Änderung der Titel der Staatsbediensteten". Einleitend wurde bemerkt, dass gegen „eine durchgreifende Änderung der bestehenden Amtstitel in allen Ressorts und Dienstzweigen" mehrere grundsätzliche Erwägungen sprächen. So wurde u. a. ausgeführt, dass der Titel zu den in der Dienstpragmatik „den Beamten gewährten Rechten gehört und zweifellos soziale Bedeutung besitzt", weshalb es sich empfehle, „vor der Durchführung einer allgemeinen Titeländerung mit den Vertretern der Staatsbedienstetenorganisationen das Einvernehmen zu pflegen, umsomehr, als bei Festsetzung der Diensttitel gar keine staatsfinanziellen Interessen in Betracht kommen". Weiters sei vor derartigen Maßnahmen eine eingehende Überprüfung der Verhältnisse in den verschiedenen Ressorts notwendig, „da in den einzelnen Ressorts und Dienstzweigen für verschiedene Funktionen und Rangsklassen gleiche Titel bestehen, deren Wert gegeneinander abgewogen werden müsste". Für den Fall, dass der Kabinettsrat trotzdem auf einer provisorischen Änderung der Titel bestehe, wurde

Der Kabinettsrat nimmt diese Mitteilungen zur Kenntnis und stellt die Behandlung dieses Gegenstandes vorläufig zurück.[28]

Schluss der Sitzung 1 Uhr Mittag.

---

empfohlen, sich lediglich auf solche Titel zu beschränken, die „mit der bestehenden Gesetzgebung nicht mehr im Einklange stehen". Sodann enthält die Beilage einige Vorschläge des Komitees für provisorische Titeländerungen, die jedoch größtenteils als unbefriedigend bezeichnet wurden. Abschließend wurde festgestellt, dass Titel, die Privatpersonen staatlicherseits verliehen worden waren, nur durch Gesetz aberkannt werden könnten. Vgl. auch AdR, StK, GZl. 45/1919, Zl. 45/50/1919, Verhandlungsschriften 1–25 des zwischenstaatsamtl. Komitees, Verhandlungsschrift Nr. 8 zur Sitzung am 2. Jänner 1919.

28 Die Amtstitel wurden im weiteren Verlauf des Bestehens des Kabinetts Renner immer wieder, jedoch stets unter Beschränkung auf bestimmte Ressorts, behandelt. Vgl. exemplarisch KRP Nr. 86/3 vom 8. Juli 1919 und Nr. 123/11 vom 18. November 1919.

Stenogramm vom 3. Jänner 1919

1.)

Loewenfeld-Ruß: Die Mission wird jetzt vom Staatsamt des Äußeren und dann von mir empfangen. Drei Abschnitte: Aushilfe für die nächste Zeit (4.000 To) zu sehr hohen Preisen. Die 2.) 26.000 To Fett und Reis. Da die finanzielle Frage noch nicht geordnet noch [...]. 3.) Aushilfe bis zur neuen Ernte.

Die Mitglieder stehen im großen und ganzen sympathisch gegenüber, die Schwierigkeit ist die Finanzierung. Depot von 18 Millionen in Innsbruck beim italienischen Kommandanten hinterlegt. Für 2.) wurde eine Sicherstellung verlangt; in Amerika Kriegsgesetz: Darlehen an feindliche Staaten überhaupt nicht, Waren gegen sofortige Bezahlung. Bisher eine Verpfändung noch nicht zugestanden (Adler).

Die Contin.[ental]-Mächte wollen nicht zugestehen, dass wir Amerika etwas verpfänden. Es scheint, dass auch die zweite Sache, dass – [mit] Kronen gemacht werden wird.

Die Herren wollen in unsere materiellen [Verhältnisse] Einblick gewinnen; 2.) wollen sie die Verteilungsorganisation kennen lernen.

Die dritte Frage: sie wünschen das, obwohl sie sehr hohe Preise machen (Lire 2 K 50); sie wollen durch – wir die Preise nicht auf den Konsum überwälzen. Das ist die Schwierigkeit.

Seit gestern finden schon Besprechungen zwischen uns und dem Staatsamt für Finanzen statt. Staffelung der Mehlpreise ist undurchführbar. (4–500 Millionen Kronen nur für Mehl).

Idee aufgetaucht: Steuer und eine kleine Erhöhung der Lebensmittel.

Vertreter der Landesregierungen müssen unbedingt ferngehalten werden; Bankenvertreter.

Steinwender: Die Einkommenssteuer zur Grundlage zu nehmen für eine Abgabe erscheint unmöglich. Auf die Vermögenssteuer, neben der Vermögenszuwachsabgabe Anzahlungen zuzulassen. Absicht, nicht neue Steuern zu erfinden.

Loewenfeld-Ruß: Wir sind bereits vor der Situation, dass wir dem Staat schon Verlust bereiten. Weiters die Schweiz versorgt Vorarlberg bereits (~~90 Gramm Mehl~~ und Reis) 5,50 Kronen; nur 3,50 kann überwälzt werden auf die Bevölkerung. Pro Woche machen die 2 Kronen 60.000 Kronen aus.

Kohlenerhöhung könnte vorgenommen werden (Quote).

Riedl: Die Deckung einer Preisdifferenz aus öffentlichen Mitteln (ob nun eine neue Steuer oder Ertrag sonst geplanter Steuern benützt wird) eine höchst bedenkliche Sache. Ein Teil der Steuerkraft wird in Anspruch genommen für eine Ausgabe, die unter den staatlichen Ausgaben keinen Platz findet. Wir müssen mit der Erhöhung soweit gehen, als es möglich ist; nur was nicht möglich ist, müsste durch Steuern hereingebracht werden.

Renner: Dieses Problem kann durch die Betonung einiger besonderer Gesichtspunkte nicht erledigt werden; wir können heute zu keinem Beschluss kommen. ~~Zunächst~~ im Staatsrat. Zunächst muss man sich helfen so gut als es geht und dann vielleicht andere Einnahmenquelle aufsuchen.

2.) Eigenmächtigkeiten der Landesregierungen.

Riedl: ~~Die Erörterung der einzelnen Beschwerden~~ – Es ist schon mit Rücksicht auf die morgige Besprechung mit den Landeshaupt[männern] ... notwendig auf den Grund zurück zu gehen. Bittet, von den einzelnen Beschwerden zunächst Umgang zu nehmen.

Die innere Erschlaffung der Verwaltung war schon in der letzten Zeit der Monarchie zu beobachten.

1.) Nationale Zersetzung der Verwaltung: Beamten-Carrieren auf die Zugehörigkeit zu einer Partei begründet.

2.) Im Verlauf des Krieges hat sich in den einzelnen Ländern ein Regionalismus gezeigt. Passive Resistenz genährt durch Fehler, die von der Verwaltung gemacht wurden (Verländerung der Getreidebewirtschaftung, Volksbekleidung).

3.) Bei den staatlichen Verwaltungsbehörden (Bezirkshauptmannschaften) [ist man] im steigenden Maße einer vollständigen Apathie ~~begegnet~~ gegenüber den Aufträgen der Zentralstellen begegnet; steigerte sich bis zu einem passiven Widerstand (zu geringe Strafen).

Durch den Umsturz ist dieser schon geschwächte Körper zur vollständigen Auflösung gebracht worden. Die sehr zu begrüßende Zusammenlegung der staatlichen und autonomen Verwaltung hat dazu geführt, dass letztere ein großes Übergewicht erhalten hat. Während früher der Träger der Staatsgewalt war und nebenher die autonome Verwaltung hing, wurde jetzt der Träger der ganzen Verwaltung der autonome Faktor. ~~Das ist gewiss einer der Gründe der plötzlichen Auflösung und Lockerung. Die Verhältnisse erheischten ein steigendes Bündnis~~ -
Schwierigkeiten des Verkehrs, Umwälzung in Wien, die äußere Ungewissheit und Schicksal der nächsten Tage und Wochen bewirkten, dass in einer ganzen Reihe von wirtschaftlichen Maßnahmen auf dem Gebiet der Ernährung, der Sachdemobilisierung, Compensationsverkehr, usw. die Notwendigkeit sich zu sofortigen Verfügungen herausstellte, so dass die Zentralstellen gar nicht in Kenntnis gelangt sind.
Die Gefahr ist nun, dass aus diesen eigenmächtigen Maßnahmen, durch die Not gerechtfertigt, ein Dauerzustand wird, der eine einheitliche Führung der Verwaltung unmöglich macht und zum endgültigen Zerfall führen muss.
Aber auch grundsätzliche politische Seite: im Schlagwort zusammen gefasst: Los von Wien. Dieses Schlagwort ist zum Teil der Ausdruck der Unzufriedenheit mit dem früheren Regierungssystem, Wien ist der Provinz die Verkörperung des alten Systems. Dem liegt ein unklares Bewusstsein einer Gefahr zugrunde, die den Ländern von Wien aus droht. Diesem Gedanken liegt ein richtiger Gedanke zugrunde. Man empfindet die Zwei-Millionen-Stadt als etwas zu groß, als unerträglich im Verhältnis zum Volkskörper, dessen Haupt sie darstellt.
Nicht bloß der Mangel an Symmetrie, sondern die Furcht, dass diese große Stadt auf dem ganzen übrigen Volkskörper wie ein Parasit (insbesondere die Ernährungsfrage) -. Die Hauptsorge des Ernährungsamtes ist natürlich die Wiener Bevölkerung. In den Ländern findet sich die ständige Klage über die Bevorzugung Wiens gegenüber den Ländern.
Ein weiterer Grund liegt in der politischen Differenz [zwischen] der Hauptstadt und den Ländern; das Beispiel Berlin hat uns sehr geschadet. Man will sich nicht von der Hauptstadt die Politik diktieren lassen. Man fürchtet unter Hinweis was in Berlin geschehen ist, dass in Wien durch Unruhen eine politische Entwicklung ausbrechen könnte, welche die große Masse der ländlichen Bevölkerung ...
Das Land fühlt sich politisch zurückgedrängt.
Dieser Zersetzungsprozess wird noch begünstigt durch das vollständige [Fehlen] einer wirklichen Exekutiv-Gewalt; wir sind ein Kopf, aber haben keine Arme. Die Beschlüsse der Regierung sind nur durchführbar wenn die Länder folgen. Die Erlässe der Regierung sind keine Befehle mehr, sondern nur Bitten.
Die Volkswehr ist ein untaugliches Instrument zur Aufrechterhaltung der Ordnung oder zur Durchsetzung der getroffenen Maßnahmen.
Diese Zersetzung beschränkt sich nicht aufs Verhältnis zwischen der Zentralstelle und den Landesregierungen, sondern auch innerhalb der Länder zwischen der Landesregierung und den lokalen Stellen.
Abhilfe: Ich kann mir von einem Beschluss im Staatsrat oder [in der] Nationalversammlung gar nichts versprechen – ebenso wirkungslos wie die Erlässe. Es sind nur zwei Wege, die man beschreiten kann:
1.) Der Versuch einer Überzeugung, dass es auf diesem Weg nicht geht und dass ein weiterer Fortschritt rettungslos zum Zerfall führen muss. In Verbindung damit muss allerdings eine Abstellung gerechtfertigter Beschwerden gehen. Man wird infolgedessen auch die Bedenken fallen lassen können, zumal auch die nationalen Schwierigkeiten entfallen sind, welche gegen eine verstärkte Heranziehung der Landesregierungen sprachen. Wenn man dort, wo es zum Vorteil der Verwaltung möglich ist, diesen Bestrebungen nach Dezentralisierung der Geschäfte nachgibt und gleichzeitig überzeugend wirkt auf die breiteste Öffentlichkeit, dass das bloße Fallenlassen von Wien nicht geht.
2.) Aber auch notwendig der Weg einer Stärkung der Zentralgewalt durch Schaffung einer wirklichen Macht, welche die Befehle der Exekutive auszuführen imstande ist. Es muss die

Möglichkeit vorhanden sein, die Befehle imperativ durchzuführen. Dazu gehört ein Organ. Gegebenenfalls muss ein Exempel statuiert werden können. Man wird es auf die Mutprobe im Einzelfall ankommen lassen müssen. ~~In den größten Ländern~~ -

Renner: Jedem einzelnen Mitglied des Staatsrates eine Art Denkschrift unterbreiten, welche sowohl die allgemeinen Gesichtspunkte Riedls als auch das Material -. Wir wollen ihr Verantwortungsgefühl wecken, bei den einzelnen Staatsräten. Ich stelle mir vor, dass [in] dieser Denkschrift die allgemeinen Gesichtspunkte im Druck vorangehen und das Material im Einzelnen nachfolgen. Diese Denkschrift auch allen Landeshauptmänner und Abgeordneten und wichtigeren Vertrauensmännern aller Parteien zustellen und dadurch die Öffentlichkeit vorbereitet wird für diejenige Verwaltungs- und Verfassungsreform, welche einen wirklich arbeitenden Staat herstellen soll.

Diese Denkschrift ist nicht nur zu denken als Mittel der augenblicklichen Beschwerde sich zu entäußern und Luft zu machen für den Augenblick, sondern die Öffentlichkeit aufzuklären, dass wir eine volle Verfassung ...

Zunächst Vorgangsweise zur Erörterung stellen (Denkschrift zuerst allgemeine [Gesichtspunkte], dann besondere Details). Staatssekretäre gebeten, in welchen Punkten sie einverstanden sind, [...] und Ergänzungswünsche.

Steinwender: Die Denkschrift ist das letzte; zuerst müssen wir wissen, was wir sagen wollen. Die Abneigung ~~gegen die Provinz~~ in der Provinz nicht gegen Wien weil es so groß ist. Der Nationalismus ist tot und die Regierung ist national. Die alte Militärwirtschaft besteht fort; durch die Volkswehr hat man das noch schlechter gemacht. Redner stellt sich eine zweite Kammer als Länderkammer vor. Den Autonomiebestrebungen kann man nicht entgegentreten. Jetzt ist es noch zu früh für die Denkschrift.

Stöckler: Am meisten schadet dem jungen Staat die unglückselige Volkswehr. Zentralbewirtschaftung (Bauer – Adler). Wo die Zentralbewirtschaftung nicht unbedingt möglich [nötig] ist, soll sie aufgelassen werden. Der Autonomiebestrebungen kann man nicht Herr werden, man soll sich ihrer bedienen. Man soll die Leute mitarbeiten lassen. Wir müssen auch die Länder öfter zusammenfassen. Redner ist für eine Denkschrift, aber es muss die Sache geprüft werden, um in der markantesten Form -. Nicht nur darstellen, sondern auch machen.

Renner: Der Inhalt der Denkschrift wird auch morgen bei der Länderkonferenz erörtert werden. Bittet um lebhafte Beteiligung.

Hanusch: In der Denkschrift neben der Kritik und dem Negativen auch das Positive in den Vordergrund schieben und Andeutungen machen, wie es in der Zukunft zu machen wäre. Es soll den Leuten die Angst um die Zukunft genommen werden. Das Regieren muss jetzt anders sein als es war. Wir müssen so oft als möglich in die Provinz hinausgehen: mit der persönlichen Fühlungnahme kann das meiste geglättet werden.

Pflügl: Bei der großen Empfindlichkeit der Länder wäre es vielleicht angezeigt, wenn man bei der Besprechung der näheren Einzelheiten der Denkschrift auch da schon die Landeshauptleute heranziehen könnte. Die Länder sollen mitwirken.

Renner: ~~Die Anregung Hanuschs ist sehr beachtenswert~~. Die Erörterung müsste dahin ausmünden: den Ländern und den lokalen Körperschaften wird in der constituierenden Nationalversammlung das höchste Maß an Selbstregierung eingeräumt werden. Es muss jedoch ein bestimmtes Maß von zentraler Verwaltung gesichert bleiben. Was wesentlich ist, muss mit der vollen [Be]stimmtheit und Einheitlichkeit durchgeführt werden. Eine Art Länderkammer neben dem Volkshaus zu setzen kann offen bleiben; ist nichts Undemokratisches. Eine reine Länderkammer aber wäre bedenklich, weil sich dadurch die lokalen Interessen zu sehr verdichten.

Riedl: Mit Genugtuung feststellen, dass grundsätzlich keine Einwendungen erhoben wurden. Der Ergänzung im + Sinn würde ich sehr gern entsprechen. Hauptgewicht bei der Beseitigung dieser Übelstände ist aufzubauen auf die Herstellung des gegenseitigen Einvernehmens. Dazu kommen die Bestrebungen nach einer Loslösung Wiens zum internationalen Handelsemporium (gemischtnational, gemeinsames Besitztum).

Bittet, dass die Arbeit in den Ressorts an die – in Angriff genommen wird in einer umfassenden Weise, also wünschenswert.

Renner: Der allgemeine Teil wird ausgearbeitet und auch in Zirkulation gesetzt; der spezielle Teil wird schon jetzt in Zirkulation gesetzt. Nur notwendig, dass noch in der ersten Jännerhälfte dem Staatsrat mitgeteilt wird.

3.
Stöckler: Agrarreform. Die National[versammlung] und Ausschuss sind kein richtiges Forum, um das Agrargesetz auszuarbeiten. Das Staatsamt für Landwirtschaft würde viel Zeit vergeuden, wenn dieses Problem im Einsichtsweg ... Beiziehung von Fachleuten.
Die eigentliche Bodenreform ist eine derart schwere Aufgabe, dass alle Faktoren kurzer Hand herangezogen werden müssen, zumal der Ausschuss ... nichts hervorbringen wird. Daher Antrag: welcher auch ermächtigt ist, geeignete Fachleute beizuziehen.
Renner: Ein Zusammenarbeiten eher zum Ziel führen, als parlamentarische Ausschussberatungen. ~~Im Prinzip~~ – Der nähere Antrag wird unterbreitet werden dem Cabinettsrat.

4.
Stöckler: Wir sehen die großen Schwierigkeiten bei der Beschaffung unserer Nahrungsmittel. Wir müssen [es] aber schaffen, uns diese selbst zu beschaffen. Ernährungsmittel für unseren Boden (Kunstdünger). Mit Valuten kann man diese nicht herbeischaffen; Compensation durch die Gesellschaft „Ara“ (Holzausfuhr). In [...] Ländern ist Kunstdüngermangel schon sehr fühlbar. Wenn der Staat hier etwas machen würde, würden die Länder den guten Willen sehen. Zum Frühjahresanbau unbedingt nötig.
Antrag: Der Ara die Bewilligung ...
~~Renner~~: -
[Stöckler:] Ara hat die Aufgabe, die Düngemittel zu importieren und zu verteilen; an der Spitze stehen landwirtschaftliche Haupt-Corpor.[ationen]. Die Anteile hauptsächlich hat dieser Landeskulturrat eingezahlt. Es sollen jene Böden, die es am nötigsten brauchen, mit Kunstdünger behandelt werden.
~~Staatssekretär für Verkehrswesen~~ Jukel: Rollendes Material steht zur Verfügung.
Steinwender: Holz genug vorhanden.
Riedl: Am Montag in Salzburg eine Versammlung mit den Vertreter der innerösterreichischen Landesregierungen in der Frage des Holzexportes. Mit äußerster Vorsicht muss da vorgegangen werden. Wir stehen vor der Bestrebung, in erster Linie das Holz zur Deckung des Imports an Nahrungsmitteln zu verwenden.
Stöckler: Ein Missbrauch ist ausgeschlossen.
Jukel: -
~~Marckhl~~: -
Urban: Blumau, Wöllersdorf (8.500 Arbeiter; nur bis 7./1. Kohle vorhanden).
Riedl: Die Ara müsste die Quantität bekannt geben. Der Besprechung in Salzburg kann nicht vorgegriffen werden.
Stöckler: Antrag Stöckler wurde genehmigt in einem Höchstausmaß von 2.000 Waggons Schnittware vorbehaltlich der noch zu pflegenden Auseinandersetzung mit Kriegs- und Übergangswirtschaft.

4. {sic!}
Urban: Da Staatssekretär für Heerwesen nicht anwesend ist, zurückgestellt.

5.
[Urban:] ad Punkt 8: Um dem Übelstand abzuhelfen, ist vom Staatsamt für Übergangswirtschaft eine eigene Kommission eingesetzt worden. Die Aufgabe, eine vergleichsweise Auflösung der laufenden Heereslieferungsverträge herbeizuführen. Vorsitzender ist eine vom Staatsamt für Justiz bestellte Persönlichkeit. Daran nimmt teil: Übergangs[wirtschaft], Finanzen, öffentliche [Arbeiten], liquidierendes Kriegsministerium und Heeresamt. Dienststelle: mit der Leitung Ministerialrat Eckart[29] betraut. Sie setzt sich in Verbindung mit der Handelskammer Wien.

---

29 Karl Eckhart, Amtsrat des Staatsamtes für Heereswesen, im Dezember 1918 mit der Leitung des Büros der Vergleichskommission für laufende Heereslieferungsverträge betraut.

Comm.[issions]-Beratungen schon stattgefunden; funktioniert sehr gut. Gelungen in der Confekt.[ions]-Branche. Kosten: eine Einigung hat stattgefunden, derzufolge die Kosten vom Staatsamt für Finanzen getragen werden. Aus den stornierten Verträgen ist jetzt schon ein Gewinn von 4 Millionen Kronen erwachsen.

Zur Kenntnis genommen; ein diesbezügliches Comm.[uniqué] in die Blätter kann hinausgehen.

ad 11.)

Beck: Kommitee hat sich beschäftigt. Beschluss zur Verlesung gebracht. 1.) unzeitgemäß; 2) -.

Renner: Nur diejenigen Titel, die mit der gegenwärtigen staatsrechtlichen Ordnung unvereinbar sind: Kaiserlicher Rat, Statthalterei (Landesregierung). Hofrat curia dikasterialis[30] [ist] nicht Rat des Hofes, sondern dikasterial – Gerichts-, Rechnungshof.

Für diese wir suchen – in der nächsten Sitzung ein Antrag.

Urban: Com.[merzial]-Rat-Titel wird aussterben.

Marckhl: -

Renner: Gesetzlicher Anspruch Kaiserlicher Rat – Landesregierungsrat an Laien, Oberamtsrat.

Dienstag 3h

30 Dikasterium: Gerichtshof, Richterkollegium.

28.[1]

[2. Länderkonferenz]

[Samstag/Sonntag] 1919-01-04/05

Vorsitz: Mayer, Renner, Roller, Steinwender, Urban[2]

Anwesend: Bauer, Beck, Breitenfelder[3], Castell[4], Deutsch, Eisler[5], Enderes, Fink[6], Grimm, Gruber[7], Hanusch, Hauser[8], Jukel, Kaup, Langenhan[9], Lemisch[10], Lodgman[11], Loewenfeld-Ruß, Marckhl, Mayer, Montel[12], Ott[13], Pacher, Pfaundler[14], Pflügl, Pockels[15], Pozzi[16], Preußler[17], Rehrl[18],

---

1 Das Protokoll trägt den Vermerk *Vertraulich!*

2 Zum Vorsitz wurde auf der Titelseite des Protokolls vermerkt: „Staatskanzler Dr. Renner (zeitweise vertreten durch die Staatssekretäre Dr. Roller, Dr. Urban, Dr. Steinwender und Mayer)".

3 Josef Breitenfelder, 1909 bis 1928 Mitglied der Landesparteivertretung Salzburg der SdAP, 3. November 1918 bis 21. April 1919 Mitglied der provisorischen Landesversammlung Salzburg, 23. April 1919 bis 13. Dezember 1928 Abgeordneter zum Landtag Salzburg.

4 Dr. Bruno Graf Castell-Rüdenhausen, Hofrat, Präsidialchef der niederösterreichischen Statthalterei, 20. März 1919 bis 27. November 1922 Landesamtsdirektor von Niederösterreich.

5 Dr. Arnold Eisler, Wirtschaftskommissär für die Steiermark, 4. März 1919 bis 9. November 1920 Mitglied der Konstituierenden Nationalversammlung, SdAP, 17. Oktober 1919 bis 20. November 1920 Unterstaatssekretär im Staatsamt für Justiz.

6 Dr. Jodok Fink, 21. Oktober 1918 bis 16. Februar 1919 Mitglied der Provisorischen Nationalversammlung, CSP, 30. Oktober 1918 bis 14. März 1919 Mitglied des Staatsrates, 15. März 1919 bis 24. Juni 1920 Vizekanzler.

7 Josef Gruber, 1918 bis 1934 Abgeordneter zum Landtag Oberösterreich, SdAP, 18. November 1918 bis 17. Mai 1931 Landeshauptmannstellvertreter von Oberösterreich.

8 Dr. Johann Nepomuk Hauser, 4. Mai 1908 bis 8. Februar 1927 Landeshauptmann von Oberösterreich, 30. Oktober 1918 bis 16. Februar 1919 Zweiter Präsident der Provisorischen Nationalversammlung, CSP, 30. Oktober 1918 bis 14. März 1919 Mitglied des geschäftsführenden Staatsratsdirektoriums. Hauser wurde im Originalprotokoll doppelt genannt, da er in seiner Funktion als Landeshauptmann von Oberösterreich unter den Ländervertretern noch einmal gesondert verzeichnet wurde.

9 Dr. Philipp von Langenhan, Handelskammersekretär in der Bukowina, 21. Oktober 1918 bis 16. Februar 1919 Mitglied der Provisorischen Nationalversammlung, DnP, 12. November 1918 bis 14. März 1919 Mitglied des Staatsrates, ab 1919 Obmann des Sudetendeutschen Heimatbundes in Österreich.

10 Arthur Lemisch, November 1918 bis 22. Juli 1921 als Landesverweser Vorstand der provisorischen Landesversammlung Kärnten, 1927 bis 1931 Landeshauptmann, parteilos.

11 Dr. Rudolf Lodgman von Auen, 21. Oktober 1918 bis 16. Februar 1919 Mitglied der Provisorischen Nationalversammlung, DnP, ab 4. November 1918 Landeshauptmann von Deutschböhmen.

12 Dr. Heinrich Montel, 1918 bis 1933 Vorstand der Abteilung für das Wanderungswesen in der Staatskanzlei bzw. dem Bundeskanzleramt.

13 Maximilian Ott, 1912 bis 1919 und 1927 bis 1935 Bürgermeister von Salzburg, 29. November 1918 bis 4. Mai 1922 Landeshauptmannstellvertreter von Salzburg.

14 Dr. Richard Pfaundler von Hadermur, ab 15. April 1907 im Finanzministerium tätig, 1919 bis 1920 für die Propagandastelle der Staatskanzlei tätig, später Sektionschef.

15 Dr. Georg Pockels, Ministerialrat, ab 21. Dezember 1918 Landesamtsdirektor von Tirol.

16 Viktor Ritter von Pozzi, Hofrat des Staatsamtes für Landwirtschaft, März 1919 bis Februar 1920 Legationsrat beim österreichischen Gesandten in Berlin.

17 Robert Preußler, 1918 bis 1934 Landeshauptmannstellvertreter von Salzburg, 4. März bis 21. Mai 1919 Mitglied der Konstituierenden Nationalversammlung, SdAP.

18 Dr. Franz Rehrl, 1918 bis 1919 Mitglied der provisorischen Landesversammlung von Salzburg, CSP, 23. April 1919 bis 4. Mai 1922 stellvertretender Landeshauptmann von Salzburg, 24. November 1920 bis 2. Mai 1934 Mitglied des Bundesrates, 4. Mai 1922 bis 12. März 1938 Landeshauptmann von Salzburg.

Reich[19], Resch, Riedl, Roller, Seitz[20], Steiner[21], Steinwender, Sternbach[22], Teufel[23], Thun-Hohenstein[24], Urban, Wallenstorfer, Wutte[25], Zerdik

Schriftführer: unbekannt

Dauer: 10.00–13.00 und 15.30–20.00 Uhr
16.30–20.00 Uhr

Reinschrift (gedruckt), Reinschrift, Konzept[26], *Stenogramm*

Inhalt:

– Vor Eingang in die Tagesordnung der 2. Länderkonferenz: einleitende Ausführungen des Staatskanzlers und Erklärung der niederösterreichischen Landesregierung.
1. Regelung der Bezüge der Landeshauptmänner und ihrer Stellvertreter.
2. Eingreifen der einzelnen Länder in die auswärtige Politik.
3. Vorgehen einiger Landesregierungen bei der Repatriierung von Flüchtlingen und bei der Einstellung der Flüchtlingsunterstützungen.
4. Jugendfürsorge, Sozialversicherung, Kriegsbeschädigtenfürsorge.
5. Anweisungsrecht der Landesregierungen an die Staatskasse.
6. Vereinheitlichung der gesamten Agenden des Gesundheitswesens einschließlich der Agenden des Militärgesundheitswesens in den einzelnen Ländern (Landesgesundheitsämter).
7. Bestellung eines dem Landesamtsdirektor koordinierten Baudirektors für die Leitung der gesamten Agenden des staatlichen Baudienstes.
8. Volkswehr.
9. Künftige Organisierung der Länderkonferenzen.

Beilagen:

A Erklärung der niederösterreichischen Landesregierung (2¼ Seiten).

– Zu Punkt 4: Staatsamt für soziale Fürsorge. Für die Besprechung mit den Landeshauptmännern. Jugendfürsorge. Sozialversicherung (2 Seiten).

---

[19] Ing. Rudolf Reich, Sektionschef, 1919 bis 31. März 1928 Leiter der Sektion für Wasserwirtschaft im Staatsamt für Gewerbe, Industrie und Handel bzw. Bundesministerium für Handel und Gewerbe, Industrie und Bauten und sodann im Bundesministerium für Land- und Forstwirtschaft.

[20] Karl Seitz, 21. Oktober 1918 bis 16. Februar 1919 Präsident der Provisorischen Nationalversammlung, SdAP, 30. Oktober 1918 bis 9. Dezember 1920 als Präsident des Staatsratsdirektoriums bzw. der Konstituierenden Nationalversammlung Staatsoberhaupt.

[21] Leopold von Steiner, 5. November 1918 bis 4. Mai 1919 Mitglied der provisorischen Landesversammlung Niederösterreichs, CSP, 5. November 1918 bis 20. Mai 1919 Landeshauptmann von Niederösterreich, 20. Mai 1919 bis 10. November 1920 Landeshauptmannstellvertreter.

[22] Dr. Paul Freiherr von Sternbach, Südtiroler Gutsbesitzer, ab 1. November 1918 Zweiter Vorsitzender des Tiroler Nationalrates.

[23] Oskar Teufel, 21. Oktober 1918 bis 16. Februar 1919 Mitglied der Provisorischen Nationalversammlung, Deutschösterreichische Unabhängigkeitspartei bzw. Partei der Nationaldemokraten, 30. Oktober 1918 bis 14. März 1919 Mitglied des Staatsrates, 3. November bis 16. Dezember 1918 Kreishauptmann von Deutsch-Südmähren.

[24] Rudolf Graf Thun-Hohenstein, 1916 bis 1919 Statthalterei- bzw. Landesregierungsvizepräsident und Landesamtsdirektor in Linz.

[25] Dr. Viktor Wutte, Präsident des steiermärkischen Wohlfahrtsausschusses, 6. November 1918 bis 27. Mai 1919 Mitglied der steiermärkischen Landesregierung, 4. März 1919 bis 9. November 1920 Mitglied der Konstituierenden Nationalversammlung, DnP.

[26] Das Konzept dieser 2. Länderkonferenz weist gegenüber der Reinschrift überdurchschnittlich viele Korrekturen, Streichungen, Ergänzungen usw. auf. Im Kommentar werden daher lediglich die relevantesten Abweichungen ausgewiesen.

– Zu Punkt 5: Staatsamt für Finanzen, Zl. 2.798/18/Präs. Betrifft: Ansuchen des Tiroler Nationalrates um Flüssigmachung von 20 Millionen Kronen gegen nachträgliche Abrechnung (5½ Seiten).[27]

---

[27] Dem Protokoll liegen weiters die folgenden Materialien bei:
Tabelle auf Umschlagbogen mit handschriftlichen Ergänzungen über die von den einzelnen Staatsämtern angemeldeten Programmpunkte (1¾ Seiten). Die Tabelle enthält neben den hier behandelten Themen auch solche, die nicht erörtert wurden. Die weiteren und im Folgenden aufgelisteten Materialien, die in die Tabelle bzw. den Umschlagbogen eingeschlagen beiliegen, stellen im Wesentlichen die Beratungswünsche der Staatsämter dar, aus denen diese Tabelle erstellt wurde.
Anträge des Staatssekretärs für Volksernährung für die Tagesordnung der Konferenz der Landeshauptleute (½ Seite). Aufgelistet wurden sieben Punkte aus dem Themenkreis „Ernährungsfragen", darunter die hier nicht explizit behandelten Themen Getreideankäufe im Ausland, Speisefettbewirtschaftung, Milchversorgung und Wildabschuss.
Präsidium des Staatsamtes für Finanzen, Besprechungspunkte (1 Seite). Aufgelistet wurden die Punkte „Abschluss von Kompensationsgeschäften mit dem Ausland" und „Herabsetzung der Viehpreise und des Kriegszuschlages".
Präsidium des Staatsamtes für Finanzen, Nachtrag zu den Besprechungspunkten (1 Seite). Der Nachtrag enthält den Punkt „Anweisungsrecht der Landesregierungen an die Staatskassen (a, als Staatsorgane; b, als autonome Organe)".
Staatsamt des Innern-Abteilung für Flüchtlingsfürsorge, Bemerkung zu der am 19. Dezember stattfindenden Kontaktsitzung (1 Seite). Der knappe Inhalt verweist auf die Fälle, „in denen die Landesregierungen Repatriierungen von Flüchtlingen eigenmächtig vorgenommen bezw. den Flüchtlingen eigenmächtig die Flüchtlingsunterstützung eingestellt habe". Vgl. Punkt 3 dieses Protokolls.
Staatsamt für Äußeres, St.A.Z. 3.561, Besprechungswunsch (½ Seite). Der Inhalt lautet: „Ich bitte zu sorgen, dass bei der Konferenz der Landeshauptmänner das Eingreifen der Länder in die auswärtige Politik zur Sprache gebracht wird." Vgl. Punkt 2 dieses Protokolls.
Antrag des Staatsamtes für Gewerbe, Handel und Industrie zur Mitteilung des Vertreters der Staatskanzlei in der Verbindungssitzung vom 16. Dezember 1918 (1½ Seiten). Alle gewerberechtlichen Ausfertigungen für Deutschböhmen und Sudetenland, so wurde ausgeführt, seien bisher an die Landesregierung in Reichenberg bzw. Troppau gesendet worden. Nachdem nun aber Berichten zufolge die Landesregierung Reichenberg voraussichtlich nach Wien übersiedeln werde und jene in Troppau „durch feindliche Truppen gefährdet" sei, müsse volle Klarheit darüber geschaffen werden, wohin die erwähnten Ausfertigungen zu leiten wären bzw. „wie mit Rücksicht auf die Ereignisse der letzten Zeit mit den für Deutschböhmen und Sudetenland bestimmten Aktenausfertigungen vorzugehen wäre".
Staatsamt für Landwirtschaft, Zusammenstellung für die Staatskanzlei. Angelegenheiten, die bei der nächsten Besprechung mit den Landeshauptmännern zur Verhandlung zu kommen hätten (1¼ Seiten). Zum in der Reinschrift nicht aufscheinenden Thema des Staatspferdezuchtwesens wurde ausgeführt, dass die Anordnungen des Staatsamtes für Volksernährung auf Lieferung von Heu und Stroh an die Staatspferdezuchtanstalten vielerorts als ungültig betrachtet würden und dadurch besonders die in Niederösterreich und Steiermark gelegenen Staatsgestüte in große Notlage gerieten: „Verwerfen tragender Stuten, völliges Versagen der Wirtschaftspferde in der Arbeitsleistung, Verkümmern des Nachwuchses sind die Folgen oft tagelangen gänzlichen Mangels an Rauhfutter und oft völligen Mangels auch der notdürftigsten Streu für die zur Abfohlung kommenden Mutterstuten." Die Landeshauptleute seien aufzufordern, für die Durchführung der Anforderungen des Staatsamtes Sorge zu tragen.
Staatsamt für Landwirtschaft, Zl. 571, Schreiben an die Bezirkshauptmannschaft in Baden, Lilienfeld, Amstetten und Scheibbs vom 22. November 1918. Betrifft: Zulieferung von Rauhfutter an die Staatsgestüte (3 Seiten). In dem Schreiben wurde detaillierter auf das Problem der mangelnden Zulieferungen an die Staatsgestüte eingegangen und bemerkt, dass das Gestütspferdematerial einen Millionenwert an Volksvermögen darstelle. Zwar werde die Zahl der Staatsgestüte in Zukunft auf den Bedarf Deutschösterreichs eingeschränkt werden, doch werde die Zucht erstklassiger Pferde auch weiterhin eine wertvolle Einnahmequelle für die Landwirtschaft darstellen. Würden die Bauern in Heuproduktionsgebieten nun kein Interesse an der Pferdezucht zeigen, weil sie selbst u. a. nur Ochsen als Zugvieh benützten, so dürften sie nicht vergessen, dass „das getreideproduzierende Flachland, aus dem [...] das erforderliche Brotgetreide und Hartfutter" für die Ochsen stamme, „zur Ackerbestellung des Pferdes bedarf. Die Tätigkeit des Hörndlbauers ergänzt die des Körndlbauers und umgekehrt." Deshalb wäre es verfehlt,

Der Vorsitzende eröffnet die Sitzung und begrüßt die zur heutigen zweiten Länderkonferenz Erschienenen. Einleitend verweist Redner darauf, dass sich seit der letzten Tagung[28] die Verhältnisse in unserem neubegründeten Staatswesen erfreulicherweise im großen und ganzen g ü n s t i g entwickelt haben. Das Zusammenarbeiten aller Verwaltungsstellen habe sich jedenfalls reibungsloser gestaltet, wiewohl noch so manches zu wünschen sei. Es dürfe aber nicht wundernehmen, dass wir in administrativen Belangen in der kurzen Zeit von zwei Monaten, auf die der Staat Deutschösterreich in wenigen Tagen zurückblicken werde,[29] noch nicht alle Schwierigkeiten überwunden haben. Die vielfach beklagten Mängel im Zusammenarbeiten erklären sich eben zum größten Teile daraus, dass die lokalen Stellen und Mittelinstanzen sich unter dem Zwange der Not häufig zu eigenem Handeln gezwungen gesehen hätten.[30] Dies sei insbesondere bei der Abwehr innerer Unruhen, im Verpflegsdienste und bei vielen Maßregeln in Angelegenheit der Sachdemobilisierung wahrzunehmen gewesen.[31] Bei den Kabinettsberatungen der letzten vier Wochen seien von Seite einzelner Ressortverwalter mehrfach Klagen über Unstimmigkeiten und mangelnde Folgeleistung der unteren Organe laut geworden.[32] Diese Klagen seien sehr ernst; sie hätten gezeigt, dass die Zentralverwaltung in Fällen, in denen sie dem einen Lande zu Hilfe kommen wollte, außerstande gewesen war, dies zu tun, weil die hiezu jeweils erforderlichen Mittel von einem anderen Lande nicht bereitgestellt worden seien. Auch Unbotmäßigkeiten der Bezirkshauptmannschaften den Landesregierungen gegenüber, dann wieder der Gemeindeverwaltungen gegenüber den Behörden erster Instanz seien wahrzunehmen gewesen. Eine Fortdauer dieses Zustandes müsste naturgemäß zu einer allgemeinen Auflösung des Verwaltungsapparates führen, was umso gefährlicher wäre, als wir infolge des Stillstandes zahlreicher Fabriken eine stetig steigende Arbeitslosigkeit zu gewärtigen haben.[33] Diese habe wieder – das lehren uns auch die Erfahrungen des Krieges – eine Entwöhnung des Menschen von der Arbeit zur Folge. Die gegenwärtigen, allseits bekannten Verhältnisse hätten uns auch gezwungen, einem großen Teile der Bevölkerung den täglichen Unterhalt in der Form von Staatsgaben zuzuwenden. Wir werden noch – oder sind es vielmehr schon – gezwungen, an die Bevölkerung das tägliche Brot unter dem Selbstkostenpreise abzugeben, wodurch wir in eine allgemeine Defizitwirtschaft des Staates hineingetrieben werden würden. Die Staatsverwaltung hätte deshalb die vornehmste Pflicht, die Produktion wieder in Gang zu setzen, wieder Zucht in unser Volk zu bringen, diese aber nicht in dem alten Sinne des blinden Gehorsams, einer

---

wenn die Landwirte „kurzsichtig nur auf das eigene, engere Interesse bedacht, die Interessen der Gesamtheit der Landwirtschaft außer Auge ließen und die Abgabe von Rauhfutter an die Gestüte, die in ihrem Endzwecke doch auch ihnen mittelbar dienen, verweigern würden".

28 Vgl. KRP Nr. 15.

29 Diese Einfügung wurde im Konzept ergänzt. Dem Satz war ursprünglich vorangestellt: „Am 12. d. M. würde der Staat Deutschösterreich 2 Monate seines Bestandes zählen."

30 Der Satz lautete im Konzept ursprünglich so: „Der beklagenswerte Mangel des Zusammenarbeitens erkläre sich zum größten Teile dadurch, dass die lokalen Stellen und Mittelinstanzen vielfach zu eigenem Handeln sich gezwungen gesehen hätten, weil die Zentralstelle mit ihrer Entscheidung zu spät gekommen wäre und selbst auch mit ihrer eigenen Neuordnung zu sehr beschäftigt war."

31 Im Konzept folgt ein gestrichener Satz: „Immer aber sei es allen als notwendiges Ziel erschienen, die Zusammenarbeit auf eine gesetzliche Grundlage zu stellen."

32 Vgl. beispielsweise KRP Nr. 23/8 oder die Stenogramme von Nr. 24, wo Unterstaatssekretär Riedl – in der Reinschrift nicht festgehalten – über Eigenmächtigkeiten der oberösterreichischen Landesregierung im Zusammenhang mit der Sachdemobilisierung berichtete, weiters auch Nr. 27/2.

33 Der Satz lautete im Konzept ursprünglich so: „Diese Erscheinungen würden auf die Dauer eine allgemeine Auflösung des Verwaltungsapparates befürchten lassen, was umso bedauerlicher wäre, als wir angesichts der durch den Stillstande der Fabriken hervorgerufenen großen Arbeitslosigkeit, die wieder eine Entwöhnung der Menschen von der Arbeit zur Folge habe, den schwersten Zeiten entgegengehen."

bedingungslosen Unterordnung unter die staatliche Gewalt, sondern in einer gesunden Art der freiwilligen Einfügung der Massen in eine Ordnung, die sie verstehen und zu schätzen wissen.[34] Aber nur dann, wenn alle staatlichen Stellen selbst diese Zucht beobachten, wenn die Führenden vor allem s e l b s t das Beispiel einer freiwilligen Einordnung in das Ganze geben, werden wir unserer Aufgabe gerecht werden, dann werden wir auch einer Katastrophe in staatsfinanzieller Hinsicht begegnen können.[35] Die letztere Sorge belastet uns schwer. Eine fortschreitende Entwertung unserer Valuta müsste zur Folge haben, dass unsere Kriegsanleihe[36] notleidend wird und dass wir dann mit einer schweren sozialen Erschütterung zu rechnen hätten, die zu bannen eben nur eine s t a r k e , g e s c h l o s s e n e und e i n h e i t l i c h e V e r w a l t u n g fähig sei. Diesfalls stehe alles auf dem Spiele.[37] Wenn wir nun durch eine zerrüttete Verwaltung und infolge unserer Uneinigkeit die einschlägigen Probleme nicht zu lösen vermöchten, dann wäre weiters auch die Gefahr einer feindlichen Besetzung in die Nähe gerückt, die uns jedes Eigenrecht entzöge. Das Problem unseres inneren Verwaltungsaufbaues sei also ein ganz außerordentlich wichtiges. Redner würde wünschen, dass die heutige Beratung von dem Gedanken geleitet sei, dass wir dazu berufen sind, die soziale Gemeinschaft aufrecht zu halten und uns vor der Anarchie zu schützen. Ob es uns gelingen werde, können wir heute noch nicht wissen; eines aber sei unbestreitbar, dass uns dieses Ziel dann nicht erreichbar wäre, wenn nicht alle führenden Stellen zusammenarbeiten; wohl ausgeschlossen sei hiebei die nach unserer Überlieferung allerdings am nächsten liegende Vorstellung der Herrschaft mit der starken Faust; wir hätten gar nicht die Möglichkeit, dieses Problem durch eine Diktatur von oben zu lösen. Daran denke innerhalb der Regierung niemand. Wir hätten alle umlernen müssen vom früheren § 14[38] auf ein Staatswesen, das auf der Selbstregierung aufgebaut sei. Diese könne jedoch nur von unten hinauf aufgerichtet werden. Die Selbstregierung setze voraus, dass alle Glieder des Ganzen sich f r e i w i l l i g in die gegebenen Notwendigkeiten fügen, was nur durch fortwährende g e g e n s e i t i g e V e r s t ä n d i g u n g und Beratung möglich erscheine. Dazu sollen diese Länderkonferenzen dienen. Hiebei sollen

34 Ähnliches hatte Renner auch in seinem Nachruf auf Viktor Adler geäußert. Vgl. KRP Nr. 9/1.

35 Im Konzept: „…ansonsten unsere Finanzlage sich geradezu katastrophal gestalten würde."

36 Insgesamt waren von September 1914 bis Kriegsende acht Kriegsanleihen im Umfang von über 35 Millionen Kronen ausgegeben worden. Vgl. http://wk1.staatsarchiv.at/kriegsfinanzierung/kriegsanleihen/, abgerufen am 22. Jänner 2018. Zum Thema vgl. weiters Haider Shnawa, Die österreichischen Kriegsanleihen und ihre Entwicklung nach dem 1. Weltkrieg, Dipl.-Arb., Wien 1999; Thomas Winkelbauer, Wer bezahlte den Untergang der Habsburgermonarchie? Zur nationalen Streuung der österreichischen Kriegsanleihen im Ersten Weltkrieg, in: Mitteilungen des Instituts für Österreichische Geschichtsforschung 112, Wien/München 2004, S. 368–398; Helmut Rumpler/Anatol Schmied-Kowarzik (Bearb.), Die Habsburgermonarchie 1848–1918. Band XI: Die Habsburger Monarchie und der Erste Weltkrieg. 2. Teilband: Weltkriegsstatistik Österreich-Ungarns 1914–1918. Bevölkerungsbewegung, Kriegstote, Kriegswirtschaft, Wien 2014, S. 353.

37 Der Anfang des folgenden Satzes im Konzept so: „Hiezu komme, dass, wenn wir durch unsere innere Verwaltung infolge unserer Uneinigkeit diesen Problemen zu begegnen nicht imstande wären…".

38 Gemeint war § 14 des RGBl. Nr. 141, Gesetz vom 21. Dezember 1867, wodurch das Grundgesetz über die Reichsvertretung vom 26. Februar 1861 abgeändert wird, ausgegeben am 22. Dezember 1867. Dieser besagte u. a.: „Wenn sich die dringende Nothwendigkeit solcher Anordnungen, zu welchen verfassungsmäßig die Zustimmung des Reichsrathes erforderlich ist, zu einer Zeit herausstellt, wo dieser nicht versammelt ist, so können dieselben unter Verantwortung des Gesammtministeriums durch kaiserliche Verordnung erlassen werden, insoferne solche keine Abänderung des Staatsgrundgesetzes bezwecken, keine dauernde Belastung des Staatsschatzes und keine Veräußerung von Staatsgut betreffen. Solche Verordnungen haben provisorische Gesetzeskraft, wenn sie von sämmtlichen Ministern unterzeichnet sind und mit ausdrücklicher Beziehung auf diese Bestimmung des Staatsgrundgesetzes kundgemacht werden." Entsprechende kaiserliche Verordnungen begannen üblicherweise mit der Formulierung: „Auf Grund des § 14 des Staatsgrundgesetzes vom 21. Dezember 1867, RGBl. Nr. 241, finde Ich anzuordnen, wie folgt: …".

alle Missverständnisse aufgeklärt werden, die zwischen den einzelnen Staatsämtern und den Landesregierungen aufgetaucht seien. Es solle ein regelmäßiger Ideenaustausch stattfinden, wobei auch alle Anregungen gehört und verwertet werden. Die Ländervertreter sollen weiters in die Kenntnis jener Motive und sachlichen Gründe gelangen, welche die Staatsämter bei Erlassung ihrer Anordnungen geleitet haben. Wenn nun das Kabinett der Staatssekretäre sich veranlasst gesehen habe, in seiner letzten Sitzung eine Denkschrift über die Unstimmigkeiten in der Verwaltung, über die mangelnden Folgeleistungen in den Mittel- und Unterstellen auszuarbeiten[39], so mögen die Vertreter der Länder hierin nicht etwa eine Art feindseligen Aktes erblicken. Die Regierung hätte eine Verwaltung übernommen, die durchaus bürokratisch gewesen sei, die nunmehr auf die Selbstregierung umzustellen keineswegs leicht falle. Deshalb werde eben auch eine durchgreifende Verwaltungsreform durchgeführt werden müssen, die naturgemäß erst von der konstituierenden Nationalversammlung gesetzt werden könne. Für diese Verwaltungsreform aber müssten alle mittelbar und unmittelbar berufenen Faktoren bereits jetzt tätig sein, einerseits die Staatsämter, indem sie alles Mangelhafte klarlegen und Anträge zur Besserung stellen, anderseits aber auch die heutige Länderkonferenz, die der Zentralregierung wertvolles Material an die Hand geben soll; durch derartige Aussprachen mit den Vertretern der Länder wollen wir uns in den Besitz von viel Wissenswertem, von Ideen und Vorschlägen setzen, die wir zur Erreichung des angestrebten Zieles einer durchgreifenden Verwaltungsreform nicht entbehren können.

So möchte der sprechende Staatskanzler letzten Endes die heutige Konferenz ansehen. Er gehe von dem Gedanken aus, dass eben alles reformbedürftig sei und dass man sich nur durch eine gemeinsame Aussprache Klarheit über den künftig einzuschlagenden Weg schaffen könne.

Der Vorsitzende schreitet sohin an die Feststellung der Tagesordnung.

Hiezu meldet sich Staatssekretär Dr. L o e w e n f e l d - R u ß zum Worte und ersucht, angesichts des umfangreichen, vom Staatsamte für Volksernährung vorzubringenden Beratungsmateriales um die Anberaumung einer abgesonderten Sitzung, an der auch Unterstaatssekretär R i e d l und ein Vertreter des Staatsamtes der Finanzen teilzunehmen hätte.

Dem Antrage wird zugestimmt und diese Besprechung für morgen, 9 Uhr vormittags, im Staatsamte für Volksernährung anberaumt.[40]

Landeshauptmann Dr. von L o d g m a n ersucht gleichfalls um die Festsetzung einer abgesonderten Beratung über Fragen politischer Natur rücksichtlich der von den Tschechoslowaken besetzten deutschen Siedlungsgebiete Deutschböhmens und des Sudetenlandes.

Die Abhaltung dieser Beratung wird für einen der nächsten Tage zugesichert.

Vor Eingehen in die Tagesordnung gibt Landeshauptmann von S t e i n e r namens der niederösterreichischen Landesregierung folgende prinzipielle Erklärung ab:[41]

„Bevor auf die Erörterung der einzelnen Punkte der Tagesordnung eingegangen wird, möchte die niederösterreichische Landesregierung eine prinzipielle Erklärung abgeben.

---

39 Vgl. KRP Nr. 27/2.

40 Diese Besprechung fand am 5. Jänner im Staatsamt für Volksernährung statt und hatte „eine Reihe konkreter Maßnahmen zur Besserung der Lebensmittelversorgung, insbesondere die Hebung der Getreideaufbringung, die Verstärkung der Viehanlieferungen, die zentrale Bewirtschaftung von Speisefett, die Frage des Wildabschusses und der Milchversorgung, endlich die Bewirtschaftung des Rauhfutters u.s.w." zum Gegenstand. Staatssekretär Loewenfeld-Ruß nahm „die Gelegenheit wahr, der vielfach verbreiteten Anschauung, daß einzelne Gebiete Deutschösterreichs bevorzugt versorgt werden, entgegenzutreten und darauf hinzuweisen, daß das Staatsamt für Volksernährung bestrebt sei, eine gleichmäßige Versorgung aller deutschösterreichischen Landesteile sicherzustellen". Vgl. Wiener Zeitung, 7. Jänner 1919, S. 3 „Konferenz der Landeshauptleute von Deutschösterreich".

41 Beilage A: Erklärung der niederösterreichischen Landesregierung (2¼ Seiten). Der Inhalt der Beilage ist mit dem folgenden Protokolltext identisch.

Die Zusammenlegung der staatlichen mit der autonomen Verwaltung ist eine beschlossene Sache und ein Gebot der dringendsten Notwendigkeit, so dass davon nicht mehr wird abgegangen werden können.[42]

Diese Zusammenlegung hat aber zur unerlässlichen Voraussetzung, dass die Kompetenzen der gesamtstaatlichen Zentralregierung von jener der Landesverwaltungen zweckentsprechend und scharf abgegrenzt werden.

Je genauer diese Abgrenzung zum Ausdruck kommen und je mehr sie dem Geiste einer modernen Verwaltung entsprechen wird, desto glatter und leichter wird sich der Verwaltungsdienst abwickeln und desto geringer werden die Kosten sein.

Einerseits werden die Landesverwaltungen sich jedes Eingriffes in die vernunftgemäß nur vom gesamtstaatlichen Standpunkte aus zweckmäßig zu erledigenden Fragen enthalten und die Zentralregierung bei der Durchführung von Maßnahmen solcher Art loyal unterstützen; anderseits aber wird wohl auch die Zentralregierung auf die vom alten Systeme beliebte, sogenannte ‚Zentralisation' dort verzichten müssen, wo sie offenbar sinnlos und zweckwidrig ist.

Diese Zentralisation bestand nicht nur darin, dass die Ministerien von einer förmlichen Sucht befallen waren, die ungleichartigsten Verhältnisse um jeden Preis gleichförmig zu behandeln, sondern auch in einer oft lächerlichen Heranziehung des Entscheidungsrechtes in Bagatellsachen in die dritte Instanz.

Zudem hatte das alte System kein eigentliches Zentrum; jedes Ressort schuf sich vielmehr selbst eine zentralistische Verwaltung und trachtete, sich nach unten selbständige Landes- und Bezirksorgane zu schaffen. Auf diese Weise wären wir mit der Zeit dahin gelangt, in jedem Lande und in jedem Bezirke ebensoviele nebeneinander wirtschaftende Ämter zu haben als es Ressorts gab, was sowohl finanziell, als auch administrativ eine furchtbare Belastung beziehungsweise Bedrängung des Volkes bedeutete.

Die Revolution hat dem alten System ein Ende gemacht: wir erstreben alle nur eine gesunde Staatsreform; wir sind uns aber bewusst, dass diese Reform nur durch Vereinfachung, Verbesserung und Verbilligung, das heißt durch eine vernünftige Dezentralisierung und eine stramme Konzentrierung der Verwaltungsagenden erreicht werden kann.

Diesem letzeren Prinzip ist durch die beschlossene Zusammenlegung der staatlichen mit der autonomen Verwaltung in den Ländern Rechnung getragen worden. Ehe diese Zusammenlegung aber tatsächlich durchgeführt wird, muss die finanzielle Frage eine definitive Lösung finden. Die alte staatliche Geldgebarung und Verrechnung können wir in die neue Landesverwaltung nicht übernehmen. Wir können nicht für jeden Heller, den wir ausgeben wollen, vorher bei einem oder mehreren Staatsämtern die Bewilligung einholen, wie das jetzt geschieht und dann womöglich noch genau berechnen, wie hoch sich die Tangenten des staatlichen und des autonomen Dienstes an einer Ausgabe stellen. Zu welchen Vielschreibereien etwas derartiges führt, kann ich an der Hand von Akten, die mir bisher in der alten Statthalterei untergekommen sind, und von denen ich einen zur Illustration mitgebracht habe, beweisen.[43]

Nach unserer Ansicht wäre dem Lande entweder eine Pauschalsumme aus staatlichen Mitteln zu gewähren, die beiläufig dem Aufwand für die politische Verwaltung in dem letzten Friedensjahre entspräche, deren Verwendung aber zunächst nur der Kontrolle durch die Landesversammlung unterliegen dürfte; oder aber der Staat müsste dem Lande aus dem Ertrage der Staatssteuern einen prozentuellen Anteil direkt überweisen.

Eine andere, etwa dem alten System nachgebildete Lösung dieser Frage scheint uns ausgeschlossen."

---

[42] Zu diesem Punkt vgl. die Ausführungen von Unterstaatssekretär Riedl in KRP Nr. 27/2.

[43] Zum erwähnten Akt liegen dem Protokoll keine Informationen bei.

Staatskanzler Dr. R e n n e r bemerkt hiezu, ein Eingehen in diese Erklärung würde eine umfangreiche Debatte zur Folge haben;[44] dies sei heute aber nicht möglich, zumal sich mit diesem Gegenstande die konstituierende Nationalversammlung zu befassen haben wird. Es werde diesfalls auch eine Auseinandersetzung über alle die Gemeinden, Kreise und Länder berührenden Steuerfragen erfolgen müssen. Bevor diese nicht bereinigt seien, erscheine es ganz unmöglich, von dem gegenwärtig geltenden Rechte abzugehen. Redner bittet diesfalls Geduld zu haben.[45] Es sei dies ein augenblicklicher Notstand, der sich aus den gegenwärtigen Verhältnissen ergebe.[46]

Der Vorsitzende stellt nunmehr den Antrag, die Tagesordnung in der Reihenfolge der von den einzelnen Ressorts zur Beratung gestellten Punkte festzusetzen.

Dem Antrag wird zugestimmt.

1
Regelung der Bezüge der Landeshauptleute und ihrer Stellvertreter

Der Staatskanzler führt aus, dass in den einzelnen Kronländern die Bezüge der Landeshauptmänner verschieden geregelt seien. Vorher hätten die Landeshauptmänner ihre Bezüge aus Landesmitteln bezogen. Dies werde bis auf weiteres auch künftig so gehalten werden müssen, weil der Landesfonds mit dem staatlichen Fonds noch nicht verschmolzen sei. Die Mitglieder der Landesregierungen seien aber nun an die Stelle der landesfürstlichen Behörden getreten. Sie hätten also angesichts dieser Doppelfunktion Anspruch auf Bezüge aus beiden Fonds.[47] Es sei jedoch zweckmäßig, dass die Landeshauptmänner jetzt ihre Bezüge als Volksbeauftragte und nicht etwa als Beamte erhalten, zumal sie von den Körperschaften gewählt, nicht aber, wie in der früheren Zeit, von oben ernannt werden. Infolgedessen hätten ihre Bezüge von den Landesfonden gemäß dem Gesetze, das in der Nationalversammlung beschlossen wurde, ausgefolgt zu werden.[48] Ein aliquoter Teil, etwa die Hälfte, sollte nun nachträglich aus dem staatlichen Fonds dem Landesfonds rückersetzt werden, wobei, wie schon erwähnt, von der Voraussetzung ausgegangen würde, dass der Landeshauptmann und seine Stellvertreter als Volksbeauftragte gelten, weshalb deren Bezüge nur durch die Landesvertretung beziehungsweise durch Schlussfassung des Landesrates bewilligt werden.[49] Weiters wäre eine gewisse Einheitlichkeit in der Höhe der Bezüge herzustellen. Jedes Land sei zwar autonom, es wäre aber gewiss zweckmäßig, zwischen den Ländern selbst eine Übereinstimmung in dieser Hinsicht durch Vereinbarung zu erzielen.[50]

Nachdem sämtliche Vertreter der Länder die bei ihnen bestehenden einschlägigen Verhältnisse geschildert haben[51], gibt der Vorsitzende seiner Anschauung dahin Ausdruck, dass für Niederösterreich etwas höhere Bezüge, für die mittleren Länder die schon gegenwärtig

---

44 Im Konzept ab hier so: „…das ist jetzt nicht möglich. Wenn die konstituierende Nationalversammlung gewählt ist, kann das zur Sprache kommen."

45 Im Konzept folgt ein gestrichener Satz: „So lästig es ist, muss es vorläufig doch geschehen."

46 Im Konzept folgt ein gestrichener Satz: „Außer der Kommunalsteuerreform brauchen wir eine durchgängige Reform der Verwaltung."

47 Im Konzept: „Sie sind zugleich Landeshauptmänner und Statthalter, haben also Anspruch auf beide Fonde."

48 Renner bezog sich, wie auch aus dem Stenogramm ersichtlich, auf StGBl. Nr. 42, Gesetz vom 22. November 1918 über die Dienstbezüge und Dienstzulagen der vom Volke beauftragten Staatsorgane, ausgegeben am 28. November 1918. Vgl. auch KRP Nr. 18/11 und Nr. 19/2 sowie SRP Nr. 27 vom 9. November 1918.

49 Im Konzept folgt ein gestrichener Satz: „Die Zahlung erfolgt zunächst zur Gänze durch den Landesfond."

50 Im Konzept folgt ein gestrichener Satz: „Die Form der Besoldung wäre nun zu besprechen."

51 Vgl. das Stenogramm.

erfolgten Beträge und für die kleineren Länder etwas niedriger gehaltene Beträge zur Festsetzung gelangen könnten; von diesen Beträgen würde dann die Hälfte auf den Staatsschatz zu übernehmen sein. Redner hält jedoch dafür, dass die Bereinigung dieser Frage nicht im Plenum, sondern in einer abgesonderten internen Besprechung der Landeshauptmänner untereinander unter Beiziehung eines Vertreters des Staatsamtes der Finanzen zur Austragung gelangen sollte. Hiebei würde auch die Frage der Amtswohnung zu bereinigen sein.

Landeshauptmannstellvertreter Dr. von L a n g e n h a n beantragt, dass das Staatsamt der Finanzen einen bestimmten Betrag, und zwar die Hälfte der Bezüge der bisherigen Landeschefs (Statthalter, Landespräsidenten) beziehungsweise[52] deren Stellvertreter (Statthaltereivizepräsidenten, Hofräte) in das Budget für Zwecke der Bezüge der Landeshauptmänner und deren Stellvertreter einzustellen, es aber sonst den einzelnen Ländern überlassen möge, die weiteren, vom Lande selbst aufzubringenden Bezugstangenten im eigenen Wirkungskreis festzusetzen. Dieser Antrag gelangt mit dem Beifügen zur Annahme, dass die vom Vorsitzenden vorgeschlagene Besprechung der Landeshauptmänner im Anschlusse an die gegenwärtige Sitzung abzuhalten ist.[53]

2

Eingreifen der einzelnen Länder in die auswärtige Politik

Staatssekretär Dr. B a u e r verweist auf die in den einzelnen Ländern zutage tretenden Neigungen, auch auf dem Gebiete der auswärtigen Politik selbständig vorzugehen[54] und mit fremden Staaten in Verhandlungen einzutreten. Derartige Verhandlungen würden, soferne sie aus unabweisbarer Notwendigkeit geführt werden, natürlich keiner Anfechtung unterliegen. Es seien damit aber außerordentlich schwere Gefahren für die Gesamtregierung verbunden, zumal wir uns gegenüber dem Auslande in einer äußerst schwierigen Lage befinden. Dieses sei sich darüber nicht klar, ob wir überhaupt lebensfähig sind. Dies habe zur Folge, dass wir keinen Kredit genießen, nicht bloß in finanzieller, sondern auch in politischer Hinsicht. Man verhandle mit uns nicht, weil man eben nicht wisse, wer hinter uns stehe[55] und ob wir unsere Zusagen auch zu erfüllen vermögen. Diese Tatsache mache jede äußere Politik ungemein

52 Der Satz ab hier im Konzept: „…für die Stellvertreter die Hälfte der Bezüge der bisherigen Stellvertreter der Landeschefs in das Budget einstellt und weiters es den einzelnen Ländern überlässt, die den Organen auszuzahlenden restlichen Beträge im eigenen Wirkungskreis festzusetzen."

53 Eine Regelung erfuhren die gegenständlichen Bezüge in StGBl. Nr. 221, Gesetz vom 4. April 1919 über die Bezüge der Volksbeauftragten, ausgegeben am 11. April 1919. Dessen § 3 bestimmte: „(1) Die Entschädigung, die den Landesabgeordneten aus dem Landesfonds zu leisten sind, setzt der Landtag fest. / (2) Die Dienstbezüge des Landeshauptmannes werden in Niederösterreich mit monatlich 3000 K und in den anderen Ländern mit 2500 K, die der Landeshauptmannstellvertreter in Niederösterreich mit monatlich 2000 K und in den anderen Ländern mit 1800 K, die der Landesräte in Niederösterreich mit monatlich 1250 K und in den anderen Ländern mit 1000 K festgesetzt und gehen zu Lasten des Staatsschatzes. / (3) Die Bezüge, die dem Landeshauptmann und den Landeshauptmannstellvertretern als Angestellten von Körperschaften des öffentlichen Rechtes zustehen, werden in die im zweiten Absatz erwähnten Bezüge eingerechnet." Zu diesem Gesetz vgl. auch KRP Nr. 36, Anmerkung 136.

54 Im Konzept endet der Satz hier. Es folgt: „Redner begreife es ja. Zum Teile war es praktische Notwendigkeit schnell zu handeln. Solche Verhandlungen, die aus unabweisbarer Notwendigkeit geführt wurden, unterliegen natürlich keiner Anfechtung. Er verstehe auch ganz gut, dass einzelne Besorgnisse entstanden sind, dass sich ein gewisses Bedürfnis gezeigt habe. Aber außerordentlich schwere Gefahren für die Gesamtregierung sind daraus bereits entstanden. Es ist nicht zu ermessen, in welcher Lage wir uns überhaupt gegenüber dem Auslande befinden."

55 Im Konzept ab hier: „…und ob wir das auch erfüllen werden, was wir versprechen. Das Ausland hege den Eindruck, dass noch nichts bei uns fertig ist und dass [wir] auseinanderfallen. Das macht jede autonome Politik ungemein schwer und bringt das Ausland auf den Gedanken, dass bei uns noch alles im Flusse sei."

schwer. Dazu komme, dass eine auswärtige Politik naturgemäß nicht ohne Informationen über die Strömungen im Ausland und über das Gegenspiel der verschiedenen Kräfte gemacht werden könne. An diesen Informationen fehle es der Provinz begreiflicherweise völlig: sie könne daher nicht beurteilen, welche Konsequenzen sich aus irgend einer Äußerung beziehungsweise aus spontan eingeleiteten Verhandlungen ergeben. Der sprechende Staatssekretär sei überzeugt, dass die Landeshauptmänner zweifellos im bestem Glauben handeln, ihre fallweise abgegebenen Äußerungen über Angelegenheiten außenpolitischer Natur aber hätten durch die Verwertung, die sie in der Ententepresse gefunden, sehr nachteilig gewirkt. Es sei daher eine unbedingte Notwendigkeit, dass die auswärtige Politik grundsätzlich Staatssache bleibe und dass sich die Landesregierungen vorher mit dem Auswärtigen Amte ins Einvernehmen setzen, bevor sie irgendwie selbständig vorgehen.[56] Wie immer die künftige Staatsform sein werde, selbst wenn an eine über den üblichen Begriff des Wortes Autonomie weit hinausgehende föderative Ausgestaltung geschritten werden sollte, werde die auswärtige Politik nach der Meinung des sprechenden Staatssekretärs doch immer einheitlich geführt werden müssen.

Wirtschaftskommissär Dr. E i s l e r stellt anknüpfend an die Ausführungen des Vorredners die Bitte an das Staatsamt für Äußeres, bei den diesfalls in Frage kommenden Landesregierungen Exposituren zu schaffen, welche eine Art von Verbindungsdienst der Landesregierungen mit Wien aufrechterhalten und als Organ des Auswärtigen Amtes[57] in den sich fast täglich ereignenden Vorfällen außenpolitischer Natur intervenieren sollen. Mit einem solchen Verbindungsdienste wäre nicht nur eine Entlastung der Landesregierungen, sondern auch die Voraussetzung für eine einheitliche Regelung aller einschlägigen Fragen gegeben.

Landeshauptmannstellvertreter Dr. Freiherr von S t e r n b a c h weist auf mehrere Einzelfälle hin, durch die die Landesregierung in Innsbruck gezwungen gewesen wäre, unmittelbar mit Italien in Verhandlungen einzutreten. Die Tiroler Landesregierung fühle sich durch die vom Staatssekretär des Äußern nur ganz allgemein erwähnten Vorkommnisse nicht getroffen. Was aus gewissen Äußerungen privater Personen die Journalistik gemacht habe, dafür könne die Landesregierung nicht verantwortlich gemacht werden. Das Wort von der Selbständigkeit Tirols sei jedenfalls vorläufig nur als eine gewisse Plattform für die Wahlen aufzufassen.[58] Redner bitte den Vorredner um eine Mitteilung darüber, ob die Verhandlungen des Landes Tirol mit der Schweiz nicht weiter geführt werden sollten; die selbständige Belieferung Tirols und Vorarlbergs werde auch von der Entente, und zwar aus reinen Transportgründen ins Auge gefasst.[59] Die von Dr. Eisler beantragte Errichtung von Exposituren halte Redner für bedenk-

---

56 Der restliche Absatz lautete im Konzept: „Redner könne sich schon denken, dass, wie immer auch die Staatsform sein werde, selbst wenn eine föderative Ausgestaltung weit über den Rahmen des Wortes Autonomie gegangen werden wird, doch immer die auswärtige Politik einheitlich geführt werden müsse. Er halte es daher für dringend notwendig, in jedem Falle, in welchem es sich um ein Hervortreten an das Ausland handle, zunächst das Einvernehmen mit dem Staatsamt des Äußern zu pflegen."

57 Im Konzept ab hier so: „...in allen jenen Fällen intervenieren sollen, die sich täglich ereignen. Die Südslawen machen es sich zur Gewohnheit, im Verhandlungsfalle bestimmte Einzelpersonen zu verlangen."

58 Sternbach meinte vermutlich die kommenden Tiroler Landtagswahlen, die am 15. Juni 1919 stattfanden.

59 Material zu Ernährungsverhandlungen mit der Schweiz im Zeitraum 1918 bis 1922 findet sich im Bestand AdR, BKA/AA, Abteilung 14 H-pol, Ernährungswesen Schweiz 1–36. Zu den hier erwähnten Verhandlungen vgl. im genannten Bestand Zl. 597/10/1919, Austauschverkehr mit der Schweiz, Holz u. Kupfervitriol gegen Lebensmittel. Vgl. weiters AdR, BKA/AA, NPA, Österreich 2/7, Ernährungsfrage in Deutschösterreich 1918, Schreiben der k.u.k. österreichisch-ungarischen Gesandtschaft in der Schweiz vom 8. November 1918. Gegenstand: Bitte des Landes Tirol an die Ententestaaten um Verpflegung und Entsendung von Truppen; Schreiben der k.u.k. österreichisch-ungarischen Gesandtschaft in der Schweiz vom 18. November 1918. Gegenstand: Eine Abordnung des Tiroler Nationalrates und des

lich. Es würden landfremde Leute in die Provinz entsendet werden und spreche übrigens auch die Tatsache, dass zwischen zwei miteinander bereits bekannten Personen Verhandlungen leichter zu führen seien, als zwischen einander völlig fremden Personen, gegen diesen Antrag.

Landeshauptmannstellvertreter P r e u ß l e r führt aus: das Land Salzburg hätte sich immer auf den Standpunkt Deutschösterreichs gestellt und den Gedanken der Reichseinheit vertreten.

Landeshauptmann Dr. L e m i s c h stellt fest, dass auch das Land Kärnten stets an diesem Standpunkte festgehalten habe, trotzdem ihm aus Verhandlungen mit den Italienern, die ihm angeboten worden seien, bedeutende Erfolge hätten erwachsen können. Die Sonderbestrebungen der einzelnen Länder, darunter auch Kärntens, seien jedenfalls nicht ernst zu nehmen. Die von Kärnten selbständig eingeleiteten Sonderverhandlungen mit der Schweiz in Ernährungsangelegenheiten seien jedenfalls nur von geringfügiger Bedeutung gewesen.

Wirtschaftskommissär Dr. W u t t e teilt mit, dass das Land Steiermark zuerst den Kompensationsverkehr eingeleitet habe und deshalb auch zahlreichen Vorwürfen ausgesetzt gewesen sei.[60] Nach der nunmehrigen Zentralisierung der Wirtschaftspolitik durch das Warenverkehrsbüro[61] beziehungsweise nach erfolgter Errichtung der Filialen dieses Büros werde aber nunmehr ein einheitliches Zusammenarbeiten beobachtet werden müssen. Redner ersucht, dass auch die Länder Tirol und Kärnten sich diesem Warenverkehrsbüro unterordnen. Es mögen dann aber auch die Sonderbestrebungen Wiens fallen gelassen werden.

Unterstaatssekretär R i e d l macht auf die großen Gefahren einer separatistischen Kompensationspolitik aufmerksam, die unfehlbar zu den größten Hemmungen auch im Inlande führen müsse, da kein Land Deutschösterreichs allein alle seine Bedürfnisse selbständig decken könne und immer wieder von anderen Ländern abhängig sei. Mehr denn je wären heute alle Länder des Staates auf die gegenseitige Aushilfe angewiesen. Durch eine solche falsche Wirtschaftspolitik würde man sich aber nur selbst schaden und den letzten Rest an Produktionskraft systematisch zugrunde richten.

Staatssekretär Dr. B a u e r reflektiert auf die einzelnen Ausführungen der Vorredner und betont vor allem, dass die Stadt Wien gegenüber den Ländern keine besonderen Vorrechte habe. Ihr Hervortreten bei den letzten Verhandlungen über Lebensmittelzuschübe aus der Schweiz und den Ententeländern[62] sei lediglich aus verhandlungstechnischen Gründen notwendig gewesen[63], da die Entente, wie Redner schon bemerkt habe, den Staat Deutschöster-

---

Landesrates von Vorarlberg in der Schweiz. Letztgenanntem Schreiben liegen auch folgende Zeitungsausschnitte bei: Der Bund. Eidgenössisches Zentralblatt und Berner Zeitung, 8. November 1918, S. 3 „Lage und Wünsche der Tiroler" und 9. November 1918, S. 3 „Die politischen und wirtschaftlichen Verhältnisse in Vorarlberg". Zur Aushandlung von Lebensmittellieferungen der Entente an Vorarlberg und Tirol unter Schweizer Kontrolle vgl. etwa Vorarlberger Landes-Zeitung, 9. November 1918, S. 3 „Bereitwilligkeit der Schweiz zur Hilfe"; Allgemeiner Tiroler Anzeiger, 30. November 1918, S. 1 „Die Lebensmittelhilfe der Entente für Tirol"; Reichpost. Morgenblatt, 3. Dezember 1918, S. 5 „Die Lebensmittelaushilfe der Entente für Tirol". Zum selbsttätigen Vorgehen Tirols und anderer Länder in Bern und die diesbezügliche Haltung des Staatsamtes für Äußeres vgl. AdR, StK, GZl. 807/1919. Letztgenannter Akt enthält u. a. ein Schreiben vom 5. Februar 1919, in dem das genannte Staatsamt „an die Regierungen sowie an die Vertretungen aller Länder den dringenden Appell" richtete, „Verhandlungen mit dem Auslande nur auf Grund des Einvernehmens" mit der Regierung zu führen, „damit nicht durch Schädigung unserer gemeinsamen Interessen der Neuaufbau unseres Staatswesens und hiemit auch seiner einzelnen Teile eine vielleicht unwiederbringliche Schädigung erfahre".

60 Im Konzept: „...und sei als Separatist behandelt worden."

61 Die Rede war hier bereits vom neuen „Deutschösterreichischen Warenverkehrsbüro". Zu dessen formeller Einrichtung vgl. KRP Nr. 31/4.

62 Zu den Lebensmittelverhandlungen mit der Entente vgl. auch KRP Nr. 10, Anmerkung 10, weiters Nr. 12/4, Nr. 16/5, Nr. 17/5, Nr. 24/6, Nr. 26/1, Nr. 27/1 und Nr. 31/1.

63 Im Konzept hier noch: „wegen der Finanzierung der Lebensmitteleinkäufe".

reich zur Zeit noch nicht anerkenne. Die Sonderbestrebungen einzelner Länder führe er für seine Person gewiss auf das richtige Maß zurück; sie würden jedoch vom Auslande leider ernst genommen und zumindest publizistisch in einer uns überaus schädlichen Weise verwertet. Der sprechende Staatssekretär müsse daher neuerlich die Bitte stellen, derartigen Sonderbestrebungen entschiedenst entgegenzutreten und insbesondere in offiziellen Kundgebungen und Äußerungen sich die größte Reserve aufzuerlegen, damit Missdeutungen im Auslande verhindert werden. Was die Frage der Expositurerrichtung anbelangt, so sei er dieser schon einmal in einem früheren Zeitpunkte angeschnittenen Frage zuerst sympathisch gegenübergestanden, doch befürchte er jetzt, dass eine solche Einrichtung zu Kompetenzeinschränkungen der Landesregierungen oder aber zu Reibungen führen werde. Sollte von einzelnen Ländern die Entsendung einer derartigen Vertrauensperson des Außenamtes dennoch verlangt werden, würde er das Entsprechende verfügen und ersuche er um einschlägige Anträge. Vieles ließe sich ja auch, wie die Erfahrung lehre, im telephonischen Wege regeln.

Unterstaatssekretär R i e d l stellt zur Erwägung, ob es nicht wünschenswert wäre, dass von den Landesregierungen die Betonung des Gedankens der Reichseinheit in solenner Form in die Öffentlichkeit gebracht werde. Was unverantwortliche Personen der Presse übergeben, werde bedauerlicherweise wahllos veröffentlicht; nunmehr sollten die verantwortlichen Faktoren in positivem Sinne zum Wohle des Staates gleichfalls die Öffentlichkeit und damit das Ausland informieren.

Staatssekretär Dr. B a u e r kommt schließlich noch auf die im Zuge der Debatte erwähnte, von den Südslawen beobachtete Taktik zu sprechen und erwähnt, dass der jugoslawische Staat eine diplomatische Vertretung Deutschösterreichs nicht zulasse und konsequenterweise auch seine Vertreter in Wien bloß als Konsularagenten bezeichne. Jedenfalls habe er nicht im Sinne, einen Vertreter Deutschösterreichs nach Laibach zu schicken, sondern im Möglichkeitsfalle nur nach Belgrad oder Agram.[64] Den Wunsch Steiermarks nach Entsendung einer Vertrauensperson des Auswärtigen Amtes nach Graz nehme er zur Kenntnis und gewärtige weitere Mitteilungen der Landesregierung über die allenfalls auszuwählende Person.

Der Vorsitzende konstatiert abschließend[65], es sei im Laufe der Debatte volle Übereinstimmung in der Auffassung zutage getreten, dass in allen Fragen, welche unsere Stellung als Ganzes gegenüber dem Auslande betreffen, die ausschließliche Führung dem Staatsamte des Äußern zukomme. Es werde zwar nicht immer zu vermeiden sein, dass von einer unteren Stelle im Wege der Selbsthilfe (wie in Kärnten) vorgegangen oder dass ein Abkommen lokaler Natur mit dem Außenstaate getroffen werden müsse. Dies werde jedoch künftighin immer nur nach eingeholter Genehmigung des Staatsamtes des Äußern zu erfolgen haben. Es sei auch zur Erwägung gestellt worden, den Zusammengehörigkeitsgedanken in solenner Form zu proklamieren und der Presse zu übermitteln.[66]

---

64 Eine diplomatische Vertretung bestand in Belgrad ab Mai 1919, vgl. Rudolf Agstner, Handbuch des Österreichischen Auswärtigen Dienstes. Band 1: 1918–1938. Zentrale, Gesandtschaften und Konsulate (= Forschungen zur Geschichte des österreichischen Auswärtigen Dienstes 11), Wien 2015, S. 93–96. Zur Einrichtung konsularischer Vertretungsbehörden in Jugoslawien, u. a. in Agram, Belgrad und Laibach, vgl. ebendort, S. 202–207.

65 Im Konzept: „mit Befriedigung".

66 Im Konzept folgt hier noch folgender gestrichener Absatz: „Von Steiner ersucht mit der Festsetzung der Grenzen des Landes, namentlich bezüglich des Kreises Znaim endlich vorzugehen und auch rücksichtlich des bedingungslosen Anbiederns an Deutschland Vorsicht zu bewahren. Es wäre seiner Ansicht nach auch angezeigt, auf die Presse entsprechend einzuwirken, dass sie Reklamnotizen nach der Art der letzten Schweizer Zuschübe nicht den Blättern übermittle, weil damit nur Unzufriedenheit in der breiten Bevölkerung erzeugt werde."

3

Vorgehen einiger Landesregierungen bei der Repatriierung von Flüchtlingen und bei der Einstellung der Flüchtlingsunterstützungen

Unterstaatssekretär M a r c k h l führt aus, dass mehrere Landesregierungen und sonstige politische Unterbehörden ohne Einvernehmen mit dem Staatsamte des Innern Flüchtlinge repatriiert beziehungsweise ihnen die Unterstützungen eingestellt hätten.

Daraus wären der Zentralregierung insoferne Schwierigkeiten erwachsen, als in den Gesandtenkonferenzen Vertreter der Teilstaatsregierungen gegen ein derartiges Vorgehen protestiert und Repressalien angedroht hätten.[67] Übrigens habe das Staatsamt des Innern gleich vom Beginne seiner Tätigkeit an mit allen Mitteln die Ermöglichung der ehesten Repatriierung der Flüchtlinge angestrebt und in dieser Hinsicht auch gewiss begrüßenswerte Erfolge erzielt.

Über Aufforderung des sprechenden Unterstaatssekretärs berichtet sodann Sektionsrat Dr. M o n t e l über das Ergebnis[68] der bisher mit den einzelnen Teilstaatsregierungen in der Frage der Repatriierung gepflogenen Verhandlungen, denen zufolge die Repatriierung der italienischen Flüchtlinge voraussichtlich mit 10. Jänner d. J. und der südslawischen Flüchtlinge voraussichtlich mit 15. Jänner d. J. beendet sein werde. Mit diesem Zeitpunkte werde auch die Auszahlung von Unterstützungen an diese Kategorie von Flüchtlingen eingestellt werden können. Bezüglich der jüdischen Flüchtlinge seien Verhandlungen mit der polnischen, ukrainischen und ungarischen Regierung, mit letzterer wegen des Durchtransportes durch Ungarn, noch im Zuge.[69] Bevor noch dem Staatsamte des Innern ein direkter Verkehr mit den italienischen Besetzungskommanden möglich gewesen sei, hätte die Landesregierung in Graz mit dem Gouverneur in Triest[70] Verhandlungen gepflogen und auf diese Weise die Repatriierung der küstenländischen Flüchtlinge ermöglicht; den damit angebahnten Weg habe das Staatsamt des Innern mit Erfolg benützt.

Landeshauptmannstellvertreter Dr. Freiherr von S t e r n b a c h schildert die überaus beklagenswerte Konsequenz, die das allzu rasche Abschieben italienischer Flüchtlinge nach

---

67 Beispielsweise hatte sich die 5. Gesandtenkonferenz am 10. Dezember 1918 ausschließlich und teils durchaus hitzig mit dem Flüchtlingsthema beschäftigt, das Protokoll enthält allerdings keine eindeutigen Wortmeldungen zur hier angesprochenen Problematik. Vgl. AdR, StK, GZl. 157/1919, Zl. 1.452/1918, Niederschrift über die am 10. Dezember 1918 im Deutschösterreichischen Staatsamt für Äußeres abgehaltene fünfte Gesandten-Konferenz. Allerdings war das Thema auch, wie aus dieser Niederschrift hervorgeht (S. 1), am 19. und 29. November sowie am 3. Dezember 1918 in einem in der 3. Gesandtenkonferenz zur Behandlung der Flüchtlingsfrage eingesetzten Subkomitee behandelt worden, in dem möglicherweise gegen derartige Aktionen protestiert wurde. Zu den Gesandtenkonferenzen vgl. weiters auch KRP Nr. 11/1, Nr. 19/1, Nr. 21/4, Nr. 23/6, Nr. 26/6, Nr. 29/5 a und Nr. 32/6.

68 Der Satz lautete im Konzept bis hierher: „Über Aufforderung seitens des Herrn Unterstaatssekretärs ergänzt der Referent im Staatsamte des Innern Sektionsrat Dr. Montel vorstehende Ausführungen dahin, dass über fallweise Intervention des Staatsamtes des Innern die erwähnten Eigenmächtigkeiten jedesmal von den Unterbehörden selbst – soweit es noch möglich war – abgestellt wurden. / Weiters berichtete der Referent…“.

69 Zu den jüdischen Kriegsflüchtlingen des Ersten Weltkriegs vgl. etwa Margarete Grandner, Staatsbürger und Ausländer. Zum Umgang Österreichs mit den jüdischen Flüchtlingen nach 1918, in: Gernot Heiss/Oliver Rathkolb (Hg.), Asylland wider Willen. Flüchtlinge in Österreich im europäischen Kontext seit 1914 (= Veröffentlichungen des Ludwig-Boltzmann-Institutes für Geschichte und Gesellschaft 25), Wien 1995, S. 60–85; Beatrix Hoffmann-Holter, „Abreisendmachung“. Jüdische Kriegsflüchtlinge in Wien 1914 bis 1923, Wien/Köln/Weimar 1995; Walter Mentzel, Weltkriegsflüchtlinge in Cisleithanien 1914–1918, in: Heiss/Rathkolb (Hg.), Asylland wider Willen, S. 17–44; David Rechter, The Jews of Vienna and the First World War, London/Portland 2001.

70 Carlo Petitti de Roreto, italienischer General, 2. November 1918 bis Juli 1919 Gouverneur von Triest und Julisch Venetien.

Südtirol für die künftige Zugehörigkeitsfrage der deutschen Gebiete Südtirols zu Deutschösterreich zur Folge haben könne. Die Flüchtlinge seien in die Südtiroler deutschen Orte gelangt, hätten sich dortselbst – vermutlich über Weisung der Italiener – niedergelassen und müssen nun auf Befehl der italienischen Besatzung von den Gemeinden bei der diesen aufgetragenen Volkszählung als ortsansässig bezeichnet werden. Dass dies bei der künftigen Friedenskonferenz, die über das Schicksal dieses Landesteiles zu entscheiden haben werde, zu Ungunsten Deutsch Südtirols verwertet werden wird, liege auf der Hand.[71]

Sektionsrat Dr. M o n t e l bemerkt hiezu, dass diese Maßnahmen allerdings, da die Repatriierung über Innsbruck erfolgen musste, eine wesentliche Belastung Tirols bedeuten, aber leider nicht zu vermeiden gewesen seien, weil die außerordentlichen Approvisionierungsschwierigkeiten Deutschösterreichs sowie das feindselige Verhalten der Flüchtlinge deren eheste Repatriierung als unumgänglich notwendig erscheinen ließen. Die einzelnen Konzentrationslager hätten bereits in gefährlichster Weise revoltiert und beispielsweise die italienischen Lager in Braunau und Mitterndorf sich offen als italienische Republik erklärt.[72]

Wirtschaftskommissär Dr. E i s l e r konstatiert, dass die aus Steiermark abtransportierten italienischen Flüchtlinge nahezu ausnahmslos nach Triest abgeschoben worden seien, sie daher die Tiroler Verhältnisse nicht mitverschuldet hätten. Eine andere Flüchtlingsfrage sei jedoch gegenwärtig aktuell. Es habe den Anschein, als ob ein starker Zustrom deutscher Volksangehöriger[73], die im slowenischen Gebiete Steiermark und Krains ihren ordentlichen Wohnsitz hatten und jetzt von jugoslawischen Behörden – gewöhnlich von den Gemeindevorstehern selbst – ausgewiesen werden, zu erwarten sei. Aller Mittel bar, flüchten diese Leute in die deutschen Gebiete Steiermarks, insbesondere auch nach Graz.[74] Diesfalls wären Weisungen des Staatsamtes des Innern ebenso erwünscht wie dringlich. Die Landesregierung hätte sich zunächst damit geholfen, die bisher noch in geringer Anzahl Eingelangten nach Wagna zu dirigieren.[75] Es müsse jedoch sichergestellt werden, wer diese Leute zu erhalten habe und was in der Zukunft mit ihnen zu geschehen hätte, ob auf diese Personen das übri-

---

71 Zur Geschichte Tirols bzw. speziell Südtirols in der Anfangsphase der Ersten Republik vgl. exemplarisch Michael Gehler, Tirol im 20. Jahrhundert. Vom Kronland zur Europaregion, Bozen/Innsbruck/Wien 2008; Gottfried Solderer (Hg.), Das 20. Jahrhundert in Südtirol. Band 1: Abschied vom Vaterland (1900–1919), Bozen 1999. Zu Südtirol im Zusammenhang mit dem Staatsvertrag von Saint-Germain-en-Laye vgl. insbesondere Carlo Moos, Südtirol im St. Germain-Kontext, in: Georg Grote/Hannes Obermair (Hg.), A Land on the Threshold. South Tyrolean Transformations 1915–2015, Bern/Oxford/New York 2017, S. 27–39.

72 Zum „Barackenlager Mitterndorf" (Mitterndorf an der Fischa/NÖ), in dem italienischsprachige Flüchtlinge aus dem Trentino und Istrien untergebracht waren, vgl. http://agso.uni-graz.at/marienthal/mitterndorf/03_barackenlager_mitterndorf.htm, zum Flüchtlingslager Braunau am Inn/NÖ, in dem sich größtenteils Flüchtlinge aus dem Trentino befanden, vgl. https://www.braunau.at/system/web/sonderseite.aspx?menuonr=220524139&detailonr=220524139, beide abgerufen am 6. Februar 2018.

73 Im Konzept lautet der Satz ab hier lediglich: „...nach Steiermark zu erwarten sei, die aus den südslawischen Gebieten Altösterreichs herankommen."

74 Im Konzept lautet dieser Absatz bis zu dieser Stelle so: „Die Vertreter der steirischen Landesregierung stellen an die Vertreter des Staatsamtes des Innern die Frage, was mit jenen deutschen Flüchtlingen zu geschehen habe, welche im slowenischen Gebiete Steiermarks und Krains ihren ordentlichen Wohnsitz hatten, jetzt von den jugoslawischen Behörden – gewöhnlich von den Gemeindevorstehern selbst – ausgewiesen werden und sich bar aller Mittel auf deutsche Gebiete Steiermarks, insbesondere aber nach Graz flüchten; bisher handelt es sich nur um wenige Familien, doch sollen dem Vernehmen nach noch weitere derartige Flüchtlinge nachfolgen, so dass im ganzen etwa 200 Familien in Betracht kommen werden."

75 In der steirischen Gemeinde Wagna befand sich ein Lager für Kriegsflüchtlinge. Zu dessen Geschichte vgl. Heimo Halbrainer, Lager Wagna 1914–1963. Die zeitweise drittgrößte Stadt der Steiermark (= Schild von Steier – Kleine Schriften 23), Graz 2014.

gens abänderungsbedürftige Flüchtlingsschutzgesetz[76] Anwendung zu finden habe oder welche sonst notwendigen Vorkehrungen für die Versorgung dieser Personen beziehungsweise für die Ermöglichung ihrer Belassung an den bisherigen Wohnstätten getroffen worden seien.[77]

Unterstaatssekretär M a r c k h l und Sektionsrat Dr. M o n t e l geben den einschlägigen Standpunkt des Staatsamtes des Innern bekannt. Darnach finde das Flüchtlingsschutzgesetz nur auf die in Deutschösterreich befindlichen deutschen Kriegsflüchtlinge Anwendung, doch könnten die von der steiermärkischen Landesregierung bezeichneten Personen im allgemeinen als solche unter das Gesetz fallende Flüchtlinge mangels des Kriteriums „Kriegsflüchtlinge“ nicht angesehen werde. Als Kriegsflüchtlinge seien vielmehr nur Personen aufzufassen, welche seinerzeit aus den Kriegsgebieten geflohen und in die Unterstützung aufgenommen worden seien oder jetzt vor der f e i n d l i c h e n Besatzung, also zum Beispiel im Süden vor der Besetzung durch die Italiener flohen.[78] Personen, welche aus dem slowenischen Gebiete ausgewiesen werden oder freiwillig fliehen, seien also nicht als Kriegsflüchtlinge, sondern als politische Flüchtlinge anzusehen, die schon deshalb in die Flüchtlingsfürsorge nicht aufgenommen werden können, weil anderenfalls diese Fürsorge auch den aus ungarischem oder tschechoslowakischem Gebiete zuströmenden Deutschen gewährt werden müsste und infolge des dadurch gebotenen Anreizes zur Übersiedlung nach Deutschösterreich sicherlich einen außerordentlich großen Umfang annehmen würde. Für diese Kategorie von Flüchtlingen müsste daher außerhalb des Rahmens der staatlichen Flüchtlingsfürsorgeaktion und vermutlich vom Staatsamte des Äußern vor allem in der Richtung Vorsorge getroffen werden, dass diesen Personen der Verbleib in ihrer bisherigen Heimat trotz Besetzung durch die Slawen ermöglicht werde.

Zu der nebenbei gemachten Bemerkung der Vertreter der steiermärkischen Landesregierung, in Wien werde gegen den Zuzug neuerlicher Flüchtlinge gar nichts veranlasst, berichtet Sektionsrat Dr. M o n t e l, dass schon seit dem Jahre 1914 weitgehende Maßnahmen zur Hintanhaltung des Flüchtlingszuzuges getroffen worden seien, indem im Wege des vormali-

---

[76] RGBl. Nr. 15, Gesetz vom 31. Dezember 1917, betreffend den Schutz der Kriegsflüchtlinge, ausgegeben am 11. Jänner 1918. Im Zusammenhang damit vgl. auch RGBl. Nr. 19, Verordnung des Ministeriums des Innern vom 16. Jänner 1918, mit welcher Bestimmungen zur Durchführung des Gesetzes vom 31. Dezember 1917, RGBl. Nr. 15 ex 1918, betreffend den Schutz der Kriegsflüchtlinge, getroffen werden, ausgegeben am 22. Jänner 1918. Vgl. auch KRP Nr. 16/8 und Nr. 21/3.

[77] Anstelle der folgenden beiden Absätze (bis zur nächsten Wortmeldung Steiners) im Konzept so: „Sektionsrat Dr. Montel reflektiert auf die Ausführungen des Freiherrn von Sternbach und betont, dass mit der Repatriierung weder im allgemeinen noch im besonderen, soweit die italienischen Flüchtlinge in Betracht kommen, habe zugewartet werden können. Dass die Italiener die Flüchtlinge bei der Volksabstimmungsfrage in Südtirol verwenden könnten, wäre eine Unlauterkeit, gegen die wohl nichts anderes denn eine geharnischte Verwahrung übrig bliebe. Es wäre den Italienern dieser Art ja auch möglich, jede einzelne Stimme für 10 zu zählen. Die Sachlage hätte es erfordert, mit der größten Beschleunigung vorzugehen, zumal die einzelnen Konzentrationslager in gefährlichster Weise revoltiert und beispielsweise die italienischen Lager in Braunau und Mitterndorf sich offen als italien. Republik erklärt hätten. Auf die deutschen Flüchtlinge werde jedenfalls das Flüchtlingsschutzgesetz angewendet werden müssen. Allerdings kämen hiebei die politischen Flüchtlinge aus den fremdnationalen Gebieten nicht in Betracht. Vielmehr nur jene Personen, welche aus Gebieten stammen, die uns zugehören und dermalen vom Feinde besetzt sind.“

[78] RGBl. Nr. 15/1918 definierte den relevanten Personenkreis in § 1 folgendermaßen: „Personen, welche, sei es infolge behördlicher Verfügung, sei es freiwillig infolge drohender unmittelbarer Kriegsgefahren ihren ständigen Aufenthaltsort verlassen oder in denselben nicht zurückkehren können (Kriegsflüchtlinge) und außerstande sind, ihren notwendigen Unterhalt und jenen ihrer im gemeinsamen Haushalte lebenden Familienangehörigen aus ihrem Einkommen zu bestreiten (Unbemittelte), haben – unbeschadet der endgültigen Regelung der Verrechnung dieser Kriegsauslagen – Anspruch auf die staatliche Flüchtlingsfürsorge.“

gen Eisenbahnministeriums die Ausstellung von Fahrkarten aus Orten Galiziens nach Wien und weiters die Ausstellung von Pässen nach Wien untersagt worden sei; auch sei damals ein Kontrolldienst in gewissen Einbruchstationen, wie Marchegg, Gänserndorf, Prerau, Ungarisch-Hradisch, Bruck a. d. Leitha usw. organisiert worden, der unbemittelte Flüchtlinge von Wien abhalten sollte, und diesen Zweck auch erreicht habe. Alle diese Maßnahmen seien heute aber undurchführbar. Nichtsdestoweniger befasse sich das Staatsamt des Innern ernstlich mit der Frage der Hintanhaltung des Flüchtlingszuzuges sowie der Entfernung von in Wien aufhältlichen Personen, die daselbst keinem ordentlichen Erwerb nachgehen beziehungsweise auf öffentliche Unterstützung angewiesen sind.[79]

Landeshauptmann von S t e i n e r macht auf das unerhörte Verhalten der in Wien anwesenden Vertreter der russischen Sowjetregierung aufmerksam, die erwiesenermaßen namhafte Geldmittel unter der kommunistischen Partei verteilen und mit allen Mitteln dahin streben, Ruhestörungen in Wien hervorzurufen. Er bitte die beteiligten Ressorts, dieser Angelegenheit ein besonderes Augenmerk zuzuwenden.[80]

Der Vorsitzende unterbricht sodann die Verhandlung um 1 Uhr nachmittags.[81]

Der Vorsitzende nimmt die Verhandlung um ½ 4 Uhr nachmittags wieder auf.

In Fortsetzung der Beratung über Flüchtlingsangelegenheiten kommt Unterstaatssekretär M a r c k h l auf mehrfache Kompetenzüberschreitungen einzelner Landesregierungen bezüglich der Verwendung von Flüchtlingsfürsorgeeinrichtungen zu sprechen. Es seien von einigen Landesstellen die Weisungen des Erlasses des Ministeriums des Innern vom 24. Jänner 1918, Z. 80.453/17, und die analogen telegraphischen Anordnungen des Staatssekretärs des Innern vom 8. November 1918, wonach die Verwertung der Flüchtlingsfürsorgeeinrichtungen ausschließlich dem Ministerium beziehungsweise dem Staatsamte des Innern vorbehalten bleibe, völlig missachtet worden. Dies habe eine bedeutende Schädigung des Staatsschatzes mit sich gebracht und sei auch mit der Funktion der deutschösterreichischen Regierung als Treuhänder hinsichtlich aller auf ihrem Gebiete befindlichen, dem vormaligen Gesamtstaate gehörigen Sachgüter unvereinbar. Die Unterbehörden seien aber nicht nur in der Verwertung

---

79 Aktenmaterial zur Repatriierung von Kriegsflüchtlingen, etwa aus der Bukowina und Galizien, findet sich in AdR, BKA-Inneres, Sonderlegungen, Kriegsflüchtlingsfürsorge 1914–1921, Karton 15, Konvolut 10, sowie Karton 16, Konvolut 7.

80 Gemeint waren wohl die Mitglieder zweier sowjetrussischer Kommissionen, die sich zu jenem Zeitpunkt in Wien aufhielten, und zwar eine am 7. August 1918 eingetroffene Kriegsgefangenenfürsorgekommission, die sich offiziell um den Austausch von Kriegsgefangenen und Zivilinternierten kümmern sollte, sowie eine seit Mitte Oktober 1918 anwesende Rotkreuzmission. Die Mitglieder beider Kommissionen standen in Kontakt zu den österreichischen linksradikalen Kräften, leisteten Propagandaarbeit und – im Falle der zweitgenannten Kommission – auch finanzielle Unterstützung im Zusammenhang mit der Gründung der Kommunistischen Partei Deutschösterreichs. Beide Kommissionen wurden am 19. Jänner 1919 aus Deutschösterreich ausgewiesen. Vgl. Hans Hautmann, Die verlorene Räterepublik. Am Beispiel der Kommunistischen Partei Deutschösterreichs (= Europäische Perspektiven), Wien/Frankfurt/Zürich 1971, S. 73 und 79; Edgard Haider, Die österreichisch-sowjetischen Beziehungen 1918–1938, phil. Diss., Wien 1975, S. 325–327 und S. 330 f. Zur Geschichte der österreichisch-sowjetischen Beziehungen ab 1918 vgl. etwa Hanns Haas/Franz Stadler (Red.), Österreich und die Sowjetunion 1918–1955. Beiträge zur Geschichte der österreichisch-sowjetischen Beziehungen. Herausgegeben von der Historikersektion der Österreichisch-Sowjetischen Gesellschaft, Wien 1984; Hannes Leidinger/Wolfgang Mueller, Tiefes Misstrauen – begrenztes Interesse: Die österreichisch-sowjetischen Beziehungen 1918 bis 1955, in: Klaus Koch/Walter Rauscher/Arnold Suppan/Elisabeth Vyslonzil (Hg.), Von Saint-Germain zum Belvedere: Österreich und Europa 1919–1955, Wien, 2007, S. 70–114.

81 Im Konzept finden sich an dieser Stelle die übereinandergeschriebenen Worte: „Schluss!! / Danke! / Bitte!!!".

dieser Güter eigenmächtig vorgegangen, hätten es auch unterlassen, wenigstens über die vollzogene Tatsache unter Angabe der Gattung, der Menge und des Wertes abgegebener Waren, über die einzelnen Umstände der Abgabe, den erzielten Erlös und dergleichen zu berichten; auch hätten mehrere Landesregierungen trotz wiederholter Urgenzen die Inventare über die Flüchtlingslager noch nicht vorgelegt.[82] Das Staatsamt des Innern habe angesichts dessen die Vollzugsanweisung vom 14. Dezember 1918, StGBl. Nr. 102, betreffend die Verwaltung und Verwertung der Sachgüter der Flüchtlingsfürsorge, erwirkt.[83] Der sprechende Unterstaatssekretär führt diesfalls einzelne konkrete Fälle an, so die telegraphische Anzeige des niederösterreichischen Landeshauptmannes vom 6. November 1918, der zufolge er sämtliche in Niederösterreich befindlichen Flüchtlingslager samt Vorräten zu Gunsten des Landes beschlagnahmt habe, was zur Folge hatte, dass auch verschiedene Volksräte und Gemeinden mit größerem oder geringerem Erfolge den Versuch unternahmen, die staatlichen Flüchtlingslagerverwaltungen außer Funktion zu setzen, um sich ihrer Vorräte zu bemächtigen. Besonders krass sei diese Erscheinung im Flüchtlingslager Oberhollabrunn[84] zu Tage getreten, woselbst sich die Gemeinde mit Hilfe von Bewaffneten nicht nur der ihr vom Landeshauptmanne zugestandenen 100 Waggons Brennholz bemächtigte, sondern schätzungsweise weitere 280 Waggons verschiedenen Brennmaterials, Vieh usw. abtransportierte und weit unter den staatlichen Gestehungskosten an einzelne Abnehmer verkaufte, wodurch dem Staate ein Schaden von annähernd ½ Million Kronen erwachsen sei.

In Salzburg würden von verschiedenen Kommissionen[85] ganz eigenmächtig und ohne staatliche Kontrolle Sachgüter der Flüchtlingsfürsorge veräußert; so seien bedeutende Mengen

---

[82] Vgl. AdR, StAI, Signatur 19 Genere, Zl. 4.447/1918, Mobiles Inventar der Flüchtlingslager, Ergänzung und Ueberprüfung der bezüglichen Verzeichnisse. Der Akt enthält ein Schreiben der Verwertungsstelle für Sachgüter der Flüchtlingsfürsorge vom 16. Dezember 1918, in dem zum Zwecke der Inventarisierung der betreffenden Sachgüter und Feststellung von diesbezüglichen Verschleppungen umfangreiche Arbeiten angekündigt wurden, zu deren Durchführung u. a. auch Organe der diversen Finanzlandesdirektionen hinzugezogen werden sollten.

[83] StGBl. Nr. 102, Vollzugsanweisung des Deutschösterreichischen Staatsrates, betreffend die Verwaltung und Verwertung der Sachgüter der Flüchtlingsfürsorge, ausgegeben am 15. Dezember 1918. Die Vollzugsanweisung hielt ausdrücklich fest, dass jegliche Verfügung über Sachgüter der Flüchtlingsfürsorge dem Staatsamt des Innern im Einvernehmen mit dem Staatsamt der Finanzen vorbehalten war. So hieß es unter § 2 (2) unmissverständlich: „Die Landesregierungen, Flüchtlingsfürsorgestellen und Gemeinden haben sich jeder selbständigen Verfügung über diese Sachgüter zu enthalten“. Vgl. auch SRP Nr. 56 vom 9. Dezember 1919, weiters KRP Nr. 21/3; AdR, StAI, Signatur 19 Genere, Zl. 569/1918, Flüchtlingsfürsorge, Führung der Agenden durch die Abteilung 13. Der Akt enthält ein Schreiben vom 19. November 1918, gerichtet u. a. an alle Landesregierungen, in dem das Staatsamt für Inneres mitteilte, dass sämtliche Agenden der staatlichen Flüchtlingsfürsorge, die bisher dem Departement VII des Ministeriums des Innern unterstanden hatten, nunmehr durch die Abteilung 13 des genannten Staatsamtes geführt wurden.

[84] Im niederösterreichischen Oberhollabrunn (ab 1928 Hollabrunn) befand sich ein Lager für Kriegsflüchtlinge. Vgl. dazu Werner Lamm, Vom Flüchtlingslager zur Gartenstadt. Mit Beiträgen von Walter Johann Fittner. Begleitband zum Film „Die Gartenstadt“ von Ferry Seher (= Forschungen aus dem Hollabrunner Stadtmuseum), Hollabrunn 1999.

[85] Der Satzbeginn lautet im Konzept so: „In Salzburg werden die vom Landesregierungsrate Rambousek begangenen Eigenmächtigkeiten von der Landesregierung, bezw. von der autonomen Landesverwaltung dazu benützt, um durch verschiedene Kommissionen...“. Diese Formulierung bezog sich auf die Korruptionsaffäre um den Präsidialchef der Salzburger Landesregierung Dr. Eduard Rambousek, der im Zeitraum von 1913 bis 1918 mehrere Millionen Kronen unterschlagen hatte, u. a. aus der Flüchtlingsfürsorge. Rambousek war am 5. November 1918 in Wien verhaftet worden, am 16. November hatte er in der Haft Selbstmord begangen. Zu dieser Affäre vgl. Nora Watteck, Die Affäre Rambousek. Salzburgs größter Skandal, Salzburg 1978; Janet Dernovsek/Tamara Neurauter, „Es hieß..., daß der hohe Landesbeamte in Salzburg ein panamistisches Verwaltungssystem aufgerichtet hatte, mit dem er

an Bekleidungswaren, Schuhen und sonstigen Waren unentgeltlich an vormalige Militärpersonen abgegeben worden.

In Steiermark habe es die frühere Statthalterei und auch die jetzige Landesregierung trotz vielfacher Urgenzen unterlassen, die Inventare über die Flüchtlingsfürsorgeeinrichtungen vorzulegen und zu berichten, welche Vorräte ohne Genehmigung des Ministeriums beziehungsweise des Staatsamtes des Innern abgegeben worden sind.

Unterstaatssekretär M a r c k h l fasst zum Schlusse seine Ausführungen dahin zusammen, dass die Landesregierungen umgehend genaue Daten über die erfolgte Abgabe von Sachgütern der Flüchtlingsfürsorgeaktion zu liefern haben, weiters dass eine genaue Inventarisierung sämtlicher Sachgüter vorgenommen und diese sowie die Pläne der Lager und die Verwertungsprogramme bezüglich der Lager und sonstiger Flüchtlingsfürsorgeinstitutionen dem Staatsamte des Innern vorgelegt werden.

Landeshauptmann von S t e i n e r kommt auf das Flüchtlingslager in Oberhollabrunn zu sprechen, woselbst sich ebenso wie in Gmünd die Flüchtlinge die dort vorhandenen Bedarfsgegenstände eigenmächtig angeeignet hätten; deren Beschlagnahme wäre demnach nur zur Sicherung der Vorräte erfolgt.

Landeshauptmannstellvertreter P r e u ß l e r gibt bekannt, dass auch bezüglich des Landes Salzburg die Sache anders stehe als Unterstaatssekretär M a r c k h l dargelegt hätte. Das kleine Land Salzburg wäre allen durchflutenden Massen wie kaum ein zweites ausgeliefert gewesen; dadurch sei die Gefahr einer Katastrophe noch größer geworden als in Niederösterreich. Es sei von den verantwortlichen Faktoren Tag und Nacht gearbeitet worden, um nicht alles in Flammen aufgehen zu lassen. Unter großen Mühseligkeiten sei das Staatsgut dieser Art gerettet worden.[86] Um die Bevölkerung zu beruhigen, hätte sich die Landesregierung entschlossen, verschiedene Bedarfsgegenstände (Schuhe, Kleider u. dgl.) an die Gemeinden zur Verteilung zu bringen. Die Staatsämter hätten diese Verteilung nachträglich auch genehmigt.

Sektionsrat Dr. M o n t e l bemerkt über Aufforderung des Unterstaatssekretärs M a r c k h l zunächst, dass es sich dem Staatsamt des Innern nicht darum handle, über die Vergangenheit zu richten, sondern um Grundsätze über das Verfahren in der Zukunft aufzustellen;[87] das Staatsamt des Innern stehe auf dem Standpunkt, dass die im Rahmen

---

sich und seine Helfer Jahre hindurch bereichert habe". Die Affäre Rambousek 1918/19, in: Michael Gehler/Hubert Sickinger (Hg.), Politische Affären und Skandale in Österreich. Von Mayerling bis Waldheim, Wien/München 1996, S. 170–184. Material zu diesem Fall findet sich auch in AdR, StK, GZl. 8/1919, Gebarung der Landesregierung Salzburg mit den für die Flüchtlingsfürsorge bestimmten staatlichen Mitteln (Affaire Dr. Rambousek).

86 Im Konzept folgt der gestrichene Satz: „Unter dem Drucke der Verhältnisse mussten wir weichen."

87 Im Konzept ab hier bis zum abschließenden Resümee Renners wie folgt: „[E]r macht darauf aufmerksam, dass diese Sachgüter ein Gemeingut aller Staaten der ehemaligen Monarchie bilden. Wir haben nicht nur als Treuhänder deren Verwaltung über, sondern zugleich auch ein wertvolles Faustpfand in Händen. Allerdings müsste abgegeben werden, was zur Aufrechterhaltung der Ordnung und Ruhe notwendig sei und was einer Minderung unterliege. In erster Linie handle es sich heute darum, ein Verwertungsprogramm aufzustellen, wobei ihm vorschwebe, dass nicht ausschließlich der Bevölkerungsschlüssel, sondern auch der Bedarfsschlüssel maßgebend sein werde. / U.St.Sekr. Marckhl verweist nochmals darauf, dass eine Übersicht über diese Frage nur das Staatsamt d. Innern haben könne und ein planmäßiges Vorgehen in der Zukunft unabweislich erscheine. / Dr. Eisler: führt aus, dass die als notwendig erkannte Inventarisierung der Vorräte nur auf Grund eines voraus bestimmten Stichtages erfolgen könne, da die Vorräte in den Lagern sich beständig ändern. Eine andere wichtige Frage sei die Zukunft der Lager. Diese Angelegenheit wäre am besten in die Kompetenz der Landesregierungen zu übertragen. Eine dauernde Verwertung der Lager u. zw. sowohl der Militär- als auch der Flüchtlingslager sei unbedingt nötig. Auch die Frage der Aufbringung der Mittel spiele dabei eine große Rolle. Verwaltungstechnische Grundlage (Grundsätze, Vollzugsanweisung), betreffend das künftige Schicksal der Lager, müsste den Landesregierungen gegeben werden."

der staatlichen Flüchtlingsfürsorgeaktion beschafften Sachgüter Eigentum des vormaligen Gesamtstaates beziehungsweise der jetzigen Teilstaaten seien, vom Staatsamte des Innern als Treuhänder verwaltet werden und nicht ohneweiters einer anderen als der ursprünglich bestimmten Verwendung zugeführt werden dürfen. Nichtsdestoweniger halte sich das Staatsamt des Innern für berechtigt und verpflichtet, diese Sachgüter abzugeben:

1. wenn sie nur auf diese Weise vor Plünderungen u. dgl. geschützt werden können, ferner
2. wenn einzelne Waren einer besonderen Entwertung unterliegen,
3. wenn solche Waren im öffentlichen Interesse etwa für bestimmte Berufskategorien zwecks Aufrechterhaltung öffentlicher Betriebe (z. B. Eisenbahner, Staatsangestellte) unumgänglich benötigt werden oder
4. wenn es sich um die Durchführung von Notstandsaktionen, also um wichtige karitative Maßnahmen handelt.

Die allfällige Abgabe der Sachgüter in allen solchen Fällen könne jedenfalls auch vor den Teilstaatsregierungen gerechtfertigt werden; diese Abgabe müsse aber dann entgeltlich erfolgen und genaue Daten über die Umstände der Abgabe (Menge, Preis, Abnehmer usw.) der Staatsregierung zur Verfügung gestellt werden.

Aus den Erörterungen in den Gesandtenkonferenzen scheine hervorzugehen, dass einzelne Teilstaatsregierungen vermutlich bereit wären, Warenbestände, die bei uns nur zu niedrigsten Preisen angebracht werden könnten, zu höheren Preisen abzunehmen. Abgesehen davon, dass eine solche Abnahme sicherlich nicht gegen Barzahlung, sondern nur gegen Verrechnung erfolgen würde, habe es das Staatsamt des Innern bisher nicht für angebracht gehalten, selbst solche Angebote zu machen beziehungsweise auf solche Angebote einzugehen,[88] weil alle diese Sachgüter zwar gemeinsames Gut, gleichzeitig aber auch ein Faustpfand für Deutschösterreich darstellen, welches dieses Pfand so lange nicht abgeben dürfe, als sich nicht auch die anderen Teilstaatsregierungen bezüglich der auf ihrem Gebiete befindlichen Sachgüter vorbehaltslos gleichfalls auf den Standpunkt der Gemeinsamkeit stellen.

Zu den Ausführungen der Vertreter der Landesregierungen in Salzburg und Steiermark, wonach die teilweise auch unentgeltliche Abgabe der Vorräte der Flüchtlingslager in Grödig[89] und Wagna bei Leibnitz wegen der Anfangs November stattgefundenen allgemeinen Volksbewegung sofort, ohne Einholung irgend einer Ermächtigung und ohne Kontrolle unvermeidlich gewesen sei, bemerkt Sektionsrat M o n t e l, dass es nunmehr eine selbstverständliche Verpflichtung der Landesregierungen sei, über diese vollzogene Tatsache erschöpfend zu berichten, Inventare, Pläne u. dgl. sofort vorzulegen und insbesondere auch hinsichtlich der Frage der künftigen Verwertung der Flüchtlingslager einvernehmlich mit dem Staatsamte des Innern vorzugehen, welches sich die Genehmigung der gegenständlichen Projekte vorbehalten müsse. Die ausschließliche Verwertung durch die Landesregierungen allein wäre auch deshalb unzulässig, weil in den einzelnen Ländern nicht beurteilt werden könne, ob die in ihrem Gebiete nicht oder minder verwertbaren Objekte nicht etwa in anderen Ländern eine bessere Verwertung finden könnten. Wenn jedes Land auf dem Standpunkte stehen würde, dass die in seinem Gebiete befindlichen Sachgüter der Flüchtlingsfürsorge dem Lande allein zukommen sollen, so würde beispielsweise Steiermark aus den in Wien vorhandenen reichen Vorräten der Bekleidungsstelle des Staatsamtes des Innern gar nichts zu bekommen haben.

---

88 Im Konzept ab hier so: „...die südslawische Regierung möchte Lager- und Schuleinrichtungsgegenstände aus Deutschösterreich für das Flüchtlingslager in Sterntal bei Pottau erwerben, weil nach Ansicht des Staatsamtes des Innern alle diese Sachgüter...".

89 Es handelte sich um das Kriegsgefangenenlager Niederalm, das sich teilweise auf Grund der Gemeinde Grödig/Salzburg befand.

Der Vorsitzende resümiert, es wäre im Gegenstande eine Übereinstimmung in der Auffassung darüber zutage getreten, dass bezüglich der Vergangenheit keine Rekriminationen zu erheben, dass hingegen jene Fälle, in denen Flüchtlingsfürsorgeeinrichtungen einzelnen Gemeinden übergeben wurden, nunmehr ehestens dem Staatsamt des Innern bekanntzugeben und Vorsorgen für eine genaue Verrechnung zu treffen seien. Aus der Debatte sei weiters hervorgegangen, dass kein klarer Unterschied zwischen den Beständen der in den Flüchtlingslagern und der in militärischen Anstalten vorhandenen Sachgüter gemacht worden wäre. Dieser Unterschied sei schon deshalb von Wichtigkeit, weil sich der mit der tschechoslowakischen Regierung abgeschlossene Vertrag nur auf die Sachdemobilisierungsgüter, nicht aber auch auf die in Flüchtlingslagern befindlichen Güter beziehe.[90] Nun sei der Wunsch ausgesprochen worden, dass diese Angelegenheiten endlich in Ordnung kommen. Zu diesem Behufe müssten die Lager gesichert, die Vorräte an einem bestimmten Stichtage erfasst werden. Die Inventarverzeichnisse wären dem Staatsamt des Innern vorzulegen. Den Landesregierungen wäre die Freiheit der Handlung zu geben, sie müssten aber die entsprechenden Verwertungsprogramme dem Staatsamt des Innern zur Genehmigung vorlegen. Über eine Anfrage, ob oder inwieweit die Sachgüter aus den Flüchtlingslagern mit Kriegsanleihe bezahlt werden können, stellt der Vorsitzende fest, dass diesbezüglich seitens der Finanzverwaltung keinerlei Zusicherung gemacht worden sei.[91]

4

Jugendfürsorge, Sozialversicherung, Kriegsbeschädigtenfürsorge

Staatssekretär H a n u s c h teilt zum Gegenstande folgendes mit:[92]

a) Der Landeshauptmann von Steiermark[93] habe verfügt, dass die Arbeiten auf dem Gebiete der Jugendfürsorge, die bisher bei der Statthalterei (Landesregierung) geführt wurden, mit den dem Landesausschusse (Landesrat) obliegenden Arbeiten in einer und derselben Abteilung zu vereinigen seien.

Diese Vereinigung, die vollständig dem Gedankengange des an sämtliche Landeschefs ergangenen Erlasses des Ministeriums für soziale Fürsorge vom 3. September 1918, Z. 15.897, entspreche und überdies die bisher vielfach so störende und hemmende Verteilung der Jugendfürsorgesachen zwischen Staats- und Landesverwaltung beseitige, werde auch den übrigen Ländern zur Nachahmung empfohlen. Bei diesem Anlasse sollte auch in der autonomen Verwaltung die vielfach wahrnehmbare Bearbeitung von Jugendfürsorgeangelegenheiten in verschiedenen Referaten (z. B. Anstaltsfürsorge getrennt von der offenen Fürsorge) abgestellt werden. Besonders in Niederösterreich empfehle sich die Bereinigung der gesamten Jugendfürsorgeangelegenheiten einschließlich des Anstaltsbetriebes bei der Hauptstelle der Landesberufsvormundschaft.[94]

---

90 Vgl. dazu KRP Nr. 22, Anmerkung 10.

91 Umfangreiches Material zur Verwaltung und Verwertung der Sachgüter der Flüchtlingsfürsorge sowie auch zu den einzelnen Flüchtlingslagern und zu mit der Flüchtlingsbetreuung im Zusammenhang stehenden Maßnahmen findet sich jahresweise im Bestand AdR, StAI, Signatur 19 Genere.

92 Beilage zu Punkt 4: Staatsamt für soziale Fürsorge. Jugendfürsorge. Sozialversicherung (2 Seiten). Der Inhalt der Beilage ist mit den folgenden Ausführungen der Punkte a) und b) identisch.

93 Dr. Wilhelm von Kaan, 6. November 1918 bis 27. Mai 1919 Landeshauptmann von Steiermark.

94 Zur Schaffung einer deutschösterreichischen Jugendfürsorgekommission beim Staatsamt für soziale Fürsorge vgl. auch AdR, StK, GZl. 502/1918, Jugendfürsorgekommission der deutschösterr. Staatsämter. Hinsichtlich der hier angesprochenen Frage der Kompetenzverteilung wurde die Grundsatzgesetzgebung im Bereich der Jugendfürsorge mit dem Bundes-Verfassungsgesetz 1920 schließlich dem Bund, die Ausführungsgesetzgebung den Ländern übertragen. Vgl. StGBl. Nr. 450, Gesetz vom 1. Oktober 1920, womit die Republik Österreich als Bundesstaat eingerichtet wird (Bundes-Verfassungsgesetz), ausgegeben am 5. Oktober 1920, Art. 12 (1). Zur Jugendfürsorge vgl. auch KRP Nr. 7/8.

b) Durch Vollzugsanweisungen seien besondere Unfallversicherungsanstalten[95] und Landesstellen der Allgemeinen Pensionsanstalt für Angestellte in Reichenberg für Deutschböhmen und in Troppau für das Sudetenland errichtet worden.[96] Die Unfallversicherungsanstalten hätten am 1. Jänner d. J. ihre Wirksamkeit beginnen sollen.

Die Besetzung von Reichenberg und von Troppau durch die Tschechen werde nun Verfügungen hinsichtlich der erwähnten beiden Institutionen erforderlich machen, da anzunehmen sei, dass die tschechische Regierung eine ungestörte Tätigkeit derselben nicht zulassen werde.[97] Welche Maßnahmen zu treffen sein werden, lasse sich im gegenwärtigen Augenblicke noch nicht beurteilen. Es wäre aber erwünscht, diese Angelegenheit zum Gegenstande einer Aussprache mit den beiden Landeshauptmännern zu machen.[98] In gleicher Weise wäre auch mit den Landeshauptmännern von Niederösterreich und Oberösterreich die Frage der Durchführung der Unfallversicherung und der Pensionsversicherung in den ihren Gebieten angegliederten Teilen Südmährens und Südböhmens zu besprechen.

c) Die steiermärkische Landeskommission zur Fürsorge für heimkehrende Krieger[99] habe mit der Begründung, dass sie seit dem Rücktritte des Statthalters keinen Vorsitzenden hat, das Ersuchen um die Ernennung eines solchen gestellt.

Bei der Landeskommission zur Fürsorge für heimkehrende Krieger in Troppau scheinen noch Zweifel darüber zu obwalten, ob dem Landeshauptmann oder dem Landesverweser die Funktion des Vorsitzenden der Landeskommission zukomme.

---

95 Vgl. StGBl. Nr. 48, Vollzugsanweisung des Deutschösterreichischen Staatsamtes für soziale Fürsorge vom 25. November 1918 über die Durchführung der Unfallversicherung der Arbeiter in den Ländern Deutschböhmen und Sudetenland sowie im geschlossenen deutschen Siedlungsgebiete der südlichen Teile Böhmens und Mährens, ausgegeben am 28. November 1918. Vgl. auch KRP Nr. 9/2, weiters SRP Nr. 31 vom 13. November 1918.

96 Vgl. StGBl. Nr. 67, Vollzugsanweisung des Deutschösterreichischen Staatsrates vom 26. November 1918 über die Errichtung einer Deutschösterreichischen Pensionsanstalt für Angestellte, ausgegeben am 30. November 1918. Gemäß § 5 dieser Vollzugsanweisung waren fünf Landesstellen eingerichtet worden, darunter „Deutschböhmen mit dem vorläufigen Sitze in Reichenberg" und „Sudetenland mit dem Sitze in Troppau". Über die erfolgte Konstituierung der Pensionsanstalt wurde am 21. Dezember 1918 berichtet: Wiener Zeitung, 21. Dezember 1918, S. 1 „Inland". Zum Verwalter der Anstalt war der Ersatzmann des Staatsrates Dr. Stefan Edler von Licht bestellt worden, die Ernennung provisorischer Verwalter für die Landesstellen Reichenberg und Troppau sollte durch die Landesregierungen der Provinzen Deutschböhmen und Sudetenland erfolgen. Vgl. auch SRP Nr. 47 vom 26. November 1918.
Dr. Stefan Edler von Licht, 21. Oktober 1918 bis 16. Februar 1919 Mitglied der Provisorischen Nationalversammlung, DnP, 30. Oktober 1918 bis 14. März 1919 Ersatzmann des Staatsrates.

97 Informationen zum Ablauf der Besetzung Troppaus am 18. Dezember 1918 finden sich in AdR, StK, GZl. 126/1919, Landesregierung für Sudetenland: Sitz und Verkehr. Zur Aufgabe Reichenbergs als Landeshauptstadt der Provinz Deutschböhmen vgl. auch KRP Nr. 6, Anmerkung 5.

98 Gemeint waren wohl der anwesende Dr. Rudolf Lodgman von Auen für die Provinz Deutschböhmen sowie Dr. Robert Freißler für die Provinz Sudetenland.
Dr. Robert Freißler, 21. Oktober 1918 bis 16. Februar 1919 Mitglied der Provisorischen Nationalversammlung, Deutsche Volkspartei, 30. Oktober 1918 bis 14. März 1919 Mitglied des Staatsrates, 2. November 1918 Übernahme der landesfürstlichen und autonomen Gewalt in Troppau als designierter Landeshauptstadt der Provinz Sudetenland.

99 Die Landeskommissionen zur Fürsorge für heimkehrende Krieger waren Anfang 1915 geschaffen worden und waren auf zivilstaatlicher Ebene nebst anderen Einrichtungen Teil des Verwaltungsapparates zur medizinischen Versorgung wie auch Umschulung kriegsversehrter Soldaten. Zu ihren Aufgaben, ihrer Entstehung und Organisation vgl. Verena Pawlowsky/Harald Wendelin, Die Wunden des Staates. Kriegsopfer und Sozialstaat in Österreich 1914–1938, Wien/Köln/Weimar 2015, S. 98–106, hier S. 98.

Da möglicherweise auch in anderen Ländern Zweifel darüber bestehen, wer als Vorsitzender der Landeskommission zu fungieren habe, werde festgestellt, dass gemäß § 4 der Grundsätze der Fürsorgeaktion für heimkehrende Krieger den Vorsitz in der Landeskommission der „Chef der politischen Landesbehörde oder der von ihm bestellte Stellvertreter" führt[100] und daher mit dieser Funktion i p s o j u r e mit dem Rücktritte des Statthalters – ohne dass eine Ernennung erforderlich gewesen wäre – der Landeshauptmann als jetziger Chef der politischen Landesbehörde oder der von ihm bestimmte Stellvertreter betraut erscheine.

d) In der Invalidenfrage teilt der sprechende Staatssekretär schließlich mit, dass ein einschlägiges Gesetz vor einigen Tagen ausgearbeitet worden sei. Es werde demnächst in einer zwischenstaatsamtlichen Konferenz durchberaten werden, worauf es der konstituierenden Nationalversammlung bei deren Zusammentritt unterbreitet werden wird. Es müsse getrachtet werden, dass dieses Gesetz so schnell als möglich unter Dach gebracht werde.[101]

Die Mitteilungen des Staatssekretärs H a n u s c h werden zur Kenntnis genommen.[102]

Landeshauptmannstellvertreter G r u b e r wirft bei der sich hierüber entwickelnden Debatte[103] die Frage der Auflösung der Militärsanitätsanstalten auf.

Staatssekretär Dr. K a u p erwidert hierauf, dass diese Anstalten dem Staatsamt für Volksgesundheit unterstellt worden seien. Alle Anstalten dieser Art sollen möglichst zusammengelegt werden. In Niederösterreich sei dies schon so weit gediehen, dass wir in der nächsten Woche werden feststellen können, was mit den leer gewordenen Barackenspitälern zu geschehen habe. Die in den Schulen untergebrachten Anstalten würden ebenfalls zur Auflösung kommen. Von den Roten-Kreuz-Spitälern würden nur die Spezialanstalten erhalten bleiben.[104] Die Militärsanitätsanstalten aber bestünden eigentlich nicht mehr, sie seien in Zivilisierung begriffene Sanitätsanstalten. Alle während des Krieges militärischen Anstalten werden jetzt zivilisiert, der Betrieb möglichst vereinfacht und auf kaufmännisch-rationelle Führung eingestellt.[105]

Landeshauptmann von S t e i n e r begrüßt diese Mitteilungen und bittet angesichts der gefährlichen Tätigkeit der Soldatenräte, die Sache so schnell als nur möglich durchzuführen.[106]

---

[100] Die erwähnten Grundsätze finden sich abgedruckt in Mitteilungen des k.k. Ministeriums des Innern über Fürsorge für Kriegsbeschädigte, Nr. 1, Juli 1915, S. 3 f, zum hier relevanten § 4 vgl. S. 3.

[101] Vgl. StGBl. Nr. 245, Gesetz vom 25. April 1919 über die staatliche Entschädigung der Kriegs-Invaliden, -Witwen und -Waisen (Invalidenentschädigungsgesetz), ausgegeben am 27. April 1919. Zur Genese des Invalidenentschädigungsgesetzes vgl. ausführlich Pawlowsky/Wendelin, Die Wunden des Staates, S. 212–259; weiters KRP Nr. 75/7 vom 30. Mai 1919, Nr. 84/11 vom 1. Juli 1919, Nr. 92/6 vom 25. Juli 1919, Nr. 111/7 vom 30. September 1919, Nr. 114/3 vom 14. Oktober 1919, Nr. 117/7 vom 24. Oktober 1919, Nr. 144/2 vom 4. Februar 1920, Nr. 146/12 und 13 vom 10. Februar 1920, Nr. 147/10 vom 18. Februar 1920, Nr. 170/2 vom 13. April 1920 und Nr. 174/9 vom 23. April 1920.

[102] Dieser Satz wurde im Konzept handschriftlich ergänzt.

[103] Vgl. das Stenogramm.

[104] Vgl. auch KRP Nr. 16/9.

[105] Zu den liquidierenden Militärsanitätsanstalten vgl. auch Ignaz Kaup, Über den Abbau der Militärsanitätsanstalten und Friedenswünsche. Vortrag in der Sitzung der Gesellschaft der Ärzte in Wien am 7. Februar 1919 (= Separatdruck aus der Wiener klinischen Wochenschrift 1919, Nr. 8), o. O. u. J. [Wien 1919]; weiters KRP Nr. 32/8. Zur Übernahme der Verwaltung des Militärsanitätsdienstes durch das Staatsamt für Volksgesundheit und die im Zuge dessen erfolgte Schaffung der Abteilung 14 für Militär-Gesundheitswesen ebendort vgl. SRP Nr. 22 vom 7. November 1918; Reichspost. Morgenblatt, 8. November 1918, S. 4 „Übernahme des Militärsanitätsdienstes". Vgl. weiters Wiener Zeitung, 16. Jänner 1919, S. 1 f „Weisungen für den Abbau der Militärsanitätsanstalten".

[106] Die Soldatenräte als stark sozialdemokratisch geprägte, demokratisch gewählte Interessenvertretung der Volkswehrleute waren, nachdem sich Ende Oktober 1918 bereits spontane Soldatenräte gebildet hatten, auf Betreiben des Unterstaatssekretärs für Heereswesen Deutsch in eine staatlich organisierte Form gebracht worden, wobei ein Vollzugsausschuss beim Staatsamt für Heereswesen als oberste Instanz fungier-

Bezüglich der Roten-Kreuz-Spitäler stellen die Vertreter der Länder fest, dass erstere bereits aufgelöst beziehungsweise in Auflösung begriffen sind.[107]

Landeshauptmannstellvertreter P r e u ß l e r spricht in diesem Zusammenhange den Wunsch aus, dass wo möglich alle Kriegsfürsorgeaktionen, die gegenwärtig sehr zersplittert sind, zentralisiert werden sollten. Auch in Bezug auf die Wohnungsfürsorge solle eine Vereinheitlichung Platz greifen, zumal die Wohnungsfrage gerade jetzt sehr aktuell geworden sei und wir einheitlicher gesetzlicher Grundlagen (Wohnungsämter, Wohnungsnachweise) noch entbehren.

Wirtschaftskommissär Dr. E i s l e r spricht sich für eine möglichst beschleunigte Auflassung der Militärsanitätsanstalten sowie dafür aus, dass die Einrichtung der Landeskommission zur Fürsorge für Heimkehrer ehestens neu organisiert werde. In Steiermark sei eine Reihe von diesbezüglichen Vorschlägen bereits ausgearbeitet worden. Hiebei müsse vor allem beachtet werden, dass bisher den Invaliden selbst jeder Einfluss auf die Geschäftsführung der Fürsorgestellen fehle.[108] Dies sei aber heute nicht zu umgehen.[109] Auch sei auf die sachlichen

---

te. Den Soldatenräten kam bei der Aufnahme und Auswahl von Offizieren eine wichtige Rolle zu, indem diese eine vierwöchige Probezeit durchlaufen mussten. Erst dann entschied der Soldatenrat des jeweiligen Bataillons über eine eventuelle Definitivstellung. Vgl. Karl Glaubauf, Die Volkswehr 1918–1920 und die Gründung der Republik (= Österreichische Militärgeschichte, Sonderband 1993, Folge 1), Wien 1993, S. 31 f; Hanns Haas, Historische Einleitung, in: Der österreichische Staatsrat. Protokolle des Vollzugsausschusses, des Staatsrates und des Geschäftsführenden Staatsratsdirektoriums. Band 1: 21. Oktober 1918 bis 14. November 1918. Herausgegeben von Gertrude Enderle-Burcel/Hanns Haas/Peter Mähner, Wien 2008, S. XXI–LXVII, hier S. XLVII f. Ein grundlegendes Problem der Soldatenräte war nach Steinböck der Umstand, dass die politischen Kräfte zu keinem Konsens über die genauen Aufgaben der Soldatenräte gelangten, sodass „über diese Frage am 10. Juni 1920 die Koalitionsregierung, ja die Koalition in der Ersten Republik überhaupt, zu Fall kam". Vgl. Erwin Steinböck, Entstehung und Verwendung der Volkswehr, in: Saint-Germain 1919. Protokoll des Symposiums am 29. und 30. Mai 1979 in Wien (= Wissenschaftliche Kommission zur Erforschung der Geschichte der Republik Österreich. Veröffentlichungen 11), Wien 1989, S. 180–200, hier S. 198 f. Zur Auflösung der Koalition vgl. auch Österreichisches Jahrbuch 1920. Nach amtlichen Quellen, Wien 1921, S. 90–92. Zu den Soldatenräten vgl. weiters Hans Hautmann, Geschichte der Rätebewegung in Österreich 1918–1924, Wien/Zürich 1987; AdR, StK, GZl. 273/1/1919, Entstehung und weitere Entwicklung der Soldatenräte. Der genannte Akt enthält u. a. eine vom Staatsamt für Heereswesen verfasste Darstellung mit dem Titel „Entstehung und Entwicklung der Soldatenräte in Deutschösterreich", in der auch die verfassungsrechtlichen Grundlagen der Soldatenräte beleuchtet wurden. Weiters liegen dem Akt die „Vorläufigen Satzungen des deutschösterreichischen Soldatenrates Wien" bei, datiert mit 21. November 1918, die allerdings, wie im Akt bemerkt wurde, keine offizielle Genehmigung erfahren hatten. Sodann führte Staatssekretär Mayer in einem Schreiben vom 12. März 1919 aus, dass das Staatsamt für Heereswesen „nicht die Absicht" habe, „Soldatenräte in der Art der jetzt bestehenden in die neue deutschösterreichische Wehrmacht zu übernehmen. Vielmehr sollten, was auch die ursprüngliche Absicht gewesen sei, Soldatenräte nur „als Beschwerdekommissionen aktiviert werden", um militärischen Formationen wie auch Einzelpersonen „Rat und Unterstützung angedeihen zu lassen". Dazu „wäre vor allem ein Abbau der momentan bestehenden Soldatenräte erforderlich", was allerdings „nur allmählich und nur mit größter Rücksichtnahme auf die momentanen recht gespannten Verhältnisse erfolgen könne, da die bekannte, ziemlich einheitliche politische Stellung der Soldatenräte dazu zwingt, tunlichst jede Krise zu vermeiden". Zum Ende der Soldatenräte vgl. speziell Hautmann, Geschichte der Rätebewegung, S. 529–533.

107 Zu den Sanitätsanstalten der Gesellschaft vom Roten Kreuz, die im September 1915 einen zahlenmäßigen Höchststand von 876 mit einer Kapazität von rund 95.000 Betten in der cisleithanischen Reichshälfte erreicht hatten, vgl. Walter Vilt, Die Entwicklung der Österreichischen Gesellschaft vom Roten Kreuz von den Anfängen bis in die Gegenwart, phil. Diss., Wien 1981, S. 163–167.

108 Dieser Satz lautete im Konzept ursprünglich: „Bisher fehle jede Einräumung eines Einflusses auf die Invaliden selbst."

109 Im Konzept folgt der gestrichene Satz: „Die Kommissionen seien so zusammengesetzt, dass gegenwärtig mit ihnen nichts anzufangen sei."

Bedürfnisse nicht gebührend Rücksicht genommen. Es müsste also vor allem den Invaliden selbst eine Vertretung in den Kommissionen eingeräumt werden. Die einschlägige Verwaltung werde in Steiermark von der dortigen Arbeiter-Unfallversicherungsanstalt mit ausgezeichnetem Erfolge besorgt. Weiters wünsche Redner die eheste Liquidierung und Aufteilung des Kaiser-Karl-Fonds, und zwar nach dem Schlüssel der Spender.[110] Schließlich beantrage er, dass die für Zwecke der Invalidenfürsorge vorhandenen Mittel möglichst rasch erfasst und verwertet werden, wobei den Landeskommissionen ein tunlichst weitgehender Einfluss einzuräumen wäre.

Staatssekretär Hanusch reflektiert auf diese Bemerkungen. Die Staatsämter hätten sich bereits eingehend mit allen zur Sprache gebrachten Fragen befasst. Die Kommissionen sollen ehebaldigst neu organisiert werden, wobei den Invaliden überall ein entsprechender Einfluss, so auch in den Landeskommissionen, eingeräumt werden wird. Auf Grund zwischenstaatsamtlicher Beratungen werde zuerst mit der Aufstellung einer Kommission in Wien vorgegangen.[111] Was den Kaiser-Karl-Fonds anbelange, der vom Staatsamt für soziale Fürsorge übernommen worden sei, so sei dessen augenblickliche Liquidierung nicht möglich; diese könne vielmehr nur im Rahmen der allgemeinen Liquidierung durchgeführt werden. Vorläufig könne der Deutschösterreichische Staat nur ein Fünftel für sich in Anspruch nehmen. Redner steht gleichfalls auf dem Standpunkt, dass der Ursprung der Spenden bei der Verteilung maßgebend zu sein habe. Derselbe Vorgang sei auch beim Witwen- und Waisenfonds[112] beobachtet worden. Rücksichtlich der Wohnungsfrage hätte die Regierung schon im November eine Vollzugsanweisung erlassen, die immerhin ein recht günstiges Resultat gezeitigt habe.[113] In Wien allein wären nämlich beiläufig 4.000 Wohnungen zur Anmeldung gelangt. Die Durchführung der Vollzugsanweisung aber liege bei den Gemeinden, an die Redner in erster Linie appellieren müsse. Übrigens habe der Staatsrat 10 Millionen Kronen bewilligt, die fast zur Gänze zur Verfügung stehen und für Notwohnungsbauten in Anspruch genommen werden können.[114]

5

Anweisungsrecht der Landesregierungen an die Staatskasse

Finanzrat Dr. von Pfaundler[115] führt aus, der Tiroler Nationalrat[116] habe seinerzeit um Flüssigmachung eines Betrages von 20 Millionen Kronen gegen nachträgliche Ab-

---

110 Zum Kaiser und König Karl-Kriegsfürsorgefonds und seiner Liquidierung vgl. KRP Nr. 3, Anmerkung 28, weiters auch Nr. 7/7.

111 Im Konzept folgt der gestrichene Satz: „Es sei bereits Vorsorge getroffen, dass die Invaliden auch in den Landeskommissionen eine Vertretung erhalten."
Die Landeskommissionen zur Fürsorge für heimkehrende Krieger hörten mit der Erlassung des Invalidenentschädigungsgesetzes zu existieren auf, da ihre Aufgaben nun auf die durch dieses Gesetz geschaffenen Invalidenentschädigungskommissionen übergingen (StGBl. Nr. 245/1919, § 42). Vgl. Pawlowsky/Wendelin, Die Wunden des Staates, S. 225.

112 Gemeint war der 1915 gebildete k.k. Österreichische Militär-Witwen- und Waisenfonds, der sich in erster Linie dem Sammeln und Verteilen von Spenden gewidmet hatte. Vgl. Pawlowsky/Wendelin, Die Wunden des Staates, S. 101.

113 Vgl. StGBl. Nr. 22, Vollzugsanweisung des Deutschösterreichischen Staatsrates vom 13. November 1918, betreffend die Anforderung von Wohnungen durch die Gemeinden, ausgegeben am 19. November 1918; SRP Nr. 31 vom 13. November 1918.

114 Zur Gewährung dieser Summe vgl. KRP Nr. 7/6 und SRP Nr. 30 vom 11. November 1918.

115 Das Folgende bis zur Kenntnisnahme der Ausführungen findet sich im Konzept handschriftlich, abgefasst in einer Mischung aus Normalschrift und Gabelsberger Stenographie.

116 Am 26. Oktober 1918 hatten sich die deutschsprachigen Mitglieder des im April 1914 gewählten Tiroler Landtages und die deutschsprachigen Tiroler Reichsratsabgeordneten im Innsbrucker Landhaus als „Tiroler Nationalversammlung" konstituiert. Bei der einzigen Sitzung dieser Nationalversammlung

rechnung ersucht; auf diesen Betrag seien ihm von der Finanzlandesdirektion in Innsbruck 5 Millionen Kronen und ferner auf Grund von durch den Nationalrat unmittelbar an die Finanzlandeskasse gerichteten Anweisungen vom 4. und 6. November 1918 weiters 1,5 Millionen Kronen flüssig gemacht worden.[117] Das Staatsamt der Finanzen habe schon seinerzeit den Standpunkt eingenommen, dass dem Tiroler Nationalrat kein Pauschalverfügungsrecht über staatliche Mittel zustehe und dass sich überhaupt in dem früher bestandenen Zustande, wonach die Landesorgane nur gegen kontokorrentmäßige Verrechnung für Landeszwecke Anweisungen auf die Staatskassen ausstellen können, nichts geändert habe. Die Finanzlandesdirektion habe anlässlich ihrer Bitte um nachträgliche Genehmigung dieser Erfolglassungen[118] den Standpunkt vertreten, dass das Gesetz vom 14. November 1918, StGBl. Nr. 24, betreffend die Übernahme der Staatsgewalt in den Ländern[119], in Tirol noch nicht durchgeführt gewesen sei und auch in nächster Zeit nicht zur Durchführung gelangen werde, so dass sich der Tiroler Nationalrat als das oberste Staatsorgan im Lande darstelle, dem alle Landesbehörden unterstellt seien und dem daher auch das Anweisungsrecht zustehen dürfte. Hiezu müsse Redner bemerken, dass mittlerweile das bezogene Gesetz auch in Tirol durchgeführt worden sei, weshalb es keinen Nationalrat mehr, sondern lediglich die in diesem Gesetz vorgesehenen Organe, nämlich die Landesregierung, den Landesrat, und die provisorische Landesversammlung[120] gebe. Für die Gegenwart und die Zukunft seien daher die von der Finanzlandesdirektion aufgeworfenen Fragen vollkommen gelöst; die Landesregierung habe also im Rahmen des bisherigen Anweisungsrechtes der Staatsbehörden, das ist auf Grund des Staatsvoranschlages, Anweisungen für staatliche Zwecke, der Landesrat im Rahmen des früher dem Landesausschusse zugestandenen Anweisungsrechtes, das ist gegen kontokorrentmäßige Verrechnung und monatliche Ausgleichung auf Rechnung des Landes zu vollziehen. Die während der im Monate November bestandenen Wirrnisse erfolgten Anweisungen durch den Tiroler Nationalrat, der damals tatsächlich als das einzige „Staatsorgan" im Lande fungiert habe, müssten wohl auf jeden Fall als zu Recht bestehend anerkannt werden; nur werde bezüglich der Art der Verrechnung unterschieden werden müssen, ob es sich um Anweisungen für Zwecke handle, die nach den bestehenden und unverändert gebliebenen

---

war ein zwanzigköpfiger Vollzugsausschuss mit der Bezeichnung „Tiroler Nationalrat" ins Leben gerufen worden, um die höchste Gewalt im Land zu übernehmen. Am 21. Dezember 1918 hatte die Provisorische Tiroler Landesversammlung den Tiroler Nationalrat als oberste Instanz abgelöst. Vgl. Josef Riedmann, Tirol: Verfassungsentwicklung und Demokratisierung vor dem Hintergrund des vergeblichen Kampfes um die Landeseinheit, in: Demokratisierung und Verfassung in den Ländern 1918–1920 (= Studien zur Zeitgeschichte der österreichischen Länder 1), St. Pölten/Wien 1983, S. 76–83, hier S. 76 und S. 79; Richard Schober, Die Tiroler Frage auf der Friedenskonferenz von Saint Germain (= Schlern Schriften 270), Innsbruck 1982, S. 136–143.

117 Beilage zu Punkt 5: Staatsamt für Finanzen, Zl. 2.798/18/Präs. (5½ Seiten). Der Inhalt der Beilage enthält die hier von Pfaundler mitgeteilten Informationen, geht aber teilweise etwas mehr ins Detail. Die fünf Millionen Kronen der Finanzlandesdirektion Innsbruck wurden folgendermaßen aufgeschlüsselt: drei Millionen zwecks Auszahlung von Zulagen an das Eisenbahnpersonal, eine Million zwecks Aushilfen an Gemeinden zur Errichtung von Bürgerwehren und Verköstigungsstationen für die durchziehenden Truppen, sowie eine weitere Million zwecks Sicherstellung der Lehrergehälter und des Sach- und Personalaufwandes des Tiroler Nationalrates. Die weiters erwähnten eineinhalb Millionen Kronen wurden folgendermaßen aufgeschlüsselt: 500.000 Kronen an die Stadtgemeinde Schwaz zur Beschaffung von Lebensmitteln für die im Rückzug befindlichen Truppen und zur Bezahlung von Gagen und Löhnungen an diese, sowie eine Million „zur ratenweisen Behebung nach Maßgabe des Erfordernisses (für die Auszahlung von Teuerungszulagen an Lehrer)".

118 Erfolglassung: Ausfolgung.

119 StGBl. Nr. 24, Gesetz vom 14. November 1918, betreffend die Übernahme der Staatsgewalt in den Ländern, ausgegeben am 20. November 1918.

120 Vgl. StGBl. Nr. 24/1918, § 1, 2 und 4.

Gesetzgebungsaufgaben des Staates oder solchen autonomer Körperschaften, insbesondere des Landes, anzusehen sind. Im ersteren Falle wären sie endgültig für den Staat, im zweiten Falle aber kontokorrentmäßig zu Lasten des Landes zu verrechnen.[121]

Die Ausführungen des Referenten werden ohne Bemerkung zur Kenntnis genommen.

Landeshauptmann von S t e i n e r und Dr. W u t t e werfen sodann die Frage der Sicherung der Kriegsanleihe auf.

Unterstaatssekretär Dr. von G r i m m bemerkt hiezu, dass bezüglich der Sicherung des gemeinschaftlichen Zinsendienstes der Kriegsanleihe Verhandlungen im Zuge seien. Bisher habe die tschechoslowakische Regierung hinsichtlich der Teilnahme am Zinsendienste keine zustimmende Erklärung abgegeben, es sei aber zu hoffen, dass man doch zu einem günstigen Ergebnisse gelangen werde. Wenn wir mit den Tschechoslowaken ins Reine gekommen sein werden, dann sei die größte Schwierigkeit überwunden.[122]

Wirtschaftskommissär Dr. W u t t e ist der Ansicht, dass nicht weiter verhandelt werden, der nächste Coupon[123] vielmehr nicht mehr eingelöst werden sollte. Es gehe nicht an, dass sich der Deutschösterreichische Staat zum Sukzessor des alten Österreich aufwerfe.

Unterstaatssekretär Dr. von G r i m m erwidert hierauf, der Deutschösterreichische Staat habe das größte Interesse daran, dass die Kriegsanleihe nicht notleidend werde. Wenn wir

---

121 Im Konzept folgt hierauf noch folgender, ebenfalls in einer Mischung aus Normalschrift und Gabelsberger Stenographie abgefasste Absatz, der der Beilage zu Punkt 5 entnommen ist und sich auf die dort enthaltenen Aufschlüsselungen bezieht: „Die Beträge von zusammen rund 2 Millionen K können den Staat daher insoferne belasten, als es sich um die staatliche Beitragsleistung aufgrund des Gesetzes vom 26. August 1918 handelt. Wogegen der Betrag von 3 Mill K für Zulagen an das Staatseisenbahnpersonal als eine den Staat treffende Ausgabe erscheine, wobei nur die Berechtigung des Nationalrates bestritten werden könnte, derartige Zulagen überhaupt zu bewilligen. Bezüglich des restlichen Betrages von 1.5 Mill K, der im wesentlichen für die Verköstigung der Truppen und Errichtung von Bürgerwehren verwendet worden sei, dürfte wohl auch in erster Linie die Verpflichtung des Staates zur Leistung dieser Beträge anerkannt werden können. Das Gleiche gelte auch von dem zahlenmäßig nicht ausgegebenen Aufwand für den Personal- und Sachaufwand des Nationalrates, der in der Übergangszeit eben als einziges öffentliches Zentralorgan im Lande gewaltet habe." Mit dem erwähnten Gesetz war wohl RGBl. Nr. 319, Gesetz vom 26. August 1918, betreffend die Gewährung von Teuerungszulagen im Jahre 1918 an die aktiven und pensionierten Lehrpersonen der öffentlichen Volks- und Bürgerschulen sowie an die Witwen und Waisen nach solchen Lehrpersonen, ausgegeben am 31. August 1918, gemeint.

122 Am 10. November 1918 war aus Prag verlautbart worden: „Solange die finanziellen Beziehungen des czecho-slowakischen Staates zum österreichisch-ungarischen Ärar, beziehungsweise zum Finanzärar jener Staaten, die sich auf dem Territorium der ehemaligen österreichisch-ungarischen Monarchie befinden, nicht geregelt sind, können die Kassen des czecho-slowakischen Staates aus ihren Mitteln die fälligen Coupons und fälligen Stücke der österreichischen, ungarischen und der gemeinsamen Staatsschuld der Monarchie nicht honorieren. Der Národni Výbor wird sich aber um die sofortige Einlösung jener fälligen Guthaben bemühen [...]. Es liegt sonach im Interesse des Publikums, möglichst alle solchen Papiere den Steuerämtern vorzulegen, womit dem Národni Výbor zugleich eine verläßliche Unterlage zur Beurteilung darüber gegeben wird, welche Quote der Staatsschulden vor dem Kriege und der österreichischen und ungarischen Kriegsanleihen dem czecho-slowakischen Staate zur Übernahme zufällt." Vgl. Volkswirtschaftliche Chronik. Mit Benützung amtlicher Quellen herausgegeben von Dr. Karl Neisser, Jg. 1918, Nr. 11, November 1918, S. 335 „Der czechoslovakische Staat und die österreichisch-ungarischen Staatsschulden". Aufstellungen über die österreichisch-ungarischen Staatsschulden finden sich in AdR, StK, GZl. 995/1919. Der Akt enthält u. a. mehrere gedruckte „Denkschriften" des Staatsamtes der Finanzen vom Jänner 1919, in denen die Staatsschulden detailliert aufgeschlüsselt wurden. Eine Aufschlüsselung der Staatsschulden der österreichischen Reichshälfte sowie des Königreichs Ungarn in den Jahren 1913 bis 1918 findet sich in Rumpler/Schmied-Kowarzik (Bearb.), Die Habsburgermonarchie 1848–1918 XI/2, S. 355.

123 Coupon: Zinsschein, Zinsabschnitt (an Wertpapieren).

die Coupons nicht einlösen sollten, würde dies für die kleinen Rentner und für die verschiedenen Wohlfahrtsfonds, welche Kriegsanleihe gezeichnet haben, geradezu eine Katastrophe bedeuten, zumal wir den größten Teil der Kriegsanleihe besitzen.[124]

Wirtschaftskommissär Dr. W u t t e hält dafür, dass zunächst festgestellt werden sollte, in wessen Hände sich die Kriegsanleihe befinde und woher die Mittel zur Einlösung der Coupons stammen.

Unterstaatssekretär Dr. von G r i m m gibt hierauf bekannt, dass die Mittel zum Teil aus der sogenannten Redlichschen Anleihe stammen und alles bisher gezahlte aus gemeinsamen Mitteln erfolgt worden sei[125]; weiters sei der Erlös aus den Kassenscheinen der Österreichisch-ungarischen Bank herangezogen worden. Was die Feststellung der Besitzverhältnisse der Kriegsanleihe anbelange, so sei dies ein sehr schwieriges Problem. Ein unbedingt sicheres Mittel, das Zuströmen von Kriegsanleihe nach Deutschösterreich zu verhindern, gebe es nicht. Würden wir dies tun, so würden wir den Anschein erwecken, als ob wir dem für uns ungünstigen Territorialitätsprinzip zustimmen, während wir doch einen Teilungsmodus anstreben müssen, der unserer Leistungsfähigkeit gerecht wird. Auf die weitere Anfrage Dr. W u t t e s, ob die anderen Nationen mit der Verwendung der gemeinsamen Mittel einverstanden seien, erwidert Unterstaatssekretär Dr. von G r i m m, die Regierung zweifle nicht daran, dass bezüglich der am 1. Jänner erfolgten Auszahlungen die Zustimmung der fremden Nationalstaaten nachträglich einlangen werde.

Landeshauptmann von S t e i n e r bittet, sobald als möglich Klarheit in diese überaus wichtigen Fragen zu bringen. Die gegenwärtige Unsicherheit übe einen nachgerade unerträglichen Druck auf unsere ganze Volkswirtschaft aus.[126]

---

124 Im Konzept folgt der gestrichene Satz: „Alles was bisher gezahlt wurde, sei aus gemeinsamen Mitteln gezahlt worden."

125 Am 6. November hatte k.k. Finanzminister Dr. Josef Redlich mit Duldung der deutschösterreichischen und der tschechoslowakischen Regierung einen Kredit über zwei Milliarden Kronen bei der Österreichisch-ungarischen Bank aufgenommen, mit dem die dringendsten finanziellen Bedürfnisse bestritten werden sollten, etwa die Auszahlung von Gehältern und Pensionen. Vgl. Haas, Historische Einleitung, S. XXXVII. Details zur Aufnahme dieser Anlage finden sich etwa in FHKA, k.k. Finanzministerium, Allgemeine Abteilungen, StAF, Zl. 3.519/1918; weiters vgl. AdR, StK, GZl. 763/1919. Letztgenannter Akt enthält u. a. die Anfang Februar 1919 ergangene Beantwortung einer Anfrage der Abgeordneten Teufel und Genossen, „betreffend die Gebarung mit Vermögensteilen des Deutschösterreichischen Staates", gestellt in der Sitzung der Nationalversammlung vom 22. November 1918 (Sten. Prot. Prov. NV, 5. Sitzung, S. 119), durch Staatssekretär Steinwender. Steinwender gab darin einen Überblick über die Aufnahme der erwähnten Anleihe und die weitere Verwendung bestimmter Teile davon. Zu dieser Anleihe vgl. weiters Neue Freie Presse. Morgenblatt, 8. November 1918, S. 6 „Inland. Der Deutsche Volksrat gegen die Milliardenanleihe"; Wiener Zeitung, 8. November 1918, S. 2 „Kreditoperationen": „Der k.k. Finanzminister Dr. Redlich hat mit der Österreichisch-ungarischen Bank auf Grund der im Budgetprovisorium eingeräumten, noch nicht ausgenutzten Kreditbewilligung eine Vereinbarung über einen Vorschuß abgeschlossen, durch welchen die noch laufenden und demnächst fällig werdenden Verpflichtungen erfüllt werden sollen, soweit diese sich auf die noch gemeinschaftlichen Interessen der neuen Nationalstaaten beziehen." Vgl. auch Volkswirtschaftliche Chronik, Jg. 1918, Nr. 12, Dezember 1918, S. 360 „Die österreichischen Staatsschulden"; SRP Nr. 19 vom 5. November 1918.
Dr. Josef Redlich, 21. Oktober 1918 bis 16. Februar 1919 Mitglied der Provisorischen Nationalversammlung, DnP, 27. Oktober bis 11. November 1918 k.k. Finanzminister.

126 Der tschechoslowakische Finanzminister Rašin ließ in weiterer Folge die Lombardierung (die Gewährung kurz- und mittelfristiger Kredite gegen Verpfändung von Wertpapieren, Wechseln usw.) der Kriegsanleihen durch die Österreichisch-ungarische Bank stoppen und bemerkte dazu am 21. Jänner 1919, er denke, dass „der Generalrat der Bank mir in Wirklichkeit für diese Verfügung dankbar sei, mit der ich das Odium auf mich nahm, die Lombardierung zu verbieten, und den Generalrat zwang, die Lombardierung auch in Wien und sonst überall nicht durchzuführen. […] Die [tschechoslowakische; Anm.] Regierung treffe Vorkehrungen, um die Auswüchse der Banknoteninflation zu beseitigen. Hiezu

Landeshauptmannstellvertreter O t t bringt sodann die Frage der Überweisungen an die Länder zur Sprache, die, soweit das Land Salzburg in Betracht komme, ungefähr ein Drittel der Gesamtbedürfnisse ausmachen. Die Landesregierungen wüssten nun nicht, ob diese Leistungen des Staates an die Länder auch für das Jahr 1919 in der gleichen Höhe erfolgen werden. Das Gleiche gelte bezüglich der Teuerungszulagen.

Unterstaatssekretär Dr. von G r i m m erwidert, dass hiefür bei der Zusammenstellung des Budgets bis Ende Juni 1919 entsprechend vorgesorgt worden sei. Die bezüglichen Mitteilungen seien den Ländern zum Teil schon zugekommen und würden weitere Verständigungen in der nächsten Zeit noch nachfolgen.

Wirtschaftskommissär Dr. E i s l e r befürwortet die rasche Vorschreibung der Kriegsgewinnsteuer[127] und weist auf den enormen Schaden hin, den der Staat dadurch erlitten habe, dass mittlerweile viele Steuerträger, die bei rechtzeitiger Vorschreibung der Kriegsgewinnsteuer diese noch dem Staate Deutschösterreich entrichtet hätten, sich jetzt in den fremden Staaten befinden. Es wäre auch von Interesse, zu erfahren, ob die ganz enormen Steuerrückstände in den jetzt abgetrennten Gebieten seinerzeit bei der Liquidierung in Berücksichtigung gezogen werden.

Finanzrat Dr. von P f a u n d l e r erteilt die einschlägigen Auskünfte, die vom Anfragesteller zur Kenntnis genommen werden.

6
Vereinheitlichung der gesamten Agenden des Gesundheitswesens einschließlich der Agenden des Militärgesundheitswesens in den einzelnen Ländern (Landesgesundheitsämter)

Staatssekretär Dr. K a u p macht von den auf die Frage der Schaffung von Landesgesundheitsämtern gerichteten Bestrebungen der Regierung Mitteilung. Durch die Zusammenlegung der autonomen und der ehedem landesfürstlichen Verwaltung sei es erforderlich geworden, sich mit der Frage der Zusammenfassung aller in den beiden Verwaltungszweigen verstreuten Agenden zu befassen. Hiezu würde noch eine Reihe von neuen Agenden, insbesondere die gesundheitliche Jugendfürsorge, Mutterschafts- und Säuglingsfürsorge, Schulärztewesen, Bekämpfung der Volkskrankheiten, Fürsorge für die Geschlechtskranken, Malariafürsorge u. dgl. kommen, eine Fülle von Aufgaben, die man unter der Bezeichnung „Volkserneuerung" und „Volksertüchtigung" zusammenfasse. Daraus ergebe sich die Notwendigkeit – auf die bereits die Landesregierung in Graz richtigerweise aufmerksam gemacht habe – diese Agenden einschließlich des Militärgesundheitswesens in den einzelnen Ländern in Landesgesundheitsämter zu vereinigen. Redner erbitte sich einschlägige Anregungen der Landesvertreter.

Landeshauptmannstellvertreter P r e u ß l e r und Wirtschaftskommissär Dr. W u t t e begrüßen diese Anregungen der Zentralregierung auf das wärmste.

---

gehöre auch das Verbot der Lombardierung der Kriegsanleihe." Vgl. Volkswirtschaftliche Chronik, Jg. 1919, Nr. 1, Jänner 1919, S. 16 „Finanzminister Dr. Rašin über Steuern, Kriegsanleihe und Währungsfragen". Zu dieser Frage vgl. weiters Der Österreichische Volkswirt, 11. Jg., Nr. 7 vom 16. November 1918, S. 103–106 „Deutschösterreichische Finanzfragen"; Berichte aus den neuen Staaten, 2. Jg., Nr. 60 und 61 vom 2. April 1919, S. 410 „Verordnung der Regierung der tschecho-slowakischen Republik vom 14. März 1919, betreffend das Verbot des Lombardes von Wertpapieren und der Ausfolgung von verwahrten Valuten, Gold und Silber".
Dr. Alois Rašin, 14. November 1918 bis 8. Juli 1919 und 7. Oktober 1922 bis 18. Februar 1923 tschechoslowakischer Finanzminister.

127 RGBl. Nr. 103, Kaiserliche Verordnung vom 16. April 1916 über die Einführung einer außerordentlichen Steuer von höheren Geschäftserträgnissen der Gesellschaften und vom Mehreinkommen der Einzelpersonen (Kriegsgewinnsteuer) sowie Sicherungsmaßnahmen für die Einhebung dieser Steuer, ausgegeben am 18. April 1916.

Landeshauptmann von S t e i n e r weist darauf hin, dass das Land Niederösterreich bereits an der Gründung eines weitausgreifenden Wohlfahrtsamtes arbeite.

Landeshauptmannstellvertreter Dr. Freiherr von S t e r n b a c h führt aus, dass die Voraussetzung für eine derartige einheitliche Gestaltung aller Angelegenheiten des Gesundheitswesens vor allem auch die schleunigste Vereinigung der einschlägigen Agenden selbst wäre. Das Landesgesundheitsamt müsste aber jedenfalls und unbedingt nur eine Abteilung der Landesregierung bleiben.

Landesrat Dr. R e h r l betont, dass die getrennte Geschäftsführung vorläufig insolange aufrecht bleiben müsse, als die bisherige finanzielle Trennung der beiden Verwaltungen nicht beseitigt sei.

Staatssekretär Dr. K a u p kommt auf das Vorgebrachte zurück und konstatiert zunächst, dass eine Sonderstellung des Gesundheitswesens mit seinen Vorschlägen nicht verfolgt werde und die Organisation der Landesgesundheitsämter von vornherein nur im Rahmen der Landesregierungen gedacht sei. Die Frage der völligen Vereinheitlichung sei allerdings augenblicklich noch schwierig, besonders was die Krankenanstalten anbelange. Es bestehe jedoch die Absicht, einen Gesetzentwurf über die Errichtung und Betriebführung von Krankenanstalten, einschließlich aller Spezialanstalten, ehestens in Vorlage zu bringen. Diesem Gesetze zufolge werden die einzelnen Länder eigene Durchführungsverordnungen für ihre Gebiete zu erlassen haben. Der sprechende Staatssekretär bitte die Vertreter der einzelnen Länder, bereits jetzt im Sinne des Gedankens der Vereinheitlichung aller gesundheitlichen Agenden in einem Amte oder einer Abteilung zu wirken.

Der Vorsitzende konstatiert abschließend das allseits zutage getretene volle Einverständnis der Landesvertreter mit den einschlägigen Absichten des Staatsamtes für Volksgesundheit.[128]

7
Bestellung eines dem Landesamtsdirektor koordinierten Baudirektors für die Leitung der gesamten Agenden des staatlichen Baudienstes

Namens des augenblicklich abwesenden Staatssekretärs für öffentliche Arbeiten führt Sektionschef Ingenieur R e i c h aus, dass die Notwendigkeit einer ausgreifenden Neuorganisierung des technischen Dienstes – besonders in der gegenwärtigen Zeit des Überganges zur Friedenswirtschaft – wohl nicht erst besonders betont zu werden brauche. Bisher habe der staatliche und der Landesbaudienst parallel nebeneinander gearbeitet, was schon aus staatsfinanziellen Gründen nicht länger geduldet werden könne. Die Zusammenfassung der autonomen und staatlichen Verwaltung auf diesem Gebiete sei eine der dringendsten Angelegenheiten. Die Frage könne aber nur auf gesetzlichem Wege gelöst werden. Geplant sei die Zusammenfassung dieser Agenden in der Form einer Landesbaudirektion bei den einzelnen Landesregierungen, die diesen natürlich unmittelbar unterstellt sein soll. Auch der Vorschlag über die Einteilung der einzelnen Referate hätte den Landesregierungen überlassen zu bleiben. Das Prinzipielle sei nun, in welcher Weise die Stellung dieser Baudirektion dem verantwortlichen Landeschef gegenüber wäre. Das Staatsamt für öffentliche Arbeiten sei diesfalls der Auffassung, dass der Baudirektor dem Landeshauptmann unmittelbar zu unterstellen wäre. Die Verantwortung müsse er jedenfalls allein tragen. Das könne er nur, wenn er absolute Bewegungsfreiheit habe; letztere aber wäre auch die erste Voraussetzung

---

128 Vgl. StGBl. Nr. 327, Gesetz vom 15. Juli 1920 über die Errichtung, die Erhaltung und den Betrieb öffentlicher Heil- und Pflegeanstalten (Krankenanstaltengesetz), ausgegeben am 28. Juli 1920; KRP Nr. 158/10 vom 9. März 1920. Zur Kompetenzverteilung zwischen Bund und Ländern bei der Verwaltung der Krankenanstalten vgl. im genannten Gesetz vor allem die Abschnitte IV („Krankenanstaltensprengel und Krankenanstaltenausschüsse"), V („Verwaltung der öffentlichen Heil- und Pflegeanstalten") sowie X („Aufsichtsrecht der Staatsverwaltung und des Landesrates").

für die Entfaltung einer gegenwärtig mehr denn je erstrebenswerten Initiative. Eine Unterstellung des Baudirektors unter den Landesamtsdirektor würde diesem Ziele zweifellos hinderlich im Wege stehen. Redner betone hiebei ausdrücklich, dass das Staatsamt für öffentliche Arbeiten jedoch nicht daran denke, diese Baudirektionen sich unmittelbar zu unterstellen und auf deren Tätigkeit auch nur den geringsten Einfluss mit Umgehung des Landeschefs auszuüben.

Landeshauptmann von S t e i n e r hält die Vereinigung der beiden Baudienste nicht für schwierig und ist auch unter Hinweis auf das bereits bestehende Beispiel Wiens mit der direkten Unterstellung des Landesbaudirektors unter den Landeshauptmann einverstanden.

Wirtschaftskommissär Dr. E i s l e r erklärt im Namen des Landeshauptmannes in Graz mit diesem Vorschlage in der Form, wie er hier vorgebracht worden sei, keinesfalls einverstanden zu sein. Es werde damit nur die bekannte, ständig wiederkehrende Forderung der Techniker vertreten, ohne dass aber auf die Bedürfnisse des Dienstes genügend Bedacht genommen würde. Dass der Landesbaudirektor dem Landespräsidenten selbst und unmittelbar referiere, sei etwas Selbstverständliches. Der Landesamtsdirektor aber müsse unbedingt das Haupt des gesamten Personalapparates bleiben. Eine Auseinanderlegung sei absolut unmöglich, soweit es sich um die innere Beamtenorganisation handle, weshalb es daher ausgeschlossen erscheine, zwei voneinander völlig gesondert arbeitende Spitzen zu bestellen. In bloßen Kanzleifragen dürfe also eine solche Teilung nicht vorgenommen werden, zumal auch manche Agenden überhaupt gemeinsam seien. Hiezu komme, dass dann mit vollem Recht auch der Gesundheitsreferent den gleichen Anspruch erheben würde, in der Folge noch andere Referenten, so dass schließlich in jedem Lande eine Art Ministerium mit allen seinen Weitwendigkeiten und Kompetenzstreitigkeiten entstehen würde. Die gegenwärtige politische Teilung würde dann natürlicherweise auch auf den bürokratischen Apparat übergreifen.

Landeshauptmannstellvertreter Dr. Freiherr von S t e r n b a c h schließt sich der Anschauung des Vorredners vollständig an. Mit derartigen Organisationen käme man unfehlbar auf den Weg der Landesministerien.[129] Redner müsse sich daher nicht nur rücksichtlich der Baudirektion, sondern auch bezüglich des Gesundheitsamtes auf das schärfste gegen die Schaffung von Ämtern mit Selbständigkeitscharakter aussprechen. Das Land Tirol werde die Verwaltung nach Abteilungen einrichten, wobei aber alle Beamten dem Landesamtsdirektor als Oberhaupt unterstehen; diesem werde es gewiss nicht einfallen, in Spezialfragen allein zu referieren beziehungsweise zu handeln, er werde schon zu seiner eigenen Deckung immer den Fachmann beiziehen. Um jedem Zweifel von vorneherein zu begegnen, möchte Redner noch besonders betonen, dass nach seiner Anschauung der Landesamtsdirektor auch nicht unbedingt Jurist sein müsse; selbstverständlich werde auch ein Techniker, ein weitblickender Kaufmann u. dgl. diesen Posten übernehmen können. Auf das schärfste müsse aber dagegen Stellung genommen werden, dass jetzt von einzelnen Verwaltungszweigen die augenblicklich nicht ungünstige Gelegenheit dazu benützt werde, um Sonderbestrebungen zu verfolgen, die nicht zur Vereinfachung, sondern nur zur Zersplitterung und zu hohen finanziellen Aufwendungen führen.[130]

Landeshauptmannstellvertreter O t t schließt sich dieser Auffassung namens der Landesregierung Salzburg vollständig an und bemerkt, es würde damit nur Zwietracht in die Beamtenschaft zum großen Nachteile der Verwaltung gebracht werden.

---

[129] Im Konzept stattdessen: „Wir hätten dann Landesministerien. Damit wäre die Schwächung des Hauptes gegeben."

[130] Im Konzept folgt der gestrichene Satz: „Er warne das Staatsamt f. Unterricht vor einem derartigen Schritte und mache schon jetzt darauf aufmerksam, dass das Staatsamt diese Bewegung gar nicht werde zurückdämmen können."

Landesrat Breitenfelder tritt diesen Ausführungen gleichfalls bei und betont, es bestehe auch gar keine Notwendigkeit, gerade jetzt an eine Änderung der bisherigen Verhältnisse zu schreiten, zumal bisher keine begründeten Klagen vorgebracht worden seien.

Sektionschef Reich führt aus, es scheine ein Missverständnis vorzuliegen. Die zur Diskussion gestellte Frage solle nur dem Staatsamt zu einer Orientierung im Gegenstande verhelfen. Die Bemerkung eines Vorredners, dass es sich hier um eine Standesfrage der Techniker handle, müsse er als absolut unrichtig auf das entschiedenste zurückweisen. Es sei vielmehr einzig und allein nur der Gedanke vorwaltend, dass derjenige, der seine Aufgaben richtig und rasch durchführen soll, auch die entsprechende Bewegungsfreiheit besitzen müsse und die volle Verantwortung zu tragen habe. Das vom Redner vertretene Staatsamt halte sich hiebei jedenfalls nichts anderes als eine Stärkung der Stellung der einzelnen Landesregierungen vor Augen.

Der Vorsitzende unterbricht sodann die Verhandlungen um 8 Uhr abends und beraumt deren Fortsetzung für den 5. Jänner l. J. um halb 5 Uhr nachmittags an.

Der Vorsitzende nimmt die Verhandlung zur festgesetzten Stunde wieder auf.

8
Volkswehr

Wirtschaftskommissär Dr. Wutte stellt das Ersuchen, den raschesten Abbau der Volkswehr vorzunehmen, da sich bei derselben Elemente sammeln, welche eine Gefahr für die private Sicherheit der Bürger sind[131].[132] Redner bittet auch um Mitteilung, wie dieser Abbau

[131] Im Konzept noch: „...und infolgedessen ein empfindlicher Entgang an Arbeitskräften für die Produktion sich fühlbar mache."

[132] Zu den mit der Volkswehr verbundenen Problemen, insbesondere der Disziplinlosigkeit, vgl. Erwin Steinböck, Entstehung und Verwendung der Volkswehr, in: Saint-Germain 1919. Protokoll des Symposiums am 29. und 30. Mai 1979 in Wien (= Wissenschaftliche Kommission zur Erforschung der Geschichte der Republik Österreich. Veröffentlichungen 11), Wien 1989, S. 180–200, hier S. 197–200. Weiters vgl. etwa AdR, StK, GZl. 327/1919. Der Akt enthält Informationen über Aktionen der Volkswehr gegen Schleichhändler, wodurch sie jedoch die Zuständigkeit der Polizeiorgane unterlief und entsprechendes Missfallen erregte. Vgl. unter der genannten Grundzahl beispielsweise Zl. 327/3/1919, Aktion der Volkswehr in Wien zur Fahndung nach Lebensmitteln und Beschlagnahme derselben. In diesem Akt wurde beklagt, dass die „Aktion der Volkswehr in Wien zur Fahndung nach Lebensmitteln und Beschlagnahme derselben bei Geschäftsleuten und in Privatwohnungen" ungesetzlich sei, überdies seien die Erfolge dieser Maßnahmen eher dürftig. Die eigentliche Zuständigkeit liege bei dem eigens für derartige Zwecke eingerichteten Kriegswucheramt der Polizeidirektion. Ausführlich vgl. auch Zl. 327/1/1919, Beschlagnahmeaktion der Volkswehr. Hier wurde u. a. dargelegt, dass Polizeiorgane die Volkswehrleute bei ihren Aktionen begleiten müssten, da letztere sonst eigenmächtig vorgehen würden, aber: „In den Wirkungen äussert {sic!} sich dann dieses Einschreiten als nichts anderes, denn als eine polizeiliche Assistenz zu einer nicht in den Wirkungskreis der Volkswehr fallenden Tätigkeit und involviert eigentlich die Maskierung eines ungesetzlichen Vorgehens mit dem Scheine der Gesetzlichkeit. [...] Auch erregt die Art des Einschreitens unnötiges Aufsehen, schädigt den Ruf desjenigen, in dessen Räumen die Revision vorgenommen wird und erzeugt schliesslich {sic!} eine Unsicherheit in der Bevölkerung, die umso bedenklicher ist, als in vielen Fällen die Revisionen sich als völlig ergebnislos und unbegründet erwiesen haben." Eine detaillierte Schilderung des Ablaufs einer Hausdurchsuchung, die ausgerechnet die Hauptanstalt für Sachdemobilisierung traf, und das hierbei an den Tag gelegte Benehmen und Verhalten der Volkswehrleute, die sich einer von Unterstaatssekretär Deutsch ausgestellten, allerdings sehr allgemein gehaltenen Vollmacht bedienten, findet sich in AdR, StK, GZl. 334/1919, Hausdurchsuchung in der Hauptanstalt für Sachdemobilisierung auf Grund einer Vollmacht des Unterstaatssekretärs Dr. Deutsch des Staatsamtes für Heereswesen. Vgl. auch AdR, StK, GZl. 768/1919, Beschlagnahme von Tabakfabrikaten seitens der Volkswehr am Bahnhofe in Aspang; weiters Verordnungsblatt des Staatsamtes für Volksernährung, Jg. 1919, Nr. 8,

gedacht ist und ob auch die Herabsetzung der außerordentlich hohen Gebühren in Aussicht genommen sei.

Statthaltereirat Graf C a s t e l l schildert die einschlägigen Verhältnisse im Lande Niederösterreich. Es seien bereits alle möglichen Schritte unternommen worden, um den Abbau der Volkswehr durchzuführen; die Landesregierung hätte zu diesem Zwecke einen Beamten beim Landesbefehlshaber in Wien exponiert, der den Standpunkt der Landesregierung an dieser Stelle zu vertreten habe. Am 23. Dezember v. J. habe eine gegenständliche Sitzung aller beteiligten Stellen unter Zuziehung der Soldatenräte stattgefunden, wobei sich gezeigt habe, dass der erwünschte Abbau gegenwärtig sehr schwer möglich sei. In Niederösterreich zähle man gegenwärtig 32.000 Volkswehrmänner, davon sollten 17.000 entlassen werden. Bei der fraglichen Sitzung sei nun der Antrag gestellt und auch angenommen worden, es möge die Standesminderung auf einen günstigeren Zeitpunkt, d. i. bis zum Abflauen der Kohlen- u. Lebensmittelkrise sowie nach den Wahlen verschoben werden. Gegenwärtig beschränke man sich darauf, nur jene Mitglieder der Volkswehr zu entlassen, die sich eines Verbrechens schuldig gemacht haben. Die Zahl der auf diese Weise Entfernten sei übrigens nicht gering. Auch sei die Werbung für die Volkswehr bereits gesperrt worden.

Unterstaatssekretär Dr. D e u t s c h weist darauf hin, dass in einer Verordnung des Staatsamtes für Heerwesen, die bereits am 13. Dezember v. J. erlassen worden sei, alle von Dr. W u t t e aufgeworfenen Fragen beantwortet wären. Nach dieser Verordnung sei der Abbau der Volkswehr in Steiermark von 14.000 Mann auf 4.000 Mann angeordnet. Die große Zahl der Heeresangehörigen in Steiermark erkläre sich daraus, dass dort die frühere Armee von der Volkswehr noch nicht getrennt worden sei. Die besagte Verordnung ordne auch an, dass dieser Abbau von der Landesregierung durchzuführen sei. Sowohl in Niederösterreich wie auch in einigen anderen Ländern sei übrigens wahrzunehmen, dass sich die Volkswehr konsolidiere. Es müssten eben die Landesregierungen selbst hiebei tatkräftig mithelfen. Auf die Gebührenfrage übergehend, bemerkt Redner, dass Wien und Niederösterreich mit Rücksicht auf die erschwerten Lebensverhältnisse höhere Gebühren erheischen und dass hierselbst das festgesetzte Ausmaß nicht zu hoch erscheine.[133] Seitens des Staatsamtes für Heerwesen geschehe alles Mögliche, um den Abbau so rasch als möglich durchzuführen. Es könne jedoch der werktätigen Unterstützung der Landesregierungen nicht entbehren.

Auf eine Anfrage Dr. W u t t e s, ob die in Steiermark gegenwärtig noch vorhandenen technischen Bataillone, die erwiesenermaßen keine Beschäftigung erhielten, nicht etwa zu privaten, jedoch im öffentlichen Interesse gelegenen Bauten (Bahnbauten, Straßenbauten usw.) herangezogen werden dürfen und wie im bejahenden Falle die Gebührenfrage zu lösen wäre, erwidert Staatssekretär M a y e r, dass ihm von der Existenz dieser Formationen nichts bekannt gewesen sei, dass deren Auflösung jedoch nunmehr vom Staatsamte für Heerwesen unverzüglich in die Wege geleitet werden würde.

Wirtschaftskommissär Dr. E i s l e r wirft die Frage der Abfertigung der demobilisierten Mannschaft auf und bringt weiters die Verhältnisse in den ehemaligen Militärlagern zur Sprache. Es fehle an einer klaren Bestimmung, wem in diesen Lagern die Befehlsgewalt zustehe. Die Hinausgabe ehester und strengster Weisungen sei dringendst geboten.

Staatssekretär M a y e r reflektiert auf die erstere Anfrage dahin, dass über das in den alten Vorschriften enthaltene Ausmaß nicht hinausgegangen werden könne; rücksichtlich der

---

30. April 1919, S. 212 „Mitwirkung der Volkswehr bei der Kriegswucherbekämpfung in Wien"; Verordnungsblatt des Staatsamtes für Justiz, Jg. 1919, Nr. 7, 31. Mai 1919, S. 71 f „Anzeigen gegen aktive Militärpersonen einschließlich der Volkswehrmänner wegen Übertretung verwaltungsrechtlicher Vorschriften".

[133] Im Konzept folgt der gestrichene Satz: „Die Volkswehrmänner ziehen den Dienst in der Volkswehr durchaus nicht der Arbeit vor, welche gewiss besser entlohnt werde."

Militärlager bitte er um entsprechende Informationen, worauf die gewünschten Weisungen sofort erlassen werden würden. Soweit mehrfach eingelangte Meldungen besagen, hätten sich die Gemeinden wiederholt selbst geholfen.

Der Vorsitzende stellt fest, dass im Zuge der Debatte die einhellige Auffassung zutage getreten ist, es sei der Abbau der Volkswehr energisch in Angriff zu nehmen beziehungsweise fortzusetzen. Die verlangte Herabminderung der Gebühren werde sich mit der Herabsetzung der Volkswehrbestände von selbst ergeben. Die Budgetfrage müsse ebenfalls ehestens ins Reine gebracht werden. Die Frage der technischen Bataillone in Steiermark sei befriedigend gelöst, die Frage der Abfertigung der Mannschaft aufgeklärt worden.[134]

9
Künftige Organisierung der Länderkonferenzen

Landeshauptmannstellvertreter Dr. Freiherr von S t e r n b a c h führt aus, dass die Abhaltung der Länderkonferenzen, wie sich bereits aus den bisherigen Tagungen ergeben habe, eine unbedingte Notwendigkeit sei. Im Interesse der Ersparung von Zeit und Mühe, wie nicht zuletzt im sachlichen Interesse, sei es aber gelegen, diese Länderkonferenzen in der Weise umzugestalten, dass lediglich fest umschriebene Programme, die den Landesregierungen von der Zentralregierung unter Anschluss allen einschlägigen Materials rechtzeitig zuzumitteln wären, den Verhandlungen zugrunde gelegt werden. Hiedurch würde den Landeshauptmännern die Möglichkeit geboten sein, alle jeweils zuständigen Referenten den Beratungen beizuziehen und sich vorher über die zur Sprache gelangenden Punkte, zugleich an der Hand der Regierungsentwürfe, genauestens zu informieren beziehungsweise vorzubereiten. Auch würde es sich empfehlen, diese Konferenzen in eine mehr zentral gelegene Stadt zu verlegen. Ein ganz besonderer Wert müsste darauf gelegt werden, dass wichtige und prinzipielle Gesetzentwürfe, insbesondere solche, die auf die Länder einen Rückschlag üben, den Landesregierungen noch vor deren Einbringung im Staatsrat zur Stellungnahme mitgeteilt werden.

Wirtschaftskommissär Dr. W u t t e pflichtet diesem Standpunkt im allgemeinen bei, vermag jedoch einer Verlegung dieser Konferenzen außerhalb Wiens nicht das Wort zu führen, da damit nur eine ungemeine Erschwernis auf Seite der Staatsregierung verbunden wäre.

Landeshauptmannstellvertreter O t t und Landesrat Dr. R e h r l[135] schließen sich den Ausführungen Freiherrn von S t e r n b a c h s an und bemerken, dass die Landesregierung in Salzburg besonderes Gewicht darauf legen müsse, über den Wortlaut des Rahmengesetzes, betreffend die Landesordnung und Landeswahlordnung, noch bevor dasselbe im Staatsrat zur Beratung gelangt, informiert zu werden; auch müsse den Landesversammlungen bezüglich der Wahlkreiseinteilung und der Bestimmung der Zahl der Mandate volle Freiheit gegeben

---

134 Zum allmählichen Abbau der Volkswehr, auf den auch die Siegermächte (insbesondere Italien mit Blick auf die Südtirolfrage) drängten, vgl. Glaubauf, Die Volkswehr, S. 142–145. Der Vertrag von Saint-Germain-en-Laye bedeutete das Ende der Volkswehr, indem er Deutschösterreich die Aufstellung eines Berufsheeres und einen Höchststand von 30.000 Offizieren (Artikel 120) vorschrieb. Vgl. ebendort, S. 144. Im Zusammenhang damit vgl. StGBl. Nr. 120, Gesetz vom 17. März 1920, womit Maßnahmen zur Ausscheidung der überzähligen Berufsmilitärpersonen aus dem aktiven Militärdienstverhältnis getroffen werden (Militärabbaugesetz); StGBl. Nr. 122, Wehrgesetz vom 18. März 1920, beide ausgegeben am 27. März 1920.

135 Im Konzept ab hier folgendermaßen: „...kommen namens der Landesregierung Salzburg gleichfalls auf diese Frage zu sprechen und bemerken, dass die Landesverwaltung besonderes Gewicht darauf legen müsse, dass die Organisation der Landesverwaltung ihr unbedingt vorgelegt werden muss, ehe sie im Staatsrat zur Beratung gelangt. Das Land wolle wissen, welche Stellung der Staatsrat zu dieser Frage einnimmt.“

werden. Da das Land Salzburg noch in diesem Monat einschlägige Beschlüsse fassen will, ersuchen sie um eheste diesfällige Mitteilungen durch die Staatsregierung.[136]

Unterstaatssekretär R i e d l führt aus, er verstehe die Anregung des Freiherrn von S t e r n - b a c h dahin, dass eine und dieselbe Länderkonferenz sich nur mit einem beschränkten und genau abgegrenzten Kreise von Dingen befassen sollte. Diesem Antrage könne Redner nur vollkommen beipflichten, ebenso auch dem Wunsche der Landesverwaltungen, dass sie bei wichtigen Aktionen beziehungsweise vor der Einbringung diesbezüglicher Gesetzentwürfe gehört werden und dass ihnen bei wirtschaftlichen Fragen auch ein erhöhter Einfluss gewahrt werde.[137] Redner unterstützt daher den Antrag dahin, die Staatskanzlei möge die Tagesordnungen so festsetzen, dass bei jeder Tagung nur eine bestimmte Gruppe von Angelegenheiten verhandelt werde, damit die Landeshauptmänner dieser Art in die Lage versetzt würden, hiezu die jeweils berufenen Referenten mitzunehmen.[138]

Schluss der Sitzung 8 Uhr abends.

---

136 Den Entwurf eines Rahmengesetzes über die Gemeinde- und Landeswahlordnungen vgl. in KRP Nr. 36, Anhang I.

137 Im Konzept folgt diese gestrichene Passage: „Man werde bei den Staatsämtern Einrichtungen schaffen müssen, die mit den einzelnen Landesregierungen in steter Verbindung stehen. Wir seien angewiesen auf die Mithilfe der Landesregierungen."

138 Zur nächsten Länderkonferenz vgl. KRP Nr. 36.

Stenogramm vom 4. und 5. Jänner 1919

Renner: Begrüßt die zweite Länderkonferenz aufs Herzlichste und wünscht allen Teilnehmern und den Vertretern ein glückliches neues Jahr. Hoffen wir, dass wir die Schwierigkeiten der Begründung des Staatswesens und der Neuordnung des Staatswesens endgültig überwinden werden.
Seit der letzten Tagung haben sich die Verhältnisse im Großen und Ganzen günstig entwickelt, das Zusammenarbeiten hat sich jedenfalls reibungsloser gestaltet wiewohl noch sehr viel zu wünschen übrig geblieben ist. Wir werden am 12./1. zwei Monate der neuen Staatsform zählen. Es darf uns nicht wundern, dass wir in dieser kurzen Zeit noch so wenig in Ordnung gekommen sind, was die innere Adm.[inistration] betrifft. Der Mangel dieses Zusammenarbeitens erklärt sich zum größten Teil dadurch, dass die lokalen Stellen und mittleren Stellen an vielen Stellen zum eigenen Handeln gezwungen waren, weil die Zentralstelle zu spät kam und nicht zu erreichen war und selbst auch zu viel zu tun hatte. Das war notwendig bei der Abwehr innerer Unruhen, im Verpflegungsdienst und bei vielen Maßregeln der Sachdemobilisierung.
Es bleibt ein notwendiges Ziel, in dem alle Stellen einig sind, dass die Zusammenarbeit endlich auf einer gesetzlichen Basis hergestellt wird. Bei den Kabinettsberatungen der letzten vier Wochen sind von Seite der einzelnen Ressortverwalter zahlreiche Klagen über Unstimmigkeiten und mangelnde Folgeleistung laut geworden. Diese Klagen sind sehr ernst: sie haben gezeigt, dass die zentrale Verwaltung in manchen Fällen, wo sie dem einen Land zu Hilfe kommen wollte, [dazu] außer Stand war, weil die Mittel in dem anderen Land sich befanden und nicht heraus zu bekommen waren; auch Unbotmäßigkeiten der Bezirkshauptmannschaften den Landesregierungen gegenüber, [der] Gemeindeverwaltungen den Bezirkshauptmannschaften gegenüber.
Diese Erscheinungen bedrohen [uns] mit der allgemeinen Auflösung. Wir gehen den schwersten Zeiten entgegen, was die innere Verwaltung betrifft. Arbeitslose schon ganze Legionen, Fabriken stehen still. Die Menschen entwöhnen sich der Arbeit. Wir sind gezwungen, einem großen Teil den täglichen Unterhalt in Form von Staatsgaben zuzuwenden. Wir sind noch immer dazu gezwungen, das tägliche Brot vielfach unter dem Selbstkostenpreis hinauszugeben, so dass wir in eine allgemeine Defizitwirtschaft hineintreiben.
Wir haben deshalb die Aufgabe, die Produktion wieder in Gang zu bringen, wieder Zucht in unser Volk zu bringen, nicht in dem alten Sinn eines blinden Gehorsams, aber in einer Disziplinierung ... Aber nur dann, wenn die staatlichen Stellen auch diese Zucht beobachten, wir als Staat das Beispiel einer freiwilligen Einordnung ins Ganze geben, sonst werden wir unsere Aufgabe nicht bewältigen.
Dazu [kommt die] schwierige Gestaltung unserer Finanzen, also mit einer weiteren Entwertung unserer Valuten zu rechnen; dass möglicherweise unsere Kriegsanleihe notleidend wird – es ist nicht wahrscheinlich, aber möglich – so dass wir es weiter mit einer sehr schweren sozialen Erschütterung zu tun, der zu begegnen ist nur eine starke, geschlossene und einheitliche Verwaltung fähig. Diese Verwaltung müssen wir herstellen. Es steht in der Sache alles auf dem Spiel. Dazu kommt, dass wenn wir durch unsere innere Verwaltung den Problemen nicht begegnen können, wenn wir unsere Aufgaben zu erfüllen nicht im Stande sind weil wir uneins sind, dass die feindliche Besatzung kommt und unser – jedes Eigenrecht entzieht. Dieses Problem unserer Verwaltung ist als ein ganz außerordentlich ernstes.
Ich möchte, dass unsere Beratungen geleitet sind von dem Gedanken, dass wir alle berufen sind, ~~die Gesellschaft~~ die soziale Gemeinschaft aufrecht zu halten und uns von der Anarchie zu schützen. Ob es uns gelingen wird, das wissen wir heute nicht. Aber eines wissen wir, dass es uns nicht gelingen kann, wenn nicht alle Stellen zusammenarbeiten. Dieses soll sich vollziehen [ohne] die nach unserer Überlieferung am nächsten liegende Vorstellung: Eine starke Faust, das ist ausgeschlossen. Wir haben nicht die Möglichkeit durch eine Diktatur von oben diese Probleme zu lösen. Daran denkt niemand. Wir haben uns umstellen müssen: Früher §14, jetzt Staatswesen, das beruht auf dem Begriff der Selbstregierung. Diese wollen wir ernst machen, sie kann aber nur von unten auf aufgebaut werden. Diese Selbstregierung setzt voraus, dass alle Glieder des Ganzen sich freiwillig in die erkannten Notwendigkeiten einordnen, eine fortwährende gegenseitige Verständigung und Beratung.

Dazu soll auch diese Konferenz dienen. Hierbei sollen alle Missverständnisse aufgeklärt werden, die zwischen den einzelnen Staatsämtern und den Landesregierungen aufgetaucht sind. Es soll ein Ideenaustausch stattfinden, Anregungen, die von unten kommen angehört werden. Es sollen aber auch die Motive und sachlichen Gründe kennen gelernt werden, die die Staatsämter hatten. Wenn nun das Kabinett sich veranlasst gefühlt hat, in den letzten Sitzungen eine Denkschrift auszuarbeiten über die Unstimmigkeiten der Verwaltungen, über die mangelnden Folgeleistungen in den mittleren und unteren Stellen – die ausgerüstet ist mit reichem Material – so mögen die Vertreter der Ländern nicht einen feindseligen Akt sehen, sondern das, was tatsächlich vorliegt. Wir haben eine Verwaltung übernommen, die durchaus bürokratisch war, die umzustellen [ist] auf Selbstregierung: Wir werden eine Verwaltungsreform machen müssen, natürlich erst von der Constituierenden Nationalversammlung. Für diese Verwaltungsreform arbeiten wir alle vor, einerseits die einzelnen Staatsämter, indem sie klar legen, was mangelhaft ist, andererseits soll auch die Länderkonferenz das Material der Zentralverwaltung liefern, so dass wir dann, wenn wir an die Reform schreiten, durch die Aussprache aller Interessierten in den Besitz aller Materialien, Ideen und Vorschläge kommen, die wir benötigen für die Verwaltungsreform.
So möchte ich überhaupt letzten Endes diese Konferenz ansehen. Sie geht aus von dem Gedanken, dass alles reformwürdig ist und dass man durch gemeinsame Aussprache sich darüber klar wird, wie dies zu machen [ist].
Nun schreiten wir zur Tagesordnung. Der Reihe nach die einzelnen Ressorts durchzunehmen.

1.) Staatskanzlei.

Loewenfeld-Ruß: Glaube, dass es nicht möglich sein wird, heute soweit [zu] kommen, wenn die Sitzung morgen sein wird. Vertreter der unteren [...] Beratungen mit Finanzen; Vorschlag: diese Fragen morgen Vormittag ~~½10~~ 9 Uhr.
~~Ernährungsfrage.~~
Lodgman: Auf die administrative Verwaltung erstreckt, bis auf 1 und 2 im gegenwärtigen Zeitpunkt auf uns nicht anwendbar. Für die besetzten Gebiete Sitzung für Fragen politischer Natur.
Renner: [Es wird] zweckmäßig sein, dass morgen, während die anderen Herren im Ernährungsamt sind, unter der Leitung des Referenten über das Sudetengebiet, sich die Herren vereinigen. Für Dienstag oder Mittwoch: anberaumt besondere Sitzung, in welcher die Verwaltungsangelegenheiten mit Rücksicht auf die politischen Konsequenzen Deutschböhmen und Sudetenland behandelt [werden].

Renner: Zu Punkt 1. In den einzelnen Kronländern wurden die Bezüge der Landeshauptleute verschieden geregelt. Die Sache [ist] fraglich geworden; vordem haben die Landesausschüsse ihre Bezüge aus dem Landes~~fonds~~ -mitteln bezogen. Landesräte werden das bis auf weiteres auch so halten müssen, weil der Landesfonds mit dem Staatsfonds nicht verschmolzen ist. Die Mitglieder der Landesregierungen sind aber an die Stelle der Statthalterei getreten. Sie sind zugleich der frühere Landeshauptmann und Statthalter, haben also Anspruch auf beides.
Wir haben schon einmal darüber gesprochen, Gesichtspunkt: Landeshaupt[leute] ihre Bezüge als Volksbeauftragte ~~und nicht als~~ erhalten (durch die Landesversammlung bestellt und ihre Funktion [...] durch ihre Wahl nicht aber aufgrund ihrer Ernennung). Es wäre daher zweckmäßig, ihre Bezüge so einzurichten, dass sie erfolgt werden vom Landesfonds, dass bei ihrer Einrichtung das Gesetz über die Bezüge der Volksbeauftragten, das in der Nationalversammlung beschlossen wurde, Geltung findet. Ein Teil der Bezüge der Landesregierungsmitglieder auf den Staatsfonds überwälzt wird, dass also der Bezug etwa halbiert wird. Der Landesfonds überrechnet daher hinterher auf das allgemeine Staatsbudget. Der Landeshauptmann und seine Stellvertreter aber sollen Volksbeauftragte sein und ihre Bezüge sollen bewilligt werden durch die Landesvertretung bzw. durch Beschlussfassung des Landesrates. Dann wäre eine gewisse Einheitlichkeit in der Höhe der Bezüge herzustellen. Jedes Land ist zwar autonom, zweckmäßig aber wäre, dass in den Ländern selbst eine Art Übereinstimmung erzielt würde durch Vereinbarung ... Die Form der Besoldung möchte ich zur Sprache bringen.

Steiner: Mit Rücksicht auf die Ausführungen des Staatskanzlers erlaube ich mir vorerst eine prinzipielle Erklärung abzugeben und ich glaube auch, dass es gut war, dass die Konferenzen nicht unmittelbar aufeinander gefolgt sind, weil wir schon Erfahrung gesammelt haben.
Die Zusammenlegung der staatlichen ... (liest vor).
Bezüglich der Wohnung: Ob die Dienstwohnung dem Landeshauptmann zugesprochen oder zu Bürozwecken verwendet [werden soll].

Renner: Die prinzipielle Erklärung würde eigentlich eine Generaldebatte, eine Einrichtung der Landesverwaltung zum Gegenstand haben, das können wir nicht jetzt abführen. In dem Augenblick, wo die Constituierende Nationalversammlung gebildet ist und wo die Verwaltungsreform zur Sprache kommt. Es wird auch eine Auseinandersetzung zwischen den Steuern der Gemeinden, Kreise, der Länder – muss neu geordnet werden. So[lange] dies nicht vollzogen ist, ist es ganz unmöglich, vom geltenden Recht abzugehen. Da nun derartige staatliche Stellen im Staatsbudget fungieren, vollzieht das Staatsamt für Finanzen nur seine Pflicht, wenn es verlangt, dass neue Systemisierungen ~~angemeldet~~ vollzogen werden nur mit seiner Zustimmung. Ich bitte Geduld zu haben. So lästig es ist, es muss vorläufig doch geschehen. Ein Notstand, der sich aus der Lage der gegenwärtigen Gesetze ergibt. Außer der Communalsteuerreform brauchen wir eine durchgängige Reform der Verwaltung. Es liegt ein Bedürfnis nach der Einheit der Justiz; alle staatlichen Bezirks- und Landesstellen sollen miteinander und zusammen arbeiten; es soll die Landesregierung wissen, was alles im Land vorgeht.

Hauser: In Oberösterreich Landeshauptmann von der autonomen Verwaltung bezahlt; [dem] Stellvertreter, welcher gleichzeitig im Landesausschuss sitzt, ist ein Betrag von der Statthalterei angewiesen. Wenn diese Schwierigkeiten haben sollte, sind wir bereit, dies aufs Land zu übernehmen.

Wutte: Wir müssen genau wissen, w[...] zu zahlen ist: Landeshauptmann und Stellvertreter 18.000, Steuerzulage 6.000 Kronen, Landesrat 12.000; viel zu niedrig, ein Teil der Staatsmittel soll dazu geschossen werden.

Lodgman: Wir hatten bisher die Bezüge überhaupt nicht geregelt; erst Anfang Jänner; Teilung zwischen Staat und Land nur eine [...], weil wir über die Mittel nicht verfügen können. Landeshauptmann: 2.000 Kronen monatlich, Landesrat 1.000 Kronen monatlich, Stellvertreter 1.500.

Steiner: Landesmarschall bezog 16.000, 10.[000] Kriegszulage und 4.000 Quartiergeld. Stellvertreter und Landesrat einheitlich beiläufig 18.000.

Ott: Frage noch nicht geregelt. Wir haben uns an alle Landesregierungen gewendet und um Mitteilung ersucht. Bisher 11.000, Stellvertreter und Rat: bisher jährlich 4.000 Kronen. Neu geregelt ist es bisher noch nicht.

Sternbach: Wir haben es beim alten belassen: Landeshauptmann Funktionsgebühr 15.000 jährlich ohne irgendwelche Nebenbezüge. Die Landesräte haben wenn sie ein ständiges Referat hatten, eine jährliche Gebühr von 7.500 und außerdem 24 Kronen pro Landesausschusssitzung, so dass runde Summe von 8–9.000 Kronen im Jahr ausmacht, je nach der Zahl der Sitzungen. Die Stellvertreter ganz gleich wie die früheren Ausschüsse und jetzigen Räte besoldet. Nur etwas mehr, weil die Sitzungen zweimal in der Woche stattfinden. Man kann rechnen: Der Landeshauptmann 15.000, Stellvertreter zwischen 9–10 [Tausend], Landesrat 8.5 bis 9.5 [Tausend] beziehen wird.

Lemisch: Bis Ende '18: Landeshauptmann 8.000, 4.[000] Kriegszuschlag. Stellvertreter und Räte: 5.000, Kriegszuschlag auf 7.5 [Tausend], welche Beträge zur Hälfte dem Staat angelastet werden sollen. Diäten 30 Kronen für die Sitzung.

Hauser: Beträge stimmen vollständig mit der Steiermark überein Landesausschuss: 7.2 [Tausend], Diäten 20 Kronen.

Renner: Mitglieder der Landesregierung sind auch Staatsfunktionäre; wenn nun die Einigung auf die Hälfte, muss das Staatsamt für Finanzen einstellen ins Budget. Es wird nicht anders gehen, dass wir für Wien und Niederösterreich eine etwas höhere Stufung haben, dann die anderen mittleren Länder den schon angewendeten Betrag von 24 und 18 Tausend und für die kleineren Länder einen etwas niedrigeren Betrag (18 und 12 [Tausend]). Von diesem Betrag soll die Hälfte auf den Staatsschatz übernommen werden.
Möchte bitten, nicht im Plenum, sondern selbst zusammentreten, die Frage regeln und dem Staatsamt für Finanzen bekannt geben.

Wutte: Zu heikel für die Landeshauptleute selbst zu regeln. Ansicht: Nicht weniger als die Statthalter bekommen haben. Mindestens 40.000 Kronen, die Leute müssen ihren Beruf aufgeben. Büro sollte überhaupt aufgegeben werden. Von diesem Betrag wäre die Hälfte zu ref.[undieren], 20.000 und für den Stellvertreter 14.000 Kronen ohne weitere Gebühren und Wohnung. Wir haben noch intern beschlossen, dass die Cumm.[ulierung] Landesrat und Staatsrat ist unzulässig.

Renner: Quartierfrage glaube ich, dass es angemessen wäre, dass er eine Amtswohnung hat. Auch die Stellvertreter müssen so besoldet werden, dass sie sich voll dem Amt widmen können. Was die Cumm.[ulierungs]-Frage anlangt, so stimme ich dem Antrag Wutte zu. Wir können aber einen Ersatz nicht schaffen, muss auch der Const.[ituierenden] Nationalversammlung vorbehalten [bleiben].

Hauser: Zur Cumm.[ulierung]: ich habe wiederholt die Frage in Linz angeschnitten, die Herren aber haben ausdrücklich gewünscht, dass ich bleibe. Ich bemerke aber, dass die einzelnen Fragen den Ländern überlassen werden sollen. Auch die Wohnungsfragen sollten von den einzelnen Ländern geordnet werden.

Langenhan: Das Staatsamt für Finanzen soll einen bestimmten Betrag übernehmen und der Rest [soll] vom Land geordnet werden, wie es will.

Grimm: Würde sich mit dem Vorschlag Langenhan einverstanden erklären. Wir haben gehofft, dass die Bezüge des Statthalters eine Reduktion erfahren werden. Frage kann im engeren Komitee gelöst werden. Wenn wir die halben Bezüge der Statthalter und seiner Stellvertreter einstellen können, wären wir damit zufrieden.

Steiner: Zu wenig 12.000.

Renner: Beschluss: Staatsamt für Finanzen setzt ein in das Budget für den Landeshauptmann den halben Betrag der Bezüge der bisherigen Statthalter oder Landespräsidenten und für die Stellvertreter den halben Betrag des bisherigen Vizepräsidenten oder des Stellvertreters des Landespräsidenten und überlässt es den Ländern selbst, wie sie sich das bestimmen, wobei der Gesichtspunkt festgehalten wird, dass sie sich als Volksbeauftragte fühlen.

Wutte: Wohnungsrelutum[139]; wie viel dafür einzusetzen wäre, weil die Steiermark keine Amtswohnung will. Am besten Komitee: heute Abend eine Sitzung ½7 h Hg. [Herrengasse].

Staatsamt des Äußeren:

Bauer: Es handelt sich [darum, dass] in den einzelnen Ländern starke Neigungen [bestehen], auch auf dem Gebiet der auswärtigen [Beziehungen] politisch selbständig vorzugehen. Begreife es ja. Zum Teil praktische Notwendigkeit gewiss, schnell zu handeln. Solche Verhandlungen, [die] unabweisbar notwendig [sind], unterliegen natürlich keinerlei Anfechtung. Ich verstehe auch ganz gut, dass einzelne Besorgnisse entstanden sind, dass sich ein gewisses Bedürfnis gezeigt hat. Aber außerordentlich schwere Gefahr für die Gesamtheit, die schon entstanden sind. Nicht vergessen, in welcher Lage wir überhaupt uns befinden. Das Ausland weiß nicht, ob wir überhaupt lebensfähig sind. Die Tatsache hat zur Folge, dass wir keinen Kredit im Ausland haben. Auch in politischer Hinsicht wagt man nicht, mit uns zu reden, weil man nicht weiß, wer hinter uns steht und ob wir das auch erfüllen werden, was wir versprechen. Das Ausland bekommt den Eindruck, dass noch nichts bei uns fertig ist, dass wir auseinanderfallen. Dies macht jede auswärtige Politik schwer und bringt das Ausland auf den Gedanken, dass alles noch im Fluss sei.

Dazu kommt, dass naturgemäß auswärtige Politik nicht gemacht werden kann ohne Informationen. Man muss informiert sein über die Strömungen im Ausland, über das Gegenspiel der verschiedenen Kräfte. Diese Information kann man in der Provinz nicht haben. Die Äußerung eines der Herren Landeshauptleute, die zweifellos im besten Glauben abgegeben war, in der Verwertung in der Entente-Presse uns sehr schädlich gewesen sind. Es ist also eine praktische Notwendigkeit, dass die auswärtige Politik grundsätzlich Staatspolitik bleiben muss und dass sich die Landesregierungen vorher mit uns ins Einvernehmen setzen, wenn sie irgendwie vorgehen wollen. Ich kann mir schon denken, dass es nur bei einer Föderation – also weitergehend als das

139 Relutum: Vergütung, etwa für die Bestreitung von Wohn- oder Verpflegskosten. Vgl. etwa auch KRP Nr. 30/2.

allgemein übliche Wort der Autonomie besagt – bleiben wird, aber doch wird dann noch die auswärtige Politik einheitlich geführt werden müssen.

Bitte dringend, [dass man] in jedem Einzelfall, wo es sich um ein Herantreten an das Ausland handelt, sich vorher ins Einvernehmen setzt mit dem auswärtigen Amte.

Eisler: Dringende Bitte, dass das Äußere eine Art Expositur schafft bei den betreffenden Landesregierungen und die die Verbindung mit Wien aufrecht halten und als Organ des auswärtigen Amtes intervenieren [bei den Vorfällen], die sich täglich ereignen. Es sind fast täglich Interventionen notwendig. Die Südslawen machen es sich zur Gewohnheit, dass sie ganz bestimmte Personen verlangen. Dadurch macht sich eine Art persönlichen Contaktes zwischen Privatpersonen und den Außen-Staaten geltend. ~~Bei der Heftigkeit der Konflikte~~ Schon einmal eine solche Anregung gegeben worden und mit Zustimmung aufgenommen worden. Nicht nur eine Entlastung der Landesregierungen, sondern auch Voraussetzung einer einheitlichen Regelung. Nur in wenigen Ländern Organe des Staatsamtes für Äußeres zu expon.[ieren].

Sternbach: Äußerungen Bauers beruhen hinsichtlich Tirols nicht ganz auf Richtigkeit. In Tirol nur die Ernährungsfrage, die uns gezwungen hat, mit der Schweiz in Fühlung zu treten. Wir sind auch gezwungen gewesen, in Hinsicht auf reine Verwaltungsangelegenheiten mit den italienischen Kommanden in Verbindung zu treten. Staatsrat hat zwei eigene Zivilkommissäre für Tirol ernannt. Wie sich das der Staatsrat vorstellt, ist mir nicht klar. Die Italiener haben von diesen auch wenig Anspruch genommen. Was aus gewissen Äußerungen privater Personen die Journalistik gemacht hat, darüber sind wir nicht verantwortlich. Redner kann allerdings nicht verschweigen, dass das Wort der Selbständigkeit in Tirol von Bedeutung ist. Dies ist aber eine gewisse Plattform vor den Wahlen.

Bittet Bauer, ob die Verhandlungen Tirols mit der Schweiz nicht weiter geführt werden sollten; [insofern] auch seitens der Entente auf die selbständige Belieferung von Tirol und Vorarlberg aus reinen Transportgründen gedacht wird.

Redner wendet sich gegen Eisler: zwei bekannte Personen sprechen sich leichter als fremde, überdies wenn letzterer mit den Verhältnissen in den Ländern nicht bekannt ist. Bei den Verhandlungen mit den italienischen Kommandanten hat es sich niemals um auswärtige Angelegenheiten gehandelt, sondern um reine Verwaltungsangelegenheiten niederster Sorte (Verkehrsangelegenheiten, Passangelegenheiten, Briefsendungen, etc.).

Preußler: Salzburg ist sehr oft in der Lage, fremde Persönlichkeiten zu empfangen. Wenn man nicht unhöflich sein will, muss man sie empfangen. Bei Fragen der auswärtigen Politik habe ich mich immer auf den Standpunkt Deutsch-Österreichs gestellt. Frage der Lostrennung der einzelnen Länder habe ich immer als interne Frage hingestellt. Redner hat sich immer auf den Standpunkt der deutschen Einheit gestellt.

Lemisch: Stellt sich auf den Standpunkt des letzten Redners; alle Länder müssen sich auf den Standpunkt der deutschen Einheit stellen. Es ist zwar sehr verlockend, wenn wir einen Compr.[omiss] mit den Italienern eingehen würden, kämen wir vielleicht besser heraus. ~~Bezüglich der~~ Ich wäre auch für ein solches Mitglied, aber die Südslawen nehmen nur, wer ihnen passt. Bezüglich der Republiks-Bestrebungen der einzelnen Länder, bitte ich die Sache nicht ernst zu nehmen; ~~aber nicht als [...] bezüglich Unterhandlungen~~ Auch von unserer Seite sind Verhandlungen geführt worden, aber nicht gegen Wien, sondern im Glauben, dass uns damit genützt wird. Durch Schweizer Bürger in Kärnten wurden Verhandlungen eingeleitet.

Wutte: Wir haben zuerst den Compensationsverkehr eingeleitet und sind als Separ.[atisten] behandelt worden. Nach der Zentralisierung des Warenverkehrsbüros und Errichtung seiner Filialen wird eine Einheit zustande kommen müssen. Bittet, dass auch die Länder Tirol und Kärnten sich diesem Verkehrsbüro unterordnen. Ersucht, dass auch die Sonderbestrebungen Wiens fallen gelassen werden. Es muss sich auch Wien einordnen, wie alle Länder.

Pozzi: Holz muss zentralisiert ~~werden~~ bleiben. Staatsamt für Landwirtschaft geht daran, die Holzwirtschaft im ganzen Reich zu reformieren und hat die Absicht, eine möglichst weitgehende Dezentralisierung durchzuführen.

Riedl: Will der morgigen Verhandlung nicht vorgreifen, glaubt aber dass sein Antrag [betreffend] Kompetenzüberschreitungen morgen zur Debatte gelangen soll. Aber schon heute hinweisen, wenn wir diese separat.[istische] Comp.[ensations]-Politik übergehen, kommt es zu Hemmungen. Kein Land kann selbständig alle Bedürfnisse decken. Wir sind heute mehr als früher angewiesen, uns gegenseitig zu helfen. Man schneidet sich selbst ins Fleisch; Zustände, die nicht aufrecht erhalten werden können, wenn wir nicht den letzten Rest an Produktivkraft systematisch zugrunde richten.

Roller (als Vorsitzender): Hier kommt nur, dass wir beisammen bleiben wollen und Anschluss an das Deutsche Reich, also große Politik; einzig positive Anregung von Steiermark: für lokale Exponenten.

Bauer: Die Gemeinde Wien hat keine besonderen Vorrechte, sein Hervortreten war eine verhandlungstechnische notwendige Sache wegen der Finanzierung. Hass gegen Wien ist hauptsächlich nur im Inland verbreitet. Auch auf Tirol habe ich nicht anspielen wollen, meine Bedenken waren nur auf politische Fragen gerichtet. Die Republiksbestrebungen (Kärnten) werden nicht von mir aber vom Ausland ernst genommen. Russische Zeitung: Deutschböhmen – Vorarlberg.

Deshalb bitte ich soviel an den Herren liegt, derartigen Sonderbestrebungen entgegen zu treten und insbesondere in offiziellen Kundgebungen und Äußerungen sich zurückzuhalten, damit solche Missdeutungen im Ausland verhindert werden.

Was die Vertrauensperson anlangt, so ist dieser Antrag schon vor längerer Zeit gestellt worden. Zuerst sehr plausibel, dann Bedenken. Zu befürchten, dass dies in den Ländern als neuer Versuch hingestellt wird, die Kompetenzen der Landesregierungen einzuschränken, dass sich Reibungen ergeben werden. Dazu kommt, dass die Auswahl der Personen eine gewisse Schwierigkeit macht, von hier kommt ein Mann aus dem fremden Milieu, aber man könnte erwägen, ob diese Frage nicht bei den einzelnen Ländern, wo es gewünscht wird [...]; dann Bitte um Vorschläge aus den einzelnen Ländern. Die Kompetenzabgrenzung aber in dieser Frage ist ganz unmöglich. Mit Kärnten waren wir immer in Verbindung, wenn es notwendig erschien. Es ist auch ein gesamtstaatliches Interesse, dass wir genau informiert sind, was in den Ländern vorgeht, daran fehlt es uns ganz.

Riedl: Gibt eine Anregung: Äußerungen in der Presse wurden, wie wir gehört haben, gemacht. Anregung: ob es von diesen Sonderbestrebungen bzw. nach Sonderbestrebungen der einzelnen Länder: ob nicht wünschenswert wenn von den Landesregierungen die Betonung des Willens beisammen zu bleiben in die Öffentlichkeit gebracht wird. Der Wunsch nach Zusammenwirken tritt in der Öffentlichkeit nicht zutage. Dies wird nicht bekannt, das Geschrei von unverantwortlichen Personen aber wird in den Zeitungen breitgetreten.

Steiner: Eingreifen westungarisches Gebiet: auf ein Vorgehen unverantwortlicher Privatpersonen zurückzuführen. Bittet aber die Regierung, endlich Ordnung zu machen, namentlich bezüglich des Kreises Znaim. Das bedingungslose Anbiedern an Deutschland könnte uns schaden. Bittet die Staatsregierung, damit etwas vorsichtig vorzugehen (Liebknecht, Luxemburg).[140] Bittet den Staatssekretär Bauer, er möge auf die Presse einwirken, dass solche Reklame-Ansprachen nicht in die Blätter kommen, weil sie nur eine Unzufriedenheit in der breiten Bevölkerung hin[...].

Wutte: Es sollen nicht einzelne Organe betraut werden von den Landesregierungen, ~~Laibach~~ Außenpolitik muss nur einheitlich geführt werden. Laibacher Verhandlungen wurden nicht von Wien geführt, die Wiener Vertreter waren die Geführten.

Lemisch: Kärnten wird die Konsequenzen gewiss allein tragen. Der Bevollmächtigte kann nicht von Wien so genau informiert werden, wenn er im Lande draußen sitzt. Ich meinte nur, ob es nicht möglich wäre, in Agr.[am] oder Laibach Bevollmächtigte ausfindig zu machen, vielleicht geht es in Hinkunft.

---

140 Karl Liebknecht und Rosa Luxemburg waren führende Köpfe des sogenannten Spartakusbundes (auch Spartakusgruppe), der 1916 aus der von Luxemburg gegründeten „Gruppe International" hervorgegangen war und marxistische, antimilitaristische, proletarisch-revolutionäre Ziele verfolgte. Ende 1918/Anfang 1919 gehörten sie zu den Mitbegründern der Kommunistischen Partei Deutschlands, in der der Spartakusbund aufging. Liebknecht und Luxemburg wurden am 15. Jänner 1919 von Mitgliedern der Garde-Kavallerie-Schützen-Division ermordet. Zum Spartakusbund vgl. auch KRP Nr. 23, Anmerkung 59.

Bauer: Die Südslawen nehmen eine diplomatische Vertretung nicht an. Sie haben auch hier ihren Vertreter nur als Cons.[ular]-Agenten bezeichnet. Nach Laibach jemand zu schicken habe ich nicht im Sinn, nur Belgrad oder Agr.[am].

Beschluss: Steiermark wünscht einen solchen Vertreter, Kärnten und Tirol aber nicht.

Vorsitzender Roller: Übereinstimmung, dass die einzelnen Länder in möglichster Einheitlichkeit mit dem Staatsrat bzw. mit dem Äußeren vorgehen sollen in allen Fragen, welche unsere Stellung als ganzes gegenüber dem Ausland betreffen. Es wird nicht zu vermeiden sein, dass jedenfalls lokal sei es durch Selbsthilfe (wie in Kärnten) vorgeht, oder dass man lokale Abkommen trifft, welche aber doch der Staatsregierung anzuzeigen sind und von ihr zu genehmigen sind.

Zur Erwägung gestellt, ob der Zusammengehörigkeitsgedanke promulgiert wird, jedenfalls aber der Presse ...

Was den Vertreter des Äußeren in den einzelnen Ländern betrifft, so wird Antrag gewärtigt.

Was die Frage der besetzten Gebiete betrifft (Antrag Steiner), so ist allerdings eine Vollzugsanweisung noch ausständig, welche diese Gebiete näher bezeichnet, ist aber gestern im Staatsrat aufgelegt worden und dürfte demnächst erscheinen.

Im Übrigen bitte ich, wenn kein konkreter Antrag gestellt wird, dass wir die Sache beenden.

Inneres:

[Niederschrift] von Montel zu erhalten.

Wutte: Mit dem Schlagwort der gegenseitigen Verrechnung begnügt sich die deutsch-österreichische Regierung. Das ist offenkundig schändlich. Wie kommen wir dazu, diese Flüchtlinge hier zu beherbergen? Die Regierung findet nicht die [...], diese Leute abzuschieben.

Sternbach: Die Flüchtlinge in Tirol wurde abgeschoben; da sind aber von allen Seiten nach Tirol die italienischen Kriegsgefangenen und Flüchtlinge gekommen. Bitte, die Staatsregierung soll Einfluss nehmen, dass alle Flüchtlinge so lange zusammengehalten bleiben, bis sie seitens der italienischen Regierung abgeschoben werden in ihre Heimat.

Eisler: Stellt fest, dass der Transport von Flüchtlingen aus der Steiermark ist immer im Einvernehmen mit dem Staatsamt des Inneren vor sich gegangen. Wir haben direkte Verbindung mit dem italienischen Kommandanten von Triest gesucht und erhalten. Die Flüchtlinge sind nach Triest gegangen bis auf verschiedene kleine Ausnahmen.

Eine andere Flüchtlingsfrage aber wird aktuell: Es ist leider die Flüchtlingsfrage soweit es sich um [die am] Kriegsbeginn aus ihren Wohnsitzen geflüchteten Personen [handelt] im Abbau; es kommen aber jetzt Deutsche, [die] aus den nunmehr besetzten Gebieten flüchten müssen. Da fehlen uns die Weisungen. Wir haben uns zunächst damit beholfen, dass wir sie nach Wagna gegeben haben. Aber Frage, wer erhält die Leute und was soll in Zukunft mit ihnen geschehen? Dringend notwendig, dass etwas für die Behandlung dieser Leute geschieht.

Endlich große Verstimmung, dass [man] besonders in Wien gegenüber dem Zuströmen von Personen, die man ja eigentlich wieder nur als Flüchtlinge bezeichnen kann, so wenig Widerstand entgegen bringt. Die müssen wieder verpflegt werden. Man würde schon deren Abreise durchsetzen, wenn man sie in ein Flüchtlingslager bringt.

Marckhl: Was die Flüchtlinge aus dem Süden anlangt, so stehen wir auf dem Standpunkt, wenn das Deutsche sind, dass wir sie aufnehmen. Wenn sich diese Fälle häufen, werde ich an den Staatsrat herantreten. Die rascheste Durchführung der Repatriierung aber muss verfolgt werden. Meines Wissens aber werden diese Leute in die Heimat befördert. Die Ausführungen Sternbachs sind mir neu.

Preußler: Völkerrechtlich ist es ganz unmöglich, immer neue Gebiete zu besetzen ... Man müsste doch an die Entente herantreten, was Sternbach gesagt hat. Staatsamt des Äußeren soll diese Sachen aufnehmen und weiter verfolgen.

Montel: Wir konnten nicht warten mit der Repatriierung bis die Leute in ihre Heimat gehen. Dass die Italiener die Leute als Stimmvieh benützen – gegen solche Gemeinheiten kann man nichts machen; sie könnten ja auch die Stimmen [...]. Wir mussten mit aller Beschleunigung vorgehen, Braunau und Mitterndorf als italienische Republik erklärt worden.

Auf die deutschen Flüchtlinge wenden wir das Flüchtlingsschutzgesetz an, politische Flüchtlinge aber aus den fremdnationalen Gebieten können wir nicht aufnehmen. Also nur jene Personen, welche von Gebieten kommen, die von Feinden besetzt sind und uns zugehören.

Die alten Flüchtlinge werden weiter repatriiert, die neuen Flüchtlinge deutscher Nationalität werden aufgenommen, wenn sie aus dem ursprünglich freundlichen Gebiet kommen.

~~Schluss: 1h~~.

Steiner: Wir haben Vertreter der Sowjetregierung in Wien. Es ist erwiesen, dass sie Geld unter der communistischen Partei verteilen und trachten, Ruhestörungen hervorzurufen. Bittet, dass die Eingabe an das Ministerium des Äußeren von der Justiz unterstützt wird.

Roller: Die Sache schlägt ins Staatsamt des Äußeren und des Inneren ein.

½4

Urban: Eröffnet, Staatskanzler entschuldigt.

Marckhl: Rundtelegramm, Verfügung wäre über die aus dem Flüchtlingsfürsorgegebiet beschafften Sachen der verschiedensten Art eigentlich nur dem Staatsamt zur Verfügung bleiben. Solche Sachgüter oft unentgeltlich an verschiedene Faktoren abgegeben worden sind. Schädigung des Staatsschatzes, Vorwürfe wegen Verletzung als Treuhänder. Führt Details an mit Schädigungen des Staatsvermögens.

Steiner: [Im] Oberhollabrunner Flüchtlingslager [bestanden] so große Nöte, dass die Leute sich der Bedarfsgegenstände bemächtigt hatten. In Gmünd dasselbe mit Brennmaterialien. Die vollständige Beschlagnahme erfolgt zur Sicherung der Vorräte.

Preußler: Auch bezüglich Salzburg steht die Sache anders. Dort war die Gefahr noch größer als in Niederösterreich. Das kleine Land war allen durchflutenden Massen ausgeliefert. Wir mussten Tag und Nacht arbeiten, um nicht alles in Flammen aufgehen zu lassen. Unter großen Misslichkeiten haben wir das Staatsgut gerettet. Unter dem Druck der Verhältnisse mussten wir weichen, um die Bevölkerung zu beruhigen. Die Staatsämter haben uns die Ermächtigung erteilt zu dieser Verteilung. Unter dem äußersten Zwang der Verhältnisse konnte nichts anderes geschehen.

Montel: Gemeinsames Gut aller Staaten der ehemaligen Monarchie, zugleich Faustpfand. Wir müssen abgeben, [abgesehen davon] was zur Aufrechterhaltung der Ordnung und Ruhe notwendig ist; was der Wertminderung unterliegt. Tschechische „Säcke" durch Händler bestimmte Textilwaren (Papiergewebe) könnten wir in den tschechischen Ländern besser verkaufen; wir sollten uns aber doch Beschränkung auf Deutsch-Österreich.

Notstandsaktion, Fall Rambousch[141].

Bevölkerungsschlüssel, Bedarfsschlüssel. Das Staatsamt des Inneren will den Landesregierungen nicht in den Arm fallen bei der Frage der Verteilung der Sachdemobilisierungsgüter.

Marckhl: Übersicht kann nur das Staatsamt des Inneren haben, planmäßiges Vorgehen ist notwendig künftighin.

Eisler: Will, dass die Wünsche in die Form von Anträgen gefasst und darüber Beschlüsse gefasst werden. Inventarisierung: da müssten wir einen Stichtag haben da die Vorräte in den Lagern sich beständig ändern.

Eine andere wichtige Frage ist die Zukunft der Lager: diese Angelegenheit wäre am Besten in die Kompetenz der Landesregierungen zu übertragen. Eine dauernde Verwaltung der Lager und zwar sowohl der Militär- als auch der Flüchtlingslager unbedingt nötig. Auch die Frage der Aufbringung der Mittel spielt dabei eine große Rolle. Verwaltungstechnische Grundlagen müssen uns gegeben werden (Grundsätze, Vollzugsanweisung, betreffend das zukünftige Schicksal dieser Lager).

Montel: Das Staatsamt [hat] die Absicht, diese Lager sozialpolitischen Zwecken zuzuführen. Antrag: die Landesregierungen werden ersucht, die Weisungen des Staatsamtes des Inneren zu befolgen.

Urban: Sehr richtig die Auffassung, dass bezüglich der Vergangenheit keine Recrim.[ination] zu erheben ist. Jene Fälle, wo derartige Flüchtlingslager den einzelnen Gemeinden übergeben werden, entsprechend veröffentlicht werden und die Verrechnung genau führt. Unterscheidung zwischen

141 Richtig: Rambousek.

Flüchtlingslager-Gütern und Nicht-Sachdemobilisierungsgütern. Dies hat eine große Bedeutung gegenüber den fremden Staaten. Da hätten wir ein leichteres Spiel.
Wunsch ausgesprochen, dass eine gewisse Ordnung zustande kommt. Die Lager sind zu sichern, Vorräte müssen erfasst werden, ein bestimmter Stichtag muss festgesetzt werden und da alles aufgenommen werden. Diesbezügliche Verzeichnisse wären dem Staatsamt des Innern zu übergeben. Den Landesregierungen wäre freie Hand zu lassen, wie sie vorgehen wollen, aber stets nach erfolgter Genehmigung des Staatsamtes des Inneren.
1.) Bekanntgabe der Gemeinden, welche bereits Veräußerungen vorgenommen haben, Mitteilung an das Staatsamt.
2.) Strenge Verrechnung.
3.) Inventur.
4.) Übersendung von Verwertungsprogrammen.
Einverstanden.
Für die Flüchtlings-Güter keinerlei Zusicherung für Zahlung in Kriegsanleihe-Güter (ungünstig für den Staatsschatz). Der in Kriegsanleihe zahlen will, sollte einen Nachweis der seinerzeit erfolgten Zeichnung von Kriegsanleihen erbringen.

Vorsitzender: Frage kann nur vom Staatsamt für Finanzen beantwortet werden.

Hanusch: 1.) Zusammenziehung der Jugendämter; 2.) gegenstandslos geworden weil diese Teile von den Tschechoslowaken besetzt worden sind; ~~3.)~~

Gruber: Wie steht es mit der Auflassung der Militärsanitätsanstalten? Welche ungefähre Anzahl von Betten zur Verfügung stehen?

Kaup: Unterstellt worden dem Staatsamt für Volksgesundheit. ~~Jetzt Krankenstand von 15.000~~. Diese Anstalten werden alle zusammengelegt; in Niederösterreich so weit gediehen, dass wir in der nächsten Woche feststellen müssen, was mit den Baracken geschehen wird. Die Anstalten in den Schulgebäuden werden alle aufgelassen. Von den Rot-Kreuz-Spitälern bleibt nur übrig, was Spezialanstalten sind. Im allgemeinen, die Militärsanitätsanstalten bestehen eigentlich nicht mehr, sie sind in Zivilisierung begriffene Sanitätsanstalten. Es werden alle Anstalten zivilisiert, der Betrieb möglichst vereinfacht und kaufmännisch geführt.

Steiner: Begrüßt diese Mitteilungen und bittet nur, dass dies so rasch als möglich geschieht (Soldatenrat!, dieser entscheidet auch über die Entlassung).

Wutte: Wir wollten die Rot-Kreuz-Spitäler am 1./1. auflösen. Wie ist es in anderen Ländern geschehen?

Lemisch: Unter größtem Widerstand des Roten Kreuzes haben wir es zuwege gebracht.

Ott: Bis 15./2.

Thun: In Oberösterreich am 1./12.

Pockels: Aufgelöst, die italienische Besatzung Gruben als Kasernen verwendet; damit von selbst erloschen.

Steiner: Wir streben eine gesetzliche Organisation an.

Kaup: Zukünftige Tätigkeit des Roten Kreuzes: Tuberkulose-Bekämpfung. Die Spitäler sind heute keine Spitäler mehr, sondern Herbergen. Als Aufsichtsorgan wollen wir die Kriegsinvaliden bestellen. Bittet alle Landesregierungen, die Soldatenräte in den Sanitätsanstalten abzuschaffen.

Preußler: Es soll in allen Ländern der Plan durchgeführt werden, die Fürsorgeaktionen der heimkehrenden Krieger in einer Hand zu vereinigen. Die Kriegsfürsorge ist zum größten Teil sehr zersplittert. Auch in Bezug auf die Wohnungsfürsorge sollen einheitliche Bestimmungen hinausgegeben werden. Die Wohnungsfrage ist eine sehr heikle geworden. Wo entbehrlich, einheitliche gesetzliche Grundlagen (Wohnungsämter, Wohnungsnachweis).

Eisler: Dass Verschwinden der Militäranstalten sollen beschleunigt werden. ~~Als Infekt~~. 2.) Die Einrichtung der Landeskommissionen zur Fürsorge für heimkehrende Krieger soll ehestens den gegenwärtigen Verhältnissen angepasst werden. Ich weiß nicht, ob schon Vorschläge vorliegen. In der Steiermark wurde eine Reihe von solchen Vorschlägen bereits ausgearbeitet.
Bisher fehlt jede Einräumung eines Einflusses auf die Invaliden selbst. Dies ist heute nicht zu umgehen. Diese Kommissionen sind so zusammengesetzt, dass mit ihnen heute nichts anzufangen ist. Auf die sachlichen Bedürfnisse ist nicht Rücksicht genommen worden. Ein Vorsitzender

und zwei Stellvertreter mit einem Beirat ernannt worden (42 Mitglieder). Arbeitnehmer, -geber, Sachverständige in der Sozialfürsorge überhaupt bzw. in jenen Arbeitsgebieten, die für die Beschädigten in Betracht kommen, Verwaltungsbehörden, Ärzte und sonstige Einrichtungen und Vereinigungen, die verwandten Aufgaben zu erfüllen haben und schließlich die Invaliden selbst. In der Steiermark besorgt dies die AUVA [Arbeiterunfall-Versicherungsanstalt] und das hat sich sehr bewährt.

Außerdem wird von der steirischen Kommission der Wunsch geäußert, dass der sogenannte Kaiser-Karl-Fonds ehestens liquidiert und aufgeteilt wird und zwar aus dem Schlüssel nach den Spenden und nicht nach dem slawischen Schlüssel. Dann noch jener Teil der Wünsche der Kriegsbeschädigten, der sich auf eine rasche Erfassung und Verwertung der Mittel bezieht, Unterstützung und der Wunsch geäußert, dass den Landeskommissionen eine weitgehende Einflussnahme eingeräumt wird.

Hanusch: Eine ganze Reihe von Staatsämtern beschäftigt sich mit diesen Fragen. Es ist klar, dass die einzelnen Staatsämter sich darüber klar werden mussten. In langen Sitzungen mit den Invaliden sind wir zum Schluss gekommen, dass zuerst in Wien eine Kommission in Wien zusammen tritt. Die Landeskommissionen sollen umgeändert werden, dass die Invaliden überall die entsprechende Vertretung bekommen; diese müssen daher neu ernannt werden.

Was den Kaiser-Karl-Fonds [anlangt], so haben wir ihn übernommen, 70 Millionen Kronen. An eine augenblickliche Liquidation kann nicht gedacht werden. Erst bei der allgemeinen Liquidation – den fünftel Teil {sic!} werden wir in Anspruch nehmen. Der übrige Teil bleibt der Liquidation vorbehalten. Ich stehe auch auf dem Standpunkt, dass der Ursprung des Geldes in Betracht gezogen werden soll. Soweit wir das durchsetzen können, werden wir [es] machen. Derselbe Vorgang ist auch geübt worden beim Witwen-und-Waisen-Fonds.

Was die Wohnungsfrage anlangt, so haben wir schon im November Vollzugsanweisung hinausgegeben, die immerhin ein ganz schönes Resultat gezeigt hat (in Wien ca. 4.000 Wohnungen angemeldet worden). Übrigens hat der Staatsrat 10 Millionen Kronen bewilligt, die noch zur Verfügung stehen; Anträge sind bisher noch nicht eingelangt ([von] Graz [sind] 3,5 Millionen angefordert worden). Gedacht aber nicht [für] Neubauten, sondern nur Notwohnungen.

Eisler: Bittet den Betrag von 10 Millionen bald zur Verteilung zu bringen. Augenblick Wohnungsnot sehr arg.

Urban: Resümiert: ~~mögen Jugendämter zusammengezogen werden~~. Zur Kenntnis genommen, die geplanten Maßnahmen zur Umgestaltung des Roten Kreuzes, Sanitätsanstalten, für die Liquidierung des Kaiser-Karl-Fonds.

Pfaundler: Über Anweisungsrecht ...

Pockels: Landeshauptmann ersucht, sofort zu intervenieren: Verköstigung der flutenden Massen am Brenner. Wir waren vor einer Situation des Zusammenbruches.

Steiner: Es dürfte viele interessieren, was mit der Kriegsanleihe in der Zukunft ist.

Wutte: Unterstütze diese Anfrage wärmstens.

Urban: Die Einlösung hat stattgefunden im Jänner aus gemeinsamen Mitteln, die noch vorhanden waren. Der Verkauf von tschechischer Seite ist vollständig richtig. Die Gesandtenkonferenz hat noch zu keiner Einigung geführt. Polen will nur Übernahme wenn die Kriegsschäden beseitigt werden (Wiederaufbau). Ungarn weiß auch nicht, was sein Gebiet ist, ebenso wie wir. Die Tschechoslowaken anerkennen nur die Verzinsung aller Vorkriegsschulden; bezüglich der Kriegsanleihen anerkennen sie nur die 7. und 8., die auf parlamentarischem Weg beschlossen wurden. Aber sie stellen sich auf den Standpunkt, den Besitzern jener Kriegsanleihen, die sich im tschechoslowakischen Staat befinden, entgegen zu kommen. Heutige Zeitungen unterrichten Zwang zur Zeichnung.

Grimm: Was Verzinsung anlangt, Verhandlung im Zuge. Tschechoslowakei hat sich vorläufig gegen eine Teilnahme an der Verzinsung ablehnend verhalten. Wir hoffen aber immer noch. Die Südslawen werden wohl Schwierigkeiten bilden. Wir sind aber überzeugt, dass wir zu einem auch für uns annehmbaren Ergebnis kommen. Von Seite des Äußern und von Finanzen werden Verhandlungen gepflogen. Die momentane Stimmung ändert sich von Tag zu Tag. Die hiesigen Vertreter der einzelnen Nationalstaaten kommen freundlich entgegen, die Zentralstellen aber decken sie dann nicht. Wenn es zu einer gemeinschaftlichen Aktion kommt, so kann alles ziemlich schmerzlos gemacht werden.

Wutte: Überlegen!!

Grimm: Wir zweifeln nicht, dass bezüglich der Zahlung am 1./1. die Zustimmung der Nationalstaaten nachträglich einlangen wird.

Steiner: Bittet, sobald als möglich, Klarheit in die finanziellen Verhältnisse zu bringen.

Urban: Das wirtschaftliche Leben immer unerträglich[er]. Jetzt momentan ist es aber nicht möglich, über ein bestimmtes finanzielles Programm zu sprechen, welche Absichten man bezüglich der Valutenregelung – handelt und welcher Art die Auseinandersetzung mit den anderen Nationen ... hoffentlich baldigst eine bestimmte Klärung erfolgt.

Ott: Überweisungen an die Länder: Von der Bier-, Branntweinsteuer, unter Verzicht auf eine Umlage der persönlichen Einkommenssteuer. Ungefähr ein Drittel der gesamten Bedürfnisse des Landes. Wir wissen nun nicht, ob für 1919 diese Leistungen des Staates in der gleichen Höhe erfolgen werden. Frage deshalb, wie die Sache gedacht ist; ebenso bezüglich der Lehrer die Teuerungszulage.

Grimm: Bei der Zusammenstellung des Budgets haben wir vorgesorgt dafür (prov.[isorisch]): Bis Ende Juni '19 in derselben Weise mit derselben halbjährigen Quote wie im Vorjahr.

Ott: Bitte die noch ausständigen Überweisungen fürs Halbjahr des Vorjahres zu machen.

Eisler: Bei den Vorschreibungen der Kriegsgewinnsteuer wird sehr langsam vorgegangen; enormer Schaden, da mittlerweile viele Steuerträger jetzt in einem fremden Staat sind. Dringend erwünscht, dass dabei eine rasche Änderung eintritt; dann Frage, ob die ganz enormen Steuerrückstände in den jetzt abgetrennten Gebieten seinerzeit bei der Liquidierung in Berücksichtigung kommen werden.

Pfaundler: Großer Personalmangel. Was die Abrechnung betrifft, so glaube ich, dass die Steuer, die bis zum Zusammenbruch fällig war, gemeinsam gezahlt werden muss.

Kaup: Handelt sich nur um eine Anregung Steiermark, Landesgesundheitsämter einzurichten. Grund: Durch die Zusammenlegung der autonomen Verwaltung und der Statthalterei-Agenden ist es erforderlich geworden, die darin zerstreuten Agenden zusammenzufassen. Dazu kommen noch neue Agenden dazu: gesundheitliche Jugendfürsorge, Mutterschafts- [und] Säuglingsfürsorge, Schulärzte; Bekämpfung der Volkskrankheiten, Fürsorge für die Geschlechtskranken, Malaria-Fürsorge. Eine Fülle von Aufgaben, die man mit den Fragen der Volksernährung, Volksertüchtigung zusammenfassen kann. Daraus ergibt sich die Notwendigkeit, endlich auch in den einzelnen Ländern diese Angelegenheiten zu vereinigen in der Form von Landesgesundheitsämtern.

Redner stellt diese Frage zur Diskussion.

Preußler: Begrüßt diese Anregung wärmstens.

Steiner: Wir arbeiten bereits an dem Gerippe der Zusammenziehung der Verwaltung: Gründung eines Wohlfahrtsamtes. Die Landesregierung denkt auch an die Errichtung eines Gesundheitsamtes.

Wutte: Bespricht Organisationsfragen in diesen Gesundheitsämtern.

Sternbach: Wenn wir Gesundheitsämter schaffen, müssen wir auch Landesbauämter schaffen. Der Redner wäre nur insofern dafür, als beide Agenden so rasch als möglich vereinigt werden. Diese neuen Ämter müssen aber ein Departement der neuen Landesregierung bleiben.

Dr. Rehrl: Die getrennte Geschäftsführung muss vorläufig aufrecht bleiben, solange die finanzielle Teilung beibehalten wird.

Kaup: Eine Eigenbrötelei soll nicht erfolgen: daran wird nicht gedacht.

Bei den Krankenanstalten ist die Sache schwieriger. Es besteht die Absicht, einen Gesetzentwurf vorzulegen über die Errichtung und Betriebsführung von Krankenanstalten insbesondere auch der Spezialanstalten. Wenn ein solches Gesetz vorhanden sein wird, dann werden auch die Länder eigene Durchführungs-Verordnungen erlassen können.

Redner bittet schon jetzt im Sinne der Vereinheitlichung vorzugehen.

Urban: Const.[atiert] volles Einverständnis der Zusammenfassung in einem Gesundheitsamt.

Reich: Landesbaudirektor: Die Notwendigkeit der Organisierung des technischen Dienstes besonders in der Übergangszeit braucht nicht erst besonders betont zu werden (Straßen). Eine parallele Tätigkeit bisher, die aus staatsfinanziellen Gründen nicht weiter geduldet werden kann. Die dringende Zusammenfassung der autonomen und der staatlichen Verwaltung. Die Frage muss ehestens auf gesetzlichem Weg gelöst werden.

Geplant [ist] die Zusammenfassung der autonomen und der staatlichen Agenden in Form einer Landesbaudirektion; [das] Unterstellen derselben selbstverständlich der Landesregierung. Die Einteilung der Referate soll ebenso den Landesregierungen überlassen bleiben. Das Prinzipielle ist nur, wie diese Baudirektion gewissermaßen gegenüber dem verantwortlichen Chef zu stellen ist. Wir sind der Auffassung, dass der Baudirektor unmittelbar dem Landeshauptmann untersteht. Es ist selbstverständlich, dass in Zukunft in der staatlichen Verwaltung eine andere Tendenz obwalten muss. Die Verantwortung muss sie tragen, Initiative muss sie ergreifen. Wir glauben nun, dass die Unterstellung der Direktion unter den Amtsdirektor dieser Tendenz nicht genüge leisten würde. Wir glauben, dass bei der Landesregierung der Landeshauptmann der eigentliche Träger der Verwaltung ist ...

Das Staatsamt denkt aber nicht daran, diese Baudirektion sich zu unterstellen. Die einzelnen Vorschläge bleiben den Landesregierungen vorbehalten.

Steiner: Die Agenden der Bauabteilungen werden sehr leicht vereinbar sein.

Eisler: Landeshauptmann ist nicht mit dem Vorschlag einverstanden, in der Form, wie er hier vorgebracht wurde. Hier wird eine ständige Forderung der Techniker [...] vertreten. Dass er selbst referiert, ist etwas Selbstverständliches. Der Landesamtsdirektor ist das Haupt des gesamten Personalapparates. Eine Trennung desselben ist absolut unmöglich. Soweit es sich um die innere Beamtenfrage handelt, muss zusammengefasst werden. Es ist unmöglich, zwei getrennte Spitzen einzurichten. ~~Die Rolle der Landesregierung darf man doch nicht so auffassen~~. In den reinen Kanzleifragen kann eine solche Teilung gar nicht vorgenommen werden, zu viele Sachen und Fragen sind gemeinschaftlich. In allen rein bürokratischen Fragen muss und kann nur eine Spitze vorhanden sein. Es würde mit vollem Recht der Gesundheitsreferent den gleichen Anspruch erheben. Compliziertheit, die vermieden werden muss (Ministerium). Die bisherige politische Teilung würde auf den bürokratischen Apparat übergreifen.

Sternbach: Schließt sich vollständig an. Wir haben dann Landesministerien. Heute fangen wir an mit dem Direktor, morgen kommt die Direktion. Damit ist die Schwächung des [Landes-] Hauptmannes enthalten. Auch für das Gesundheitsamt und Aufbaudirektion ganz auf das allerschärfste habe ich [mich für] die Schaffung einer Zweigabteilung bei der zukünftigen Landesregierung aus[ge]sprochen. Wir werden die Verwaltung richtig einrichten nach Abteilungen, aber als Haupt müssen alle dem Landesamtsdirektor unterstehen. Diesem wird es nicht einfallen, dass er allein referieren wird. Er wird zu seinem Schutz immer den Fachmann beiziehen. Er wird – muss immer den Fachmann beiziehen. Er muss ja auch überhaupt nicht Jurist sein, auch ein weitblickender Kaufmann kann das übernehmen. Ob er Arzt, Techniker ist, alle müssen ihm unterstehen. Auf das schärfste dagegen, dass jetzt von einzelnen Verwaltungszweigen diese sehr ungünstige Gelegenheit benützt wird, um ?Sekundanz-Bestrebungen wachzurufen, die nicht zur Vereinfachung, sondern nur zu höheren Kosten führen. Das Staatsamt für öffentliche Arbeiten wird es aber auch gar nicht [...].

Ott: Schließt sich ganz diesen Anschauungen an. Dies würde nur zu Zwietracht führen.

Steiner: Die Landesversammlungen werden selbst entscheiden. Im Wiener Magistrat selbständig.

Landesrat Breitenfelder: Besteht aber auch keine Notwendigkeit, jetzt eine Änderung zu schaffen, bisher keine Klage.

Reich: Es soll das Ganze nur eine Orientierung sein. Die Bemerkung, dass es sich um eine [...] Techniker handelt, muss Redner zurückweisen. Es handelt sich um den Gedanken, dass diejenigen, die eine Aufgabe durchführen sollen, die Verantwortung auch zu tragen haben. Wir wollen damit nur die Stellung der Landesregierung stärken.

Gestriger Staatsrat: Wewa beschlossen worden.[142] Auch zwei Vertreter der Landesregierung in dieses Direktorium zu entsenden sind. Die Herren mögen sich einigen zwei Vertreter namhaft zu

[142] Vgl. dazu KRP Nr. 23, Anmerkung 56.

machen. Dieses Direktorium wird oft Sitzungen abhalten, oft wöchentlich mehrmals Sitzungen abhalten.

Sternbach: Kann keine Erklärung abgeben; das Land Tirol behält sich die Regelung der Sache vollständig selbständig vor. Gerade derartige Anträge des Staatsrates ohne Einvernehmen mit den Ländern fördern nur den Ruf Los von Wien. Bittet, vor solchen Fragen den Ländern früher Kenntnis zu geben. Wenn ich diesen Antrag referiere, wir er den selbständigen Bestrebungen den stärksten Vorschub leisten.

Wutte: Dieselbe Meinung hat auch die Steiermark. Bewirtschaftung wird sich das Land vorbehalten. Wenn wir unsere Kraft aus dem Land geben, was sollen wir dann machen?

Ott: Auch Salzburg steht auf demselben Standpunkt.

Steiner: Die Landesregierungen müssen bei diesem Antrag sehr vorsichtig sein. Die Landesregierungen sollen vertreten sein, damit sie wissen, was vorgeht.

Preußler: Salzburg wird den Vertreter namhaft machen als wasserreichstes Land.

Urban: Über diese Frage wird schon eine Einigung zustande kommen.

Reich: Es ist geplant dieses Wirtschaftsamt; dieses hat aber keine Kompetenzen. Diese Stelle soll alle bestehenden Differenzen ausgleichen, nicht aber geplant, eine Entscheidung auf die Verwertung der Wasserkräfte auszuüben. Auch eine größere beratende Kommission soll errichtet werden, in welcher Landesvertreter, Stadt etc. drinnen sein sollen.

~~Wutte~~:

Steiner: Kandidiert für diese Stelle als größter Cons.[?]-Vertreter. Abgesetzt von der Tagesordnung und Einigung unter den Ländervertretern vorbehalten.

Sternbach: Bittet, den Landesregierungen diesen Antrag schriftlich den einzelnen Landesregierungen bekannt zu geben. Wir wollen [wissen] für was wir abstimmen. Bittet, von der Tagesordnung abzusetzen.

Angenommen.

Ott: In der heutigen Einladung hatte die Bestimmung der demnächst zu erlassenden Wahlordnungen für die Landesversammlungen seitens des Staatsrates -. Der Redner steht auf dem Standpunkt, dass das den Landesversammlungen bezüglich der Wahlkreise und der Bestimmung der Zahl der Mandate zu überlassen sei.

Eisler: Wir halten es für sehr notwendig, um uns mit einem Vertreter des Heerwesens über die Einrichtung der Volkswehr auszusprechen. Bittet, an den Vorsitzenden: die Erweiterung des Programmes in dem Sinn zu erwirken, dass auch Heerwesen sich eventuell morgen abend zur Verfügung stellt.

Staatssekretär Unterstaatssekretär: Morgen ½5 hier Hg. [Herrengasse] will informiert werden, wie die Geldbeschaffung vor sich geht.

Sonntag, ½5h.

~~Vorsitz: Steinwender, Mayer~~
~~Wallenstorfer~~
~~Deutsch~~ Boog[143].

Volkswehr:

Mayer: ~~Bespricht die Organisation~~ Hält es für das Richtige, wenn die Herren konkrete Anfragen stellen würden.

Wutte: Organisation ist natürlich sehr schwierig. Bestreben, sie raschest abzubauen, da sich bei ihr Elemente sammeln, welche eine Gefahr für die private Sicherheit sind. Die Industrien beklagen sich, wenn sie einen zurechtweisen, dass er sich beklagt, er geht zur Volkswehr. Bittet um Mitteilung, wie der Abbau gedacht ist, und ob gedacht ist, die außerordentlich hohen Gebühren abzubauen. Direkter Verkehr mit den Bezirkshauptmannschaften.

---

143 Adolf von Boog, Offizier, zuletzt k.u.k. Feldmarschallleutnant, 8. November 1918 bis 1. Juli 1919 Oberbefehlshaber der Deutschösterreichischen Volkswehr.

Castell: In Niederösterreich [sind die] Verhältnisse ganz ähnlich; auch schon alle möglichen Schritte gemacht, um diesen Abbau durchzuführen, haben zu diesem Zweck einen Beamten beim Landesbefehlshaber exponiert, der dort unseren Standpunkt zu vertreten hat. Am 23./XII. war eine Sitzung, an der die beteiligten Stellen mit den Soldatenräten beteiligt waren. [Es] hat sich gezeigt, dass der Abbau sehr schwer möglich ist. In Niederösterreich zusammen 32.000 Volkswehrmänner, davon sollten 17.000 entlassen werden. [Es ist der] Antrag gestellt worden, es möge die Standesminderung auf einen günstigeren Zeitpunkt verschoben werden bis zum Abflauen der Kohlen- und Lebensmittelkrise und nach den Wahlen. Vorläufig nur wenn jemand sich eines Verbrechens schuldig gemacht hat, mit Zustimmung des Soldatenrates ausgeschieden. Die Zahl der auf diese Weise entfernten nicht gering. Dann Sperrung der Werbung.

Deutsch: Muss Erstaunen Ausdruck verleihen. Verordnung vom 13./12. sind alle Fragen beantwortet, die Dr. W.[utte] aufgeworfen hat. Beantwortet aufgrund dieser Verordnung die einzelnen Anfragen.

Direkter Verkehr nur anfangs bei der Werbung und auch nur mit Staatsamt des Inneren.

Abbau: in der Steiermark bis auf 4.000 Mann. In der Steiermark 14.000 Mann, aber nur deshalb weil auch die frühere Armee noch nicht davon getrennt wurde. ~~Verordnung wurde ergänzt, alle diese~~ In der Verordnung steht auch drinnen, dass diese Verordnung ~~im Einvernehmen mit der~~ von der Landesregierung durchgeführt werden soll. In Niederösterreich konsolidiert sich die Volkswehr ganz offenkundig. Auch in den anderen Ländern ist das wahrzunehmen. Da müssen aber die anderen Länder mithelfen. Einige Länder haben uns auch darin unterstützt. In Wien sinkt der Stand der Volkswehr ~~täglich um 100~~ von Tag zu Tag.

Gebührenfrage: Was Wien und Niederösterreich anbelangt, so sind diese gewiss nicht zu hoch. Die Leute ziehen diese Löhnung gewiss nicht der Arbeitslosenunterstützung vor, da diese niedriger ist. Die Leute haben mich versichert, wenn sie eine ansprechende Arbeit als Gewerbetreibende fänden, sie sofort die Arbeit aufnehmen würden.

Von uns aus geschieht alles, um den Abbau in die Wege zu leiten. Wir müssen aber von den Landesregierungen unterstützt werden. Geduld aber müssen wir haben.

Wutte: Unter der Volkswehr befinden sich auch sogenannte technische Bataillone. Frage, ob diese Stände auch zu privaten Bauten (Notstandsbauten bei den kleinen Kohlengruben usw.) herangezogen werden dürfen. Wenn ja, wie ist die Verrechnung zu pflegen?

Mayer: Ist überrascht zu hören, dass solche technische Bataillone in Graz bestehen. Diese Frage ist in Erwägung, aber über die Studien noch nicht hinausgekommen. Wenn sie bestehen, dann so bald als möglich auflösen, da wir uns nicht mit privater Arbeitsvermittlung befassen können. Das Heeresamt dürfte sich auf solche Unternehmungen nicht einlassen. Es dürfte sein, dass sich alte Reste von Pionierbataillonen erhalten haben, diese müssen aber aufgelöst werden.

Eisler: Anfrage wegen der Abfertigungen der demobilisierten Mannschaft. Es würde wertvoll sein, [...] Weisungen des Staatsamtes für Heerwesen kennen zu lernen, ebenso auch Maßnahmen, die in anderen Ländern getroffen wurden. Offiziere sind dabei vorangegangen. ~~Nunmehr verlangt~~ -. Wirtschaft in den ehemaligen Militärlagern, dort ist überall noch eine militärische Befehlsgewalt eingerichtet, mit der es sehr traurig bestellt ist. Es werden uns immer Kompetenz-Bedenken entgegen gehalten. Die Militärpersonen dortselbst sind zumeist gänzlich überflüssig. Die Lager erweisen sich als Einrichtungen, die sich keinerlei Maßnahmen fügen. Die Bezirkshauptmannschaften sind dabei vollständig machtlos. Es fehlt an einer klaren Bestimmung, wer in den Lagern zu entscheiden hat und mit diesen aufzuräumen. Bittet das Heerwesen um strenge Weisungen.

Mayer: 1.) Abfertigung: Die Erscheinungen überall die gleichen. Die alten Vorschriften besagen, dass einmonatliche Gebühr zu erfolgen hat. Im Rahmen der Verhandlungen ist allerdings zugestanden worden, im Falle des Notstandes bei Leuten, die sich nicht gleich zu versorgen in der Lage sind, ein weiterer Zuschuss von 300 Kronen bewilligt werden kann, wobei die Mittellosigkeit nachgewiesen werden muss.

2.) Bittet mit Anzeigen zu kommen und die Stellen zu bezeichnen, damit wir Ordnung machen können. Soweit unsere Meldungen gehen, haben die Gemeinden sich selbst geholfen und die einzelnen Vorräte mit Beschlag belegt.

Wutte: Eine Ordnung wird nur zustande kommen, wenn die Volkswehr budgetiert [wird] und man weiß, was die Leute nicht nur an Geld, sondern auch an Monturen etc. zu bekommen haben. Bittet Deutsch, nach Graz zu kommen und sich die Sache anzusehen.

Deutsch: Wenn wir auf den herabgesetzten Stand kommen werden, dann wird ordnungsmäßig budgetiert werden. Weiters: Es kann nur ein Mann einfach ausgerüstet werden, die technischen Bataillons sind aufzulösen.

Steinwender: Const.[atiert], dem Abbau der Volkswehr wurde von keiner Seite widersprochen. Die verlangte Herabminderung wird sich ergeben durch die Herabsetzung der Bestände. Auch das wurde allgemein als notwendig bezeichnet. Die Budgetfrage muss ebenfalls ins Reine kommen. ~~Man Muss der~~ -. Es muss der Nationalversammlung ein solches Budget vorgelegt werden. Die Frage des technischen Bataillons wurde völlig befriedigend gelöst. Die Frage der Abfertigung wurde gleichfalls aufgeklärt.

Sternbach: Sitzungen haben nicht den Nutzen, den sie haben sollten; müssten neu organisiert werden.

1.) Vorschlag: in Zukunft fest umschriebenes Programm, womöglich nach Materien gegliedert, vorher kundgegeben, damit die Landesregierungen im Stande sind, ihre Referenten zu schicken, da die Hauptmänner nicht über alles informiert sein können. Die Konferenzen nicht mehr in Wien, [sondern] an einem Punkt, der es auch den anderen gestattet, immer zu kommen. Bei Detail-Fragen (Volksernährung, Sachdemobilisierung) müssen doch nicht alle kommen. [...]

2.) Wichtige und prinzipielle Gesetzentwürfe bevor sie eingebracht werden für die insbesondere auf die Länder ihren Rückschlag üben, im Entwurf schon den Landesregierungen mitgeteilt werden. Von vornherein Misstrauen zu säen geeignet, wenn mit der Tür ins Haus gefallen wird.

~~Mayer~~:

Wutte: Mit dem Programm allein ist uns nicht gedient. Wir wollen Referate haben. Wenn man alles bekommt, dann kann man schon nach Wien kommen. Einen Wechsel im Sitz kann man schwer verlangen.

Riedl: Glaube, die Anregung Sternbachs dahin zu verstehen, dass eine und dieselbe Konferenz sich mit einem beschränkten Kreis von Dingen befasst. Das ist wirklich unmöglich, weil die Herren über alle verschiedenen Fragen, von denen die Herren nichts anderes wissen als den Titel auf der Tagesordnung -. Auf der anderen Seite ist es ein gerechtfertigter Wunsch der Landesverwaltungen, dass sie bei wichtigen Aktionen vorher gehört werden durch Übermittlung des Entwurfes und dass ihnen bei wirtschaftlichen Fragen ein erhöhter Einfluss gewährt wird (~~Sachdemobilisierung schon geschehen~~). Man wird bei den Staatsämtern Einrichtungen schaffen müssen, die mit den einzelnen Regierungen in einer steten Verbindung stehen. Wir sind angewiesen auf die Mithilfe der Landesregierungen. Mit dem bloßen Reden hier ist nichts getan. Es muss eine Stärkung der Exekutive geschaffen werden. Wenn man auf der einen Seite eine gewisse Dezent.[ralisierung] eintreten lässt, notwendig, gleichzeitig eine Stärkung der Exekutive. Unbedingt notwendig, wenn [man] den Staat nicht einer fortschreitenden Zersetzung aussetzen will.

Mit diesen Konferenzen kommen wir nicht weiter. Es ist notwendig, um Fragen allgemein politischen Interesses, der Behördenorganisation zu erörtern. Abgesondert davon in anderen Zeitabschnitten können Tagungen abgehalten werden, welche einem bestimmten Zweck dienen. So hätte das Programm der Volksernährung zum Gegenstand einer eigenen Tagung gemacht werden können. Umgekehrt wäre es sehr förderlich gewesen, über die notwendigen Änderungen bei der Bewirtschaftung der verschiedenen industriellen Artikel – eintreten muss. Das werden wir nächstens machen müssen. Wir hindern uns gegenseitig an der Arbeit und verhindern, dass die Länder gehörig interessierte Herren herschicken.

Daher die Unterrichtung Sternbachs dahin zu verstehen, dass die Staatskanzlei die Tagungsordnungen so einrichtet, dass bei jeder Tagung nur eine bestimmte Gruppe von Angelegenheiten im Detail verhandelt wird, zu der die Landesregierungen sich die einschlägigen Referenten mitbringen können.

Eisler: Wirtschaftsämter von der heutigen Beratung abzusetzen, weil wir ohne Einigung mit den Vorständen unserer Wirtschaftsämter [k]eine Äußerung abgeben können. Vorschläge bitten wir schriftlich auszugeben, dann werden wir die Referenten hören können.

Salzburg, Dr. Rehrl: Antrag: Landesverwaltung [legt] Gewicht darauf, dass die Organisation der Landesverwaltung ihnen unbedingt vorgelegt werden muss, ehe es im Staatsrat zur Beratung gelangt. In der Landesordnung und Wahlordnung: kein Rahmengesetz, wodurch die Autonomie eingeschränkt wird. Salzburg in der Hälfte Jänner Beschluss fassen will. Wir wollen wissen, welche Stellung der Staatsrat einnimmt dazu.

29.[1]

[Donnerstag] 1919-01-09

Vorsitz: Renner
Anwesend: Beck, Glöckel, Grimm, Hanusch, Jukel, Kaup, Loewenfeld-Ruß, Marckhl, Pacher, Riedl, Roller, Stöckler, Urban, Waber, Waihs, Zerdik
Schriftführer: unbekannt
Dauer: 20.45–23.15 Uhr

Reinschrift, Konzept, Stenogramm

Inhalt:
1. Staatliche Investitionspolitik (Beschluss des Staatsrates in seiner 62. Sitzung vom 8. Jänner 1919).
2. Frage der Aufhebung der überflüssigen Gerichte.
3. Fortzahlung der Unterhaltsbeiträge der beim liquidierenden Kriegsministerium weiterverwendeten Mannschaften.
4. Ausfolgung der Standesausweise richterlicher Beamter an die tschechoslowakische Justizverwaltung.
5. Beamtenfragen.
6. Verordnung des jugoslawischen Staates über die Beaufsichtigung von Unternehmungen und Liegenschaften.
7. Abgabe von Medikamenten- und Verbandstoffvorräten.
8. Anforderung von Sanitätsmaterial durch die fremdnationalen Staaten.
9. Erklärung einer Industriebahn vom Oberdorfer Magnesitwerke zur Südbahnstation Bruck an der Mur als begünstigter Bau.

Beilagen:
A Zu Punkt 5 (a): Antrag der Geschäftsstelle zur Behandlung von Staatsbedienstetenangelegenheiten (4¼ Seiten).
B Zu Punkt 5 (b): Vereinbarungen der am 28. und 30. Dezember 1918 zusammengetretenen zwischenstaatlichen Kommission zur Regelung von Staatsbedienstetenangelegenheiten (8½ Seiten).
C Zu Punkt 5 (c): Vereinbarungen der am 30. Dezember 1918 im Staatsamt für Finanzen zusammengetreten zwischenstaatlichen Kommission, betr. die ehemaligen Staatsbahnbediensteten (1¼ Seiten).
D Zu Punkt 5 (c): Fragebogen für die Enquete der Staatsangestellten über ihre Wünsche in Bezug auf die Form ihrer künftigen Mitwirkung bei der Lösung sachlicher Fragen, die den Staatsdienst im allgemeinen berühren (2½ Seiten).
E Zu Punkt 5 (d): Merkblatt (1½ Seiten).
– Zu Punkt 9: Notiz für den Vortrag im Kabinettsrate (1¼ Seiten).

1
Staatliche Investitionspolitik
(Beschluss des Staatsrates in seiner 62. Sitzung vom 8. Jänner 1919)

Nach einer ausführlichen Darstellung der einschlägigen Verhältnisse[2] ladet der Vorsitzende die Staatssekretäre ein, entsprechend den in der 62. Sitzung des Staatsrates vom 8. Jän-

---
[1] Das Protokoll trägt den Vermerk *Vertraulich!*
[2] Vgl. die diesbezüglichen Ausführungen Renners und weitere Wortmeldungen im Stenogramm.

ner d. J. gefassten Beschlüssen, betreffend Maßnahmen zur Hintanhaltung beziehungsweise Behebung der Arbeitslosigkeit[3], die Investitionsprogramme ihrer Ressorts in Verbindung mit den erforderlichen vorläufigen finanziellen Voranschlägen dem Kabinettsrate in der am 11. d. Mts. stattfindenden Sitzung vorzulegen.[4] Mit der Erstattung eines zusammenfassenden Berichtes an den Staatsrat, betreffend diese Elaborate, welche nach Durchberatung im Kabinettsrate noch einer Besprechung mit dem Vertreter des Staatsamtes der Finanzen zu unterziehen sein werden, wird der Staatssekretär für öffentliche Arbeiten betraut.[5]

2

Frage der Aufhebung der überflüssigen Gerichte

Staatssekretär Dr. Roller teilt mit, dass nach den vom Staatsamte für Justiz gepflogenen vorläufigen Erhebungen etwa 50 Bezirks- und Kreisgerichte als überflüssig aufgehoben werden könnten. Der sprechende Staatssekretär erbittet und erhält die Ermächtigung, über die Frage der Aufhebung dieser Gerichte vorerst Äußerungen der Landesvertretungen einholen zu dürfen.[6]

3

Fortzahlung der Unterhaltsbeiträge der beim liquidierenden Kriegsministerium weiterverwendeten Mannschaften

Auf Grund einer im Gegenstande abgegebenen Äußerung der Unterstaatssekretäre Dr. Waihs und Dr. von Grimm beschließt der Kabinettsrat, dass unter dem Zwange der Verhältnisse sowie im Hinblicke auf die vom Staatssekretär für Heerwesen bereits öffentlich abgegebene Erklärung mit der Fortzahlung des Unterhaltsbeitrages für die Familien der beim liquidierenden Kriegsministerium weiterverwendeten Mannschaften bis Ende Jänner d. J. vorgegangen werden könne; diese Angelegenheit hat vom Staatsamte für Heerwesen intern (ohne Vollzugsanweisung) geregelt zu werden.[7]

---

3 Staatsrat Franz Domes hatte in der genannten Sitzung dafür plädiert, die Massenentlassungen, mit denen die staatliche Wirtschaft derzeit vorgehe, einzustellen und durch die Vergabe öffentlicher Arbeiten in großem Umfang Arbeitsmöglichkeiten zu schaffen. Der Staatsrat hatte diesem Antrag beigepflichtet und beschlossen, die Staatsämter mit der Vorlage von Investitionsplänen bis 12. Jänner zu beauftragen und die Entlassungen von Arbeitern in den Staatsbetrieben sofort einzustellen. Das Investitionsprogramm sollte sich insbesondere „auf die notwendigen Adaptierungen und Wiederherstellungen der öffentlichen Gebäude, auf die Bestellung von Lokomotiven und Waggons, auf die Ausgestaltung des Telegraphen und Telefons, auf die Herstellung und Reparatur von Automobilen für den Post- und Lokalverkehr und von Lastautomobilen, aber auch auf Elektrifizierung von Eisenbahnen, insbesondere der Wiener Stadtbahn", erstrecken. Weiters war das Staatsamt für Landwirtschaft beauftragt worden, die Schlägerung aller schlagreifen Privat- und Fondsforste vorzubereiten, während das Staatsamt für öffentliche Arbeiten mit sämtlichen Landesregierungen in Verbindung treten sollte, um Flussregulierungen und Meliorationsbauten in Angriff zu nehmen. Ferner war das Staatsamt für öffentliche Arbeiten beauftragt worden, im Wege der autonomen Landesverwaltungen notwendige Straßenbauten und -wiederherstellungen unverzüglich in Angriff zu nehmen. Vgl. SRP Nr. 62 vom 8. Jänner 1919 vor Eingang in die Tagesordnung und Beschlussprotokoll Punkt I.
Franz Domes, 30. November 1918 bis 14. März 1919 Mitglied des Staatsrates, SdAP.

4 Vgl. KRP Nr. 30/1.

5 Dieser Bericht erfolgte in SRP Nr. 65/III vom 13. Jänner 1919.

6 Zur Entwicklung der österreichischen Justizverwaltung in den Jahren 1918 bis 1928 vgl. 10 Jahre Wiederaufbau. Die staatliche, kulturelle und wirtschaftliche Entwicklung der Republik Österreich 1918–1928, Wien 1928, S. 89–92, speziell zu den Veränderungen im Bereich der Kreis- und Bezirksgerichte S. 89.

7 Vgl. auch KRP Nr. 26/6 und weiter Nr. 34/11, zu Fragen im Zusammenhang mit Unterhaltsbeiträgen überdies Nr. 13/10, Nr. 16/1, Nr. 23/1, Nr. 32/8 und Nr. 34/10.

4

Ausfolgung der Standesausweise richterlicher Beamter an die tschechoslowakische Justizverwaltung

Staatssekretär Dr. R o l l e r teilt mit, dass die tschechoslowakische Justizverwaltung die Ausfolgung der Standesausweise aller Beamten im deutschböhmischen Gebiete verlange. Nach Anschauung des sprechenden Staatssekretärs wären im Sinne des Territorialitätsprinzipes[8] nur die Standesausweise jener Beamten auszufolgen, die zweifellos dem tschechoslowakischen Staatsgebiete angehören. Das deutsche Gebiet des früheren Prager Oberlandesgerichtssprengels ist in den Vollzugsanweisungen vom 25. November 1918, StGBl. Nr. 58 und 61, aufgezählt.[9] Ein zwingender Grund zur Ausfolgung dieser Ausweise, etwa behufs Hintanhaltung dienstlicher Benachteiligungen der deutschen Richter Böhmens, liege jedenfalls nicht vor, da die tschechoslowakische Regierung Abschriften dieser Standesdokumente ohnedies besitze und mit dieser Forderung offenbar nur bezwecke, einen Beweis dafür zu konstruieren, dass ihre Staatshoheit über diese Beamten von Deutschösterreich auf diese Art mittelbar anerkannt worden sei. Immerhin glaube Redner, folgenden Standpunkt in dieser Angelegenheit einnehmen zu sollen:

1.) Die Standesausweise der tschechischen Beamten aus dem tschechischen Gebiete sind auszufolgen.

2.) Die Standesausweise der deutschen Beamten aus dem tschechischen Gebiete müssen gleichfalls ausgefolgt werden, doch wären von diesen beglaubigte Abschriften zurückzubehalten, weil vermutlich auf diese deutschen Beamten zurückgegriffen werden wird, wenn an deutschen Beamten im deutschen Gebiete Mangel herrschen sollte oder wenn diesen Beamten das Verbleiben im tschechischen Gebiete unmöglich gemacht werden würde.

3.) Standesausweise deutscher Beamten aus dem deutschen Gebiete sind zurückzubehalten.

4.) Standesausweise tschechischer Beamten im deutschen Gebiete sind nach dem Territorialitätsprinzip gleichfalls zurückzubehalten.

5.) Standesausweise der richterlichen Beamten der deutschen Gruppe des Oberlandesgerichtes in Prag sind zurückzubehalten, weil die deutsche Gruppe des Oberlandesgerichtes im Sinne der JMVdg. vom 3. Februar 1890, Nr. 7 JMVBl., stets als ein Teil des deutschböhmischen Beamtenkörpers aufgefasst wurde.[10]

6.) Die Standesausweise der Sprengelrichter wären ohne Rücksicht darauf, ob sie zuletzt im deutschen oder im tschechischen Sprachgebiete verwendet wurden, auszufolgen, ausgenommen die Ausweise von drei bei den letzten Ernennungen zu Sprengelrichtern ernannten Beamten, weil die Sprengelrichter seit Jahren tschechischer Nationalität waren und

---

8 Territorialitätsprinzip, auch Territorialprinzip: das ausschließliche Recht eines Staates, auf seinem Territorium Hoheitsakte zu erlassen (Gegenteil: Personalitätsprinzip).

9 Vgl. StGBl. Nr. 58, Vollzugsanweisung des Staatssekretärs für Justiz vom 25. November 1918 über die Gerichtseinteilung in Deutschböhmen, und StGBl. Nr. 61, Vollzugsanweisung des Staatssekretärs für Justiz vom 25. November 1918 über die Gerichtseinteilung im deutschen Siedlungsgebiete der südlichen Teile Böhmens, beide ausgegeben am 30. November 1918. Beide Gesetze fußten auf StGBl. Nr. 39, Gesetz vom 22. November 1918 über die aus Anlass von Änderungen der Gerichtsverfassung erforderlichen Maßnahmen, ausgegeben am 28. November 1918.

10 Vgl. Verordnungsblatt des k.k. Justizministeriums, Jg. VI, Stück 1, Jänner 1890, S. 25 f „Verordnung des Justizministeriums vom 3. Februar 1890, Z. 1874, betreffend die Besetzung der Rathsstellen und die Behandlung der Personal- und Disciplinarangelegenheiten bei dem Oberlandesgerichte in Prag und betreffend die Besetzung der Dienststellen bei den Gerichten erster Instanz und bei den Staatsanwaltschaften in Böhmen“. Mit „deutscher Gruppe“ waren 15 der insgesamt 41 für das Oberlandesgericht Prag vorgesehenen Ratsstellen gemeint, für die gemäß der genannten Verordnung „von dem Nachweis der Kenntnis der böhmischen Sprache“ abzusehen war. Ihre Aufgaben erstreckten sich auf die „vorwiegend von Deutschen bewohnten“ Landesteile. Vgl. ebendort, S. 25.

nur deshalb ernannt wurden, um möglichst viel Tschechen, die für deutsches Gebiet nicht in Betracht kommen konnten, ernennen zu können und weil sie für das deutsche Gebiet nicht bestimmt waren. Die Standesausweise der drei deutschen Sprengelrichter wären daher zurückzubehalten.

Der Kabinettsrat stimmt diesen Ausführungen zu.[11]

5

Beamtenfragen

a

Beschluss des Staatsrates vom 8. Jänner 1919 (62. Sitzung), betreffend Änderung der Richtlinien, insoweit sie sich auf die Enthebungen bezw. Außerdienststellungen von Staatsangestellten beziehen

Unterstaatssekretär Dr. von Beck gibt bekannt, dass sich die Geschäftsstelle zur Behandlung von Staatsbedienstetenangelegenheiten mit diesem Beschluss[12] bereits beschäftigt habe und hiebei zu dem in der Beilage A[13] ausgeführten Antrage gelangt sei.

---

[11] In der 18. Sitzung des zwischenstaatsamtlichen Komitees zur Behandlung von Staatsangestelltenfragen am 24. Jänner 1919 wurden die hier im Kabinettsrat formulierten Grundsätze erörtert und die Frage aufgeworfen, ob diese „für Angehörige aller Ressorts und im konkreten Falle gegenüber jedem anderen Nationalstaat anwendbar seien". Das Komitee beschloss: „Diese Grundsätze sind sinngemäß auch auf die Bediensteten anderer Ressorts und vorbehaltlich der Gegenseitigkeit auch gegenüber anderen Nationalstaaten, die um die Ausfolgung solcher Dokumente ersuchen, anzuwenden." Vgl. AdR, StK, GZl. 45/1919, Zl. 45/50/1919, Verhandlungsschriften 1–25 des zwischenstaatsamtl. Komitees, Verhandlungsschrift Nr. 18 zur Sitzung am 24. Jänner 1919. Zur Einrichtung und Zusammensetzung dieses Komitees vgl. KRP Nr. 11/2.

[12] In der erwähnten Sitzung des Staatsrates war auf Antrag von Josef Tomschik als Ersatzmann für Staatsrat Franz Domes der Beschluss gefasst worden, die Staatsämter zu beauftragen, „alle in der letzten Zeit in ihrem Amtsbereiche verfügten Enthebungen, Außerdienststellungen u. dgl. von Beamten, von Unterbeamten, Bediensteten und Arbeitern der Ämter und der Eisenbahnen sowie der Anstalten und Behörden neuerlich zu überprüfen und in allen berücksichtigungswürdigen Fällen, insbesonders dort, wo es sich um Familienväter handelt, aufzuheben". Die vom Kabinettsrat beschlossenen Richtlinien über die Behandlung der Beamtenfragen (vgl. KRP 14/16 und den Nachtrag zu jenem Protokoll) sollten derart geändert werden, dass „bis zur endgültigen Neuorganisation der staatlichen Verwaltung und des Staatsdienstes allen deutschösterreichischen Staatsbürgern, die bisher im Staatsdienste oder im Dienste staatlicher Betriebe standen, ihre Stellung gewahrt" bleibe. Vgl. SRP Nr. 62/Beschlussprotokoll Punkt IV vom 8. Jänner 1919.
Josef Tomschik, 12. November 1918 bis 14. März 1919 Ersatzmann des Staatsrates, SdAP.

[13] Beilage A zu Punkt 5 (a): Antrag der Geschäftsstelle zur Behandlung von Staatsbedienstetenangelegenheiten (4¼ Seiten). Unter Bezugnahme auf den gegenständlichen Beschluss des Staatsrates vom 8. Jänner 1919 sowie auf Punkt IV (Regelung der Verhältnisse der ehemals österreichischen Staatsbediensteten nichtdeutscher Nationalität im deutschösterreichischen Staatsgebiete) der Richtlinien über die Behandlung der Beamtenfragen wurde in der Beilage ausgeführt, der vom Staatsrat erteilte Auftrag nötige in der vorliegenden Form dazu, dass die Zentralstellen und die ihnen untergeordneten Ämter auch alle jene Beamten, die bereits in den Dienst eines anderen Staates eingetreten waren, wieder auf ihre Posten zu berufen hätten. Angesichts des herrschenden Überschusses an Arbeitskräften sei das nur schwer zu vertreten, überdies könne auch „der höchst wichtige Umstand nicht mit Stillschweigen übergangen werden", dass Deutschösterreich, das „von allen Seiten in seinen Lebensbedingungen bedroht ist, selbst ein Lebensinteresse daran hat, seine amtliche Tätigkeit ohne Einblick durch unberufene, weil politisch befangene Personen vollziehen zu lassen". Um jedoch trotzdem „einen positiven Antrag zu stellen", durch den die Absichten des Staatsrates „verwirklicht werden könnten", wurde argumentiert, dass sich die Bestimmungen des Punktes IV der Richtlinien in erster Linie nur auf Staatsbedienstete „nichtdeutscher Nationalität" bezögen, die selbständige oder verantwortungsvolle Posten bekleidet hätten. Handele es sich jedoch um „politisch harmlose (z. B. ärztliche, rein manuelle oder exekutive Dienstverrichtungen)" Posten und um Personen, „die sich niemals ausgesprochen zu einer anderen

Im Zuge der hierüber abgeführten Debatte[14] vertrat Staatssekretär Dr. R o l l e r den Standpunkt, dass er die Vorschläge des Komitees nur dann für annehmbar halte, wenn eine Verdrängung beziehungsweise Schädigung deutscher Beamten unbedingt verhindert werde.

Unterstaatssekretär Dr. W a b e r stellte sich auf den Standpunkt, dass es aus verhandlungstaktischen Gründen angezeigt wäre, das beabsichtigte Entgegenkommen nicht sogleich der Öffentlichkeit bekanntzugeben, vielmehr der Regierung die Möglichkeit zu bieten, bei der Gesandtenkonferenz zunächst auf ein reziprokes Vorgehen bei den fremdnationalen Staaten hinzuwirken. Der sprechende Unterstaatssekretär stellt zu diesem Behufe den Antrag, es mögen diese abgeänderten Richtlinien entweder dem Staatsamte für Äußeres zunächst bekanntgegeben werden, um die Vertreter der fremdnationalen Staaten zu einer gleichen Rücksichtnahme auf die in ihrem Gebiete sesshaften Staatsbediensteten deutscher Nationalität zu veranlassen, oder durch den Zusatz „unter Wahrung der Reziprozität" ergänzt werden.

Der Kabinettsrat schließt sich dem Antrage der Geschäftsstelle an.[15]

Der Antrag des Staatssekretärs Dr. R o l l e r wird dem Beamtenkomitee zur Vorberatung zugewiesen; die Anregungen des Unterstaatssekretärs Dr. W a b e r werden von diesem gelegentlich der Beratung der Angelegenheit im Staatsrate zu vertreten sein.[16]

b

Auszahlung von Ruhe- und Versorgungsgenüssen sowie von Beihilfen für den Monat Jänner 1919

Unterstaatssekretär Dr. von B e c k berichtet über die am 30. Dezember 1918 von der zwischenstaatlichen Geschäftsstelle zur Regelung von Staatsbedienstetenangelegenheiten beschlossenen Vereinbarungen, betreffend

---

als der deutschen Nation bekannt haben", sei es gewiss „am Platze, die Voraussetzung der deutschen Nationszugehörigkeit nicht zu hoch zu spannen". Solche Bediensteten, die auch vielfach „seit Jahren in Deutschösterreich ansässig sind, deutsche Frauen geheiratet haben, ihre Kinder deutsch erziehen lassen und sich national indifferent verhalten", seien „nicht schlechthin als Nichtdeutsche zu werten". Demzufolge erscheine es nur billig und gerecht, bereits verfügte Enthebungen solcher Angestellten einer genauen Überprüfung zu unterziehen". In diesem Sinne wurde beantragt, den Staatsämtern bei der Überprüfung der zweifelhaften Fälle eine entsprechende Rücksichtnahme zu empfehlen.

14 Vgl. das Stenogramm.

15 Explizit wurde dieser Punkt in den folgenden Gesandtenkonferenzen nicht angesprochen, wiewohl sich die Konferenz vom 17. Jänner 1919 umfangreich mit Staatsangestelltenfragen beschäftigte. Vgl. AdR, StK, GZl. 157/1919, Zl. 157/1/1919, Niederschrift über die am 17. Jänner 1919 im Deutschösterreichischen Staatsamt für Äußeres abgehaltene siebente Gesandten-Konferenz. Zu den Gesandtenkonferenzen vgl. weiters auch KRP Nr. 11/1, Nr. 19/1, Nr. 21/4, Nr. 23/6, Nr. 26/6, Nr. 28/3 und Nr. 32/6.

16 Die Angelegenheit kam in SRP Nr. 67/V vom 17. Jänner 1919 zur Sprache. Unterstaatssekretär Beck legte u. a. dar, dass im Zuge der Schaffung von Richtlinien, „welche die Beurteilung der Nationalität im Zusammenhang mit der d.ö. Staatsbürgerschaft ermöglichten", als ausschlaggebend betrachtet wurde, „zu welcher Nationalität der Betreffende bei der Volkszählung 1910 sich bekannt habe [...]. Dadurch würden sicherlich die bisherigen Härten vermieden werden und könnte dem Antrag Tomschik entsprochen werden." Die Angelegenheit führte in der genannten Sitzung zu einer längeren Debatte, im Zuge derer vor allem Staatsrat Teufel für eine harte Linie gegenüber den „nichtdeutschen Beamten" eintrat. Schließlich beschloss der Staatsrat jedoch, die Darlegungen Zerdiks zur Kenntnis zu nehmen. Entgegen dem hier gefassten Beschluss des Kabinettsrates äußerte sich Unterstaatssekretär Waber im Staatsrat nicht zur Sache.
Oskar Teufel, 21. Oktober 1918 bis 16. Februar 1919 Mitglied der Provisorischen Nationalversammlung, Deutschösterreichische Unabhängigkeitspartei bzw. Partei der Nationaldemokraten, 30. Oktober 1918 bis 14. März 1919 Mitglied des Staatsrates, 3. November bis 16. Dezember 1918 Kreishauptmann von Deutsch-Südmähren.

a) die weitere Auszahlung der die allgemeinen Pensionen belastenden Ruhe- und Versorgungsgenüsse,

b) die Fortbezahlung von Beihilfen an die Bediensteten staatsfremder Nationalitäten und

c) die Auszahlung der Ruhe- und Versorgungsgenüsse ehemaliger Staatsbediensteter und Hinterbliebener nach solchen,

– sämtlich für den Monat Jänner 1919.

Der Kabinettsrat nimmt die getroffenen Vereinbarungen, welche dem Protokoll abschriftlich unter Beilage B[17] und C[18] angeschlossen sind, genehmigend zur Kenntnis.[19]

c

Maßnahmen für den Zivilstaatsdienst aus Anlass der Errichtung des d.ö. Staates, sowie aus Anlass des Krieges; Frage der Errichtung einer Staatsangestelltenkammer

Unterstaatssekretär Dr. von B e c k berichtet über vorbereitende Arbeiten im Schoße des Beamtenkomitees, betreffend

1.) die Schaffung eines Gesetzes über Maßnahmen für den Zivilstaatsdienst aus Anlass der Errichtung des deutschösterreichischen Staates;

2.) über Maßnahmen für den deutschösterreichischen Zivilstaatsdienst aus Anlass des Krieges und endlich

3.) über die Errichtung einer Staatsangestelltenkammer.

Nach einer hierüber abgeführten eingehenden Debatte, an welcher sich außer dem Referenten die Staatssekretäre Dr. R o l l e r und Dr. U r b a n sowie die Unterstaatssekretäre G l ö c k e l, M a r c k h l und Dr. W a b e r beteiligten[20], fasst der Kabinettsrat den Be-

---

17 Beilage B zu Punkt 5 (b): Vereinbarungen der am 28. und 30. Dezember 1918 zusammengetretenen zwischenstaatlichen Kommission zur Regelung von Staatsbedienstetenangelegenheiten (8½ Seiten). Die Beilage enthält die ins Detail gehenden Erklärungen der Vertreter der Nationalstaaten zu den vorgenannten Punkten. Im Wesentlichen liefen die Vereinbarungen darauf hinaus, die „die allgemeinen Pensionen des ehemaligen österreichischen Staates belastenden Ruhe- und Versorgungsgenüsse" auch für Jänner 1919 weiter auszubezahlen. Weiters erklärte sich das Staatsamt der Finanzen bereit, den „ehemals österreichischen Staatsbediensteten nichtdeutscher Nationalität im deutschösterreichischen Staatsgebiete" auch weiterhin eine Beihilfe auszubezahlen, sofern dies nicht bereits eine andere Nation übernommen hatte.

18 Beilage C zu Punkt 5 (b): Vereinbarungen, betr. die ehemaligen Staatsbahnbediensteten (1¼ Seiten). Mit Bezug auf die hinsichtlich der Pensionen der ehemaligen Staatsbahnbediensteten vom 3. und 4. Dezember 1918 (vgl. KRP Nr. 23/6) wurde festgestellt, dass zwischen den deutschösterreichischen, den südslawischen und den tschechoslowakischen Regierungen diesbezüglich Einverständnis herrschte, wogegen die Vertreter Polens und der Ukraine nicht zu den Beratungen erschienen waren. Die gegenständlichen Pensionen für Jänner 1919 würden zur Bezahlung gelangen, eine Auszahlung für die folgenden Monate könne jedoch nur hinsichtlich jener Nationalstaaten erfolgen, die ihrer vereinbarten Beitragsleistung zeitgerecht nachkämen.

19 Zur Auszahlung der Beihilfen für Jänner 1919 vgl. AdR, StK, GZl. 1.624/1918, Vereinbarungen hinsichtlich der Bezahlung nichtdeutscher Staatsbediensteten pro Jänner 1919. In dem Akt wurde auch bemerkt, dass die „Bediensteten polnischer Nationalität" von dieser Regelung ausgeschlossen waren, da die polnischen Vertreter erklärt hatten, dass „die polnische Regierung die Bezahlung aller noch nicht übernommenen Bediensteten polnischer Nationalität vom 1. Jänner 1919 an aus eigenen Mitteln bestreiten wird". Eine entsprechende Regelung wurde sodann auch für Februar getroffen, vgl. AdR, GZl. 45/1919, Zl. 45/9/1919, Vereinbarungen hinsichtlich der Bezahlung nichtdeutscher Staatsbediensteter pro Februar. Zu den Vereinbarungen für Dezember 1918 vgl. KRP Nr. 19/1. Zur grundsätzlichen Behandlung von Beamtenfragen vgl. weiters KRP Nr. 11/2, Nr. 14/6, Nr. 29/5 und Nr. 34/13, zur Erörterung weiterer im Zusammenhang mit sowohl „deutschen" als auch „nichtdeutschen" Beamten stehenden Fragen vgl. KRP Nr. 4/1, Nr. 7/12 und 14, Nr. 18/8, Nr. 19/4, Nr. 21/2, Nr. 22/2, Nr. 26/8 und 9 sowie Nr. 33/6.

20 Vgl. das Stenogramm.

schluss, die Beratung über die sub 1) und 2) in Aussicht genommenen Maßnahmen auf einen späteren Zeitpunkt zu verschieben.[21]

In der Frage der Errichtung einer Staatsangestelltenkammer (Pkt. 3) genehmigt der Kabinettsrat über Antrag des Referenten die Einberufung und Abhaltung einer Enquete der Staatsangestellten, in welcher deren Wünsche in Bezug auf die Form der künftigen Mitwirkung der Staatsangestellten bei der Lösung sachlicher, den Staatsdienst im allgemeinen berührender Fragen zur Verhandlung gelangen sollen. Gleichzeitig wird ein für diese Enquete bestimmter Fragebogen (Beilage D[22]) genehmigt. Zur Leitung der Enquete werden die Unterstaatssekretäre Dr. von B e c k, G l ö c k e l und Dr. W a b e r bestimmt und als Enquete-Komitee die „Geschäftsstelle zur Behandlung der Staatsbedienstetenangelegenheiten" bestellt.[23]

d

Merkblatt für die deutschen Staatsbediensteten in den umstrittenen Gebieten

Unterstaatssekretär Dr. von B e c k teilt mit, dass sich die Notwendigkeit ergeben habe, den in den umstrittenen Gebieten bediensteten deutschen Staatsangestellten Direktiven für ihr Verhalten gegenüber den Anforderungen der fremden Nationalregierungen zu erteilen. Diese Weisungen sind in dem dem Protokolle als Beilage E[24] angeschlossenen Merkblatte

---

21 Ein Gesetz über Maßnahmen für den Zivilstaatsdienst aus Anlass der Errichtung des deutschösterreichischen Staates wurde nicht verwirklicht, allerdings existiert ein Entwurf, der unter Ägide des vom Kabinettsrat eingesetzten Komitees für Staatsbedienstetenfragen (vgl. KRP Nr. 11/2) ausgearbeitet wurde. Er findet sich in AdR, StK, GZl. 942/1918, Beratung des Gesetzentwurfes über Maßnahmen für den d.ö. Zivilstaatsdienst. Unter § 1 bestimmte der Entwurf: „Soweit für den Zivilstaatsdienst die Staatsbürgerschaft in Frage kommt, ist darunter künftighin die deutschösterreichische Staatsbürgerschaft zu verstehen." Sodann beschäftigte sich der Entwurf, der insgesamt nur sieben Paragraphen umfasst, mit der allgemeinen Verringerung der Zahl der Zivilstaatsbediensteten. Der Akt enthält weiters Informationen zu einer unter Vorsitz von Staatssekretär Beck geführten Beratung des Entwurfs im Staatsamt für Finanzen am 10. Dezember 1918. Weiters beschäftigte sich das Komitee in seiner 13. Sitzung mit dem Entwurf, vgl. AdR, StK, GZl. 45/1919, Zl. 45/50/1919, Verhandlungsschriften 1–25 des zwischenstaatsamtl. Komitees, Verhandlungsschrift Nr. 13 zu den Sitzungen am 10. und 11. Jänner 1919. Betreffend das zweite Gesetz, vgl. StGBl. Nr. 407, Gesetz vom 29. Juli 1919, mit welchem Maßnahmen für den Zivilstaatsdienst aus Anlass des Krieges getroffen werden, ausgegeben am 14. August 1919; KRP Nr. 77/9 vom 6. Juni 1919 und Nr. 95/11 vom 5. August 1919.

22 Beilage D zu Punkt 5 (c): Fragebogen (2½ Seiten). Der Entwurf enthält insgesamt 11 Fragen (im Original aufgrund einer irrtümlichen Doppelnummerierung nur bis 10 nummeriert). Eingangs sollte erhoben werden, ob die Staatsbediensteten grundsätzlich an der Schaffung einer gewählten Vertretung interessiert waren, die „der Staatsregierung Ratschläge in Form von Anträgen oder Gutachten" in „allen sachlichen Fragen, die den Zivilstaatsdienst im allgemeinen und namentlich das gemeinsame berufliche Interesse aller Zivilstaatsangestellten an der Einrichtung der Verwaltung und der Ordnung des Dienstes berühren", unterbreiten sollte. Die weiteren Fragen vertieften diesen Sachverhalt, so wurde u. a. gefragt, ob eine Teilung in eine Staatsangestelltenkammer und eine Staatsarbeiterkammer erfolgen sollte, wie diese grundsätzlich aufgebaut sein sollten und wie ihr Wirkungskreis abgegrenzt werden sollte.

23 Material zu den diesbezüglichen Vorarbeiten findet sich in AdR, StK, GZl. 160/1919. Der Akt enthält unter Zl. 160/6/1919, Errichtung einer Staatsangestelltenkammer, Enquete, auch ein gedrucktes Exemplar der stenographischen Protokolle aller Verhandlungstage der einberufenen Enquete. Die „Wiener Zeitung" berichtete ebenfalls relativ detailliert über den Verlauf der Enquete, vgl. Wiener Zeitung. Wiener Abendpost, 17. Jänner 1919, S. 2 „Enquete über die Schaffung einer Staatsangestelltenkammer"; Wiener Zeitung, 18. Jänner 1919, S. 2 „Die Enquete über die Schaffung einer Staatsangestelltenkammer"; 19. Jänner 1919, S. 1 „Enquete über die Schaffung einer Staatsangestelltenkammer". Zur Schaffung der Staatsangestelltenkammer kam es nicht. Informationen zu einem diesbezüglichen Entwurf finden sich in AdR, BMHV, Allgemeine Reihe, Sektion IV, Zl. 242/1919, Gesetzentwurf, betr. die Errichtung einer Staatsangestelltenkammer.

24 Beilage E zu Punkt 5 (d): Merkblatt (1½ Seiten). In dem Merkblatt wurde ausgeführt, dass unter allen Umständen auf die „Erhaltung eines deutschen Beamtenstandes in den deutschen Teilen der Sudetenländer" besonderes Gewicht gelegt werden müsse. Es wäre verfehlt, wenn jetzt, „wo das politische

niedergelegt. Der sprechende Unterstaatssekretär erbittet und erhält die Ermächtigung, dieses Merkblatt den einzelnen Staatsämtern zu übermitteln, denen sodann die Weiterleitung an die beteiligten Angestellten überlassen bleibt.

6
Verordnung des jugoslawischen Staates über die Beaufsichtigung von Unternehmungen und Liegenschaften

Unterstaatssekretär M a r c k h l teilt mit, dass die jugoslawische Regierung in Laibach[25] eine Verordnung über die Beaufsichtigung von Unternehmungen und Liegenschaften erlassen habe, welche von einschneidendster Bedeutung für die wirtschaftliche Existenz aller deutschen Unternehmungen im südslawischen Gebiete sei.[26] Durch diese Verordnung setze sich die südslawische Regierung in die Lage, jede Besitzausübung durch Deutsche unmöglich zu machen – eine Vergewaltigung, gegen welche unter allen Umständen eingeschritten werden müsse. Der sprechende Unterstaatssekretär stellt den Antrag, das Staatsamt des Äußern auf die erwähnte Verordnung mit der Einladung aufmerksam zu machen, gegen diese Verfügung entsprechende Vergeltungsmaßnahmen einzuleiten.

Der Kabinettsrat erhebt diesen Antrag zum Beschlusse.[27]

Schicksal dieser Gebiete noch nicht entschieden" sei, die „deutschen Beamten [...] ihren bisherigen Dienstposten verlassen und damit den Tschechen die willkommene Handhabe geben würden, an ihre Stelle volksfremde Beamte zu setzen". Daher sei es die „nationale Pflicht der deutschen Beamten in den deutschen Teilen der Sudetenländer [...], auszuharren" und „ihre Treue zum deutschösterreichischen Staate" zu bekunden. Jenen deutschösterreichischen Staatsbediensteten, die bereits das Gelöbnis auf Deutschösterreich abgelegt hatten, in Folge jedoch „anlässlich der gewaltsamen Besetzung deutschen Gebietes hinsichtlich ihrer dienstlichen Stellung Schwierigkeiten zu gewärtigen oder zu befürchten hatten", sei gestattet, unbeschadet ihres Gelöbnisses bis auf weiteres auch dem tschechoslowakischen Staat das Gelöbnis zu leisten. Ein deutschösterreichischer Staatsbediensteter in einem militärisch besetzten Gebiet, der dem „fremden Staate provisorisch – ob angelobt oder nicht – Dienste leistet, hört deshalb nicht auf, deutschösterreichischer Staatsbürger zu sein und wird hiebei keine Schädigung erfahren".

25 Im August 1918 hatte sich dort der Nationalrat für die slowenischen Länder und Istrien (Narodni svet) konstituiert, „eine Art nationale Vertretung, die am 31. Oktober 1918 [...] die slowenische Nationalregierung bildete". Diese Regierung arbeitete trotz formaler Unterordnung unter den Nationalrat des Staates SHS in Zagreb nahezu selbständig, nach der Vereinigung des Königreichs Serbien mit dem Staat SHS am 1. Dezember 1918 verlor sie jedoch zunehmend an Bedeutung. Vgl. Peter Vodopivec, Laibach/Ljubljana: Die Hauptstadt der Republik Slowenien, in: Harald Heppner (Hg.), Hauptstädte zwischen Save, Bosporus und Dnjepr. Geschichte – Funktion – Nationale Symbolkraft, Wien/Köln/Weimar 1998, S. 9–30, hier S. 24 f.

26 Ein Exemplar dieser Verordnung findet sich in AdR, StK, GZl. 408/1919, Kontrollmaßnahmen der Nationalregierung in Laibach. Die Verordnung vom 30. Dezember 1918 („Amtsblatt der Nationalregierung SHS vom 4. Jänner 1919, Nr. XXXI: Verordnung der Nationalregierung SHS Zl. 232 über die Aufsicht über Unternehmungen und Liegenschaften") bestimmte u. a.: „Der Volkskommissär für Finanzen kann jedes Unternehmen oder jede Filiale eines Unternehmens im Geltungsgebiete der Regierung der SHS, dessen Einkünfte zur Gänze oder wenigstens teilweise ins Ausland fließen [...], unter Aufsicht stellen." Für solche Unternehmen sollte ein Aufseher mit weitreichenden Befugnissen bestellt werden (Einsicht in die vollständige Geschäftsgebarung, Kontrolle sämtlicher Postsendungen an das Unternehmen, Verfügungsgewalt über die Barmittel und Wertpapiere des Unternehmens etc.), dem es auch oblag, eine neue Geschäftsführung einzusetzen, wenn dies als notwendig erachtet wurde. Gesellschaften, die ihr Unternehmen „lediglich innerhalb des Geltungsgebietes der Regierung SHS in Laibach betreiben", mussten „über Auftrag der Nationalregierung ihren Sitz aus dem Auslande in das Geltungsgebiet der Nationalregierung in Laibach übertragen. Gesellschaften und Genossenschaften, die sich diesem Auftrage nicht unterwerfen, kann die Nationalregierung SHS den Betrieb innerhalb ihres Geltungsgebietes einstellen."

27 Vgl. auch Volkswirtschaftliche Chronik. Mit Benützung amtlicher Quellen herausgegeben von Dr. Karl Neisser, Jg. 1919, Nr. 1, Jänner 1919, S. 18 „Enteignung des Großgrundbesitzes"; Heft 2, Februar

7

Abgabe von Medikamenten- und Verbandstoffvorräten

Staatssekretär Dr. K a u p erbittet und erhält die Ermächtigung, im Einvernehmen mit dem Staatsamte für Kriegs- und Übergangswirtschaft nach Abgabe von 20 % der Medikamenten- und Verbandstoffenvorräte der Militär-Medikamenten-Direktion an den tschechoslowakischen Staat (Übereinkommen vom 12. Dezember 1918)[28] die verbleibenden Vorratsmengen in erster Linie zur Deckung des Bedarfes der Zivilbevölkerung Deutschösterreichs zu verwenden. Diese Medikamenten- und Verbandstoffe sind zum seinerzeitigen Gestehungspreise an die nicht versorgten Apotheken unter Staatskontrolle zur Verteilung zu bringen.

Der Kabinettsrat nimmt gleichzeitig zur Kenntnis, dass von einer Erhöhung der Zivil- und Krankenkassen-Arzneitaxe einstweilen Abstand genommen werden wird.[29]

8

Anforderung von Sanitätsmaterial durch die fremdnationalen Staaten

Staatssekretär Dr. K a u p teilt mit, dass sowohl von polnischer, wie auch von ukrainischer Seite vollständig ausgerüstete Sanitätszüge sowie eine große Zahl von Medikamenten verlangt werden. Er erbittet sich eine Weisung des Kabinetts über das hiebei vom Staatsamte für Volksgesundheit zu beobachtende Verhalten.

Der Kabinettsrat gibt diesfalls seiner Anschauung dahin Ausdruck, dass die angeforderten Bestände bei den in Polen und in der Ukraine augenblicklich herrschenden Verhältnissen als Kriegsmaterial anzusehen seien, zu dessen Ausfolgung die Zustimmung des Staatsrates erforderlich erscheine.

Über eine in diesem Zusammenhange gemachte Anregung des Staatssekretärs Dr. L o e - w e n f e l d - R u ß beschließt der Kabinettsrat, dass vor einer allfälligen, vom Staatsrate etwa gebilligten Ausfolgung des erwähnten Kriegsmaterials vom Staatsamte für Volksgesundheit noch mit dem Staatsamte für Volksernährung ein Einvernehmen (bezüglich einer etwaigen Kompensierung mit Lebensmittelzuschüben) herzustellen sein wird.[30]

1919, S. 57 „Wirtschaftliche Maßnahmen“. Im letztgenannten Artikel wurde gemeldet, dass alle dem jugoslawischen Handelsministerium „vorgelegten Gesuche österreichischer und ungarischer Staatsbürger um Bewilligung zur Gründung industrieller Unternehmungen [...] abschlägig beschieden“ wurden, „weil die Gesuchsteller als feindliche Ausländer zu betrachten sind und südslawisches Kapital sich konkurrenzlos auf industriellem Gebiete betätigen soll“.

28 Gemeint war das mit der Tschechoslowakei abgeschlossene vorläufige Übereinkommen über die Sachdemobilisierung und die Aufteilung des auf deutschösterreichischem und tschechoslowakischem Staatsgebiet befindlichen Kriegsmaterials, vgl. KRP Nr. 22, Anmerkung 10.

29 Vgl. dazu auch ein Schreiben Kaups an die Staatskanzlei vom 5. Jänner 1919 in AdR, StK, GZl. 192/1919, Arzneimittelvorräte der Militär-Medikamentendirektion, des Roten Kreuzes und der Tierarzneihochschule, Heranziehung zur Versorgung des Zivilbedarfes von Deutschösterreich. Zu den Arzneitaxen führte Kaup darin aus, dass die Apotheker aufgrund der Preissteigerungen auf dem Arzneimittelmarkt wiederholt um die Herausgabe neuer, den neuen Preisverhältnissen angepasster Arzneitaxen ersucht hatten. Die allgemeine politische Lage und weitere Faktoren, etwa die „sinkende Kaufkraft des Publikums“, ließen eine solche Maßnahme jedoch vorerst nicht ratsam erscheinen. Durch die Ausfolgung der gegenständlichen Vorräte an die Apotheker zu den seinerzeitigen Gestehungskosten, die deutlich unter den aktuellen Marktpreisen lagen, sollte die Herausgabe neuer Arzneitaxen „auf längere Zeit (etwa 3 Monate) hinausgeschoben werden, bis sich die politischen Verhältnisse geklärt haben und auch über die künftige Lage des Arzneimittelmarktes einige Voraussicht möglich ist“.

30 Die Angelegenheit kam in der 70. Sitzung des Staatsrates zur Sprache. Staatssekretär Kaup berichtete, dass dem Ansuchen der polnischen Militärliquidierungskommission um Überlassung von sechs Sanitätszügen samt Sanitätsmaterial durch Überlassung zweier kompletter Sanitätszüge bereits teilweise entsprochen worden sei. Der Staatsrat bewilligte sodann unter „Berücksichtigung der Seuchengefahr in Galizien“ die weitere Abgabe eines Infektionskrankenzuges und des Materials für zwei Sanitätszüge. Vgl. SRP Nr. 70/VIII vom 29. Jänner 1919. Informationen zur Abgabe von Sanitätszügen und

9

Erklärung einer Industriebahn vom Oberdorfer Magnesitwerke zur Südbahnstation Bruck an der Mur als begünstigter Bau

Der Kabinettsrat beschließt über Antrag[31] des Staatssekretärs Dr. U r b a n, dass die Errichtung einer Industriebahn vom Oberdorfer Magnesitwerke zur Südbahnstation[32] Bruck a. d. Mur nach dem von allen beteiligten Zentralstellen bereits überprüften und kommissionell besichtigten Projekte als begünstigter Bau erklärt werde.[33]

Schluss der Sitzung ¼ 12 Uhr nachts.

-material an Polen finden sich auch in AdR, StK, GZl. 196/1919. Mehrere diesbezügliche Schreiben der polnischen Liquidationskommission in Wien an das Staatsamt für Volksgesundheit finden sich unter der genannten Grundzahl in Zl. 196/2/1919, Sanitätszüge für den polnischen Staat. Was die im Staatsrat erwähnte Seuchengefahr betraf, so wurde in einem dieser Schreiben, datiert vom 13. Jänner 1919, bemerkt, „dass besonders unter den Heimkehrern der ehemaligen Ostarmee ziemlich häufig Fälle von Fleckfieber und Bauchtyphus vorkommen". Der Gefahr „der eben im gegenwärtigen Momente drohenden Verbreitung der Fleckfieberseuche" sollte durch „rechtzeitige Sortierung und Isolierung der Verdächtigen" rechtzeitig begegnet werden. Bezüglich der ukrainischen Wünsche vgl. AdR, StK, GZl. 319/1919, Sanitätsmaterialanforderung des ukrain. Nationalrates. Der Akt enthält u. a. eine genaue Auflistung der erbetenen Materialien sowie ein Schreiben des Staatsamtes für Volksgesundheit an die ukrainischen Behörden vom 20. Februar 1919 mit dem Hinweis, dass diese Anforderungen zu umfangreich seien, jedoch die Bereitschaft bestehe, „einzelnen Wünschen im Interesse der Kranken und Verwundeten" im Sinne der Beschlüsse der Staatsratssitzung vom 29. Jänner 1919 zu entsprechen.

31 Beilage zu Punkt 9: Notiz (1¼ Seiten). In der Beilage wurde auf die Absicht der Oberdorfer Magnesitwerke GesmbH. verwiesen, ihr Werk im steirischen Lammingtal auf die Gewinnung von Sintermagnesit umzustellen, was angesichts der schlechten Verkehrsverhältnisse den Bau einer gewerblichen, nicht unter das gewöhnliche Eisenbahnrecht fallenden Industriebahn erforderte. Da die Förderung der Magnesitgewinnung von volkswirtschaftlichem und finanzpolitischem Interesse sei und der Bau der Industriebahn überdies etwa eintausend Arbeitern vorübergehend eine Beschäftigung sichere, wurde beantragt, das Projekt positiv zu bescheiden und die Erklärung als begünstigter Bau im Sinne der kaiserlichen Verordnung vom 16. Oktober 1914, RGBl. Nr. 284, abzugeben. Vgl. ähnlich auch KRP Nr. 23/10.

32 Zur Geschichte der Südbahn vgl. ausführlich Gerhard Artl/Gerhard H. Gürtlich/Hubert Zenz (Hg.), Mit Volldampf in den Süden. 150 Jahre Südbahn Wien–Triest, Wien 2007.

33 Mit dem Bau der Lammingtal-Schleppbahn wurde noch im Laufe des Jahres 1919 begonnen und der Betrieb auf der rund 15 km langen Strecke, die hauptsächlich der Beförderung von Magnesit und von Kohle für die Öfen des Magnesitwerks diente, 1920 aufgenommen und schließlich 1958 wieder eingestellt. Ausführlich vgl. Schienenverkehr aktuell, 34. Jg., Heft 2, Februar 2007, S. 51–54 „Die Lammingtal-Schleppbahn", hier S. 51 und S. 54. Im Jahr 1927 wurde die Oberdorfer Magnesitwerke GesmbH. von der Steirischen Magnesit-Industrie AG. übernommen. Vgl. Compass 1936. Österreich/Österreich-Ungarn (Liquidation), Wien 1936, S. 656.

Stenogramm vom 9. Jänner 1919

9./I., ¼9h, Nr. 29 (Vorsitz Renner und Urban).

Renner: Staatliche Investitionspolitik: Man darf sich darüber nicht täuschen, dass die Wiederaufnahme der Produktion auf manche schwere Schranken gebunden ist; zunächst finanziell, da sich aber die industriellen Arbeiten selbst bezahlt machen, wird es vielleicht durch die Mithilfe der Finanz gelingen, den Ausweg zu finden. Es ist ja flüssiges Kapital genug im Lande, um solche Finanzierungen vorzunehmen. Auch neutrale Staaten werden dieses Interesse haben. Es handelt sich darum, sichere Deckungen zu schaffen. Die Sache ist eine nicht ganz unbedenkliche, weil wir unsere heimische Volkswirtschaft dadurch verschulden, die Zukunft aber wird diese Investitionen allemal zurückzahlen. Dann sehr schwierig, die Beschaffung von Rohstoffen. Für Bauten: Ziegelwerke leer, auch geboten durch die Gestaltung unserer Arbeitsverhältnisse; wir werden den Zuzug von slaw.[ischen] Arbeitern für längere Zeit nicht haben. Aber dennoch darf uns dies nicht hindern, die Belebung der Produktion durch Staatsaufträge und private Bestellungen in die Wege zu leiten. Das Kabinett kommt in eine gewisse Verlegenheit, wenn bis 12./1. berichtet werden soll. Jedes Staatsamt soll eine Zusammenstellung machen, diese sollen vereinigt werden; womöglich auch ein Finanzprogramm. Der Redner schlägt vor, dass [wir] in der Samstags-Cabinettssitzung (3h) schon eine vorläufige Übersicht im Kabinett aufstellen, den Finanzbedarf in Anschlag bringen, damit [es möglich ist], in der Montags-Sitzung einen Vorbericht zu erstatten. Dabei wird es notwendig sein, [dass] einzelne Staatssekretäre, die unmittelbar durchführbare Arbeiten haben, diese Arbeiten besonders hervorheben. Dabei sieht der Antrag vor, dass einzelne Staatssekretäre mit den Landesregierungen und Gemeinden in Fühlung treten. Es sind viele Projekte fertig, die seinerzeit zurückgestellt wurden und die heute beschleunigt werden sollen. Gerade Fluss-Regulierungen und Melior.[ationen] würden Gelegenheit schaffen, in breitester Weise Arbeitsgelegenheiten zu bieten. Diese Arbeiten wären gewiss zuerst ins Auge zu fassen. Mit den Landesregierungen unter Umständen mit den Landesversammlungen müssten Übereinkommen getroffen werden. Nun hat man große Schwierigkeiten, die lokalen Interessen zusammen zu fassen. Die Herren Staatssekretäre sind gebeten, diesen Vorbericht doch soweit als möglich bis Samstag herzustellen. Dabei soll natürlich ein ganz unverbindlicher finanzieller Voranschlag auch vorgelegt werden. Man wird dem Staatsamt [für Finanzen] berichten, dass dies nur die gröbste Schätzung ist.

Hanusch: Vom Standpunkt der Arbeitslosigkeit muss möglichst die Industrie in Fluss gebracht werden. Unser deutsches Proletariat steht kulturell zu hoch, um für alle diese Arbeiten verfügbar zu sein. Es macht große Schwierigkeiten, die gelernten deutschen Arbeiter für diese einfachen Zwecke zu gewinnen. Wir haben uns bisher mit Italienern, Tschechen, Slowaken geholfen. Die deutsche Arbeiterschaft hat dies bisher nicht gemacht. Mit dem Abbau der Arbeitslosenunterstützung muss am 15./2. – eingeleitet werden. Dieses Programm muss in ganz Deutsch-Österreich in Angriff genommen werden. Dabei aber Hauptmoment in der Industrie.

Stöckler: Werde Samstag ein umfassendes Projekt mit genauer Kostenumschreibung in Vorlage bringen. Hand in Hand muss aber gehen der Abbau der Arbeitslosenunterstützung.

Zerdik: Ist auch in der Lage, ein Programm mit sichergestellten Kostenbeträgen vorzulegen. Was die Arbeiter selbst anbelangt, hat man bei Fluss-Regulierungen auch die Möglichkeit, qualifizierte Arbeiter heranzuziehen.

Jukel: Kann auch ein größeres Programm in Vorlage bringen.

Roller: Wie wird es sein mit Deutschböhmen und Sudentenland?

[Renner:] Das wird nicht möglich sein (Renner).

Grimm: Wir wissen nicht, ob dieses Programm finanziell tragbar sein wird. Bittet, ~~vorher eine Sitzung mit~~ wenn die Programme spruchreif sind, dass [wir über] diese Samstag oder Sonntag unter uns eine Besprechung abhalten, ob finanziell möglich. Das Ganze auf den Staatskredit zu übernehmen, wird kaum möglich sein. Wir haben uns gedacht, dass wir vielleicht doch auf eine andere Weise, durch Heranziehung privater Unternehmungen (Immob.[ilien]-Bank usw.). Solche Emiss.[ionen] werden vielleicht auch Anwärter im Ausland finden.

Renner: Die Kreditfrage ist natürlich die wichtigste. Was aber das Staatsamt für Finanzen betrifft, wird der herrschende Standpunkt der sein müssen, dass wir noch ein Kriegsjahr mehr haben, in dem wir siegen müssen.

Grimm: Damals haben wir die Notenbank gehabt.[34]

Renner: Dann müssen wir einen Notenbank-Ersatz schaffen.

Hanusch: Solange wir uns nicht wirtschaftlich erholen können, werden wir nicht in Ordnung kommen.

In Böhmen: 30–40 % der Leute arbeitslos. Wir können aber dort leider die Produktion auch nicht zu heben versuchen. Ich habe den Eindruck, dass die deutschen Industriellen eine stets größere Arbeitslosigkeit haben. Die deutsche Arbeiterschaft wird ihrem Schicksal einfach überlassen. Für die deutsch-böhmische Arbeiterschaft können wir leider nichts tun.

Renner: Am Samstag also werden die Berichte zusammengefasst und eine Nach-Tagung mit dem Staatsamt für Finanzen stattfinden. Bittet den Staatssekretär, diesen Bericht im Staatsrat vorzutragen.

Kabinett[35]

Loewenfeld-Ruß: Bittet Montag oder Dienstag eine eigene Kabinettssitzung zur Festsetzung der Mehl- und Brotpreise [anzuberaumen]. Die Frage [ist] sehr dringend, weil am 15./1. mit Entente-Mehl manipuliert werden wird. Jeden Tag kostet es ¼ bis ½ Million. Dann muss die Sache in den Staatsrat kommen. Wir sind mit dem Staatsamt für Finanzen nicht einig; [an einer] Denkschrift wird gearbeitet.

~~Renner~~:

Grimm: Seinerzeit wurde schon beschlossen, dass diese Beträge nicht vom Staat getragen werden dürfen. Auf irgendeine Weise muss das der Bevölkerung auferlegt werden, Staatsmittel dürfen nicht herangezogen werden. (Selbstversorger).

Dienstag als erster Punkt: 3h, dann Mittwoch, 3h in den Staatsrat.

~~Beck: Beunruhigung und Bewegung in die Staatsbeamtenschaft eingedrungen; möglichst Bereinigung.~~

Roller: Ca. 50 Gerichte; wenn jetzt nicht, dann überhaupt -. Ich wende mich direkt an die Landesvertretungen (schriftlich) und ersuche um die Abgabe von Äußerungen. Damit nicht die Verantwortung auf den Staatsrat -. ~~Wenn damit einverstanden~~ (Bezirks- und Kreisgerichtssprengel).

Punkt 9

Unter dem Zwang der Verhältnisse zur Kenntnis genommen.

Übereinstimmend das Staatsamt für Finanzen mit dem Heerwesen unter [dem] Zwang der Verhältnisse die Fortzahlung des Unterhaltsbeitrages bis Ende Jänner im Hinblick auf die vom Staatssekretär Mayer bereits abgegebene Erklärung.

Das Staatsamt für Finanzen legt Wert darauf, dass wenn möglich, diese Angelegenheit intern – öffentlich vom Heerwesen geregelt wird (kein Vollzug).

Urban: ~~Es soll jetzt die~~ -. Einen adm.[inistrativen] und einen technischen Stellvertreter. Eine gewisse Reihe von Angelegenheiten gemeinsamer Natur muss in Dep.[artements] durchgeführt werden, welche unmittelbar unterstehen ...[36]

---

34 Die Österreichisch-ungarische Bank. Vgl. auch KRP Nr. 3, Anmerkung 30.

35 Diese Ausführungen zu den Mehl- und Brotpreisen fanden in der Reinschrift keine Berücksichtigung. Vgl. weiter KRP Nr. 31/1 und 2.

36 Diese Ausführungen fanden in der Reinschrift keine Berücksichtigung. Sie betrafen „Forderungen der technischen Union und des Verbandes der technischen Organe des Post- und Telegraphenwesens“ anlässlich eines „Streiks bei den Post- und Telegraphenämtern“. Über die Angelegenheit wurde am folgenden Tag im Staatsrat berichtet. Vgl. SRP Nr. 64/III vom 10. Jänner 1919.

Die Herren verlangen die vollständige Trennung. Habe Besorgnis, wenn ein Streik beginnt, eine Fortsetzung findet. Redner wird diese Angelegenheit morgen im Staatsrat vorzutragen.

Zerdik: Allgemeines Zurückdrängen der Techniker. Scharfe Auseinandersetzung zu befürchten, wenn nicht rechtzeitig vorgebeugt wird. ~~Man kann jetzt nicht maßlose Forderungen der technischen Techniker~~ -. Die Techniker müssen eine entsprechende Position erhalten im Staatsdienst. Die Gewerkschaft hat beschlossen zu fordern: die Mitarbeit ...

Antrag: Die in der Entschließung aufgestellten Forderungen sollen die Genehmigung des Kabinetts finden.

Renner: Soviel mir scheint, ein demonst.[rativer] Streik, der auf dem Boden der Post nicht allein und so rasch ausgetragen werden kann. Ich bin der Meinung, dass der Techniker zur Verwaltung von Ressorts ebenso befähigt ist wie die Juristen, wenn er aber allgemein zur Verwaltung herangezogen wird -.

Man müsste mit den Leuten reden und sagen: Es kann das nicht mit einem Schlag geschehen. Schon von unten hinauf müsst Ihr mitarbeiten. Die Reform muss von unten hinauf schrittweise durchgeführt werden.

Das Kabinett steht auf diesem Standpunkt, nach Maßgabe der Einschulung der Techniker in die Verwaltung.

Ich würde vorschlagen, dass man diese Verhandlungen nicht nur von Urban führt, sondern dass man ihm noch [jemand] beigibt (Zerdik und noch einer).

Urban: Wenn der Vorschlag vom Staatsrat genehmigt ist.

Renner: Vorschlag: Morgen ½1h zu verhandeln (Urban, Zerdik und Glöckel).

Beck: Beamtenfrage.

1.) Antrag Tomschik. Dieser Beschluss ist schon in der Presse besprochen worden. Verliest Komitee-Beschluss.

Roller: a) Halte die Aufrechterhaltung dieses Beschlusses in seiner Gänze für nicht möglich. Die Leute sind schon sehr aufgeregt. Wir müssen Deutsche pensionieren und sollen jetzt Fremde erhalten. Redner schließt sich dem Beck an unter der Bedingung, dass Deutsche dadurch nicht zu Schaden kommen dürfen. Deutsche dürfen dabei den Fremden nicht weichen. Man kann [uns] nicht zumuten, dass die eigenen Volksgenossen geschädigt werden. Das müsste aber auch in die Öffentlichkeit gebracht werden, damit Beruhigung wieder eintritt.

b) Was die Liquidierung anbelangt, gehen die Tschechoslowaken immer weiter gegen uns vor. Im Justizressort wird die Ausfolgung aller Standesausweise verlangt von den Beamten, die im deutsch-österreichischen Sprachgebiet sich befinden.

Bittet um Genehmigung 1.) dass die Standesausweise der tschechischen Beamten aus dem tschechischen Gebiet sofort auszufolgen sind; 2.) dass die Ausweise der deutschen ... dass aber eine deutsche Abschrift zurückbehalten wird; 3.) dass die Standesausweise deutscher Beamter aus dem deutschen Gebiet zurückzuhalten sind; endlich dass die Standesausweise in Prag (der richterlichen Gruppe) ebenso zurückbehalten werden sollen. Die Tschechoslowaken wollen sich Beweise schaffen, dass die Beamten der Gebietshoheit unterworfen sind.

Waber: Die Ausführungen Becks sind vom Standpunkt der Billigkeit sehr gut, gehen aber zu weit. In den Verhandlungen mit den Tschechoslowaken und Südslawen haben wir nie etwas zu bieten, weil wir uns immer auf den Standpunkt der Billigkeit stellen. Die Tschechoslowaken machen was wir [sie] wollen und nehmen auf uns keine Rücksicht. Bittet, darauf Rücksicht zu nehmen und [dass man] ein solches Entgegenkommen nicht sogleich veröffentlicht und uns die Möglichkeit gibt, den anderen Nationen ein gewisses Entgegenkommen zu bezeugen, aber ein gleiches Entgegenkommen zu verlangen. Spreche vom Standpunkt der Verhandlungstaktik.

Glöckel: Es handelt sich nicht um Angehörige fremder Nationen. Bittet um ganz klare Richtlinien, damit jede Härte vermieden wird und keine Schnüffelei.

Beck: Erklärt die Vorgeschichte und -.

Marckhl: Man muss unterscheiden bei Deutschen, die sehr berücksichtigenswert sind -.

Beck: ~~Glaube, dass diese Erläuterungen uns in keiner Weise in unserer Beamten-Politik behindern~~ -.

Glaube, dass dieser Komitee-Beschluss hinaus gehen könnte. Wenn der Kabinettsrat dieses Gutachten als richtig befinden sollte, würde dieses Gutachten dem Staatsrat zur Kenntnis zu bringen sein. Dann würde eine Erläuterung der Richtlinien auf dieser Grundlage hinaus zu geben sein.

Waber: Um allen Möglichkeiten Rechnung zu tragen, Antrag, dass diese Richtlinien, die hier mitgeteilt worden sind und [für die] Zustimmung gefunden wird, uns überwiesen werden zum Zwecke der Gesandtenkonferenz, um die anderen auch zur gleichen Rücksichtnahme zu bewegen. Für den Fall, als dieser Antrag nicht angenommen würde, bittet [der Redner] in die Formulierung die Zwischenworte [hin]einzunehmen „unter Wahrung der Reziprozität". Dann hätten wir die Möglichkeit, auf die Gesandtenkonferenz eine gewisse Pression auszuüben.

Urban: Bittet, diese ganze Angelegenheit im Staatsrat zur Sprache zu bringen, da wir ja nur ein Gutachten abgeben sollen.

~~Glöckel~~:

Urban: Einverstanden mit dem Antrag Beck. Was die Anregung Wabers [angeht]: im Staatsrat Mitteilung zu machen und erbittet, dass dies der Gesandtenkonferenz mitgeteilt wird. Roller einverstanden, dass [es] dem Komitee übergeben wird.

Beck: 1.) Verringerung des Beamtenstandes, man will über die Grenzen der DP [Dienstpragmatik] hinauskommen; in schonendster Weise hierbei vorzugehen. Referentenentwurf schon ausgearbeitet. Es handelt sich [darum], das Beamten-Komitee zu ermächtigen, in Verhandlungen mit den Beamtenorganisationen einzutreten, um dann erst das Kabinett und den Staatsrat zu befassen.

2.) Gesetzentwurf ~~betreffend Maßnahmen für die~~ – Davy[37].

3.) Es stellt sich als immer notwendiger heraus, dass die Staatsangestellten in Bezug auf die Vertretung ihrer sachlichen Angelegenheiten in irgend einer Weise org.[anisiert] herangezogen werden zur Staatsverwaltung und eine Einrichtung getroffen wird, in diesen sachlichen Fragen mitzusprechen. Referentenentwurf im Beamtenkomitee schon ausgearbeitet: Staatsangestellten-Kammern. Diese Frage soll auch mit den Staatsangestellten-Organisationen besprochen werden (Enquete abhalten). Fragebogen in dieser Richtung schon entworfen worden.

Glöckel: Diese Frage der Kammern ist eine prinzipiell sehr wichtige. Kann nicht vorher geschehen, bevor nicht die Organisationen gefragt sind.

Redner verwehrt sich dagegen, dass man sich heute schon bindet. Die Organisationen sollen zunächst erst gefragt werden. Wir müssen noch einen Rückweg für alle Fälle möglich haben. Das Ergebnis der Rücksprache werden [wir] erst im Kabinett beraten müssen.

Waber: Stimmt zu, was Glöckel gesagt hat.

Frage der Entlassung bis zu 5 [Dienst-]Jahren und Pensionierung über 30 Jahre. Was wissen aber nicht, ob fallweise auch das Bedürfnis vorhanden ist. Das müssen die Staatsämter erst feststellen bevor im Staatsrat zur Verhandlung. Sonst schaffen wir eine unnötige Beunruhigung. Dieses Substrat wäre erst zu schaffen.

Roller: Es soll also ein neues Beamtenrecht geschaffen werden.[38] Dazu kommt noch das Besoldungsrecht. Weniger Beamte, dafür aber bessere Bezahlung. Es wäre wichtig, eine Notiz hinaus zu geben, damit nicht alles auf die Rechtsfakultät geht.

Beck: [Es] handelt sich nur um die Beschlussfassung, dass das Komitee seine Arbeiten fortsetzt, [sich] mit den Organisationen bespricht, um erst dann den Kabinettsrat zu befassen. Wegen Staatsangestellten-Kammer ist auch mir der Gesichtspunkt maßgebend, uns zu ermächtigen, dass eine Enquete abzuhalten -.

Glöckel: Ausweg: Wir werden die Organisationen mit der Kammerfrage beschäftigen, unterdessen werden die Ressorts erheben, ob und wieviele Beamte sie entlassen können. (Aufstellung, wie im Justizamt schon geschehen). Das müsste aber geheim gemacht werden.

---

37 Dr. Robert Davy, Ministerialrat im Staatsamt des Innern, Leiter der Kommission für die Verwaltungsreform, Mitglied der zwischenstaatsamtlichen Geschäftsstelle zur Beratung grundsätzlicher Staatsbedienstetenfragen, 1919 von Karl Renner mit den Vorarbeiten für die Angliederung Deutsch-Westungarns betraut.

38 Ein neues Beamtenrecht wurde nicht geschaffen, die geltende Dienstpragmatik, RGBl. Nr. 15/1914 blieb im Wesentlichen bis 1979 bestehen. Vgl. KRP Nr. 2, Anmerkung 8.

Urban: Bezüglich der Kammern wird die Ermächtigung erteilt, die Enquete abzuhalten (Fragebogen); im Kabinettsrat dann vorlegen. [...]-Gesetz: inzwischen die einzelnen Ressorts befragen und Antrag zu stellen, an Komitee geleitet, dann im Kabinett.
~~Einverstanden~~.
Beck: [...]-Gesetz im nächsten Kabinettsrat vorzutragen; Enquete-Leitung: Glöckel, Waber und Beck mit der Leitung betraut und Beamtenkomitee als Enquete-Komitee.

Gelöbnisformel: Sitzung 28./12. Merkblatt.
Marckhl: Umstrittene Gebiete; Beck einverstanden.
Waber: Keine Schädigung „in den Bezügen"; richtiger: keine Schädigung erfahren.
Einverstanden.

Marckhl: Von der slow.[enischen] Regierung werden [Verfügungen] erlassen gegen die dort wohnenden deutschen Unternehmungen, welche sie vollständig in ihre Hand bekommen wollen. Sie bestimmen, dass er eine Aufsichtsperson aufzustellen [hat], in die Bücher einzusehen, Bedienstete zu entlassen. Diese Verfügung so einschneidend und führt zur völligen Entrechtung (auch für Gebäude, Liegenschaften). Dagegen muss sofort eingeschritten werden. Die Folgen sind, dass die Arbeiter in solchen Unternehmungen entlassen werden.
Antrag: dass die Verordnung abgetreten wird dem Staatsamt des Äußeren, damit dieses sofort die Vergeltungsmaßnahmen einleitet.
Angenommen.

Kaup: -.
Angenommen (Zettel).

Kaup: Stürmische Anforderungen von Polen und Ukraine, 5 complett ausgerüstete Sanitätszüge. Nun stehen die Deutschen {sic!} im Krieg mit Deutschland; es ist immerhin Kriegsmaterial: sollen wir dies ausfolgen?
Beschluss: Von Fall zu Fall der Staatsrat zu entscheiden.
[Kaup:] Die Polen verlangen auch eine große Zahl von Medikamenten. Nur in zweiter Linie, wenn in Deutsch-Österreich etwas übrig bleibt.
Ukraine verlangt die Ausrüstung mit gesamten Sanitätsmaterial für eine ganze Armee.
Beschluss: Ist als Kriegsmaterial zu betrachten und daher Zustimmung des Staatsrates.
Loewenfeld-Ruß: Stets auch mit uns das Einvernehmen zu pflegen. Die Polen wollen immer Lebensmittel-Zuschübe knüpfen an diverse Compensationen mit Kriegsmaterial.

Urban: Oberdorfer Magnesitwerke.
Einverstanden.

Zu Roller: Ausweis: Bezirks- als auch Kreisgerichte und Ober[...]-Gericht in Prag haben je einen Standesausweis. Die Tschechoslowakei hat es sowieso.

30.[1]

[Samstag] 1919-01-11

Vorsitz: Renner
Anwesend: Beck, Enderes, Grimm, Kaup, Marckhl, Mayer, Pacher, Resch, Riedl, Roller, Stöckler, Urban, Wallenstorfer, Zerdik
Zugezogen: Deutsch[2] (zu Punkt 1)
Schriftführer: unbekannt
Dauer: 15.15–19.00 Uhr

Reinschrift, Konzept[3]

Inhalt:
1. Staatliche Investitionspolitik.
2. Auszahlung eines Brotrelutums an die Volkswehrmänner.

1

Staatliche Investitionspolitik

Der Vorsitzende ladet die Kabinettsmitglieder ein, im Sinne des Staatsratsbeschlusses vom 8. Jänner 1919 das Programm der zur Bekämpfung der Arbeitslosigkeit in Aussicht genommenen Arbeiten zu entwickeln.[4]

Staatssekretär Z e r d i k teilt mit, dass im Bereiche des Staatsamtes für öffentliche Arbeiten 61 baureife Projekte für Straßen- und Brückenbauten in Betracht kämen, deren Kosten sich nach den derzeitigen Materialpreisen und Lohnansätzen auf rund 40 Millionen K stellen würden. Hievon entfielen auf den Staat 30 Millionen K, wogegen die restlichen Kosten von den Ländern und Gemeinden zu bestreiten wären. Im 1. Halbjahre 1919 werde, soweit es sich um Straßen- und Brückenbauten handelt, mit einem Betrag von 4 Millionen K das Auslangen gefunden werden können, wovon 3,066.450 K aus Staatsmitteln zu bedecken wären.

Außer diesen Neubauten und Rekonstruktionen an Straßen erscheine für das 1. Halbjahr 1919 für die normalen Straßenerhaltungsarbeiten der Betrag von 3,1 Millionen K präliminiert, welcher jedoch, wenn eine auch nur halbwegs befriedigende Erhaltung der ärarischen Straßen erreicht werden soll, auf 9 Millionen K erhöht werden müsse, so dass ein Betrag von 5,859.000 K von der Finanzverwaltung für diesen Zweck zur Verfügung zu stellen wäre. Bei diesen Arbeiten könnten täglich über 4.000 Arbeiter beschäftigt werden.[5]

Auf dem Gebiete des Hochbaues werde es sich darum handeln, eine Reihe von durch den Krieg unterbrochener Neu-, Zu- und Umbauten nunmehr wieder fortzuführen. Für das 1. Halbjahr 1919 könne mit der Verbauung eines Betrages von zirka 4 Millionen K gerechnet

---

1 Das Protokoll trägt den Vermerk *Vertraulich!*

2 Dr. Viktor Deutsch, Sektionschef, 1918 bis 1922 Leiter der Sektion für Wasser- und Jagdrechtsgesetzgebung im Ackerbauministerium und sodann Staatsamt für Landwirtschaft bzw. Bundesministerium für Land- und Forstwirtschaft.

3 Das Protokoll enthält keine Beilagen zu den erörterten Themen.

4 Vgl. SRP Nr. 62 vom 8. Jänner 1919, wo beschlossen worden war, öffentliche Arbeiten in größerem Umfang zu vergeben, um der wachsenden Arbeitslosigkeit gegenzusteuern.

5 Zum Aus- und Wiederaufbau des Straßennetzes und der Brückenbauten im ersten Nachkriegsjahrzehnt vgl. 10 Jahre Wiederaufbau. Die staatliche, kulturelle und wirtschaftliche Entwicklung der Republik Österreich 1918–1928, Wien 1928, S. 559–562.

werden. Präliminarmäßig seien nur 481.700 K vorhanden; neu zu bedecken sei daher im 1. Halbjahr 1919 der Betrag von 3,658.300 K.[6]

Auf dem Gebiete des Wasserbaues käme für die Beschäftigung größerer Arbeitermassen aus Wien und nächster Umgebung zunächst die Abtragung des Inundationsgebietes bei Wien in Betracht. Für diese Arbeiten sei es möglich, zirka 1.000 Mann anzustellen. Einen Arbeitsbeginn mit 1. April vorausgesetzt, wäre hiefür ein Kostenaufwand von rund 1,8 Millionen Kronen erforderlich.[7]

In Niederösterreich komme auf dem Gebiete des Wasserbaues weiterhin die Herstellung des Liesingtal-Sammelkanales in Frage, wofür außer dem präliminarmäßig vorgesehenen Betrag ein solcher von 250.000 K aus Staatsmitteln sicherzustellen wäre.[8]

Auch im Bereiche der staatlichen Montanverwaltung sei eine Reihe von Notstandsarbeiten in Aussicht genommen, für welche ein staatlicher Kredit von 1,200.000 K erforderlich wäre.

Für die Ausführung des Programmes des Staatsamtes für öffentliche Arbeiten sei sohin über das präliminierte Erfordernis hinaus ein staatlicher Kredit von 15,743.700 K sicherzustellen.[9]

Unterstaatssekretär Ing. von E n d e r e s führt aus, dass das Staatsamt für Verkehrswesen in der Lage wäre, zur Ausführung der bisher zurückgestellten Erhaltungsarbeiten an den Bahnanlagen in den einzelnen Ländern sogleich 6.650 Mann zu beschäftigen. Außerdem würden für die Instandsetzung aller Hochbauten gewerbliche Professionisten benötigt.

Ab 15. März 1919 könnten bei den Oberbau-Neulagen weitere 1.650 Mann und ab 1. April 1919 bei neuen Erweiterungsbauten 11.930 Mann beschäftigt werden.

Einer besonderen Sicherstellung der für diese Zwecke erforderlichen Geldmittel bedürfe es nicht, da für deren Bedeckung im Staatsvoranschlag des Staatsamtes für Verkehrswesen Vorsorge getroffen sei.

Was die Beschäftigung der Fahrbetriebsmittel-Industrie betrifft, so sei diese mit Bestellungen der deutsch-österreichischen Staatsbahnen beauftragt, deren Auslieferung bis weit in das Jahr 1920 hineinreichen werden. Auch für die Zwecke der Fahrpark-Erhaltungsarbeiten seien die erforderlichen Arbeiten mit einem Gesamtaufwande von beiläufig 10 Millionen K bereits ausgeschrieben. Für diesen Zweck sei eine spezielle Kreditvorsorge gleichfalls nicht erforderlich.

Im Rahmen der für die Einführung der elektrischen Zugsförderung auf der Wiener Stadtbahn, auf der Arlberg-Strecke und auf der Strecke Stainach-Irdning–Attnang-Puchheim sowie für den Ausbau von Wasserkraftanlagen für den Bahnbetrieb zu bewirkenden Arbeiten und Lieferungen könnten im Monat April 600 Arbeiter, in den Monaten Mai bis Oktober je 3.300 Arbeiter und in den Monaten November und Dezember je 1.000 Arbeiter – hievon der größte Teil Handlanger, ein kleiner Bruchteil qualifizierte Arbeiter – Verwendung finden. Das Gelderfordernis für diese Arbeiten dürfte ungefähr 38 Millionen Kronen betragen. Eine Sicherstellung dieser Mittel sei bisher nicht vorgesehen.

---

6 In diesem Zusammenhang vgl. auch AdR, StK, GZl. 1.639/1918, Regelung der Bautätigkeit während der Übergangszeit. Der Akt enthält u. a. den Entwurf einer in dieser Form nicht realisierten Vollzugsanweisung des Staatsamtes für öffentliche Arbeiten, mit der die Bautätigkeit geregelt werden sollte (Zulässigkeit der Bauführungen, Einrichtung einer Haupt- und von Landesbauprüfungsstellen usw.).

7 Das Inundationsgebiet, das die Donau nach der ersten Donauregulierung in den 1870er Jahren am linken Ufer als Überschwemmungsgebiet begleitete, wurde erst im Zuge des Baues der Neuen Donau aufgelassen. Ein detaillierter Überblick über die Regulierungsarbeiten entlang der Donau in den Jahren 1919 bis 1928 findet sich in 10 Jahre Wiederaufbau, S. 409–414.

8 Zum Liesingtal-Sammelkanal vgl. Hans Stadler, Die Entwässerungsanlagen der Stadt Wien, Wien 1960, S. 55.

9 Zur Tätigkeit auf dem Gebiet des Wasserbaues in den Jahren 1918 bis 1928 vgl. 10 Jahre Wiederaufbau, S. 406–408.

Staatssekretär S t ö c k l e r und Sektionschef Dr. D e u t s c h geben eine Übersicht über jene Meliorationsbauten[10] und Flussregulierungen, deren Projekte ausgearbeitet sind und daher sofort in Angriff genommen werden könnten. Bei der Durchführung dieser Arbeiten wäre es möglich, 9.400 Arbeiter, hievon insbesondere in Niederösterreich 4.400, zu beschäftigen.

Die beschleunigte Durchführung der Meliorationsarbeiten im Lande Niederösterreich würde übrigens noch den weiteren Zweck verfolgen, eine tunlichst rasche Besserung der Ernährungsverhältnisse für die großen Städte dieses Landes herbeizuführen, indem durch die geplanten Meliorationen mehr als 11.000 Hektar Grundfläche einer rationellen Kultivierung zugeführt werden sollen und hiedurch ein jährlicher Mehrertrag von über 400.000 q, das sind 4.000 Waggons erzielt werden könnte.

Für die gegenständlichen Arbeiten stünden die erforderlichen Mittel zum großen Teile zur Verfügung. Soweit dies bei einzelnen Projekten notwendig sei, wäre sofort die Beschlussfassung der Landesversammlungen einzuholen.

Was die Durchführung von Notstandsarbeiten auf dem Gebiete der Holzschlägerung anbelange, so habe das Staatsamt für Landwirtschaft bereits die erforderlichen Maßnahmen eingeleitet. Die Möglichkeit der Verwendung größerer Arbeitermassen hänge insbesondere von der Regelung der Unterkunfts-, der Ernährungs-, der Bekleidungs- und Beschuhungsfrage, der Werkzeugbeschaffung und der Entlohnungsfrage ab.

Unterstaatssekretär R i e d l weist auf die Möglichkeit einer Beschäftigung einer Reihe von Arbeitslosen bei Realisierung des in Verhandlung stehenden Projektes der Errichtung einer Schiffswerfte der Süddeutschen Donaudampfschifffahrtsgesellschaft[11] in Wien hin. Von Wichtigkeit wäre auch die Frage der Wiedernutzbarmachung des Donaukanales für den Verkehr und für die Approvisionierung. Insbesondere handle es sich um die Erleichterung der Einfahrt in den Donaukanal bei Nussdorf sowie um die Ausgestaltung der Quaianlagen für Handelszwecke.[12]

In diesem Zusammenhange kommt Unterstaatssekretär R i e d l auch auf die Notwendigkeit der Schaffung eines Industrieförderungsgesetzes zu sprechen. Die früher gegen die Erlassung eines solchen Gesetzes bestandenen Bedenken seien unter den geänderten Verhältnissen nunmehr weggefallen. Es handle sich insbesondere um die Förderung solcher Industrien, welche in Deutschösterreich überhaupt mangeln oder nicht in dem Verhältnis zu unserem

---

10 Melioration: Maßnahmen zur Bodenverbesserung oder Bodenordnung.

11 Die 1882 gegründete Süddeutsche Donau-Dampfschifffahrts-Gesellschaft mit Hauptsitz in München konzentrierte sich vor allem auf den Güterverkehr. Im Jahr 1910 ging die Gesellschaft über Vermittlung der Niederösterreichischen Escomptegesellschaft in Staatsbesitz über, verlor im Gefolge des Staatsvertrages von Saint-Germain-en-Laye einen großen Teil ihrer Flotte und wurde 1920 an die Danube Navigation Co. Ltd. verkauft. 1924 übernahmen die Erste Donau-Dampfschifffahrts-Gesellschaft und die Magyar Folyam-ès Tengerhajòzàsi R.T. (Ungarische Donau-und Seeschifffahrt, MFTR) im Verhältnis 60:40 die Aktien. Vgl. Compass 1936. Österreich/Österreich-Ungarn (Liquidation), Wien 1936, S. 1333 f. Aktenmaterial zu dieser Gesellschaft aus den Jahren 1919 bis 1922 sowie 1937 und 1938, das u. a. Informationen zu Vorstandssitzungen und der finanziellen Gebarung enthält, findet sich in AdR, BMF, Departement 17/Frieden, Karton 33, Faszikel 17, und Karton 206, Faszikel 140. Weitere Informationen finden sich auch in FHKA, k.k. Finanzministerium, Allgemeine Abteilungen, StFA, Zl. 3.106/1918, Referentenerinnerung, betreffend die Einbringung einer Forderung der Süddeutschen Donau-Dampfschiffahrts-Gesellschaft.

12 Zur Nutzungs- und Regulierungsgeschichte des Donaukanals vgl. Franz Baltzarek, Der Wiener Donaukanal. Projekte und Infrastrukturplanungen um einen Nebenarm der Donau, in: Wiener Geschichtsblätter, 28. Jg., Heft 4, Wien 1973, S. 97–104; Peter Payer, Der Wiener Donaukanal. Alltagskulturelle Bedeutung und Imagewandel 1800–2010, in: Wiener Geschichtsblätter, 65. Jg., Heft 1, Wien 2017, S. 151–172.

inländischen Bedarf vorhanden sind (Textilfabriken, Zuckerfabriken etc.).[13] Eine weitere Angelegenheit, die mit der Schaffung von Arbeitsgelegenheiten zusammenhänge, sei die Frage der Vereinheitlichung der Fabrikationstypen (Serienfabrikation). Darauf müsse allerdings in erster Linie bei der Erteilung staatlicher Aufträge Bedacht genommen werden. Hiezu erbitte er sich die Unterstützung der Staatsämter.

Staatssekretär Dr. U r b a n teilt mit, dass auf dem Gebiete seines Ressorts eine Reihe von Postneubauten in Betracht käme, deren Kostenaufwand jedoch mangels der erforderlichen Projektunterlagen derzeit noch nicht bestimmt werden könne. Bereits projektierte größere Adaptierungsarbeiten an Postgebäuden würden einen Kostenaufwand von zirka 3 Millionen Kronen beanspruchen. Weiters seien Arbeiten zur Ausgestaltung der Einrichtungen der Postanstalten (Telegraph, Rohrpost, Fernsprecher) in Aussicht genommen, deren Kosten sich auf rund 11 Millionen Kronen belaufen würden. Für Bestellungen auf Telegraph- und Fernsprechapparate wäre ein Betrag von 1,400.000 K, für die Anschaffung von Kraftwagen ein Betrag von 9,906.000 K von der Finanzverwaltung sicherzustellen.[14]

Von den in den Wirkungskreis der Wasserstraßendirektion gehörigen Kanalbauten und Flusskanalisierungen erübrige für Deutschösterreich nur noch die n.ö. Strecke des Donau-Oder-Kanals; das fragliche Projekt sei fertiggestellt.[15]

Staatssekretär M a y e r bezeichnet die Förderung folgender Aktionen als im besonderen Interesse des Staatsamtes für Heerwesen gelegen:

1./ Großzügige Förderung des Telegraphenbauprogrammes der Staatstelegraphen-Verwaltung mit besonderer Berücksichtigung des Zusammenhanges mit dem Deutschen Reiche.

2./ Rasche Besserung der Verkehrsverhältnisse (Kraftfahrwesen) zur Beschäftigung der vielen arbeitslosen Personen (Professionisten, Chauffeure etc.)

3./ Rasche Übernahme weiterer militärischer Betriebe (z. B. Fischamend[16]) in die zivile Verwaltung.

4./ Beschleunigung der mit der Ausnützung der Wasserkräfte zusammenhängenden Arbeiten (Bahnbauten, Erdarbeiten, Vermessungsarbeiten).

Weiters könnten Arbeitslose bei der Zusammensetzung der großen Mengen fertiger Geschoße und Patronenhülsen, für welche auch Pulver vorhanden ist, zu fertigen Geschoßen, ferner bei der Fortsetzung der begonnenen, jedoch infolge der eingetretenen Ereignisse eingestellten Hochbauten militärischer Natur, bei der Instandsetzung reparaturbedürftiger Kasernen, bei der Räumung nicht mehr benötigter Baracken, sowie bei Arbeiten auf dem Gebiete des Sappeur- und Pionierwesens Beschäftigung finden.

---

13 Das hier angedachte Industrieförderungsgesetz wurde nicht verwirklicht. Informationen zum Stand der staatlichen Industrieförderung gegen Ende der österreichisch-ungarischen Monarchie und deren weitere Entwicklung bzw. Vernachlässigung aus Sicht des Staatsamtes für Gewerbe, Industrie und Handel anlässlich der Vorarbeiten für den Staatsvoranschlag 1919/20 finden sich in AdR, BMHV, Allgemeine Reihe, Sektion IV, Zl. 12.108/1919, Staatsvoranschlag 1919/20, Industrieförderung, Industrierat.

14 Ein detaillierter Überblick über die Entwicklung des Post- und Telegraphenwesens in den Jahren 1918 bis 1928 findet sich in 10 Jahre Wiederaufbau, S. 567–581.

15 Das Projekt einer Wasserstraße von der Oder bis Wien hatte bereits eine lange Geschichte und war über die Jahre immer wieder aufgegriffen, jedoch niemals ernsthaft in Angriff genommen worden. Erst unter nationalsozialistischer Herrschaft wurde das Projekt konkretisiert. Das österreichische Teilstück sollte von Wien bis Angern reichen und wurde 1939 in Angriff genommen, 1943 wurden die Arbeiten wieder eingestellt. Das Gesamtprojekt ruht seitdem. Informationen dazu finden sich in AdR, BKA/AA, II-pol 1947, CSR 9, GZl. 105.187-pol/1947, Zl. 107.071-pol/1947, Donau-Oder Kanal.

16 In Fischamend/NÖ befand sich etwa die k.u.k. militär-aeronautische Anstalt. Vgl. dazu Adalbert Melichar, Luftfahren unterm Doppeladler: Ballonfahrer, Luftschiffer und Aviatiker. Die k.u.k. Militär-aeronautische Zentralanstalt Fischamend und ihre bewegte Geschichte ab dem Jahre 1909, Fischamend 2009.

Staatssekretär Dr. Kaup gibt eine vorläufige Übersicht über Notstandsbauten für Zwecke der öffentlichen Gesundheitspflege. In dieser Beziehung kämen insbesondere in Betracht: Wiederherstellungsarbeiten an öffentlichen Gebäuden, die während des Krieges als Militär-Sanitätsanstalten verwendet wurden und nunmehr freigegeben werden, ferner Adaptierungen geeigneter Objekte zu Spitalszwecken, Erweiterungsbauten bei Heilanstalten und Neubauten von Spitälern, Vorarbeiten für Wasserleitungen und Kanalisationen, endlich Einrichtungen zur Erholung und Kräftigung der Jugend.

Staatssekretär Pacher und Unterstaatssekretär Marckhl führen jene Hochbauten und Adaptierungsarbeiten an, die von ihrem Ressortstandpunkte als notwendig zu bezeichnen wären, deren Durchführung jedoch dem Staatsamt für öffentliche Arbeiten obliegen würde.

Unterstaatssekretär Dr. von Grimm erklärt, dass das Staatsamt der Finanzen bestrebt sein werde, in den der Finanzverwaltung unmittelbar unterstehenden staatlichen Betrieben (Salinen, Tabakfabriken) Arbeitsgelegenheiten soweit als nur möglich zu schaffen.[17] Überdies sei auch die Errichtung einer Süßstofffabrik in Aussicht genommen.[18]

Was den gesamten in Verhandlung stehenden Fragenkomplex anbelangt, so sei sich das Staatsamt der Finanzen des Ernstes und der Bedeutung der auf die Bekämpfung der Arbeitslosigkeit abzielenden Aktion bewusst und werde mit allen Kräften bemüht sein, die einschlägige Tätigkeit der anderen Ressorts, soweit die staatsfinanzielle Verantwortung und die verfügbaren Mittel es zulassen, möglichst zu fördern. Das Staatsamt der Finanzen könne aber nicht umhin, seiner Auffassung im allgemeinen dahin Ausdruck zu geben, dass bei Durchführung des ganzen Programmes zur Bekämpfung der Arbeitslosigkeit der staatsökonomische Gesichtspunkt nicht außeracht gelassen werden dürfe und daher mit der Schaffung von Arbeitsgelegenheiten in allen Fällen immer auch ein die staatlichen Interessen dauernd fördernder Endzweck verbunden sein solle; insbesondere werde man sich also bei Notstandsbauten auf wirklich notwendige Bauführungen beschränken und bei der Schaffung sonstiger Erwerbsmöglichkeiten, z. B. auf dem Gebiete staatlicher Produktion, auf reellem Boden bleiben müssen und sich nicht etwa – nur um einem Augenblickszweck zu dienen – auf Versuche einlassen dürfen, die unter normalen Verhältnissen schwerlich unternommen worden wären. Die wichtigste Abhilfe gegen die Arbeitslosigkeit erblicke das Staatsamt der Finanzen darin, die Arbeiter und Bediensteten überhaupt darüber aufzuklären, dass es heute und künftig bis zur endgültigen Konsolidierung unseres Wirtschaftslebens nicht möglich sein werde, sich nur auf jene Arbeit zu beschränken, die dem Einzelnen angelernt und liebgeworden ist, und sich von anderen Tätigkeitsgebieten aus Gewohnheit, Sesshaftigkeit oder deshalb fern zu halten, weil sie unter dem Niveau des bisherigen Berufes stehen.

Freilich müsse es der Staat auch in die Hand nehmen, dieser sozialen Umschichtung durch Propaganda, durch Schaffung neuer und Änderung bestehender administrativer Normen (Gewerbeordnung etc.) die Wege zu ebnen.

Der Vorsitzende bemerkt, dass es seiner Ansicht nach zur Ordnung der Arbeitsverhältnisse bei den Notstandsarbeiten zweckmäßig wäre, aus gewerkschaftlichen Kreisen zu entnehmende Gewerbeinspektoren zu bestellen.

---

17 Zur Entwicklung der Salinen von 1918 bis 1928 vgl. 10 Jahre Wiederaufbau, S. 431–434, ein entsprechender Überblick über die Maßnahmen auf dem Gebiet des Tabakmonopols von der Vorkriegszeit bis 1928 findet sich ebendort, S. 452–461.

18 Als erste neue Zuckerfabrik nach dem Ersten Weltkrieg nahm im Jahr 1920 die Erste oberösterreichische Bauernzuckerfabrik in Suben/OÖ die Arbeit auf, stellte ihren Betrieb jedoch aufgrund finanzieller Schwierigkeiten nach Ablauf des Betriebsjahres 1925/26 wieder ein. Zur Zuckerproduktion in den Jahren 1918 bis 1928 vgl. 10 Jahre Wiederaufbau, S. 390–392, hier S. 391.

Der Kabinettsrat nimmt die Ausführungen der einzelnen Ressortleiter zur Kenntnis und ladet den Staatssekretär für öffentliche Arbeiten ein, dem Staatsrat in der nächsten Sitzung über die in Aussicht genommenen Maßnahmen zu berichten.[19]

2

Auszahlung eines Brotrelutums an die Volkswehrmänner

Staatssekretär M a y e r erbittet und erhält die Ermächtigung des Kabinettsrates zur Auszahlung eines Brotrelutums[20] von 44 Heller pro Kopf und Tag an die Volkswehrmänner. Bei einem Stand von 36,000 Mann würde sich hieraus ein Gesamterfordernis von 475.000 K im Monat ergeben.

Bei diesem Anlass gibt Staatssekretär Dr. U r b a n die Anregung, behufs Abbau der Volkswehr ehestens eine Feststellung der Berufszugehörigkeit aller Volkswehrmänner zu veranlassen und in den Kasernen die jeweils vorhandenen Arbeitsgelegenheiten bekanntzugeben.[21]

Schluss der Sitzung 7 Uhr abends.

---

19 Staatssekretär Zerdik berichtete in der 65. Sitzung des Staatsrates über diesen Themenkomplex. Vgl. SRP Nr. 65/III vom 13. Jänner 1919. Im Zusammenhang mit den hier besprochenen Maßnahmen vgl. AdR, StK, GZl. 984/1918, Notstandsarbeiten in Niederösterreich. Der Akt enthält u. a. Informationen zu entsprechenden Projekten für den Raum Wien und Niederösterreich, aber auch darüber hinaus, sowie allgemeine Richtlinien des Staatsamtes für öffentliche Arbeiten für den Ausbau der Wasserkräfte und der Elektrizitätsversorgung bzw. Elektrifizierung. Zu den letztgenannten Bereichen führte das Österreichische Jahrbuch 1920 aus, dass die „in den Alpen ausbaufähigen Grosswasserkräfte […] aufgrund genauer Messungen mit 1.7 Millionen PS anzunehmen" seien. „Insgesamt sind rund 3 Millionen PS aus Wasserkraftwerken zu gewinnen; 2.25 Millionen PS können als gut ausbaufähig bezeichnet werden." Bisher seien „kaum 10 % der verfügbaren Wasserkräfte ausgenützt" worden. „Für die nächsten fünf Jahre ist die Elektrifizierung von Bahnen in der Länge von 652 km (ein Siebentel der vom Staate betriebenen Bahnen) durch den Bau von vier Wasserkraftwerken in Aussicht genommen. […] Für die Versorgung Wiens mit Elektrizität kommen die Donauwasserkräfte in Betracht, die auf 280.000 bis 400.000 PS geschätzt werden, ferner die Wasserkräfte der Enns und der Ybbs." Vgl. Österreichisches Jahrbuch 1920. Nach amtlichen Quellen, Wien 1921, S. 16 f. Vgl. auch Wiener Zeitung, 15. Jänner 1919, S. 10 „Auswertung der Wasserkräfte Deutschösterreichs". Zur Zahl der Arbeitslosen und den Kosten ihrer Betreuung vgl. KRP Nr. 3, Anmerkung 27, zu Elektrifizierung und Wasserkräften auch Nr. 23/15.

20 Vgl. auch KRP Nr. 28, Anmerkung 139.

21 Vgl. dazu auch KRP Nr. 32/8, zur Volkswehr generell Nr. 5/4, Nr. 8/6, Nr. 17/2, Nr. 23/1, Nr. 27/2, Nr. 28/8, Nr. 33/2 und Nr. 34/10.

31.[1]

[Dienstag] 1919-01-14

Vorsitz:	Renner
Anwesend:	Deutsch, Glöckel, Grimm, Hanusch, Jukel, Kaup, Loewenfeld-Ruß, Marckhl, Mataja, Mayer, Pacher, Riedl, Roller, Urban, Zerdik
Schriftführer:	unbekannt
Dauer:	15.00–19.30 Uhr

Reinschrift, Konzept

Inhalt:
1. Kürzung der Brotquote.
2. Festsetzung der Mehl- und Brotpreise.
3. Vollzugsanweisung, betreffend die Errichtung einer d.ö. Lebensmitteleinfuhrstelle.
4. Vollzugsanweisung, betreffend die Errichtung eines d.ö. Warenverkehrsbüros.
5. Frage der Erhöhung der Rindfleischpreise.

Beilagen:
– Zu Punkt 2: Bericht des Staatssekretärs für Volksernährung über die durch die ausländischen Getreideeinfuhren erforderliche Regelung der Mehl- und Brotpreise (16¾ Seiten, gedruckt).

1
Kürzung der Brotquote

Staatssekretär Dr. Loewenfeld-Ruß bringt zur Kenntnis, dass sich die Brot- und Mehlversorgung Wiens in den letzten Tagen außerordentlich kritisch gestaltet habe. Infolge eines Lawinensturzes am Brenner[2] sei eine Verzögerung der Entente-Mehlzuschübe eingetreten, welche bei der vollständigen Erschöpfung unserer Vorräte eine Kürzung der Brotquote in der Woche vom 20. bis 27. Jänner in Wien zumindest auf die Hälfte der normalen Ration notwendig mache; doch sei auch diese gekürzte Quote noch nicht gesichert.

Der Kabinettsrat nimmt diese Mitteilung zur Kenntnis und ermächtigt den sprechenden Staatssekretär, diese bevorstehende Maßnahme der Öffentlichkeit im Wege der Presse bekannt zu gegeben.[3]

Der Vorschlag des Staatssekretärs Dr. Loewenfeld-Ruß, erforderlichenfalls die Kürzung auf 14 Tage auszudehnen, um für ähnliche Vorkommnisse eine entsprechende Reserve anzulegen, wird gebilligt.

Anknüpfend daran macht Staatssekretär Dr. Loewenfeld-Ruß Mitteilung von Verhandlungen mit der jugoslawischen Regierung in Laibach wegen Bewilligung der Durchfuhr der Ententezuschübe.[4] Diese Verhandlungen gestalten sich ziemlich schwierig, weil die

[1] Das Protokoll trägt den Vermerk *Vertraulich!*

[2] Vgl. auch Johann Loewenfeld-Ruß, Im Kampf gegen den Hunger. Aus den Erinnerungen des Staatssekretärs für Volksernährung 1918–1920. Herausgegeben von Isabella Ackerl (= Studien und Quellen zur österreichischen Zeitgeschichte 6), Wien 1986, S. 233.

[3] Vgl. Wiener Zeitung, 17. Jänner 1919, S. 2 „Kürzung der Brotration".

[4] In diesem Zusammenhang vgl. auch Reichspost. Morgenblatt, 14. Jänner 1919, S. 9 „Der Warenaustausch zwischen Laibach und Wien". Zu den Lebensmittelverhandlungen mit der Entente vgl. auch KRP Nr. 10, Anmerkung 10, weiters Nr. 12/4, Nr. 16/5, Nr. 17/5, Nr. 26/1, Nr. 27/1 und Nr. 28/2.

jugoslawische Regierung darauf hinweisen könne, dass die kärntnerische Landesregierung ihr gegenüber ein wenig freundschaftliches Verhalten an den Tag lege und sogar so weit gehe, die für Laibach bestimmten Zuckersendungen zu beschlagnahmen.

Der sprechende Staatssekretär macht den Vertreter des Staatsamtes des Innern darauf aufmerksam, dass der Leiter des Landeswirtschaftsamtes in Klagenfurt überhaupt zu einem eigenmächtigen Vorgehen neige und sogar erklärt habe, dass er nicht gesonnen sei, den Weisungen des Amtes für Volksernährung nachzukommen.[5] Staatssekretär Dr. Loewenfeld-Ruß stehe auf dem Standpunkte, dass gegen diesen Funktionär eine Untersuchung wegen Missbrauches der Amtsgewalt einzuleiten wäre. Demgegenüber vertreten Unterstaatssekretäre Riedl und Marckhl die Ansicht, dass es unter den gegenwärtigen Verhältnissen zweckmäßig wäre, vorerst von einem allzu scharfen Vorgehen abzusehen und zu trachten, im Wege persönlicher Einflussnahme die bestehenden Unstimmigkeiten auszugleichen.

Der Kabinettsrat schließt sich letzterem Vorschlage an und ersucht den Unterstaatssekretär Marckhl, sich mit einem Vertreter des Staatsamtes für Volksernährung nach Klagenfurt zu begeben, um die nötige Übereinstimmung zwischen der Landesregierung und den Zentralstellen sicherzustellen.[6]

2
Festsetzung der Mehl- und Brotpreise

Staatssekretär Dr. Loewenfeld-Ruß erstattet den dem Protokoll als Beilage angeschlossenen Bericht über die durch die ausländischen Getreidezufuhren erforderliche Regelung der Mehl- und Brotpreise.[7]

---

[5] Leiter des Landeswirtschaftsamtes Klagenfurt war Vinzenz Schumy, 11. November 1918 bis 5. Juli 1921 Mitglied des Landesausschusses von Kärnten, CSP, 6. November 1923 bis 21. Mai 1927 Landeshauptmann von Kärnten, 4. Mai bis 26. September 1929 Vizekanzler.

[6] Vgl. dazu AdR, StK, GZl. 358/1919, Eigenmächtigkeiten der kärntnerischen Landesregierung in Ernährungsangelegenheiten. Im Akt wurden diverse Äußerungen kommentiert, die Schumy in seiner Eigenschaft als Leiter des Landeswirtschaftsamtes Klagenfurt in der Kärntner Landesversammlung getätigt hatte und die geeignet schienen, „die kärntnerische Bevölkerung gegen Wien grundlos einzunehmen". So hatte Schumy etwa im Zusammenhang mit der (offenbar von ihm angeordneten oder zumindest gebilligten) Beschlagnahme von tschechoslowakischen Zuckerlieferungen, deren Freigabe das Staatsamt für Volksernährung inzwischen verlangt hatte, festgestellt, es gehe nicht an, dass „wir uns in allem und jedem von Wien aus kommandieren lassen". Solche Äußerungen seien dazu angetan, „die Autorität des St.A. für Volksernährung gänzlich zu untergraben und die Versorgungsverhältnisse ganz Deutschösterreichs in unverantwortlicher Weise zu gefährden". Der Akt enthält weiters ein ausführliches Schreiben des Staatssekretärs Loewenfeld-Ruß vom 13. Jänner 1919 an den Kärntner Landesverweser Arthur Lemisch, in dem das Verhalten Schumys entsprechend angeprangert wurde. Dass die tschechoslowakische Regierung als Reaktion auf die Beschlagnahme mit der Einstellung sämtlicher Zuckerlieferungen gedroht habe, zeige die „Kurzsichtigkeit" der Handlungen Schumys, die mit der von ihm bekleideten Funktion nicht vereinbar seien.
Arthur Lemisch, November 1918 bis 22. Juli 1921 als Landesverweser Vorstand der provisorischen Landesversammlung Kärnten, 1927 bis 1931 Landeshauptmann, parteilos.

[7] Beilage zu Punkt 2: Bericht des Staatssekretärs für Volksernährung (16¾ Seiten). Die Beilage geht äußerst detailliert und unter Zuhilfenahme umfangreichen Zahlenmaterials auf die Frage der Regelung der Mehl- und Brotpreise im Kontext der Getreideeinfuhren aus dem Ausland ein. Einleitend wurden zwei Fragen aufgeworfen: „Die Frage der Beschaffung ausländischen Getreides und deren Finanzierung einerseits und die Frage der Deckung jenes Preisunterschiedes andrerseits, welcher sich aus den Mehrkosten der Getreideeinfuhr aus den überseeischen Ländern gegenüber den Kosten jenes Getreides ergibt, welche der Mehlpreiserstellung für das Wirtschaftsjahr 1918/19 zugrundegelegt wurden." Der „tägliche Mehlbedarf Deutschösterreichs (ohne Sudetenländer) für die Nichtselbstversorger" betrage gegenwärtig 1.185 Tonnen Mehl pro Tag. Die „eventuelle Räumung derzeit besetzter Gebiete" müsse bei der „Festsetzung des künftigen Standes der Nichtselbstversorger" berücksichtigt werden, sodass

Nach den Ausführungen dieses Berichtes würde sich unter Zugrundelegung der bisherigen Koch- und Brot-Mehlpreise gegenüber den Preisen des Importgetreides eine Differenz von rund 600 Millionen Kronen ergeben. Eine Übernahme dieser Mehrkosten auf den Staatsschatz sei natürlich ausgeschlossen. Das Staatsamt für Volksernährung schlage daher vor, die Mehrkosten teils durch eine Erhöhung der Koch- und Brot-Mehlpreise, teils durch Einhebung einer einmaligen außerordentlichen Steuer zu decken, und zwar würde es sich, um den im Wege einer Steuer zu deckenden Teil des Abganges auf ein erträgliches Maß herabzusetzen, empfehlen, die erhöhten Mehlpreise nicht bloß bis zur neuen Ernte, sondern bis 31. Dezember 1919 aufrechtzuerhalten. Bei dieser Berechnung würde sich bei der Annahme eines Durchschnittspreises von 4 K für Kochmehl und 1 K 50 h für Brotmehl ein durch eine Steuer zu deckender Abgang von rund 215 Millionen Kronen ergeben.

Unterstaatsekretär Dr. von G r i m m legt im Anschlusse hierzu dem Kabinettsrat einen Gesetzentwurf vor, durch welchen die Einhebung besonderer Beiträge zur Getreidebeschaffung im Jahre 1919 festgesetzt werden soll.[8] Nach diesem Entwurf soll einerseits den Grundbesitzern die Entrichtung einer besonderen Abgabe, andererseits den Höherbemittelten, gleichgültig, ob sie Selbstversorger oder Nichtselbstversorger sind, eine progressive Beitragsleistung auferlegt werden. Der Entwurf gehe allerdings von der Voraussetzung aus, dass der Preis für Kochmehl mit 4 K 50 und der Preis für Brotmehl mit 1 K 80 erstellt wird, da nur bei diesen Ansätzen der sodann sich noch ergebende Abgang von 78 Millionen Kronen mit den vorgeschlagenen Steuermaßnahmen gedeckt werden könnte.

---

sich der tägliche Bedarf bis August 1919 auf 1.329 Tonnen erhöhen werde. Würden die Kosten der Einfuhr von teurem Überseegetreide, auf das Deutschösterreich gegenwärtig angewiesen sei, vollends vom Konsum getragen, müsse sich der Brotpreis in Wien von K 1.56 auf K 3.18 erhöhen. Diese Mehrbelastung könne aber „von den wirtschaftlich schwachen Schichten der Bevölkerung unmöglich getragen werden", eine „vollständige Übernahme der Mehrkosten durch die Finanzverwaltung" sei jedoch „bei dem Stande der Staatsfinanzen" ebenfalls ausgeschlossen. Sodann geht die Beilage auf mehrere Möglichkeiten ein, „um einerseits die Mehl- und Brotpreise für die Verbraucher mit geringem Einkommen einigermaßen erträglich zu gestalten und andrerseits die Staatsfinanzen nicht allzu stark in Anspruch zu nehmen". Als populärster Gedanke wurde die Preisstaffelung bezeichnet, d. h. die Abgabe von Mehl und Brot an minderbemittelte Verbraucher zu den bisherigen Preisen unter Aufteilung des ganzen Preisunterschiedes „auf die übrige Bevölkerung im Verhältnisse ihrer wirtschaftlichen Leistungsfähigkeit in der Form erhöhter Mehl- und Brotpreise". Diese Variante scheitere jedoch an technischen Schwierigkeiten und der zu geringen „Zahl der besser gestellten Bevölkerungsklassen in Deutschösterreich". Als zweite Variante scheitere die „Einhebung einer Differenzgebühr auf die Mehl- und Brotbezugsscheine und auf die Mahlbescheinigungen" an ähnlichen Problemen. Abgelehnt wurde sodann auch die dritte Variante eines Zuschlags zur Hauszinssteuer (bei Verbrauchern) und zur Grund- und Hausklassensteuer (bei Selbstversorgern), der der Gedanke zugrunde lag, der Mietzinsaufwand lasse einen Rückschluss auf die Leistungsfähigkeit der Verbraucher zu. Somit bleibe nur die vierte Variante, „eine teilweise und zwar gleichmäßige Überwälzung der Mehlpreise auf die Verbraucher und eine teilweise Deckung des Abganges durch eine Besteuerungsmaßnahme", wobei „die Finanzverwaltung für den Fall der Deckung durch eine Steuerauflage die minderbemittelten Schichten von jeder Belastung auszunehmen hätte". In Folge werden in der Beilage die auch in der Reinschrift angeführten Zahlen errechnet, weiters bietet die Beilage eine höchst detaillierte Übersicht über die Gebarung der Kriegsgetreideanstalt in der Zeit vom 1. November 1918 bis 15. Jänner 1919, geht sodann auf die zahlenmäßigen Grundlagen für die Errechnung der Mehlpreise von 15. Jänner bis 15. August 1919 sowie die Erstellung der Mehlpreise bis Jahresende (also unter Einbeziehung der neuen Ernte) ein und setzt sich weiters umfassend mit den eingangs dargelegten vier Varianten und deren Vor- und Nachteilen auseinander. Abschließend enthält die Beilage einen Antrag des Staatsamtes für Volksernährung, der den hier im Kabinettsrat beantragten und beschlossenen Punkten entspricht, und legt die finanziellen Auswirkungen dieses Antrages in einer Tabelle dar.

8 Der Gesetzesentwurf liegt dem Protokoll nicht bei.

Nach einer eingehenden Debatte, an welcher sich außer den Berichterstattern der Vorsitzende, Staatssekretär Dr. R o l l e r sowie die Unterstaatssekretäre M a r c k h l und R i e d l beteiligten, einigt sich der Kabinettsrat auf folgende Grundsätze:

1. Festsetzung der Mehlpreise auf höchstens 4 K für Kochmehl und 1 K 50 für Brotmehl von einem noch näher festzusetzenden Zeitpunkt an.
2. Aufrechterhaltung dieser erhöhten Preise bis 31. Dezember 1919.
3. Deckung des hiernach sich ergebenden Abganges von 215 Millionen Kronen durch entsprechende Steuermaßnahmen, wobei insbesondere darauf Bedacht zu nehmen sein wird, dass die Selbstversorger zu einer ausgiebigen Abgabe etwa in der Weise herangezogen werden, dass sie neben der ihnen gegebenenfalls als Höherbemittelten aufzuerlegenden Beitragsleistung eine Abgabe aus dem Titel des Grundbesitzes etwa im Ausmaße der doppelten Grundsteuer zu entrichten hätten.[9]

3

Vollzugsanweisung, betreffend die Errichtung einer d.ö. Lebensmitteleinfuhrstelle

Staatssekretär Dr. L o e w e n f e l d - R u ß erbittet die Ermächtigung, eine im Einvernehmen mit den Staatssekretären für Kriegs- und Übergangswirtschaft und der Finanzen zu erlassende Vollzugsanweisung, betreffend die Errichtung einer d.ö. Lebensmitteleinfuhrstelle, dem Staatsrate vorlegen zu dürfen.

Die bezeichnete Einrichtung, welche an Stelle der österreichischen Zentraleinkaufsgesellschaft und in Verbindung mit dem zu errichtenden d.ö. Warenverkehrsbüro[10] zu treten hätte, soll die Aufgabe erhalten, die Einfuhr von Lebensmitteln aus dem Auslande zu vermitteln und abzuwickeln und alle damit verbundenen Geschäfte durchzuführen. Die Leitung dieser Stelle würde einer aus Vertretern der Produzenten, der Konsumenten und des Handels zusammengesetzten Kommission beziehungsweise einer aus diesen Kreisen zu entnehmenden dreigliedrigen Direktion übertragen werden.

Der Kabinettsrat erteilt die erbetene Ermächtigung.[11]

---

9 Vgl. weiter KRP Nr. 33/3 und 4 sowie Nr. 36.

10 Vgl. den folgenden Punkt der Tagesordnung.

11 Entgegen dem hier gefassten Beschluss scheint die Vollzugsanweisung in den folgenden Sitzungen des Staatsrates nicht auf. Auch wurde sie nicht in der Nationalversammlung behandelt, sondern aufgrund des Kriegswirtschaftlichen Ermächtigungsgesetzes (RGBl. Nr. 307, Gesetz vom 24. Juli 1917, mit welchem die Regierung ermächtigt wird, aus Anlass der durch den Kriegszustand verursachten außerordentlichen Verhältnisse die notwendigen Verfügungen auf wirtschaftlichem Gebiete zu treffen, ausgegeben am 27. Juli 1917), erlassen: StGBl. Nr. 34, Vollzugsanweisung des Staatsamtes für Volksernährung im Einvernehmen mit dem Staatsamte für Kriegs- und Übergangswirtschaft und dem Staatsamte der Finanzen vom 23. Jänner 1919, betreffend die Errichtung einer „Deutschösterreichischen Lebensmitteleinfuhrstelle", ausgegeben am 29. Jänner 1919. Zu dieser Ermächtigung vgl. auch KRP Nr. 2, Anmerkung 20. Die Österreichische Zentraleinkaufsgesellschaft (Oezeg), die bisher für die Einfuhr von Lebensmitteln zuständig gewesen war, war mit 1. Jänner 1919 in Liquidation getreten. Vgl. Volkswirtschaftliche Chronik. Mit Benützung amtlicher Quellen herausgegeben von Dr. Karl Neisser, Jg. 1919, Nr. 1, Jänner 1919, S. 12 f „Deutschösterreichische Lebensmitteleinfuhrstelle"; Heinrich Wittek, Die kriegswirtschaftlichen Organisationen und Zentralen in Österreich. Beiträge zur Geschichte ihrer Entwicklung und Tätigkeit mit Benützung amtlicher Quellen, in: Ernst Plener/Richard Reisch u. a. (Hg.), Zeitschrift für Volkswirtschaft und Sozialpolitik. Neue Folge, 2. Band, Wien/Leipzig 1922, S. 24–90 und S. 226–247, hier S. 235 f; Verordnungsblatt des Staatsamtes für Volksernährung, 1. Jg., Nr. 6, 27. Februar 1919, S. 115 f „Verlautbarung anläßlich der Errichtung der Deutschösterreichischen Lebensmitteleinfuhrstelle". Vgl. auch KRP Nr. 17, Anmerkung 46.

4

Vollzugsanweisung, betreffend die Errichtung eines d.ö. Warenverkehrsbüros

Im Zusammenhange damit erbittet und erhält Unterstaatssekretär R i e d l die Zustimmung des Kabinettsrates dafür, die Ermächtigung des Staatsrates zur Erlassung einer Vollzugsanweisung, betreffend die Errichtung eines d.ö. Warenverkehrsbüos zur Vermittlung und Durchführung des Kompensationsverkehres mit dem Auslande [und] eventuell auch zur Durchführung anderer auf den Warenverkehr bezüglicher Aufgaben einholen zu dürfen.[12]

5

Frage der Erhöhung der Rindfleischpreise

Der Kabinettsrat beschließt nach den Ausführungen des Staatssekretärs Dr. L o e w e n f e l d - R u ß und des Unterstaatsekretärs Dr. von G r i m m, dass in Wien die derzeitigen infolge der Überwälzung des halben Kriegszuschlages geltenden Fleischpreise[13] aufrecht bleiben sollen und dass für die zweite Hälfte des Monates Jänner zu diesem Zwecke seitens des Staatsamtes der Finanzen ein Zuschuss im ungefähren Betrage von 8 Millionen Kronen gewährt werde.[14]

Schluss der Sitzung ½ 8 Uhr abends.

---

12 Entgegen dem hier gefassten Beschluss scheint die Vollzugsanweisung in den folgenden Sitzungen des Staatsrates nicht auf. Auch wurde sie nicht in der Nationalversammlung behandelt, sondern gleich der vorstehenden Vollzugsanweisung aufgrund des RGBl. Nr. 307/1917 erlassen: StGBl. Nr. 35, Vollzugsanweisung des Staatsamtes für Kriegs- und Übergangswirtschaft im Einvernehmen mit dem Staatsamte für Volksernährung und dem Staatsamte der Finanzen vom 25. Jänner 1919, betreffend die Errichtung des Deutschösterreichischen Warenverkehrsbureaus in Wien, ausgegeben am 29. Jänner 1919. Vgl. dazu Verordnungsblatt des Staatsamtes für Volksernährung, 1. Jg., Nr. 6, 27. Februar 1919, S. 116–119 „Statut des Deutschösterreichischen Warenverkehrsbureaus". Ursprünglich war geplant gewesen, das „Österreichische Warenverkehrsbüro", das dem neuen „Deutschösterreichischen Warenverkehrsbüro" vorausging, mit der Abwicklung des Kompensationsverkehrs mit dem Ausland zu beauftragen, und das Staatsamt für Kriegs- und Übergangswirtschaft hatte Ende November 1918 auch einen entsprechenden Erlass ausgearbeitet, diese Absicht war in Folge jedoch fallengelassen worden. Informationen dazu sowie ein Exemplar des erwähnten Erlasses, datiert mit 28. November 1918, finden sich beispielsweise in FHKA, k.k. Finanzministerium, Allgemeine Abteilungen, StFA, Zl. 4.241/1918.

13 Vgl. auch KRP Nr. 18/4.

14 Zu den Fleischpreisen vgl. weiters auch KRP Nr. 34/12.

32.[1]

[Donnerstag] 1919-01-16

Vorsitz:	Renner
Anwesend:	Bauer, Beck, Grimm, Hanusch, Jukel, Kaup, Loewenfeld-Ruß, Marckhl, Mataja, Mayer, Pacher, Riedl, Roller, Stöckler, Urban
Zugezogen:	Licht[2], Thaa[3] (beide zu Punkt 1 des vertraulichen Anhangs)
Schriftführer:	unbekannt
Dauer:	15.00–18.45 Uhr

Reinschrift, Anwesenheitsliste, Konzept, streng vertraulicher Anhang[4]*, Konzept des Anhangs, Stenogramm*

Inhalt:
1. Kompetenz, betreffend die Erteilung der staatsbehördlichen Bewilligung zur Veräußerung und Belastung von Kirchengut.
2. Ausgestaltung des Staatsamtes für Verkehrswesen.
3. Frage der Bestellung eines vorläufigen deutschösterreichischen Staatseisenbahnrates.
4. Abgabe von Pferdezuchtmaterial an die fremdnationalen Staaten.
5. Frage der Rückübernahme von aus den Vollblutgestüten verkauften Fohlen.
6. Veräußerung von hofärarischen Pferden.
7. Kontrollmaßnahmen im liquidierenden Kriegsministerium.
8. Forderungen der Sanitätsmannschaft in den liquidierenden Militärsanitätsanstalten.

Beilagen:
- Zu Punkt 1: Auszug für den Vortrag im Kabinettsrate (1½ Seiten).
- Zu Punkt 2: Staatssekretär für Verkehrswesen, Zl. 30/Präs., Auszug für den Vortrag im Kabinettsrat (2½ Seiten, zweifach).
- Zu Punkt 3: Staatssekretär für Verkehrswesen, Z. 469/Präs., Vortrag für den Kabinettsrat (1½ Seiten); Vollzugsanweisung des deutschösterreichischen Staatsamtes für Verkehrswesen vom …, betreffend die Bestellung eines vorläufigen d.ö. Staatseisenbahnrates (1½ Seiten).

1
Kompetenz, betreffend die Erteilung der staatsbehördlichen Bewilligung zur Veräußerung und Belastung von Kirchengut[5]

Staatssekretär P a c h e r führt aus, dass zur Veräußerung und Belastung des Vermögens katholischer Kirchen, Pfründen und geistlichen Institute neben der kirchlichen auch eine

---

[1] Das Protokoll trägt den Vermerk *Vertraulich!*

[2] Dr. Stefan Edler von Licht, 21. Oktober 1918 bis 16. Februar 1919 Mitglied der Provisorischen Nationalversammlung, DnP, 30. Oktober 1918 bis 14. März 1919 Ersatzmann des Staatsrates, 1918 bis 1919 externer Mitarbeiter der Staatskanzlei in Verfassungsangelegenheiten.

[3] Ministerialrat Dr. Gustav Ritter von Thaa, Regierungskommissär bei der Österreichisch-ungarischen Bank, 1922 bis 17. Juni 1931 Vizepräsident der Oesterreichischen Nationalbank.

[4] Der Anhang umfasst zwei Punkte, „Vorkehrungen für den Fall, als die anderen Staaten zur Verselbständigung ihrer Währung schreiten sollten", sowie „Personalantrag des Staatssekretärs für Landwirtschaft". Er wird im Anschluss an den Protokolltext vollständig wiedergegeben.

[5] Wie aus dem Stenogramm hervorgeht, wurde der im streng vertraulichen Anhang zu diesem Protokoll enthaltene Punkt 1 als erstes behandelt. Vgl. die Wiedergabe des Anhangs im Anschluss an den Protokolltext.

staatsbehördliche Bewilligung erforderlich sei.[6] Diesfalls sei dem vormaligen Ministerium für Kultus und Unterricht seinerzeit die generelle Ermächtigung erteilt worden, Veräußerungen bis zum Betrage von 80.000 K und Belastungen bis zur Höhe von 120.000 K im eigenen Wirkungskreise zu bewilligen.[7] Da diese Wertgrenzen den heutigen Verhältnissen nicht mehr entsprechen, beabsichtigt der sprechende Staatssekretär, dem Staatsrate den Antrag zu unterbreiten, dass das Staatsamt für Unterricht generell ermächtigt werde, die staatsbehördliche Bewilligung zu Veräußerungen von Kirchengut bis zum Betrage von 200.000 K beziehungsweise zu Belastungen bis zum Betrage von 300.000 K zu erteilen. Bei höheren Beträgen wäre in Hinkunft die Schlussfassung des Staatsrates einzuholen.

Der Kabinettsrat schließt sich diesem Antrage an.[8]

2

Ausgestaltung des Staatsamtes für Verkehrswesen

Staatssekretär J u k e l erstattet das diesem Protokoll als Beilage[9] angeschlossene Referat, betreffend die Zusammenfassung aller unter den Begriff des Verkehrswesens fallenden Kompetenzen in das Staatsamt für Verkehrswesen, und erbittet die Ermächtigung,[10] die einschlägigen Pläne ausarbeiten und auf Grund gegenständlicher zwischenstaatsamtlicher

---

6 Beilage zu Punkt 1: Auszug für den Vortrag im Kabinettsrate (1½ Seiten). In der Beilage wurden als gesetzliche Grundlage der hier genannten Bestimmung die beiden folgenden Gesetze genannt: RGBl. Nr. 162, Verordnung des Ministeriums für Cultus und Unterricht und, bezüglich der Militärgränze, des Armee-Ober-Commando vom 20. Juni 1860, wirksam für den ganzen Umfang des Reiches, mit Ausnahme des lombardisch-venetianischen Königreiches, betreffend die Veräußerung und Belastung des Vermögens katholischer Kirchen, Pfründen und geistlicher Institute, ausgegeben am 7. Juli 1860; RGBl. Nr. 50, Gesetz vom 7. Mai 1874, womit Bestimmungen zur Regelung der äußeren Rechtsverhältnisse der katholischen Kirche erlassen werden, ausgegeben am 13. Mai 1874. Die generelle Ermächtigung, bei Veräußerungen bis zum Betrag von 80.000 Kronen und bei Belastungen bis zum Betrag von 120.000 Kronen die Bewilligung auszusprechen, war dem Ministerium für Kultus und Unterricht im Jahr 1896 erteilt worden. Da es sich bei der staatlichen Genehmigung solcher Rechtsgeschäfte um einen Teil der staatlichen Rechtsordnung handle, sei das Recht zur Erteilung entsprechender Ermächtigungen nunmehr auf den Staatsrat übergegangen. Ansonsten geht der Inhalt der Beilage nicht wesentlich über den Protokolltext hinaus.

7 Im Konzept ursprünglich nur: „...bei Veräußerungen bis zum Betrage von 200.000 K die Bewilligung auszusprechen."

8 Der Staatsrat stimmte dem Antrag Pachers in seiner 67. Sitzung zu, vgl. SRP Nr. 67/V vom 17. Jänner 1919. Vgl. weiters SRP Nr. 70/VIII vom 29. Jänner 1919, wo Pacher mehrere Gesuche, betreffend die Bewilligung zur Belastung und Veräußerung von diversem Kirchengut, darunter etwa der Verkauf von in Ungarn gelegenen Realitäten des Wiener Schottenstiftes, vorlegte.

9 Beilage zu Punkt 2: Staatssekretär für Verkehrswesen, Zl. 30/Präs., Auszug für den Vortrag im Kabinettsrat (2½ Seiten). In der Beilage wurde darauf hingewiesen, dass die Neuordnung der Staatseisenbahnverwaltung bereits seit längerem gefordert werde. Nachdem das Staatsamt für Verkehrswesen nunmehr die Agenden des ehemaligen Eisenbahnministeriums übernommen habe, sei es dringend nötig, sich einer Reorganisation mit voller Kraft zu widmen. Dazu müsse aber zuerst Klarheit über die Frage hergestellt werden, welcher Wirkungskreis dem genannten Staatsamt in Zukunft zufallen solle. Diesbezüglich strebe das Staatsamt grundsätzlich an, diesen „auf alle Erscheinungsformen des öffentliches Verkehres" auszuweiten. Konkret genannt wurde sodann die Kompetenzteilung im Bereich des Fremdenverkehrs zwischen den Staatsämtern für öffentliche Arbeiten und für Verkehrswesen. Zur nunmehrigen Vereinigung dieser Agenden im Verkehrsressort erbat das Staatsamt die Zustimmung, dem Staatsrat eine entsprechende Vollzugsanweisung, betreffend die Übertragung dieser Agenden, vorzulegen.

10 Das Weitere im Konzept ursprünglich so: „...diesen Plan vorzulegen und bis zur Vorlage eines Gesetzentwurfes an den Staatsrat weiter zu verfolgen und auf Grund der einschlägigen Verhandlungen eine Gesetzesvorlage dem Staatsrat unterbreiten zu dürfen."

Verhandlungen eine Gesetzesvorlage dem Kabinettsrate zur Stellungnahme unterbreiten zu dürfen.

Der Kabinettsrat erteilt die erbetene Ermächtigung mit dem Beifügen, dass ein staatsfinanzieller Mehraufwand hiebei grundsätzlich zu vermeiden sein wird.[11]

3

Frage der Bestellung eines vorläufigen deutschösterreichischen Staatseisenbahnrates

Staatssekretär J u k e l erbittet unter eingehender Darlegung der bezüglichen Verhältnisse[12] die Zustimmung des Kabinettsrates, dem Staatsrate eine Vollzugsanweisung des Staatsamtes für Verkehrswesen unterbreiten zu dürfen, derzufolge bis zur Feststellung der Neuordnung des deutschösterreichischen Eisenbahnwesens ein deutschösterreichischer Staatseisenbahnrat zu bestellen wäre, dem alle Mitglieder und Ersatzmänner des früheren Staatseisenbahnrates[13] anzugehören hätten, soweit sie deutschösterreichische Staatsbürger sind.

Der Kabinettsrat beschließt, dass unter den gegenwärtigen Übergangsverhältnissen von der Bestellung dieser Körperschaft abzusehen sei.[14]

4[15]

Abgabe von Pferdezuchtmaterial an die fremdnationalen Staaten

Staatssekretär S t ö c k l e r teilt mit, dass sich eine Verminderung des Pferdezuchtmaterials in den Staatsgestüten als dringend wünschenswert darstelle. Da die fremdnationalen Staaten die Abgabe von Zuchtpferden aus unseren Beständen fordern, beabsichtige der sprechende Staatssekretär, die Vertreter dieser Staaten zunächst um Bekanntgabe ihres Bedarfes an Zuchtpferden zu ersuchen; vorher würde er aber eine Ausscheidung jenes Materials vornehmen lassen, welches für deutschösterreichische Zwecke unbedingt erforderlich sei. Nach Einlangen der abgeforderten Bedarfsansprüche würde er dann die fremdnationalen Staaten einladen, aus

---

11 Vgl. KRP Nr. 65/15 vom 29. April 1919; StGBl. Nr. 288, Vollzugsanweisung der Staatsregierung vom 29. April 1919, betreffend die Übertragung der vom Staatsamte für Handel und Gewerbe, Industrie und Bauten besorgten Geschäfte der staatlichen Fremdenverkehrsförderung auf das Staatsamt für Verkehrswesen, ausgegeben am 27. Mai 1919.

12 Beilage zu Punkt 3: Staatssekretär für Verkehrswesen, Z. 469/Präs., Vortrag für den Kabinettsrat (1½ Seiten); Vollzugsanweisung (1½ Seiten). Zur Schaffung eines neuen Eisenbahnrates wurde in der Beilage ausgeführt, dass die fünfjährige Amtsdauer des ehemaligen Staatseisenbahnrates im Dezember 1918 abgelaufen und seine Zusammensetzung überdies noch auf das Gebiet des alten österreichischen Staates abgestimmt gewesen war. Da eine Neuaufstellung des Rates vor einer endgültigen Regelung der Nachkriegsverhältnisse unmöglich sei, sollte eine Übergangsform gewählt und aus jenen Mitgliedern und Ersatzmännern des alten Rates, die deutschösterreichische Staatsbürger waren, ein vorläufiger deutschösterreichischer Staatseisenbahnrat gebildet werden. Dieser Rat sollte der Begutachtung der geplanten Neuordnung der Staatseisenbahnverwaltung dienen und auch in anderen Fragen des Eisenbahnwesens Gutachten erstellen. Der dem Vortrag angeschlossene Entwurf einer entsprechenden Vollzugsanweisung fasste dieses Vorhaben in vier Paragraphen zusammen. Den Vorsitz im Rat sollte der Staatssekretär für Verkehrswesen führen.

13 Zur Einrichtung des Staatseisenbahnrates zur „Begutachtung allgemeiner volkswirtschaftlicher Fragen im Bereiche des Eisenbahnverkehrswesens" vgl. § 11 des RGBl. Nr. 16, Kundmachung des Handelsministers und des Eisenbahnministers vom 19. Jänner 1896, betreffend die Errichtung eines Eisenbahnministeriums und die Erlassung eines neuen Organisationsstatutes für die staatliche Eisenbahnverwaltung in den im Reichsrathe vertretenen Königreichen und Ländern, ausgegeben am 21. Jänner 1896.

14 Vgl. weiter KRP Nr. 33/5.

15 Wie aus dem Stenogramm hervorgeht, wurde vor diesem Punkt der im streng vertraulichen Anhang zu diesem Protokoll enthaltene Punkt 2 behandelt. Der Anhang wird im Anschluss an den Protokolltext wiedergegeben.

dem restlichen Materiale freie Auswahl zu treffen. Die Abgabe der Zuchtpferde hätte jedoch nur gegen Barzahlung oder Warenkompensation zu erfolgen.

Der Kabinettsrat billigt die beabsichtigte Vorgangsweise.[16]

5

Frage der Rückübernahme von aus den Vollblutgestüten verkauften Fohlen

Nach den Ausführungen des Staatssekretärs S t ö c k l e r hat sich das vormalige Ackerbauministerium bei dem Verkaufe von Vollblutpferden den Käufern gegenüber verpflichtet, jedes unter 30.000 K veräußerte Fohlen jederzeit unter Rückzahlung von ⅔ des Kaufpreises zurückzunehmen. Hierin erblicke der sprechende Staatssekretär eine sachlich ganz ungerechtfertigte Schädigung des Staates, weshalb er in derartigen Fällen die Rückübernahme der Fohlen unter dem Hinweise darauf verweigere, dass das Staatsamt für Landwirtschaft nicht als der Rechtsnachfolger des Ackerbauministeriums anzusehen sei.

Der Kabinettsrat tritt diesem Rechtsstandpunkte des Staatsamtes für Landwirtschaft bei.

6

Veräußerung von hofärarischen Pferden

Staatssekretär S t ö c k l e r weist darauf hin, dass von den hofärarischen Pferden bisher nur ein verhältnismäßig geringer Teil zum öffentlichen Verkaufe gelangt sei. Hiedurch wäre dem Staatsschatze bereits ein empfindlicher Schaden erwachsen. Da die fremdnationalen Staaten gegen eine weitere Versteigerung dieses Pferdematerials Einsprache erhoben haben, beabsichtige der sprechende Staatssekretär das Staatsamt des Äußern zu ersuchen, diese Angelegenheit unter Klarstellung der einschlägigen Verhältnisse und unter Hinweis auf die finanziellen, die Liquidationsmasse treffenden Benachteiligungen in der Gesandtenkonferenz zur Sprache und Austragung zu bringen.

Der Kabinettsrat erteilt hiezu seine Zustimmung.[17]

7

Kontrollmaßnahmen im liquidierenden Kriegsministerium

Unterstaatssekretär Dr. von G r i m m bespricht die Frage des Verhältnisses des liquidierenden Kriegsministeriums zur Zivilverwaltung und hält eine dringende Abhilfe der gegenwärtigen Zustände, welche ein gedeihliches Zusammenarbeiten aller beteiligten Faktoren, darunter auch mit dem Kontrollorgane des Staatsamtes der Finanzen, nicht gewährleisten, im Interesse der Sache für unabweislich.

Nach einer eingehenden Debatte[18] beauftragt der Kabinettsrat den sprechenden Unterstaatssekretär, dem Staatsrate in dessen morgiger Sitzung den Antrag zu unterbreiten, es möge

---

16 Material zur Abgabe und zum Verkauf von Pferden findet sich in AdR, BKA/AA, Abteilung 14 H-pol, Liquidierung nach Gegenständen, Pferde 1919–1924. Umfangreiche Informationen zur weiteren Verwertung von Pferden im Zuge der Heeresdemobilisierung finden sich in KA, Nachlässe, Nachlass Mayer B/858, Konvolut 5, Richtlinien über die Verwertung der Pferde.

17 Bereits in der 5. Gesandtenkonferenz am 10. Dezember 1918 war im Kontext der Flüchtlingsfürsorge ausgeführt worden: „Der Erlös der Pferdeauktion belaufe sich auf 29.000 K; die Flüchtlingskosten für die in Deutschösterreich untergebrachten Flüchtlinge betragen pro Tag 700.000 K, die durch den Erlös der Pferdeverkäufe also nicht gedeckt wären. Die Verkäufe werden übrigens fortgesetzt bekämpft." Vgl. AdR, StK, GZl. 157/1919, Zl. 1.452/1918, Niederschrift über die am 10. Dezember 1918 im Deutschösterreichischen Staatsamt für Äußeres abgehaltene fünfte Gesandtenkonferenz, S. 9. In den in diesem Bestand enthaltenen weiteren Sitzungen der Gesandtenkonferenz finden sich keine Äußerungen zum Verkauf von Pferden.

18 Das Stenogramm enthält zwar Ausführungen des Unterstaatssekretärs Grimm zum Thema, weitere Wortmeldungen finden sich dort jedoch nicht verzeichnet.

an die fremdnationalen Staaten mit dem Ersuchen herangetreten werden, das liquidierende Kriegsministerium in eine Zivilstelle umzugestalten und die leitenden Stellen im Wege einer öffentlichen Konkursausschreibung zu besetzen.[19]

Weiters beschließt der Kabinettsrat, dass dem Delegierten des Staatsamtes für Finanzen im liquidierenden Kriegsministerium[20] zu seiner Unterstützung bei Versehung seiner überwachenden Tätigkeit die inzwischen noch erforderlichen Hilfskräfte beizugeben sind.

8

Forderungen der Sanitätsmannschaft in den liquidierenden Militärsanitätsanstalten

Staatssekretär Dr. K a u p teilt mit, dass die Sanitätsmannschaft der liquidierenden Militärsanitätsanstalten[21] aller Wahrscheinlichkeit nach die Forderung erheben wird, als Volkswehr ohne Waffen erklärt zu werden; sie dürfte weiters eine Erhöhung des Unterhaltsbeitrages[22] sowie des Brotgeldes sowie eine Abfertigung im Falle ihrer Entlassung beanspruchen.

Der Kabinettsrat ermächtigt den sprechenden Staatssekretär, diese Fragen im Einvernehmen mit dem Staatsamt für Finanzen und für Heerwesen zu behandeln und, wenn sie Gegenstand besonderer Anträge werden sollten, sodann neuerlich antragstellend im Kabinettsrate zur Sprache zu bringen.[23]

Schluss der Sitzung ¾ 7 Uhr abends.

---

19 Auf der Tagesordnung der Sitzung des Staatsrates vom 17. Jänner 1919 findet sich lediglich der im Verlauf der Sitzung nicht behandelte Punkt IV „Bericht über Vorstellungen des liquidierenden Kriegsministeriums an das Staatsamt für Finanzen“. Vgl. SRP Nr. 67. Auch in den folgenden Sitzungen des Staatsrates scheint kein Antrag, betreffend die Umwandlung des liquidierenden Kriegsministeriums in eine Zivilstelle, auf. Aus dem liquidierenden Kriegsministerium ging 1920 das Militärliquidierungsamt hervor, das 1921 dem Staatsamt bzw. Bundesministerium für Finanzen eingegliedert und 1931 aufgelöst wurde. Die Aktenbestände des Militärliquidierungsamtes finden sich im Bestand KA, Militärliquidierungsamt.

20 Es handelte sich, wie aus dem Stenogramm hervorgeht, um den Finanzbeamten Dr. Friedrich Hornik, 1919 stellvertretender Börsekommissär, 1920 bis Juli 1931 Präsident des Militärliquidierungsamtes.

21 Zu den liquidierenden Militärsanitätsanstalten vgl. auch KRP Nr. 28/4.

22 Zu Fragen im Zusammenhang mit Unterhaltsbeiträgen vgl. auch KRP Nr. 13/10, Nr. 16/1, Nr. 23/1, Nr. 26/6, Nr. 29/3 sowie Nr. 34/10 und 11.

23 Zur Brotquote der Volkswehr und der Mannschaft des liquidierenden Kriegsministeriums vgl. auch KRP Nr. 33/2, zur Volkswehr weiters auch Nr. 5/4, Nr. 8/6, Nr. 17/2, Nr. 23/1, Nr. 27/2, Nr. 28/8, Nr. 30/2 und Nr. 34/10.

Streng vertraulicher
Anhang
zu dem Kabinettsprotokoll Nr. 32
vom 16. Jänner 1919.

1
Vorkehrungen für den Fall, als die anderen Staaten zur Verselbständigung ihrer Währung schreiten sollten

Staatssekretär Dr. Bauer weist auf die von den Südslawen verfügte Abstempelung der Kronennoten[24] sowie darauf hin, dass auch andere der auf dem Boden der ehemaligen Monarchie entstandenen Nationalstaaten die Absicht haben dürften, sich währungspolitisch zu verselbständigen.[25] Ihren Blättern zufolge warten insbesondere die Tschechen ein Valutadarlehen durch die Entente ab, um zur Frankwährung überzugehen.[26] Auch die Polen sollen zur Regelung der Valutafrage Vertreter nach Paris entsendet haben.[27] Angesichts dieser Situation werfe sich bei uns die Frage auf, welche Vorbereitungen unsererseits in dieser Hinsicht zu treffen waren. Es liege wohl nicht in unserem Interesse, diesfalls den ersten Schritt zu tun, im Gegenteil, wir sollten die anderen Staaten abhalten, solche währungspolitischen Maßnahmen einseitig zu treffen. Auf die Nationalstaaten selbst einzuwirken, halte der sprechende Staatssekretär für aussichtslos. Er habe jedoch keine Gelegenheit vorübergehen lassen, ohne die Entente auf die Gefahr eines eigenmächtigen Vorgehens der fremdnationalen Staaten[28] in der erwähnten Richtung aufmerksam zu machen. Allerdings knüpfe er an diese seine Bemühungen keine allzu großen Erwartungen; wir müssten daher alle Vorbereitungen rechtzeitig treffen, um jeden Augenblick zu Gegenmaßregeln greifen zu können. Wiewohl zur Lösung dieser Frage das Staatsamt der Finanzen berufen sei, glaube er doch darauf aufmerksam machen zu müssen, wenn die Krone den Charakter des Zahlungsmittels in den anderen Ländern verlöre, zumal die ganzen Noten zu uns herüberströmen würden, falls wir im entsprechenden Augen-

---

24 Dazu vgl. etwa Berichte aus den neuen Staaten, 2. Jg., Nr. 4 und 5 vom 16. Jänner 1919, S. 32 „Verordnung des Banus vom 8. Januar 1919 über die Abstempelung des Papiergeldes"; Nr. 20 und 21 vom 11. Februar 1919, S. 139 „Zweck und Erfolg der Kronenabstempelung in Jugoslawien"; Nr. 69 und 70 vom 12. April 1919, S. 479 „Die Kronenabstempelung"; Volkswirtschaftliche Chronik. Mit Benützung amtlicher Quellen herausgegeben von Dr. Karl Neisser, Jg. 1919, Nr. 2, Februar 1919, S. 34 f „Die Banknotenfrage".

25 Ein Überblick über die Währungsverselbständigung in den Nachfolgestaaten ab 1918 und damit verbundenen Maßnahmen findet sich in Clemens Muth, Wirtschaftsdesintegration. Das Ende von Währungsunionen. Eine theoretische und empirische Analyse vor dem Hintergrund des Zerfalls des gemeinsamen Währungsgebietes auf dem Territorium der ehemaligen Sowjetunion, Heidelberg 1997, S. 147–163.

26 In diesem Zusammenhang vgl. etwa Berichte aus den neuen Staaten, 2. Jg., Nr. 30 bis 32 vom 21. Februar 1919, S. 204 „Einführung der Francwährung zur Zollzahlung"; Nr. 33 vom 24. Februar 1919, S. 223 „Einführung der Zollzahlungen in Frankwährung"; Nr. 101 und 102 vom 31. Mai 1919, S. 704 „Die Frankwährung". Zur Abstempelung der Kronennoten in der Tschechoslowakei vgl. Volkswirtschaftliche Chronik. Mit Benützung amtlicher Quellen herausgegeben von Dr. Karl Neisser, Jg. 1919, Nr. 2, Februar 1919, S. 34 „Staatssekretär Dr. Steinwender über die Abstempelung der Kronennoten und die Kriegsanleihe", S. 35 f „Zur Abstempelung der Banknoten" und S. 52–54 „Die Abstempelung der Banknoten"; Berichte aus den neuen Staaten, 2. Jg., Nr. 20 und 21 vom 11. Februar 1919, S. 129 „Notenabstempelung"; Nr. 30 bis 32 vom 21. Februar 1919, S. 203 f „Die Nationalisierung der Währung"; Nr. 33 vom 24. Februar 1919, S. 222 f „Zur Banknotenabstempelung"; Nr. 46 und 47 vom 11. März 1919, S. 309–311 „Die Nationalisierung der Währung".

27 Die Pariser Friedenskonferenz begann am 18. Jänner 1919.

28 Das Weitere im Konzept ursprünglich so: „…aufmerksam zu machen, ein Vorgehen, welches geeignet wäre, die Kronenwährung in Gefahr zu bringen."

blicke unvorbereitet wären. Daraus ergebe sich, dass es eine unabweisliche Notwendigkeit sei, unverzüglich jene technischen Vorkehrungen in die Wege zu leiten, um gegebenenfalls auch unsererseits sofort zu einer Abstempelung der Noten schreiten zu können.

Ministerialrat Dr. Ritter von T h a a warnt vor einer zu raschen Entscheidung, da dermalen nach keiner Richtung hin Klarheit darüber bestehe, welche Zwecke die Südslawen mit ihrer Abstempelungsmaßnahme im Auge haben; es sei nicht ausgeschlossen, dass damit in Serbien nur statistische Zwecke verfolgt werden. Es könne sich allerdings auch um Vorbereitungen für einen Währungswechsel handeln. Im Falle des Überganges zu einer neuen Währung käme es immer darauf an, unter welchen Modalitäten sich dieser Übergang vollziehen soll. Würde Serbien die Abstempelung dazu verwenden, um einen entsprechenden Teil der Schuld an die Österreichisch-ungarische Bank zu zahlen, so würde darin noch keine uns schädigende Maßnahme gelegen sein. Es würde sich dann sowohl das Umlaufgebiet als auch die Zahl der umlaufenden Noten verringern. Die Frage wäre nur, ob sie serbische Regierung dann nicht mehr für die ungestempelten Noten haften wollte. Nach Anschauung des Redners gebe es bloß ein einziges Mittel, um gegen eine solche Maßnahme Stellung zu nehmen, nämlich die Entente auf die katastrophalen Wirkungen aufmerksam zu machen und sie dafür zu gewinnen, ein solches einseitiges Vorgehen nicht zuzulassen. Wenn die anderen Staaten jedoch im Einverständnisse mit der Entente vorgehen, so werfe sich allerdings die Frage auf, welche Maßnahmen unsererseits überhaupt geeignet wären, feindliche Verfügungen der in Rede stehenden Art zu paralysieren oder ihnen entgegenzuwirken.

Eine Abstempelung müsste in einigen Wochen durchgeführt sein. Dem würden sich aber nach erhaltenen Auskünften besondere technische Schwierigkeiten, insbesondere was die Herstellung von Stempeln anbelangt, entgegenstellen. Immerhin wäre die Abstempelung als Vorsichtsmaßnahme gewiss zu empfehlen. Im allgemeinen könne man jedoch eine Abstempelung nur dann für zweckmäßig halten, wenn ihr ehestens eine Emission neuer Noten folgt. Letztere stoße wieder auf die Schwierigkeit der Papierbeschaffung, zumal die einzige für diese Zwecke in Betracht kommende Papierfabrik in Deutschböhmen gelegen sei. Hiezu komme, dass derartige vorbereitende Maßnahmen bei der Österreichisch-ungarischen Bank auf weitere Hemmnisse stoßen würden, da hiezu ein Beschluss des Generalrates oder der Bankleitung notwendig wäre, und in der Bank auch Vertreter der fremdnationalen Staaten sich befinden, welche ihr Einspruchsrecht dagegen gewiss geltend machen würden.[29]

Unterstaatssekretär R i e d l erhofft sich von einer Intervention bei der Entente keinen Erfolg. Im Wesentlichen komme es darauf an, den Umlauf an österreichischen Noten zu begrenzen und ein weiteres Hereinströmen von Noten zu verhindern. Falls die Südslawen allein zu Abstempelung schreiten, werde die Folge sein, dass wir bei unserem Verkehre mit diesem Staate die Sorge der Valutabeschaffung haben werden. Gegenwärtig können wir mit Kronen zahlen, in der Folge würden wir uns abgestempeltes Geld verschaffen müssen. Die Südslawen würden dann die Valutaeinheit und nicht auch noch die Devisensorge haben und deshalb immer besser fahren als wir.

Was die technischen Mittel anbelange, so halte Redner die geschilderten Schwierigkeiten für überwindbar, zumal, wenn man an Stelle einer Abstempelung mit Kautschukstempeln die Herstellung eines Aufdruckes mit einer Tigeldruckpresse oder mit einer lithographischen Presse ins Auge fasse.

Der Vorsitzende gibt der Meinung Ausdruck, man müsse in erster Reihe an den Selbstschutz denken. Deshalb sollte an die Errichtung einer eigenen Bank geschritten und es der Österreichisch-ungarischen Bank überlassen bleiben, zu erwägen, wie sie sich in der Folge

---

29 Im Konzept folgt der gestrichene Satz: „Die Staatsdruckerei aber könnte nur mit Buchdruckpressen arbeiten, da sie ihre Abteilung für Kupferdruck aufgelassen habe.“ Entsprechende Ausführungen finden sich im Stenogramm zu diesem Punkt der Tagesordnung.

mit ihren Schuldnern auseinanderzusetzen vermag. Den technischen Schwierigkeiten bei der Abstempelung messe er keine allzu große Bedeutung bei.

Dr. von L i c h t gibt unter Hervorhebung seiner Auffassung, dass Deutschösterreich und Ungarn als Hauptschuldner und Hauptgläubiger der Bank fungieren, seiner Anschauung dahin Ausdruck, dass im Gegenstande mit den Magyaren Fühlung genommen werden sollte. Die erwähnten technischen Schwierigkeiten könnten durch Heranziehung der Metallindustrie beseitigt werden. Auch er trete für die Schaffung einer selbständigen Notenbank und zwar im Wege der allmählichen Umgestaltung der Kriegsdarlehenskasse in eine solche ein.

Staatssekretär Dr. B a u e r pflichtet der Anschauung des Vorredners hinsichtlich der Besprechungen mit Ungarn durchaus bei, nur wären diese Verhandlungen nicht durch das Staatsamt des Äußern, sondern in diskretester Weise (ohne Veröffentlichung in der Presse) durch das fachlich zuständige Staatsamt der Finanzen zu pflegen. Er betone ausdrücklich, dass er die ganze Frage – ohne ressortmäßig hiezu berufen zu sein – nur zur Sprache gebracht habe, um nicht späterhin die Meinung aufkommen zu lassen, dass es Sache des Staatsamtes des Äußern gewesen wäre, auf eine allfällig drohende Währungskatastrophe rechtzeitig aufmerksam zu machen.

Ministerialrat Dr. von T h a a reflektiert auf alle vorgebrachten Einwürfe beziehungsweise Anträge und kommt hiebei insbesondere auf die Frage der Ausgestaltung der Darlehenskasse in eine Notenbank mit Emissionsrecht zu sprechen. Ein derartiger Schritt müsste genauestens erwogen und überdacht werden,[30] weil eine solche Maßnahme einen Eingriff in das Privilegium der Österreichisch-ungarischen Bank bedeuten würde. Die Statuten der Bank nicht zu beachten, mit ihr aber gleichwohl gut auskommen zu wollen, sei unmöglich. Hingegen könnte man die Schaffung einer Notendruckerei in der Darlehenskasse in Erwägung ziehen. Hiedurch würde man, ohne in einen unmittelbaren Gegensatz zur Österreichisch-ungarischen Bank zu gelangen, doch in die Lage kommen, Notenherstellungen, die in der Folge etwa notwendig würden, vorzunehmen.

Der Vorsitzende fasst das Ergebnis dieser Debatte in nachstehende Beschlussanträge zusammen, welche den Zweck verfolgen, uns für den Fall sicherzustellen, als die Valutapolitik der fremdnationalen Staaten derartige Abwehrmaßnahmen zwingend erheischen sollten:

1. Das Staatsamt des Innern wird beauftragt, behufs Auswechslung der gegenwärtig noch in Verwendung stehenden, mit dem früheren Staatswappen versehenen Hartdruckstempel die notwendigen Bestellungen auf Lieferung neuer Stampiglien unverzüglich ergehen zu lassen; diese neuen Stempel hätten das deutschösterreichische Wappen[31] und die Umschrift „Deutschösterreichische Republik" zu tragen. Diesfalls wird sich das Staatsamt des Innern mit dem Staatssiegelamte in Verbindung zu setzen haben. Bei der Vergebung der Bestellung wird der Standpunkt zu vertreten sein, dass es sich um die Auswechslung der Amtsstampiglien sämtlicher Staatsämter handelt.

2. Die Darlehenskasse für die Übergangswirtschaft ist ehestens ins Leben zu rufen; bei deren Errichtung ist Vorsorge zu treffen, dass sie gegebenenfalls in ein Noteninstitut der deutschösterreichischen Republik umgewandelt werden könne.

3. Die abgestempelten Noten haben auf deutschösterreichischem Gebiet keinen Zwangskurs.

---

30 Im Konzept ursprünglich: „Dies wäre mit größter Vorsicht zu behandeln…".

31 Über das deutschösterreichische Staatswappen hatte der Staatsrat am 31. Oktober 1918 über Antrag Renners Beschluss gefasst, vgl. SRP Nr. 13; Neue Freie Presse. Morgenblatt, 1. November 1918, S. 5 „Die Staatsfarbe und das Wappen für Deutschösterreich"; Reichspost. Morgenblatt, 1. November 1918, S. 2 „Farbe und Wappen Deutschösterreichs". Vgl. weiters StGBl. Nr. 257, Gesetz vom 8. Mai 1919 über das Staatswappen und das Staatssiegel der Republik Deutschösterreich, ausgegeben am 9. Mai 1919.

4. Der Unterstaatssekretär für Kriegs- und Übergangswirtschaft wird beauftragt, mit einer deutschösterreichischen Papierfabrik wegen Sicherstellung des Bedarfes an Notenpapier mit aller Vorsicht in Verhandlungen einzutreten.

5. Die Verhandlungen über diesen Punkt der Tagesordnung werden als Staatsgeheimnis erklärt.

Der Kabinettsrat erhebt die Punkte 1, 2, 4 und 5 zum Beschluss; hinsichtlich des Punktes 3 wird die Beschlussfassung bis zu jenem Zeitpunkte aufgeschoben, in welchem die Rückwirkungen einer derartigen Maßnahme nach allen Gesichtspunkten hin genauestens überprüft sein werden.[32]

2

Personalantrag des Staatssekretärs für Landwirtschaft

Staatssekretär S t ö c k l e r erbittet und erhält die Ermächtigung des Kabinettsrates zur Erwirkung des Titels und Charakters eines Sektionschefs für den Ministerialrat im Staatsamte für Landwirtschaft Dr. Anton von B i n d e r[33].

---

[32] Anlässlich der Notenabstempelungen und „der vom Südslawischen Staat und von der Tschechoslowakischen Republik getroffenen Währungsmaßnahmen, welchen die übrigen Nationalstaaten notgedrungen folgen müssen", richtete das Staatsamt für Äußeres Ende Februar 1919 eine Note „an die Gesandten Ungarns und der neu errichteten Nationalstaaten", „an sämtliche neutralen Vertretungen" und „an die italienische Waffenstillstandskommission". Darin wurde appelliert, „über die Behandlung der vor der Währungsänderung begründeten Kronenguthaben des Auslandes" eine „Übereinstimmung zwischen den Nationalstaaten herzustellen". Das sei notwendig, da es bei „der Eigenart der im Zuge befindlichen Währungsänderungen, durch welche das bisherige einheitliche Umlaufsgebiet der Noten der Österreichisch-ungarischen Bank in mehrere getrennte Umlaufsgebiete national gekennzeichneter Banknoten zerfällt", nur „den Anforderungen des Rechtes und der Billigkeit" entspreche, den Inhabern von Kronenguthaben (vor allem in Wien, „dem ehemaligen Geldzentrum Österreichs") das Recht einzuräumen, „innerhalb einer zu bestimmenden Frist von ihren Kronenguthaben nach ihrem Ermessen Überweisungen nach jenem Gebiete durchzuführen, wohin sie Zahlungen zu leisten wünschen, um sich dadurch für ihre alten Kronenguthaben die Umwandlung al pari [zum Nennwert; Anm.] in die neue Währung zu sichern". Vgl. Volkswirtschaftliche Chronik, Jg. 1919, Nr. 3, März 1919, S. 71 „Die Kronenguthaben des Auslandes". Ebenfalls Ende Februar 1919 verfügte die deutschösterreichische Regierung die Abstempelung der Kronennoten in ihrem Einflussgebiet: StGBl. Nr. 152, Vollzugsanweisung des Staatsamtes der Finanzen vom 27. Februar 1919, betreffend die Kennzeichnung der für den Umlauf in Deutschösterreich bestimmten Noten der Österreichisch-ungarischen Bank, ausgegeben am 28. Februar 1919. Vgl. dazu auch Der Österreichische Volkswirt, 11. Jg., Nr. 22 vom 1. März 1919, S. 369 f „Die Notenabstempelung in Deutschösterreich", und Nr. 26 vom 29. März 1919, S. 458–460 „Die deutschösterreichische Krone". Die Österreichisch-ungarische Bank erhob gegen die Abstempelungen in Deutschösterreich und der Tschechoslowakei Protest: Volkswirtschaftliche Chronik, Jg. 1919, Nr. 3, März 1919, S. 73–77 „Proteste gegen die Verfügungen der tschecho-slowakischen und der deutschösterreichischen Regierung über die Aufstempelung der Banknoten".

[33] Dr. Anton von Binder, Ministerialrat, Vorstand des Veterinärdepartements des Staatsamtes für Landwirtschaft.

Stenogramm vom 16. Jänner 1919

Renner: [Beigezogen] Licht; kein Widerspruch.

Bauer: Es ist bekannt, dass die Südslawen die Abstempelung verfügt haben. Auch andere Nationalstaaten erwägen den Gedanken, sich währungspolitisch in irgendeiner Form zu ver[selb]ständigen. In tschechoslowakischen Blättern steht, dass [man] nur abwartet ein Valutendarlehen um überzugehen zur Franc-Währung. Polen hat nach Paris geschickt mit dem Zweck der Regelung der Valuten-Frage.

Wir müssen mit der Möglichkeit rechnen, dass der eine oder andere Staat in irgendeiner Form zu einer eigenen Währung übergehen will. [Es erhebt sich die] Frage, ob wir nicht auch irgendwelche Vorbereitungen treffen sollten. Der Redner hat nur zu sagen, dass das Staatsamt für Finanzen informiert wird über das, was in den anderen Staaten gemacht wird.

In unserem Interesse liegt es nicht voranzugehen, im Gegenteil, wir sollten die anderen abhalten, einseitig solche währungspolitischen Maßnahmen zu treffen. Der Redner hat ohne direkt einzuwirken, dennoch versucht, die Entente zu interessieren dafür. [Ich] habe benützt die Anwesenheit, um zu sagen, welch große Gefahr darin liegt, dass die Staaten so eigenmächtig vorgehen. Ich habe auch einem der Herren eine kurze Denkschrift überreicht, in welcher dargestellt wird, dass es im Interesse der Entente liegt, solche Experimente [nicht] zu machen. Der Redner ist aber sehr skeptisch, Verfahren zu langsam, daher verspricht er sich wenig. Das Interesse in den Entente-Ländern ist kein allzu großes, höchstens bei den russischen. Wir müssen also mit der Möglichkeit rechnen, dass diese Bemühungen nicht den erstrebten Erfolg haben werden und dass wir bereit sein müssen, zu Gegenmaßregeln zu greifen.

Diesfalls mache [ich] aufmerksam auf die Gefahr für unsere ganze außenpolitische Stellung [den] anderen Nationen gegenüber. Wir können in eine Abhängigkeit kommen von den anderen Nationen, wenn die Krone den Charakter des Zahlungsmittels in den anderen Ländern verliert. Wenn wir nicht vorbereitet sind, strömen die ganzen Noten zu uns. Die ganze Last des alten Staates wird uns dann allein auferlegt bleiben. Erachtet es für seine Pflicht, das Kabinett darauf aufmerksam zu machen.

Es wurde auch schon im Staatsamt für Finanzen davon gesprochen. Wenn die Tschechoslowaken es tun, müssen wir sofort dasselbe tun. Doch setzt dies Vorbereitungen voraus, die technischen Hilfsmittel müssen vorhanden sein. In jener Commissions-Beratung wurde gesagt, dass solche technischen Schwierigkeiten unmöglich sind (Stempel etc.). Nach seiner Ansicht müssen alle technischen Schwierigkeiten überwindbar gemacht werden.

Thaa: Spricht Bauer Dank dafür aus, dass diese Frage zur Erörterung gebracht wird. Die Situation [ist] für uns sehr unbehaglich, weil nach keiner Richtung hin Klarheit besteht, was sie mit ihren Abstempelungsmaßnahmen usw. bezwecken. Wir laufen daher Gefahr, dass wir auch mit Abwehrmaßnahmen zu weit gehen könnten. Es ist z. B. nicht ausgeschlossen, dass man in Serbien nur statistische Zwecke verfolgt. Das könnte möglicherweise bloß dazu dienen, um auf der Friedenskonferenz verwertbar zu sein. Auch Vorbereitungen können [es] sein für einen Währungswechsel. Das Umlaufsmaß in den einzelnen Gebieten ist ja zeitweise verschieden. Es ist jedenfalls ganz ungerechtfertigt, aus der Tatsache, dass in Serbien 500 Millionen Kronen abgestempelt sind, ... ~~ganz einseitige Dispos.[ition]~~.

Dass die Abstempelung kein verlässliches Ergebnis bietet für die Höhe des Umlaufes, Beispiel: Militärverwaltung Serbien hatte sich ... Wir würden immer nachweisen können, dass dies nicht beweisbar sei.

Im Falle des Übergangs zu einer neuen Währung kommt es immer darauf an, unter welchen Modalitäten sich dieser Übergang vollziehen soll. Wenn Serbien die Absicht hätte, in diesen Gebieten die Dinar-Währung einzuführen und für 3 oder 2 Kronen einen Dinar zu geben, würde die serbische Regierung in den Besitz der abgestempelten Noten kommen. Würde sie [sie] nun dazu verwenden, um einen entsprechenden Teil der Schuld an die österreichisch-ungarische Bank [zu] zahlen, würde darin noch keine schädigende Maßnahme gelegen sein. Es würde sich das Umlaufgebiet verkleinert haben, es würde aber auch eine entsprechende Minderung des Umlaufes -. Es fragt sich nur, ob die serbische Regierung dann nicht mehr haftet für ungestempelte Noten.

Das will der Redner zunächst vorausschicken: dass solange man nicht weiß, welche Erlässe oder währungspolitischen Forderungen Serbien oder die Tschechoslowakei ziehen wollen, man auch nicht weiß, welche Abwehrmaßnahmen man dagegen ergreifen soll und man eventuell riskiert, in der Abwehr weiter zu gehen, als ?für uns überhaupt vorteilhaft?
Dass dadurch die Situation gefährlich werden würde für uns, wenn andere Staaten zu einer anderen Währung übergingen und sich von der Kronen-Währung unabhängig machen, ist klar. Dagegen ist aber ein wirksames Mittel der Abwehr nur gegeben auf dem Weg, die Entente auf die katastrophalen Wirkungen aufmerksam zu machen und sie dafür zu interessieren, dass sie ein so einseitiges Vorgehen nicht zulassen möge.
Wenn die anderen Staaten im Einverständnis mit der Entente vorgehen, ist uns nichts zu machen möglich. [...] die Entente die Meinung, dass es gut sei, uns zugrunde zu richten, so wird sie uns gewiss nicht folgen. Aber abgesehen davon fragt es sich, welche Maßnahmen überhaupt geeignet sein könnten, die feindlichen Verfügungen zu paralys.[ieren] oder ihnen entgegen zu wirken. Es wird zur Erwägung gestellt, ob wir nicht den gleichen Weg beschreiten und mit einer Abstempelung vorgehen sollten.
Nun fragt es sich, ob es möglich wäre, in einigen Wochen eine ausreichende Stempelzahl herzustellen. Darauf wurde gesagt, dass die Herstellung von Stempeln besonderen Schwierigkeiten unterliegt. ~~Eine viele Wochen zurück~~ -.
Außerdem ist zu erwägen: die Abstempelung ist, wenn man gebrauchtes Material verwenden wird, etwas, was zu keinem sehr sicheren Ergebnis [führen] wird. Die Noten sind etwas fettig und uneben, sodass die Stempel nicht gut angreifen. Solche Abdrücke ermöglichen sehr leicht einen Missbrauch. Von unseren Noten sind so viele in Polen, Ukraine im Umlauf, dass dort im größten Maßstab eine Fälschung gemacht würde. Dadurch würde [unsere Währung] in den anderen Ländern wertlos sein – abgesehen von dem schweren Schaden unseres Kredits. Auch die Serben setzen sich dieser Gefahr aus.
Immerhin als Vorsichtsmaßnahme gewiss zu empfehlen; wenn man es machen kann, um sich freie Hand zu behalten. Im Allgemeinen aber nur dann kann man sich der Hoffnung hingeben, dass diese seinen Zweck erfüllt, wenn bald danach neue Noten kommen würden. Die Ausgabe anderer Geldzeichen anstelle der bisherigen nach dem Umlauf des Besitzes im Land, sind die Schwierigkeiten noch größer. Die Staatsdruckerei hat immer größere Schwierigkeiten gehabt, sich das Papier zu verschaffen. Die bezügliche Fabrik in Tschechien. Nach unseren Informationen haben wir nicht Aussicht, das entsprechende Papier in einem solch großen Bedarf zu erhalten in kurzer Zeit. Wir haben aber das Druckmaterial für Noten bereits sichergestellt und Erwägungen der Bank und Staatsdruckerei vorgelegt, um möglichst bald das neue Notenmaterial zu erzeugen. Wäre möglich, eine andere Farbenfolge oder andere Unterscheidungen.
Derartige Maßnahmen bei der österreichisch-ungarischen Bank selbst zu treffen, unterliegt der Schwierigkeit, dass eine derartige Verfügung von einem Beschluss des Generalrates oder der Bankleitung angeordnet werden müsste und dass in der Bank Vertreter der anderen Nationen stehen, die durch ihren Einspruch die Sache verhindern können.
Wir haben aber die Absicht, noch eine Besprechung beim Staatsamt für Finanzen abzuhalten um festzustellen, ob die Auffassungen, die von unseren Fachorganen abgegeben worden sind, auch von den übrigen Fachleuten geteilt werden. Wir haben jetzt nicht die Aussicht, um mit technischen Abwehrmaßnahmen hervortreten zu können. Wohl aber sollte auf Seite der Entente die Überzeug[ung] wachgerufen werden, dass eine Katastrophe hervorgerufen werden kann, die der Entente selbst kaum erwünscht sein könnte. Wenn die Entente uns folgt und die anderen Nationen abwarten, haben wir Zeit.
Mit neuen Wertzeichen können wir aber nicht erscheinen, weil die Staatsdruckerei ihre Abteilung für Notendruck (Kupferdruck) aufgelassen hat und nur über Buchdruckpressen verfügt, mit denen aber ein gutes Material nicht hervorgebracht werden kann.
Also vorläufig durch eine Beratung von Fachleuten festzustellen, ob mit wirksamer technischer Abhilfe tatsächlich nicht gerechnet werden kann.

Riedl: Misst geringe Wirkung von Eindruck auf die Entente. Der Gewalt geschehener Tatsachen gegenüber ...

Wenn die Südslawen einmal zu dem Mittel der Abstempelung gegriffen haben und erklären, dass auf ihrem Gebiet nur die von ihnen abgestempelten Noten gesetzliche Zahlungskraft haben, dann können wir lange protestieren, nützen wird uns das gar nichts. Wir können dadurch unter Umständen unseren Standpunkt mit Erfolg festhalten, dass die Verpflichtungen der fremdnationalen Staaten gegenüber der Akt.[ien]-Gesellschaft der Bank nicht dadurch getilgt sind, dass sie die abgestempelten Noten einliefern.

Zunächst hat die Abstempelung den Zweck, den Umlauf zu begrenzen um damit für eine unmittelbar einsetzende Währungsreform eine Grundlage und Übersicht zu schaffen. Und dieser Wirkung können wir nicht entgehen, wenn wir Denkschriften an die Entente richten.

Serbisches Beispiel: Damals war es nur ein vorübergehender Zustand, heute aber ein definitiver. Dass es im Wesentlichen darauf ankommt, den Umlauf an österreichischen Noten zu begrenzen und ein weiteres Hereinströmen zu verhindern, geht auch daraus hervor, dass der slow.[enische] Finanzminister erklärt hat, es handle sich [darum], zu verhindern, dass österreichische Noten importiert werden, um Dinar zu beschaffen zu einem Kurs, der unter dem Franc-Kurs zurück bleibt. Wir müssen uns klar sein, dass wir uns mit dieser Maßregel werden abfinden müssen. Die Folge wird sein, dass wir bei unserem Verkehr mit den südslawischen Gebieten die Sorge der Valuta-Beschaffung haben werden. Gegenwärtig können wir mit Kronen zahlen, jetzt werden wir uns abgestempeltes Geld verschaffen müssen. Die Südslawen werden die Val.[uta] [...] und nicht die Dev.[isen]-Sorgen haben, daher werden sie es immer besser haben wie wir.

~~Wenn man die Maßregel der Abstempelung zu~~ – Wenn die anderen abstempeln und eine bestimmte Relation festsetzen und wir nicht, ist derjenige Staat im Nachteil, der die günstigste Relation hat. In währungspolitischer Rücksicht den anderen Staaten den Vortritt zu lassen, ist wohl richtig. Weil wir dann den Übergangskurs so festsetzen können, dass ein Anreiz zur Einwanderung von Noten zu uns nicht besteht.

Frage der Technik. Ich glaube, dass nur ein Mittel in Frage gezogen wurde (Handstempel, Kautschuk, kann beschafft werden). Es wäre aber in Erwägung zu ziehen, ob nicht anstelle einer Stampiglierung ein maschineller Aufdruck ([...]-Druck oder lithogr.[aphische] Presse). Im übrigen kann [man es so regeln, dass man] dem Überbringer alter Noten neue Noten mit Aufdruck übergibt. Von solchen Sachen darf man aber nicht viel reden, die Industrie kann nicht herangezogen werden (zur Besprechung über diese Dinge).

Thaa: Im maschinellen Weg gewiss weit vorzuziehen, aber es handelt sich vielleicht um 10 Milliarden von Noten. Derartige Maschinen an vielen Orten zu errichten, würde ähnlichen technischen Schwierigkeiten unterliegen. Größer aber ist die Schwierigkeit, das Notenmaterial herbei zu schaffen.

Ein Austausch durch neue Noten stößt auf das Hindernis, dass die österreichisch-ungarische Bank trotz der größten Arbeit immer nur so viele Noten hat, um den allerdringendsten Bedarf für ein paar Tage zu bewerkstelligen. Redner hält dies für ganz ausgeschlossen.

Alle diese Schwierigkeiten stehen aber auch den anderen Nationalstaaten entgegen und wird sie hindern, wenn nicht schon von langer Hand vorbereitet und [die Noten bereits] in Paris liegen.

Riedl: Die Schwierigkeiten müssen eben überwunden werden. Die Sorge um die Umlaufmittel in der Ukraine und Polen ... größere Gefahr, wenn wir auch damit zugrunde gehen. Hält die Auswechselung unserer Noten für eine unbedingte Notwendigkeit.

Renner: Habe das Gefühl, dass wir Illus.[ionen] nachlaufen. Der Gedanke darf nicht verlassen werden, dass die anderen Staaten doch an einer ordentlichen Liquidation teilnehmen werden. ~~Ich glaube, dass die Entente~~ – Meint, dass wir in erster Reihe an Selbstschutz denken müssen. Es kommt mir so vor, dass alle unsere Handlungen vollzogen würden, wenn noch das alte Staatswesen erhalten bliebe. Es wird damit operiert, dass die anderen nicht so verbrecherisch sein werden. Wir müssen uns fragen, was das Interesse der Tschechoslowaken ist. Es ist die formelle Notwendigkeit für die Südslawen gegeben, unsere Währung so rasch als möglich aus der Welt zu schaffen, weil sie zwei Währungen haben. Die Polen haben drei Währungen. ~~Diese beiden Teile haben das Interesse~~ -. Auch die Rumänen werden die Kronenwährung so schnell als möglich abtun. Es bleiben also Tschechoslowakei und Ungarn. Die Tschechoslowaken sollen nun alles aufnehmen und sollen das Interesse haben, die Last auf sich und uns zu nehmen. Die anderen gehen systematisch darauf aus, uns zugrunde zu richten. Meine Meinung, man muss diese Fiktionen aufgeben.

Wir müssten eine eigene Bank haben und es der österreichisch-ungarischen Bank überlassen, zu erwägen, wie sie sich auseinandersetzt mit ihren Schulden. Es verletzt allerdings das Interesse unserer Großbanken. Aber da diese selbst verloren sind, so dürfen wir doch nicht auch zugrunde gehen. Das [ist] ein verhängnisvolles Nachhutgefecht. Die Auffassung, dass es wirklich technisch unmöglich sein soll, abzustempeln, diese Auffassung habe ich nicht.

Licht: Wenn man sich auf den pessimistischen Standpunkt stellt, so sollen wir gleich einen Staatsbankrott erklären. Das ist nicht der Ruin der Großbanken, das ist der Gesamt-Zusammenbruch. Die Entente muss wissen, dass auch ihr eine Gefahr droht. Man sollte Fühlung nehmen mit den Ungarn. Wir beide sind die Hauptschuldner und Hauptgläubiger.

Technische Schwierigkeiten dürfen wohl nicht die Sache hindern. Bereit müssen wir jedenfalls sein.

Die österreichisch-ungarische Bank aber für uns sehr widerwillig, wir müssten daher erreichen, an die Ver[selb]ständigung schreiten oder sie verbreiten. Wir wissen nicht was kommen wird, wir müssen aber bereit sein für alle Möglichkeiten.

Empfiehlt daher: 1.) mit den Magyaren Fühlung; 2.) technische Schwierigkeiten unter Heranziehung der Metallindustrie.

Riedl: Es ist sehr richtig, was der Staatskanzler gesagt hat, aber den Mut zum Bank.[rott] hätte ich nicht. Ich glaube, dass es einen Ausweg aus der Lage, in der wir uns befinden, [gibt, wie] der Kredit des Getreidegeschäfts mit der Entente zeigt. Wenn es uns gelingt, unsere Bezüge durch Kronen-Export zu decken, wird jenes Interesse der Entente an unserer Währung erwachen.

Unsere Val.[uta]-Regulierung: Es wäre verfehlt, wenn wir zu einem bestimmten Kurs dasselbe Papier beibelassen.

Unsere Währung ist noch nicht auf dem Tiefpunkt angelangt. Das ist auch unser Schutz gegen ein überstürztes Vorgehen der anderen. Wenn die Serben D.[inar] zu K.[rone] 3:1 übergehen und es sinkt bei uns die Krone noch weiter auf 20 cts. [centimes], so ist das eine so große Schmuggelprämie – und den anderen eine finanzielle Verlegenheit werden wird.

~~Das Naturgemäße ist, dass es~~ -

Urban:[34] Glaube nicht, dass lediglich statistische Ursachen bei den Südslawen vorliegen, sondern nur Währungswechsel. [Betreffend] Rückschlag auf unsere KA. [Kriegsanleihe] doch unmöglich, dass dies nicht eine Rückwirkung haben sollte.

Die gemäßigten tschechoslowakischen Politiker [erklären], dass der tschechoslowakische Staat [sie] doch übernehmen wird, [sagen] aber wir vertragen nicht die hohe Verzinsung der Kriegsanleihe. Vorschlag auf 3 %, Sozialdemokraten auf 2 %.

Bauer: Es ist wahr, dass ein statistisches Interesse der Ausgangspunkt war in Serbien (wie viele Noten im Königreich Serbien zirkulieren). Es interessiert uns aber nicht die Absicht, die diese Menschen haben, sondern die Wirkungen.

[Den Auftrag], im Wege der Entente die Gefahr abzuwehren, übernimmt das Staatsamt des Äußeren nicht. Habe lange mit den Leuten gesprochen. Diese informative Tätigkeit kann der Redner besorgen, er hat aber keine Illusion bezüglich der Wirkung. Die Entente wird aber bei ihrem schlendernden Verhandlungsgang zu spät kommen. Wir müssen die Entente informieren, müssen aber auch selbst bereit stehen.

Besprechungen mit Ungarn (Licht); der Redner [ist] sehr dafür. Nur glaubt der Redner, ~~dass der bisher angewandte Weg~~ – [es wäre besser], wenn das Staatsamt für Finanzen [in] möglichst unauffälliger Form Besprechungen anknüpft. ~~Bei den Ungarn~~ – Innerlich fühlen sie schon deutlich die Interessensgemeinschaft mit uns, äußerlich wollen sie aber die Gefühle nicht sehen lassen. Sie rechnen immer noch, dass die Entente sie begnadigen wird. Also sehr vertraulich.

Frage der Kriegsanleihe: Darüber habe ich nichts Konkretes erfahren. Ich halte es für ausgeschlossen, die Tschechoslowakei dazu zu bringen, dass sie für einen größeren Teil die Verzinsung über-

---

34 Die folgenden Ausführungen zur Kriegsanleihe wurden in der Reinschrift nicht berücksichtigt. Zur Kriegsanleihe vgl. auch KRP Nr. 28, Anmerkung 36.

nimmt, als in ihrem Gebiet ist. Ihre Auffassung ist: Wenn wir Kriegsanleihe verzinsen müssen, deren Eigentümer in Wien sind, heißt das, dass wir [Geld] nach Wien schicken.
Ich wollte nur die Meinung des Kabinettsrates einholen, ob man nicht darauf bestehen muss, trotz aller Schwierigkeiten, dass die Vorbereitungen zur Ver[selb]ständigung so rasch getroffen werden, in dem Moment als man dazu genötigt ist. Desto besser, wenn wir das nicht brauchen, wenn aber ja, dann müssen wir parat sein.

Renner: Habe den Eindruck, was an unserer Volkswirtschaft da ist (Grundstücke, Fabriken, Menschen), das haben wir ja. Was in Frage gestellt ist, ist der papierene Überbau. Unser Grundbesitz kann vielleicht noch von Fremden aufgekauft werden und zum Schluss werden wir noch immer nicht den Überbau haben. Der gegenwärtige Zustand ist ein Schrecken ohne Ende, so können wir nicht jahrelang uns fortfretten.
1.) Staatsamt des Innern wird den ~~Aufdruck~~ Auftrag geben, die Metallindustrie zusammen berufen (8.000 Stempel), dadurch unauffällig 2.) Darlehenskasse für die Übergangswirtschaft sollte ins Leben treten und so ausgestaltet werden, dass sie sich in den Besitz der technischen Einrichtungen [setzt] falls [wir eine] Notenbank [brauchen] (technische Ausrüstung).

Riedl: Ergänzt noch 1.) dass -; 2.) dass die Vorbereitungen zur Abstempelung und Umwechslung getroffen werden (Feststellung eines Staatswappens, notwendig Hartdruck und Kautschuk-Stampiglie); 3.) es gibt kriegswirtschaftliche Organisationen: wir müssen von diesen Bedürfnissen etwas erfahren unter dem Vorwand, dass die Ämter -; 4.) endlich Vorbereitung, damit die Kriegsdarlehenskasse ausgestaltet wird zu einer eigenen Notenbank.

Thaa: Ich bin im Gegenteil Pessimist. Ich glaube selbst, dass die Tschechoslowaken eine eigene Währung anstreben. Bezüglich Kriegsanleihe glaube ich, dass die Tschechoslowaken gut täten, einen Teil der Schuld zu übernehmen. Mit Poststempel glaube ich unmöglich. Den Vorschlag Renners wegen Ministerium des Innern unterstützt der Redner wärmstens.
Ausgestaltung der Darlehenskasse: ist doch mit Vorsicht zu behandeln. Die Errichtung einer solchen halten wir für wünschenswert. Sie zu schaffen mit der Berechtigung zur Geldausgabe ist ganz unzulässig. Über das Priv.[ileg] der Bank können wir uns nicht hinwegsetzen. Ihre Statuten nicht achten und mit ihr gut auskommen geht. Man wird aber unbeschadet des Umstandes, dass man eine solche Kasse errichtet und Vorkehrungen trifft, um eine eigene Notendruckerei zu schaffen, damit auch für den Fall, als man nicht zu einem Gegensatz zu gelangen, doch in der Lage wäre, die Druck-Herstellungen, die notwendig sind, vorzunehmen.

Renner: Aufgrund der Anregungen Riedls noch die Papierfrage. Wir müssen uns mit mehreren Papierfabriken ins Einvernehmen setzen, damit sie sich bereithalten.
Beschluss: Zunächst 1.) das Staatsamt des Inneren [wird] beauftragt zur Auswechslung der mit – versehenen Hartdruckstempel unverzüglich die notwendigen Stempel zu machen, um diese Stempel zu ersetzten mit dem Stempel deutsch-österreichisches Wappen und der Umschrift deutsch-österreichische Republik. Im ganzen Staatsgebiet und wegen Wappen mit dem Staatsamt für Unterricht das Einvernehmen zu pflegen.
2.) Die Darlehenskasse für die Übergangswirtschaft ist ehestens zu schaffen und bei der Einrichtung Vorsorge zu treffen, dass diese gegebenenfalls in ein Noteninstitut der deutsch-österreichischen Republik umgewandelt werden kann.
3.) Die abgestempelten Noten haben auf deutsch-österreichischem Gebiet keinen Zwangskurs (darüber möchte der Redner heute noch nicht Beschluss fassen, noch darüber nachdenken, Abstimmung aussetzen).
4.) Der Unterstaatssekretär für Übergangswirtschaft ist beauftragt, mit aller Vorsicht mit einer deutsch-österreichischen Papierfabrik wegen Sicherstellung des Bedarfs an Notenpapier in Verhandlung einzutreten.
5.) Die heutigen Verhandlungen sind absolutes Staatsgeheimnis.
Die ganzen Verhandlungen sollen uns sicherstellen für den Fall, als die Val.[uta]-Politik der anderen Staaten uns diese Maßnahmen zwangsweise auferlegt.

Pacher: Für eine möglichste Entlastung des Staatsrates Sorge zu tragen. Der Redner meint aber, dass eine Antragstellung dem Staatsrat selbst mehr als dem Unterrichtsamt obliegen wird oder Übertragung an das Direktorium. In diesem Sinne Antrag an den Staatsrat.

Jukel: Im Staatsrat einzubringen. Das wird die erste Aufgabe der neuen Staatsordnung sein. Es wäre doch zweckmäßig, wenn alles in einer Hand vereinigt wäre.
Urban: Werde morgen im Staatsrat ein Referat erstatten über die Neuorganisation der Generalpostdirektion ~~und dabei schon Rücksicht genommen~~ – wobei schon die Möglichkeit ...
Grimm: Ein Mehraufwand unbedingt ausgeschlossen.
Beschluss: Ermächtigt, den vorgetragenen Plan weiter zu verfolgen und bis zur Vorlage eines Gesetzentwurfes an den Staatsrat ausreifen zu lassen.

Jukel: Staatseisenbahn-Rat ...
Renner: Frage, ob man jetzt noch den Staatseisenbahn-Rat brauchen wird. Der frühere Rat hatte zunächst die Aufgabe, Tariffragen zu lösen. Besser ganz auf sich beruhen zu lassen, erspart viele Gebühren und viel Zeit.
Beschluss: Antrag wird abgelehnt.

Stöckler: Personalsache: Antrag Dr. Anton Binder [Ernennung zum] Veter.[inär]-Referenten, Titel und Charakter eines Sektionschefs.
Angenommen.

Stöckler: Abstoßung des Pferdezuchtmaterials. Wir haben überfüllte Staatsgestüte. Die anderen Staaten fordern heute schon Zuchtmaterial, wir haben aber keinen Schlüssel auf die Abgabe des Zuchtmaterials, hätten es aber gern los, weil sie uns auffressen.
Wir wollen uns das kaltblütige Zuchtmaterial sichern. Für Vollblut haben wir keine Bedingungen zur weiteren Zucht. Für die ?Kleinzucht haben wir auch wenig Bedingungen, nur die Südslawen. Wir wollen einladen die Nationalstaaten um Bekanntgabe unseres [ihres] Bedarfs. Dann scheiden wir aus, was wir unbedingt brauchen. Dann laden wir sie ein zur Auswahl, nach dem die anderen separiert sind.
Wir wollen die Abgabe veranlassen gegen Barzahlung oder Warenkompensation.
Grimm: Wäre schon zu akzeptieren die anderen Nationalstaaten wollen zwar im Verrechnungsweg [zahlen], aber hier werden wir vielleicht Barzahlung durchsetzen.
Angenommen.

Stöckler: Das Ackerbauministerium hat Pferde verkauft, Vollblutstuten. Die Verkaufsverträge sind sonderbarer Natur. Die Pferde wurden verkauft und das Ackerbauministerium hat sich verpflichten müssen, jedes unter 30.000 K erstandene Fohlen kann jederzeit unter Rückzahlung von ⅔ des Kaufpreises zurückgestellt werden. Wir stehen auf dem Standpunkt, dass das Staatsamt nicht der Nachfolger des Ackerbauministeriums ist. Die Herren sollen uns klagen.
Beschluss: Rechtsstandpunkt des Staatsamtes für Landwirtschaft wird anerkannt.

Stöckler: Übernahme der Kron-Güter. Auf dem – wird diese Sache dem Staatsnot.[ar] übertragen. Veräußerung war von uns schon ausgeschrieben. Nur ~~28~~ 85 Pferde wurden veräußert. Das schlechteste – dafür haben wir 700.000 Kronen angenommen. Jetzt wollen sie verkaufen, weil kein Futter da ist und nun erheben die anderen Nationalstaaten Anspruch. Jetzt sind noch 250 Pferde drinnen.
Der Einfluss der Hofkanzlei war so groß, dass man nicht daran kommen konnte.
[Dem] Staatsamt für Äußeres übergeben.
Beschluss: Bericht wird genehmigt.

Grimm: Frage über das Verhältnis des liquidierenden Kriegsministeriums zur Zivilverwaltung. ~~Es kommt auf die Zusammensetzung~~ – Bittet um dringende Abhilfe im Interesse der Sache. Zur Durchführung bzw. zur Überwachung der Liquidation. Soweit es sich um Kriegslieferungen handelt, wurde unter Redlich[35] ein Delegierter des Finanzministeriums bestimmt, welcher alle

35 Dr. Josef Redlich, 21. Oktober 1918 bis 16. Februar 1919 Mitglied der Provisorischen Nationalversammlung, DnP, 27. Oktober bis 11. November 1918 k.k. Finanzminister.

zugestandenen Lieferungsentscheidungen überprüft. Mit geringen Mitteln konnten wir bisher die Forderungen bewilligen.
~~Dies ist fraglich~~ – Diese Beihilfe scheint dem Kriegsministerium sehr unangenehm zu sein. Die Tschechoslowaken haben sich beschwert, [sie haben] Entschuldigung schon verlangt, um Inkorrektheiten zu verhüten.
Die Sache richtet sich gegen Hornik in materieller Hinsicht. Hornik hat um Abhilfe und Unterstützung gebeten. Generalintendant Anderka[36] gegen ihn schürt. [Hornik hat] gebeten um Enthebung oder Änderung eintreten zu lassen. Nachdem die ganze Sache von großem finanziellem Interesse ist, eine Note nützt nichts. Redner bittet: wenn von Seite des Direktoriums oder von Seite [des] Präsidenten eine Besprechung mit dem Leiter des liquidierenden Kriegsministeriums und des Finanzministeriums ...
1.) Morgen auf Staatsrat-Tagesordnung: Beschluss zu fassen, dass an die anderen Staaten herangetreten wird, dadurch dieses Kriegsministerium als zivile Verwaltung constit.[uiert wird] und für die leitenden Posten der Konkurs ausgeschrieben wird.
2.) Beschluss fassen: wonach dem Hornik noch [Leute] beizugeben sind.

Kaup: Vollversammlung der Militär-Sanitätsanstalten Deutsch-Österreichs, sehr schwierige Lage entstanden. Ganz besondere Forderungen, als Volkswehr ohne Waffen angesehen zu werden. Verlangen ebenso wie die Volkswehr einen Unterhaltsbeitrag von 2 Kronen und ein Brotgeld. Das verlangen nicht nur die Militär-Sanitätsmannschaften, sondern auch die liquidierten [liquidierenden] Mannschaften aller Zentralstellen. [Eine] andere Forderung geht auf eine Abfertigung. Wir müssen die Sanitätsanstalten abbauen. Die Leute verlangen Abfertigung von 3 Monaten. Diese Personen sind gut organisiert, geschlossenes Auftreten und [sie] scheuen nicht vor den äußersten Konsequenzen zurück.

Renner: Bittet diese Frage im Einvernehmen mit Finanzen und Heerwesen zu behandeln. Wenn sie zum Gegenstand besonderer Anträge werden sollte, dann dem Cabinett unterbreiten.

Marckhl: In Graz [hat] eine Versammlung stattgefunden, in heftigster Weise gegen Wewa. Kaan[37] selbst dagegen sehr scharf getroffen. Fährt auch zur Landesversammlung und erbittet Direktiven.[38]

Renner: Wewa nur im Stadium der Vorstudien. Die Länder haben ihre Vertreter darin. Wenn die provisorische Regierung ein Gesetz beschließt, muss das Gesetz vom Staatsrat genehmigt werden.

Schluss.

---

36 Gemeint war Generalintendant Josef Anderka, Vorstand der Abteilung 15 B (Verfassung und Evidenzhaltung des Heeresbudgets, Ermittlung und Verteilung des Gelderfordernisses) im liquidierenden Kriegsministerium.

37 Dr. Wilhelm von Kaan, 6. November 1918 bis 27. Mai 1919 Landeshauptmann von Steiermark.

38 Diese Ausführungen wurden nicht in der Reinschrift berücksichtigt. Zur Gründung der WEWA vgl. KRP Nr. 23/15.

33.[1]

[Dienstag] 1919-01-21

Vorsitz: Renner
Anwesend: Beck, Enderes, Grimm, Hanusch, Jukel, Kaup, Loewenfeld-Ruß, Mayer, Pacher, Riedl, Roller, Stöckler, Urban
Zugezogen: Gottlieb-Billroth[2] (zu Punkt 3)
Schriftführer: unbekannt
Dauer: 15.00–19.00 Uhr

Reinschrift (zweifach), Konzept, Konzept der Tagesordnung mit Nachtrag, Stenogramm

Inhalt:[3]

1. Fortzahlung der Familiengebühren an die Familien Kriegsgefangener und vermisster Gagisten, Gagistenaspiranten und freiwillig weiterdienender Unteroffiziere.
2. Brotquote der Volkswehr und der Mannschaft des liquidierenden Kriegsministeriums.
3. Gesetzentwurf, betreffend Einhebung einer besonderen Brotauflage im Jahre 1919.
4. Festsetzung der Mehlpreise.
5. Bestellung eines vorläufigen deutschösterr. Staatseisenbahnrates.
6. Anwendung der Richtlinien hinsichtlich der Regelung der Verhältnisse der ehemals österreichischen Staatsbediensteten nichtdeutscher Nationalität auf die Lehrkräfte der deutschösterreichischen Hochschulen und der Akademie für Musik und darstellende Kunst.
7. Auszahlung des halben Anschaffungsbeitrages an die Staatsangestellten am 1. Februar l. J.

Beilagen:

– Zu Punkt 1: Vollzugsanweisung des deutschösterreichischen Staatsamtes für Heereswesen vom … Jänner 1919, betreffend die Fortzahlung der Familiengebühren an die Familien kriegsgefangener und vermisster Gagisten, Gagistenaspiranten und freiwillig weiterdienender Unteroffiziere (1 Seite).

---

[1] Das Protokoll trägt den Vermerk *Vertraulich!*

[2] Dr. Otto Gottlieb-Billroth, Sektionschef, 1917 bis 1923 Leiter der Steuersektion im Finanzministerium und Staatsamt bzw. Bundesministerium für Finanzen.

[3] Ab diesem Protokoll enthalten die Verhandlungsschriften nach der Feststellung der Anwesenden und dem Sitzungsbeginn eine mit „Inhalt" überschriebene Tagesordnung, dafür wurden die einzelnen Punkte im Verlaufe der Reinschrift nicht mehr mit Überschriften versehen. Diese Überschriften wurden vom Bearbeiter aus Gründen der Übersichtlichkeit ergänzt.
Das beiliegende Konzept der Tagesordnung, das insgesamt neun Punkte umfasst, stimmt mit dem Inhalt der Reinschrift nicht überein. Es enthält lediglich drei der in der Reinschrift behandelten Punkte. Nicht behandelt wurden u. a. die Punkte „Übernahme des k.u.k. Kiesbergbaues in Großfragrant" und „Technische Militärakademie in Mödling, Umwandlung in ein ziviles Polytechnikum" (zu diesen Punkten vgl. KRP Nr. 34/1 und 3). Ein weiterer Punkt („Dr. Loewenfeld-Ruß, Bericht über die Kärntnerreise") wurde nur im Stenogramm festgehalten, vgl. ebendort. Weiters wurde mittels eines ebenfalls beiliegenden Nachtrags ein weiterer nicht behandelter Punkt hinzugefügt: „Novelle zum Gesetze über die Steuerflucht". Ein Entwurf der Novelle liegt dem Protokoll als Beilage bei, vgl. dazu die nachfolgende Anmerkung. Über Fragen der Steuer- und Finanzpolitik wurde auch in der nächsten Sitzung beraten, vgl. KRP Nr. 34/7.

– Zu Punkt 3: Gesetz vom … betreffend die Einhebung besonderer Beiträge von Grundbesitzern und Pächtern sowie von den Höherbemittelten zu der notwendigen Getreidebeschaffung im Auslande im Jahre 1919 (5½ Seiten, gedruckt); Bemerkungen (2½ Seiten, gedruckt).
– Beilage zu Punkt 5: Staatssekretär für Verkehrswesen, Z. 469/Präs., Vortrag für den Kabinettsrat (1½ Seiten); Vollzugsanweisung des deutschösterreichischen Staatsamtes für Verkehrswesen vom …, betreffend die Bestellung eines vorläufigen d.ö. Staatseisenbahnrates (1½ Seiten).[4]

1

[Fortzahlung der Familiengebühren an die Familien Kriegsgefangener und vermisster Gagisten, Gagistenaspiranten und freiwillig weiterdienender Unteroffiziere]

Staatssekretär M a y e r erbittet vom Kabinettsrate die Bewilligung, im Staatsrate eine Vollzugsanweisung des Staatsamtes für Heerwesen, betreffend die Fortzahlung der Familiengebühren an die Familien Kriegsgefangener und vermisster Gagisten[5], Gagistenaspiranten und freiwillig weiterdienender Unteroffiziere, einbringen zu dürfen.[6]

Auf Grund der vom sprechenden Staatssekretär im Gegenstande gegebenen Aufklärungen erteilt der Kabinettsrat die erbetene Bewilligung.[7]

---

[4] Weiters liegt dem Protokoll folgende nicht behandelte Beilage bei:
Gesetz vom … mit welchem einige Bestimmungen des Gesetzes vom 19. Dezember 1918, StGBl. Nr. 122, gegen die Steuerflucht abgeändert und ergänzt werden (1½ Seiten); Bemerkungen (1 Seite). Der Entwurf stimmt mit StGBl. Nr. 77, Gesetz vom 4. Februar 1919, mit welchem einige Bestimmungen des Gesetzes vom 19. Dezember 1918, StGBl. Nr. 122, gegen die Steuerflucht abgeändert und ergänzt werden, ausgegeben am 8. Februar 1919, nicht vollständig überein, das endgültige Gesetz enthält noch weitere Abänderungen und Ergänzungen, die nicht im Entwurf enthalten sind. Der Entwurf wurde in der 69. Sitzung des Staatsrates behandelt und genehmigt. Vgl. SRP Nr. 69/VIII vom 22. Jänner 1919.

[5] Gagist: Berufsmilitärangehöriger.

[6] Beilage zu Punkt 1: Vollzugsanweisung des deutschösterreichischen Staatsamtes für Heereswesen (1 Seite). Mit dieser Vollzugsanweisung sollte den „im freien deutschösterreichischen Staatsgebiete wohnhaften Familien“ der hier bezeichneten Personenkategorien „die Familiengebühren nach den bisher maßgebend gewesenen Bestimmungen auf die Dauer der Gebührlichkeit bis auf weiteres“ ausgezahlt werden, „sofern das Familienhaupt im freien (oder von einer fremden Staatsgewalt besetzten) deutschösterreichischen Staatsgebiete heimatsberechtigt ist“. Die im „deutschösterreichischen Staatsgebiete wohnhaften Angehörigen von fremdzuständigen kriegsgefangenen und vermissten Personen“ sollten diese Zahlungen nur dann erhalten, „wenn mit ihrem Heimatstaate eine entsprechende Vereinbarung getroffen wurde“.

[7] Der Entwurf wurde in der 69. Sitzung des Staatsrates vorgelegt und genehmigt, die Vollzugsanweisung wurde jedoch nicht verwirklicht. Vgl. SRP Nr. 69/II vom 22. Jänner 1919. Detaillierte Informationen zum Thema und zu diesem Entwurf finden sich in AdR, StK, GZl. 1.014/1918, Fortzahlung der Familiengebühren an die Familien der Kriegsgefangenen und Vermissten über den 31. Dezember 1918. Zahlungen an die Angehörigen von Kriegsgefangenen waren allerdings Gegenstand mehrerer weiterer Gesetze, vgl. StGBl. Nr. 387, Gesetz vom 28. Juli 1919 über die Gewährung eines Zuschusses zu den Unterhaltsbeiträgen an die Angehörigen von Kriegsgefangenen und über Änderungen und Ergänzungen zu den Gesetzen vom 27. Juli 1917, RGBl. Nr. 313, und vom 31. März 1918, RGBl. Nr. 126 (Unterhaltsbeitragsnovelle), ausgegeben am 3. August 1919; StGBl. Nr. 540, Vollzugsanweisung des Staatsamtes für Heereswesen im Einvernehmen mit dem Staatsamte für Finanzen vom 29. November 1919, betreffend die Weitergewährung eines Zuschusses zu den Unterhaltsbeiträgen an die Angehörigen von Kriegsgefangenen, ausgegeben am 5. Dezember 1919; StGBl. Nr. 51, Vollzugsanweisung des Staatsamtes für Heereswesen im Einvernehmen mit dem Staatsamte für Finanzen vom 23. Jänner 1920, betreffend die Weitergewährung eines Zuschusses zu den Unterhaltsbeiträgen an die Angehörigen von Kriegsgefangenen, ausgegeben am 7. Februar 1920; StGBl. Nr. 66, Vollzugsanweisung des

2

[Brotquote der Volkswehr und der Mannschaft des liquidierenden Kriegsministeriums]

Staatssekretär Dr. L o e w e n f e l d - R u ß weist auf die nicht unbedenkliche Tatsache hin, dass die Volkswehr und die Bediensteten des liquidierenden Kriegsministeriums in der Brotquote ungleich besser gestellt sind als die Zivilbevölkerung.[8] Ein derartiges Missverhältnis könne leichthin auf weite Bevölkerungskreise, besonders auf die großen Arbeiterkategorien (wie z. B. Eisenbahner) in gefährlicher Weise rückwirken und Beispielsfolgerungen auslösen, denen wir nicht Rechnung zu tragen vermöchten. Seiner Ansicht nach hätte die Quote jedenfalls nicht höher zu sein als die der Schwerarbeiter.

Nach einer längeren Debatte[9], an der sich die Staatssekretäre M a y e r, H a n u s c h und Dr. K a u p beteiligen, wobei von allen Seiten die Notwendigkeit der Aufhebung einer solchen Bevorzugung anerkannt wurde, beschließt der Kabinettsrat, es sei im Wege des Staatssekretärs für Heerwesen an die Volkswehr und an die Mannschaften des liquidierenden Kriegsministeriums die Anforderung zu richten, in Anbetracht der allgemeinen Mehlknappheit auf die erhöhte Brot- und Mehlration, soweit sie die der Schwerarbeiter überschreitet, freiwillig zu verzichten.[10]

3

[Gesetzentwurf, betreffend Einhebung einer besonderen Brotauflage im Jahre 1919]

Unterstaatssekretär Dr. von G r i m m berichtet, dass das Staatsamt der Finanzen in Befolgung des ihm in der Sitzung des Kabinettsrates vom 14. Jänner d. J. erteilten Auftrages[11] den Gesetzentwurf, betreffend die Einhebung einer besonderen Brotauflage im Jahre 1919, einer Umarbeitung unterzogen hat. Der sprechende Unterstaatssekretär bespricht an der Hand dieses Entwurfes die allgemeinen Richtlinien, die dieser Ausarbeitung zugrunde gelegt worden seien.[12]

Staatsamtes für Heereswesen, mit der die Vollzugsanweisung vom 23. Jänner 1920, StGBl. Nr. 51, betreffend die Weitergewährung eines Zuschusses zu den Unterhaltsbeiträgen an die Angehörigen von Kriegsgefangenen, abgeändert wird, ausgegeben am 21. Februar 1920.

8 Vgl. auch KRP Nr. 32/8. Im Konzept hier ursprünglich: „Seiner Ansicht nach hätte die Quote jedenfalls nicht höher zu sein als die der Schwerarbeiter. Es bedürfe keines Hinweises darauf, dass dieses Missverhältnis…".

9 Vgl. das Stenogramm.

10 Zur Kürzung der Brotquote allgemein vgl. auch KRP Nr. 31/1. Zur Volkswehr vgl. weiters auch KRP Nr. 5/4, Nr. 8/6, Nr. 17/2, Nr. 23/1, Nr. 27/2, Nr. 28/8, Nr. 30/2 und Nr. 34/10.

11 Vgl. KRP Nr. 31/2.

12 Beilage zu Punkt 3: Gesetzesentwurf (5½ Seiten); Bemerkungen (2½ Seiten). In den Bemerkungen zum Gesetzesentwurf wurde ausgeführt, dass die Versorgung des alten österreichischen Staates für die Periode 1918/19 annähernd zur Hälfte durch eigene Ernte gesichert gewesen war, während der Rest durch Lieferungen aus Ungarn, Rumänien und der Ukraine hätte gedeckt werden sollen. Auf Basis dieses Plans waren auch die nach wie vor in Geltung stehenden Preise für Brot- und Verschleißmehl berechnet worden. Nunmehr war der deutschösterreichische Staat auf Getreidezufuhr durch die Entente angewiesen, wodurch sich auch die Grundlage der Preisberechnung völlig geändert hatte. Die nun anfallenden enormen Mehrkosten sollten zum Teil durch eine Preiserhöhung auf die Bevölkerung überwälzt, der Rest jedoch dadurch sichergestellt werden, dass die finanziell leistungsfähigeren Kreise der Bevölkerung zu einem entsprechenden besonderen Beitrag herangezogen wurden. Der Regelung dieser Beitragsleistung sollte der gegenständliche Entwurf dienen, der die Heranziehung der Besitzer und Pächter produktiver Grundflächen zu einer Zahlung vorsah. Die unmittelbare Bemessung der zu leistenden Beiträge sollte den Gemeinden überlassen werden, gebunden an gewisse Leitsätze. Nach vorläufigen Berechnungen wurde der finanzielle Ertrag der vom Grundbesitz aufzubringenden Leistungen mit rund 65 Millionen Kronen angenommen. Neben Grundbesitzern sollten auch jene Personen

Was zunächst die Heranziehung der Grundbesitzer und Pächter zu einer Beitragsleistung betreffe, so sei es aus steuertechnischen Gründen nicht möglich gewesen, die Abgabe im doppelten Ausmaße der Grundsteuer festzusetzen. Die Finanzverwaltung habe es vielmehr für zweckmäßiger gehalten, diese Beitragsleistung mit 80 % des Katastralreinertrages der produktiven Grundfläche zu bestimmen. Die Bemessung soll zunächst in der Weise erfolgen, dass für jede einzelne Gemeinde ein bestimmtes Kontingent ermittelt wird und ihr die unmittelbare Festsetzung der von den einzelnen Grundbesitzern oder Pächtern zu leistenden Beiträge überlassen bleibt, wobei sie an gewisse Leitsätze gebunden ist. Der finanzielle Erfolg dieser Beitragsleistung könne auf ungefähr 65 Millionen Kronen veranschlagt werden.

Bezüglich der Beitragsleistung der Höherbemittelten sei dem Gesichtspunkte Rechnung getragen worden, die kinderreichen Familien entsprechend günstiger zu behandeln, hingegen einen besonderen Zuschlag für die im Haushalt verpflegten Dienstboten festzusetzen. Der Ertrag dieser Auflage sei mit etwa 30 Millionen Kronen zu beziffern.

Nachdem Sektionschef Dr. Gottlieb-Billroth an der Hand der Gesetzesvorlage deren Details paragraphenweise erläutert hat, nehmen in der sich hieran anschließenden Debatte[13] die Staatssekretäre Stöckler und Jukel den in der Folge auch vom Vorsitzenden gebilligten Standpunkt ein, dass die Inanspruchnahme der Gemeinden bei der Bemessung und Einhebung der den Grundbesitzern und Pächtern aufzuerlegenden Beitragsleistung zu namhaften Schwierigkeiten führen werde. Es sollte nach der Anschauung der beiden vorgenannten Kabinettsmitglieder bei der Durchführung dieses Gesetzes ein möglichst geringes Aufsehen gemacht, daher von dem bisherigen Wege der Einhebung staatlicher Abgaben durch die Steuerämter und zwar gleichzeitig mit der Grundsteuereinhebung, jedenfalls nicht abgegangen werden. Auch müsste auf das Vertragsverhältnis zwischen Pächter und Verpächter im konkreten Falle bei der Übernahme der einschlägigen Lasten entsprechend Rücksicht genommen werden.

Der Kabinettsrat schließt sich dieser Auffassung an; der Referent wird sohin eingeladen, den vorliegenden Gesetzentwurf in seinem ersten Teile demgemäß abzuändern.

Der zweite Teil des Gesetzentwurfes, betreffend die Beitragsleistung der Höherbemittelten wird nach eingehenden Erläuterungen der einzelnen Bestimmungen durch Sektionschef Dr. Gottlieb-Billroth vom Kabinettsrat ohne Änderung angenommen.

Schließlich wird über Antrag des Vorsitzenden als Titel des Gesetzes an Stelle der vom Staatsamte der Finanzen in Vorschlag gebrachten ausführlicheren Bezeichnung eine kürzere Fassung und zwar „Einhebung einer besonderen Brotauflage im Jahre 1919" bestimmt.[14]

4
[Festsetzung der Mehlpreise]

Bezüglich Festsetzung der Mehlpreise werden unter Zugrundelegung des vom Staatssekretär Dr. Loewenfeld-Ruß in der Sitzung des Kabinettsrates vom 14. Jänner 1919 erstatteten Berichtes über die durch die ausländischen Getreideeinfuhren erforderliche Regelung der

zu einer Beitragsleistung verpflichtet werden, deren steuerpflichtiges Einkommen für das Jahr 1919 10.000 Kronen überstieg. Dieser Beitrag zerfiel in zwei Teile, der erste betraf die im Haushalt lebenden Familienangehörigen, der zweite die im Haushalt verpflegten Dienstpersonen und sollte Selbstversorger wie auch Nichtselbstversorger treffen. Betont wurde auch, dass die augenblickliche harte Lage zu diesen Maßnahmen zwinge, „die weder beispielgebend für eine künftige Steuergesetzgebung noch auch bestimmt sein dürfen, eine dauernde Einrichtung zu werden".

13 Vgl. das Stenogramm.

14 Der folgende Punkt der Tagesordnung setzt die Behandlung des Gesetzentwurfs fort.

Mehl- und Brotpreise[15] mehrfache Vorschläge erstattet. Während der vorgenannte Staatssekretär und Unterstaatssekretär Dr. von G r i m m auf ihren Anträgen, die Preise für Kochmehl mit 4 K beziehungsweise mit 5 K und für Brotmehl mit 1 K 50 beziehungsweise mit 1 K 80 h festzusetzen, beharren, regt der Vorsitzende an, den Mehlpreis zunächst mit 4 K beziehungsweise 1 K 50 festzusetzen und erst, wenn dies in der Folge erforderlich werden sollte, die Preise stufenweise zu erhöhen. Er gehe hiebei von der Annahme aus, dass die vorliegende Rechnungsgrundlage dermalen noch viel Ungewisses enthalte und die Möglichkeit einer Ermäßigung der von der Entente gegenwärtig festgesetzten Getreidepreise immerhin bestehe (künftige Ermäßigung der Schiffsraten, Herabsetzung der Versicherungsprämien, Geltendmachung der Weltkonkurrenz, etc.).

Nach einer längeren Debatte[16] kommt der Kabinettsrat zu dem Beschlusse, dass in der morgigen Sitzung des Staatsrates über diese Angelegenheit von den zuständigen Ressortvertretern in allen Einzelheiten zu referieren und dem Staatsrate die Entscheidung in dieser Frage ohne Stellung eines bestimmten Antrages zu überlassen ist.[17]

5

[Bestellung eines vorläufigen deutschösterr. Staatseisenbahnrates]

Unterstaatssekretär Ing. von E n d e r e s bittet, den Beschluss des Kabinettsrates in seiner Sitzung vom 16. Jänner d. J., betreffend die Ablehnung des Antrages des Staatssekretärs für Verkehrswesen auf Errichtung eines vorläufigen d.ö. Staatseisenbahnrates[18], rückgängig zu machen.[19] Die Schaffung einer solchen Körperschaft wäre mit verhältnismäßig nur geringfügigen Kosten verbunden und würde sich insbesondere mit Rücksicht auf die bevorstehende große Arbeit der Reorganisation der gesamten Staatseisenbahnverwaltung[20] empfehlen. Die Ausschließung des Laienelementes von jedweder begutachtenden beziehungsweise beratenden Tätigkeit bei der Durchführung dieser Arbeiten würde die Staatseisenbahnverwaltung jedenfalls vielen Vorwürfen aussetzen, die durch die Schaffung dieser Körperschaft leichthin zu vermeiden wären.

Der Kabinettsrat schließt sich dieser Auffassung an und erteilt dem sprechenden Unterstaatssekretär die erbetene Ermächtigung zur Einbringung einer einschlägigen Vorlage im Staatsrat.[21]

---

15 Vgl. KRP Nr. 31/2.

16 Vgl. das Stenogramm.

17 Vgl. SRP Nr. 69/III vom 22. Jänner 1919, wo die Materie nach einer längeren Wechselrede an den Kabinettsrat zurückverwiesen wurde. Vgl. weiter KRP Nr. 35/4, wo eine neue Fassung des Gesetzes vorgelegt wurde, sowie Nr. 36.

18 Vgl. KRP Nr. 32/2.

19 Beilage zu Punkt 5: Staatssekretär für Verkehrswesen, Z. 469/Präs., Vortrag für den Kabinettsrat (1½ Seiten); Vollzugsanweisung des deutschösterreichischen Staatsamtes für Verkehrswesen (1½ Seiten). Die Beilage ist identisch mit der Beilage zu KRP Nr. 32/3, vgl. das entsprechende Regest ebendort. Der Entwurf stimmt mit StGBl. Nr. 109, Vollzugsanweisung des Deutschösterreichischen Staatsamtes für Verkehrswesen vom 7. Februar 1919, betreffend die Bestellung eines vorläufigen deutschösterreichischen Staatseisenbahnrates, ausgegeben am 15. Februar 1919, überein.

20 Zur Tätigkeit auf diesem Gebiet in den Jahren 1918 bis 1928 vgl. 10 Jahre Wiederaufbau. Die staatliche, kulturelle und wirtschaftliche Entwicklung der Republik Österreich 1918–1928, Wien 1928, S. 501–532.

21 Der Entwurf wurde in der 69. Sitzung des Staatsrates vorgelegt und genehmigt. Vgl. SRP Nr. 69/VII vom 22. Jänner 1919. Zum Thema vgl. auch AdR, StK, GZl. 1.654/1918, Zusammensetzung des Eisenbahnrates. Über die Sitzungen des Staatseisenbahnrates wurde etwa in der Volkswirtschaftlichen Chronik berichtet, vgl. exemplarisch Volkswirtschaftliche Chronik. Mit Benützung amtlicher Quellen herausgegeben von Dr. Karl Neisser, Jg. 1918, Heft 11, November 1918, S. 331 „Eisenbahnbeirat".

6

[Anwendung der Richtlinien hinsichtlich der Regelung der Verhältnisse der ehemals österreichischen Staatsbediensteten nichtdeutscher Nationalität auf die Lehrkräfte der deutschösterreichischen Hochschulen und der Akademie für Musik und darstellende Kunst]

Staatssekretär P a c h e r weist darauf hin, dass an den d.ö. Hochschulen und an der Akademie für Musik und darstellende Kunst eine – allerdings nicht bedeutende – Anzahl von Professoren nichtdeutscher Nationalität wirke, die bei strenger Einhaltung der Richtlinien für die Regelung der Verhältnisse der ehemals österreichischen Staatsbediensteten nichtdeutscher Nationalität von ihren Posten enthoben werden müssten.[22] Da es im Interesse der Wissenschaft und Kunst liege, dass diese Lehrpersonen auch in Hinkunft in ihrer bisherigen lehramtlichen Stellung tätig bleiben, bitte er um die Ermächtigung, Anträge der Hochschulen und der Akademie für darstellende Kunst auf Einräumung von Ausnahmen von den in den obbezogenen Richtlinien aufgestellten Grundsätzen für einzelne Lehrkräfte dieser Anstalten dem Staatsratsdirektorium zur Entscheidung vorlegen zu dürfen.

Der Kabinettsrat erteilt die erbetene Ermächtigung.[23]

7

[Auszahlung des halben Anschaffungsbeitrages an die Staatsangestellten am 1. Februar l. J.]

Unterstaatssekretär Dr. von B e c k erbittet und erhält die Ermächtigung des Kabinettsrates zur Auszahlung eines Anschaffungsbeitrages an die Staatsangestellten am 1. Februar 1919 und zwar in der halben Höhe des am 1. November 1918 ausgezahlten Anschaffungsbeitrages.

Schluss der Sitzung 7 Uhr abends.

---

22 Vgl. KRP Nr. 14, Punkt IV des Nachtrags.

23 Diesem Tagesordnungspunkt zugrundeliegende Ausführungen des Staatssekretärs Pacher finden sich in AdR, StK, GZl. 318/1919, Anwendung der „Richtlinien" zur Behandlung der Staatsbedienstetenangelegenheiten auf die nicht-deutschen Lehrkräfte d.ö. Hochschulen. Darin hieß es u. a.: „Das Wesen der Wissenschaft und Kunst als eines gemeinsamen Gutes aller kultivierten Völker und Nationen hat es mit sich gebracht, daß einzelne Lehrstühle mit Männern anderer als deutscher Nationalität besetzt sind; die Unterrichtsverwaltung hat, selbstverständlich stets unter grundsätzlicher Wahrung des deutschen Charakters der Studienanstalten, bisher keinen Anstoß genommen, auch Persönlichkeiten anderer Nationalität als Professoren zu gewinnen, wenn es die Eigenart des betreffenden Faches verlangte und gleichqualifizierte Männer deutscher Nationalität nicht zur Verfügung standen und wenn zu erwarten war, daß die zu berufenden Gelehrten und Künstler sich nicht nur in den Organismus der deutschen Lehranstalten einzugliedern verstehen, sondern auch der Stätte ihrer Lehrtätigkeit durch den Glanz ihres Namens und die Erfolge ihres Wirkens zum Ruhme und zur Ehre gereichen werden." Vgl. weiters KRP Nr. 34/8. Zur grundsätzlichen Behandlung von Beamtenfragen vgl. KRP Nr. 11/2, Nr. 14/6, Nr. 19/1, Nr. 23/6, Nr. 29/5 und Nr. 34/13, zur Erörterung weiterer, im Zusammenhang mit sowohl „deutschen" als auch „nichtdeutschen" Beamten stehenden Fragen vgl. KRP Nr. 4/1, Nr. 7/12 und 14, Nr. 18/8, Nr. 19/4, Nr. 21/2, Nr. 22/2 sowie Nr. 26/8 und 9.

Stenogramm vom 21. Jänner 1919

21./1. (33. Sitzung)
Hanusch, Stöckler, Jukel, Urban, Mayer, Loewenfeld-Ruß, Kaup, Pacher, Roller, Enderes, Beck, Grimm, Riedl, Gottlieb.

5.)
Mayer: Die Vollzugsanweisung im Einvernehmen mit dem Staatsamt für Finanzen erfolgt.
Angenommen.

Urban: Antrag auf Ernennung Dr. Krenn[24] zum wirklichen Sektionschef.
Angenommen.

Loewenfeld-Ruß: Kärntner Reise[25]: Unter Vorsitz Lemisch[26] Besprechung; großer Wert, dass Landesregierungen nicht selbständig vorgehen. Durch Lemisch und Referenten wurde die Zusage gemacht. Allerdings auf die eigenartige Situation des Landes aufmerksam gemacht. Im Allgemeinen [ist] die Stimmung politisch so, dass auf eine große Selbständigkeit nach wie vor Gewicht gelegt wird. Dass ~~auf~~ unbedingt Rechnung getragen wird unserem Wunsch, ist nicht zu erwarten. Es wird ihr [der Regierung] vorgeworfen, dass Wien nicht entgegen komme im Kampf mit den Südslawen. Anschluss soll sich möglichst schnell vollziehen. Stimmung gegen Wien ist unbedingt vorhanden.
Redner bittet um Brotquoten-Gleichstellung des zivilen mit der Volkswehr. Die Differenz [ist] so groß, dass sie rückwirkt auf andere (Eisenbahner). Sie bekommt mehr als das Doppelte als die übrige Bevölkerung. 2.300 Volkswehr, 1.050 Schwerarbeiter – die Woche.
Mayer: Eine Berechtigung, mehr zu haben als die Schwerarbeiter, haben sie nicht.
Hanusch: ~~Die in Liquidierung standen~~ -. Die im liquidierenden Kriegsministerium verwendeten, im Büro beschäftigten Leute bekommen mehr als die Schwerarbeiter und das ist doch nicht angängig.
Kaup: Auch die Sanitätsmannschaften in den Sanitätsanstalten erheben auch Anspruch.
Mayer: Bittet, heute noch keinen Beschluss zu fassen und [ihm] Gelegenheit zu geben, dass er mit den Leuten unter Hinweis auf die Ernährungslage spricht; [dass der] Kabinettsrat [einen Appell] richtet an die Volkswehr und die Mannschaften des liquidierenden Kriegsministeriums die Anforderung, in Anbetracht der allgemeinen Mehlknappheit auf die erhöhte Brot- und Mehlration, soweit sie die der Schwerarbeiter überschreitet, freiwillig zu verzichten.

Mehl:
Grimm erstattet das Referat: 215 Millionen Defizit; [abzüglich] 96 [Millionen] Eingang aus Gesetz [ergibt] 119 [Millionen].
Mehlpreis auf 5 oder 4.90, Koch-Mehl 1.80 – würde Def.[izit] von 32 Millionen, der Überhand [Überhang] würde der Mindestbemittelten-Aktion zugutekommen können.
1.) Frage der Brotauflage auf die Selbstversorger (a §2–8); auf die Steuerträger; Brotpreisfestsetzung.

A.
Gottlieb: ~~Schwer~~ – ~~Wir~~ – ~~haben nicht die geeigneten Grundlagen für eine Constr.~~
Stöckler: 1.) 80 % sehr bedeutende Auflage. ~~Jene Landwirte, die ein höheres Einkommen haben, würden~~ – Der mittlere Grundbesitz ist schon gegenwärtig zu sehr belastet. ~~Wegen Aufteilung aufs Flächenmaß, lässt sich keine andere~~ -

---

24 Dr. Friedrich Krenn, 1918 bis 1919 Stellvertreter von Unterstaatssekretär Riedl, 30. Jänner 1919 Ernennung zum Sektionschef.
25 Die Bemerkungen zur „Kärntner Reise' wurden in der Reinschrift nicht berücksichtigt.
26 Arthur Lemisch, November 1918 bis 22. Juli 1921 als Landesverweser Vorstand der provisorischen Landesversammlung Kärnten, 1927 bis 1931 Landeshauptmann, parteilos.

2.) Einhebung durch die Gemeinde: Kuckucksei mit 5 % verzuckert, fürchterliche Belastung; legt großen Wert darauf, dass durch diese Aktion nicht zu viel Staub aufgewirbelt wird.
Bei dieser Belastung wird der Vorwurf gemacht werden, dass das alles wegen der Ernährung von Wien ist (separatistische Bestrebungen). Daher besser, wenn [es] durch die Steuerämter eingehoben werden würde, dadurch viel weniger Aufsehen. [Es] durch die Gemeinden aber besorgen zu lassen, ist zu gefährlich. Viel besser Einhebung durch die Steuerämter zugleich mit der Grundsteuer. Neben dem Pächter sollte auch der Verpächter herangezogen werden.

Renner: Glaube auch, dass es diesmal wegen des inneren Zustandes der Gemeinden nicht gehen wird. Es sollte an ein gegebenes Verfahren angeknüpft werden statt eines neuen Verfahrens. Redner wäre auch für eine Anlehnung auf die Grundsteuer.

Jukel: Mit den Gemeinden ist heute nichts anzufangen: Überlastung. Spricht sich gleichfalls von [...] als Zuschlag zur Grundsteuer (72 % doppelt doppelt: 80 %)

Gottlieb: Dienstboten ... (Ergänzung). ~~350 % Zuschlag zur Grundsteuer~~.
Wenn die Sache so konstr.[uiert] wird, dann lassen sich die von uns gemachten Ausnahmen nicht praktizieren. Finanziell kann die Sache mit einem Zuschlag auch gemacht werden, nur fürchte ich, dass die ganze Last der Steuerverwaltung zugeschoben werden wird und dass die Schwierigkeiten dadurch erhöht werden.

Renner: Titel des Gesetzes: Betreffend die Einhebung einer besonderen Brotauflage im §1 eine besondere Beschreibung.

Jukel: Günstiger 80 %. Derjenige Verpächter, welcher den Pacht[zins] um nicht mehr als 50 % erhöht hat, dass es ihm frei steht, das von ihm zurück zu verlangen.

Renner: Zugrunde legen: Katastr.[al-]Reinertrag. 80 % Brotauflage, einzuheben durch die Steuerbehörden zugleich mit der Grundsteuer. Getroffen der Grundsteuerpflichtige und wenn es der Verpächter zu leisten hat, kann dann, wenn er 50 % nicht erhöht hat, kann er die Steuer auf den Pächter überwälzen.

B. Auflage auf Höherbemittelte.

Gottlieb: Gibt die Erläuterungen. Ergebnis 15 + 17 Millionen. Zu §12: ohne Mittelbemessung ...

Grimm: -.

Stöckler: -.

Mayer: Mit dem jetzt zur Verfügung stehenden Personal sollten die Steuerämter dotiert werden. Dann würden wir diese Leute wenigstens nicht umsonst zahlen.

Urban: Jetzt soll man eine dreifache Steuer zahlen dazu den Zuschlag, das ist kaum möglich zu verlangen.
~~Verschiebung aufgrund der [...] mit Vorbehalt der später endgültigen Feststellung~~.
Titel: Einhebung einer besonderen Brotauflage im Jahr 1919.

Loewenfeld-Ruß: Mehlpreisfrage ist mit diesem Punkt untrennbar verbunden. Das ganze Prälim.[inare] ist aufgebaut auf einer ganzen Reihe unsicherer Elemente. Wir müssen vorläufig mit 300 Kronen rechnen; wenn wir dann noch das Getreide mit 80 Kronen für das nächste Jahr rechnen (eventuell 100 Kronen): Bis 31./12. 1.030 Millionen Kronen. Wenn wir die jetzigen Preise auf[recht] erhalten: 530 Millionen Defizit.
Nach dem Vorschlag des Staatsamtes für Finanzen die Preissteigerung 5 Kronen Kochmehl, 1.80 Brotmehl (Laib Brot würde sich auf 2.28 stellen). Defizit noch immer 35 Millionen Kronen. Von der Entente sollen wir 267.000 Tonnen bekommen.
Man muss sich also entscheiden, wie hoch der Mehlpreis gesetzt werden soll. Die Stimmung ist ganz [gegen] eine Erhöhung in diesem Umfang. Wenn wir dem Standpunkt des Finanzministeriums Rechnung tragen (5 und 1.80, 2.28), so macht der Aufwand für eine Woche nach den jetzigen Quoten 3.59 Kronen aus, während es früher betragen hat nach dem heutigen Preis 2.25. Wenn [wir] das aufs ganze Jahr bis 31./12. (vom 1./2. an) ausrechnen, so macht der Aufwand pro Kopf 172 Kronen aus gegenüber jetzt 108 Kronen (64 mehr). Dazu [kommt] natürlich noch die Steuer.
Es ist allein eine Ermessensfrage, ob man der Bevölkerung dies zumuten kann.
~~Reines Defizit 215 Millionen Kronen wenn Antrag~~ -.

Renner: Glaube, dass die Rechnung sehr viel Ungewiss[heiten] enthält. In dem Augenblick, wo die See frei wird von aller Gefahr, sinken die Versicherungsraten herab. Die Frachtrechnungen machen sehr viel aus. Aber auch wenn der Welthandel sich belebt, ist denkbar, dass eine Preisminderung erfolgen wird. Es ist ja weiters auch denkbar, dass wir nicht das teuerste Mehl werden kaufen müssen. Endlich werden wir vielleicht nicht alles von der Entente beziehen müssen. Wir können also nicht unbedingt die Rechnung so stellen, dass dieser Preis durch das ganze Jahr so bleiben muss. Aber gesetzt diesen Fall, können wir doch mit *zwei* Stufen vorgehen (Ende II, März, unmittelbar vor der Ernte). Wir müssen uns bei der Lösung dieser Aufgabe das Ziel eines stufenweisen Aufbaues der Getreidepreise und einer finanziellen Deckung im Ganzen setzen. Dass wir aber gerade jetzt das ganze Problem in einem lösen sollen, das halte ich nicht für notwendig. Ich meine also: morgen sollte in diesem Sinn berichtet werden: stufenweise in die Höhe.

Loewenfeld-Ruß: Ist nicht einverstanden. Gleich einschneidend und dann zurückgehen wenn möglich. Die stückweise Erhöhung ist etwas zu Odioses. Wenn wir jetzt einen Preis machen, der uns eine Deckung für längere Zeit gibt und sagen, dass es dann besser wird, und den Preis dann herabsetzen, haben wir viel mehr gewonnen.

Urban: Ist der festen Überzeugung, dass dieser Preis von 300 Kronen nicht zu erhalten sein wird. ~~In London~~ – Anhand der Preislage in London inclusive der Valuta mit einem 100 %-Zuschlag; müssten 171 Millionen weniger aufgewendet werden. Glaube daher, dass die Ansätze des [Staatsamtes für] Ernährung mit 4 Kronen 150 Kronen -.

Kabinettsrat: empfiehlt zunächst mit dieser Preiserhöhung vorzugehen und einer späteren Regulierung es zu überlassen.

Loewenfeld-Ruß: Wenn wir eine Periode von 3–4 Monaten zu den erhöhten, aber nicht entsprechend nach dem Staatsamt für Finanzen erhöhten Preis ... müssten wir über die Preise noch herüber gehen, um die Differenz zu decken.

In einem Jahr werden wir vor derselben Situation stehen, weil sich Deutsch-Österreich nicht allein erhalten kann.

Mayer: Halte es als einen der gefährlichsten Rechenfehler, dass die ganze nächste Ernte schon einbezogen ist und wir mit einer zentralen Bewirtschaftung des Getreides rechnen. Der Redner glaubt aber, dass dann die freie Konkurrenz des Weltmarktes sich günstig äußern wird.

Loewenfeld-Ruß: Bestreitet dies.

Grimm: Muss der Ansicht entgegen treten, dass mit einem succ.[essiven] Aufbau gerechnet werden kann. Wir dürfen weiters heute nicht, wo wir noch vor einer ungewissen Zukunft stehen, den Staatsschatz mit einer Steuerzahlung belasten, ...

Renner: Bleibt nichts übrig, als die beiden Ansätze dem Staatsrat zur Entscheidung zu unterbreiten.

Loewenfeld-Ruß: Das stufenweise Hinaufgehen ist unmöglich.

Renner: Wir werden aber dadurch vor unmöglichen Erhöhungen von Gehalts[zahlungen] und Löhnen stehen.

Stöckler: In der außerordentlichen Zeit sollten wir den Bogen nicht überspannen. Auf Staatskosten sollte es ausnahmsweise übernommen werden.

Renner: ~~Nach dem Votum des Stöckler~~ -. Vom ?Abbaubeschluss den Satz mit 4 Kronen und 150 dem Staatsrat unterbreiten. Die Herren werden morgen das Referat unterbreiten.

Gottlieb: Ob 80 % schlechter Weg, oder ob die Ausnahme im §2 beibehalten werden soll (a–g) steht nicht dafür, also 80 %.

Enderes: Im Cabinettsrat vom 16./1. [wurde der] Antrag auf Einrichtung [eines] provisorischen Staatseisenbahnrates abgelehnt. Bittet [dies] rückgängig zu machen. Gebe zu, dass der positive Nutzen gering ist, der Schaden ist aber nicht geringer. Wenn wir angesichts der sehr bedeutenden Aufgaben einem Staatseisenbahnrat nicht Gelegenheit geben, gehört zu werden, würde das in weiteren Kreisen Missstimmung auslösen. Die Kosten wären verschwindend gering (lediglich Hin- und Rückfahrt); keine Jahresfreikarte. Wir ersparen uns dadurch die Vorwürfe, dass das Laien-Element nicht gehört wird bei den neuen Regelungen.

Renner: Besonderes Gewicht wurde vom Kabinettsrat darauf nicht gelegt.

Pacher: Jene Lehrkräfte, welche nicht dem deutsch-österreichischen Staat angehören -. Die Zahl ist sehr gering. Derartige Fälle sollen nicht nach den Bestimmungen der betreffenden Verfügungen behandelt werden. Bittet um die Ermächtigung, solche Anträge der Hochschulen im kurzen Weg dem Staatsratsdirekt.[orium] vorzulegen.
Angenommen.

Beck: [Beantragt], dass den Staatsangestellten vom 1./2. wieder gewährt wird der halbe Anschaffungsbeitrag (28 Millionen).
Angenommen.

34.[1]

[Dienstag] 1919-01-28

Vorsitz: Renner
Anwesend: Bauer, Beck, Grimm, Hanusch, Jukel, Kaup, Loewenfeld-Ruß, Marckhl, Mataja, Mayer, Pacher, Pflügl, Riedl, Roller, Steinwender, Stöckler, Urban, Zerdik
Zugezogen: Licht[2] (zu Punkt 7)
Schriftführer: unbekannt
Dauer: 15.00–21.00 Uhr

Reinschrift, Konzept, Konzept der Tagesordnung, Stenogramm

Inhalt:[3]
1. Fortführung des Betriebes des k.u.k. Kiesbergbaues in Großfragant durch das Staatsamt für öffentliche Arbeiten.
2. Denkschrift der Gewerkschaft der Ingenieure im deutschösterreichischen Staatsdienst.
3. Umwandlung der technischen Militärakademie in Mödling in eine technisch-gewerbliche Lehranstalt.
4. Belieferung der Pulverfabrik in Blumau mit Kohle.
5. Subventionierung der Donau-Dampfschifffahrts-Gesellschaft.
6. Durchfuhrbewilligungen durch Deutschösterreich vom tschechoslowakischen Staate nach dem jugoslawischen Staate.
7. Fragen der Steuer- und Finanzpolitik; Schaffung eines Beirates beim Staatsamte der Finanzen.
8. Behandlung der Studierenden nichtdeutscher Nationalität an den deutschösterreichischen Hochschulen.
9. Zuckerverhandlungen in Prag.
10. Abänderung der Vollzugsanweisung vom 10. Dezember 1918, StGBl. Nr. 125, betreffend die Auszahlung von Unterhaltsbeiträgen an Volkswehrmänner.
11. Unterhaltsbeiträge für die Angehörigen der bei den liquidierenden Militärstellen noch in aktiver Dienstleistung stehenden Personen für den Monat Februar.
12. Frage der staatlichen Fleischverbilligung.
13. Vollzugsanweisung des Staatsamtes für Volksernährung, betreffend polizeiliche Sperrung von Gewerbebetrieben.
14. Beamtenfragen:
    a) Behandlung der Kriegsaushilfskräfte.
    b) Gewährung des vollen Anschaffungsbeitrages am 1. Februar 1919.

---

[1] Das Protokoll trägt den Vermerk *Vertraulich!*

[2] Dr. Stefan Edler von Licht, 21. Oktober 1918 bis 16. Februar 1919 Mitglied der Provisorischen Nationalversammlung, DnP, 30. Oktober 1918 bis 14. März 1919 Ersatzmann des Staatsrates, 1918 bis 1919 externer Mitarbeiter der Staatskanzlei in Verfassungsangelegenheiten.

[3] Das beiliegende Konzept der Tagesordnung, das insgesamt 16 Punkte umfasst, stimmt mit dem Inhalt der Reinschrift nicht vollständig überein. Es enthält einige in dieser Sitzung nicht behandelte Punkte, so etwa „Einbeziehung der Verwaltung der staatlichen Salzbergbaue und Hüttenbetriebe in den Wirkungskreis des Staatsamtes für öffentliche Arbeiten", „Kraftwagen- und Luftverkehrswesen; Eingliederung in den Staatsorganismus" und „Frage der Neubemessung der Brot- und Mehlpreise und der Erlassung eines Gesetzes, betreffend die besondere Brotauflage im Jahre 1919" (zu letzterem Punkt vgl. KRP Nr. 35/4).

c) Verhandlung des Staatsangestelltenausschusses über die Pragmatisierung der Vertragsbeamten.
d) Ergebnis der zwischenstaatlichen Verhandlung am 16. Jänner 1919.

Beilagen:
- Zu Punkt 1: Staatsamt für öffentliche Arbeiten, Antrag für den Kabinettsrat (5 Seiten).
- Zu Punkt 2: Entschließung der Gewerkschaft der Ingenieure im deutschösterreichischen Staatsdienst (1 Seite, gedruckt).
- Zu Punkt 3: Staatsamt für öffentliche Arbeiten, Vortrag für den Kabinettsrat (6¼ Seiten); voraussichtliche Kosten der Umwandlung der Technischen Militärakademie in Mödling in eine technisch-gewerbliche Lehranstalt mit Internat (½ Seite).
- Zu Punkt 6: 68. Sitzung des Deutschösterreichischen Staatsrates vom 20. Jänner 1919, Bericht des Unterstaatssekretärs Riedl, behufs Erlangung der Genehmigung zum Abschluss eines Übereinkommens mit den Vertretern der tschechoslowakischen Republik und des jugoslawischen Staates (1½ Seiten).
- Zu Punkt 8: Statistik über die Hörerzahlen und die nationale Zusammensetzung der Studierenden an der Universität Wien, der Technischen Hochschule Wien, der Hochschule für Bodenkultur und der Tierärztlichen Hochschule im Wintersemester 1918/19 (2 Seiten).
- Zu Punkt 10: Staatsamt für Heerwesen, Vollzugsanweisung des d.ö. StAfHW vom … Jänner 1919, betreffend die Abänderung der Vollzugsanweisung vom 16. Dezember 1918, StGBl. Nr. 125 (¾ Seite).
- Zu Punkt 12: Vorlage des Staatsamtes für Volksernährung an den Kabinettsrat, betreffend die Fleischversorgung Wiens und die Wiener Fleischpreise ab Ende Jänner 1919 (2½ Seiten).
- Zu Punkt 14: Antrag der Vereinigung der weiblichen Kriegsbediensteten (Sektion des Allgemeinen Österreichischen Frauenvereines) an den Staatsrat (1½ Seiten).

1

[Fortführung des Betriebes des k.u.k. Kiesbergbaues in Großfragant durch das Staatsamt für öffentliche Arbeiten]

Staatssekretär Ing. Z e r d i k teilt mit, dass das liquidierende Kriegsministerium den im bergbücherlichen Eigentum des k.u.k. Militärärars stehenden Kiesbergbau in Großfragant[4] zwecks Weiterbetriebes dem deutschösterreichischen Staatsamte für öffentliche Arbeiten als Treuhänder der beteiligten Nationalregierungen zu übergeben beabsichtige, ohne dass durch diese Übergabe in die Obhut und Verwaltung zum Zwecke der Weiterführung des Betriebes der seinerzeitigen Auseinandersetzung zwischen dem ehemaligen k.u.k. Ärar und seinen Rechtsnachfolgern, beziehungsweise der Auseinandersetzung dieser Rechtsnachfolger untereinander irgendwie präjudiziert werden soll.[5] Das Staatsamt für öffentliche Arbeiten habe in der Folge Erhebungen gepflogen, die ergeben hätten, dass die Heeresverwaltung den Bergbau um 758.000 K erstanden und im Laufe der Zeit für den Bau von elektrischen Kraftanlagen mit einer Gesamtleistung von 380 PS, einer Aufbereitungsanlage von zwei Rollbahnen, zwei Seilbahnen, einer elektrischen Bohrhammeranlage und einer Ventilationsanlage sowie von Manipulationsgebäuden und Unterkunftsbaracken 1,588.900 K investiert habe, sodass sich ein Anlagekapital für den Bergbau von zusammen 2,346.900 K herausstelle.

---

4 Großfragant: eines der Seitentäler der Fragant, selbst wiederum ein Seitental des Mölltales in Kärnten.

5 Beilage zu Punkt 1: Staatsamt für öffentliche Arbeiten, Antrag für den Kabinettsrat (5 Seiten). Der Inhalt der Beilage ist mit den folgenden Ausführungen identisch, enthält allerdings einige gestrichene Passagen, die noch mehr ins Detail gehen als das hier Wiedergegebene.

Die mit großer Vorsicht durchgeführte Schätzung der aufgeschlossenen Erzmittel ergebe einen Erzvorrat in der Grube von 100.000 Tonnen Roherz, der bei einer Jahreserzeugung von 4.000 t Einlöseerzen[6] eine 10jährige Lebensdauer gewährleiste. Bei einem fachmännisch geführten Aufschlussbau sei weiters mit Sicherheit zu erwarten, dass die Erzmittelreserve in kürzester Zeit bedeutend gesteigert und somit die Lebensdauer des Bergbaues wesentlich erhöht werden wird.

Wenn die notwendige Rekonstruktion der Aufbereitungsanlage durchgeführt würde, so werde es bei Beibehaltung der heute bestehenden sonstigen Betriebseinrichtungen trotz der hochalpinen Lage des Bergbaues sofort möglich sein, in 200 Arbeitstagen mit einem Mannschaftsstande von 120 Mann 4.000 t Einlöseerz im Jahre mit einem Kostenaufwande von 680.000 Kronen zu erzeugen und ergebe sich hiebei eine Gestehung für die Tonne Einlöseerz von 170 K.

Wenn nun vorläufig auf Grund einschlägiger Berechnungen mit einer Verwertung von 266 Kronen gerechnet werden kann, und dieser eine Gestehung von 170 Kronen gegenüberstehe, so ergebe sich ein Gewinn von 96 Kronen für eine Tonne. Sicherheitshalber werde aber der Gewinn nur mit einem Drittel dieses Betrages in Rechnung gestellt, so dass bei einer Jahresproduktion von 4.000 t Einlöseerzen die Jahresrente 128.000 K betrage. Bei Annahme einer 4 %igen Verzinsung des Betriebskapitales von 680.000 K, d. s. 27.200 Kronen, bleiben 101.200 Kronen oder rund 100.000 Kronen als der Schätzung zugrundezulegende Rente übrig. Unter der Annahme eines Zinsfußes von 10 % errechne sich der Jetztwert der Rente für eine Dauer von 10 Jahren mit 614.460 Kronen, welcher sich jedoch um den Jetztwert der Investitionen für die Rekonstruktion der Aufbereitungsanlage in den beiden ersten Jahren auf 443.600 Kronen ermäßige.

Da das liquidierende Kriegsministerium mangels eigener Ingenieure und Arbeitskräfte nicht mehr in der Lage gewesen sei, diesen Bergbaubetrieb weiterzuführen, habe der sprechende Staatssekretär angeordnet, dass dieser Bergbau als Treuhänder der beteiligten Nationalregierungen (im Sinne des Art. 4 des Gesetzes vom 12. November 1918, StGBl. Nr. 5[7]) und des bestandenen Königreiches Ungarn zu übernehmen, der Betrieb einstweilen in gleicher Weise fortzuführen und über die Betriebsausgaben und Betriebseinnahmen nach Klärung des Besitzverhältnisses eine Abrechnung zu pflegen sei. Redner erachte es aber auch für unbedingt notwendig, dass seitens des deutschösterreichischen Staates, ohne erst die Abrechnung mit den verschiedenen Nationalregierungen über die vom deutschösterreichischen Staat zu übernehmende Teilquote der von der Heeresverwaltung zu leistenden Investitionen abzuwarten, sofort an die Ausgestaltung des Bergbaubetriebes in Großfragant geschritten und mit der Erzgewinnung begonnen werde.

Für die Rekonstruktion der Aufbereitungsanlage werde nach Schätzung ein Betrag von 120.000 Kronen benötigt werden, von welchem der erste Teilbetrag von 60.000 Kronen noch im zweiten Halbjahr des Verwaltungsjahres 1918/19 und der zweite gleich hohe Teilbetrag

---

6 Einlöseerze: gemeint war wohl das zur Weiterverarbeitung in Hüttenwerken qualitativ geeignete Erz (Einlösung: veraltete Bezeichnung aus dem Berg- und Hüttenwesen für den Ankauf von Erzen oder erzhaltiger Rohstoffe durch die Hüttenwerke, vgl. etwa Verhältnisse der waldbürgerlichen zu den gewerkschaftlichen Kupfer-Schmelzhütten, Kaschau 1840, S. 32 f).

7 Artikel 4 des StGBl. Nr. 5, Gesetz vom 12. November 1918 über die Staats- und Regierungsform von Deutschösterreich, ausgegeben am 15. November 1918, besagte u. a., dass die „Aufträge und Vollmachten" der aufgelösten k.u.k. und k.k. Ministerien „auf dem Staatsgebiete von Deutschösterreich [...] unter ausdrücklicher Ablehnung jeder Rechtsnachfolge auf die deutschösterreichischen Staatsämter" übergingen. „Den andern Nationalstaaten, die auf dem Boden der österreichisch-ungarischen Monarchie entstanden sind, bleiben ihre Ansprüche an die erwähnten Ministerien wie auf das von diesen verwaltete Staatsvermögen gewahrt."

im Verwaltungsjahre 1919/20 ausgegeben werden wird. Im zweiten Halbjahr des Verwaltungsjahres 1918/19 würden somit die ordentlichen Betriebsausgaben 340.000 + 60.000 = 400.000 Kronen betragen. Wegen der hochalpinen Lage des Bergbaues und wegen der schon erwähnten Notwendigkeit der vorherigen Instandsetzung der Aufbereitungsanlage würden voraussichtlich im ersten Betriebshalbjahre keine Einlöseerze abgeliefert werden können und werde infolgedessen eine reine Aufwandswirtschaft geführt werden. Die gewonnenen Erze würden auf der Grube lagern bleiben und dem nächsten Betriebsjahre zugutekommen, sodass die geleisteten Ausgaben wieder hereingebracht werden würden. Durch die Aufnahme des Bergbaubetriebes in Großfragant werde sonach dem deutschösterreichischen Staat eine, wenn auch nicht große so doch immerhin sichere, Einnahmequelle geschaffen werden.

Der Kabinettsrat nimmt den Bericht des sprechenden Staatssekretärs zustimmend zur Kenntnis.[8]

2

[Denkschrift der Gewerkschaft der Ingenieure im deutschösterreichischen Staatsdienst]

Staatssekretär Ing. Z e r d i k teilt mit, dass sich eine „Gewerkschaft der Ingenieure im deutschösterreichischen Staatsdienste" gebildet habe, welche in ihrer Hauptversammlung am 10. Dezember v. J. von der Regierung zu fordern beschlossen habe:

1.) Die Mitarbeit an der Neugestaltung der öffentlichen Verwaltung;

2.) die Anerkennung der Gewerkschaft als berufene Stelle zur Wahrung aller Standes-, Berufs- und wirtschaftlichen Interessen der Ingenieure des deutschösterreichischen Staatsdienstes;

3.) die Beiziehung der Gewerkschaft zu allen Beratungen, die Angelegenheiten der von ihr vertretenen Ingenieurkreise berühren.[9]

Der sprechende Staatssekretär glaubt gegen diese Forderungen keine Einwendung erheben zu sollen und stellt den Antrag, es möge diesen Forderungen seitens der Staatsregierung Rechnung getragen werden.

Der Kabinettsrat beschließt im Sinne des gestellten Antrages.[10]

3

[Umwandlung der technischen Militärakademie in Mödling in eine technisch-gewerbliche Lehranstalt]

Unter Hinweis auf einen der provisorischen Nationalversammlung am 4. Dezember v. J. gestellten Antrag, betreffend die Umwandlung der technischen Militärakademie in Mödling in ein ziviles Polytechnikum[11], teilt Staatssekretär Ing. Z e r d i k mit, dass die ganz besondere

---

8 Zum Bergbau in Großfragant vgl. Siegmund Prey, Der ehemalige Großfraganter Kupfer- und Schwefelkiesbergbau, in: Mitteilungen der Geologischen Gesellschaft in Wien 54, Wien 1961, S. 163–200.

9 Beilage zu Punkt 2: Entschließung (1 Seite). Abgesehen von den hier wiedergegebenen drei Forderungen wurde in der Entschließung u. a. ausgeführt, dass die „bisherige Staatsverwaltung […] im Aufbaue die Form über die Sache gestellt und damit die Entfaltung freien Lebens im Staate, in der Volkswirtschaft und im Verkehre arg gehemmt" habe und ihr Fortbestehen „unser schwer belastetes, junges Staatswesen" gefährde. Deshalb müssten bei der Neugestaltung der Staatsverwaltung „das Formenwesen auf das bescheidenste Maß eingeschränkt, falschverstandener Fiskalismus ausgeschaltet und die schaffenden Kräfte der Staatsingenieure von jeglicher […] Bevormundung befreit werden".

10 Aus der Gewerkschaft der Ingenieure im deutschösterreichischen Staatsdienst, gegründet 1919, ging 1921 die Gewerkschaft der Ingenieure in öffentlichen Diensten hervor. Zu ihrer Tätigkeit bis 1929 vgl. 10 Jahre Gewerkschaft der Ingenieure in öffentlichen Diensten, Wien 1929.

11 Es handelte sich um einen Antrag des deutschnationalen Abgeordneten Dr. Hans Schürff und Genossen, „betreffend die künftige Verwendung der k.u.k. technischen Militärakademie in Mödling". Vgl. Sten. Prot. Prov. NV, 7. Sitzung vom 4. Dezember 1918, S. 190.

Eignung dieser Anstalt für gewerbliche Schulzwecke kommissionell sichergestellt sei.[12] Es stehe außer allem Zweifel, dass kein Mittel unversucht gelassen werden sollte, um dieses militärische Objekt für Zwecke der staatlichen gewerblichen Unterrichtsverwaltung zu sichern, zumal das gewerbliche Bildungswesen immer mehr an Bedeutung gewinne und ein großer Mangel an entsprechenden Ausbildungsmöglichkeiten auf diesem Gebiete wahrnehmbar sei. Unvorgreiflich nachträglich etwa erforderlicher Abänderungen oder Ergänzungen des einschlägigen Projektes stellt der sprechende Staatssekretär den Antrag, es möge

1.) das Gebäude der k.u.k. technischen Militärakademie in Mödling samt Annex-Gebäuden und Wirtschaftseinrichtungen (inklusive lebendem Inventar) für staatliche didaktisch-gewerbliche Zwecke überlassen und dem Staatsamt für öffentliche Arbeiten derart rechtzeitig übergeben werden, dass die Eröffnung der dort zu errichtenden gewerblichen Schulen mit Beginn des Schuljahres 1919/20 erfolgen könne;

2.) in gleicher Weise sei für eine Belassung und Übergabe des Inventars der Anstalt, der Sammlungen und Unterrichtsbehelfe, soweit sie für gewerbliche Unterrichtszwecke in Betracht kommen und soweit es bei der bevorstehenden Liquidierung möglich ist, zu sorgen;

3.) mit Beginn des Schuljahres 1919/20 seien in dieser Anstalt tunlichst folgende staatliche gewerbliche Schulen zu eröffnen:

a) eine höhere bautechnische Gewerbeschule mit besonderer Berücksichtigung des bis nun an den Gewerbeschulen nicht oder wenig gepflegten Tiefbaues, Straßen- und Wasserbaues,
b) eine höhere mechanisch-technische Gewerbeschule mit besonderer Berücksichtigung der Elektrotechnik,
c) ein staatliches Seminar für Koch- und Haushaltungslehrerinnen,
d) eine staatliche Dienstbotenschule,
e) eine staatliche Fachschule für Schuhmacherei.

Die voraussichtlichen Kosten dieser Umwandlung würden sich belaufen:

A) Erwerbungskosten der Realitäten	
jährlich	184.000 K;
bis zum Jahre 1958 zirka..	7,000.000 K,
gegen sofortige Barzahlung	3,400.000 K.
B) Einmalige Herstellungskosten	
rund	600.000 K,
C) Vorläufige Neueinrichtungskosten	
rund	<u>650.000 K</u>
zusammen	1,250.000 K.

Dr. Hans Schürff, 1910 bis 1923 Mitglied des Gemeinderates der Stadt Mödling, 21. Oktober 1918 bis 16. Februar 1919 Mitglied der Provisorischen Nationalversammlung, DnP, 12. November 1918 bis 14. März 1919 Ersatzmann des Staatsrates, 4. März 1919 bis 9. November 1920 Mitglied der Konstituierenden Nationalversammlung.

12 Beilage zu Punkt 3: Vortrag für den Kabinettsrat (6¼ Seiten); Kostenübersicht (½ Seite). Neben einer Auflistung der im Folgenden genannten Punkte und der zahlenmäßigen Aufstellung, die der beiliegenden Kostenübersicht entstammt, wurde in der Beilage noch darauf hingewiesen, dass dem steigenden Bedarf an qualitativ hochstehenden Arbeitskräften die Unzulänglichkeit der in Wien und Niederösterreich vorhandenen staatlichen gewerblichen Unterrichtsanstalten gegenüberstehe. Auch müssten angesichts der hohen Bewerberzahlen jährlich hunderte von qualifizierten Personen abgewiesen werden, wodurch sie „Privatschulen in die Arme getrieben" würden. Es bedürfe also einer Vermehrung der Schulen an sich, überdies bestehe ein besonderer Mangel an bestimmten Fachschulen, so etwa im Bereich der Schuhmacherei und der Müllerei, besonders aber fehle es an einer höheren Lehranstalt für wirtschaftliche Frauenberufe. Angesichts dieser generellen Lage dürfe die sich in Mödling bietende Gelegenheit nicht versäumt werden.

D) Jährliche Betriebskosten aller Abteilungen in persönlicher und sachlicher Hinsicht (ein Studiendirektor, ein Verwalter, drei Fachvorstände, ein Leiter und über 50 Lehrpersonen)
rund .... 480.000 K.

Unterstaatssekretär Dr. von G r i m m ersucht, über diesen Antrag heute noch keine endgültige Entscheidung zu fällen und vorerst dem Staatsamte der Finanzen die Möglichkeit zu eingehenden Erhebungen zu bieten.

Demgegenüber verweist Staatssekretär Ing. Z e r d i k darauf, dass die Stadt Wien sich um dieses Objekt bewerbe, in demselben ein Versorgungshaus unterzubringen beabsichtige und daher ein rasches Zugreifen geboten sei.

Unterstaatssekretär R i e d l spricht sich vom Standpunkte der Übergangswirtschaft gleichfalls wärmstens für die Annahme des Antrages aus.

Nachdem auch der Vorsitzende das vorliegende Projekt wärmstens unterstützt hatte, genehmigt der Kabinettsrat mit Stimmenmehrheit die gestellten Anträge.[13]

4

[Belieferung der Pulverfabrik in Blumau mit Kohle]

Unterstaatssekretär R i e d l weist darauf hin, dass für die Beschaffung von Kohlen aus dem tschechoslowakischen Staate im Kompensationswege die Herstellung von Sprengmitteln in der Pulverfabrik in Blumau von größter Bedeutung sei. Da dieser Betrieb bereits am 2. Februar wegen Kohlenmangels werde eingestellt werden müssen, richte er an das Staatsamt für öffentliche Arbeiten die dringende Bitte, die Möglichkeit der Fortführung dieses Fabriksbetriebes durch die Beistellung des erforderlichen Kohlenquantums (Bedarf 150 Tagestonnen) unbedingt sicherzustellen.

Staatssekretär Ing. Z e r d i k nimmt diese Mitteilungen zur Kenntnis und gibt die Zusicherung, dass mit allen Mitteln getrachtet werden wird, dem vorgebrachten Wunsche Rechnung zu tragen.[14]

5

[Subventionierung der Donau-Dampfschifffahrts-Gesellschaft]

Staatssekretär Dr. U r b a n bringt nach einer eingehenden Darstellung der Sach- und Rechtslage die Frage zur Sprache, ob die bereits am 15. Jänner d. J. fällig gewordene und bisher noch nicht ausbezahlte Subvention an die Donau-Dampfschifffahrtsgesellschaft im

---

13 An die Stelle der k.u.k. Technischen Militärakademie in Mödling trat ab November 1919 die „Deutsch-österreichische technisch-gewerbliche Staatslehranstalt in Mödling“, heute Höhere Technische Bundeslehr- und Versuchsanstalt Mödling. Zum Thema allgemein vgl. auch Wiener Zeitung, 5. Jänner 1919, S. 4 „Umwandlung der Militärerziehungs- und -bildungsanstalten in zivile Lehranstalten“.

14 Vgl. dazu AdR, StK, GZl. 707/1919, Versorgung der Pulverfabrik Blumau mit Kohlen. Dem Akt ist u. a. zu entnehmen, dass die Pulverfabrik Blumau nach eigenen Angaben einen monatlichen Bedarf an 3.750 Tonnen Brennstoff zur Aufrechterhaltung der Sprengstofferzeugung hatte. Um eine Betriebseinstellung zu verhindern, hatte das Staatsamt für öffentliche Arbeiten der Fabrik 2.500 Tonnen „Brüxer Kohle durch das Landeskohlenamt in Prag zugewiesen“, allerdings müsse es „nach den bisherigen Erfahrungen als zweifelhaft bezeichnet werden, ob auf diese Zuweisung hin auch wirklich Kohle nach Blumau gelangt. Mit einer zeitweisen Einstellung der Pulverfabrik Blumau wird daher gerechnet werden müssen.“ Weitere Informationen zur Angelegenheit finden sich in AdR, StK, GZl. 989/1919 und GZl. 1.059/1919, Fortbetrieb der Munitionsfabriken. Zu der 1890/91 in Blumau/NÖ von der österreichisch-ungarischen Heeresverwaltung errichteten Pulverfabrik (später Sprengstoffwerke Blumau AG.) vgl. Franz Mathis, Big Business in Österreich. Österreichische Großunternehmen in Kurzdarstellungen, Wien 1987, S. 56 f. Zur Beschaffung tschechischer Kohle vgl. auch KRP Nr. 3/3, Nr. 9/2, Nr. 13/4, Nr. 21/1, Nr. 23/4 und Nr. 24/5.

Betrage von 1,3 Millionen Kronen durch den deutschösterreichischen Staat flüssig gemacht werden soll.[15] Der sprechende Staatssekretär stehe auf dem Standpunkt, dass der zwischen der ehemaligen österreichischen Regierung und der Donau-Dampfschifffahrtsgesellschaft abgeschlossene Subventionsvertrag infolge Wegfalls des Rechtssubjektes erloschen sei.[16] Bei dem großen Interesse, das der deutschösterreichische Staat an der Aufrechterhaltung eines Einflusses auf die in Rede stehende Schifffahrtsgesellschaft insbesondere in tarifarischer Hinsicht habe, seien zwischenweilig Verhandlungen mit der tschechoslowakischen Republik in Absicht auf die Neuregelung des Verhältnisses dieser beiden Staaten zur Gesellschaft eingeleitet worden. Er beantrage daher, von der Zahlung der Subvention vorläufig Umgang zu nehmen und abzuwarten, welches Ergebnis die Verhandlungen mit den Tschechoslowaken haben werden.

Demgegenüber vertritt Staatssekretär Dr. S t e i n w e n d e r die Auffassung, dass an Stelle des alten Österreich die einzelnen Nationalstaaten getreten seien, die auch alle aus dem Vertrage ableitbaren Rechte übernommen hätten. Der Vertrag sei sowohl für Deutschösterreich, als auch für die tschechoslowakische Republik von der größten Bedeutung. Er spreche sich daher für die sofortige Auszahlung der Subvention aus, zumal dem Staate dadurch die Herrschaft über die Exporttarife gewahrt bliebe.

Staatssekretär Dr. B a u e r weist darauf hin, dass heute noch keine Klarheit darüber bestehe, ob es für uns nützlicher sein werde, auf dem Standpunkt zu stehen, dass der Vertrag erloschen sei oder nicht. Es werfe sich daher zunächst die Frage auf, ob durch eine Entscheidung über die Zahlung oder Nichtzahlung der Subvention der Frage der Rechtswirksamkeit des Vertrages irgendwie vorgegriffen würde. Als das Wichtigste erscheine ihm, dass wir uns nach jeder Richtung hin freie Hand vorbehalten und alles vermeiden sollen, was die Gesellschaft zum Anlass nehmen könnte, sich ihrer Vertragsverpflichtung zu entziehen.

Nachdem noch Staatssekretär Dr. R o l l e r und Unterstaatssekretär M a r c k h l ihre einschlägigen Auffassungen über die Rechtsfrage dargelegt und Unterstaatssekretär R i e d l die mit Funktionären der Gesellschaft gepflogenen Besprechungen mitgeteilt sowie Aufklärungen über mehrfache vom Staatssekretär der Finanzen aufgeworfene Details gegeben hatte[17], beantragte der Vorsitzende, da eine Einigung nicht erzielt werden konnte, die weitere Beratung über diesen Gegenstand einem dreigliedrigen Komitee, welchem die Staatssekretäre für Handel, für Finanzen und für Justiz angehören sollen, zu übertragen. Dieses Komitee hätte am 4. Februar d. J. dem Kabinettsrate einen formulierten Beschlussantrag vorzulegen.

Der Kabinettsrat schließt sich diesem Vorschlage an.[18]

6

[Durchfuhrbewilligungen durch Deutschösterreich vom tschechoslowakischen Staate nach dem jugoslawischen Staate]

Unterstaatssekretär R i e d l macht davon Mitteilung, dass vom Staatsrat in seiner Sitzung am 20. Jänner d. J. genehmigte Abkommen, betreffend die Durchfuhr von Waren tschecho-

---

15 Vgl. auch KRP Nr. 25/1.

16 Mit der DDSG war am 27. Juli 1912 ein Vertrag abgeschlossen worden, der für den Zeitraum 1912 bis 1936 eine staatliche Subventionierung von 1,3 Millionen Kronen pro Jahr vorsah. Als frühester Termin für eine Vertragskündigung war darin der 31. Dezember 1931 vereinbart worden. Vgl. Compass 1918. II. und III. Band, Wien 1918, S. 577 f.

17 Vgl. das Stenogramm.

18 Am 4. Februar 1919 fand keine Sitzung des Kabinettsrates statt. Ein entsprechender Antrag scheint auch sonst nicht gestellt worden zu sein. Informationen zur Auszahlung bzw. Einstellung von Subventionszahlungen an weitere Schifffahrtsgesellschaften finden sich etwa in FHKA, Allgemeine Reihe, StAF, Zl. 3.950/1918, Amtsveranlassung, betreffend die Auszahlung der Seeschiffahrtssubventionen am 1. Dezember 1918 und zu den weiteren Terminen.

slowakischer Herkunft durch Deutschösterreich nach dem jugoslawischen Staate[19], von der tschechoslowakischen Republik und vom jugoslawischen Staate noch nicht angenommen worden sei.[20] Wohl aber seien über den Rahmen dieses Vertragsentwurfes hinaus in der letzten Zeit von der tschechoslowakischen Regierung Versuche unternommen worden, um sich einseitig Rechte bezüglich einer Durchfuhr nach dem südslawischen Staate zu sichern.

Im Zuge der hierüber abgeführten Debatte, an welcher sich der Vorsitzende sowie die Staatssekretäre Dr. Bauer und Dr. Steinwender beteiligten[21], wird festgestellt, dass diese Angelegenheit dermalen noch nicht spruchreif sei, weshalb der Kabinettsrat die Schlussfassung hierüber vertagt.[22]

7
[Fragen der Steuer- und Finanzpolitik; Schaffung eines Beirates beim Staatsamte der Finanzen]

Vortragender Staatsrat Dr. von Licht führt aus, dass weite Kreise der Bevölkerung über die finanzielle Lage des Staates sehr beunruhigt seien; seiner Anschauung nach sei es dringend erforderlich, dass die breite Öffentlichkeit über alle einschlägigen Verhältnisse, insbesondere über die Fragen des Staatskredites und seiner Sicherung sowie Befestigung, über die Fragen der Kriegsanleihen[23] und der Banknoten, damit im Zusammenhange der Währungs- und der Kreditpolitik von autoritativer Seite entsprechend aufgeklärt werde. Dazu komme, dass sich in der letzten Zeit der Bevölkerung auch noch eine heftige Erregung, die in der Steuerpraxis der Behörden ihre Ursache hat, bemächtigt habe.

Um hierin wieder die wünschenswerte Beruhigung zu schaffen, halte es Redner für unausweichlich notwendig, nicht allein die erforderlichen Aufklärungen in der erwähnten Richtung zu geben, sondern der Bevölkerung auch eine unmittelbare Mitwirkung an gewissen steuerrechtlichen Verfügungen einzuräumen. Als geeignetes Mittel hiezu erschiene ihm die Einsetzung eines ständigen Beirates im Staatsamte der Finanzen, der aus 12–15 vom Staatssekretär der Finanzen aus den Interessentenkreisen zu wählenden Mitgliedern bestehen könnte. Diesem Beirate wäre aber nur ein konsultatives Votum einzuräumen.

Staatssekretär Dr. Steinwender bemerkt, dass bereits in der nächsten Woche das Budget für das erste Halbjahr 1919 vorgelegt werden wird, aus dem die gesamte finanzielle Lage des Staates zu entnehmen sein werde. Im übrigen begrüße er die vom Staatsrate Dr. von Licht gegebene Anregung.

Der Vorsitzende meint, dass die Einsetzung eines solchen Beirates allein nicht genügen würde, um die heutige Erregung zu meistern. Es würde sich seiner Auffassung nach vielmehr empfehlen, sofort eine Enquête zu veranstalten, die sich mit den vorgebrachten Beschwerden über die Steuereinhebung zu befassen hätte.[24]

---

19 Vgl. SRP Nr. 68 vom 20. Jänner 1919.

20 Beilage zu Punkt 6: 68. Sitzung des Staatsrates, Bericht des Unterstaatssekretärs Riedl (1½ Seiten). Mit dem Abkommen sollte eine freie, wechselseitige Warendurchfuhr mit Jugoslawien und der Tschechoslowakei vereinbart werden. Die Durchfuhr sollte nicht an die Einholung besonderer Bewilligungen gebunden sein, und jedem Vertragspartner sollte es freistehen, seine Waren durch zivile Begleitpersonen sichern zu lassen.

21 Vgl. das Stenogramm.

22 Informationen zur Durchfuhr von Waren von oder nach der Tschechoslowakei über deutschösterreichisches bzw. österreichisches Gebiet in den Jahren 1919 bis 1925 finden sich im Bestand AdR, BKA/AA, Abteilung 14 H-pol, Ein-, Aus- und Durchfuhr Tschechoslowakei.

23 Zur Kriegsanleihe vgl. KRP Nr. 28, Anmerkung 36.

24 Das Staatsamt der Finanzen hatte im Jänner bereits einen Erlass herausgegeben, um „Beschwerden über die Praxis des Steuereinhebungsgesetzes, die von verschiedenen gewerblichen Vereinigungen beim

Nach einer längeren Debatte, an welcher sich außer dem Referenten und dem Vorsitzenden noch die Staatssekretäre H a n u s c h, Dr. U r b a n und Unterstaatssekretär R i e d l beteiligten[25], beschließt der Kabinettsrat, dem Staatsrat folgende Anträge zu unterbreiten:

1. Die Einsetzung eines 12–15gliedrigen Finanzbeirates im Sinne des Antrages des Staatsrates Dr. von Licht.
2. Die Veranstaltung einer Expertise über die Steuerpraxis durch die Finanzkommission des Staatsrates unter dem Vorsitz des Obmann-Stellvertreters dieser Kommission Dr. von L i c h t.[26]

Über weiteren Antrag des Staatssekretärs Dr. U r b a n beschließt der Kabinettsrat schließlich, dass außer dem Budget, welches das ganze offizielle Staatsgebiet umfasst (das nach der Ankündigung des Staatssekretärs Dr. S t e i n w e n d e r demnächst der Nationalversammlung unterbreitet werden wird), noch zwei interne Budgetaufstellungen, u. zw. für die dermalen tatsächlich im Besitz gehaltenen Gebiete und für die Liquidationsmasse (Deutschösterreich als Treuhänder), aufzustellen und dem Kabinettsrat beziehungsweise dem Staatsrat zu unterbreiten sein werden.[27]

Staatsamte der Finanzen eingebracht wurden, zu beheben". Zu dessen Inhalt vgl. Volkswirtschaftliche Chronik. Mit Benützung amtlicher Quellen herausgegeben von Dr. Karl Neisser, Jg. 1919, Heft 1, Jänner 1919, S. 1 „Die Praxis des Steuereinhebungsgesetzes". Mit „Steuereinhebungsgesetz" war StGBl. Nr. 121, Gesetz vom 12. Dezember 1918, betreffend die Einhebung direkter Steuern, ausgegeben am 22. Dezember 1918, gemeint. Vgl. auch SRP Nr. 48 vom 27. November 1918, zu Steuergesetzen KRP Nr. 18/2. Im Zusammenhang mit StGBl. Nr. 121/1918 vgl. auch StGBl. Nr. 10, Vollzugsanweisung des Staatsrates vom 3. Jänner 1919 zur Durchführung des Gesetzes vom 12. Dezember 1918, StGBl. Nr. 121, betreffend die Einhebung direkter Steuern, ausgegeben am 9. Jänner 1919.

25 Vgl. das Stenogramm.

26 Zur Beschlussfassung über diese beiden Punkte vgl. SRP Nr. 70/Beschlussprotokoll Punkt XIV vom 29. Jänner 1919. Zum Punkt 2 vgl. detailliert Volkswirtschaftliche Chronik, Jg. 1919, Heft 2, Februar 1919, S. 39–41 „Enquete über die Steuerpraxis". In diesem Zusammenhang vgl. auch AdR, StK, GZl. 630/1919. Der Akt enthält Eingaben und Beschwerden, etwa von Seiten der Wiener Ärztekammer, betreffend die Steuerpraxis der Behörden, sowie ein Schreiben Renners an diverse Stellen vom 31. Jänner 1919, in dem er auf die Behandlung der Thematik in der genannten Staatsratssitzung und deren Ergebnisse verwies.

27 Vgl. SRP Nr. 71 vom 3. Februar 1919; Sten. Prot. Prov. NV, 17. Sitzung vom 5. Februar 1919, S. 601. Der Voranschlag, der nur den Zeitraum 1. Jänner bis 30. Juni 1919 umfasste, wies Staatsausgaben von 2.477,249.100 Kronen gegenüber Einnahmen von 1.229,728.900 Kronen, somit einen Abgang von 1.247,520.200 Kronen, aus, war allerdings „nur als beiläufiges Bild des Staatshaushaltes" aufzufassen, „denn die gegenwärtigen ungeklärten staatsrechtlichen, staatsfinanziellen und staatspolitischen Verhältnisse sowie die Ungewißheit der weiteren volkswirtschaftlichen Entwicklung und der teilweise Mangel verläßlicher Grundlagen schlossen eine genaue Veranschlagung aus und nötigten vielfach zu weniger fundierten Schätzungen". Vgl. Volkswirtschaftliche Chronik, Jg. 1919, Heft 2, Februar 1919, S. 29–31 „Der Staatshaushalt", hier S. 29 f; Wiener Zeitung, 6. Februar 1919, S. 4 „Der Staatsvoranschlag". Der „Österreichische Volkswirt" urteilte, an diesen Voranschlag könne „nicht der Maßstab angelegt werden, welcher sonst für die Budgetentwürfe gilt. Er ist ein durchwegs auf sehr vage Schätzungen aufgebauter Überblick", der „im wesentlichen aus den Ansätzen des letzten österreichischen Voranschlages für das Budgetjahr vom 1. Juli 1918 bis 30. Juni 1919 errechnet" worden sei. Dabei hatte man „den Halbjahresbedarf Deutschösterreichs mit etwa einem Fünftel des Jahresbedarfes ganz Österreichs oder den Jahresbedarf Deutschösterreichs mit 40 % der Budgetlasten des früheren Österreich angenommen", dies unter der Annahme, dass „Deutschösterreich das ganze in seinen Grundgesetzen in Anspruch genommene Gebiet auch tatsächlich umfassen wird". Vgl. Der österreichische Volkswirt, 11. Jahrgang, Nr. 19 vom 8. Februar 1919, S. 303–307, hier S. 303. Zum Staatshaushalt vgl. auch KRP Nr. 7/13 und 15. Zur Gebarung des Verwaltungsjahres 1919/20 vgl. StGBl. Nr. 230, Finanzgesetz vom 20. Mai 1920 für das Verwaltungsjahr 1919/20 (1. Juli 1919 bis 30. Juni 1920), ausgegeben am 2. Juni 1920. Ein umfangreicher Entwurf samt Erläuterungen des Staatsvoranschlages 1919/1920 findet sich in FHKA, k.k. Finanzministerium, Allgemeine Abteilungen, StAF, Zl. 3.137/1918.

8

[Behandlung der Studierenden nichtdeutscher Nationalität an den deutschösterreichischen Hochschulen]

Staatssekretär Pacher bringt eine Reihe von Vorschlägen des akademischen Senates der Universität in Wien zur Sprache, die sich auf Studierende nichtdeutscher Nationalität beziehen.[28] Diese Anregungen seien darauf zurückzuführen, dass infolge des Mangels an Räumen und Lehrbehelfen eine Einschränkung der Frequenz der Wiener Universität durch nichtdeutsche Hörer im Interesse der Studierenden deutscher Nationalität unbedingt geboten erscheine. Da diese Anträge des akademischen Senates angesichts ihres politischen Einschlages über den Rahmen einer akademischen Studienangelegenheit hinausgehen, glaube der sprechende Staatssekretär vor Erlassung der bezüglichen[29] Verfügungen die grundsätzliche Stellungnahme des Kabinettsrates erbitten zu sollen. Über die vom sprechenden Staatssekretär bekanntgegebenen Details entwickelt sich eine kurze Debatte, an welcher sich Staatssekretär Mayer und die Unterstaatssekretäre von Pflügl und Marckhl beteiligen.[30]

Über Antrag des Vorsitzenden weist der Kabinettsrat das Staatsamt für Unterricht schließlich an, sich rücksichtlich aller Maßnahmen, welche ausländische Studierende betreffen, mit dem Staatsamt des Äußern ins Einvernehmen zu setzen, bezüglich der inländischen Studierenden aber im Sinne der Vorschläge der Hochschulbehörden vorzugehen.[31]

---

[28] Beilage zu Punkt 8: Statistik der Hörerzahlen im Wintersemester 1918/19 (2 Seiten). In der Beilage wurde für die Universität Wien eine Gesamthörerzahl von 10.611 ausgewiesen, davon 9.568 ordentliche Hörer. Aus „reindeutschen Ländern" (Niederösterreich, Oberösterreich, Salzburg, Vorarlberg) stammten 4.465 Hörer, aus solchen „mit nichtdeutschen Minoritäten" (Steiermark, Kärnten, Tirol) nur 260. Letztgenannte Zahl zerfiel in 97 Hörer mit slowenischer Muttersprache, 113 mit italienischer, 50 mit deutscher. „Zuständig nach den Sudetenländern" waren 1.569 Hörer, davon 100 mit tschechischer, der Rest mit deutscher Muttersprache. Den „Karst- und Küstenländern" entstammten 294 Hörer, aus Galizien und Bukowina 2.212. Insgesamt ergab dies 5.984 Deutschösterreicher und 2.816 anderweitige Hörer, von denen 7.600 deutscher und 1.968 einer anderen Muttersprache waren. Die Zahl der weiblichen Hörer belief sich auf 1.546, die der jüdischen auf 4.009. Die Hörer der Technischen Hochschule Wien, der Hochschule für Bodenkultur und der Tierärztlichen Hochschule wurden weniger detailliert aufgeschlüsselt. Die Gesamtzahl der Hörer der Technischen Hochschule belief sich auf 3.870, davon 3.200 „Deutschösterreicher" (die Sudetenländer mitgerechnet) und 3.448 mit deutscher Muttersprache. Die Hochschule für Bodenkultur wies eine Gesamtfrequenz von 1.593 Hörern auf, davon 1.272 „Deutsche", für die Tierärztliche Hochschule waren es 437 Hörer, davon 315 „Deutsche".

[29] Im Konzept hier ursprünglich noch: „vom Sommersemester 1919 an in Wirksamkeit tretenden".

[30] Das Stenogramm endet mit Tagesordnungspunkt 7 der Reinschrift, sodass sich zur erwähnten Debatte dort keine Aufzeichnungen finden.

[31] Zum Thema der ausländischen Studierenden an den (deutsch-)österreichischen Hochschulen mit Schwerpunkt 19. und frühes 20. Jahrhundert vgl. Juliane Mikoletzky, Historische Stellung von AusländerInnen und Frauen an österreichischen Hochschulen, in: Manfred Prisching/Werner Lenz/Werner Hauser (Hg.), Gleichbehandlung im Hochschulbereich (= Schriften zum Bildungsrecht und zur Bildungspolitik 12), Wien 2008, S. 55–80. Für eine lokalspezifische Studie vgl. Walter Höflechner, Ausländische Studierende an der Universität Graz 1918 bis 1938, in: Richard Georg Plaschka/Karlheinz Mack (Hg.), Wegenetz europäischen Geistes II: Universitäten und Studenten: die Bedeutung studentischer Migrationen in Mittel- und Südosteuropa vom 18. bis zum 20. Jahrhundert (= Schriftenreihe des österreichischen Ost- und Südosteuropa-Instituts 12), Wien 1987, S. 269–289. In diesem Zusammenhang vgl. auch AdR, StK, GZl. 1.023/1918, Tierärztliche Hochschule in Wien, Ausschließung tschechoslovakischer Hörer; GZl. 831/2/1919, Frage der Ausschließung der südslavischen Studenten von den deutschösterr. Hochschulen; KRP Nr. 19/6 und Nr. 33/6. Nach Mikoletzky nahm die Zahl an ausländischen Studenten nach Kriegsende nicht ab, sondern stieg insbesondere im Zeitraum von 1918 bis Anfang der 1920er Jahre sogar stark an. Allerdings war dies „insofern ein weitgehend statistischer Effekt, als es sich dabei überwiegend um Studierende aus den ehemaligen böhmischen

9

[Zuckerverhandlungen in Prag]

Staatssekretär Dr. L o e w e n f e l d - R u ß berichtet, dass er einem ihm vom tschechoslowakischen Minister P r a š e k[32] zugekommenen Ersuchen folgend, in Begleitung des Sektionschefs des Staatsamtes der Finanzen Dr. J o a s[33] nach Prag gereist sei, um über die Modalitäten der Zuckerversorgung Deutschösterreichs durch den tschechoslowakischen Staat ab Februar Verhandlungen zu pflegen. Die Beratungen seien leider nicht von dem gewünschten Erfolge begleitet gewesen. Die tschechische Regierung, die unsere Zuckerversorgung bisher ohne Kompensationen besorgt habe, hätte nunmehr weitgehende, ja geradezu unerfüllbare Kompensationsforderungen (Magnesit, Sensen, 1/5 der Einrichtung der Staatsdruckerei u. dgl.) gestellt. Finanzminister Dr. R a š i n[34] hätte weiters erklärt, sich auf eine Preisbindung überhaupt nicht einlassen zu können, und hätte auch die Zahlung in Francs verlangt. Schließlich habe sich derselbe für die Monate Februar und März damit einverstanden erklärt, dass wir in Kronen zahlen, wogegen er die übereinkommengemäße Verrechnung der Zuckersteuer nicht anerkannt habe, wodurch dem deutschösterreichischen Staate ein monatlicher Ausfall von 5–6 Millionen Kronen erwachse. Unter diesen Umständen seien die Verhandlungen resultatlos verlaufen. Auch sei es in Frage gestellt, ob die kommenden Kompensationsverhandlungen in Wien überhaupt zu unserem Vorteil würden geführt werden können.

Die Mitteilungen des Staatssekretärs Dr. L o e w e n f e l d - R u ß werden vom Kabinettsrat zur Kenntnis genommen.[35]

10

[Abänderung der Vollzugsanweisung vom 10. Dezember 1918, StGBl. Nr. 125, betreffend die Auszahlung von Unterhaltsbeiträgen an Volkswehrmänner]

Staatssekretär M a y e r erbittet und erhält die Ermächtigung, dem Staatsrate den Entwurf einer Vollzugsanweisung unterbreiten zu dürfen, mit welcher der erste Absatz des § 1 der Vollzugsanweisung vom 16. Dezember 1918, StGBl. Nr. 125[36], durch folgende Bestimmung ersetzt werden soll:

Ländern und aus Galizien handelte, die auch zuvor schon an den (nunmehr ‚deutsch-österreichischen') Hochschulen studiert hatten. Nach dem Zerfall der Donaumonarchie waren sie nun plötzlich zu Angehörigen ‚fremder' Staaten geworden." Während diese Studierenden häufig die deutschösterreichische Staatsbürgerschaft annahmen, wandten sich „Studierende, die sich einer anderen nationalen Identität zurechneten", insbesondere „jene mit einer slawischen Muttersprache", meist „den, zum Teil neugegründeten, Universitäten der Nachfolgestaaten zu." Vgl. Mikoletzky, Historische Stellung, S. 61.

32 Karel Prášek, 1918 bis 1920 Landwirtschaftsminister der Tschechoslowakei.

33 Dr. Leopold Joas, Sektionschef, Februar 1916 bis 1924 Regierungskommissär bei der Zucker- und der Spirituszentrale, 1916 bis 1931 zugleich Leiter der Budget- und der Zollsektion im Finanzministerium und sodann Staatsamt bzw. Bundesministerium für Finanzen.

34 Dr. Alois Rašin, 14. November 1918 bis 8. Juli 1919 und 7. Oktober 1922 bis 18. Februar 1923 tschechoslowakischer Finanzminister.

35 Vgl. auch KRP Nr. 10/1, Nr. 13/11 und Nr. 26/7. Zum Abschluss eines neuen Zuckerabkommens Mitte März 1919 vgl. Johann Loewenfeld-Ruß, Im Kampf gegen den Hunger. Aus den Erinnerungen des Staatssekretärs für Volksernährung 1918–1920. Herausgegeben von Isabella Ackerl (= Studien und Quellen zur österreichischen Zeitgeschichte 6), Wien 1986, S. 207.

36 StGBl. 125, Vollzugsanweisung des Deutschösterreichischen Staatsamtes für Heerwesen vom 16. Dezember 1918, betreffend die Auszahlung von Unterhaltsbeiträgen an die Angehörigen von Volkswehrmännern, ausgegeben am 24. Dezember 1918. § 1 (1) lautete: „Angehörigen von Volkswehrmännern wird beim Vorliegen der Voraussetzungen des § 1 der Vollzugsanweisung vom 27. November 1918, StGBl. Nr. 35, für die Zeit vom 1. Dezember 1918 bis 28. Februar 1919 ein Unterhaltsbeitrag in dem im Gesetze vom 27. Juli 1917, RGBl. Nr. 313, vorgesehenen Ausmaße gewährt."

„Den im Sinne des Gesetzes vom 27. Juli 1917, RGBl. Nr. 313, anspruchsberechtigten Angehörigen von Personen, die als Volkswehrmänner in der deutschösterreichischen Volkswehr dienen, wird für die Dauer der Dienste, welche letztere in der Zeit vom 1. Dezember 1918 bis 28. Februar 1919 geleistet haben oder leisten, ein Unterhaltsbeitrag in dem im vorbezeichneten Gesetze vorgesehenen Ausmaße gewährt."[37]

Der Kabinettsrat erteilt die erbetene Ermächtigung.[38]

11

[Unterhaltsbeiträge für die Angehörigen der bei den liquidierenden Militärstellen noch in aktiver Dienstleistung stehenden Personen für den Monat Februar]

Unter Hinweis auf ein zwischen den Vertretern der zuständigen Staatsämter und den Vertretern der beteiligten Parteien zustande gekommenes Übereinkommen erbittet und erhält Staatssekretär M a y e r die Ermächtigung, den Angehörigen der bei den liquidierenden Militärstellen in aktiver Dienstleistung stehenden Personen für die erste Hälfte Februar vorläufig noch den halben Unterhaltsbeitrag weiterzahlen zu dürfen.[39]

12

[Frage der staatlichen Fleischverbilligung]

Staatssekretär Dr. L o e w e n f e l d - R u ß legt in ausführlicher Weise den Plan dar, der vom Staatsamt für Volksernährung für die Versorgung der Stadt Wien mit Fleisch für die drei Wochen vom 30. Jänner bis 19. Februar aufgestellt wurde.[40] Um die bisherigen Rindfleischpreise in Wien nicht zu erhöhen, sei für die genannte Zeitperiode ein staatlicher Zuschuss von 8,940.000 Kronen erforderlich. Überdies sei in Aussicht genommen, an Schaffleisch eine Wochenmenge zur Ausgabe zu bringen. Die diesbezüglichen Kosten seien so hoch, dass sich ein Kleinverkaufspreis von 22 K pro kg Schaffleisch ergebe. Dieser Preis könne wohl von den für Extremfleisch[41] rayonierten Kunden getragen werden; dagegen wäre es gerechtfertigt,

---

37 Beilage zu Punkt 10: Vollzugsanweisung (¾ Seite). Der Entwurf geht über den Protokolltext praktisch nicht hinaus. Er stimmt mit StGBl. Nr. 63, Vollzugsanweisung des Deutschösterreichischen Staatsamtes für Heerwesen vom 29. Jänner 1919, betreffend die Abänderung der Vollzugsanweisung vom 16. Dezember 1918, StGBl. Nr. 125, ausgegeben am 1. Februar 1919, überein.

38 Der Entwurf wurde in der 70. Sitzung des Staatsrates vom 29. Jänner 1919 vorgelegt und genehmigt. Vgl. SRP Nr. 70/VIII. Zur Volkswehr vgl. weiters auch KRP Nr. 5/4, Nr. 8/6, Nr. 17/2, Nr. 23/1, Nr. 27/2, Nr. 28/8, Nr. 30/2, Nr. 32/8 und Nr. 33/2.

39 Vgl. dazu auch KRP Nr. 26/6 und Nr. 29/3, zu Fragen im Zusammenhang mit Unterhaltsbeiträgen weiters Nr. 13/10, Nr. 16/1, Nr. 23/1, Nr. 32/8 sowie Tagesordnungspunkt 10 des vorliegenden Protokolls.

40 Beilage zu Punkt 12: Vorlage des Staatsamtes für Volksernährung an den Kabinettsrat (2½ Seiten). Über das im Protokolltext Gesagte hinaus wurde der Zustand der Wiener Fleischversorgung in der Beilage noch etwas näher beleuchtet. So wurde berichtet, dass die Rinderlieferungen aus Ungarn wie auch aus den deutschösterreichischen Ländern ins Stocken geraten waren, in letzterem Falle auch wegen des Überhandnehmens des Schleichhandels. Um eine geregelte Fleischausgabe in Wien aufrechtzuerhalten, sei daher die Erstellung eines Aufteilungsplans für den Zeitraum vom 30. Jänner bis 19. Februar notwendig. Für dessen Umsetzung standen, so die Beilage, zunächst 800.000 kg eingefrorenes Rind- und Schaffleisch zur Verfügung. Weiters wurde im genannten Zeitraum mit weiteren 400.000 kg an Neueingängen gerechnet, darunter 180.000 kg dänisches Rindfleisch und 120.000 kg Fleisch von ungarischen „und geschmuggelten Rindern". Insgesamt wurde also auf eine Fleischmenge von 1,2 Millionen kg gehofft, was ausreichen sollte, um den Wiener Wochenbedarf von 400.000 kg für drei Wochen zu decken. Die übrigen Ausführungen der Beilage entsprechen inhaltlich dem Protokolltext.

41 Im Konzept: „Extremrindfleisch". Unter „Extremfleisch" wurde höherpreisiges Fleisch im Gegensatz zum billigeren, im gleichen Satz ebenfalls erwähnten „Einheitsfleisch" verstanden. Extremfleisch durfte nur in bestimmten dazu ermächtigten Betrieben abgegeben werden. Vgl. Neues Wiener Tagblatt, 21. Februar 1918, S. 10 „Extremfleisch". In dem Zusammenhang vgl. auch die am 28. November

die Abgabe des Fleisches, das nur an Stelle des Rindfleisches verabfolgt werden soll, an die für Einheitsfleisch rayonierten Kunden verbilligt und zwar etwa zum Preise von 18 K pro kg durchzuführen. In diesem Falle wäre ein weiterer staatlicher Zuschuss von 1,400.000 K notwendig. Der sprechende Staatssekretär stellt daher das Ersuchen, der Kabinettsrat wolle beschließen, dass für die gedachten Zwecke Staatszuschüsse von zusammen 10,340.000 K für die Fleischversorgung Wiens bis 19. Februar bewilligt werden.

Nach einer kurzen Debatte, an der sich Unterstaatssekretär von G r i m m in entschiedener Weise gegen die Gewährung eines Staatszuschusses von 1,4 Mill. Kronen zur Verbilligung des Schaffleisches ausspricht[42], bewilligt der Kabinettsrat mit Stimmenmehrheit die vom Staatssekretär Dr. Loewenfeld-Ruß erbetenen Staatszuschüsse im Gesamtbetrag von 10,340.000 Kronen.[43]

13

[Vollzugsanweisung des Staatsamtes für Volksernährung, betreffend polizeiliche Sperrung von Gewerbebetrieben]

Staatssekretär Dr. L o e w e n f e l d - R u ß erbittet und erhält die Ermächtigung des Kabinettsrates, einvernehmlich mit dem Staatsamte des Innern eine Vollzugsanweisung, betreffend die polizeiliche Sperrung von Gewerbebetrieben im Falle der Nichtbeachtung der Ernährungsvorschriften, erlassen zu dürfen.[44]

Im Zusammenhang damit regt Unterstaatssekretär R i e d l an, es möge das Staatsamt des Innern eingeladen werden, einvernehmlich mit den Staatsämtern für Volksernährung sowie für Kriegs- und Übergangswirtschaft ein Mandatsstrafverfahren auszuarbeiten. Hiebei wäre auch den kriegswirtschaftlichen Organisationen die Ausstellung derartiger Strafmandate einzuräumen.

1918 vom Wiener Magistrat ausgegebene „Verordnung, betreffend die Ausgabe neuer Einkaufsscheine für Einheits- und Extremrindfleisch und Wohlfahrtsfleisch“: https://www.digital.wienbibliothek.at/wbrobv/content/pageview/475104, abgerufen am 31. Jänner 2018.

42 Das Stenogramm enthält dazu keine Aufzeichnungen.

43 Zu Fleischlieferungen aus Ungarn vgl. auch KRP Nr. 17/5. Material zu mehreren in der Staatskanzlei abgehaltenen zwischenstaatsamtlichen Beratungen über die Gestaltung der Wiener Fleischpreise für den Zeitraum Dezember 1918 bis Mai 1919 findet sich in AdR, StK, GZl. 94/1919. Vgl. weiters auch KRP Nr. 18/4 und Nr. 31/5. Im März wurde die Wiener Fleischversorgung der Kontrolle durch die Amtliche Übernahmstelle {sic!} für Vieh und Fleisch unterstellt: StGBl. Nr. 183, Vollzugsanweisung des Staatsamtes für Landwirtschaft im Einvernehmen mit dem Staatsamte des Innern, dem Staatsamte für Handel, Gewerbe und Industrie, dem Staatsamte der Finanzen und dem Staatsamte für Volksernährung vom 11. März 1919, betreffend die Regelung des Fleischverkehres in Wien, sowie die Abänderung einiger Bestimmungen der mit Ministerialverordnung vom 30. Juni 1910, RGBl. Nr. 126, erlassenen Marktordnung für den Wiener Zentralviehmarkt in St. Marx, ausgegeben am 22. März 1919. Für einen Überblick über die Verteilung der Fleischimporte im Zeitraum vom 27. Jänner bis 3. März 1919 vgl. Verordnungsblatt des Staatsamtes für Volksernährung, Jg. 1919, Nr. 8, 30. April 1919, S. 207 „Auslandslieferungen an Fleisch und Fettstoffen“, weiters S. 208 „Versorgung mit Fleisch“ und „Vieh- und Fleischlieferungen für Wien“.

44 Vgl. StGBl. Nr. 53, Vollzugsanweisung des Deutschösterreichischen Staatsamtes für Volksernährung vom 28. Jänner 1919, betreffend die polizeiliche Sperrung von Gewerbebetrieben, ausgegeben am 30. Jänner 1919. Diese Vollzugsanweisung richtete sich laut § 1 gegen „Gewerbebetriebe, in denen die geltenden Ernährungsvorschriften wiederholt oder unter Umständen übertreten worden sind“ und „die öffentliches Ärgernis erregt haben“. Solche Betriebe konnten „innerhalb eines Rayons einer staatlichen Polizeibehörde von dieser, anderwärts von der politischen Bezirksbehörde bis auf weiteres oder auf bestimmte Zeit oder bestimmte Tageszeiten gänzlich oder teilweise gesperrt werden“. Übertretungen gegen entsprechende Anordnungen sollten gemäß § 4 hart bestraft werden, und zwar mit 20.000 Kronen Geldstrafe oder Arrest bis zu sechs Monaten, in schweren Fällen auch Geld- und Arreststrafe zugleich.

Der Kabinettsrat nimmt diese Anregung genehmigend zur Kenntnis.[45]

14
[Beamtenfragen]

a) Unterstaatssekretär Dr. von B e c k teilt mit, dass von Seite der weiblichen Kriegsbediensteten, denen im Sinne des Kabinettsratsbeschlusses vom 2. Dezember v. J. mit erstem Jänner 1919 sechswöchentlich gekündigt worden ist[46], das Ersuchen gestellt worden sei, die bereits erfolgten Kündigungen zu revidieren, beziehungsweise die Entlassungsfristen entsprechend den für die kaufmännisch Angestellten geltenden Bestimmungen zu verlängern.[47]

Der Kabinettsrat beschließt über den Antrag des Referenten, es bei den gegenständlichen Beschlüssen vom 2. Dezember v. J. bewenden zu lassen.[48]

b) Über Antrag des Unterstaatssekretärs von B e c k erteilt der Kabinettsrat die Ermächtigung, dass dem Staatsrat in der morgigen Sitzung der Antrag auf Auszahlung des vollen Anschaffungsbeitrages an die Staatsangestellten am 1. Februar d. J.[49] unterbreitet werde, wobei jedoch auf die besonderen Umstände und in Betracht kommenden politischen Verhältnisse mit dem Bemerken hinzuweisen sein wird, dass es dem Staatsrat überlassen bleiben müsse, die Beamtenorganisationen auf die Ungehörigkeit des in einer kürzlich abgehaltenen Staats-

---

45 Vgl. auch Verordnungsblatt des Staatsamtes für Volksernährung, Jg. 1, Nr. 6, 27. Februar 1919, S. 113 f „Polizeiliche Sperrung von Gewerbebetrieben wegen Nichtbeachtung der Ernährungsvorschriften (Rundschreiben des deutschösterreichischen Staatsamtes für Volksernährung vom 28. Jänner 1919, Z. 2.504 [Abt. 11] an die Landesregierungen und an das Kriegswucheramt der Polizeidirektion in Wien.)".

46 Vgl. KRP Nr. 20/8.

47 Beilage zu Punkt 14: Antrag der Vereinigung der weiblichen Kriegsbediensteten (1½ Seiten). In der Beilage wurde auf den erwähnten Beschluss des Kabinettsrates verwiesen und bemerkt, dass im Staatsrat seither beschlossen worden sei, mit Rücksicht auf die große Zahl an Arbeitslosen von weiteren Kündigungen von Seiten des Staates abzusehen und bereits erfolgte Kündigungen zu revidieren (vgl. SRP Nr. 62 vom 8. Jänner 1919, Beschlussprotokoll Punkt IV). Zwar würden somit weitere Entlassungen in den einzelnen Staatsämtern unterbleiben, die bevorstehenden Entlassungen der ab 1. Jänner Gekündigten sollten jedoch unverändert am 12. Februar vorgenommen werden. Weiters seien den kaufmännischen Angestellten die Entlassungsfristen verlängert worden, „und zwar abgestuft nach der Verwendungszeit, dergestalt, dass Angestellte, die im Jahre 1918 das Dienstverhältnis eingegangen sind, erst am 31. Jänner 1919, diejenigen, die im Jahre 1917 das Dienstverhältnis eingegangen sind, am 28. Februar 1919, endlich diejenigen, die das Dienstverhältnis vor dem Jahre 1917 eingegangen sind, am 31. März 1919, sämtlich einmonatlich gekündigt werden dürfen". Es sei nur „recht und billig, dass der Staatsrat jene Vorschriften, die er dem Privatunternehmen macht, auch auf die Angestellten des Staates anwendet".

48 Auch das zwischenstaatsamtliche Komitee für die Behandlung von Staatsbedienstetenangelegenheiten hatte sich in seiner 16. Sitzung vom 21. Jänner 1919 mit einem Ansuchen weiblicher Kriegsaushelfer der Justizverwaltung um Gewährung einer Abfertigung im Ausmaß von sechs Dienstbezügen beschäftigt, dieses jedoch „aus staatsfinanziellen Rücksichten" abgewiesen. Vgl. AdR, StK, GZl. 45/1919, Zl. 45/11/1919, Verhandlungsschrift Nr. 16 zur Sitzung des zwischenstaatsamtlichen Komitees am 21. Jänner 1919. Zur allgemeinen Regelung der Dienstenthebung der Kriegsaushelfer vgl. auch AdR, StK, GZl. 713/1919, Behandlung der Kriegsaushilfskräfte anlässlich ihrer Enthebung. In der 71. Sitzung des Staatsrates berichtete Unterstaatssekretär Beck über eine „Vereinbarung über die Außerdienststellungsmodalitäten" der Kriegsaushelfer, zu der es am 31. Jänner 1919 gekommen war. Vgl. SRP Nr. 71/VII vom 3. Februar 1919. Zur Einrichtung und Zusammensetzung des zwischenstaatsamtlichen Komitees zur Behandlung von Staatsangestelltenfragen vgl. KRP Nr. 11/2, zum Abbau der Kriegsaushelfer und zu den Bemühungen des Staatsamtes für soziale Fürsorge, Ausnahmeregelungen in erster Linie für die kriegsinvaliden Aushilfskräfte durchzusetzen, vgl. Verena Pawlowsky/Harald Wendelin, Die Wunden des Staates. Kriegsopfer und Sozialstaat in Österreich 1914–1938, Wien/Köln/Weimar 2015, S. 393 f. Zu den Forderungen der weiblichen Kriegsbediensteten vgl. weiter KRP Nr. 35/1.

49 Vgl. auch KRP Nr. 23/5 und Nr. 24/1.

beamtenversammlung gefassten Beschlusses auf Veranstaltung eines eintägigen Demonstrationsstreiks aufmerksam zu machen.[50]

c) Unterstaatssekretär Dr. von B e c k bringt zur Kenntnis, dass die Absicht besteht, bei den morgigen Verhandlungen im Staatsangestelltenausschuss[51] über den Antrag F o r s t n e r[52], betreffend die Pragmatisierung der Vertragsbeamten[53], eine dilatorische[54] Behandlung der Frage unter Berufung darauf anzuregen, dass eine solche Maßregel vom Standpunkt der bevorstehenden Lohnreform, vom Standpunkt des bestehenden Zertifikatistengesetzes[55] und aus budgetären Gründen entschieden unzeitgemäß wäre.

Der Kabinettsrat nimmt diese Mitteilungen zur Kenntnis.[56]

d) Unterstaatssekretär Dr. v. B e c k berichtet schließlich, dass am 16. Jänner d. J. eine zwischenstaatliche Verhandlung stattgefunden habe[57], welche

---

50 Unterstaatssekretär Beck berichtete in der 70. Sitzung des Staatsrates vom 29. Jänner 1919 zum diesem Thema und bemerkte bezüglich des hier erwähnten „Demonstrationsstreiks", dass „in einer Versammlung beim ‚Grünen Tor'" – ein ehemaliges traditionsreiches Gasthaus an der Adresse Wien VIII., Lerchenfelder Straße 14 – „ohne Wissen und Willen der Einberufer" der Beschluss gefasst worden sei, „man möge die Auszahlung des vollen Anschaffungsbeitrages fordern, und falls dem von Seiten der Staatsverwaltung nicht entsprochen werde, zur Unterstützung dieser Forderung an einem Wochentag vor Beginn der Wahlen einen Demonstrationszug vornehmen. Dieser Streik bliebe jedoch nicht auf die Staatsbeamten beschränkt, da sich auch die übrigen Staatsangestellten anschließen würden". Dieser Beschluss sei zu verurteilen, „da man nicht wissen könne, welche bedenkliche Formen die ganze Sache annehmen könnte", überdies dürfe auf keinen Fall der Eindruck entstehen, dass „die im Kabinettsrat bereits beschlossene Gewährung der Anschaffungsbeiträge unter dem Drucke dieses Streiks" erfolge. Daher müsse ein Weg gefunden werden, „die Möglichkeit eines derartigen Druckes auszuschalten, etwa durch eine Enuntiation der Staatsbeamtenschaft, von diesem Beschlusse freiwillig abzugehen". Staatskanzler Renner bemerkte dazu weiters, dass der Kabinettsrat in der Sache wohl kompetent sei, jedoch „unter einer Pression nicht beschließen wolle", denn „so ginge die Sachlichkeit der Entscheidung verloren". Nach einer umfangreichen Wechselrede zum Thema gelangte der Staatsrat schließlich zu dem Beschluss, „am 1. Februar 1919 Anschaffungsbeiträge im Ausmaße wie am 1. November 1918 zur Auszahlung zu bringen", zugleich wurde jedoch mittels eines Zusatzantrages beschlossen, den leitenden Mitgliedern „des Reichsverbandes der Staatsangestellten […] die Auffassung des Staatsrates und des Kabinettsrates hinsichtlich des in den letzten Tagen in einer vom Verbande einberufenen Versammlung gefassten Streikbeschlusses der Staatsbeamten und der sich aus einer solchen Vorgangsweise für die Regierung ergebenden Erschwernisse bei Erfüllung der Wünsche der Staatsbeamten" klarzumachen. Vgl. SRP Nr. 70/VIII.

51 Es handelte sich um einen der Ausschüsse der Nationalversammlung. Zur Schaffung und Zusammensetzung des Staatsangestelltenausschusses vgl. Sten. Prot. Prov. NV, 6. Sitzung vom 27. November 1918, S. 187, und 7. Sitzung vom 4. Dezember 1918, S. 235.

52 August Forstner, Sekretär der Gehilfenkrankenkasse der Genossenschaft der Groß- und Kleinfuhrwerksbesitzer, 21. Oktober 1918 bis 16. Februar 1919 Mitglied der Provisorischen Nationalversammlung, SdAP.

53 Vgl. dazu SRP Nr. 69/VII d vom 22. Jänner 1919. Zum Antrag Forstner hatte auch das zwischenstaatsamtliche Komitee für Staatsangestelltenfragen eine Stellungnahme abgegeben. Vgl. AdR, StK, GZl. 45/1919, Zl. 45/12/1919, Verhandlungsschrift Nr. 17 zur Sitzung des zwischenstaatsamtlichen Komitees am 23. Jänner 1919.

54 Dilatorisch: verzögernd, hinhaltend.

55 Gemeint war RGBl. Nr. 60, Gesetz vom 19. April 1872 über die Verleihung von Anstellungen an ausgediente Unteroffiziere, ausgegeben am 4. Mai 1872. Vgl. KRP Nr. 35, Anmerkung 26.

56 Vgl. weiter KRP Nr. 35/8.

57 Es handelte sich um die Sitzung einer von der Gesandtenkonferenz eingesetzten zwischenstaatlichen Kommission zur Verhandlung von Staatsbedienstetenfragen. Über Inhalt und Ergebnisse dieser Zusammenkunft wurde in der 7. Gesandtenkonferenz detailliert berichtet: AdR, StK, GZl. 157/1919, Zl. 157/1/1919, Niederschrift über die am 17. Jänner 1919 im Deutschösterreichischen Staatsamt für Äußeres abgehaltene siebente Gesandten-Konferenz, S. 16–21.

die Zahlung der die allgemeinen Pensionen des ehemaligen österr. Staates belastenden Ruhe- und Versorgungsgenüsse (analog dem Übereinkommen vom 3. und 4. Dezember)

die Zahlung der Pensionen der Staatsbediensteten – beide Zahlungen pro Februar 1919 –, weiters

die Pensionierung andersnationaler Bediensteter (Übereinkommen zwischen der tschechoslowakischen und der polnischen Regierung),

die Fortzahlung der Beihilfen und Vorschüsse gleichfalls pro Februar 1919 beschlossen habe; endlich sei bei dieser zwischenstaatlichen Verhandlung

die allgemeine Geneigtheit zutage getreten, zu einem Übereinkommen zu gelangen, wodurch unvorgreiflich der schließlichen Lösung der Staatsgebietsfrage den Forderungen der Staatsbediensteten in strittigen Gebieten bezüglich[58] der Frage der Angelobung entgegengekommen werden soll.[59]

Schluss der Sitzung 9 Uhr abends.

---

[58] Im Konzept stattdessen: „ohne Beeinträchtigung ihrer Lebensinteressen in".

[59] Bei der Sitzung am 16. Jänner war der Antrag gestellt worden, dass die betreffenden „Bediensteten unvorgreiflich der schließlichen Lösung der Staatsgebietsfrage und der endgiltigen Regelung der Staatsbedienstetenverhältnisse, sowie unbeschadet des Gelöbnisses für Deutschösterreich den Verkehr mit den Oberbehörden wieder aufnehmen und unter den gleichen Einschränkungen der tschecho-slowakischen Regierung über Verlangen bis auf weiteres die Beobachtung der Amtspflichten, Wahrung des Amtsgeheimnisses und Befolgung der bestehenden Gesetze und Vorschriften versprechen bezw. angeloben. / Es wurde sohin festgestellt, daß allgemeine Geneigtheit bestehe, daß hinsichtlich der Gelöbnissefrage entgegengekommen werde." Vgl. AdR, StK, GZl. 157/1919, Zl. 157/1/1919, Niederschrift über die am 17. Jänner 1919 im Deutschösterreichischen Staatsamt für Äußeres abgehaltene siebente Gesandten-Konferenz, S. 21. Zur grundsätzlichen Behandlung von Beamtenfragen vgl. auch KRP Nr. 11/2, Nr. 14/6, Nr. 19/1 und Nr. 29/5, zur Erörterung weiterer, im Zusammenhang mit sowohl „deutschen" als auch „nichtdeutschen" Beamten stehenden Fragen KRP Nr. 4/1, Nr. 7/12 und 14, Nr. 18/8, Nr. 19/4, Nr. 21/2, Nr. 22/2, Nr. 26/8 und 9 sowie Nr. 33/6.

Stenogramm vom 28. Jänner 1919

28./1., Nr. 34

2.
Zerdik: Kiesbergbau Großfragant. Antrag: Dass dieser Bergbau ... ist sofort in Betrieb zu nehmen und die unumgänglichen Investitionen vorzunehmen ...
Renner: Frage, wie vollzieht sich der Übergang? Jetzt nur Fortführung des Betriebes.
Angenommen. Rentabilitätsberechnung dem Protokoll anzuschließen.

3.
[Zerdik:] Es hat sich eine Gewerkschaft gebildet. In einer Hauptversammlung [wurden] neue Forderungen aufgestellt, wogegen ein Einwand nicht erhoben werden kann. Mitarbeit an der Neugestaltung der öffentlichen Verwaltung, die Anerkennung der Gewerkschaft zur ..., Beiziehung zu allen Beratungen von ihr vertretenen ... Ich erblicke in keinem Punkt eine Beanstandung.
Genehmigt.

4.
[Zerdik:] Mödling. Die jährlichen Betriebskosten aller Abteilungen würden sich mit rund 480.000 Kronen erstellen. Antrag: Das Gebäude ... samt Annex ... incl.[usive] lebendes Inventar ist für ... Zwecke zu überlassen ... mit Beginn des Jahres 1919/20 ...; 2.) ... 3.) Mit Beginn des Schuljahres ... sind folgende Schulen zu eröffnen ...
Grimm: Bittet über diesen Antrag heute noch nicht definitiv zu entscheiden; zunächst die Bedürfnisfrage im Verhältnis zum Staatsamt für Finanzen noch nicht geklärt. Wir sind noch nicht vom Staatsamt für öffentliche Arbeiten begrüßt worden; sehr großer Betrag von 6 Millionen. Die Gemeinde Wien hat Anbot gestellt, ob wir dies nicht vorweg nehmen sollen, aber ... Dazu kommt, dass dies ein Liquidationsobjekt ist.
Zerdik: Die Bewerbung Wiens um dieses Objekt drängt uns zu einem raschen Entschluss. Wenn wir nicht rasch die Hand darauf legen, besteht die Gefahr, dass es zur Zerteilung kommt. Überdies ein derartiges Bedürfnis nach derartigen Anstalten, dass es sehr dringlich erscheint.
Mayer: Für uns sehr schwer, in dieser Frage jetzt Stellung zu nehmen. Die Nachfrage nach diesen Objekten ist eine sehr große. Einseitig sie zu lösen ist allerdings eine Gefahr. Es wird notwendig sein, sich über die Verwendung aller diesfalls zur Verfügung stehenden Objekte einen Beschluss zu fassen.
Grimm: Schon deshalb nicht so notwendig, weil eine große Zahl solcher Gebäude verfügbar sein wird.
Renner: Mir scheint die Anstalt sehr wertvoll; wenn wir das Praeveniere spielen[60] den anderen Seiten gegenüber, wird es nicht schlecht sein.
Riedl: Spricht sich sehr dafür aus, dass rasch gehandelt wird. Spricht sich vom Standpunkt der Übergangswirtschaft wärmstens dafür aus. Wien will ein Versorgungshaus daraus machen.
Vertagung abgelehnt, Antrag Zerdik mit großer Mehrheit angenommen.

5.
~~Im Einvernehmen~~ – Von der Tagesordnung abgesetzt, weil noch Verhandlungen mit dem Staatsamt für Finanzen nicht abgeschlossen [sind].[61]

Riedl: Pulverfabrik in Blumau; Sprengungen werden hergestellt, sehr wichtig wegen Aufrechterhaltung des Bergbaus in den tschechoslowakischen Ländern. Sprengstoffherrichtung, [am] 2./2.

---

60 Das Präveniere spielen: jemandem zuvorkommen, den Rang ablaufen.

61 Es ging um den im Konzept der Tagesordnung enthaltenen Punkt „Einbeziehung der Verwaltung der staatlichen Salzbergbaue und Hüttenbetriebe in den Wirkungskreis des Staatsamtes für öffentliche Arbeiten".

muss der Betrieb eingestellt werden wegen Kohlenmangel. Bittet, [dass] eine solche Stockung im Betrieb vermieden wird, Bedarf 150 Tagestonnen. Voraussetzung für Kohlelieferungen aus der Tschechoslowakei.

Zerdik: Wir werden uns bemühen, ein Beschluss hat keinen Sinn; man kann aber nur liefern, wenn man es hat. Mehr kann ich nicht zusagen.

Urban: Ungefähr 1.000 Waggons hat man calaudiert[62], dass sie der Industrie zur Verfügung gestellt werden. Blumau ist der einzige Betrieb, der sich selbst erhält und noch Überschuss abgibt.

Die Mitteilungen Zerdiks nimmt das Cabinett zur Kenntnis.

Urban: Donaudampfschifffahrt. [Das Staatsamt für] Finanzen hat an Handel Zuschrift gerichtet [mit der] Bitte, es möge die ~~verkürzt fällige~~ am 15./1. [fällige] Subvention ausgezahlt werden. Mit(te) Dezember ein Streik ausgebrochen, zuerst in Pest. Die ungarische Regierung hat sich bereit erklärt, zwei Millionen zur Verfügung zu stellen für die Lohnaufbesserung. Staatsrat hat einen Beschluss gefasst, dass die Subvention von 1 Million ausgezahlt werden soll. Der Kabinettsrat hat beschlossen, nicht auszuzahlen ...

Handel glaubt, ein neues Verhältnis ... zum tschechoslowakischen Staat. Es haben auch schon Vertreter der tschechoslowakischen Regierung mit Ungarn verhandelt, um ihre Interessen bei der Donaudampfschifffahrt sicherzustellen. Es ist die Gefahr nicht ausgeschlossen, dass eine neue Gesellschaft entsteht.

Im Einvernehmen mit dem Staatsamt des Äußeren [wurde eine] Note gerichtet an Tusar[63]; großes Interesse der Tschechen für ein Gemeinschaftsverhältnis. Die Gesellschaft weiß von den ganzen Plänen, die Gesellschaft hat auch erklärt, dass sie keine Schritte unternehmen wird, um den ... Nachdem die Subvention bereits am 15./1. hätte gezahlt werden sollen, fragt es sich, wie jetzt vorzugehen. Subvention auf Rechnung des deutschösterreichischen Staates allein.

Die Gesellschaft würde daraus keine Vorteile erblicken, sie würde einen neuen Vertrag verlangen. Sollte aber die Subvention auf Rechnung der Liquidationsmasse gezahlt werden, fragt es sich, ob das Staatsamt für Finanzen überhaupt berechtigt ist, ein solches Mandat zu erfüllen. Mit der Zahlung der Subvention würde man ein sehr starkes Risiko übernehmen und die Situation mit den Tschechoslowaken sehr erschweren, die schwieriger sich entschließen würden, in Verhandlungen einzutreten.

Daher Antrag, vorläufig zuzuwarten.

Steinwender: Eine verhältnis[mäßig] einfache Frage wird hier sehr kompliziert dargestellt. Es gibt eine ganze Menge von Verträgen des alten Staates mit den anderen Staaten oder einzelnen. Diese Verträge werden nicht hinfällig. Man muss trachten, anstelle der alten Form von Verträgen neue zu schaffen.

Der Vertrag ist sowohl für Deutsch-Österreich, wie für die Tschechoslowakei von der größten Bedeutung und sehr nützlich. Für die jährliche Subvention von 1.3 Millionen erreichen wir die Herrschaft über die Exporttarife ~~und dass die Tarife~~ – Wir haben also ein großes Interesse an der Aufrechterhaltung des Vertrages. Die Gesellschaft ist verpflichtet zur Schifffahrt von Wien nach Passau, dieses Recht dürfen wir nicht aufgeben. Der Staat hat der Gesellschaft in Tagen der Not geholfen; wir haben uns damals die Tarifhoheit gesichert. Die Subvention muss also ausbezahlt werden und wir dürfen die Gesellschaft auch nicht auslassen.

~~Renner:~~

Riedl: Wir haben bisher nicht Verhandlungen gepflogen mit der Gesellschaft. Mit den Tschechoslowaken ist ein Einvernehmen hergestellt worden (Schreiben vom 18./1.). Wir waren uns klar darüber, dass wir allein nicht vorgehen können. Dieses Schreiben ist vom Staatsamt für Finanzen eingesehen worden und wurde nachher an Tusar expediert. ~~In diesem Schreiben ist die Frage aufgeworfen worden, auf und in welcher Weise ein~~ -.

---

62 Kollaudieren: prüfen, genehmigen.

63 Vlastimil Tusar, ab 30. Oktober 1918 tschechoslowakischer Bevollmächtigter bei der k.k. Regierung in Wien und dann der Regierung Deutschösterreichs, 10. Juli 1919 bis 15. September 1920 tschechoslowakischer Ministerpräsident.

Die Verhältnisse haben sich verschoben: laut Vertrag ist das Handelsministerium im Besitz von Rechten. Dazu kommt die süddeutsche ~~Donau~~ Dampfschifffahrtsgesellschaft. Die ganze Frage mit größter Vorsicht zu behandeln. Für uns nicht gut, wenn wir die Rechtsnachfolger sämtlicher Staaten sein wollten.

Steinwender: Ob wir das anerkennen oder nicht, die anderen Nationalstaaten haben ein Recht.

Bauer: Mir ist nicht klar, ob es nützlicher sein wird, auf dem Standpunkt zu stehen, dass der Vertrag erloschen ist oder nicht. Es ist das heute schwer vorauszusagen. Meiner Meinung nach steht die Frage: muss durch die Entscheidung über die Zahlung der Subvention schon vorgegriffen werden der Frage der Rechtswirksamkeit des Vertrages? Also die Gesellschaft darf nicht außer Obligo gelassen werden. Das Entscheidende scheint mir, dass wir mit freier Hand in die Verhandlungen mit den Tschechoslowaken eintreten müssen.

Riedl: Die großen Einnahmen der Gesellschaft stammen nicht aus einer Erhöhung der Tarife, sondern der Militärtarife, auf die uns keine Ingerenz zustand.

Urban: Bauers Frage richtig: ob durch die Nicht-Zahlung der Subvention gefährdet ist der Fortbestand des Vertrages. Die Gesellschaft hat erklärt, dass sie aus der Nicht-Einhaltung des Vertrages keine Folgerungen ziehen wird. Anders wäre die Sache natürlich, wenn man diese Subvention zahlen wird. Dann würde die Gesellschaft die Subvention nicht annehmen. Dann aber wäre die Gefahr eines Prozesses gegeben. Jetzt werden absolut keine Rechte aufgegeben. Alle Rechte bleiben aufrecht. Es handelt sich nur darum, jetzt mit den Tschechoslowaken zu verhandeln und erst dann zur Frage des Bestandes des Vertrages Stellung zu nehmen. Durch die Zahlung der Subvention also würde den Verhandlungen mit den Tschechoslowaken vorgegriffen.

Marckhl: Die Gesellschaft könnte die Subvention nicht zur Gänze zurückweisen.

Licht: Frage ist, ob wir ein Interesse an der Donau haben. Wenn ja, ...
Aber meine Meinung, die Subvention anbieten, damit man nicht in Versäumnis gerät.

Bauer: Es ist möglich, dass wir mit den Tschechoslowaken übereinkommen und sagen, dass der Vertrag als erloschen betrachtet wird. Man soll die Gesellschaft einfach verständigen, dass die Rechtsfrage noch nicht geklärt ist und dass man bis zur Klärung gegen jede Veränderung in der Verwaltung Einspruch erhebt und dass man die Subvention erlegt oder zur Verfügung stellt, jedenfalls aber offen lässt ...

Roller: Rechtsgutachten des Justizamtes.

Urban: Wenn ein Prozess ansteht, kann der Staat allein nicht auftreten und das soll vermieden werden, da ein Einspruch der Südslawen unsere Verhandlungen mit den Tschechoslowaken ungünstig beeinflussen würde.

Renner: Das eine steht fest, dass die Gesellschaft aus dem Umstand, dass die Subvention nicht gezahlt wird, keine Folgerung ziehen kann, es wäre dadurch der Vertrag erloschen. Weiters steht fest, dass Verhandlungen mit den Tschechoslowaken eingeleitet wurden (am 23./1.). Weiters wird zur Kenntnis genommen und gebilligt, dass mit den Tschechoslowaken Sonderverhandlungen gepflogen werden, bevor man das Ganze vor das [...] Forum bringt. Der Vorgang wird also genehmigt.

Es ist als wünschenswert erklärt worden, dass wir möglichst lange freie Hand behalten (Steinwender dagegen).

Vorschlag: die Angelegenheit zur sofortigen Weiterberatung einer besonderen Kabinetts-Konferenz (Finanzen, Justiz und Handel) zuzuweisen. Diese drei mögen sich einigen und einen Beschlussantrag im Kabinett stellen.

Angenommen. (Termin: bis nächsten Dienstag). Mit der Einberufung Justiz betraut.

[Riedl:] Durchfuhrbewilligungen für tschechoslowakische und südslawische [Waren]. Es liegt ein Staatsratsbeschluss vom 20./1. vor. Über Bericht Riedls wurde ... beschlossen: die direkte Durchfuhr ... die Durchfuhr wird nicht an besondere Bewilligungen gebunden.

Renner: Bittet Riedl, zu erzählen, was sich nun mittlerweile ereignet hat.

Riedl: Gibt die Vorgeschichte. Die Südslawen haben verweigert die Durchfuhr der Lebensmittel nach dem Süden. Die Südslawen erklärten den Engländern, dass sie für Sabotageakte nicht garantieren können. Nichtsdestoweniger wurde uns von den Engländern nahegelegt, die Sache gütlich zu bereinigen. In der Folge Verhandlungen in Wien. Das Ergebnis dieser Verhandlungen im Staatsrat genehmigt.

Der tschechoslowakische Vertreter hat gewisse Vorbehalte gemacht (Anhang des Vertrages ... Staat Tschechoslowakische Republik: die Ein- und Ausfuhrkommission des Vertrages ...), schließlich ad ref.[erendum][64] genommen. Weiters Punkt 6 bezüglich Aufrechterhaltung der bisherigen Übereinkommen (Kohle und Zucker). Hier die Durchfuhrfreiheit einhalten.

Am letzten Freitag zeigte Sektionschef Milwenzl[65] folgendes Schreiben vom 21./1.: die Tschechoslowaken haben mit den Südslawen Vertrag geschlossen, 1.600 Waggons Kohle etc. ... Da wir durch unser Gebiet eine freie Durchfuhr gewähren, ersuchen wir, dass auch Ihrerseits eine freie Durchfuhr gewährt wird. Man hat also nichts getan und einen Privatbrief an den Sektionschef geschrieben, der gar nicht kompetent ist, er möge die Durchfuhr gewähren. Ganz einseitiges, unmögliches Vorgehen. Riedl hat Milwenzl geraten, den Brief dahin zu beantworten, dass er selbst nicht berechtigt sei, zu entscheiden, sondern rät, beim Staatsamt des Äußern die Sache anhängig zu machen.

Bauer: Es bleibt nichts anderes übrig, als diesen Vertrag in Form eines Notenwechsels zu schließen. Wir kommen auf diese Weise zu dem gleichen Ergebnis.

Riedl: Es müssten aber auch alle anderen Bedingungen in diese Noten hineinkommen, dazu dreifach.

Steinwender: Mit diesem Notenwechsel werden wir dazu kommen, dass uns die Tschechoslowaken die Kohlenzufuhr sperren. Wir haben kein Recht, empfindlich zu sein, das sind Kleinigkeiten.

Renner: Der Vertreter einer auswärtigen Macht wendet sich an einen Unrechten.

Diese Angelegenheit noch nicht verhandlungsreif.

Licht: Die Entscheidungen liegen natürlich nicht bei uns, aber die Bevölkerung ist interessiert an der Frage des Staatskredites. Seine Sicherung, Befestigung, Klarstellung ist notwendig. Dann kommen die Gläubiger des Staates (Kriegsanleihe und Noten). Die Frage der Währungspolitik, Kreditpolitik, ~~der Einlösungsfrage~~ – fordert vor der Bevölkerung gewisse Aufklärungen. Staatssekretär hat kürzlich solche Aufklärungen gegeben, aber diese haben nicht beruhigt. Er hat vielleicht etwas zu viel gesagt. Damit allgemeine Beunruhigung eingetreten, ~~die nicht~~ -.

~~Dazu kommt noch~~ – In diesem Zusammenhang wäre klarzustellen das Ergebnis der Zeichnung der deutsch-österreichischen Anleihe. Dann noch notwendig, welche Zusatzverpflichtungen uns für die nächste Zeit noch bevorstehen und wie dieselben gedeckt werden (1./3. und 1./4.).

Es hat auch die Bevölkerung sehr besorgt gemacht der Aufschluss, dass wir im Lauf der Jahre mit einem Defizit von zwei Milliarden zu rechnen haben. Nun kommt noch der Steuersturm (Ursache in der Steuerpraxis).

Diese Bewegung hat einen demagogischen Charakter (spanische Wand, hinter der sich Defraud.[ation][66] versteckt und auch wahltaktische Bestrebungen). Es muss etwas geschehen, um den berechtigten Interessen gerecht zu werden.

Die Steuerpraxis muss auf andere Wege geführt werden (~~bei vorläufig~~ ...).

Bei ruhiger Überlegung und Abwägung der Verhältnisse hätte alles vermieden werden können.

Redner schlägt vor: vor gesetzlichen Regelungen die Öffentlichkeit früher zu unterrichten (gewisse steuerrechtliche Verfügungen ...).

Früher [wurde es] auch den Fachkörperschaften mitgeteilt und durchberaten.

Es scheint notwendig, eine Mitwirkung der Bevölkerung an solchen Maßnahmen zu sichern; habe schon früher vorgeschlagen, eine Art Beirat (von Fall zu Fall Enquete), eine Art ständigen Beirat, an dessen Votum man ja nicht gebunden zu sein braucht. Derartigen Vertrauensmännern der Bevölkerung soll Gelegenheit geboten werden, die Wünsche der Allgemeinheit kennen zu lernen. Die Einsetzung einer solchen Körperschaft würde gewiss beruhigen.

---

64 Ad referendum: Zustimmung mit Vorbehalt.

65 Dr. Josef Mühlvenzl, Sektionschef, 1912 bis 1920 Leiter der zoll- und handelspolitischen Sektion des Finanzministeriums bzw. des Staatsamtes für Finanzen.

66 Defraudation: Abgaben- oder Steuerhinterziehung.

Renner: Glaube auch, dass das Forum, das gestern gesprochen hat, als eigentliche Ursache irgend eines Wechsels in der Verwaltung erscheinen könnte.

Steinwender: Das Steuereinhebungsgesetz ist zum Anlass genommen worden. Es war dies gewiss übereilt. Ich trage aber die Verantwortung dafür. Die Sache steht aber so, dass die Leute überhaupt nicht zahlen wollen. Die eigentlichen Vertreter des Kapitals sind das aber nicht, das sind die Mitläufer gewesen.

Ich möchte mitteilen, dass in Vorbereitung ist ein Entwurf für das halbjährliche Budget. Dieser Entwurf wird voraussichtlich noch in der nächsten Woche vorgelegt werden. Es ist zu wünschen, dass die Kenntnis über unsere Verhältnisse sich verbreitet.

?Jause.

Riedl: Die Valutenfrage ist die Kernfrage der ganzen Übergangswirtschaft.

Hanusch: -.

Licht: Enquete hätte sich nur zu beziehen auf die Steuerpraxis. Diese Enquete soll vom Staatsrat abgehalten werden (Ellenbogen[67] oder Licht). Beigezogen werden müsste werden der Herr Kokstein[68] (eine Finanzkommission des Staatsrates über die Steuerpraxis).

Urban: Es wird vielleicht doch notwendig sein, dass vom Staatsamt für Finanzen ein Plan ausgearbeitet wird ... (wir haben eine doppelte Gebarung), ~~um gewisse Ziffern dürfte sich das Budget vermindern~~ -. Dem Staatsrat oder Kabinett eine Darstellung zu geben: Gebarung als Treuhänder und als deutsch-österreichischer Staat.

Steinwender: Einverstanden mit Licht. Weiters aber könnte im Staatsamt für Finanzen selbst eine Steuerbeschwerdestelle errichtet werden.

Renner: Steinwender und Licht sind beauftragt, morgen [im] Staatsrat zwei Anträge [einzubringen]:

1.) wegen Berufung eines höchstens 15-gliedrigen Finanzbeirates.

2.) Staatsrat wird eingeladen, eine Expertise über die Steuerpraxis anzu- und Antrag zu unterbreiten

---

67 Dr. Wilhelm Ellenbogen, 21. Oktober 1918 bis 16. Februar 1919 Mitglied der Provisorischen Nationalversammlung, SdAP, 4. März 1919 bis 9. November 1920 Mitglied der Konstituierenden Nationalversammlung, 15. März 1919 bis 24. Juni 1920 und 7. Juli 1920 bis 22. Oktober 1922 Unterstaatssekretär für Handel und Gewerbe, Industrie und Bauten.

68 Oskar Kokstein, ab 22. Februar 1910 Finanzlandesdirektor und Vizepräsident der Finanzlandesdirektion für Österreich unter der Enns, 13. November 1916 bis 5. Jänner 1917 Leiter des Amtes für Volksernährung, danach Rückkehr auf den vorgenannten Posten, nach Kriegsende Präsident der Finanzlandesdirektion für Österreich unter der Enns, 30. Juni 1921 pensioniert.

35.[1]

[Donnerstag] 1919-01-30

Vorsitz: Renner
Anwesend: Beck, Grimm, Jukel, Kaup, Loewenfeld-Ruß, Roller, Steinwender, Stöckler, Urban, Waihs, Zerdik
Zugezogen: Kralowsky[2] (zu Punkt 9)
Schriftführer: unbekannt
Dauer: 15.00–18.30 Uhr

Reinschrift, Konzept, Stenogramm

Inhalt:
1. Behandlung der Kriegsaushilfskräfte.
2. Unterstellung der Filmstelle des ehemaligen Kriegspressequartiers unter die Staatskanzlei.
3. Frage der Übernahme der Militärärzte der österreichisch-ungarischen Wehrmacht in den deutschösterreichischen Heeresdienst.
4. Gesetzentwurf, betreffend eine besondere Brotauflage im Jahre 1919.
5. Direkte Beschaffung von Lebensmitteln aus dem Auslande durch deutschösterreichische Staatsämter.
6. Weiterbelassung nichtaktiver Gagisten (Aspiranten) in der aktiven Dienstleistung bis Ende Februar 1919.
7. Auflösung des vom früheren Ackerbauministerium mit der Holzhandelsfirma Glesinger abgeschlossenen Holzlieferungsvertrages.
8. Pragmatisierung der staatlichen Vertragsbeamten.

Beilagen:
- Zu Punkt 4: Gesetz vom … betreffend eine besondere Brotauflage im Jahre 1919 (2¾ Seiten, gedruckt).
- Zu Punkt 8: Gesetz, betreffend die teilweise Änderung des Dienstverhältnisses der Kanzleioffizianten und Kanzleioffiziantinnen, der Kanzleigehilfen und Kanzleigehilfinnen, ständigen Aushilfsdiener und Landpostdiener (2¾ Seiten).

1
[Behandlung der Kriegsaushilfskräfte]

Staatssekretär Dr. U r b a n teilt unter Hinweis auf den Beschluss des Kabinettsrates in seiner letzten Sitzung vom 28. d. M. bezüglich der weiblichen Kriegsaushilfskräfte[3] mit, dass eine Deputation dieser Angestellten bei ihm erschienen sei, eine Reihe von Forderungen erhoben und für den Fall deren Nichterfüllung mit der Veranstaltung eines Streiks in allen Ressorts gedroht habe.

Unterstaatssekretär Dr. Ritter von B e c k gibt eine eingehende Darstellung des Ganges der Verhandlungen mit diesen Angestellten und der bisherigen Verfügungen beziehungsweise Konzessionen der Regierung. Seiner Auffassung nach würde ein weiteres Entgegenkommen in diesen Belangen die Gefahr eines schwerwiegenden Präjudizes heraufbeschwören und eine Reihe bedenklicher Beispielsfolgerungen nach sich ziehen.

---

[1] Das Protokoll trägt den Vermerk *Vertraulich!*
[2] Dr. Emil Kralowsky, Ministerialrat, 1. Jänner 1919 bis 31. August 1923 Leiter der Fachgruppe VII (Verwaltungsrechtliche Angelegenheiten) im Staatsamt für Heereswesen.
[3] Vgl. KRP Nr. 34/14.

Da im Verlaufe der sich hierüber entwickelnden längeren Debatte, an der sich die Staatssekretäre Dr. U r b a n und Dr. K a u p sowie Unterstaatssekretär Dr. von G r i m m beteiligten[4], zutage tritt, dass eine Reihe grundlegender Vorfragen, insbesondere die Frage der Höhe der finanziellen Belastung des Staates im Falle der Gewährung von Teuerungszulagen oder Aushilfen oder Abfertigungen u. dgl., noch ungelöst sei und auch über die Detailforderungen dieser Angestelltengruppe keine volle Klarheit herrsche, beschließt der Kabinettsrat, dass der Vorsitzende in Gemeinschaft mit Staatssekretär Dr. U r b a n und Unterstaatssekretär Dr. von B e c k am morgigen Tage zwecks Klärung dieser Vorfragen mit der Organisation der Kriegsaushilfskräfte zunächst in Fühlung treten[5] solle.[6]

2

[Unterstellung der Filmstelle des ehemaligen Kriegspressequartiers unter die Staatskanzlei]

Der Vorsitzende teilt mit, dass die Filmstelle des ehemaligen Kriegspressequartiers nicht aufgelöst, sondern in staatlicher Verwaltung weiterbetrieben werden soll. Es handle sich nun zunächst um die Frage der Unterstellung dieser Filmstelle unter eines der Ressorts. Ursprünglich hätten die Staatsämter für öffentliche Arbeiten, für soziale Fürsorge und für Unterricht die Angliederung dieser Filmstelle an ihre Ressorts verlangt. Im Verlaufe der einschlägigen Verhandlungen sei jedoch zutage getreten, dass die Filmstelle ein ungemein wertvolles Hilfsmittel für allgemeine Propagandazwecke darstellen würde, weshalb deren Unterstellung unter die Staatskanzlei besonders wünschenswert erschiene. Es sei selbstverständlich, dass diese Filmstelle allen Ressorts ihre Dienste zu leihen haben werde. Der Staatskanzler erbitte sich demgemäß die Zustimmung des Kabinettsrates zur Unterstellung der genannten Filmstelle unter die Staatskanzlei.

Der Kabinettsrat stimmt diesem Antrage zu.[7]

3

[Frage der Übernahme der Militärärzte der österreichisch-ungarischen Wehrmacht in den deutschösterreichischen Heeresdienst]

Staatssekretär Dr. K a u p verweist auf die große Zahl von Eintrittsanmeldungen aktiver Militärärzte des ehemaligen k.u.k. Heeres, der ehemaligen Landwehr und der früheren k.u.k.

4 Vgl. das Stenogramm.

5 Im Konzept ab hier ursprünglich: „...und die erforderlichen Sicherstellungen damit zu veranlassen haben werde."

6 Informationen zur weiteren Behandlung der Kriegsaushilfskräfte finden sich in AdR, BMHV, Allgemeine Reihe, Sektion IV, Zl. 5.683/1919, Behandlung der Kriegsaushilfskräfte anlässlich ihrer Dienstesenthebung. Der Akt enthält eine diesbezügliche Information des Präsidiums des Staatsamtes für Gewerbe, Industrie und Handel vom 3. Februar 1919, der zufolge eine Weiterverwendung von Kriegsaushelfern über den 11. Februar 1919 hinaus nur mit ausdrücklicher Genehmigung zulässig sei und „nur in jenen Fällen ausnahmsweise in Antrag gebracht werden" dürfe, „in denen die Weiterbelassung aus zwingenden dienstlichen Rücksichten unabweislich geboten erscheint". Weiters wurde festgestellt: „Jedem der ausnahmsweise im Dienste belassenen Kriegsaushelfer ist neuerdings ausdrücklich zu bedeuten, dass ihre dienstliche Verwendung selbstverständlich nach wie vor jederzeit durch Entlassung beendigt werden kann. / Alle übrigen Kriegsaushelfer sind sogleich vom Dienste zu entheben."

7 Informationen zur Liquidierung des Kriegspressequartiers finden sich in AdR, StK, GZl. 922/1918, Übernahme des Kriegspressequartiers in staatliche Verwaltung D.Oe. Vgl. weiters GZl. 1.598/1918, Druckereiabteilung des Kriegspressequartiers. Grundsätzliches Aktenmaterial zum Kriegspressequartier findet sich in KA, Feldakten des AOK, Kriegspressequartier 1914–1918, zur Film-Hauptstelle AdR, StK, Materien-Sonderlegung, Staatliche Film-Hauptstelle 1919; vgl. weiters AdR, StK, GZl. 527/1/1919, Errichtung einer Filmstelle bei der Staatskanzlei. Im Zuge von Ersparungsmaßnahmen beschloss der Ministerrat am 19. Juli 1924 die Liquidierung der (Bundes-)Film-Hauptstelle. Vgl. MRP Nr. 337/9.

Marine in die deutschösterreichische Wehrmacht. Insgesamt hätten sich 322 Militärärzte gegenüber einem Bedarf von insgesamt 160 gemeldet. Der sprechende Staatssekretär beabsichtige, Bewerber um eine dienstliche Verwendung als Militärärzte in Deutschösterreich auf die besonderen Schwierigkeiten einer solchen Unterbringung aufmerksam zu machen. Er habe bereits alle Anwärter, die vor dem 31. Oktober v. J. nicht nach Deutschösterreich zuständig waren – es handle sich hiebei um 121 Ärzte – auffordern lassen, den Nachweis ihrer deutschösterreichischen Nationalität zu erbringen. Denselben wurde gleichzeitig bekanntgegeben, dass ihre Weiterbelassung mit Rücksicht auf den sehr beschränkten Bedarf nicht in Aussicht gestellt werden könne und dass die Vorlage ihrer Gesuche noch keineswegs das Anrecht auf eine Anstellung im deutschösterreichischen Staatsdienste bedinge.

Der Kabinettsrat nimmt diese Mitteilungen zustimmend zur Kenntnis.

4

[Gesetzentwurf, betreffend eine besondere Brotauflage im Jahre 1919]

Unterstaatssekretär Dr. von G r i m m teilt mit, dass das Staatsamt der Finanzen auf Grund der letzten Beratungen im Kabinetts- und Staatsrat den Gesetzentwurf, betreffend eine besondere Brotauflage im Jahre 1919[8], neuerlich, und zwar unter Berücksichtigung der diesfalls geäußerten Wünsche, umgearbeitet habe.[9] Insbesondere sei, was die Heranziehung der Grundbesitzer und Pächter zu einer Beitragsleistung betreffe, den im Kabinettsrate vom 21. Jänner d. J. geäußerten Wünschen vollauf Rechnung getragen worden. Der sprechende Unterstaatssekretär erläutert sodann die Details dieses Gesetzentwurfes in dessen letzter Fassung. Da seitens der Staatssekretäre S t ö c k l e r und Dr. R o l l e r noch mehrfache Wünsche rücksichtlich der Fassung der §§ 2 und 3 erhoben werden, beauftragt der Kabinettsrat die beiden Staatssekretäre, diese Detailfragen im Vereine mit Unterstaatssekretär Dr. von G r i m m zur Austragung zu bringen. Die dieser Art endgültig festgesetzte Vorlage wird sodann vom Staatsamte der Finanzen dem Staatsrate zu unterbreiten sein.[10]

Rücksichtlich der in diesem Zusammenhange noch zur Sprache gebrachten Frage der Neubemessung der Brot- und Mehlpreise vertritt Staatssekretär Dr. L o e w e n f e l d - R u ß die Auffassung, dass die seinerzeit in Antrag gebrachten künftigen Brot- und Mehlpreise selbst im Falle einer günstigeren Preisgestaltung auf dem Weltmarkte vorläufig nicht herabgesetzt werden sollten, an den Preisabbau vielmehr erst später zu schreiten wäre.

Unterstaatssekretär Dr. von G r i m m gibt seiner Auffassung dahin Ausdruck, dass der Preis von 4 K für Kochmehl und 1 K 50 h für Brotmehl wenigstens das Prinzip zur Geltung bringen würde, dass der Staat als solcher die Aufwendungen für Lebensmittel keinesfalls zu decken berufen ist, diese Aufwendungen vielmehr den Konsumenten in Form einer Auflage zu belasten haben.

Diese Mehlpreiserhöhung hätte selbstverständlich auch dann einzutreten, wenn die vorliegende Gesetzesvorlage, betreffend die Brotauflage, aus irgendwelchen Gründen von der Nationalversammlung während ihrer bevorstehenden Tagung nicht beschlossen werden sollte.

Der Kabinettsrat nimmt diese Ausführungen zustimmend zur Kenntnis.[11]

---

[8] Vgl. KRP Nr. 33/3 und SRP Nr. 69/III vom 22. Jänner 1919. In der genannten Sitzung des Staatsrates war der Entwurf ausführlich beraten und schließlich an den Kabinettsrat rückverwiesen worden.

[9] Beilage zu Punkt 4: Gesetzesentwurf (2¾ Seiten). Der Gesetzentwurf entsprach dem in KRP Nr. 33/3 geäußerten Wunsch, die Brotauflage, soweit die Grundbesitzer betroffen waren, zugleich mit der Grundsteuer einzuheben. Der Entwurf ist identisch mit der Fassung, die am 1. Februar im Rahmen der 3. Länderkonferenz (KRP Nr. 36) den Ländervertretern zur Erörterung vorgelegt wurde und jener Sitzung als Anhang II angeschlossen ist.

[10] Die genannten Paragraphen unterscheiden sich nicht von der Fassung, die in KRP Nr. 36 behandelt wurde.

[11] Vgl. weiter KRP Nr. 36 und den im Anschluss an jenes Protokoll abgedruckten Anhang II.

5
[Direkte Beschaffung von Lebensmitteln aus dem Auslande durch deutschösterreichische Staatsämter]

Staatssekretär Dr. Loewenfeld-Ruß verweist auf mehrfache Unterhandlungen deutschösterreichischer Staatsämter mit dem Auslande zum Zwecke des Einkaufes von Lebensmitteln für ihre Angestellten. Da der Ankauf entweder im Schmuggelwege oder durch Gewährung von Kompensationen erfolge, würden hiedurch die Lebensmittelpreise ganz ungerechtfertigter Weise in die Höhe getrieben. Besonders im Schmuggelverkehr mit den westungarischen Gebieten habe die gegenseitige Konkurrenz der Staatsämter ein beträchtliches Ansteigen der Preise zur Folge gehabt. Der sprechende Staatssekretär müsse darauf bestehen, dass die Staatsämter in Hinkunft alle Geschäfte, die sich auf die Lebensmittelbeschaffung aus dem Auslande und durch Schleichhändler beziehen, unbedingt unterlassen und dass Anbote dieser Art, welche an Zentralstellen erfolgen, dem Staatsamt für Volksernährung zur Kenntnis gebracht werden.

Auf Grund des Ergebnisses der hierüber abgeführten Debatte, an welcher sich außer dem Vorsitzenden und dem Referenten noch Staatssekretär Jukel und Unterstaatssekretär Dr. von Beck beteiligten[12], gelangt der Kabinettsrat zu dem Beschluss, dass diese Angelegenheit im Wege einer internen Besprechung aller beteiligten Staatsämter unter dem Vorsitz des Staatssekretärs für Volksernährung zu bereinigen sein werde.[13]

6
[Weiterbelassung nichtaktiver Gagisten (Aspiranten) in der aktiven Dienstleistung bis Ende Februar 1919]

Unterstaatssekretär Dr. Waihs erhält auf Grund einer eingehenden Darlegung der Sachlage die Ermächtigung des Kabinettsrates, vom Staatsrat die Bewilligung zur Hinausgabe einer Vollzugsanweisung erbitten zu dürfen, mit welcher die Weiterbelassung nichtaktiver Gagisten (Aspiranten) in aktiver Dienstleistung bis Ende Februar verfügt werden soll. Nach dieser Vollzugsanweisung haben jene nichtaktiven Gagisten (Aspiranten) deutschösterreichischer Staatsbürgerschaft, die bis Ende Jänner 1919 in aktiver Dienstleistung gestanden und noch immer stellenlos und mittellos sind, über ein durch den Nachweis der Mittellosigkeit ergänztes Ansuchen noch bis Ende Februar 1919 im Gebührenbezuge belassen zu bleiben.[14]

Diese Maßnahme werde bei einem Stande von ungefähr 6000 in Betracht kommenden Gagisten einen Aufwand von ca. 3½ Millionen Kronen erfordern.[15]

---

12 Vgl. das Stenogramm.

13 Zum Schleichhandel vgl. auch Johann Loewenfeld-Ruß, Im Kampf gegen den Hunger. Aus den Erinnerungen des Staatssekretärs für Volksernährung 1918–1920. Herausgegeben von Isabella Ackerl (= Studien und Quellen zur österreichischen Zeitgeschichte 6), Wien 1986, S. 223–228.

14 Der folgende Absatz wurde im Konzept handschriftlich ergänzt.

15 Im Staatsrat wurde keine entsprechende Vollzugsanweisung in Vorschlag gebracht. Vgl. zur Angelegenheit AdR, StK, GZl. 706/1919, Zl. 706/1/1919, Weiterbelassung von nichtaktiven, mittel- und existenzlosen Gagisten (Aspiranten) bis 28./II.1919 in aktiver Dienstleistung. Der Akt enthält u. a. eine Note des Staatsamtes für Heereswesen vom 30. Jänner 1919 an alle Landesbefehlshaber und liquidierenden Militärkommandos, betreffend die gegenständliche Maßnahme. Darin wurde auch festgestellt, dass „die nichtaktiven Gagisten zu verständigen" wären, „dass sie auf einen Weiterbezug der Gebühren, sowie auf das Verbleiben in aktiver Dienstleistung über den Monat Februar 1919 hinaus auf gar keinen Fall mehr rechnen dürfen" und dass generell bis Ende Februar „die Demobilisierung der nichtaktiven Militärpersonen der liquid. Armee unbedingt zu beendigen" sei. Vgl. auch SRP Nr. 64 vom 10. Jänner 1919, wo die Regelung der Gebühren der nichtaktiven Gagisten thematisiert wurde.

7

[Auflösung des vom früheren Ackerbauministerium mit der Holzhandelsfirma Glesinger abgeschlossenen Holzlieferungsvertrages]

Staatssekretär Stöckler berichtet über den vom früheren Ackerbauministerium mit der Holzhandelsfirma Glesinger in Wien[16] im Jahre 1906 abgeschlossenen und im September 1914 auf weitere 6 Jahre verlängerten Vertrag auf Lieferung von Holz aus den Forstwirtschaftsbezirken Maria-Zell, Gußwerk und Wegscheid. Da die Zuhaltung des in der Zeit der tiefsten Depression der Holzkonjunktur im September 1914 abgeschlossenen, für das Ärar überaus ungünstigen Holzvertrages vom staatsfinanziellen Standpunkt aus keinesfalls verantwortet werden könnte und der genannten Firma ganz ungerechtfertigter Weise ein Millionengewinn zufließen würde, nehme der sprechende Staatssekretär die sofortige Einstellung der Erfüllung des Vertrages sowie eine Verständigung der Firma des Inhaltes in Aussicht, dass der deutschösterreichische Staat in die Verbindlichkeiten des altösterreichischen Staates einzugehen sich nicht verpflichtet erachte. Im Falle einer Klage der Firma auf Erfüllung des Vertrages könnte das Staatsamt für Landwirtschaft immer noch den Versuch auf Erhöhung der ganz unzulänglichen Vertragspreise machen.[17]

Den gleichen Vorgang beabsichtige das Staatsamt auch bezüglich eines auf derselben Grundlage mit der Holzhandelsfirma Winterberg und Löwy[18] abgeschlossenen Vertrages einzuhalten.

Der Kabinettsrat schließt sich der Auffassung des sprechenden Staatssekretärs an.

8

[Pragmatisierung der staatlichen Vertragsbeamten]

Unterstaatssekretär Dr. von Beck teilt mit, dass auf Grund der am gestrigen Tage abgehaltenen Enquête[19] dem Staatsamte demnächst ein Gesetzentwurf, betreffend die teilweise Änderung des Dienstverhältnisses der Kanzleioffizianten und Kanzleioffiziantinnen, der Kanzleigehilfen und Kanzleigehilfinnen, ständigen Aushilfsdiener und Landpostdiener unterbreitet werden soll.[20] Hienach würden die zur Zeit des Inkrafttretens dieses Gesetzes bereits bestellten Kanzleioffizianten und Kanzleioffiziantinnen zu Staatsbeamten außerhalb des bestehenden Rangklassensystems, und zwar bis zur Aufbesserung ihrer Bezüge sowie Ausgestaltung ihrer Vorrückungsverhältnisse im Rahmen einer neuen Besoldungsordnung

---

16 Es handelte sich um das Wiener Holzhandels- und Bauunternehmen Siegmund Glesinger. Vgl. Compass 1918. Finanzielles Jahrbuch. Band V, Wien 1918, S. 1441.

17 Der folgende Absatz wurde im Konzept handschriftlich ergänzt.

18 Es handelte sich um das Prager Holzhandels- bzw. Sägewerksunternehmen Löwy & Winterberg. Vgl. Compass 1923. Handel und Industrie. Band V: Tschechoslovakei, Prag 1923, S. 919.

19 Vgl. Wiener Zeitung, 30. Jänner 1919, S. 7 f „Besprechung in Angelegenheit der Pragmatisierung der staatlichen Vertragsbeamten".

20 Beilage zu Punkt 8: Gesetzesentwurf (2¾ Seiten). Der Inhalt des Entwurfs ist praktisch identisch mit dem Protokolltext. Er stimmt mit StGBl. Nr. 100, Gesetz vom 5. Februar 1919, betreffend die teilweise Änderung des Dienstverhältnisses der Kanzleioffizianten und Kanzleioffiziantinnen, der Kanzleigehilfen und Kanzleigehilfinnen, ständigen Aushilfsdiener und Landpostdiener, ausgegeben am 13. Februar 1919, abgesehen von sprachlichen und stilistischen Abweichungen überein. Im Zusammenhang mit diesem Gesetz vgl. auch StGBl. Nr. 148, Vollzugsanweisung des Deutschösterreichischen Staatsrates vom 26. Februar 1919, betreffend die teilweise Änderung des Dienstverhältnisses der Kanzleioffizianten und Kanzleioffiziantinnen, der Kanzleigehilfen und Kanzleigehilfinnen, ständigen Aushilfsdiener und Landpostdiener, ausgegeben am 27. Februar 1919; StGBl. Nr. 273, Gesetz vom 6. Mai 1919, womit die Bestimmungen des Gesetzes vom 5. Februar 1919, StGBl. Nr. 100, betreffend die teilweise Änderung des Dienstverhältnisses der Kanzleioffizianten und Kanzleioffiziantinnen, der Kanzleigehilfen und Kanzleigehilfinnen, ständigen Aushilfsdiener und Landpostdiener, teilweise abgeändert werden, ausgegeben am 23. Mai 1919.

vorläufig mit ihren bisherigen Bezügen zu ernennen sein und im übrigen den Bestimmungen des Gesetzes vom 25. Jänner 1914, RGBl. Nr. 15 (D.P.)[21] unterstellt werden.

Soweit der bisherige Jahresbetrag der Entlohnung eines Kanzleioffizianten (Kanzleioffiziantin) einschließlich einer Zulage mindestens den systemmäßigen Bezügen der XI. Rangsklasse, 1. Gehaltsstufe gleichkommt und die für Kanzleibeamte des betreffenden Ressorts geltenden Voraussetzungen erfüllt sind, sei der Betreffende als Staatsbeamter der Zeitvorrückungsgruppe E in die XI. Rangsklasse einzureihen.

Sollte der bisherige Jahresbetrag der Entlohnung eines Kanzleioffizianten (Kanzleioffiziantin) einschließlich einer Zulage den Jahresbetrag der systemmäßigen Bezüge der XI. Rangsklasse, 1. Gehaltsstufe übersteigen, wäre den neuernannten Beamten der höhere Bezug solange zu belassen, bis er den Anspruch auf die entsprechend höheren systemmäßigen Bezüge im Wege der Gehaltsstufe und Zeitvorrückung erworben hat.

Sämtliche Kanzleioffizianten (Kanzleioffiziantinnen), die dermalen noch nicht einen Jahresbetrag der Entlohnung einschließlich einer Zulage beziehen, der den systemmäßigen Bezügen der XI. Rangsklasse, 1. Gehaltsstufe gleichkommen, würden die einem Beamten der XI. Rangsklasse, 1. Gehaltsstufe nach den jeweils bestehenden Vorschriften zukommenden Teuerungszuwendungen erhalten und von 3 zu 3 Jahren um je 200 K vorrücken.

Kanzleigehilfen und Kanzleigehilfinnen, das sind die der Gesamtministerialverordnung vom 25. Jänner 1914, RGBl. Nr. 21, zweites Hauptstück[22] unterstellten Kanzleihilfskräfte, wären nach 3jähriger zufriedenstellender Dienstleistung in der Eigenschaft eines Kanzleigehilfen (Kanzleigehilfin) zu Kanzleioffizianten (Kanzleioffiziantinnen) zu ernennen.

Ständige Aushilfsdiener (das sind die den Verordnungen des Gesamtministeriums vom 15. Oktober 1902, RGBl. Nr. 200[23] und vom 27. September 1911, RGBl. Nr. 193[24] unterstehenden Aushilfsdiener) wären nach 3jähriger zufriedenstellender Dienstleistung zu Amtsdienern zu ernennen.

Die 3 Jahre übersteigende Vordienstzeit wäre mit der Hälfte zur Vorrückung in eine höhere Gehaltsstufe anzurechnen.

Landpostdiener, die eine 3jährige zufriedenstellende Dienstleistung aufweisen, wären zu ständigen Aushilfsdienern der Post- und Telegraphenanstalt zu bestellen und nach einer weiteren 3jährigen Dienstleistung als ständige Aushilfsdiener zu Amtsdienern zu ernennen.

Die näheren Vorschriften über die Vornahme der Ernennungen (Bestellungen), insbesondere bezüglich der allgemeinen Erfordernisse in den Fällen der §§ 3–5[25], hätten durch Vollzugsanweisungen zu erlassenden Dienstanordnungen vorbehalten zu bleiben.

Für diese Ernennungen (Bestellungen) und Einreihungen hätte das Gesetz vom 19. April 1872, RGBl. Nr. 60 kein Hindernis zu bilden.[26]

---

21 RGBl. Nr. 15, Gesetz vom 25. Jänner 1914, betreffend das Dienstverhältnis der Staatsbeamten und der Staatsdienerschaft (Dienstpragmatik), ausgegeben am 27. Jänner 1914.

22 RGBl. Nr. 21, Verordnung des Gesamtministeriums vom 25. Jänner 1914, betreffend das Kanzleihilfspersonal bei den staatlichen Behörden, Ämtern und Anstalten, ausgegeben am 27. Jänner 1914, §§ 71–80.

23 RGBl. Nr. 200, Verordnung des Gesamtministeriums vom 15. Oktober 1902, betreffend die bei staatlichen Behörden, Ämtern und Anstalten verwendeten Aushilfsdiener, ausgegeben am 16. Oktober 1902.

24 RGBl. Nr. 193, Verordnung des Gesamtministeriums vom 27. September 1911, womit einige Bestimmungen der Verordnung vom 15. Oktober 1902, RGBl. Nr. 200, betreffend die bei staatlichen Behörden, Ämtern und Anstalten verwendeten Aushilfsdiener abgeändert werden, ausgegeben am 30. September 1911.

25 Diese Paragraphen betrafen im Entwurf wie in der endgültigen Fassung die Kanzleigehilfen und Kanzleigehilfinnen, die ständigen Aushilfsdiener und die Landpostdiener.

26 RGBl. Nr. 60, Gesetz vom 19. April 1872, über die Verleihung von Anstellungen an ausgediente Unteroffiziere, ausgegeben am 4. Mai 1872. Dieses Gesetz bestimmte u. a., unter welchen Voraus-

Mit dem Vollzuge dieses Gesetzes, das mit 1. März 1919 in Kraft traten soll, würden die Staatsämter zu betrauen sein.

Ministerialrat Dr. K r a l o w s k y vertritt die Auffassung, dass jene Stellen, welche während des Krieges für die Zertifikatisten[27] offen gehalten wurden, durch die Überführung der Vertragsangestellten in den pragmatischen Stand nicht konsumiert werden dürften.[28] Es handle sich hiebei um 120 Beamten- und 950 Diener-Stellen. Hierauf müsse unbedingt bei dieser Gesetzesvorlage Rücksicht genommen worden. Redner beantragte demgemäß die Aufnahme folgender Bestimmung in die Gesetzesvorlage: „Hiebei haben jedoch die zur Wahrung der Interessen der anspruchsberechtigten Unteroffiziere nicht besetzten, unmittelbar vor dem Kriege oder während desselben erledigten Dienstposten außer Betracht zu bleiben. Bis auf weiteres dürfen Neuaufnahmen von Kanzleigehilfen und Kanzleigehilfinnen, ständigen Aushilfsdienern und Landpostdienern nicht stattfinden."[29]

Der Kabinettsrat stimmt dem Antrage des Unterstaatssekretärs Dr. von B e c k zu und beschließt weiters, dass rücksichtlich der Anregung des Ministerialrates Dr. K r a l o w s k y noch interne Beratungen zwischen den Staatsämtern für Heerwesen und für Finanzen abzuhalten sein werden; sollte eine diesfällige Vereinbarung nicht zustande kommen, werden die einzelnen Differenzpunkte in der dem Staatsrate zu unterbreitenden Gesetzesvorlage ausdrücklich anzuführen und wird dem letzteren die bezügliche Entscheidung zu überlassen sein.[30]

Schluss der Sitzung ½ 7 Uhr abends.

---

setzungen Unteroffiziere den Anspruch auf eine Anstellung im öffentlichen Dienst erwarben. Das konnte durch zwölfjährigen Dienst (davon mindestens acht Jahre als Unteroffizier) im stehenden Heer, bei der Kriegsmarine oder bei der Landwehr geschehen (§ 1) oder unabhängig von den Dienstjahren, wenn der Unteroffizier „vor dem Feinde oder in Ausübung des öffentlichen Sicherheitsdienstes durch Verletzung für den Militärdienst untauglich geworden" war (§ 2).

27 Gemeint waren Unteroffiziere, die gemäß § 7 des RGBl. Nr. 60/1872 eine Bestätigung (Zertifikat) des Kriegsministeriums bzw. des Ministeriums für Landesverteidigung darüber erhalten hatten, dass sie „den Anspruch auf eine vorbehaltene Dienerstelle oder auf den Vorzug bei Verleihung von Beamtenstellen erlangt" hatten.

28 Vgl. auch Kralowskys entsprechenden Hinweis in SRP Nr. 69/VII d vom 22. Jänner 1919.

29 Material zu Fragen, die mit den Zertifikatisten zusammenhingen, u. a. auch zur Besetzung ihnen vorbehaltener Dienstposten, findet sich in AdR, StK, GZl. 166/1919, weiters auch in GZl. 793/1919.

30 Zur Beschlussfassung über das Gesetz vgl. SRP Nr. 71/VII vom 3. Februar 1919. Diverse Eingaben, Entschließungen etc., die mit dieser Materie im Zusammenhang stehen, finden sich in AdR, StK, GZl. 246/4/1919, Teilweise Änderung des Dienstverhältnisses der Kanzleioffizianten und Kanzleioffiziantinnen, Kanzleigehilfen und Kanzleigehilfinnen, der ständigen Aushilfsdiener und der Landpostdiener. Weitere Informationen zur Beschlussfassung über dieses Gesetz und seine Hintergründe finden sich in AdR, StK, GZl. 736/1919.

Stenogramm vom 30. Jänner 1919

1.

Urban: Deput.[ation] erschienen, Entlassung der Aushilfskräfte. Für Februar nur gehalten, aber nicht Teuerungszulage, sonst Drohung mit Streik bei allen Ressorts. Gestern im Staatsrat; Antrag Ofner[31] [aus] dem volkswirtschaftlichen Amt.

Beck: Die Kriegsaushilfskräfte sind aufgenommen worden gegen sofortige Kündigung und Entlassung. [Das wurde] im Kabinetts- und Staatsrat als zu weitgehend befunden und beschlossen, das Handlungsgehilfengesetz in Anwendung zu bringen (6-wöchentliche Kündigung): [sie erhalten im] Jänner volle Bezüge samt Teuerungszulage, im Februar nur die um die Teuerungszulage verminderten Bezüge. Behandlung also eine sehr weitgehende. In der Zwischenzeit eine Art Novelle zum Handlungsgehilfengesetz herausgekommen, welche eine Einstellung der Kündigung bis 31./1. vorsieht und 4 Monate noch die Leute zu belassen. Ofner glaubt nun, dass diese Novelle auch bei den staatlichen Betrieben eintritt. Das würde in die bereits ruhenden Verhältnisse eine solche Unordnung hineinbringen, dass nicht abzusehen ist, wie in Ordnung zu bringen.

Der Antrag Ofners wurde der volkswirtschaftlichen Kommission zur Berichterstattung an den Staatsrat überwiesen.

Frage, wie sich die Regierung dazu zu stellen hätte. Frage der Ordnung und finanzielle Frage.

Ordnungsfrage: Das Vorgehen war diesen Leuten gegenüber ein sehr humanes. Wenn man gegen diese schon in Abwicklung begriffenen Verhältnisse eine Änderung eintreten lässt, man gar nicht in Ordnung kommt.

Finanzielle [Frage]: nicht zu überblicken, mit wie vielen Personen man es zu tun hat, wenn man etwa noch eine Teuerungszulage für Februar geben würde. Meiner Ansicht wünschenswert, dass man bei dem bereits gefassten Beschluss bleibt und nicht nachgibt.

Renner: Durch die Änderung des Handlungsgehilfengesetzes ist ein unangenehmes Präjudiz geschaffen. Die Leute sind noch im Dienst, bekommen aber verminderte Bezüge, haben keine Arbeit, können sich aber doch wieder nicht bewerben. Es wäre besser, wenn sie einen bestimmten Betrag auf die Hand bekämen und gleich austreten könnten. Also besser, sie mit einem Betrag abzufertigen.

Kaup: Frage der liquidierenden Mannschaft des Heereswesens; jedes einseitige Vorgehen ist von der schwersten Konsequenz begleitet. Deutsch ist entschieden gegen eine Abfertigung.

Renner: Glaube nicht, dass ein Hinübergreifen zu befürchten wäre (hier handelt sich um Mädchen, die die Männer ersetzt haben während des Krieges).

Urban: Aus dem Kredit für die Heimkehrer könnten sie bekleidet werden.

~~Grimm~~:

Renner: Wenn [wir] 100 Kronen [für] jedes von den 5.000 Mädchen -.

Grimm: Dann werden auch die schon Entlassenen wiederkommen.

Renner: Man sollte ihnen sagen, dass wir nur eine Abfertigung geben können.

Antrag, die Leute herkommen lassen und mit ihnen verhandeln. Morgen 11h durch Urban und Renner und Vertreter des Staatsamtes für Finanzen die Verhandlungen [führen]: Noch im Februar Teuerungszulage. Sie können schon am 2.II. austreten und bekommen am 15./2. die Abfertigung.

2.

[Renner:] Filmstelle. Wir haben hier eine eigene nationale Propaganda-Abteilung. Bittet, die Filmstelle der Staatskanzlei zu unterstellen.

Genehmigt.

---

31 Dr. Julius Ofner, 21. Oktober 1918 bis 16. Februar 1919 Mitglied der Provisorischen Nationalversammlung, Deutschfreiheitliche Vereinigung Wiener Abgeordneter, 30. Oktober 1918 bis 14. März 1919 Mitglied des Staatsrates, 5. November 1918 bis 4. Mai 1919 Mitglied der provisorischen Landesversammlung Niederösterreich.

3.[32]
Mitteilung Kunschak[33] Beschwerde, dass eine Dep.[utation] mehrfach verunglückt ist.
Mitteilungen zur Kenntnis.

4.
Kaup: Übersicht ausarbeiten lassen, über die Zahl der aktiven Militärärzte, die für die Aufnahme in Deutsch-Österreich in Betracht kommen. 322 Militärärzte.
Unser Bedarf an Militärärzten insgesamt 160. ~~Wir müssen daher Gruppen bilden~~.
231 Ärzte, die schon vor 31./10.'18 im deutsch-österreichischen Staatsgebiet zuständig [waren]; 6 Ärzte, die auch deutscher Nationalität sind und Staatsbürger[schaft] erworben haben nach dem 31./10.; 73 mit deutscher Muttersprache, die im tschechoslowakischen Teil ... zuständig.
Frage, ob diesen 121 Ärzte nicht eine Aufforderung zugehen soll ...
Keine Einwendung.
[Am Rand:]
322
121

201

5.
Loewenfeld-Ruß: Noch immer ein Defizit von 115 Millionen. Aufgrund der neuesten Notierungen würde das Getreide uns nur etwas über 100 Kronen zu stehen kommen, gerechnet durch eine neutrale Währung. Also anzunehmen, dass bei den in diesen Tagen beginnenden finanziellen Verhandlungen auf eine günstigere Entwicklung gerechnet werden kann. Dennoch aber möchte der Redner den Mehlpreis auf diese Höhe bringen, und später das Mehl abzubauen. Die Brotauflage aber soll jedenfalls bleiben.
Grimm: ~~Trotz Rücksicht auf die Herabsetzung der Frachten~~ -. Der Preis von 4 Kronen und 1.50 sichert uns wenigstens das Prinzip, dass der Staat als solcher die Lebensmittelpreise zu decken [nicht] berufen ist, sondern [man] in Form einer Auflage den Konsumenten selbst belastet.
Redner bespricht die Details der Vorlage. 1.) Grundbesitz; 2.) Höherbemittelte: Licht[34] wollte 5.000 Kronen, höchstens 8.000 Kronen; Ofner über -.
Renner: Montag im Staatsrat, Dienstag eingebracht, bis Donnerstag im Ausschuss ohne Commission, Donnerstag in der II. und III. Lesung.
Grimm: Wenn nicht erledigt, müsste doch die Mehlpreis-Erhöhung eintreten.
Stöckler: Fink[35] [erklärte]: Wer es eingekauft, der hat den Scherben auf.[36] Die Brotauflage von Grundbesitz soll in Raten eingehoben werden; jedoch Abbau, ev.[entuell] die letzten Raten nicht mehr.
Roller: Betreffend §3.
Renner: Grimm mit Stöckler und Roller noch über diese Punkte zusammensetzen und Ermächtigung, diese Vorlage für den Staatsrat umzuarbeiten.

---

32 Dieser Punkt wurde in der Reinschrift nicht berücksichtigt. Mangels eines Tagesordnungskonzepts ist unklar, worum es ging.

33 Leopold Kunschak, Chefredakteur der „Christlichsozialen Arbeiterzeitung", 1909 bis 12. Februar 1934 Mitglied des Wiener Gemeinderates, CSP, 1913 bis 1919 Mitglied der Niederösterreichischen Landesregierung, 4. März 1919 bis 9. November 1920 Mitglied der Konstituierenden Nationalversammlung.

34 Dr. Stefan Edler von Licht, 21. Oktober 1918 bis 16. Februar 1919 Mitglied der Provisorischen Nationalversammlung, DnP, 30. Oktober 1918 bis 14. März 1919 Ersatzmann des Staatsrates, 1918 bis 1919 externer Mitarbeiter der Staatskanzlei in Verfassungsangelegenheiten.

35 Dr. Jodok Fink, 21. Oktober 1918 bis 16. Februar 1919 Mitglied der Provisorischen Nationalversammlung, CSP, 30. Oktober 1918 bis 14. März 1919 Mitglied des Staatsrates, 15. März 1919 bis 24. Juni 1920 Vizekanzler.

36 Umgangssprachlich: das Nachsehen haben.

3.
Loewenfeld-Ruß: Bittet, dass das in Hinkunft nicht mehr gemacht wird.
Renner: -.
Beck: Es ist eine zwischenstaatsamtliche Kommission eingesetzt worden zur Beschaffung der rayon.[ierten] Artikel. Es hat sich gezeigt, dass das Amt für Volksernährung hier nicht ausgereicht hat, da die Beamten viel schlechter dran sind als die übrigen (Rucksackverkehr). Auch vom Staatsangestelltenausschuss Kredit eingeräumt. Beschaffung der Lebensmittel wurde vom Staatsamt für Finanzen besorgt; Verteilung durch die Hauptwirtschaftsstelle. Frage: Ist das Kabinett bereit, den Staatsangestellten Lebensmittel als Zubuße in erhöhterem Maße zukommen zu lassen oder nicht; wenn ja, so muss diese Aktion fortgeführt werden.
Mehl in Hinkunft in Teigwaren. Appell an Loewenfeld, eine andere Haltung einzunehmen.
Jukel: Dann geht's mit dem Verkehr auch nicht weiter, wenn wir keine Zubuße bekommen.
Loewenfeld-Ruß: Die Sache ist nicht so einfach, als sie ausschaut. Damals als [die] Comm.[ission] zusammengetreten [ist], war die Sache anders (Polen, Ukraine). Heute aber concurrenzieren wir uns im nahen Grenzverkehr. Redner möchte nur nicht, dass der Einkauf selbst vom Staatsamt für Finanzen weiter betrieben wird. Dem Amt für Volksernährung die Anbotübernahme [überlassen] und die Vermittlung in Anspruch nehmen, damit nicht gegenseitig überboten wird.
Beck: Die Sache muss nicht im Kabinettsrat zur Austragung kommen. Wir möchten uns zusammensetzen mit Loewenfeld um die Sache unter uns zu bereinigen.
Wird im [Staatsamt für] Volksernährung ausgetragen werden.

Waihs: Dass die Personaldemobilisierung endgültig mit Ende Februar durchgeführt wird. Nichtaktive Gagisten.
Grimm: -.

Stöckler: Glesinger.
Ein zweiter Vertrag mit der Firma Löwy u. Wintersberg[37].
Antrag: Kabinett möge beschließen, dass aufgrund dieser Ausführungen ... die Erfüllung des Vertrages einzustellen ist.
Weiterer Antrag: Gesetzesvorlage auszuarbeiten, um sich zu sichern gegen den Prozess.
Grimm: Die Frage der Eigentumsverhältnisse bei Forsten wird in der nächsten Zeit die Liquidierung beschäftigen. Gesetz wäre gefährlich, weil wir die Nationalstaaten reizen.
Gesetz schon vorhanden, dass die Verbindlichkeiten gegenüber dem früheren Ärar bestehen bleiben, aber eine Exek.[ution] ausgeschlossen ist.
Beschluss: Die Gesetzesfrage wird studiert.

Stöckler: Landwirtschaftliche Maschinen; wir waren bisher sehr im Rückstand, jetzt im Ausland.[38]
Renner: Wie sich die Sache real darstellt? Besteht denn ein Monopol für diese Maschinen? Dann: warum braucht man Geldmittel vom Staat? Die Fabriken werden gar kein Staatskapital brauchen. Staatsamt für Handel hat gebeten, diesen Gegenstand zurückzustellen, weil es verhindert ist, an der Beratung heute teilzunehmen. Wir können dieses Staatsamt nicht zurückstellen.
Grimm: Es muss noch eine ganze Reihe von Fragen geklärt werden. Besprechung noch vor der Kabinettssitzung (unter Beiziehung des Staatsamtes für Übergangs[wirtschaft]).

Beck: Im Staatsangestelltenausschuss ist beschlossen worden, über den Antrag Forstner[39] einen Antrag an die Nationalversammlung zu stellen ...

---

37 Richtig: Winterberg.
38 Diese Ausführungen wurden in der Reinschrift nicht berücksichtigt.
39 August Forstner, Sekretär der Gehilfenkrankenkasse der Genossenschaft der Groß- und Kleinfuhrwerksbesitzer, 21. Oktober 1918 bis 16. Februar 1919 Mitglied der Provisorischen Nationalversammlung, SdAP. Zum Antrag Forstners, betreffend die Pragmatisierung der staatlichen Vertragsbeamten, vgl. SRP Nr. 69/VII vom 22. Jänner 1919.

Enquete gestern stattgefunden. Die Einwendungen der Regierung (dass wir ohnedies uns beschäftigen müssen mit einer neuen Lohnreform für die Staatsangestellten im allgemeinen von dem Gesichtspunkt aus, dass ein gesetzliches Hindernis im Zertif.[ikatisten]-Gesetz besteht. Bedenken finanzieller Natur: 40–50 Millionen nach Antrag Forstner), es wurde eine Vereinbarung getroffen: ~~Man möge ein Gesetz schaffen~~ -.

~~Teuerungszulage der II. Rangsclasse zukommen und Vorrückungsverhältnisse~~ -.

In Aussicht genommen, diesen Gesetzentwurf in den nächsten Staatsrat zu bringen und dann noch in die Nationalversammlung der nächsten Woche zu bringen.

K r a l o w s k y: Jene Stellen, welche während des Krieges für die Zert.[ifikatisten] offen gehalten wurden, [dürfen] nicht konsumiert werden durch die Überführung der Vertragsangestellten in den prag.[matischen] Stand. Zählung wurde vorgenommen: 120 Beamtenstellen und 950 Dienerstellen. Bei dieser Gesetzesvorlage soll also darauf Rücksicht genommen werden.

~~Die Posten der Zert.[ifikatisten] sollen als systemisierte~~ -.

Antrag: in den §6 des Gesetzentwurfes: „Hierbei haben jedoch die zur Wahrung der Interessen der anspruchsberechtigten Unteroffiziere nicht besetzten, unmittelbar vor dem Krieg oder während desselben erledigten Dienstposten außer Betracht zu bleiben. Bis auf weiteres dürfen Neuaufnahmen von Kanzleigehilfen, Kanzleigehilfinnen und Aushilfsdienern, Landpostdiener nicht stattfinden.“

Beratung miteinander fortzuführen, wo eine Vereinbarung nicht möglich ist, in der Vorlage die ~~Widersprüche~~ Gegensätze zu bezeichnen.

½7

36.[1]

[3. Länderkonferenz]

[Freitag/Samstag] 1919-01-31/02-01

Vorsitz: Renner, Schoepfer[2]

Anwesend: Angerer[3], Bauer, Beck, Castell[4], Ender[5], Fink[6], Frank[7], Freißler[8], Glöckel, Graefenstein[9], Grimm, Gruber[10], Hanusch, Hauser, Jenny[11], Jokl[12], Jukel, Kaan[13], Kaup, Langenhan[14], Loewenfeld-Ruß, Marckhl, Mataja, Mayer[15], Mittelberger[16], Neutzler[17], Ott[18], Pacher,

---

1 Das Protokoll trägt den Vermerk *Vertraulich!*

2 Dr. Aemilian Schoepfer, Mitbegründer der CSP, 1896 bis 1923 Abgeordneter zum Landtag Tirol, 30. Oktober 1918 bis 14. März 1919 Mitglied des Staatsrates. Schoepfer wurde im Originalprotokoll doppelt verzeichnet, und zwar als vortragender Staatsrat sowie als Vertreter für Staatskanzler Renner in seiner Eigenschaft als Vorsitzender.

3 Dr. Hans Angerer, 1907 bis 1933 Abgeordneter zum Landtag Kärnten, 4. März 1919 bis 9. November 1920 Mitglied der Konstituierenden Nationalversammlung, GdP.

4 Dr. Bruno Graf Castell-Rüdenhausen, Hofrat, Präsidialchef der niederösterreichischen Statthalterei, 20. März 1919 bis 27. November 1922 Landesamtsdirektor von Niederösterreich.

5 Dr. Otto Ender, 27. Dezember 1918 bis 9. Dezember 1930 und 14. Juli 1931 bis 24. Juli 1934 Landeshauptmann von Vorarlberg, 4. Dezember 1930 bis 20. Juni 1931 Bundeskanzler.

6 Dr. Jodok Fink, 21. Oktober 1918 bis 16. Februar 1919 Mitglied der Provisorischen Nationalversammlung, CSP, 30. Oktober 1918 bis 14. März 1919 Mitglied des Staatsrates, 15. März 1919 bis 24. Juni 1920 Vizekanzler.

7 Dr. Gustav Frank, Landesgerichtsrat, stellvertretender Landesverweser von Kärnten, CSP.

8 Dr. Robert Freißler, 21. Oktober 1918 bis 16. Februar 1919 Mitglied der Provisorischen Nationalversammlung, Deutsche Volkspartei, 30. Oktober 1918 bis 14. März 1919 Mitglied des Staatsrates, 2. November 1918 Übernahme der landesfürstlichen und autonomen Gewalt in Troppau als designierter Landeshauptstadt der Provinz Sudetenland.

9 Vermutlich Dr. Friedrich (Fritz) Graefenstein Edler von Grafenwald, Statthaltereisekretär der k.k. Statthalterei in Graz, Leiter der Kanzleivorstehung der Statthalterei, dann Regierungsrat und später Hofrat der steiermärkischen Landesregierung, Geschäftsführer der Steiermärkischen Landesdruckerei.

10 Josef Gruber, 1918 bis 1934 Abgeordneter zum Landtag Oberösterreich, SdAP, 18. November 1918 bis 17. Mai 1931 Landeshauptmannstellvertreter von Oberösterreich.

11 Dr. Friedrich Jenny, Hofrat, Statthaltereirat bei der k.k. Statthalterei in Graz, danach Beamter der steiermärkischen Landesregierung

12 Hans Jokl, 21. Oktober 1918 bis 16. Februar 1919 Mitglied der Provisorischen Nationalversammlung, SdAP, Stellvertreter von Dr. Robert Freißler.

13 Dr. Wilhelm von Kaan, 6. November 1918 bis 27. Mai 1919 Landeshauptmann von Steiermark.

14 Dr. Philipp von Langenhan, Handelskammersekretär in der Bukowina, 21. Oktober 1918 bis 16. Februar 1919 Mitglied der Provisorischen Nationalversammlung, DnP, 12. November 1918 bis 14. März 1919 Mitglied des Staatsrates, ab 1919 Obmann des Sudetendeutschen Heimatbundes in Österreich.

15 Johann Mayer, 1890 bis 1922 mehrmals Abgeordneter zum Landtag Niederösterreich, 21. Oktober 1918 bis 16. Februar 1919 Mitglied der Provisorischen Nationalversammlung, CSP, 5. November 1918 bis 10. November 1920 Landeshauptmannstellvertreter von Niederösterreich, 10. November 1920 bis 9. Juni 1922 Landeshauptmann.

16 Dr. Johann Josef Mittelberger, ab 1918 Mitglied der provisorischen Landesversammlung Vorarlberg, CSP, ab 1919 Abgeordneter zum Landtag Vorarlberg.

17 August Neutzler, Landesrat, 1918 bis 1923 Mitglied der Kärntner Landesregierung, 1. Dezember 1920 bis 6. November 1923 Mitglied des Bundesrates, SdAP, 1923 bis 1932 Landeshauptmannstellvertreter von Kärnten.

18 Maximilian Ott, 1902 bis 1932 Abgeordneter zum Landtag Salzburg, GdP, 1912 bis 1919 und 1927 bis 1935 Bürgermeister von Salzburg, 29. November 1918 bis 4. Mai 1922 Landeshauptmannstellvertreter von Salzburg.

Pilz[19], Pongratz[20], Preußler[21], Pusch[22], Rehrl[23], Reut-Nicolussi[24], Riedl, Roller, Roßkopf[25], Schlegel[26], Steiner[27], Steinwender, Stöckler, Urban, Wallenstorfer, Weiskirchner[28], Wutte[29], Zerdik

Zugezogen: Grünwald[30], Wenedikter[31]

Schriftführer: unbekannt

Dauer: 10.00–17.40 Uhr[32]
9.30–13.20 Uhr

Reinschrift (gedruckt)

Inhalt:

– Protokoll über die 3. Länderkonferenz am 31. Jänner und 1. Februar 1919.

Staatskanzler Dr. **Renner**: Verehrte Herren! Ich erkläre die dritte Länderkonferenz[33] für eröffnet.

Die Wahlen zur konstituierenden Nationalversammlung rücken näher.[34] Wenn die Konstituante zusammentritt, ist die Legalisierung unserer zentralen Körperschaft und der Trägerin

19 Dr. Paul Pilz, bis 1918 Landessekretär bei der k.k. Landesverwaltungskommission Böhmen, Dezember 1918 der Landesregierung für Deutschböhmen zugewiesen.

20 Josef Pongratz, 21. Oktober 1918 bis 16. Februar 1919 Mitglied der provisorischen Nationalversammlung, SdAP, November 1918 bis Dezember 1930 Landeshauptmannstellvertreter von Steiermark.

21 Robert Preußler, 1918 bis 1934 Landeshauptmannstellvertreter von Salzburg, 4. März bis 21. Mai 1919 Mitglied der Konstituierenden Nationalversammlung, SdAP.

22 Dr. Karl Pusch, ab 1918 Mitglied der provisorischen Nationalversammlung Tirol, Tiroler Volkspartei, 1918 bis 1919 und 1928 bis 1929 Landeshauptmannstellvertreter von Tirol, bis 1929 Abgeordneter zum Landtag Tirol und bis 1933 Mitglied der Tiroler Landesregierung.

23 Dr. Franz Rehrl, 1918 bis 1919 Mitglied der provisorischen Landesversammlung von Salzburg, CSP, 23. April 1919 bis 4. Mai 1922 stellvertretender Landeshauptmann von Salzburg, 24. November 1920 bis 2. Mai 1934 Mitglied des Bundesrates, 4. Mai 1922 bis 12. März 1938 Landeshauptmann von Salzburg.

24 Dr. Eduard Reut-Nicolussi, 4. April bis 18. November 1919 Mitglied der Konstituierenden Nationalversammlung, CSP, 1921 bis 1924 Abgeordneter für Südtirol im italienischen Parlament.

25 Dr. Johann Roßkopf, Magistratsrat extra statum der Stadt Wien, zuständig für Teilbereiche der Lebensmittelversorgung.

26 Dr. Josef Schlegel, 27. Oktober 1903 bis 1. März 1934 Abgeordneter zum Landtag Oberösterreich, CSP, 21. Oktober 1918 bis 16. Februar 1919 Mitglied der Provisorischen Nationalversammlung, ab 30. Oktober 1918 Mitglied des Staatsgerichtshofes.

27 Leopold von Steiner, 5. November 1918 bis 4. Mai 1919 Mitglied der provisorischen Landesversammlung Niederösterreichs, CSP, 5. November 1918 bis 20. Mai 1919 Landeshauptmann von Niederösterreich, 20. Mai 1919 bis 10. November 1920 Landeshauptmannstellvertreter.

28 Dr. Richard Weiskirchner, Handelsminister a. D., 1910 bis 1919 Mitglied des Wiener Gemeinderates, CSP, 23. Dezember 1912 bis 22. Mai 1919 Bürgermeister der Stadt Wien.

29 Dr. Viktor Wutte, Präsident des steiermärkischen Wohlfahrtsausschusses, 6. November 1918 bis 27. Mai 1919 Mitglied der steiermärkischen Landesregierung, 4. März 1919 bis 9. November 1920 Mitglied der Konstituierenden Nationalversammlung, DnP.

30 Dr. Paul Grünwald, Oberfinanzrat im Staatsamt der Finanzen, 1918 bis 1921 stellvertretender Staatskommissär bei der Allgemeinen Verkehrsbank.

31 Richard Wenedikter, Sektionschef, ab 10. Dezember 1918 Leiter der legislativen Sektion im Staatsamt des Innern.

32 Die Sitzung wurde am ersten Tag, wie dem Protokoll zu entnehmen ist, um 13.25 Uhr unterbrochen, die Dauer der Unterbrechung wurde jedoch nicht vermerkt.

33 Zu den ersten beiden Länderkonferenzen vgl. KRP Nr. 15 und Nr. 28.

34 Die Wahlen fanden am 16. Februar 1919 statt.

der eigentlichen Staatssouveränität vollzogen. Damit rückt aber auch die Aufgabe der Verfassungsreform und der mit ihr zusammenhängenden Verwaltungsreform näher. Es wird nottun, dass deshalb jene Körperschaften, die neben dem Staate an der Verfassungsreform in erster Linie interessiert sind, die Länder, sich darüber Klarheit verschaffen, in welcher Richtung die Verfassungsreform vorgenommen und das Einverständnis zwischen der Staatsregierung und den Landesregierungen über die Ziele einer Verfassungsreform geschaffen werden soll.

Die bisherigen Gesetze der Provisorischen Nationalversammlung waren im Wesentlichen nur Überleitungsgesetzgebung. Wir haben keinen anderen Ehrgeiz gehabt, als die Einrichtungen, die wir von dem untergegangenen österreichischen Staate, beziehungsweise dem österreichisch-ungarischen Reiche übernommen haben, auf Deutschösterreich hinüberzuleiten und anders zu fundamentieren, das ist an Stelle der monarchischen Ordnung die Ordnung des freien Staates herzustellen. Wesentliche und durchgreifende Reformen, die nicht mit diesem Ziele zusammenhängen, sind bewusst vermieden worden, um Verzögerungen zu vermeiden. Die Überleitungsarbeit allein hat natürlich eine große Zahl von Gesetzen notwendig gemacht; sie sind noch nicht alle beschlossen, aber mit der nächsten Tagung der Nationalversammlung werden sie beschlossen sein. Wir werden auch die Obersten Gerichtshöfe, den Rechnungshof usw. auf eine neue Basis gestellt und damit eine provisorische Ordnung hergestellt haben, die geeignet ist, uns in Ruhe die Verfassungsarbeiten vollziehen zu lassen. Die im Amt befindliche Volksvertretung war ja ein willkürliches Gebilde, sie war insbesondere deshalb anfechtbar, weil die Wahlen sehr weit zurückliegen.[35] Die Wahl zur Konstituante wird nun die Volksvertretung legalisieren.

Diese Arbeit der Legalisierung ist jedoch in einem Punkte, in Bezug auf die Landesversammlungen und die Gemeindevertretungen, noch nicht vollzogen. Die jetzt arbeitenden Landesversammlungen und die Gemeindevertretungen sind improvisiert worden. Nach dem Grundgesetze vom 12. November 1918 wären insbesondere die Gemeindevertretungen innerhalb dreier Monate neu zu wählen gewesen.[36] Ich fürchte sehr, ich bin vielmehr dessen gewiss, dass wir diesen Termin nicht mehr einhalten können, wir haben aber die uns durch die Verfassung auferlegte Pflicht wenigstens so bald als möglich zu erfüllen. Die Landesversammlungen haben sich durch einen revolutionären Akt gebildet, wie es eben die Umstände ergeben haben, in der Regel durch ein Kompromiss aller Volksparteien, sie enthalten heute einen Teil noch im alten Sinne legal gewählter, einen Teil kooptierter Mitglieder, und es wäre deshalb die Überleitungsarbeit erst dann vollendet, wenn auch in den Landesversammlungen und in den Gemeindevertretungen legal gewählte Vertreter säßen. Diese Arbeit steht noch aus; sie gehört zu dem ersten Zyklus von Arbeiten, die zu machen sind. Ich möchte nicht und es empfiehlt sich nicht, dass die Konstitution unter der Mitwirkung von Körperschaften gemacht wird, die nicht schon aus neuen Volkswahlen in legaler Weise hergestellt worden sind. Aus diesem Grunde hat sich die Staatskanzlei verpflichtet gesehen, dem Staatsrate und den im Staatsrate vertretenen Parteien einen Entwurf vorzulegen, den ich auch heute wieder verteilt habe, einen Entwurf „über den Ablauf der Funktionsdauer der Provisorischen Landesversammlungen und Gemeindevertretungen und die Vornahme von Neuwahlen in den Ländern und Gemeinden". (Anhang I.)[37]

Ich habe mir erlaubt, diesen Entwurf auch den Herren Landeshauptleuten in drei Exemplaren vertraulich zuzusenden; hoffentlich haben Sie ihn alle bekommen. *(Rufe: Wir haben*

---

[35] Renner bezog sich auf die Reichsratswahlen 1911, auf Basis deren Ergebnisses sich die Provisorische Nationalversammlung am 21. Oktober 1918 konstituiert hatte.

[36] StGBl. Nr. 5, Gesetz vom 12. November 1918 über die Staats- und Regierungsform von Deutschösterreich, ausgegeben am 15. November 1918. Artikel 10 besagte u. a.: „Die Gemeindewahlordnung wird noch durch die Provisorische Nationalversammlung festgesetzt, die Neuwahl der Gemeindevertretungen erfolgt binnen drei Monaten."

[37] Anhang I wird im Anschluss an den Protokolltext vollständig wiedergegeben.

nichts bekommen, wir wissen gar nichts davon!) Ich habe persönlich jedem der Herren Landeshauptleute drei Exemplare zusenden lassen. *(Ruf: Wann?)* Es war vor ungefähr drei oder vier Wochen, bevor ich den Entwurf im Staatsrate vorgelegt habe. Diese Vorlage ist nun über meinen Rat im Staatsrate zunächst nicht behandelt worden, sondern die Behandlung wurde ausdrücklich mit Rücksicht auf die heutige Länderkonferenz aufgeschoben, um den Vertretern der Länder Gelegenheit zu geben, sich vorher über diese Frage zu äußern.

Ich möchte zunächst diesen Entwurf einer einleitenden Erörterung unterziehen, mich aber dann unseren Verfassungsaufgaben zuwenden, um die uns gesteckten Ziele und die Wege zu diesen Zielen kurz darzulegen und die Herren zugleich mit den Intentionen vertraut machen, die in der vielgeschmähten Zentrale Wien, in der Staatskanzlei[38], zur Stunde herrschen. Ich täusche mich nicht, dass ja die Wahlergebnisse in die konstituierende Nationalversammlung Veränderungen vollziehen können und vollziehen werden, die die Staatskanzlei unter andere Leitung bringen. Nichtsdestoweniger sehe ich mich genötigt, nach einer ausführlichen Rücksprache mit den Herren meines Bureaus, des legislativen Dienstes, die Gesichtspunkte vorzuführen, von denen das ganze legislative Departement und die Staatskanzlei selbst beherrscht sind, damit die Beunruhigung, die mannigfach draußen entstanden ist, als ob hier in der Staatskanzlei irgend eine zentralistische Tendenz herrschen würde, zerstreut werde.

Nun gehe ich zunächst über auf den ersten Punkt dieses Gesetzes „über den Ablauf der Funktionsdauer der provisorischen Landesversammlungen und Gemeindevertretungen und die Vornahme von Neuwahlen in den Ländern und Gemeinden". Es ist wirklich sehr fatal, dass die Herren diesen Entwurf erst jetzt in die Hand bekommen, ich bedauere das unendlich, es ist aber nicht meine Schuld. Dieser Entwurf ist ein R a h m e n g e s e t z. Er überlässt also den provisorischen Landesversammlungen die Erlassung von Landeswahlordnungen und Gemeindewahlordnungen. Diese Wahlordnungen werden also nicht zentral durch die Nationalversammlung, sondern sie werden durch die Landesversammlungen festgesetzt. Damit wäre also Artikel 10 des Grundgesetzes vom 12. November derogiert.[39] Gewisse Dinge aber werden in der Form dieses Rahmengesetzes geregelt, schon deshalb, um den Ländern eine brauchbare Handhabe und Unterlage zur Bearbeitung des Gesetzes zu bieten. Der Wunsch nach einem solchen Rahmengesetz ist von einzelnen Landesvertretern, auch von Vertretern der Gemeinde Wien mannigfach ausgesprochen worden. Die Gemeinde Wien geht daran, ihr Wahlrecht zu reformieren, sie sieht sich aber genötigt, damit zuzuwarten, bis von Staats wegen derjenige Rahmen gezogen ist, innerhalb dessen die Gemeindewahlordnung reformiert werden kann.

Ein solches Rahmengesetz verfolgt also keineswegs zentralistische Tendenzen. Es erweist sich aber als notwendig aus folgenden Gründen: Es müssen die Modalitäten festgesetzt werden, unter denen eine Wahlordnung erlassen werden kann; es muss festgesetzt werden, welche Rolle dabei die autonomen Städte haben; es muss festgesetzt werden, auf welchem Wege die Wahlordnung Gesetz wird, ob die Wahlordnung auf einem bloß autonomen Beschluss der Landtage oder ob sie auf einem Landesgesetze beruhen soll, das heißt, ob zu dem Gesetze an Stelle der früheren Sanktion durch den Kaiser der Beitritt des Staatsrates notwendig ist oder nicht. Ferner sind die Mindestwahlrechtserfordernisse durch Artikel 10 des Staatsgrundgesetzes vom 12. November 1918 festgelegt.[40] Es müssen also die Mindesterfordernisse für

[38] Zu den Ressentiments der Länder gegenüber Wien vgl. etwa die Ausführungen des Unterstaatssekretärs Riedl in KRP Nr. 27/2.

[39] Gemäß StGBl. Nr. 5/1918, Artikel 10, sollten die Wahlordnungen für die Wahlen in die Landes- und in die Gemeindevertretungen noch durch die Provisorische Nationalversammlung festgesetzt werden.

[40] StGBl. Nr. 5/1918, Artikel 10, bestimmte einleitend: „Nach den gleichen Grundsätzen ist das Wahlrecht und das Wahlverfahren der Landes-, Kreis-, Bezirks- und Gemeindevertretungen zu ordnen." Mit den „gleichen Grundsätzen" wurde auf den vorangehenden Artikel 9 Bezug genommen, der vom „allgemeinen, gleichen, direkten und geheimen Stimmrecht aller Staatsbürger ohne Unterschied des Geschlechts" sprach.

das Wahlrecht auch in einem Rahmengesetz über die Landeswahlordnungen und Gemeindewahlordnungen enthalten sein. Dann gestattet sich dieses Rahmengesetz eine Einwirkung auf den Termin der Wahlen. Es schreibt den Termin zwar nicht vor, aber es nimmt in Aussicht, dass die Wahlen bis zum 30. April vollzogen sein sollen, damit die legitimen Vertretungen der Länder noch an den Verfassungsarbeiten teilnehmen können.

Ein solches Rahmengesetz ist inhaltlich deshalb zweckmäßig, weil die Anpassung des Wahlrechtes im Lande und in der Gemeinde und der Wahlrechtsreform an das Proporzverfahren für die Nationalversammlung sehr wünschenswert ist. Wenn einmal die Bevölkerung ein Wahlverfahren gewöhnt ist, so ist es gut, wenn dieses Wahlverfahren mit den entsprechenden Modifikationen auch auf die Länder und die Gemeinden übernommen wird. Dann ist es außerordentlich zweckmäßig und nach den Erfahrungen in einzelnen Ländern bewährt – das Proportionalverfahren lässt das zu – die Gemeindewahlen und die Landeswahlen in einem Akte vorzunehmen. Ein solcher Vorgang ist bei uns zumeist noch nicht gebräuchlich, aber er lässt sich leicht vollziehen und wir haben dadurch die Möglichkeit, der Bevölkerung einen Wahltag zu ersparen. Ich glaube, wir alle haben das politische Interesse, aus der Periode der Wahlen und der Beunruhigungen herauszukommen *(Zustimmung)* und auf die möglichst einfache Weise sobald als möglich die Wahlen zu beenden und die Körperschaften zu einem ruhigen und dauernden Arbeiten gelangen zu lassen. Darauf will nun dieser Entwurf einwirken.

Ein Rahmengesetz ist auch deshalb politisch sehr zweckmäßig, weil dadurch verhütet wird, dass der Staatsrat, wenn einzelne Länder in gewissen Punkten, auf die der Staatsrat notwendigerweise Gewicht legen muss, von seinen Intentionen abweichen, dann öfter genötigt wäre, nachträglich seinen Beitritt zu dem Beschlusse des Landtages zu versagen. Wäre das der Fall, so würde dadurch eine zwecklose und nutzlose Reizung entstehen. Es ist daher viel besser, von vorneherein die Bedingungen zu formulieren, unter denen der Staatsrat gehalten sein wird, den Beitritt zu vollziehen. Dadurch werden Weiterungen vermieden.

Was den Entwurf selbst betrifft, so ist die Staatskanzlei bei dessen Ausarbeitung vielfach an gewisse gesetzliche Bestimmungen gebunden gewesen. Nach dem Wortlaut des Grundgesetzes vom 12. November 1918 konnte die Staatskanzlei keine Differenzierungen im Wahlrechte vornehmen. Die Länderkonferenz wird nun die Gelegenheit bieten, der Staatskanzlei Ratschläge zu geben, inwieferne das Wahlrecht in den Ländern abweichend gestaltet werden kann oder soll. Diese Wünsche wären heute vorzubringen und eventuell noch in den Entwurf einzubeziehen, damit die Wünsche der Landesregierungen in diesen Punkten schon dem Staatsrate und damit der Nationalversammlung unterbreitet werden können. Dabei handelt es sich nur um Grundlinien, die Detailausführung soll ja immer noch hinterher den Ländern bei Verfassung ihrer Landeswahlordnungen vorbehalten bleiben.

Es dürfte auffallen, dass nicht Gesetzentwürfe zu L a n d e s o r d n u n g e n überhaupt vorgelegt wurden, sondern dass nur die Landes-W a h l o r d n u n g e n geregelt werden. Das hat seinen Grund darin: ich möchte nicht, dass jetzt vor der konstituierenden Nationalversammlung der künftigen Stellung der Länder zum Staate irgendwie präjudiziert werde. Darüber soll die Konstituante entscheiden, und darüber zu beraten wird die Länderkonferenz noch in einem späteren Zeitpunkte und wahrscheinlich wiederholt Gelegenheit haben. Es handelt sich jetzt nur darum, bei dem gegenwärtigen Stande der Gesetzgebung die bisherigen provisorischen Landesversammlungen zu legalisieren – mehr kann jetzt nicht beabsichtigt sein – damit bei der Verfassung der Konstitution nicht bloß eine legalisierte Nationalversammlung, sondern auch legalisierte Landesversammlungen mitwirken. Es handelt sich also nur um die Heilung eines einzigen Punktes, um die Ersetzung der vorläufig provisorischen Landesversammlungen durch definitive. Die Stellung und Kompetenz dieser Körperschaften im Staatsganzen soll erst später durch die Konstitution geregelt werden; aber bei der Verfassung der Konstitution soll schon eine legalisierte Vertretung jedes Landes mitwirken. Das in Bezug auf diesen Gesetzentwurf.

Was die Landesordnungen im Besonderen betrifft, so ist ein Rahmengesetz auch deshalb unerlässlich, weil in der Verfassung der Länder eine gewisse Gleichheit nottut. Eine Gesellschaft ist nur möglich unter Gleichen. Es müssen also die Länder, um einander gleichzustehen und miteinander im Staate kooperieren zu können, eine gewisse Gleichartigkeit ihrer inneren Verfassung besitzen. Das war bisher schon bis auf ganz wenige Abweichungen der Fall. Die alten Landtage haben auf Patenten beruht, die alle durch einen Akt der Staatsgesetzgebung, der Reichsgesetzgebung, durch einen kaiserlichen Akt gesetzt worden sind, die also von der damaligen Zentralgesetzgebung ausgingen. Sie wurden hinterher allerdings durch autonome Beschlüsse geändert; aber diese autonomen Beschlüsse haben immer wieder die Sanktion des Kaisers erfordert. Es beruht also die Verfassung der Länder bisher durchaus auf Akten der zentralen Gesetzgebung und dadurch ist eine bestimmte Gleichmäßigkeit und Gleichartigkeit herbeigeführt worden. Diese Gleichartigkeit und Gleichmäßigkeit brauchen wir, wenn die Länder zusammenwirken sollen. „Societas non nisi parium" ist ein alter Juristenspruch.[41] Dann brauchen wir bestimmte normale Vorschriften für die Landesgesetzgebung. Bisher ist ein Landesgesetz zustande gekommen durch den Beschluss des Landtages, der an die Staatsregierung geleitet wurde, von der Staatsregierung zur kaiserlichen Sanktion oder Nichtsanktion empfohlen wurde. Die Kontrasignatur für die Landesgesetze hatte also das Ministerium oder der entsprechende Ressortminister und die Sanktion wurde vom Kaiser vollzogen. Die Kundmachung erfolgte dann im Landesgesetzblatte, und zwar über Auftrag des Chefs der Landesverwaltung, beziehungsweise des Statthalters. Nun muss in diesen Dingen eine Änderung eintreten. Wir brauchen nicht ein Landesgesetz, sondern ein allgemeines Staatsgesetz, das feststellt, unter welchen Modalitäten ein Landesgesetz zustande kommt. Ich stelle mir vor, dass das so geregelt wird, dass die Beschlüsse der Landesversammlung an die Staatsregierung geleitet, von dieser dem Staatsrate unterbreitet werden und dass der Staatsrat entweder seinen Beitritt ausspricht oder ihn versagt. Ich meine, dieses Wort „Beitritt" wird die Rechtslage am besten bezeichnen. Es handelt sich nicht um eine Genehmigung, nicht um eine Zustimmung, sondern es handelt sich darum, dass der Staatsrat erklärt, er könne sich diesem Gesetzentwurfe anschließen, er „trete ihm bei". Dieses Wort „Beitritt des Staatsrates" würde also das Wort „Sanktion" ersetzen und an Stelle einer der Autonomie der Länder wenig entsprechenden Bezeichnung eine angemessenere bringen. Die Kundmachung hätte dann wieder durch das Landesgesetzblatt zu erfolgen und die Vollzugsklausel müsste bei der gegenwärtigen Ordnung der Dinge so lauten, dass mit der Durchführung der betreffende Staatssekretär betraut ist. Wenn also zum Beispiel durch Landesversammlungsbeschluss eine Umlage aufgelegt wird, die beim staatlichen Steueramt geleistet und verrechnet wird, so kann sie nur der Staatssekretär der Finanzen durchführen. *(Landesrat Dr. S c h l e g e l: Landesumlagen?)* Ja; sie werden eingehoben durch das Steueramt, und dieses untersteht dem Staatssekretär der Finanzen. *(Landesrat Dr. S c h l e g e l: Das war früher nicht der Fall!)* Wieso nicht? *(Landesrat Dr. S c h l e g e l: Die Landesumlagen konnten die Länder immer frei beschließen!)* Ja beschließen, aber ich frage: Wer ist mit der Durchführung betraut? Den Vollzug dieses Gesetzes hatte der Staatssekretär der Finanzen. Wenn die Länder für das Gebiet ihres Landes eine agrarische Operation beschlossen, so war der Ackerbauminister mit der Durchführung betraut. Ich meine, alle diese Dinge können so oder so geregelt werden, es ist aber klar, dass man sie nicht regeln kann, außer durch ein allgemeines Staatsgesetz und nicht durch ein Landesgesetz, dass wir also eine allgemeine Landesordnung als Rahmengesetz unerlässlich brauchen werden, zum mindesten brauchen wir sie, um den gegenwärtigen Zustand der freien Sanktion eventuell aufzuheben. Das also, was diesen vorliegenden Gesetzentwurf betrifft.

---

[41] Societas non nisi parium: keine Gesellschaft ohne Gleichheit ihrer Teilhaber.

Nun gestatten Sie, dass ich zur zweiten Frage übergehe, zur künftigen Ordnung unserer Verfassung. *(Landeshauptmann*[42] *Hauser: Ich bitte vielleicht über das bisher Gesagte die Generaldebatte abführen zu wollen.)* Ich glaube, eine Generaldebatte hierüber lässt sich erst durchführen, wenn Sie auch den zweiten Teil meiner Ausführungen zur Kenntnis genommen haben; er wird Sie nicht lange aufhalten. Ich möchte darüber sprechen, in welcher Weise wir in Hinkunft die Verfassung unserer Länder und ihr Verhältnis zum Staate ordnen sollen. In dieser Hinsicht gibt es nun mehrere Muster, die wir uns vor Augen halten müssen, nicht um sie mechanisch zu übertragen, sondern um klar zu sehen, welche Ziele denn diese Verfassungsreformgesetzgebung haben kann. Und da gestatten Sie, dass ich gleichsam zunächst die zwei entgegengesetzten Verfassungen in diesen wesentlichen Punkten vorführe, die für die Ordnung der Verwaltung die Muster bilden. Das eine Muster ist dasjenige, dem wir ausweichen wollen, das reine Gegenteil dessen, was wir anstreben, das ist die stramme zentralistisch-bürokratische Ordnung in Frankreich, das andere Muster ist dasjenige, dem wir nach meiner Meinung näher kommen sollen, das ist die ganz auf Selbstregierung beruhende Ordnung der Verfassung und Verwaltung in England.[43] Das Charakteristische der französischen Verfassung[44] ist, dass es nur einen einzigen Träger der gesetzgebenden Gewalt gibt, das Parlament, dass diesem einen Träger der gesetzgebenden Gewalt nur ein einziger Träger der Exekutivgewalt gegenübersteht, das ist die dem Parlamente verantwortliche Regierung. Diese einzige Regierung, in den einzelnen Verwaltungszweigen also der Minister, führt ganz allein die Verwaltung bis herab in die Gemeinden und der Präfekt, der Souspräfekt[45] und der Maire[46] der Gemeinde ist immer nur das ausführende Organ des Ministers. In dem französischen Verwaltungsrecht ist die Gewalt so geordnet, dass diese nachgeordneten Organe nicht einmal ein gesichertes Recht der instanzenmäßigen Entscheidung haben, sondern in jedem Momente kann der Minister seine Entscheidung an Stelle der des Präfekten, des Souspräfekten oder des Maires setzen. Es ist also eine stramm bürokratische Ordnung. Dabei gibt es allerdings in den Departements sogenannte Generalräte; diese sind aber rein dekorativ.[47] Der Grundtypus ist hier also der: Eine einzige Gesetzgebung und ein einziger Verwaltender, das ist der Minister, alle anderen sind nur seine Gehilfen. Das setzt eine durchgebildete Bürokratie voraus, und in der Tat ist Frankreich das Musterland der Bürokratie und des Bürokratismus. Wenn man davon absieht, dass der Präsident der französischen Republik gewählt wird, so ist im Grunde genommen die Verfassung von Frankreich durchaus monarchisch, es ist im

42 An anderer Stelle als „Präsident" bezeichnet. Gemeint ist hier wie dort Johann Nepomuk Hauser.

43 Eine kodifizierte Verfassung Großbritanniens existiert nicht, der verfassungsrechtliche Aufbau fußt auf einer Vielzahl von Quellen. Zur historischen Entwicklung des britischen politischen Systems und seiner „living constitution" vgl. Günther Doeker/Malcolm Wirth, Das politische System Großbritanniens, Berlin 1982, S. 6–172.

44 Gesetz über die Organisation der französischen Staatsgewalt („Loi relative à l'organisation des pouvoirs publics") vom 25. Februar 1875, inklusive mehrerer Abänderungen bis Juli 1940 in Geltung stehend. Dazu gehörten weiters das Gesetz über die Organisation des Senates („Loi relative à l'organisation du Sénat") vom 24. Februar 1875 und das Verfassungsgesetz über die Beziehungen der französischen Staatsgewalten untereinander („Loi constitutionnelle sur les rapports des pouvoirs publics") vom 16. Juli 1875.

45 Sous-préfet: Unterpräfekt, Leiter eines französischen Verwaltungsbezirks („arrondissement"). Aus diesen Verwaltungsbezirken setzen sich die sogenannten „Départements" zusammen, denen wiederum jeweils ein Präfekt („préfet") vorsteht.

46 Maire: Bürgermeister.

47 Der „conseil général" (seit 2015 „conseil départemental", d. h. Départementrat) stellt das oberste gewählte Kollegialorgan eines Départements dar. Die hier angesprochene schwache Stellung dieses Gremiums gegenüber dem Amt des Präfekten wurde mit Gesetz Nr. 82–213 vom 2. März 1982 aufgewertet. Vgl. https://www.legifrance.gouv.fr/affichTexte.do?cidTexte=JORFTEXT000000880039, abgerufen am 22. November 2017.

Wesen eine parlamentarische Wahlmonarchie. Von dem, was der Engländer „Selbstregierung des Volkes" nennt, ist in der französischen Republik kaum eine Spur zu finden.[48]

Der gegensätzliche Typus ist der des englischen self-governments. Man übersetzt self-government häufig mit „Selbstverwaltung". Das ist falsch, das wäre self-administration. Self-government ist Selbstregierung, ist weitaus mehr; denn das englische System der Selbstregierung betrifft nicht nur die bloße Verwaltung, sondern auch die Rechtspflege. Das englische self-government besteht nun darin, dass zwar ein zentrales Parlament besteht und diesem eine zentrale Regierung – ein Ausschuss der Parlamentsmehrheit – an der Seite steht, dass aber dieselbe Ordnung für das ganze Reich und seine Glieder getroffen ist. Das Reich als große Gebietskörperschaft hat ein Parlament, dieses Parlament hat einen Vollzugsausschuss, das Kabinett, und dieser Vollzugsausschuss des Parlaments regiert das ganze Reich. Diese Ordnung wiederholt sich: Unter dem Reiche steht die Grafschaft als Körperschaft. Diese Grafschaft hat wiederum ihren county council und dessen gewählte Ausschüsse, die committees, verwalten die Grafschaft und es gibt zwischen dem Reiche und der Grafschaft gar kein bürokratisches Band. Es gibt überhaupt in der Grafschaft in der Regel keine Beamten, die nicht Grafschaftsbeamte wären. Unterhalb der Grafschaft steht die nächste Gebietskörperschaft, der Distrikt. Dieser Distrikt hat wieder sein district council, seinen Rat, hat wieder seine durchführenden Komitees, die Vollzugsausschüsse, die den Distrikt verwalten und ebenso die Gemeinde. Wir haben also hier das reine Gegenteil des französischen Systems. Die Verwaltung wird durchaus von den Vertretern der einzelnen Gebietskörperschaften selbst geführt. Gesetze, allgemeine, das ganze Reich verbindliche Gesetze gibt das Parlament, aber der Grafschaftsrat[49] und der Distriktsrat[50] haben das Recht, by-laws, Nebengesetze[51] – meist in der Art unserer Polizeiverordnungen – zur Durchführung, zur Ergänzung der allgemeinen Reichsgesetze zu beschließen. Sie haben auch das Recht, in Angelegenheiten, in denen nur die Reichsgesetzgebung Beschluss zu fassen in der Lage ist, die aber sie angehen, besondere für ihr Gebiet geltende Gesetzentwürfe im Parlamente einzureichen und als sogenannte „Private bills" vom Parlamente beschließen zu lassen.[52] Hier liegt keineswegs das vor, was wir mit einem schiefen Ausdrucke immer „Autonomie" genannt haben. Es ist nicht so, dass etwa die Grafschaft eine Grafschaftsverwaltung gegen die Reichsverwaltung führen könnte, sondern die Grafschaft führt die Reichsverwaltung auf dem Boden der Grafschaft. Es besteht vollständige Einheit in der englischen Verwaltung. Die Reichsgesetze vollzieht die Grafschaft selbst durch ihre gewählten Vertreter und deren Ausschüsse. Es kann auch kein Gegensatz bestehen, sondern es besteht vollständige Einheit des Staates, aber auf der Basis, dass diese Einheit in allen Gliedern durch die betreffende Körperschaft selbst vertreten wird. Grob heraus gesagt: Bei uns verwaltet nach dem früheren Beispiel der Minister den Staat,

---

48 Die strikte Zentralisierung der französischen Verwaltung und ihrer Organisation, die den Hintergrund dieser Ausführungen bildet, wurde in Folge allmählich modifiziert und zunehmend dezentralisiert. Für einen konzisen Überblick über diese Entwicklung vgl. Dominik Grillmayer, Die Territorialreform in Frankreich: eine erste Bilanz, in: Frankreich Jahrbuch 2015. Herausgegeben vom Deutsch-Französischen Institut, Wiesbaden 2016, S. 17–28.

49 Grafschaftsrat: county council, geschaffen durch den „Local Government Act of 1888". Vgl. http://www.legislation.gov.uk/ukpga/1888/41/pdfs/ukpga_18880041_en.pdf, abgerufen am 22. November 2017.

50 Distriktsrat: district council.

51 By-law (auch bye-law, byelaw): auf Gemeindeebene erlassene Gesetze von lokal begrenztem Wirkungsbereich, deren Inkraftsetzung der Zustimmung der Regierung bedarf.

52 Private bill: im Gegensatz zu einem „Act of Parliament" modifizieren „private bills" bei Annahme durch das House of Commons und das House of Lords den geltenden Rechtszustand nicht für die Allgemeinheit, sondern lediglich für individuelle Personen, bestimmte Personengruppen, Organisationen oder Gesellschaften.

der Statthalter das Land und der Bezirkshauptmann den Bezirk, und diese sind alle von oben herab eingesetzt. In England ist der Träger der Staatsgewalt nicht ein Mensch, sondern die Grafschaft ist der Träger der Gewalt in ihrem Gebiete und diese Grafschaft verwaltet sich selbst durch ihre Vertreter. Wir haben also folgendes Bild: Während in Frankreich von oben herab eine stufenweise untergeordnete Bürokratie die Verwaltung führt, ist in England von unten herauf eine Gebietskörperschaft der anderen übergeordnet und diese Gebietskörperschaften führen die Verwaltung, jede nach Maßgabe der Gesetze der ihr übergeordneten Gebietskörperschaft. Dieses System kennt natürlich eine Doppelgeleisigkeit der Verwaltung überhaupt nicht. Es besteht nicht eine Verwaltung des Reiches in der Grafschaft Sussex und daneben eine autonome Verwaltung der Grafschaft, das kennt man nicht, sondern die Grafschaft selbst führt die Verwaltung nach Reichsgesetzen. Jedenfalls bedeutet dieses System der Selbstregierung nach meiner Auffassung das vollkommenste demokratische System und es lässt den Gegensatz zwischen Gebietskörperschaft und Staat gar nicht aufkommen. Dieser erscheint gar nicht. Die Grafschaft führt nicht nur die Grafschaftsverwaltung in unserem Sinne, wie etwa die Länder die Landesverwaltung geführt haben, sondern sie trägt das totum indivisum[53] der staatlichen Gewalt in ihrem Gebiete. Ich muss das hier besonders betonen, weil über die Natur des Gesetzes über die Übernahme der Staatsgewalt in den Ländern[54] nach meiner Meinung auch in den Ländern vielfach Missverständnisse obwalten. Es werden zum Beispiel von den Ländern Fragen aufgeworfen, die eigentlich in dieser Art gar nicht aufgeworfen werden könnten, wenn vollständige Klarheit darüber bestünde. Bei dem self-government ist man gar nicht in der Lage, den Ländern irgendetwas an Autonomie mehr einzuräumen, denn sie haben ja die ganze Selbstverwaltung, das Ganze der Verwaltung; man weiß daher nicht, was man den Ländern mehr geben könnte, da sie doch alles haben! Die Länder verwalten heute tatsächlich die Gesamtheit der öffentlichen Angelegenheiten im Lande. Die Landesregierungen verwalten alle öffentlichen Interessen des Landes mit Ausnahme der... *(Landeshauptmann Dr. v. K a a n: Der Justiz, der Finanzen, der Post!)* Gewiss, mit diesen Ausnahmen. Ich meine, bei dem System der self-governments verwalten sie die Gesamtheit der öffentlichen Interessen und es hat dabei der Gedanke der Autonomie keinen Raum. Weil sie alles haben, kann man ihnen nichts teilweise geben. Das, was die Staatskanzlei bisher geleitet hat, war der Gedanke, uns hinüberzuführen auf das System des self-governments oder der Selbstregierung und ich meine, dass das Wort Selbstregierung der Länder das Schlagwort werden müsste gegenüber dem schiefen, gänzlich unpassenden Schlagwort der Autonomie; denn die Autonomie ist ein Missding im Begriffe selbst, es ist nicht Selbstverwaltung, es ist nicht Selbstgesetzgebung, es ist ein Stück von allem und ein sehr schiefes und schlecht herausgeschnittenes Stück von allem. Wir sollten aber unser Denken darauf richten, ein wirkliches System der Selbstregierung einzuführen.

Das aber, verehrte Herren, hat eine Voraussetzung, die das englische Reich hat und die wir nicht haben, nämlich, dass die Verwaltung auf jeder Stufe unter der unmittelbaren Kontrolle der allgemeinen Gerichtsbarkeit steht. Wenn wir das System des self-government wählen, so ist vorausgesetzt, dass die nachgeordneten Gebietskörperschaften die von der höchsten Gebietskörperschaft, die vom Staate und seinem Parlamente beschlossenen Gesetze wirklich und redlich durchführen. Die Engländer haben kein administratives Zwangsmittel, um eine Grafschaft zur Ordnung zu zwingen. Wenn eine Grafschaft in England Reichsgesetze nicht erfüllt, so kann die Regierung sie nicht auflösen oder ihr den Krieg machen oder anderes dergleichen. Das ist ausgeschlossen. Es gibt nur ein Heilmittel, das wirkt allerdings sicher, der verletzte Private klagt bei Gericht und dieses erklärt den Beschluss oder Akt der Grafschaft als

[53] Totum indivisum: ungeteiltes Ganzes.

[54] StGBl. Nr. 24, Gesetz vom 14. November 1918, betreffend die Übernahme der Staatsgewalt in den Ländern, ausgegeben am 20. November 1918.

ungesetzlich und er ist aus der Welt geschafft. Es ist nun die höchste Form der Freiheit der Verwaltung, wenn sie an gar keine anderen Schranken gebunden ist als an die des Gesetzes und wenn über die Gesetzlichkeit niemand anderer entscheidet als der Richter. Das setzt voraus, dass der Richter da ist. Wir haben eine durchgängige, in allen Instanzen wirkende Verwaltungsgerichtsbarkeit nicht und so kommen die Erscheinungen, die jetzt sichtbar geworden sind, dass zum Beispiel Länder sich über allgemeine Gesetze hinwegsetzen – ich gebe zu, unter dem Zwange der Notwendigkeit und ich will da gar nicht richten –, dass man aber gar kein Mittel der Korrektur hat. Einen Statthalter hat man abberufen; einen Landeshauptmann soll man von oben nicht abberufen können – ein wesentliches Moment der Selbstregierung; aber ein Gericht in Anspruch zu nehmen ist man nicht imstande, weil man ja den Rechtszug abwarten muss, bis der „Akt" zum Verwaltungsgerichtshofe kommt und deshalb kommt das Erkenntnis sehr spät, meist zu spät. Infolgedessen ist jetzt durch das Gesetz über die Übernahme der Staatsgewalt in den Ländern ein prekärer Rechtszustand entstanden, der nach meiner Meinung nicht etwa dadurch geregelt werden kann, dass man die Verwaltung wieder bürokratisiert, sondern dadurch, dass man die Verwaltungsgerichtsbarkeit instanzenmäßig nach unten ausbaut und so die Gewissheit bekommt, dass die ganze Verwaltung bis hinab zu den Lokalbehörden durchaus gesetzmäßig verfährt. Diese Gesetzmäßigkeit muss rasch und nicht erst auf Umwegen durch viele Instanzen und über den Verwaltungsgerichtshof erzielt werden. Wir würden also unerlässlich und unweigerlich bei der Verfassungsreform eine instanzenmäßig aufgebaute Verwaltungsrechtspflege schaffen.

Das nun sind die zwei entgegengesetzten Typen, nach denen sich ein Land regieren kann. Ich glaube, dass die Zukunft nicht dem französischen, sondern dem englischen System gehört. Unsere landesfürstliche Verwaltung war von Bach[55] durchaus und ganz bewusst nach französischem Muster aufgerichtet, es wurde nur, weil uns dieses Muster nicht ganz erträglich war, die Ausnahme der Autonomie belassen, wobei man sich der Bedeutung und Zukunft dieser Autonomie gar nicht einmal recht bewusst war.

Nun gibt es allerdings eine ganz andere Ordnung der Dinge, die ich an dem amerikanischen Beispiel beleuchten möchte. In Amerika besitzt jede einzelne größere Landschaft den Rang eines eigenen Staates mit eigener Staatsgesetzgebung, eigener Staatsverwaltung und Staatsjudikatur, diese drei Gewalten aber auf einzelne bestimmte Kompetenzen eingeschränkt. Innerhalb dieser Kompetenz ist der Staat vollständig frei und an gar nichts gebunden, nicht einmal an ein Gesetz, das etwa von dem Bundesparlamente in Washington beschlossen würde; denn ginge dieses Gesetz über die verfassungsmäßigen Rechte des Einzelstaates hinweg, so würde man beim Bundesgericht klagen und dieses würde das Bundesgesetz einfach aufheben, der einzelne Staat würde dadurch seine selbstherrliche Sphäre behaupten.[56] Aber diese unbeschränkte Herrschaft des einzelnen Landes, diese Selbstherrlichkeit (Souveränität) ist nicht eine Herrschaft über das Ganze, Ungeteilte der Staatsgeschäfte, sondern nur für einen Bruchteil derselben. Daneben besteht die Bundesgewalt, die Bundesgesetzgebung, die Bundesverwaltung und Bundesrechtspflege mit ihrem Zentralsitz in Washington. Diese hat die bestimmte Kompetenz, die verfassungsmäßig festgesetzt ist, aber in dieser Kompetenz hat

55 Alexander Freiherr von Bach, Juli 1848 bis Juli 1849 österreichischer Justizminister, Juli 1849 bis August 1859 Innenminister, ab 1852 maßgeblicher Gestalter des bürokratisch-zentralistischen Neoabsolutismus („System Bach"). Zu seinem politischen Wirken vgl. Eva Macho, Alexander Freiherr von Bach: Stationen einer umstrittenen Karriere (= Beiträge zur Neueren Geschichte Österreichs 24), Frankfurt am Main/Berlin/Bern u. a. 2009.

56 Zum föderalistischen Aufbau der USA vgl. etwa Franz Greß/Detlef Fechtner/Matthias Hannes (Hg.), The American federal system. Federal balance in comparative perspective, Frankfurt am Main/Berlin/Bern u. a. 1994; Wolfgang Welz, Die bundesstaatliche Struktur, in: Wolfgang Jäger/Christoph M. Haas/Wolfgang Welz (Hg.), Regierungssystem der USA. Lehr- und Handbuch, München ^{3}2007, S. 69–98.

sie nun auch ihre eigenen Organe neben den Einzelstaatsorganen bis hinunter in die Lokalstelle. Der einzelne ist in seiner Person Staats- und Bundesuntertan. Wenn man dies vom Gesichtspunkt der Verwaltung aus ansieht, so entsteht da eine durchgängige Doppel- und Parallelverwaltung, die bis zum einzelnen Staatsbürger hinabgreift. Man kann in Amerika in gewissen Rechtssachen bei dem Gerichte seines Staates klagen, in demselben Orte besteht vielleicht ein Gericht des Bundes und in vielen Rechtssachen konkurrieren beide Gerichte. Das gibt nun durchwegs eine Doppelgeleisigkeit der Gesetzgebung, Verwaltung und Rechtspflege. Eine solche durchgehende Doppelgeleisigkeit ist erträglich und vielleicht sogar zweckmäßig, wenn ein Bundesstaat von der Größe der Vereinigten Staaten aufgerichtet wird; dort ist das praktisch handbar. Da aber unser Staat in Hinkunft kaum die Größe eines durchschnittlichen amerikanischen Gliedstaates haben wird, so wäre es doch eine außerordentliche Erschwerung, wenn man diese Doppelgeleisigkeit aufrichtete. Theoretisch ausgeschlossen ist eine solche Konstruktion natürlich nicht, sie ist auch politisch an sich nicht von der Hand zu weisen, ich meine nur, dass sie für die Enge der Verhältnisse, in der wir leben werden, unnötig kompliziert und viel zu kostspielig ist und dass es für uns besser sein wird, das englische self-government-System zu akzeptieren als dieses System.

Ich räume allerdings ein, dass auf der anderen Seite in gewisser Hinsicht manche Grundgedanken dieses Systems übernommen werden können und sollen, und das bezieht sich auf die Einrichtung der Zentralstellen. Man wird, wenn man ein Zentralparlament ausrichtet, erwägen müssen, dabei die Länder zu berücksichtigen, und es wird sich unter einer Voraussetzung, über die ich noch sprechen werde, vielleicht empfehlen, neben dem Volkshause auch ein Länderhaus zu schaffen, so wie in Amerika der Senat neben dem Repräsentantenhause ein Staatenhaus ist, natürlich auch auf demokratischer Basis. Dadurch wird man der Tatsache verfassungsmäßig gerecht werden, dass dieser Staat doch eine Gesamtheit, eine Vereinigung von Ländern ist. Aber die politische, wirtschaftliche und soziale Verwaltung selbst nach diesen bundesstaatlichen Gesichtspunkten einzurichten und überall Doppelverwaltungen zu machen, wäre nach meiner Meinung nicht klug, wäre zu umständlich und wir hätten doch wieder eine durchgängige Bürokratie vom Minister bis zum Lokalverwaltungschef, wenn auch in beschränkter Kompetenz.

Derartige Verfassungstypen, das französische, das englische und amerikanische oder das ähnliche schweizerische System, wie ich sie vorgeführt habe, lassen sich auf ein Land, das eine überlieferte Verfassungs- und Verwaltungsordnung besitzt, nicht schlechtweg anwenden. Es ist ausgeschlossen, einen reinen Typus herzustellen. Wir müssen uns allerdings fragen: Wohin geht unser Weg? In welcher Richtung reformieren wir? Wir müssen also ausgehen von dem, was ist, und uns fragen: Bilden wir uns in diesem oder jenem Sinne weiter? Obwohl ich nicht möchte, dass die heutige Debatte allzu sehr in diese Grundsätze eingeht, weil wir zunächst viele praktische Dinge zu besprechen haben, so möchte ich doch die Aufmerksamkeit der Gemeinde- und Landesvertretungen auf diese Dinge rechtzeitig lenken, damit man sich schon bei den ersten Beratungen der konstituierenden Versammlung doch über die wichtigsten Grundsätze klar ist. Ich meinesteils mache kein Hehl daraus, dass ich zum englischen System hinneige und dass ich möchte, dass dieses System schrittweise, mit Anpassung an unsere bestehenden Verhältnisse, dann aber so rasch als möglich, verwirklicht werde.

Was aber jetzt dabei nicht außeracht bleiben darf, ist, dass wir uns im Augenblicke noch nicht entscheiden können. Es gibt Vorfragen, die ungelöst sind, und solange diese ungelöst sind, können wir zu keinem Entschlusse kommen. Die Herren wissenschaftlichen Mitarbeiter meines Büros haben dahin gedrängt, doch endlich mit dem Entwurfe der Verfassungsurkunde zu beginnen. Ich habe immer zurückgehalten und gesagt: Wir können das nicht, denn die entscheidende Frage ist die Anschlussfrage, und solange wir nicht wissen, ob, wie und wohin wir angeschlossen werden, können wir an die positiven Verfassungsarbeiten nicht herantreten. Wenn wir ganz allein bleiben, dann glaube ich, dass doch das Muster der Schweiz für uns das beste sein dürfte. Aber nur in dem Falle, als wir ganz allein bleiben! Wenn wir jedoch, was wir alle hoffen und anstreben, Anschluss an Deutschland finden, so hängt unsere künftige Verfassung davon ab, wie das Deutsche Reich sich ordnen wird. Nun liegt ein Verfassungsentwurf für das Deutsche Reich vor; wir haben ihn auch in einem Exemplare bereits hier, weitere Exemplare sind bestellt.[57] Ich weiß nicht, ob die Herren in der Lage waren, sich in den Besitz eines solchen Exemplars zu setzen. Man sieht schon jetzt, dass über diese Dinge gesprochen werden muss; denn so wie der Entwurf jetzt sich gibt, ist er schlechthin von uns nicht anzunehmen. Ich möchte aber auch hier ganz unvorgreiflich folgende Gesichtspunkte vorführen: das Deutsche Reich kann sich natürlich eine sehr verschiedene Verfassung geben; es wird sich die französische Verfassung sicherlich nicht geben. Es wird eine Art self-government herauskommen, vielleicht eine Art Bundesstaat, wobei die Frage ist, welche sind die Glieder des Reiches? Sind es die historischen Staaten, das ganze Preußen, wie es war, das ganze Bayern, wie es war, die ganzen Kleinstaaten, wie sie waren? Ich halte das für unmöglich oder wenigstens schädlich und gefährlich. Und es wäre auch bedenklich für uns, einzutreten in eine Reichsgemeinschaft unter der Voraussetzung, dass das ganze ungeteilte Preußen als besonderer Staat bestehen bleibt. Ich glaube, es wird auch nicht so kommen. Ich vermute, die deutsche Nation wird sich nach den großen historischen Einheiten, nach den historischen Stämmen gründen: es werden sich die Ostelbier, die Westfäler und die Rheinländer, es wird sich die Wasserkante, es werden sich die Franken, die Thüringer, die Bayern und Schwaben, es werden sich die Rheinlande als Einheit aufrichten und als Glieder des Reiches gelten wollen. Historische Umstände sprechen natürlich vielfach auch dagegen, weil die heute bestehende, einzelstaatliche Organisation nicht gleich aus der Welt zu schaffen ist. Wäre das der Fall, so würden wir Deutschösterreicher als Gesamtheit neben diesen Stämmen Platz nehmen und es wäre ein ganz homogener Unterbau des ganzen Reiches gegeben.[58]

Es kann aber auch sein, dass man tiefer greift, dass das Reich sich auf den ehemaligen Landschaften aufbaut, die unseren heutigen Kronländern entsprechen und draußen den Namen von Provinzen tragen. Denn, wenn man von den preußischen, von den bayrischen und anderen Eroberungen absieht, wenn man die historische Karte von Deutschland hernimmt, so findet man einen ganz homogenen Unterbau in den alten ständischen Provinzen; die waren ziemlich gleichmäßig Glieder des Reiches. Kommt es dazu, dann würden als Beitretende, als Glieder erscheinen nicht Deutschösterreich, sondern die einzelnen Länder von Deutschösterreich. Sie würden aber innerhalb eines Achtzigmillionen-Volkes natürlich wegen ihrer Kleinheit und Vielheit eine ganz geminderte Macht darstellen, denn sie würden als einzelne kaum auch nur die Macht eines französischen Departements besitzen. Es würde sich ungefähr dasselbe Verhältnis herausstellen, das innerhalb Norddeutschlands die norddeutschen

---

57 Vgl. Hugo Preuß, Entwurf der künftigen Reichsverfassung (allgemeiner Teil). Herausgegeben im Auftrage des Reichsamts des Innern, Berlin o. J. [1919]; auch auffindbar unter https://archive.thulb.uni-jena.de/hisbest/receive/HisBest_cbu_00011189, abgerufen am 22. November 2017. Den Entwurf hatte der Staatssekretär im deutschen Reichsamt des Innern Dr. Hugo Preuß ausgearbeitet, die Ende Juli 1919 verabschiedete Weimarer Verfassung setzte diese Fassung jedoch nicht vollständig um. Bis zu jenem Zeitpunkt galt die am 16. April 1871 verabschiedete Verfassung des Deutschen Kaiserreiches („Bismarcksche Verfassung"). Vgl. dazu etwa Jasper Mauersberg, Ideen und Konzeption Hugo Preuß' für die Verfassung der deutschen Republik 1919 und ihre Durchsetzung im Verfassungswerk von Weimar (= Europäische Hochschulschriften), Frankfurt am Main/Bern/New York/Paris 1991.
Dr. Hugo Preuß, Mitgründer der Deutschen Demokratischen Partei, Februar bis Juni 1919 deutscher Reichsinnenminister.

58 Zum „Stammes"-Begriff vgl. Hans-Werner Goetz, Die „Deutschen Stämme" als Forschungsproblem, in: Heinrich Beck/Dieter Geuenich/Heiko Steuer/Dietrich Hakelberg (Hg.), Zur Geschichte der Gleichung „germanisch-deutsch", Berlin 2004, S. 229–253.

Kleinstaaten Preußen gegenüber innegehabt haben. Diese kleinen Gebiete haben gegenüber Preußen und gegenüber dem Reiche nur mehr eine fingierte Selbständigkeit gehabt; ihre Gesetzgebung, ihre Verwaltung, zum Beispiel ihre Eisenbahnverwaltung, alles und jedes war vollständig von Berlin aus diktiert, die rechtliche Selbständigkeit war also reiner Schein. Sie haben sich einfach von den preußischen Regierungsstellen alles ausarbeiten lassen und übernommen. Das ist auch gar kein Wunder, denn diese kleinen Körper sind nicht imstande, die Facharbeiten zu leisten wie der größere Körper. In diesem Falle also würden die einzelnen Länder angesichts eines Achtzigmillionen-Reiches eine sehr verminderte Geltung besitzen.

Ich halte nun dafür, dass wir, dass die österreichischen Länder am ehesten in der Anschlussfrage Erfolge erzielen können, wenn sie als Gesamtheit verhandeln und wenn sie als Gesamtheit eintreten und in Bezug auf die Verfassung dahin wirken, dass die großen Stämme der Deutschen als Glieder des Reiches erscheinen. Dann ist Deutschösterreich ein Siebentel des Reiches und hat ein Siebentel des Einflusses. Und da wir innerhalb des Gliedstaates Deutschösterreich den Einfluss der Länder jedenfalls immer beachten müssen, so kommt innerhalb einer solchen Konstruktion auch das Land mehr zur Geltung. Wenn die Länder einzeln beitreten, so haben sie vielleicht ein Siebzigstel oder ein Achtzigstel des Einflusses und sie werden dadurch, dass das Zentrum des Reiches am Main oder gar im Norden liegt, sich verhältnismäßig außerordentlich wenig Beachtung erzwingen. Ich schließe daraus, dass wir unter allen Umständen, um unsere Rechte zu wahren, um möglichst viele Vorteile zu erzielen, den Anschluss gemeinsam vollziehen müssen, selbst wenn wir hinterher einräumen, dass für einzelne Gebiete, wie für Deutschböhmen, eine Sonderregelung getroffen werde. Der gemeinsame Beitritt ist eben ein Beitritt mit Gewicht, mit Bedeutung. Wenn wir uns auflösen und einzeln beitreten, so treten wir alle bedingungslos bei, wir flüchten uns in aufgelöster Ordnung heim, und das ist für uns alle von größter Gefahr. Ich behaupte sonach, dass bei den Verhandlungen über die Verfassungsfragen draußen im Reiche und bei uns selbst zunächst der eine Gedanke vorherrschend sein muss, wir wollen – und das entspricht auch unserer Gesetzeslage – unseren Anschluss als Ganzes vollziehen, wir wollen uns als Ganzes diejenigen handelsrechtlichen und verkehrsrechtlichen Vorbehalte, diejenigen finanziellen und Ernährungsvorbehalte machen, die wir machen müssen, weil so unsere Interessen am besten gewahrt sind. Ich kann mir zum Beispiel denken, dass man mit uns als einem Ganzen einen erträglichen Handelsvertrag schließt und ein Abkommen trifft, bei dem wir unsere wirtschaftlichen Interessen wahren; ich kann mir aber nicht denken, dass das Reich sieben solche Handelsverträge mit Salzburg, mit Kärnten, mit jedem einzelnen Kronlande schließt. Das halte ich für ausgeschlossen, das ist undenkbar. Ich setze also voraus, dass wir uns im eigenen Interesse unserer Länder in dieser Frage auf den Gesichtspunkt einigen werden. Wir gehen in der Anschlussfrage solidarisch vor und legen das ganze Gewicht unserer zehn Millionen, wir legen das ganze Gewicht unserer Wirtschaftsmacht in die Waagschale und haben dadurch die Hoffnung, für uns alles Nötige durchzusetzen. Gehen wir aber einzeln vor, so unterwerfen wir uns bedingungslos, vorbehaltlos der neuen Gemeinschaft und wir erreichen dadurch für uns selbst nichts, das heißt wir u n t e r w e r f e n uns. In der Gesamtheit aber können wir V e r t r ä g e s c h l i e ß e n.

Nun ist es außerordentlich schwer, bei diesem Stand der Dinge heute schon irgendeine definitive Verfassungsurkunde zu entwerfen. Ich war nicht in der Lage, Ihnen eine Vorlage zur Vorberatung zu unterbreiten. Die konstituierende Nationalversammlung steht ja nahe bevor, anfangs März wird sie da sein[59] und es müsste eigentlich die Verfassungsurkunde auf dem Tisch des Hauses liegen, damit sie beraten werde, wie es in Deutschland der Fall ist. Das ist aber leider zur Stunde nicht zu bewerkstelligen.

---

59 Die Eröffnungssitzung der Konstituierenden Nationalversammlung fand am 4. März 1919 statt. Vgl. Sten. Prot. Konst. NV, 1. Sitzung vom 4. März 1919, S. 1–7.

Ich habe zum Beispiel den Entwurf einer allgemeinen Landesordnung, eines Rahmengesetzes, ausgearbeitet, auf der die einzelnen Länder ihre besondere Landesordnung aufbauen sollen. Ich kann Ihnen diesen Entwurf nicht vorlegen, denn je nachdem die Dinge anders kommen, werden wir uns anders einrichten müssen. Nur eine Kleinigkeit: Nach dem jetzigen Reichsverfassungsentwurf wäre unsere Nationalversammlung ein L a n d t a g. Schließen wir uns an einen deutschen Bundesstaat an, werden wir ein deutscher Gliedstaat, so ist es beinahe undurchführbar, dass dieser Gliedstaat in sich selbst wieder ein Bundesstaat wird, dann können wir das Schweizer Muster kaum wählen, weil wir eine d r e i g e l e i s i g e Verwaltung erhielten. So läge es auch in dem Falle, als wir zwangsweise in eine Donauföderation zusammengezwungen würden. Bei einer föderativen Ordnung bei uns würde dann die öffentliche Gewalt so zersetzt und zerklüftet, dass man überhaupt nicht verwalten könnte. Was also für uns, wenn wir allein sind, möglich und wünschenswert ist, wird im Falle eines Anschlusses an Deutschland oder an eine Donauföderation überaus schwierig. Auch aus diesem Grunde nehme ich an, dass unsere Verwaltungsreform doch in letzter Linie auf ein self-government hinauslaufen wird.

Die Dinge sind demnach nicht so gereift, dass an die Ausarbeitung einer Verfassungsurkunde geschritten werden könnte. Nun habe ich, trotzdem die Dinge ungereift sind, und vielleicht auch deshalb, weil sie ungereift sind, diese Erörterungen nach einer Vorbesprechung mit den Beamten meines legislativen Departements im vollen Einverständnisse aller vorgebracht, damit die Herren die Überzeugung gewinnen, dass in Wien nicht irgendein bürokratischer Körper bestehe, der die Länder um ihr Recht zu verkürzen beabsichtige. Das ist durchaus nicht der Fall, im Gegenteil, wir alle denken sehr ernsthaft daran, die Selbstregierung in der einfachen englischen Form oder in Form eines Bundesstaates zu verwirklichen. Was uns aber trotz dieser Absichten im gegenwärtigen Augenblick noch nach entgegengesetzter Richtung bindet, das ist, meine Herren, das n o c h g e l t e n d e G e s e t z. Man kann nicht zugleich ein Gesetz und eine im Wesentlichen auf der bürokratischen Ordnung aufgebaute Verwaltungsordnung besitzen und zugleich regieren, als wenn Selbstregierung wäre; das hieße ungesetzlich regieren und das risse alles in Fransen. Wir können auch in der gegenwärtigen Zeit gewisse Verwaltungszweige nicht einer staatlichen Anarchie überantworten. Man spricht davon, dass man eine Ernährungsdiktatur haben müsse. Ich bin kein Freund der Diktatur; es kann aber im Kriege dazu kommen, dass man einen solchen Zustand herbeisehnt und einführt. Wenn zum Beispiel der Verwaltungsdienst der Volksernährung so fortschreitet, wie er sich jetzt entwickelt, so sage ich Ihnen, dass wir in wenigen Wochen vollständig anarchisiert sind. Sind wir anarchisiert, so hilft dann nur entweder eine Diktatur des Säbels oder eine Diktatur der Bürokratie oder eine Diktatur des Proletariats oder irgendeine andere Diktatur. Es ist tatsächlich so arg – ich bitte, erlassen Sie es mir, das im Einzelnen zu schildern –, dass das Kabinett der Staatssekretäre sich nicht zu helfen weiß. Es ist einfach kläglich, wie die Verwaltung in diesen Dingen auseinander geht; wir stürzen uns mutwillig in schwere Krisen. Es ist freilich im Grunde genommen, wenn wir aufrichtig sein wollen, selbst die Furcht vor diesen Krisen, die alle lokalen Faktoren, die irgendetwas haben, dazu bestimmt, wenigstens das, was sie haben, festzuhalten. Aber wie begreiflich das auch ist, so verkehrt ist es nach meiner Meinung; denn glauben Sie ja nicht, dass man sich rettet, wenn man gerade das festhält, was der eine oder andere hat. Wir entrinnen dann doch der Anarchie nicht. Es ist auch hierin so, dass wir uns alle miteinander retten müssen, weil sich der Einzelne nicht retten kann. Deshalb glaube ich, dass wir in Beziehung auf die Verwaltungs- und Ernährungsfragen jetzt und zeitweilig tatsächlich von zentralistischen Grundsätzen ausgehen müssen, weil unser Volk sonst nicht wird leben können. Diese zentralistischen Grundsätze müssen hier durchgeführt werden, sie können nicht vermieden werden. Aber das müssen Sie hören und glauben: Sie werden nicht durchgeführt aus irgendeiner Neigung zum Zentralismus, sondern weil man sonst tatsächlich nicht leben kann. Wenn aber diese Solidarität in der Ernährung nicht hergestellt wird, dann reißen wir den ganzen Staat auseinander, dann werden wir nicht den Anschluss gemeinsam vollziehen, sondern wir werden Stücke sein, die der eine oder andere Nachbar, der den nächsten Zugriff hat, an sich reißt; jedenfalls werden wir unsere staatliche Selbständigkeit und Selbstbestimmung dabei einbüßen, wir werden zumindest die Schande erleben, dass uns die Entente die Einheit der Verwaltung aufzwingen wird. Gestatten Sie, dass ich hier ein Beispiel gebe, das sich schon verwirklicht hat. Es ist uns nicht möglich gewesen, unter unserem eigenen alten Regime trotz der stärksten Bemühungen zwischen Österreich und Ungarn und Böhmen eine Einheit des Ernährungsdienstes herzustellen. Es kommt aber eine Ententekommission nach Wien und regiert uns als Sieger, und diese Ententekommission sagt: Ihr Tschechen müsst so und so viel Kohle liefern, Ihr Ungarn so und so viel Getreide, Ihr Polen so und so viel Petroleum. Und dann liefert man und die Einheit des Ernährungsdienstes wird durch den Sieger hergestellt. Das ist die schlimmste Schande für uns, das wäre der Beweis, dass wir uns nicht selbst regieren können! Dadurch verlieren wir erst moralisch und später tatsächlich unsere staatliche Selbständigkeit. Wenn nun von einzelnen Ressorts in dieser Zeit zentralistische Verfügungen getroffen werden, so bitte ich die Herren, dies zu begreifen als einen Ausfluss einer urgenten Notwendigkeit, nicht aber als Ausfluss einer zentralistischen Gesinnung. Eine solche waltet in den Staatskanzleien überhaupt nicht; Sie müssen doch bedenken, dass die meisten wirtschaftlichen Ressorts heute von Männern geführt werden, die in der autonomen Verwaltung emporgedient haben. Das Ackerbauressort wird vom Herrn Staatssekretär S t ö c k l e r geführt, den wir vom niederösterreichischen Landesausschusse kennen, das Eisenbahnressort wird vom Herrn Staatssekretär J u k e l geführt, der in der niederösterreichischen Landesverwaltung emporgewachsen ist; das Handelsressort wird vom Staatssekretär Dr. U r b a n geführt, dem Landmarschall-Stellvertreter von Böhmen, der sich in der autonomen Verwaltung Böhmens bewährt hat. Es ist also nicht wahr, dass die Staatsverwaltung von Zentralisten geführt wird, aber wer dort steht und erkennt, was nottut, muss gewisse, alle bindende Verfügungen treffen, weil zu leben gar nicht anders möglich ist. Ich möchte also das noch einmal betonen: Wir stehen vor der Gefahr der Auflösung der ganzen Staatsverwaltung: ich kann das nicht laut und stark genug sagen. Alle Ressorts teilen mir dasselbe mit, vom Staatsamt des Äussern bis zum Staatsamt für soziale Fürsorge, jeder einzelne. Diese Auflösung des Staates kann nur enden mit dem allgemeinen Unglück, mit der Machtlosigkeit aller Teile und ich möchte daher bitten, dass diese Konferenz zum weiteren Anlasse wird – die zwei vorhergegangenen Konferenzen haben ja schon in diesem Sinne sehr segensreich gewirkt –, gegenseitiges Einvernehmen, gegenseitiges Verständnis zu wecken und uns zu befähigen, auf dem Wege der Selbstregierung das freiwillig zu leisten, was uns früher die Gewalt von oben einfach aufgezwungen hat und sonst die Gewalt des Siegers aufzwingen müsste.

Ich bitte zu entschuldigen, dass ich Sie so lange aufgehalten habe, aber ich glaube, dass endlich einmal die Generaldebatte über unsere Verfassungs- und Verwaltungsreform einsetzen muss. Das habe ich gewollt und ich meine, dass nunmehr am besten so verhandelt wird, dass ich zunächst die Erörterung des Gesetzentwurfes „über den Ablauf der Funktionsdauer der provisorischen Landesversammlungen und Gemeindevertretungen und die Vornahme von Neuwahlen in den Ländern und Gemeinden" eröffne.

Sind die Herren mit dieser Vorgangsweise einverstanden? *(Nach einer Pause:)* Es erhebt sich kein Widerspruch. Ich werde daher diesen Gesetzentwurf zur Debatte stellen. Er ist inzwischen allen Herren zugegangen und Sie haben Gelegenheit gehabt, ihn zu lesen.

Wünschen die Herren zunächst eine Generaldebatte abzuführen? *(Rufe: Ja!)* Die Generaldebatte ist also eröffnet.

Landeshauptmann Dr. v. **Kaan**: Ich glaube, wir brauchen als anerkannte einheitliche Gesichtspunkte für die Wahlordnungen in die künftigen Landesversammlungen oder Landtage nichts anderes als die Feststellung, dass hierbei das allgemeine, gleiche, geheime Wahlrecht zu statuieren ist und dass der Kreis der Wahlberechtigten nicht enger gezogen werden soll, als für die Nationalversammlung. Diese Festsetzung haben wir bereits heute. Sie ist im Staatsgrundgesetze niedergelegt[60], sie könnte allerdings noch einmal feierlich inartikuliert werden. Ich glaube, dass wir mit dieser gesetzlichen Feststellung alles getan hätten, was bezüglich der Einheitlichkeit der Wahlordnungen für die Landesversammlungen notwendig ist und dass es dann vollkommen angängig wäre, auf dieser Grundlage den einzelnen provisorischen Landesversammlungen die Beschließung ihrer Wahlordnung zu überlassen. Gewisse Durchführungsfragen, so insbesondere die Festsetzung einer Höchstzahl für die Mandate, ist, glaube ich, ein reines Landesinteresse.

Ich kann ein gesamtstaatliches Interesse nicht darin erblicken, ob eine Landesversammlung 10 oder 20 Mandate mehr hat. Das ist in letzter Linie eigentlich eine reine Finanzfrage und eine reine verwaltungstechnische Frage des betreffenden Landes, ob es sich den Luxus gestatten will, so und so viel Diäten mehr oder weniger auszuzahlen. Das ist auch eine Frage, die in vielen Belangen davon abhängt, wie viel Wahlkreise man macht. Die Festsetzung der Wahlkreise ist aber wieder eine Frage, welche durch die topographischen und kulturellen Verhältnisse der einzelnen Länder bestimmt wird. In einem Gebirgslande wird man die Wahlkreise nach anderen Gesichtspunkten festlegen als am flachen Lande; ein Land mit teilweiser industrieller, teilweiser agrarischer Bevölkerung wird ebenfalls nach anderen Gesichtspunkten vorgehen, wobei aber der Rahmen der sein wird, der bereits im Grundgesetze festgelegt ist, nämlich, dass man nicht die Städtewahlkreise und die Landwahlkreise trennt, sondern dass die Abtrennung nur einheitlich, nach topographischen und hydrographischen Gesichtspunkten bewerkstelligt wird. Haben wir aber diese allgemeinen Grundsätze, so werden wir das Rahmengesetz nicht brauchen, denn wir haben ja schon die gewünschte Gleichartigkeit.

Es bleibt also noch die Frage des Termines offen. In dieser Frage könnte auch im Wege eines einfachen Übereinkommens der Ländervertreter ein einheitlicher Präklusivtermin[61], bis zu welchem die Neuwahlen vollzogen sein müssen und von welchem an dann automatisch die Zuständigkeit der gegenwärtigen provisorischen Versammlungen erlischt, festgelegt werden. Ich glaube, dass für all dies die Erlassung eines Rahmengesetzes nicht notwendig ist, sondern dass eine einfache Vereinbarung unter den Ländern, die ja unter der Verhandlungsleitung der Staatskanzlei erfolgen kann, genügt. Wir sind ja eigentlich zu diesem Zwecke hier, es sind alle Länder vertreten, wir könnten daher diese Vereinbarung heute schließen und es bedarf dann keiner weiteren gesetzlichen Regelung, bei der immer wieder die odiose Frage entsteht, ob diese Regelung der provisorischen oder der künftigen, der konstituierenden Nationalversammlung überlassen werden soll. Gegen das erstere sprechen gewisse grundsätzliche Erwägungen, gegen das zweite spricht, dass eine neuerliche Verzögerung entstehen würde. Das Ganze ist aber nicht notwendig. Vereinbaren wir das heute ganz frei auf Grund der allgemein anerkannten gemeinsamen Grundsätze! Will die Staatskanzlei uns dann gemäß diesen Grundsätzen eine Musterwahlordnung vorlegen, so werden wir das gewiss dankbar begrüßen, wir werden darin eine Unterstützung, aber nicht eine Bevormundung sehen. Die Unterstützung nehmen wir gern an, die Bevormundung müssten wir dankend ablehnen. Ich glaube, auf dieser Grundlage werden wir zu dem Ideal der Selbstregierung, von dem heute gesprochen wurde, viel rascher kommen.

Wenn ich den Herrn Staatskanzler richtig verstanden habe, so ist die Debatte auf die Wahlordnung allein beschränkt. Es ist begreiflich, dass uns bei der kurzen Zeit, die uns für die Durchsicht dieser Vorlage zur Verfügung stand, eine Stellungnahme zu einem immerhin so wichtigen Entwurf unmöglich ist. Gleichwohl habe ich schon etwas darin gefunden, wovon ich meine, es müsse nicht notwendigerweise in das Gesetz hineingenommen werden, nämlich

---

60 StGBl. Nr. 5/1918, Artikel 10.

61 Präklusivtermin: Ausschlusstermin, zu dem Rechte oder Ansprüche erlöschen.

die zwingende Vorschrift, dass die Neuwahlen zu den Landesversammlungen und zu den Gemeindevertretungen an einem und demselben Wahltage und in einem Wahlgange stattzufinden haben.[62] Warum dieser Zwang? Wird es sich als zweckmäßig empfehlen, so wird es eingeführt werden. Es kann aber der Fall eintreten, dass es in einer Reihe von Gemeinden aus gewissen örtlichen Gründen nicht praktisch ist. Man muss sich auch klar werden, dass die Gemeindewahlen in gewissem Grade auch wieder von vorhergehenden Parteibesprechungen abhängig sind. Bei den Gemeindewahlen werden auch andere Gesichtspunkte maßgebend sein als bei den Landeswahlen. Es werden sich gewiss schon bei den Landeswahlen andere Gesichtspunkte geltend machen als bei den Wahlen zur Nationalversammlung. Ich stehe persönlich auf dem Standpunkt, dass, so wünschenswert es auch sein mag, bei den Wahlen in die staatlichen Körperschaften nach Möglichkeit nur die Gesichtspunkte der großen Parteien zu beachten, doch schon bei den Wahlen in die Landesversammlungen auch gewissen örtlichen Rücksichten Rechnung getragen werden muss; denn die Landesversammlung soll nicht eine lediglich nach den großen Parteigesichtspunkten zusammengesetzte Versammlung sein, sondern eine Versammlung, die einzelnen berechtigten örtlichen Gesichtspunkten und Interessen der Landesteile gerecht wird. Das trifft in noch höherem Maße bei den Gemeinden zu. Warum also dieses Zusammenzwängen?

Ich fasse meine Ausführungen dahin zusammen: Wir bedürfen eines Rahmengesetzes zur Festlegung der einzelnen Grundsätze für die Zusammensetzung der Landesversammlungen nicht, sondern wir schaffen diese einheitlichen Grundsätze durch eine abzuschließende freie Vereinbarung der Länder, die von der Staatskanzlei zur Kenntnis genommen wird, und wir ersuchen die Staatskanzlei, im Sinne dieser Vereinbarung uns möglichst bald einen Musterentwurf für die Landeswahlordnung vorzulegen.[63]

Landeshauptmann Dr. **Ender**: Meine sehr verehrten Herren! Als ich heute den fünfviertelstündigen, sonst sehr interessanten Vortrag des Herrn Staatskanzlers Dr. Renner vernahm, kam er mir vor wie ein Imperator redivivus[64]. Ich hatte das Gefühl, dass die Monarchie, die für uns gestorben ist, in irgendeiner anderen Form, sei es in der Form eines Staats-

---

62 Vgl. Anhang I, § 13.

63 Die Staatskanzlei kam diesem Ersuchen rund zwei Wochen später nach, vgl. AdR, StK, GZl. 942/1/1919, Muster einer Landtagswahlordnung. Der Akt enthält ein Schreiben Renners vom 16. Februar 1919 an alle Landesregierungen, in dem „[e]ntsprechend den bei der letzten Länderkonferenz getroffenen Vereinbarungen" die Übermittlung von je 25 Exemplaren eines von der Staatskanzlei „ausgearbeiteten Musters für eine Landtagswahlordnung" angezeigt wurde. „Der Musterentwurf wurde gemäß den erwähnten Vereinbarungen unter Zugrundelegung der damals getroffenen prinzipiellen Abmachungen und unter enger Anlehnung an die Wahlordnung für die konstituierende Nationalversammlung ausgearbeitet." Weiters enthält der Akt zwei gedruckte Exemplare dieses Entwurfs mit dem Titel: „Beschluß der provisorischen Landesversammlung für … über die … Durchführung von Neuwahlen in den Landtag". Dieser Entwurf stimmt mit den schließlich ausgegeben Landtagswahlordnungen nicht vollständig überein. Exemplarisch vgl. etwa Landesgesetz- und Verordnungsblatt für das Land Steiermark Nr. 14, Gesetz vom 13. März 1919, wirksam für das Land Steiermark, über die Durchführung von Neuwahlen in den Landtag, ausgegeben am 3. April 1919. Von den Abweichungen seien nur die folgenden beiden Beispiele genannt: der erste Landtag sollte laut Entwurf für die Dauer von zwei Jahren gewählt werden, diese Einschränkung findet sich im genannten Landesgesetz nicht (Artikel I); weiters enthält Artikel IV einen zweiten Absatz, der sich nicht im Entwurf findet, lautend: „Soferne den Vertretern deutscher Minderheiten in den Vertretungskörpern benachbarter Staaten nicht alle Rechte der nationalen Mehrheit gewährleistet werden, kann der Landesrat die Ausstellung des Wahlscheines davon abhängig machen, daß der Gewählte sich bei der letzten Volkszählung zur deutschen Umgangssprache bekannt hat und eine Erklärung abgibt, daß er sich auch fernerhin zum deutschen Volke bekennen werde."

64 Imperator redivivus: wiedererstandener Herrscher bzw. (hier in Bezug auf die zerfallene Monarchie) Kaiser.

rates oder wie immer, neu erstehen soll. Nun ist das nicht vereinbar mit den Anschauungen, die wir draußen in den Ländern haben. Wir stehen auf dem Standpunkte, die pragmatische Sanktion[65] ist gefallen, die 67er-Verfassung[66] ist gefallen; was heute noch sicher, fest und klar besteht, sind die Länder; diese Länder sind sich allerdings dessen bewusst, dass sie nicht allein in der Welt fortbestehen können. Sie sind anschlusswillig und anschlussbereit. Aber anlässlich dieses Anschlusses an das neuaufzubauende Reich wollen sie keineswegs die Freiheit wieder preisgeben, die sie gewonnen haben.

Die Länder wollen in Zukunft ohne Sanktionen leben, und zwar nach einem klaren, schiedlichen und friedlichen Scheidungsgrundsatze. Die Länder, Herr Staatskanzler, stehen auf dem Standpunkte: es gibt Gebiete der Gesetzgebung und der Verwaltung, die ihrer Natur nach reichsgesetzlich geregelt werden müssen. Gut, diese sollen reichsgesetzlich geregelt werden und gehen die Länder nichts an. Die übrigen Dinge aber, deren reichsgesetzliche Regelung nicht nach der Natur der Sache oder aus anderen zwingenden Gründen notwendig ist, soll man den Ländern überlassen; darin sollen die Länder aber auch frei und selbständig sein und nicht wieder bevormundet werden, wie im alten Staate. Es soll dort an die Stelle des Kaisers nicht wieder ein neuer Kaiser treten, heiße er wie er wolle und sei er wer er wolle. Man soll nicht sagen, dass sich das praktisch nicht machen lässt. Der Herr Staatskanzler hat gesagt, die amerikanischen Verhältnisse passen für uns nicht, sie seien zu groß. Gewiss! Er wird aber kaum sagen können, dass für das winzige Österreich die Schweizer Verhältnisse zu klein sind. In der Schweiz ist dasjenige, was zentral geregelt sein muss, dem Bundesrate zugewiesen, alles übrige ist den Kantonen überlassen und diese sind wirklich frei, sie bedürfen für ihre Verfügungen nicht noch der Sanktion des Bundespräsidenten. Der Herr Staatskanzler hat das Wort gebraucht, es können nur Gleiche eine Gesellschaft bilden und es müsse ein Rahmengesetz geschaffen werden, damit die Gesetze in allen Ländern gleich ausfallen. Das ist nicht richtig; die Erfahrung lehrt, dass das überflüssig ist.

In der Schweiz sind nur gewisse Grundgesetze staatsgrundgesetzlich geregelt und daran muss sich jeder Kanton halten, sonst kann gegen ihn auch das Gericht angerufen werden. Darüber hinaus aber besteht gar keine Gleichheit. Wenn Sie heute die Verfassungen der einzelnen Schweizer Kantone zur Hand nehmen, so werden Sie sehen, dass die eine 20 Paragraphen und die andere 200 hat; die eine regelt tausend Dinge, die die andere gar nicht regelt; kurz es ist eine unendliche Verschiedenheit. Sie werden aber nie beobachtet haben, dass diese Schweizer Kantone nicht miteinander leben können, im Gegenteil, sie haben eine viel größere Eintracht als wir mit unseren schönen Landesordnungen und sie haben sich dabei wohl gefühlt und eine Staatsfreudigkeit zum Bunde besessen, gerade weil dieser Bund sie nicht mit Sanktion und Vormundschaft bedrückt hat, sondern weil er ihnen innerhalb der gegebenen

---

[65] In der Pragmatischen Sanktion vom 19. April 1713 war die Unteilbarkeit der habsburgischen Länder festgelegt worden. Vgl. dazu etwa Wilhelm Brauneder, Studien I. Entwicklung des Öffentlichen Rechts, Frankfurt am Main 1994, S. 85–115.

[66] Gemeint ist die sogenannte „Dezemberverfassung 1867", die sich aus den folgenden Gesetzestexten zusammensetzte: RGBl. Nr. 141, Gesetz vom 21. Dezember 1867, wodurch das Grundgesetz über die Reichsvertretung vom 26. Februar 1861 abgeändert wird; RGBl. Nr. 142, Staatsgrundgesetz vom 21. Dezember 1867 über die allgemeinen Rechte der Staatsbürger für die im Reichsrathe vertretenen Königreiche und Länder; RGBl. Nr. 143, Staatsgrundgesetz vom 21. Dezember 1867 über die Errichtung eines Reichsgerichtes; RGBl. Nr. 144, Staatsgrundgesetz vom 21. Dezember 1867 über die richterliche Gewalt; RGBl. Nr. 145, Staatsgrundgesetz vom 21. Dezember 1867 über die Ausübung der Regierungs- und der Vollzugsgewalt; und RGBl. Nr. 146, Gesetz vom 21. Dezember 1867, betreffend die allen Ländern der österreichischen Monarchie gemeinsamen Angelegenheiten und die Art ihrer Behandlung, sämtlich ausgegeben am 22. Dezember 1867. Sie stand für die cisleithanische Reichshälfte bis zum Zerfall der Monarchie in Geltung. Vgl. auch Rechts- und Verfassungsgeschichte. 4. überarbeitete Auflage. Herausgegeben von der Arbeitsgemeinschaft Österreichische Rechtsgeschichte, Wien 2016, S. 215–236.

Grenzen die Freiheit, die den Menschen so wohl tut, wirklich gelassen hat. Daher stehen wir heute auf dem Standpunkte, dass die Nationalversammlung Gesetze nur auf jenen Gebieten zu machen hat, die der zentralen Regelung wirklich vorbehalten werden müssen, dass sie aber für die anderen Gegenstände, die den Ländern zu verbleiben haben, auch keine Rahmengesetze zu schaffen hat. Wir wollen kein Rahmengesetz, dass uns wie ein Panzer einengt, wir wollen auch keine Nachfolge der Sanktion für unsere Gesetze in den Ländern, sondern wie die vom Volke gewählten Vertreter dort die Gesetze machen und beschließen, so sollen sie gelten; sie werden ja für uns beschlossen und nicht für die Regierung in Wien. Es ist klar, dass gewisse Grundgesetze sein müssen, dass man zum Beispiel festlegen wird, die Länder- und die Gemeindewahlordnungen haben sich an das allgemeine, gleiche und direkte Wahlrecht nach dem Proporz zu halten; das kann gewiss in einem Staatsgrundgesetze stehen. Aber im Wege eines Rahmengesetzes, im Wege einer Gehschule für diese unbeholfenen Länder die Sache in die Wege zu leiten, ist ein verfehltes Vorgehen und löst bei uns Wirkungen aus, von denen der Herr Staatskanzler keine Vorstellung hat.

In meinem Heimatlande besteht gegenwärtig eine Privatbewegung für den Anschluss an die Schweiz.[67] Sie hat keinerlei offiziellen Charakter; man hat sie auch gewähren lassen, weil es sich um eine gefühlsschwärmerische Bewegung handelt, herausgewachsen aus den heutigen Zuständen, die auch wieder ihren Höhepunkt überwinden und dann, wenn einmal offizielle Persönlichkeiten eingreifen, gewiss auch ernsten Erwägungen zugänglich sein wird. Wenn ich aber jetzt nach Hause komme und in der nächsten Landesversammlung das Referat wiedergebe, das der Herr Staatskanzler heute hier erstattet hat, so erweise ich damit dieser Bestrebung einen Dienst, wie sie ihn noch von keiner Seite erfahren hat, und leiste mehr als der beste Wanderredner in 25 Versammlungen leisten könnte. Dann wird unser Volk erschrecken und sagen: Ah! da steht der alte Zentralismus[68], die alte Vormundschaft, das alte Patronatswesen wieder auf, da kommt wieder der Kaiser mit seiner Sanktion, das heißt nicht der Kaiser, sondern der Imperator redivivus.

Da ich der Meinung bin, dass wir über den vorliegenden Gesetzentwurf heute nicht in die Beratung eingehen sollen, so stelle ich den A n t r a g, über den vorliegenden Gesetzentwurf zur Tagesordnung überzugehen. Dafür sollen wir uns aber sofort über diejenigen Punkte einigen, welche wir in den Landtags- und Gemeindewahlordnungen gleichartig behandeln wollen. Nur so kommen wir auf einen fruchtbaren Boden. Ich versichere dem Herrn Staatskanzler, dass ich nicht für mich allein spreche, sondern ich kann Ihnen mitteilen, dass gestern die Herren Vertreter der Länder versammelt waren und einhellig beschlossen haben, dieses Rahmengesetz abzulehnen. Ebenso einhellig haben sämtliche Vertreter der Länder gestern beschlossen, dass in kürzester Zeit durch die provisorischen Landesversammlungen Wahlordnungen für die Landtage und Gemeinden zu geben seien; ferner dass sie bereit seien, sich heute über die Grundsätze mit der Regierung und untereinander auszusprechen. Wir wollen unsere Zusammengehörigkeit auch dadurch zu einem gewissen Ausdrucke bringen, dass wir

---

67 Zu den Anschlussbestrebungen Vorarlbergs an die Schweiz, denen eine am 11. Mai 1919 in Vorarlberg durchgeführte Volksabstimmung Auftrieb verlieh, die aufgrund der Bestimmungen des Staatsvertrages von Saint-Germain-en-Laye jedoch ein Ende fanden, vgl. etwa Daniel Witzig, Die Vorarlberger Frage. Die Vorarlberger Anschlussbewegung an die Schweiz, territorialer Verzicht und territoriale Ansprüche vor dem Hintergrund der Neugestaltung Europas 1918–1922, phil. Diss., Basel 1974; Tobias G. Natter (Hg.), Kanton Übrig. Als Vorarlberg zur Schweiz gehören wollte, Bregenz 2008. Umfangreiches Material zur Anschlussbewegung in Vorarlberg und die erwähnte Volksabstimmung vom Mai 1919 findet sich weiters in AdR, StK, GZl. 909/1919.

68 Vgl. dazu Gertrude Enderle-Burcel, Denn Herrschaft ist im Alltag primär: Verwaltung. Verwaltung im Ausnahmezustand – Die Wiener Zentralbürokratie im Ersten Weltkrieg, in: Alfred Pfoser/Andreas Weigl (Hg.), Im Epizentrum des Zusammenbruchs. Wien im Ersten Weltkrieg, Wien 2013, S. 274–283.

möglichst weitgehen und unsere Wahlordnungen einheitlich gestalten. Die Landesordnungen selbst heute anzuschneiden, wird aber sehr schwer sein. Ich bin auch der Meinung, dass uns die Regierung sagen soll, was nach ihrer Ansicht der Reichsverfassung vorbehalten bleiben muss. Darüber eine Aussprache zu pflegen, würde mir sehr nützlich scheinen. *(Zustimmung.)* Dabei hätte die Regierung auch Gelegenheit, ein offenes Bekenntnis darüber abzulegen, ob sie unsere Anschauungen teilt und gewillt ist, uns eine solche föderative Verfassung zu geben, dass wir mit ihr leben können. Wenn die Regierung jene Dinge aufzählt, die sie der reichsgesetzlichen Verfassung unbedingt vorbehalten will, und daran das Bekenntnis knüpft, dass sie bereit sei, die anderen Dinge den Ländern zur selbständigen Ausarbeitung zu überlassen, dann werden wir befriedigt sein. Wenn sie aber als zweiten Satz noch hinzufügt, dass sie auch bei allen anderen Dingen mitreden möchte, dann werden wir höchst unzufrieden nach Hause zurückkehren. Über das eine bin ich mir auch ganz klar: Das Postulat, das der Herr Staatskanzler aufgestellt hat, nämlich jede Doppelgeleisigkeit hintanzuhalten, kann auch auf diese Weise ohneweiters erfüllt werden.

Die Schweiz hat auch nicht eigene Bundesbeamte in den Kantonen, sondern die aus den Kantonswahlen hervorgegangene Regierung vollzieht sowohl die Staatsgesetze als auch die Gesetze des Kantons und so stellen wir es uns auch bei uns vor. Genauso machen wir es ja schon seit zwei Monaten. Ich vollziehe in Vorarlberg die Staatsgesetze und die Landesgesetze. *(Staatskanzler Dr. Renner: Mit einem Unterschiede! Sie vollziehen sie, aber sie werden nicht überall vollzogen!)* Wir haben nun aber gar nicht die Meinung, dass das besser wird, wenn Sie es anders machen; das liegt an den Menschen. Wo ein gutes Volksmaterial ist, da wird es sich selbst gut regieren und die Staatsgesetze gut vollziehen, wo aber ein schlechtes Material ist, wird es sich selbst schlecht regieren und die Staatsgesetze schlecht vollziehen. Da können wir nur die Hoffnung hegen, dass die Leute durch die Selbstregierung, die ihnen jetzt gegeben wird, gezwungen werden, endlich mehr mitzuwirken, sich selbst zu erziehen und etwas besser zu werden. Man muss das Vertrauen darauf haben, dass sie dasjenige, was sie unter der kaiserlichen Obervormundschaft nicht geworden sind, im Wege der Selbstverwaltung und der Freiheit werden. Dieser Hoffnung müssen wir uns hingeben; wenn auch sie uns täuscht, so werden wir eben schlecht verwaltete Länder bleiben, deren es mehrere auf Erden gibt und denen nicht beizukommen ist, nicht durch die Monarchie und auch nicht durch die Republik.

Präsident **Hauser**: Nach den ausgezeichneten Worten meines unmittelbaren Herrn Vorredners hätte ich eigentlich nichts mehr zu sagen und kann nur erklären, dass ich mich seinen Ausführungen vollkommen anschließe. Nur eine Bemerkung muss ich vorbringen, und zwar die, dass der uns heute vorliegende Gesetzentwurf im Staatsrate nicht behandelt worden ist. Er ist dem Staatsrate vorgelegt worden, es wurde dort aber der Antrag gestellt, dass der Gesetzentwurf von der Tagesordnung abgesetzt werde. Der uns heute vorliegende Gesetzentwurf ist also nicht etwa schon einer Beratung im Staatsrat unterzogen, sondern er ist über Beschluss des Staatsrates von der Tagesordnung abgesetzt worden, um die heutige Verhandlung abzuwarten. In dieser Beziehung liegt also ein Präjudiz des Staatsrates zugunsten der Länder vor.

Ich möchte aber noch auf eines aufmerksam machen: Es nützt nichts, wenn man sich fortwährend dagegen verwahrt, dass man nicht zentralistisch sein will, wenn man tatsächlich viel zentralistischer ist als die frühere Regierung. Es nützt nichts, wenn man sagt, ich will keine Sanktion, sondern nur den Beitritt des Staatsrates. Da handelt es sich doch nur um Worte. Ich mache darauf aufmerksam, dass die Regierung früher nicht in der Lage war, einem Landtag ein Rahmengesetz zu oktroyieren. Sie hat ein Rahmengesetz vorlegen können, der Landtag konnte es aber annehmen oder ablehnen. Jetzt werden wir auf einmal in die Lage versetzt, dass wir uns von der Zentralregierung in Wien ein Rahmengesetz oktroyieren, dass wir uns von hier aus vorschreiben lassen müssen, so dürft ihr in das Land und so dürft ihr in die

Gemeinde wählen. Das ist unbedingt abzulehnen, das würden die Länder nicht ertragen und meine Anschauung geht auch dahin, ein loseres Band sei doch besser, als ein straffes Band. Ein straffes Band kann reißen. Wenn wir aber ein loseres Band haben, so dass wir uns wohl fühlen und uns halbwegs bewegen können, so hält dies die einzelnen Einheiten zusammen und es kann Ersprießliches geschaffen werden. Daher würde auch ich bitten, dass der Antrag auf Übergang zur Tagesordnung angenommen wird.

Im Übrigen stimme auch ich damit überein, dass die Länder sich diese Gesetze möglichst bald selbst machen sollen. Man kann sich ja auf Grundsätze einigen. Wir sind ja einig und haben es gestern auch betont. Der Herr Landeshauptmann von Steiermark sowohl wie jener von Vorarlberg haben erklärt, dass wir der Regierung für jeden Wink und jede Vorarbeit dankbar sind; aber unmöglich wäre es, uns in den Ländern von der Zentralregierung vorschreiben zu lassen, wie wir die Sache ausführen müssen.

Landesabgeordneter Dr. **Mittelberger**: Ich komme auch vom äußersten Westen und war eigentlich erstaunt, hier erfahren und beobachten zu müssen, wie wenig man von der Stimmung in der Bevölkerung unterrichtet zu sein scheint, wenn man hier vom grünen Tisch aus Gesetze und Verordnungen erlassen will, die die Länder und die einzelnen Stämme in Österreich binden, ja viel mehr binden würden, als sie bis jetzt im alten Staate gebunden waren. Wenn man jetzt durch Österreich durchfährt, so findet man, dass von einer Staatsfreudigkeit kaum mehr etwas vorhanden ist. Der Herr Staatskanzler hat ja selbst zugegeben, dass wir eigentlich fast vor der Auflösung aller Staatsgewalten stehen und dass es die dringendste Notwendigkeit sei, etwas Neues, Festes zu schaffen. Nun wäre es aber doch wohl ganz selbstverständlich, dass, wenn man einen Neubau aufführt, man mit den Elementen arbeiten muss, die noch bestehen. Das sind die Länder. Das sind die wichtigsten Bausteine, mit denen das neue Staatshaus errichtet werden kann. Nun kann man aber mit diesen Ländern nicht so wirtschaften, wie mit einem Kinderspielzeug, sondern man muss doch wohl auch den Willen und die Absichten der Länder hören. Das halte ich für ganz selbstverständlich und für die Grundbedingung, damit ein neues Deutschösterreich, ein Freistaat zustande komme. Die Staatsfreudigkeit hat unter der Monarchie vielfach gefehlt, sie fehlt jetzt vollständig; es wäre daher wohl die wichtigste Aufgabe, dass man diese Staatsfreudigkeit wieder schafft und diese kann nur geschaffen werden, wenn man den Ländern eine gewisse Bewegungsfreiheit, eine gewisse Selbständigkeit lässt. Wenn wir aber darangehen, ein Staatshotel mit ganz uniformen Einrichtungen zu schaffen, so werden wir darin keine glücklichen Länder finden. Wollen Sie ein freies Deutschösterreich, dann müssen Sie den einzelnen Stämmen und Ländern auch gewisse Rechte nach ihrer Eigenart einräumen. Die Staatsfreudigkeit kann nicht dadurch geweckt werden, dass die Staatskanzlei, die Staatsregierung die Länder zwingt, ihr alles mühsam in einem Kampf abzuringen. Ich glaube, es wäre viel besser, wenn sich die Staatsregierung zu einem freien und offenen Entschluss aufraffen und sagen würde, wir wollen einen deutschösterreichischen Bundesstaat mit freien, mit Hoheitsrechten ausgestatteten Ländern, etwa nach dem Muster der Schweiz.

Der Herr Staatskanzler hat nun gesagt, wir können keinen Bundesstaat gründen, weil wir die zukünftige Entscheidung in der Anschlussfrage nicht kennen. Es ist aber doch die Notwendigkeit vorhanden, dass wir schon jetzt dem Volke ein festes Ziel geben, sonst steuern wir ins Uferlose, ins Planlose, und dieses planlose Fortwursteln, wie man es sonst gewohnt war, erträgt man jetzt nicht mehr. Ich könnte mir nicht vorstellen, wie man große Teile der Bevölkerung zum alten Österreich zurückbringen soll, wenn man ihnen nur noch einige Monate Zeit gibt, sich zu entscheiden, wohin sie eigentlich wollen. Man muss ihnen etwas Bestimmtes vor Augen stellen, zum Beispiel einen deutschösterreichischen Bundesstaat mit freien, mit Hoheitsrechten ausgestatteten Ländern, wie es die Schweiz ist. Damit wäre noch nicht gesagt, dass dieser Bundesstaat nicht bundesfähig gegenüber Deutschland wäre. Ich stelle mir vor, dass das zukünftige Deutschland, dessen Verhältnisse ja auch nicht so geregelt sind – und wir sehen ja, dass der neue Verfassungsentwurf des Staatssekretärs Dr. Preuß[69] nicht immer auf fruchtbaren Boden fällt – ein Staatenbund wird, und es wäre leicht denkbar, dass ein Bundesstaat ein Mitglied eines Staatenbundes wäre. Also dieses Ziel könnte man schon ins Auge fassen, und dann hätten wir dem ganzen Volke wie den Ländern ein Ziel gegeben. Auch ich würde das für eine große Tat halten. Ich glaube auch, dass die Staatsregierung gut tun würde, wenn sie feierlich erklären wollte, die Länder sollen ihre Wahlordnungen selbst schaffen, freilich unter steter Fühlungnahme mit den Nachbarländern und – mit Rücksicht auf die gesamtstaatlichen Interessen – auch mit der Regierung. Das wäre ein erlösendes Wort, das man von der jetzigen Regierung außerordentlich gern hören würde. Sie müsste aber auch erklären: Wir wollen die Reichsverfassung, die zukünftige Staats- oder Bundesverfassung im Einvernehmen mit den Ländern machen; denn der zukünftige Bundesstaat besteht aus den einzelnen Teilen und Ländern, und es ist selbstverständlich, dass diese Länder auch mitreden wollen. Die Reichsregierung wird immer noch Gelegenheit haben, ihre Grundsätze zu vertreten. In der schweizerischen Bundesverfassung[70] ist die Gemeinsamkeit für das Reich oft nur mit wenigen Worten ausgedrückt, indem es zum Beispiel heißt: Alle Kantone müssen ihre Verfassungen auf demokratischer Grundlage aufbauen.[71] Weiter ist gar nichts gesagt. Wenn aber das seitens unserer Staatsregierung geschähe, dann würde, dessen bin ich sicher, die Staatsfreudigkeit im Volke und in den Ländern wieder lebendig werden, eine Staatsfreudigkeit, die ich für eine unerlässliche Grundlage des zukünftigen Aufbaues des Staates halte.

Ich würde mir von dieser Erklärung der Zentralregierung noch etwas anderes versprechen: Dadurch, dass die Länder jetzt auch für die Reichsregierung mitverantwortlich werden, könnte man mit der alten Methode der Verwaltung, die in Wien sitzt und die unter Umständen außerordentlich schwer zu vertilgen ist, viel leichter aufräumen; das könnte dann fast von selbst gehen. Es mag das eine sehr schmerzvolle Operation sein, aber alle sind überzeugt, es wird eine notwendige Operation sein, und sentimentale Bedenken, dass vielleicht auch gesundes Fleisch mit wegoperiert werden könnte, werden nicht viel helfen, wenn man nicht den ganzen Körper siech werden lassen will. Es wäre auch der erste Schritt zu einer praktischen Verwaltungsreform. Wenn man dem Volke ein Ziel vor Augen setzt, wächst mit dem Ziele auch der Mut, das Ziel zu erreichen.

Noch etwas. Wenn man das tut, so soll man es rasch tun. Das „Zu spät" ist in der österreichischen Politik fast seit Jahrhunderten ein Stichwort gewesen, und wenn dieses „Zu spät" abermals ein Stichwort werden soll, dann kann unendlich viel verloren gehen, dann kann Österreich tatsächlich in seine einzelnen Bestandteile zerfallen. Man soll das Gebot der Stunde erkennen und Österreich zu einer freien deutschösterreichischen Republik machen, zu einer Verbindung der Länder, die frei zueinander gekommen sind. Ein solches Gebilde wäre auch ein viel bündnisfähigerer Staat, das Deutsche Reich hätte mit einem solchen gefestigten Staate viel mehr Freude, als wenn halb zerfallene Staatsteile zu ihm kämen. Darum

---

69 Gemeint war Dr. Hugo Preuß und sein Entwurf einer deutschen Reichsverfassung, vgl. Anmerkung 57.

70 Gemeint ist die Bundesverfassung der Schweizerischen Eidgenossenschaft vom 29. Mai 1874, aufgehoben am 1. Jänner 2000. Der volle Text mit Ausweisung der zahlreichen Revisionen findet sich unter https://www.bj.admin.ch/dam/data/bj/staat/gesetzgebung/archiv/bundesverfassung/bv-alt-d.pdf, abgerufen am 21. November 2017.

71 Gemeint war wohl Artikel 5 der Schweizer Bundesverfassung von 1874, der lautete: „Die Kantone sind verpflichtet, für ihre Verfassungen die Gewährleistungen des Bundes nachzusuchen. / Der Bund übernimmt diese Gewährleistung insofern: / a. sie nichts den Vorschriften der Bundesverfassung Zuwiderlaufendes enthalten; / b. sie die Ausübung der politischen Rechte nach republikanischen (repräsentativen oder demokratischen) Formen sichern; / c. sie vom Volke angenommen worden sind und revidiert werden können, wenn die absolute Mehrheit der Bürger es verlangt."

wäre mein Wunsch, dass die Staatsregierung bekennen würde: Wir wollen einen freien Staat auf föderalistischer Grundlage mit den Ländern, die frei sind und Hoheitsrechte besitzen, ähnlich wie in der Schweiz.

Landeshauptmann-Stellvertreter Dr. **Pusch**: Wenn ich im Namen des Landes Tirol nun auch hier mitsprechen soll, so möchte ich vor allem eines hervorheben: Wir in Tirol haben Verhältnisse, wie sie vielleicht in keinem der alten Kronländer heute mehr bestehen. Unsere Verhältnisse sind schwieriger, nicht nur weil wir den größten Teil unseres Stammlandes von den Italienern besetzt haben und von ihm vollständig abgeschlossen sind, sondern auch weil wir ein Land sind, das in den letzten Jahren in größerer und stärkerer Weise in Mitleidenschaft gezogen wurde, sowohl was die Menschen als auch was die Materialien und Lebensmittel betrifft, als vielleicht jedes andere Land. Und darum ist es umso notwendiger, bei uns auch darauf zu sehen, wie jetzt die Stimmung im Lande ist. Diese Stimmung, meine Herren, ist von einem solchen Selbständigkeitstrieb erfüllt, wie Sie es vielleicht in keinem anderen Lande sehen werden. Wir bekommen tagtäglich und wöchentlich Hunderte von Zuschriften von Gemeinden und Körperschaften, die sich für die volle staatliche Selbständigkeit von Tirol aussprechen. Ich will nicht den bekannten Ruf „Los von Wien“ erheben, der nicht etwa „Los von der Wienerstadt“ bedeutet, sondern der bedeutet: Los von einem System, wie man es in Wien bisher geübt hat, das ist das bürokratische und militärische System. Dieser Ruf ist bei uns bis in die letzten Täler unseres Landes gedrungen und er kommt jetzt in Form dieser Zuschriften, in Form von Erklärungen, in Wählerversammlungen und bei jeder Gelegenheit laut und energisch zum Ausdruck.

Ich möchte nun, vollständig auf dem Standpunkt, den der Herr Landeshauptmann von Vorarlberg bereits gekennzeichnet hat, stehend, sagen: Wir in Tirol wollen jetzt nichts anderes als eine Ordnung der verwirrten Zustände, wie sie sich aus dem Kriege ergeben haben. Wir wollen ferner neben dieser Ordnung das Haus nicht, wie es früher geschehen ist, vom Dachstuhl aus ausbauen, sondern von unten, vom Fundament aus. Und als dieses Fundament betrachten wir die Länder. Die Länder sollen einmal vollständig unbehindert zum Worte kommen und der Regierung, die wir ja brauchen werden, sagen, was sie wollen. Wir wünschen daher nicht, dass man uns Rahmengesetze vorlegt, weil diese – verzeihen Sie den harten Ausdruck – etwas sind, was unter Umständen wie eine Mausefalle aussehen kann. Wenn man einmal im Rahmengesetz drinnen ist und es nicht, wie es notwendig gewesen wäre, im Detail studiert hat, so kann man ihm möglicherweise nicht mehr entschlüpfen; darum ist es unsympathisch. Wir möchten uns daher alle vollkommen selbständig entschließen, nicht nur über die Wahlordnungen, sondern auch über die Landesordnungen, und wir möchten der Regierung und dem Zentrum, das wir ja aus wirtschaftlichen Gründen für notwendig halten, sagen: So ist unsere Meinung, prüfe du jetzt, und wir werden uns mit den anderen Ländern zusammensetzen und mit ihnen reden, ob uns diese Form passt oder nicht. Also vor allem die Freiheit dieser Aussprache, die Freiheit eines jeden Landes, also auch des Landes Tirol, dieses wichtige Gesetz einmal uns selbst geben zu können, unbeeinflusst von anderer Seite. Ich glaube, es ist gar keine Gefahr dabei, wenn man uns vonseiten der Zentralregierung diese Freiheit lässt, weil ja schließlich immer noch die Möglichkeit bestehen wird, die Sache mit den Ländern gemeinsam zu besprechen und zu einem Ziele zu kommen, das im Interesse der Allgemeinheit wünschenswert ist. Ich glaube, wir haben alle keinen Anlass, einen Verkehr zu wünschen, der nur bis Kufstein und bis St. Anton reicht, sondern wir wollen einen Verkehr, der sich bis Wien und noch weiter erstreckt. Ebenso werden wir in gewissen anderen – sagen wir – finanziellen Angelegenheiten Verbindungen haben müssen, die uns mit den anderen Ländern und der Zentrale in eine Beziehung bringen; wir können nicht sagen: Tirol und Vorarlberg sind Länder, die in Zukunft für sich allein Finanzwirtschaft führen können. Wie weit wir in diesen Beziehungen unter einen Hut gelangen werden, darüber wird sich ja reden lassen.

Ein Artikel der Schweizer Verfassung, der Artikel 3 hat mir immer am besten gefallen und der gefällt auch den Tirolern sehr gut. Es heißt dort: die Kantone sind souverän, soweit die Souveränität nicht durch die Bundesverfassung beschränkt ist, und üben als solche alle Rechte aus, welche nicht der Bundesgewalt übertragen sind.[72] Ich meine, nicht ohne Absicht hat man dieses Wort „übertragen" gewählt. Wer hat der Bundesgewalt Rechte übertragen? Die haben ihr die Länder, die Kantone übertragen. Daraus geht hervor, die Bundesverfassung und der Bund sind das sekundäre und das erste, die Bausteine sind die Kantone gewesen und so möchten wir es auch in Österreich. *(Ruf: Das ist auch historisch!)* So ist es auch bei uns entstanden und so möchten es auch wir wieder haben.

Ich möchte den Herrn Vertretern der anderen Länder und dem Herrn Staatskanzler gegenüber unsere Meinung kurz dahin zusammenfassen: Wir wünschen, dass von unten auf, von den Ländern auf zu bauen begonnen wird; wir wünschen, dass wir nicht etwa wie ein völlig selbständig herumschwimmendes Gebilde in Zukunft bestehen, sondern wir wünschen einen Anschluss, weil wir ihn in volkswirtschaftlicher und vielen anderen Beziehungen als notwendig erachten. Wir wünschen aber, dass wir selbst erklären, wie weit wir uns mit den anderen unter eine gemeinsame Leitung oder unter ein gemeinsames Band begeben wollen, und wir wünschen nicht, dass uns dieses Band von oben angelegt wird. Daher sind wir vollkommen einverstanden mit den Herren aus Vorarlberg, welche sagen: wir lehnen es ab oder halten es für überflüssig, ein Rahmengesetz für die Landesordnungen und die Landeswahlreform zu machen.

Landesrat Dr. **Angerer**: Ich kann mich nach den Ausführungen der Herren Vorredner kurz fassen. Ich möchte nur betonen, dass auch bei uns in Kärnten eine ziemlich lebhafte Missstimmung gegenüber Wien herrscht. Wir haben im Landtag einen Antrag, der von allen Parteien eingebracht wurde, einstimmig zum Beschlusse erhoben, dass die Eigenart des Landes entsprechende Berücksichtigung finden muss, und diesen Standpunkt vertreten wir in allen Angelegenheiten der Landesordnung, der Landeswahlordnung und der Gemeindewahlordnungen. Wir haben in vielen Beziehungen selbständig vorgehen müssen. Wir mussten bei der Sicherung unseres Landes gegen die südslawischen Einbrüche[73] selbständig vorgehen, weil uns Wien nichts bieten konnte und wir gezwungen waren, uns selbst unserer Haut zu wehren. Glücklicherweise ist es uns auch ziemlich gelungen. Wir mussten bei der Bergung der vielen Güter selbständig vorgehen, weil sonst alles zugrunde gegangen wäre, wir konnten nicht erst eine Entscheidung von Wien abwarten. Diese gewisse Selbständigkeit ist im Interesse des Gedeihens und der Entwicklung der einzelnen Länder notwendig. Wir möchten daher bitten, dass man sich auch in Wien der Anschauung anschließe, dass man den Ländern nicht eine neue Zentralregierung mit einer Art diktatorischer Gewalt vorsetzt, sondern den Ländern ihre Selbständigkeit lässt.

Wir sind der Meinung, dass ein Rahmengesetz überflüssig ist, weil wir selbständig im Lande entscheiden wollen. Andrerseits sind wir aber noch nicht in der Lage, uns über jene gemeinsamen Grundsätze auszusprechen, die in dieser Hinsicht zwischen den einzelnen Ländern bestehen sollen, weil wir noch nicht Gelegenheit hatten, uns im engeren Kreise zu besprechen und es nicht angeht, dass einige Herren die Verantwortung allein auf sich nehmen, über so wichtige Dinge ohne eine Vorberatung mit den daran interessierten Kreisen

---

72 Pusch zitierte den Artikel 3 der Schweizer Bundesverfassung von 1874 hier praktisch wortwörtlich.

73 Bereits Anfang November 1918 hatten jugoslawische Einheiten Teile Südostkärntens besetzt, bewaffnete Auseinandersetzungen mit Kärntner Einheiten entwickelten sich ab Dezember. Nachdem diese Zusammenstöße bis Anfang Mai 1919 im Wesentlichen beendet waren, folgte noch die etwa zweimonatige Besetzung Klagenfurts von Juni bis Juli 1919. Zu Geschichte und Verlauf des Konflikts vgl. etwa Wilhelm Neumann, Abwehrkampf und Volksabstimmung in Kärnten 1918–1920. Legenden und Tatsachen (= Das Kärntner Landesarchiv 2), Klagenfurt ³1997.

zu entscheiden. Ich möchte daher bitten, die Angelegenheit zu vertagen, bis die einzelnen Länder diese Besprechungen durchgeführt haben, um, gestützt auf das Urteil weiterer Kreise, zu diesen wichtigen Grundlagen Stellung zu nehmen.

Landeshauptmann-Stellvertreter **Preußler**: In der gestrigen Vorbesprechung waren alle Herren und auch wir sozialdemokratischen Vertreter darin einig, dass die Verwaltung von unten aus aufgebaut werden muss. Das konnten wir umso leichter sagen, als ja von uns schon seit Jahrzehnten der Selbstverwaltung die größte Aufmerksamkeit geschenkt wurde und wir gewiss nicht diejenigen sein werden, welche jetzt an der Tatsache etwas zu mäkeln haben, dass in den einzelnen Ländern ein lebhafter Trieb zur Selbstverwaltung besteht. Das aber, was hier vielfach gesagt wird, geht weit über den Rahmen hinaus, der durch den Trieb zur Selbstverwaltung gesetzt wird. Es wird zu einer Art Partikularismus, zu einer Art kerndeutschen Geistes, was hier scheinbar zum Ausdruck kommt; es ist aber nichts anderes als eine Art Reaktion gerade bei jenen Herren, die früher der staatlichen Zentralgewalt bedingungsloses Vertrauen entgegengebracht haben *(Widerspruch)* und die jetzt, nachdem diese Zentralgewalt einen solchen Bankerott erlebt hat, sich naturgemäß von dieser umso mehr abgestoßen fühlen müssen. *(Landeshauptmann Dr. E n d e r: Wir sind immer Föderalisten gewesen!)* Bei den Vorarlberger Herren mag das ja anders sein. Sicher ist aber, dass der Drang nach Wien früher weitaus größer war, als er heute ist. *(Dr. E n d e r: Da täuschen Sie sich!)* Wir haben auch durch den ganzen Zusammenhang, der uns mit Wien und mit jenen Persönlichkeiten, deren Auffassung über die Selbstverwaltung wir kennen, verbindet, hinsichtlich dieser Dinge eine viel ruhigere Auffassung und meinen, dass es schädlich wäre, wenn wir immer und immer wieder einen künstlichen Gegensatz konstruieren wollten, der angeblich zwischen einer Diktatur von hier aus und zwischen dem Willen der Länder besteht. Das Malheur des neuen Staates ist es eben, dass dieser Staat einen Teil der alten Verwaltung übernehmen musste und dass die ganze neue Staatsverwaltung mit den Fehlern der alten Verwaltung belastet ist, und es ist nur begreiflich, dass nach einer solchen Katastrophe das Bedürfnis vorhanden war, unmittelbar sofort die Segnungen der Selbstverwaltung zu empfinden, sie mehr zu genießen, als das im Rahmen des jetzigen Übergangsstadiums möglich ist. Sonst aber, davon bin ich überzeugt, wird sich zwischen der Reichsregierung und zwischen den Ländern sehr leicht der Weg finden. Die Reichsregierung wird gewiss den Standpunkt nicht negieren können, dass wir von einem Rahmengesetz absehen können und dass es vollständig genügt, wenn wir allgemeine Gesichtspunkte in die Verfassung aufnehmen, auf denen in Hinkunft die Landesordnungen aufgebaut werden sollen. Das wird vollständig genügen und es ist eigentümlich, dass in sämtlichen bereits ausgearbeiteten Wahlordnungen eigentlich die gleichen Gedanken zum Ausdrucke gebracht werden, bis auf einige Abweichungen, die in der Diskussion sofort geebnet werden können, so dass wir also heute schon tatsächlich die Gefahren überwunden haben, dass es zu einer buntscheckigen Verwaltung in den einzelnen Kronländern und zu einer buntscheckigen Verfassung kommen könnte. Darüber sind wir uns alle einig, dass das neue Wahlrecht in den Ländern und Gemeinden auf der Grundlage des für das Reich bestehenden Wahlrechtes aufgebaut werden muss, und nur über die Wahlkreiseinteilung, sowie über verschiedene andere Durchführungsbestimmungen bestehen nach den örtlichen Bedürfnissen eben noch Meinungsverschiedenheiten. Aber auch diese verschiedenen Meinungen könnten so ziemlich ausgeglichen werden, so dass wir uns auf einer gleichen Grundlage sehr gut finden können. Ich meine, es ist kein Anlass zu einer besonderen Aufregung vorhanden; wir werden uns in allen diesen Dingen gewiss finden. Ich muss heute, so wie ich es gestern geteilt habe, dem kleindeutschen Geiste entgegentreten, der immer wieder in den Ausführungen der einzelnen Redner zutage tritt und der uns nach außen hin im gegenwärtigen Momente Schaden könnte. Der Tiroler Standpunkt ist vielfach von der Verzweiflung diktiert, in der sich Tirol gegenwärtig befindet. Die Verzweiflung ist aber ein sehr schlechter Berater, und wenn wir uns die Dinge überlegen, wie sie sind, und insbesondere die infolge der Ernährungsverhältnisse entstandenen Notwendigkeiten in Betracht ziehen, dann werden wir zu der Auffassung kommen, dass wir doch wieder mehr zum Ganzen streben müssen, als dies bisher der Fall war. Ich meine, wir haben eigentlich schon die Plattform gefunden, auf der wir in die Spezialdebatte eintreten könnten.

Landeshauptmann v. **Steiner**: Meine Herren! Als ich vor drei Tagen die Einladung zur heutigen Besprechung der Landeshauptleute erhielt, war ich überrascht, eine so bedeutsame und für die Bevölkerung folgenschwere Tagesordnung vorzufinden, ohne dass von Seiten der Regierung die entsprechenden Unterlagen zur Verfügung gestellt worden wären. Es hat sich ja schon am Schlusse der letzten Konferenz der Landeshauptleute die Meinung durchgerungen – sie wurde auch ausgesprochen und von der Regierung zustimmend zur Kenntnis genommen –, dass die Landtagswahlordnungen von der Provisorischen Nationalversammlung nicht zum Beschluss erhoben werden sollen.[74] Ich bin daher, da ich die Vorlage erst jetzt erhalten habe, nicht in der Lage, dazu Stellung zu nehmen, weil ich es als meine Pflicht erachte, sie vorher der niederösterreichischen Landesregierung und dem Landesrate zu unterbreiten.

Erlauben Sie mir aber, meine Herren, einige Worte mit Beziehung auf die abgeführte Debatte zu sagen. Wir sind alle überzeugt, dass diejenigen Faktoren, die an der gewaltigen Umsturzbewegung im November des vorigen Jahres mitgewirkt haben, nur von dem einen Wunsche beseelt gewesen sind, unserem Volk eine bessere Verwaltung seiner öffentlichen Angelegenheiten und eine bessere wirtschaftliche Zukunft zu bereiten. Ich gebe ganz offen der Meinung Ausdruck, dass der Herr Staatskanzler und die Herren in der Regierung auch heute noch von diesem Wunsche beseelt sind; aber nach dreimonatlicher Regierungsfrist haben sich zwischen den Landesregierungen und der Staatsregierung derartige Meinungsverschiedenheiten ergeben, dass ich glaube, es wäre das dringendste, was zu geschehen hätte, diese Meinungsverschiedenheiten zwischen den Ländern und der Staatsregierung zu beseitigen, wenn das große Ganze nicht Schaden nehmen soll.

Der verehrte Herr Staatskanzler hat eingangs seiner Ausführungen erklärt, dass die Regierung nur das Beste wolle. Verzeihen Sie, Herr Staatskanzler, ich glaube es, aber wir in den Landesregierungen, die wir durch das Gesetz vom 12. November[75] die Landesverwaltung mitübernommen haben, fühlen mitunter noch viel zu stark den aus der Monarchie übernommenen zentralistischen Druck der Bürokratie. *(Zustimmung.)* Man will die Errungenschaften nicht anerkennen, man will uns bevormunden, und das erregt große Zweifel. Weiters machen wir die Erfahrung, dass es Nebenregierungen gibt, verehrter Herr Staatskanzler, die zu beseitigen die Regierung leider keinen Einfluss mehr hat. Ich will sie nicht nennen, die Herren kennen sie alle.[76] Und das macht die Landesverwaltungen stutzig und deshalb wollen sie die Freiheit ihrer Entscheidung und die Autonomie der Länder. Ich glaube daher, dass es notwendig sein wird, uns den Entwurf über das neue Grundgesetz rechtzeitig vorzulegen. Ich glaube, dass alle meine Herren Kollegen der Landesregierungen einverstanden sind, wenn ich sage: Wir wollen, dass die Meinung der Länder vor Beschlussfassung des Grundgesetzes eingeholt werde, weil sich ja auf dem Grundgesetze die zukünftige Verwaltung aufbauen muss. Wir wollen ja nicht den komplizierten Apparat von früher haben, wir wollen einen Verwaltungsapparat, der sich einfacher und billiger gestaltet; denn das Bild der finanziellen Lage, das der Herr Staatssekretär für Finanzen in der letzten Nationalversammlung entrollt hat[77],

74 Vgl. KRP Nr. 28/9 und die entsprechende Stenogrammstelle, wo es heißt: „In der Landesordnung und Wahlordnung: kein Rahmengesetz, wodurch die Autonomie eingeschränkt wird."

75 StGBl. Nr. 5/1918.

76 Steiner hatte wohl u. a. die Soldatenräte im Sinn, auf deren „gefährliche Tätigkeit" er bereits im Rahmen der 2. Länderkonferenz hingewiesen hatte. Vgl. KRP Nr. 28, Anmerkung 106.

77 Steiner bezog sich auf die 14. Sitzung der Nationalversammlung. Vgl. Sten. Prot. Prov. NV, 14. Sitzung vom 19. Jänner 1919, S. 518–522.

ist erschreckend; die Personalien in unserer Staatsverwaltung allein verlangen einen Aufwand von 993 Millionen Kronen und die Kosten für das stehende Heer 340 Millionen. Das sind die neun Millionen Menschen in Deutschösterreich beim besten Willen nicht imstande aufzubringen. Wir vergessen, dass wir nicht mehr die 27 Millionen Menschen sind. Wir waren daher auch sehr überrascht, eines Tages lesen zu müssen, dass wieder ein neues Staatsamt gegründet werden soll. Wir in den Landesregierungen sind der Meinung, dass man den staatlichen Apparat vereinfachen und sehr viel zusammenziehen muss. Es wird den zentralistischen Bürokraten von früher nichts nutzen, sie werden sich daran gewöhnen müssen, weniger Akten zu schreiben und nicht alles zu benörgeln, was die Landesregierungen machen. Würde der Herr Staatskanzler sich einmal den ministeriellen Einlauf der niederösterreichischen Landesregierung geben lassen, so würde er sehen, was da alles zu uns herunterkommt, womit sich der eine oder der andere Staatssekretär beschäftigt hat und womit dann auch wir uns noch beschäftigen müssen, vielfach Dinge, die wir glatt erledigen könnten, ohne der Bevölkerung Schaden zuzufügen.

Ich glaube daher, dass der zukünftige Verwaltungsapparat des Staates und der Länder derart eingerichtet sein muss, dass ein Rad in das andere greift und dass der eine den anderen in seinem Selbstbestimmungsrechte nicht hindert. Dann haben wir den freien Staat proklamiert. Wir wollen auch freie Bürger in unserem Staate sein. Ich schicke das heute nur voraus. Deshalb bitte ich, dass alle diese Dinge, die einschneidend und dauernd sind und die vielleicht jetzt noch, wie der Herr Staatskanzler in Aussicht gestellt hat, von der provisorischen Nationalversammlung beschlossen werden sollen, doch zumindestens den Ländern mitgeteilt werden. Dann werden wir zufrieden und harmonisch zusammenarbeiten können; wie es heute geht, ist es unmöglich. So werden wir kein zufriedenes und glückliches Volk werden, sondern ein bedrücktes, in seiner Produktion gehemmtes Volk bleiben, insbesondere wenn die Belastungen so weiter schreiten, wie die Ausgaben des Staates jetzt zeigen. Ich habe es als meine Pflicht erachtet, offen auszusprechen, dass wir die Ausgaben, die jetzt gemacht werden, wenn sie heute oder morgen ihre Bedeckung finden müssen, nicht zu tragen imstande sein werden. Ich bitte daher, an die Staatsämter den Auftrag zu erteilen, sie mögen die Bevormundungen der Landesregierungen einstellen, sie mögen deren Freiheiten anerkennen, und dann wird ein weit besseres Verhältnis zwischen der zentralistischen Staatsregierung und den Landesregierungen zustandekommen.

Landeshauptmann-Stellvertreter **Pongratz**: Ich glaube, dass sich darüber wohl alle Konferenzteilnehmer einig find, dass den Provisorien in den Landesversammlungen und in den Gemeinden so rasch als möglich ein Ende bereitet werden muss.

Diese Provisorien sind für die Verwaltung geradezu unerträglich geworden und ich glaube, dass wir jeden Schritt begrüßen müssen, der uns dazu führt, diesem Zustande ein Ende zu machen.

Nun hat die Mehrzahl der Herren, die bisher gesprochen haben, der Ansicht Ausdruck verliehen, dass über die Vorschläge, die heute vom Herrn Staatskanzler gemacht worden sind, einfach zur Tagesordnung übergegangen und es den Ländern überlassen werden soll, sich selbst ihre Wahlordnungen zu schaffen. Ich weiß nicht, welche Motive die Herren zu dieser Anschauung gebracht haben; denn der uns vorgelegte Gesetzentwurf enthält ja nichts Neues, sondern es werden einfach jene Grundsätze dargelegt, die für die Wahlordnungen in den Ländern maßgebend sein sollen. Ich glaube nicht, dass bei den Vertagungsabsichten vielleicht auch die Absicht mitspielt, dass man in den Ländern vielleicht verschiedene Wahlordnungen nach verschiedenen Grundsätzen machen kann, dass man vielleicht beabsichtigt, gewisse Einschränkungen, wie sie in früheren Zeiten vielfach vorgekommen sind, wieder einzuführen. Ich glaube, grundsätzlich müsste man unbedingt auf dem Standpunkte stehen, dass das Wahlrecht in den Ländern und in den Gemeinden auf derselben Grundlage beruhen muss wie jenes für die Nationalversammlung, ferner dass keinerlei Einschränkungen, etwa durch Aufnahme einer Sesshaftigkeitsklausel oder durch eine Art der Wahlkreiseinteilung, wodurch gewisse Nachteile entstehen könnten, zulässig sein soll. Ich sehe wirklich nicht ein, aus welchem Grunde man diese Angelegenheit neuerlich verschieben soll. Und wenn Sie sich gegen ein Rahmengesetz prinzipiell ausgesprochen haben, so muss ich schon sagen, dass der frühere österreichische Staat sehr viele Rahmengesetze geschaffen hat; die Herren in den Ländern haben sich aber nicht danach gerichtet, sie haben diese Rahmengesetze vollständig unbeachtet gelassen. Sie haben aber auch aus eigener Initiative nichts geschaffen. Ich will gegen die jetzigen Landesverwaltungen diesen Vorwurf nicht erheben; immerhin ist aber ein gewisses Misstrauen berechtigt. Wenn daher ein solcher Entwurf für die Durchführung der Wahlen in der Provisorischen Nationalversammlung zum Beschlusse erhoben werden soll, so kann das ja gar nichts anderes bedeuten als eine Notmaßnahme.

Da für die Zukunft dadurch in keiner Richtung präjudiziert wird, können wir meiner Meinung nach ganz ruhig dem Entwurfe zustimmen. Irgendwelche Änderungen können ja vorgenommen werden, aber jene Grundsätze, die ich mir bezüglich der Vornahme der Wahlen auszuführen erlaubt habe, müssten unbedingt für alle Länder gleichmäßig festgestellt werden.

Staatssekretär Dr. **Bauer**: Von meinem Standpunkt aus ist bei allen diesen Fragen das erste, dass wir möglichst bald unsere außenpolitische Handlungsfähigkeit gewinnen. Ich meine da insbesondere, dass wir wirklich imstande sind, wenn der günstige Augenblick dazu kommen wird – und niemand von uns weiß, wann er kommt –, über die Frage des Anschlusses konkret mit Deutschland zu verhandeln. Es ist nun klar, dass wir in dem Augenblick, wo es sich um den Anschluss handelt, werden imstande sein müssen, unsere eigene Verfassung in Ordnung zu bringen, die ja nicht unabhängig von der Anschlussfrage behandelt werden kann. Wir müssen aber soweit sein, dass wir in dem Moment, wo es die Verhältnisse in Deutschland erlauben, über den Anschluss zu verhandeln und wo es die allgemeinen außenpolitischen Verhältnisse, also der Stand der Friedensverhandlungen es erlaubt, nicht durch irgendwelche innere Schwierigkeiten verhindert sind, die notwendigen Beschlüsse zu fassen, um die Verfassungsbestimmungen den Notwendigkeiten des Anschlusses anzupassen.

Nun stehen die Länder auf dem Standpunkt – und mir war es von vorneherein klar, dass das so sein wird –, dass sie selbst auf die künftige Verfassung einen gewissen Einfluss ausüben wollen. Das ist auch ganz selbstverständlich und ich kann es mir bei dem ganzen Gefüge, das dieser Staat hat, gar nicht anders vorstellen. Wer soll aber diesen Einfluss ausüben? Dass die gegenwärtigen provisorischen Landesversammlungen und Landesregierungen, deren Zusammensetzung etwas ganz willkürliches ist, die nur Notgebilde sind, der auf Grund des allgemeinen und gleichen Wahlrechtes gewählten Nationalversammlung gleichsam als gleichgeordnete Faktoren gegenübertreten, ist unmöglich. Wenn daher die Länder auf das Verfassungswerk Einfluss nehmen wollen und dieses nur im Einvernehmen mit den Ländern zustande kommen soll, so ist es notwendig, dass auch in den Ländern Körperschaften vorhanden sind, deren Legalität und deren Berechtigung, im Namen der Bevölkerung des Landes zu sprechen, nicht bestritten werden kann, das heißt, dass auch in den Ländern Körperschaften bestehen müssen, die auf Grund des allgemeinen gleichen Wahlrechtes gewählt und nicht ernannt sind, wie die gegenwärtigen Landesversammlungen. Das erste also, was mir unbedingt wichtig erscheint, ist, dass wir die Verhandlungsmöglichkeit gewinnen, ist, dass die Wahlen in den Ländern so schnell als möglich durchgeführt werden müssen. Das zweite, was unmittelbar damit zusammenhängt, ist, dass das Wahlrecht so beschaffen sein muss, dass nicht bestritten werden kann, dass diese Landesversammlungen ebenso die Vertreter der Bevölkerung in den Ländern sind, wie es die Nationalversammlung sein wird. Ich muss darauf aufmerksam machen, dass die Kompetenz von Landesversammlungen, die etwa auf Grund eines beschränkteren Wahlrechtes gewählt oder die nicht gewählt, sondern nur provisorisch zusammengesetzt sind, dass deren Kompetenz, dann mitzusprechen, selbstverständlich bestritten werden würde und dass, wenn Sie wollen, dass den Ländern in der künftigen

Verfassung ein gewisses Maß von Autonomie eingeräumt werden soll, die Haltung meiner Partei naturgemäß sehr davon abhängig sein wird, auf Grund welchen Wahlrechtes diese Landesversammlungen zusammengesetzt sind. Es muss ganz offen ausgesprochen werden, dass, wenn die Landesversammlungen auf Grund eines beschränkteren und weniger volkssinnlichen Wahlrechtes zusammengesetzt sein würden als die Nationalversammlung, dies das gewichtigste Argument gegen die Erweiterung der Landesautonomie wäre. *(Dr. S c h l e g e l: Das ist ein Parteiargument!)* Das ist von meinem Standpunkte ein Argument des demokratischen Prinzips, das zu entscheiden nur diejenige Vertretung berechtigt ist, die wirklich aus der Volksgesamtheit hervorgegangen ist. Ich meine, es handelt sich nach meiner Ausfassung um zwei Dinge. Es handelt sich darum, dass möglichst bald gewählt werde und dass auf Grund eines demokratischen Wahlrechtes gewählt werde. *(Rufe: Das wollen wir auch!)* Das sind die beiden Dinge, die für mich vor allem wichtig sind. Und wenn ich sage, auf Grund eines demokratischen Wahlrechtes, so möchte ich auf eines aufmerksam machen, dass nämlich in dem Grundgesetze vom 12. November 1918[78] schon eine Bestimmung enthalten ist, wonach die Landes- und Gemeindevertretungen auf Grund des allgemeinen gleichen Wahlrechtes zu wählen sind. Übrigens ist dort auch bereits der Zeitpunkt festgelegt, es heißt dort, dass sie binnen drei Monaten neu zu wählen sind. *(Ruf: Das ist unmöglich!)* Wenn es aber unmöglich ist, ein Gesetz durchzuführen, so muss man wohl ein neues Gesetz schaffen, wodurch das frühere aufgehoben wird. *(Landesrat Dr. R e u t - N i c o l u s s i: Es gibt auch Landesgesetze!)* Wenn Sie behaupten, dass ein Reichsgesetz durch ein Landesgesetz abgeändert werden soll, dass also entgegen dem bisherigen Satze im deutschen Recht: „Reichsrecht bricht Landrecht" der Satz gelten soll: „Landrecht bricht Reichsrecht", dann allerdings würden wir uns grundsätzlich in verschiedenen Auffassungen befinden; denn so könnte ich mir eine zukünftige Verfassung nicht vorstellen. Was mir praktisch wichtig erscheint, ist, dass der Zeitpunkt der Wahl so bald als möglich festgesetzt werde. Zu diesem Zwecke wäre das bestehende Reichsgesetz dahin abzuändern, dass ein möglicher, durchführbarer Zeitpunkt festgesetzt wird, und dabei wäre auch der schon festgelegte Grundsatz des allgemeinen, gleichen und direkten Wahlrechtes für die Landesvertretungen zu konkretisieren. Wenn gesagt wird, dass man darin weiter gehe als in den früheren Staaten, dass man darin das Recht der Landesregierungen mehr begrenze als früher, so muss man sagen: auch bisher war das Recht der Länder, Landes- und Gemeindewahlordnungen festzusetzen, dadurch begrenzt, dass gewisse Rahmengesetze existiert haben, zum Beispiel die Gemeindeordnungen mussten sich im Rahmen des Reichsgemeindegesetzes[79] halten. Dieses Recht war aber weiter begrenzt durch die absolute Willkür der Regierung, nämlich durch das Sanktionsrecht. Der hier vorliegende Entwurf geht aber von diesem Grundsatze der Sanktion ab, denn er erlaubt dem Staatsrate nicht, je nach seinem Belieben die Sanktion zu geben oder zu verweigern, sondern er setzt fest, dass der Staatsrat die Kundmachung vornehmen muss, wenn nicht ganz bestimmte, in diesem Gesetze selbst angegebene Bedingungen eintreten, die ihn allein berechtigen und zugleich auch verpflichten, diese Kundmachung zu verweigern. Es ist also eine wesentliche Einschränkung des Rechtes des Staatsganzen, die Landes- und Gemeindewahlordnungen zu beeinflussen.

Die Frage ist nun – darüber kann man ja streiten –, ob man noch weiter gehen soll als dieser Entwurf und sagen soll: Es geht den Staat überhaupt nichts an, wie die Länder und Gemeinden ihre Wahlordnungen regeln. Auch das wäre ein möglicher Standpunkt, aber nur unter einer Bedingung, nämlich dann, wenn die staatliche Verwaltung von der Landes- und Gemeindeverwaltung vollständig losgelöst wäre. Nun ist aber gerade der größte Fortschritt

---

[78] StGBl. Nr. 5/1918.

[79] RGBl. Nr. 18, Gesetz vom 5. März 1862, womit die grundsätzlichen Bestimmungen zur Regelung des Gemeindewesens vorgezeichnet werden, ausgegeben am 11. März 1862.

in der Länderautonomie seit der Revolution[80] und dadurch gemacht worden, dass der alte Dualismus zwischen landesfürstlicher und autonomer Verwaltung grundsätzlich überwunden wurde und dass die Funktionäre des Landes zugleich auch die staatliche Verwaltung führen. Sobald das der Fall ist, muss doch der Staat auch auf die Zusammensetzung dieser Verwaltung einen gewissen Einfluss haben, wenigstens insoferne, dass er sich dagegen sichert, dass diese Landesorgane, die seine eigene, die staatliche Verwaltung – was früher die landesfürstliche Verwaltung hieß – zu führen haben, auf Grund von Bestimmungen gebildet werden, die der allgemeinen Auffassung des Staatsganzen widerstreiten. Deshalb glaube ich nicht, dass gerade eine Auffassung, die die Konzentration der Verwaltung in den Händen der Länder wünscht, dem Staate grundsätzlich und bedingungslos das Recht, irgendeinen Einfluss auf die Landeswahlordnungen zu üben, streitig machen könnte. Denn diese Landeswahlordnungen und Landesordnungen sind nichts anderes als die Bestimmungen über des Staates eigene Verwaltungsorgane. Ich muss sagen, das sind vielfach Auffassungen, die der Vergangenheit angehören und die ein gewisses Vorurteil gegen eine solche rahmengesetzliche Regelung nach sich ziehen. Es ist charakteristisch, dass auch in anderen Ländern, in denen es an Autonomie nicht fehlt, der Staat sich immerhin das Recht vorbehalten hat, dass die autonomen Beschlüsse innerhalb gewisser, auch gesetzlich festgelegter Grundsätze erfolgen müssen, zum Beispiel die Verfassungen der Vereinigten Staaten von Nordamerika oder Englands, die beide dieses Prinzip haben. Ich meine also, dass man nicht grundsätzlich bestreiten kann, dass die landesgesetzliche Regelung der Landes- und Gemeindewahlordnungen innerhalb eines durch staatliche Verfassungsgesetze festgelegten Rahmens erfolgen muss. Dabei will ich nicht leugnen, dass in diesem Entwurfe einige Bestimmungen enthalten sind, die sicherlich nicht unbedingt darin sein müssten. Es ist zum Beispiel ganz überflüssig, dass man eine Maximalzahl der Mitglieder der Landesversammlung reichsgesetzlich festsetzt. Was nach meiner Meinung aber belassen werden muss, sind zwei Dinge: erstens muss der Zeitpunkt festgesetzt werden, wann die Wahlen zu erfolgen haben, und zweitens muss festgesetzt werden, dass der Staatsrat ein Einspruchsrecht habe gegen solche Wahlordnungen, welche den allgemeinen Grundsatz, dass die Landes- und Gemeindevertretungen auf Grund des allgemeinen, gleichen und direkten Wahlrechtes für Männer und Frauen nach dem Proporz aufgebaut sein müssen, irgendwie einschränken und dadurch also den allgemeinen demokratischen Charakter, der durch das Gesetz vom 12. November festgelegt ist, verändern.

Dazu kommen in diesem Gesetzentwurf noch einige Kompetenzvorschriften, von denen ich meine, dass sie irgendwie geregelt werden müssen. Der Zustand, dass zum Beispiel die Gemeinde Wien, die ja auch ein Recht auf Autonomie hat, ihre Gemeindewahlordnung nicht selbst festsetzen darf, sondern dazu das Land Niederösterreich braucht, ist nach meiner Meinung eine ganz unnötige Beschränkung der Autonomie der Gemeinde Wien, die doch ein viel größerer autonomer Körper ist als die meisten Länder. Wenn solche Kompetenzvorschriften in das Gesetz kommen, so wird das niemand als einen Anschlag auf die Autonomie bezeichnen können.

Ich glaube, wenn die Herren auf den Gesetzentwurf im Einzelnen eingehen, werden Sie sagen können, dass zwar einzelne Bestimmungen darin überflüssig sind, dass aber das allgemeine Prinzip bleiben soll, das Prinzip nämlich, dass erstens ein Gesetz geschaffen werden soll, das in Abänderung des Gesetzes vom 12. November den Zeitpunkt festsetzt, bis zu welchem wir demokratische Vertretungskörperschaften haben sollen, und zweitens, dass darin, in Ausführung des Gesetzes vom 12. November, auch bestimmt werden soll, in welcher Weise

80 Vgl. dazu Gerald Stourzh, Länderautonomie und Gesamtstaat in Österreich 1848–1918, in: Bericht über den neunzehnten österreichischen Historikertag in Graz, veranstaltet vom Verband Österreichischer Geschichtsvereine in der Zeit vom 18. bis 23. Mai 1992 (= Veröffentlichungen des Verbandes Österreichischer Historiker und Geschichtsvereine 28), Wien 1993, S. 38–59.

zu sichern wäre, dass die Landeswahlordnungen den Bestimmungen des zitierten Gesetzes entsprechen. Dies zu sagen, schien mir deshalb besonders notwendig, weil ich glaube, dass wir eine dringende und sehr rasche Demokratisierung der Vertretungskörper der Länder brauchen, da wir nur auf diese Weise die Voraussetzung für unsere eigene Verfassungsarbeit und damit auch für unsere Handlungsfähigkeit in der Anschlussfrage gewinnen.

Landeshauptmann-Stellvertreter Dr. **Frank**: Ich will ganz kurz sein und zunächst auf die Ausführungen des Herrn Staatssekretärs Dr. B a u e r reflektieren. Ich kann Sie versichern, dass in der gestrigen Besprechung der Landeshauptleute einmütig der Wille und die Überzeugung zum Ausdruck kam, nicht im leisesten an den Grundsätzen der Wahlvorschriften, die im § 4 dieses Entwurfes enthalten sind und nach denen sich jetzt die Wahlen am 16. Februar vollziehen werden, zu rütteln.

Es fällt keinem Lande ein, das allgemeine, gleiche und direkte Wahlrecht zu beschneiden oder die Frauen vom Wahlrechte auszuschließen oder das Verhältniswahlverfahren zu vereiteln. Es wurde dementsprechend auch einstimmig beschlossen, dass man sich gerne bereit erklärt, bei Festsetzung des Grundgesetzes, welches die neue Nationalversammlung schaffen wird, einen bezüglichen Passus aufnehmen zu lassen, der eben zum Ausdrucke bringt, dass sich das Landes- und Gemeindewahlrecht auf jenen Grundsätzen, die im § 4 niedergelegt sind, vollziehen soll.

Dass die Länder vielfach gegen dieses Rahmengesetz sind, das hat, was Kärnten und Tirol anbelangt, auch einen sehr realen Untergrund.

Kärnten ist bekanntlich zu einem Drittel von den Jugoslawen besetzt und die Frage, wie in diesen besetzten Gebieten, über deren Zukunft man gar nicht unterrichtet ist, sich die Wahlen vollziehen werden, ist ein Grund mehr, weshalb die provisorische Landesversammlung sich nicht befugt erachtet, in einer so eingreifenden Frage Stellung zu nehmen. Wir sind auch nicht für den Grundsatz: Los von Wien! Das Land hat noch immer die alte Reichsanhänglichkeit oder die Erkenntnis, dass es als Torso allein nicht existieren kann. Wir haben den Willen, beisammen zu bleiben und wir lehnen das sogenannte Wörtherseeprojekt, von dem in den Zeitungen so viel geschrieben ist, ab, weil es eine Utopie ist. Aber die Wahrung der Eigenberechtigung des Landes ist doch von Haus aus stark betont worden, und auch in der ersten Versammlung, die am 11. November v. J. stattfand[81], wurde dem Anschlusse an die neue Republik Deutschösterreich unter dem ausdrücklichen Vorbehalte zugestimmt, dass die Eigenart und das Selbstbestimmungsrecht des Landes Kärnten unbedingt gewahrt werden müssen.

Landesrat Dr. **Rehrl**: Der Herr Staatssekretär Dr. B a u e r hat in seinen Ausführungen den Gegenstand auf ein anderes Geleise geschoben. Der Gegenstand wurde heute unter dem Gesichtspunkte angeschnitten, wie in Hinkunft der Staat aufgebaut werden soll, ob als Einheitsstaat oder als Föderativstaat und es hat die Mehrheit der Vertreter die Ansicht geäußert, dass ein Aufbau auf föderativer Grundlage in Aussicht zu nehmen wäre und dass die Länder als die vorhandenen Bausteine des Staates zu gelten hätten, dass daher die Länder von einem noch nicht bestehenden Einheitsstaat ein Rahmengesetz grundsätzlich nicht akzeptieren könnten. Der Streit ist nicht darum gegangen, ob die Wahlen in die Landesversammlungen notwendig sind oder ob das Prinzip, das für die Nationalversammlung gilt, für die Landesversammlungen Anwendung finden soll. Das ist als selbstverständlich unbedingt anerkannt worden und wird von jedem vernünftigen Menschen anerkennt werden müssen.

Die Hauptfrage ist die, wie wird der zukünftige Staat aufgebaut; und je nachdem diese Frage beantwortet wird, ist die Frage zu entscheiden, ob ein Rahmengesetz akzeptiert werden kann oder nicht. Wenn wir uns heute prinzipiell auf den Grundsatz des föderativen Aufbaues

---

81 Am 11. November 1918 hatte die konstituierende Sitzung der provisorischen Kärntner Landesversammlung stattgefunden.

einigen, so bin ich vollkommen überzeugt, dass in jedem einzelnen Gliede des neuen Staates die Staatsfreudigkeit sich entwickeln und dass in diesem Staate ein Leben herrschen wird, wie es im alten Österreich nicht bekannt war. Das wird aber nur möglich sein, wenn die Länder diese Freiheit fühlen. Wir wollen ja auch die ganze Verwaltung so modern als nur möglich aufbauen und ich habe aus den Ausführungen des Herrn Staatskanzlers entnommen, dass ihm letzten Endes eine Verschmelzung gewisser Elemente des Schweizer Verfassungslebens mit Elementen des englischen Verfassungslebens vorschwebt. Das wird das Ideal sein. Ich habe ja zahlreiche Schriften des Herrn Staatskanzlers gelesen und war begeistert von den von ihm entwickelten Ideen über die Ausgestaltung der Verwaltung. Ich habe aber die Überzeugung, dass eine solche Verwaltung in den einzelnen Ländern sich nur durchsetzen wird, wenn jedes Land fühlt, dass es frei ist. Dann wird auch die Verwaltung blühen und die Volkswirtschaft wird sich heben.

Das gleiche gilt bezüglich des Anschlusses an Deutschland. Wir wollen uns als freie Länder mit den Stammesbrüdern vereinigen. Wir wollen aber nicht blindlings uns hineinstürzen, sondern wir wollen sehen, wie das Ganze aussieht, und wenn wir sehend sein werden, werden wir mit Freude alles begrüßen, was uns zu einem großen Wirtschaftsgebiete zusammenführt, damit die Nationalökonomie sich wieder heben kann und wir ein freies glückliches Volk werden.

Landeshauptmann Dr. v. **Kaan**: Ich möchte mir erlauben, die Erörterung und die weitere Art der Beratung und Beschlussfassung auf eine praktische Grundlage zu stellen und möchte alles ausschließen und ausschalten, was derzeit zu grundsätzlichen Meinungsverschiedenheiten führen kann und wohl auch führen muss. Wir sind uns ungeachtet der sonst stark auseinandergehenden Meinungen heute über zwei Vorfragen einig geworden. Die eine Vorfrage ist die, dass wir so rasch als möglich zu wirklich gewählten Vertretungen in den Ländern kommen wollen, dass wir das jetzige Provisorium, das jeden und namentlich den, der berufen ist, an verantwortlicher und verantwortlichster Stelle zu stehen, am meisten quält und ihm auf die Nerven geht, möglichst bald beseitigen. Die zweite Frage ist die, dass wir uns auch einig darüber sind, dass die Wahlordnungen der Länder in der Frage des aktiven und des passiven Wahlrechtes mit der Wahlordnung des Staates übereinstimmen müssen, dass hier kein Unterschied bestehen, dass auch keine Durchbrechung stattfinden soll, indem man vielleicht neben den Abgeordneten des allgemeinen Wahlrechtes solche durch einen beschränkten Kreis wählen lässt, mit einem Worte ein Zweikammernsystem ineinander schachtelt. Das sind künstliche Gebilde. Wir haben von allen diesen Fragen abgesehen. Ich gebe zu, dass sie örtlich für manche Gebiete gewisse Berechtigung haben. Wir müssen aber für ein anderes, für ein Nützlichkeitsprinzip eintreten, wir müssen bis zur Konsolidierung unserer Verhältnisse alles vermeiden, was in die jetzt bestehende Parteienkoalition, welche derzeit unerlässlich ist, einen Riss bringen würde. Denn in dem Augenblicke, wo wir diese Koalition zum Bruche bringen, haben wir morgen den Straßenkampf und was dann weiter geschehen würde, das auszumalen kann ich jedem einzelnen Herrn selbst überlassen. Nun entsteht eine Meinungsverschiedenheit darüber, wie können wir das herbeiführen. Die einen wollen es herbeiführen im Wege eines Staatsrahmengesetzes. Die anderen – und dazu gehören wir, wobei ich unter „wir" alle Landtagsparteien verstehe, denn es gibt ja auch im Lande in diesem Punkte kaum verschiedene Meinungen – im Wege der freien Vereinbarung. Ich glaube, uns alle muss aber richtunggebend der Gesichtspunkt beherrschen, wir wollen etwas machen. Und da erlaube ich mir den ganz bestimmten Antrag: Die hier erschienenen Vertreter einigen sich, beziehungsweise schließen hier vorbehaltlich der nachträglich unverzüglich einzuholenden Zustimmung der Landesversammlung einen freien Ländervertrag und verpflichten sich untereinander unter Zustimmung der Staatsverwaltung, ehestens die Landeswahlordnung innerhalb der einheitlichen Gesichtspunkte, die wir im freien Übereinkommen beschließen, festzusetzen und die Wahlen innerhalb eines festzusetzenden Präklusivtermines durchzuführen.

Damit haben wir diese Voraussetzung geschaffen. Das weitere wird dann der Aufbau, auch wieder durch freie Vereinbarungen sein. Auch ich stehe auf dem Standpunkt: Die Länder sind etwas natürlich entstandenes, etwas, was älter ist als der Staat, namentlich auch als der, der zertrümmert am Boden liegt. Wir wollen uns genau so wie seinerzeit im Wege der verschiedenen Konföderationen wieder zusammenschließen, es wird uns eine ganze Reihe natürlicher, vor allem wirtschaftlicher Gesichtspunkte dazu zwingen. Das soll aber nicht unter Hinweis auf Analogien in anderen Ländern durch den Staat von oben oktroyiert werden. Wir würden dadurch in einen Fehler verfallen, den die alten Liberalen gemacht haben: Man nimmt irgendeine Verfassung, schneidet sie einigermaßen auf die vorliegenden Verhältnisse zu und das Volk soll sich anpassen. Wir wollen ja mehr oder weniger alle dasselbe, die Endziele sind die gleichen, der Weg dazu aber ist ein verschiedener.

Ich fasse meine Ausführungen noch einmal zusammen. Ich stelle den Antrag: Unter Zuhilfenahme des Entwurfes einigen wir uns heute vorbehaltlich der Zustimmung der Landesräte im Wege der Spezialerörterung über den Zeitpunkt und die leitenden Grundsätze der Landeswahlordnung. Schwieriger ist die Frage, ob die gleichen leitenden Grundsätze auch auf die Gemeindewahlordnungen anzuwenden sind. Dass auch in der Gemeinde das allgemeine, gleiche und direkte Wahlrecht eintreten soll, halte ich wohl für ganz selbstverständlich. Es ist auch dort vielfach schon zu einer Zeit verlangt worden, wo es für den Staat noch nicht eingeführt war. Dagegen glaube ich, müsste man sich gegen alle Versuche ablehnend verhalten, die Art, die Technik der Durchführung der Gemeindewahlen mit jener der Landtagswahlen in ein zwingendes Verhältnis zu bringen. Es ist auch notwendig, dass in den Gemeinden sobald als möglich stabile Verhältnisse herbeigeführt werden, aber von dieser außerordentlichen Dringlichkeit wie bei den Ländern ist das nicht. Wir haben in den Gemeinden vielfach mit der jetzigen provisorischen Ergänzung eine befriedigende Aushilfe geschaffen. Es ist unbedingt zu vermeiden, dass das Zustandekommen der dringend notwendigen Landeswahlordnungen durch den Kampf um das Zustandekommen der Gemeindewahlordnungen etwa gefährdet wird. Dieses absolute Junktim zwischen den Landeswahlordnungen und den Gemeindewahlordnungen halte ich für bedenklich. Ich möchte daher beantragen, dass wir diese Frage zunächst aus den Erörterungen ausschalten und uns darauf beschränken, so rasch als möglich die Grundlage für eine zeitlich bestimmte und in den obersten Prinzipien einheitliche Neuwahl der Landesvertretungen zu schaffen. Damit dürfte auch in letzter Linie den Wünschen und Gesichtspunkten der Staatsregierung entsprochen sein.

Staatskanzler Dr. **Renner**: Die Rednerliste ist erschöpft. Gestatten Sie mir, dass ich in einem kurzen Schlussworte auf die Ausführungen der Herren Redner zurückkomme. Das Schlusswort könnte nicht kurz sein, wenn ich auf Einzelheiten einginge. Ich glaube, ich werde am besten tun, wenn ich mich an die umfassenden, erschöpfenden und typischen Ausführungen des Herrn Landeshauptmannes Dr. E n d e r halte. Ich hoffe, die anderen Herren Redner werden sich dadurch nicht zurückgesetzt fühlen, aber die Ökonomie der Zeit gebietet, mich an einen konkreten Gedankengang zu halten.

Der Herr Landeshauptmann Dr. E n d e r hat gemeint, sein Eindruck war, er höre einen Imperator redivivus, als würde die alte zentrale Staatsgewalt hier wieder auferstanden sein. Ich verstehe diesen Ausdruck nicht. Aus meiner Rede konnte das nicht entnommen werden, denn ich habe ausdrücklich das System, das diesem alten Zustande entspricht, die französische Ordnung der Verfassung und Verwaltung für uns a limine[82] völlig abgelehnt. Ich habe als Idealzustand die englische Selbstregierung hingestellt und einer der Herren Redner hat das ausgezeichnet charakterisiert, wenn er gesagt hat: Dem Kanzler schwebt das englische

82 A limine (wörtlich: von der Schwelle): Begriff aus dem römischen Recht, der die Abweisung einer Klage ohne vorhergehende Verhandlung bezeichnet. Hier also sinngemäß in etwa: von vorneherein bzw. ohne Wenn und Aber abgelehnt.

Lokalgouvernement mit Elementen der schweizerischen Verfassung als Muster vor, gleichsam England als Muster für die Ordnung der Verwaltung und die Schweiz als Muster der Verfassung oder der Ordnung der Gesetzgebung. Das ist in der Tat mein Standpunkt. Ich habe ihn vorgeführt nicht etwa im Auftrage des Staatsrates, in dessen Auftrag ich sonst hier sitze, sondern als Auffassung der Funktionäre, die hier in der Staatskanzlei, Volksbeauftragte und Beamte vereint, beschäftigt sein werden, den Vorentwurf der Verfassung zu entwerfen. Es ist also von vornherein ganz ausgeschlossen, dass hier der Standpunkt walte, wir wollen den alten Zentralismus in irgendeiner Form wieder aufnehmen oder fortführen. Ich habe allerdings angeführt, dass wir nach dem noch geltenden Recht nicht anders können, denn der Steuerbeamte muss zum Beispiel sehr oft nach dem geltenden Recht etwas tun, was seiner Überzeugung und was auch dem Zeitgeiste nicht entspricht. Da muss man abhelfen, indem man ihm andere Gesetze an die Hand gibt. Nun haben wir unsere Verwaltungsgesetze noch nicht geändert und Sie dürfen nicht vergessen, dass die Herren Staatssekretäre durchaus noch nach der alten Ministerialverfassung zu verwalten gebunden sind; sie verwalten alte Ministerien mit deren ganzem gesetzlichen Apparat. Dass Ihnen das unerträglich scheint, ist ja recht, aber Sie dürfen doch dem Staatssekretär nicht den Vorwurf machen, dass er einfach nach dem Gesetze verwaltet. Der springende Punkt ist, dass wir eben alle miteinander die Verwaltung reformieren. Aber so lange sie nicht reformiert ist, können Sie sie nicht praeter und contra legem[83] reformieren, indem Sie einfach den Beamten zwingen, bei der Verwaltung das Gesetz zur Seite zu schieben.

Das zweite ist das unbedingte augenblickliche Bedürfnis nach einer Ernährungsdiktatur, das unleugbar ist, das auch in den freiesten Staaten eingeführt worden ist. Ich mache aufmerksam, dass die Machtvollkommenheit des englischen Lebensmittelkontrollors, des Ministers für Volksernährung, weit über die Gewalt hinausgeht, die selbst in Deutschland draußen die Regierung in der Ernährungsfrage besaß. Selbst ein freies Volk muss sich unter diesen Umständen eben den Zwang gefallen lassen – der Zwang der Dinge nimmt immer die Gestalt des Gesetzeszwanges an – nur muss es ihn als Ausnahme tragen und es muss in diese Ausnahme gewilligt haben. Das ist bei uns aber niemals geschehen. Also von einem imperator redivivus ist gar keine Rede.

Was nun den Zusammenschluss der Länder betrifft, so wurde betont, dass die pragmatische Sanktion weggefallen sei. Das ist richtig, aber Sie vergessen – und ich rechne es mir zur hohen Ehre an, dass ich das initiiert habe, wiewohl es im Augenblicke vielen unverständlich war –, dass die Länder allesamt bindende Zusammenschlusserklärungen abgegeben haben.[84] Ich habe sie im vollen Bewusstsein im Anklange an die pragmatische Sanktion seinerzeit stilisiert und die Länder haben sie angenommen. Wir sind de facto mit dem Willen der Länder heute schon eine Staatsgemeinschaft, die pragmatische Sanktion ist im Wege der Demokratie für die ehemaligen deutschen Erblande tatsächlich erneuert. *(Dr. R e u t - N i c o l u s s i: Mit*

---

83 Praeter legem, contra legem: am Gesetz vorbei bzw. wider das Gesetz.

84 Gemeint waren die sogenannten Beitrittserklärungen, die Kärnten, Oberösterreich, Salzburg, Steiermark und Vorarlberg im November 1918 abgegeben hatten. Die genannten Länder hatten sich darin unter Berufung auf das Selbstbestimmungsrecht zu Provinzen bzw. Ländern des Staates Deutschösterreich erklärt. Die Provisorische Nationalversammlung hatte diese Erklärungen am 12. November 1918 angenommen, vgl. StGBl. Nr. 23, Beschluss der Provisorischen Nationalversammlung für Deutschösterreich vom 12. November 1918, betreffend die feierliche Beitrittserklärung der Länder, Kreise und Gaue des Staatsgebietes, ausgegeben am 20. November 1918. Detaillierter vgl. Felix Ermacora, Der Föderalismus in Österreich, in: Jahrbuch des öffentlichen Rechts der Gegenwart. Neue Folge. Band 12. Herausgegeben von Gerhard Leibholz, Tübingen 1963, S. 221–248, hier S. 228–230; derselbe, Materialien zur österreichischen Bundesverfassung (I). Die Länderkonferenzen 1919/20 und die Verfassungsfrage (= Österreichische Schriftenreihe für Rechts- und Politikwissenschaft 9/I), Wien 1989, S. 39, Fußnote 14.

der provisorischen Vertretung!) Sagen Sie provisorisch, aber wir sind eine Staatsgemeinschaft. Ich meine, weil eben die pragmatische Sanktion angezogen worden ist; sie ist weggefallen, aber es ist wenigstens provisorisch der notwendige Ersatz dafür geschaffen worden. Wir sind eine Gemeinschaft, die alle Merkmale des Staates hat, und zwar eines Staates, der auf dem Willen aller seiner Glieder beruht. Von einer Bevormundung kann also in der ganzen Angelegenheit keine Rede sein.

Ein Rahmengesetz ist aber dennoch notwendig. Halten wir uns doch zunächst daran, was jetzt die gesetzliche Ordnung ist. In einem Artikel des Grundgesetzes steht: Alle Rechte, die der Kaiser früher ausgeübt hat, sind auf den Staatsrat übergegangen.[85] Bedenken Sie, was das besagt. Wir führen ja den Gesetzartikel bis heute nicht zwangsweise durch, die Länder befolgen ihn von selbst und wir machen ihnen das leicht; aber nach diesem Gesetzesartikel könnte jetzt keine Landesversammlung ohne Einberufung durch den Staatsrat tagen, jede könnte durch den Staatsrat aufgelöst werden. Wir werden es nicht versuchen. *(Ruf: Das wäre auch undenkbar!)* Aber bedenken Sie doch, dass eine bestimmte Rechtsnot da ist, eine Unausgeglichenheit der Rechtslage. Bedenken Sie meine besondere Verantwortung. Ich bin ja für die Verfassungsmäßigkeit der ganzen Gebarung verantwortlich. Ich müsste sagen, keine Landesversammlung ohne Einberufung durch den Staatsrat! Der Staatsrat vertagt! Der Staatsrat übt die Sanktion aus! Sie begreifen, dass ich das Bedürfnis habe, das Wort Sanktion aus unserem Gesetze herauszustreichen, dass ich uns so rasch als möglich in einen anderen Rechtszustand hinüberleiten möchte. Und da werden Sie zugeben müssen, dass ich bei dem gegenwärtigen Rechtszustande, wie er ist, die Landeswahlordnungen im Grunde genommen nur im Wege der Sanktion durch den Staatsrat vollziehen lassen dürfte. Ich möchte diesen Zustand beseitigt wissen. Das kann ich doch wieder nur staatsgesetzlich bewirken und ich habe deshalb den Paragraphen hineingenommcn, der sehr wesentlich ist, dass es eben keine freie Sanktion, sondern ein pflichtgemäßer Beitritt ist.[86] Dieser Beitritt des Staatsrates ist unbedingt notwendig, darüber kommen wir nicht hinweg, und zwar aus folgendem Grunde: Das Grundgesetz vom 12. November 1918, dem alle Länder sich unterworfen haben – sie haben sich ausdrücklich dem Gesetze der provisorischen Nationalversammlung unterstellt –, gibt gewisse Vorschriften für die Landesordnungen und für die Gemeindewahlordnungen. Es heißt, es müsse dieses und dieses Wahlrecht bestehen. Was geschieht nun, wenn ein Landtag diese Bedingungen nicht einhält? Der Landtag ist zur Einhaltung verpflichtet; aber wie wird diese Verpflichtung wahrgenommen? Der Staatsrat ist seinerseits durch das Grundgesetz, dessen Durchführung er übernommen hat, verpflichtet, diese Bestimmung durchzuführen, er muss darauf sehen, auf die Einhaltung dieser Bestimmung zu bestehen. Wie macht er das nun? Indem ihm dieser Gesetzentwurf vorgelegt wird und er ihn nicht etwa „genehmigt“, sondern nur beurteilt, ob die verfassungsrechtlichen Bestimmungen eingehalten sind oder nicht. Sind sie eingehalten, dann muss er beitreten. Das ist auch begrifflich keine Sanktion mehr. Wenn diese Bedingungen erfüllt sind, kann er keine Einwendungen machen. Das ist doch juristisch und praktisch etwas anderes als Sanktion. Nun bin ich deshalb von Ihnen als ein „Zentralist“ angegriffen worden, weil ich die Sanktion aufhebe und an ihre Stelle die einfache rechtliche Garantie setze, dass der Staatsrat die ihm durch das Grundgesetz auferlegte Pflicht erfüllen kann. Denn er muss dafür sorgen, dass die reichsgesetzlichen Bedingungen für das Wahlrecht in die Landtage eingehalten werden. Ich muss bekennen, dass dieser Beitritt ein gesetzlich gebotener ist, dass er also dem Landesrechte durchaus nicht präjudiziert und

---

85 Artikel 3, StGBl. Nr. 5/1918, besagte: „Alle Rechte, welche nach der Verfassung der im Reichsrate vertretenen Königreiche und Länder dem Kaiser zustanden, gehen einstweilen, bis die konstituierende Nationalversammlung die endgültige Verfassung festgesetzt hat, auf den deutschösterreichischen Staatsrat über.“

86 Vgl. Anhang I, § 2.

ihm nichts nimmt. Hat der Landtag das Gesetz nicht verletzt, so muss der Staatsrat nach dem Entwurfe beitreten. Bei dieser Sachlage ist der Ausdruck „Rahmengesetz" natürlich ganz falsch; er ist zu Unrecht übernommen aus der alten Terminologie und ich möchte feststellen, ein solches Gesetz ist nicht eine Gehschule, innerhalb welcher die Länder gehen sollen, damit sie sich nicht verletzen, sondern den wahren Sachverhalt hat der Staatssekretär Dr. B a u e r ganz klar und deutlich ausgeführt. Der wahre Sachverhalt ist der: Der Staat hat keine Statthalter, denen er gebietet, der Staat hat keine Organe im Lande, das Land ist selbst sein Organ, durch das er regiert, er hat kein anderes; aber der Staat muss, wenn er sich nicht selbst aufgeben will, doch seine eigenen Organe anschauen dürfen. *(Dr. E n d e r: Warum geht es in der Schweiz?)* Dort ist ja die Sache auch durch die Bundesverfassung geregelt, in der gesagt ist, die Kantone haben die Bundesgesetze durchzuführen. *(Dr. E n d e r: Das wollen wir auch!)* Aber dann müssen Sie gestatten, dass das gesagt wird, und das sagt eben dieser Gesetzentwurf. Ich komme auf die einzelnen Bestimmungen noch zurück. Mit einem Worte, die Fragen, die hier mit Bezug auf die Kompetenz gestellt sind, sind ein Triumph der Selbstverwaltung und nicht eine Schranke derselben. Der Staat will nichts anderes, als dass seine eigenen Organe in die Gesamtorganisation hineinpassen und hineinstimmen und der Staatsrat will die Garantie haben, dass nicht irgendeine Landesvertretung, vielleicht getrieben von zufälligen Mehrheiten, uns den sozialen Bürgerkrieg aufnötigt, von dem der Herr Landeshauptmann Dr. v. K a a n gesprochen hat. Denn gesetzt den Fall, eine Landesvertretung hätte eine überwiegend bäuerliche Mehrheit, und zwar eine radikalbäuerliche Mehrheit. Die Bauern sind ja von Natur aus immer Demokraten, aber Demokraten ihrer Art, die die städtische Demokratie nicht verstehen. Nun ist es zum Beispiel ganz gut möglich, dass sie mit bestem Wissen und Gewissen eine Gemeindeordnung beschließen, die das Gesinde usw. ausscheidet, und dass sie das in einer Weise tun, dass die Arbeiter auch mit ausgeschaltet werden. Da können natürlich die Herren Landeshauptmänner nichts dafür, denn die Mehrheiten sind so. Wie werden Sie dann diesen Mehrheiten gegenüber bestehen, wenn nicht der Gesamtstaat das abwehrt? *(Dr. A n g e r m a n n[87]: Was wird der Staat tun?)* Der Staat wird sich einen Bürgerkrieg nicht einwirtschaften lassen und in diesem Falle würde der Staat, anstatt das schon jetzt mit einem einfachen allgemeinen Gesetze zu verhüten, hinterher in die Zwangslage versetzt werden, das durch Nichtbeitritt des Staatsrats zu reparieren. Ist das eine vorausschauende Gesetzgebung, die uns in die Lage versetzt, statt vorzubauen hinterher zu reparieren? Ich glaube nicht.

Der richtige Ausdruck an Stelle der Bezeichnung Rahmengesetz ist der in der deutschen Literatur gebräuchliche Ausdruck Blankettgesetz. Wir geben ein Blankettgesetz, das heißt ein Gesetz, das die allgemeinen Formen und Umrisse und die allgemeinen Bedingungen der Rechtsgültigkeit eines Aktes ausstellt und dadurch erst die Handlungsfähigkeit dessen begründet, der den Akt setzen soll. Man denke an das Wechselblankett, wo der Einzelne dann die Wechselverpflichtung daraufschreibt. Wer von Ihnen wird behaupten, dass die Freiheit des wirtschaftlichen Verkehrs und die Wechselfähigkeit dadurch gehemmt ist, dass ein solches Blankett eingeführt ist? Der Entwurf ist ein Blankettgesetz, das die allgemeinen Bedingungen der Rechtmäßigkeit eines Aktes festlegt und es nun den Parteien überlässt, diesen Akt zu setzen. Das ist dieser Gesetzentwurf bis auf eine Ausnahme in Bezug auf das Wahlverfahren, worüber ich noch sprechen werde und worauf ich kein besonderes Gewicht lege.

Die Zeit ist sehr vorgerückt. Ich möchte mich nicht zu weit einlassen, wiewohl die Ausführungen der einzelnen Herren Redner außerordentlich interessant waren und zur Erwiderung einladen. Die Verwaltung, wie sie heute vor sich geht, ist eine Mischung von Selbstregierung und Bürokratismus und das zu überwinden, werden wir noch öfter beisammensitzen und uns die Köpfe zerbrechen. Ich werde wirklich von der Einladung des Herrn Landeshauptmannes v. S t e i n e r Gebrauch machen, in die Landesregierung gehen

87 Richtig: Angerer.

und mir ansehen, wie die 15 Staatssekretariate ihre Ausstrahlung auf eine Landesregierung ausüben. Das wird nun ein interessantes Bild von der ganzen Verwaltung geben. Der Herr Landeshauptmann hat gesagt, man müsse Vorsorgen, dass ein Rad ins andere greift, dass Staatsregierung und Landesregierung zusammenwirken. Das ist das, was dieses Gesetz will: das Ineinandergreifen. Das Ineinandergreifen bedeutet aber nicht vollkommene Freiheit; beide Räder müssen in dem Zahnschnitt der Zähne einheitlich sein. Diese normalrechtliche Einheit muss hergestellt werden, damit die Räder ineinandergreifen, und das ist das Wesen dieses Blankettgesetzes.

Was die Vorschriften im Einzelnen betrifft, so sind die über das Wahlverfahren als eine Bevormundung empfunden worden. Diese Vorschriften sollten Ihnen bloß die technische Möglichkeit veranschaulichen, bei einem Wahlgange durch eine einzige Abstimmung zugleich in die Gemeinde- und Landesvertretung zu wählen. Das geht, wenn vorgedruckte Stimmzettel, die verschiedene Farben haben, verwendet werden. *(Landeshauptmann Dr. E n d e r: Und gleiche Parteien müssen da sein!)* Das ist sehr gut, wenn das geschieht, damit diese Unsumme der Bildung unsäglich kleiner und winziger Lokalreaktionen überwunden wird, wenn man sich bei den Gemeindewahlen auch zugleich nach dem Lande orientiert. *(Landeshauptmann Dr. E n d e r: Umgekehrt ist es schlecht, wenn man sich nach der Gemeindepolitik orientieren muss!)* Ich gebe zu, dass das eine Schwierigkeit ist. Aber ich glaube, dass die Parteien in den Ländern doch so weit organisiert sind, dass das keine Belastung bedeutet. Es würde aber einen außerordentlichen Vorteil bilden, nicht an den Wahlkampf für die Nationalversammlung eine dreimonatige Wahlkampagne für die Landesversammlung und wiederum eine zweimonatige Wahlkampagne für die Gemeindevertretung zu knüpfen; denn dann kommen wir nie zur Ruhe. Aus dieser Zwangslage heraus hat die Staatskanzlei den Vorschlag gemacht, zusammen zu wählen.

Ich möchte nur noch eines hervorheben. Ich halte es für ausgeschlossen, dass die Länder in Bezug auf die Gemeinden von den Grundsätzen abgehen, die in dem Grundgesetze festgesetzt sind. Es heißt da ausdrücklich: „Die Gemeindewahlordnung wird noch durch die Provisorische Nationalversammlung festgestellt.“[88] Davon haben wir schon Umgang genommen und mein juristisches Gewissen lässt es nicht zu, dass der Staatsrat einen Gesetzesauftrag bekommt und ihn nicht erfüllt, ohne sich wenigstens zu äußern. Wir müssen dieses Gesetz tatsächlich durch ein anderes ersetzen, das uns entlastet, sonst sind wir gesetzesbrüchig; wir können doch nicht unser Regime damit beginnen, dass wir unsere Grundgesetze sofort in den Wind schlagen! Wenn wir es nicht tun können, müssen wir ein neues Gesetz schaffen, das uns von der alten Verbindlichkeit entlastet, wir müssen also das Gesetz haben, wenn wir korrekt vorgehen. Im Gesetze heißt es *(liest)*: „Die Gemeindewahlordnung wird noch durch die Provisorische Nationalversammlung festgesetzt. Die Neuwahl der Gemeindevertretungen erfolgt binnen drei Monaten. Nach den gleichen Grundsätzen ist das Wahlrecht und das Wahlverfahren der Land-, Kreis-, Bezirks- und Gemeindevertretungen zu ordnen.“ Nun möchte ich davor warnen, sich dem Glauben hinzugeben, dass wir eine wirkliche Beruhigung schaffen, wenn wir einen solchen Wahlzwang für die Länder anwenden, bei den Gemeinden aber durch die Finger sehen. Die Arbeiterschaft interessiert sich ganz vorwiegend für die Gemeinden und in dem Gesetze heißt es ausdrücklich, dass die Gemeindevertretungen wegen des vorwiegenden Interesses der Arbeiterschaft an der Gemeinde unverzüglich ergänzt werden müssen. Der Grund ist der: Die Arbeiterschaft empfindet ganz genau, dass die wirkliche politische Gehschule, die Schule, in der man das Verwalten wirklich lernt, die Gemeinde ist und dass dort in dem übersehbaren Wirkungskreise jeder Einzelne zunächst seine Vertretung im Gemeinwesen sicher bestimmen kann. Die Arbeiterschaft hängt an den Gemeindewahlen viel mehr als an den Landeswahlen. Dann bitte ich folgendes nicht zu unterschätzen: Sie vertreten die

[88] StGBl. Nr. 5/1918, Artikel 10.

Erfahrung der Autonomie seit Jahren. Aber vergessen Sie nicht, dass die Entwicklung der Arbeiterschaft sich doch im Wesentlichen durch die ganzen Jahre im Gegensatz zur überlieferten Autonomie vollzogen hat. Die Arbeiterschaft denkt vorwiegend in der Gemeinde und im Reiche, nicht in den Ländern, und Sie werden Mühe haben, in den Ländern die Arbeiterschaft erst für die Selbstregierung im Lande entsprechend zu erziehen. Die Arbeiterschaft aber wird die Gemeinde immer voranstellen und deshalb kann davon nicht abgegangen werden, dass die Länder die Pflicht haben, ihre Gemeindewahlordnungen auf derselben Basis auszurichten wie die Landeswahlordnungen.

Und nun, meine Herren, zum formalen Vorgehen. Wir sind hier zwar keine beschlussberechtigte Körperschaft, aber unsere Beschlüsse dienen dazu, dem Staatsrate vorgelegt zu werden oder eine Verständigung unter uns selbst herbeizuführen. Ich kann über Ihre Beschlüsse bloß dem Staatsrate referieren. Die Aufforderung, die ein Herr an mich gerichtet hat, in dieser Beziehung Erlässe an die einzelnen Staatsämter zu richten, geht daneben, denn es steht mir eine solche Kompetenz nicht zu. Ich bin vor Ihnen der Referent des Staatsrates und ich werde, wenn ich von Ihnen Beschlüsse erhalte, der Vertreter Ihrer Beschlüsse vor dem Staatsrate sein. Ich bin als Kanzleileiter des Staatsrates Vorsitzender des Ministerrates, ich habe aber keine Weisungen zu übergeben, denn ich bin gar nicht das, was früher der Ministerpräsident war. Ministerpräsident ist der Staatsrat, nicht aber der Staatskanzler. Ich kann also das nicht so machen, ich kann nur Ihre Beschlüsse zur Kenntnis nehmen, und wenn Sie in Bezug auf die Durchführung der Gemeinde- und Landtagswahlen bindende, vertragsmäßige Vereinbarungen treffen, so werde ich pflichtgemäß darüber an den Staatsrat referieren. Ob der Staatsrat dann die Notwendigkeit erkennt, dem, was Sie vertragsmäßig vereinbart haben, auch die Form eines Gesetzes der Nationalversammlung zu geben oder nicht, muss ihm vorbehalten bleiben; mir steht darüber ein Urteil nicht zu.

Ich würde mich also jeder der beiden Vorgangsweisen anschließen, die hier vorgeschlagen worden sind, sowohl dem Vorschlage des Herrn Dr. E n d e r, dass die Konferenz einfach diejenigen Punkte feststellt, bezüglich welcher dieselbe Meinung vorherrscht, wo man also gemeinsam vorgehen kann, als auch der anderen Vorgangsweise, dass bei dieser Beratung der vorliegende Entwurf als Verhandlungsgrundlage benutzt wird. Beides ist mir ganz recht. Ich glaube, wir werden Nachmittag in die Spezialdebatte eingehen und Herr Dr. E n d e r wird die Güte haben, uns die Punkte, die er zum Gegenstand der Spezialdebatte machen will, vorzulegen. Wir werden dann darüber reden, welche Punkte eventuell noch dazu kämen, dann werden wir Punkt für Punkt durchgehen und zu einer Vereinbarung über eine gleichmäßige Vorgangsweise kommen. Ich werde über diese Vereinbarungen dann dem Staatsrate referieren. Ob diesem diese Vereinbarung genügt oder ob er es doch für notwendig finden wird, ein Gesetz zu erlassen, wird dem Staatsrate vorbehalten bleiben.

Es ist zunächst der Antrag gestellt worden, über den vorliegenden Gesetzentwurf zur Tagesordnung überzugehen.[89] Dann wurde der Antrag gestellt, es sei über einen Ländervertrag in Bezug auf die Landes- und Gemeindewahlen zu beraten und zwar in der Form, dass der vorliegende Entwurf als Grundlage der Beratung dienen solle. Vielleicht hätten die beiden Herren Antragsteller die Güte, sich auf einen Antrag zu einigen.

Landeshauptmann Dr. **Ender**: Der Entwurf kann mit den Ergänzungen als Unterlage dienen.

Staatskanzler Dr. **Renner**: Dann haben wir nur den Ergänzungsantrag des Herrn Dr. v. K a a n und ich bringe denselben zur Abstimmung. *(Abstimmung.)*

Der Antrag ist einstimmig angenommen.

Ich unterbreche nunmehr unsere Beratungen und bitte die Herren um 3 Uhr Nachmittag wieder zu erscheinen.

---

89 Vgl. Anhang I.

(Die Verhandlung wird um 1 Uhr 25 Minuten Nachmittag unterbrochen. – Nach Wiederaufnahme der Verhandlung:)

Staatskanzler Dr. **Renner**: Herr Landeshauptmann Dr. E n d e r wird die Güte haben, jene Punkte zu bezeichnen, über welche die Spezialdebatte abgeführt werden soll.

Landeshauptmann Dr. **Ender**: Der Entwurf, der uns hier vorliegt, soll die Grundlage bilden, um jene Punkte herauszunehmen, über die wir uns zwecks Aufnahme in die einzelnen Landeswahlordnungen einigen wollen. Ich schicke voraus, dass ich zunächst nur die Landeswahlordnungen behandeln werde, weil ich glaube, dass wir leichter ans Ziel kommen, wenn wir zuerst die eine Sache ganz durchbesprechen und dann erst zur anderen übergehen, wenn noch die nötige Zeit vorhanden sein wird.

§ 1 bestimmt, dass die Funktionsdauer der Provisorischen Landesversammlung mit 30. April enden und die Länder bis dahin die Landeswahlordnungen feststellen und Neuwahlen durchführen sollen. Mit dem 30. April als Termin bin ich bezüglich Vorarlbergs ohne weiteres einverstanden. Ich bin auch in der Lage, wenn es gewünscht wird, einen Gesetzentwurf schon früher machen zu lassen und auch durchzuführen. Wir haben sogar den Wunsch, dies so rasch als möglich zu tun, weil wir das dringende Bedürfnis haben, eine definitive, aus allgemeinen Wahlen hervorgegangene Landesversammlung oder einen Landtag zu erhalten. Dies schon aus dem einen Grunde, da man der Provisorischen Landesversammlung immer nachsagen kann, sie habe sich nur provisorisch mit dem oder jenem einverstanden erklärt; der definitiv gewählte Landtag hingegen ist jene Körperschaft, die vor die Freiheit neuer Entscheidungen gestellt ist und die Verantwortung leichter tragen kann als die provisorische.

Bezüglich des § 2 glaube ich, dass derselbe vollständig ausgeschieden werden kann, dies schon aus dem Grunde, weil wir den Gesetzentwurf als Rahmengesetz ablehnen. Mit der Ablehnung ist es mir ganz ernst. Der Herr Staatskanzler hat gesagt, er könne uns nicht garantieren, ob der Staatsrat, wenn er ihm berichten wird, nicht doch einen solchen Gesetzentwurf vorlegen und ein Rahmengesetz machen wird. Ich kann dann auch nicht garantieren, ob wir nicht in der Landesversammlung ein anderes Wahlgesetz beschließen werden, nur um zu dokumentieren, dass wir uns an das Rahmengesetz nicht halten. Ich glaube, dass die Stimmung in unserem Land eine solche ist, dass man sich ganz gut zu einer solchen kleinen Demonstration veranlasst sehen könnte. In der Sache selbst stimmen wir ziemlich überein.

§ 3 wäre ohne Zweifel auszuscheiden. Die Mitgliederzahl kann man keineswegs vorausbestimmen. Man muss die Wahlkreiseinteilung und die Zahl der Wähler kennen, sonst kann man die richtige Zahl der Mandate nicht finden. Gerade die Zahl 26, die für Vorarlberg vorgesehen ist, würde in Vorarlberg sehr schwer durchzubringen sein. *(Staatskanzler Dr. R e n n e r: Maximalzahl!)* Ich sehe das nicht ein. Ich glaube, die Länder werden sich ihre Landtagsmitglieder selbst bezahlen, und man wird es ihnen selbst überlassen können, die richtige Zahl zu treffen. Sie werden sicher nicht zu hoch greifen, sie werden sich an eine möglichst geringe Zahl halten. Es war aber ganz interessant zu sehen, welche Zahlen sich die Regierung vorstellt.

§ 4 wäre selbstverständlich zu akzeptieren. Wir akzeptieren das allgemeine, gleiche, direkte Wahlrecht, und ich möchte noch hinzufügen, das geheime Wahlrecht. Wenn ich noch bezüglich des allgemeinen Wahlrechtes Beifügungen machen soll, so wäre es dahin einzuschränken, dass ein Alter von 20 Jahren für die Wahlberechtigung gefordert wird. Bezüglich des gleichen Wahlrechtes käme zur Erwägung, ob eine gewisse Sesshaftigkeit gefordert werden soll oder darf. Bei mir daheim ist man der Meinung, dass beim Gemeindewahlrecht eine Sesshaftigkeit gefordert werden müsse. Aber auch beim Landtagswahlrecht wird eine gewisse Sesshaftigkeit vielleicht am Platze sein. Ich betrachte das selbstverständlich nicht von einem parteipolitischen Standpunkt aus, denn ich habe mich auch daran gestoßen, dass sich heute der Herr Staatssekretär des Äußern auf einen Parteistandpunkt gestellt hat. Meines Erachtens durfte er das nicht tun, zumal gerade den Herren, die mit dem Äußern zu tun haben, sonst eine besondere Diplomatik angemessen wird. Ich möchte das hier vermeiden, ich möchte nur als Landeshauptmann sprechen und das verantworten, was ich für das ganze Land verantworten kann. Die Forderung einer gewissen Sesshaftigkeit für das Landtagswahlrecht ist angebracht. Man kann doch bei Wahlen in Landesvertretungen fordern, dass die Leute, die sich an der Wahl beteiligen, ein Interesse am ganzen Lande haben und dass nicht etwa einer, der zufällig 14 Tage sich im Land aufhält, jetzt schon über die Schicksale des Landes mitbestimmen darf, was der Fall wäre, wenn er sich nur am Tage der Wahlausschreibung im Lande befindet. Aber auch aus dem Grunde, weil wir ja die Wahlen in den einzelnen Landesvertretungen nicht am gleichen Tage haben werden und daher ein und derselbe nacheinander in einzelnen Kronländern wählen könnte. Ich möchte auch darauf aufmerksam machen, dass sehr freiheitlich konstituierte Länder die Sesshaftigkeit kennen, zum Beispiel auch die Schweiz bei den Orts- und Kantonalwahlen. Wie lange sie währen soll, darüber kann man verschiedener Meinung sein. Ich will beispielsweise eine Zahl nennen, etwa ein halbes Jahr für das Landtagswahlrecht. Ich denke nicht an Sesshaftigkeiten, wie sie früher gesetzlich festgelegt waren, von einem, zwei oder drei Jahren. Damit hätten wir die Grundsätze des allgemeinen Wahlrechtes für alle im Alter von 20 Jahren aufwärts, das gleiche Wahlrecht mit der Einschränkung durch eine gewisse Sesshaftigkeit, die direkte, die geheime und selbstverständlich die Verhältniswahl ohne Unterschied des Geschlechtes. Bezüglich der geheimen Wahl möchte ich beifügen, dass sie in Kuvert und Zelle bestehen soll.

§ 5 bestimmt, wer rücksichtlich der Staatsbürgerschaft als wahlberechtigt angesehen werden soll. Ich schließe mich dem an, dass im Allgemeinen alle wählen sollen, welche das deutschösterreichische Staatsbürgerrecht besitzen, aber mit der Einschränkung, dass sie auch in einer Gemeinde Deutschösterreichs zuständig sind. Ich sage aber nicht, in einer Gemeinde des betreffenden Landes. Ich halte es nämlich nicht für notwendig, dass die Länder alle kühnen Sprünge, die die Provisorische Nationalversammlung für gut befunden hat, mitmachen. Es war ein Sprung, dessen Tragweite man gar nicht übersehen hat, wenn man Staatsbürger schuf, die in der Luft hängen, die in keiner Gemeinde Deutschösterreichs heimatsberechtigt sind, für deren Armenversorgung niemand aufzukommen hat usw. Wir in der Provinz haben das auch für eine übereilte Sache gehalten und haben geglaubt, man müsste derartiges gründlicher anfassen und man müsste erst die notwendigen Voraussetzungen schaffen, die ein solcher Beschluss bedingt. Ich möchte sagen: wir lassen alle wählen, die deutschösterreichische Staatsbürger und in einer Gemeinde Deutschösterreichs zuständig sind.

Auch der § 6 hätte meines Erachtens auszuscheiden, weil man es den Ländern überlassen muss, die Wahlbezirke aufzustellen. Ich bin der Meinung, dass jedes Land selbst einsieht, dass man die Wahlbezirke nicht so einrichten kann, dass zum Beispiel ein anderer Bezirk dazwischen liegt. Solche Gebilde zu machen, wird kein Land sich unterfangen, denn das Motiv hierfür könnte offensichtlich nur eine besondere Wahlgeometrie sein, und ich glaube, dass nicht eine einzige Partei in irgendeinem Land imstande wäre, dies durchzuführen. Ich glaube, wir dürfen nicht den Vormund der Länder spielen. Das treffen die Länder, die die Freiheit haben, auch. Wer die Freiheit bewahren will, muss mit der Freiheit vernünftig umgehen. Wir sind noch immer nicht gewohnt, Vertrauen zur Freiheit zu haben, und auch die Staatsregierung getraut sich noch nicht, ein Vertrauen zur Freiheit der Länder zu haben.

Vom § 7 kann ich nur sagen, dass es das primitivste Gebot der Gerechtigkeit ist, dass auf die einzelnen Mandate nach Möglichkeit die gleiche Wählerzahl entfallen muss. Ich halte das für eine Selbstverständlichkeit und stoße mich an der Sache nicht im Geringsten. Ich halte nur nicht dafür, dass es eine Notwendigkeit sei, diesbezüglich Vereinbarungen auszustellen.

§ 8 fällt natürlich weg.

Die Bestimmungen, welche sich mit der Gemeindewahlordnung befassen[90], lasse ich beiseite und gehe zu §13 über. Diese Vereinbarung für die einzelnen Länder zu treffen, halte ich für gänzlich unannehmbar. Wenn auch der Herr Staatskanzler der Meinung ist, es wäre sehr gut, wenn eine reine Parteischeidung, wie wir sie im Reiche haben und wie wir sie voraussichtlich auch in den Ländern haben werden, auch in den Gemeinden zum Durchbruch käme und partikularistische Meinungen ausgeschaltet würden, so möchte ich dem entgegenhalten: es gibt Gemeinden, in welchen politische Gegensätze überhaupt nicht existieren, wo nur wirtschaftliche Gegensätze und andere, vielleicht auch persönliche Gegensätze, die allerdings die bedauerlichsten sind, hervortreten. Ich bitte nur zu erwägen, welch ungeheure Schwierigkeiten für die Wahlvorbereitungen entstehen, wenn man einerseits eine Wahl für das Land vorbereiten soll, wo drei politische Parteien in Frage kommen, und gleichzeitig eine Wahlagitation in der Gemeinde betrieben wird, die eine schädigende Wirkung auf den reinen Charakter der Wahlen in die Landesvertretung zu üben in der Lage wäre. Dagegen habe ich Bedenken und würde auch vom Standpunkte des Landes mich ganz entschieden gegen eine Vereinbarung im Sinne des § 13 stellen.

Ebenso glaube ich, dass der § 14 unannehmbar ist. Wir sind keine Anhänger der Parteiwahlzettel, der Parteilisten, in welchen man anhaken soll. Wir haben zwar im Lande Vorarlberg keine Analphabeten; es würde aber in anderen Kronländern verschiedene Schwierigkeiten verursachen und eine gewisse Verwirrung würde es auch bei uns geben. Es würde mancher Haken nicht so gemacht werden, wie man ihn machen soll, und besonders, wenn mehrere Parteien auftreten, würde sich die Sache um so schwieriger gestalten. Ich wäre dafür, dass es jedem freistehen soll, mit dem Parteistimmzettel zu wählen, und der amtliche Stimmzettel nur für denjenigen vorhanden ist, der den Parteistimmzettel nicht verwenden will. Ich halte dafür, dass eine Vereinbarung in diesem Punkt überflüssig wäre.

Ich glaube, dass § 15 von selbst hinfällig wird, wenn § 13 wegfällt, denn dieser Paragraph ist nur eine Konsequenz des §13.

Der § 16 enthält etwas, wofür ich einen anderen Vorschlag machen würde. Ich bin nicht der Meinung, dass mit der Durchführung der Landeswahlordnung der Staatssekretär des Innern zu betrauen wäre, sondern halte dafür, dass man damit direkt die Landesregierung betrauen könnte. Ich nehme aber in diesem Punkte eine Belehrung gern entgegen. Als wir die ersten Gesetze schufen und daran waren, den letzten Paragraphen, der von der Durchführung handelt, zu verfassen, hatten wir auch einige Zweifel und mussten uns die Sache überlegen. Ich bin aber der Meinung, dass bei Gesetzen, an deren Durchführung die Staatsregierung mitzuwirken hat, zu deren Durchführung also der Staat mit beizutragen hat, wie zum Beispiel bei einer Flussregulierung, ohne Zweifel auch die Zentralämter mitzuwirken haben. Dagegen sehe ich nicht ein, was das Staatssekretariat des Innern an der Durchführung der Landeswahlordnung mitzuwirken hat. Ich halte es für möglich, dass man sagen könnte: mit der Durchführung dieses Gesetzes wird die Landesregierung beauftragt. Wie gesagt, ich nehme eine gegenteilige Belehrung, wenn sie begründet ist, entgegen, ich vermag aber vorläufig nicht einzusehen, dass mein Standpunkt nicht richtig ist. Wenn ich kurz zusammenfasse, bin ich der Meinung, wir sollten uns über folgende Grundsätze einigen: Allgemeines Wahlrecht beider Geschlechter im Alter über 20 Jahre. Bezüglich des gleichen Wahlrechtes werden wir auch einig sein. Ich mache hierzu die Einschränkung, dass eine Sesshaftigkeit von einem halben Jahre festgestellt werde. Darüber, dass die Wahl eine direkte und dass sie die Verhältniswahl sein soll, sind wir einig. Darüber, dass die Wahl geheim sein und dass dies durch Kuvert und Zelle zum Ausdruck kommen soll, dürften wir wahrscheinlich auch einig sein. Dann schlage ich vor, dass jene deutschösterreichischen Staatsbürger wahlberechtigt sind, die in einer Gemeinde Deutschösterreichs zuständig sind. Ferner schlage ich vor, dass

[90] Vgl. Anhang I, II. Abschnitt.

die Durchführung der Wahlen bis Ende April vollzogen sein soll und durch die Landesregierungen zu erfolgen habe.

Staatskanzler Dr. **Renner**: Ich glaube, wir kommen am raschesten zum Ziele, wenn wir bei den einzelnen Punkten sofort die Vereinbarung enunzieren[91] und nur dort, wo einzelne Länder widersprechen, eine Debatte eröffnen und etwa abstimmen. Wir sprechen jetzt nur von den Landeswahlordnungen. Da wäre zunächst Punkt 1: Funktionsdauer bis 30. April. Erhebt sich ein Widerspruch?

Landesrat Dr. **Schlegel**: Ich möchte doch eine geänderte Fassung des Paragraphen haben. Wir sollten nicht vereinbaren, dass die Funktionsdauer mit 30. April aufhört, sondern wir sollten uns bereit erklären, dass wir nach Möglichkeit bis 30. April Neuwahlen durchführen. Gesetzt den Fall, es würde in einem Lande durch irgendwelche Umstände die Durchführung der Wahlen behindert werden, so würde ein Vakuum entstehen. Dagegen müssen wir uns sicherstellen. Ich glaube, dass es in Oberösterreich möglich sein wird, die Wahlen bis 30. April durchzuführen. Wenn sie sich etwa bis zum 15. Mai hinausziehen würden, wäre es wohl auch kein großes Unglück. Wir erreichen denselben Zweck, wenn wir sagen, die Landtagswahlen sind bis 30. April durchzuführen.

Staatskanzler Dr. **Renner**: Die Zustände, wie sie früher herrschten, dass nämlich die Landesverwaltungen intermittierend[92] wirkten, ist jetzt unmöglich. Die Landesverwaltungen sind in ihrer Funktion stetig wirkend gedacht. Ein Vakuum ist, da sie ständige Organe der Staatsverwaltung sind, überhaupt nicht zu denken. Infolgedessen kann man sich der Fassung anschließen, dass die Wahlen bis zum letzten April durchzuführen sind.

Landeshauptmann-Stellvertreter Dr. **Pusch**: Ich möchte nur auf die Verhältnisse in Tirol verweisen, wo heute ganz Deutsch-Südtirol von Italienern besetzt ist und möglicherweise bis Ende April besetzt bleiben kann. Für diesen Fall müsste vorgesorgt werden, und zwar in einer Wahlordnung selbst.[93]

Staatskanzler Dr. **Renner**: Hier müsste ein Notwahlparagraph vorgesehen sein, wie er auch in der Wahlordnung zur konstituierenden Nationalversammlung vorgesehen ist.[94] Das

---

91 Enunzieren: verkünden, aussagen.

92 Intermittierend: mit Unterbrechungen, zeitweilig aussetzend.

93 Vgl. in dem Zusammenhang StGBl. Nr. 13, Vollzugsanweisung des Deutschösterreichischen Staatsrates vom 8. Jänner 1919 über die Vornahme der Wahl für die konstituierende Nationalversammlung im 26. Wahlkreise „Deutsch-Südtirol", ausgegeben am 9. Jänner 1919; weiters SRP Nr. 62 vom 8. Jänner 1919, wo Staatskanzler Renner ausgeführt hatte, dass „Südtirol teils besetzt ist, daher eine Wahl ausgeschlossen erscheint, teilweise jedoch wie z. B. in Lienz durchführbar. Es wird sich die Notwendigkeit erweisen, die Hauptwahlbehörde für Südtirol von Bozen nach Innsbruck zu verlegen und stellt er diesbezüglich den Antrag, die vorgelegte Vollzugsanweisung über die Vornahme der Wahl im Wahlkreise Deutsch-Südtirol zu erlassen." Vgl. dazu auch AdR, StK, GZl. 16/1919. Der Akt enthält mehrere Eingaben aus Lienz, die die Zuteilung des Bezirks Lienz zum Wahlkreis Nordtirol forderten. Weiteres Material zur Durchführung der Wahlen in „Deutsch-Südtirol" und zur obengenannten Vollzugsanweisung findet sich in AdR, StK, GZl. 116/1919. Zu Südtirol vgl. auch KRP Nr. 28, Anmerkung 71.

94 Gemeint war § 40 des StGBl. Nr. 115/1918, Gesetz vom 18. Dezember 1918 über die Wahlordnung für die konstituierende Nationalversammlung, ausgegeben am 20. Dezember 1918. Dieser lautete: „Wenn die Wahlen infolge von Krieg, von inneren Unruhen, Störungen des Verkehrs oder anderen Gründen nicht gemäß den Vorschriften dieses Gesetzes durchgeführt werden können und hierdurch die Bildung des Vertretungskörpers überhaupt oder die Vertretung der Einwohner der betreffenden Gebiete Deutschösterreichs unmöglich wird, so kann der Staatsrat durch Vollzugsanweisung die Vornahme dieser Wahlen außerhalb des Wahlortes oder Wahlkreises, die unmittelbare Einsendung der Stimmzettel an die Hauptwahlbehörde sowie jene sonstigen Änderungen an den Vorschriften dieser Wahlordnung verfügen, die zur Ausübung des Wahlrechtes unabweislich geboten sind. / Im äußersten Notfall beruft der Staatsrat aus den behinderten Gebieten unter gewissenhafter Berücksichtigung der

gilt auch für alle Länder, die teilweise besetzt sind. Wenn auch nur ein Stückchen vom Lande übrig bleibt, das unbesetzt ist, müsste es die Wahlen durchführen, selbst wenn nur ein Rumpfparlament übrig bliebe. Es kann wohl festgestellt werden, dass darüber Einigkeit herrscht. Für Länder, wo Teile derselben besetzt sind, ist durch Notwahlparagraphen vorzusorgen. Was den Beitritt des Staatsrates bezüglich § 2 betrifft, muss ich den Gesichtspunkt festhalten: Solange die Nationalversammlung nicht anders beschließt, bleibt die Rechtslage, dass dem Staatsrat der Beitritt zum Beschluss vorbehalten bleibt. Der Staatsrat wird dieses Recht nicht missbrauchen. Es ist aber der jetzige Gesetzeszustand. Der Staatsrat wird gewiss eine Form suchen, dass die Sache nicht den Charakter einer Sanktion erhält. Das ist etwas, was sich aus der Gesetzgebung der Republik im Augenblick ergibt. Gegenstand der Debatte braucht das nicht zu werden.

Was die Mitgliederzahl anbelangt, möchte ich auf folgenden Umstand aufmerksam machen. Bei dem alten Reichsrat haben wir die Erfahrung gemacht, dass bei der Durchführung von Wahlreformen durch Teilkompromisse sich unwillkürlich eine unausgesetzte Ausdehnung der Mandatszahl ergab. Es schien uns, dass es den Landesregierungen sehr erwünscht ist, wenn sie sich hierin auf eine feste Obergrenze berufen können. Eine solche feste Obergrenze zu schaffen, wäre also zweckmäßig. Dem Staate selbst kann es ja gleichgültig sein, ob eine Landeskörperschaft 25 oder 30 Mitglieder hat. Ich habe mir aber gedacht, dass es den Landesregierungen selbst bequem sein dürfte, die Parteienvereinbarungen innerhalb gewisser Schranken und dadurch die Anschwellung der Vertretungskörper im Zaume zu halten. Eine Obergrenze schadet nicht, sie hilft den Landesregierungen, Kompromisse zu schließen. Es wird immer ein Kompromiss geschlossen werden müssen. Ich würde vorschlagen, dass Sie untereinander einen Schlüssel festsetzen und festlegen, die Landesvertretungen sollen über eine gewisse Zahl nicht hinausgehen. Wir haben ja schon heute den Übelstand, dass der Landtag von Niederösterreich sehr groß ist, was die Verhandlungen sehr erschwert.[95] Man kann aber nur schwer zurückgehen, außer es bestünde eine bindende Norm. Und ich glaube nicht, dass es den Herren von Niederösterreich unangenehm wäre, wenn sie sich auf eine feste Norm berufen könnten.

Landeshauptmann-Stellvertreter **Mayer**: Ich bin nicht dafür, dass die Zahl hier festgesetzt wird, auch nicht eine Zahl von beispielsweise 140 Abgeordneten. Dann würde dieser Körper noch größer werden als er gegenwärtig ist, und dadurch würden die Abgeordneten immer mehr noch zu Ort- und Städtevertretern herabgedrückt werden. Das ist jeder Körperschaft sehr unangenehm. Daher würde ich bitten, dass dieser Paragraph gestrichen wird, weil man wenigstens bei uns in Niederösterreich die alten Zahlen möglichst als Grundlage nehmen und sich nicht freiwillig auf eine so hohe Zahl hinauflizitieren[96] lassen wird. Wenn hier die Zahl von 140 Abgeordneten festgesetzt ist, wird der Herr Staatskanzler zugeben, dass es allen Parteien ungeheuer schwer werden wird, unter diese Zahl zu gehen.

Staatskanzler Dr. **Renner**: Wenn die Zahl auf 70 oder 80 reduziert würde, hätte ich gar nichts dagegen. Wenn Sie aber eine feste Zahl hätten, würden Sie es leichter haben, die heutige Anschwellung des niederösterreichischen Landtages einzudämmen. Bei Vereinbarungen zwischen den Parteien wird doch die Zahl eher noch erhöht als verringert werden.

Landeshauptmann-Stellvertreter **Mayer**: Hier ist schon eine merkliche Erhöhung. Wenn zum Ausdruck kommt, dass die Landeswahlordnung für Niederösterreich die Zahl von 140

Parteiverhältnisse selbst die gebührende Zahl von Vertretern in die Nationalversammlung als deren vollberechtigte Mitglieder ein. / Die ordentlichen Wahlen sind, sobald die oben angeführten Hindernisse entfallen, ehebaldigst anzuberaumen und durchzuführen."

95 Die Zahl der Mandate im niederösterreichischen Landtag (dem auch die sieben Wiener Wahlkreise angehörten, da Wien erst mit 10. November 1920 eigenständig wurde) betrug 120.

96 Lizitieren: (bei einer Versteigerung) mitbieten.

Abgeordneten nicht überschreiten darf, so ist es selbstverständlich, dass diese 140 Abgeordneten auch in die Landeswahlordnung hineinkommen. Wenn irgendwelche Schwierigkeiten zwischen den Parteien entstehen, wird es heißen, wir können zwar nicht über 140 gehen, aber die Zahl 140 wird erreicht werden.

Staatskanzler Dr. **Renner**: Ich denke insbesondere an Niederösterreich, wenn ich meine, dass Sie doch eine Obergrenze untereinander vereinbaren sollten. Sie würden damit auch solchen Ländern zu Hilfe kommen, die zu viele Abgeordnete haben.

Landeshauptmann-Stellvertreter **Mayer**: Da die Zahl der Abgeordneten einzig und allein im Kompromisswege festgestellt werden kann, so wird dies umso schwieriger bewerkstelligt werden können, wenn die hohe Zahl von 140 Abgeordneten als Obergrenze feststeht. Es ist schon gesagt worden, dass wir uns unsere Abgeordneten im Lande selbst werden bezahlen müssen. Daher ist meines Erachtens einzig und allein das Land berechtigt, auch die Zahl festzusetzen. Wie kommt man zu der Zahl von 140?

Staatskanzler Dr. **Renner**: Ich habe im Entwurf etwas mehr als die gegenwärtige Zahl genommen, beabsichtigte aber, im Staatsrate darauf aufmerksam zu machen, dass die Zahl zu hoch ist. Ich kann als bloßer Referent nicht willkürlich Zahlen einstellen, die niedriger sind. Ich hoffe aber, gerade für Niederösterreich im Staatsrat eine niedrigere Zahl durchzusetzen.

Was die Bezahlung betrifft, so bitte ich darauf Rücksicht zu nehmen, dass dadurch, dass wir die autonome und landesfürstliche Verwaltung verschmelzen, eine Verschmelzung des Landesfonds und des staatlichen Fiskus eingetreten ist – sie ist freilich noch nicht durchgeführt – und dass es dann auf eines hinauskommt: der Staat haftet dann solidarisch für die Mehrauslagen eines Landes. Die Unterscheidung der zwei Säckel wird aufgehoben werden. Wenn ein Land zuviele Abgeordnete hat und sich zu teuer einrichtet, so sind andere Länder dadurch schon indirekt in Mitleidenschaft gezogen. Ich würde mich aber freuen, wenn die Länder aus eigener Kraft dort, wo zuviele Abgeordnete sind, deren Zahl restringieren würden.

Was die einzelnen Merkmale des Wahlrechts betrifft, so werden wir ja gleich sehen, inwiefern ein Widerspruch besteht.

Landeshauptmann Dr. **Ender**: Die Zahlen sind also nicht festgesetzt?

Staatskanzler Dr. **Renner**: Nein, es ist nur der Wunsch ausgesprochen, dass die Länder sich in engen Schranken halten.

Die Allgemeinheit des Wahlrechtes ist nicht eingeschränkt. Zur Allgemeinheit gehört die Sesshaftigkeit. Die ist schon in der Allgemeinheit enthalten. Also Allgemeinheit und keine Sesshaftigkeit! Doch ist der Standpunkt vertreten worden, dass in einzelnen Ländern eine Sesshaftigkeitsgrenze von höchstens einem halben Jahr zulässig sein soll. Ich bitte, sich darüber zu äußern.

Landeshauptmann Dr. v. **Kaan**: Die Sesshaftigkeitsgrenze halte ich für nicht ganz unberechtigt, und zwar aus dem einfachen Grunde, weil dadurch etwas herbeigeführt wird, was in Ansehung der Eigenart des Landes ja nur dem entspricht, was beim Staate besteht. Es ist nicht anzunehmen, dass jemand die Staatsangehörigkeit in so raschem Tempo wechselt oder zu wechseln in der Lage ist, auch nicht im Rahmen einer Änderung des Wohnsitzes; wohl aber ist das beim Lande ganz gut denkbar. Das ist besonders bei gewissen Gelegenheitsarbeitern, vor allem den sogenannten Saisonarbeitern, wenn die Wahl im Sommer stattfindet, denkbar.

Im Zusammenhange damit möchte ich folgendes bemerken: Ich meine, wenn man eine Sesshaftigkeit verlangt, dann kann es, glaube ich, in vielen Fällen zu ungerechtfertigten Härten führen, wenn man außerdem noch die Heimatszuständigkeit in den österreichischen Ländern fordert. Ich bitte zu bedenken, wie sich das praktisch entwickelt. Dass man dieses auf den ersten Anblick unpraktikable Experiment gemacht hat, Staatsbürger zu schaffen, die nicht Gemeindeangehörige sind, war in den Übergangsverhältnissen begründet. Wir haben in jeder Gemeinde eine Reihe von Leuten, die in der betreffenden Gemeinde schon lange, wenn auch nicht zehn Jahre, aber auch solche, die zehn Jahre und darüber wohnhaft sind, es jedoch versäumt haben, sich die Zuständigkeit zusprechen zu lassen und die von ihren Eltern oder Voreltern her in einem andern Kronlande die Zuständigkeit besitzen. Man hat sich also um die Zuständigkeit nicht gekümmert und um diesen Leuten nicht auf einmal das Wahlrecht abzuschneiden, hat man diese Form gewählt.

Die ganz gleichen Erwägungen treffen meiner Ansicht nach aber auch beim Landeswahlrecht zu. Ich glaube, wenn man die Sesshaftigkeit fordert, ist kein Bedürfnis, auch weiter das Erfordernis der Zuständigkeit in einer anderen österreichischen Gemeinde aufzustellen. Das Verhältnis zum Lande wird dadurch nicht berührt. Ob jemand, der in Steiermark lebt, nach Deutschböhmen zuständig ist oder nicht, hat für sein Verhältnis zum Lande Steiermark keine Bedeutung. Würde man aber von der Sesshaftigkeit Abstand nehmen, dann würde meiner Ansicht nach die Frage der Heimatszuständigkeit eine erhöhte Bedeutung gewinnen. Ich glaube, wenn man eine drei- bis sechsmonatige Sesshaftigkeit feststellt, so ist das genügend, um ein gewisses Band zwischen dem Wähler und dem Land, in welchem er wählt, herzustellen.

Landeshauptmann-Stellvertreter **Pongratz**: Die Sesshaftigkeit ist ein alter Bekannter von unseren früheren staatlichen Institutionen her. Sie hat sich, wie wir wissen, nur gegen die Arbeiter gerichtet und auch ausnahmslos gegen die Arbeiterschaft gewirkt. Wenn sich die Arbeiter diese Sesshaftigkeit früher haben gefallen lassen, so war das mehr oder weniger an dem beschränkten Wirkungskreis der Länder gelegen gewesen. Sie dürfen aber nicht übersehen, dass die Länder heute ganz andere Ausgaben haben. Sie wählen die Landesregierung und damit ist sehr viel gesagt. Früher konnte die Arbeiterschaft auf die Landesregierung nur durch die Nationalversammlung wirken, durch ihre Abgeordneten im Parlament usw. Das wird dann nicht mehr der Fall sein, denn dann ist das Forum hiefür der Landtag und es ist daher eine Sesshaftigkeit nach dieser Richtung hin absolut nicht begründet.

Dann möchte ich folgendes noch hervorheben: Was soll die Sesshaftigkeit, wenn das Verhältniswahlrecht in den Ländern eingeführt ist, an der Sache ändern? Wenn jemand nicht in dieser Stadt sesshaft ist, wäre er in einer anderen Stadt sesshaft und hätte dort gewählt. Seine Stimme gibt er ja nicht mehr für den einzelnen Kandidaten ab, der vielleicht beliebt oder nicht beliebt ist; heute wählt er nach Parteien. Ob die Partei in der einen oder in der anderen Stadt diese Stimme erhalten hat, ist für die Verwaltung des Landes ganz gleichgültig. Man kann nicht sagen, dass einer in das Land gelaufen kommt und die Verhältnisse im Lande beeinflussen will, weil er hiefür gar kein Interesse hat.

Ich habe schon vormittags ein gewisses Misstrauen gegen verschiedene Äußerungen, insbesondere in Bezug auf den Vertagungsvorschlag gehabt. Die Sache ist vollständig klar. Der Arbeiterschaft ist durch das Staatsgrundgesetz garantiert, wie die Wahlreform in den Ländern durchgeführt werden soll. Das ist ein Kompromiss, welches mit den bürgerlichen Parteien geschlossen worden ist, und das muss bis zu Ende durchgeführt werden. Wenn der Anreger der Einführung einer gewissen Sesshaftigkeit, der Herr Landeshauptmann von Vorarlberg, diese Anregung gemacht hat, so wundert mich das nicht, denn in Vorarlberg scheint man sich zu denken: geht die Sache schief, so werden wir einfach ein Kantönli der Schweiz; wir werden uns ganz leicht von Österreich lostrennen können. Ich mache Sie auf folgendes aufmerksam: Wenn jetzt etwa die Länder hergehen wollen, durch die Sesshaftigkeit, durch die Wahlgeometrie, das Recht der Arbeiter zu kürzen, so bitte ich Sie, doch zu bedenken, in welchen Zeiten wir leben. Jetzt wollen Sie vielleicht noch etwas mit dem Gemeinde- und Landeswahlrecht in die Scheune bringen! Das ist in der heutigen Zeit unmöglich. Bilden Sie sich ja nicht ein, dass es möglich wäre, das durchzuführen. Was in den Staatsgrundgesetzen steht, muss durchgeführt werden. Fürchten Sie nicht den Sturm, der entstehen würde, wenn man jetzt daran Verrat übte? Stellen Sie sich unsere Situation vor, die wir jetzt auf einmal vor einem Verrat stehen würden! {sic!} Überlegen Sie sich das genau, ehe Sie solche Einschränkungen beschließen. Diese Beratung gefällt mir absolut nicht. Sie schicken Ihre Vertreter am 16. Februar in die Nationalversammlung und hier wollen Sie noch ein Vetorecht ausüben und vorschreiben, was Ihre Vertreter tun dürfen und nicht. Da brauchen Sie ja niemanden hineinzuwählen. Das geht nicht, dass Sie meinen, in den Ländern werden Sie weiter herrschen, in der Nationalversammlung aber sollen sich die Abgeordneten weiterraufen. Das ist ausgeschlossen!

Landeshauptmann-Stellvertreter **Preußler**: Dass die Herren hier von der Sesshaftigkeit reden, wirkt auf die Arbeiter so, wie wenn Sie eine Nadel nehmen, sie ins Feuer eintauchen und mit ihr den Arbeitern in die Augen fahren. Als ich heute das Wort „Sesshaftigkeit" gehört habe, hat es auf mich denselben Eindruck gemacht. Sesshaftigkeit ist das Wort aus der Zeit der gehässigsten Kämpfe gegen die Arbeiter, aus der Zeit, wo sich die Arbeiter um jedes einzelne Stückchen Wahlrecht raufen mussten und dieses noch durch die Sesshaftigkeit vergiftet wurde. In Deutschland ist kein Wort davon gesprochen worden, bei uns taucht es aber wieder auf. Jetzt wird es klar, warum Sie sich mit einem solchen Vorbehalt gegen ein festes Gesetz des Landeswahlrechtes aussprechen. Nicht aus Liebe zur Gesamtheit, sondern aus ihrer Vorliebe für gewisse alte Privilegien. Die Sesshaftigkeit wirkt, wie dies auch vom Vertreter Steiermarks offenherzig ausgesprochen worden, nur gegen die Arbeiter. Im Übrigen ist aber da kein großes Geschäft zu machen. Der Aufwand, den Sie mit der Sesshaftigkeit vor dem Volke machen werden, steht wahrlich nicht mehr dafür. Denn, wenn Sie mit diesen Dingen herauskommen, werden die Landeshauptleute mit ihrer Herrschaft ein schlechtes Geschäft machen. Das Wort Sesshaftigkeit wird bei den Nationalversammlungswahlen wie ein rotes Tuch wirken. Es ist ein so reaktionäres Prinzip, welches das allgemeine Wahlrecht in einer Weise verfälscht, wie es heute bei dem nun einmal festgelegten Standpunkte der ausgesprochenen Wahlberechtigung nicht zulässig ist. Darüber gibt es meines Erachtens nach nichts mehr zu diskutieren. Selbst vom konservativsten Standpunkt aus sollte man sich gegen die Sesshaftigkeit wehren, gegen jede Sesshaftigkeit auch für das Gemeindewahlrecht. Wir haben die Einschränkung der Gemeinde bereits genug verspürt, ebenso die Verkümmerung der Gesamtheit durch die Sesshaftigkeit. Wir wollen eine Gemeinde haben, welche die Urzelle wird, die die Lebendigkeit und Existenzfähigkeit des Gesamtkörpers garantiert. Da wollen wir aber nun diese Bazillen nicht hineingetragen wissen.

Landeshauptmann-Stellvertreter Dr. v. **Langenhan**: Wir haben gestern eine lange Beratung über die Landeswahlordnung in Deutschböhmen abgeführt. Da wurde auch über die Frage der Sesshaftigkeit gesprochen, und zwar wurde sie von einem Mitgliede der sozialdemokratischen Partei zur Diskussion gestellt, allerdings von einem andern Standpunkt aus, nämlich dass auch die Tschechen irgendein Wahlrecht bekommen, wenn man nicht eine Sesshaftigkeit feststellt. Von allen Parteien, sowohl den Agrariern wie auch von den Sozialdemokraten, wurde sie aber dann abgelehnt. Wir haben unsere Wahlordnung schon fertig, die aber in einigen Punkten in Widerspruch steht zu denjenigen Bestimmungen, die hier fixiert worden sind und die zur Beratung und zur Beschlussfassung kommen werden.[97]

Landesrat **Neutzler**: Der Landeshauptmann von Vorarlberg hat vorhin in seinen Ausführungen darauf verwiesen, dass wir uns gegenseitig Vertrauen entgegenbringen müssen. In seinem Vorschlag aber erblicke ich kein Vertrauen. Ich muss mich meinen Vorrednern anschließen, ich erblicke in der Sesshaftigkeitsklausel einen derartigen Hinterhalt von gewissen Seiten, dem wir unbedingt unseren entschiedensten Widerstand entgegensetzen müssen. Die Bedenken, die da obwalten, sind in keiner Weise begründet und berechtigt; denn eine derartige Fluktuation, dass eine Majorisierung durch solche Arbeiter möglich wäre, ist vollkommen ausgeschlossen. Die Herren können sich eben vom alten Gedankengange noch immer nicht frei machen. Ich warne Sie vor Experimenten in der heutigen Zeit. Diese Experimente könnten sehr schlecht ausfallen. Wir haben alles darangesetzt, um die Arbeiter an die Neu-

97 Ein umfangreicher Entwurf findet sich in AdR, StK, GZl. 1.581/1918, Entwurf einer Wahlordnung für die Landesversammlung von Deutschböhmen.

ordnung der Dinge zu gewöhnen. Unsere Aufgaben sind keine leichten, erschweren Sie sie uns nicht, indem Sie derartige Klauseln in die Wahlordnung hineinbringen.

Landesrat Dr. **Reut-Nicolussi**: Ich fasse die Sesshaftigkeitsklausel nicht als Schutz der bürgerlichen Klassen gegenüber den Arbeitern auf. Wir haben uns gerade in Tirol über diesen Punkt geeinigt und wir haben uns auf den Standpunkt gestellt, dass wir ohne jede Einschränkung das allgemeine, gleiche und direkte Wahlrecht auch für Land und Gemeinde beschließen werden. Wir müssen aber auch Kautelen[98] gegen eine vielfache Ausübung des Landes- und Gemeindewahlrechtes schaffen. Wie die Dinge jetzt am Papiere stehen und wenn die Sesshaftigkeit ausgeschlossen bleibt, ist es ganz gut möglich, dass, wenn die Wahlen für die Landtage nicht zu gleicher Zeit durchgeführt werden, jemand in allen Ländern in die Landesversammlungen und in beliebig viele Gemeindevertretungen wird wählen können. Er braucht nur am Tage der Wahlausschreibung anwesend zu sein und wählt, dann geht er in eine andere Gemeinde und wählt auch dort. Gewisse Kautelen gegen eine vielfache Ausübung des Wahlrechtes in die Landes- und Gemeindevertretungen müssen geschaffen werden. Wenn nicht, so hieße dies den Wahlverfälschungen Tür und Tor öffnen. Darüber müssen wir uns klar werden. Ich lehne den Standpunkt durchaus nicht ab, dass bezüglich der Landeswahlen eine Einschränkung nicht in dieser Weise stattfinden sollte; aber jedenfalls sollte im Gesetze vorgesehen werden, dass ein Missbrauch nicht möglich ist.

Landeshauptmann Dr. v. **Kaan**: Die Erregung ist nicht ganz notwendig. Ich fasse den Begriff der Sesshaftigkeit, wie er hier angeregt worden ist, hauptsächlich vom Standpunkt einer Kautel gegen eine doppelte Ausübung des Wahlrechtes auf und möchte darauf hinweisen, dass Sie ja einen gewissen Sesshaftigkeitsbegriff sogar im Entwurfe haben, von dem Sie gewiss nicht sagen werden, dass er von einem Klassenstandpunkt oder vom Standpunkt der Erhaltung alter Privilegien aus gemacht ist. Es heißt im § 5: „welche in einer Gemeinde des Landes ihren ordentlichen Wohnsitz haben." Was heißt Wohnsitz im Sinne der Zivilprozessordnung? Das ist das einzige Gesetz, welches den Wohnsitz juristisch definiert. Wenn jemand in der erweislichen Absicht der dauernden Niederlassung sich irgendwo angesiedelt hat. Auch im Wohnsitz ist bereits der Begriff einer gewissen Sesshaftigkeit, nämlich die Absicht, dauernd Aufenthalt zu nehmen, begründet, also im Gegensatz zu einem reinen Gelegenheitsaufenthalt.

Wenn ich früher von Saisonarbeitern gesprochen habe, so ist es klar, dass ich da landwirtschaftliche Saisonarbeiter im Auge gehabt habe. Es ist vollkommen unrichtig, dass auch nur der leiseste Schatten einer Arbeiterfeindlichkeit dieser Bemerkung zugrundegelegen ist, denn gerade im landwirtschaftlichen Verhältnis werden diese Saisonarbeiten, die zur Zeit der Ernte in größerem Ausmaß erfolgen, bei uns weniger praktisch werden, weil jene Provinzen, aus denen diese Saisonarbeiter stammen, weggefallen sind.

Ich glaube, wir können auch über diese anscheinend schwierige Streitfrage hinwegkommen, wenn wir den Begriff des Wohnsitzes in irgend einer Weise umschreiben, vielleicht in zeitlicher Beziehung – darüber lässt sich jedenfalls reden, sechs Monate sind vielleicht etwas zuviel –, aber die Tatsache des Wohnsitzes, des ständigen Aufenthaltes in einer Gemeinde des Landes muss in der Wahlordnung in irgendeiner Weise greifbar zum Ausdruck kommen. Ich glaube, mehr hat auch der Herr Landeshauptmann von Vorarlberg nicht beabsichtigt.

Staatskanzler Dr. **Renner**: Ich möchte zu dieser Frage folgendes bemerken: Es konkurrieren natürlich hier verschiedene Gesichtspunkte außer dem einen, den ich besonders hervorhebe und den der Herr Landeshauptmann-Stellvertreter Pongratz angeführt hat, dass die Landesregierungen jetzt die allgemeine Staatsverwaltung führen. Der Staatsbürger, der sich nur kurze Zeit im Land aufhält, steht dort unter der allgemeinen Staatsverwaltung und diese führt die Landesregierung. Er wäre also in Bezug auf die Landesregierung, soweit

98 Kautelen: Vorbehalt, Absicherung.

sie Staatsverwaltung ist, gar nicht an das Moment des dauernden Aufenthaltes, der Sesshaftigkeit gebunden.

Was die Sesshaftigkeit betrifft, so ist seit der Wahlordnung vom Jahre 1906 dafür der zivile Wohnsitz maßgebend[99], welcher in der Jurisdiktionsnorm so umschrieben ist: Wer sich niederlässt in der erweislichen oder aus den Umständen hervorgehenden Absicht, dortselbst seinen bleibenden Aufenthalt zu nehmen. Er ist aber dann, wenn er sich in der Absicht einer dauernden Niederlassung angesiedelt hat, vom ersten Tag an als dort wohnhaft zu betrachten und es kann demnach der Wohnsitz nicht mit der Sesshaftigkeit verwechselt werden.

Wenn die Länder den Begriff des Wohnsitzes in ihre Gesetzgebung bei diesem Anlass einführen, so wird es sich empfehlen, dort auch den erwähnten Paragraphen unserer Jurisdiktionsnorm zu zitieren und sich dadurch zu schützen, dass die Leute in verschiedenen Ländern wählen können. Denn das, was Herr Dr. Reut-Nicolussi bemerkt hat, dass man dann in verschiedenen Ländern wählen könnte, trifft gar nicht zu, weil der vorübergehende Aufenthalt, der verwaltungsrechtliche Aufenthaltsbegriff vom zivilrechtlichen Wohnsitz sehr wohl zu unterscheiden ist. Ein Saisonarbeiter begründet, wenn er sich irgendwo niederlässt, im Sinne der bürgerlichen Gesetze einen Wohnsitz nur, wenn er an diesem Orte sich auf Dauer niederlassen will. Dadurch verlieren schon viele Arbeiter das Wahlrecht, weil sie nicht die Absicht der dauernden Niederlassung, den animus domiciliandi[100], dort haben. Es ist das leider so Rechtens und schon eine große Benachteiligung der arbeitenden Klassen, aber jedenfalls wird der Begriff des Wohnsitzes nach der Jurisdiktionsnorm die Befürchtungen des Herrn Dr. Reut-Nicolussi ausschließen.

Ich glaube, dass in Bezug auf die Sesshaftigkeit trotz der verschiedenen Meinungen eine Vereinbarung möglich sein wird.

Landesrat Dr. **Schlegel**: Es ist richtig, was ich jetzt sage, ist nur meine persönliche Meinung, dass auch bei uns von Sesshaftigkeit nur in dem Sinne gesprochen wird, wie Herr Dr. Reut-Nicolussi ausgeführt hat. Wir wollen nur den Missbrauch verhindern. Vielleicht wäre den Herren – das ist auch nur meine persönliche Anschauung – der Begriff akzeptabler, wenn man ihn mit „Sesshaftigkeit im Lande" formulieren würde. Wenn es im Gesetze heißt, es ist jeder wahlberechtigt, der eine bestimmte Zeit lang im Lande sesshaft

---

99 Gemeint war die am 1. Dezember 1906 vom Abgeordnetenhaus und am 21. Jänner 1907 vom Herrenhaus beschlossene Wahlrechtsreform: RGBl. Nr. 15, Gesetz vom 26. Jänner 1907, wodurch die §§ 1, 6, 7, 12 und 18 des Grundgesetzes über die Reichsvertretung vom 21. Dezember 1867, RGBl. Nr. 141, beziehungsweise die Gesetze vom 2. April 1873, RGBl. Nr. 40, vom 12. November 1886, RGBl. Nr. 162, und vom 14. Juni 1896, RGBl. Nr. 168, abgeändert werden, ausgegeben am 30. Jänner 1907. Zur Wahlberechtigung besagte § 7 dieses Gesetzes: „Wahlberechtigt zur Wahl eines Abgeordneten ist jede Person männlichen Geschlechts, welche das 24. Lebensjahr zurückgelegt hat, die österreichische Staatsbürgerschaft besitzt, nach den Bestimmungen der Reichsratswahlordnung vom Wahlrechte nicht ausgenommen oder ausgeschlossen ist und innerhalb der im Reichsrate vertretenen Königreiche und Länder in der Gemeinde (Gutsgebiet), in welcher das Wahlrecht auszuüben ist, am Tage der Ausschreibung der Wahl seit mindestens einem Jahre ihren Wohnsitz […] hat." Im Zusammenhang mit dem genannten Gesetz vgl. auch RGBl. Nr. 16, Gesetz vom 26. Jänner 1907, wodurch der § 5 des Grundgesetzes über die Reichsvertretung vom 21. Dezember 1867, RGBl. Nr. 141, abgeändert wird, sowie RGBl. Nr. 17, Gesetz vom 26. Jänner 1907, betreffend die Wahl der Mitglieder des Abgeordnetenhauses des Reichsrates, beide ebenfalls ausgegeben am 30. Jänner 1907. Im letztgenannten Gesetz vgl. auch § 6: „Der Wahlberechtigte übt sein Wahlrecht in jener Gemeinde aus, in welcher er am Tage der Ausschreibung der Wahl seit wenigstens einem Jahre seinen Wohnsitz hat. Sind die einzelnen Teile dieser Gemeinde […] verschiedenen Wahlbezirken zugewiesen, so übt der Wahlberechtigte sein Wahlrecht in jenem Gemeindeteile aus, in dem er zur Zeit der Ausschreibung der Wahl wohnt."

100 Vgl. auch Anmerkung 104.

ist, dann kann niemand sagen, dass das eine Spitze gegen irgend jemanden habe. Das kann auch Beamte treffen.

Staatskanzler Dr. **Renner**: Ich würde davor warnen, dass wir hier einen neuen juristischen Begriff einführen. Wenn einmal in der Wahlordnung der Begriff des Wohnsitzes im Sinne des bürgerlichen Rechtes und des Zivilprozessrechtes Anwendung findet, so haben wir ein festes, durch eine langjährige Judikatur geklärtes Merkmal. Nehmen wir einen neuen Begriff, Sesshaftigkeit im Lande, auf, so müsste erst nach vielen Erfahrungen durch Verwaltungsgerichtshofentscheidungen festgesetzt werden, was darunter verstanden wird. Dadurch würden wieder Unklarheiten hineinkommen und wir hätten zwei verschiedene Merkmale. Ich möchte da nur auf folgenden Umstand aufmerksam machen: das Wahlrecht ist so weit und so allgemein, dass die Anzahl derjenigen, die dazu kommen, oder derjenigen, die wegfallen, gar nicht ins Gewicht fällt. Wenn ich die früheren Wahlrechtskörper, wo im zweiten, besonders aber im ersten Wahlkörper ein ganz enger Kreis von Wahlberechtigten vorhanden war, in Betracht ziehe, so konnte eine Unterscheidung in diesem Punkte schon etwas ausmachen. Bei diesen Wählermassen macht das aber wirklich gar nichts aus und wirkt doch nur als bloße Gehässigkeit.

Ich glaube, am besten wäre es, da das Grundgesetz diese Unterscheidung nicht kennt, sie auch in den Landesordnungen nicht einzuführen, wir wecken sonst Widersprüche und Beunruhigungen, die im Erfolg gar nicht der Mühe wert sind und doch in unserer Zeit außerordentlich gefährlich werden können.

Ich möchte die Herren aber doch bitten, sich noch näher darüber auszusprechen, damit wir zu einer Vereinbarung gelangen.

Bürgermeister Dr. **Weiskirchner**: Wir haben in unserem Staat zwei Sorten von Staatsbürgern. Staatsbürger alten Systems, bei denen notwendigerweise nach dem Gesetze die Heimatberechtigung in einer Gemeinde Voraussetzung war, deutschösterreichische Staatsbürger mit Heimatberechtigung in einer bestimmten Gemeinde Deutschösterreichs. Wir haben zweitens auf Grund des Beschlusses der Nationalversammlung deutschösterreichische Staatsbürger, welche noch in keiner Gemeinde unseres Staates heimatberechtigt sind. Ich glaube nicht, dass in irgendeiner Gemeinde oder gar in einem Lande so viele neue Staatsbürger dieser zweiten Sorte sich kreiert haben, wie gerade in Wien. In Wien haben Tausende von Tschechoslowaken ihre Anmeldung zur deutschösterreichischen Staatsbürgerschaft erstattet, die nach dem bestimmten Beschluss der Nationalversammlung angenommen werden müssen. Es wird sich ja schon am 16. Februar zeigen, ob die Behauptung des Národni Výbor, dass über 400.000 Tschechoslowaken in Wien leben, richtig ist. Da möchte ich an das anknüpfen, was Dr. E n d e r gesagt hat, dass, nachdem schon im § 5 des Entwurfes ein Begriff „Landesbürger" eingeführt wird, zwei Kautelen dafür geschaffen werden, dass die Landesbürger nicht nur deutschösterreichische Staatsbürger, sondern dass sie auch in irgendeiner Gemeinde von Deutschösterreich zuständig sein müssen und dass sie ihren ordentlichen Wohnsitz in der betreffenden Gemeinde oder dem betreffenden Lande haben, in welchem sie zu wählen haben. Ich glaube, dass diese zwei Kautelen genügend sind, um einen gewissen Schutz zu bieten. Vor allem in nationaler Beziehung. Wir werden ja gewiss in der neuen Nationalversammlung mit den Ansprüchen der Minoritäten zu rechnen haben, eine Frage, die nicht allein bei uns mitspielt, sondern die ja eigentlich international mitspielt, weil ja die Deutschen Böhmens, im Falle sie beim tschechoslowakischen Staat bleiben müssen, auch die Ansprüche der Minoritäten erheben werden wie bei uns die Tschechoslowaken. Ich glaube schon, dass die Heimatberechtigung in einer deutschösterreichischen Gemeinde eine unbedingte Voraussetzung ist. Was nun den ordentlichen Wohnsitz anbelangt, nehme ich die Erklärungen des Staatskanzlers mit Befriedigung zur Kenntnis.

Landesrat Dr. **Rehrl**: Wir akkommodieren uns auch den Ausführungen des Herrn Bürgermeisters Dr. W e i s k i r c h n e r in dem Sinne, dass wir den Begriff der Sesshaftigkeit in das neue Gesetz nicht einzuführen gedenken, sondern uns auch mit dem Begriff des Wohnsitzes im Lande, der Zuständigkeit in einer Gemeinde Deutschösterreichs begnügen. Ich möchte darauf aufmerksam machen, dass vielleicht auch noch eine Bestimmung aufzunehmen wäre, wonach auch alle jene, die den Anspruch haben, die Zuständigkeit zu erwerben, die also das Heimatsrecht ersessen haben, wahlberechtigt sind.

Landeshauptmann-Stellvertreter **Pongratz**: Ich möchte darauf hinweisen, dass wir keine normalen Verhältnisse haben. Die Schaffung dieser neuen Staatsbürger war eine Notmaßnahme, um jene Bürger, die früher einem anderen Staate angehört haben, hier als deutschösterreichische Staatsbürger anzuerkennen. Das Heimatsrecht zu erwerben, würde für viele dieser Leute sehr schwierig sein. Denn, freiwillig werden sie kaum wo aufgenommen werden, sie werden auch die vorgeschriebenen Gebühren nicht bezahlen können. Durch die Sesshaftigkeit die Heimatzuständigkeit zu erwerben, wird gerade in den nächsten Jahren schwierig sein, weil der Krieg alles durcheinander geschüttelt hat. Bis zu dem Zeitpunkte, wo sich normale Verhältnisse entwickeln und jeder einen bestimmten Heimatsort findet, von dem er sagen kann, hier kann ich bleiben, um zu arbeiten und eine Familie zu gründen, wird es nicht so leicht sein. Jeder einzelne wird versuchen, einmal dort, einmal da Arbeit zu bekommen. Darum wird es gerade für jene, die die Absicht an den Tag gelegt haben, immer in Deutschösterreich bleiben zu wollen, nicht so leicht sein, eine Heimatzuständigkeit zu erlangen. Ich bitte daher, diese Beschränkungen fallen zu lassen.

Landeshauptmann Dr. v. **Kaan**: Ich möchte darauf aufmerksam machen, dass das Beibehalten des Erfordernisses der Heimatszuständigkeit in einer deutschösterreichischen Gemeinde in vielen Fällen zu nicht gewollten Härten führen kann. Ich erinnere da an die aus Untersteiermark vertriebenen deutschen Beamten.[101] Diese hatten nach dem früheren Gesetze ihre Zuständigkeit in der Gemeinde ihres Aufenthaltes.[102] Viele von diesen vertriebenen Beamten werden vielleicht nicht mehr angestellt werden. Sie leben jetzt vorläufig in Disponibilität in Graz, bekommen ihre Beihilfen, sind aber nicht angestellt. Diese Leute kann man nicht gut ausschließen. Anders verhält es sich mit dem Ersitzungsanspruch. In dem Antrage liegt schon die Erkenntnis, dass die Geltendmachung des Ersitzungsanspruches eine Sache ist, die sich verzögert und deren Durchführung bis zur Ausübung des Wahlrechtes nicht möglich sein wird. Oft handelt es sich zum Beispiel nur um eine Unterbrechung, um einen formalen Anstand, der unter Umständen auch die Feststellung der Erfordernisse der Anspruchsberechtigung schwierig macht.

Ich war höchlich überrascht, als meiner Zustimmung zu den Ausführungen des Herrn Landeshauptmannes von Vorarlberg Dr. E n d e r eine vermeintliche Arbeiterfeindlichkeit zugrundegelegt wurde, die mir ganz fern gelegen ist. Es war eine rein praktische Erwägung, ein leicht erkennbares, sinnenfälliges Merkmal zu finden, durch welches die Legitimation des Wahlrechtes festgelegt werden sollte. Vielleicht können wir uns darauf einigen, dass wir für den Bestand des ordentlichen Wohnsitzes in einer Gemeinde des Landes einen Stichtag, der nicht zu weit zurückliegen dürfte, annehmen. Es soll aber nicht auf diesem Umwege auf die Sesshaftigkeit zugesteuert werden. Nehmen wir zum Beispiel den 1. Februar. *(Staatskanzler Dr. R e n n e r: Dann sind wieder die Heimkehrer ausgeschlossen!)* Der Heimkehrer hat den Wohnsitz dort, wo er ihn hatte, als er ins Feld zog, sofern er nicht einen neuen Wohnsitz begründen will, was meistens nicht der Fall sein wird.

---

101 Die Unter- bzw. Südsteiermark war im November 1918 weitgehend von jugoslawischen Einheiten besetzt worden. Zum Thema vgl. Stefan Karner, Die Abtrennung der Untersteiermark von Österreich 1918/19. Ökonomische Aspekte und Relevanz für Kärnten und die Steiermark, in: Helmut Rumpler (Hg.), Kärntens Volksabstimmung 1920. Wissenschaftliche Kontroversen und historisch-politische Diskussionen anlässlich des internationalen Symposions Klagenfurt 1980, Klagenfurt 1981, S. 254–296.

102 Gemeint war wohl § 6, RGBl. Nr. 16/1907. Vgl. Anmerkung 99.

Über diese Schwierigkeit kommen wir bei den Heimkehrern auch nicht hinaus. Man muss einen bestimmten Tag für den Wohnsitz festlegen, zum mindesten den Tag des Abschlusses der Wählerlisten. Auch der kann mit dem Zeitpunkte der Heimkehr in irgendeiner Weise kollidieren. Jedem individuellen Falle gerecht zu werden, wird nicht möglich sein; es wird sich nur darum handeln, eine Norm zu finden, die den häufigsten Fällen Rechnung trägt. *(Ruf: Vielleicht könnte man sagen: Der Tag der Ausschreibung der Nationalversammlung!)* Da wir den Begriff des Wohnsitzes eingeführt haben, muss die Sache in irgendeiner Weise zeitlich festgesetzt werden.

Landeshanptmann-Stellvertreter Dr. **Pusch**: Ich glaube, die Schwierigkeit der Frage besteht nur darin, dass der ordentliche Wohnsitz etwas ist, was im Entwurfe nicht genau definiert wurde. Worin besteht der eigentliche Wohnsitz? Wir haben darauf hingewiesen, ordentlicher Wohnsitz ist dann vorhanden, wenn jemand sich irgendwo niederlässt in der Absicht, dort seinen dauernden Aufenthalt zu nehmen. Nun sollte das genau fixiert werden. Wir haben wiederholt auf die Schweizer Bundesverfassung hingewiesen. Da heißt es im Artikel 43 *(liest)*: „In Kantonal- und Gemeindeangelegenheiten erwirbt jemand das Stimmrecht nach einer Niederlassung von drei Monaten." Es ist damit nur näher umschrieben, worin der ordentliche Wohnsitz besteht. Da wäre nun die Frage zu erörtern, ob man hier nur mit dem Ausdruck „ordentlicher Wohnsitz" operieren oder ob man diesen ordentlichen Wohnsitz auch näher definieren soll, dass der Betreffende zum Beispiel sich drei Monate an einem Orte aufgehalten haben muss, sonst kann man in jedem einzelnen Falle über den ordentlichen Wohnsitz debattieren. Das einfachste wäre es, zu sagen, drei Monate muss er dort gewesen sein, dann hat er seinen ordentlichen Wohnsitz dort gehabt.

Wenn Sie erlauben, werde ich den ganzen Artikel 43 der Schweizer Bundesverfassung verlesen. Er lautet *(liest)*:

„Jeder Kantonsbürger ist Schweizer Bürger.

Als solcher kann er bei allen eidgenössischen Wahlen und Abstimmungen an seinem Wohnsitz Anteil nehmen, nachdem er sich über seine Stimmberechtigung gehörig ausgewiesen hat.

Niemand darf in mehr als einem Kanton politische Rechte ausüben.

Der niedergelassene Schweizer Bürger genießt an seinem Wohnsitze alle Rechte der Kantonsbürger und mit diesen auch alle Rechte der Gemeindebürger. Der Mitanteil an Bürger- und Korporationsgütern sowie das Stimmrecht in rein bürgerlichen Angelegenheiten sind jedoch hievon ausgenommen, es wäre denn, dass die Kantonalgesetzgebung etwas anderes bestimmen würde.

In Kantonal- und Gemeindeangelegenheiten erwirbt er das Stimmrecht nach einer Niederlassung von drei Monaten.

Die Kantonalgesetze[103] über die Niederlassung und das Stimmrecht der Niedergelassenen in den Gemeinden unterliegen der Genehmigung des Bundesrates."

Staatskanzler Dr. **Renner**: Hier konkurriert ein zweiter Begriff, der Begriff der Niederlassung, mit dem des Wohnsitzes. Wenn ich für vier Wochen zum Kurgebrauch nach Karlsbad gehe, werde ich dort keinen Wohnsitz begründen, denn ich gehe nicht mit der Absicht hin, mich dort dauernd niederzulassen, nicht mit dem animus domiciliandi, sondern mit dem animus, dort meine Leber zu heilen. Dann kann ich aber auch nach Karlsbad mit der Absicht übersiedeln, dort ständig zu wohnen, und ich kann nach drei Wochen gezwungen sein, meinen Wohnsitz anderswohin zu verlegen. Darüber entscheidet nach durch eine langjährige Praxis, im Grunde genommen schon durch das römische Recht, festgesetzten Merkmalen der Zivilrichter. Der Begriff des domicilium im Sinne des bürgerlichen Gesetzbuches und

[103] In der Schweizer Bundesverfassung von 1874 eigentlich: „kantonalen Gesetze", ansonsten zitierte Pusch den Artikel praktisch wortwörtlich.

der Zivilprozessordnung[104] ist mehr als 2000 Jahre alt und fest umgrenzt. Ich erinnere auch an die Verhandlungen, die seinerzeit im Wahlreformausschuss des alten Parlaments im Jahre 1905 stattgefunden haben. Dort hat man, um den Streitigkeiten ein Ende zu bereiten, auf den Begriff des Wohnsitzes zurückgegriffen, weil dieser feststeht.

Vom Wohnsitz unterschieden ist seit jeher der Aufenthaltsort. Die Niederlassung aber ist wiederum etwas anderes. Die Niederlassung erfolgt nicht mit dem animus domiciliandi, sondern mit dem animus, dort seine wirtschaftlichen Geschäfte zu führen usw. Mir scheint da bei den Schweizern ein zweites Merkmal zu konkurrieren, besonders, wenn mit dem Wohnsitz eine bestimmte Zeit verbunden wäre. In diesem Falle kommen wir schon zur Sesshaftigkeit. Es wäre also eine dreimonatige Sesshaftigkeit, also schon ein anderes Merkmal.

Nun ist uns dieses Merkmal der Sesshaftigkeit sehr erschwert, weil der Krieg alle Menschen so durcheinandergewirbelt hat, dass man an der Sesshaftigkeit kaum mehr festhalten kann; man kann ja den Wohnsitz kaum mehr festhalten. Militärpersonen zum Beispiel setzen den Wohnsitz fort, den sie vor der Einrückung gehabt haben. Es hat zum Beispiel jemand in Linz gewohnt, er kommt zurück und begibt sich, weil er hier eine größere Erwerbsmöglichkeit hat, nach Wien und sucht hier Arbeit. Er hat den animus domiciliandi, aber er hat jetzt keine Sesshaftigkeit, denn er hat seinen Wohnsitz in Linz aufgegeben und in Wien begründet. Das sind aber Tausende von Fällen. Ich meine, es ist angesichts des Krieges nichts zu machen, wir kommen da zu keiner Vereinigung, wenn wir uns nicht einfach an das Merkmal anschließen: wer am Tage der Ausschreibung der Wahl seinen ordentlichen Wohnsitz in einer Gemeinde des Landes hat. Das scheint mir das einzig zuverlässige und feste Merkmal zu sein, das uns über alle Streitigkeiten hinweghilft. *(Ruf: Der Tag der Ausschreibung ist aber nicht vorgesehen!)* Es kann auch der Tag der Auflegung der Wählerlisten genommen werden oder der Tag des Abschlusses der Wählerlisten. Da sind ja Modifikationen möglich. Im Staatsgesetz heißt es: am Tage der Ausschreibung der Wahl. Das könnte ich Ihnen aber freilassen, man kann auch einen späteren Tag oder einen anderen Tag wählen.

Landeshauptmann-Stellvertreter Dr. v. **Langenhan**: Wir haben in Deutschböhmen die in Diskussion stehende Frage in der Art gelöst, dass wir gesagt haben, dass derjenige das Wahlrecht hat, welcher am Tage der Ausschreibung der Wahlen in die Landesvertretung seinen ständigen Wohnsitz in einer bestimmten Gemeinde gehabt hat. Bei uns ist von keiner Seite ein Anstand gegen diesen Modus erhoben worden. Man muss nicht für alle Länder den gleichen Wahltag fixieren. Wenn aber die Ausschreibung der Wahlen in allen Ländern am selben Tage erfolgt und der Wahltag je nach der Notwendigkeit festgesetzt wird, dann ist die Möglichkeit, dass jemand an zwei Stellen wählt, genommen.

Ich möchte mir erlauben, noch auf einen Punkt aufmerksam zu machen, der bei uns auch aktuell ist, und dass ist das Wahlrecht der reichsdeutschen Staatsbürger in unseren Landtagen. Diese Frage wurde positiv im Sinne der Beschlüsse der Nationalversammlung, welche auf Gegenseitigkeit beruhen, gelöst, und zwar dahin, dass die reichsdeutschen Staatsbürger auch in unserem Landtag das Wahlrecht besitzen, falls die Bestimmungen des reichsdeutschen Wahlgesetzes auf Gegenseitigkeit beruhen.

Staatskanzler Dr. **Renner**: Ich möchte noch auf eines aufmerksam machen, weil vom Tage der Ausschreibung der Wahl gesprochen wird. Nach dem gegenwärtigen Stande der Gesetzgebung schreibt der Nachfolger des Kaisers, nämlich der Staatsrat, die Landeswahlen aus. Das ist auch eine Sache, die eine gesetzliche Änderung notwendig machen wird. So ist aber der gegenwärtige Stand des Gesetzes und es ist augenblicklich nicht anders zu machen.

104 Zur Entwicklung dieses Begriffs in den Rechtslehren der europäischen Staaten ab dem 19. Jahrhundert vgl. Michael Kränzle, Heimat als Rechtsbegriff? Eine Untersuchung zu Domicile und gewöhnlichem Aufenthalt im Lichte der EU-Erbrechtsverordnung (= Studien zum ausländischen und internationalen Privatrecht 314), Tübingen 2014, S. 5–96.

Es ist eine Sache der Machtvollkommenheit, auf die der Staatsrat keinen Wert legt, aber es ist so. Das beweist wieder, wie notwendig eine gesetzliche Regelung wäre.

Wie sollen wir es nun halten? Es sind sehr widerstreitende Meinungen geäußert worden. Durch eine bloße Abstimmung kann eine Vereinbarung in der Sache nicht ersetzt werden. Ich würde vorschlagen, dass die Herren Landeshauptleute sich zwanglos darüber besprechen und dann vielleicht einen Antrag stellen. Ich glaube, eine solche Zusammentretung würde am besten eine Klärung herbeiführen. *(Zustimmung.)*

Ich unterbreche die Sitzung auf 10 Minuten. *(Nach Wiederaufnahme der Sitzung:)*

Staatskanzler Dr. **Renner**: Ich bitte den Sprecher der Herren Landeshauptleute, das Ergebnis der Vereinbarungen zu verkünden.

Landeshauptmann Dr. v. **Kaan**: Die Landeshauptleute haben vereinbart, dass wir den Anregungen des Herrn Staatskanzlers und jenen, die aus der Mitte der Versammlung gemacht worden sind, entsprechen und uns dahin einigen, dass der Wohnsitz am Tage der Ausschreibung der Wahl entscheidend sein soll mit der Maßgabe, dass das Wahlrecht nur einmal ausgeübt werden kann. Natürlich setzt man voraus, dass die Ausschreibungen, wenn auch nicht am selben Tage, so doch an zeitlich nicht zu weit auseinander liegenden Tagen stattzufinden haben.

Dr. **Ender**: Was ich sagen wollte, ist eigentlich vom Herrn Landeshauptmann Dr. v. K a a n mit in seine Ausführungen hineingenommen worden. Er sagt: „Dass das Wahlrecht nur einmal ausgeübt werden kann." Es muss den Ländern freigelassen werden, zu erreichen, was wir mit der Sesshaftigkeit erreichen wollten, dass nämlich einer nicht in zwei Ländern zugleich sein Wahlrecht ausüben kann.

Landeshauptmann-Stellvertreter **Pongratz**: Das ist ein Akt übertriebener Vorsicht. Man hat ja überall das Wahlpflichtgesetz einführen wollen, weil man befürchtet hat, dass viele nicht wählen werden. Und jetzt befürchtet man, dass viele zu oft wählen werden.

Bürgermeister Dr. **Weiskirchner**: Da es nach § 9 der Stadt Wien überlassen bleibt, ihre Wahlordnung selbst zu bestimmen, möchte ich heute schon darauf aufmerksam machen, dass es für uns aus nationalen Gründen notwendig sein wird, eine Schutzbestimmung aufzunehmen, die aber das Prinzip der Sesshaftigkeit nicht involvieren wird, sondern die nur dem deutschen Charakter Wiens entsprechen soll.

Staatskanzler Dr. **Renner**: In diesem Entwurf ist vorgesehen, dass die Stadt Wien ihre Wahlordnung selbst bestimmt und sie dem Staatsrate zum Beitritt unterbreitet. Wenn das Rahmengesetz nicht kommt, besteht dieser Zusammenhang noch nicht. *(Dr. W e i s k i r c h n e r: Dann muss man das durch die Landesversammlung führen!)* Dann muss man das durch die Landesversammlung führen. Der Staatsrat wird vielleicht denn doch entscheiden, dass diejenigen Bestimmungen, die ein Hindernis für die Durchführung dieses Kompromisses sind, durchgeführt werden.

Landeshauptmann-Stellvertreter Dr. v. **Langenhan**: Bezüglich des Deutschen Reiches waren die Herren einverstanden, dass die Reziprozität eingeführt werde. Im Sinne der Nationalversammlungsbeschlüsse genügt das aber nicht, sondern es müsste dann die Reziprozität zwischen den einzelnen deutschen Bundesstaaten hergestellt werden.

Staatskanzler Dr. **Renner**: Das wäre im Grunde genommen richtig, wenn die Reziprozität so verstanden würde, dass nur die Angehörigen derjenigen Bundesstaaten zu den einzelnen Landtagen wahlberechtigt sind, die auch den Bürgern dieses Landes das Wahlrecht einräumen. Das wäre aber zu schwierig. Am einfachsten ist es, wenn man das Recht allen deutschen Staatsangehörigen gewährt.

Landeshauptmann Dr. v. **Kaan**: Die Anerkennung des Wahlrechtes für Reichsdeutsche für die Nationalversammlung ist gewissermaßen ein nationaler Sympathieakt gewesen. Diesen nationalen Sympathieakt auf etwas auszudehnen, was mit der Nationalzusammengehörigkeit nichts zu tun hat, ist kein Anlass, weil, wie jetzt schon hervorgehoben worden ist, für die reziproke Anwendung die Voraussetzung sein müsste, dass man sie in jedem deutschen Bundesstaat feststellt. Nun wissen wir heute noch nicht, was deutsche Bundesstaaten sind. Wir wissen nicht, gibt es ein Preußen, gibt es ein Baden. Infolgedessen kämen wir mit der Einführung dieses Gesichtspunktes in ganz unlösbare Schwierigkeiten. Man wird darin gewiss nicht einen Mangel an Volkszusammengehörigkeitsempfinden erblicken, wenn wir sagen: Bis zur Klärung dieser Verhältnisse sehen wir von der Erteilung des Wahlrechtes an deutsche Reichsangehörige ab.

Staatskanzler Dr. **Renner**: Die prinzipielle Bereitwilligkeit wird im Motivenbericht ausgesprochen.[105] Die Durchführung wird erst dann eintreten, wenn im Einzelnen auch die Reziprozität zwischen den Ländern hergestellt sein wird. Damit glaube ich, ist auch der Gesichtspunkt der Heimatszuständigkeit erledigt.

Wir gehen nun weiter. Die Wahlberechtigung beider Geschlechter. *(Nach einer Pause:)* Kein Einspruch. Wahlberechtigung vom 20. Lebensjahre aufwärts wie in der Wahlordnung zur konstituierenden Nationalversammlung. *(Nach einer Pause:)* Kein Widerspruch. Verhältniswahlrecht. *(Nach einer Pause:)* Kein Widerspruch. Wird an dem System der gebundenen Listen festgehalten? *(Nach einer Pause:)* Es wird daran festgehalten. Soll darin auch die Erlaubnis zum Koppeln enthalten sein, die in der Staatswahlordnung enthalten ist, oder soll das den Ländern freistehen?

Landeshauptmann-Stellvertreter **Mayer**: Ich möchte bitten, dass dieses Koppeln aus dem Gesetz hinauskommt. Die Reinheit der Wahl leidet unbedingt unter der Koppelung. Auf Grund der Erfahrungen, die wir schon jetzt gemacht haben, möchte ich bitten, dass die Koppelung entfällt.

Staatskanzler Dr. **Renner**: Es bleibt den Ländern überlassen. Es ist klar, was wir vorausgesagt haben, hat sich schon in Wien bewahrheitet, dass nämlich die Koppelung zum Missbrauch vieler Splitterparteienbildungen führt, das wirkliche Bild verwirrt und gar nicht mehr ein Bild übrig lässt, wie die öffentliche Meinung wirklich ist. Ich weiß nicht, ob sich nicht die Länder entschließen sollten, diesen Unfug aufzugeben. Die Erfahrungen sind ja ausreichend.

Landeshauptmann Dr. v. **Kaan**: Zu einer imperativen Norm ist kein Anlass vorhanden. Man kann es den Ländern ruhig überlassen.

Staatskanzler Dr. **Renner**: Es wird den Landesversammlungen freigestellt, aber mit dem Hinweise darauf, dass es besser ist, von der Koppelung abzusehen.

Nun zur Geheimheit der Wahl. An Kuvert und Zelle wird festgehalten. Damit sind eigentlich alle Wahlrechtserfordernisse festgehalten. Weitere Beschränkungen oder sonst noch zu erdenkende Beschränkungen wären nicht anzuführen.

Landeshauptmann-Stellvertreter **Preußler**: Ich möchte bemerken, dass das Wort „Landesverordnete" niemandem gefällt.

Staatskanzler Dr. **Renner**: Es wäre erwünscht, dass die Gewählten in allen Ländern eine einheitliche Bezeichnung tragen. „Landtagsabgeordnete" wäre ganz gut. Wollen Sie den Namen wieder einführen?

Landeshauptmann Dr. **Ender**: Wenn wir wieder zu normalen Zuständen kommen, wäre der Namen „Landtag" viel würdiger als diese an Vereinszusammenkünfte erinnernde Bezeichnung „Landesversammlung".

Staatskanzler Dr. **Renner**: Nun werden sie Landtagsmitglieder oder Landtagsabgeordnete *(Dr. R e h r l: Landesabgeordnete.)* Landesabgeordnete ist vielleicht schöner. Landesverordneter wäre auch nicht schlecht. Wofür entscheiden sich die Herren? *(Dr. R e h r l: Es heißt ja auch „Landeshauptmann".)* Es wird also beschlossen: Landesabgeordnete.

Wenn wir die Landtagswahlrechtserfordernisse so festgestellt haben, dass sie sich von den Wahlrechtserfordernissen zum Volkshaus nicht unterscheiden, so müsste der Ausdruck

[105] Ein Motivenbericht liegt dem Protokoll nicht bei.

„Landesbürger" vermieden werden. In den Landeswahlordnungen den Begriff einer eigenen Landesbürgerschaft einzuführen, wäre nicht gut, das müsste, wenn es nottut, den Landesordnungen vorbehalten bleiben.

Nun kommen wir zum nächsten Punkte, das sind die Sprengel. Ich habe diese Bestimmung über die Sprengel aus dem einzigen Grunde aufgenommen, um nicht mehr Verwirrung dadurch zu schaffen, dass die für die Nationalversammlung angeordneten Sprengel wieder durchschnitten werden, sondern damit diese Sprengel bleiben und man innerhalb dieser Sprengel die Untersprengel macht. Denn wenn das Durcheinanderwühlen zu sehr um sich greift, dass zum Beispiel ein Ort in die Nationalversammlung mit diesem Kreise wählt und in den Landtag mit ganz anderen Leuten zusammen, so wäre das nicht gut. Es würde sich also empfehlen, dass die Abgrenzung, die ja im Einvernehmen mit den Ländern gemacht wurde, benutzt würde und diese bestehenden Reichsratswahlkreise einfach in zwei, drei oder vier Sprengel untergeteilt würden, so dass diese Grenzen nicht mehr durchschnitten würden. Es sind überall die historischen Viertel genommen worden und die soll man nicht wieder zerschneiden. Ich meine, wenn das auch nicht imperativ verordnet wird, sollten die Länder sich doch daran halten. Besteht in dieser Richtung ein Einverständnis? *(Zustimmung. – Ruf: Es wird auch kein Hindernis sein, wenn die Länder Verschiebungen vornehmen.)* Es wird nicht notwendig sein. Man wird dieselben Kreise nehmen und wird sie in die Hälfte oder in Drittel teilen. *(Dr. R e h r l: Wir haben die Bezirkshauptmannschaften genommen. – Dr. v. K a a n: Wir werden selbstverständlich nicht Orte, die in Obersteiermark liegen, zu Mittelsteiermark nehmen.)* So ist das gemeint. Bei der Landesvertretung ist es unbedingt notwendig, dass man detaillierter vorgeht. Bezüglich der gleichen Wählerzahl besteht auch Einverständnis, dass die Länder das so machen werden, dass auf einen Kopf ungefähr die gleiche Wählerzahl kommt.

Bezirkshauptmann Dr. v. **Graefenstein**: Im § 6 heißt es: „Solche Landeswahlbezirke müssen abgerundete Gebiete sein." Es ist ohne Zweifel gemeint, dass man nicht aus gewissen Parteigründen die Wahlbezirke konstruiert. Es kann aber möglich sein, dass man aus nationalpolitischen Gründen doch nicht abgerundete Bezirke schafft. Ich fasse den Ausdruck „abgerundete Bezirke" als „geschlossene Bezirke" auf.

Staatskanzler Dr. **Renner**: Gemeint ist, es sollen nicht Städte und Industrieorte aus Landgemeinden herausgenommen werden, sondern sie sollen zusammen wählen, alle Klassen und Schichten in einem Wahlkreise.

Bezirkshauptmann Dr. v. **Graefenstein**: In Steiermark gibt es einen besonderen Fall. Radkersburg und Leibnitz sind ziemlich rein deutsche Bezirke, dann kommt ein breiter Streifen mit slowenischer Bevölkerung und dann kommen südlich als letzte Grenze die deutschen Städte Marburg und Pettau. Nun glaube ich, dass es schon aus Gründen der Taktik sehr bedenklich wäre, wenn man die deutschen Städte dem slowenischen Gebiete zuschlüge. Ich meine, es wäre zweckmäßiger, dass man die deutschen Städte den slowenischen Streifen überspringen lässt und zu Radkersburg noch dazugibt. Die Deutschen würden sonst das Gefühl haben, dass sie dort verlassen seien, und wenn wir auch die Verhältniswahl haben, kann es doch, wenn die Deutschen sich in den deutschen Städten zersplittern, möglich sein, dass sie vollkommen majorisiert werden. Das müsste man unbedingt verhindern.

Staatskanzler Dr. **Renner**: Solche ausnahmsweisen Verhältnisse werden kein Hindernis sein.

Bezirkshauptmann Dr. v. **Graefenstein**: Ich spreche nur meine persönliche Meinung aus, aber ich denke mir, dass uns die Verhältnisse zwingen könnten, die Städte Marburg und Pettau zu Radkersburg zu schlagen und den slowenischen Streifen selbständig wählen zu lassen.

Staatskanzler Dr. **Renner**: Wenn man die staatliche Gebietsabgrenzung nimmt, so ist es doch besser, Sie machen möglichst große Unterteile, einen einzigen Wahlbezirk, und lassen proportional wählen, weil dann die Wahrscheinlichkeit größer ist, dass die Slowenen darin untergehen.

Bezirkshauptmann Dr. v. **Graefenstein**: Dem würde die Bestimmung widersprechen, dass wir nicht mehr als 10 Mandate in einem Wahlkreis haben dürfen. In dem slowenischen Streifen sind allein 140.000 Slowenen.

Staatskanzler Dr. **Renner**: Ich wollte dadurch nur erreichen, dass nicht zu riesige Proporzkreise mit zu hohen Ziffern gebildet werden, weil dann zu winzige Minoritäten zur Vertretung kommen und dadurch eine starke Zerreißung und Zersplitterung der Parteien gegeben ist.

Landeshauptmann Dr. v. **Kaan**: In Ansehung der Landeswahlordnung werden wir wahrscheinlich für die Bestimmung der Verhältnisse in jenem Teile von Untersteiermark, der strittiges Gebiet ist, jetzt zu etwas greifen müssen, was bei Herstellung stabiler Verhältnisse nicht notwendig sein wird. Es ist kein Zweifel, dass die Festlegung des jetzt staatsrechtlich beanspruchten Gebietes vom rein ethnographischen Standpunkte aus eine gewisse Schwäche hat, weil der überwiegend slowenische Bezirk St. Leonhard hineingenommen wurde. Es war allerdings notwendig, die Zusammengehörigkeit Pettaus nicht ganz in die Luft zu setzen. Das ist jedoch eine Sache, welche in diesem Kreise nicht besprochen werden kann und die heute schon sehr unangenehme Wirkungen in Ansehung der Geltendmachung des Selbstbestimmungsrechtes gezeitigt hat.

Staatskanzler Dr. **Renner**: Dasselbe ist in Unterkärnten der Fall gewesen. Der Staatsrat war etwas anderer Auffassung, aber die Nationalversammlung hat es doch so beschlossen und so ist es in Rechtskraft erwachsen.

Landeshauptmann v. **Steiner**: Die Nationalversammlung hat beschlossen, dass jener Teil von Südmähren, in welchem Neubistritz liegt, an Niederösterreich angeschlossen werden soll und die Landesregierung hat den Auftrag bekommen, in Neubistritz eine Bezirkshauptmannschaft zu errichten.[106] Auch wurde der Beschluss gefasst, Südmähren an Niederösterreich anzugliedern.[107] Mitgeteilt ist der Landesregierung nichts worden. Nun sind in Mähren Kreishauptmannschaften. Die niederösterreichische Landesverfassung kennt Kreishauptmannschaften nicht. Wie soll man sich nun bei der Ausschreibung der Wahlen verhalten.

Staatskanzler Dr. **Renner**: Darüber wird der Staatsrat noch einmal Beschluss fassen müssen; vorläufig hat er noch nicht Beschluss gefasst. Ich vermute, dass man da die Wahlmöglichkeit in den unbesetzten Gebieten nicht beeinträchtigen wird. Es wird wahrscheinlich in Niederösterreich so gewählt werden müssen, als wenn diese Gebiete nicht dazu gehören würden. *(Landeshauptmann v. S t e i n e r: Die wählen eventuell für sich?)* Die werden nachwählen.

Das ist also diese Frage. Wegen des Wahltages möchte ich folgende Bemerkung machen. Es ist nun eine Schwierigkeit entstanden. Wenn Sie die Gemeindewahlen an einem anderen Tage stattfinden lassen wollen als die Landeswahlen, so bin ich überzeugt, dass man bis Ende April nicht fertig wird. Da müssten Sie die Landeswahlen schon Ende März machen. Wird das gehen?

Bürgermeister Dr. **Weiskirchner**: Wir haben jetzt den Termin mit 30. April für die Landeswahlordnungen. Dann erst kann gewählt werden.

Staatskanzler Dr. **Renner**: Nein, bis zur Wahl. Die Wahl muss bis längstens 30. April stattgefunden haben. Nun sollen die Gemeindewahlen zwischendurch stattfinden, wenn nicht an demselben Tage, so doch in einem Intervall von 14 Tagen. Wird das genügen?

Hofrat Dr. v. **Jenny**: Wenn die Ausschreibung der Gemeindewahlen erst später erfolgen soll, dürfte das eine zu kurze Frist sein. Wenn halbwegs an die Fristen, die in den alten

[106] Vgl. Sten. Prot. Prov. NV, 3. Sitzung vom 12. November 1918, S. 81: „Der Kreis Deutsch-Südmähren, welcher bereits konstituiert ist, in seinem unmittelbaren Grenzanschluß an Niederösterreich, wird dem früheren Erzherzogtum Österreich unter der Enns zugeschlagen. Ferner gehört dazu, um den geographischen und wirtschaftlichen Zusammenhang herzustellen, das deutsche Gebiet Böhmens um Neubistritz herum."

[107] Vgl. KRP Nr. 19, Anmerkung 19.

Gemeindewahlordnungen vorgesehen sind, angeschlossen wird, ergibt das einen längeren Zeitraum.

Staatskanzler Dr. **Renner**: Auch die Landeswahlen werden schwerlich früher als Mitte April stattfinden können. Technisch ist es sehr schwer. Ich weiß es von den Nationalversammlungswahlen. Wir haben von der Beschlussfassung bis heute 94 Tage gebraucht. Das war die knappste Zeit.

Landeshauptmann Dr. v. **Kaan**: Wir haben alle das Bestreben, dem Provisorium so rasch wie möglich ein Ende zu machen. Gerade unter Würdigung der spezifischen Verhältnisse in Steiermark, die bekanntlich eine sehr böse Wendung genommen haben, möchte ich bitten, dass wir den 30. April als Präklusivtermin bei der Festsetzung der Landeswahlordnungen anwenden.

Staatskanzler Dr. **Renner**: Das wird zu spät, dann haben wir den ganzen Sommer eine politische Erregung. Wir müssen über diese Dinge hinwegkommen. Die Wahlen müssen früher sein. Dann sind die Leute neugierig, was jetzt geschehen wird, dann hat man eine große Schwierigkeit hinter sich. Wenn wir aber bis in die Sommerszeit hinein, wo der Hunger der größte sein wird, herumpendeln, werden wir große Tumulte haben. Die Landeswahlen sollen spätestens am 30. April fertig sein, 14 Tage nachher die Gemeindewahlen. Sie müssen selbstverständlich früher ausgeschrieben werden.

Landeshauptmann Dr. v. **Kaan**: Wenn sich unsere Sache mit den Slowenen in Güte bereinigt, wird es gehen; wenn nicht, ist es unmöglich.

Landeshauptmann-Stellvertreter Dr. v. **Langenhan**: Im § 1 ist statuiert, dass die Funktionsdauer der provisorischen Landesversammlungen am 30. April abläuft. In dem Augenblick aber, wo ein fixer Termin angenommen wird, müssen wir sehen, dass in Ländern, wo Wahlen jetzt behindert sind, die jetzigen Landesversammlungen so lange funktionieren, bis wieder geordnete Verhältnisse eintreten.

Staatskanzler Dr. **Renner**: Das wurde schon heute beschlossen. Ich meine doch, Ende April die Landeswahlen durchzuführen, dann ungefähr 14 Tage später die Gemeindewahlen. Dann wären wir wenigstens Mitte Mai mit allem fertig. Dann kommt erst das Schlimmste, der Hunger im Lande.

Hofrat Dr. v. **Jenny**: Die Wahlvorbereitungsverfahren müssen sich zum Teile decken.

Staatskanzler Dr. **Renner**: Die Wahllisten hat man schon. Es ist derselbe Kreis von Menschen, man wird leichter vorwärts kommen. Länder bis Ende April, Gemeinden bis 15. Mai.

Den letzten Punkt, betreffend die Stimmzettel, kann ich fallenlassen.

Jetzt kommt der Punkt „Betrauung mit der Durchführung“. In dieser Hinsicht steht es so. Mit der Durchführung eines Gesetzes kann nur ein unter Ministerverantwortlichkeit stehendes Organ betraut werden. Das ist das Entscheidende. Sie können erklären, mit der Ausführung des Gesetzes ist das Staatsamt des Innern beauftragt. Etwas anderes können Sie nicht sagen. „Im ständigen Benehmen mit dem Staatsamt des Innern“ würde ich als Kompromiss vorschlagen. Die Wahlen führte ja immer der Statthalter durch; wenn die Landesregierung, müsste man sie unter Ministerverantwortlichkeit stellen. Das ist die juristische Schwierigkeit, die entsteht, wenn wir sagen, „die Landesregierungen nach den Weisungen des Staatsamtes des Innern“.

Landeshauptmann Dr. v. **Kaan**: Die Landesregierungen sind heute etwas ganz anderes als früher. Heute haben die Landesregierungen ein originäres Mandat, sie müssen naturgemäß der Körperschaft, die sie gewählt hat, verantwortlich sein.

Staatskanzler Dr. **Renner**: Sie sind auch an die Weisungen des Staatsamtes gebunden und können nicht für Dinge verantwortlich gemacht werden, die sie über Auftrag einer anderen Körperschaft machen.

Landeshauptmann Dr. v. **Kaan**: Wir haben die Verantwortung der Landesregierung gegenüber der Landesversammlung durch die Bestimmung eingeschränkt, dass sie dort nicht verantwortlich ist, wo sie im Vollzuge staatlicher Gesetze handelt. Das ist aber auch ein Provisorium. In der endgültigen Landesordnung muss die Verantwortlichkeit der Landesregierung derart festgelegt werden, dass sie überall, wo sie als Organ der Landesversammlung handelt, der Landesversammlung verantwortlich ist. Soweit sie aber in Ansehung der gemeinsamen Angelegenheiten des Staates, hinsichtlich Post, Finanzen, Bahnen usw. handelt, bedarf es keiner Verantwortlichkeit, weil sie dann einem der Nationalversammlung verantwortlichen Organ unterstellt ist.

Staatskanzler Dr. **Renner**: Wir könnten sagen, dass die Landesregierungen nach den Weisungen des Staatsamtes des Innern betraut sind. Dadurch haben wir die oberste Ministerverantwortlichkeit festgesetzt. Ich meine, es ist ein prekärer Zustand, aber wir können jetzt gesetzlich nichts machen. *(Landeshauptmann Dr. E n d e r: Denkt man sich, dass Landesrat und Landesregierung ganz zusammenfallen können?)* Die endgültige Verschmelzung wird Sache der Durchführung sein. Wenn das der Fall sein wird, so müssen wir daran denken, diese Scheidung von Landesrat und Landesregierung aufzuheben, dafür aber etwas zu setzen, was bei einer so großen Verwaltung notwendig ist und was sich in den englischen Grafschaften sehr bewährt hat, die Committee-Verwaltung, die Verwaltung durch eigene Ausschüsse, die eigentlich die Verwaltung führen, aber unter der ständigen Kontrolle der ganzen Landesversammlung stehen. Darüber jetzt zu sprechen, würde zu weit gehen.

Das wird die Modalität sein, wie man die Verschmelzung der Verwaltung wird praktisch durchführen können. Die Art, wie die Landesausschüsse jetzt bestellt sind, wird sich da nicht gut auf die staatlichen Agenden übertragen lassen, denn bei vielen von ihnen ist diese Art der Verwaltung wirklich nicht zulässig; da muss eine ganz andere Organisation Platz greifen. Bei den Landesfonds usw., bei den Agenden, die der Landesausschuss heute hat, ist diese Art der Verwaltung zweckmäßig, aber bei den staatlichen Agenden, zum Beispiel der Staatspolizei usw. kann man eine solche Verwaltung nicht in solchen Körperschaften führen. Darüber müssen wir eigens sprechen, das muss genau erwogen werden, wie diese Verschmelzung durchgeführt wird. Jetzt können wir das nicht erörtern.

Ich meine also, nach der jetzt vorliegenden Gesetzgebung müssen wir den Staatssekretär des Innern verantwortlich sein lassen und wir können höchstens nur sagen: mit der Durchführung ist die Landesregierung nach Anweisung des Staatssekretärs des Innern betraut. *(Dr. W e i s k i r c h n e r: Ich sage einverstanden!)* Einverstanden? Es heißt auch so im Gesetze über die Übernahme der Staatsgewalt in den Ländern: „nach Weisung des Staatssekretärs des Innern beauftragt".[108] Bei der endgültigen Regelung wird man ein anderes Auskunftsmittel finden müssen.

Von meinem Büro wird vorgeschlagen, zu sagen: „Der Vollzug obliegt dem Staatssekretär des Innern, welcher damit die Landesregierung zu betrauen hat."

Landeshauptmann Dr. **Ender**: Vielleicht könnte man sagen: Die Durchführung hat der Landesrat, welcher sich dabei mit Einwilligung der Staatsregierung der Landesregierung bedienen wird.

Staatskanzler Dr. **Renner**: Das ist zu vielfältig, da ist das ganze durcheinandergenommen. Man könnte sagen: Mit dem Vollzuge ist der Staatssekretär des Innern betraut, der damit den Landeshauptmann oder die Landesregierung zu beauftragen hat.

Landeshauptmann Dr. **Ender**: Den Landeshauptmann würden wir schon beauftragen lassen.

---

108 StGBl. Nr. 24/1918 enthält diese Formulierung nicht, der Staatssekretär für Inneres war allerdings mit dem Vollzug des Gesetzes betraut (§ 14). Überdies lautete § 8: „Die Landesregierung ist bei ihrer gesamten Amtsführung an die Dienstesanweisungen der deutschösterreichischen Staatsregierung gebunden und dieser verantwortlich."

Unterstaatssekretär **Marckhl**: Der Landeshauptmann ist immer zugleich Parteimann. Ich glaube, es würde jedenfalls der Sache entsprechen, wenn es hieße: die Landesregierung.

Landeshauptmann Dr. v. **Kaan**: Ich kann sagen, dass ich als Landeshauptmann keinen Parteistandpunkt kenne. Aber aus einem anderen Grunde bin ich schon für die Landesregierung, weil der Landeshauptmann nach unserem jetzigen System für sich allein nichts anderes ist als eine Repräsentativperson. Er hat nur gewisse repräsentative Pflichten und Rechte, aber eine Entscheidung für sich allein hat der Landeshauptmann nicht.

Staatskanzler Dr. **Renner**: Nur in den Angelegenheiten, die ihm reserviert sind. Gewisse Angelegenheiten, die absolut reservat geführt werden müssen, wie die Staatspolizei, können nur individuell geführt werden. Diese Angelegenheiten müssen wir regeln. Reservate Militärangelegenheiten, zum Beispiel wenn ein strategischer Plan hinauskommt, können nicht an eine Körperschaft gehen, sondern nur an eine Person, oder ein Landesaufgebot zu erlassen und über dessen Verwendung zu entscheiden, das kann nur eine Person. Diese Sache muss noch gemacht werden.

Damit ist dieser erste Punkt erledigt und wir kommen zur Wahlausschreibung. Nach dem gegenwärtigen Gesetze muss der Staatsrat die Wahlen ausschreiben. Die Landesregierungen sollen also einen Termin vereinbaren, dann wird der Staatsrat einen Beschluss fassen, so wie sie ihn unterbreiten.

Landeshauptmann Dr. v. **Kaan**: Ich glaube, es wird mit den 60 Tagen praktisch nicht gut möglich sein. Ich bitte nicht zu übersehen, dass unsere Beamtenschaft durch eine Unzahl von Agenden überlastet ist, die alle sehr dringend sind. Es ist nicht daran zu denken, dass vor der Durchführung der Wahlen in die Nationalversammlung, vor dem 16. Februar, an dieser Sache gearbeitet werden kann. Erst nach diesen Wahlen werden wir uns dazu setzen können.

Staatskanzler Dr. **Renner**: So lange brauchen wir auch, um den Musterentwurf zu machen.

Landeshauptmann Dr. v. **Kaan**: In der Zeit vom 16. bis Ende Februar sollen wir alles vorbereitet haben, den Landesrat und die Landesversammlung? Das ist eine Illusion, das bringen wir nicht zusammen.

Staatskanzler Dr. **Renner**: Den Musterentwurf werden wir recht rasch liefern und in möglichst vielen Exemplaren, so dass die Beratung rasch erfolgen kann. Es werden für jedes Land 25 Exemplare hergestellt werden. Wir werden uns bemühen, den Musterentwurf bis 16. Februar herzustellen, so dass Sie die Grundlage für die Beratung haben werden.

Bezirkshauptmann Dr. v. **Graefenstein**: Es heißt, es soll hinsichtlich der besetzten Gebiete ein Notwahlparagraph hineinkommen. Diese Mandate, die auf die besetzten Gebiete entfallen, können durch Berufungen ersetzt werden. Es fragt sich, wer die Berufung vorzunehmen hat. Es wäre von Wichtigkeit, wenn wir das heute festsetzen könnten.

Staatskanzler Dr. **Renner**: Das wird jedenfalls der Landesrat in kollegialer Sitzung machen.

Bezirkshauptmann Dr. v. **Graefenstein**: Es wäre auch die Frage, ob sich die Landesversammlung nicht selbst ergänzen kann.

Staatskanzler Dr. **Renner**: Das macht besser der Landesrat. Solche Sachen sind sehr delikat. Es besteht da eine völlige Analogie. Für den Aufbau der Staatsverwaltung sind die Länder eigentlich das Muster gewesen.

Landeshauptmann Dr. v. **Kaan**: Wie der Staatsrat ein Komitee der Nationalversammlung ist, ist der Landesrat ein Komitee der Landesversammlung.

Staatskanzler Dr. **Renner**: Die Einberufung auf Grund des Notwahlparagraphen wird der Landesrat besorgen.

Damit wären wir mit diesem Punkte fertig. Ich werde die Sache dem Staatsrate so vortragen, wie sie hier verhandelt wurde.

Ich schreite nunmehr zum Schlusse der heutigen Sitzung. Was die Weiterführung der Debatte anbelangt, so ersuche ich Herrn Dr. E n d e r, wieder die einzelnen Punkte, worüber Vereinbarungen angestrebt werden, nacheinander aufzurufen; sodann werden wir die Formulierung zur Abstimmung bringen. Mit dieser Debatte werden wir morgen schon um ½ 10 Uhr vormittags beginnen.

Die Sitzung ist geschlossen.[109]

(Schluss der Sitzung: 5 Uhr 40 Minuten nachmittags.)

(Sitzung am 1. Februar 1919. Beginn: 9 Uhr 30 Minuten vormittags.)

Staatskanzler Dr. **Renner**: Auf der heutigen Tagesordnung stehen zwei Gegenstände: die Frage der Gemeindewahlordnung und die Ernährungsfrage. Wir treten in die Beratung des ersten Gegenstandes ein und ich bitte Herrn Dr. E n d e r, die Liebenswürdigkeit zu haben, die Punkte zu bezeichnen, auf welche die Debatte ausgedehnt werden soll.

Landeshauptmann Dr. **Ender**: Ich trete zunächst in die Besprechung der Punkte ein, welche der uns gestern vorgelegte Entwurf enthält. § 9 besagt: „Die Staatshauptstadt Wien beschließt ihre Gemeindewahlordnung selbst." Ich bin nun der Meinung, dass man die Regelung dieses Gegenstandes einer Beratung zwischen dem Staatskanzler oder dem Staatsrat einerseits und dem Lande Niederösterreich und der Stadt Wien andrerseits überlassen soll und dass wir, die übrigen Länder, uns als mit der Sache nicht interessiert erklären dürfen.

Staatskanzler Dr. **Renner**: Wir können diesen Punkt vielleicht gleich zurücksetzen und es wird dann diese Frage in einer besonderen Verhandlung erledigt werden. *(Landeshauptmann-Stellvertreter M a y e r und Bürgermeister Dr. W e i s k i r c h n e r erklären sich damit einverstanden.)*

Landeshauptmann Dr. **Ender**: Im § 10 wird festgesetzt: „Außer den bisher mit eigenem Statut versehenen Städten genießen in Hinkunft alle Städte, deren Einwohnerzahl in der letzten Volkszählung[110] zwanzigtausend überschritten hat, die Rechte einer Stadt mit eigenem Statut."

Da erlaube ich mir der Meinung Ausdruck zu geben, dass wir in der provisorischen Landesversammlung eine solche Bestimmung nicht beschließen würden, sondern dass wir unbedingt auf dem Standpunkte stünden, so weittragende Dinge, die doch unmöglich so überaus pressant sein können, seien der Beschlussfassung der definitiven Landesversammlung, dem Landtage, zu überlassen. Ganz denselben Standpunkt nehme ich aber auch hinsichtlich des Staates ein. Ich bin der Meinung, dass keine zwingenden Gründe vorhanden sind, welche es gebieterisch fordern, dass ein solches Gesetz schon von der provisorischen Nationalversammlung gemacht wird, sondern ich glaube, dass das die künftige, aus den Wahlen hervorgegangene definitive Nationalversammlung mit aller Ruhe und mit der richtigen Muße, die ihr gegeben sein wird, beschließen soll.

Landeshauptmann-Stellvertreter **Mayer**: Vom Standpunkte des Landes Niederösterreich aus würde ich diesem Vorschlage zustimmen.

Landeshauptmann-Stellvertreter **Pongratz**: Ich glaube, wenn wir das verschieben, müsste wieder das Gesetz vom November abgeändert werden, denn in diesem Gesetz ist ausdrücklich

[109] Eine Zusammenfassung des ersten Sitzungstages vgl. etwa in Wiener Zeitung, 1. Februar 1919, S. 1 f „Nichtamtlicher Teil. Inland".

[110] Die letzte Volkszählung hatte am 31. Dezember 1910 stattgefunden, zu den Ergebnissen vgl. detailliert http://anno.onb.ac.at/ost.htm, abgerufen am 19. Februar 2018. Die nächste Volkszählung fand am 31. Jänner 1920 statt, zum Ergebnis vgl. etwa Österreichisches Jahrbuch 1920. Nach amtlichen Quellen, Wien 1921, S. 96–98.

bestimmt, dass die Gemeindewahlordnung noch von der provisorischen Nationalversammlung festzusetzen ist.[111]

Landeshauptmann Dr. **Ender**: Hier handelt es sich nicht um die Gemeindewahlordnung, sondern um die Frage, ob die Zahl der Städte mit eigenem Statut vermehrt werden soll oder nicht.

Staatskanzler Dr. **Renner**: Es ist allerdings der Vorlage der Gedanke zugrunde gelegt, dass die städtischen Freiheiten vermehrt werden, dass also größere Städte, die bisher in Bezug auf ihre Wahlordnung und in Bezug auf ihre ganzen städtischen Einrichtungen keine rechte Initiative gehabt haben, nunmehr den Vorzug einer erhöhten Selbstbestimmung in der Regelung ihrer eigenen Angelegenheiten haben sollen. Nun ist allerdings gegen die Fassung, wie sie hier vorliegt, mit mehr oder weniger Recht der Einwand zu machen, dass es sich dabei nicht bloß um die Wahlordnung handelt, dass man also diesen Städten ohne weiters das Recht der Mitwirkung in der Beschlussfassung ihrer Wahlordnung geben könnte, dass aber auch notwendigerweise mit dieser Fassung die Übernahme der politischen Verwaltung durch diese Städte verbunden wäre. Diese Konsequenz geht allerdings über den Rahmen dessen hinaus, was die Wahlordnung selbst zu bestimmen hätte. Insofern ist es gewiss richtig, dass man, wenn man diesen Städten entgegenkommen will, dieses Entgegenkommen auf die Wahlordnung einschränken müsste und dass man sagt: sie können ebenso wie die bisherigen Städte mit eigenem Statut über ihre Wahlordnung selbst Antrag stellen und Beschluss fassen. *(Dr. E n d e r: Es kommt aber nicht viel dabei heraus!)*

Es scheint der einmütige Wille zu sein, dass diese Reform der Städte mit eigenem Statut überhaupt zurückgestellt und der definitiven Nationalversammlung überlassen wird. *(Zustimmung.)* Es ist somit so beschlossen.

Landeshauptmann Dr. **Ender**: Gegen den Inhalt des § 11 hätte ich persönlich gar keine Einwendung. Er besagt, dass den Städten mit eigenem Statut ein Einfluss auf die Gestaltung ihrer Wahlordnung eingeräumt wird.

Landeshauptmann-Stellvertreter **Mayer**: Ich wende mich durchaus nicht dagegen, dass die Städte mit eigenem Statut ihre Wahlordnung selbst beschließen. Ich schicke voraus, dass ich für das allgemeine, geheime und direkte Wahlrecht mit Proporz auch bei den Gemeindewahlen bin. Der § 12 muss aber bezüglich Niederösterreichs unbedingt geändert werden. Was ich verlange, ist, dass uns das, was uns eventuell im Gnadenweg gegeben wird, als Recht zugesprochen wird, das heißt, dass wir unsere Wahlordnung nicht unter Zuziehung der Wiener Landtagsmitglieder machen. In der zukünftigen niederösterreichischen Landesversammlung wird die Gemeinde Wien die Majorität haben und die Landgemeinden die Minorität. Während aber Wien seine Wahlordnung selbst beschließt, wird es auf der anderen Seite bei den Gemeindewahlordnungen für das flache Land mit beschließen. Nun wird man sagen: man wird dem flachen Lande ohnehin entgegenkommen. Die Wahlordnung wird für längere Zeit gemacht, es geht daher nicht an, dass man nur auf ein Entgegenkommen rechnen darf. Wir vom flachen Lande wollen unser volles Recht garantiert haben und bitten daher, dass die Stadt Wien und eventuell auch die anderen Städte mit eigenem Statut ihre Gemeindewahlordnungen selbst beschließen können, dass aber auch die Kurie des flachen Landes, die gebildet werden soll, die Wahlordnung für die Landgemeinden selbst zu beschließen hat.

Bürgermeister Dr. **Weiskirchner**: Ich glaube im Namen aller Parteien des Wiener Gemeinderates zu sprechen, wenn ich erkläre, dass es uns gar nicht einfällt, einen solchen Einfluss auf die Gemeindewahlordnungen des flachen Landes zu nehmen, wie ihn der Herr Landeshauptmann-Stellvertreter M a y e r anzunehmen scheint. Es wäre überhaupt die Frage zu erwägen, ob nicht auch bei dieser Gelegenheit die Loslösung Wiens, die ja im § 9 ohnehin schon angedeutet ist, so weit geführt werden soll, dass wir überhaupt nicht mehr in die

111 Vgl. StGBl. Nr. 5/1918, Artikel 10.

Landesversammlung wählen, sondern dass der Wiener Gemeinderat gleichzeitig der Landtag für Wien ist.[112] Damit würden alle Befürchtungen des Herrn Landeshauptmann-Stellvertreters von selbst wegfallen.

Landeshauptmann-Stellvertreter **Mayer**: Ich kann in diesem Augenblicke nur meine persönliche Anschauung über diese Frage zum Ausdruck bringen. Ich persönlich habe gar nichts dagegen, dass diese Frage von irgendeiner Seite zur Verhandlung gestellt wird. Ich bitte, meine Ausführungen durchaus nicht so aufzufassen, als ob man den guten Willen der Wiener in dieser Frage bezweifelte. *(Dr. W e i s k i r c h n e r: 20 Jahre lang haben wir diesen guten Willen bewahrt!)* Ein guter Wille und ein Recht ist zweierlei und was heute noch aus gutem Willen geübt wird, kann später durch irgendeinen Umstand in etwas anderes verkehrt werden. Wir wollen vor dem Gesetz ganz gleich stehen. Sie werden doch zugeben, dass es nicht angeht, dass die Landesversammlung in die Wahlgesetzgebung der Gemeinde Wien gar nichts dreinzureden hat, dass aber andrerseits die Majorität der Wiener – und sie sind es im Landtage – unsere Wahlordnung beschließt. Des lieben Friedens willen soll man das schon nicht machen und soll das flache Land und seine Städte die Wahlordnung allein bestimmen lassen.

Staatskanzler Dr. **Renner**: Es wurde schon angeregt und beschlossen, dass die Frage von Wien einer besonderen Konferenz von Wien und Niederösterreich zugewiesen werde. Dadurch, dass die Frage von Wien aufgeworfen ist, ist selbstverständlich auch die Frage des Landes Niederösterreich außerhalb Wiens aufgeworfen. Die eine Frage steht in unmittelbarem Zusammenhang mit der anderen und ich glaube, die Versammlung ist damit einverstanden, dass über diese Angelegenheit in den erwähnten besonderen Verhandlungen über die Stadt Wien beraten und beschlossen wird. *(Zustimmung.)*[113]

Landeshauptmann Dr. **Ender**: Im § 12 heißt es: „Für alle übrigen Gemeinden des Landes wird die Gemeindewahlordnung durch Landesgesetz erlassen." Dieser erste Satz gefällt mir sehr gut, im Gegensatz zum Artikel 10, zweiter Absatz, des Gesetzes über die Staats- und Regierungsform von Deutschösterreich, StGBl. Nr. 5 vom 12. November 1918, wo es heißt: „Die Gemeindewahlordnung wird noch durch die Provisorische Nationalversammlung festgesetzt." Es ist schon gestern klar zum Ausdruck gekommen, dass wir in den Ländern diesen Grundsatz des Artikels 10 ablehnen und dass die Länder verlangen, es mögen die Gemeindewahlordnungen von den Ländern und nicht von der Provisorischen Nationalversammlung gemacht werden. Diese hätte auch wenig Zeit, in der kommenden Woche eine reifliche Gesetzesberatung durchzuführen. Wir erwarten kein Rahmengesetz, wir erwarten auch kein Blankettgesetz. Ich möchte bei dieser Gelegenheit den Herrn Staatskanzler fragen, ob die Mitteilung offiziös von der Regierung an die Zeitungen hinausgegeben wurde, dass ein solches Blankettgesetz herauskommen wird.[114] Den gestrigen Vereinbarungen würde das nicht

---

112 Diese Doppelfunktion besteht seit 1920. Vgl. StGBl. Nr. 450, Gesetz vom 1. Oktober 1920, womit die Republik Österreich als Bundesstaat eingerichtet wird (Bundes-Verfassungsgesetz), ausgegeben am 5. Oktober 1920. Mit Artikel 110 (2) wurde bestimmt, dass in nicht gemeinsamen Angelegenheiten dem „Gemeinderat der Stadt Wien [...] die Stellung des Landtages" zukommt.

113 Zur Frage der Loslösung Wiens von Niederösterreich und den damit verbundenen unterschiedlichen Interessenslagen und Verhandlungen vgl. Peter Mähner, Niederösterreich und seine Grenzen, in: Stefan Eminger/Ernst Langthaler (Hg.), Niederösterreich im 20. Jahrhundert. Band 1: Politik, Wien/Köln/Weimar 2008, S. 1–39, hier S. 21 f.

114 Ender bezog sich auf die am gleichen Tag erschienenen Morgenausgaben der Tageszeitungen. Vgl. etwa Reichspost. Morgenblatt, 1. Februar 1919, S. 3 „Die Besprechungen mit den Vertretern der Länder". Darin hieß es über den ersten Sitzungstag der Länderkonferenz u. a.: „Staatskanzler Dr. Renner erklärte sich bereit, diese getroffene Vereinbarung dem Staatsrate zu unterbreiten, fand es aber zur Festsetzung der gesetzlichen Voraussetzungen für die Beschlussfassung der Landesversammlungen für geboten, wenn auch kein Rahmengesetz, so doch ein ‚Blankettgesetz' dem Staatsrate zu unterbreiten." Der

entsprechen. Den gestrigen Vereinbarungen entsprechend müssten die Grundsätze durchgeführt werden, die wir im Wege der freien Vereinbarung aufgestellt haben, und es steht der Regierung frei, uns zur Erleichterung der Arbeit ein Muster auszuarbeiten. Aber eines müsste die Provisorische Nationalversammlung noch machen: sie müsste in Abänderung des Artikels 10 des Gesetzes vom 12. November 1918 aussprechen, dass die Schaffung der Landes- und Gemeindewahlordnung Sache der einzelnen Provisorischen Landesversammlungen ist. Ich halte es für kein Unglück, wenn man es nicht tut. Die Länder werden einfach tatsächlich ihre Landes- und Gemeindewahlordnungen schaffen und auf Gemeindeebene die Wahlen vollziehen. Dann ist der Artikel 10 einfach unvollzogen geblieben, wie ja auch der Artikel 9 nicht durchgeführt werden konnte, nach welchem die Wahlen in die konstituierende Nationalversammlung schon nach dem 1. Jänner hätten durchgeführt werden sollen. Das war praktisch nicht möglich. Ebenso wenig kann es praktisch nicht möglich sein, den Artikel 10 durchzuführen. Damit geschieht natürlich der Welt gar kein Wehe und keine Beule. Man würde aber heute einen Schönheitsfehler beseitigen, wenn man den Artikel 10 dahin abändert, dass die Länder die Wahlordnungen beschließen.

Was den weiteren Inhalt des § 12 anbelangt, so möchte ich etwas vorausschicken.

Ich stelle mir vor: Die Grundsätze, die wir gestern bezüglich der Landeswahlordnung vereinbart haben, gelten im Allgemeinen auch für die Gemeindewahlordnung. Es wird im Allgemeinen das allgemeine Wahlrecht für Männer und Frauen mit 20 Jahren gelten, es wird der Wohnsitz am Tage der Wahlausschreibung im Allgemeinen maßgebend sein, es wird der Grundsatz gelten, dass man nicht in zwei Gemeinden wählen kann, desgleichen der Grundsatz, dass vorläufig die deutschen Reichsangehörigen kein Wahlrecht besitzen, ferner der Grundsatz, dass die gebundenen Listen übernommen werden, dass die Koppelung von uns nicht als empfehlenswert hingestellt wird, dass die geheime Wahl durch das Kuvert und die Zelle gewahrt ist.

Bezüglich des Namens möchte ich vorschlagen, dass das Wort Gemeindeausschuss endlich fallengelassen wird. Wir haben das Wort Ausschuss beim Land ausgemerzt und wir sollten das auch bei der Gemeinde tun. Dieses Wort bietet zu zahllosen Verunglimpfungen Anlass und Witze darüber zirkulieren in der Bevölkerung in reicher Menge. Wenn wir statt des Ausdruckes „Gemeindeausschuss" das Wort „Gemeindevertretung" einführen, so wäre das eine sehr schöne Bezeichnung; diejenigen, die Mitglieder der Gemeindevertretung sind, hießen „Gemeindevertreter". Die Bezeichnung Gemeinderat brauchen wir als Bezeichnung für das engere Kollegium. Im Stadtrat brauchen Sie es nicht, aber in der Gemeinde draußen brauchen wir das Wort Gemeinderat für die Körperschaft und für das Mitglied dieses engeren Kollegiums. Es ist dann auch vollkommen logisch aufgebaut. Wir haben auf der einen Seite den aus dem Landtage gewählten Landesrat, dessen einzelne Mitglieder auch „Landesräte" heißen, und in der Gemeinde den aus der Gemeindevertretung heraus gewählten Gemeinderat, dessen Mitglieder gleichfalls „Gemeinderäte" heißen. In den Städten ist dann entsprechend der Stadtrat und seine Mitglieder heißen wieder „Stadträte". Ich glaube, das gäbe einen guten Aufbau. Ich lege auf eine richtige Nomenklatur einigen Wert. Das Wort Gemeindetag würde fremd klingen. Das sind die allgemeinen Gesichtspunkte, über die wir wohl nicht mehr zu sprechen brauchen, die wir gestern akzeptiert haben.

Wir kommen nun zum § 12. Dieser Paragraph lässt eine Unterscheidung in Großgemeinden und Landgemeinden zu und erklärt als Großgemeinden die Städte, die Kurorte, die Märkte, die Gemeinden mit mehr als 2000 Einwohnern und endlich die Gemeinden, die vorwiegend industriellen Charakter haben und von der Landesregierung ausdrücklich als Industriegemeinden bezeichnet werden.

Bericht der „Wiener Zeitung" über den ersten Tag der Konferenz enthielt eine annähernd wortgleiche Formulierung, vgl. Wiener Zeitung, 1. Februar 1919, S. 1 f „Nichtamtlicher Teil. Inland", hier S. 2.

Alle sonstigen Gemeinden sind Landgemeinden; für diese kann ein vereinfachtes Wahlverfahren vorgesehen werden.

Dieser Paragraph anerkennt die Berechtigung einer Unterscheidung und ich habe das starke Gefühl, dass eine Unterscheidung gerechtfertigt und notwendig sei. Vor allem möchte ich eines sagen: Man hat in der Schweiz mit dem Proporz in den ganz kleinen Gemeinden entsetzliche Erfahrungen gemacht und in der Schweiz wird er überall in den kleinen Gemeinden wieder ausgemerzt. In Gemeinden bis zu 600 Einwohnern ist mit dem Proporz nichts anzufangen; er hat in der Schweiz in diesen Gemeinden nur dazu geführt, eine Familienherrschaft aufzurichten, Familiengegensätze in den Dörfern zu schaffen und eine Basen- und Vetternwirtschaft einzurichten. In diesen Gemeinden sind nach Einführung des Proporzes jetzt auf einmal die Familien zusammengestanden, während eine politische Gruppierung nicht erfolgt ist. Und so hat man den Proporz in den kleinen Gemeinden wieder abgeschafft. Ich möchte es nicht verantworten, bei uns den ganz kleinen Gemeinden – und wir haben solche, die nicht einmal 100 Einwohner zählen – den Proporz aufzuhalsen. Wo die Grenze zu ziehen ist, das wird länderweise nicht ganz gleich sein, in einem Lande werden es vielleicht 600 Einwohner, in einem anderen 1000 oder 2000 Einwohner sein, aber jedenfalls müsste man den Grundsatz gelten lassen, dass der Proporz in ganz kleinen Gemeinden nicht zur Geltung zu kommen hat. Wo dann kein Proporz besteht, müssten aber doch irgendwelche Kurien oder Wählerklassen oder wie man sie nennen will, bestehen, sie dürften aber nicht nach der Stärke der Steuern unterschieden oder gruppiert werden. Man müsste erstens an dem Grundsatz festhalten: Wählen kann jeder, der über 20 Jahre alt ist; zweitens müsste der Grundsatz bestehen, dass, wenn irgendeine Abstufung gemacht wird, sie nur klein sein kann. Wir haben in Vorarlberg jetzt schon eine ganz geringe Abstufung, da zum Beispiel in den ersten Wahlkörper diejenigen kommen, welche fünf Zwölftel der Steuern entrichten, in den zweiten Wahlkörper diejenigen, die vier Zwölftel zahlen und in den dritten Wahlkörper diejenigen, die drei Zwölftel entrichten. Das ist schon eine ungemein gelinde Abstufung. Ob es noch in der Zukunft dafürsteht, diese Art beizubehalten oder ob irgendein anderes Kriterium für die kleinen Gemeinden gesucht werden muss, das ist kein politisches Parteiinteresse, sondern nur ein Verwaltungsinteresse. Gerade in diesen kleinsten Gemeinden kommen die politischen Parteigegensätze bei den Gemeindewahlen nicht in Betracht, sondern nur das Verwaltungsinteresse. Das werden die Länder selbst treffen. Es wird für uns hier genügen, wenn wir erklären, dass in den kleinen Gemeinden der Proporz fallengelassen werden kann und dass es der Landesversammlung überlassen werden muss, dort irgendeinen Grundsatz für die Gestaltung des Wahlrechtes zu suchen.

Ebenso würde ich das passive Frauenwahlrecht für die ganz kleinen Gemeinden kaum verantworten. Die Herren werden mir zugeben, dass normalerweise in diesen ganz kleinen Gemeinden eine Frau als Kandidatin niemals aufgestellt wird; das könnte höchstens vorkommen, wenn eine Anomalie passiert, wenn zum Beispiel in einer Gemeinde, wo die Frauen die Mehrheit besitzen, was heute leicht der Fall sein kann, diese den Sporn haben, nur Frauen zu wählen; sie wären glattweg imstande, einen Gemeindeausschuss aus lauter Frauen zu wählen. Ich persönlich würde es lieber verantworten, das passive Frauenwahlrecht in den ganz kleinen Gemeinden fallen zu lassen, als es positiv aufzustellen. Ich würde die erstere Verantwortung leichter tragen. Großen Wert lege ich übrigens der Sache nicht bei.

Das sind die zwei Dinge, von denen ich glaube, dass man es den Ländern überlassen soll, sie für die kleinen Gemeinden zu regeln.

Bei der Schaffung des allgemeinen und gleichen Wahlrechtes aller Zwanzigjährigen in die Gemeindevertretung ist nun manchem Angst, und zwar nicht etwa aus parteipolitischen Gründen, sondern um die gute Verwaltung der Gemeinde in finanzieller Beziehung. Die Erfahrungen lehren, dass diese Angst berechtigt ist. Ich brauche nur auf das zu verweisen, was sich in der Gemeinde Winterthur im Kanton Zürich abgespielt hat. Dort ist es vor ungefähr 10 bis 15 Jahren passiert, dass mit der dortigen Proporzgesetzgebung eine Gemeindevertretung zustande gekommen ist, welche in ihrer Mehrheit aus Leuten bestanden hat, die überhaupt keine oder fast keine Steuern gezahlt haben, für die es also vollständig gleich gewesen ist, ob die Steuern riesig hoch oder niedrig sind, ob man viel oder wenig ausgibt. Persönlich haben sie es nicht gespürt. Diese Leute haben nun in der Gemeinde wirtschaftliche Unternehmungen in Szene gesetzt, die ein unendliches Geld verschlungen haben und die Gemeinde Winterthur ist eines Tages vor dem Konkurse gestanden. Es war natürlich nicht ein Konkurs im Sinne der Zivilprozessordnung, aber eine Art Konkursverfahren ist mit der Gemeinde Winterthur durchgeführt worden. Es wurde ein Arrangement getroffen. Ich erinnere mich nicht mehr an die Details, aber die Sache hat damals ungeheuren Staub aufgewirbelt.[115] Wie begegnet man dieser Gefahr? Ich bin nicht der Meinung, dass dieser Gefahr etwa durch Ausstellung einer einjährigen Sesshaftigkeit zu begegnen wäre. Mit kleinen Sesshaftigkeiten können Sie das nicht erreichen, was ich gestern dadurch erreichen wollte, dass niemand zweimal wählen kann, nämlich durch eine gewisse Stabilität. Das ist abgelehnt worden. Ist mir auch recht! Der Zweck, den ich hier im Auge habe, wird auch bei einjähriger Sesshaftigkeit nicht erreicht. Auch bei einjähriger Sesshaftigkeit kann eine Gemeinde in die Lage der Gemeinde Winterthur kommen. Die Kautelen dagegen können nicht in der Wahlordnung, sondern nur in der Länderordnung und in der Gemeindeordnung geschaffen werden. Wir haben in Vorarlberg längst das Aufsichtsrecht des Landesausschusses über die Gemeinden eingeführt, das heute darin besteht, dass jede Gemeinde ihre Voranschläge, Abrechnungen usw. dem Landesausschuss einzuschicken hat. Der Landesausschuss hat das Recht, in die Gemeinde einen Vertreter hinauszuschicken, der in die Gebarung der Gemeindeverwaltung Einsicht nimmt. Das soll in der Weise ausgebaut werden, dass eine Art Gemeinderevisor bestellt wird, ähnlich wie die Kassen- und Genossenschaftsrevisoren. Nur ein solcher Mann ist in der Lage, sich rechtzeitig wirklich Einblick in die Gebarung der Gemeinde zu verschaffen, so dass beizeiten, bevor noch ein Malheur geschehen ist, etwas vorgekehrt werden kann. Im Zusammenhang damit müssten in den Gemeinde- und Landesordnungen auch die Kautelen gegen eine Misswirtschaft gesucht werden, die eine Gemeinde zum finanziellen Ruin führen kann. Von keiner Partei wird mehr in Abrede gestellt werden können, dass die Schaffung einer solchen Einrichtung notwendig sein wird. Denn vor Unglück sollen wir doch die Gemeinden bewahren, herrsche nun dort wer wolle. Wir können aber heute diesen Gegenstand nicht weitgehend erörtern, sondern höchstens das Prinzip aufstellen.

Staatskanzler Dr. **Renner**: Was die Frage des Blankettgesetzes anbelangt, so würde es zu sehr aufhalten und uns zwingen, gestern Gesagtes zu wiederholen, wenn wir darauf eingingen. Ich bekenne mich dazu, dass ich dieses Communiqué hinausgegeben habe und ich bekenne mich dazu, dass ich es für notwendig halte, ein Blankettgesetz zu schaffen. Aber mein Standpunkt ist noch nicht der Standpunkt des Staatsrates. Der Staatsrat wird darüber erst entscheiden. Ich habe zur Kenntnis genommen, dass Sie den Wunsch haben, dass kein Blankettgesetz geschaffen wird; ich glaube aber, dass wir aus rein rechtlichen und juristischen Gründen darum nicht herumkommen. Sie wissen, dass das Gesetz selbst, das mich verpflichtet, vorsieht, dass die Gemeindeordnung von der Provisorischen Nationalversammlung gemacht wird.[116] Ich habe nach dem Gesetze zu amtieren. Da ich aus dieser Bindung keinen Ausweg sehe, so

---

115 Das Historische Lexikon der Schweiz führt an, dass die Gemeinde Winterthur, zuvor die wohlhabendste Gemeinde der Schweiz, durch diverse Unternehmungen ab 1860 in Schulden gestürzt wurde, allen voran durch das Scheitern des Projekts der „Schweizerischen Nationalbahn" im Jahr 1878, das Winterthur aus Gemeindegeldern finanziert hatte. Die Schulden waren so enorm, dass sie erst im Jahre 1953 getilgt werden konnten. Vgl. http://www.hls-dhs-dss.ch/textes/d/D157.php?topdf=1, abgerufen am 22. März 2018.

116 Die Rede ist abermals von StGBl. Nr. 5/1918, Artikel 10.

wird ein Blankettgesetz erlassen werden müssen, welches besagt: die Gemeindeordnung wird innerhalb dieser notwendigen Kautelen von den Landesversammlungen geschaffen. Es ist mit den Blankettgesetzen genau so wie mit den Wechseln. Sie geben ein Formular, grenzen die Rechte und Machtvollkommenheiten ab und sagen den Ländern: dieses Formular füllt ihr aus. Dadurch wird die Freiheit der Länder ebenso wenig beschränkt wie die des Geschäftsmannes, der ein vorgedrucktes Wechselblankett auszufüllen hat. *(Dr. R e h r l: Aber bezüglich der Landeswahlordnung kommt kein Blankettgesetz?)* Es muss ein Blankettgesetz sein, da das Gesetz sagt: Die Provisorische Nationalversammlung hat die Gemeindewahlordnung zu erlassen. *(Dr. R e h r l: Aber von der Landeswahlordnung steht im Gesetze nichts!)* Das ist richtig. Aber ich meine, es wird auch dort nicht anders gehen, weil ich keine Sanktion will. De lege lata[117] sind die Landesordnungen zu sanktionieren. Diesen Zustand will ich nicht. Er widerstreitet der Autonomie. Ich muss die Sanktion dadurch ersetzen, dass der Staatsrat das Recht und die Pflicht hat, unter bestimmten Bedingungen dem Beschluss der Landesversammlung beizutreten oder ihn unter bestimmten Bedingungen abzulehnen, also keine Sanktion mit vollkommen freier Entscheidung, sondern Bindung des Staatsrates, dem Landtagsbeschlusse beizutreten, wenn er den Bedingungen entspricht. Wenn er ihnen nicht entspricht, kann er ihm nicht beitreten. Das ist nach meiner Überzeugung nach dem gegebenen Rechtszustande die notwendige Haltung der Staatskanzlei. Selbstverständlich wird ein solches Blankettgesetz nur die notwendigen gesetzlichen Freiheiten schaffen, so dass ein direkter Widerspruch mit den einzelnen Landesgesetzen vermieden wird. Ob sich der Staatsrat auf diesen Standpunkt stellt, weiß ich nicht. Ich möchte aber nicht, dass wir noch einmal darüber sprechen. Eventuell sprechen wir dann zum Schluss darüber, gehen aber zuerst die ganze Vereinbarung durch. Der Gesamtstaat kann nur dieses Blankettgesetz liefern und die Landesversammlung muss dann die Landesordnung und die Gemeindeordnung schaffen. *(Dr. E n d e r: Da wird dann das mildeste, was Ihnen passieren kann, sein, dass unsere Provisorische Landesversammlung beschließt: Wir anerkennen dieses Blankett nicht, dass wir aber tatsächlich ein Gesetz schaffen, das mit ihm nicht im Widerspruch steht!)* Ich muss mich an die Gesetze halten. Die Rechtslage steht so, dass der Staatsrat das freie Recht der Sanktion und der Sanktionsverweigerung hat, ein Zustand, den ich nicht mag und dessen Beseitigung in Ihrem Interesse liegt. Nach dem Gesetze hat die Provisorische Nationalversammlung die Gemeindewahlordnung zu beschließen, ein Zustand, der unmöglich ist. Aus diesen Unmöglichkeiten, von denen die eine eine politische, die andere eine juristische ist, muss ich befreit werden, um eine glatte, widerspruchslose Rechtsordnung herzustellen. Das ist mein Verantwortungskreis. Das zweckmäßigste Kompromiss ist, dass ich das Blankettgesetz so schematisch und einfach als nur möglich mache, so dass die Länder eben auf Grund des Staatsgesetzes volle Macht haben, frei zu entscheiden.

Landeshauptmann Dr. **Ender**: Wir lernen aus diesen beiden Tagen hier außerordentlich viel und insbesondere eines: wie vorsichtig die neuen Landtage mit ihrer Wiederholung des Anschlusses an den Staat Deutschösterreich werden sein müssen. Sie werden ganz genau zuerst die Verfassung kennen müssen, die ihnen eingeräumt wird und diejenige, die der Staat hat. Denn wenn einmal das Wort gegeben ist, wird die äußerste Konsequenz daraus gezogen.

Staatskanzler Dr. **Renner**: Es sind keine äußersten Konsequenzen. Die Länder haben im Grunde genommen alles, mit dem einzigen formellen Vorbehalte, dass sich der Staat darum kümmert, dass seine eigenen Organe nicht ganz aus der Reihe tanzen. Die Länder sind die eigenen Organe des Staates und können unmöglich formal vollständig aus dem Staate herausgelöst werden. Die Sache ist doch ein Streit, der die ganze Bevölkerung vollständig kalt lassen wird. *(Widerspruch bei einigen Mitgliedern der Versammlung.)* Den Leuten kommt es auf das formaljuristische gar nicht an. Wenn die Länder ihren Willen haben, werden sie sehr zufrieden sein. Das ist meine Auffassung von der Rechtslage. Sie müssen zugeben, dass recht-

[117] De lege lata: nach geltendem Recht.

lich eine Inkonvenienz entsteht und ich muss mich daran halten, eine glatte und geordnete Rechtslage zu schaffen. Ob der Staatsrat meiner Auffassung beitritt, kann ich heute nicht wissen. Ich würde wünschen, dass dieser Gegenstand, zunächst wenigstens, nicht behandelt wird und dass wir auf die einzelnen Fragen eingehen.

Es wird also beantragt, dass die Voraussetzungen für die Wahlberechtigung nicht unterschieden werden; ich meine nicht das Proporzwahlverfahren, sondern dass die Voraussetzungen der Wahlberechtigung keine anderen sein werden als bei Staat und Land.

Staatsrat **Fink**: Wenn man von den Voraussetzungen der Wahlberechtigung spricht, so kann man auch das passive Wahlrecht darunter verstehen. Beim Landtag glaube ich, dass wir alle einverstanden sind, dass das passive Wahlrecht in den Landtag dasselbe Alter voraussetzt, wie bei der Nationalversammlung. Nicht dasselbe darf aber bei der Gemeindewahl der Fall sein. Da haben wir heute schon die Bestimmung, dass die 24jährigen gewählt werden können, nicht bloß in die Gemeindevertretung, sondern sogar zu Gemeindevorstehern. Ich muss sagen, ich bin als 24jähriger in die Gemeindevertretung gewählt worden und ich glaube, ich wäre damals ein besserer Gemeindevorsteher gewesen als heute. Man soll das passive Wahlrecht für die Gemeindevertretung nicht auf 30 Jahre setzen.

Staatskanzler Dr. **Renner**: Gemeint ist immer nur, dass keine Einschränkungen gemacht werden können; Ausdehnungen der Berechtigung sind zulässig und eine Herabsetzung des Alters ist als zulässig zu behandeln.

Das sind nunmehr alle von Herrn Dr. Ender erwähnten und gestern festgesetzten Voraussetzungen für die Wahlberechtigung.

Was das Wahlverfahren anbelangt, so ist die Frage, ob es gestattet ist, im Wahlverfahren Verschiedenheiten zwischen Großgemeinden und kleinen Gemeinden einzuführen. Da ist zunächst festzustellen: Sind die Herren einverstanden, dass diese Unterscheidung überhaupt gemacht wird und gemacht werden kann?

Staatsrat Dr. **Schoepfer**: Ich möchte nur wegen des Titels Großgemeinde eine Bemerkung vorbringen. Ich mache darauf aufmerksam, dass man in Tirol wahrscheinlich einige Gemeinden belächeln wird; es heißt hier: Alle Städte. Wir haben nun die Stadt Nils, die eigentlich nur ein Dorf ist, dann die Städte Klausen, Rattenberg und Glurns. Die kleinste dieser Städte hat 700 Einwohner. Ich war einmal bei einer Versammlung in Glurns, und da haben uns die Vertreter von Glurns sehr übel genommen, dass bei der letzten Wahlreform die Stadt zum Landgemeindenbezirk geschlagen wurde. Ich weiß nun nicht, ob der Ausdruck Großgemeinde der richtige ist. Wir haben in Tirol Landgemeinden, die ganze Täler ausmachen, zum Beispiel das Sarntal; das ist wie ein kleines Land. Das wäre eine Großgemeinde. Auf der anderen Seite stehen diese ganz kleinen Städte. Es steht vielleicht nicht dafür, wegen solcher Einzelheiten einen anderen Titel zu wählen, aber Großgemeinden sind es ganz gewiss nicht.

Staatskanzler Dr. **Renner**: Ich möchte, nachdem die Zulässigkeit der Unterscheidung und die Tatsache, dass sie empfehlenswert ist, angenommen ist, nun die Abgrenzung besprechen. Sind die Herren damit einverstanden, dass so abgegrenzt wird: Als Großgemeinden haben dabei zu gelten alle Städte mit Ausnahme jener mit eigenem Statut, die Kurorte, die Märkte, die Gemeinden mit mehr als zweitausend Einwohnern und endlich die Gemeinden, die vorwiegend industriellen Charakter haben und von der Landesregierung ausdrücklich als Industriegemeinden bezeichnet werden?

Ich möchte dabei noch ein Wort über das sagen, was Industriegemeinde ist. In Niederösterreich sind wir uns darüber im reinen; wir haben schon abgegrenzt, wenn auch nicht endgültig. Ich weiß nicht, wie der Rechtszustand in anderen Ländern ist. Eine Abgrenzung ist auch bei der Zuckerverteilung vorgenommen worden, es sind die Industriegemeinden mit einer anderen Zuckerration ausgestattet wie die Landgemeinden. Aber diese Gemeindeabgrenzungen stimmen nicht immer. Das Ernährungsamt musste, weil neue Industriegemeinden entstanden sind, über den Rahmen der ursprünglich als Industriegemeinden bezeichneten Orte hinausgehen und neue Orte aufnehmen.

Landeshauptmann-Stellvertreter **Pongratz**: Diese Frage ist sehr unklar. Das hat sich auch bei der Ergänzung der Gemeindevertretung gezeigt. Ist eine Industriegemeinde diejenige, wo vorwiegend Arbeiter wohnen, oder diejenige, wo tatsächlich die Industrie besteht? Es haben viele Gemeinden dagegen Einsprache erhoben, dass sie auf einmal zu Industriegemeinden erhoben wurden, weil in ihnen die Industriearbeiter aus einer Nebengemeinde, wo die Industrie tatsächlich besteht, hauptsächlich wohnen. Sie haben erklärt, in ihrer Gemeinde ist keine Industrie, die ist in der anderen Gemeinde. Sie finden in Steiermark vielfach, dass in einer Gemeinde ein großer Industriebetrieb ist, die Arbeiter dieser Industrie wohnen aber in den umliegenden Gemeinden. Ich glaube, das Wahlrecht hat ja ein Interesse für den Betreffenden nur bezüglich der Gemeinde, wo er wohnt, denn dort will er einen Einfluss haben, nicht aber dort, wo er arbeitet. Darum ist dieser Begriff „Industriegemeinde" ein sehr labiler. Es versteht jeder etwas anderes darunter. Und bei der Ergänzung der Gemeindevertretung haben sich in dieser Beziehung Schwierigkeiten ergeben. Wie man das fassen soll, ist mir nicht recht klar; mit dem Worte Industriegemeinde wird aber nicht das getroffen, was man will. Es gibt Gemeinden, wo Tausende von Arbeitern wohnen, namentlich in der Eisenindustrie, in der Gemeinde aber, wo der Bergbaubetrieb besteht, dort wohnen die Arbeiter gar nicht.

Staatskanzler Dr. **Renner**: Es wird hier eine Frage aufgeworfen, die für unsere Gemeindegesetzgebung von größter Wichtigkeit ist. Es liegt hier ein Unrecht vor, das einzelnen Gemeinden geschieht und das vielfach die große Spannung erklärt, die zwischen Arbeiterbevölkerung und bäuerlicher Bevölkerung besteht. Wenn in einer Gemeinde ein großes industrielles Unternehmen besteht, die Arbeiter aber in den umliegenden Bauerngemeinden wohnen, so wird nur der Ort, wo die Fabrik ihren Sitz hat, der hohen Steuerleistung teilhaftig, während die anderen Gemeinden derselben nicht teilhaftig sind, aber viele Lasten, unter anderen auch die Schullasten zu tragen haben. Das beweist, dass unsere Gemeindeabgrenzung der Entwicklung durchaus nicht gefolgt ist. Es müssten also viele Umgemeindungen stattfinden, um die Bewohnerschaft dieser ganzen Landgemeinden der Steuerleistung des Unternehmens teilhaftig werden zu lassen. Dann aber müsste in der Landesgesetzgebung eine bestimmte Beitragsleistung der Unternehmungen in solchen Fällen auch möglich gemacht werden. Es steht doch so: der Industrielle schöpft von der Bevölkerung des ganzen Gebietes den Rahm ab, er schlägt aus der Arbeit und dem Verkehrsleben der Menschen große Vermögen, leistet aber nur für einen winzigen Bruchteil dieser Gegend Steuern, während die anderen leer ausgehen.

Ob Möglichkeiten gegeben sind, in den Landesordnungen und in den Gemeindeordnungen Abhilfe zu schaffen, müsste erst genauestens studiert werden. *(Dr. E n d e r: Man kann schon die zwangsweise Eingemeindung machen!)* Die zwangsweise Eingemeindung wäre etwas höchst Notwendiges. Die Zustände in den einzelnen Gemeinden sind solche, dass man sagen muss, die Industrialisierung ist einfach an unserer Gemeindeverfassung vorübergegangen. Das waren die schlimmsten Folgen des Zensuswahlrechtes.[118] Die Zensuswähler wollten unter sich sein und der Arbeiterschaft keinen Einfluss einräumen. Sie haben der Eingemeindung widerstrebt, obwohl sie offenbar geboten war. Wir haben in Niederösterreich einzelne Ge-

---

[118] Im Zensuswahlrecht richtet sich die Berechtigung zur Wahlteilnahme nach dem Einkommen bzw. der Steuerleistung, es handelt sich somit um ein ungleiches Wahlrecht. Zur Entwicklung des Wahlrechts in der cisleithanischen Reichshälfte von der Reichsratswahlreform 1873 bis zur Einführung des allgemeinen, gleichen, direkten und geheimen Wahlrechts für Männer (Wahlrechtsreform 1907, vgl. auch Anmerkung 99) vgl. detailliert Karl Ucakar, Demokratie und Wahlrecht in Österreich. Zur Entwicklung von politischer Partizipation und staatlicher Legitimationspolitik (= Österreichische Texte zur Gesellschaftskritik 24), Wien 1985, S. 149–358.

meinden, die völlig irrationell geworden sind. Wir haben zum Beispiel die Gemeinde Ternitz. Aber es existiert keine solche Gemeinde. Es ist ein alter Flurname.[119] Dort steht ein großes Eisenwerk.[120] Ringsherum sind fünf Ortschaften: Rohrbach, St. Johann, Dunkelstein usw. und alle diese Gemeinden sind zusammengewachsen. Aber sie haben jetzt fünf Gemeindeverwaltungen, die sich in das ganze Gebiet teilen. Das wäre schon längst ein großer, schöner industrieller Ort geworden mit einer einheitlichen Schulverwaltung und einer einheitlichen Einlagebasis. Dabei könnten Teile losgelöst werden, die für sich wieder ganz schöne Bauerngemeinden wären. Wir werden diese Umgemeindungen nicht so rasch vollziehen können. Jedenfalls wird es eine der größten Verwaltungsaufgaben der neuen definitiven Ländervertretungen sein, die Gemeindeverhältnisse in Ordnung zu bringen. Es müssen aber doch im Wege einer gesetzlich vorgesehenen Konkurrenz die Gemeinden wenigstens zu den Schullasten für die im Orte Wohnenden, aber auswärts Beschäftigten herangezogen werden.

Landeshauptmann Dr. **Ender**: Das haben wir in Vorarlberg schon gemacht. Feldkirch zum Beispiel grenzt an Altenstadt an, eine große Bauerngemeinde mit 6000 Einwohnern. Von diesen 6000 Einwohnern sind vielleicht 1000 Eisenbahn- und Fabriksarbeiter. Nun haben wir mit Landtagsbeschluss einen Teil dieser Gemeinde an die Schulgemeinde Feldkirch angegliedert.[121]

Staatskanzler Dr. **Renner**: Das geht auch so. Aber wir können uns vielleicht da und dort mit dem Begriff der Konkurrenz helfen. Die Gemeindevertretungen sind jedenfalls auf diese Zusammenhänge aufmerksam zu machen. In vielen Ländern ist in dieser Beziehung fast gar nichts geschehen. Die Industriegemeinden sind nach dem Merkmal der Berufsstatistik abzugrenzen. Das Wesentliche ist, dass der betreffende Ort einen starken Prozentsatz von Arbeitern hat, die krankenversicherungspflichtig sind.

Landeshauptmann Dr. **Ender**: Die landwirtschaftlichen Arbeiter sind nur in den Großbetrieben krankenversicherungspflichtig.

Staatskanzler Dr. **Renner**: Auch die Hausklassen- und die Hauszinssteuerpflicht wäre ein Merkmal.

Landeshauptmann Dr. v. **Kaan**: Damit ist nicht viel anzufangen! Die Veranlagung kommt erst nach einem vollen Jahre. Wo es sich um Personalhäuser handelt, wird auch nur die Hausklassensteuer gezahlt. Der Begriff des Industriearbeiters ist dadurch festgelegt, dass dieser Arbeiter nicht in der Hausgemeinschaft lebt, während der landwirtschaftliche Arbeiter in den meisten Fällen in der Hausgemeinschaft lebt.

Staatskanzler Dr. **Renner**: Im Marchfelde sind die landwirtschaftlichen Arbeiter größtenteils den Reihen der Kleinhäusler entnommen.

Landeshauptmann-Stellvertreter **Mayer**: Es sind meistens Tschechoslowaken, junge Leute, die sich nicht sesshaft machen, sondern nach ein paar Jahren wieder nach Hause gehen.

Staatskanzler Dr. **Renner**: Es wäre also die Zahl der Krankenkassenpflichtigen und der Bruderladenangehörigen maßgebend. Welchen Schlüssel kann man da nehmen?

Landeshauptmann-Stellvertreter **Pongratz**: 10 Prozent der Bevölkerung.

Landeshauptmann Dr. v. **Kaan**: Ich bitte nicht zu übersehen, dass zu diesen 10 Prozent mindestens weitere 15 Prozent Familienangehörige kommen und man wird daher zu 25 Pro-

---

119 Zur (Namens-)Geschichte der Gemeinde Ternitz, die in das 14. Jahrhundert zurückreicht, vgl. https://www.ternitz.gv.at/geschichte.php, abgerufen am 7. November 2017.

120 Gemeint war die Schoeller Stahlwerke AG. in Ternitz, die 1924 zur Schoeller-Bleckmann Stahlwerke AG. fusionierte. Zur Geschichte des Werks vgl. Franz Mathis, Big Business in Österreich. Österreichische Großunternehmen in Kurzdarstellungen, Wien 1987, S. 259–262.

121 Im Jahr 1925 wurde die Gemeinde Altenstadt vollständig mit der Stadt Feldkirch zusammengelegt: Vorarlberger Landesgesetzblatt Nr. 23, Verordnung der Vorarlberger Landesregierung vom 9. Mai 1925, betreffend die Vereinigung der Stadtgemeinde Feldkirch und der Gemeinden Altenstadt und Tosters und die Neuwahlen der Stadtgemeindevertretung, ausgegeben am 13. Mai 1925.

zent und noch mehr kommen, auch wenn man die ledigen berücksichtigt. Eine Gemeinde mit 25 Prozent Arbeiterbevölkerung ist eine ausgesprochene Industriegemeinde.

Staatskanzler Dr. **Renner**: Es sollen also Gemeinden, in denen wenigstens 10 Prozent der Bevölkerung krankenversicherungspflichtige Arbeiter sind oder einer Bruderlade angehören, als Industrieorte behandelt werden. *(Zustimmung.)* Das ist angenommen.

Wir kommen jetzt zum 4. Punkt. Welche Vereinfachungen des Wahlrechtes wollen die Länder für die eigentlichen bäuerlichen Gemeinden in Aussicht nehmen? Es ist der Gedanke geäußert worden, auf den Proporz zu verzichten. Nun gebe ich zu, dass in kleinen, engen Verhältnissen der Proporz außerordentlich zerfasernd und cliquenbildend wirkt. Dort bedeutet die Einführung des Proporz einfach die Gevatterherrschaft. Andrerseits kann ich mich aber sehr schwer entschließen, auch nur an irgendeiner Stelle eine Art Kurien- oder Wahlkörpersystem zu befürworten. Es gebe vielleicht das Auskunftsmittel, drei Gruppen zu schaffen, indem man die Steuerzahler und dann die übrige Bevölkerung nimmt, in drei gleiche Teile aufteilt und jedem Teil die gleiche Vertretung gibt. Das ist ein System der Minderheitsvertretung ohne Ungleichheit. *(Zustimmung.)*

Staatsrat **Fink**: Man würde in diesem Falle zuerst die Gemeindeangehörigen, die wahlberechtigt sind, nach der Höhe der Steuer teilen und dann jene daran schließen, die keine Steuerzahler sind, und dann diese gesamte Zahl der Wähler nach Personen in drei gleiche Teile teilen.

Staatskanzler Dr. **Renner**: Dann müssten aber bei dem Familienhaupt die Familienangehörigen mitrangieren, sonst würden diese hinten rangieren. Es käme danach der Steuerzahler mit seinem Personalstand.

Landeshauptmann Dr. v. **Kaan**: Das wird praktisch oft sehr schwer abzugrenzen sein; wie ist es zum Beispiel bei einem großjährigen Sohne, der noch im Haushalte lebt, aber einen gewissen selbständigen Erwerb hat?

Staatskanzler Dr. **Renner**: Die Abgrenzung wird schwierig sein; wenn man aber nur den Haushaltungsvorstand vorn aufnimmt und die Angehörigen hinten einreiht, so kommt ein Unverhältnis heraus. Man müsste doch den Versuch machen – das werden sie sich in den Dörfern schon machen –, den Haushaltungsvorstand mit seinen wahlberechtigten Familienangehörigen, die mit ihm im Haushalte leben, der Reihe nach zu rangieren, dann würde die Wählerpersonenzahl durch 3 dividiert und jeder Teil würde ein Drittel der Vertretung bekommen. *(Dr. E n d e r: In kleinen Gemeinden müsste man durch 2 dividieren; wir haben das heute schon.)* Gewiss, bei noch kleineren Gemeinden müsste man durch 2 dividieren, so dass die einen und die anderen nicht überstimmt werden können. Es sollen also in größeren dieser Landgemeinden drei, in kleineren zwei solche Körper sein, wobei aber die Mandatszahl nicht verschieden gemacht werden kann. Das gibt eine Art gesicherte Minoritätenvertretung, ohne dass das Wahlrecht ungleich wird.

Staatsrat **Fink**: Das ist ein Weg, den man gehen kann. Wir sind dem heute in Niederösterreich und Vorarlberg ziemlich nahe. Da kommen fünf Zwölftel der Steuer in den ersten Wahlkörper, vier Zwölftel in den zweiten und drei Zwölftel in den dritten Wahlkörper. Wir gehen nun einen Schritt weiter, indem wir das ganz gleich machen und nach der Personenzahl in drei Teile teilen und jede dieser zum Beispiel 3000 Personen wählt in den größeren Gemeinden gleich viel Ausschussmänner oder Gemeindevertreter und in den ganz kleinen Gemeinden steht es der Landesversammlung frei, auch nur zwei solche Körper zu beschließen, weil man bei den allerkleinsten Gemeinden nicht gut durch drei Teile teilen kann. Das ist ein gleiches Wahlrecht, aber kein Proporz. Es muss aber zulässig sein, mit dem Proporz, wo man will, auch unter die 2000 herunterzugehen. Die Landesvertretung müsste niedriger gehen können. Wir haben das heute schon bei uns, dass, wenn eine Gemeinde darum ansucht, der Landesausschuss, der Landesrat, darüber beschließt, ob die Verhältnisse dort entsprechend sind. Ich würde nicht sagen, es braucht jemand noch besonders Beschluss zu fassen, aber jedenfalls muss die Landesvertretung das Recht haben, auch noch weiter herunterzugehen. Es kann sein, dass man bei uns, wo wir schon seit zehn Jahren den Proporz haben, vielleicht auf 1500 heruntergeht. Bis jetzt sind wir auf 2000 gegangen.

Staatskanzler Dr. **Renner**: Das Bedürfnis nach dem Proporz wird am ehesten in den Industrieorten vorhanden sein.

Landeshauptmann Dr. **Ender**: Wir haben kein Interesse daran, das Land zu verhindern, herunterzugehen.

Staatskanzler Dr. **Renner**: Diese Ziffer von 2000 ist wieder eine Maximalzahl; weiter herunterzugehen ist gestattet. Wir hätten dann statt der alten Steuerdrittelung und Zensitendrittelung[122] eine Personendrittelung.

Landeshauptmann-Stellvertreter **Mayer**: Ich gehöre zu jenen, die sagen, ein Wahlgesetz soll recht einfach sein, weil alles, was daran gekünstelt ist, einmal nach der einen oder anderen Seite von Übel wird. Wenn ich richtig verstanden habe, so will man in Gemeinden unter 2000 Einwohner die Wähler in drei Teile teilen und es würden, wenn ich 10 Kinder hätte, diese mit mir in den Wahlkörper kommen, in dem ich bin. *(F i n k: Das muss nicht sein!)* Es ist hier so ausgesprochen worden. Es wird merkwürdig anmuten, wenn man das so machen würde, dass das Familienoberhaupt in der ersten Gruppe ist und dann diese 10 Kinder, von denen zwei vielleicht gerade das zwanzigste Jahr überschritten haben, die nicht in diese Gruppe gehören würden, auch in dieser Gruppe erscheinen. Da würden ganze Familienwahlgruppen geschaffen werden. Das halte ich nicht für gut. Ich bin der Meinung, dass man die Einführung des Proporz nicht an eine gewisse Seelenzahl binden soll. Eine solche Bestimmung hier zu treffen, ohne das Material und die Bevölkerungsschichtung zur Hand zu haben, ist sehr schwer.

Beim Proporz kommt in der Hauptsache auch in den kleinen Gemeinden auch die Bevölkerungsschichtung in Betracht, ob es industrielle oder ländliche Bewohner sind. Ich glaube auch, aus diesem Grunde soll man mit der Unterscheidung zwischen Industriegemeinden und anderen Gemeinden nicht so viel Schwierigkeiten machen; beim allgemeinen Wahlrecht ist das gleich. Sie werden, da der Proporz weitgehend heruntergeschoben wird, in allen diesen Fällen nach ihrer Zahl zur Geltung kommen und ich würde daher mit der Zahl beim Proporz so weit als nur möglich heruntergehen. Nichts macht uns mehr Schwierigkeiten in der Gemeinde und gibt mehr zu Streitigkeiten und zur Wahlgeometrie Anlass, als die Frage, ob man von dem einen Wahlkörper in den andern oder von einer Gruppe in die andere kommt. Ich habe da schon gewiegte[123] Gemeindeschreiber kennen gelernt, die durch jahrelange Erfahrungen imstande waren, diese Dinge immer so zu verschieben, wie es ihnen gepasst hat, weil ja auf dem Lande im Allgemeinen nicht ein eigenes Komitee besteht, das in der Wahlordnung herumstochert; die Wahlordnung wird zusammengestellt und wenn auch die Verlautbarung an der Kirchentafel vorgeschrieben ist, so wird sie vormittags angeschlagen und nachmittags hat sie halt der Wind heruntergerissen. *(Heiterkeit.)* Dadurch versäumt man es, dazu Stellung zu nehmen und der Rekurs nützt nichts mehr. Aber es ist halt doch vom ersten Wahlkörper in den zweiten oder dritten rangiert. Lassen wir alle diese gekünstelten Sachen, sie führen bei der heutigen Wahlordnung zu nichts. Sie haben früher zu nichts Gescheitem geführt. Wenn man sich daher im Allgemeinen dafür aussprechen würde, dass in den Gemeinden nach Tunlichkeit der Proporz, in den kleinen Gemeinden aber ein einziger Wahlkörper eingeführt werden soll, so würde der Erfolg ein guter sein. Ich glaube auch nicht, dass man in den ganz kleinen Gemeinden einen Proporz einführen kann. Ich habe da keine Erfahrungen. Darüber werden die Herren aus dem Westen mehr wissen. Bringen wir aber keine Kunststückchen in die Wahlordnung hinein, denn sie führen zu nichts.

122 Zensiten: Steuerträger.
123 Gewiegt: gewieft.

Staatsrat **Fink**: Es müssen nicht notwendigerweise die Söhne und Töchter in einen Wahlkörper mit den Steuerzahlern kommen. Man reiht in den kleineren Gemeinden, wo kein Proporz eingeführt wird, die Wähler zuerst nach der Höhe der Steuerleistung ein, wobei man auch die Personalsteuer so behandelt wie die anderen, während bisher ein Unterschied gemacht wurde. Nun wird die Steuer auf den „Herrn Landesausschuss M a y e r" lauten und nicht auf seinen Sohn oder seine Tochter. Dann werden alle jene Wähler und Wählerinnen angeschlossen, die keine Steuer zahlen. Wenn nun in einer Gemeinde 600 Wähler sind, so kommen die ersten 200 in die erste Wahlgruppe, die zweiten 200 in die zweite und die letzten 200 in die dritte. So wählt die erste Gruppe nach der Höhe der Steuerleistung ein Drittel in die Gemeindevertretung und ebenso die zweite und die dritte Gruppe. Damit erreicht man, dass auch die Arbeiter in ihrem Wahlkörper die gleiche Zahl von Vertretern wählen wie die Steuerzahler. Und soviel ich weiß, besteht bereits in Niederösterreich und Vorarlberg der Ausgleich, dass man nicht nur nach der Steuerleistung wählt, sondern sagt: Die ersten drei Zwölftel aller Wähler kommen in einen Wahlkörper, die zweiten vier Zwölftel kommen in den zweiten Wahlkörper und die letzten fünf Zwölftel – das sind diejenigen, die wenig oder keine Steuer zahlen – kommen in den dritten Wahlkörper. Viel besser ist es, wenn man die Wählerzahl in drei Teile teilt und jeden Teil ein Drittel der Vertreter wählen lässt.

Staatskanzler Dr. **Renner**: Es ist aber dabei notwendig, dass neben dem Steuerzahler auch seine wahlberechtigten Familienmitglieder in die Liste aufgenommen werden. Denn wenn man diese rückwärts anschließt, so hat man, weil die Steuerzahler nicht mehr als 15 Prozent der Bevölkerung ausmachen werden, gar keinen Maßstab, wie man sie reihen soll.

Staatsrat **Fink**: Man hat den Maßstab, dass sie keine Steuer zahlen. Sie kommen alphabetisch in die Listen der Nichtsteuerzahler.

Staatskanzler Dr. **Renner**: Dann werden wir zwischen der zweiten und der dritten Gruppe gar keinen Unterschied haben. Es hat nur einen Sinn, wenn man die Familienangehörigen mit aufnimmt. Auch dann ist noch bei der zweiten und dritten Gruppe gewiss der reine Zufall maßgebend.

Landeshauptmann Dr. **Ender**: In diesen kleinen Gemeinden zahlt alles Steuern.

Staatskanzler Dr. **Renner**: Das ist richtig. Irgendeine kleine Grundsteuer zahlt jeder. Die Familienangehörigen aber nicht und daher müsste der Grundsatz aufrechterhalten werden, dass die Familienangehörigen auf derselben Liste stehen wie das Familienoberhaupt. Zumeist zahlt die Frau auch Grundsteuer.

Landeshauptmann-Stellvertreter **Mayer**: Eine Schwierigkeit besteht auch darin, dass die Einkommensteuer der Familienangehörigen dem Haushaltungsvorstand zugerechnet wird. Da kann ein Familienoberhaupt mit einer zahlreichen Familie in einer kleinen Gemeinde die entscheidende Wahl bringen. Es kommt bei dieser Sache nichts heraus. Führen Sie den Proporz in einfachster Form auch in kleinen Orten ein, dann wird die Minorität und die Majorität zur Geltung kommen. Die verwandtschaftlichen Beziehungen werden sich immer geltend machen, ob Sie nun Wahlkörper oder den Proporz einführen.

Staatskanzler Dr. **Renner**: Es nutzt wirklich nichts. Ich weiß nicht, ob es nicht am einfachsten wäre, ganz auf die Differenzierung zu verzichten. Nur beim Wahlverfahren müsste man sich überlegen, inwiefern eine Vereinfachung möglich sein wird.

Staatsrat **Fink**: Ich lege auch kein großes Gewicht darauf, wenn man die Familienmitglieder beim Familienoberhaupt einreiht.

Staatskanzler Dr. **Renner**: Einheitlich wird das nicht durchgeführt. Es steht zunächst fest, dass die Zahl von 2000 Einwohnern die Obergrenze ist und dass man unter diese Grenze heruntergehen kann. Zweitens steht fest, dass es bei kleinen Gemeinden erlaubt sein soll, vom Proporz abzusehen und eine andere Form der Minoritätsvertretung zu wählen, und zwar so, dass alle wahlberechtigten Gemeindeinsassen nach der Höhe ihrer Steuerleistung eingereiht werden, wobei zwischen den verschiedenen direkten Staatssteuern kein Unterschied gemacht werden soll. Dabei kommen die wahlberechtigten Familienangehörigen zum Haushaltungsvorstand. Diese so gereihten Wähler werden dann entweder der Zahl nach gedrittelt oder gehälftet, je nach der Größe des Ortes. Jede Gruppe hat die gleiche Zahl Gemeindevertreter zu wählen. Ein solcher Ersatz des Proporzes durch Minoritätsvertretung wäre zulässig und innerhalb der Gruppe wird dann mit relativer Majorität gewählt, so dass man nicht noch Stichwahlen usw. hat.

Es wären also die Industrialgemeinden abgegrenzt und es wäre diese Form der Minoritätenvertretung eingeführt. Es steht natürlich den Ländern frei, von diesen Vereinfachungen abzusehen und einfach den Proporz zu nehmen.

Hofrat Dr. v. **Jenny**: Steht ihnen auch frei, eventuell überhaupt von einer Minoritätenvertretung abzusehen?

Staatskanzler Dr. **Renner**: Das würde ich nicht empfehlen, von einer Minoritätenvertretung ganz abzusehen.

Landeshauptmann-Stellvertreter **Mayer**: Ich halte es nicht für zweckmäßig, hier einen allgemeinen Grundsatz bei der doch etwas zu geringen Vorbereitung festzustellen. Ich glaube, dass man das den Landtagen überlassen soll. Sie sollen sich nur an die früheren Bestimmungen halten müssen, aber ob es dann gerade diese Form sein muss oder ob sie eine andere wählen, das muss man doch ihnen überlassen.

Staatskanzler Dr. **Renner**: Man kann ja sagen: Im Übrigen soll es den Landesvertretungen überlassen werden, in Bezug auf die Landgemeinden die an die Verhältnisse des Landes am besten angepasste Form der Durchführung zu schaffen, wobei die allgemeinen Grundsätze nicht aufgehoben werden können.

Landesrat Dr. **Rehrl**: Kann bei Städten und Märkten mit einer ganz geringen Einwohnerzahl auch die Minoritätenvertretung eingeführt werden?

Staatskanzler Dr. **Renner**: Wenn eine Landesvertretung den Mut hat, eine solche kleine Stadt oder einen kleinen Markt wirklich als Kleingemeinde zu behandeln, so steht kein Hindernis entgegen. Sie sind hier nur mit Rücksicht auf die Ambition der kleinen Orte ausgenommen.

Damit ist auch dieser Punkt erledigt. Ich komme nun noch auf die finanziellen Gefahren zu sprechen.

Wir sind uns im Reinen, dass diese finanziellen Gefahren ein sehr ernstes Problem der Kommunalpolitik sind und wir sind uns auch darüber im Klaren, dass vom Standpunkte des Wahlrechtes eine sichere Garantie nicht gegeben ist. Es gibt Gemeinden mit gut bürgerlicher Vertretung, die auch eine schlechte Wirtschaft geführt haben. Die Hilfe ist tatsächlich dort zu finden, wo sie sonstige Organisationen gefunden haben. Die Genossenschaften, die sehr auf ihre Autonomie bedacht sind, haben sich dennoch bereit erklärt, das Institut der Revisoren zu schaffen, und es wird Sache der Landesvertretung sein, das Institut der Gemeinderevisoren einzuführen, und es wird auch Sache der Landesordnungen sein, den Landtagen ein gewisses Hoheitsrecht, und zwar ein erhöhtes Hoheitsrecht über die Gebarung der Gemeinden einzuräumen.

Staatsrat Dr. **Schoepfer**: Wir in Tirol haben das Institut der Gemeinderevisoren schon ziemlich lange, aber mit den Revisoren allein ist nichts getan. Der Revisor prüft wohl häufig die Gemeinderechnungen und schaut nach, ob da alles in Ordnung ist. Wenn der Revisor das leisten soll, was Herr Dr. E n d e r gemeint hat, dann muss er ein Verwaltungstechniker sein, der die Verwaltung versteht. Das ist ein sehr wichtiger Unterschied. Es kann einer ein guter Buchhalter sein und ist deswegen noch kein Kaufmann. Für ein gutes Kaufmannsgeschäft ist eine gute Buchhaltung notwendig, aber das allein genügt nicht. Ich habe mir selbst diese Frage wiederholt gestellt, weil diese Ausdehnung des Wahlrechtes für viele Gemeinden gewiss ein Schaden sein kann. Es trifft das besonders bei jenen Gemeinden zu, die von Industriearbeitern bewohnt sind, aber nicht selbst die Steuerquelle besitzen. Sie können kleine Bauerngemeinden ruinieren. Die Arbeiter machen für sich Ansprüche, deren Berechtigung man ihnen nicht abstreiten kann, allein in der Gemeinde sind die Mittel dazu nicht vorhanden. Darum ist die einzige Hilfe, dass man andere Gemeindegrenzen zieht und diese Gemeinden in solche Gemeinden einbezieht, wo durch die Industrie die Mittel geschaffen werden, um ihre notwendigen Ansprüche befriedigen zu können. Sonst können Sie machen was Sie wollen, Sie bringen in diese kleinen Gemeinden naturnotwendig den Widerstreit hinein zwischen den Ansprüchen der Arbeiter und der Unmöglichkeit, diese Ansprüche zu erfüllen. Einen Ausweg gibt es noch, aber dieser Ausweg begründet eben nur im einzelnen Falle gesetzlich die Unmöglichkeit, die Ansprüche zu befriedigen. Jeder Wähler kann ja gegen die Beschlüsse der Gemeindevertretung an den Landesausschuss rekurrieren und der Landesausschuss oder die Bezirksvertretung, wo solche bestehen – wir in Tirol haben sie nur auf dem Papier – kann dann einen solchen Beschluss aufheben. Mit dieser Aufhebung ist die Gemeinde gegen Beschlüsse, die sie finanziell ruinieren können, geschützt, aber die Personen sind nicht dagegen geschützt, dass für sie nicht ordentlich vorgesorgt wird. Darum meine ich, dass es durchaus notwendig ist, in Bezug auf die Gemeindegrenzen möglichst bald jene Remedur[124] zu schaffen, die die Zustände beseitigt, unter denen heute viele Gemeinden leiden. In die kleinste Gemeinde können Sie durch eine Wasserkraft eine große Industrie hineinbringen. In meinem Bezirke war geplant, durch eine große Wasserkraft eine Industrie in einer Gemeinde zu begründen. Der Sitz des Unternehmens wäre in einer verborgenen Ecke gewesen und die ganze Gemeinde war eine kleine zerstreute Bauerngemeinde, in welcher dann die Arbeiter gewiss nicht gewohnt hätten, sondern diese wären in eine andere Gemeinde gekommen. Mit der bloßen Gemeindewahlordnung können Sie die dann entstehenden Schwierigkeiten nicht beheben und auch bei einem Rekurse kann nur erklärt werden, dass die Gemeinde diese Lasten nicht erträgt, und dann sind die anderen in Bezug auf Schule, soziale Fürsorge, etc. in die Unmöglichkeit versetzt, ihre notwendigen Ansprüche befriedigen zu können.

Landeshauptmann-Stellvertreter **Pongratz**: Ich möchte nur hervorheben, dass gerade durch die Gemeindewahlreform ein Antrieb entstehen wird, unsere untersten Verwaltungskörper – und das sind doch die Gemeinden – auf eine bessere Grundlage zu stellen als heute. Ich habe Gelegenheit gehabt, Einblick in die Voranschläge der steirischen Landgemeinden zu nehmen und habe gefunden, dass die Mehrzahl der Gemeinden so klein ist, dass sie Voranschläge von 600 bis 1000 und 2000 K haben. Was wollen Sie da revidieren? Mit diesen Beträgen kann man absolut nichts machen. Diese Kleinheit der Gemeinden bringt es auch mit sich, dass gerade die Durchführung in den untersten Instanzen so schwierig ist, weil kein eigentliches Exekutivorgan da ist, weil überall die Mittel fehlen. Das kann nur geändert werden, wenn man die Gemeinden zusammenzieht; dann wird es möglich sein, auch Verwaltungskörper der untersten Instanz zu schaffen, die wirklich ihrer Aufgabe gewachsen sind. Wenn befürchtet wird, dass durch das allgemeine Wahlrecht in der Gemeinde vielleicht Wähler zur Herrschaft gelangen, die keine Steuer bezahlen und infolgedessen an der Höhe der Umlagen kein Interesse haben, so ist doch durch die Landesordnungen schon vorgesehen, dass über einen gewissen Prozentsatz der Umlagen hinaus die Gemeindevertretung nicht mehr allein beschließen kann. Sie muss beispielsweise bis zu einer gewissen Höhe die Zustimmung der Bezirksvertretung und bei Umlagen über 300 Prozent die Zustimmung der Landesvertretung haben. Dadurch ist ein gewisses Ventil geschaffen. Wenn man sieht, dass man mit diesen Mitteln nicht auskommt, dann muss man einen radikaleren Schritt machen und die Umgebungsgemeinden einer Industriegemeinde mit dieser vereinigen.

Landeshauptmann Dr. **Ender**: Ich pflichte dem, was Herr Dr. S c h o e p f e r und was Herr P o n g r a t z gesagt haben, vollständig bei. Die Gemeinden müssen unter Umständen zusammengelegt oder neugestaltet werden. Herr P o n g r a t z hat auch ganz richtig gesagt,

---

124 Remedur: Abhilfe, Kur.

dass der Landesausschuss zur Überschreitung der Zuschlagsgrenze das Genehmigungsrecht haben soll. Aber das hilft alles noch nichts. Im Falle Winterthur hat es sich nicht darum gehandelt, dass zu hohe Zuschläge gemacht wurden, sondern die betreffende Gemeindemehrheit hat wirtschaftliche Unternehmungen entriert[125], die die Stadt an den Ruin gebracht haben.[126] Dazu braucht die Gemeindevertretung keine Zuschläge, sondern sie beschließt die Aufnahme von ein paar Millionen und beginnt ein großes wirtschaftliches Unternehmen, von dem Einsichtige von vornherein erkennen, dass dabei diese Millionen vergeudet sein werden. Es muss daher auf alle Fälle in die Landesordnungen das Einspruchsrecht einer Minorität an den Landesrat und das Recht des Landesrates festgelegt werden, einen solchen Beschluss vorläufig zu sistieren, eventuell ganz aufzuheben, die Lage zu untersuchen und eventuell besondere Bedingungen für einen solchen Beschluss der Gemeinde vorzuschreiben. Bei solchen gewagten finanziellen Unternehmungen muss der Minorität, die durch den Ruin der Gemeinde in Mitleidenschaft gezogen würde, unbedingt der Weg an eine höhere Instanz offen stehen und durch die Einsprache muss eine vorläufige Sistierung des betreffenden Beschlusses, eine Untersuchung und eventuell definitive Aufhebung möglich sein.

Staatskanzler Dr. **Renner**: Ich bin bei unserer jungen Demokratie überhaupt der Meinung, dass sie die erziehlichen Funktionen nicht übersehen soll. Dazu gehört, dass der Minorität der Gemeinde ein Einspruchsrecht an die Landesvertretung, und der Minorität der Landesvertretung ein Einspruchsrecht an die Staatsvertretung eingeräumt werden soll. Bei der höchsten Autonomie, nämlich der staatlichen, soll sie eine nicht bevormundende, sondern beratende und belehrende Hilfe finden. Damit ist dieser Gegenstand erledigt.

Wir gehen nun zur Beratung des Blankettgesetzes über.

Landesrat Dr. **Rehrl**: In der gestrigen Beratung haben die Vertreter der verschiedenen Länder ausdrücklich und unzweideutig kundgegeben, dass sie sehr gerne bereit sind, die Prinzipien, die in der gemeinsamen Besprechung der Landeswahlordnung zutage traten, zur Kenntnis zu nehmen und dafür zu garantieren, dass sie in den einzelnen Ländern zum Durchbruch kommen, um so die Einheitlichkeit im Staate herzustellen. Die Zentralregierung kann überzeugt sein, dass die Vertreter der einzelnen Länder diese ihre Zusage auch tatsächlich halten werden. Wir sind hierher gekommen, um der Staatsverwaltung zu sagen, dass wir bei der Stimmung in unseren Ländern nicht in der Lage wären, mit gebundener Marschroute zurückzukommen und ein Gesetz zu akzeptieren, auf dem wir dann angeblich frei unsere Landesordnung aufbauen. In unserem Alpenvolke ist der Freiheitsdrang nunmehr neuerlich erwacht und lässt sich nicht zurückdämmen. Unser Volk will den Gesamtstaat, hat aber Angst davor, dass ihm dieser Gesamtstaat neuerlich jene Fesseln auferlegt, die es bisher mit Widerwillen getragen hat. Unser Alpenvolk ist kein revolutionäres Volk, jedoch ein Volk, das sich nach Freiheit sehnt und nur mit Unwillen die Fesseln trägt, die ihm auferlegt werden. Es hält jetzt unter allen Umständen den Zeitpunkt für gekommen, diese Fesseln abzuwerfen. Ich glaube dem Herrn Staatskanzler, wenn er erklärt, dass es nicht seine Absicht sei, uns mit Formalitäten zu drangsalieren. Ich persönlich glaube es ihm. Ich kenne seine Anschauungen. Aber unser Volk glaubt es nicht, dass hinter diesen Formalitäten nicht die Absicht steckt, neuerlich jene Vexationen[127] einzuführen, die bisher von der Zentralregierung ausgeübt wurden. Alles das, was uns heute bei der selbständigen Erlassung der Landesordnung in den Weg gelegt wird, sind Formalitäten. Wir haben die Revolution hinter uns, wir sind über alle Formalitäten hinweggeschritten, und ich sehe nicht ein, warum nunmehr neuerlich aus formalen Gründen dieser Wunsch der Länder nicht erfüllt werden soll, warum deshalb, weil angeblich ein Gesetz besteht, das den Herrn Staatskanzler bindet, dafür Sorge zu tragen,

[125] Entrieren: anbahnen, beginnen, in die Wege leiten.
[126] Vgl. Anmerkung 115.
[127] Vexation: Ärgernis, Quälerei.

dass eine gesetzliche Grundlage vorliegt, auf der das Land aufzubauen ist, warum diese Formalität nunmehr zum Durchbruch gebracht werden soll, nachdem tatsächlich bezüglich der Landeswahlordnungen für den Herrn Staatskanzler eine gesetzliche Bindung nicht vorliegt. Nur bezüglich der Gemeindewahlordnungen liegt eine solche Bindung vor.

Was die Sanktion betrifft, die früher bestand, so hat diese Sanktion wohl für den Monarchen gegolten und die Völker haben sie ertragen. Heute aber wollen wir frei sein und wir wollen als freie Völker zu einem neuen Staate zusammentreten und wollen uns nicht dadurch zusammenführen lassen, dass wir von vornherein an der Ausübung unseres freien Willens gehemmt werden. Wenn wir den Leuten die Freiheit geben wollen, sich dann frei zu entscheiden, dann müssen wir schon heute erklären: Du hast deinen freien Willen und wenn es dir recht ist, komme wieder zu uns, du wirst dich dann neuerlich für bestimmte Fälle binden und dem Staatsrate gewisse Rechte einräumen. Einstweilen aber könnt ihr die Vorfrage darüber, wer darüber entscheiden soll, ob ihr euch binden wollt, selbst regeln.

Nachdem der Herr Staatskanzler diesen einmütigen Wunsch ohne Unterschied der Partei gehört hat, glauben wir bestimmt, dass die Nationalversammlung einen derartigen Beschluss fassen kann, dass sie sagt: Die allgemeine Regel, das allgemeine gleiche, direkte und geheime Verhältniswahlrecht, ohne Unterschied des Geschlechtes, die stelle ich in der Verfassung fest und jedes Territorium, das zum Staate kommen will, muss dieses Prinzip anerkennen. Dagegen haben wir gar nichts. Das steht bereits im Artikel 10. Wenn die Länder auf Grund dieses Artikels ihre Verfassung aufgebaut haben, so ist dem Genüge geleistet. Was die Gemeindewahlordnung betrifft, so ist wohl der Herr Staatskanzler an diese Bestimmung gebunden. Aber es ist die Möglichkeit gegeben, dass der Herr Staatskanzler im Staatsrate einen Antrag einbringt, dass die Nationalversammlung diesen Artikel 10 aufhebt und sagt: Das könnt ihr euch selbst machen, wie ihr wollt.

Es kann auch für die Gemeindewahlordnung im Artikel 10 dieses Grundprinzip festgelegt werden und sicherlich werden sich alle daran halten, aber ich bitte davon abzusehen, dass neuerlich etwas Ähnliches hineinkommt, wenn es auch nicht den Namen Sanktion hat, ein Beitrittsrecht oder etwas, was einer Sanktion entspricht, das von vornherein die Freiheit der Länder beschneidet. Unsere Landesversammlung hat anlässlich des Gesetzes, betreffend die Übernahme der Staatsgewalt[128], am 14. November einstimmig den Beschluss gefasst, die Landeswahlordnung und Landesordnung sich selbst zu geben und diesfalls keine Vorschriften von der Zentralregierung entgegenzunehmen, und in Ausführung dieses Beschlusses erlaube ich mir heute bekanntzugeben, dass die Landesversammlung von Salzburg auch nunmehr auf diesem Standpunkt steht und es uns sehr unangenehm wäre, wenn wir durch Erlassung eines Gesetzes gezwungen wären, uns auch nur im leisesten mit der Zentralregierung in Widerspruch zu setzen. Wir haben den Wunsch, dass wir bei Deutschösterreich bleiben und dass wir uns dort als freie und friedliche Völker finden, aber wir haben auch den Wunsch, dass wir vollkommen frei sind, unser Haus zu bestellen. Wir wollen uns nicht eine große Zinskaserne schaffen, sondern wollen in einem Pavillonsystem leben, wo jeder sein eigenes Haus hat und darinnen frei und froh arbeiten kann, und wir haben trotzdem die Interessen der Gesamtheit dabei ganz und voll im Auge.

Landesrat Dr. **Reut-Nicolussi**: Ich möchte für Tirol folgendes sagen: Der Zeitpunkt, da das Gesetz vom 12. November entstanden ist, war die Zeit, wo nach Innsbruck die österreichische Armee zurückflutete, die Italiener nachrückten und die Bayern von Norden gekommen sind. Es war eine Zeit, in der ein Chaos herrschte und wir einfach alles akzeptieren oder besser gesagt in die Aktenmappe legen mussten, weil so viele praktische Dinge vorgelegen sind, dass man sich mit derartigen theoretischen Sachen nicht befassen konnte. Darum hat die damalige Tiroler Nationalversammlung erklärt, dass sie, der Not gehorchend, dieses Gesetz vorderhand

128 StGBl. Nr. 24/1918.

befolgt, aber wir haben uns auf den Standpunkt gestellt, dass wir uns die Autonomie des Landes im vollen Umfange wahren und dass wir darüber hinaus auf dem Standpunkt stehen, dass uns die bisherige Gemeinsamkeit nicht mehr bindet, sondern dass die erst neu zu schaffende Gemeinsamkeit uns verpflichten wird. Wenn wir heute zusammengekommen sind, so hat das auch den Zweck gehabt, uns zusammenzuführen und uns zur Verständigung zu bringen. Was aber hier mit dem Rahmengesetz beabsichtigt ist, sollte dasselbe sein, ist jedoch faktisch das Gegenteil; denn durch ein solches Rahmengesetz werden wir auseinandergetrieben und nicht zusammengebracht. Daher möchte ich sagen: Entweder verzichtet man auf die Durchführung des mehrerwähnten Gesetzes in diesem Punkte, man tut gar nichts, oder aber man hebt den berüchtigten Artikel auf. Es ist auch nicht richtig, wenn gesagt wird, dass sich in den Ländern die Bevölkerung um diese formalen Dinge nicht kümmert. Die provisorischen Landesvertretungen sind genau so wie die früheren Landesvertretungen die Exponenten der Volksstimmung und insofern konzentriert sich in uns das Volksempfinden; und dieses sagt uns, dass wir uns tatsächlich unser eigenes Haus selbst bestellen wollen. Ich möchte deshalb die Bitte aussprechen, dass das ganze Verfassungsgesetz, dass der ganze Entwurf rechtzeitig in die Länder hinausgelangt, und ich glaube, dass bei uns sogar eine Volksabstimmung darüber durchgeführt werden wird, ob der Anschluss unter diesen Bedingungen durchzuführen ist. So fassen wir unser ganzes Verhältnis auf, so fassen wir auch die Demokratie auf, dass man die alte Zentralisation mit ihren Ausstrahlungen aufgehoben hat und dass jetzt die freien Gemeinwesen, die aus freien Bürgern bestehen, wieder zusammenkommen.

Staatskanzler Dr. **Renner**: Ich habe schon ausgeführt, dass in dieser Frage der Staatsrat zu entscheiden berufen ist. Ich habe nur mein Amt hier zu führen. Sie werden es mir zubilligen und für gut finden, dass ich berufen bin, die Gesetze durchzuführen und mich an die Gesetze zu halten und dass ich, wenn etwas in meinem Berufskreis geändert werden soll, hier den gesetzlichen Weg einhalten muss. Ich glaube, dass ich mein Amt schlecht führen würde, wenn ich es anders machen würde. Ich habe darauf zu achten, dass ein Gesetz durchgeführt wird und dass, wenn es nicht durchgeführt werden kann, ein anderes Gesetz an seine Stelle tritt. Ich habe also ausgeführt, was meine Verpflichtung ist. Meine Verpflichtung erlischt aber in dem Augenblick, wenn der Staatsrat anders entscheidet. Ich bin hier als Bevollmächtigter des Staatsrates als das Staatsorgan und in jeder Entschließung an den Staatsrat gebunden. Ich kann also nicht anders. Selbstverständlich werde ich an den Staatsrat von Ihrem Wunsche berichten und der Staatsrat wird dann darüber entscheiden.

Nun glaube ich aber doch, dass immer ein Irrtum unterläuft, und der besteht darin, dass der Staatsrat und die Nationalversammlung ein Höheres über Ihnen sei. Das ist nicht richtig. Die Nationalversammlung, die sind ja selbst die Vertreter der Länder und sie werden es in immer höherem Maße sein. Wenn wir die Wahlen durchgeführt haben werden, wird die Nationalversammlung ein ganz getreues Abbild der Länder sein, sie wird nichts anderes beschließen, als was der Gesamtheit der Länder frommt. Da die höchste Gewalt nicht über dem Staate steht, da sie in unserem Grundgesetze doch ausdrücklich der Nationalversammlung vorbehalten ist, so ist sie damit doch auch den Ländern vorbehalten. *(Dr. R e h r l: Das stimmt nur dann, wenn es sich um einen Einheitsstaat handelt!)* Welcher Staat es auch immer ist, die Nationalversammlung ist die Gesamtheit der Länder und wenn die Gesamtheit der Länder etwas mit einer entsprechenden Mehrheit beschließt, so kann das einzelne Land sagen: Ich gehe nicht mit, ich werde mich nicht unterwerfen. Ich bin überzeugt, das Land würde es nicht tun, aber der Standpunkt kann geltend gemacht werden. Aber in dem Augenblick, wo die Zentrale ebenso auf dem Grundsatze der Demokratie beruht wie die einzelnen Länder, dann ist eben die größere Körperschaft eine Art erhöhtes Forum mit einem weiteren Gesichtskreis, an das sich das Land vertrauensvoll wenden kann. Ich kann meine Rechtsüberzeugung nicht vergewaltigen, ich muss ihr Ausdruck verleihen und ich muss sie auch im Staatsrate vortragen. Die meisten Gruppen, die hier vertreten sind, sind auch im Staatsrate vertreten, der darüber entscheiden wird. Aber Sie wollen, dass der Staatsrat und die Nationalversammlung ein einmal beschlossenes Gesetz widerrufen und Herr Dr. R e h r l hat ausgeführt: Wir im Landtage haben beschlossen, unsere Landesordnung selbständig zu machen und von Wien aus keinen Rat anzunehmen. Sie werden nicht widerrufen, der Staatsrat soll und wird widerrufen. Ich glaube, dass man am besten zu einem annehmbaren Ausweg kommt, wenn jeder so weit entgegenkommt als es nottut. Es wäre zweckmäßig, wenn Sie Ihren Standpunkt so weit, nur so weit, ändern würden, dass es uns möglich ist, die bisherige Rechtslage durch ein Gesetz über die Landeswahlordnung und Gemeindewahlordnung zu ändern. So weit können Sie uns entgegenkommen und ich würde auf Grund der Ergebnisse der Verhandlungen einen neuen Entwurf ausarbeiten, der es uns ermöglicht, die rechtliche Ordnung herzustellen, und bevor ich ihn dem Staatsrate vorlege, werde ich ihn Ihnen zuschicken und versuchen, uns rasch darüber zu verständigen. Das wird ein Ausweg sein, der niemandem Gewalt antut, aber auch dem Umstande Rechnung trägt, dass wir in einer gewissen Verlegenheit sind. Sie dürfen doch nicht vergessen, wie viel die Länder durch die neuen Verhältnisse gewonnen haben und dass wir nicht auf einmal alles auf den Kopf stellen können. Ich werde also in diesem Sinne an den Staatsrat berichten und bitte Sie, meine Ausführungen zur Kenntnis zu nehmen.

Landeshauptmann Dr. v. **Kaan**: Ich glaube, unsere Erörterungen sind, nicht bewusst, aber unbewusst, von dem Geist einer gewissen Unaufrichtigkeit oder sagen wir des mangelnden Aussprechens dessen, worauf es eigentlich ankommt, durchdrungen. Wenn sich die Länder heute gegen das Sanktionsrecht, oder wie wir es jetzt nennen, das Beitrittsrecht des Staatsrates sträuben, so geschieht dies aus dem teilweise nur instinktiv empfundenen Gedanken heraus, dass es bei der heutigen vollkommenen Unklarheit über die endgültige Gestaltung des Staatsganzen unmöglich ist, dass über die inneren Lebensinteressen der einzelnen Länder eine außerhalb dieser Länder sich bildende Gewalt entscheidet. Nun hat der Herr Staatskanzler erklärt: Diese Gewalt gibt es nicht, die Gewalt besteht in euch selbst. Das ist theoretisch, aber nicht praktisch richtig, denn eine solche Gewalt kann sich aus einem Interessenkreis heraus bilden, der die Mehrheit in der Nationalversammlung und im Staatsrat gegenüber einer anderen Minderheit darstellt. Ich rede hier vollkommen sine ira et studio[129], rein objektiv. Die Bildung dieser Mehrheit ist dadurch möglich, dass auf der einen Seite Wien und die Sudetenländer stehen, die ja durch Verkehrsbeziehungen usw. in höherem Grade eine gewisse Interessengemeinschaft darstellen, auf der anderen Seite die Alpenländer, die eine geringere Bevölkerungsziffer und daher auch einen wesentlich geringeren politischen Einfluss auf die Gesamtheit haben, jedoch – und darüber kommen Sie nicht hinweg – weitaus das meiste von jenen wirtschaftlichen Gütern besitzen, die der Gesamtstaat zu seinem Wiederaufbau braucht. Die ganze Frage wird außerdem noch dadurch äußerst kompliziert, dass wir heute über die endgültige staatsrechtliche Gestaltung Deutschböhmens keine Klarheit haben. Ich gehe dabei immer von dem Standpunkt aus, dass es für uns alle ein grundsätzliches Postulat des Herzens ist, dass Deutschböhmen für das deutsche Volk gerettet wird. Aber diese Rettung braucht durchaus nicht auf dem Wege zu geschehen, dass Deutschböhmen in seiner Gänze zu Deutschösterreich kommt, sondern es kann Deutschböhmen mit den geographisch dazugehörigen Teilen ganz gut auch an die angrenzenden deutschen Bundesländer angegliedert werden. Es lässt sich nicht leugnen, dass die geographischen Notwendigkeiten dafür sprechen. Tritt dieser Fall ein, dann wird das Verhältnis zwischen der Stadt Wien mit ihren etwas über 2 Millionen Einwohnern und den Alpenländern bei der Beibehaltung der heutigen Struktur, die doch im Wesentlichen mit einer zentralistischen Überordnung arbeitet, ein innerlich ganz unmögliches. Sie können es da den Alpenländern nicht übel nehmen, dass sie angesichts dieser vielen unbekannten Größen in der ganzen staatsrechtlichen Gleichung heute von einem gewissen Misstrauen erfüllt sind. Dieses Misstrauen ist gewiss kein subjektives, sondern ein

[129] Sine ira et studio: ohne Zorn und Eifer.

objektives. Wir billigen Ihnen allen, in erster Linie unserem verehrten Vorsitzenden eine vollständige Loyalität zu, aber die Verhältnisse können sich so gestalten, dass bei aller Loyalität eine Preisgebung der Interessen unvermeidlich ist. So lange daher diese grundlegenden staatsrechtlichen Vorfragen nicht gelöst sind, wollen wir es ängstlich vermeiden, die Frage der endgültigen Verteilung des politischen Schwergewichtes zwischen den Ländern einerseits und dem Staatsganzen andrerseits endgültig kodifikatorisch zu lösen. Um uns aus der bestehenden Verlegenheit herauszuhelfen, würde einfach eine Novellierung des Gesetzes vom 12. November 1918, StGBl. Nr. 5, ausreichen. Diese Novellierung soll nicht in Form eines Rahmen- oder Blankettgesetzes erfolgen, sondern soll ausschließlich dasjenige in legaler Weise aus dem Wege räumen, was uns gegenwärtig Schwierigkeiten schafft. Haben wir das getan, so werden wir nach drei oder vier Monaten endgültige Verhältnisse schaffen. Wir sind heute gleichsam zwei Kompaziszenten[130], die miteinander ein Geschäft machen, dessen Tragweite keiner von beiden übersieht. Dabei laufen beide Gefahr, übers Ohr gehaut zu werden. Wir wollen aber Sie nicht übers Ohr hauen und wollen auch von Ihnen nicht übers Ohr gehaut werden. Lassen Sie sich praktische Erwägungen nicht durch dogmatische Bedenken trüben.

Staatskanzler Dr. **Renner**: Sie werden, meine verehrten Herren, begreifen, dass eine Staatsverwaltung unter so prekären Verhältnissen außerordentlich schwierig ist.

Was nun Wien anbelangt, so haben die Länder außerordentliche Bedenken in Bezug auf ihr Verhältnis zur Stadt Wien. Sie sagen: Wien, eine Stadt mit mehr als 2 Millionen Einwohnern, würde nun den Ländern allein zur Last fallen. Ich glaube, dass Sie zu stark unter den augenblicklichen Impressionen stehen. Die Stadt Wien ist jetzt diejenige, die Lebensmittel verlangt und die Ihnen nichts geben kann. Aber lassen Sie wieder Friede sein, so wird sich das Verhältnis genau so umkehren, wie es früher war. Die Stadt Wien ist auch in starkem Maße etwas Gebendes und wenn Sie die direkten und indirekten Steuern, die Wien dem alten Staate geleistet hat, veranschlagen, so werden Sie finden, dass die Stadt Wien sehr viel und sehr gern und unbedenklich gegeben hat. *(Dr. E n d e r: Hier war aber auch der Sitz aller Gesellschaften!)* Das ist eine Sache, die für die Sudetenländer, aber keineswegs für die anderen in Betracht kommt. Wir wollen die Auseinanderrechnung nicht vornehmen, aber die Stadt Wien wird immer kraft ihrer geographischen Lage, wenn nun einmal Friede sein wird, ein großes, wichtiges und steuerkräftiges Zentrum sein, das auch den Ländern sehr nützlich sein wird.

Landeshauptmann Dr. v. **Kaan**: Vorausgesetzt, dass die Stadt Wien nicht durch eine falsche staatsrechtliche Konstruktion verhindert wird, dieses Zentrum zu werden! Diese Sache ist zweischneidig. Wenn man die Stadt Wien in eine Rolle hineinpresst, die ihrer natürlichen und historischen Entwicklung nicht entspricht, die sie zu etwas engerem macht, so wird Wien in erster Linie geschädigt werden. Es soll sich organisch entwickeln und heute in dem Prokrustesbett[131] kann das nicht sein.

Staatskanzler Dr. **Renner**: Wir haben von allem Anfang an gesagt: Deutschösterreich kann für sich allein nicht bestehen und es wird auch nicht für sich allein bestehen bleiben. Es muss einen Anschluss vollziehen. Wenn der Anschluss an Deutschland erfolgt, so ist die Stadt Wien für ganz Süddeutschland das Ausbruchstor nach dem Osten und als solches wird es immer eine so hohe kommerzielle Bedeutung haben, dass es tatsächlich ein steuerkräftiger und sich selbst erhaltender Gemeinschaftskörper sein wird. Es kann sein, dass Wien dabei 200.000 bis 300.000 Menschen abgeben muss, mehr wird es nicht abgeben müssen. Aber dann wird die Stadt Wien sich erhalten und außerdem noch den Ländern außerordentlich wichtig und nützlich sein.

---

130 Kompasziszent: vertragschließende Partei.

131 Prokrustesbett: ein Schema, in das etwas Unpassendes hineingezwungen werden soll.

Wenn wir in die andere Kombination hineingezogen werden, so ist die Stadt Wien für die nächste Zeit auch gesichert. Sie ist aber in diesem Falle nicht gesichert, wenn Deutschösterreich unter unwürdigen Bedingungen hineingezwungen wird. Denn dann kann es sein, dass ihr tatsächlich durch einen Ausbau von Pressburg die ganze Existenzbasis entzogen wird. Es ist das auch mit ein Grund, warum wir die Vereinigung mit Deutschland der Einzwängung in eine Föderation vorziehen, in der wir von niemandem geliebt, von allen unterdrückt, wirtschaftlich wahrscheinlich aus unserer Stellung herausgeworfen werden würden, während Wien nicht zu entwurzeln ist, wenn es das östliche Tor von ganz Süddeutschland ist. Es ist auch nicht durch Pressburg zu entwurzeln, denn die wirtschaftliche Expansionskraft ganz Süddeutschlands und der Alpenländer, ihrer Wasserwirtschaft und ihrer Erzeugung wird immer stärker sein als die wirtschaftliche Expansion des tschechoslowakischen Gebietes über Pressburg. Infolgedessen ist dann eigentlich nichts zu fürchten, während wir in eine Donauföderation als Minorität, als die gehasste, unterdrückte Minorität hineinkämen, die anderen hingegen die volle Freiheit hätten, uns gegenüber zu beschließen und zu handeln. Die anderen würden dann die Brücke zwischen Norden und Süden an Wien vorbei herstellen, sie würden Pressburg ausbauen und würden dadurch Wien allmählich entwurzeln – allmählich, das kann auch erst in 15 bis 20 Jahren geschehen und bis dorthin könnte eine solche Föderation ihren inneren Charakter sehr geändert haben.

Übrigens bin ich der Meinung – und ich glaube es wird nicht vermessen sein, das auszusprechen –, dass sich die ganze europäische Situation in weniger als in ein paar Monaten ändern wird; denn die Stoßkraft der Ententestaaten, einschließlich der slawischen, wird sich von Tag zu Tag mehr durch die innere Entwicklung mindern, während wir andrerseits als die Besiegten den stärkeren Appell zur Ordnung haben. Es wird sich auch zeigen, dass die Deutschen so viel organisatorische Kraft haben, dass sie sich rascher aufbauen, als die anderen ihre Desorganisation verhindern können; denn die Volksmassen drüben pochen auf den Sieg und auf den Lohn des Siegers und werden anspruchsvoller sein. Unsere Volksmassen wissen, dass sie nichts zu erwarten haben, weil sie die Geschlagenen sind, und sie werden bald begreifen, dass sie in eine feste Organisation eintreten müssen. Wir haben den Tiefpunkt unserer Demütigung überschritten und ich glaube fest daran, dass wir auf dem aufsteigenden Ast der Reorganisation sind. Es ist danach die Frage, ob sich nicht das Gleichgewichtsverhältnis in Europa sehr wesentlich verschieben wird.

Landeshauptmann Dr. **Ender**: Ich möchte noch etwas vorbringen: Ich glaube, es ist als Grundsatz beschlossen worden, dass die Regulierung der Gehälter der Landeshauptleute und der Stellvertreter in der Weise erfolgen soll, dass das, was bisher die Statthalter bekommen haben, nun auf die Landeshauptleute und ihre Stellvertreter aufgeteilt wird. Wie das in Vorarlberg durchgeführt werden soll, ist mir gänzlich unklar. Soll der Statthaltergehalt zuerst zwischen Tirol und Vorarlberg und dann in Vorarlberg wieder zwischen dem Landeshauptmann und seinem Stellvertreter geteilt werden?

Staatskanzler Dr. **Renner**: Wir haben unlängst eine Entscheidung getroffen, aber es ist sicher, dass diese Entscheidung wieder nicht ganz befriedigt, aus mancherlei Gründen, aus inneren und äußeren Gründen nicht befriedigt. Wir hatten in den einzelnen Kronländern Statthalter und Statthaltereivizepräsidenten. Die Statthaltereivizepräsidenten würden bei dieser Berechnung mit in Betracht kommen, denn die Landeshauptmann-Stellvertreter rücken in die Stellung eines Statthaltereivizepräsidenten ein. *(Dr. E n d e r: Wenn es nicht der Landesamtsdirektor ist!)* Der Landesamtsdirektor konkurriert hier nicht. Nun ist die andere Frage: wie es ein solches Land macht wie Vorarlberg, das gar keinen Statthalter gehabt hat. Es würde sich ein anderer Ausweg besser empfehlen. Wie wäre es, wenn man die Organe der Landesregierung ganz auf das Staatsbudget übernehmen würde? Man würde dadurch ihre Stellung gewissermaßen verselbständigen. An der Tatsache, dass sie von der Landesvertretung gewählt sind und von ihr jederzeit abberufen werden können, würde sich nichts ändern, aber es würde diese Auseinanderrechnung wegfallen. Damit würden auch gewisse Rangsfragen aus der Welt geschafft werden. Es ist schon einmal so, dass der Landeshauptmann bei offiziellen Veranstaltungen einen bestimmten Rang haben muss.

Landeshauptmann v. **Steiner**: Gegen diesen Vorschlag muss ich mich mit aller Entschiedenheit aussprechen, weil dadurch die Landesregierung ihre Unabhängigkeit gegenüber der Zentralregierung verlieren würde. Ich bin so wie bei der ersten Landeshauptleutekonferenz[132] der Meinung, dass der Staat einen entsprechenden Betrag an die autonome Verwaltung bezahlt und die autonome Verwaltung dann die Kosten für die politische Verwaltung übernimmt. Das Budget im Lande Niederösterreich beträgt für die autonome Verwaltung zirka 100 Millionen Kronen und für die politische Verwaltung 4½ Millionen Kronen. Wenn der autonomen Verwaltung ein entsprechender Betrag zugewiesen wird, können beide Gebiete gemeinsam verwaltet werden und die Frage ist damit aus der Welt geschafft.

Die diesmalige Landeshauptleutekonferenz zeigt, dass die Meinungsverschiedenheiten, die zwischen der Staatsregierung und den einzelnen Ländern bestehen, nicht behoben worden sind. Ich habe viel mehr den Eindruck, als ob sich die Kluft erweitert hätte. Ich bitte den Herrn Staatskanzler alles aufzubieten, damit diese Differenzen im Interesse des großen Ganzen beseitigt werden, weil wir doch so bald als nur möglich zur gemeinsamen Arbeit kommen müssen, um den Wiederaufbau mit Erfolg durchzuführen.

Landeshauptmann Dr. v. **Kaan**: Diese Frage haben wir für Steiermark sofort durch eine Novellierung unserer Landesordnung gelöst.[133] Der Betrag von 30.000 K, in welchem auch die Entschädigung für die nunmehr aufgelassene Amtswohnung des Statthalters samt Beleuchtung und Beheizung inbegriffen war, ist von der Landesversammlung zwischen dem Landeshauptmann und dessen Stellvertretern aufgeteilt worden. Die autonomen Bezüge, die mit einer entsprechenden Berücksichtigung der Geldentwertung in vollkommen gleicher Weise festgestellt wurden, bleiben unberührt. Dieses Verhältnis ist meiner Meinung nach bis auf weiteres das gesündeste. Eine Honorierung der Landesregierung ausschließlich aus der Staatskasse müsste ich, soweit wenigstens meine Person in Frage kommt, als nicht befriedigend bezeichnen. Es würde dadurch der Charakter der Betreffenden als Volksbeauftragte verwischt. Man darf nicht übersehen, dass bis zur Durchführung der endgültigen Verwaltungsreform, also für einen nicht unbedeutenden Zeitraum, die autonomen Geschäfte und Pflichten einen breiten Raum einnehmen. Ich brauche reichlich die Zeit von 9 bis 2 Uhr für die Erledigung der autonomen Angelegenheiten. Der ganze Apparat der Landesversammlung gibt sehr viel zu tun, namentlich jetzt, wo wir auch eine ganze Reihe von kodifikatorischen Arbeiten zu leisten haben. Die wirtschaftliche Verwaltung des Landes ist eine große Arbeit. Wir haben ein nach vielen Millionen zählendes Vermögen, wir haben heute die Wohltätigkeitsanstalten und das Straßenwesen zu verwalten. Dabei ist zu bedenken, dass sich der autonome Apparat nicht derart eines verantwortlichen Beamtenkörpers bedienen kann wie der staatliche.

Im staatlichen Apparat haben wir die Approbanten, im autonomen Apparat sind wir selbst die Approbanten.[134] Bei uns in Steiermark ist von den alten Landesräten nur ein einziger geblieben und der ist krank.[135] Das andere Landesausschussmitglied, welches geblieben ist, ist

---

132 Vgl. KRP Nr. 15.

133 Landesgesetz- und Verordnungsblatt für das Land Steiermark Nr. 50, Gesetz vom 6. Dezember 1918, wirksam für das Land Steiermark, womit eine Landesordnung für das Land Steiermark erlassen wird, ausgegeben am 12. Mai 1919.

134 Approbation: Billigung, Genehmigung.

135 Gemeint war Franz Hagenhofer, der bis zum Ende der Monarchie gemeinsam mit Kaan Abgeordneter im steiermärkischen Landtag gewesen war. Sodann amtierte er von 21. Oktober 1918 bis 16. Februar 1919 als Mitglied der Provisorischen Nationalversammlung, CSP, und vom 6. November 1918 bis 25. Februar 1920 als Landesrat in der steiermärkischen Landesregierung, danach trat er aus gesundheitlichen Gründen von seinen Ämtern zurück.

meine Wenigkeit, infolgedessen muss ich als Landeshauptmann die Tätigkeit der Landesräte in viel höherem Maße kontrollieren als früher, weil es nicht zu verlangen ist, dass der einzelne Herr die nötige Kenntnis der Geschäfte so rasch erlangt. Wenn ich die Landesregierung als staatliches Organ auffassen würde, würde ich dem heutigen Pflichtenkreis nicht gerecht werden. Ich bitte also, für Vorarlberg, das keinen Statthalter hat, eine entsprechend abgestufte Summe zuzuweisen. Bei uns weist die Landesversammlung die betreffende Summe zu und die autonomen Bezüge laufen weiter.

Landeshauptmann Dr. **Ender**: Man muss zwischen einem großen und einem kleinen Lande unterscheiden. In Niederösterreich mit seinem riesigen Millionenbudget ist die Sache ungeheuer einfach. In unserem kleinen Vorarlberg stellt man an den Landeshauptmann keine besonderen Repräsentationsansprüche, man verlangt nur, dass er fleißig ist und seine Sache gut macht. Dabei kann er ein so bescheidenes Leben führen als ihm gefällt. Danach richten sich auch die Besoldungsverhältnisse. Wenn die Staatsregierung diesen Mann als Repräsentanten betrachtet, dann muss sie sich entweder auf den Standpunkt stellen, dass er auch den Staat so bescheiden und einfach repräsentieren darf, wenn sie aber Gewicht darauf legt, dass er seine ganze Arbeitskraft hergibt und dazu den Staat auch entsprechend repräsentiert, muss sie das auch finanziell zum Ausdruck kommen lassen. Ich begreife es auch, dass die Regierung daran denkt, die Landeshauptleute als regierende Organe des Staates irgendwie einzureihen. Aber man wird überall das Gefühl haben, dass die Länder eine solche Einreihung nicht vornehmen können. Das kann nur der Staat und wenn damit Konsequenzen finanzieller Natur verbunden sind, so ist vom Standpunkt eines kleinen Landes dagegen nichts einzuwenden.

Staatskanzler Dr. **Renner**: Die Rangseinteilung ist eine wichtige Sache. Es ist einmal im staatlichen Leben nicht gleichgültig, wie der Landeshauptmann rangiert, ob er bei einer öffentlichen Veranstaltung, zum Beispiel vor dem Landesgerichtspräsidenten, den Vortritt hat.

Landeshauptmann Dr. v. **Kaan**: Es besteht nicht der geringste Zweifel, dass der Landeshauptmann im Lande Steiermark der höchste Funktionär ist.

Landeshauptmann-Stellvertreter **Mayer**: Ich schlage vor, ein Komitee aus den Landeshauptleuten zu wählen, das im Einvernehmen mit der Staatsverwaltung diese Frage regelt. *(Rufe: Wir haben es schon geregelt!)* Nachdem aber dabei verschiedene Interessen auszugleichen sind, muss die Frage in einem Guss geregelt werden. Es ist uns schon der Vorwurf gemacht worden, dass wir die Reichen spielen und uns das selbst machen wollen.

Staatskanzler Dr. **Renner**: Vielleicht verständigen sich die Herren mit dem Herrn Landeshauptmann v. S t e i n e r und den Kollegen F i n k und M a y e r, die ständig in Wien sind. Wir müssen dann auch die rechtliche Form für die liquidierende Behörde ins Auge fassen. Wären die Herren mit diesem Vorschlag einverstanden? *(Zustimmung.)*

Die Herren sind also mit dem Vorschlage einverstanden: Der Landeshauptmann v. S t e i n e r, Landeshauptmann-Stellvertreter M a y e r und Kollege F i n k mögen das mit den einzelnen Landeshauptleuten vereinbaren und dann mit mir zu einer Beratung zusammentreten und wir wollen dann einen bestimmten Vorschlag machen. *(Zustimmung.)*[136]

Ich bitte nunmehr den Herrn Kollegen Dr. S c h o e p f e r, den Vorsitz zu übernehmen. Staatssekretär Dr. L o e w e n f e l d - R u ß wird noch über die Brotpreiserhöhung referieren.

---

[136] Material zu den diesbezüglichen Beratungen zwischen Fink, Renner, Mayer und Steiner findet sich in AdR, StK, GZl. 69/1919. Zu deren Ergebnis vgl. unter der genannten Grundzahl vor allem Zl. 69/2/1919, Rangstellung und Bezüge der Landeshauptleute, Landeshauptmann-Stellvertreter und Landesräte; Zl. 69/6/1919, Rechtstellung und Bezüge der Landeshauptleute, Landeshauptmannstellvertreter und Landesräte; Zl. 69/9/1919, Entwurf eines Gesetzes über die Bezüge der Volksbeauftragten. Vgl. sodann StGBl. Nr. 221, Gesetz vom 4. April 1919 über die Bezüge der Volksbeauftragten, ausgegeben am 11. April 1919; KRP Nr. 54/9 vom 26. März 1919.

Staatssekretär Dr. **Loewenfeld-Ruß**: Ich möchte nur kurz den Herren den Stand der Verhältnisse mitteilen, wie er sich im Laufe der letzten Zeit herausgebildet hat und was wir in der nächsten Zeit zur Lösung der Frage unternehmen müssen.[137] Deutschösterreich ist unbedingt auf die Zufuhr von Lebensmitteln, und zwar in erster Linie hinsichtlich der Versorgung von Brot und Mehl, aus dem Auslande angewiesen. Wir müssen aus den Ententeländern Getreide in großen Mengen bis zur neuen Ernte importieren, außerdem noch andere Lebensmittel, die aber hinsichtlich ihrer Menge und ihres Wertes nicht so sehr ins Gewicht fallen wie Getreide, nämlich Fett und Milch und vielleicht auch Fleisch.

Wir sind hier nun vor zwei schwerwiegende Fragen gestellt. Die erste ist die Finanzierung dieser Importe. Es handelt sich, wenn ich mich auf das Mehl beschränke, um kolossale Ziffern. Der Bedarf Deutschösterreichs kann bis zur neuen Ernte gewiss mit 270.000 Tonnen Mehl angenommen werden und wir werden bei der Bezahlung jedenfalls auf Hunderte von Millionen kommen. Ich will absichtlich nicht die Ziffer von 300 K pro Meterzentner Getreide der Gesamtrechnung unterstellen – 300 K beträgt der Preis, der für das erste zu liefernde Getreide festgesetzt wurde –, weil wir sicher annehmen können, dass dieser Preis herabgesetzt werden wird. Diese Ziffer war deshalb so hoch, weil wir diesen Weizen aus italienischen Depots beziehen mussten und er zu einer Zeit verschickt wurde, wo die Frachtraten enorm hoch und die Getreidepreise wesentlich höher waren. Außerdem wurde uns die Umrechnung von Dollar über Lire gemacht, wobei wir schwere Verluste erlitten. Wenn wir die 300 K für den gesamten Import zugrunde legen würden, so käme eine Ziffer von rund 900 Millionen für das Mehl allein heraus. Diese Ziffer möchte ich nicht als feststehend betrachten, aber dass das Getreide wesentlich mehr kostet als das inländische Getreide, darüber ist kein Zweifel.

Zur Bezahlung dieser Hunderte von Millionen ist natürlich eine große Finanzierungsaktion notwendig, weil wir nicht über die notwendigen ausländischen Valuten oder Devisen verfügen. Wenn uns auch die Entente für die allererste Sendung gestattet hat, ein Kronendepot als Pfand für die künftige Bezahlung zu erlegen, so ist kein Zweifel, dass wir in Kronen die ganze Summe nicht bezahlen können. Es ist heute, nachdem die ersten Verhandlungen zu keinem Ergebnis geführt haben, eine Reihe von Delegierten nach Bern gefahren, um entweder in Bern oder in Paris diese Finanzierungsfrage, soweit als möglich im Wege eines Kreditabkommens, in Ordnung zu bringen. Diese Frage ist aber noch nicht gelöst.[138]

Die zweite Frage ist mindestens ebenso schwierig. Das ausländische Getreide wird also jedenfalls teurer sein als unser Getreide. Die Differenz für die erste Sendung ist eine enorme, nachdem wir 300 K für den Weizen zahlen mussten gegenüber einem Preise von 80 K (55 K + 25 K Prämie) für das heimische Getreide. Daraus folgt, dass wir bei Aufrechterhaltung unserer heutigen Mehlpreise vor eine Situation gestellt sind, die dazu führt, dass der Staatsschatz enorme Verluste erleiden würde. Wir haben heute einen täglichen Mehlbedarf für die Zuschussgebiete lediglich von Wien, Niederösterreich, Steiermark und Kärnten von rund 100 Waggons pro Tag. Tirol und Vorarlberg werden momentan auf Grund eines Sonderabkommens durch die Schweiz versorgt[139], Oberösterreich und derzeit auch noch Salzburg versorgen sich selbst. Diese vier unbedingt zuschussbedürftigen Länder brauchen also 100 Waggons pro Tag, demnach eine Million Kilogramm. Wenn wir den Mehlpreis auf Grund des 300 K Preises errechnen, so würde er sich inklusive der Fracht und der Spesen für Vermahlung etc. auf 328 K für den Meterzentner stellen, wie er uns auch tatsächlich zu stehen kommt. Die Differenz gegenüber dem heutigen Brotmehlpreise von 1 K und dem Kochmehlpreise von 1 K 50 h, beziehungsweise Backmehlpreise von 2 K 50 h ist eine so große, dass, wenn wir effektiv täglich diese hundert Waggons bekämen, wir täglich rund 2 Millionen daraufzahlen.

---

137 Zu den Brotpreisen vgl. auch KRP Nr. 31/2 sowie Nr. 33/3 und 4.

138 Vgl. KRP Nr. 27, Anmerkung 8.

139 Vgl. auch KRP Nr. 28, Anmerkung 59.

Sie können sich vorstellen, dass der Staat bei der heutigen Finanzlage das nicht erträgt. Die Differenz würde bis zur neuen Ernte 500 bis 600 Millionen Kronen betragen, diese Ziffer ist zwar zu hoch, weil ja der Preis von 300 K nicht bleiben wird, aber einige hundert Millionen macht die Differenz bestimmt aus. Das Staatsamt der Finanzen hat nun begreiflicherweise erklärt, dass es diese Belastung auf die Dauer nicht ertragen kann.

Diese Verluste laufen aber bereits täglich auf. Sie betragen allerdings nicht 2 Millionen Kronen pro Tag, weil die Entente-Zuschübe unregelmäßig kommen und viel zu gering sind. Aber dreiviertel Millionen pro Tag haben wir in den letzten Wochen bereits verloren. So wenig das Staatsamt der Finanzen bereit ist, diese Verluste ganz auf sich zu nehmen, ebenso wenig kann das Staatsamt für Volksernährung daran denken, die ganze Differenz auf den Konsum zu überwälzen. Das würde zu Mehl- und Brotpreisen führen, die der Mindestbemittelte und auch der Minderbemittelte unmöglich auf sich nehmen könnte.

Welche Maßnahmen müssen nun ergriffen werden, um zu einem Ergebnis zu kommen? Die Staffelung der Mehlpreise ist nicht durchführbar, weil die Klasse der Besserbemittelten in Österreich viel zu gering ist, als dass wir die ganze Differenz auf sie überwälzen könnten. Wir haben uns daher zu folgenden Vorschlägen entschlossen, die am Montag dem Staatsrat unterbreitet werden sollen: Es sollen zweierlei Maßnahmen ergriffen werden: die eine Maßnahme ist eine Erhöhung der Mehl- und Brotpreise in einem verhältnismäßig beschränkten, aber auch noch immer drückenden Umfang, um einen größeren Teil dieser Verluste hereinzubringen; die zweite Maßnahme ist eine solche, die vom Staatsamt der Finanzen getroffen wird und auf die ich dann noch zurückkommen werde. Die Erhöhung der Mehl- und Brotpreise soll sich in folgendem Umfang bewegen: Der Brotmehlpreis soll von 1 K auf 1 K 50 h erhöht werden. Der Backmehlpreis – und wir haben in Deutschösterreich fast überall schon Backmehl, und wo noch Kochmehl ausgegeben wird, müssen wir im Austausch von Weizen gegen Roggen die Sache ausgleichen –, der Backmehlpreis und der Preis für Grieß soll auf 4 K für das Kilogramm erhöht werden. Wir haben den Brotmehlpreis deswegen etwas niedriger gehalten und die Erhöhung hauptsächlich auf den Backmehlpreis geschlagen, weil der Brotpreis bekanntlich die Bevölkerung am härtesten trifft, während das Viertelkilo Kochmehl oder Backmehl nicht so sehr ins Gewicht fällt. Ich muss vom Staatsamt für Volksernährung diese Maßnahme vertreten, obwohl es natürlich mehr die Aufgabe des Staatsamtes der Finanzen wäre. Aber wir können die Lebensmittelimporte nicht von einem Ressort aus, rein nur von der Menge und vom Standpunkt des Essens aus betrachten, ohne auf die finanzielle Frage Rücksicht zu nehmen. Ich muss mich daher jedenfalls dieser undankbaren Aufgabe mit unterziehen.

Wenn wir also den Brotmehlpreis auf 1 K 50 h erhöhen, so kommt in Wien – das ist ungefähr in allen Ländern gleich – der Preis des Normallaibes von 1260 Gramm auf 2 K 01h gegenüber dem jetzigen Preis von 1 K 56 h. Das ist die Erhöhung, die wir vorschlagen, um einen Teil, und zwar den größeren Teil des errechneten Abganges, zu decken. Wenn die Entente die ganze Menge der notwendigen Bezüge tatsächlich schickt, so würden wir auf diese Weise den weitaus größeren Teil des Defizits hereinbringen. Das ist aber alles nur auf dem Papier berechnet, weil einerseits der Preis des Getreides nicht feststeht und andrerseits die Menge, die wir beziehen, nicht ziffermäßig berechnet werden kann. Es bleibt aber immerhin nach unseren Berechnungen ein Defizit übrig, das durch eine Steuermaßnahme gedeckt werden muss. Das Staatsamt der Finanzen schlägt durch seinen Gesetzentwurf (Anhang II)[140]

---

[140] Anhang II wird im Anschluss an den Protokolltext vollständig wiedergegeben. Der dort enthaltene Gesetzesentwurf ist identisch mit der Fassung, die in KRP Nr. 35/4 behandelt wurde. Dieser Entwurf stimmt mit StGBl. Nr. 218, Gesetz vom 4. April 1919, betreffend eine besondere Brotauflage im Jahre 1919, ausgegeben am 11. April 1919, nicht vollständig überein. Im ersten Abschnitt über die Grundbesitzer wurden in der endgültigen Fassung zwei neue Absätze in § 2 eingefügt. Diese bestimmten, dass

zweierlei Besteuerungsmaßnahmen vor: erstens die Besteuerung der Selbstversorger; das ist unbedingt deshalb notwendig, weil die Selbstversorger durch die Erhöhung der Mehlpreise nicht getroffen werden, und die Bevölkerung selbstverständlich verlangt, dass nicht nur der städtische und industrielle Konsument die Kosten der Importe mitträgt, sondern auch der Selbstversorger. Die Besteuerung der Selbstversorger ist so gedacht, dass sie zu einer besonderen Auflage herangezogen werden, die von 80 Prozent des Katastralreinertrages berechnet wird, wobei gewisse Ermäßigungen für Alpen, Wiesen, Sümpfe usw. vorgesehen sind. Die zweite Maßnahme trifft die Höherbemittelten, und zwar durch eine besondere Brotauflage, wobei als Höherbemittelte Leute mit einem Einkommen von über 10.000 K angesehen werden. Die Steuer ist progressiv veranlagt und trifft den gesamten Haushalt, wobei noch besondere Zuschläge für Dienstboten, also für die im Haushalt verpflegten Dienstpersonen vorgesehen sind, aber nicht für die nur im Betriebe verwendeten Dienstpersonen, die nicht wirklich im Haushalt verpflegt werden. Diese Steuer trägt nach der Berechnung des Staatsamtes der Finanzen, und zwar in beiden Kategorien, für Selbstversorger und Höherbemittelte berechnet, ungefähr 100 Millionen Kronen.

Nach unseren Berechnungen würden beide Maßnahmen – die Erhöhung der Mehlpreise und diese Steuer – noch immer nicht das ganze Defizit decken. Wir nehmen aber eben an, dass der Getreidepreis, den wir an die Entente zu zahlen haben, sich in der nächsten Zeit wesentlich ermäßigen wird. Ich habe schon angeführt, dass die Frachtraten in den letzten Wochen gegenüber Dezember auf ein Viertel herabgesunken sind, und dass es daher möglich sein wird, das ganze Defizit zu decken, und dass vielleicht sogar die Möglichkeit eintritt, dass wir in einigen Monaten bereits klarer sehen. Es wird nicht einmal notwendig sein, für das ganze Jahr 1919 diese Mehlpreise aufrechtzuerhalten, sondern wir werden vielleicht schon im Frühjahr oder Spätfrühjahr an einen Abbau der Mehlpreise gehen können.

Bei der Berechnung des Defizits ist auch das Getreide der neuen Ernte berücksichtigt worden. Es ist das ein etwas komplizierter Vorgang. Wenn wir die Berechnung bis zum 15. August, bis zur neuen Ernte machen, bis wohin unbedingt importiert werden muss, dann kommt das Defizit rein zum Ausdruck. Wenn wir aber das billigere heimische Getreide mit in die Berechnung einbeziehen, so verringern wir das Defizit. Mit dieser Konstruktion soll natürlich der Frage der künftigen Getreidebewirtschaftung nicht vorgegriffen werden. Das ist nur ein Rechnungsbehelf. Auf der anderen Seite besteht auch die Gefahr, dass das Defizit durch die Errechnung zwar kleiner wird, aber nicht um so viel kleiner, als wir erwartet haben, weil wir mit den letzten Getreidepreisen gerechnet haben, während mir von Vertre-

---

jene Grundsteuerpflichtigen, deren Katastralreinertrag 100 Kronen nicht überstieg, von der Abgabe ausgenommen waren, und dass jenen Abgabepflichtigen, deren Gewinn unter 1.600 Kronen lag und die von der Einkommensteuer für das Jahr 1918 befreit waren, die Hälfte der Abgabe über Gesuch abzuschreiben war. § 3 erhielt eine neue Fassung: „Soweit aus einem privatrechtlichen Rechtsgrunde nicht der Grundsteuerpflichtige, sondern ein anderer zum Bezuge der Früchte eines Grundstückes berechtigt ist, kann jener von diesem den Ersatz der geleisteten Auflage begehren." Im zweiten Abschnitt über die Höherbemittelten stimmt die erste der in § 5 enthaltenen Tabellen nicht vollständig mit StGBl. Nr. 218/1919 überein, in dem die höchsten Einkommen feiner aufgeschlüsselt und insgesamt ein wesentlich stärkerer Anstieg der Beiträge vorgeschrieben wurde. So veranschlagte der Entwurf bei einem Einkommen von 2 bis 5 Millionen Kronen einen Beitrag von 8.640 Kronen, in der ausgegebenen Fassung war für Einkommen von 2 bis 3 Millionen ein Beitrag von 60.000 Kronen vorgesehen, bei 3 bis 4 Millionen waren es 90.000 Kronen, bei 4 bis 5 Millionen 120.000 und über 5 Millionen 150.000 Kronen. Hinsichtlich der Dienstpersonen im Haushalt wurde § 5 folgendermaßen ergänzt: „Bei Einkommen bis einschließlich 20.000 K bleibt, wenn zum Haushalte mehr als sechs Personen gehören, eine Dienstperson außer Anrechnung." Weiters bestimmte § 6 in der endgültigen Fassung, dass der Beitrag durch die für die Einkommensteuer zuständige Steuerbehörde mittels Zahlungsauftrag vorzuschreiben war, während die Steuerbehörde im Entwurf erst bei Zahlungsversäumnis tätig werden sollte.

tern der Landwirtschaft persönlich mitgeteilt worden ist, dass wir, wenn wir überhaupt mit Getreidelieferungen rechnen werden können, nicht mit den letzten, sondern mit höheren Getreidepreisen werden rechnen müssen. Es gibt viele labile Elemente in dieser Berechnung, so dass man kein vollkommen sicheres Präliminare aufstellen kann. Resümierend kann ich nur feststellen: wenn wir nicht eine schwere finanzielle Belastung des Staates herbeiführen wollen, müssen wir rechtzeitig und schleunigst dafür Vorsorge treffen, dass die höheren Preise, die uns durch die ausländischen Getreidezufuhren erwachsen, gedeckt werden. Es gibt, da eine Steuer allein nie hundert Millionen aufbringen kann, kein anderes Mittel, als dass ein Teil des Defizits auf den Konsum überwälzt wird.

Das ist die eine Maßnahme, und die andere Maßnahme, die vielleicht die Bevölkerung deshalb versöhnlicher stimmen wird, als sonst eine Steuermaßnahme von der Bevölkerung aufgenommen wird, liegt darin, dass sie eine progressive Steuer ist, die in den aufsteigenden Sätzen die besser bemittelte Bevölkerung sehr stark heranzieht. Wenn man diese Auflage umrechnet auf ein Kilogramm verbrauchten Mehles und wenn Sie annehmen, dass bei der heutigen Quote 60 Kilogramm pro Kopf und Jahr an Mehl entfallen, so werden Sie finden, dass in der ersten Stufe, wenn ich den Haushalt rund mit vier Personen annehme, das Kilogramm Mehl um 20 h verteuert wird, in der nächsten Stufe um 40 h und dass bei einem Einkommen von 100.000 K das Kilogramm Mehl um 8 K und bei einem Einkommen von einer Million um 33 K verteuert wird. Es ist immerhin eine sehr starke Staffelung, die im Wesentlichen einer Staffelung des Mehlpreises gleichkommt; nur ist sie durch die Form der Steuer in einer anderen Weise eingehoben. Diese Progression dürfte die Bevölkerung einigermaßen versöhnlicher stimmen. Ob die Staffelung nicht noch stärker ausgestaltet werden kann, lasse ich dahingestellt.

Landeshauptmann Dr. v. **Kaan**: Dem Gedanken, einen möglichst großen Teil der den Staatsschatz aus der ausländischen Brotversorgung belastenden Differenzen auf jene Kreise zu überwälzen, welche heute noch tragfähig sind, muss man restlos beipflichten, nur glaube ich, dass die Form, wie er hier in der Vorlage entwickelt ist, sozial nicht richtig ist und namentlich der Lehre vom Grenzwert des Einkommens absolut nicht entspricht. Die Skala baut sich nämlich auf der Fiktion auf, dass den einzelnen hier ziemlich lapidar abgegrenzten Einkommenstufen eine bestimmte Anzahl von Personen der Familie und dieser wieder ein bestimmter Brotkonsum entspricht und dass dann abgestuft das Mehl teurer sein soll. Damit erschöpft sich aber das Interesse der besser bemittelten und insbesondere der reichen Kreise keineswegs. Bei den heutigen Geldverhältnissen kann man von wirklich Reichen auch bei der scheinbar hohen Ziffer von 150.000 K Einkommen nicht sprechen, namentlich wenn eine große Familie vorhanden ist. Man muss nun in Betracht ziehen, dass die Brotversorgung eines der wichtigsten Elemente der Erhaltung der öffentlichen Sicherheit ist. An der Erhaltung der öffentlichen Sicherheit sind aber heute gerade die großen und größten Vermögen am meisten interessiert und infolgedessen ist es nicht richtig, wenn man diese Vermögen nur in jenem Maße heranzieht, wie es einem fiktiv angenommenen Brot- und Mehlkonsum dieser Kreise entspricht, sondern es muss das Ausmaß, in dem sie heranzuziehen sind, zu ihrem Interesse an der Vermeidung jener Zustände, wie sie durch Hungersnot entstehen, in ein Verhältnis gebracht werden.

Ich nehme da zwei krasse Fälle. Bei einem Einkommen von 5 Millionen beträgt der Einkommensatz nicht ganz 2 Promille, nämlich 9600 K; bei einem Einkommen von 100.000 bis 150.000 K beträgt der Satz 1920 K, das ist nahezu 2 Prozent. Das ist ein Unterschied, der geradezu in die Augen springt: der Multimillionär zahlt 2 Promille und jemand, der nach landläufigen Begriffen nur als vermögend gilt, zahlt 2 Prozent.

Es kommt aber auch auf den Familienstand sehr viel an. Man wird antworten: Gerade die größeren Familien profitieren mehr an der Differenz des Brot- und Mehlpreises und können daher mehr zahlen. Wir müssen aber heute sagen, dass sich die wirkliche Leistungsfähigkeit nur dadurch ermitteln lässt, dass man das gesamte Einkommen des Haushaltungsvorstandes durch die Zahl der Familienmitglieder dividiert. Es ist kein Zweifel, dass heute eine Familie von 2 Köpfen mit einem Einkommen von 60.000 K unter wesentlich günstigeren Verhältnissen lebt als eine Familie von 6 Köpfen mit einem Einkommen von 150.000 K, weil gerade jene Auslagen, die mit der persönlichen Ernährung verbunden sind, die größte Progression aufweisen.

Das gleiche ist bei den Dienstboten der Fall. Wenn sich heute eine Familie von 2 Köpfen 2 oder 3 Dienstboten hält, so ist das gewiss ein sehr großer Luxus. Wenn aber eine Familie von 12 Köpfen – worunter sich vielleicht auch hilfsbedürftige Personen befinden – 3 Dienstboten hält, so wird das vielleicht ein absolut notwendiges Erfordernis sein, wobei ich noch bemerken möchte, dass wir heute mit dem Wohnungskomfort nicht auf derselben Stufe stehen wie Amerika oder Norddeutschland. Man wird überhaupt trachten müssen, die häuslichen Dienstboten auf ein Minimum zu reduzieren, in den Städten nach und nach ganz auszuschalten. Das können wir erst, wenn wir einen wesentlich fortgeschrittenen Wohnungskomfort haben.

Ich resümiere: Ich glaube, der Gedanke als solcher ist unbedingt anzunehmen, nur müsste die Skala mit einer wirklichen Progression und nicht in diesen brüsken Sprüngen wie hier, wobei auch jede Interpolation fehlt, in Einklang gebracht werden, einer wirklichen ziffermäßigen Progression Rechnung getragen werden. Das einfachste wäre, einen Brotzuschlag zur Einkommensteuer zu machen. Ich begreife, dass das Staatsamt der Finanzen hierzu mit Rücksicht auf die künftige Entwicklung der Einkommensteuer keine große Lust zeigt. Diese Unlust wäre nur dann vollständig begründet, wenn man in dieser Maßnahme mehr erblickt als eine vorübergehende Einrichtung. Erblickt man darin nur eine vorübergehende Maßregel, so könnte man auch an solchen Zuschlägen zur Personaleinkommensteuer, die rein prozentuell durchgeführt wären, keinen Anstoß nehmen. Die Kriegszuschläge würden ja bleiben und neben diesen könnte nun ein Brotzuschlag eingehoben werden, der allerdings auch mit der Familienzahl in einen gewissen Konnex gebracht werden müsste. Jedenfalls müsste die Skala in der Progression bei den ganz hohen Einkommen entsprechend fortgesetzt werden und es darf namentlich der Prozentsatz, wie er sich bei der Einkommenstufe von etwa 100.000 K ergibt, nicht mehr verringert werden. Der Prozentsatz von 1½ Prozent, den man bei 100.000 K erreicht, der wird hier, je höher das Einkommen wird, immer niedriger und sinkt bei einem Einkommen von fünf Millionen auf 2 Promille. Wenn der Gesetzentwurf nach diesen Gesichtspunkten geändert wird, können wir ihn aus sozialen Gründen nicht ablehnen.

Unterstaatssekretär Dr. v. **Grimm**: Der vorliegende Gesetzentwurf hat wiederholte Wandlungen erfahren, nicht nur im Staatsamt der Finanzen, sondern auch im Kabinett und im Staatsrat. Die vorliegende Form entspricht einem Verlangen der Mehrheit aller jener Persönlichkeiten, die an der Vorlage mitberaten haben. Es hat sich darum gehandelt, eine Skala zu konstruieren, die keine Einkommensskala ist. Die Auflage soll keine Einkommensteuer sein, sie soll kein Zuschlag zur Einkommensteuer sein, sondern sie vertritt gewissermaßen eine Verbrauchssteuer. Die Skala soll so einfach wie möglich sein. Bei den kleinen Einkommen hat es allerdings geheißen, dass wenigstens dort, wo größere Familien vorhanden sind, die Zahl der Familienmitglieder berücksichtigt wird. Das ist auch bis zu einem gewissen Grade geschehen, weil der Berechnung dieser unteren Stufe ein Familienstand von 2 Personen zugrunde gelegt ist. Eine Familie in der unteren Stufe, die 10 Personen zählt, zahlt auch nicht mehr als den fixen Betrag. Der Einkommenstufe von 30.000 bis 40.000 K liegt ein Stand von 3 Personen zugrunde. Wir hatten eine Zeitlang vor, für die höheren Stufen eine größere Personenzahl zugrunde zu legen; das wurde aber nicht angenommen. Man darf nicht vergessen, dass diese Auflage, die bei einem Einkommen von über fünf Millionen 9600 K beträgt, nicht allein dasteht. Sie multipliziert sich noch bei den Dienstboten. Je höher das Einkommen ist, eine desto größere Anzahl von Dienstboten ist gewöhnlich vorhanden. Bei der Dienstbotenanzahl ist die Progression nach der Kopfzahl und nach Kilogramm von 20 h bis 40 K berechnet. Da ist die Progression eine durchwegige. Diese beiden Auflagen multiplizieren sich. Der Betreffende trägt auch die erhöhte Mehlpreisquote, er hat nun noch diese Auslage, die als großer Betrag in die Augen springt, zu bezahlen. Im Staatsrat oder in der Nationalversammlung wird dieser Gedanke, den Herr Dr. v. K a a n ausgesprochen hat, vielleicht noch einmal erörtert werden. Wir werden uns nicht allzuviel dagegen wehren, obwohl wir glauben, es wäre genug. Eine Steigerung der Progression werden wir verantworten können. Gar zu weit darf sie nicht gehen, sonst kommt das einer Besteuerung des Einkommens gleich, was wir unter allen Umständen vermeiden wollen.

Landeshauptmann-Stellvertreter **Mayer**: Auch ich stehe auf dem Standpunkt, dass man die Lasten, die durch den Import des Getreides aus dem Auslande erwachsen, auf die breiten Massen und auch auf die reiche Bevölkerung überwälzt und dass man auch die Selbstversorger zu irgendeiner Abgabe heranzieht. Aber die Form, in der das hier geschieht, ist eine unglückselige und eine ungerechte. Bei der Grundsteuer wird einfach gesagt, dass diese Abgabe 80 Prozent vom Katastralreinertrag beträgt, ohne dass man darauf Rücksicht nimmt, dass es in Niederösterreich und auch in den übrigen Ländern eine Unzahl von Leuten gibt, die nicht das ganze Jahr zu den Selbstversorgern zählen. Das trifft hauptsächlich die kleineren Leute, die sich nur auf 3, 4, 6 oder 8 Monate selbst versorgen können, in der übrigen Zeit aber von der Brotkarte leben müssen. Diese kann man doch nicht zweimal belasten: durch die Abgabe vom Katastralreinertrag und außerdem noch dadurch, dass sie die erhöhten Mehl- und Brotpreise bezahlen müssen.

Was die Ermäßigung bei den Wiesen anbelangt, so verweise ich darauf, dass in Niederösterreich viele Gutsbesitzer, die ihre übrige Wirtschaft verpachtet haben, die Wiesen in eigener Regie bewirtschaften und sie im Lizitationswege[141] veräußern, ohne dabei Aufwendungen gemacht zu haben. Für das auf dem Halm gekaufte Heu werden oft exorbitante Preise gezahlt. In Niederösterreich wurde für das frische Heu auf der Wiese, für das noch kein Arbeitslohn bezahlt worden war, oft 150 K für den Meterzentner gelöst. Allerdings ist dann die Requisitionskommission gekommen und hat 25 K für das so abgelieferte Heu bezahlt. Dieses Mehrerträgnis sollte irgendwie herangezogen werden.

Unsere Reinertragsbemessung ist eine äußerst ungerechte. *(P o n g r a t z: Eine geringe!)* Sie ist nicht beim Bauern, sondern meist beim Großgrundbesitzer eine äußerst geringe. Ich kann mich aus meiner Jugend erinnern, dass die Ortschaften bei den Bemessungen einen gewissen Ehrgeiz darein gesetzt haben, unbedingt einen Acker erster Klasse zu erhalten, während irgendein Großgrundbesitzer, der einen besseren Acker hatte, eventuell in die dritte Klasse kam. Jetzt wird der Betreffende, ob er nun ein kleinerer oder größerer Besitzer ist, mit der hohen Grundsteuer und mit dieser hohen Abgabe getroffen. Wir haben keinen Motivenbericht über diesen Antrag, sondern jetzt nur einige Ziffern über das Erträgnis gehört, ein Urteil ist da besonders schwer. *(Unterstaatssekretär Dr. v. G r i m m: Der Abschnitt I soll 64 Millionen Kronen tragen!)* In diesem Plan steht ja nichts darüber. *(Unterstaatssekretär Dr. v. G r i m m: Es ist ein Motivenbericht ausgearbeitet und er ist auch schon vorgelegt.[142])* Eine riesige Erschwerung für die betreffenden Grundbesitzer kommt noch hinzu, wenn man die Art der Einkommensteuerbemessung beim Grundbesitz im Lande Niederösterreich in Betracht zieht. Wir haben Bezirke, wo man das Joch Grund mit 1000 bis 1200 K eingeschätzt hat – das sind immer die ersten fünf Joch, dann ist man absteigend gegangen –, so dass ein Mann, der fünf Joch hat, 6000 K Einkommen besitzt; wer zehn Joch hat, erreicht schon diese Skala und muss daher außer diesen 80 Prozent noch diesen Betrag bei der Einkommensteuer, der beinahe 5 Promille ausmacht, bezahlen – bei der ersten Stufe ist der fixe Satz von 40 K – und dass

[141] Lizitation: Versteigerung.
[142] Dem Protokoll liegt nichts Entsprechendes bei.

muss der Betreffende bezahlen eventuell vom Reinertrag und dann von dem Einkommen, obwohl er sich dann in den letzten Monaten der Brotkarte bedienen muss. Das ist doch bei der heutigen Zeit nicht zu machen. Denn alle die anderen Auslagen treffen ihn doch gewiss so hart wie jeden anderen.

Es muss hier wohl ein anderer Weg gesucht werden; es muss insbesondere auf jene Rücksicht genommen werden, die sich nicht das ganze Jahr selbst versorgen können. Dazu kommt noch insbesondere in Weingegenden, dass für das Jahr 1918 häufig sehr hohe Einkommensteuern vorgeschrieben wurden, die, wenn ich mich nicht irre, nach dem neuen Gesetz auch für das Jahr 1919 zur Geltung kommen. Wenn der Betreffende in der Weingegend für das Jahr 1919 – was beim Weinbau sehr leicht möglich ist – entweder keine oder nur wenig Einkommensteuer zahlt, wollen Sie ihm dann diese überbezahlten Beträge eventuell wieder zurückrechnen?

In dieser Form wird das nicht gehen, denn das ist ungerecht. Sie müssen irgendeine andere Form finden, in der Sie die Selbstversorger zu diesen Zahlungen heranziehen.

Landeshauptmann Dr. **Ender**: Es ist klar, dass man hier in erster Linie diejenigen Grundbesitzer treffen wollte, die selbst Getreide produzieren. Bei den anderen hat man geringere Sätze angesetzt. In meiner Heimat wird es 90 Prozent Grundbesitzer treffen, die kein Korn haben. Es werden Leute diese Steuer entrichten, die selbst Mehl und Brot kaufen müssen. Aber sie sind als Grundbesitzer in gewissem Sinne dennoch Selbstversorger, wenn auch nicht in demselben Sinne wie die Getreidebauern.

Was mir aber besonders auffällt, das ist, dass hier Leute mit einem Einkommen von 10.000 K angefangen als Höherbemittelte aufgefasst werden und dass man keine Rücksicht auf den Familienstand nimmt. Nehmen Sie einen Vater von acht Kindern – und die sind bei uns, Gott sei Dank, noch zahlreich vertreten –, so hat er eine Familie von zehn Personen. Wenn er einem freien Berufe angehört, so muss er für diese Familie zwei Dienstboten halten. Nun sagen Sie hier: Der Mann hat 10.000 K Einkommen. Wenn Sie aber seine Familie berücksichtigen, so hat er doch nur 800 K jährliches Einkommen. Ist das wirklich ein Höherbemittelter? Schlagen Sie sich mit dieser Bezeichnung nicht selbst ins Antlitz? Er muss für zwölf Personen sorgen, er muss zwei Dienstboten halten, er ist in der Richtung geschlagen, dass er für zwölf Köpfe das teure Brot kaufen muss und dazu bekommt er noch den Ehrentitel Höherbemittelter. Und weil er dem Staate und dem Lande so viele Kinder heranzieht, wird er noch doppelt in die Besteuerung kommen, indem er die 48 K und zweitens die 24 K bezahlt. Diesen Ausdruck Höherbemittelter müssen Sie entfernen. Er hat auf den Kopf des Haushaltes ein Einkommen von 800 K. Wenn das ein Höherbemittelter ist, dann muss man wohl fragen, wo noch diejenigen zu suchen sind, die nicht höher bemittelt sind. Ich würde Ihnen aber empfehlen: Entweder sagen Sie, diejenigen, die eine Familie von soundsoviel Köpfen haben, fangen erst bei dieser oder jener Stufe, meinetwegen bei 30.000 K an oder lassen Sie die unteren Stufen für die zahlreichen Familien weg. Dann hat es einen Sinn.

Unterstaatssekretär Dr. v. **Grimm**: Was hier besprochen wurde, wurde auch schon in den verschiedenen Beratungen erörtert, die ich früher erwähnt habe. Es ist natürlich für die Finanzverwaltung sehr schwer, allen Wünschen Rechnung zu tragen. Der Gesetzentwurf, wie er hier im Abschnitte I vorliegt, ist ein Kompromiss zwischen den verschiedenen Ansichten, die im Kabinette und im Staatsrate laut geworden sind, und er ist speziell in seiner jetzigen Form von den Vertretern der Agrarier ausgegangen, welche diese Fassung noch als die einzig mögliche und akzeptable erklärt haben. Wir haben ursprünglich ganz andere Wege einschlagen wollen. Zunächst muss ich bemerken, dass, wenn wir von Selbstversorgern sprechen, es nicht der Gedanke gewesen ist, wirklich nur die Selbstversorger zu treffen, sondern alle jene – das war die allgemeine Meinung und das ist auch nicht vom Finanzamte ausgegangen – heranzuziehen, denen es gegönnt war, während des Krieges eine erleichterte Lebensführung zu haben. Das sind in erster Linie jene, die Ackerbau treiben – das sind die eigentlichen Selbstversorger

–, dann die Waldbesitzer, die im Kriege normalerweise reichlichen Gewinn gezogen haben, und außerdem die übrigen, welche Wiesen und Alpen bewirtschaften. Für diese ist übrigens eine Ermäßigung eingesetzt. Wir hatten wegen der Ungleichheiten, die sich fraglos ergeben, vor, es den Gemeinden zu überlassen, die Belastung innerhalb der Gemeinde aufzuteilen, eventuell in letzter Linie nach den tatsächlich erzielten Erträgnissen. Dagegen ist nun von allen agrarischen Vertretern eingewendet worden, dass das heute eine zu große Last für die Gemeinden sei; wir hatten einen entsprechenden Regiekostenbeitrag für die Gemeinden in Aussicht genommen, es wurde aber gesagt, die Gemeinden können diese Last nicht übernehmen und die Bürgermeister würden sich mit der Bevölkerung fortwährend im Kampfe befinden. Es sei besser, wir nehmen eine einheitliche Formulierung, die alle trifft; es werden Ungerechtigkeiten bleiben, aber es ist eben die Not der Zeit, wo der eine etwas weniger, der andere eine Kleinigkeit mehr beiträgt.

Das war der letzte Beschluss und in dieser Form ist er von agrarischen Kreisen ausgegangen. Wir hatten eine andere Form vor, wir hatten auch die Form der Grundsteuerverdoppelung vor, wir hatten die Auflage auf jeden Hektar produktiven Grundes vor und als Ausschreibung die Heranziehung der Gemeinden. Das ist aber gefallen, daher war kein anderer Weg möglich.

Was nun die von Herrn Dr. E n d e r angeführte Heranziehung der Einkommen von 10.000 K anbelangt, so wurde von verschiedenen Seiten empfohlen, noch weiter herunterzugehen; es wurde sogar ein Antrag gestellt, bis auf 5.000 K herunterzugehen. Wir konnten das nicht verantworten. 10.000 K sind heute ein Einkommen, bei dem man wirklich nicht zu den Höherbemittelten gezählt werden kann. Aber da sogar Stimmen laut wurden, bis zu 5.000 K herunterzugehen, so mussten wir uns bereit erklären, wenn es die Nationalversammlung verlangt, auf 8.000 K herunterzugehen. Lassen wir die ersten drei Stufen überhaupt aus, dann ist der Ertrag gemindert, denn nur die Stufen bis zu 50.000 K versprechen einen Ertrag, die anderen spielen keine Rolle. Wir mussten ein Kompromiss schaffen. Volle Gleichmäßigkeit war nicht zu erzielen und den Erwägungen von agrarischer Seite konnten wir uns nicht verschließen.

Landeshauptmann Dr. v. **Kaan**: Könnte man nicht die Stufen bis 100.000 K lassen wie sie sind und von da an eine gleitende Skala einführen, ausgehend von 1½ Prozent und sich asymptotisch[143] bis auf 3 Prozent nähern?

Es heißt hier: „Das für das Jahr 1919 zu veranlagende Einkommen." Das ist im Allgemeinen das im Jahre 1918 definitiv erzielte Einkommen. Wie stellt man sich zur Kriegsanleiheverzinsung?[144] Es ist außer jedem Zweifel, dass der volle Coupon unserer Kriegsanleihe durch das ganze Jahr 1919 kaum wird eingelöst werden können. Obwohl ich selbst den größten Teil meines Vermögens in Kriegsanleihe angelegt habe, gestehe ich ganz offen, dass es mir viel lieber wäre, es wären schon die beiden letzten Coupons nicht mehr voll, sondern nur mit 3 Prozent eingelöst worden. Da hätte man mehr Beruhigung gehabt, weil man sich gesagt hätte, dass der Coupon auf dieser Stufe bleiben wird, während sich jetzt jeder Mensch, der auch nur die geringste Einsicht in die Staatsfinanzen hat, ausrechnen kann, dass die volle Zahlung nicht aufrechterhalten werden kann. *(Unterstaatssekretär Dr. v. G r i m m: Das können wir nicht allein machen!)* Ich stelle nun die Frage: Besteht die Absicht, bei der Frage der Ermittlung des Einkommens der zweifellos kommenden Verringerung der Couponeinlösung der Kriegsanleihe Rechnung zu tragen?

Unterstaatssekretär Dr. v. **Grimm**: Zunächst hat man natürlich nicht daran gedacht. Wie sich die Sache entwickeln wird, ob da Reassumierungen[145] stattfinden werden für den Fall,

143 Asymptotisch: sich allmählich annähernd.
144 Zur Kriegsanleihe vgl. KRP Nr. 28, Anmerkung 36.
145 Reassumierung: Wiederaufnahme (eines Verfahrens).

dass die allgemeine Kürzung des Coupons eintreten wird, ist fraglich. Ich habe in der letzten Konferenz bemerkt, dass das vielleicht das mildeste wäre, wenn man zu einer gemeinschaftlichen Kürzung käme. Aber wir beschäftigen uns mit dieser Frage ernstlich noch nicht.

Landeshauptmann Dr. v. **Kaan**: Ich stelle die zwei Abänderungsanträge, dass man von 100.000 K angefangen die festen Sätze verlässt und nicht unter den Satz von 1½ Prozent vom Gesamteinkommen heruntergeht und dass man die Anzahl der Dienstboten in ein gewisses Verhältnis zur Kopfanzahl der Familie bringt und dieses Verhältnis beim Dienstbotenzuschlag berücksichtigt.

Unterstaatssekretär Dr. v. **Grimm**: Wir haben uns bei dieser Bestimmung von Gründen der Einfachheit und Zweckmäßigkeit leiten lassen und wollten das Verfahren nicht komplizieren. Je höher das Einkommen ist, desto größer ist normalerweise die Anzahl der Dienstboten. Es lagen auch Anträge vor, die Dienstboten, die zur Pflege bestimmt sind, auszuscheiden. Wir haben jedoch den Auftrag gehabt, die Abgabe so einfach als möglich zu gestalten.

Landeshauptmann Dr. v. **Kaan**: Man könnte die Dienstboten, die nicht mehr im Verhältnis zur Zahl der Familienmitglieder stehen, mit einem wesentlich höheren Satz bedenken. Die Abgabe ist auf der Selbstvorschreibung aufgebaut und man könnte unter Umständen noch eine Sanktion daran knüpfen und für die Differenz zwischen dem, was der Betreffende selbst bezahlt, und dem, was ihm endgültig vorgeschrieben wird, etwas höhere Verzugszinsen festsetzen.

Unterstaatssekretär Dr. v. **Grimm**: Es ist zu kompliziert. Wir müssen ein Verhältnis für den Dienstbotenstandard aufstellen.

Oberfinanzrat Dr. **Grünwald**: Die Zahl der Dienstboten steht fest. Wenn es sich um das Verhältnis dieser Zahl zur Zahl der Familienmitglieder handelt, ist die Sache wesentlich komplizierter, denn eine besondere Bedeutung hat die Zahl der Familienangehörigen nur bei den kleinen Einkommen.

Landeshauptmann Dr. v. **Kaan**: Diese Steuer führt beim Mittelstand zu ganz furchtbar drückenden Sätzen, besonders bei großen Familien. Es würde ungefähr ein 70prozentiger Zuschlag zur Personaleinkommensteuer herauskommen.

Oberfinanzrat Dr. **Grünwald**: Es erweckt natürlich der ganze Aufbau schon äußerlich außerordentlich stark den Eindruck einer Einkommensteuer; das war aber damit nicht beabsichtigt; beabsichtigt war eine Brotpreiserhöhung, diese ist sehr stark progressiv. Wenn man die Sache so in Betracht zieht, dass man fragt: was würden die Personen zu zahlen haben, wenn nicht die Auflage, sondern durchschnittlich eine Brotpreiserhöhung eingeführt würde, so würde es offenkundig werden, wie stark die kleinen Einkommen begünstigt sind und wie stark das bei Familien mit einer größeren Kinderanzahl wirkt. Wenn ich die Sache in die Einkommensteuer überführe, so ändert sich das Verhältnis sofort. Das wollten wir nicht. Es steht eine Vorlage in Verhandlung, die unsere Einkommensteuer auf 38 Prozent erhöht;[146] das wäre an und für sich im Vergleiche mit den ausländischen Sätzen nicht zu hoch, aber mit den Ertragsteuern übertrifft es alles, was in Europa bisher an direkten Steuern geleistet wurde. Wir gehen weit über die englischen Sätze hinaus. Neben dieser Einkommensteuer jetzt noch eine Einkommensteuer aufzubauen, das wollten wir auf alle Fälle vermeiden: die Sache ist eben abgestuft nach dem durchschnittlichen Brotkonsum und von diesem Gesichtspunkt aus sind sowohl die kleineren Einkommen als auch die größeren Familien wesentlich berücksichtigt.

[146] Zu den zu jenem Zeitpunkt geltenden Bestimmungen über die Einkommensteuer vgl. die folgenden Gesetze: RGBl. Nr. 220, Gesetz vom 25. Oktober 1896, betreffend die directen Personalsteuern, ausgegeben am 19. Dezember 1896, §§ 172–175; RGBl. Nr. 13, Gesetz vom 23. Jänner 1914, betreffend Abänderungen des Personalsteuergesetzes vom 25. Oktober 1896, RGBl. Nr. 220 (Personalsteuernovelle), ausgegeben am 24. Jänner 1914, §§ 172–75. Zur Neufassung vgl. StGBl. Nr. 372, Gesetz vom 23. Juli 1920 über Abänderungen des Personalsteuergesetzes vom 25. Oktober 1896, RGBl. Nr. 220 (Personalsteuernovelle vom Jahre 1920), ausgegeben am 7. August 1920, §§ 172–175.

Landeshauptmann Dr. v. **Kaan**: Es ist auch der Grundsatz nicht berücksichtigt, dass von den nächsthöheren Einkommen nach Abzug der Steuer nicht weniger übrigbleiben darf, als von dem nächstniederen Einkommen. Weiters möchte ich noch, wenn Sie schon die Einführung der prozentuellen Bemessung als dem Grundgedanken der Auflage widersprechend ablehnen, doch bitten, dass Sie dieselbe in der Festsetzung berücksichtigen, dass die Sätze bei den wirklich großen Einkommen – unter den heutigen Verhältnissen kann man auch ein Einkommen von 200.000 K nicht wirklich groß nennen – nicht herabgemindert werden, dass da die Sätze unter Beibehaltung des Prozentsatzes, der bei 100.000 K erreicht wird, fortgesetzt werden. Es ist widersinnig, dann den Prozentsatz geringer werden zu lassen. Das ist eine negative Progression. Jemand, der ein Einkommen von einer Million hat – und wenn jemand ein paar Verwaltungsratsstellen hat, so wird er von der Million nicht weit entfernt sein –, zahlt im Verhältnis viel weniger Steuer, als jemand, der ein Einkommen von 100.000 K hat.

Unterstaatssekretär Dr. v. **Grimm**: Diese Anregung ist schon öfters erwogen worden und es werden im Staatsrate gewiss auch solche Wünsche geäußert werden.

Wir nehmen diese Anregungen zur Kenntnis; die ganze Angelegenheit kommt ja in den Staatsrat und in die Nationalversammlung.[147]

Vorsitzender Dr. **Schoepfer**: Es liegt kein Verhandlungsgegenstand mehr vor. Ich danke den Herren im Namen des Herrn Staatskanzlers für Ihr Erscheinen und für Ihre Ausdauer bei den Beratungen. Ich erkläre die Sitzung für geschlossen.[148]

(Schluss der Sitzung 1 Uhr 20 Minuten nachmittags.)

---

147 Die Brotauflage, StGBl. Nr. 218/1919, wurde zwei Tage später im Staatsrat umfangreich behandelt. Vgl. SRP Nr. 71/VII vom 3. Februar 1919.

148 Eine Zusammenfassung des zweiten Sitzungstages findet sich in Wiener Zeitung, 2. Februar 1919, S. 2 „Nichtamtlicher Teil. Inland". Die folgende 4. Länderkonferenz fand von 5. bis 7. April 1919 statt. Vgl. Ermacora, Die Länderkonferenzen 1919/20, S. IX und S. 45–55.

Anhang I.

Vorentwurf der Staatskanzlei.

Gesetz
vom …
über
den Ablauf der Funktionsdauer der Provisorischen Landesversammlungen und Gemeindevertretungen und die Vornahme von Neuwahlen in den Ländern und Gemeinden.

§ 1.

Die Funktionsdauer der Provisorischen Landesversammlungen (Gesetz vom 14. November 1918, betreffend die Übernahme der Staatsgewalt in den Ländern, StGBl. Nr. 24) und der Provisorischen Gemeindevertretungen (Vollzugsanweisung des Staatsrates vom 4. Dezember 1918 über die einstweilige Ergänzung der bestehenden Gemeindevertretungen, StGBl. Nr. 81) läuft am 30. April 1919 ab.

Bis zu diesem Tage haben die Landesversammlungen rechtzeitig Landes- und Gemeindewahlordnungen zu schaffen und allgemeine Neuwahlen durchzuführen.

§ 2.

Über die Landes- und Gemeindewahlordnungen beschließt jede Landesversammlung nach Maßgabe und im Rahmen des vorliegenden Gesetzes frei. Diese Beschlüsse der Landesversammlungen erlangen Gesetzeskraft durch den Beitritt des Staatsrates und durch die vom Staatsrat anzuordnende Kundmachung im Landesgesetzblatt.

Der Staatsrat kann den Beitritt zum Beschlusse der Landesversammlung nur versagen aus dem Grunde, weil eine der nachstehenden Bestimmungen im Beschluss einer Landesversammlung nicht beachtet worden ist.

I. Abschnitt
Die Landeswahlordnungen.
§ 3.

Die Mitgliederzahl der Landesversammlungen soll im Lande Niederösterreich 140, Oberösterreich 70, Salzburg 40, Steiermark 90, Kärnten 45, Tirol 60, Vorarlberg 26, Deutschböhmen 70, Sudetenland 40 nicht überschreiten.

§ 4.

Die Mitglieder der Landesversammlungen (Landesverordneten) werden auf Grund des allgemeinen, gleichen und direkten Wahlrechtes der Landesbürger ohne Unterschied des Geschlechtes nach dem Verhältniswahlverfahren gewählt.

§ 5.

Landesbürger im Sinne der Landeswahlordnung sind alle deutschösterreichischen Staatsbürger (Gesetz vom 5. Dezember 1918 über das deutschösterreichische Staatsbürgerrecht, StGBl. Nr. 91), welche in einer der Gemeinden des Landes ihren ordentlichen Wohnsitz haben.

Voraussetzungen der Wahlberechtigung, welche die in der Wahlordnung zur Konstituierenden Nationalversammlung geregelte Wahlberechtigung einschränken, sind unzulässig.

§ 6.

Zum Zwecke der örtlichen Durchführung der Wahlen können die Sprengel der in der Wahlordnung zur Konstituierenden Nationalversammlung vorgesehenen Wahlkreise in Wahlbezirke untergeteilt werden. Solche Landeswahlbezirke müssen abgerundete Gebiete ohne Trennung von Stadt und Land bilden. Auf keinen Wahlbezirk dürfen weniger als drei oder mehr als zehn Landesverordnete entfallen. Die Wähler jedes Wahlbezirkes bilden einen einheitlichen und ungeteilten Wahlkörper.

§ 7.

Die Aufteilung der Mandate erfolgt auf die Wahlbezirke in der Art, dass auf je einen Landesverordneten im Durchschnitt annähernd die gleiche Bevölkerungszahl entfällt.

§ 8.

Dem Wahlverfahren sind die Bestimmungen der Wahlordnung zur Konstituierenden Nationalversammlung zugrunde zu legen. Dabei kann von der Koppelung der Parteilisten (§ 24)[149] Umgang genommen werden. An Stelle der Hauptwahlbehörde tritt der Landesrat, als Kreis-, Bezirks- und Ortswahlbehörden bleiben die für die Konstituierende Nationalversammlung bestellten Wahlbehörden in Tätigkeit. Über Beschwerden wegen Ungesetzlichkeit der Wahlhandlung entscheidet der Wahlgerichtshof, beziehungsweise insolange er nicht eingesetzt ist, der deutschösterreichische Verwaltungsgerichtshof.

II. Abschnitt

Gemeindewahlordnungen.

§ 9.

Die Staatshauptstadt Wien beschließt ihre Gemeindewahlordnung selbst, der Beschluss erlangt Gesetzeskraft dadurch, dass er, nachdem ihm der Staatsrat beigetreten ist, über dessen Auftrag im Landesgesetzblatt kundgemacht wird.

§ 10.

Außer den bisher mit eigenem Statut versehenen Städten genießen in Hinkunft alle Städte, deren Einwohnerzahl in der letzten Volkszählung zwanzigtausend überschritten hat, die Rechte einer Stadt mit eigenem Statut.

§ 11.

Die Städte mit eigenem Statut beraten und beschließen ihre Gemeindewahlordnung selbst, sei es auf Grund von in ihrer Gemeindevertretung eingebrachten Vorlagen oder Anträgen, sei es auf Grund einer Vorlage der Landesregierung. Eine solche Vorlage muss nach ihrer Einbringung in der Landesversammlung und vor ihrer zweiten Lesung der Gemeindevertretung zur Beschlussfassung überwiesen werden. Der Beschluss der Gemeindevertretung gelangt in der Landesversammlung zur Verhandlung und Erledigung. Die beschlossene Gemeindewahlordnung jeder Stadt mit eigenem Statut wird als besonderes Landesgesetz erlassen.

§ 12.

Für alle übrigen Gemeinden des Landes wird die Gemeindewahlordnung durch Landesgesetz erlassen. Dabei sind Abweichungen zwischen Großgemeinden und Landgemeinden zulässig. Als Großgemeinde haben dabei zu gelten alle Städte mit Ausnahme jener mit eigenem Statut, die Kurorte, die Märkte, die Gemeinden mit mehr als zweitausend Einwohnern und

---

149 StGBl. Nr. 115/1918, § 24 besagte: „Zwei oder mehrere in einem Wahlkreise eingereichte Wahlvorschläge können miteinander verbunden (gekoppelt) werden. Die Erklärung der Koppelung wird durch die zustellungsbevollmächtigten Vertreter der Parteien schriftlich bis längsten am vierzehnten Tage vor der Wahl der Kreiswahlbehörde abgegeben und von ihr sofort verlautbart."

endlich die Gemeinden, die vorwiegend industriellen Charakter haben und von der Landesregierung ausdrücklich als Industriegemeinden bezeichnet werden.

Alle sonstigen Gemeinden sind Landgemeinden; für diese kann ein vereinfachtes Wahlverfahren vorgesehen werden.

III. Abschnitt

Die Durchführung der Neuwahlen.

§ 13.

Die Neuwahlen zu den Landesversammlungen und zu den Gemeindevertretungen finden an einem und demselben Wahltage und in einem Wahlgang statt. Der Wahltag ist auf einen Sonntag anzusetzen.

§ 14.

Zur leichteren Ermittlung des Wahlergebnisses kommen bei diesen Wahlen nur amtliche, von der Wahlbehörde vorbereitete Stimmzettel mit vorgedruckten Parteilisten in Verwendung (Wahlordnung § 29).[150] Dabei ist für die Stimmzettel zu den Landeswahlen und für jene zu den Gemeindewahlen Papier von verschiedener Färbung vorzusehen.

§ 15.

Dem Wähler werden die Stimmzettel von der Ortswahlbehörde im Wahllokal und am Amtstisch nach seiner Erkennung eingehändigt. Wer bloß Gemeinde- oder bloß Landeswähler ist, erhält nur den einen, wer beides zugleich ist, erhält beide Stimmzettel ausgefolgt. Die Stimmzettel werden vom Wähler in der Wahlzelle durch Einhackung der ganzen Parteiliste oder mindestens eines Namens der Parteiliste ausgefüllt.

§ 16.

Dieses Gesetz tritt mit dem Tage seiner Kundmachung in Kraft.

Mit der Durchführung wird der Staatssekretär des Innern betraut.

[150] StGBl. Nr. 115/1918, § 29 enthielt Bestimmungen zu Form, Inhalt und Gültigkeit bzw. Ungültigkeit der Stimmzettel.

Anhang II.

Gesetz
vom …
betreffend
eine besondere Brotauflage im Jahre 1919.

§ 1.

Im Jahre 1919 haben die Grundsteuerträger sowie die Höherbemittelten zur teilweisen Deckung der durch die notwendige Getreidebeschaffung aus dem Auslande erwachsenden Kosten Beiträge nach Maßgabe der folgenden Bestimmungen zu leisten.

I. Grundbesitzer.

§ 2.

(1) Die Grundsteuerpflichtigen haben eine Auflage zu entrichten, die 80 Prozent des Katastralreinertrages beträgt; bei Wiesen ist die Auflage jedoch nur von drei Vierteln, bei Alpen, Hutweiden[151], Seen, Sümpfen und Teichen von der Hälfte des Katastralreinertrages zu bemessen. Parifikationsland[152] ist wie die entsprechende Kulturgattung zu behandeln.

Diese Auflage ist zugleich mit der Grundsteuer des Jahres 1919 zu veranlagen und in den ordentlichen Fälligkeitsterminen der Grundsteuer des Jahres 1919 in gleichen Raten einzuzahlen. Die im Zeitpunkte der Verlautbarung des Veranlagungsergebnisses rückständigen Raten sind mit der nächsten Rate einzuzahlen.

(2) Die Bestimmungen über die Grundsteuer finden im Übrigen sinngemäße Anwendung.

§ 3.

Verpächter, die den Pachtzins seit Beginn des Krieges um nicht mehr als 50 Prozent erhöht haben, können gegenüber dem Pächter den Ersatz der für die verpachteten Grundstücke entrichteten Auflage im Zivilrechtswege beanspruchen.

II. Höherbemittelte.

§ 4.

Als Höherbemittelte im Sinne des § 1 haben Personen zu gelten, deren zur Einkommensteuer für das Jahr 1919 zu veranlagendes Einkommen 10.000 K übersteigt.

§ 5.

(1) Der besondere Beitrag, welchen die Höherbemittelten zu leisten haben, beträgt für die Gesamtheit der gemäß § 157 P. St. G. zum Haushalte gehörenden Personen[153] bei einem gemäß § 157 P. St. G. ermittelten Einkommen

---

[151] Hutweide: landwirtschaftliche Nutzfläche für den Viehauftrieb.

[152] Parifikationsland: Land, das der sogenannten Urproduktion durch anderweitige Nutzung entzogen ist (Steinbrüche, Privatwege etc.).

[153] RGBl. Nr. 220, Gesetz vom 25. Oktober 1896, betreffend die directen Personalsteuern, ausgegeben am 19. Dezember 1896. § 157 besagte u. a.: „Behufs der Veranlagung der Personaleinkommensteuer ist dem Einkommen des Vorstandes der Haushaltung das Einkommen der Angehörigen dieser Haushaltung zuzurechnen."

von mehr als		bis einschließlich		Beitrag	
10.000	K	14.000	K	48	K
14.000	"	20.000	"	96	"
20.000	"	30.000	"	160	"
30.000	"	40.000	"	360	"
40.000	"	60.000	"	640	"
60.000	"	80.000	"	960	"
80.000	"	100.000	"	1.440	"
100.000	"	150.000	"	1.920	"
150.000	"	200.000	"	2.400	"
200.000	"	300.000	"	2.880	"
300.000	"	400.000	"	3.360	"
400.000	"	500.000	"	3.840	"
500.000	"	600.000	"	4.320	"
600.000	"	700.000	"	5.040	"
700.000	"	800.000	"	5.760	"
800.000	"	900.000	"	6.480	"
900.000	"	1,000.000	"	7.200	"
1,000.000	"	2,000.000	"	7.920	"
2,000.000	"	5,000.000	"	8.640	"
über		5,000.000	"	9.600	"

(2) Der Beitrag erhöht sich für je eine im Haushalte verpflegte Dienstperson mit Ausnahme der lediglich als Arbeitskräfte im Betriebe verwendeten bei einem Einkommen

von mehr als		bis einschließlich		Beitrag	
10.000	K	14.000	K	24	K
14.000	"	20.000	"	40	"
20.000	"	30.000	"	80	"
30.000	"	40.000	"	120	"
40.000	"	60.000	"	160	"
60.000	"	80.000	"	240	"
80.000	"	100.000	"	360	"
100.000	"	150.000	"	480	"
150.000	"	200.000	"	600	"
200.000	"	300.000	"	720	"
300.000	"	400.000	"	840	"
400.000	"	500.000	"	960	"
500.000	"	600.000	"	1.080	"
600.000	"	700.000	"	1.260	"
700.000	"	800.000	"	1.440	"
800.000	"	900.000	"	1.620	"
900.000	"	1,000.000	"	1.800	"
1,000.000	"	2,000.000	"	1.980	"
2,000.000	"	5,000.000	"	2.160	"
über		5,000.000	"	2.400	"

Die Zahl der Dienstpersonen ist nach deren Stande vom 1. Jänner 1919 anzurechnen.

§ 6.

(1) Der besondere Beitrag ist ohne amtliche Bemessung bei dem für die Einkommensteuereinhebung zuständigen Steueramte in zwei Raten einzuzahlen, von welchen die erste am 1. Mai, die zweite am 1. August fällig wird.

(2) Wird die Abgabe nicht zeitgerecht oder nicht mit dem entfallenden Betrage eingezahlt, so erfolgt die Vorschreibung durch die für die Einkommensteuer zuständige Steuerbehörde

auf Grund der der letzteren vorliegenden Behelfe mittels Zahlungsauftrages. Gegen diesen Zahlungsauftrag ist der Rekurs an die Finanzlandesbehörde zulässig.

(3) Für die nicht rechtzeitig (Absatz 1) eingezahlten Beträge sind Verzugszinsen von 6 vom Hundert zu entrichten.

§ 7.

Die Bestimmungen des VI. Hauptstückes des Personalsteuergesetzes finden sinngemäß Anwendung.

III. Schlussbestimmung.

§ 8.

Dieses Gesetz tritt mit dem Tage seiner Kundmachung in Wirksamkeit. Mit dem Vollzuge dieses Gesetzes ist der Staatsrat betraut.

Literaturverzeichnis

Gedruckte Quellen

Außenpolitische Dokumente der Republik Österreich 1918–1938 (ADÖ). Band 1: Selbstbestimmung der Republik. 21. Oktober 1918 bis 14. März 1919. Herausgegeben von Klaus Koch, Walter Rauscher und Arnold Suppan, Wien 1993.

Der österreichische Staatsrat. Protokolle des Vollzugsausschusses, des Staatsrates und des Geschäftsführenden Staatsratsdirektoriums. Band 1: 21. Oktober 1918 bis 14. November 1918. Herausgegeben von Gertrude Enderle-Burcel/Hanns Haas/Peter Mähner, Wien 2008.

Entwurf der künftigen Reichsverfassung (allgemeiner Teil). Herausgegeben im Auftrage des Reichsamts des Innern, Berlin [1919].

Literatur

10 Jahre Gewerkschaft der Ingenieure in öffentlichen Diensten, Wien 1929.

10 Jahre Wiederaufbau. Die staatliche, kulturelle und wirtschaftliche Entwicklung der Republik Österreich 1918–1928, Wien 1928.

200 Jahre Tierärztliche Hochschule in Wien. Herausgegeben vom Professorenkollegium der Tierärztlichen Hochschule Wien, Wien 1968.

Agstner Rudolf, Ciao Triest – Ein Nachruf auf das österreichische Generalkonsulat und die Aussenhandelsstelle Triest, in: Richard Bösel/Hermann Fillitz (Hg.), Römische Historische Mitteilungen 46, Wien 2004, S. 411–418.

Agstner Rudolf, Handbuch des Österreichischen Auswärtigen Dienstes. Band 1: 1918–1938. Zentrale, Gesandtschaften und Konsulate (= Forschungen zur Geschichte des österreichischen Auswärtigen Dienstes 11), Wien 2015.

Artl Gerhard/Gürtlich Gerhard H./Zenz Hubert (Hg.), Mit Volldampf in den Süden. 150 Jahre Südbahn Wien–Triest, Wien 2007.

Baltzarek Franz, Der Wiener Donaukanal. Projekte und Infrastrukturplanungen um einen Nebenarm der Donau, in: Wiener Geschichtsblätter, 28. Jg., Heft 4, Wien 1973, S. 97–104.

Benesch Markus, Die Geschichte der Wiener Christlichsozialen Partei zwischen dem Ende der Monarchie und dem Beginn des Ständestaates, phil. Diss., Wien 2010.

Bergmann Siegmund (Hg.), Galizien, seine kulturelle und wirtschaftliche Entwicklung, o. O. u. J.

Boehm Joseph Johann, Die Deutsche Technische Hochschule in Prag und ihre Vorstufen. Zweieinviertel Jahrhunderte akademische deutsche Ingenieurausbildung (1718–1945), München 1991.

Botz Gerhard, Gewalt in der Politik. Attentate, Zusammenstöße, Putschversuche, Unruhen in Österreich 1918 bis 1934, München 1976.

Brauneder Wilhelm, Karl Renners „Entwurf einer provisorischen Verfassung“: ein vorläufiger Bericht, in: Heinz Mayer (Hg.), Staatsrecht in Theorie und Praxis. Festschrift Robert Walter zum 60. Geburtstag, Wien 1991, S. 63–95.

Brauneder Wilhelm, Studien I. Entwicklung des Öffentlichen Rechts, Frankfurt am Main 1994.

Brügel Johann Wolfgang, Tschechen und Deutsche 1918–1938, München 1967.

Budischowsky Jens, Assimilation, Zionismus und Orthodoxie in Österreich 1918–1938. Jüdisch-politische Organisationen in der Ersten Republik, phil. Diss., Wien 1990.

Bufe Siegfried/Schröpfer Heribert, Eisenbahnen im Sudetenland, Egglham 1991.

Burcel Gertrude, Die österreichisch-italienischen Wirtschaftsbeziehungen 1919–1923, phil. Diss., Wien 1979.

César Jaroslav/Černý Bohumil, Od sudetoněmeckého seperatismu k plánům odvety. Iridentistický puč německých nacionalistů v ČSR ve letech 1918–19, Prag 1960.

Das österreichische Ernährungsproblem. Unter Benutzung statistischer Materialien und amtlicher Quellen sowie unter Mitwirkung von Fachmännern verfasst im Bundesministerium für Volksernährung. Mit statistischen Tabellen und Diagrammen, Wien 1921.

Der Kaiser u. König Karl-Kriegsfürsorgefonds und seine Tätigkeit im ersten Halbjahr seit seiner Errichtung, Wien 1918.

Dernovsek Janet/Neurauter Tamara: „Es hieß..., daß der hohe Landesbeamte in Salzburg ein panamistisches Verwaltungssystem aufgerichtet hatte, mit dem er sich und seine Helfer Jahre hindurch bereichert habe". Die Affäre Rambousek 1918/19, in: Michael Gehler/Hubert Sickinger (Hg.), Politische Affären und Skandale in Österreich. Von Mayerling bis Waldheim, Wien/München 1996, S. 170–184.

Deutsch Julius, Aus Österreichs Revolution. Militärpolitische Erinnerungen, Wien 1925.

Di Michele Andrea, Diesseits und jenseits der Alpen. Italienische Expansionspläne in Tirol (1918–1920), in: Geschichte und Region/Storia e regione 19, Innsbruck 2010, S. 145–171.

Doeker Günther/Wirth Malcolm, Das politische System Großbritanniens, Berlin 1982.

Ehrenpreis Petronilla, Kriegs- und Friedensziele im Diskurs. Regierung und deutschsprachige Öffentlichkeit Österreich-Ungarns während des Ersten Weltkrieges (= Wiener Schriften zur Geschichte der Neuzeit 3), Innsbruck/Wien/Bozen 2005.

Enderle-Burcel Gertrude, Biographien der Spitzenbeamten der Ersten Republik – ein Beitrag zur Elitenforschung, in: Gertrude Enderle-Burcel/Michaela Follner, Diener vieler Herren. Biographisches Handbuch der Sektionschef der Ersten Republik und des Jahres 1945, Wien 1997, S. 5–20.

Enderle-Burcel Gertrude, Zwischen Kontinuität und Wandel. Die österreichisch-tschechoslowakischen Wirtschaftsbeziehungen nach dem Ersten Weltkrieg, in: Mitteilungen des Österreichischen Staatsarchivs. Sonderband 3. Beiträge zur österreichischen Wirtschafts- und Finanzgeschichte vom 17. bis zum 20. Jahrhundert, Horn 1997, S. 175–190.

Enderle-Burcel Gertrude, Konkurrenz auf der Donau – Anfang und Ende der Betriebsgemeinschaft der Ersten Donau-Dampfschiffahrtsgesellschaft mit der Königlich-ungarischen Fluß- und Seeschiffahrts A.-G. in der Zwischenkriegszeit, in: Herbert Matis/Andreas Resch/Dieter Stiefel (Hg.), Unternehmertum im Spannungsfeld von Politik und Gesellschaft: Unternehmerische Aktivitäten in historischer Perspektive. Beiträge gesammelt zu Ehren von Alice Teichova (= Veröffentlichungen der Österreichischen Gesellschaft für Unternehmensgeschichte 28), Wien/Berlin 2010, S. 171–184.

Enderle-Burcel Gertrude, Denn Herrschaft ist im Alltag primär: Verwaltung. Verwaltung im Ausnahmezustand – Die Wiener Zentralbürokratie im Ersten Weltkrieg, in: Alfred Pfoser/Andreas Weigl (Hg.), Im Epizentrum des Zusammenbruchs. Wien im Ersten Weltkrieg, Wien 2013, S. 274–283.

Enderle-Burcel Gertrude/Kubu Eduard, Die österreichisch-tschechoslowakischen Handelsbeziehungen in der unmittelbaren Nachkriegszeit, in: Alice Teichova/Herbert Matis (Hg.), Österreich und die Tschechoslowakei 1918–1938: die wirtschaftliche Neuordnung in Zentraleuropa in der Zwischenkriegszeit (= Studien zur Wirtschaftsgeschichte und Wirtschaftspolitik 4), Wien/Köln/Weimar 1996, S. 113–130, hier S. 114 f.

Ermacora Felix, Der Föderalismus in Österreich, in: Jahrbuch des öffentlichen Rechts. Neue Folge. Band 12. Herausgegeben von Gerhard Leibholz, Tübingen 1963, S. 221–248.

Ermacora Felix, Materialien zur österreichischen Bundesverfassung (I). Die Länderkonferenzen 1919/20 und die Verfassungsfrage (= Österreichische Schriftenreihe für Rechts- und Politikwissenschaft 9/I), Wien 1989.

Etschmann Wolfgang, Theorie, Praxis und Probleme der Demobilisierung in Österreich 1915–1922, phil. Diss., Wien 1979.

Freißler Robert, Vom Zerfall Österreichs bis zum tschechoslowakischen Staate, Berlin 1921.

Frodl-Kraft Eva, Gefährdetes Erbe. Österreichs Denkmalschutz und Denkmalpflege 1918–1945 im Prisma der Zeitgeschichte (= Studien zu Denkmalschutz und Denkmalpflege XVI), Wien 1997.

Gehler Michael, Tirol im 20. Jahrhundert. Vom Kronland zur Europaregion, Bozen/Innsbruck/Wien 2008.

Gerold Susanne, Hans Tietze 1880–1954: eine Biographie, phil. Diss., Wien 1985.

Glaubauf Karl, Die Volkswehr 1918–1920 und die Gründung der Republik (= Österreichische Militärgeschichte, Sonderband 1993, Folge 1), Wien 1993.

Goetz Hans-Werner, Die „Deutschen Stämme" als Forschungsproblem, in: Heinrich Beck/Dieter Geuenich/Heiko Steuer/Dietrich Hakelberg (Hg.), Zur Geschichte der Gleichung „germanisch-deutsch", Berlin 2004, S. 229–253.

Grandner Margarete, Kooperative Gewerkschaftspolitik in der Kriegswirtschaft: die freien Gewerkschaften Österreichs im ersten Weltkrieg (= Veröffentlichungen der Kommission für Neuere Geschichte Österreichs 82), Wien/Köln/Weimar 1992.

Grandner Margarete, Staatsbürger und Ausländer. Zum Umgang Österreichs mit den jüdischen Flüchtlingen nach 1918, in: Gernot Heiss/Oliver Rathkolb (Hg.), Asylland wider Willen. Flüchtlinge in Österreich im europäischen Kontext seit 1914 (= Veröffentlichungen des Ludwig-Boltzmann-Institutes für Geschichte und Gesellschaft 25), Wien 1995, S. 60–85.

Greß Franz/Fechtner Detlef/Hannes Matthias (Hg.), The American federal system. Federal balance in comparative perspective, Frankfurt am Main/Berlin/Bern u. a. 1994.

Grillmayer Dominik, Die Territorialreform in Frankreich: eine erste Bilanz, in: Frankreich Jahrbuch 2015, herausgegeben vom Deutsch-Französischen Institut, Wiesbaden 2016, S. 17–28.

Gumplowicz Ludwig, Das österreichische Staatsrecht (Verfassungs- und Verwaltungsrecht). Ein Lehr- und Handbuch, Wien ^{3}1907.

Haarmann Daniela (Hg.), 250 Jahre Veterinärmedizinische Universität Wien. Verantwortung für Tier und Mensch. Festschrift, Wien 2015.

Haas Hanns, Die deutschböhmische Frage 1918–1919 und das österreichisch-tschechoslowakische Verhältnis, in: Bohemia. Jahrbuch des Collegium Carolinum 13/1972, München 1972, S. 336–383.

Haas Hanns, Österreich und die Alliierten 1918–1919, in: Saint-Germain 1919. Protokoll des Symposiums am 29. und 30. Mai 1979 in Wien, Wien 1989, S. 11–40.

Haas Hanns, Historische Einleitung, in: Der österreichische Staatsrat. Protokolle des Vollzugsausschusses, des Staatsrates und des Geschäftsführenden Staatsratsdirektoriums. Band 1: 21. Oktober 1918 bis 14. November 1918. Herausgegeben von Gertrude Enderle-Burcel/Hanns Haas/Peter Mähner, Wien 2008, S. XXI–LXVII.

Haas Hanns/Stadler Franz (Red.), Österreich und die Sowjetunion 1918–1955. Beiträge zur Geschichte der österreichisch-sowjetischen Beziehungen. Herausgegeben von der Historikersektion der Österreichisch-Sowjetischen Gesellschaft, Wien 1984.

Haas Karl, Studien zur Wehrpolitik der österreichischen Sozialdemokratie, phil. Diss., Wien 1967.

Hafner Herta, Der sozio-ökonomische Wandel der österreichischen Staatsangestellten 1914–1924, phil. Diss., Wien 1990.

Halbrainer Heimo, Lager Wagna 1914–1963. Die zeitweise drittgrößte Stadt der Steiermark (= Schild von Steier – Kleine Schriften 23), Graz 2014.

Handbuch der historischen Buchbestände in Österreich. Band 1. Wien. Teil 1. Bearbeitet von Wilma Buchinger und Konstanze Mittendorfer, Hildesheim/Zürich/New York 1994.

Hanisch Ernst, Die Politik und die Landwirtschaft, in: Franz Ledermüller (Hg.), Geschichte der österreichischen Land- und Forstwirtschaft im 20. Jahrhundert. Band 1: Politik. Gesellschaft. Wirtschaft, Wien 2002, S. 15–189.

Hausbrandt Ulf, Welthafen Triest – Anspruch und Wirklichkeit. Die Entwicklung des Seehandelsplatzes im außenwirtschaftlichen System der Habsburger Monarchie 1814–1914, phil. Diss., Wien 1991.

Hautmann Hans, Geschichte der Rätebewegung in Österreich 1918–1924, Wien/Zürich 1987.

Hautmann Hans, Die verlorene Räterepublik. Am Beispiel der Kommunistischen Partei Deutschösterreichs (= Europäische Perspektiven), Wien/Frankfurt/Zürich 1987.

Heller Kurt, Der Verfassungsgerichtshof. Die Entwicklung der Verfassungsgerichtsbarkeit in Österreich von den Anfängen bis zur Gegenwart, Wien 2010.

Herold Roland Peter, Die Österreichische Nordwestbahn, Erfurt 2009.

Hochedlinger Michael, Österreichische Archivgeschichte. Vom Spätmittelalter bis zum Ende des Papierzeitalters, Wien/Köln/Weimar 2013.

Hoffmann-Holter Beatrix, „Abreisendmachung". Jüdische Kriegsflüchtlinge in Wien 1914 bis 1923, Wien/Köln/Weimar 1995.

Höflechner Walter, Ausländische Studierende an der Universität Graz 1918 bis 1938, in: Richard Georg Plaschka/Karlheinz Mack (Hg.), Wegenetz europäischen Geistes II: Universitäten und Studenten: die Bedeutung studentischer Migrationen in Mittel- und Südosteuropa vom 18. bis zum 20. Jahrhundert (= Schriftenreihe des österreichischen Ost- und Südosteuropa-Instituts 12), Wien 1987, S. 269–289.

Hois Alexandra, „Weibliche Hilfskräfte" in der österreichisch-ungarischen Armee im Ersten Weltkrieg, Dipl.-Arb., Wien 2012.

Horn Alfred, Die Österreichische Nordwestbahn (= Die Bahnen Österreich-Ungarns 1), Heidelberg/Wien 1967.

Hufschmied Richard, Wasserkraft, Elektrizität und Gesellschaft in Österreich von 1880 bis in die 1930er-Jahre, phil. Diss., Wien 2011.

Jakubec Ivan, Die Regelung von Verkehrsfragen, in: Alice Teichova/Herbert Matis (Hg.), Österreich und die Tschechoslowakei 1918–1938. Die wirtschaftliche Neuordnung in Zentraleuropa in der Zwischenkriegszeit (= Studien zur Wirtschaftsgeschichte und Wirtschaftspolitik 4), Wien/Köln/Weimar 1996, S. 91–112, hier S. 98.

Jobst Clemens/Kernbauer Hans, Die Bank. Das Geld. Der Staat. Nationalbank und Währungspolitik in Österreich 1816–2016, Frankfurt am Main 2016.

Jones Mark, Am Anfang war Gewalt. Die deutsche Revolution 1918/1919 und der Beginn der Weimarer Republik, Berlin/München 2017.

Karner Stefan, Die Abtrennung der Untersteiermark von Österreich 1918/19. Ökonomische Aspekte und Relevanz für Kärnten und die Steiermark, in: Helmut Rumpler (Hg.), Kärntens Volksabstimmung 1920. Wissenschaftliche Kontroversen und historisch-politische Diskussionen anlässlich des internationalen Symposions Klagenfurt 1980, Klagenfurt 1981, S. 254–296.

Kaup Ignaz, Über den Abbau der Militärsanitätsanstalten und Friedenswünsche. Vortrag in der Sitzung der Gesellschaft der Ärzte in Wien am 7. Februar 1919 (= Separatdruck aus der Wiener klinischen Wochenschrift 1919, Nr. 8), o. O u. J. [Wien 1919].

Kelsen Hans. Werke. Band 5: Veröffentliche Schriften 1919–1920. Herausgegeben von Matthias Jestaedt, Tübingen 2011.

Klimek Antonín (Hg.), Dokumenty Československé zahraniční politiky: Vznik Československa 1918, Prag 1994.

Kolm Evelyn, Die Oesterreichisch-ungarische Bank im Spannungsfeld der Nationalitätenkonflikte, in: Karl Bachinger/Dieter Stiefel (Hg.), Auf Heller und Cent. Beiträge zur Finanz- und Währungsgeschichte, Frankfurt/Wien 2001, S. 221–252.

Konrád Ota, Nevyvážené vztahy: Československo a Rakousko 1918–1933, Prag 2012.

Kövér György/Pogány Ágnes, Die binationale Bank einer multinationalen Monarchie: die Österreichisch-ungarische Bank, Stuttgart 2002.

Kränzle Michael, Heimat als Rechtsbegriff? Eine Untersuchung zu Domicile und gewöhnlichem Aufenthalt im Lichte der EU-Erbrechtsverordnung (= Studien zum ausländischen und internationalen Privatrecht 314), Tübingen 2014.

Lamm Werner, Vom Flüchtlingslager zur Gartenstadt. Mit Beiträgen von Walter Johann Fittner. Begleitband zum Film „Die Gartenstadt" von Ferry Seher (= Forschungen aus dem Hollabrunner Stadtmuseum), Hollabrunn 1999.

Leidinger Hannes/Mueller Wolfgang, Tiefes Misstrauen – begrenztes Interesse: Die österreichisch-sowjetischen Beziehungen 1918 bis 1955, in: Klaus Koch/Walter Rauscher/Arnold Suppan/Elisabeth Vyslonzil (Hg.), Von Saint-Germain zum Belvedere: Österreich und Europa 1919–1955, Wien, 2007, S. 70–114.

Lemberg Hans (Hg.), Zur Geschichte der Prager Universitäten im 19. und 20. Jahrhundert (= Veröffentlichungen des Collegium Carolinum 86), München 2003.

Lembke Hans H., Phönix, Wiener und Berliner. Aufstieg und Sturz eines europäischen Versicherungskonzerns, Wiesbaden 2016.

Loewenfeld-Ruß Johann, Die Regelung der Volksernährung im Kriege (= Veröffentlichungen der Carnegie-Stiftung für internationalen Frieden. Wirtschafts- und Sozialgeschichte des Weltkrieges. Österreichische und ungarische Serie 7), Wien/New Haven 1926.

Loewenfeld-Ruß Johann, Im Kampf gegen den Hunger. Aus den Erinnerungen des Staatssekretärs für Volksernährung 1918–1920. Herausgegeben von Isabella Ackerl (= Studien und Quellen zur österreichischen Zeitgeschichte 6), Wien 1986.

Luban Ottokar, The Role of the Spartacist Group after 9 November 1918 and the Formation of the KPD, in: Ralf Hoffrogge/Norman LaPorte (Hg.), Weimar Communism as Mass Movement 1918–1933, London 2017, S. 45–65.

Macho Eva, Alexander Freiherr von Bach: Stationen einer umstrittenen Karriere (= Beiträge zur Neueren Geschichte Österreichs 24), Frankfurt am Main/Berlin/Bern u. a. 2009.

Mähner Peter, Niederösterreich und seine Grenzen, in: Stefan Eminger/Ernst Langthaler (Hg.), Niederösterreich im 20. Jahrhundert. Band 1: Politik, Wien/Köln/Weimar 2008, S. 1–39.

Mathis Franz, Big Business in Österreich. Österreichische Großunternehmen in Kurzdarstellungen, Wien 1987.

Mauersberg Jasper, Ideen und Konzeption Hugo Preuß' für die Verfassung der deutschen Republik 1919 und ihre Durchsetzung im Verfassungswerk von Weimar (= Europäische Hochschulschriften), Frankfurt am Main/Bern/New York/Paris 1991.

Mechtler Paul, Internationale Verflechtung der österreichischen Eisenbahnen am Anfang der Ersten Republik. Die Trennung des altösterreichischen Eisenbahnwesens nach dem Zusammenbruch der Donaumonarchie, in: Mitteilungen des Österreichischen Staatsarchivs. 17./18. Band 1964/1965, Wien 1965, S. 399–426.

Melichar Adalbert, Luftfahren unterm Doppeladler: Ballonfahrer, Luftschiffer und Aviatiker. Die k.u.k. Militär-aeronautische Zentralanstalt Fischamend und ihre bewegte Geschichte ab dem Jahre 1909, Fischamend 2009.

Mentzel Walter, Weltkriegsflüchtlinge in Cisleithanien 1914–1918, in: Gernot Heiss/Oliver Rathkolb (Hg.), Asylland wider Willen. Flüchtlinge in Österreich im europäischen Kontext seit 1914 (= Veröffentlichungen des Ludwig-Boltzmann-Institutes für Geschichte und Gesellschaft 25), Wien 1995, S. 17–44.

Messner Robert, Das Wiener Militärgeographische Institut, in: Jahrbuch des Vereines für Geschichte der Stadt Wien 23/25 (1967/1969), Horn 1969, S. 206–292.

Metz Ernst, Großgrundbesitz und Bodenreform in Österreich 1919–1924, phil. Diss., Wien 1984.

Mikoletzky Juliane, Historische Stellung von AusländerInnen und Frauen an österreichischen Hochschulen, in: Manfred Prisching/Werner Lenz/Werner Hauser (Hg.), Gleichbehandlung im Hochschulbereich (= Schriften zum Bildungsrecht und zur Bildungspolitik 12), Wien 2008, S. 55–80.

Mischler Ernst/Ulbrich Josef (Hg.), Österreichisches Staatswörterbuch. Handbuch des gesammten öffentlichen Rechtes, Band 3, Wien [2]1907, S. 421–423.

Molisch Paul, Die sudetendeutsche Freiheitsbewegung in den Jahren 1918–1919, Wien 1932.

Moll David, Ausfuhrverbote für NS-Raubkunst (= Schriften zum Kulturgüterschutz/Cultural Property Studies), Berlin/Boston 2017.

Moll Martin, Kein Burgfrieden. Der deutsch-slowenische Nationalitätenkonflikt in der Steiermark 1900–1918, Innsbruck/Wien/Bozen 2007.

Mommsen Wolfgang J. (Hg.), Die Organisierung des Friedens. Demobilmachung 1918–1920 (= Geschichte und Gesellschaft, 9. Jg., Heft 2), Göttingen 1983.

Moos Carlo, Südtirol im St. Germain-Kontext, in: Georg Grote/Hannes Obermair (Hg.), A Land on the Threshold. South Tyrolean Transformations 1915–2015, Bern/Oxford/New York 2017, S. 27–39.

Muth Clemens, Wirtschaftsdesintegration. Das Ende von Währungsunionen. Eine theoretische und empirische Analyse vor dem Hintergrund des Zerfalls des gemeinsamen Währungsgebietes auf dem Territorium der ehemaligen Sowjetunion, Heidelberg 1997.

Natter Tobias G. (Hg.), Kanton Übrig. Als Vorarlberg zur Schweiz gehören wollte, Bregenz 2008.

Nautz Jürgen, Die österreichische Handelspolitik der Nachkriegszeit 1918 bis 1938 (= Studien zur Politik und Verwaltung 44), Wien 1994.

Neuland Franz, „Auf zum letzten Gefecht". Spartakusbund und KPD in Frankfurt am Main und der Region Rhein-Main von 1916/18–1956. Eine Organisationsgeschichte, Bad Homburg 2013.

Neumann Wilhelm, Abwehrkampf und Volksabstimmung in Kärnten 1918–1920. Legenden und Tatsachen (= Das Kärntner Landesarchiv 2), Klagenfurt [3]1997.

Niese Erwin, Das k.k. Staats-Gymnasium Salzburg im Weltkrieg – auch eine „Heimatfront", in: Oskar Dohle/Thomas Mitterecker (Hg.), Salzburg im Ersten Weltkrieg. Fernab der Front – dennoch im Krieg, Wien/Köln/Weimar 2014, S. 149–152.

Pawlowsky Verena/Wendelin Harald, Die Wunden des Staates. Kriegsopfer und Sozialstaat in Österreich 1914–1938, Wien/Köln/Weimar 2015.

Payer Peter, Der Wiener Donaukanal. Alltagskulturelle Bedeutung und Imagewandel 1800–2010, in: Wiener Geschichtsblätter, 65. Jg., Heft 1, Wien 2017, S. 151–172.

Pelz William A., The Spartakusbund and the German working class movement 1914–1919, Lewiston 1987.

Pfefferle Roman, Schule macht Politik: Schulbücher als Gegenstand politischer Kulturforschung am Beispiel politischer Erziehung im Österreich der Zwischenkriegszeit, phil. Diss., Wien 2009.

Pfefferle Roman, Schule – Macht – Politik: politische Erziehung in österreichischen Schulbüchern der Zwischenkriegszeit, Marburg 2010.

Plaschka Richard G., Odvanzo und Piazza Venezia. Zur Aufstellung tschechoslowakischer Freiwilligenverbände in Italien im Ersten Weltkrieg, in: Otto Kresten/Adam Wandruszka (Hg.), Römische Historische Mitteilungen 29, Wien 1987, S. 459–475.

Plener Ulla (Hg.), Die Novemberrevolution 1918/1919 in Deutschland. Für bürgerliche und sozialistische Demokratie. Allgemeine, regionale und biographische Aspekte, Berlin 2009.

Pogány Ágnes, Az Osztrák-Magyar Bank felszámolása, a Magyar Állami Jegyintézet tevékenysége 1920-1924, in: Tamás Bácskai (Hg.), A Magyar Nemzeti Bank Története. Band I: Az Osztrák Nemzeti Banktól a Magyar Nemzeti Bankig 1816-1924, Budapest 1993, S. 413-500.

Pogány Ágnes, The Liquidation of the Austro-Hungarian Bank, in: Fra spazio e tempo. Studi in onore di Luigi De Rosa. Band 3: Il Novecento, Neapel 1995, S. 507–525.

Pogány Ágnes, Finanzgebarung, Kriegskosten und Kriegsschulden, in: Helmut Rumpler (Hg.), Die Habsburgermonarchie 1848–1918. Band XI: Die Habsburger Monarchie und der Erste Weltkrieg. 1. Teilband: Der Kampf um die Neuordnung Mitteleuropas. Teil 2: Vom Vielvölkerstaat Österreich-Ungarn zum neuen Europa der Nationalstaaten, Wien 2016, S. 543–596.

Prey Siegmund, Der ehemalige Großfraganter Kupfer- und Schwefelkiesbergbau, in: Mitteilungen der Geologischen Gesellschaft in Wien 54, Wien 1961, S. 163–200.

Rathkolb Oliver/Hufschmied Richard/Kuchler Andreas/Leidinger Hannes (Hg.), Wasserkraft. Elektrizität. Gesellschaft. Kraftwerksprojekte ab 1880 im Spannungsfeld (= Schriftenreihe der Verbund AG. 104), Wien 2012.

Rechter David, The Jews of Vienna and the First World War, London/Portland 2001.

Rechts- und Verfassungsgeschichte. 4. überarbeitete Auflage. Herausgegeben von der Arbeitsgemeinschaft Österreichische Rechtsgeschichte, Wien 2016.

Reichel Walter, Deutsch-Südmähren und das Selbstbestimmungsrecht. Voraussetzungen und Verlauf der politischen und militärischen Auseinandersetzung um die staatliche Zugehörigkeit in den Jahren 1918 und 1919, Wien 1999.

Reichel Walter, Tschechoslowakei–Österreich. Grenzziehung 1918/1919, in: Helmut Konrad/Wolfgang Maderthaner (Hg.), Das Werden der Ersten Republik – Band I. ...der Rest ist Österreich, Wien 2008, S. 159–178.

Riedmann Josef, Tirol: Verfassungsentwicklung und Demokratisierung vor dem Hintergrund des vergeblichen Kampfes um die Landeseinheit, in: Demokratisierung und Verfassung in den Ländern 1918–1920 (= Studien zur Zeitgeschichte der österreichischen Länder 1), St. Pölten/Wien 1983, S. 76–83.

Röll Viktor von (Hg.), Enzyklopädie des Eisenbahnwesens. Band 2, Berlin/Wien ²1912.

Röll Viktor von (Hg.), Enzyklopädie des Eisenbahnwesens. Band 3, Berlin/Wien ²1912.

Rotes Kreuz 1880–1930. Gedenkschrift. Herausgegeben anlässlich der fünfzigjährigen Bestandes der Österreichischen Gesellschaft vom Roten Kreuze, Wien 1930.

Rumpler Helmut/Schmied-Kowarzik Anatol (Bearb.), Die Habsburgermonarchie 1848–1918. Band XI: Die Habsburger Monarchie und der Erste Weltkrieg. 2. Teilband: Weltkriegsstatistik Österreich-Ungarns 1914–1918. Bevölkerungsbewegung, Kriegstote, Kriegswirtschaft, Wien 2014.

Sandgruber Roman, Die österreichische Ernährungssituation und die burgenländische Landwirtschaft, in: Wissenschaftliche Arbeiten aus dem Burgenland. Heft 95: Burgenland 1921 – Anfänge, Übergänge, Aufbau (Symposion „Schlaininger Gespräche" 1992), Eisenstadt 1996, S. 191–198.

Schambeck Herbert (Hg.), Föderalismus und Parlamentarismus in Österreich, Wien 1992.

Scheer Tamara, Die Kriegswirtschaft am Übergang von der liberal-privaten zur staatlich-regulierten Arbeitswelt, in: Helmut Rumpler (Hg.), Die Habsburgermonarchie 1848–1918. Band XI: Die Habsburger Monarchie und der Erste Weltkrieg. 1. Teilband: Der Kampf um die Neuordnung Mitteleuropas. Teil 1: Vom Balkankonflikt zum Weltkrieg, Wien 2016, S. 437–484.

Schennach Martin P. (Hg.), Rechtshistorische Aspekte des österreichischen Föderalismus. Beiträge zur Tagung an der Universität Innsbruck am 28. und 29. November 2013, Wien 2015.

Schlag Gerald, „Aus Trümmern geboren...". Burgenland 1918–1921 (= Wissenschaftliche Arbeiten aus dem Burgenland 106), Eisenstadt 2001.

Schmied-Kowarzik Anatol, Die wirtschaftliche Erschöpfung, in: Helmut Rumpler (Hg.), Die Habsburgermonarchie 1848–1918. Band XI: Die Habsburger Monarchie und der Erste Weltkrieg. 1. Teilband: Der Kampf um die Neuordnung Mitteleuropas. Teil 1: Vom Balkankonflikt zum Weltkrieg, Wien 2016, S. 485–542.

Schmitz Georg, Karl Renners Briefe aus Saint Germain und ihre rechtspolitischen Folgen (= Schriftenreihe des Hans Kelsen-Instituts 16), Wien 1991.

Schober Richard, Die Tiroler Frage auf der Friedenskonferenz von Saint Germain (= Schlern Schriften 270), Innsbruck 1982.

Šestauber Martin, Územní spory mezi Československem a Rakouskem v letech 1918–1920, Brno 2013.

Shnawa Haider, Die österreichischen Kriegsanleihen und ihre Entwicklung nach dem 1. Weltkrieg, Dipl.-Arb., Wien 1999.

Slapnicka Harry, Oberösterreich, in: Erika Weinzierl/Kurt Skalnik (Hg.), Österreich 1918–1938. Geschichte der Ersten Republik 2, Graz/Wien/Köln 1983, S. 873–902.

Solderer Gottfried (Hg.), Das 20. Jahrhundert in Südtirol. Band 1: Abschied vom Vaterland (1900–1919), Bozen 1999.

Stadler Hans, Die Entwässerungsanlagen der Stadt Wien, Wien 1960.

Staudinger Anton, Deutschböhmen und Sudetenland, in: Ludwig Jedlicka (Hg.), Anfang und Ende. Österreich 1918/19, Salzburg 1969.

Stavbar Vlasta, Majniška deklaracija in deklaracijsko gibanje: slovenska politika v habsburški monarhiji, od volilne reforme do nove države (1906–1918), Maribor 2017.

Stiefel Dieter, Arbeitslosigkeit: Soziale, politische und wirtschaftliche Auswirkungen am Beispiel Österreichs 1918–1938 (= Schriften zur Wirtschafts- und Sozialgeschichte 31), Berlin 1979.

Stourzh Gerald, Länderautonomie und Gesamtstaat in Österreich 1848–1918, in: Bericht über den neunzehnten österreichischen Historikertag in Graz, veranstaltet vom Verband Österreichischer Geschichtsvereine in der Zeit vom 18. bis 23. Mai 1992 (= Veröffentlichungen des Verbandes Österreichischer Historiker und Geschichtsvereine 28), Wien 1993, S. 38–59.

Suppan Arnold, Jugoslawien und Österreich 1918–1938. Bilaterale Außenpolitik im europäischen Umfeld (= Veröffentlichungen des Österreichischen Süd- und Südosteuropa-Instituts XIV), Wien/München 1996.

Vana Irina, „Eingereiht in die große Schlange…“ – Verwaltung von Arbeitslosen und Arbeitssuchenden am öffentlichen Arbeitsamt (Österreich 1918–1934), in: Mathias Krempl/Johannes Thaler (Hg.), 100 Jahre Arbeitsmarktverwaltung: Österreich im internationalen Vergleich, Göttingen 2017, S. 89–95.

Vilt Walter, Die Entwicklung der Österreichischen Gesellschaft vom Roten Kreuz von den Anfängen bis in die Gegenwart, phil. Diss., Wien 1981.

Vodopivec Peter, Laibach/Ljubljana: Die Hauptstadt der Republik Slowenien, in: Harald Heppner (Hg.), Hauptstädte zwischen Save, Bosporus und Dnjepr. Geschichte – Funktion – Nationale Symbolkraft, Wien/Köln/Weimar 1998, S. 9–30.

Wallas Armin A. (Hg.), Eugen Hoeflich (Moshe Ya'akov Ben-Gavriêl). Tagebücher 1915 bis 1927, Wien/Köln/Weimar 1999.

Watteck Nora, Die Affäre Rambousek. Salzburgs größter Skandal, Salzburg 1978.

Weber Fritz, Vor dem großen Krach. Österreichs Banken in der Zwischenkriegszeit am Beispiel der Credit-Anstalt für Handel und Gewerbe (= Studien zur Wirtschaftsgeschichte und Wirtschaftspolitik 9), Wien/Köln/Weimar 2016.

Weigl Norbert, Die österreichische Forstwirtschaft im 20. Jahrhundert. Von der Holzproduktion über die Mehrzweckforstwirtschaft zum Ökosystemmanagement, in: Franz Ledermüller (Hg.), Geschichte der österreichischen Land- und Forstwirtschaft im 20. Jahrhundert. Band 1: Politik. Gesellschaft. Wirtschaft, Wien 2002, S. 593–740.

Weinzierl Erika, Das österreichische Judentum von den Anfängen bis 1938, in: Erika Weinzierl/Otto D. Kulka (Hg.), Vertreibung und Neubeginn. Israelische Bürger österreichischer Herkunft, Wien/Köln/Weimar 1992, S. 17–166.

Weipert Axel, Die Zweite Revolution. Rätebewegung in Berlin 1919/1920, Berlin 2015.

Weissensteiner Friedrich (Bearb.), Wilhelm Ellenbogen. Menschen und Prinzipien. Erinnerungen, Urteile und Reflexionen eines kritischen Sozialdemokraten, Wien/Köln/Graz 1981.

Welz Wolfgang, Die bundesstaatliche Struktur, in: Wolfgang Jäger/Christoph M. Haas/Wolfgang Welz (Hg.), Regierungssystem der USA. Lehr- und Handbuch, München [3]2007, S. 69–98.

Wessels Jens-Wilhelm, Economic Policy and Microeconomic Performance in Inter-War Europe. The Case of Austria, 1918–1938 (= Beiträge zur Unternehmensgeschichte 25), Stuttgart 2007.

Winkelbauer Thomas, Wer bezahlte den Untergang der Habsburgermonarchie? Zur nationalen Streuung der österreichischen Kriegsanleihen im Ersten Weltkrieg, in: Mitteilungen des Instituts für Österreichische Geschichtsforschung 112, Wien/München 2004, S. 368–398.

Wittek Heinrich, Die kriegswirtschaftlichen Organisationen und Zentralen in Österreich. Beiträge zur Geschichte ihrer Entwicklung und Tätigkeit mit Benützung amtlicher Quellen, in: Ernst Plener/Richard Reisch u. a. (Hg.), Zeitschrift für Volkswirtschaft und Sozialpolitik. Neue Folge, 2. Band, Wien/Leipzig 1922, S. 24–90 und S. 226–247.

Witzig Daniel, Die Vorarlberger Frage. Die Vorarlberger Anschlussbewegung an die Schweiz, territorialer Verzicht und territoriale Ansprüche vor dem Hintergrund der Neugestaltung Europas 1918–1922, phil. Diss., Basel 1974.

Wührer Robert, Der Umsturz in Deutsch-Südböhmen. Ein Beitrag zum Problem der Friedensregelung nach dem ersten Weltkrieg, phil. Diss., Wien 1972.

Zehetbauer Ernst, Krieg der Reserveoffiziere 1914–1918: Österreich-Ungarn, die „E.F." und das Ende der alten Armee, Hamburg 2015.

Zehetbauer Ernst, Das Reserveoffizierssystem Österreich-Ungarns: die alte Armee und ihre „Einjährigen" 1868–1914, Hamburg 2016.

Zeller Ferdinand, Die Provinz Sudetenland. Der Umsturz in Nordmähren und Westschlesien 1918, phil. Diss., Wien 1971.

Periodika und Statistiken

Amtliche Nachrichten des deutschösterreichischen Staatsamtes für Soziale Fürsorge.

Berichte aus den neuen Staaten.

Compass 1918. Band 2 und 3, Wien 1918.

Compass 1918. Band 5, Wien 1918.

Compass 1922. Band 1: Deutschösterreich/Österreich-Ungarn (Liquidation), Wien 1922.

Compass 1923. Band 2: Tschechoslowakei, Wien 1923.

Compass 1923. Band 4: Österreich, Wien 1923.

Compass 1923. Handel und Industrie. Band 5: Tschechoslowakei, Prag 1923.

Compass 1926. Band 2: Čechoslovakei, Prag 1926.

Compass 1936. Österreich/Österreich-Ungarn (Liquidation), Wien 1936.

Compass 1937. Österreich/Österreich-Ungarn (Liquidation), Wien 1937.

Der Österreichische Volkswirt.

Hof- und Staatshandbuch der österreichisch-ungarischen Monarchie für das Jahr 1918, Wien 1918.

Mitteilungen des k.k. Ministeriums des Innern über Fürsorge für Kriegsbeschädigte.

Österreichisches Jahrbuch 1920. Nach amtlichen Quellen, Wien 1921.

Schienenverkehr aktuell, 34. Jg., Heft 2, Februar 2007.

Verordnungsblatt des k.k. Justizministeriums.

Verordnungsblatt des Staatsamtes für Justiz.

Verordnungsblatt des Staatsamtes für Volksernährung.

Volkswirtschaftliche Chronik. Mit Benützung amtlicher Quellen herausgegeben von Dr. Karl Neisser.

Zeitungen

Allgemeiner Tiroler Anzeiger

Arbeiter-Zeitung

Deutschösterreichische Land-Zeitung

Die Neue Zeitung

Neue Freie Presse

Neues Wiener Tagblatt

Reichspost

Vorarlberger Landes-Zeitung

Wiener Zeitung

Geographisches Register

A

B

C

D

S

T

U

V

W

Y

Z

Sachregister

A

B

C

D

E

F

H

I

N

O

P

S

T

U

V

Z

Personenregister

A

B

C

D

E

F

G

H

I

J

L

M

R

T

W